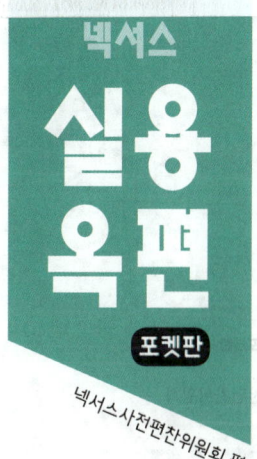

넥서스
실용옥편
포켓판

넥서스사전편찬위원회 편

넥서스실용옥편 포켓판

지은이 넥서스사전편찬위원회
펴낸이 임상진
펴낸곳 (주)넥서스

초판 1쇄 발행 2005년 08월 25일
초판 9쇄 발행 2015년 10월 15일

2판 1쇄 발행 2018년 5월 20일
2판 3쇄 발행 2025년 4월 25일

출판신고 1992년 4월 3일 제311-2002-2호
주소 10880 경기도 파주시 지목로 5
전화 (02)330-5500 팩스 (02)330-5555

ISBN 979-11-6165-019-7 11710

출판사의 허락 없이 내용의 일부를
인용하거나 발췌하는 것을 금합니다.

가격은 뒤표지에 있습니다.
잘못 만들어진 책은 구입처에서 바꾸어 드립니다.

www.nexusbook.com

넥서스

실용 옥편

넥서스

머리말

한자(漢字)는 우리나라에 전래되어 사용된 이래로 우리 문화를 형성하는 데 중요한 역할을 해 왔으며, 세종대왕의 한글 창제(創製) 후에도 한글과 더불어 우리의 뜻과 감정을 표현하고 기록하는 중요한 수단으로 사용되었다. 한때 한글 전용(專用)이라는 어문(語文) 정책에 의해 한자가 우리 생활 밖으로 밀려났던 적도 있었지만, 최근 들어 우리말을 효과적으로 사용하는 데 필수불가결한 요소서 한자의 중요성이 대두되고 있어 오늘날에는 한자 붐이라고 할 정도로 한자에 대한 관심이 높아져 있다.

한자를 익히고 사용하려는 사람에게 필수적인 도구가 바로 옥편(玉篇) 또는 자전(字典)이라고 불리는 한자 사전이다. 시중에는 이미 다양한 한자 사전들이 있지만, 그 중 상당수는 학생이나 일반인이 보기에 너무 어렵고 딱딱하여 한자를 공부할 의욕마저 떨어뜨리곤 한다. 이에 본사의 사전편찬위원회에서는 누구나 쉽게 애용할 수 있는 친근한 옥편을 만들자는 취지에서 지난해 《넥서스실용옥편》을 출간하였으며, 그 성과를 기반으로 하여 이제 《넥서스실용옥편(포켓판)》을 내놓게 되었다.

이 책은 오늘날 사용 빈도가 높은 한자와 한자어를 중심으로 구성하였으며 풀이도 최대한 쉽고 간결하게 제시하였다. 또한 실용성이 떨어지는 요소들을 과감하게 생략하고, 그 대신 한자를 이해하고 학습하는 데 도움이 될 만한 사항들을 첨가하였다.

이제 부족하나마 이 옥편이 독자들의 올바른 한자어 사용에 보탬이 되기를 기대하며, 앞으로 더욱 정확하고 실용적인 옥편으로 발전할 수 있도록 독자들의 질정(叱正)을 겸허한 마음으로 받고자 한다. 끝으로 이 옥편을 위해 애써 온 사전편찬위원회 여러분들에게 감사의 마음을 전한다.

넥서스 사전편찬위원회

차 례

- 머리말 — 5
- 차례 — 6
- 일러두기 — 7
- 총획색인 — 11

- 본문
  - 1획 — 1
  - 2획 — 13
  - 3획 — 108
  - 4획 — 246
  - 5획 — 475
  - 6획 — 550
  - 7획 — 676
  - 8획 — 766
  - 9획 — 808
  - 10획 — 826
  - 11획 — 838
  - 12획 — 850
  - 13획 — 854
  - 14획 — 856
  - 15획 — 858
  - 16획 — 859
  - 17획 — 861

- 자음색인 — 863
- 부록
  - 교육용 한자 및 인명용 한자표 — 914
  - 주요 고사성어 모음 — 942

일러두기

1. 표제자

1-1. 표제자의 수록 범위
- 교육부에서 선정한 교육용 기초 한자
- 중국과 우리나라의 고전을 해독하기 위해 필요한 한자
- 현대의 도서와 정기 간행물을 해독하기 위해 필요한 한자
- 우리나라에서 만든 한자와 일본식 한자로서 우리나라에도 통용되는 한자
- 그 밖에 비교적 쓰임이 많은 속자(俗字)·동자(同字)·본자(本字)·고자(古字) 등을 포함하여 총 6천 2백여 자를 수록하였다.

1-2. 표제자의 배열
- 표제자는 《강희자전(康熙字典)》에 따라 214가지 부수(部首)로 분류하고, 같은 부수에 속한 표제자는 획수(劃數)에 따라 배열하였다. 부수와 획수가 같은 표제자는 다시 자음(字音)의 가나다순으로 배열하였다.

1-3. 표제자의 획수
- 해당 부수 안에서의 획수를 ⓪, ①, ②…로 표시하고, 그 옆에 총획수를 '1획', '2획', '3획'…으로 함께 표시하였다.

1-4. 표제자의 훈(訓)과 음(音)
- 자음(字音)이 둘 이상이고 자음에 따라 훈(訓)이 달라질 경우에는 ❶, ❷, ❸…으로 구별하였다.
- 자음이 둘 이상이라도 훈(訓)에 차이가 없으면 '·'을 써서 함께 표시하였다.
- 본음(本音)은 쓰이지 않고 관용음(慣用音)만 쓰일 경우 관용음을 표시하였다.
- 두음 법칙(頭音法則) 등의 발음 현상으로 인해 본음(本音)과 다르게 발음되는 경우 괄호로 함께 표시하였다.
  예) 산 이름 류(윤)

―우리나라에서 만든 한자에는 훈(訓)과 음(音) 뒤에 ❸으로 표시하였다.

1-5. 표제자의 일본어 및 중국어 발음
―일본어 발음은 음독(音讀)을 가타카나(カタカナ)로 표기하고, 훈독(訓讀)을 히라가나(ひらがな)로 표기하여 구별하였다.
―중국어 발음은 현재 중국 대륙에서 사용하는 한어병음(漢語拼音)으로 표기하였다.

1-6. 속자·동자·본자·고자
―속자(俗字)·동자(同字)·본자(本字)·고자(古字) 등에는 따로 풀이를 기재하지 않고, 관련 표제자가 있는 면수를 밝혔다.

1-7. 교육용 기초 한자
―교육부에서 선정한 1,800개의 교육용 기초 한자는 특별히 별색으로 표시하였다.

2. 표제자의 풀이

2-1. 필순
―교육부가 지정한 교육용 기초 한자에는 필순(筆順)을 실었다.

예) ノ 亻 亻' 亻' 亻' 亻' 亻' 亻' 假 假

2-2. 자원(字源)
―주요 표제자에는 * 기호와 함께 별색으로 글자의 구성 원리인 육서(六書)를 표시하고, 자원(字源)을 간략히 소개하였다.

예) *형성. 뜻을 나타내는 부수 '辶(쉬엄쉬엄 갈 착)'과 음을 나타내는 '九(아홉 구)'를 합친 글자.

2-3. 자해(字解)
―자해는 풀이로 표시하였으며, 여러 가지 뜻을 가진 경우에는 1, 2, 3…으로 항목을 나누어 풀이하였다.
―자음(字音)이 둘 이상이고 ❶, ❷, ❸…으로 구별된 경우에는 자해(字

解)에도 **1**, **2**, **3**…으로 표시하였으나, 자해의 항목 번호는 그와 상관없이 이어지게 하였다.
- 더 구체적인 설명이 필요한 경우에는 보충 설명을 덧붙였다.
- 각 항목의 풀이 끝에 ¶로 해당 표제자가 활용된 어휘를 보여 이해를 돕도록 했다.

    예) 용량(容量)의 단위. 1홉(合)의 10분의 1. ¶合

- 우리나라에서만 쓰이는 뜻에는 🇰로 표시하였다.

2-4. 관련자
- 표제자와 뜻이 비슷한 한자는 🔵, 뜻이 반대되는 한자는 🔴, 모양이 비슷하여 혼동하기 쉬운 한자는 🟡로 각각 표시하여 해당 표제자와 표제어의 풀이 뒤에 실었다.

    예) 🔵 否(아닐 부) 🔴 上(위 상) 🟡 亡(망할 망)

3. 표제어

3-1. 표제어의 배열
- 먼저 표제자가 맨 첫 글자로 쓰인 어휘를 가나다순으로 배열하고, 그 뒤에 표제자가 뒤에 오는 어휘를 가나다순으로 배열하였다.

3-2. 표제어의 독음
- 독음(讀音)이 둘 이상이고 독음에 따라 뜻이 다른 경우에는 1, 2, 3…으로 구별하고 풀이도 해당 번호에 맞추어 1), 2), 3)…으로 배열하였다.

    예) 一見 (1.일견/2.일현) 1)한 번 봄. 언뜻 봄. 2)한 번 나타남.

- 독음(讀音)이 둘 이상이지만 뜻에 차이가 없는 경우에는 '/'로 표시하였다.

    예) 僿說 (사설/새설) 세세한 말.

- 본음(本音)은 쓰이지 않고 관용음(慣用音)으로 쓰이는 것은 관용음 뒤에 '←'로 본음을 표기하고, 배열 순서는 관용음을 따랐다.

    예) 契丹 (거란←결단) 나라 이름.

3-3. 표제어의 풀이

─뜻이 여러 가지인 경우에는 1), 2), 3)…으로 구별하고, 더 세밀한 구분이 필요할 때는 해당 번호 아래에 ㉠, ㉡, ㉢…으로 나누어 풀이하였다.
─서로 동의어 관계인 표제어들에 대해서는 그 중 대표적인 표제어에 풀이를 보이고, 나머지 표제어에는 대표적인 표제어를 표기하여 풀이를 대체하였다. 참고할 만한 동의어나 반의어가 있을 경우에는 풀이 끝에 보였다.
   예 內憂(내우) 나라 안이나 조직 내부의 걱정스러운 사태. 내환(內患). ↔ 외우(外憂).

4. 색인

4-1. 총획색인(總劃索引)
─모든 표제자를 총획수에 따라 배열하고, 총획이 같은 자는 다시 부수순으로 배열하여 그 옆에 본문의 면수를 밝혔다.

4-2. 자음색인(字音索引)
─모든 표제자를 가나다순으로 배열하고, 음이 같은 자는 다시 부수·획수순으로 배열하여 그 옆에 본문의 면수를 밝혔다.
─둘 이상의 음으로 읽히는 표제자는 각 음마다 실었다.

5. 부록

─〈교육용 한자 및 인명용 한자표〉에는 교육부에서 선정한 1,800개의 교육용 기초 한자와 대법원에서 선정한 인명용 한자를 함께 실었으며, 그 중 교육용 기초 한자에는 이 옥편에 해당 한자가 실려 있는 페이지를 표기하여 독자들의 편의를 도왔다.
─〈주요 고사성어 모음〉에는 흔히 쓰이는 성어(成語) 중에서 배경이 되는 이야기가 있는 것들을 모아서 실었다.

실용옥편 총획색인

넥서스사전편찬위원회 편

총획색인 1~4획

1획
一	1
丨	5
丶	6
丿	7
乙	9
亅	11

2획
丁	1
七	1
乃	7
乂	7
九	9
了	12
二	13
亠	15
人	18
儿	57
入	61
八	66
冂	66
冖	67
冫	69
几	72
凵	73
刀	74
刁	75
力	85
勹	92
匕	93

匚	94
匸	95
十	96
卜	99
卩	100
厂	102
厶	104
又	105

3획
丌	57
万	1
三	2
上	2
与	2
丈	2
下	3
个	5
丫	5
丸	6
久	8
乞	10
也	10
于	13
亡	15
兀	57
尣	62
凡	72
凣	72
刃	75

勺	92
廿	96
千	96
叉	105
口	108
囗	133
土	138
士	155
夂	156
夊	157
夕	157
大	159
女	165
子	178
孑	179
孓	179
宀	182
寸	194
小	197
尢	199
尸	199
屮	203
山	204
川	211
工	211
己	213
巳	213
巴	213
巾	214
干	220
幺	222

广	222
廴	229
廾	230
弋	231
弓	232
彐	236
彡	237
彳	239
才	282

4획
丏	3
不	3
丑	3
中	5
丹	6
之	8
乏	10
予	12
五	13
云	13
井	14
互	14
亢	15
介	18
仇	19
今	19
内	19
仆	19
仏	19
什	19

仁	19
仍	20
从	20
仄	20
元	58
允	58
內	62
公	63
六	64
兮	64
冂	66
円	66
冄	66
冗	68
凶	73
分	75
刈	75
切	75
勾	92
匀	92
勿	92
化	93
区	95
匹	95
卅	96
升	96
午	97
卞	99
厄	102
及	105
反	105

총획색인 5획

収	106	无	324	世	4	刊	76	圧	138
双	106	旡	324	且	4	加	86	外	157
友	106	日	324	、	7	功	86	失	160
壬	155	曰	339	ノ	8	包	92	央	161
夫	159	月	341	乍	8	北	93	奴	165
夭	159	木	344	乏	8	匝	94	孕	179
天	160	欠	380	乎	8	半	97	宂	182
夬	160	止	383	人	20	卉	97	宁	182
太	160	歹	385	仝	20	卜	99	尸	200
孔	179	殳	388	令	21	占	100	尼	200
少	198	毋	390	付	21	卮	100	巨	212
尤	199	比	391	仕	21	厶	104	巧	212
尹	199	毛	392	仙	22	去	104	左	212
尺	199	氏	393	以	22	可	108	市	214
屯	203	气	394	仭	22	古	108	布	215
屮	204	水	395	仅	22	叩	109	平	220
巴	213	火	445	仔	22	句	109	幼	222
幻	222	爪	460	仗	22	叫	109	广	223
廿	230	父	461	仟	22	另	109	庁	223
引	232	爻	461	他	23	司	109	廾	230
弔	232	爿	462	仡	23	史	109	弍	231
心	246	片	462	儿	58	召	110	弗	232
戈	276	牙	464	兄	58	右	110	弘	233
戶	280	牛	464	冂	66	叮	110	必	246
手	282	犬	467	冉	66	只	110	戊	276
支	312	王	476	册	66	叱	110	戹	280
支	313			冊	66	台	110	扑	282
文	318	**5획**		写	68	叭	111	払	282
斗	319	一	4	冬	69	叶	111	打	282
斤	320	丘	4	処	72	号	111	斥	320
方	322	丙	4	几	72	四	133	旧	325
		丕	4	凵	73	囚	134		
				凹	73				
				凸	74				
				出	74				

	旦	325	皮 皮	508	伐	24	勹 匈	92	士 壮	155
木	末	344	皿 皿	509	伏	24	匚 匡	94	夂 夆	156
	未	344	目 目	512	份	24	匠	94	夕 多	158
	本	345	矛 矛	519	仰	24	十 卍	97	夙	158
	札	345	矢 矢	519	伍	24	古	97	大 夸	161
	朮	345	石 石	521	伊	25	卉	97	夷	161
止	正	385	示 示	528	任	25	卩 危	100	女 奸	165
毋	母	390	礼	528	伝	25	印	100	妄	166
氏	民	393	内 内	534	仲	25	口 各	111	妃	166
	氐	393	禾 禾	535	伉	25	吉	111	如	166
水	氷	395	穴 穴	542	会	25	同	111	好	166
	永	395	立 立	547	休	25	吋	112	子 字	179
	氾	396			儿 光	58	吏	112	存	179
	汀	396	**6획**		先	59	名	112	宀 守	183
	汁	396	一 両	5	兆	59	吁	112	安	183
犬	犯	467	丞	5	充	59	吊	112	宇	183
玄	玄	475	乙 虱	10	兇	60	吒	112	宅	183
玉	玉	476	乭	10	入 全	62	吐	112	寸 寺	195
瓜	瓜	488	丨 争	12	八 共	64	合	113	小 尖	198
瓦	瓦	488	二 亘	14	冂 再	66	向	113	尸 尽	200
甘	甘	490	互	14	冫 冰	69	后	113	山 屹	204
生	生	491	亠 交	16	冲	69	吃	113	巛 州	211
用	用	491	亦	16	冱	69	口 团	134	巾 帆	215
田	田	492	亥	16	刂 列	76	因	134	干 年	221
	甲	492	人 仮	23	刘	76	回	134	并	221
	申	492	价	23	刎	76	土 圭	138	广 庄	223
	由	493	件	23	刐	76	妃	138	弋 式	231
疋	疋	498	伋	23	刑	76	圬	138	弓 弛	233
疒	疒	498	企	23	刑	76	圸	138	彐 彑	236
癶	癶	505	伎	23	力 励	86	在	139	当	236
白	白	506	仿	24	劣	86	地	139	心 忙	246

총획색인 7획

忖	247	汕	396	臣	613	佝	26	兎	60
戈 成	276	汐	396	自 自	614	佞	26	免	60
成	277	汝	397	至 至	615	但	26	八 兵	64
戌	277	污	397	臼 臼	616	来	26	冂 冏	67
戎	277	汗	397	舌 舌	617	伶	27	冖 宜	68
手 扣	283	池	397	舛 舛	618	伴	27	冫 冷	69
扢	283	汙	397	舟 舟	618	伯	27	治	70
托	283	火 灯	445	艮 艮	620	体	27	況	70
扞	283	灰	445	色 色	621	佛	27	刀 刔	77
攴 攷	313	牛 牟	464	艸 艹	621	似	28	却	77
收	313	牝	464	艽	621	伺	28	利	77
日 旬	325	玉 玎	476	艾	622	伸	28	別	77
旭	325	白 百	506	虍 虎	651	余	28	別	78
早	326	示 礼	528	虫 虫	653	佑	28	刪	78
旨	326	竹 竹	550	血 血	662	位	28	初	78
曰 曲	339	米 米	561	行 行	663	佚	29	判	78
曳	339	糸 糸	565	衣 衣	665	作	29	力 劫	86
月 有	341	缶 缶	586	襾	674	佇	29	劬	87
木 机	345	网 网	587	西	674	低	29	努	87
朴	345	羊 羊	589	辵 辺	738	佃	30	励	87
朱	345	羽 羽	592	邑 邟	754	佔	30	劳	87
朶	345	老 老	595	阜 阡	787	佐	30	助	87
朵	346	考	595			住	30	匚 匣	94
朽	346	而 而	596	**7획**		佗	30	匚 医	95
欠 次	380	耒 耒	596	丨 串	6	佈	30	卩 却	101
止 此	383	耒	596	乙 乱	10	必	31	卵	101
歹 死	385	耳 耳	597	二 些	14	何	31	卽	101
气 気	394	聿 聿	601	亜	14	儿 克	60	即	101
水 江	396	肉 肉	601	亠 亨	16	免	60	口 告	113
汱	396	肌	602	人 伽	26	兒	60	君	114
汎	396	肋	602	估	26	兌	60	吶	114

呂	114	坐	140	尿	200	快	248	杞	346
吝	114	址	140	尾	200	戈 戒	277	杜	346
呆	114	坂	140	屁	200	成	277	李	346
吻	114	士 売	155	山 岌	204	我	277	杋	346
否	114	声	155	岐	204	手 抉	283	杉	346
吩	115	壱	155	岑	204	扱	283	束	347
吮	115	壯	155	巡	211	技	283	杌	347
吾	115	夂 夆	161	巳 巫	212	扑	283	杆	347
吳	115	夾	161	巵	214	扶	283	杖	347
吟	115	女 姈	167	巾 希	215	抔	284	材	347
呈	115	妓	167	广 庇	223	扮	284	条	347
吹	115	妙	167	床	223	批	284	杈	347
吞	116	妨	167	序	223	扴	284	村	347
吠	116	妣	167	廴 延	229	扼	284	杓	348
品	116	妍	167	廷	229	抑	284	杏	348
含	116	妖	167	廾 弄	230	折	285	止 步	383
吼	116	妊	167	弓 弟	233	抄	285	毋 每	391
吸	116	妝	168	彐 灵	236	択	285	毒	391
口 困	134	妥	168	彡 彤	237	投	285	水 求	395
国	135	妒	168	形	237	把	285	汞	397
囚	135	子 孚	180	彷	239	抛	285	決	397
囲	135	孜	180	役	239	抗	285	汨	398
囤	135	孛	180	心 忌	246	攴 改	313	汲	398
土 坎	139	孝	180	忘	247	攻	313	汽	398
坑	139	宀 宏	184	応	247	攸	313	沂	398
均	139	宋	184	忍	247	日 旰	326	沌	398
圻	140	完	184	志	247	旴	326	沮	398
坍	140	寸 対	195	忒	247	旱	326	沔	398
坊	140	寿	195	忼	247	日 更	339	沐	399
尨	199			忸	248	木 杆	346	沒	399
局	200			忤	248	杠	346	汶	399

총획색인 8획　17

	汹	399		玖	476	角	角	679		阮	788		侑	34
	汁	399		玘	476	言	言	680		阤	788		依	34
	汾	399		玕	476	言	谷	704		阪	788		佾	34
	沙	399		玔	476	豆	豆	704					佺	34
	沁	399	用	甫	492	豕	豕	705		**8획**			侏	34
	沈	400		甬	492	豸	豸	707	一	並	5		侲	34
	汭	400	田	男	493	貝	貝	708	丿	乖	8		侘	35
	沃	400		甸	493	赤	赤	718	乙	亟	10		侈	35
	汪	400		町	493	走	走	719		巹	10		佩	35
	沄	400	广	疙	499	足	足	721		乳	10		侗	35
	沅	400		疔	499	身	身	727	亅	事	12		侃	35
	沚	400	白	皁	506	車	車	728	二	亞	14	儿	兒	60
	冲	400	矢	矣	519	辛	辛	735	亠	京	16		兔	61
	沈	400	禾	秃	535	辰	辰	737		享	17		兎	61
	沉	401		私	535	辵	辵	738	人	佳	31		兩	62
	汰	401		秀	535		迅	738		価	31	八	具	65
	沢	401	穴	究	543		迂	738		侃	31		其	65
	沛	401	糸	系	565		迪	738		供	31		典	65
	沆	401	网	罕	587	邑	邑	754		侁	32		冽	70
	洭	401	肉	肝	602		那	754		佼	32	几	凭	72
火	炙	445		肚	602		邦	754		佶	32	凵	函	74
	灼	446		肘	602		邪	754		來	32	刀	刻	78
	災	446		肖	602		邪	755		例	32		刮	79
牛	牢	464		肛	602		邨	755		侖	32		券	79
	牧	465		肓	603		邢	755		侔	33		到	79
	物	465	艮	良	620	酉	酉	759		佰	33		刷	79
犬	状	467	艸	苟	622	采	采	763		侊	33		刺	79
	狂	467		芒	622	里	里	764		使	33		制	80
	狃	467		芋	622	阜	阨	787		侍	33		刹	80
	狄	467		芍	622		防	788		侁	33		刱	80
玉	玕	476	見	見	676		阤	788		佯	34		刑	80

力	劻	87		周	118		姆	168		屈	201	彳	径	239
	劲	87		咆	118		姒	168		届	201		彿	239
	効	87		呟	118		姓	169		屈	201		往	239
十	卑	97		呼	118		岬	169	山	岬	204		徂	239
	卒	98		和	118		始	169		岡	205		征	239
	卓	98	口	固	135		妸	169		岱	205		徂	240
	協	98		国	135		委	169		岑	205		彼	240
卜	卦	99		囹	135		姊	169		岷	205	心	念	247
	卧	99	土	坩	140		姉	169		岫	205		忞	248
卩	卷	101		坰	141		姐	169		岳	205		忿	248
	卺	101		坤	141		姃	169		岸	205		忝	248
	卸	101		垢	141		妵	170		岩	205		忠	248
	卹	101		垈	141		妻	170		岾	205		忽	249
厂	厓	102		垈	141		妾	170		岾	205		怯	249
厶	参	104		垂	141		妲	170	巾	帘	215		怪	249
又	受	106		坳	141	子	季	180		帛	215		怛	249
	叔	106		坫	141		孤	180		帙	215		怜	250
	取	106		坯	141		孥	181		帖	215		怫	250
口	呵	116		坦	141		孟	181		帚	216		性	250
	咖	116		坡	142		学	181		帑	216		快	250
	呱	116		坪	142	宀	官	184	干	并	221		怡	251
	咎	117	夕	夜	158		宝	184		幸	221		怍	251
	咳	117	大	奇	161		宓	184	广	庚	223		征	251
	咄	117		奈	162		実	185		府	223		怊	251
	命	117		奉	162		宛	185		底	224		怕	251
	味	117		奔	162		宜	185		店	224		怖	252
	咐	117		奄	162		定	185		庖	224		怳	252
	呻	117	女	姑	168		宗	185	弓	弩	233	戈	戕	278
	咏	117		妲	168		宙	185		弥	233		或	278
	咀	118		姶	168		宕	186		弦	233	戶	戾	280
	呪	118		妹	168	小	尙	198		弧	234		房	280
						尸	居	200						

총획색인 8획

所	280	抱	290	枏	348	毋 毒	391	波	405
手 承	284	抛	290	杻	348	氏 氓	393	泙	406
拒	286	披	290	東	348	气 氛	394	泡	406
拗	286	拡	290	林	348	水 沓	398	河	406
拑	286	支 放	313	枚	349	泔	401	泫	406
拐	286	政	314	杳	349	沽	401	洞	406
拘	286	文 齊	319	枋	349	泥	401	泓	406
拈	286	斤 斧	322	杯	349	泠	402	況	406
担	286	方 於	322	枇	349	沫	402	火 炅	446
拉	287	日 昆	326	析	349	泯	402	炉	446
抹	287	昑	326	松	349	泊	402	炊	446
拇	287	旽	326	柄	350	泮	402	炎	446
拍	287	明	326	枉	350	泛	402	炙	446
拌	287	旼	327	杵	350	法	402	炒	447
拔	287	旻	327	杼	350	泌	403	炊	447
拝	287	昉	327	料	350	沸	403	炕	447
拊	288	盼	327	枝	350	泗	403	炘	447
拂	288	昔	327	杪	350	泄	403	爪 争	460
押	288	昇	327	枢	350	沼	403	爬	460
拗	288	昂	327	枕	350	泝	403	爿 牀	462
抵	288	易	327	杷	351	沿	403	片 版	463
拙	288	昨	328	板	351	泳	404	牛 牧	465
挂	289	旺	328	杭	351	油	404	物	465
抮	289	昌	328	欠 欧	380	泣	404	犬 狀	468
拓	289	昊	328	欣	380	洗	404	狗	468
招	289	昏	328	止 歧	384	沮	404	狎	468
抽	289	昕	328	武	384	注	404	狙	468
拖	289	月 服	342	步	384	沾	405	狐	468
抡	289	朋	342	歹 歿	385	治	405	玉 玠	477
坼	289	木 杰	348	殀	386	沱	405	玦	477
抬	289	果	348	殳 殴	388	泡	405	玫	477

총획색인 9획

玫	477	肥	603	表	666	ノ	乘	9		胃	67
玭	477	育	603	車 軋	728	二	亟	15		冠	68
玩	477	肢	604	辵 近	738	亠	亮	17	冂	函	74
玥	477	肺	604	返	738		亭	17	刀	剋	80
田 畎	493	肴	604	迎	739	人	俓	35		刺	80
疒 疢	499	臣 臥	613	邑 邱	755		係	35		削	80
疤	499	舌 舍	617	邠	755		侶	35		前	81
白 的	507	艸 芥	622	邵	755		俐	35		剃	81
皿 盂	509	芡	622	邸	755		俚	35		則	81
目 盲	512	芹	622	邰	755		俛	35	力	勁	87
直	512	苓	622	邯	755		侮	36		勉	88
矢 知	519	苊	622	采 采	763		保	36		勃	88
示 祁	528	芼	622	金 金	766		俘	36		勇	88
祀	528	芳	623	長 長	781		俟	36		勅	88
社	528	芙	623	門 門	782		俗	36	勹	匍	93
禾 季	536	芬	623	阜 阜	787		信	37	匚	匧	94
秉	536	芟	623	附	788		俄	37	十	南	98
穴 空	543	芋	623	阿	788		俉	37	卩	卻	102
穿	543	芯	623	陌	789		俑	37		卽	102
穸	543	芽	623	阻	789		俎	37	厂	厘	102
竹 竿	550	芮	623	陀	789		俊	37		厖	103
糸 糾	565	芸	624	陂	789		促	38		厚	103
网 罔	587	芴	624	隶 隶	797		侵	38	又	叛	107
羊 羌	589	芝	624	隹 佳	797		便	38		叙	107
耳 耵	597	芷	624	雨 雨	801		俔	38	口	咯	119
聿 聿	601	芭	624	靑 靑	805		俠	39		咬	119
肉 肩	601	芦	624	青	806		侯	39		哀	119
股	603	花	624	非 非	806		俙	39		哖	119
肱	603	屯 虎	651	面 靣	808	儿	兗	61		咽	119
肯	603	虫 虺	653		**9획**		人	兪	63		咨	119
肪	603	衣 衫	665					冐	67		哉	119

총획색인 9획

咽	120	姚	171	廴 建	230	怈	255	禺	329
咤	120	威	171	廻	230	恂	255	星	329
品	120	姨	171	廾 弈	231	恰	255	昭	329
咸	120	姻	171	弓 弯	234	戶 扃	281	是	329
哈	120	姙	171	彑 彖	236	扁	281	昻	329
咳	120	姿	171	彡 彦	237	手 挐	286	映	329
哄	120	姝	172	彳 待	240	拜	287	昱	330
口 囿	135	姪	172	律	240	挌	290	昨	330
土 垢	142	姮	172	徇	240	拷	290	昰	330
垌	142	姬	172	徉	240	拱	290	昶	330
城	142	姫	172	徊	240	括	290	春	330
垣	142	子 孩	181	後	240	挂	291	昡	330
垠	142	宀 客	186	很	241	拮	291	日 曷	340
垞	142	宣	186	心 急	249	挑	291	木 柯	351
垓	142	宬	186	怒	249	拾	291	柳	351
型	143	室	186	思	250	拭	291	架	351
垩	143	宥	186	怨	251	按	292	柬	351
夊 変	156	宦	187	怎	251	拯	292	柑	351
大 契	162	寸 封	195	忽	251	持	292	柜	352
奎	162	尸 屛	201	急	251	指	292	枯	352
奔	163	屎	201	恪	252	攴 故	314	枸	352
奏	163	屍	201	恇	252	敃	314	柩	352
奕	163	屋	201	恠	252	政	314	柾	352
奐	163	山 峠	205	恬	253	斤 斫	321	柰	352
女 姦	170	峙	205	恂	253	方 施	322	柳	352
姜	170	己 巷	214	恃	253	无 既	324	枺	352
姣	170	巾 帥	216	恨	254	日 昵	328	某	352
姞	170	帝	216	恒	254	昤	328	枰	353
娍	171	幺 幽	222	恆	254	昧	328	柏	353
姸	171	广 度	224	恍	255	昴	329	柄	353
娃	171	庠	224	恢	255	晒	329	柶	353

	查	353	洸	407	炸	447	甘 甚	490	砂	521
	柹	353	洞	407	点	447	田 甽	493	砕	521
	柖	353	洛	407	炡	447	界	493	研	521
	柟	353	洌	407	炷	447	畇	494	砌	521
	柿	353	流	407	炭	447	畓	494	示 祈	528
	枲	353	洑	407	炮	448	畏	494	祇	529
	柴	353	洩	407	炰	448	畋	494	衼	529
	染	354	洗	408	炫	448	疒 疥	499	祉	529
	栄	354	洒	408	炯	448	疫	499	内 禹	534
	枻	354	洙	408	爪 爰	460	癶 癸	505	禺	534
	柔	354	洵	408	爻 俎	461	発	505	禾 秔	536
	柚	354	洋	408	片 牉	463	白 皆	507	科	536
	柞	354	洚	408	牛 牲	465	皇	507	秕	536
	柱	354	洼	408	牴	465	皿 盃	509	秒	536
	枳	355	洹	409	犬 独	469	盆	509	秋	536
	柵	355	洟	409	狡	469	盈	509	穴 突	543
	柴	355	浄	409	狩	469	目 看	512	窀	544
	柁	355	洲	409	狠	469	眄	513	窈	544
	柝	355	津	409	玉 珂	477	眊	513	窋	544
	枰	355	浅	409	珏	477	眇	513	穿	544
止	歪	384	派	409	玫	477	眉	513	立 竗	547
歹	殃	386	海	409	玲	477	盼	513	竹 竿	550
	殂	386	洫	409	珉	478	相	513	笁	550
	殄	386	洪	409	珀	478	省	513	糸 紀	565
	殆	386	活	410	珊	478	盾	514	紃	565
殳	段	388	洵	410	玿	478	眈	514	約	565
比	毗	391	洽	410	珍	478	県	514	紆	566
	毘	392	火 炬	447	玻	478	眅	514	紂	566
	毖	392	炳	447	珌	478	矛 矜	519	紅	566
水	泉	405	炤	447	玹	478	矢 矧	520	紈	566
	洎	407	為	447	瓦 瓮	489	石 砒	521	紇	566

총획색인 10획

缶 缸	586		茅	626		計	681	韋 韋	810	俾	42
羊 羔	590		苜	626		訂	681	韭 韭	811	修	42
老 者	595		苗	626	貝 負	708	音 音	811	倏	42
而 耐	596		茆	626		貞	708	頁 頁	812	俺	42
	耑	596		茂	626	走 赳	719	風 風	818	倪	42
耳 耶	597		范	626		赴	719	飛 飛	819	倭	43
肉 胛	604		苻	626	車 軍	728	食 食	820	倚	43
	胆	604		若	626		軌	729	首 首	824	倧	43
	脉	604		茸	627	辵 迦	739	香 香	825	借	43
	胖	604		英	627		迲	739			倉	43
	背	604		苑	627		迫	739	**10획**		倡	43
	胚	604		苡	627		述	739	丿 乘	9	個	44
	胥	605		苧	627		迤	739	亠 亮	17	倩	44
	胃	605		苴	627		迪	739	人 個	39	値	44
	胤	605		苦	627		迭	740	倨	39	倬	44
	胄	605		苗	627		迢	740	倞	39	俵	44
	胎	605		苕	627		迨	740	倥	39	倖	44
	胞	605		苔	627		迥	740	俱	40	候	44
	胡	605		萃	628	邑 郊	756	倔	40	儿 党	61
至 致	615		苞	628		郞	756	倦	40	八 兼	65
臼 臾	616		苾	628		郁	756	倆	40	冖 冠	68
舟 舡	618	虍 虐	652		邢	756	倒	40	冥	68
艸 苛	624	虫 虹	654	酉 酊	759	倆	40	冢	68
	茄	625	行 衏	663		酋	759	倫	40	冤	68
	苣	625		衍	663	里 重	764	們	41	冢	68
	苽	625	衣 衿	666	阜 降	789	做	41	冫 凍	70
	苦	625		衲	666		陏	789	倍	41	凉	70
	苟	625		袂	666		陌	789	俳	41	凌	70
	苓	625		衽	667		限	789	倂	41	凊	70
	茉	625	西 要	675	面 面	808	俸	41	凋	71
	莓	625	言 計	681	革 革	808	俯	42	准	71

총획색인 10획

	凄	71	圄	135	寸 射	195	恝	252	挪	293
刀	剛	81	土 埋	143	将	195	恚	253	捏	293
	剞	82	城	143	尸 展	201	恋	253	挽	293
	剝	82	埃	143	屑	201	恕	253	挪	293
	剖	82	垸	143	展	202	息	253	挺	293
	剕	82	埇	143	山 島	206	恙	253	捐	293
	剡	82	埈	143	峯	206	恚	253	挹	293
	剤	82	夊 夐	156	峰	206	恩	254	挺	293
	剔	82	夊 夏	157	峨	206	恁	254	挫	293
力	勍	88	大 奘	163	峻	206	恣	254	振	293
工	匪	94	套	163	峭	206	恥	254	捉	294
厂	原	103	奚	163	峴	206	悃	255	捌	294
又	叟	107	女 娜	172	峽	206	惱	255	捕	294
口	哥	120	娘	172	工 差	212	悧	255	捍	294
	哽	121	娩	172	巾 帰	216	悚	255	挾	294
	哭	121	娑	172	帯	216	悦	256	攴 效	314
	唜	121	娠	172	師	216	悟	256	斗 料	319
	唐	121	娥	172	席	217	悁	256	方 旅	323
	哩	121	娟	173	帨	217	俊	256	旅	323
	唎	121	娫	173	广 庫	224	悌	256	旄	323
	哷	121	娛	173	庭	225	悄	256	旁	323
	唆	121	娣	173	座	225	悖	257	旃	323
	員	121	子 孫	181	弓 弱	234	悍	257	施	323
	唇	122	家	187	彡 彧	237	悔	257	日 晈	330
	哲	122	宮	187	彳 徑	241	戸 扇	281	晟	330
	哨	122	宵	187	徒	241	手 挙	290	晒	330
	唄	122	宸	187	徐	241	拳	291	時	331
	哺	122	宴	188	從	242	拿	291	晏	331
	哮	122	容	188	心 恐	252	挈	291	晃	331
囗	圇	135	宰	188	恭	252	捆	292	晉	331
	圃	135	害	188	恭	252	捃	292	晋	331

총획색인 10획

	晃	331	桎	358	浥	413	珞	478	白 皐	507
	晄	331	桌	358	浙	413	班	478	皿 盎	509
日	書	340	核	358	涎	413	珪	479	盆	509
	曺	340	桁	358	浚	413	珖	479	益	509
月	朔	342	桓	359	涕	413	珣	479	目 眛	514
	朕	342	栩	359	浸	413	珢	479	眠	514
木	栞	355	歹 殊	386	浿	413	珥	479	眥	514
	桀	355	殉	386	浦	413	珠	479	眞	514
	格	355	殘	387	海	413	珧	479	真	514
	桂	356	殳 殺	389	浹	414	珮	479	眩	514
	桍	356	殷	389	浩	414	珩	479	矢 矩	520
	框	356	气 氣	394	涍	414	珘	479	石 砬	521
	桃	356	氛	394	火 烓	448	珝	479	砥	522
	校	356	水 泰	405	烙	448	田 留	494	砦	522
	根	356	涇	410	烈	448	畝	494	砧	522
	桔	356	涅	410	烟	448	畔	494	破	522
	桃	357	涂	410	烏	448	畚	495	砰	522
	桐	357	浪	411	烝	449	畛	495	砭	522
	栗	357	流	411	烘	449	畜	495	砲	522
	栢	357	浬	411	烋	449	疒 痂	499	示 祛	529
	桑	357	涖	411	牛 特	465	疳	499	祄	529
	栖	357	浮	411	犬 狷	469	疽	499	祕	529
	栒	357	浜	411	狼	469	疼	499	祠	529
	栻	357	涉	411	狸	469	病	499	崇	529
	案	357	消	412	狻	469	疵	500	神	530
	桜	358	涑	412	狽	469	疸	500	祐	530
	桟	358	涓	412	狹	469	症	500	祖	530
	栽	358	涎	412	玄 玆	475	疹	500	祚	530
	栓	358	浣	412	玉 珙	478	疾	500	祇	530
	桙	358	浴	412	珖	478	疱	500	祝	530
	株	358	涌	412	珪	478	疲	500		

	祜	531	紛	567	脅	607	茼	630	豹	707
禾	秫	537	紗	567	脇	607	走 虔	652	以 貢	708
	秘	537	索	568	胸	607	虫 蚣	654	財	709
	秷	537	素	568	自 臭	614	蚪	654	走 起	719
	秧	537	純	568	至 致	615	蚊	654	身 躬	727
	袖	537	紜	568	舌 舐	617	蚌	654	車 軒	729
	租	537	紅	568	舟 般	618	蚓	654	辰 辱	737
	秦	537	紙	568	舫	618	蚕	654	辶 适	740
	秩	537	缶 缺	586	航	619	蚤	654	洒	740
	秤	537	网 罟	587	艸 芻	624	蚩	654	逃	740
穴	窈	544	罡	587	茶	628	衣 袞	666	迷	740
	窄	544	羊 羔	590	茫	628	衾	666	逄	740
	窆	544	羔	590	茗	628	衰	666	迸	741
立	竜	547	羽 翅	592	茯	628	袁	667	送	741
	竝	547	翁	592	茱	628	衷	667	送	741
	竚	547	老 耆	595	荀	628	袓	667	逆	741
	站	547	耒 耕	596	茹	629	袢	667	迹	741
竹	笈	550	耗	596	茸	629	袖	667	追	741
	笑	550	耘	596	茵	629	袗	667	退	741
	笆	550	耙	597	荏	629	袍	668	迴	742
	笏	551	耳 耿	597	茲	629	被	668	逅	742
米	粉	561	耼	598	茨	629	言 記	681	邑 邕	754
	粃	561	恥	598	荘	629	訕	681	郡	756
	粋	561	耽	598	荃	629	訊	681	郎	756
糸	紘	566	肉 胱	606	荑	629	託	682	郢	756
	級	567	能	606	荐	629	討	682	酉 配	759
	納	567	胴	606	茜	630	訌	682	酏	759
	紐	567	脈	606	草	630	訓	682	酌	759
	紋	567	脂	606	荇	630	訖	682	酒	760
	紊	567	脊	606	荊	630	豆 豈	704	酎	760
	紡	567	脆	606	荒	630	豸 豺	707	金 釜	766

	釧	766	偓	45	厂 厠	103	域	145	崑 207
	釘	766	偶	45	ム 參	104	堉	145	崛 207
	針	766	偉	46	口 啓	122	埠	145	崎 207
門	閃	782	僞	46	唊	122	執	145	崍 207
阜	陝	790	停	46	唳	123	堁	145	崙 207
	陞	790	偵	46	問	123	堆	145	崧 207
	院	790	做	46	商	123	女 婪	173	崇 207
	除	790	側	46	售	123	婁	173	崖 207
	陣	790	偷	47	啞	123	婦	173	崢 208
	陟	790	偏	47	唵	123	婢	173	崔 208
	陛	791	偪	47	唯	123	婭	174	巛 巢 211
	陷	791	偕	47	啁	123	婉	174	巾 帶 217
	陜	791	儿 兜	61	唱	124	婥	174	常 217
隹	隼	797	冂 冕	67	啜	124	娼	174	帷 217
	隻	797	冖 冨	69	唾	124	娶	174	帳 218
馬	馬	826	冫 減	71	啄	124	婆	174	广 康 225
骨	骨	831	几 凰	72	啣	124	婚	174	庶 225
高	高	833	刀 副	82	口 國	136	子 孰	181	庵 225
髟	髟	833	剩	83	圈	136	宀 寇	188	庸 226
鬥	鬥	834	剪	83	圉	136	寄	189	弓 強 234
鬯	鬯	835	力 勘	89	土 堌	143	密	189	張 234
鬲	鬲	835	動	89	堅	143	宿	189	彐 彗 236
鬼	鬼	836	勒	89	堀	144	寃	189	彡 彬 237
			務	89	埼	144	寅	190	彫 237
11획			勖	89	基	144	寂	190	彩 237
乙	乾	11	勹 匐	93	堂	144	宷	190	彪 238
人	假	44	匏	93	培	144	寸 尉	195	彳 得 242
	健	45	匕 匙	93	埠	144	將	196	徠 242
	偈	45	匚 區	95	埴	145	專	196	徘 242
	偰	45	匿	95	堊	145	尸 屛	202	徙 242
	倻	45	卜 高	100	堃	145	山 崗	207	

총획색인 11획

徜	242	厂 區	281	探	299	晞	333	桶	361
御	242	丁 据	294	掀	299	曰 曼	340	梟	362
從	242	控	294	攴 敎	315	曹	340	欠 欲	380
心 悉	255	掛	295	教	315	月 朗	342	歆	380
悪	256	掬	295	救	315	望	343	歹 殀	387
悠	256	掘	295	敏	315	木 桿	359	殳 殺	389
恩	257	捲	295	敍	315	梗	359	毛 毬	392
患	257	掎	295	敖	315	械	359	毫	392
悸	257	捺	295	救	316	梏	359	水 渓	414
悾	257	捻	295	敗	316	梱	359	涸	414
悼	258	掉	295	文 斎	319	梡	359	港	414
惇	258	掏	295	斗 斜	320	梁	359	淇	414
悶	258	掠	295	斜	320	梠	359	淖	414
悱	258	振	296	斤 斷	321	梨	360	淡	414
惜	258	排	296	斬	321	梅	360	淘	415
悛	259	捧	296	方 旋	323	梶	360	涼	415
惟	259	掊	296	旌	323	栖	360	淚	415
情	259	捨	296	族	324	梵	360	淪	415
惰	259	捿	296	无 旣	324	桴	360	淋	415
悰	259	掃	296	日 晃	331	梭	360	渋	416
慘	259	授	297	晚	331	梳	360	淅	416
悵	259	掖	297	晨	332	梧	360	淞	416
悽	260	掩	297	晤	332	梓	360	淑	416
惕	260	捉	297	晳	332	梲	361	淳	416
惘	260	接	297	晝	332	梃	361	淬	416
悴	260	措	298	晙	332	桯	361	深	416
悻	260	採	298	晡	332	梯	361	涯	417
惛	260	掇	298	晛	332	條	361	液	417
惚	261	捷	298	晧	332	梔	361	淤	417
夂 夏	278	捶	298	晥	332	梢	361	淹	417
戈 戚	278	推	298	晦	332	梔	361	淵	417

총획색인 11획

淫	417	猙	470	白 皐	507	第	551	耒 耝	597
淀	417	猝	470	皎	507	笒	552	耳 聃	598
淨	417	猖	470	皿 蓋	510	米 粒	561	聆	598
淛	418	玄 率	475	盛	510	粕	562	聊	598
淙	418	玉 球	480	盒	510	粘	562	聿 肅	601
淒	418	琅	480	盔	510	粗	562	肉 脚	607
淺	418	琉	480	目 眷	515	糸 紺	569	脛	607
添	418	理	480	眸	515	絅	569	腦	607
淸	418	琊	480	眼	515	経	569	脩	607
清	418	琁	480	眺	515	累	569	脣	607
淄	419	琇	480	石 硅	522	絆	569	脘	608
涸	419	珸	480	研	522	紲	569	脫	608
涵	419	琓	480	硃	523	細	569	脯	608
淏	419	琠	481	示 祥	531	紹	569	曰 春	616
混	419	斑	481	祭	531	紳	570	舟 舸	619
淮	419	現	481	祧	531	紫	570	舶	619
淆	419	瓜 瓠	488	票	531	紵	570	船	619
火 烽	449	瓦 瓶	489	禸 离	534	組	570	舳	619
焉	449	瓷	489	禾 移	538	終	570	舵	619
焌	449	甘 甜	490	穴 窕	544	紬	570	舷	619
烹	449	甛	490	室	544	紮	571	色 艴	621
焑	449	生 產	495	窓	544	絃	571	艸 莖	630
煮	449	田 略	495	立 竟	548	絋	571	荳	630
爻 爽	461	畧	495	章	548	缶 瓴	586	莉	631
牛 牽	466	異	495	竹 笭	551	羊 羚	590	莫	631
梨	466	畢	496	笠	551	羞	590	莩	631
犬 猎	470	畦	496	符	551	瓶	590	莎	631
猛	470	广 痒	501	笨	551	羽 翎	592	莘	631
猜	470	痩	501	笙	551	習	592	莪	631
猊	470	痔	501	笹	551	翌	592	莞	631
猗	470	痕	501	笛	551	翊	592	莠	631

莊	631	訳	683	逐	744	雨 雪	801	創	83
获	632	訛	684	通	744	零	801	割	83
荷	632	許	684	透	744	頁 頃	812	力 勞	89
英	632	豆 豉	705	逋	745	頂	813	勝	90
屯 處	652	家 豚	705	邑 郭	756	食 飢	820	勛	90
虛	652	貝 貫	709	郯	757	飡	821	十 博	98
虫 蛄	654	貧	709	都	757	首 馗	825	卩 卿	102
蛋	654	責	709	部	757	高 高	833	厂 厥	103
蛉	655	貪	710	郵	757	魚 魚	838	厨	103
蛇	655	販	710	耶	757	鳥 鳥	840	厦	103
蛆	655	貨	710	鄕	757	鹵 鹵	845	厶 粢	105
蛍	655	赤 赦	718	酉 酔	760	鹿 鹿	846	口 喝	124
行 術	664	足 跂	721	釆 釈	763	麥 麥	848	喀	124
衕	664	跌	721	里 野	764	麻 麻	848	喬	124
衣 袈	667	趾	721	金 釺	767	麻	849	喫	125
衰	667	車 軟	729	釣	767	龜 龟	860	單	125
袋	667	転	729	釵	767			喇	125
袷	668	辵 逥	742	釧	767	**12획**		嘵	125
袴	668	述	742	門 閉	782	人 傑	47	喪	125
袱	668	途	742	阜 陶	791	傔	48	善	126
褐	668	逗	742	陸	791	傀	48	啻	126
袛	668	連	742	陵	791	傍	48	喔	126
見 覓	676	逞	742	陪	791	傅	48	営	126
覔	676	逢	743	陣	792	備	48	喟	126
覚	676	逝	743	陲	792	傘	49	喩	126
言 訣	683	逍	743	陰	792	傖	49	啼	126
訥	683	速	743	陳	792	灬 焦	66	喘	126
訪	683	這	743	陝	792	冫 準	71	喆	126
設	683	逖	743	陷	792	几 凱	72	喋	126
訟	683	造	743	險	793	刀 剴	83	啾	126
訝	683	逸	744	隹 雀	797	剩	83	喊	127

총획색인 12획

	喚 127		婿 175		庚 226		憂 278		斐 319
	喉 127		媤 175		廁 226		扉 281		斌 319
	喧 127		媛 175		廢 226	手	掌 297	斤	斯 321
	喙 127		婷 175	弓	强 235		掣 298	日	景 333
	喜 127		媓 175		弾 235		揀 299		晷 333
口	圓 136	子	孱 181		弼 235		揭 299		普 333
	圍 136	宀	寐 190	彐	彘 236		揆 299		晳 333
土	堪 146		富 190	彡	彭 238		捏 299		晰 333
	堺 146		寔 190	彳	復 243		描 299		晬 333
	堝 146		寓 190		循 243		插 299		晻 333
	堵 146		寒 191		徧 243		挿 300		晹 333
	墾 146	寸	尋 196		徨 243		握 300		晶 333
	堡 146		尊 196	心	愿 257		搤 300		最 334
	報 146	尢	就 199		悶 258		揶 300		智 334
	堰 146	尸	屠 202		悲 258		揚 300		晴 334
	堧 146		属 202		惡 258		撑 300		皐 334
	堯 147	山	嵌 208		惠 260		掾 300	曰	曾 340
	塢 147		嵐 208		惑 260		搖 300		替 340
	場 147		嵋 208		惱 261		援 300		最 341
	堤 147		嵎 208		惰 261		揄 301	月	期 343
	堞 147		嵇 208		惺 262		揖 301		朞 343
	堭 147	己	巽 214		愕 262		提 301		朝 343
	堠 147	巾	帽 218		愉 263		換 301	木	檢 362
土	堉 155		幇 218		愀 263		揮 301		棨 362
	壹 155		幄 218		愓 264	支	敢 316		棍 362
	壺 156		幃 218		惻 264		敦 316		椁 362
大	奢 164		幀 218		惰 264		散 316		棺 362
	奠 164		幅 218		愎 264		敝 316		棬 362
女	媒 174		帿 218		惶 264		敞 316		棘 362
	媄 175	幺	幾 222		愃 264		敵 316		棋 362
	媚 175	广	廂 226	戈	戟 278	文	斑 319		某 363

棄	363	殳 殼	389	渭	422	牛 犂	466	甥	491
棠	363	殽	389	游	422	犇	466	甦	491
棹	363	毛 毳	392	湮	423	犀	466	田 畱	496
棟	363	水 渴	419	滋	423	犬 猫	470	番	496
棱	363	減	419	溅	423	猩	471	畬	496
棉	363	渠	420	渚	423	猥	471	畯	496
楡	363	湳	420	湔	423	猨	471	畳	496
棶	363	湍	420	渟	423	猶	471	畫	496
棒	363	湛	420	滇	423	猪	471	疋 疏	498
棚	363	渡	420	湊	423	猴	471	疎	498
椑	364	満	420	湫	423	玉 琨	481	疒 痓	501
森	364	湾	420	測	423	琯	481	痘	501
棲	364	渺	421	湯	424	琴	481	痢	501
植	364	渼	421	渝	424	琦	481	痞	501
椀	364	湄	421	港	424	琪	481	痛	501
椅	364	渤	421	湖	424	琳	481	癶 登	505
棧	364	湃	421	渾	424	琺	482	發	505
椄	364	深	421	渙	424	琫	482	白 皓	507
椋	365	渣	421	湟	425	琵	482	皮 皴	509
棗	365	湘	421	火 焞	450	琡	482	皿 盜	510
椋	365	渲	421	無	450	琰	482	目 睇	515
棣	365	渫	421	焙	450	琬	482	着	515
椒	365	湿	421	焚	450	琤	482	睍	515
椎	365	湜	421	燒	450	琪	482	矢 短	520
欠 款	380	渥	422	焠	450	琮	482	石 硬	523
欺	380	淵	422	然	451	琛	482	硫	523
欽	381	渶	422	焰	451	琢	482	硯	523
欽	381	温	422	焦	451	琸	482	硨	523
止 齒	384	渦	422	爪 爲	460	琶	482	硝	523
歹 殖	387	湧	422	片 牋	463	琥	483	禾 稈	538
殘	387	湲	422	牌	463	生 產	491	稂	538

총획색인 12획

	稅	538		絞	571		菅	632		蛮	655		診	685
	程	538		給	571		菊	632		蛙	655		評	686
	稍	538		絡	572		菌	632		蛛	655		詖	686
	稀	538		絲	572		董	632		蛭	655	豕	象	706
穴	窖	545		絮	572		萁	633		蛤	655	豸	貂	707
	窘	545		綊	572		萄	633		蚵	655	貝	貴	710
	窗	545		緘	572		萊	633	血	衆	663		貸	711
立	童	548		緺	572		菻	633	行	街	664		買	711
	竢	548		紙	572		菱	633	衣	裂	668		貿	711
	竦	548		絕	572		莽	633		裁	668		貢	711
	竣	548		経	573		萌	633		裙	669		費	711
竹	竿	552		統	573		菩	633		裡	669		貫	711
	筐	552		絢	573		葍	633		補	669		貳	711
	筋	552		絜	573		菲	634		裕	670		貽	712
	答	552		絵	573		菽	634	襾	覃	675		賃	712
	等	552	羽	翔	593		菴	634	見	覚	677		貯	712
	筏	552		翕	593		菀	634		覗	677		貼	712
	筴	553	老	耋	595		萎	634		視	677		貶	712
	筍	553	耳	联	598		葅	634		覘	677		賀	712
	筌	553	肉	腔	608		菁	634	角	觚	679	赤	赧	718
	策	553		腑	608		菖	634		觜	679	走	越	720
	筑	553		脾	608		菜	635	言	訶	684		趁	720
	筒	553		腎	608		萋	635		詁	684		超	720
	筆	553		腋	609		萃	635		詐	684	足	跏	722
米	粟	562		腕	609		菟	635		詞	684		距	722
	粤	562		腓	609		菠	635		訴	685		跋	722
	粢	562		脹	609		萍	635		詠	685		跌	722
	粧	562	舌	舒	617		華	635		詛	685		跎	722
	粥	562	舛	舜	618	虍	虜	652		証	685		跆	722
糸	絳	571	艸	菰	632		虛	652		詔	685		跛	722
	結	571		菓	632	虫	蛟	655		註	685		跑	722

車	軻	729	門	開	783	馬	馮	826		勛	91	女	嫁	175
	輕	729		間	783		馭	826	匚	匯	95		媿	175
	軾	729		開	783	黃	黃	850	厂	厥	103		媾	175
	輈	729		閔	783	黍	黍	850	口	嗛	127		媽	175
	輅	730		閏	784	黑	黑	851		嗜	128		媽	176
	軸	730		閑	784	黹	黹	853		嗣	128		嫂	176
辛	辜	735	阜	階	793					嗇	128		媳	176
辵	達	745		隊	793	**13획**				嗚	128		媼	176
	迸	745		隆	793	乙	亂	11		嗔	128		媛	176
	透	745		隋	793	亠	亶	17		嗟	128		媵	176
	逸	745		陽	793	人	傾	49		嗤	128		嫉	176
	週	745		隕	793		傴	49		嗅	128		嫌	176
	進	745		陞	794		僅	49	口	圓	136	子	孶	181
	逮	746		隈	794		僂	49		園	137	宀	寬	191
	逴	746		隅	794		傽	50	土	塏	147		寗	191
	道	746		隉	794		傷	50		塊	147		寝	191
邑	都	757		隍	794		僇	50		塘	148	小	尟	198
	鄂	757	隹	雇	798		傲	50		塗	148		尠	198
酉	酬	760		雅	798		傭	50		塞	148	山	嵩	208
	酢	760		雁	798		傳	50		塑	148		嵬	208
釆	釉	763		雄	798		債	51		塒	148		嵯	209
里	量	765		集	798		僉	51		塩	148	巾	幎	219
金	鈴	767	雨	雯	801		催	51		塋	148		幌	219
	鈞	767		雱	801		僄	51		塢	149	干	幹	221
	鈕	767		雲	801	刀	剷	84		塡	149	广	廊	226
	鈍	767	革	靭	808		剽	84		塚	149		廉	226
	鉄	767	韋	韌	810	力	勦	90		塔	149		廈	226
	鈸	767	頁	須	813		勤	90		塤	149	弋	弑	232
	鈗	768		順	813		募	90	士	壹	156	彐	彙	236
	鈔	768		項	813		勢	90	大	奥	164	彳	微	243
	鈑	768	食	飧	821		勣	91		奬	164		徭	244

총획색인 13획

心 感	261	搔	302	極	365	止 歲	384	煉	451
慾	261	損	302	楠	366	殳 殿	389	煤	451
慰	261	搜	303	楽	366	毁	390	煩	452
想	261	搶	303	楼	366	毀	390	煞	452
愁	262	搖	303	楞	366	水 溪	425	煬	452
愛	262	搢	303	棶	366	溝	425	煙	452
惹	262	搾	303	楣	366	溺	425	煐	452
愚	262	搶	303	楂	366	滔	425	煜	452
愈	263	搭	303	楔	366	溜	425	煒	452
意	263	搨	304	楹	366	滅	426	煮	452
慈	263	携	304	椰	366	溟	426	煑	453
愷	264	支 敬	316	楊	366	滂	426	煎	453
愿	264	数	317	業	366	溥	426	照	453
慊	265	敭	317	橡	367	溯	426	煥	453
愧	265	斗 斟	320	榲	367	溲	426	煌	453
慄	265	斤 新	321	楡	367	溫	426	煦	453
慎	265	方 旂	324	楢	367	溶	427	煊	453
愼	265	日 暇	334	椸	367	源	427	煇	453
慍	265	暖	334	楮	367	滋	427	熙	453
愴	266	暋	335	楨	367	溢	427	父 爺	461
慌	266	暑	335	楳	367	滋	427	片 牒	463
惺	266	暗	335	椙	367	滓	427	犬 獣	471
戈 戡	278	暘	335	楚	367	準	427	獅	471
戰	278	暎	335	楸	368	溱	428	猺	472
戠	279	暐	335	椿	368	滄	428	猿	472
手 推	302	暈	335	楕	368	溢	428	猾	472
搆	302	暄	335	楓	368	溷	428	玉 瑙	483
搗	302	暉	335	楷	368	滑	428	琿	483
搏	302	日 會	341	欠 歆	381	滉	428	瑞	483
搬	302	木 槪	365	歇	381	火 煢	451	瑄	483
摂	302	楔	365	歃	381	煖	451	瑆	483

瑟	483	睡	516	筠	553	腱	609	萩	638
瑛	483	眭	516	筮	554	腦	609	葡	638
瑀	483	睨	516	筵	554	腹	609	胡	638
瑗	483	睛	516	筻	554	腺	609	葷	638
瑋	483	睜	516	筷	554	腥	609	萱	638
瑜	484	睫	516	米 粳	562	腰	609	虍 虞	653
瑅	484	矢 矮	520	梁	562	腸	610	號	653
瑃	484	石 碁	523	粮	563	腫	610	虫 蜂	656
瑕	484	碓	523	粲	563	膝	610	蜉	656
瑚	484	碌	524	糸 絹	573	曰 舅	616	蜃	656
瑾	484	硼	524	經	573	舟 艀	619	蛾	656
瓦 瓶	489	碑	524	継	574	艅	619	蜈	656
甄	489	碎	524	綠	574	艇	619	蜎	656
甘 甞	490	碍	524	續	574	艸 葭	635	蜀	656
田 畺	496	碗	524	綏	574	葛	635	行 衙	664
畸	496	碇	524	綎	574	葵	635	衣 裘	669
當	497	示 禁	531	絛	574	董	636	裊	669
畫	497	祺	532	綌	574	落	636	裏	669
疒 痼	501	祿	532	网 罨	587	萬	636	衷	669
痰	502	稟	532	罪	587	葚	636	裟	670
痲	502	内 禽	534	置	588	萼	636	裔	670
痳	502	禾 稜	539	羊 羣	590	葯	636	裝	670
痹	502	稔	539	群	590	葉	637	裾	670
瘀	502	稠	539	羨	591	蒿	637	褂	670
痒	502	稙	539	義	591	葳	637	裸	670
痴	502	稚	539	耳 聘	598	葦	637	裶	671
皿 盟	510	稗	539	聖	598	英	637	褚	671
盞	510	稟	539	聿 肆	601	葬	637	裱	671
目 督	516	穴 窟	545	肅	601	著	637	角 觸	679
睦	516	立 竪	548	肄	601	葺	638	解	679
睥	516	竹 筧	553	肉 腳	609	葱	638	言 誇	686

총획색인 14획

詭	686	跟	723	酉 酪	760	睢	799	鼓	855
誄	686	跳	723	酩	760	雋	799	鼠 鼠	855
詳	686	路	723	酬	760	雄	799		
詵	687	跣	723	金 鉀	768	雨 零	802	**14획**	
誠	687	跡	723	鉅	768	雷	802	人 僑	52
詢	687	踐	723	鉗	768	電	802	僅	52
詩	687	車 較	730	鑛	768	電	802	僚	52
試	687	輅	730	鉤	768	靑 靖	806	僕	52
詣	688	軾	730	鈴	768	革 鞘	809	像	52
誉	688	載	730	鉑	768	靴	809	僧	52
詮	688	辛 辟	735	鉢	769	頁 頓	813	僥	53
誅	688	辭	736	鉏	769	頒	814	僞	53
詹	688	辰 農	737	鈹	769	頌	814	僭	53
該	688	辵 過	746	銖	769	預	814	僖	53
話	688	達	746	鉛	769	頑	814	僬	53
詼	688	道	746	鈺	769	項	814	僡	53
詡	689	遁	747	鉞	769	食 飯	821	儿 兢	61
詰	689	遂	747	鈿	769	殯	821	一 寫	69
豆 豊	705	遏	747	鉦	769	飫	821	几 凳	73
豕 豢	706	遇	747	鉄	769	飲	821	刀 剴	84
豸 貊	707	運	747	鉋	769	飭	821	劃	84
貉	707	違	748	鉍	770	馬 馴	826	匸 匱	95
貝 賈	712	遊	748	鉉	770	馳	826	厂 厭	104
賂	713	逾	748	門 閘	784	駄	826	厮	104
賃	713	適	748	阜 隔	794	髟 髡	833	口 嘉	128
資	713	遍	748	隙	794	鳥 鳩	841	嘔	129
賊	713	逼	748	隘	794	鳧	841	嘗	129
賄	713	退	749	隗	794	鹿 麗	846	嗽	129
足 跫	722	違	749	隕	795	黽 電	854	嗾	129
跨	723	邑 鄒	758	隹 雍	799	鼎 鼎	854	噴	129
跪	723	鄕	758	雌	799	鼓 鼓	855	嘆	129

총획색인 14획

부수	字	쪽	字	쪽	字	쪽	字	쪽	字	쪽
囗	團	137	寬	192	憎	268	槨	369	漠	429
	圖	137	實	192	憴	268	榴	369	滿	430
土	境	149	寤	192	愲	268	槃	369	漫	430
	墹	149	察	192	慘	269	榜	369	滲	430
	塴	150	寨	192	慚	269	榧	369	漩	430
	墓	150	寢	192	憾	270	榭	369	漱	431
	墺	150	對	197	慟	270	榘	369	漾	431
	墅	150	寸	屢	202	慓	270	樣	369	漁	431
	塾	150	尸	嶇	209	戈	截	279	榮	369	演	431
	墉	150	山	嶋	209	宁	寧	302	榕	370	漪	431
	塲	150	嶂	209	手	摳	304	榛	370	漳	431
	墠	150	嶄	209	摸	304	槎	370	滴	432
	塵	150	巾	幕	219	搽	304	槍	370	漸	432
	塹	150	广	廓	227	摘	304	榎	370	漕	432
士	壽	156	廎	227	摺	305	槌	370	漬	432
夕	夥	158	廋	227	摠	305	榻	370	漲	432
	夢	158	廖	227	摧	305	榥	370	滌	432
	夤	159	廎	227	攴	敲	317	欠	歌	381	滯	433
大	獎	164	彡	彰	238	斗	斡	320	歉	381	漆	433
	奪	164	心	慇	264	斤	斲	321	歹	殞	387	漂	433
女	嫗	176	愿	265	方	旗	324	毋	毓	391	漢	433
	嫩	176	慂	265	日	曁	336	气	氳	394	滸	434
	嫠	177	愿	266	暝	336	水	熒	428	滬	434
	嫦	177	慇	266	暢	336	溉	429	火	煽	454
	嫣	177	慈	266	暠	336	滾	429	熄	454
	嫡	177	態	266	木	榷	368	漚	429	熔	454
	嫜	177	慳	266	槀	368	漌	429	煐	454
子	孵	181	慷	267	槁	368	漣	429	熊	454
宀	寡	191	慨	267	槇	368	漉	429	熒	454
	寧	191	慣	268	槐	368	漏	429	煜	454
	寥	191	慢	268	構	368	漓	429	熏	454

爻	爾 462		睿 517	米	粹 563		聚 599		蒸 640
片	牓 463	石	磁 524		精 563	聿	肇 601		蒸 640
	牓 463		碣 524	糸	綱 574	肉	腐 608		蒼 640
牛	犖 466		碧 524		縈 574		膈 610		蓄 641
	犒 466		碩 525		綣 575		膏 610		蒲 641
犬	獄 471		磁 525		綺 575		臀 610		蒐 641
	獲 472	示	禊 532		緊 575		膊 610		蒿 641
	獐 472		福 532		綠 575		膀 610	虫	蜞 656
玉	瑰 484		禍 532		綸 575		腿 611		蜜 656
	瑯 484		禎 532		綾 575	臣	臧 613		蜚 657
	瑠 484		禔 533		網 575	至	臺 615		蜥 657
	瑪 484	禾	稻 540		綿 576	臼	與 616		蚣 657
	瑣 484		種 540		緋 576	舛	舞 618		蜿 657
	瑠 485		稱 540		綬 576	艸	蓋 638		蜘 657
	瑤 485	穴	窪 545		維 576		蒹 639		蜴 657
	瑢 485		窩 545		綽 576		蒟 639		蜻 657
	瑱 485		窬 545		綜 576		蒻 639	衣	裹 670
	瑨 485	立	竭 548		綢 576		蒙 639		裵 670
	瑳 485		端 549		綵 577		蒡 639		裳 671
瓦	甄 489	竹	箇 554		綴 577		蓑 639		裳 671
疋	疑 498		箝 554		總 577		蒻 639		製 671
疒	瘍 502		筵 554		緇 577		蒜 639		褐 671
	瘐 502		管 554		綻 577		蓆 639		褌 671
	瘖 502		箕 554	缶	缾 586		蔌 640		褙 672
	瘋 502		箔 555	网	罰 588		蒐 640		褓 672
皮	皴 508		箙 555		署 588		蓚 640		複 672
皿	監 510		算 555	羽	翡 593		蒼 640		褊 672
	盡 511		箏 555		翟 593		蒔 640		褘 672
目	睾 516		箋 555		翠 593		蒻 640	見	覡 677
	瞑 517		箚 555	耳	聞 599		蓉 640	角	觫 680
	睹 517		箠 555		聡 599			言	誩 689

15획

諼	689	逯	749	雜	799	**15획**		墨	151
誠	689	遛	749	需	802	人 價	53	墳	151
諤	689	遡	749	靑 靜	806	僵	54	墡	151
誼	689	遜	749	革 鞄	809	儉	54	增	151
読	689	遙	749	鞏	809	儌	54	墜	151
誣	689	遠	749	音 韶	811	儋	54	墮	151
誓	690	遞	750	頁 領	814	僻	54	墟	152
說	690	邑 鄙	758	頤	814	僿	54	大 奭	164
誦	690	酉 酸	760	頗	814	億	55	奫	165
語	690	酷	761	風 颳	819	儀	55	女 嬌	177
誤	691	醇	761	颱	819	僞	55	嬋	177
誘	691	金 鉸	770	食 飼	821	儈	55	嬌	177
認	691	銅	770	飾	821	氵 凜	71	嬉	177
誌	691	銘	770	飴	822	凛	71	宀 寬	193
誕	691	鉼	770	飽	822	刀 劍	84	寮	193
誨	692	銑	770	香 馝	825	劒	84	寫	193
豕 豪	706	銖	770	馬 駆	827	劇	84	審	193
豸 貍	707	銀	771	駁	827	劉	85	寫	193
貌	707	銓	771	駅	827	劈	85	尸 履	202
貝 賓	713	錢	771	駉	827	力 勳	91	層	203
賑	714	銃	771	駄	827	广 厲	104	山 嶠	209
赤 赫	718	銜	771	髟 髥	833	口 器	129	嶝	209
走 趙	720	鋮	771	髯	833	噴	129	嶢	209
足 踦	723	門 閣	784	鬼 魅	836	嘶	130	巾 幢	219
踴	724	関	784	魂	836	噎	130	幡	219
車 輕	730	閨	784	鳥 鳴	841	嘲	130	幞	219
輗	731	閩	784	鳳	841	囑	130	幟	219
輔	731	閥	784	鳶	841	嘴	130	幣	219
輒	731	閤	785	鼻 鼻	856	噓	130	广 廣	227
辛 辣	736	阜 障	795	齊 齊	856	嘻	130	廟	227
辵 遣	749	際	795	土 墩	151	廡	228

총획색인 15획

廝	228	憎	272	木 概	370	潰	434	熟	455
廛	228	憔	272	樑	371	潭	434	熱	455
廚	228	憚	272	權	371	潼	434	熬	455
廠	228	憬	272	樛	371	潦	434	熨	455
廢	228	戈 戮	279	槻	371	潾	435	片 牖	463
廾 弊	231	手 摩	304	槿	371	潤	435	牛 犛	466
弓 彈	235	摹	304	樑	371	潘	435	犬 獠	472
彡 影	238	摯	305	樓	371	潑	435	獠	472
彳 德	244	撚	305	模	371	潛	435	玉 瑩	484
徵	244	撓	305	樊	372	潰	435	瑾	485
徹	244	撞	305	樂	372	潽	435	瑧	485
心 慭	266	撈	305	樣	372	澁	435	璉	485
憩	267	撫	305	樟	372	潟	435	璃	485
慶	267	撲	306	槳	372	漸	435	璇	458
慮	267	撥	306	樗	373	潯	435	璋	485
慕	268	撒	306	槽	373	澆	435	琮	486
慾	268	撙	306	樅	373	澐	436	田 畿	497
慾	268	撰	306	樞	373	潤	436	广 瘤	502
憂	269	撤	306	標	373	潺	436	瘠	502
慰	269	撮	306	欠 歐	382	潛	436	瘧	503
慫	269	撑	307	歎	382	潛	436	瘦	503
慙	269	撐	307	歡	382	潮	436	瘞	503
慝	270	播	307	歹 殤	387	澍	437	瘟	503
慧	270	攴 敷	317	殳 毆	390	漼	437	瘡	503
憬	270	數	317	毅	390	澄	437	瘠	503
憤	270	敵	317	水 滕	425	澈	437	白 皚	507
憧	271	日 暮	336	潁	431	澎	437	皜	508
憐	271	暫	336	漿	432	澔	437	皞	508
憮	271	暲	336	潤	434	潢	437	皮 皺	508
憫	271	暴	336	澗	434	火 熲	454	皿 盤	511
憤	271	暳	337	潔	434	熜	455	目 瞋	517

瞋	517	箭	556	肉 膠	611	蝸	658	賣	714
瞎	517	節	556	膜	611	蝟	658	賠	714
石 磎	525	篇	556	膚	611	蝣	658	賦	714
碾	525	篋	557	膝	611	蝶	658	賜	714
磊	525	篁	557	腸	611	蝦	658	賞	715
碼	525	箴	557	膣	611	蝎	658	質	715
磐	525	米 糊	563	舌 舗	617	蝴	658	賛	715
磅	525	糸 縀	577	艸 蓮	641	蝗	658	賤	715
磋	525	練	577	蓼	641	行 衛	664	賢	715
磈	525	緬	577	蔓	642	衝	664	走 趣	720
磁	525	緜	577	蔦	642	衣 褒	672	足 踞	724
磋	525	緇	578	蔑	642	褥	672	踏	724
碟	525	緒	578	蔔	642	襁	672	踪	724
確	525	線	578	蓬	642	褪	673	踢	724
示 禛	533	緫	578	徒	642	言 課	692	踐	724
禾 稼	540	緣	578	蔘	642	談	692	車 輛	731
稽	540	緩	578	蔬	642	諒	692	輦	731
稿	540	緯	579	蓿	643	論	692	輪	731
稟	541	緝	579	蕁	643	誹	693	輟	732
穀	541	締	579	蔚	643	誰	693	輩	732
稻	541	編	579	蔭	643	諄	693	輧	732
稷	541	緘	579	蔗	643	閭	693	輗	732
稷	541	罒 罵	588	蔣	643	誼	693	輻	732
穴 窮	545	罷	588	蔯	643	諍	693	輝	732
窯	545	羊 羯	591	蔡	643	調	693	辵 遷	750
竹 範	555	羽 翫	593	蔕	643	諂	694	遨	750
箱	555	翦	593	蔥	643	請	694	適	750
篝	556	翩	593	華	644	誕	694	遭	750
箴	556	翬	593	虫 蝌	657	豆 豎	705	遮	750
箸	556	耒 耦	597	蟊	657	豌	705	遷	751
篆	556	耳 聯	599	蝕	657	貝 資	714	邑 鄲	758

	鄧 758	頁	頌 815	广	麼 849		壇 152	戈	戰 279
	鄰 758		頗 815	黍	黍 850		壁 152		戱 279
	鄭 758		頤 815	齒	齒 858		墳 152	手	撼 307
酉	醇 761		頡 815				墺 152		據 307
	醋 761	食	餃 822		**16획**		壅 152		撿 307
	醉 761		餅 822	人	儐 55		墻 153		擒 308
金	錄 771		養 822		儒 55	大	奮 165		撻 308
	鋒 772		餌 822		儕 56	女	嬴 177		擔 308
	鋤 772		餉 822		儔 56		嬖 177		據 308
	銷 772	馬	駕 827		儘 56	子	學 182		擗 308
	銹 772		駒 827	八	冀 66	宀	寰 193		擁 308
	銳 772		駑 827	冖	冪 69	寸	導 197		操 308
	銲 772		駙 827	冫	凝 71	山	嶪 209		擅 309
	鋌 772		駘 827	广	熙 72	广	廩 228		擇 309
	鑄 772		駐 827	刀	劍 85	弓	彊 235	支	斅 318
	錙 772		駝 828		劐 85	彐	彛 236		整 318
	鋪 772		駘 828		劑 85	彳	徹 245	日	曂 337
	鋏 773	彡	髮 833	力	勳 91	心	憨 270		曁 337
門	閭 785		髭 834	又	叡 107		憩 270		曇 337
	閱 785		髻 834	口	噉 130		德 271		曈 337
	閲 785	門	閙 834		噤 130		憑 271		曆 337
阜	隣 795	鬼	魅 836		器 130		憲 272		遹 337
	隤 795		魃 836		噴 131		意 272		曄 337
雨	霄 802		魄 836		噬 131		憾 273		曉 337
	霆 803	魚	魯 838		嘯 131		憺 273	木	橄 373
	震 803	鳥	鳧 841		噩 131		憹 273		橋 373
	霈 803		鴉 841		噪 131		憒 273		橇 374
靑	靚 806		鴈 842		噫 131		憶 273		橘 374
革	鞏 809		鴆 842	口	圜 137		懊 274		機 374
	鞍 809	麥	麩 848	土	墼 152		懈 274		橈 374
	鞋 809		麮 848		壞 152		懷 274		橙 374

樴	374	澌	439	薨	489	築	558	蕃	644
樸	374	澯	439	甎	489	米 穀	563	蕡	644
橃	374	濁	439	广 瘦	503	糗	563	蕣	644
橡	374	澤	439	瘼	503	糖	563	蕊	644
樹	375	澣	439	瘴	503	糸 縛	579	蕓	645
橤	375	澮	439	皿 盥	511	縊	579	蕎	645
檑	375	火 燉	455	盧	511	縕	579	蕤	645
樽	375	燈	455	目 瞠	517	縟	580	蕉	645
樵	375	燎	456	瞞	517	縡	580	蕩	645
橢	375	燐	456	瞢	517	縝	580	蔽	645
橐	375	燔	456	石 磬	526	縉	580	蕙	645
樺	375	燒	456	磨	526	緻	580	虫 螗	658
橫	375	燃	456	磧	526	縣	580	螟	658
憘	376	燕	456	磚	526	縞	580	融	659
欠 歙	382	燄	457	示 禦	533	网 罹	588	螢	659
止 歷	384	燁	457	禾 穆	541	羊 羲	591	行 衛	665
歹 殣	387	熾	457	穌	541	羽 翯	594	衡	665
殫	387	熹	457	穎	541	翰	594	衣 褰	672
毛 氅	393	熺	457	積	541	肉 膩	611	褋	673
水 激	437	犬 獣	472	穴 窺	546	膳	611	褸	673
濃	437	獨	472	窶	546	膵	611	褶	673
澾	438	獗	473	窻	546	膨	612	見 覦	677
澹	438	獪	473	竹 篙	557	至 臻	615	覧	677
濂	438	玉 璟	486	篝	557	臼 興	616	親	677
澧	438	璣	486	篤	557	舌 舘	617	言 諌	694
潰	438	璘	486	篚	557	舟 艘	620	諾	694
潚	438	璞	486	篦	557	艙	620	謀	694
澠	438	璡	486	篩	557	艸 蕎	644	謂	695
澳	438	璜	486	簑	557	蕨	644	諡	695
澱	438	瓜 瓢	488	簇	557	蕁	644	諶	695
潨	439	瓦 甌	489	篡	557	蕪	644	謁	695

	諝 695		輯 733		錠 774		餘 823		壑 153
	諺 695	辛	辨 736		錯 775		餐 823		壕 153
	謂 695		辦 736		錘 775	馬	駱 828		壎 153
	諭 696	辶	遼 751		錐 775		駭 828	女	嬪 178
	諛 696		遁 751		錙 775	骨	骸 832		嬰 178
	諸 696		遜 751	門	閣 785	門	閼 834		嬴 178
	諄 696		選 751		閹 785	魚	鮒 838	子	孺 182
	諸 696		遺 751		閾 785		鮎 838	尸	屨 203
	諜 696		遵 751		閭 785		鮑 838	山	嶺 209
	諦 696		暹 752		闇 786	鳥	鴿 842		嶼 209
	諷 697		遷 752	阜	隨 795		鴨 842		嶽 210
	譅 697	邑	鄹 758		隧 796		鴦 842		嶸 210
	諧 697	酉	醒 761		險 796		鴛 842		嶷 210
	諱 697		醍 761	隶	隷 797		鴟 842	弓	彌 235
豕	豫 706		醯 761	隹	雕 799		鴕 842	彳	徽 245
	豬 706		醐 762	雨	霍 803	麥	麴 848	心	懇 272
豸	貔 708	金	鋼 773		霖 803	黑	黔 851		憩 273
貝	賭 716		鋸 773		霙 803		默 851		懃 273
	賴 716		錮 773		霓 803	龍	龍 859		懋 273
	賱 716		錕 773		霑 803	龜	龜 859		應 274
	賻 716		錧 773	青	靜 806				懦 274
赤	赭 718		錦 773	革	鞘 809	**17획**		戈	戴 279
足	蹂 724		錡 773	韋	鞡 811	人	偽 56		戱 279
	蹀 724		錤 774	頁	頸 815		償 56	手	擊 307
	蹄 725		錽 774		頭 815		優 56		擎 307
	踵 725		錄 774		頻 815	力	勵 91		擘 308
車	輻 732		鉼 774		頰 815	口	嚀 131		擱 309
	輸 732		錫 774		頷 816		嚇 131		擡 309
	輭 733		錞 774		頽 816		嚎 131		擣 309
	輮 733		錚 774	食	餞 822	土	墻 153		擯 310
	輳 733		錢 774		餓 822		壓 153		擬 310

총획색인 17획

擠	310	澁	440	癘	504	糜	564	臆	612
擦	310	濕	440	癌	504	糞	564	膺	612
擢	310	濚	440	癈	504	糟	564	膾	612
支 斂	318	濡	441	白 皤	508	糸 縷	580	臣 臨	614
日 曖	338	濟	441	皿 盪	511	縲	580	艮 螁	620
木 檣	376	濬	441	目 瞰	517	繆	580	艸 薑	645
檀	376	濯	441	瞳	518	縻	581	蕾	645
檢	376	濠	441	瞭	518	繁	581	薐	646
檄	376	濩	441	瞥	518	縫	581	薇	646
檗	376	濶	441	瞬	518	繃	581	薄	646
檜	376	火 燮	457	矢 矯	520	繅	581	薛	646
檀	376	燧	457	矰	521	績	581	蕭	646
檗	376	營	457	石 磵	526	縣	581	薪	646
檣	377	燠	458	磻	527	績	581	薏	646
檍	377	燥	458	磯	527	縱	582	蕷	646
檃	377	燦	458	磴	527	總	582	薀	646
檣	377	燭	458	礁	527	纖	582	薔	647
櫍	377	爿 牆	462	磺	527	縮	582	薦	647
檥	377	牛 犧	467	示 禪	533	缶 罅	586	薤	647
檐	377	犬 獰	473	禫	533	网 闋	589	薙	647
檜	377	獲	473	禧	533	羽 翳	594	薨	647
欠 歜	382	獯	473	禾 穗	542	翼	594	虍 虧	653
歹 殭	388	玉 璥	486	穉	542	耳 聯	599	虫 螳	659
殮	388	璲	486	穴 窿	546	聲	599	螺	659
毛 氈	393	瑢	486	竹 簋	558	聳	599	螟	659
水 澤	439	璨	486	篷	558	聳	600	蟀	659
濤	439	環	487	篠	558	聰	600	蟋	659
濫	440	瓦 甑	489	簇	558	肉 膿	612	螽	659
濛	440	疒 癎	503	簣	558	膽	612	蟄	659
濮	440	療	503	筆	558	臀	612	衣 褻	673
濱	440			米 糠	564	臂	612	襄	673

총획색인 18획

	禪 673		避 752	頁 顋 816		瀃 274	火 燾 458
見 覰 677		邂 753	食 館 823	手 擧 309		燼 458
角 觳 680		還 753	餅 823	擾 310		燿 458
言 講 697	酉 醪 762		餞 823	擥 310		爀 458
謙 697		醯 762	首 馘 825	擲 310		燻 458
謄 698	金 鍵 775		馬 騁 828	據 311	爪 爵 460
謎 698		鍋 775	駭 828	擺 311	犬 獷 473
謐 698		鍛 775	駿 828	擴 311	獵 473
謗 698		鍍 776	魚 鮫 838	攴 斃 318	玉 璧 486
謝 698		鍊 776	鮮 838	斤 斷 321	璿 487
謨 698		鎦 776	鮟 839	日 曙 338	璠 487
謠 698		鍑 776	鳥 鴻 842	曜 338	瓦 甓 489
謚 699		鍔 776	鹿 麋 846	瞳 338	甕 490
谷 谿 704		鎂 776	麥 麵 848	月 朦 343	疒 癘 504
豁 704		鎔 776	麯 848	木 櫃 377	癖 504
貝 購 716		鍾 776	黍 黏 850	檮 377	癰 504
賻 716		鍬 776	黑 黛 851	權 377	癒 504
賽 716		鐵 776	點 851	檳 377	白 皦 508
走 趨 721	門 闌 786		黜 851	檻 377	目 瞼 518
足 蹇 725		閣 786	鼂 蔽 853	欠 歟 382	瞽 518
蹈 725		闈 786	鼻 鼾 856	止 歸 385	瞿 518
蹉 725		闓 786	齊 齋 857	歹 殯 388	瞻 518
蹠 725	阜 隱 796		龠 龠 861	水 瀆 441	石 礎 527
蹊 725		隱 796			瀘 442	示 禮 533
車 輿 733	隶 隸 797		**18획**		瀏 442	禾 穡 542
轅 733	隹 雛 799		人 儲 57	瀉 442	穢 542
輾 733	雨 霜 803		又 叢 107	潘 442	穴 竅 546
轄 733	霙 804		土 壙 153	瀁 442	窾 546
辵 邇 752	霞 804		壘 154	濺 442	竹 簡 558
邁 752	革 鞫 809		彐 彝 236	瀑 442	簣 559
邀 752	韋 韓 811		心 懟 274	瀅 442	簞 559

총획색인 19획

簾	559	蟯	660	鎌	777	馬 騎	828	子 孼	182
簪	559	蟲	660	鏄	777	騏	828	广 廬	229
簧	559	蟪	660	鎖	777	騈	829	心 懲	274
米 糧	564	衣 襟	673	鎖	777	騅	829	懶	275
糸 繙	582	襁	673	鎔	777	骨 髀	832	懣	275
繖	582	西 覆	675	鎰	777	鬼 魎	837	懷	275
繕	583	見 観	678	鏁	777	魍	837	手 攀	310
繞	583	覲	678	鎚	778	魏	837	日 曠	338
繟	583	角 觴	680	鎣	778	魚 鯁	839	曝	338
織	583	言 謳	699	鎬	778	鯉	839	木 櫚	378
缶 罇	587	謹	699	門 闕	786	鯈	839	櫟	378
羽 翹	594	謬	699	闖	786	鳥 鵑	842	櫓	378
翻	594	謨	699	闔	786	鵠	843	櫛	378
耒 穖	597	謫	699	阜 隳	796	鵡	843	櫝	378
耳 職	600	豆 豐	705	隹 雜	799	鵝	843	欠 歠	382
肉 臍	612	貝 贅	716	雙	799	鵞	843	水 瀣	442
臏	612	贄	716	雜	800	鹿 麒	846	濡	442
臼 舊	616	足 蹟	725	雛	800	麥 麴	848	瀘	442
艸 藁	647	蹤	726	革 鞫	809	黑 點	852	瀧	443
藍	647	蹠	726	鞠	809	鼓 鼕	855	瀨	443
藐	647	蹙	726	鞭	810			瀕	443
薩	648	身 軀	728	鞦	810	**19획**		瀛	443
薯	648	車 轍	734	鞭	810	人 儳	57	瀜	443
薁	648	轉	734	頁 顎	816	力 勸	91	瀦	443
蕭	648	辵 邂	753	顏	816	口 嚳	131	瀚	443
藉	648	邃	753	額	816	嚬	132	瀚	443
藏	648	邇	753	顒	816	嚥	132	瀣	443
薺	648	酉 醫	762	題	817	嚮	132	火 爆	459
薰	648	醬	762	顋	817	土 壞	154	片 牘	463
蟲 蟠	659	里 釐	765	風 颶	819	壟	154	牛 犢	467
蟬	660	金 鎧	777	香 馥	825	壘	154	犬 獸	473

총획색인 20획

獺	473	羶	591	贈	717	願	817	日 曦	338
玉 璽	487	肉 臘	613	贊	717	顚	817	月 朧	344
瓊	487	舟 艦	620	足 蹶	726	馬 騙	829	木 櫪	378
瓛	487	色 艷	621	蹴	726	魚 鯨	839	櫨	378
瓜 瓣	488	艸 藤	649	車 轎	734	鯤	839	櫰	378
田 疆	497	藜	649	轍	734	鯖	839	水 瀾	443
疇	497	藩	649	辛 辭	736	鳥 鷄	843	瀲	444
疒 癡	504	藪	649	辵 邊	753	鵬	843	瀰	444
目 矇	518	藥	649	酉 醮	762	鶉	843	瀟	444
石 礙	527	藝	649	醰	762	鵲	843	瀯	444
礦	527	藕	649	醯	762	鹿 麒	847	瀚	444
示 禰	534	虫 蠍	660	金 鏗	778	麗	847	火 爐	459
禱	534	蟾	660	鏡	778	麓	847	爍	459
禾 穩	543	蠅	660	鏤	778	麥 麴	848	牛 犧	467
穧	543	蟻	660	鏋	778	帶 黼	853	犬 獻	474
穴 竆	546	蠆	661	鏖	778	龍 龐	859	獼	474
竹 籟	559	蜀	661	鏞	778			玉 瓏	487
簿	559	蟹	661	鏘	779	**20획**		疒 癢	504
簫	559	衣 襤	674	鏑	779	力 勸	91	癥	504
簽	559	襦	674	鏃	779	口 嚳	132	目 矍	518
簾	559	西 覇	675	門 關	787	嚶	132	石 礪	527
糸 繭	583	覈	675	阜 隴	796	嚴	132	礫	527
繫	583	言 譏	699	隹 難	800	土 壤	154	礬	527
繰	583	譚	699	離	800	夊 夔	157	穴 寶	546
繡	583	識	700	雨 霧	804	女 嬬	178	立 競	549
繩	584	譌	700	霪	804	孀	178	竹 籃	560
繹	584	證	700	非 靡	807	子 孽	182	籍	560
繪	584	譖	700	韋 韜	811	心 懸	275	籌	560
网 羅	589	譎	700	音 韻	812	懺	275	米 糯	564
羊 羹	591	譁	700	頁 類	817	手 攘	311	糸 繾	584
羸	591	貝 贇	717	穎	817	攴 嚴	318	繼	584

	辯	584		躁	726	鹵 鹹	846	瓔	487	鐫	779
	辮	585		躅	726	麥 麵	848	广 癨	504	鐵	779
	纂	585	身	軆	728	黑 黯	852	癩	504	鐸	780
缶	罍	587	車	轙	734	黨	852	石 礴	527	鐶	780
羽	耀	594	酉	釀	762	鼠 鼱	855	穴 竈	546	門 闥	787
肉	臙	613		醴	762	齒 齡	858	竹 籍	560	雨 霹	804
舟	艦	620	采	釋	763	齟	858	糸 續	585	霸	805
艸	藿	649	金	鐥	779			纏	585	頁 顧	817
	蘆	650		鏽	779	**21획**		纉	585	顥	818
	蘭	650		鐘	779	人 儺	57	艸 蓮	651	風 飆	819
	蘋	650		鐐	779	儷	57	蘭	651	飇	819
	蘇	650		鏽	779	口 囁	132	藥	651	飛 鷁	820
	藹	650	門	闡	787	囀	132	蘚	651	食 饋	823
	藥	650	雨	露	804	囂	132	藥	651	饑	823
	蘊	650		霞	804	尸 屬	203	虫 蠟	661	饍	824
	藷	650	風	飄	819	山 巍	210	蠣	661	饒	824
	藻	650	食	饉	823	心 懼	275	蠡	661	饌	824
虫	蠕	661		饅	823	憪	275	蠢	661	馬 驅	829
衣	襪	674	香	馨	825	懺	276	衣 襯	674	驃	830
見	覺	678	馬	騫	829	手 攝	311	見 覽	678	驀	830
角	觸	680		騰	829	攜	311	言 譴	701	驁	830
言	警	700		騷	829	日 曩	338	譽	702	鬼 魔	837
	譜	701		驍	829	木 欄	378	護	702	魚 鰭	840
	譬	701	門	鬪	834	櫓	378	貝 贓	717	鰻	840
	譁	701	魚	鰒	839	櫰	379	足 躍	726	鳥 鷄	843
	譯	701		鰓	839	櫻	379	躊	727	鶺	844
	議	701		鰐	839	歹 殲	388	車 轟	734	鶯	844
	譟	701		鰌	839	水 灌	444	轝	734	鶴	844
貝	贍	717		鰍	840	澄	444	艦	735	鶻	844
	贏	717		鰕	840	火 爛	459	辛 辯	737	鹿 麝	847
足	蹯	726	鳥	鷲	843	玉 珊	487	金 鐺	779	黑 黯	852

22획

齊	齋	857		穎	560	魚	鰊	840
齒	齧	858	米	糶	564		鰻	840
龠	龡	861	网	羇	589		鼇	840
			耳	聾	600	鳥	鷗	844

22획

土	疊	17		聽	600		鷖	844
人	儻	57	肉	臟	613		鷙	844
	儼	57	舟	艫	620	齒	齬	858
口	囊	133	衣	襲	674		齦	858
	囈	133	言	讀	702	龍	龕	859
	囉	133		讋	702		龔	859
	囍	133		讆	702			
山	巒	210	貝	贖	717	**23획**		
	巓	210		贗	718	山	巖	210
弓	彎	235	足	躔	727	心	戀	276
心	懿	276		躑	727	手	攣	311
手	攢	311	車	轢	735		攪	312
	攤	312		轡	735		攫	312
木	權	379	金	鑑	780	日	曬	339
	欐	379		鑒	780	木	欒	379
欠	歡	382		鑄	780		欑	379
水	灑	444		鑌	780	玉	瓚	488
	灘	444	雨	霽	805	疒	癰	505
玉	瓘	488	革	韃	810	竹	籥	560
田	疊	497	音	響	812		籤	560
疒	癬	505	頁	顬	818	糸	織	585
示	禳	534	食	饔	824		纓	585
禾	穰	542		饗	824		纔	585
穴	竊	546	馬	驕	830	艸	蘿	651
竹	籙	560		驍	830		薩	651
	籠	560	髟	鬚	834	虫	蠲	661

			鬯	鬱	835		蠱	661

				鑾	662	口	囑	133
			西	覉	675	手	攬	312
			言	變	702	水	灝	444
				讎	703	疒	癲	505
				讐	703	目	矗	519
				讌	703	缶	罐	587
			車	轣	735	网	羈	589
			辵	邏	753	色	艶	621
			金	鑛	780	虫	蠹	662
				鑢	781		蠶	662
				鑠	781	行	衢	665
			面	靨	808	言	讓	702
			音	護	812		讒	702
			頁	顯	818		識	702
			食	饜	824	酉	釀	763
			馬	驚	830	雨	靈	805
				驛	830		靁	805
				驗	831	革	韆	810
			骨	髓	832	頁	顰	818
				體	832	馬	驟	831
				髑	832	髟	鬢	834
			髟	鬟	834	門	鬮	835
			魚	鱗	840	鳥	鷹	845
				鱉	840	鹵	鹽	846
			鳥	鷺	844	黽	鼇	854
				鷲	845	齒	齷	858
				鷸	845			
			鹿	麟	847	**25획**		
			黑	黴	852	广	廳	229

24획

木	欖	379

水 灣	445	心 戀	276
竹 籬	561	豆 豔	705
邊	561	金 鑿	781
米 糶	564	馬 驪	831
糸 纛	585	鳥 鸚	845
纘	586		
虫 蠻	662	**29획**	
襾 覊	675	火 爨	459
見 觀	678	馬 驥	831
酉 釁	763	匚 鬱	835
金 鑰	781	鳥 鸛	845
頁 顯	818		
髟 鬚	834	**30획**	
黽 鼈	854	鳥 鸞	845
		鸝	845
26획			
水 灪	445	**33획**	
言 讚	703	麁 麤	847
馬 驦	831		
驢	831		

27획

糸 纘	586
言 讞	703
足 躪	727
金 鑾	781
鑽	781
魚 鱸	840
黑 黷	852

28획

넥서스실용옥편

넥서스사전편찬위원회 편

一 부

一 한 일 部

'一' 자는 하나의 선으로 표현한 글자로, 숫자의 처음인 '하나' 라는 뜻으로 쓰인다. 그 밖에 일등(一等)처럼 '첫째', 유일(唯一)이나 전일(專一)처럼 '오로지', 일체(一切)에서처럼 '모두'의 뜻으로도 쓰인다. 그러나 이 글자를 부수로 갖는 글자의 뜻이나 음에는 영향을 주지 않는다.

一

⓪ 1획
한 일
[日]イチ·イッ·ひとつ
[中]yī

一

* 지사. 한 손가락을 옆으로 펴거나 나무젓가락 하나를 옆으로 뉘어 놓은 모양을 나타낸 글자. '하나' 의 뜻으로 쓰임.

[풀이] 1. 하나. ¶一當百 2. 첫째. 3. 같다. 동일하다. 4. 온. 모두. 전체. ¶一生 5. 오로지.

一家(일가) 1)한집안. 2)성과 본이 같은 사람들. 3)학문 · 예술 등의 영역에서 하나의 독자적인 체계를 이룬 상태.

一擧兩得(일거양득) 한 번의 일로 두 개의 이득을 봄.

一念(일념) 한결같은 마음이나 생각. 한마음.

一當百(일당백) 한 명이 백 명을 감당함. 매우 용맹함을 이르는 말.

一網打盡(일망타진) 한 번의 그물질로 모두 잡아버린다는 뜻으로, 어떤 무리를 한꺼번에 모조리 잡음을 이르는 말.

一生(일생) 사는 동안. 평생.

一心同體(일심동체) 여러 사람의 뜻이나 행동이 한 명처럼 움직임.

一躍(일약) 1)한 번 뜀. 2)지위 · 등급 등이 갑자기 뛰어오르는 모양.

一場春夢(일장춘몽) 한바탕의 봄꿈. 인간 세상의 덧없음을 비유하는 말.

一片丹心(일편단심) 한 조각의 붉은 마음. 즉, 진정에서 우러나오는 변치 않는 마음.

唯一(유일) 오직 단 하나.

[유] 壹(한 일)

丁

① 2획
넷째 천간 정
[日]テイ·チョウ
[中]dīng

一 丁

* 상형. 못의 모양을 본뜬 글자.

[풀이] 1. 넷째 천간. 오행에서는 불(火). 방위로는 남쪽에 해당함. 2. 장정. 성인 남자. ¶壯丁 3. 남자 일꾼. 인부. 4. 당하다.

丁年(정년) 만 20세. 성년.

兵丁(병정) 군사.

壯丁(장정) 성인 남자.

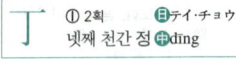

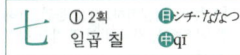

七

① 2획
일곱 칠
[日]シチ·ななつ
[中]qī

一 七

* 지사. 다섯 손가락을 위로 펴고 나머지 손의 두 손가락을 옆으로 편 모양을 나타낸 글자. '일곱' 의 뜻을 나타냄.

[풀이] 일곱. 일곱 번. 일곱 번째.

七夕(칠석) 음력 7월 7일. 견우와 직녀가 만난다는 날.

七言(칠언) 한 구가 일곱 자로 된 한시(漢詩).

七絃琴(칠현금) 줄이 일곱 개인 거문고.

[비] 匕(비수 비)

万

② 3획
일만 만
[日]マン·バン
[中]wàn

[풀이] 일만(10,000). '萬(일만 만)' 의 약자.

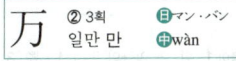

유 萬(일만 만) 비 方(모 방)

② 3획 日サン・みつ
석 삼 中sān

一 二 三

* 지사. 세 손가락을 옆으로 편 모양을 나타내어 '셋'이라는 뜻을 나타냄.

풀이 1. 셋. 세 번. 세 번째. ¶三顧草廬 2. 자주. 거듭. ¶再三

三綱(삼강) 유교 도덕에서 기본이 되는 세 가지 도리. 곧, 군위신강(君爲臣綱)·부위자강(父爲子綱)·부위부강(夫爲婦綱).

三顧草廬(삼고초려) 세 차례나 초가집을 방문한다는 뜻으로, 인재를 맞아들이기 위해 노력함을 이르는 말.

三昧(삼매) 오직 한 가지 일에만 정신을 집중함. 삼매경(三昧境).

三三五五(삼삼오오) 몇 명씩 떼를 지어 다니는 모양.

三十六計(삼십육계) 1)손자병법에 나온 36가지 계략. 2)뺑소니치는 일.

三日天下(삼일천하) 3일 동안 천하를 얻음. 곧, 지극히 짧은 기간 정권을 잡음.

三尺童子(삼척동자) 키가 세 척밖에 안 되는 어린아이라는 뜻으로, 철모르는 어린아이를 이르는 말.

再三(재삼) 거듭. 자주.
유 參(석 삼)

② 3획 日ジョウ・ショウ・うえ
위 상 中shàng, shǎng

ㅣ ㅏ 上

* 지사. '一(한 일)' 위에 짧은 가로획을 그어서 '위'의 뜻을 나타냄.

풀이 1. 위. 2. 임금의 존칭. ¶上監 3. 높다. 높이다. 4. 오르다. 올리다. ¶引 上 5. 첫째. 최초.

上監(상감) 임금의 높임말.

上命下服(상명하복) 윗사람은 명령하고 아랫사람은 복종함.

上昇(상승) 위로 올라감. 상승(上升).

上程(상정) 의안을 회의에 내놓음.

上策(상책) 훌륭한 계책이나 계략. 상계(上計).

上行(상행) 1)위쪽으로 향함. 2)지방에서 서울로 올라감.

引上(인상) 1)끌어올림. 2)물건 등의 값을 올림.

頂上(정상) 1)산꼭대기. 2)그 이상 더 없는 것. 최상. 3)최상급의 지도자.

向上(향상) 1)위로 향하여 나아감. 2)좋아짐.

만 下(아래 하)

② 3획
與(p616)의 俗字

② 3획 日ジョウ・たけ
어른 장 中zhàng

一 ナ 丈

* 회의. '十(열 십)'과 손을 나타내어 '한 뼘' 또는 '한 자'의 의미를 지닌 '又(또 우)'를 합친 글자. 이에 한 자가 열 개 모인 것을 나타내어 '열 자'라는 뜻으로 쓰임.

풀이 1. 어른. ¶丈夫 2. 길이의 단위. 1척(尺)의 10배. ¶丈尺

丈夫(장부) 1)성인 남자. 2)재능이 많은 사람.

丈人(장인) 아내의 친정 아버지.

丈尺(장척) 열 자 길이의 장대로 된 자.

氣高萬丈(기고만장) 기운이 만장이나 뻗친다는 뜻으로, 일이 뜻대로 되어 씩씩한 기운이 크게 뻗침을 이르는 말.

老人丈(노인장) 노인. 어르신.
비 文(글월 문) 才(재주 재) 大(큰 대)

下 ②3획 ❘日カ·ゲ·した
아래 하 ❘中xià

一 丅 下

*지사. 기준선(一) 아래에 짧은 가로획을 그어서 '아래', 낮은 쪽'의 뜻을 나타냄.

[풀이] 1. 아래. 밑. ¶門下 2. 뒤. 후. 나중. 3. 낮다. 낮추다. ¶格下 4. 하등의 것. 낮은 지위. 아랫사람. 5. 내리다. 내려가다. ¶下降 6. 물리치다.

下降(하강) 1)아래로 내려감. 떨어짐. 2)공주가 신하에게 시집가는 일.
下剋上(하극상) 신분이 낮은 사람이 윗사람을 꺾음.
下女(하녀) 계집종. 여자 하인.
下達(하달) 윗사람의 뜻을 아랫사람에게 전달함.
下賜(하사) 임금이 신하에게 물건을 내려 줌.
下獄(하옥) 감옥에 가두거나 갇힘.
下學上達(하학상달) 1)아래로는 인간의 도리를 배우고 위로는 하늘의 도리에 도달함. 2)쉬운 것에서부터 점차 깊은 학문에 이름.
格下(격하) 자격이나 등급·지위 등을 낮춤. ↔격상(格上).
門下(문하) 1)스승의 밑. 또는 스승의 집. 2)문하생이 드나드는 권세 있는 집.
[반] 上(위상)

丐 ③4획 ❘日カイ·こう
빌 개 ❘中gài

[풀이] 1. 빌다. 구하다. ¶丐命 2. 걸인. 걸식. ¶丐乞

丐乞(개걸) 1)구걸하며 먹음. 2)거지. 걸인.
[유] 乞(빌 걸) [비] 丐(기릴 면) 焉(어찌 언)

不 ③4획 ❘日フ·ブ
아닐 부·불 ❘中bù, Fōu

一 ア ブ 不

*상형. 나는 새를 본뜬 글자. 새가 하늘로 날아 올라가서 내려오지 않음을 나타내어, '…하지 않다', '…은 아니다'의 뜻으로 쓰임.

[풀이] 아니다. …하지 않다. ¶不絜
不當(부당) 이치에 맞지 않음.
不得不(부득불) 하는 수 없이. 불가불(不可不).
不在(부재) 그곳에 있지 않음.
不可思議(불가사의) 1)헤아릴 수 없는 오묘한 이치나 가르침. 2)상식으로는 생각할 수 없는 이상한 일.
不潔(불결) 1)깨끗하지 못함. 2)마음이 순수하지 못함.
不老長生(불로장생) 늙지 않고 오래 삶.
不問曲直(불문곡직) 옳고 그름을 묻지 않음. 곧, 제멋대로 함.
不死身(불사신) 1)어떤 고통에도 견디어 내는 굳센 몸. 2)어떤 곤란을 당해도 의지나 힘을 잃지 않는 사람.
不夜城(불야성) 등이 환하게 밝혀져 대낮같이 밝은 번화한 거리.
不義(불의) 옳지 않은 일.
不治(불치) 1)병이 낫지 않음. 병을 고칠 수 없음. 2)정치가 잘못됨.
不快(불쾌) 마음이 유쾌하지 않음. 기분이 좋지 않음.
不平(불평) 마음에 안 들어 못마땅하게 여김. 또는 그것을 말이나 행동으로 드러냄.
不幸(불행) 1)운수가 나쁨. 2)행복하지 못함.
[유] 否(아닐 부) [반] 正(바를 정)
[비] 丕(클 비)

丑 ③4획 ❘日チュウ·うし
소 축 ❘中chǒu

フ ヲ 丑 丑

*상형. 손가락을 구부린 손을 본뜬 글자. 원래는 '손'의 뜻으로 쓰이다가 후에 가차하여 십이지(十二支)의 둘째 글자로 쓰임.

[一 4획] 丘丙丕世且

풀이 소. 십이지의 두 번째. 오행에서는 흙(土), 방위로는 북동쪽, 시각으로는 십이시의 둘째인 오전 1시~3시, 달로는 소의 달인 음력 12월에 해당함. ¶丑時

丑時(축시) 1)십이시의 둘째 시인 오전 1~3시. 2)이십사시의 셋째 시인 오전 1시 30분~ 2시30분.

유 牛(소 우) **비** 五(다섯 오)

丘 ④ 5획 **日** キュウ・おか **中** qiū
언덕 구

ノ 厂 斤 斤 丘

* 상형. 봉우리 가 두 개인 작은 산의 모양을 본뜬 글자.

풀이 1. 언덕. 동산. 작은 산. ¶丘陵 2. 무덤. 묘. ¶丘墓

丘陵(구릉) 언덕, 조그만 산.

丘墓(구묘) 무덤. 분묘(墳墓).

丘墟(구허) 1)황폐한 유적. 폐허(廢墟). 2)언덕.

유 岸(언덕 안)

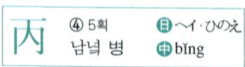
丙 ④ 5획 **日** ヘイ・ひのえ **中** bǐng
남녘 병

一 ア 戸 丙 丙

* 상형. 희생물을 얹는 큰 받침대의 모양을 본뜬 글자. 천간(天干)의 세 번째 글자로 쓰임.

풀이 남녘. 십간의 세 번째. 오행에서는 불(火), 방위로는 남쪽에 해당함.

丙夜(병야) 삼경(三更). 저녁 11시부터 그 이튿날 오전 1시 사이.

유 南(남녘 남) **內**(안 내)

丕 ④ 5획 **日** ヒ・おおきい **中** pī
클 비

풀이 1. 크다. 성행하다. ¶丕基 2. 처음. 으뜸. ¶丕子

丕基(비기) 큰 기초. 큰일을 이루기 위한 초석. 홍기(鴻基). 대기(大基).

丕子(비자) 임금의 적자(嫡子). 태자(太子).

丕顯德(비현덕) 1)크게 밝은 덕. 2)덕을 크게 드러냄.

유 巨(클 거) 太(클 태) 大(큰 대)

비 不(아닐 부)

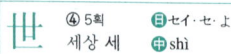
世 ④ 5획 **日** セイ・セ・よ **中** shì
세상 세

一 十 卄 廿 世

* 회의. '十(열 십)'을 세 개 이어 쓴 글자 이며 30년을 나타내며, 한 세대를 대략 30년으로 하므로 '세대'의 뜻으로 쓰임.

풀이 1. 세상. 세간. ¶現世 2. 대(代). 세대. 대대. ¶世襲 3. 때. 시절. 시대. ¶世局 4. 말. ¶世子

世界(세계) 1)이 세상. 2)모든 나라. 3)우주. 천지. 지구. 4)같은 부류의 사회. 5)사물 현상의 특수한 범위.

世交(세교) 대대로 사귀어 온 교분.

世局(세국) 시대의 정세.

世紀末(세기말) 1)한 세기의 끝. 2)어떤 사회가 융성기를 지나서 퇴폐적인 사회 현상을 나타내는 비정상적인 상태나 경향.

世論(세론) 세상의 여론. 의론. 물론(物論).

世俗(세속) 1)세상. 2)세상 풍속. 3)세상 사람.

世襲(세습) 대대로 물려받음.

世子(세자) 왕위를 이을 아들. 왕세자(王世子).

世尊(세존) 석가모니를 높여 부르는 말.

世態(세태) 세상의 형편 또는 상태.

現世(현세) 1)이 세상. 현재(現在). 2)불교에서 이르는, 삼세(三世)의 하나. 지금 살고 있는 세상.

유 代(시대 대)

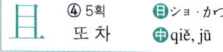
且 ④ 5획 **日** ショ・かつ **中** qiě, jū
또 차

[一 5~7획] 两 丞 並 [ㅣ 0~3획] ㅣ 个 丫 中

丨 丆 冃 且 且

*상형. 고기를 수북이 담아 신에게 바치는 제사상 모양을 본뜬 글자. 후에 '또', '가령'이라는 뜻으로 많이 쓰임.

풀이 1. 또. 게다가. 2. 잠시. 우선. 3. 구차하다. ¶苟且

且戰且走(차전차주) 한편으로는 싸우면서, 한편으로는 달아남.
苟且(구차) 매우 가난함.
유 又(또 우) **비** 目(눈 목) 旦(아침 단)

⑤ 6획
兩(p62)의 俗字

⑤ 6획
도울 승
🇯ジョウ
・たすける
🇨chéng

*회의. 밒(㔾)에서 좌(屮)·우(又)의 손으로 임금을 돕는 사람인 정승을 나타낸 글자.

풀이 1. 돕다. 도움. 2. 벼슬 이름. ¶丞相

丞相(승상) 우리나라의 정승에 해당하는 중국의 옛 벼슬 이름. 재상(宰相).
유 助(도울 조) **비** 承(받들 승)

⑦ 8획
竝(p547)의 俗字

ㅣ 부

ㅣ 뚫을 곤 部

'ㅣ'자는 수직선 모양을 한 글자로 위와 아래로 서로 통한다는 의미를 지닌다. 그러나 'ㅣ'자는 하나의 독립된 문자로서의 역할을 하지 못하고 다른 글자가 구성될 때 필획(筆劃)에 도움을 줄 뿐이다.

⓪ 1획
뚫을 곤
🇯コン
🇨gǔn

풀이 뚫다. 위아래로 통함.
비 亅(갈고리 궐)

② 3획
낱 개
🇯カ・コ
🇨gè

풀이 낱. 낱개.
유 個(낱 개) 箇(낱 개) **비** 介(끼일 개)

② 3획
가장귀 아
🇯ア・あずまき
🇨yā

*상형. 나무 끝이 갈라져 있는 모양을 본뜬 글자.

풀이 1. 가장귀. 어떤 물건의 끝이 둘로 갈라진 것. 2. 총각. 가장귀지게 묶은 머리.

③ 4획
가운데 중
🇯チュウ・なか
🇨zhōng, zhòng

丨 丨 口 曱 中

*지사. 사물(口)의 한가운데를 꿰뚫는(ㅣ) 모양을 나타낸 글자. 이에 '중심', '중앙'의 뜻으로 쓰임.

풀이 1. 가운데. ¶中央 2. 속. 안. 3. 중간. 사이. ¶中斷 4. 맞다. 일치하다. ¶的中

中間(중간) 사이. 가운데.
中古(중고) 1)역사상의 시대 구분. 상고(上古)와 근세(近世) 사이. 2)중고품.
中年(중년) 청년과 노년 사이의 나이. 40~50세 전후.
中斷(중단) 1)중도에서 끊어짐. 2)중도에서 단절하여 효력을 잃음.
中略(중략) 중간의 글을 생략함.
中立(중립) 1)어느 쪽에도 치우치지 않고 그 중간에 서는 일. 2)국가 간의 분쟁·전쟁에서 어느 쪽도 편들지 않음.

中傷謀略(중상모략) 근거 없는 말로 남을 헐뜯거나 해치려고 일을 꾸밈.

中心(중심) 1)가운데. 중앙. 2)매우 중요하고 기본이 되는 부분. 3)원주(圓周) 또는 구면(球面) 위의 모든 점에서 같은 거리에 있는 점. 4)줏대.

中央(중앙) 1)사방의 중심이 되는 중요한 곳. 2)한가운데.

中止(중지) 일을 중도에서 그만둠.

中樞(중추) 사물의 가장 중심이 되는 중요한 부분이나 자리.

中風(중풍) 몸의 일부나 전체, 또는 팔다리 등이 마비되는 병.

中興(중흥) 쇠퇴하던 집안 · 나라 등이 다시 흥함.

途中(도중) 1)길을 가고 있는 동안. 2)일이 미처 끝나지 못한 사이. 곧, 일의 중간.

五里霧中(오리무중) 짙은 안개가 5리나 끼어 있다는 뜻으로, 무슨 일에 대하여 방향이나 상황을 알 길이 없음을 이르는 말.

的中(적중) 목표나 예측이 들어맞음.

胸中(흉중) 1)가슴속. 2)생각. 마음.

[유] 央(가운데 앙)

串	⑥ 7획 ❶ 익힐 관 ❷ 꿸 천 ❸ 곶 곶[韓]	[日]カン · セン [中]guàn, chuàn

* 상형. 여러 개의 조개를 실에 꿰어 놓은 모양을 본뜬 글자. 이에 '꿰다', '익히다'의 뜻으로 쓰임.

[풀이] [1] 1. 익히다. 익숙해지다. ¶串童 [2] 2. 꿰다. 3. 어음. ¶串票 [3] 4. 곶. 바다나 호수로 가늘게 뻗어 있는 육지의 끝 부분.

串童(관동) 노래나 춤에 익숙한 아이.

串票(천표) 관청 등 공공 기관에서 발행하는 세금의 영수증.

[유] 習(익힐 습) 貫(꿸 관)

丶 부

丶 점 주 部

'丶'자는 '점'이나 '점을 찍다'는 뜻을 나타낸다. 그러나 단독의 문자로 쓰이지 않고 문장의 부호로서 기능을 하며 점(點)의 의미를 부여하여 사물을 분별하거나 강조하는 데 주로 쓰인다.

丶	⓪ 1획 점 주	[日]テン [中]zhǔ

[풀이] 점.

丸	② 3획 알 환	[日]ガン · まるい [中]wán

丿 九 丸

* 지사. '仄(기울 측)' 자를 거꾸로 쓴 글자. 이에 '구르다', 또는 굴러가는 '둥근 것'을 나타냄.

[풀이] 1. 알. 구슬. 작고 둥근 것. ¶彈丸 2. 둥글다. 3. 환. 알약 · 먹[墨] 등을 세는 단위.

丸藥(환약) 약재를 빻아 둥글게 빚은 약. 알약.

彈丸(탄환) 총알. 탄자(彈子).

[비] 九(아홉 구) 凡(무릇 범)

丹	③ 4획 붉을 단	[日]タン · あかい [中]dān

丿 冂 月 丹

* 지사. 우물[井]에서 파낸 붉은 돌[丶]을 뜻하는 글자. 이에 '붉다'는 의미로 쓰임.

[풀이] 1. 붉다. ¶丹楓 2. 정련된 약. 불로장생약. ¶丹藥 3. 정성. ¶丹心

丹書(단서) 단사(丹砂)로 만든 채료(彩料)로 붉게 쓴 문서.

丹脣皓齒(단순호치) 붉은 입술과 하

얀 이란 뜻으로, 여자의 아름다운 얼굴을 이르는 말.

丹藥(단약) 1)선술(仙術)을 지닌 도사가 만든 신령스러운 약. 2)불로장생의 약.

丹粧(단장) 1)얼굴을 곱게 하고 머리나 옷맵시를 매만져 꾸밈. 2)집·거리 등을 모양을 내어 꾸밈.

丹田(단전) 배꼽에서 한 치쯤 아랫부분.

丹靑(단청) 건물에 여러 가지 빛깔로 그림과 무늬를 그림.

丹楓(단풍) 1)단풍나무. 2)단풍잎.

동 紅(붉을 홍) 朱(붉을 주) 赤(붉을 적)

비 舟(배 주)

| 主 | ④ 5획
주인 주 | 🇯🇵シュ·ス·ぬし
🇨🇳zhǔ |

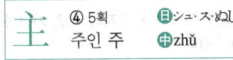

*상형. 불이 커진 등잔 모양을 본뜬 글자. 이에 등불의 심지(炷)를 나타내다가, 후에 '주인', '임금'이라는 뜻으로 쓰임.

풀이 1. 주인. 2. 임금. ¶主上 3. 우두머리, 장(長). ¶主將 4. 주된. 중심이 되다. 5. 신주. 위패. ¶神主

主客顚倒(주객전도) 1)주인과 손님의 자리가 바뀜. 2)사물의 대소·경중·본말 등이 뒤바뀜.

主觀(주관) 1)대상을 보고 생각하는 주체. 2)자기만의 생각.

主謀(주모) 주장하여 일을 꾀함. 또는 그 사람.

主婦(주부) 한 집안의 가장의 아내.

主上(주상) 임금.

主役(주역) 1)중심 역할. 2)영화와 연극의 주요 인물.

主義(주의) 1)굳게 지키는 일정한 방침이나 주장. 2)체계화된 이론·학설.

主將(주장) 우두머리.

主從(주종) 1)주장이 되는 사물과 이에 딸린 사물. 2)주인과 종.

主體(주체) 1)사물의 본체. 2)행위나 작용의 근본이 되는 것. 3)제왕의 몸. 천자. 군주(君主).

神主(신주) 죽은 사람의 위패.

반 奴(종 노) 客(손님 객) 비 王(임금 왕)

ノ 부

ノ 삐침 별 部

'ノ'자는 오른쪽 위에서 왼쪽 아래로 삐쳐 내린 모양의 글자로, 단독 문자로서의 역할은 하지 않는다.

| ノ | ① 1획
삐침 별 | 🇯🇵ヘツ
🇨🇳piě |

풀이 삐침. 오른쪽에서 왼쪽으로 비스듬히 내려쓴 획.

| 乃 | ① 2획
이에 내 | 🇯🇵ダイ·ナイ
·すなはち
🇨🇳nǎi |

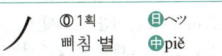

풀이 1. 이에. 곧. 즉. 앞뒤의 문장을 잇는 접속사. ¶人乃天 2. 지난번. 접때. 3. 너. 너희들. 2인칭.

乃今(내금) 요즈음. 지금.

乃心(내심) 너의 마음.

乃至(내지) 1)…에서 …까지. 2)혹은. 또는.

人乃天(인내천) 천도교(天道敎)의 근본 정신으로, 사람이 곧 하늘이라는 뜻임.

비 及(미칠 급)

| 乂 | ① 2획
벨 예 | 🇯🇵ガイ·かる
🇨🇳ài, yì |

* 회의. 풀을 좌우로 베는 모양을 나타내어 'ノ'과 '乂'을 교차시킨 글자.

풀이 1. 베다. 풀을 깎다. 2. 다스리다. 다스려지다. ¶乂 安 3. 어질다. 현명하다.

乂安(예안) 평안히 다스려짐.

유 刈(벨 예) **비** 又(또 우) 父(아비 부)

久 ② 3획
일 キュウ・ひさしい
중 jiǔ
오랠 구

ノ 丿 久

* 상형. 사람의 뒤에서 잡아 끄는 모양을 본뜬 글자. 사람을 만류하여 오래 머물게 한다는 의미에서 '오래되다'의 뜻으로 쓰임.

풀이 오래다. 오래되다. ¶永久

久久(구구) 오랜 기간. 긴 세월.

久習(구습) 1)오래 익힘. 2)오랫동안 익힌 관습이나 습관.

久怨(구원) 1)오래 묵은 원한(怨恨). 2)오래 원망함.

耐久(내구) 오래 견딤.

永久(영구) 길고 오램. 오래 계속되어 끊임이 없음. 항구(恒久).

悠久(유구) 아득히 길고 오래됨.

恒久(항구) 변함없이 오래됨.

유 舊(예 구) **비** 夕(저녁 석)

之 ③ 4획
일 シ・これ・の・ゆく
중 zhī
갈 지

丶 亠 之 之

* 상형. 땅에서 풀이 자라는 모양을 본뜬 글자. 바꾸어, '가다'의 뜻으로 쓰임.

풀이 1. 가다. 이르다. ¶之東之西 2. 이. 이것. ¶之子 3. ···의. 관형격 조사.

之東之西(지동지서) 동쪽으로 가고 서쪽으로도 감. 어떤 일에 있어 갈팡질팡함을 이르는 말.

之子(지자) 이 아이. 이 사람.

유 行(갈 행) 去(갈 거) 往(갈 왕)
반 來(올 래) **비** 芝(지초 지)

乍 ④ 5획
일 サ・たちまち
중 zhà
잠깐 사

풀이 1. 잠깐. 2. 갑자기. 문득. ¶乍雨

乍雨(사우) 갑자기 비가 내림.

비 作(지을 작)

乏 ④ 5획
일 ボウ・ともしい
중 fá
가난할 핍

* 지사. '正(바를 정)'을 반대 방향으로 놓은 형태의 글자. 이에 바르지 않은 것에서 생겨나는 부족함을 뜻함.

풀이 1. 부족하다. 모자라다. 2. 가난하다. ¶窮乏

乏月(핍월) 음력 4월. 보릿고개가 있는 달.

乏盡(핍진) 모두 없어짐.

缺乏(결핍) 축나서 모자람.

窮乏(궁핍) 가난하고 구차함.

유 貧(가난할 빈) **반** 豊(풍성할 풍)
비 芝(지초 지)

乎 ④ 5획
일 コ・か
중 hū
어조사 호

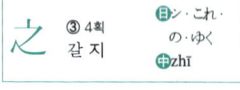

* 지사. 목소리를 길게 뽑아 뜻을 다 표현함을 의미하는 'ノ'과 '丂(어조사 혜)'를 합친 글자. 원래는 '부르다'의 뜻이었는데, 바뀌어 어조사로 쓰임.

풀이 어조사. ㉠···인가. ···로다. ···구나. 의문·반어·감탄·호격을 나타냄. ㉡···에서, ···까지. ㉢부사를 만드는 어미.

비 乎(평평할 평)

乖 ⑦ 8획
일 カイ・そむく
중 guāi
어그러질 괴

* 회의. 양의 뿔이 좌우로 서로 갈려 있는 모양과 '北(북녘 북)'자를 합친 글자. 이에 서로

등지고 있다 하여 '어긋나다', '배반하다'의 뜻으로 쓰임.

[풀이] 1. 어긋나다. 맞지 않다. 틀리다. ¶乖戾 2. 까다롭다. ¶乖愎

乖離(괴리) 어긋나져 동떨어짐.
乖僻(괴벽) 성격이 괴팍하고 비뚤어짐.
乖愎(괴퍅→괴팍) 성질이 까다롭고 고집이 셈.

[비] 乘(탈 승)

乗 ⑧ 9획
乘(p9)의 俗字

乘 ⑦ 10획
탈 승
[日] ジョウ·のる
[中] chéng, shèng

* 회의. 나무(木) 위에 사람이 서있는 모양을 나타낸 글자. 이에 어디 위에 '오르다', '타다' 라는 뜻으로 쓰임.

[풀이] 1. 타다. 태우다. ¶乘客 2. 곱하다. ¶自乘 3. 기록. 역사. ¶史乘 4. 탈 것. 5. 대. 차를 세는 단위.

乘客(승객) 차·배 등의 교통수단을 타는 손님.
乘馬(승마) 1)말을 탐. 또는 사람을 태우는 말. 2)말을 타고 하는 경기.
乘船(승선) 배를 탐.
乘勝長驅(승승장구) 기회를 타고 마구 몰아치는 모양.
乘志(승지) 기록. 사서(史書).
乘用車(승용차) 사람이 타는 자동차.
乘合(승합) 여러 사람이 함께 탐. 합승(合乘).
自乘(자승) 같은 수를 두 번 곱하는 것. 제곱.
搭乘(탑승) 말이나 수레·선박·항공기 등의 교통수단에 올라탐.

[유] 搭(탈 탑) [반] 降(내릴 강) [비] 剩(남을 잉)

乙부

乙(し) 새 을 部

'乙'자는 이른 봄에 초목의 싹이 곧게 돋아나지 못하고 구부러져 있는 모양을 본뜬 글자다. 간지(干支)로 흔히 쓰이며, 연도(年度)를 나타낼 때 많이 쓰인다. 또한 십간(十干)에서 두 번째 글자에 해당하므로 순서나 차례 등을 나타낼 때 '둘째'라는 뜻으로 쓰이며, 갑남을녀(甲男乙女)처럼 '아무개'라는 뜻으로도 쓰인다.

乙 ⓪ 1획
새 을
[日] オツ·きのと
[中] yǐ

* 상형. 이른 봄에 초목의 싹이 트려고 할 때 추위 때문에 웅크리고 있는 모양을 본뜬 글자. 천간(天干)의 두 번째 글자로 쓰임.

[풀이] 1. 새. 제비. 2. 십간의 두 번째. ¶甲乙 3. 아무개. 이름 대신 사용.

乙女(을녀) 소녀. 처녀.
乙覽(을람) 임금의 독서. 을야지람(乙夜之覽).
甲乙(갑을) 1)십간(十干) 중에서 갑(甲)과 을(乙). 2)첫째와 둘째.

[유] 鳥(새 조) [비] 己(자기 기)

九 ① 2획
아홉 구
[日] キュウ·ク ここのつ
[中] jiǔ

ノ 九

* 지사. 다섯 손가락을 위로 펴고 나머지 손의 네 손가락을 옆으로 편 모양을 나타낸 글자. 이에 '아홉'이라는 뜻으로 쓰임.

[풀이] 1. 아홉. 아홉 번. 아홉 번째. ¶九死一生 2. 많다. 많은 수. ¶十中八九

九尾狐(구미호) 1)꼬리가 아홉 개나 달린 늙은 여우. 2)간사하고 교활한 사람.
九死一生(구사일생) 1)여러 차례 죽을 고비를 넘기고 겨우 살아남. 2)몸이 위태로움.
九牛一毛(구우일모) 아홉 마리 소 중에 하나의 털. 즉, 많은 것 중에 아주 적은 부분. 극소수.
九重(구중) 1)아홉 겹. 또는 겹겹이 싸임. 2)하늘. 3)궁궐.
九泉(구천) 1)저승. 황천(黃泉). 2)깊은 땅속.
十中八九(십중팔구) 열 가운데 여덟이나 아홉은 그렇다는 뜻으로, 거의 예외 없이 그럴 것이라는 추측을 나타내는 말.
🔵 丸(알 환)

| 乞 | ②3획 | 🇯キツ・こう |
| | 빌 걸 | 🇨qǐ |

* 상형. 구름이 피어오르는 모양을 본뜬 글자. 가차하여 '빌다'의 뜻으로 쓰임

풀이 빌다. 구걸하다. ¶乞丐

乞丐(걸개) 1)거지. 걸인. 2)구걸함.
乞人(걸인) 거지.
求乞(구걸) 남에게 돈·음식 등을 빌어서 얻음.
哀乞伏乞(애걸복걸) 울면서 빌고 엎드려 빎. 애처롭게 하소연하면서 빌고 또 빎.
🟢 丐(빌 개)

| 也 | ②3획 | 🇯ヤ・なり |
| | 어조사 야 | 🇨yě |

* 상형. 뱀의 모양을 본뜬 글자. 어조사로 많이 쓰임.

풀이 1. 어조사. 단정·의문·감탄·반어 등을 나타냄. 2. 또. 또한.
必也(필야) 필연(必然).
或也(혹야) 만일에. 더러. 행여나.
🔵 世(세상 세)

풀이 우리나라 '울' 음에 사용되는 한자.

풀이 우리나라 '갈' 음에 사용되는 한자.
🟢 架(시렁 가)

풀이 우리나라 '돌' 음에 사용되는 한자.

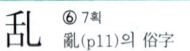

亂(p11)의 俗字

풀이 우리나라 '볼' 음에 사용되는 한자.

⑦8획
살 (韓)

풀이 우리나라 '살' 음에 사용되는 한자.

| 乳 | ⑦8획 | 🇯ニュウ・ちち |
| | 젖 유 | 🇨rǔ |

* 상형. 손으로 아이를 안고 젖을 물리는 여자

를 본뜬 글자.

뜻풀이 1. 젖. ¶母乳 2. 젖퉁이. 유방. 3. 젖을 먹다. 젖을 먹이다.

乳母(유모) 젖어머니.
乳房(유방) 젖통. 젖퉁이.
乳酸(유산) 썩은 젖에서 생기는 산(酸).
乳臭(유취) 젖에서 나는 냄새. 젖내.
母乳(모유) 어머니의 젖.
비 孔(구멍 공)

乾 ⑩ 11획 마를 건 日 カン・かわく 中 gān, qián

一十十古古古古克克乾乾

* 형성. 뜻을 나타내는 '乙(새 을)'과 음을 나타내는 부수 이외의 글자를 합친 글자.

뜻풀이 1. 마르다. 말리다. ¶乾期 2. 하늘. ¶乾坤 3. 괘 이름. 8괘의 하나. 4. 건성으로 하다.

乾坤一擲(건곤일척) 하늘과 땅을 걸고 한번 주사위를 던진다는 뜻으로, 운명과 흥망을 걸고 단판에 승부나 성패를 겨룸을 비유하는 말.
乾期(건기) 건조한 시기.
乾達(건달) 하는 일 없이 놀거나 게으름을 피움. 또는 그러한 사람.
乾糧(건량) 먼 길을 가는 데 지니고 다니기에 간편하게 만든 양식.
乾杯(건배) 1)잔을 남김없이 비움. 2)서로 잔을 들고 행운을 빌며 마심.
乾魚物(건어물) 말린 물고기.
乾燥(건조) 습기나 물기가 없어짐.
유 枯(마를 고)
반 濕(축축할 습) 潤(젖을 윤)
비 朝(아침 조)

亂 ⑫ 13획 어지러울 란(난) 日 ラン・みだれる 中 luàn

' ' ' ' ' ' ' 严 严 严 窗 窗 亂

* 형성. 뜻을 나타내는 부수 '乙(새 을)'과 음을 나타내는 부수 이외의 글자를 합친 글자. 부수 이외의 글자는 실패에 감긴 실을 손으로 푸는 모양이고, '乙'은 다스린다는 의미임. 이에 얽힌 것을 바로잡는 일을 나타내다가 후에 '어지럽다', '읽히다'의 뜻으로 쓰임

뜻풀이 1. 어지럽다. 난잡하다. ¶亂世 2. 난리. ¶亂離

亂離(난리) 1)전쟁이나 병란(兵亂). 2)분쟁·재해 등으로 세상이 어지러워진 상태.
亂舞(난무) 1)엉킨 듯이 어지럽게 추는 춤. 또는 그렇게 춤을 춤. 2)함부로 나서서 마구 날뜀.
亂世(난세) 전쟁이나 무질서한 정치 등으로 인해 어지러워 살기 힘든 세상.
亂視(난시) 눈의 굴절 이상으로 물체가 정확히 보이지 않음. 또는 그런 눈.
亂刺(난자) 칼이나 창 등의 무기로 마구 찌르거나 벰. 난도(亂刀).
亂暴(난폭) 행동이 몹시 거칠고 포악함.
騷亂(소란) 1)야단스럽고 시끄러움. 2)술렁거리어 어수선함.
混亂(혼란) 1)갈피를 잡지 못할 정도로 어지러움. 2)질서가 없이 뒤엉킴.
유 紛(어지러워질 분) 반 正(바를 정)

ㅣ 부

ㅣ 갈고리 궐 部

'ㅣ'자는 위에서 아래로 그려 내린 다음 끝에서 왼쪽 위로 삐쳐 올려, 끝이 구부러진 갈고리 모양을 나타낸 글자다. 단독의 문자로 쓰이기보다는 다른 글자 구성에 도움을 주는 필획(筆劃)의 역할을 할 뿐이다.

ㅣ ⓪ 1획 갈고리 궐 日 ケツ 中 jué

풀이 갈고리.

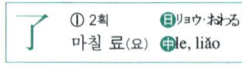

① 2획　　　日 リョウ・おわる
마칠 료(요)　　中 le, liǎo

フ 了

* 상형. 어린아이가 양손이 없고 다리가 뒤틀려 쑥쑥 자라지 못하는 모양을 본뜬 글자.

풀이 1. 마치다. 끝내다. ¶終了 2. 깨닫다. 이해하다. ¶了知 3. 어조사. 확인·단정·종결의 뜻을 나타냄.

了知(요지) 확실히 깨달아 앎.
了解(요해) 분명히 깨달음. 분명히 앎.
滿了(만료) 완전히 끝남.
完了(완료) 완전하게 끝을 냄.
終了(종료) 일을 마침. 끝냄.
유 終(마칠 종)　반 始(처음 시)
비 子(아들 자)

③ 4획　　　日 ョ·われ
나 여　　　中 yú, yǔ

フ マ ヱ 予

* 상형. 베틀의 북을 본뜬 글자. 북을 좌우로 건네준다는 데서 주다 의 뜻으로 쓰임. 바뀌어, 나 라는 뜻으로도 쓰임.

풀이 1. 나. ¶予一人 2. 주다. 건네다. ¶予奪

予一人(여일인) 천자의 자칭(自稱).
予奪(여탈) 주는 것과 빼앗는 것. 여탈(與奪).
유 我(나 아) 余(나 여) 與(줄 여)
반 汝(너 여)　비 子(아들 자)

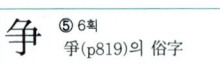

⑤ 6획
争(p819)의 俗字

事　⑦ 8획　　　日 ジ·シ·こと
　　일 사　　　中 shì

一 二 亓 亓 写 写 耳 事

* 상형. 깃발(丨)을 단 깃대(十)를 손으로(又) 세우는 모습을 본떠 일 의 뜻으로 쓰임.

풀이 1. 일. ¶事件 2. 섬기다. 모시다. ¶事大

事件(사건) 1)벌어진 일. 일거리. 2)뜻밖의 일. 사고(事故).
事大(사대) 약한 자가 강한 자를 섬김.
事理(사리) 일의 이치.
事務(사무) 1)맡고 있는 직책의 일을 다루고 처리하는 것. 2)관공서·기업체 등에서 문서에 관한 일을 다룸.
事物(사물) 모든 일과 물건.
事變(사변) 1)뜻밖의 큰 변고. 2)일의 변화. 3)경찰력으로는 막을 수 없을 만한 난리. 4)선전 포고 없이 행해지는 작은 규모의 전쟁.
事實(사실) 1)실제로 있은 일. 2)실지로. 사실상.
事案(사안) 문제가 되는 일의 안건.
事由(사유) 일의 까닭. 이유.
事蹟(사적) 일의 자취. 사실의 형적.
事情(사정) 1)일의 형편. 정황. 2)딱한 처지를 하소연하여 도움을 받는 일.
事態(사태) 일의 상태나 되어 가는 형편.
事必歸正(사필귀정) 모든 일은 반드시 정리(正理)로 돌아감.
事項(사항) 일의 항목이나 내용.
古事(고사) 옛일.
慶事(경사) 축하할 만한 기쁜 일.
萬事(만사) 모든 일. 온갖 일.
虛事(허사) 헛일.

二 부

二 두 이 部

'二'자는 두 개의 평행한 선을 나타낸 글자로, 숫자 '둘'의 뜻으로 쓰인다. 그 밖에 이모작(二毛作)처럼 수량의 의미를 나타내기도 하며 '둘째'의 뜻으로도 쓰인다.

二 ⓪ 2획 🔵 ニ・ふたつ
두 이 🔴 èr

一 二

* 지사. 두 개의 손가락 또는 평행한 선을 나타낸 글자.

풀이 1. 둘. 두 번. 두 번째. ¶二次 2. 두 개로 나누다. 다르게 하다.

二等分(이등분) 둘로 똑같이 나눔.

二十四節氣(이십사절기) 태양의 황도상의 위치에 따라 정한 1년의 절기.

二人稱(이인칭) 1)제2인칭. 인칭 대명사의 한 구분. 2)말을 듣는 이를 가리키는 대명사.

二重人格(이중인격) 1)의식이 통일되지 않고 분열하여 이중적인 의식의 체계를 가진 심리 현상. 2)겉과 속이 같지 않은 사람.

二次(이차) 1)두 번째. 2)본디 것에 대하여 부수적인 것.

🟢 貳(두 이)

于 ① 3획 🔵 ウ・ここに
어조사 우 🔴 yú

一 二 于

* 상형. 막대기의 양쪽 끝을 고정시켜 중간을 굽히는 모양을 본뜬 글자. 어조사로 쓰임.

풀이 1. 어조사. ㉠ ~구나, ~인가. 의문·감탄을 나타냄. ㉡ ~에, ~에서, ~까지.

2. 아!. 감탄사. 3. 향하다. 가다. ¶于歸

于歸(우귀) 시집감.
于今(우금) 지금에. 지금까지.
于先(우선) 먼저. 다른 것보다 앞서서.

🟢 於(어조사 어)
🟣 干(방패 간) 千(일천 천)

五 ② 4획 🔵 ゴ・いつつ
다섯 오 🔴 wǔ

一 丁 五 五

* 지사. 두 개의 평행선 사이에 ×자를 그어 '교차'의 뜻을 나타낸 글자. 바뀌어, '다섯'이라는 뜻으로 쓰임.

풀이 다섯. 다섯 번. 다섯 번째. ¶五感

五感(오감) 시각·후각·미각·청각·촉각의 다섯 가지 감각.

五穀(오곡) 1)다섯 가지 곡식. 쌀·수수·보리·조·콩 또는 쌀·보리·콩·수수·기장. 2)온갖 곡식.

五里霧中(오리무중) 5리나 되는 안개 속에 있는 것처럼 무슨 일에 대해서 알 길이 없음을 이르는 말.

五色(오색) 1)청(靑)·황(黃)·적(赤)·백(白)·흑(黑)의 다섯 가지 빛깔. 2)여러 가지 빛깔.

五言詩(오언시) 한 구가 다섯 자로 된 한시의 총칭.

五行(오행) 동양 고대 사상 중 만물을 생성하는 다섯 가지 원소. 곧, 금(金)·목(木)·수(水)·화(火)·토(土).

🟢 伍(항오 오) 🟣 丑(소 축)

云 ② 4획 🔵 ウン・いう
이를 운 🔴 yún

一 二 云 云

* 상형. 구름이 뭉게뭉게 피어오르는 모양을 거꾸로 나타낸 글자. '雲(구름 운)'의 원래 글자로 '구름'을 뜻하다가, 바뀌어 '말하다'의 뜻으로 쓰임.

[풀이] 이르다. 말하다. 다른 사람의 말을 인용할 때 쓰임. ¶云云

云云(운운) 1)글이나 말을 인용 또는 생략할 때 쓰는 말. 2)말이 많은 모양. 3)구름이 뭉게뭉게 이는 모양.

[유] 謂(이를 위) 曰(이를 왈)

井	② 4획 우물 정	[日]セイ·い [中]jǐng

一 二 ナ 井

*상형. 우물의 난간을 위에서 본 모양을 본뜬 글자. 이에 '우물'의 뜻으로 쓰임.

[풀이] 1. 우물. ¶井臼 2. '井'자의 모양. ¶井田法 3. 마을. 사람이 모여 사는 곳. ¶市井

井底蛙(정저와) 우물 안의 개구리란 뜻으로, 소견이 좁은 사람을 비유하는 말. 정와(井蛙).

井田法(정전법) 주대(周代)의 세금법. 사방 1리의 농지를 정자(井字) 모양으로 아홉 등분하여 중앙의 한 구역은 여덟 집이 함께 경작하고, 주위의 여덟 구역은 여덟 농가가 하나씩 경작하게 하여 그 수확을 나라에 바치게 했음.

井中觀天(정중관천) 우물에 앉아 하늘을 본다는 뜻으로, 견문이 매우 좁음을 이르는 말. 좌정관천(坐井觀天).

井華水(정화수) 이른 새벽에 길은 우물물.

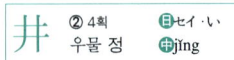

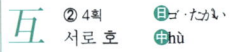

互	② 4획 서로 호	[日]ゴ·たがい [中]hù

一 工 互 互

*상형. 새끼줄을 감는 도구의 모양을 본뜬 글자. 한가운데를 쥐고 좌우 교대로 감는다는 의미에서 '서로'라는 뜻으로 쓰임.

[풀이] 서로. ¶相互

互角(호각) 서로 역량이 엇비슷함.

互選(호선) 특정한 사람들이 자신들 중에서 서로 뽑음. 또는 그 선거.

互有長短(호유장단) 서로 장점과 단점이 있음.

互稱(호칭) 서로 부름. 또는 서로 일컫는 이름.

互惠(호혜) 서로 특별한 편익이나 은혜를 주고받음.

互換(호환) 서로 바꿈.

相互(상호) 서로.

[유] 相(서로 상)

[비] 五(다섯 오) 瓦(기와 와) 亘(건널 긍)

亘	④ 6획 ❶ 건널 긍 ❷ 구할 선	[日]コウ·セン ·わたる [中]gèn, xuān

*상형. 하늘(一)에서 땅(一)으로 해(日)나 달(月)의 빛이 뻗치는 것을 본뜬 글자. 이에 '뻗치다', '건너다'의 뜻으로 쓰임.

[풀이] [1] 1. 건너다. 2. 걸치다. 뻗치다. ¶亘古 [2] 3. 구하다. 요구하다. 4. 펴다.

亘古(긍고) 옛날까지 걸침. 영원(永遠). 영구(永久).

[비] 旦(아침 단) 宣(베풀 선)

亙	④ 6획 亘(p14)의 本字

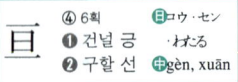

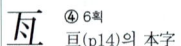

些	⑤ 7획 적을 사	[日]シャ·サ·すこし [中]xiē

*형성. 뜻을 나타내는 부수 '二(두 이)'와 음을 나타내는 '此(이 차)'를 합친 글자.

[풀이] 적다. 작다. 조금. ¶些少

些少(사소) 1)약간. 2)하찮음.

亜	⑤ 7획 亞(p14)의 俗字

亞	⑥ 8획 버금 아	[日]ア·つぐ [中]yà

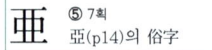

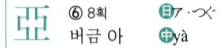

一 丆 丆 丆 亞 亞 亞 亞

[풀이] 1. 버금. 다음. ¶亞流 2. 아세아(亞細亞)의 준말.

亞流(아류) 으뜸가는 사람을 따라 흉내 낼 뿐 독창성이 없는 것. 또는 그런 사람.

亞聖(아성) 성인(聖人)인 공자(孔子)에 버금가는 사람. 곧 안연(顏淵)·맹자(孟子)를 이르는 말.

亞細亞(아세아) 아시아의 음역(音譯).

亞熱帶(아열대) 열대와 온대의 중간 기후대.

[유] 次(버금 차) [비] 惡(악할 악)

亟 ⑦ 9획 [日]キョク·すみやか
❶ 빠를 극
❷ 자주 기 [中]jí, qì

[풀이] [1] 1. 빠르다. 신속하다. 2. 바쁘다. ¶亟心 [2] 3. 종종. 자주. ¶亟拜

亟心(극심) 급한 마음.

亟拜(기배) 자주 절함.

[유] 速(빠를 속) 迅(빠를 신)
[반] 遲(늦을 지) [비] 極(다할 극)

亠부

亠 돼지해머리 部

'亥(돼지 해)'의 머리 부분과 비슷하여 '돼지해머리'라 이른다. '亠'자는 단독의 문자로 쓰이지 않고 뜻도 지니지 않으며, '두'라는 음만을 갖고 있다.

亠 ⓪ 2획 [日]トウ
두 [中]tóu

[풀이] 뜻 없음. 부수 명칭은 '돼지해머리'.

亡 ① 3획 [日]ボウ·モウ·ない
❶ 잃을 망
❷ 없을 무 [中]wáng, wú

丶 亠 亡

* 상형. 끝이 부러져 나간 칼을 본뜬 글자. 칼끝이 없어졌으므로 '잃다'의 뜻을 나타냄.

[풀이] [1] 1. 잃다. ¶亡羊之歎 2. 망하다. ¶亡國 3. 죽다. ¶死亡 4. 달아나다. 도망치다. ¶逃亡 [2] 5. 없다.

亡國之音(망국지음) 나라를 망치는 음악. 또는 망한 나라의 음악.

亡靈(망령) 죽은 사람의 영혼.

亡命(망명) 정치적 탄압을 피하여 자기 나라에 살지 못하고 다른 나라로 몸을 옮김.

亡身(망신) 체면이나 명망을 망침.

亡羊之歎(망양지탄) 여러 갈래 길에서 양을 잃고 탄식한다는 뜻으로, 학문의 길이 여러 갈래여서 길을 잡기 어려움을 비유하는 말. 다기망양(多岐亡羊).

亡兆(망조) 망할 징조.

逃亡(도망) 피하여 달아남. 쫓겨 달아남. 도주(逃走).

死亡(사망) 죽음.

存亡(존망) 삶과 죽음. 존재와 멸망.

興亡盛衰(흥망성쇠) 흥하고 망하고 성하고 쇠하는 일.

[유] 無(없을 무)

亢 ② 4획 [日]コウ·たかぶる
목 항 [中]gāng, kàng

* 상형. 사람의 목 모양을 본뜬 글자.

[풀이] 1. 목. 목구멍. 목덜미. 2. 올리다. 높아지다. 3. 겨루다. 4. 별 이름.

亢羅(항라) 씨를 세 올이나 다섯 올씩 걸러서 한 올씩 비우고 짠 여름 옷감.

亢龍(항룡) 막바지에 오른 용. 지극히 존귀한 지위를 상징함.

亢進(항진) 1)기세가 높아짐. 2)병세

가 심해짐.

亢旱(항한) 큰 가뭄. 항양(亢陽).
🔁 吭(목 항)

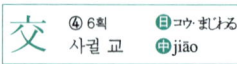
交 ④ 6획 日 コウ・まじわる
사귈 교 中 jiāo

`亠亣六䒑交

* 상형. 사람의 종아리가 교차해 있는 모양을 본뜬 글자. 이에 '교차하다', '사귀다' 등의 뜻을 나타냄.

[풀이] 1. 사귀다. ¶交際 2. 섞다. 섞이다. 3. 흘레하다. 4. 서로. 서로간. ¶交感

交感(교감) 서로 맞대어 느낌.
交代(교대) 서로 번갈아 맡은 일을 대신함.
交流(교류) 1)서로 뒤섞여 흐름. 2)서로 주고받음.
交配(교배) 생물의 암수를 인공적으로 수정(受精)시킴.
交涉(교섭) 1)어떠한 일을 이루기 위하여 서로 의논함. 2)관계를 맺음.
交易(교역) 물품을 서로 교환함. 상품을 거래함.
交戰(교전) 서로 싸움.
交際(교제) 사귀어 가까이함.
交替(교체) 서로 갈림. 바꿈.
交通(교통) 1)오가는 일. 2)사람의 왕복, 화물의 운반, 의사 전달 등의 총칭.
交換(교환) 1)서로 바꿈. 2)서로 주고받음.

🔁 文(무늬 문)

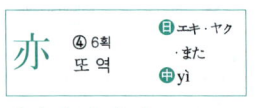
亦 ④ 6획 日 エキ・ヤク・また
또 역 中 yì

`亠亣亣亦亦

* 회의. 사람이 사지를 벌린 '大(큰 대)'에 겨드랑이를 가리키는 기호 '八(여덟 팔)'을 찍어서 '겨드랑이'를 나타낸 글자. 바꾸어, '또'의 뜻으로 쓰임.

[풀이] 또. 또한. ¶亦是

亦是(역시) 또한. 마찬가지로.
亦然(역연) 또한 그러함.

🔁 又(또 우) 🔻 赤(붉을 적)

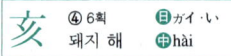
亥 ④ 6획 日 ガイ・い
돼지 해 中 hài

`亠亣亥亥亥

[풀이] 돼지. 십이지의 열두 번째. 방위로는 북서쪽, 오행에서는 물[水]에 해당함. ¶亥時

亥時(해시) 십이시의 열두 번째 시. 오후 9~11시.
魯魚亥豕(노어해시) 노(魯)자와 어(魚)자, 해(亥)자와 시(豕)자는 비슷하여 틀리기 쉽다는 데서, 글자를 잘못 쓰기 쉬움을 이르는 말.

🔁 豕(돼지 시) 豚(돼지 돈) 猪(돼지 저)

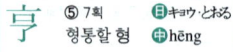
亨 ⑤ 7획 日 キョウ・とおる
형통할 형 中 hēng

`亠亣亠亣亨亨亨

* 상형. 거리를 둘러싼 성벽 위의 높은 건물을 본뜬 글자. 높은 건물에서 바라보듯이 막힘이 없다는 의미에서 '형통하다'의 뜻으로 쓰임.

[풀이] 형통하다. ¶亨通

亨運(형운) 순조로운 운수.
亨通(형통) 1)온갖 일이 뜻과 같이 잘되어 감. 2)운이 좋아 출세함.
元亨利貞(원형이정) 1)사물의 근본 되는 원리. 2)만물이 처음 생겨나서 자라고 삶을 이루고 완성함. 3)인(仁)·의(義)·예(禮)·지(智).

🔁 京(서울 경) 亭(정자 정) 享(누릴 향)

京 ⑥ 8획 日 ケイ・キョウ・みやこ
서울 경 中 jīng

`亠亠亣亠亨亨京京

* 상형. 언덕 위에 세워져 있는 집의 모양을

[亠 6~20획] 享 亮 亭 亭 亶 亹

본뜬 글자. 옛날에는 높은 곳에 신전을 모시고 그 주변에 사람들이 모여 살았으므로 '서울'을 뜻하게 됨.

풀이 1. 서울. 수도. ¶京鄉 2. 높다. ¶京峙 3. 크다. 4. 경. 백억의 만 배. 또는 조(兆)의 만 배.

京畿(경기) 1)서울 부근. 기내(畿內). 2)서울. 경사(京師).
京城(경성) 일제 강점기 때 서울을 부르던 말.
京調(경조) 1)서울의 풍속과 습관. 2)서울에서 부르는 시조의 독특한 창법.
京峙(경치) 높은 언덕.
京鄉(경향) 서울과 시골.
東京(동경) 일본의 수도인 도쿄.
北京(북경) 중국의 수도인 베이징.

비 享(형통할 형) 亭(정자 정) 亨(누릴 향)

享
⑥ 8획
🇯 キョウ・うける
누릴 향
🇨 xiǎng

丶 亠 亡 宁 宫 享 享

*상형. 사당의 모양을 본뜬 글자. 사당은 신에게 음식을 바치고 제사 지내는 곳이므로, '드리다, 제사 지내다' 등의 뜻으로 쓰임.

풀이 1. 누리다. ¶享樂 2. 드리다. 3. 제사 지내다.

享年(향년) 죽은 이의 한평생 누린 나이.
享樂(향락) 즐거움을 누림.
享受(향수) 1)물건을 받아 누림. 2)예술 작품 등을 감상함.
享有(향유) 누려서 가짐.

비 亭(정자 정) 亨(형통할 형)

亮
⑦ 9획
🇯 リョウ・あきらか
밝을 량(양)
🇨 liàng

*회의. '高(높을 고)'의 생략자와 '儿(어진사람 인)'을 합친 글자. 지혜가 높은(高) 사람[儿]은 참으로 밝다는 의미에서 '밝다'의 뜻을 나타냄.

풀이 1. 밝다. ¶亮月 2. 돕다.

亮月(양월) 밝은 달. 명월(明月).
亮許(양허) 허락함. 허용함.

동 昭(밝을 소) 明(밝을 명)
반 暗(어두울 암)

亭
⑦ 9획
🇯 テイ・とどまる
정자 정
🇨 tíng

丶 亠 亡 宁 宫 亭 亭

*형성. '高(높을 고)'의 생략자와 음을 나타내는 '丁(멈출 정)'을 합친 글자. 이에 머물러 쉬는 건물, 곧 '정자'의 뜻을 나타냄.

풀이 1. 정자. 2. 여인숙. 주막집. 역참. ¶料亭 3. 곧다. ¶亭亭

亭子(정자) 전망이 좋은 곳에 자연을 유람하기 위해 지은 누각. 정각(亭閣).
亭亭(정정) 1)우뚝 솟은 모양. 2)아름다운 모양.
山亭(산정) 산속에 지은 정자.
料亭(요정) 여러 가지 요리를 만들어 술과 함께 파는 집.

비 享(누릴 향) 亨(형통할 형)

亭
⑧ 10획
亭(p17)의 俗字

亶
⑬ 13획
🇯 タン・セン
믿을 단
🇨 dǎn, dàn

풀이 1. 믿다. 믿음. 신의(信義) 2. 진실로. 참으로.

비 宣(베풀 선) 盲(소경 맹)

亹
⑳ 22획
❶ 힘쓸 미 🇯 ビ・モン
❷ 골어귀 문 🇨 mén, wěi

풀이 ❶ 1. 힘쓰다. 부지런하다. ¶亹亹
❷ 2. 골 어귀. 물문. 계곡 양쪽의 언덕이 우뚝 솟아 문처럼 마주 보고 있는 곳.

亹亹(미미) 1)부지런히 힘쓰는 모양. 2)흐르는 모양.

人부

人(亻) 사람 인 部

'人'자는 서 있는 사람의 옆모습을 나타낸 글자로 '사람'을 뜻하며, 나(我)와 상대되는 개념으로 '남'이라는 뜻으로도 쓰인다. 또한 위인(爲人)처럼 '인격'과 관계되기도 하고, '사람을 세는 단위'로 쓰이거나, 경제인(經濟人)처럼 사람의 직업이나 인종을 분류하는 데 접미사로도 흔히 쓰인다. 그리고 '人'이 '亻'자에서처럼 한자의 좌측에 '亻'의 형태로 쓰일 때는 '사람인변'이라 부른다. 이 둘을 부수로 갖는 글자는 모두 사람과 관련이 있다.

人 ⓪2획 日ジン・ニン ・ひと 中rén
사람 인

ノ 人

*상형. 서 있는 사람의 옆모습을 본뜬 글자.

[풀이] 1. 사람. 인간. ¶人間 2. 백성. 국민. ¶人民 3. 남. 자기 이외의 사람. ¶他人 4. 인품. 성품. 사람의 성질. ¶爲人

人間(인간) 1)사람. 인류. 인생. 2)사람이 모여 사는 세상. 속세(俗世). 3)사람의 됨됨이.
人氣(인기) 어떤 사람, 또는 대상에 대한 사람들의 평판.
人倫(인륜) 사람으로서 마땅히 지켜야 할 도리.
人物(인물) 1)사람의 됨됨이. 인격(人格). 인품(人品). 2)뛰어난 사람. 인재(人才). 3)사람의 생김새.
人山人海(인산인해) 사람이 산을 이루고 바다를 이룬다는 뜻으로, 많은 사람들이 모여 있음을 이르는 말.
人心(인심) 1)민심. 여론. 2)남의 딱한 사정을 헤아려 알아주고 도와주는 마음. 인정.
人員(인원) 1)사람의 수효. 2)단체를 이룬 여러 사람.
人情(인정) 1)남을 동정하는 따뜻한 마음씨. 2)사람이 본디 지니고 있는 감정.
人波(인파) 사람들이 많이 모여 움직이는 모양을 파도에 비유하는 말.
人形(인형) 1)사람의 형상. 2)사람의 형상을 본떠 만든 장난감.
犯人(범인) 죄를 저지른 사람. 범죄인.
爲人(위인) 사람의 됨됨이.
他人(타인) 다른 사람. 남.
[비] 入(들 입) 八(여덟 팔)

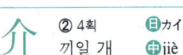
介 ②4획 日カイ 中jiè
끼일 개

ノ 人 介 介

*상형. 갑옷을 입은 사람의 옆모습을 본뜬 글자. 이에 '갑옷', '끼다' 등의 뜻으로 쓰임.

[풀이] 1. 끼다. 사이에 끼다. ¶介在 2. 소개하다. ¶紹介 3. 갑옷. 4. 딱지. 껍데기.

介潔(개결) 성질이 단단하고 깨끗함.
介立(개립) 1)혼자의 힘으로 처리함. 2)둘 사이에 끼어 섬.
介意(개의) 마음에 두고 생각함. 걱정함.
介入(개입) 1)어떠한 사건에 관계됨. 2)이쪽과 저쪽의 사이에 들어감.
介在(개재) 1)이것과 저것의 사이에 끼여 있음. 2)중간에 끼여 있음.
介胄(개주) 갑옷과 투구. 갑주(甲胄).
媒介(매개) 중간에서 서로의 관계를 맺어 주는 일.
紹介(소개) 1)모르는 사이의 사람들을 서로 알고 지내도록 관계를 맺어 줌. 2)일의 내용을 사람들에게 알리는 일.

[人 2획] 仇 今 內 仆 仏 什 仁

仲介(중개) 제3자로서 두 당사자 사이에서 어떤 일을 주선하는 일.
유 甲(갑옷 갑) 비 个(낱 개)

仇 ②4획 日キュウ・あだ
원수 구 ⊕chóu, qiú

* 형성. 뜻을 나타내는 부수 亻(人:사람 인)과 음을 나타내는 '九(아홉 구)'를 합친 글자.

풀이 1. 원수. ¶仇怨 2. 짝. ¶仇偶
仇隙(구극) 서로 원수와 같이 틈이 생긴 사이.
仇視(구시) 원수로 여김.
仇偶(구우) 짝.
仇怨(구원) 원한. 원수. 구한(仇恨).
유 敵(원수 적) 讎(원수 수)
비 仂(나머지 륵)

今 ②4획 日コン・キン いま
이제 금 ⊕jīn

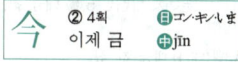

* 회의. '합하다(合)'라는 뜻의 'ㅅ'와 '미치다(及)'라는 뜻의 'ㄱ'을 합친 글자. 세월이 흐르고 쌓인 것이 지금에 이르렀다는 의미에서 '지금', '이제'의 뜻으로 쓰임.

풀이 1. 이제. 지금. 현재. ¶今生 2. 오늘. 이번. ¶今日 3. 곧. 바로.
今代(금대) 지금의 시대. 현대.
今文(금문) 1)당대에 통용되는 문자. 2)진시황제가 정하여 한대(漢代)에 널리 쓰인 예서(隷書).
今方(금방) 이제 곧.
今生(금생) 1)지금 세상. 이승. 2)살아 있는 동안.
今時初聞(금시초문) 지금에서야 처음 듣는 소식.
今日(금일) 오늘.
今後(금후) 이제로부터 뒤.
方今(방금) 바로 조금 전이나 후.
昨今(작금) 1)어제와 오늘. 2)요즈음. 요사이.
맹 昨(어제 작) 비 令(명령할 령)

內 ②4획
內(p62)의 俗字

仆 ②4획 日たおれる
엎드릴 부·복 ⊕pū, pú

풀이 엎드리다. 쓰러지다. ¶仆倒
仆倒(부도) 넘어짐. 서 있던 것이 거꾸러짐.
仆斃(부폐) 죽음. 폐사(斃死).
유 臥(엎드릴 와) 伏(엎드릴 복)
비 立(설 립)

仏 ②4획
佛(p27)의 古字

什 ②4획
❶ 열 사람 십 日ジュウ
❷ 세간 집 ⊕shén, shí

풀이 ❶ 1. 열 사람. 2. 열. ❷ 3. 세간. 가재도구. 가구·식기 등의 일용품. ¶什器
什長(십장) 1)인부들을 감독하고 지시하는 사람. 2)병졸 열 사람의 우두머리.
什器(집기) 살림살이에 쓰는 온갖 기구. 집구(什具).
什物(집물) 생활에 쓰이는 가재도구.
유 十(열 십) 비 汁(진액 즙)

仁 ②4획 日ジン・ニ
어질 인 ⊕rén

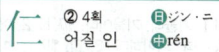

* 형성. 뜻을 나타내는 부수 亻(人:사람 인)과 음을 나타내는 '二(두 이)'를 합친 글자. 두 사람이 친하게 지낸다는 뜻에서 '어질다'는 뜻으로 쓰임.

[풀이] 1. 어질다. 인자하다. ¶仁君 2. 씨앗. 과실 씨의 속 알맹이.

仁君(인군) 1)어진 임금. 성군(聖君). 2)남을 존경하여 부르는 말.

仁德(인덕) 어진 덕.

仁術(인술) 어진 덕을 베푸는 법. 의술을 이르는 말.

仁心(인심) 어진 마음.

仁義(인의) 1)인(仁)과 의(義). 어짊과 의로움. 2)사람이 지켜야 할 도리의 총칭. 도덕(道德).

仁慈(인자) 마음이 어질고 자애로움.

仁者樂山(인자요산) 1)어진 사람은 산을 좋아함. 2)어진 사람의 행동은 신중하기가 산과 같음.

仁厚(인후) 마음이 어질고 무던함.

[유] 賢(어질 현)

仍 ② 4획 인할 잉 [日]ジョウ·よる [中]réng

[풀이] 1. 인하다. 그대로 따르다. ¶仍用 2. 거듭하다. 거듭.

仍用(잉용) 이전 것을 그대로 씀.

[유] 因(인할 인) [비] 伋(속일 급)

从 ② 4획 從(p242)의 本字

仄 ② 4획 기울 측 [日]ソク·ほのか [中]zè

* 회의. 사람(人)이 벼랑(厂) 밑에 비스듬히 기대어 서 있는 모양. 이에 '기울다'라는 뜻을 나타냄.

[풀이] 1. 기울다. 기울이다. ¶仄日 2. 어렴풋하다. 희미하다. 3. 곁. ¶仄行 4. 측성(仄聲). 한자의 사성(四聲) 중 상성·거성·입성의 총칭. ¶仄聲

仄聲(측성) 한자의 사성(四聲) 중에서 상성(上聲)·거성(去聲)·입성(入聲)의 총칭.

仄韻(측운) 한자의 사성 중 상성(上聲)·거성(去聲)·입성(入聲)의 운(韻). 측성(仄聲).

仄日(측일) 지는 해.

仄行(측행) 옆으로 걸음. 측행(側行).

[유] 側(곁 측) 昃(기울 측) 傾(기울 경)

代 ③ 5획 대신할 대 [日]ダイ·タイ·かわる [中]dài

ノ イ 亻 代 代

* 형성. 뜻을 나타내는 부수 '亻(人:사람 인)'과 음을 나타내는 '弋(주살 익)'을 합친 글자.

[풀이] 1. 대신하다. ¶代辯人 2. 번갈아. 교대로. ¶代謝 3. 세상. 시대. 한대(漢代)와 같이 왕조 이름으로도 쓰임. 4. 대. 이어 내려오는 가계. ¶代代 5.[韓] 대금. 값. ¶代價

代價(대가) 대금. 값. 삯.

代金(대금) 물건값.

代代(대대) 거듭 계속되는 대(代).

代辯人(대변인) 대신 말하는 일을 담당하는 사람. 대변자.

代謝(대사) 새것과 낡은 것이 번갈아듦.

代身(대신) 1)남을 대리함. 2)새것으로나 다른 것으로 바꾸어 갈아 채움.

代役(대역) 연극 등에서 사고로 말미암아 출연하지 못하는 사람의 대신으로 출연하는 일. 또는 그 사람.

代置(대치) 어떤 물건을 대신해서 다른 물건을 놓음. 바꾸어 놓음.

代表(대표) 1)전체의 상태나 성질을 어느 하나로 잘 나타내는 일. 2)집단을 대신하는 것. 또는 그 사람.

代行(대행) 대신하여 행함.

[유] 世(대 세) [비] 伐(칠 벌) 付(줄 부)

仝 ③ 5획 同(p111)의 同字

[人 3획] 令付仕仙　21

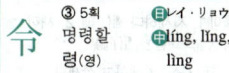

| 令 | ③ 5획
명령할
령(영) | 日レイ・リョウ
中lìng, lǐng, líng |

ノ人 人 今 令

*상형. 집 안에서 무릎 꿇고 명령을 받는 사람을 본뜬 글자. 이에 '명령'의 뜻으로 쓰임.

풀이 1. 명령하다. 포고하다. ¶命令 2. 법령. 법률. ¶法令 3. 우두머리. 장관. ¶令夫人 4. 좋다. 착하다. ¶令名 5. 남의 친족을 부르는 경칭. ¶令愛 6. 하여금. 하게 하다. 부리다. 사역의 뜻. 7. 가령. 만일. 이를테면. 가정의 뜻. ¶假令

令堂(영당) 남의 어머니를 높여 이르는 말. 훤당(萱堂). 자당(慈堂).
令名(영명) 훌륭한 인물이라는 좋은 평판. 영예.(令譽).
令夫人(영부인) 신분이 높은 사람의 부인을 부르는 경칭. 현재는 최고 지도자의 부인을 가리킴.
令色(영색) 남의 비위를 맞추거나 아첨하기 위해 꾸민 얼굴빛.
令愛(영애) 남의 딸을 높여 이르는 말.
令箭(영전) 군령(軍令)을 전하기 위해 쏘는 화살.
假令(가령) 만일. 이를테면.
命令(명령) 윗사람의 분부.

🔁 命(목숨 명) 🔄 今(이제 금)

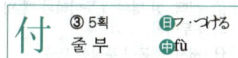

| 付 | ③ 5획
줄 부 | 日フ・つける
中fù |

ノ イ 仁 付 付

*회의. 남의 뜻을 나타내는 부수 'イ(人:사람 인)'과 손에 물건을 든 모양을 나타낸 '寸(마디 촌)'을 합친 글자. 이에 남에게 물건을 넘겨주다, '주다'라는 뜻으로 쓰임.

풀이 1. 주다. 건네다. ¶交付 2. 붙이다. ¶付壁 3. 부탁하다. ¶付託

付壁(부벽) 벽에 붙이는 그림이나 글씨.
付託(부탁) 어떤 일을 해 달라고 남에게 당부하여 맡김.

交付(교부) 1)내어 줌. 2)물건의 인도(引渡)
🔁 授(줄 수) 與(줄 여) 給(줄 급)
🔄 受(받을 수)

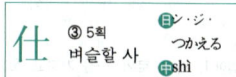

| 仕 | ③ 5획
벼슬할 사 | 日シ・ジ・つかえる
中shì |

ノ イ 仁 什 仕

*형성. 뜻을 나타내는 부수 'イ(人:사람 인)'과 음을 나타내는 '士(선비 사)'를 합친 글자. 선비(士)가 학문에 힘쓴 후 벼슬에 나아간다는 뜻으로 쓰임.

풀이 1. 벼슬. 벼슬하다. ¶仕官 2. 섬기다. ¶奉仕

仕官(사관) 벼슬을 함.
仕途(사도) 관리가 되는 길. 벼슬길. 판도(官途).
仕版(사판) 관리의 명부.
奉仕(봉사) 남을 위하여 자신의 몸과 마음을 다해 일함.

🔁 官(벼슬 관) 寮(벼슬아치 료)
🔄 任(맡길 임)

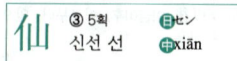

| 仙 | ③ 5획
신선 선 | 日セン
中xiān |

ノ イ 仏 仙 仙

*회의. 산(山)에 사는 사람(人)이라는 의미에서 '신선'의 뜻을 나타냄.

풀이 1. 신선. ¶仙人 2. 도교(道敎)의 다른 이름. ¶仙道

仙果(선과) 1)선계에 있는 나무의 열매. 2)복숭아의 다른 이름.
仙道(선도) 신선의 도.
仙術(선술) 신선이 행하는 술법.
仙鶴(선학) 1)두루미. 2)학.
詩仙(시선) 시를 아주 잘 짓는 사람. 중국의 이백(李白)을 일컫는 말.
神仙(신선) 산에 살면서 도를 닦은 사람. 선인(仙人).

[人 3획] 以 仞 仔 仗 仟 他

써 이 ㈰ イ・もって ㊥ yǐ

丨 レ レ' 以

* 회의. 사람이 연장을 사용하여 밭을 가는 모습을 나타낸 글자. 도구 등을 '쓰다', 가지고 하다'라는 의미에서 '…로써'의 뜻으로 쓰임.

풀이 1. 써. …로써. …을 가지고. ¶以心傳心 2. 이유. 까닭. ¶所以 3. …부터. …에서. ¶以下

以內(이내) 일정한 범위의 안.
以毒攻毒(이독공독) 독으로써 독을 물리친다는 뜻으로, 악을 누르는 데 다른 악을 이용함.
以實直告(이실직고) 사실 그대로 고함.
以心傳心(이심전심) 마음으로써 마음을 전함. 글자나 말을 사용하지 않아도 서로 전달됨.
以外(이외) 일정한 범위의 밖.
以前(이전) 1)오래전. 2)그 전.
以下(이하) 일정 한도의 아래.
以後(이후) 1)일정한 때로부터 그 뒤. 2)이 다음.
所以(소이) 까닭.
而今以後(이금이후) 이로부터, 앞으로. 차후.

길 인 ㈰ ジン・ひろ ㊥ rèn

풀이 1. 길. 높이・길이의 단위. 2. 재다. 높이나 깊이를 측정하는 것.

㊌ 測(잴 측) ㊙ 刃(칼날 인)

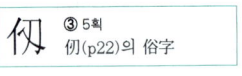
③ 5획
仞(p22)의 俗字

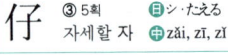
③ 5획 ㈰ シ・たえる
자세할 자 ㊥ zǎi, zī, zǐ

* 형성. 뜻을 나타내는 부수 '亻(人:사람 인)'

과 음을 나타내는 '子(아들 자)'를 합친 글자.

풀이 1. 자세하다. ¶仔細 2. 새끼. 벌레나 동물의 어린 것. ¶仔蟲

仔詳(자상) 자세하고 상세함.
仔細(자세) 1)아주 작은 부분까지 상세함. 2)자세한 사정.
仔蟲(자충) 새끼 벌레. 애벌레. 유충(幼蟲).

㊌ 詳(자세할 상) 精(자세할 정)
㊙ 仟(일천 천)

병장기 장 ㈰ ジョウ・チョウ ㊥ zhàng

풀이 1. 병장기. 무기. ¶仗器 2. 의지하다. 기대다. 의식에 쓰는 무기나 기 등의 기구. ¶仗儀

仗義(장의) 의리로써 일을 행함.
儀仗隊(의장대) 의식 절차에 의한 예법을 훈련받고 의식 때에만 참렬(參列)하는 군대.

㊙ 仇(원수 구) 仟(일천 천) 杖(지팡이 장)

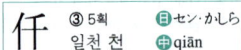
일천 천 ㈰ セン・かしら ㊥ qiān

풀이 1. 일천. '千(일천 천)'의 갖은자. ¶仟伯 2. 천 명의 우두머리. 3. 밭두둑. 4. 무성하다. 초목이 무성한 모양.

仟佰(천백) 천 명의 우두머리와 백 명의 우두머리.
仟仟(천천) 초목이 무성한 모양.

㊌ 千(일천 천) ㊙ 任(맡길 임)

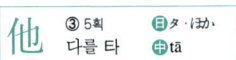
다를 타 ㈰ タ・ほか ㊥ tā

丿 亻 亻' 他 他

풀이 1. 다르다. 같지 않다. ¶他國 2. 남. 다른 사람.

他界(타계) 1)다른 세계. 타인의 세계. 2)인간계를 떠나 다른 세계로 간다는 뜻으로, 사람 특히 귀인의 죽음을 일컫는 말.

他國(타국) 다른 나라. 타방(他邦).

他動(타동) 1)동작이 다른 데에 미침. 2)다른 사물을 처리하는 동작.

他山之石(타산지석) 다른 산에서 나는 거친 돌도 자기의 옥을 가는 데 쓰일 수가 있으므로, 다른 사람의 하찮은 언행이라도 자기의 덕을 닦는 데 도움이 됨을 비유하는 말.

他殺(타살) 남에게 목숨을 빼앗김.

他人(타인) 자기 이외의 사람. 남.

他鄕(타향) 고향이 아닌 지방. 타지.

[비] 也(어조사 야)

仡	③ 5획 날랠 흘	[日]コチ·キツ·いさましい [中]yì, wù

[풀이] 1. 날래다. 용감하다. ¶仡然 2. 높다. 높고 큰 모양.

仡然(흘연) 무척 용감한 모양.

[비] 乞(빌 걸)

仮	④ 6획 假(p44)의 俗字

价	④ 6획 착할 개	[日]カイ·よい [中]jiè

[풀이] 1. 착하다. 좋다. 2. 크다.

价人(개인) 1)갑옷 입은 사람. 2)착한 사람. 훌륭한 사람. 3)덕이 있는 사람. 큰 사람.

[유] 善(착할 선)

件	④ 6획 사건 건	[日]ケン [中]jiàn

丿 亻 亻 仁 仁 件

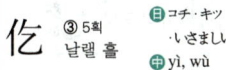

[풀이] 1. 사건. 일. 조건. 물건. ¶事件 2. 건. 가지. 물건이나 일의 가짓수를 세는 단위. ¶件數

件名(건명) 1)일이나 물건의 이름. 2)서류의 제목.

件數(건수) 1)사건의 수. 2)사물의 가짓수.

事件(사건) 문제가 되거나 관심을 끌 만한 뜻밖에 벌어진 일.

案件(안건) 토의하거나 조사해야 할 사실.

[비] 伴(짝 반)

伋	④ 6획 속일 급	[日]キュウ [中]jí

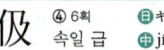

[풀이] 속이다. 거짓. ¶伋伋

伋伋(급급) 남을 속이는 모양.

[유] 詐(속일 사) [비] 仍(인할 잉)

企	④ 6획 꾀할 기	[日]キ·くわだてる [中]qǐ

丿 人 个 个 企 企

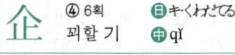

* 회의. '人(사람 인)'과 사람의 발 모양을 나타낸 '止(멈출 지)'를 합친 글자. 이에 사람이 발돋움하여 멀리 바라본다는 의미에서 '바라다', '꾀하다'라는 뜻으로 쓰임.

[풀이] 1. 꾀하다. 도모하다. 계획하다. ¶企圖 2. 바라다. 발돋움하다. ¶企待

企待(기대) 어떤 일이 이루어지기를 기다림.

企圖(기도) 일을 꾸며 내려고 꾀함.

企業(기업) 1)사업을 꾀하여 일으킴. 2)영리를 목적으로 생산 요소를 종합하여 경영하는 경제적 사업.

企劃(기획) 일을 계획함.

[유] 計(꾀 계) 術(꾀 술)

伎	④ 6획 재주 기	[日]ギ·キ·わざ [中]jì

[풀이] 재주. 기술. 재능.

2획

伎倆(기량) 능력. 기교.
🔗 才(재주 재) 技(재주 기)

仿 ④ 6획
❶ 彷(p239)의 同字
❷ 髣(p833)의 同字

伐 ④ 6획 ⑪バツ・うつ ⊕fá
칠 벌

ノ亻仁代伐伐

* 회의. 창[戈]으로 사람[人]을 치는 것을 나타냄.

풀이 1. 치다. 두드리다. ¶討伐 2. 베다. ¶伐木 3. 자랑하다. 뽐내다. ¶伐善
伐木(벌목) 나무를 벰.
伐善(벌선) 자신의 선행을 뽐냄.
伐採(벌채) 나무를 베어 냄.
伐草(벌초) 조상의 무덤의 잡초를 벰.
討伐(토벌) 적이 되어 맞서는 무리를 공격하여 없앰.
🔗 攻(칠 공) 🔄 代(대신할 대)

伏 ④ 6획 ⑪フク・ふせる ⊕fú
엎드릴 복

ノ亻仁什伏伏

* 회의. 개[犬]가 사람[人] 옆에 엎드려 있는 모양을 나타내어, '엎드리다'의 뜻으로 쓰임.

풀이 1. 엎드리다. ¶伏乞 2. 감추다. 숨다. ¶伏龍 3. 굴복하다. 복종하다. ¶降伏 4. 삼복. 초복·중복·말복.
伏乞(복걸) 엎드려 구걸함. 간절히 빎.
伏龍(복룡) 숨어 살고 있는 용(龍). 세상에 알려지지 않은 인재를 비유하는 말. 잠룡(潛龍).
伏魔殿(복마전) 마귀가 숨어 있는 전당. 재앙의 근원이나 나쁜 일을 꾀하는 무리들의 근거지를 뜻하는 말.
伏兵(복병) 1)적병을 갑자기 공격하기 위하여 군사를 숨겨 둠. 또는 그 군사. 복갑(伏甲). 2)뜻밖의 장애가 되어 나타난 경쟁 상대.
伏線(복선) 소설이나 희곡 등에서 뒤에 나올 사건을 앞에서 암시하는 것.
🔗 仆(엎드릴 부) 臥(엎드릴 와)

份 ④ 6획 ⑪ヒン ⊕fēn
❶ 빛날 빈
❷ 부분 분

풀이 ❶ 1. 빛나다. '彬(빛날 빈)'의 고자.
❷ 2. 부분. 일부.

仰 ④ 6획 ⑪ギョウ・あおぐ ⊕yǎng
우러를 앙

ノ亻亻亻亻仰仰

* 형성. 뜻을 나타내는 부수 '亻(人:사람 인)'과 음을 나타내는 '卬(나 앙)'을 합친 글자.

풀이 1. 우러르다. 사모하다. ¶仰望
仰望(앙망) 1)우러러봄. 2)삼가 바람. 앙기(仰企).
仰慕(앙모) 우러러 사모함.
仰不愧於天(앙불괴어천) 하늘을 우러러 부끄럽지 않음. 맹세코 자신의 양심에 거리낌이 없음.
仰臥(앙와) 배와 가슴을 위로 하고 반듯이 누움.
仰天(앙천) 하늘을 우러러봄.
仰祝(앙축) 우러러 축하함.
🔄 俯(굽을 부) 抑(누를 억)

伍 ④ 6획 ⑪ゴ・まじわる ⊕wǔ
항오 오

* 형성. 뜻을 나타내는 부수 '亻(人:사람 인)'과 음을 나타내는 '五(다섯 오)'를 합친 글자. 고대 중국의 군대는 다섯 사람을 단위로 짜였기 때문에 '항오(行伍)'라는 뜻으로 쓰임.

풀이 1. 항오(行伍). 군대를 편성한 대열. 2. 다섯. '五(다섯 오)'의 갖은자.

伍長(오장) 주(周)나라의 제도로서, 군졸 다섯 명의 우두머리.
隊伍(대오) 편성된 대열.
[유] 五(다섯 오)

伊
④ 6획 [日]イ·これ
저 이 [中]yī

[풀이] 1. 저. 저것. 2. 이. 이것.

伊霍之勳(이곽지훈) 나라를 위하여 무도한 임금을 쫓아내는 일.
伊太利(이태리) 이탈리아의 음역.
[비] 尹(다스릴 윤)

任
④ 6획 [日]ニン·まかせる
맡길 임 [中]rén, rèn

丿 亻 仁 仁 仟 任

* 형성. 뜻을 나타내는 부수 '亻(人;사람 인)'과 음을 나타내는 '壬(아홉째 천간 임)'을 합친 글자.

[풀이] 1. 맡기다. 맡다. ¶任期 2. 마음대로 하다. ¶任意 3. 임무. 책임.

任官(임관) 1)관직에 임명됨. 2)사관 후보생 또는 사관학교 생도가 졸업 후 장교로 임명됨.
任期(임기) 어떤 임무를 맡아보는 일정한 기간.
任命(임명) 1)직무를 맡김. 2)운명에 맡김.
任務(임무) 맡은 바의 일.
任用(임용) 임무를 부여하여 쓰거나 관리로 등용함.
任員(임원) 어떤 단체의 일을 맡아 처리하는 사람.
任意(임의) 마음대로 함. 생각대로 함.
信任(신임) 믿고 일을 맡김.
[유] 司(맡을 사) [비] 仕(벼슬할 사)

伝
④ 6획
傳(p50)의 俗字

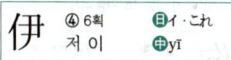

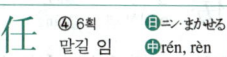

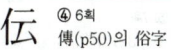

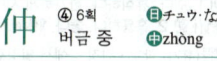

仲
④ 6획 [日]チュウ·なか
버금 중 [中]zhòng

丿 亻 亻 仲 仲 仲

* 형성. 뜻을 나타내는 부수 '亻(人;사람 인)'과 음을 나타내는 '中(가운데 중)'을 합친 글자. 형제들 사이에서 중간, 곧 맏이와 막내 사이에 태어난 아이를 나타냄.

[풀이] 1. 버금. 둘째. ¶仲子 2. 가운데. ¶仲裁

仲介(중개) 제3자로서 두 당사자 사이에서 일을 주선하는 일. 거간(居間).
仲媒(중매) 두 집안 사이의 중간에서 혼인이 성사될 수 있게 함. 중신.
仲子(중자) 둘째 아들.
仲裁(중재) 제3자가 다투는 쌍방의 중간에 서서 분쟁을 조정하여 해결함.
仲秋節(중추절) 추석을 명절로서 이르는 말. 한가위. 추석(秋夕).
[유] 次(버금 차) 亞(버금 아) [비] 伸(펼 신)

伉
④ 6획 [日]コウ·たぐい
짝 항 [中]kàng

[풀이] 1. 짝. 배우자. ¶伉儷 2. 바르다. 정직하다. ¶伉直 3. 굳세다. 강하다.

伉儷(항려) 남편과 아내. 부부. 배필.
伉直(항직) 성품 등이 곧고 강직함. 강직(剛直).
[유] 仵(짝 오) 伴(짝 반) 侶(짝 려) 匹(짝 필)
[비] 沆(넓을 항)

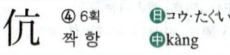

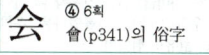

会
④ 6획
會(p341)의 俗字

休
④ 6획 [日]キュウ·やすむ
쉴 휴 [中]xiū

丿 亻 仁 什 休 休

* 회의. 사람[亻]이 나무[木] 그늘에서 쉰다는 의미에서 '쉬다'라는 뜻으로 쓰임.

2획

[人 5획] 伽 估 佝 佞 但 来

풀이 1. 쉬다. 휴식하다. 한가하게 지내다. ¶休憩 2. 훌륭하다. 좋다. ¶休德

休暇 (휴가) 학교·직장 등에서 일정한 기간 쉬는 일.
休憩 (휴게) 잠깐 쉼. 휴식(休息).
休德 (휴덕) 미덕(美德).
休眠 (휴면) 1) 쉬면서 아무것도 하지 않음. 2) 동식물이 그 생활 기능을 활발하게 하지 않고 일정 기간을 지냄.
休息 (휴식) 잠깐 동안 쉼. 휴게(休憩).
休業 (휴업) 학업이나 영업을 얼마 동안 쉼.
休日 (휴일) 하는 일을 중지하고 쉬는 날.
休止 (휴지) 1) 쉼. 2) 끝남. 그만둠.
休職 (휴직) 신분은 유보하면서 일정한 기간 그 직무를 쉬는 일.
休學 (휴학) 병이나 기타 원인으로 한 동안 학교를 쉼.
休火山 (휴화산) 옛날에 분화하였으나 지금은 분화하지 않는 화산.
連休 (연휴) 계속되는 휴일.
유 憩(쉴 게) 息(쉴 식)　**비** 体(용렬할 분)

伽 ⑤ 7획　**日** カ·ガキャ·とぎ　**中** gā, jiā, qié
절 가

풀이 절. 사찰. 범어 (梵語) gha(가)의 음역.

伽藍 (가람) 승가람마(僧伽藍摩)의 준말. 승려들이 불도를 닦으면서 머무는 절.
伽倻琴 (가야금) 신라 진흥왕 때 가야의 우륵(于勒)이 만들었다는, 우리나라 고유의 현악기.
유 寺(절 사)　**비** 加(더할 가)

估 ⑤ 7획　**日** コ·あたい　**中** gū, gù
값 고

*형성. 뜻을 나타내는 '亻(人;사람 인)'과 음을 나타내는 '古(옛 고)'를 합친 글자.

풀이 1. 값. 대금. ¶估價 2. 매매하다.

팔다. 사다. ¶估賣
估價 (고가) 1) 값. 가격. 2) 값을 매김.
估客 (고객) 장사치. 상인.
估賣 (고매) 물건을 팖.
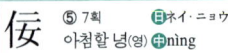 値(값 치)　**비** 枯(마를 고)

佝 ⑤ 7획　**日** コウ·ク　**中** gōu
꼽추 구

풀이 꼽추. 곱사등이. ¶佝僂
佝僂 (구루) 1) 곱사등이. 2) 늙거나 병들어 등이 굽은 모양.

佞 ⑤ 7획　**日** ネイ·ニョウ　**中** nìng
아첨할 녕(영)

풀이 1. 아첨하다. 간사하다. ¶佞辯 2. 말솜씨가 있다. ¶佞慧 3. 영리하다. 재능이 있다.
佞辯 (영변) 아첨을 잘함. 또는 그런 말. 영구(佞口). 영설(佞舌).
佞慧 (영혜) 말솜씨가 교묘함.
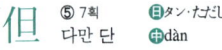 諂(아첨할 첨)　姦(간사할 간)
비 伝(전할 전)

但 ⑤ 7획　**日** タン·ただし　**中** dàn
다만 단

丿 亻 亻 亻 佢 但 但

*형성. 뜻을 나타내는 부수 '亻(人;사람 인)'과 음을 나타내며 해가 뜬 모양을 나타낸 '旦(아침 단)'을 합친 글자. 이에 사람이 옷을 벗고 상반신을 드러냄을 의미했으나, 가차하여 어조사인 '다만'의 뜻으로 쓰임.

풀이 다만. 단지. 오로지. ¶但只
但只 (단지) 다만. 겨우. 오직.
非但 (비단) 부정의 뜻을 가진 문맥 속에서 '다만', '오직'의 뜻을 나타냄.
 只(다만 지)　**비** 坦(평평할 탄)

来 ⑤ 7획
來(p32)의 俗字

[人 5획] 伶 伴 伯 体 佛

伶 ⑤ 7획
영리할 령(영)
日 レイ ·わざおぎ
中 líng

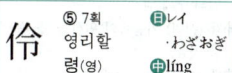

풀이 1. 영리하다. 2. 악공. 음악사(音樂師). ¶伶人

伶利(영리) 똑똑하고 눈치가 빠름.
伶人(영인) 악공과 광대.

유 怜(영리할 령) 愚(어리석을 우)

伴 ⑤ 7획
짝 반
日 ハン·バン ·ともなう
中 bàn

ノ イ 仁 件 伴 伴

*형성. 뜻을 나타내는 부수 'イ(人:사람 인)'과 음을 나타내는 '半(반 반)'을 합친 글자.

풀이 1. 짝. 동무. 반려자. ¶伴侶者 2. 함께하다. 따르다. ¶同伴

伴侶者(반려자) 짝이 되는 사람.
同伴(동반) 1)길을 함께 감. 같이 데리고 감. 또는 그 짝. 2)사물·현상이 함께 생김.
隨伴(수반) 1)붙어서 따름. 반수(伴隨). 2)어떤 일에 따라서 함께 생기는 것.

유 件(짝 오) 伉(짝 항) 侶(짝 려)
비 件(물건 건)

伯 ⑤ 7획
맏 백
日 ツ·さきだち
中 bǎi, bó

ノ イ 亻 伯 伯 伯

*형성. 뜻을 나타내는 부수 'イ(人:사람 인)'과 음을 나타내며 크다는 뜻을 지닌 '白(흰 백)'을 합친 글자. 이에 '큰 사람', '우두머리'라는 뜻으로 쓰임.

풀이 1. 맏. 맏아들. 첫째. ¶伯仲 2. 우두머리. ¶方伯 3. 백작. ¶伯爵

伯牙絶絃(백아절현) 친한 친구의 죽음을 슬퍼함을 이르는 말.
伯爵(백작) 다섯 등급의 작위 가운데 셋째.
伯仲(백중) 1)맏이와 둘째. 2)실력·기술 등이 서로 비슷하여 낫고 못함이 없음. 백중지간(伯仲之間).
伯兄(백형) 맏형. 장남.
方伯(방백) 조선 시대, 각 도의 으뜸 벼슬. 관찰사(觀察使).

유 兄(맏 형) 孟(맏 맹) 季(끝 계)
비 佰(일백 백)

体 ⑤ 7획
❶ 용렬할 분 日 タイ·からだ
❷ 몸 체
中 tī, tǐ

풀이 ❶ 1. 용렬하다. 2. 상여꾼. ¶体夫
❷ 3. 몸. '體(몸 체)'의 속자.

体夫(분부) 상여꾼.

유 體(몸 체) 비 休(쉴 휴)

佛 ⑤ 7획
부처 불
日 ブツ·ほとけ
中 fó, fú

ノ イ 亻 佛 佛 佛

*형성. 뜻을 나타내는 부수 'イ(人:사람 인)'과 음을 나타내는 '弗(아닐 불)'을 합친 글자.

풀이 1. 부처. ㉠진리의 체득자라는 뜻. 석가모니. ㉡불상. 불교. ¶佛心 2. 프랑스. ¶佛語

佛家(불가) 1)절. 2)승려. 3)불교를 믿는 사람. 또는 그 집단.
佛經(불경) 불교의 경전. 불전(佛典).
佛敎(불교) B.C.500년 무렵 인도의 석가모니가 세운 종교.
佛堂(불당) 부처를 모시는 대청.
佛門(불문) 불가(佛家).
佛法(불법) 석가모니의 가르침.
佛像(불상) 부처의 모습을 조각이나 그림으로 나타낸 것.
佛心(불심) 부처와 같은 자비스러운 마음. 중생이 지닌 부처로서의 본성.
佛語(불어) 1)부처의 말씀. 2)프랑스어.
佛者(불자) 불교에 귀의한 사람. 승려.

[人 5획] 似 伺 伸 余 佑 位

佛塔(불탑) 절의 탑.
[비] 佛(비슷할 불) 弗(아닐 불)

似 ⑤ 7획
같을 사
[日] ジ・にる
[中] shì, sì

ノイイ仁ル似似

*형성. 뜻을 나타내는 부수 '亻(人:사람 인)'과 음을 나타내는 '以(써 이)'를 합친 글자.

[풀이] 같다. 닮다. 비슷하다. ¶類似

似而非(사이비) 비슷해 보이지만 실제로는 전혀 다르다는 의미로, 겉으로는 훌륭해 보여도 실제로는 거짓을 일삼는 무리를 이르는 말.
近似値(근사치) 참값에 가까운 값.
非夢似夢(비몽사몽) 꿈인지 생시인지 구분을 못함.
類似(유사) 서로 비슷함.
[유] 同(같을 동) [비] 以(써 이)

伺 ⑤ 7획
엿볼 사
[日] シ・うかがう
[中] cì, sì

[풀이] 1. 엿보다. ¶伺隙 2. 방문하다. 찾다. ¶伺候

伺隙(사극) 틈을 엿봄. 기회를 기다림.
伺察(사찰) 엿보아 살핌.
伺候(사후) 1)동정을 엿봄. 탐색함.
2)웃어른을 뵙고 문안드림.
[비] 司(맡을 사)

伸 ⑤ 7획
펼 신
[日] シン・のびる
[中] shēn

ノイイ仁们但伸

*형성. 뜻을 나타내는 부수 '亻(人:사람 인)'과 음을 나타내는 '申(펼 신)'을 합친 글자. 사람이 구부렸다가 펴는 것을 나타내어 '널리 펼친다'는 뜻으로 쓰임.

[풀이] 1. 펴다. 펼치다. ¶伸張 2. 늘이다. ¶伸縮 3. 말하다. ¶追伸

伸救(신구) 죄 없는 사람을 사실대로 말해 구해 냄.
伸寃(신원) 가슴속의 원한을 품. 누명을 벗음.
伸張(신장) 늘여 넓게 폄.
伸縮(신축) 늘고 줆. 늘이고 줄임.
追伸(추신) 뒤에 덧붙여 말한다는 뜻으로, 편지의 끝에 더 쓰고 싶은 것이 있을 때에 그 앞에 쓰는 말.
[유] 佈(펼 포) [비] 仲(버금 중)

余 ⑤ 7획
나 여
[日] ヨ・あまる
[中] yú

ノ 人 ㅅ 스 숟 余 余

*상형. 위에는 지붕이 있고 그 밑에 도리와 기둥이 있는 집을 본뜬 글자. 원래는 '집을 뜻했으나 가차하여 '나'의 뜻으로 쓰임.

[풀이] 1. 나. 자신. ¶余等 2. 나머지. 이외.

余等(여등) 우리들.
余輩(여배) 우리. 우리네. 우리들.
余月(여월) 음력 4월.
[유] 我(나 아) 予(나 여) 吾(나 오)
[반] 汝(너 여)

佑 ⑤ 7획
도울 우
[日] ユウ・たすける
[中] yòu

*형성. 뜻을 나타내는 부수 '亻(人:사람 인)'과 음을 나타내는 '右(오른 우)'를 합친 글자.

[풀이] 돕다. 도움.

天佑神助(천우신조) 하늘이 돕고 신이 도움.
[유] 助(도울 조) 佐(도울 좌) 補(기울 보)

位 ⑤ 7획
자리 위
[日] イ・くらい
[中] wèi

ノイイ伫伫位位

*회의. 사람(人)이 서는(立) 곳, 즉 '위치', '지위'의 뜻으로 쓰임.

[人 5획] 佚作佇低　29

풀이 1. 자리. 지위. 위치. ¶位置 2. 분. 사람에 대한 경어. 3. 방위. ¶方位

位階(위계) 벼슬의 품계(品階).

位相(위상) 어떤 사물이 다른 사물과의 관계 속에서 지니는 위치나 양상.

位置(위치) 1)자리. 사람이나 물건이 있는 곳. 2)지위.

位牌(위패) 단(壇)·절 등에서 신주의 이름을 적어 모셔 두는 나무패.

方位(방위) 동서남북을 기준으로 정한 방향.

地位(지위) 1)있는 자리. 위치. 2)사회적 신분에 따라 개인이 차지하는 자리나 계급.

윤 席(자리 석)

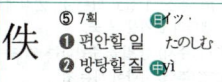

佚 ⑤ 7획　日タツ·
　　지을 질　⊕yì
❶ 편안할 일　たのしむ
❷ 방탕할 질　⊕yì

풀이 ❶ 1. 편안하다. ¶佚樂 2. 숨다. ¶佚民 ❷ 3. 방탕하다. 4. 번갈아들다. 갈마들다. ¶佚宕

佚樂(일락) 편안히 즐김.

佚民(일민) 1)세상을 피해 은거하여 지내는 사람. 은자(隱者). 2)달아난 백성.

佚宕(질탕) 한껏 흐드러져 흥겨움. 또는 그렇게 노는 것.

비 失(잃을 실)

作 ⑤ 7획　日サク·つくる
지을 작　⊕zuō, zuò

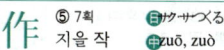

ノ亻亻′亻乍作作

* 형성. 뜻을 나타내는 부수 '亻(人:사람 인)'과 음을 나타내는 '乍(지을 작)'을 합친 글자.

풀이 1. 짓다. 만들다. ¶作品 2. 농사짓다. 경작하다. ¶作況 3. 글을 짓다. 쓰다. ¶作文 4. 일하다. ¶作業 5. 일어나다. 일으키다. ¶作亂

作家(작가) 문예 작품 등을 만드는 사람. 특히 소설가를 일컬음.

作黨(작당) 무리를 이룸.

作名(작명) 이름을 지음.

作文(작문) 글을 지음. 또는 그 글.

作別(작별) 이별함. 헤어짐.

作成(작성) 만들어 이룸. 만듦.

作心(작심) 마음을 단단히 먹음.

作業(작업) 일터에서 일을 함. 또는 그 일.

作用(작용) 1)움직이게 하는 힘. 2)한 힘이 다른 힘에 미쳐서 영향이 일어나는 일.

作戰(작전) 1)싸우는 방법과 계략을 만듦. 2)일정 기간에 벌이는 군사적 행동을 통틀어 이르는 말.

作品(작품) 1)만들어진 것. 제작품. 2)문학·예술 등의 창작물.

作況(작황) 농사일이 잘되었는지 못되었는지의 상황.

佳作(가작) 1)잘된 작품. 2)당선 다음가는 작품.

윤 造(지을 조) 製(지을 제)

비 昨(어제 작)

佇 ⑤ 7획　日チョ·たたずむ
　　우두커니
　　설 저　⊕zhù

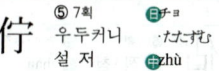

풀이 우두커니 서다. 멈추어 서다. ¶佇念

佇念(저념) 우두커니 서서 생각함. 깊이 생각함.

비 貯(쌓을 저)

低 ⑤ 7획　日テイ·ひくい
낮을 저　⊕dī

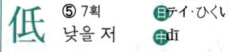

ノ亻亻′亻ㄧ亻氏作低低

* 형성. 뜻을 나타내는 부수 '亻(人:사람 인)'과 음을 나타내는 '氐(근본 저)'를 합친 글자.

풀이 1. 낮다. 높이·가격·수준·목소리 등이 낮다. ¶低音 2. 숙이다. 구부리다. ¶低頭

低價(저가) 낮은 값. 싼값.

[人 5획] 佃佔佐住佗佈

低級(저급) 1)낮은 등급. 낮은 계급. 2)질이 낮음. 3)취미가 천함.
低能(저능) 지능이 보통 사람보다 낮음.
低頭(저두) 머리를 숙임.
低廉(저렴) 값이 쌈.
低俗(저속) 성질이나 취미가 낮고 속됨.
低音(저음) 낮은 소리. 낮은 음.
低賃金(저임금) 낮은 임금.
低調(저조) 1)능률이 오르지 않음. 능률이 나쁨. 2)활기가 없이 침체됨.
低下(저하) 1)내려감. 2)나빠짐. 3)값이 싸짐.
유 底(밑 저) 高(높을 고)

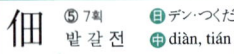
佃 ⑤ 7획 日 デン・つくだ
밭 갈 전 中 diàn, tián

풀이 1. 밭을 갈다. 경작하다. ¶佃戶 2. 수렵하다. 사냥하다. ¶佃漁
佃漁(전어) 사냥과 고기잡이.
佃戶(전호) 다른 사람의 땅을 빌려 농사짓는 농가. 소작인(小作人).
유 耕(밭 경)

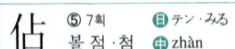
佔 ⑤ 7획 日 テン・みる
볼 점·첨 中 zhàn

풀이 보다. 엿보다. ¶佔畢
佔畢(점필) 글을 읽기만 하고 그 뜻은 모름.
유 見(볼 견) 觀(볼 관) 覽(볼 람) 視(볼 시)
비 店(가게 점)

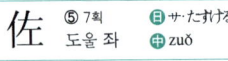
佐 ⑤ 7획 日 サ・たすける
도울 좌 中 zuǒ

* 형성. 뜻을 나타내는 부수 亻(人;사람 인)과 음을 나타내어 '돕는다' 는 뜻을 지닌 左(왼쪽 좌)를 합친 글자.
풀이 돕다. 도움. ¶佐命
佐命(좌명) 임금이 될 사람을 도움.
補佐(보좌) 상관을 도와 일을 처리함.

유 佑(도울 우) 助(도울 조) 補(기울 보)

住 ⑤ 7획 日 ジュウ・すむ
살 주 中 zhù

丿 亻 亻 亻 住 住 住

* 형성. 뜻을 나타내는 부수 亻(人;사람 인)과 음을 나타내는 主(주인 주)를 합친 글자. 사람(人)이 일정한 곳에 머무는(主) 것을 의미하여 '살다' 라는 뜻으로 쓰임
풀이 1. 살다. 거처를 정하다. 머물다. ¶住民 2. 거처. 사는 집. 3. 멈추다.
住居(주거) 일정한 장소에 자리를 잡고 삶.
住民(주민) 일정한 땅에 머물러 사는 사람.
住所(주소) 1)살고 있는 곳. 2)실제로 생활의 근거를 둔 곳.
住持(주지) 한 절을 주관하는 중.
住宅(주택) 사람이 사는 집.
常住(상주) 한곳에 늘 살고 있음.
移住(이주) 다른 곳에 옮아가서 삶.
유 居(있을 거)
비 佳(아름다울 가) 往(갈 왕)

佗 ⑤ 7획 日 タ・ほか
다를 타 中 tuō

풀이 1. 다르다. 다른. 2. 등에 지다. 등에 지게 하다. ¶佗負
佗負(타부) 등에 짊어짐.
유 他(다를 타) 異(다를 이)
반 同(같을 동)

佈 ⑤ 7획 日 フ・ホ
펼 포 中 bù

풀이 1. 펴다. 전개하다. 펼치다. 2. 널리 알리다. ¶佈告
佈告(포고) 1)널리 퍼뜨리거나 알림. 2)국가가 국민에게 사실을 선포할 때 쓰는 공문(公文).

[人 5~6획] 怭何佳価侃供

유 伸(펼 신) 비 俙(비슷할 희)

怭 ⑤ 7획 日ヒツ
점잖을 필 ⊕bì

풀이 1. 점잖다. 2. 가득 차다.

비 必(반드시 필)

何 ⑤ 7획 日カ・なに
어찌 하 ⊕hé

丿 亻 亻 仃 何 何 何

＊형성. 뜻을 나타내는 부수 '亻(人:사람 인)'과 음을 나타내는 '可(옳을 가)'를 합친 글자.

풀이 1. 어찌. 어째. …하랴. 반어의 뜻. 2. 무엇. 어느. 의문사. ¶何故

何故(하고) 무슨 까닭. 무슨 이유.
何時(하시) 어느 때. 언제.
何如間(하여간) 어쨌든. 하여튼.
何必(하필) 어찌 반드시. 무슨 필요가 있어서.
幾何(기하) 1)얼마. 2)기하학의 준말.

비 荷(연 하) 可(옳을 가)

佳 ⑥ 8획 日カ・よい
아름다울 가 ⊕jiā

丿 亻 亻 仁 佳 佳 佳 佳

＊형성. 뜻을 나타내는 부수 '亻(人:사람 인)'과 음을 나타내며 아름다운 것을 뜻하는 '圭(홀 규)'를 합친 글자. 이에 '아름다운 사람'이라는 의미에서 '아름답다'의 뜻을 나타낸다.

풀이 1. 아름답다. ¶佳人 2. 좋다. 훌륭하다. ¶佳肴

佳客(가객) 귀한 손님. 반가운 손님. 가빈(佳賓).
佳約(가약) 1)좋은 약속. 2)연인과 만날 약속. 3)결혼 약속.
佳人薄命(가인박명) 아름다운 여자는 명이 짧음. 미인박명(美人薄命).
佳作(가작) 당선작으로 인정하기는 어렵지만 꽤 훌륭한 작품.

佳節(가절) 1)좋은 명절. 2)좋은 시절.
佳肴(가효) 맛이 좋은 안주.

유 美(아름다울 미) 麗(고울 려)
반 醜(추할 추) 비 住(살 주) 往(갈 왕)

価 ⑥ 8획
價(p53)의 俗字

侃 ⑥ 8획 日カン
굳셀 간 ⊕kǎn

풀이 굳세다. 강직하다. ¶侃侃

侃侃(간간) 1)강직한 모양. 성품이나 행실이 강직함. 2)화락한 모양.
侃諤(간악) 성격이 강직하여 굽히지 않고 바른말을 하는 모양.

비 況(하물며 황)

供 ⑥ 8획 日キョウ・そなえる
이바지할 공 ⊕gōng, gòng

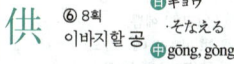

丿 亻 亻 仁 仕 供 供 供

＊형성. 뜻을 나타내는 부수 '亻(人:사람 인)'과 음을 나타내며 물건을 두 손으로 바치는 모양을 본뜬 '共(함께 공)'을 합친 글자. 이에 바치다의 뜻으로 쓰임.

풀이 1. 이바지하다. 바치다. ¶供給 2. 베풀다. 3. 진술하다. 말하다.

供給(공급) 1)수요에 따라 물품을 제공함. 물건을 댐. 2)교환 또는 판매의 목적으로 시장에 상품을 제공함.
供覽(공람) 여러 사람에게 보임.
供物(공물) 신 앞에 바치는 제물.
供養(공양) 1)부모에게 음식을 드림. 2)가묘(家廟)에 음식을 올림. 3)불교에서 부처 또는 죽은 사람에게 음식·꽃·향 등을 바침. 공시(供施).
供出(공출) 국가의 수요에 따라 국민이 농업 생산물이나 기타 물자·기물을 의무적으로 정부에 매도하는 일.

供託(공탁) 1)물건을 제공하고 기탁함. 2)법령의 규정에 따라 금·은·유가증권 또는 다른 물건을 공탁소 또는 일정인에게 기탁하는 일.

提供(제공) 내놓음. 갖다 줌.

🔽 共(함께 공)

侊 ⑥8획 🔲コウ
성할 광 🔲guāng

풀이 성한 모양.

侊飯(광반) 잘 차린 음식. 성찬(盛饌).

🔽 盛(성할 성)

佼 ⑥8획 🔲コウキョウ・みめよい
예쁠 교 🔲jiǎo

풀이 예쁘다. 아름답다. ¶佼佼

佼佼(교교) 예쁜 모양.

佼好(교호) 예쁨.

🔽 娥(예쁠 아) 姚(예쁠 요)
🔽 效(본받을 효) 校(학교 교)

佶 ⑥8획 🔲キッコチ・ただしい
건장할 길 🔲jí

풀이 1. 건장하다. 헌걸차다. 2. 굽다. 막히다. ¶佶屈聱牙

佶屈聱牙(길굴오아) 문장이 어렵고 읽기 힘듦.

來 ⑥8획 🔲ライ·くる
올 래(내) 🔲lái

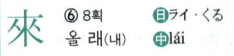

* 상형. 보리의 모양을 본뜬 글자로, 가차하여 '오다'의 뜻으로 쓰임.

풀이 1. 오다. ¶來放 2. 장래. 미래. 후세. ¶來世 3. 부터. 에서. ¶以來

來客(내객) 찾아온 손님.

來歷(내력) 지나온 경력.

來訪(내방) 찾아와 봄. 찾아옴.

來賓(내빈) 모임에 초청을 받고 찾아온 손님.

來世(내세) 1)후세(後世). 2)불교에서 말하는 삼세(三世)의 하나. 죽은 뒤에 다시 태어난다는 미래의 세상. ↔ 현세(現世).

來日(내일) 1)오늘의 바로 다음날. 명일. 2)앞으로 다가올 날. 후일.

以來(이래) 그러한 뒤로.

🔽 往(갈 왕) 去(갈 거)

例 ⑥8획 🔲レイ·たとえる
법식 례(예) 🔲lì

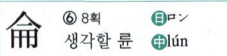

* 형성. 뜻을 나타내는 부수 亻(人:사람 인)과 음을 나타내는 '례(줄 렬)'을 합친 글자.

풀이 1. 법식. 규정. ¶例外 2. 조목. 조례. ¶條例 3. 본보기. 예. 전례. ¶例題

例年(예년) 1)해마다. 매년. 2)별일 없이 평범하게 지나간 해.

例事(예사) 보통으로 있는 일. '예상사(例常事)'의 준말.

例示(예시) 본보기를 들어 보임.

例外(예외) 일반 규칙이나 법식에서 벗어남.

例題(예제) 연습을 하기 위해 예로 내는 문제.

例證(예증) 1)증거가 되는 예. 2)예를 들어 증명함.

條例(조례) 조목조목 적어 놓은 규칙이나 명령.

🔽 度(법도 도) 式(법 식)

侖 ⑥8획 🔲ロン
생각할 륜 🔲lún

풀이 1. 생각하다. 2. 조리를 세우다. 3. 둥글다.

🔽 倫(인륜 륜)

侔 ⑥ 8획
日 ボウ・ム
・ひとしい
中móu
가지런할 모

풀이 1. 가지런하다. 균등하다. 균일하다. ¶侔德 2. 힘쓰다. 꾀하다. ¶侔利

侔德(모덕) 덕을 가지런하게 함.
侔利(모리) 이익을 얻기 위해 힘씀. 모리(牟利).

유 齊(가지런할 제)

佰 ⑥ 8획
日 ハク・ビャク
・ひゃく
中bǎi
❶ 일백 백
❷ 밭두둑 맥

* 형성. 뜻을 나타내는 부수 亻(人:사람 인)과 음을 나타내는 '百(일백 백)'을 합친 글자. 이에 '백 사람', '백' 이라는 뜻으로 쓰임.

풀이 ❶ 1. 일백. 백. '百(일백 백)'의 갖은자. 2. 백 사람. 백 명의 우두머리. ❷ 3. 밭두둑.

유 百(일백 백) 비 伯(맏 백)

倂 ⑥ 8획
併(p41)의 俗字

使 ⑥ 8획
日 シ・つかう
中shǐ
부릴 사

ノ 亻 亻 乍 乍 佰 使 使

* 형성. 뜻을 나타내는 부수 亻(人:사람 인)과 음을 나타내는 '吏(벼슬아치 리)'를 합친 글자. 이에 윗사람이 아래 관리에게 일을 시킨다는 의미에서 '부리다' 라는 뜻으로 쓰임.

풀이 1. 부리다. 시키다. ¶使役 2. …로 하여금 …하게 하다. 3. 사신. 사신으로 가다. 사신을 보내다. ¶使節 4. 심부름꾼. ¶使者 5. 가령. 만약.

使徒(사도) 1)신의 사명을 사방에 전하는 제자. 2)신성한 사업을 위하여 헌신적으로 힘쓰는 사람.
使命(사명) 1)주어진 임무. 심부름하는 사람의 임무. 2)사신으로서 받은 명령.
使臣(사신) 임금의 명령을 받들어 외국으로 가는 신하.
使役(사역) 일을 시킴.
使用(사용) 물건을 씀. 또는 사람을 부림.
使者(사자) 1)심부름하는 사람. 2)불교에서 죽은 사람의 혼을 저승으로 데리고 간다는 차사(差使).
使節(사절) 사명을 가지고 외국으로 파견되는 사람.
使嗾(사주) 남에게 나쁜 일을 부추김. 사촉(唆囑).
行使(행사) 권리·권력·힘 등을 부려서 씀.

비 便(편할 편)

侍 ⑥ 8획
日 ジ・さむらい
中shì
모실 시

ノ 亻 亻 亻 仕 住 侍 侍

* 형성. 뜻을 나타내는 부수 亻(人:사람 인)과 음을 나타내는 '寺(절 사)'를 합친 글자.

풀이 모시다. 시중들다. 귀인을 곁에서 모시는 것. 또는 그 사람. ¶侍從

侍女(시녀) 1)궁녀. 2)가까이에서 시중드는 여인.
侍奉(시봉) 1)곁에서 음식이나 여러 물품을 받들어 권함. 2)부모를 모심.
侍婢(시비) 곁에서 시중드는 여자 종.
侍從(시종) 임금의 옆에서 여러 가지 일을 받듦. 또는 그 사람.

비 待(기다릴 대) 持(가질 지)

侁 ⑥ 8획
日 シン
中shēn
걷는 모양 신

풀이 1. 걷는 모양. 2. 많은 모양. ¶侁侁

侁侁(신신) 1)걷는 모양. 2)많이 모인 모양. 3)왕래가 많은 모양.

비 先(먼저 선)

[人 6획] 佯侑依佾佺佻侏侄佗

佯 ⑥8획
거짓 양
日ヨウ・いつわる
中yáng

풀이 1. 거짓. 속이다. ¶佯言 2. 헤매다.
佯病(양병) 피병.
佯言(양언) 속여 말함. 또는 그 거짓말. 사언(詐言).
유 僞(거짓 위) 假(거짓 가) 詐(속일 사)

侑 ⑥8획
권할 유
日ユウ・すすむ
中yòu

풀이 1. 권하다. ¶侑觴 2. 돕다.
侑觴(유상) 술잔을 권함.
유 勸(권할 권) **비** 佾(줄춤 일)

依 ⑥8획
의지할 의
日イ・エ・よる
中yī

ノイイアヤ佅依依

*형성. 뜻을 나타내는 亻(人;사람 인)과 음을 나타내며 달라붙는다는 의미를 지닌 衣(옷 의)를 합친 글자. 이에 달라붙어 가까이 하다', '의지하다' 라는 뜻으로 쓰임.

풀이 1. 의지하다. 기대다. ¶依託 2. 좇다. 따르다. ¶依法 3. 그대로. 전과 같다. ¶依然
依據(의거) 1)근거로 함. 2)자리 잡고 머무름. 3)남의 힘을 빌려 의지함.
依例(의례) 전례(前例)에 의함.
依賴(의뢰) 1)남에게 부탁함. 2)남에게 의지함.
依法(의법) 법에 따름.
依然(의연) 전과 다름이 없는 모양.
依他(의타) 남에게 의지함.
依託(의탁) 몸이나 마음을 의지하여 맡김.
유 倚(의지할 의) **비** 衣(옷 의)

佾 ⑥8획
줄춤 일
日イツ
中yì

풀이 줄춤. 주(周)나라의 무악(舞樂) 제식(制式)으로 가로세로의 인원이 같은 춤을 말함.
佾舞(일무) 사람을 여러 줄로 세워 놓고 추게 하는 춤.
유 舞(춤 무) **비** 侑(권할 유)

佺 ⑥8획
신선 이름 전
日セン
中quán

풀이 신선 이름.

佻 ⑥8획
방정맞을 조
日チョウ・かる
中tiāo, tiáo, yáo

풀이 방정맞다. 가볍다. 경박하다. ¶佻薄
佻薄(조박) 방정맞고 천박함.
輕佻(경조) 언행이 신중하지 못하고 가벼움.
비 逃(달아날 도) 兆(조짐 조)

侏 ⑥8획
난쟁이 주
日シュ
中zhū

풀이 1. 난쟁이. ¶侏儒 2. 동자기둥.
侏儒(주유) 1)난쟁이. 2)광대. 배우.
비 珠(구슬 주) 殊(죽일 수)

侄 ⑥8획
어리석을 질
日ツツ
中zhí

풀이 1. 어리석다. 2. 굳다. 3. 조카.
유 愚(어리석을 우) **비** 至(이를 지)

佗 ⑥8획
실망할 차
日タ・ほこる
中chà

풀이 1. 실망하다. 뜻을 잃다. ¶佗傺 2. 자랑하다. 뽐내다.
佗傺(차제) 실의한 모양.
비 宅(집 택)

[人 6~7획] 侈佩個俓係侶俐俚俛

侈 ⑥ 8획
사치할 치 日シ·おごる 中chǐ

풀이 사치하다. 호사하다. ¶奢侈

奢侈(사치) 분수에 넘치게 호사스러움.
- 유 奢(사치할 사) 반 儉(검소할 검)

佩 ⑥ 8획
찰 패 日ハイ·おびる 中pèi

풀이 1. 차다. ¶佩劍 2. 마음에 두다. 잊지 않다. ¶佩服 3. 노리개.

佩劍(패검) 칼을 참. 또는 그 칼.
佩物(패물) 1)사람의 몸에 지니는 장식물. 2)금·은·옥 등으로 만든 여자의 장식물. 노리개.
佩服(패복) 1)마음에 새겨 잊지 않음. 2)감복함.

個 ⑥ 8획
어정거릴 회 中huái, huí

풀이 어정거리다. 헤매다. ¶個翔

個翔(회상) 하늘을 빙빙 돌면서 날아다님.
- 유 徨(노닐 황) 彷(거닐 방)
- 비 個(노닐 회)

俓 ⑦ 9획
徑(p241)과 同字

係 ⑦ 9획
걸릴 계 日ケイ·かかる 中xì

丿 亻 亻' 亻' 亻乍 乍 係 係

* 형성. 뜻을 나타내는 부수 '亻(人:사람 인)'과 음을 나타내는 '系(이을 계)'를 합친 글자. 원래 系와 같은 글자였으나 후에 사람의 관계를 나타내어 사람을 '속박하다', '잇다' 라는 뜻으로 쓰임.

풀이 1. 걸리다. 걸다. ¶關係 2. 매다. 묶다. 잇다. ¶係累 3. 계. 사무 구분에서 가장 하위 단위. ¶係長

係累(계루) 1)얽매임. 2)한집에 거느린 식구.
係長(계장) 관청이나 회사 등의 한 계의 책임자.
關係(관계) 둘 이상이 서로 걸림.
- 비 系(이을 계)

侶 ⑦ 9획
짝 려 日リョ·とも 中lǚ

* 형성. 뜻을 나타내는 부수 '亻(人:사람 인)'과 음을 나타내며 사람을 모은다는 뜻을 지닌 '呂(음률 려)'를 합친 글자. 이에 사람이 모인 '동아리' 나 '한 떼' 라는 뜻을 나타냄.

풀이 짝. 벗. ¶伴侶

伴侶(반려) 짝이 되는 친구.
- 유 伴(짝 반) 配(아내 배) 偶(짝 우)
- 비 呂(음률 려)

俐 ⑦ 9획
똑똑할 리 日リ·かしこい 中lì

풀이 똑똑하다. 영리하다. ¶伶俐

伶俐(영리) 눈치가 빠르고 똑똑함.
- 유 怜(영리할 령) 伶(영리할 령)
- 비 利(날카로울 리)

俚 ⑦ 9획
속될 리(이) 日リ·たのしい 中lǐ

풀이 속되다. 저속하다. 촌스럽다. ¶俚淺

俚諺(이언) 항간에 퍼져 통속적으로 쓰이는 속담.
俚淺(이천) 속되고 천박함.
- 유 俗(풍속 속) 雅(우아할 아)
- 비 里(마을 리)

俛 ⑦ 9획
❶ 힘쓸 면 日メン·つとめる
❷ 숙일 부 中fǔ, miǎn

풀이 **1** 1. 힘쓰다. **2** 2. 고개를 숙이다. 구부리다.

俛焉(면언) 부지런히 힘쓰는 모양.

유 勉(힘쓸 면) 務(힘쓸 무)

侮 ⑦ 9획 日ブ·あなどる 업신여길 모 中wǔ

ノ イ ィ 仁 佐 佐 侮 侮 侮

풀이 업신여기다. 깔보다. 경멸하다.

侮蔑(모멸) 업신여기고 얕잡아 봄.
侮辱(모욕) 깔보고 욕되게 함.
受侮(수모) 모욕을 받음. 창피를 당함.

유 蔑(업신여길 멸) 凌(능가할 릉)
비 梅(뉘우칠 회) 梅(매화나무 매)

保 ⑦ 9획 日ホ·たもつ 보전할 보 中bǎo

ノ イ ィ 仁 伊 伊 伊 保 保

*회의. 어른의 뜻을 나타내는 '亻(人:사람 인)'과 아이의 모양을 나타낸 '呆(어리석을 매)'를 합친 글자. 이에 어른이 아이를 지키고 보살피다, '보전하다'라는 뜻으로 쓰임.

풀이 1. 보전하다. 지키다. ¶保健 2. 책임지다. 맡다. 보증하다. ¶保險

保健(보건) 건강을 보전함.
保管(보관) 규정 또는 계약에 의하여 남의 물품 등을 맡아 관리하는 일.
保留(보류) 일을 뒤로 미뤄 둔 채 손대지 않음.
保身(보신) 몸을 보호함.
保安(보안) 사회의 안녕·질서를 보전함.
保溫(보온) 일정한 온도를 유지함.
保障(보장) 보호하여 잘못되는 일이 없도록 함.
保存(보존) 잘 지니고 있음.
保險(보험) 뜻하지 않은 사고에 대비하여 일정한 돈을 적립하고, 사고가 일어났을 때 손해를 보상하는 제도.
保護(보호) 잘 돌보아 지킴.
留保(유보) 옆에 두고 보류함.
確保(확보) 일이나 물건 등을 확실히 보관함.

유 守(지킬 수)

俘 ⑦ 9획 日フ·とりこ 사로잡을 부 中fú

풀이 1. 사로잡다. 2. 포로. 사로잡은 적군. ¶俘獲

俘獲(부획) 전쟁 때 적에게 붙잡힌 사람.

유 獲(얻을 획) 捕(사로잡을 포)
반 放(놓을 방) 비 浮(뜰 부)

俟 ⑦ 9획 日シ·まつ 기다릴 사 中qí, sì

풀이 기다리다. ¶俟命

俟命(사명) 1)명령을 기다림. 2)천명에 맡김.
俟河淸(사하청) 누런 황하(黃河)의 물이 맑아지기를 기다린다는 뜻으로, 가능성이 없는 일을 기대함을 비유하는 말.

유 待(기다릴 대) 비 矣(어조사 의)

俗 ⑦ 9획 日ゾク 풍속 속 中sú

ノ イ ィ 仁 佟 佟 俗 俗 俗

*형성. 뜻을 나타내는 부수 '亻(人:사람 인)'과 음을 나타내는 '谷(골짜기 곡)'을 합친 글자.

풀이 1. 풍속. 시대의 풍습. 지방마다의 습관. ¶風俗 2. 속되다. 범속하다. ¶俗語 3. 속인. 출가한 승려와 반대되는 뜻. ¶俗人 4. 인간 세상. 세간. 속세. ¶俗說

俗家(속가) 1)불교를 믿지 않는 집안을 불가에서 이르는 말. 2)속세의 사람이 사는 집.
俗談(속담) 1)옛날부터 전해 오는 민간의 격언. 2)속된 이야기.
俗說(속설) 1)세간에 전해 오는 통설.

2) 속담.

俗語(속어) 1) 통속적으로 쓰이는 저속한 말. 2) 막말. 속언(俗言).

俗謠(속요) 세속에 널리 떠돌아다니는 저속한 노래.

俗人(속인) 1) 평범한 사람. 속세의 사람. 2) 불도를 아직 깨닫지 못한 사람.

俗字(속자) 세간에서 두루 쓰이는 자획이 올바르지 않은 한자.

俗稱(속칭) 통속적으로 일컬음. 또는 그 호칭.

유 俚(속될 리) 비 裕(넉넉할 유)

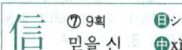

信 ⑦ 9획 日シン・まこと
믿을 신 中xìn

丿亻亻亻亻信信信信

*회의. 사람[人]이 하는 말[言]에 거짓이 없어야 한다는 의미에서, '믿음', 또는 '성실함'의 뜻을 나타냄.

풀이 1. 믿다. 신뢰하다. ¶信賴 2. 신표. 표지. ¶信標 3. 편지. 4. 펴다. 펼치다. 5. 진실하다. 성실하다.

信念(신념) 굳게 믿어 의심하지 않는 마음.

信徒(신도) 종교를 믿는 사람들. 교도.

信賴(신뢰) 믿고 의지함.

信望(신망) 믿음과 바람. 믿음과 덕망.

信奉(신봉) 믿고 받듦.

信賞必罰(신상필벌) 훈공이 있는 자에게 반드시 상을 주고, 죄과가 있는 자에게는 반드시 벌을 줌.

信仰(신앙) 종교상의 교리를 각 개인이 은 마음을 바쳐 믿고 받듦.

信義(신의) 1) 믿음과 의리. 2) 진실하고 올바름.

信標(신표) 훗날 서로 확인하기 위하여 주고받는 물건.

信號(신호) 서로 떨어져 있는 두 지점 사이에 일정한 부호를 써서 서로 의사를 통하는 방법.

所信(소신) 자신이 확실히 믿는 바.

유 恃(믿을 시)

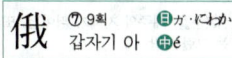

俄 ⑦ 9획 日ガ・にわか
갑자기 아 中é

풀이 1. 갑자기. 2. 러시아의 준말. ¶俄國

俄國(아국) 러시아. 아라사(俄羅斯).

俄然(아연) 1) 갑자기. 급히. 2) 잠시. 잠깐.

비 我(나 아)

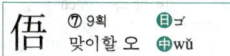

俉 ⑦ 9획 日ゴ
맞이할 오 中wŭ

풀이 맞이하다.

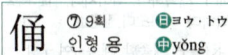

俑 ⑦ 9획 日ヨウ・トウ
인형 용 中yǒng

풀이 인형. 순장(殉葬)하는 사람 대신 쓰는 인형.

비 涌(샘솟을 용)

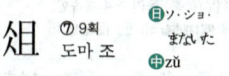

俎 ⑦ 9획 日ソ・ショ・まないた
도마 조 中zŭ

풀이 1. 도마. ¶俎上肉 2. 적대. 제사 때 공양물을 올려놓는 대. ¶俎豆

俎豆(조두) 1) 제사 때 음식을 담는 그릇의 한 가지. 2) 제사를 지냄.

俎上肉(조상육) 도마에 오른 고기. 아무리 애써도 벗어나지 못하고 꼼짝할 수 없는 처지를 이르는 말.

비 組(끈 조) 且(또 차) 徂(갈 조)

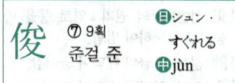

俊 ⑦ 9획 日シュン・すぐれる
준걸 준 中jùn

丿亻亻亻亻俟俟俊俊

풀이 1. 준걸. 재주와 슬기가 뛰어난 사

[人 7획] 促侵便倪

람. ¶俊傑 **2.** 걸출하다. ¶俊才 **3.** 크다. 높다. ¶俊德

俊傑(준걸) 재주와 지혜가 뛰어남. 또는 그런 사람.
俊秀(준수) 재주·지혜·풍채가 뛰어남.
俊才(준재) 뛰어난 재주.
豪俊(호준) 재주와 지혜가 뛰어난 사람.
㊌ 傑(뛰어날 걸) ㊏ 峻(높을 준)

促

⑦ 9획 ㊐ ソク・うながす
재촉할 촉 ㊥cù

ノ イ 亻' 亻" 亻" 伊 伊 促 促

* 형성. 뜻을 나타내는 부수 '亻(人;사람 인)'과 음을 나타내는 '足(발 족)'을 합친 글자.

풀이 **1.** 재촉하다. 죄어치다. ¶促求 **2.** 촉박하다. 다가오다. ¶促進

促求(촉구) 재촉함. 재촉하여 구함.
促迫(촉박) 기일이 바싹 다가옴.
促成(촉성) 재촉하여 이룸. 빨리 이루어지게 재촉함.
促進(촉진) 재촉하여 나아가게 함.
督促(독촉) 독려하여 재촉함.
㊌ 催(재촉할 최) ㊏ 捉(잡을 착)

侵

⑦ 9획 ㊐ シン・おかす
침노할 침 ㊥qīn

ノ イ 亻' 亻" 亻" 侵 侵 侵

* 회의. 사람[人]이 손[又]에 비[帚]를 들고 땅을 쓸어 나가 차츰차츰 남의 땅까지도 쓴다는 데서 범하다, '침노하다'라는 뜻으로 쓰임.

풀이 침노하다. 침범하다. ¶侵奪

侵攻(침공) 침입하여 공격함.
侵略(침략) 침범하여 약탈함.
侵犯(침범) 남의 권리·영토 등을 마음대로 침노하여 범함.
侵蝕(침식) 조금씩 개먹어 들어감.
侵入(침입) 침노하여 들어감.
侵奪(침탈) 침노하여 빼앗음.
侵害(침해) 침범하여 해를 입힘.

南侵(남침) 북쪽에서 남쪽 지방을 침범함.
不可侵(불가침) 침범해서는 안 됨.
㊏ 浸(담글 침)

便

⑦ 9획 ㊐ ベン・たより
❶ 편할 편
❷ 오줌 변 ㊥biàn, pián

ノ イ 亻' 亻" 石 石 佰 佰 便

* 회의. 사람[人]에게 편리하게 바꾸는[更] 것을 나타내어 '편하다'의 뜻으로 쓰임.

풀이 **❶ 1.** 편하다. 편리하다. 손쉽다. 형편이 좋다. ¶便宜 **2.** 아첨하다. 말을 잘 하다. ¶便辟 **3.** 소식. 편지. 연락. ¶便紙 **❷ 4.** 오줌. 똥. 똥오줌을 누다. ¶便器 **5.** 곧. 문득.

便器(변기) 대소변을 받아 내는 그릇.
便秘(변비) 똥이 잘 누어지지 않는 병.
便利(편리) 1)편하고 이로움. 2)편하고 쉬움.
便辟(편벽) 남의 비위를 잘 맞추어 아첨함.
便乘(편승) 1)다른 사람의 차 등에 자리 얻어 탐. 2)남의 세력을 이용하여 이익을 얻음.
便安(편안) 편하고 안정됨.
便宜(편의) 1)편리하고 마땅함. 2)형편상. 3)값이 저렴함.
便紙(편지) 소식이나 용건을 전하는 글.
郵便(우편) 편지나 그 밖의 물품을 보내 주는 통신 제도.
形便(형편) 일이 되어 가는 모양이나 결과.
㊏ 使(부릴 사)

倪

⑦ 9획 ㊐ ケン
염탐할 현 ㊥qiàn, xiàn

풀이 **1.** 염탐하다. 엿보다. 염탐꾼. **2.** 두려워하다. ¶俔俔

俔俔(현현) 두려워하는 모양.

[人 7~8획] 俠侯俙個倨倞倥

俠 ⑦ 9획
호협할 협
日 キョウ・おとこだて
中 xiá

* 형성. 뜻을 나타내는 부수 '亻(人:사람 인)'과 음을 나타내는 '夾(낄 협)'을 합친 글자.

풀이 호협하다. 의협심이 있다. ¶義俠
俠客(협객) 의협심이 있는 남자.
義俠(의협) 1)강자를 누르고 약자를 도우려는 마음. 2)체면을 중하게 알고 의리가 있음.
비 狹(좁을 협) 峽(골짜기 협)

侯 ⑦ 9획
제후 후
日 コウ・まと
中 hóu, hòu

丿 亻 亻 亻 俨 伊 仨 侉 侯

풀이 제후. ¶侯公 2. 후작. 작위(爵位)의 한 가지. ¶侯爵 3. 과녁.
侯公(후공) 제후(諸侯). 공후(公侯).
侯爵(후작) 오등작(五等爵)의 둘째.
萬戶侯(만호후) 일만 호의 백성을 가진 제후. 곧 세력이 큰 제후.
王侯將相(왕후장상) 제왕(帝王)과 제후(諸侯)와 장군(將軍)과 재상(宰相)을 통틀어 이르는 말.
諸侯(제후) 천자에게 조공을 바치는 나라의 임금들.
비 候(물을 후)

俙 ⑦ 9획
소송할 희
日 キ
中 xī

풀이 1. 소송하다. 2. 아첨하다.

個 ⑧ 10획
낱 개
日 コ・カ
中 gě, gè

丿 亻 亻 们 们 俩 俩 個 個 個

* 형성. 뜻을 나타내는 부수 '亻(人:사람 인)'과 음을 나타내는 '固(굳을 고)'를 합친 글자.

풀이 1. 낱. 하나. 한 명. 2. 개. 낱개로 된 물건의 수를 세는 단위.
個別(개별) 하나하나. 따로따로임.
個性(개성) 개인의 특유한 성질. 개체의 특유한 특징이나 성격.
個人(개인) 각자. 자기 혼자. 집단을 구성하는 하나하나의 사람
個體(개체) 1)개별적으로 생활을 영위하는 생물의 각각. 2)독립하여 존재하는 낱낱의 물체.
各個(각개) 하나하나. 낱낱. 각자.
유 个(낱 개) 简(낱 개)

倨 ⑧ 10획
거만할 거
日 キョ・おごる
中 jù

풀이 1. 거만하다. 오만하다. ¶倨慢 2. 걸터앉다. 무릎을 꿇고 앉았다. ¶箕倨
倨慢(거만) 거드러거리며 남을 업신여김.
箕倨(기거) 다리를 모두 뻗고 기대어 앉음.
유 傲(거만할 오) 비 据(일할 거)

倞 ⑧ 10획
❶ 셀 경
❷ 멀 량
日 ケイ・ギョウ・つよ
中 jìng, liàng

풀이 ❶ 1. 세다. 굳세다. 강하다. ❷ 2. 멀다.
비 涼(서늘할 량)

倥 ⑧ 10획
어리석을 공
日 コウ・ク・おろか
中 kōng, kǒng

풀이 1. 어리석다. 미련하다. ¶倥侗 2. 바쁘다. ¶倥偬
倥侗(공동) 생각이 없고 어리석은 모양.
倥偬(공총) 1)일이 많아서 바쁨. 2)괴로워함.

[유] 愚(어리석을 우)

俱 ⑧ 10획 [日] ク·ともに
함께 구 [中] jū, jù

ノ 亻 亻 们 们 们 仴 但 俱 俱

* 형성. 뜻을 나타내는 부수 '亻(人:사람 인)'과 음을 나타내는 '具(갖출 구)'를 합친 글자. 이에 사람들(人)이 모두 갖추어져 있다(具)는 의미에서 '모두'라는 뜻으로 쓰임.

[풀이] 1. 함께. 모두. 다. 전부. 2. 갖추다. 구비하다.

俱備(구비) 모두 갖춤.
俱全(구전) 모두 갖추어져 온전함.
俱存(구존) 부모님이 모두 살아 계심.
百骸俱痛(백해구통) 온몸이 다 아픔.

[유] 共(함께 공)

倔 ⑧ 10획 [日] クツ·つよい
고집 셀 굴 [中] jué, juè

[풀이] 고집이 세다. 굳세다. ¶倔強

倔強(굴강) 고집이 세어 굽히지 않음.

[비] 掘(팔 굴)

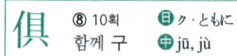

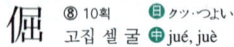

倦 ⑧ 10획 [日] ケン·つかれる
게으를 권 [中] juàn

[풀이] 1. 게으르다. 태만하다. 2. 피로하다. 지치다. ¶倦客

倦客(권객) 피로한 여행객.
倦厭(권염) 피로하고 싫증이 남.
倦怠(권태) 어떤 일이나 상태에 시들해져서 생기는 게으름이나 싫증.

[유] 怠(게으를 태) [반] 勤(부지런할 근)

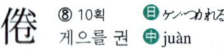

倘 ⑧ 10획 [日] トウ·ショウ
❶ 혹시 당 [中] cháng,
❷ 어정댈 상 tǎng

[풀이] [1] 1. 혹시. [2] 2. 어정대다. 어슬렁거리다. ¶倘佯

倘來(당래) 혹시.
倘佯(상양) 배회함. 어슬렁거림.

[비] 尙(오히려 상)

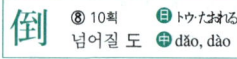

倒 ⑧ 10획 [日] トウ·たおれる
넘어질 도 [中] dǎo, dào

ノ 亻 亻 仁 仁 仨 侄 侄 倒 倒

* 형성. 뜻을 나타내는 '亻(人:사람 인)'과 음을 나타내는 '到(넘어질 도)'를 합친 글자.

[풀이] 1. 넘어지다. 넘어뜨리다. 쓰러지다. ¶卒倒 2. 거꾸로 하다. 거꾸로 되다. 거꾸로. ¶倒置

倒產(도산) 가산을 탕진함.
倒影(도영) 그림자가 거꾸로 비침. 거꾸로 비친 그림자.
倒錯(도착) 상하가 거꾸로 뒤섞임.
倒置(도치) 뒤바뀜. 위치의 전도(顚倒).
顚倒(전도) 1)엎어지고 넘어짐. 2)거꾸로 뒤바뀜.
卒倒(졸도) 갑자기 쓰러짐.

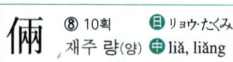

倆 ⑧ 10획 [日] リョウ·たくみ
재주 량(양) [中] liǎ, liǎng

[풀이] 재주. 솜씨. 기량. ¶技倆

技倆(기량) 능력이나 재능.

[유] 技(재주 기) 才(재주 재) [비] 兩(두 량)

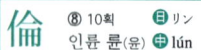

倫 ⑧ 10획 [日] リン
인륜 륜(윤) [中] lún

ノ 亻 亻 仒 仒 仱 倫 倫 倫 倫

* 형성. 뜻을 나타내는 부수 '亻(人:사람 인)'과 음을 나타내며 '차례를 정하다'라는 의미를 지닌 '侖(둥글 륜)'을 합친 글자. 이에 사람들의 관계에서 정해진 차례·질서, 즉 '인륜'의 뜻으로 쓰임.

[풀이] 1. 인륜. 윤리. 도리. ¶倫理 2. 차례. 순서. ¶倫序 3. 무리. 동류. ¶倫比

倫理(윤리) 사람이 지켜야 할 도리와 규범.

[人 8획] 們 做 倍 俳 併 俸

倫比(윤비) 같은 또래나 종류.
倫常(윤상) 떳떳한 도리. 인륜의 상도(常道).
倫序(윤서) 순서. 차례.
五倫(오륜) 사람이 지켜야 할 다섯 가지의 도리. 군신유의(君臣有義), 부자유친(父子有親), 부부유별(夫婦有別), 붕우유신(朋友有信), 장유유서(長幼有序)를 말함.
人倫(인륜) 사람이 지켜야 할 도리.

비 輪(바퀴 륜) 淪(잔 물결 륜)

們
⑧ 10획   日モン・ともがら
들 문   ⊕mén, men

풀이 …들. 인칭 대명사 뒤에 붙어서 복수(複數)를 나타냄.

做
⑧ 10획   日ホウ・ならう
본받을 방   ⊕fǎng

ノ イ 亻 仁 仿 仿 仿 仿 做 做

*형성. 뜻을 나타내는 부수 '亻(人:사람 인)'과 음을 나타내는 '放(놓을 방)'을 합친 글자.

풀이 1. 본받다. 본뜨다. 거울삼다. ¶做古 2. 배우다.
做古(방고) 옛것을 본뜸. 고인(古人)의 작품을 본떠서 만듦.
做做(방효) 그대로 본뜸. 모방함. 방효(倣效).

유 效(본받을 효)
비 傲(거만할 오) 做(지을 주)

倍
⑧ 10획   日バイ・ます
곱 배   ⊕bèi

ノ イ 亻 仁 伫 伫 倍 倍 倍

*형성. 뜻을 나타내는 부수 '亻(人:사람 인)'과 음을 나타내는 '咅(부)'를 합친 글자. 이에 사람과 사람이(人) 서로 등지는(咅) 일을 나타내며, 바뀌어 '곱으로 늘다'의 뜻으로 쓰임.

풀이 1. 곱. 곱절. 두 배. ¶倍加 2. 더하다. 3. 등지다. 배반하다. ¶倍德
倍加(배가) 곱으로 늘거나 늘림.
倍達(배달) 대종교에서 말하는 상고시대의 우리나라. 배달나라의 준말.
倍德(배덕) 은덕을 배반함.
倍數(배수) 어떤 수의 갑절이 되는 수.
倍率(배율) 렌즈·망원경 등으로 물체를 볼 때 실제보다 확대된 비율.
倍增(배증) 갑절로 증가함.

비 部(거느릴 부) 陪(쌓아올릴 배)

俳
⑧ 10획   日ハイ・わざおぎ
광대 배   ⊕pái

풀이 광대. 배우. ¶俳優
俳優(배우) 1)광대. 2)연극·영화 속의 인물로 분장하여 연기하는 사람.
俳唱(배창) 광대. 배우.

비 徘(노닐 배)

併
⑧ 10획   日ヘイ・ならぶ
나란히 할 병   ⊕bìng

*형성. 뜻을 나타내는 부수 '亻(人:사람 인)'과 음을 나타내는 '幷(어우를 병)'을 합친 글자.

풀이 1. 나란히 하다. ¶併記 2. 아우르다. 합하다. ¶併合
併記(병기) 함께 합하여 기록함. 나란히 적음.
併吞(병탄) 남의 재물이나 영토 등을 강제로 한데 아울러서 제것으로 만들어 버림.
併合(병합) 1)둘 이상의 사물을 하나로 합침. 2)어떤 나라가 다른 나라와 결합하여 한 개의 나라를 구성함. 합방(合邦). 합병(合併).
兼併(겸병) 한데 합쳐 가짐.

유 骿(나란히 할 변)

俸
⑧ 10획   日ホウ・たまもの
녹 봉   ⊕fèng

풀이 녹. 봉급. 녹봉.

俸給(봉급) 계속적인 일에 대한 보수.
俸祿(봉록) 녹봉(祿俸).
減俸(감봉) 봉급을 줄임.
祿俸(녹봉) 옛날, 관리들에게 주던 곡식·돈 등의 봉급.
年俸(연봉) 1년 단위로 정하여 지급하는 봉급.
🔄 祿(녹 록) 🔹 捧(받들 봉)

俯 ⑧ 10획 日 フ·ふす 숙일 부 中 fǔ

* 형성. 뜻을 나타내는 부수 亻(人:사람 인)과 음을 나타내는 府(곳집 부)를 합친 글자.

풀이 숙이다. 구부리다. ¶俯首聽聆
俯瞰(부감) 고개를 숙이고 봄. 높은 곳에서 아래를 내려다봄. 하감(下瞰).
俯首聽令(부수청령) 머리를 숙이고 명령을 들음.
俯仰無愧(부앙무괴) 하늘을 우러러 보고 세상을 굽어보아도 양심에 부끄러움이 없음.
俯察(부찰) 아랫사람의 형편을 굽어 살핌.
俯聽(부청) 공손한 태도로 들음.

俾 ⑧ 10획 日 ヒ·しねる 더할 비 中 bī, bǐ

풀이 1. 더하다. 보태다. 2. 흘겨보다. 째려보다. ¶俾倪 3. 하여금.
俾倪(비예) 1)곁눈질으로 흘겨봄. 비예(睥睨). 2)수레에 달린 일산(日傘).
🔹 碑(돌기둥 비)

修 ⑧ 10획 日 シュウ 닦을 수 ·おさめる 中 xiū

丿 亻 亻 亻 亻 修 修 修 修

풀이 1. 닦다. 수련하다. 연마하다. ¶修道 2. 꾸미다. 갖추다. ¶修飾 3. 고치다. ¶修正 4. 다스리다. 정비하다.
修交(수교) 나라와 나라 사이에 국교를 맺음.
修女(수녀) 천주교의 수녀원에서 수도하는 여자.
修道(수도) 도를 닦아 수양함.
修練(수련) 심신을 닦아 단련함.
修理(수리) 고장난 곳이나 허름한 곳을 손대어 고침.
修飾(수식) 꾸밈. 장식함.
修養(수양) 몸과 마음을 단련하여 품성·지혜·도덕을 닦음.
修業(수업) 학업을 익혀 닦음.
修正(수정) 바로잡아서 고침. 잘못된 것을 고침.
修行(수행) 1)행실을 바르게 닦음. 2)불도를 닦음.
監修(감수) 책의 저술, 또는 편찬을 지도 감독함.
履修(이수) 해당 학과를 순서대로 공부하여 마침.

倏 ⑧ 10획 日 シュク 갑자기 숙 中 shū

풀이 갑자기. ¶倏瞬
倏瞬(숙순) 눈 깜작하는 극히 짧은 시간.
🔹 條(가지 조)

俺 ⑧ 10획 日 エン 나 암 ·おれおのれ 中 ǎn

풀이 나. 자기 자신.
🔄 我(나 아) 予(나 여)

倪 ⑧ 10획 日 ゲイ·きわ 어린이 예 中 ní

풀이 1. 어린이. 유아. 2. 어리다. 3. 끝. 가. 가장자리. 4. 흘겨보다. 흘기다.

[人 8획] 倭倚倧借倉倡　43

유 兒(아이 아)

倭 ⑧ 10획
일 ワ・やまと
왜국 왜　중 wō

*형성. 뜻을 나타내는 부수 '亻(人:사람 인)'과 음을 나타내는 '委(맡길 위)'를 합친 글자.

풀이 왜국. 일본을 낮추어 이르는 말. ¶倭寇
倭寇(왜구) 옛날, 우리나라와 중국 연안에서 약탈을 일삼던 일본 해적.
倭國(왜국) 일본을 낮추어 이르는 말.
倭亂(왜란) 1)일본이 우리나라를 침입하여 일으킨 난리. 2)임진왜란(壬辰倭亂).
倭政(왜정) 일본이 우리나라를 침략하여 다스리던 정치. 일정(日政).

倚 ⑧ 10획
일 イ・キ・よる
의지할 의　중 yǐ

풀이 1. 의지하다. 기대다. ¶倚信 2. 치우치다. 기울다. ¶倚傾
倚傾(의경) 기울어짐. 경사짐.
倚門而望(의문이망) 문에 기대어 바라본다는 뜻으로, 부모가 자녀가 돌아오기를 몹시 기다리는 것을 이르는 말. 의려지망(倚閭之望).
倚信(의신) 의지하고 믿음.
유 依(의지할 의)

倧 ⑧ 10획
일 ソウ
신인 종　중 zōng

풀이 상고(上古) 시대의 신인(神人).

借 ⑧ 10획
일 シャク・かりる
빌릴 차　중 jiè

丿亻亻亻亻件件件借借借

*형성. 뜻을 나타내는 부수 '亻(人:사람 인)'과 음을 나타내는 '昔(예 석)'을 합친 글자.

풀이 1. 빌리다. 빌려 주다. ¶借名 2. 가령.

借款(차관) 외국 정부나 국제 기구에서 자금을 빌려 옴. 또는 빌려 줌.
借金(차금) 돈을 빌림. 또는 그 돈.
借名(차명) 다른 이름을 빌려 씀.
借用(차용) 물건이나 돈을 빌려 씀.
借入(차입) 물건이나 돈을 꾸어 들임.
借地(차지) 남의 토지를 빌려 가짐.
借銜(차함) 실제로 근무하지 않고 직함(職銜)만을 빌리는 벼슬.
假借(가차) 어떤 뜻을 나타내는 한자가 없을 때, 음이 같은 다른 한자를 빌려 쓰는 것.
비 惜(아낄 석) 措(둘 조)

倉 ⑧ 10획
일 ソウ・くら
곳집 창　중 cāng

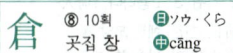

*상형. 곡식을 넣는 창고 모양을 본뜬 글자.

풀이 1. 곳집. 창고. ¶倉庾 2. 갑자기. ¶倉卒
倉庫(창고) 곳집.
倉庾(창유) 쌀 곳간.
倉卒(창졸) 1)미처 어찌할 사이도 없이 급작스러움. 2)허둥지둥함.
倉皇(창황) 아주 갑작스러운 모양.
穀倉(곡창) 곡식이 많이 나는 곳.
營倉(영창) 법을 어긴 군인을 가두는, 영내에 있는 건물.
유 庫(곳집 고)　비 蒼(푸를 창)

倡 ⑧ 10획
일 ショウ
여광대 창　중 chāng, chàng

풀이 1. 여광대. 여배우. ¶倡優 2. 기생. 유녀. 3. 부르다. 외치다. ¶倡和
倡道(창도) 제일 앞에 서서 외침.
倡優(창우) 광대. 배우. 창우(娼優).
倡和(창화) 한쪽이 선창하면 다른 쪽이 화답하는 일. 창화(唱和).

[人 8~9획] 偶 倩 値 倬 俵 倖 候 假

비 唱(노래 창)

偶 ⑧ 10획 日テキ・ケャク
기개 있을 척 中tì

풀이 기개가 있다. 대범하다. ¶偶儻

偶儻不羈(척당불기) 뜻이 크고 기개가 굳세어 남에게 매여 지내지 않음.

倩 ⑧ 10획 日セン
❶ 예쁠 천 うつくしい
❷ 사위 청 中qiàn

풀이 **1**. 예쁘다. 아름답다. ¶倩倩 **2**. 사위. 3. 고용하다. ¶倩人

倩倩(천천) 예쁜 모양.
倩人(청인) 남을 씀. 고용함.

비 靑(푸를 청) 淸(맑을 청) 情(뜻 정)

値 ⑧ 10획 日チ・ねあたい
값 치 中zhí

ノ イ 什 伃 佔 佔 値 値 値

*형성. 뜻을 나타내는 부수 '亻(人:사람 인)'과 음을 나타내는 '直(곧을 직)'을 합친 글자.

풀이 1. 값. 가치. 값어치. 가격. ¶價値 2. 당하다. 만나다. ¶値遇

値遇(치우) 만남. 뜻밖에 만남.
價値(가치) 값어치. 값. 가격.
數値(수치) 계산하여 얻은 값.

비 直(곧을 직)

倬 ⑧ 10획 日タク・おおきい
클 탁 中zhuō

풀이 1. 크다. 2. 밝다. 환하다.

비 悼(슬퍼할 도)

俵 ⑧ 10획 日ヒョウ・たわら
나누어 줄 표 中biào

풀이 1. 나누어 주다. 배분하다. 2. 흩다. 흩어지다.

俵分(표분) 절반씩 나눔. 이등분함.

倖 ⑧ 10획 日コウ・さいわい
요행 행 中xìng

풀이 요행. 다행. ¶射倖心

倖望(행망) 요행을 바람.
倖而得免(행이득면) 다행히 벗어남.
射倖心(사행심) 요행을 노리는 마음.

候 ⑧ 10획 日コウ・そうろう
기후 후 中hòu

ノ イ 亻 亻 伃 伃 俟 候 候 候

*형성. 뜻을 나타내는 부수 '亻(人:사람 인)'과 음을 나타내는 '矦(제후 후)'를 합친 글자.

풀이 1. 기후. 날씨. 2. 시절. 때. 3. 조짐. 4. 염탐하다. 살피다. 염탐꾼. ¶候騎 5. 기다리다. 영접하다.

候騎(후기) 적을 정탐하는 기병.
候補(후보) 어떤 지위나 신분에 오를 자격이 있고 뽑힐 수 있는 범위에 들어 있는 처지. 또는 그 사람.
候鳥(후조) 계절에 따라서 오고 가는 새. 철새.
候風(후풍) 배가 떠날 때 순풍을 기다림.
問候(문후) 방문하여 안부를 물음.

假 ⑨ 11획 日カ・かり
거짓 가 中jiǎ, jià

ノ イ 亻 亻 伲 伲 伲 伲 假 假 假

풀이 1. 거짓. 허위. ¶假飾 2. 가령. 이를테면. 예를 들면. ¶假令 3. 임시. 잠시. ¶假定 4. 빌리다. 빌려 주다.

假令(가령) 예를 들어. 이를테면.
假面(가면) 얼굴 형상으로 만들어 얼굴 위에 쓰는 것. 탈.
假名(가명) 거짓으로 일컫는 이름.
假髮(가발) 머리털로 여러 가지 모양

[人 9획] 健偈偰倻偃偶　45

을 만들어 머리에 쓰는 물건.
假想(가상) 사실에 관계없이 가정적(假定的)으로 생각함.
假設(가설) 임시로 설치함.
假飾(가식) 1)속마음과 달리 언행을 거짓으로 꾸밈. 2)임시로 장식함.
假裝(가장) 임시로 변장함.
假定(가정) 1)임시로 정함. 2)사실이 아니거나, 사실인지 아닌지 분명하지 않은 것을 사실인 것처럼 인정함.
假借(가차) 육서(六書)의 하나. 뜻은 다르나 음이 같은 다른 글자를 빌려 쓰는 법.
假稱(가칭) 거짓으로 또는 임시로 일컬음. 또는 그 칭호.
🔄 僞(거짓 위)

健
⑨ 11획　日ケン·すこやか
굳셀 건　⊕jiàn

丿 亻 亻 亻 亻 亻 亻 亻 伊 伊 健 健

* 형성. 뜻을 나타내는 부수 '亻(人;사람 인)' 과 음을 나타내는 '굳세다'의 의미를 지닌 '建(세울 건)'을 합친 글자. 이에 사람이 씩씩하고 힘차다는 의미에서 '건강하다', '굳세다'라는 뜻으로 쓰임.

풀이 1. 굳세다. 튼튼하다. 건강하다. 2. 잘하다. 잘. ¶健忘症
健康(건강) 몸이 튼튼하여 병이 없음.
健忘症(건망증) 잘 잊어버리는 병적인 증세.
健實(건실) 건전하고 착실함.
健兒(건아) 혈기가 왕성한 남자. 용감한 청년.
健在(건재) 아무 탈 없이 잘 있음.
健全(건전) 튼튼하고 병이 없음.
健鬪(건투) 용감하게 잘 싸움.
強健(강건) 몸이 튼튼하고 건강함.
保健(보건) 건강을 지키는 일.
穩健(온건) 생각·태도 등이 지나침이나 치우침이 없이 온당하고 건전함.
🔄 強(굳셀 강)　🔁 建(세울 건)

偈
⑨ 11획　日ケツ·ゲ
쉴 게　⊕jì, jié

풀이 1. 쉬다. 2. 게. 부처의 덕을 칭송하는 운문체의 경문(經文). ¶偈頌
偈頌(게송) 부처의 공덕을 찬미하는 노래.
🔁 渴(목마를 갈)

偰
⑨ 11획　日セツ·きよし
맑을 설　⊕xiè

풀이 1. 맑다. 깨끗하다. 2. 사람 이름. 은(殷)나라의 선조.
🔄 淸(맑을 청)　🔁 潔(깨끗할 결)

倻
⑨ 11획
나라 이름 야 🌏

풀이 나라 이름. 옛날 한반도 남부의 가야(伽倻).

偃
⑨ 11획　日エン·ふせる
쓰러질 언　⊕yǎn

풀이 1. 쓰러지다. 넘어지다. 2. 눕다. 눕히다. ¶偃臥 3. 쉬다. 그만두다.
偃臥(언와) 드러누움.
偃月(언월) 1)반달. 또는 반달 같은 모양. 2)이마의 뼈 모양.

偶
⑨ 11획　日グウ·ひとがた
짝 우　⊕ǒu

丿 亻 亻 亻 亻 伊 伊 偶 偶 偶

* 형성. 뜻을 나타내는 부수 '亻(人;사람 인)' 과 음을 나타내는 '꿕(긴꼬리원숭이 우)'를 합친 글자.

풀이 1. 짝. 배필. 배우자. ¶配偶者 2. 허수아비. 인형. ¶土偶 3. 때때로. 우연히. ¶偶然
偶發(우발) 우연히 일어남.

偶像(우상) 1)목석 또는 쇠 등으로 만든 신불이나 사람의 상. 2)미신 등의 대상이 되는 신.
偶然(우연) 뜻밖에 일어난 일.
對偶(대우) 둘이 서로 짝을 지음.
配偶者(배우자) 부부로서 짝이 되는 상대자.
土偶(토우) 흙으로 만든 상.
🔵 伴(짝 반) 🔵 遇(만날 우)

偉 ⑨ 11획 🔵 イ·えらい 훌륭할 위 🔵 wěi

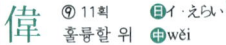

* 형성. 뜻을 나타내는 부수 'イ(人:사람 인)'과 음을 나타내는 '韋(다룸가죽 위)'를 합친 글자. 이에 '에사롭지 않다'라는 의미를 지닌 '韋'(다룸가죽 위)'를 합친 글자. 이에 '뛰어난 인물'이라는 뜻으로 쓰임.

풀이 1. 훌륭하다. 위대하다. ¶偉業 2. 크다. 성대하다. ¶偉大
偉大(위대) 뛰어나고 훌륭함.
偉名(위명) 뛰어난 명성. 뛰어난 이름.
偉業(위업) 1)뛰어난 업적. 2)위대한 사업.
偉容(위용) 훌륭하고 빼어난 용모나 모양.
偉人(위인) 훌륭한 사람. 뛰어난 사람.
偉才(위재) 훌륭한 재주. 또는 그런 인물.
英偉(영위) 영걸스럽고 위대함.
🔵 衛(지킬 위)

僞 ⑨ 11획
僞(p53)의 俗字

停 ⑨ 11획 🔵 テイ·とどまる 머무를 정 🔵 tíng

* 형성. 뜻을 나타내는 부수 'イ(人:사람 인)'과 음을 나타내는 '亭(정자 정)'을 합친 글자. '亭'은 여행자가 숙소로 삼는 곳으로 '머무르다'는 뜻을 지님. 이에 '사람이 머무르다', '머무르는 곳'이라는 뜻으로 쓰임.

풀이 머무르다. 멈추다. 정지하다. ¶停留
停車(정거) 가던 차를 멈춤.
停年(정년) 연령 제한에 따라 공직에서 물러나게 되는 나이.
停留(정류) 교통수단 등이 가다가 머무름. 또는 그곳.
停電(정전) 송전(送電)이 한때 중지됨.
停止(정지) 1)움직이고 있던 것이 멈춤. 또는 멈추게 함. 2)일을 도중에서 그치거나 머무름.
停滯(정체) 머물러 있어 통하지 않음.
調停(조정) 분쟁의 중간에서 다툼을 멈추게 함. 화해시킴. 중재(仲裁).
🔵 留(머무를 류) 🔵 亭(정자 정)

偵 ⑨ 11획 🔵 テイ·うかがう 정탐할 정 🔵 zhēn

* 형성. 뜻을 나타내는 부수 'イ(人:사람 인)'과 음을 나타내는 '貞(곧을 정)'을 합친 글자.
풀이 정탐하다. 염탐하다. 몰래 살피다. ¶偵察
偵察(정찰) 몰래 살핌.
偵探(정탐) 적의 형편을 몰래 살펴서 알아냄. 척후(斥候). 정후(偵候).
🔵 諜(염탐할 첩)

做 ⑨ 11획 🔵 サ·なる·なす 지을 주 🔵 zuò

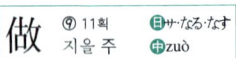

풀이 짓다. 만들다. ¶看做
做工(주공) 힘써 일함.
做作浮言(주작부언) 터무니없는 말을 만들어 냄.
看做(간주) 그러한 것으로 여김. 그렇다고 봄.
🔵 作(지을 작) 🔵 做(본뜰 방)

側 ⑨ 11획 🔵 ソク 곁 측 🔵 cè, zè, zhāi

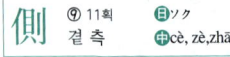

[人 9~10획] 俿 偏 偪 偕 傑

丿亻仏仃仃佣佣佣佣側側

* 형성. 뜻을 나타내는 부수 亻(人:사람 인)과 음을 나타내는 則(법칙 칙)을 합친 글자.

풀이 1. 곁. 옆. 가. 2. 기울이다. 기울어지다. 쏠리다. ¶側耳

側近(측근) 1)곁의 가까운 곳. 부근. 2)항상 곁에 있어 친한 사람.
側面(측면) 물체의 상하·전후 이외의 좌우의 표면.
側門(측문) 측면으로 낸 문. 옆문.
側傍(측방) 가까운 곁. 바로 옆.
側耳(측이) 귀를 기울여 들음.
貴側(귀측) 상대편의 높임말.
兩側(양측) 1)양쪽. 2)두 편.
轉轉反側(전전반측) 이리저리 뒤척이며 잠을 이루지 못함.

비 測(헤아릴 측) 惻(슬퍼할 측)

偸 ⑨ 11획 日トウ·ぬすむ 훔칠 투 中tōu

풀이 1. 훔치다. 도둑질하다. ¶偸盜 2. 구차하다. ¶偸生

偸盜(투도) 남의 물건을 훔침. 또는 도둑.
偸賣(투매) 남의 물건을 훔쳐서 팖. 도매(盜賣).
偸生(투생) 죽어야 할 때 죽지 못하고 구차하게 살아감. 목숨을 아낌.
偸安(투안) 눈앞의 안일만을 탐함.
偸取(투취) 물건을 훔쳐서 취함.
忙中偸閑(망중투한) 바쁜 와중에 틈을 내어 즐김.

유 盜(훔칠 도)

偏 ⑨ 11획 日ヘン·かたよる 치우칠 편 中piān

丿亻亻亻伫伫伫偏偏偏

* 형성. 뜻을 나타내는 부수 亻(人:사람 인)과 음을 나타내며 '한쪽 가'의 의미를 지닌 扁(넓적할 편)을 합친 글자. 이에 사람이 한쪽으로 기운 것을 나타내어, '치우치다'의 뜻으로 쓰임.

풀이 치우치다. 기울다. 편벽하다. ¶偏見

偏見(편견) 한쪽으로 치우친 생각.
偏頭痛(편두통) 한쪽 머리가 아픈 병.
偏母(편모) 아버지가 죽고 홀로 있는 어머니.
偏食(편식) 어떤 음식만을 즐기거나 가려 먹음.
偏愛(편애) 한쪽에만 치우쳐 사랑함.
偏重(편중) 1)한쪽으로 치우쳐 무거움. 2)한쪽만을 소중히 여김.
偏差(편차) 1)일정한 기준에서 벗어난 차이. 2)정확하게 조준하여 쏜 탄알의 탄착점과 표적과의 거리.
偏頗(편파) 한쪽으로 치우쳐 공평하지 못함.
偏狹(편협) 생각이나 도량이 좁고 편벽됨.
不偏不黨(불편부당) 어느 한쪽으로 치우침이 없이 공평함.

비 編(엮을 편) 遍(두루 편)

偪 ⑨ 11획 日ヒョウ·ヒキ 다가올 핍 中bī

풀이 다가오다. 가까이 오다. 닥치다.

비 副(버금 부)

偕 ⑨ 11획 日カイ·ともに 함께 해 中xié

* 형성. 뜻을 나타내는 부수 亻(人:사람 인)과 음을 나타내는 皆(다 개)를 합친 글자.

풀이 함께. 다 같이. 모두. ¶偕老

偕老(해로) 부부가 일생을 함께 살며 함께 늙음.

유 共(함께 공) 俱(함께 구)

傑 ⑩ 12획 日ケツ·すぐれる 뛰어날 걸 中jié

丿亻亻亻伂伂伂伴伴傑傑傑

[人 10획] 傔傀傍傳備

*형성. 뜻을 나타내는 부수 '亻(人:사람 인)'과 음을 나타내는 부수 '桀(홰 걸)'을 합친 글자. 이에 사람이 '훌륭하다', '걸출하다'의 뜻으로 쓰임.

[풀이] 1. 뛰어나다. 빼어나다. 출중하다. ¶傑出 2. 준걸. 출중한 사람. ¶豪傑

傑物(걸물) 걸출한 인물. 뛰어나 훌륭한 물건.

傑作(걸작) 1)뛰어나게 훌륭한 작품. 명작(名作). 2)익살스러운 언행. 또는 그런 언행을 잘하는 사람.

傑出(걸출) 썩 뛰어남. 또는 그런 사람.

女傑(여걸) 호걸스러운 여자.

豪傑(호걸) 재주·용기가 뛰어나고 기개가 있는 사람.

[유] 俊(준걸 준)

傔 ⑩ 12획 日ケン·はべる 中qiàn
시중들 겸

[풀이] 시중들다. 모시다.

傔人(겸인) 1)시중드는 사람. 심부름꾼. 2)청지기.

傀 ⑩ 12획 日カイ 中guī, kuǐ
허수아비 괴

[풀이] 1. 허수아비. 인형. 꼭두각시. ¶傀儡 2. 크다. 성대하다. ¶傀然 3. 괴이하다. 기괴하다.

傀儡(괴뢰) 1)허수아비. 꼭두각시. 2)자신의 확고한 신념이 없이 남의 앞잡이 노릇을 하는 사람.

傀然(괴연) 성대한 모양.

[비] 塊(흙덩이 괴)

傍 ⑩ 12획 日ボウ·かたわら 中bàng
곁 방

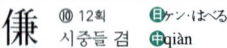

*형성. 뜻을 나타내는 부수 '亻(人:사람 인)'과 음을 나타내는 부수 '旁(곁 방)'을 합친 글자. 이에 사람의 양면 즉, '곁'의 뜻으로 쓰임.

[풀이] 곁. 옆.

傍系(방계) 직계에서 갈린 계통.

傍觀(방관) 1)옆에서 봄. 2)관계하지 않고 보고만 있음. 내버려 둠.

傍白(방백) 청중들에게만 들리고 무대에서 함께 공연하는 사람에게는 들리지 않는 것으로 하고 혼자 하는 말.

傍若無人(방약무인) 주변의 눈을 무시하고 제멋대로 행동함.

傍助(방조) 옆에서 도와줌.

傍聽(방청) 회의·연설·공판 같은 것을 직접 관련이 없는 사람이 듣는 일.

[유] 側(곁 측) [비] 旁(두루 방)

傅 ⑩ 12획 日フ·もり 中fù
스승 부

[풀이] 1. 스승. 선생. ¶師傅 2. 돕다. 시중들다. 보조하다. 3. 붙다. ¶傅著

傅御(부어) 가까이에서 임금을 모시는 신하(臣下). 임금을 보좌하는 사람.

傅著(부착) 붙음. 붙임. 부착(附著).

傅會(부회) 1)이치에 맞지 않는 것을 억지로 붙임. 2)문장의 앞뒤가 서로 연관됨.

師傅(사부) 자기를 가르쳐 주는 사람.

[유] 師(스승 사)

[비] 傳(전할 전) 博(넓을 박)

備 ⑩ 12획 日ビ·そなえる 中bèi
갖출 비

丿亻亻亻亻件件件件備備備

*형성. 뜻을 나타내는 부수 '亻(人:사람 인)'과 음을 나타내는 부수 이외의 글자를 합친 글자.

[풀이] 1. 갖추다. 갖추어지다. 채우다. ¶備置 2. 준비하다. 준비. ¶有備無患

備考(비고) 1)참고하기 위하여 갖춤. 2)첨가하여 본문의 부족한 부분을 보충하는 글.

備忘錄(비망록) 잊어버리지 않기 위하여 기록하는 책.

備蓄(비축) 미리 저축해 둠.

備置(비치) 미리 갖추어 둠.
備品(비품) 업무용으로 비치하여 두는 물품.
具備(구비) 필요한 것을 빠짐없이 갖춤.
有備無患(유비무환) 준비가 있으면 근심할 것이 없음.
🔄 具(갖출 구)

傘 ⑩ 12획 日サン·かさ 우산 산 中sǎn

*상형. 우산을 편 모양을 본뜬 글자.

풀이 우산. ¶雨傘

傘下(산하) 1)중심적 인물이나 세력 밑에 모이는 일. 2)단체·조직에서 아랫부분.
落下傘(낙하산) 비행 중인 항공기로부터 내릴 때에 사용하는 우산같이 생긴 물건.
雨傘(우산) 몸이 비에 맞지 않도록 손에 들고 머리 위에 쓰는 물건.

倉 ⑩ 12획 日ソウ·いやしい 천할 창 中cāng, chen

풀이 천하다. 비천하다. ¶傖父

傖父(창부) 1)천한 사람. 2)촌뜨기.
🔄 賤(천할 천) 비 滄(찰 창)

傾 ⑪ 13획 日ケイ·かたむく 기울 경 中qīng

ノ亻亻亻佢佢佢佰傾傾傾傾

*형성. 뜻을 나타내는 부수 '亻(人:사람 인)'과 음을 나타내는 '頃(기울 경)'을 합친 글자.

풀이 기울다. 기울이다. 경사지다. ¶傾向

傾國之色(경국지색) 나라를 위태롭게 할 만한 미모라는 뜻으로, 빼어난 미인을 이르는 말.
傾倒(경도) 1)기울어 넘어지는 것. 2)마음을 기울여 열중함.
傾斜(경사) 기울어짐. 또는 그 정도.
傾聽(경청) 귀를 기울여 들음.
傾向(경향) 마음이나 형세가 어느 한쪽으로 기울어짐.
右傾(우경) 우익으로 기울어짐. 또는 그런 경향.
左傾(좌경) 정치 성향 등이 좌익의 경향을 띰.
🔄 仄(기울 측) 斜(기울 사)
비 頃(기울 경)

傴 ⑪ 13획 日ウ·かがむ 구부릴 구 中yǔ

풀이 1. 구부리다. 2. 곱사등이. 꼽추. ¶傴僂

傴僂(구루) 1)허리를 굽힘. 2)공경하는 모양. 3)꼽추.

僅 ⑪ 13획 日キン·わずか 겨우 근 中jǐn, jìn

ノ亻亻亻亻亻亻伫伫伫佯傍僅僅僅

*형성. 뜻을 나타내는 부수 '亻(人:사람 인)'과 음을 나타내는 '堇(진흙 근)'을 합친 글자.

풀이 1. 겨우. 근근히. ¶僅僅 2. 조금. 적다. ¶僅少

僅僅(근근) 겨우. 간신히.
僅少(근소) 아주 적음.
🔄 厪(겨우 근)
비 勤(부지런할 근) 堇(제비꽃 근)

僂 ⑪ 13획 日ル·ロウ かがめる 구부릴 루(누) 中lóu, lǚ

풀이 1. 구부리다. 몸을 굽히다. ¶僂寢 2. 곱사등이. 꼽추. ¶傴僂

僂寢(누구) 등이 굽고 초라함.
傴僂(구루) 곱사등이. 꼽추.
🔄 痀(구부릴 구) 비 樓(다락 루)

僇 ① 13획 ②リク·はじ
욕보일 **륙** ⓒlù

풀이 1. 욕보이다. 창피를 주다. ¶僇人
2. 죽이다.

僇辱(육욕) 욕을 보임. 치욕(恥辱).

유 辱(욕되게할 욕) 비 膠(아교 교)

傷 ① 13획 ②ショウ·きず·いたむ
상처 **상** ⓒshāng

丿 亻 亻 亻 伫 伫 佇 佇 傷 傷

* 형성. 뜻을 나타내는 부수 'イ(人:사람 인)'과 음을 나타내며 화살의 상처를 의미하는 부수 이외의 글자를 합친 글자. 이에 '상처', '다치다'의 뜻으로 쓰임.

풀이 1. 상처. 다치다. 상하다. ¶傷痕
2. 해치다. 상하게 하다. 3. 걱정하다. 근심하다. 애태우다. ¶傷心

傷弓之鳥(상궁지조) 화살을 맞아 다친 새란 뜻으로, 어떤 일로 크게 놀란 사람은 하찮은 일에도 두려워함을 이르는 말.

傷心(상심) 마음을 상함. 속을 썩임. 애태움.

傷害(상해) 남의 몸에 상처를 내어 해를 입힘.

傷痕(상흔) 다친 자리. 흉터.

凍傷(동상) 심한 추위로 피부가 얼어서 생기는 상처.

損傷(손상) 떨어지고 상하게 함.

致命傷(치명상) 목숨이 위험할 정도로 입은 상처.

유 害(해할 해) 비 像(형상 상)

僊 ① 13획 ②セン·おどる
춤출 **선** ⓒxiān

풀이 1. 춤추다. 춤추는 모양. ¶僊僊
2. 신선.

僊僊(선선) 1)춤을 추는 모양. 선선(仙仙). 2)가볍게 올라가는 모양.

神僊(신선) 선도를 닦아 신통력을 얻은 사람. 신선(神仙).

비 舞(춤출 무)

傲 ① 13획 ②ゴウ·おごる
거만할 **오** ⓒào

丿 亻 亻 亻 伫 伫 佯 俦 俦 傲 傲
傲傲

* 형성. 뜻을 나타내는 부수 'イ(人:사람 인)'과 음을 나타내는 '敖(놀 오)'를 합친 글자.

풀이 1. 거만하다. 교만하다. ¶傲慢 2. 깔보다. 멸시하다. ¶傲視

傲氣(오기) 힘이 달리면서도 지기 싫어하는 마음.

傲慢(오만) 거만함. 교만함.

傲視(오시) 거만하게 봄. 남을 깔봄.

유 慢(거만할 만) 倨(거만할 거)

傭 ① 13획 ②ヨウ·やとう
품팔 **용** ⓒyōng

* 형성. 뜻을 나타내는 부수 'イ(人:사람 인)'과 음을 나타내는 '庸(쓸 용)'을 합친 글자.

풀이 품팔이하다. 고용되다. ¶傭兵

傭兵(용병) 고용된 병사.

傭役(용역) 고용되어 일을 함.

傭賃(용임) 고용된 사람의 임금. 품삯. 용전(傭錢).

雇傭(고용) 보수를 주고 사람을 부림.

유 雇(품살 고) 비 庸(쓸 용)

傳 ① 13획 ②テン·デン·つたえる
전할 **전** ⓒchuán, zhuàn

丿 亻 亻 亻 伫 伫 俥 俥 傳 傳
傳傳

[人 11획] 債僉催僄

*형성. 뜻을 나타내는 부수 '亻(人:사람 인)'과 음을 나타내며 급한 일을 알리는 '使者(사자)'를 의미하는 '專(오로지 전)'을 합친 글자. 이에 사람이나 사물을 '전하다', '보내다'의 뜻으로 쓰임.

풀이 1. 전하다. ¶傳來 2. 전기. 한 개인의 일평생의 기록. ¶傳記 3. 퍼지다. 널리 퍼뜨리다. ¶傳播 4. 옮기다. ¶傳染 5. 경서의 주해.

傳喝(전갈) 안부를 묻거나 말을 전하는 일.
傳記(전기) 한 개인의 일생의 사적에 대한 기록.
傳單(전단) 선전이나 광고 또는 선동하는 글이 담긴 종이쪽. 삐라.
傳達(전달) 전해 도달하게 함.
傳來(전래) 전해 내려옴.
傳說(전설) 옛부터 전해 내려오는 이야기.
傳授(전수) 전해 줌.
傳染(전염) 1)물들임. 2)병균 같은 것이 남에게서 옮음.
傳統(전통) 1)전해져 내려오는 일정한 계통. 2)후세 사람들이 배우고 존중하는 과거의 풍속·습관·도덕 등.
傳播(전파) 전하여 널리 퍼뜨림.
宣傳(선전) 주의·주장이나 어떤 물의 존재 등을 사람들에게 설명하고 널리 알림.
以心傳心(이심전심) 마음으로써 마음을 전함.

비 傅(스승 부) 博(넓을 박)

債 ⑪ 13획 🇯 サイ·かり 🇨 zhài
빚 채

ノ亻亻亻亻亻亻佳倩倩
倩債債債

*형성. 뜻을 나타내는 부수 '亻(人:사람 인)'과 음을 나타내는 '責(꾸짖을 책)'을 합친 글자.

풀이 빚. 빚진 돈. 빚지다. ¶負債

債券(채권) 국가·공공단체 또는 은행·회사 등이 채무를 증명하기 위해 발행하는 유가 증권.
債權(채권) 빌려 준 자가 빌린 사람에 대하여 가지는 권리. 채무의 청산을 요구할 수 있는 권리.
債務(채무) 빚을 얻어 쓴 사람의 의무. 또는 빚을 갚아야 할 의무.
負債(부채) 남에게 빚을 짐. 또는 빚.
私債(사채) 개인 사이에 지는 빚.

비 積(쌓을 적) 責(꾸짖을 책)

僉 ⑪ 13획 🇯 セン·みな 🇨 qiān
다 첨

*회의. 둘 이상의 사람(从)과 입(吅)이 모였다(스)는 의미에서 '여럿'의 뜻으로 쓰임.

풀이 다. 모두. 여러. ¶僉位

僉位(첨위) 여러분. 첨원(僉員).
僉議(첨의) 여러 사람이 모여 하는 의논.

비 簽(쪽지 첨)

催 ⑪ 13획 🇯 サイ·すい 🇨 cuī
재촉할 최

ノ亻亻亻亻亻亻亻亻
亻亻催催催

*형성. 뜻을 나타내는 부수 '亻(人:사람 인)'과 음을 나타내는 '崔(높을 최)'를 합친 글자. 이에 사람이 높은 곳에서 '재촉하다'라는 뜻으로 쓰임.

풀이 1. 재촉하다. 독촉하다. ¶催告 2. 개최하다. 모임을 열다. ¶開催

催告(최고) 독촉을 알리는 통지.
催淚彈(최루탄) 최루 가스를 넣어 만든 탄환.
催眠(최면) 잠이 오게 함.
開催(개최) 모임이나 행사 등을 엶.
主催(주최) 모임을 주장하여 엶.

비 崔(높을 최)

僄 ⑪ 13획 🇯 ヒョウ 🇨 piào
가벼울 표

[人 12획] 僑 僮 僚 僕 像 僧

풀이] 가볍다. 날래다. 민첩하다. ¶僄悍
僄悍(표한) 날래고 사나움.
유 輕(가벼울 경) 반 重(무거울 중)
비 標(우듬지 표)

僑 ⑫ 14획 日キョウ 우거할 교 中qiáo

*형성. 뜻을 나타내는 부수 亻(人:사람 인)과 음을 나타내는 '喬(높을 교)'를 합친 글자.

풀이] 우거하다. 남의 집에 붙어 삶. 또는 타향이나 타국에서 임시로 삶. ¶僑居

僑居(교거) 남의 집에서 임시로 삶. 임시로 사는 곳. 우거(寓居).
僑胞(교포) 외국에서 사는 동포.
華僑(화교) 해외에 거주하는 중국인.
비 橋(다리 교)

僮 ⑫ 14획 日トウ 아이 동 中tóng, zhuàng

풀이] 1. 아이. 미성년자. ¶僮子 2. 하인. 종. 노복. ¶侍僮 3. 두려워 삼가는 모양. ¶僮僮 4. 어리석다.
僮僮(동동) 두려워하며 조심하는 모양.
僮子(동자) 나이 어린 사내아이.
侍僮(시동) 지난날, 지체 높은 사람 옆에서 시중을 들던 아이.
유 童(아이 동) 반 (아이 건)
비 憧(그리워할 동)

僚 ⑫ 14획 日リョウ・ともがら 동료 료(요) 中liáo

丿亻亻㐌伫佟佟僚僚僚僚僚

풀이] 1. 동료. 동관. ¶僚友 2. 벼슬아치. 관리. ¶官寮
僚相(요상) 동료 정승. 정승끼리 이름 대신 상대편을 일컫던 말.
僚友(요우) 같은 일자리에 있는 동료.
官僚(관료) 1)같은 관직에 있는 동료. 2)정부의 관리. 특히 정치적인 영향력을 지닌 관리.
同僚(동료) 같은 일을 하는 사람.

僕 ⑫ 14획 日ボク・しもべ 종 복 中pú

풀이] 1. 종. 남자 종. ¶奴僕 2. 마부. ¶僕御 3. 저. 소생. 자기의 겸칭.
僕輩(복배) 저, 저희들.
僕御(복어) 말을 모는 사람. 마부.
僕從(복종) 종. 하인.
奴僕(노복) 종. 하인.
유 奴(종 노) 비 業(업 업)

像 ⑫ 14획 日ゾウ・かたち 모양 상 中xiàng

丿亻亻㐌伫伫伫傍傍像像像像

*형성. 뜻을 나타내는 부수 亻(人:사람 인)과 음을 나타내며 서로 닮은 모양을 의미하는 '象(코끼리 상)'을 합친 글자. 이에 사람을 닮은 '모양', '형상' 이라는 뜻으로 쓰임.

풀이] 1. 모양. 형상. ¶銅像 2. 본뜨다. 닮다. ¶像形
像法(상법) 불상과 경전.
像形(상형) 1)모양을 본뜸. 2)비슷한 형상.
銅像(동상) 구리로 만든 형상.
映像(영상) 1)머릿속에 떠오르는 사물의 모습. 2)영화・TV 등의 화상(畫像).
肖像(초상) 사람의 용모나 자태를 그린 화상이나 조상(彫像).
유 形(모양 형) 態(모양 태)
비 象(코끼리 상)

僧 ⑫ 14획 日ソウ・ぼうず 중 승 中sēng

[人 12~13획] 僥僞僣僖僬僖價

ノイイイ゛イ゛イ゛イ゛イ゛イ゛イ゛
僧僧僧僧僧

풀이 중. 승려. ¶僧侶

僧家(승가) 1)중이 사는 집. 2)중들의 사회.
僧堂(승당) 절. 사찰.
僧侶(승려) 중.
僧舞(승무) 불교적 색채가 짙은 무용으로, 장삼을 걸치고 고깔을 쓰고 두 개의 북채를 쥐고 추는 춤.
高僧(고승) 학덕과 지위가 높은 중.
破戒僧(파계승) 계율을 깨뜨린 중.

유 尼(중 니) 비 憎(미워할 증)

僥 ⑫ 14획 日ギョウ・ねがう
요행 요 中 jiǎo, yáo

풀이 1. 요행. 우연한 복. ¶僥倖 2. 바라다. 구하다. ¶僥冀

僥冀(요기) 절실하게 바람.
僥倖(요행) 1)뜻밖에 얻은 행운. 2)늘 행운을 바람.

비 曉(새벽 효)

僞 ⑫ 14획 日ギ・いつわる
거짓 위 中 wěi

ノイイイ゛イ゛イ゛仃仃偽僞僞僞僞

*형성. 뜻을 나타내는 부수 'イ(人;사람 인)'과 음을 나타내는 '爲(할 위)'를 합친 글자.

풀이 1. 거짓. 가짜. 허위. ¶眞僞 2. 속이다. 거짓으로 하다. ¶僞計

僞計(위계) 거짓 계략. 속이는 계책.
僞善(위선) 거짓으로 착한 체함.
僞證(위증) 1)거짓 증명함. 2)증인으로 법정에 참석하여 허위 진술을 함.
僞筆(위필) 거짓으로 필체를 본떠 씀.
眞僞(진위) 참과 거짓.
虛僞(허위) 없는 사실을 거짓으로 꾸미는 일.

유 詐(속일 사) 假(거짓 가) 비 爲(할 위)

僣 ⑫ 14획 日セン
참람할 참 中 jiàn

풀이 참람하다. 분에 넘치다. ¶僣濫

僣濫(참람) 분수에 지나침.
僣位(참위) 임금의 자리를 침범함.
僣主(참주) 임금의 자리를 빼앗은 사람.
僣稱(참칭) 1)신분에 넘어선 칭호를 자칭함. 2)제호(帝號)를 멋대로 하여 사용함. 또는 그 칭호.

비 潛(잠길 잠)

僭 ⑫ 14획
僣(p53)의 俗字

僬 ⑫ 14획 日ショウ
밝게 볼 초 中 jiāo

풀이 1. 밝게 보다. 명찰하다. 살피다. 2. 달리다. 3. 나라 이름. 키가 3척 가량 되는 난쟁이들이 사는 나라. ¶僬僥

僬僥(초요) 나라 이름. 난쟁이가 살고 있다고 함.

僖 ⑫ 14획 日キ・よろこぶ
기쁠 희 中 xī

풀이 기뻐하다. 즐기다.

유 喜(기쁠 희)

價 ⑬ 15획 日カ・あたい
값 가 中 jià, jie

ノイイイ゛イ゛イ゛俨俨價價價
價價價價價

*형성. 뜻을 나타내는 부수 'イ(人;사람 인)'과 음을 나타내는 '賈(값 가)'를 합친 글자.

풀이 값. 가격. 값어치. ¶物價

價格(가격) 물건이 지니고 있는 가치를 돈으로 나타낸 것. 값.
價値(가치) 1)값. 가격. 2)재화의 효용 정도.
同價紅裳(동가홍상) 같은 값이면 다홍치마. 이왕이면 보기 좋은 것을 골라 가진다는 뜻.
物價(물가) 물건 값. 상품의 시장 가격.
評價(평가) 1)물품의 가격을 매김. 2)선악·미추 등의 가치를 논정함.

유 値(값 치) 비 賈(장사 고)

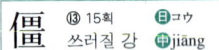
僵 ⑬ 15획 日コウ 쓰러질 강 中jiāng

풀이 1. 쓰러지다. 넘어지다. ¶僵斃 2. 뻣뻣해지다. 죽어서 굳어지다. ¶僵立
僵立(강립) 움직이지 않고 빳빳이 섬.
僵尸(강시) 넘어져 있는 시체. 송장.
僵斃(강폐) 쓰러져 죽음.

유 倒(넘어질 도)

儉 ⑬ 15획 日ケン·つつまやか 검소할 검 中jiǎn

ノ亻亻个个今佥佥俭俭俭俭儉儉

*형성. 뜻을 나타내는 부수 '亻(人;사람 인)'과 음을 나타내는 '僉(모두 첨)'을 합친 글자. 여러[僉] 사람[人]이 같이 생활하기 위해 물자를 아껴 쓴다는 의미에서 '검소하다'의 뜻으로 쓰임.

풀이 1. 검소하다. ¶儉約 2. 흉년이 들다. 작황이 나쁘다. ¶儉年
儉年(검년) 흉년으로 곡식의 결실이 적은 해.
儉朴(검박) 검소하고 질박함.
儉素(검소) 사치스럽지 않고 수수함.
儉約(검약) 검소하고 절약함.
勤儉(근검) 부지런하고 검소함.
節儉(절검) 절약하고 검소하게 함.

비 檢(검사할 검) 險(험할 험)

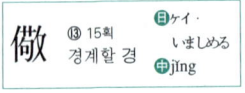
儆 ⑬ 15획 日ケイ·いましめる 경계할 경 中jǐng

풀이 경계하다.
儆儆(경경) 경계하는 모양.
儆戒(경계) 좋지 않은 일이 일어나지 않도록 미리 조심함. 경계(警戒).

유 戒(경계할 계) 警(경계할 경)
비 敬(공경할 경)

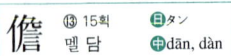
儋 ⑬ 15획 日タン 멜 담 中dān, dàn

풀이 1. 메다. 지다. 2. 독. 작은 항아리.
儋石(담석) 아주 적은 분량. 얼마 되지 않는 적은 곡식.

유 擔(멜 담)

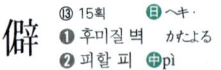
僻 ⑬ 15획 日ヘキ・かたよる ❶후미질 벽 ❷피할 피 中pì

풀이 ❶ 1. 후미지다. 궁벽하다. ¶僻地 2. 치우치다. 편벽되다. ¶僻見 ❷ 3. 피하다. 멀리하다. 4. 성가퀴.
僻見(벽견) 치우친 견해.
僻說(벽설) 치우쳐 이치에 맞지 않는 말.
僻字(벽자) 자주 쓰이지 않는 글자.
僻地(벽지) 도시에서 떨어진 으슥하고 한적한 곳.
偏僻(편벽) 마음 등이 한쪽으로 치우침.

유 偏(치우칠 편) 奧(속 오)
비 辟(임금 벽) 避(피할 피)

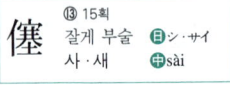
儕 ⑬ 15획 日シ·サイ 잘게 부술 사·새 中sài

풀이 잘게 부수다. 자질구레하다. ¶儕說

[人 13~14획] 億儀僑會儐儒

僿說(사설/새설) 세세한 말. 자질구레한 말.
비 塞(변방 새)

億 ⑬ 15획 일オク 중yì
억 억

ノイイ产产产倍倍倍億億億

*형성. 뜻을 나타내는 부수 '亻(人:사람 인)'과 음을 나타내는 '意(뜻 의)'를 합친 글자.

풀이 억. 만(萬)의 만 배. 많은 수를 나타냄. ¶億萬

億劫(억겁) 무한하게 긴 시간.
億萬(억만) 아주 많은 수효.
億丈(억장) 썩 높은 것. 또는 그런 높이.
億兆蒼生(억조창생) 무수히 많은 백성.
비 意(뜻 의) 憶(생각할 억)

儀 ⑬ 15획 일ギ・のり・かたどる 중yí
거동 의

ノイイ"伊伊伊伊伊伊儀儀儀儀

*형성. 뜻을 나타내는 부수 '亻(人:사람 인)'과 음을 나타내는 '義(뜻 의)'를 합친 글자.

풀이 1. 거동. 동작. ¶威儀 2. 법도. 법. 법식. ¶儀軌 3. 본보기. 모범. ¶儀範

儀軌(의궤) 법도(法度). 관례. 본보기.
儀範(의범) 예의의 본보기.
儀式(의식) 의례를 갖추어 베푸는 행사.
儀容(의용) 1)몸가짐. 2)예의에 맞는 차림새.
儀典(의전) 의식(儀式).
儀表(의표) 1)의용(儀容). 2)본보기. 귀감(龜鑑).
謝儀(사의) 감사의 뜻을 나타내는 예의. 또는 그 뜻으로 보내는 물품.
威儀(위의) 위엄 있는 태도.
葬儀(장의) 장례.

비 義(뜻 의) 議(의논할 의)

僑 ⑬ 15획
俊(p37)과 同字

會 ⑬ 15획 일カイ・たかい 중kuài
거간 쾌

풀이 거간. 중개인. ¶賈儈
賈儈(고쾌) 중개인.
유 賈(장사꾼 고) 비 會(모일 회)

儐 ⑭ 16획 일ヒン 중bīn
인도할 빈

풀이 1. 인도하다. 주인을 도와 손님을 안내함. 또는 그 사람. ¶儐者 2. 대접하다. 3. 찡그리다.

儐者(빈자) 손님을 안내하는 사람.
유 導(이끌 도) 賓(손 빈)

儒 ⑭ 16획 일ジュ 중rú
선비 유

ノイイイ"伊伊伊伊伊伊儒儒儒儒儒

*형성. 뜻을 나타내는 부수 '亻(人:사람 인)'과 음을 나타내는 '需(구할 수)'를 합친 글자.

풀이 1. 선비. ¶巨儒 2. 유교. 유학. 공자의 학설을 연구하는 학문. ¶儒教

儒教(유교) 인과 의를 근본으로 하는, 공자가 주창한 유학을 받드는 교.
儒林(유림) 유학을 연구하는 학자들. 사림(士林).
儒臣(유신) 1)유학자(儒學者)인 관리. 2)홍문관의 관리를 이르는 말.
儒學(유학) 유교를 연구하는 학문. 또는 그 학파.
巨儒(거유) 학문과 덕망이 높은 선비.
焚書坑儒(분서갱유) 중국 진시황이 민간의 서적을 불태우고 유생을 구덩이에 묻어 죽인 사건.
崇儒抑弗 (숭유억불) 유학을 숭상하고 불교를 억제함.
유 士(선비 사) 彦(선비 언)

儕 ⑭ 16획 동배 제
日 サイ
中 chái

풀이 1. 동배(同輩). 무리. ¶儕等 2. 함께. 같이.

儕等 (제등) 동아리. 무리. 제배(儕輩).
유 輩(무리 배)

儔 ⑭ 16획 짝 주
日 トウ
中 chóu

풀이 1. 짝. 동무. 동배. ¶儔儷 2. 누구.

儔儷 (주려) 짝. 무리. 동무.
유 偶(짝 우)

儘 ⑭ 16획
盡(p511)와 同字

儡 ⑮ 17획 영락할 뢰(뇌)
日 ライ
中 lěi

풀이 1. 영락하다. 망치다. ¶儡身 2. 허수아비. 꼭두각시. ¶傀儡

儡身 (뇌신) 실패하여 추락한 몸.
傀儡 (괴뢰) 꼭두각시.

償 ⑮ 17획 갚을 상
日 ショウ・つぐなう
中 cháng

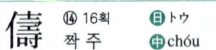

* 형성. 뜻을 나타내는 부수 亻(人;사람 인)과 음을 나타내는 '賞(상줄 상)'을 합친 글자.

풀이 1. 갚다. 상환하다. 돌려주다. ¶償還 2. 배상. 보상. ¶無償

償金 (상금) 1)빚을 갚는 돈. 2)물어주는 돈. 배상금(賠償金).
償命 (상명) 목숨을 해친 사람을 죽임.
償還 (상환) 1)빚을 갚음. 2)다른 것으로 대신 돌려줌.
無償 (무상) 아무런 대가나 보상이 없음.
報償 (보상) 남에게 진 빚이나 받은 것을 갚음.
유 報(갚을 보) 酬(갚을 수)
비 賞(상줄 상)

優 ⑮ 17획 넉넉할 우
日 ユウ・やさしい・すぐれる
中 yōu

* 형성. 뜻을 나타내는 부수 亻(人;사람 인)과 음을 나타내며 가면을 쓴 광대 의 뜻을 지닌 '憂(근심 우)'를 합친 글자. 이에 '배우'라는 뜻으로 쓰임.

풀이 1. 넉넉하다. 충분하다. ¶優裕 2. 뛰어나다. 우수하다. ¶優等 3. 광대. 배우. 俳優 4. 도탑다. 후하다. ¶優待 5. 망설이다. 결단성이 없다. ¶優柔不斷

優待 (우대) 특별히 대우함.
優等 (우등) 훌륭하게 뛰어난 등급.
優良 (우량) 뛰어나게 좋음.
優勢 (우세) 상대편보다 나은 형세.
優秀 (우수) 여럿 가운데 아주 뛰어남.
優劣 (우열) 우수함과 저열함.
優裕 (우유) 넉넉함.
優柔不斷 (우유부단) 어물어물하고 결단을 하지 못함.
俳優 (배우) 1)연극·영화 속의 인물로 분장하여 연기하는 사람. 2)광대.
聲優 (성우) 모습은 나타내지 않으며 목소리만으로 출연하는 배우.
비 憂(근심 우)

儲 ⑯ 18획 日チョ・たくわえる 中chǔ
쌓을 저

풀이 1. 쌓다. 마련해 두다. 저축하다. ¶儲蓄 2. 다음. 버금. 3. 태자. 세자.

儲米(저미) 저축해 놓은 쌀.
儲位(저위) 태자의 지위.
儲蓄(저축) 미리 쌓아둠.
兵儲(병저) 군량의 비축.

유 貯(쌓을 저) 蓄(쌓을 축) 積(쌓을 적)

儵 ⑰ 19획 日シュク 中shū
빠를 숙

풀이 1. 빠르다. 재빠르다. ¶儵忽 2. 검다. 검푸른빛.

儵忽(숙홀) 별안간. 매우 짧은 시간.

儺 ⑲ 21획 日ナ 中nuó
구나 나

풀이 구나(驅儺). 구나의 의식을 행하다. 역귀(疫鬼)를 쫓는 의식.

儺禮(나례) 섣달 그믐날 밤에 행하던 역귀를 쫓는 행사.

비 難(어려울 난)

儷 ⑲ 21획 日レイ・つれあい 中lì
짝 려(여)

* 형성. 뜻을 나타내는 부수 '亻(人;사람 인)'과 음을 나타내는 '麗(고울 려)'를 합친 글자.

풀이 짝. 한 쌍. 한 벌. ¶伉儷

儷匹(여필) 배필(配匹). 배우자.
伉儷(항려) 부부의 연으로 만나 이루어진 짝.

유 配(짝 배) 偶(짝 우) 儔(짝 주)

儻 ⑳ 22획 日トウ 中tǎng
빼어날 당

풀이 1. 빼어나다. 출중하다. ¶倜儻 2. 갑자기. 별안간. 3. 만일. 혹시. ¶儻惑

儻或(당혹) 만일. 만약. 혹시.
倜儻(척당) 재주가 뛰어남. 발군함.

유 秀(빼어날 수) 비 黨(무리 당)

儼 ⑳ 22획 日ゲン・ゴン 中yǎn
의젓할 엄

풀이 1. 의젓하다. 근엄하다. ¶儼然 2. 삼가다. 공손하다. ¶儼恪

儼恪(엄각) 근엄하고 조심함.
儼然(엄연) 엄숙한 모양.

비 嚴(엄할 엄)

儿부

儿 어진 사람 인 部

'儿'자는 사람의 발과 관련된 글자로, 단독으로 쓰이지 않고 다른 글자의 구성에 도움을 준다. 이 글자를 부수로 갖는 글자는 대부분 사람과 관련된 상태나 동작과 관련이 있다.

儿 ⓪ 2획 日ジン 中ér
어진 사람 인

풀이 어진 사람.

兀 ① 3획 日ゴツ 中wù
우뚝할 올

풀이 1. 우뚝하다. 높이 솟은 모양. ¶兀然 2. 발뒤꿈치를 베다. ¶兀刑

兀然(올연) 홀로 우뚝선 모양.
兀兀(올올) 산이나 바위가 우뚝 솟은 모양.
兀刑(올형) 발뒤꿈치를 베는 형벌. 월

[儿 2~4획] 元 允 充 兄 光

형(刑刑).
[비] 元 (으뜸 원)

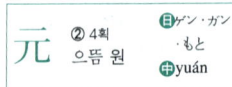

元 ②4획 으뜸 원
日 ゲン・ガン・もと
中 yuán

一二テ元

* 상형. 머리가 유난히 큰 사람의 옆모습을 본뜬 글자. 원래는 '머리'를 뜻했으나, 후에 '으뜸', '처음' 등의 뜻이 파생됨.

[풀이] 1. 으뜸. ¶元首 2. 근본. 근원. ¶元氣 3. 처음. 시초. ¶元始 4. 우두머리. ¶元兇 5. 원나라. 송(宋)나라 뒤에 세워진 나라로, 도읍을 연경(燕京)으로 하였음.

元金 (원금) 본전. 밑천.
元氣 (원기) 1)근본이 되는 기운. 2)만물의 정기(精氣).
元年 (원년) 임금이 즉위한 첫 해.
元旦 (원단) 1)설날. 2)설날 아침.
元來 (원래) 본래. 본디.
元老 (원로) 1)덕망이 높은 공신. 2)한 분야에 오랫동안 종사하여 공로가 있는 연로자.
元首 (원수) 한 나라의 최고 통치권을 가진 사람.
元始 (원시) 1)사물의 처음. 2)자연 그대로 있어 아직 진보나 변화가 없음.
元祖 (원조) 1)어떤 일을 처음으로 시작한 사람. 비조(鼻祖). 2)한 겨레의 맨 처음 조상.
元兇 (원흉) 악인의 우두머리. 못된 짓을 한 사람의 우두머리.

[유] 覇(으뜸 패) 最(가장 최)

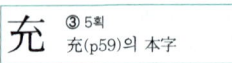

允 ②4획 진실로 윤
日 イン・まこと
中 yǔn

* 회의. 어진 사람(儿)을 등용하므로(厶) 의심하지 않음을 나타내어, '진실', '참'의 뜻으로 쓰임.

[풀이] 1. 진실로. 진심으로. ¶允恭 2. 허락하다. 승인하다. ¶允許 3. 마땅하다.

允可 (윤가) 임금의 허락. 윤허(允許).
允恭 (윤공) 진심으로 공경함.
允許 (윤허) 임금이 허가함.

[비] 充 (가득할 충)

充 ③5획 充(p59)의 本字

兄 ③5획 맏 형
日 ケイ・キョウ・あに
中 xiōng

丨ㅁ 口 尸 兄

* 회의. 입(口)을 쓰는 사람(人)이라는 뜻으로, 아우를 지도하는 '형'의 뜻으로 쓰임.

[풀이] 1. 형. 맏이. ¶兄嫂 2. 동년배 사이에서 상대를 높여 부르는 말. ¶老兄

兄夫 (형부) 언니의 남편.
兄嫂 (형수) 형의 아내.
兄弟 (형제) 형과 동생.
難兄難弟 (난형난제) 형이라 하기 어렵고 아우라 하기 어렵다는 뜻으로, 우열을 가리기 힘듦을 이르는 말.
老兄 (노형) 동년배 사이에서 상대를 높여 부르는 말.
長兄 (장형) 큰형. 맏형.

[반] 弟(아우 제) [비] 只(다만 지)

光 ④6획 빛 광
日 コウ・ひかる
中 guāng

丨 ㅛ ㅛ ㅛ 尹 光

* 회의. 사람(儿)이 횃불(火)을 들고 밝게 비추고 있음을 나타내어 '빛'의 뜻으로 쓰임.

[풀이] 1. 빛. ¶光線 2. 빛나다. 비추다. 3. 영화롭다. 영광. 명예. ¶榮光 4. 세월. 시간. ¶光陰 5. 경치.

光景 (광경) 1)경치. 2)꼴.
光年 (광년) 빛 또는 전파가 1년 동안 나아가는 거리.
光明 (광명) 1)밝은 빛. 2)밝고 환함.

[儿 4획] 先兆充

光復(광복) 1)쇠락한 사업을 다시 회복함. 2)잃었던 국권(國權)을 다시 찾음.
光線(광선) 빛살.
光陰(광음) 세월. 시간. 때.
光彩(광채) 찬란한 빛.
光澤(광택) 윤기.
光學(광학) 빛의 현상을 연구하는 물리학의 한 분야.
榮光(영광) 빛나는 영예.
유 明(밝을 명) 照(비칠 조)

先 ④ 6획 日センㆍさき 먼저 선 中xiān

ノ ㅏ ㅗ 뇨 生 先

* 회의. 가는(之) 사람(儿)은 제자리에 있는 사람보다 앞섬을 나타낸 글자. 이에 시간적으로 앞서는 것을 의미하여, '먼저'의 뜻으로 쓰임.

풀이 1. 먼저. 우선. 2. 이전. 옛날. 3. 앞서다. 나아가다. ¶先進 4. 죽은 손윗 사람. ¶先祖

先見之明(선견지명) 앞일을 미리 보는 현명한 지혜.
先金(선금) 치러야 할 돈의 전부 또는 일부를 먼저 주는 돈.
先輩(선배) 연령ㆍ학문 등이 자기보다 많거나 앞선 사람.
先生(선생) 1)스승. 2)자기보다 학식이나 나이가 많은 사람. 3)상대방을 부르는 칭호.
先約(선약) 먼저 한 약속.
先入見(선입견) 본래부터 마음속에 품고 있던 생각이나 견해.
先祖(선조) 한 집안의 조상.
先進(선진) 1)앞서 나아감. 2)선배. 선각자(先覺者).
先天(선천) 태어나기 전부터 미리 하늘에서 받은 성품. ↔후천(後天).
先後(선후) 앞뒤. 먼저와 나중.
于先(우선) 먼저.
유 前(앞 전) 반 後(뒤 후)

兆 ④ 6획 日チョウㆍきざす 조 조 中zhào

ノ ノ 키 키 兆 兆 兆

* 상형. 거북의 등껍질에 생긴 갈라진 금의 모양을 본뜬 글자. 그 갈라진 금을 보고 점을 치던 것에서, '점치다', '조짐'의 뜻으로 쓰임.

풀이 1. 조. 억의 만 배. 2. 조짐. 징조. ¶兆朕 3. 점치다. 점괘. ¶兆占 4. 묘지. 무덤. ¶兆域

兆民(조민) 많은 백성. 모든 백성.
兆域(조역) 묏자리.
兆占(조점) 점을 침. 또는 그 점괘.
兆朕(조짐) 일이 일어날 기미. 전조.
吉兆(길조) 좋은 일이 생길 징조.
반 北(북녘 북)

充 ④ 6획 日ジュウㆍあてる 가득할 충 中chōng

' ㅗ ㄊ 云 产 充

* 회의. '儿(어진 사람 인)'과 '育(기를 육)'의 생략형을 합친 글자. 이에 사람을 기른다는 뜻을 나타내다가, 바뀌어 '가득 차다'는 뜻으로 쓰임.

풀이 1. 가득하다. 차다. ¶充滿 2. 채우다. 충당하다. ¶充員 3. 막다. 덮다.

充當(충당) 모자란 것을 채움.
充滿(충만) 가득 참. 가득 채움.
充分(충분) 부족함이 없음.
充實(충실) 가득 차고 실속이 있음.
充員(충원) 부족한 인원을 채움.
充電(충전) 축전지에 전류를 흐르게 하여 전기를 축적함.
充足(충족) 1)일정한 분량에 차거나 채움. 2)모자람이 없음.
充血(충혈) 피가 몸의 어느 한 부분에 몰려 혈액의 양이 많아진 상태.
補充(보충) 모자람을 보태어 채움.
擴充(확충) 넓혀 충실하게 채움.
유 滿(찰 만) 允(진실로 윤)

兇 ④ 6획
흉악할 흉
🇯🇵 キョウ・わるい
🇨🇳 xiōng

*회의. 흉한(凶) 사람(人)을 나타내어, '흉악하다'의 뜻으로 쓰임.

풀이 1. 흉악하다. 나쁘다. ¶凶賊 2. 두려워하다. ¶兇懼

兇懼(흉구) 두려워함.
兇變(흉변) 흉악한 변사(變事).
兇賊(흉적) 흉악한 도둑.
兇暴(흉포) 매우 흉악하고 난폭함.
兇險(흉험) 1)몹시 위험함. 2)마음이 음흉함.

유 惡(악할 악) 凶(흉할 흉)
반 善(착할 선) 비 兒(아이 아)

克 ⑤ 7획
이길 극
🇯🇵 コク・かつ
🇨🇳 kè

一 十 十 古 古 古 克

*상형. 투구 쓴 사람을 본뜬 글자. 투구의 무게를 견디다 하여 '이기다'라는 뜻으로 쓰임.

풀이 1. 이기다. ¶克服 2. 능하다. 잘하다. ¶克明

克己(극기) 자신의 욕망·감정 등을 이김. 자제함.
克明(극명) 능히 밝혀냄.
克服(극복) 어렵고 힘든 지경을 이겨 냄.
克從(극종) 능히 복종시킴.

유 勝(이길 승)

免 ⑤ 7획
면할 면
🇯🇵 メン・まぬかれる
🇨🇳 miǎn

ク ク 五 产 五 免

*회의. 토끼(兔)가 꼬리(、)를 감추어 사냥꾼으로부터 잡힘을 면함을 나타내어, '면하다'의 뜻으로 쓰임.

풀이 1. 면하다. 벗어나다. ¶免稅 2. 허용하다. 자유롭게 하다. ¶放免 3. 그만두다. 해직하다. ¶罷免

免稅(면세) 세금을 면함.
免疫(면역) 체내에 병원균에 대한 저항력을 길러 전염병에 걸리지 않게 함.
免除(면제) 책임이나 의무를 면함.
免罪(면죄) 죄를 면함.
免責(면책) 책임이나 책임을 벗어남.
免許(면허) 특정한 행위나 영업을 할 수 있도록 허락하는 행정 처분.
放免(방면) 매여 있던 상태를 풀어 줌.
罷免(파면) 직무를 그만두게 함.

유 放(놓을 방) 비 兔(토끼 토)

児 ⑤ 7획
兒(p60)의 俗字

兌 ⑤ 7획
바꿀 태
🇯🇵 タイ・かえる
🇨🇳 duì

*회의. 부수 '儿(어진 사람 인)'과 '口(입 구)'와 '八(여덟 팔)'을 합친 글자. 이에 입을 열고 기뻐 웃는다는 뜻을 나타냄.

풀이 1. 바꾸다. 2. 기뻐하다. 3. 괘 이름. 8괘의 하나.

兌換(태환) 1)바꿈. 2)지폐를 금화 등의 정화(正貨)와 맞바꿈.

유 換(바꿀 환) 비 悅(기쁠 열)

兎 ⑤ 7획
兔(p61)의 俗字

免 ⑤ 7획
免(p60)의 俗字

兒 ⑥ 8획
아이 아
🇯🇵 ジ・こ
🇨🇳 ér, ní

ノ 「 「 「 白 臼 兒

*상형. 몸에 비해 머리가 크고 정수리가 아직 아물지 않은 갓난아이를 본뜬 글자.

[儿 6~12획] 兔兗党兜兢 [入 0획] 人

풀이 1. 아이. 아기. 어린아이. ¶兒童 2. 아들이 어버이에 대해 말하는 자칭.

兒女子(아녀자) 1)아이와 여자. 2)여자를 낮추어 이르는 말.

兒童(아동) 어린아이.

兒名(아명) 어릴 때 부르던 이름.

兒役(아역) 흔히 영화·연극에서의 아이 역할.

孤兒(고아) 부모 없이 홀로된 아이.

産兒(산아) 아이를 낳음. 또는 태어난 아이.

蕩兒(탕아) 방탕한 사나이.

유 童(아이 동) **비** 兜(투구 두)

兔 ⑥ 8획
토끼 토
日 ト・うさぎ
中 tù

풀이 1. 토끼. ¶守株待兔 2. 달의 다른 이름. ¶銀兔

兔死狗烹(토사구팽) 토끼가 죽으면 사냥개를 삶아 먹는다는 뜻으로, 필요할 때는 요긴하게 써 먹고 필요 없을 때는 버림을 비유하는 말.

兔脣(토순) 윗입술의 모양이 토끼의 입술과 비슷한 입술. 언청이.

守株待兔(수주대토) 그루터기를 지켜 토끼를 기다린다는 뜻으로, 변통할 줄 모르고 한 가지만을 고집함을 이르는 말.

銀兔(은토) 1)달의 다른 이름. 2)달 속의 흰 토끼.

비 免(면할 면)

兗 ⑦ 9획
바를 연
日 エン
中 yǎn

풀이 1. 바르다. 단정하다. 2. 주(州) 이름. 중국 고대 구주(九州)의 하나.

유 正(바를 정) 充(가득찰 충) 兖(바꿀 태)

党 ⑧ 10획
黨(p852)의 俗字

兜 ⑦ 11획
투구 두
日 トウ・かぶと
中 dōu

* 상형. 사람이 투구를 쓰고 있는 모양을 본뜬 글자.

풀이 투구. ¶兜鍪

兜鍪(두무) 투구.

비 兒(아이 아)

兢 ⑫ 14획
조심할 긍
日 キョウ
中 jīng

* 회의. '兄(이길 극)'을 두 번 겹쳐 써서, 두 사람이 나란히 이기기 위해 두려워하며 '조심하다'의 뜻을 나타냄.

풀이 조심하다. 삼가다. ¶兢兢

兢懼(긍구) 조심하고 두려워함.

戰戰兢兢(전전긍긍) 두려워하여 조심하는 모양.

유 愼(삼갈 신) **비** 競(다툴 경)

入 부

入 들 입 部

'入'자는 하나의 줄기 밑에 뿌리가 갈라져 땅속으로 뻗어 들어가는 모양을 본뜬 글자로, '들어가다', '들어오다'라는 뜻으로 쓰인다. 또한 입문(入門)처럼 어떠한 조직이나 기관 등의 구성원이 되는 것을 나타내기도 하고, 입관(入棺)에서처럼 '넣다'나 몰입(沒入)에서와 같이 '빠지다'의 뜻으로도 사용된다.

入 ⓪ 2획
들 입
日 ニュウ・ジュ
いる・はいる
中 rì, rù

ノ 入

[풀이] 들다. 들어가다. 들어오다. ¶入口
入口(입구) 들어가는 어귀.
入金(입금) 은행 등에 돈을 넣음.
入隊(입대) 군대에 들어감.
入門(입문) 1)스승의 문하(門下)로 들어간다는 뜻으로, 제자가 됨을 말함. 2)초보자가 공부하기 적당한 책.
入社(입사) 회사의 사원이 됨.
入賞(입상) 상을 타는 등수 안에 듦.
入手(입수) 손에 넣음.
入場(입장) 장내로 들어감.
入學(입학) 학교에 들어감.
介入(개입) 어떠한 사건에 관계됨.
輸入(수입) 외국에서 물건을 사들임.
[반] 出(날 출) [비] 八(여덟 팔)

① 3획
亡(p15)의 本字

② 4획
안 내
日 ナイ・ダイ・うち
中 nèi, nà

丨 冂 内 内

*회의. 덮어(冂) 있는 밖에서 들어간(入) 곳은 '안'이라는 의미에서 '들어가다'의 뜻으로 쓰임.

[풀이] 1. 안. 속. ¶内面 2. 대궐. 조정. ¶内官 3. 몰래. 은밀히. ¶内應 4. 아내. 부녀자.
內官(내관) 궁궐의 일을 맡아보던 관리. 환관. 내시.
內面(내면) 1)안쪽. 2)마음. 정신.
內紛(내분) 내부에서 의견이 맞지 않아 서로 다툼.
內實(내실) 1)속이 알참. 2)내부의 실정(實情). 내막(內幕).
內憂外患(내우외환) 나라 안의 근심과 나라 밖의 걱정. 내란과 외적의 침입을 이르는 말.
內應(내응) 몰래 적과 통함.

內子(내자) 남에게 자신의 부인을 일컫는 말.
內患(내환) 내부의 근심. 나라 안 또는 집안의 우환.
管內(관내) 관리하는 구역 안.
[반] 外(밖 외) [비] 丙(남녘 병)

全
④ 6획
온전할 전
日 ゼン・まったく
中 quán

丿 入 入 仐 全 全

*회의. 임금(王)의 자리에 들어갈(入) 사람은 완전해야 한다는 의미로, '온전하다'의 뜻으로 쓰임.

[풀이] 1. 온전하다. 완전하다. 흠이 없다. ¶完全 2. 완전히. 전부. 모두. ¶全部
全國(전국) 나라 전체.
全擔(전담) 모두 담당함.
全力(전력) 가지고 있는 모든 힘.
全無(전무) 전혀 없음.
全部(전부) 온통. 모두.
全身(전신) 온몸. 몸 전체.
全額(전액) 전체 액수.
全員(전원) 전체 인원.
全知全能(전지전능) 모든 것을 알고 모든 것을 행할수 있는 능력.
全集(전집) 한 사람의 저작물 또는 같은 종류·시대의 저작물을 전부 모은 간행물.
全體(전체) 온통. 전부.
全幅(전폭) 1)한 폭(幅)의 전부. 2)온통.
健全(건전) 건강하고 온전함.
萬全(만전) 완전하여 조금도 허술한데가 없음.
完全(완전) 부족함이나 흠이 없음.
[동] 完(완전할 완) (온전할 흠)

兩
⑥ 8획
두 량(양)
日 リョウ
中 liǎng, liàng

一 厂 币 币 币 兩 兩

*상형. 저울추 두 개가 나란히 매달려 있는 모양을 본뜬 글자.

[풀이] 1. 둘. 두 개. ¶兩家 2. 양. 무게·중량의 단위. 3. 냥. 화폐 단위.

兩家(양가) 두 집안.

兩極(양극) 1)북극과 남극. 2)양극과 음극. 3)두 사물이 매우 동떨어져 있음.

兩斷(양단) 하나를 둘로 나눔.

兩立(양립) 두 개의 것이 동시에 존립함.

兩面(양면) 앞면과 뒷면. 두 면.

兩班(양반) 1)동반(東班)과 서반(西班). 조선 중기 이후에 상류 계급, 곧 사대부 계층을 이르던 말. 2)여자가 다른 사람에게 자신의 남편을 일컫는 말.

兩分(양분) 둘로 나눔.

兩性(양성) 1)남성과 여성. 2)서로 다른 두 성질.

兩者擇一(양자택일) 둘 가운데서 한 가지를 가려 선택함.

兩親(양친) 아버지와 어머니.

一擧兩得(일거양득) 한 가지 일로써 두 가지 이익을 얻음.

兪	⑦ 9획 그러할 유	[日] ユ [中] yú

[풀이] 그러하다. 승낙하는 말. ¶兪音

兪音(유음) 신하의 아뢰는 말에 대하여 내리는 임금의 대답.

[유] 然(그러할 연)

八부

八 여덟 팔 部

'八' 자는 '여덟'을 뜻하며, 숫자 '8'이나 횟수를 나타내는 '여덟 번'의 뜻으로도 사용된다. 또한 모양이 어떠한 것을 둘로 나누는 듯하여 '나누다'라는 뜻으로도 사용된다.

八	⓪ 2획 여덟 팔	[日] ハチ·やつ [中] bā

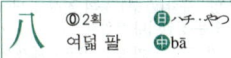

ノ 八

[풀이] 여덟. 여덟 번.

八角(팔각) 여덟 모. 팔모.

八卦(팔괘) 중국 상고 시대에 복희씨(伏羲氏)가 지은 여덟 가지 괘.

八方(팔방) 사방(四方)과 사우(四隅). 곧, 동·서·남·북과 동북·동남·서북·서남.

八不出(팔불출) 몹시 어리석은 사람.

初八日(초파일←초팔일) 1)한 달의 첫날부터 8일째 되는 날. 초여드레. 2)석가모니의 탄생일. 파일(八日).

[비] 入(들 입) 人(사람 인)

2획

公	② 4획 공변될 공	[日] コウ·おおやけ [中] gōng

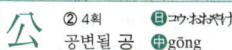

ノ 八 公 公

*회의. 사사로운 것(厶)을 여덟 개(八)로 쪼개어 공동으로 소유하거나 사용한다는 의미에서 '공공'의 뜻으로 쓰임.

[풀이] 1. 공변되다. 사사롭지 않고 정당하다. ¶公平 2. 공공(公共)의. 3. 임금. 높은 관리. 4. 공작. 오등작의 첫째. 5. 존칭.

公開(공개) 일반에게 널리 개방함.

公共(공공) 1)사회 일반이나 공중(公衆)에 관계되는 일. 2)사회의 여러 사람과 같이 함.

公論(공론) 사회 일반의 공통된 여론.

公立(공립) 공공 단체에서 설립함. 또는 그 시설.

公文(공문) 1)공무원이 직무상 작성한 서류. 2)공무에 관한 모든 문서.

公私(공사) 1)공공의 일과 사사로운 일. 2)정부와 민간.

公演(공연) 여러 사람 앞에서 연극·음악·무용 등을 해 보임.

公園(공원) 공중의 보건·교화·휴

양·유락(遊樂) 등의 시설이 되어 있는 정원이나 유원지.
公認(공인) 국가 또는 공공 단체가 어떤 행위나 물건에 대하여 인정함.
公爵(공작) 오등작의 첫째.
公正(공정) 공평하고 올바름.
公平(공평) 치우침이 없이 공정함.
公表(공표) 공개 발표함.
公休日(공휴일) 여러 관청이나 업체가 같이 쉬기로 정한 날.

六 ② 4획 日 ロク·むつ
여섯 륙(육) 中 liù, lù

`, 一 亠 六`

* 상형. 초가집의 모양을 본뜬 글자. 원래는 '초가집'을 뜻했으나, 가차하여 '여섯'의 뜻으로 쓰임.

[풀이] 여섯. 여섯 번. ¶六藝

六甲(육갑) 육십갑자(六十甲子)의 준말.
六書(육서) 1)한자의 구성과 운용에 대한 6가지의 기본 방법. 지사(指事)·상형(象形)·회의(會意)·형성(形聲)·전주(轉注)·가차(假借). 2)한대의 여섯 가지 서체. 대전(大篆)·소전(小篆)·예서(隷書)·팔분(八分)·초서(草書)·행서(行書). 또는 고문(古文)·기자(奇字)·전서(篆書)·예서(隷書)·무전(繆篆)·충서(蟲書).
六藝(육예) 고대 중국의 여섯 가지 교과(教科). 예(禮)·악(樂)·사(射)·어(御)·서(書)·수(數).
六合(육합) 천지 사방. 온 우주.
[비] 大(큰 대)

兮 ② 4획 日 ケイ
어조사 혜 中 xī

`, 八 八 兮`

[풀이] 어조사. 어구의 끝에 붙어 어세를 높임.

共 ④ 6획 日 キョウ·とも
함께 공 中 gòng

`一 十 卄 井 共 共`

* 회의. 20명(卄)이 서로 손을 잡고(八) 다같이 일하는 것을 나타낸 글자. 이에 '함께'의 뜻으로 쓰임.

[풀이] 1. 함께. 함께하다. ¶共同 2. 같게 하다.

共感(공감) 남의 의견이나 감정 등에 대하여 자신도 함께 느낌.
共怒(공노) 함께 분노함.
共同(공동) 여러 사람이 함께 함.
共鳴(공명) 1)찬성함. 2)같은 음을 내는 두 개의 물체 중 하나가 울리면 다른 하나도 울리는 현상.
共謀(공모) 둘 이상이 같이 일을 꾀함.
共犯(공범) 함께 범죄를 저지름.
共生(공생) 1)같은 운명 아래 함께 삶. 2)동식물 상호간에 영양을 보충하는 생활 현상.
共用(공용) 공동으로 사용함.
共有(공유) 공동으로 소유함.
共存(공존) 함께 살아감.
共通(공통) 여럿 사이에서 같은 관계임.
共學(공학) 남자와 여자 또는 다른 민족끼리 같이 함께 배움.
[유] 俱(함께 구) [비] 供(이바지할 공)

兵 ⑤ 7획 日 ヘイ·つわもの
군사 병 中 bīng

`, ´ ŕ ŕ 丘 乒 兵`

* 회의. 도끼(斤)를 두 손에 쥐고 있다는(卄) 의미에서 '병사', 또는 '전쟁'의 뜻으로 쓰임.

[풀이] 1. 군사. 병사. ¶兵士 2. 전쟁. 전쟁을 하다. ¶兵火 3. 무기. 병기. ¶兵器
兵器(병기) 전쟁에 쓰는 여러 가지 기구. 무기.
兵力(병력) 군대의 힘.

[八 6~8획] 具其典兼

兵士(병사) 군사. 사병.
兵役(병역) 국민의 의무로서 일정한 기간 동안 군에 복무함.
兵營(병영) 군인들이 거처하는 건물.
兵卒(병졸) 군사.
兵火(병화) 전쟁.
騎兵(기병) 말을 타고 싸우는 병사.
유 卒(군사 졸)

具 ⑥ 8획
갖출 구
🅙 グ・そなえる
🅒 jù

丨 丨丨 冂 冃 月 且 具 具

* 회의. 화폐(貝)를 두 손으로 들고 있는(八) 것을 나타내어, '갖추다'의 뜻으로 쓰임.

풀이 1. 갖추다. 갖추어지다. 구비하다. ¶具色 2. 연장. 제구. 그릇.

具象(구상) 구체(具體).
具色(구색) 여러 가지를 골고루 갖춤.
具申(구신) 일의 상태를 자세히 윗사람에게 알림.
具足(구족) 사물·형태 등이 충분하게 갖추어짐.
具體(구체) 뚜렷한 형상이 갖추어짐.
具現(구현) 구체적으로 나타냄.
家具(가구) 가정에서 쓰이는 온갖 세간.
유 備(갖출 비) 俱(함께 구)

其 ⑥ 8획
그 기
🅙 キ・その
🅒 qí, jī

一 十 廿 卝 井 甘 其 其

* 상형. 벼를 까부르는 키가 받침대 위에 놓여 있는 모양을 본뜬 글자. 가차되어 '그것'이라는 뜻으로 많이 쓰임.

풀이 1. 그. 그것. ¶其間 2. 어조사. 말소리를 고르거나 의문의 뜻을 나타냄.

其間(기간) 그 사이.
其實(기실) 그 사실.
其他(기타) 그 밖. 그것 외에 또 다른 것.
其後(기후) 그 뒤. 그 후.

비 基(터 기)

典 ⑥ 8획
법 전
🅙 テン・のり
🅒 diǎn

丨 冂 冂 曰 由 曲 典 典

* 회의. 상(丌) 위에 책(冊)이 올려져 있음을 나타낸 글자. 이에 '책, 법' 등의 뜻으로 쓰임.

풀이 1. 법. 법식. 규정. ¶典章 2. 책. 서적. 3. 바르다. 4. 예. 의식. 5. 맡다. 관장하다. 6. 저당 잡히다. ¶典當鋪

典故(전고) 옛날부터 내려오는 전례.
典當鋪(전당포) 물품을 담보로 돈을 빌려 주는 집.
典範(전범) 본보기가 될 만한 모범.
典雅(전아) 바르고 아담하며 품위가 있음.
典章(전장) 1)법. 규칙. 2)한 나라의 제도와 문물.
典籍(전적) 서적. 고서(古書).
典型(전형) 어떤 부류의 특징을 가장 잘 나타내어 본보기로 삼을 만한 것.

비 曲(굽을 곡)

兼 ⑧ 10획
겸할 겸
🅙 ケン・かねる
🅒 jiān

丿 八 ハ 今 今 今 争 兼 兼 兼

* 회의. 많은 벼(禾+禾)를 손(又)에 쥔다는 의미에서 '한 번에 갖다, 겸하다'의 뜻으로 쓰임.

풀이 겸하다. 아우르다. ¶兼併

兼併(겸병) 둘 이상의 것을 한데 합쳐 가짐.
兼備(겸비) 아울러 갖춤.
兼愛(겸애) 이 세상의 모든 사람을 한결같이 사랑함.
兼用(겸용) 여러 가지를 겸하여 사용함.
兼任(겸임) 한 사람이 두 개 이상의 임무를 맡음.

兼職(겸직) 한 사람이 두 가지 직무를 겸함.

 ⑩ 12획
兼(p65)의 俗字

 ⑭ 16획 日キ
바랄 기 中jì

풀이 바라다. 희망하다. 하고자 하다. ¶ 冀望
冀圖(기도) 바라는 것을 도모함.
冀望(기망) 1)소원. 희망(希望). 2)일이 이루어지기를 바람.
幸冀(행기) 요행을 바람.
유 望(바랄망) 願(바랄원) 비 翼(날개익)

冂 부

冂 멀 경 部

冂자는 '멀다'는 뜻을 나타내는 부수자로, 바깥 지역을 나타낸다. 이에 나라의 먼 지방이나 지경을 뜻하고, 속이 비어 있는 듯하여 '바다'의 뜻으로 쓰이기도 한다.

冂 ⓪ 2획 日ケイ・キョウ
멀 경 中jiōng, jiǒng

풀이 1. 멀다. 먼 곳. 2. 비다.

内 ② 4획
内(p62)의 俗字

円 ② 4획
圓(p136)의 俗字

冄 ② 4획
冉(p66)과 同字

冉 ③ 5획 日エン
나아갈 염 中rǎn

풀이 1. 나아가다. 2. 부드럽다. ¶冉弱
冉弱(염약) 약하고 부드러움.
비 再(다시재)

冊 ③ 5획 日サツ・ふみ
책 책 中cè, chǎi

* 상형. 끈으로 엮은 댓조각 모양을 본뜬 글자로, '책'을 나타냄.

풀이 1. 책. 문서. 서적. 2. 봉하다. 세우다. ¶冊封
冊匣(책갑) 책을 넣어 두는 갑(匣).
冊曆(책력) 천체를 측정하여 해와 달의 돌아감과 절기를 적은 책.
冊房(책방) 책을 파는 가게. 서점.
冊封(책봉) 왕세자(王世子)·세손(世孫)·후(后)·비(妃)·빈(嬪) 등의 작위를 수여함.
冊床(책상) 책을 읽거나 글씨를 쓸 때 받치고 쓰는 상.
冊張(책장) 책의 낱낱의 장.
別冊(별책) 따로 곁들인 책.
유 篇(책편) 비 朋(벗봉)

册 ③ 5획
册(p66)과 同字

再 ④ 6획 日サイ・ふたたび
다시 재 中zài

一 冂 冂 冃 再 再

* 상형. 나무토막을 쌓아 놓은 위에 하나 더 얹

[冂 5~9획] 冏 冒 冑 冕 [冖 0획] 冖   67

어 놓은 모양을 본떠, '다시 , 거듭' 의 뜻으로 쓰임.

[풀이] 1. 다시 . 거듭. 두 번. ¶再開 2. 거듭하다. 두 번하다. ¶再婚

再開(재개) 다시 엶.

再建(재건) 이미 없어졌거나 무너진 것을 다시 일으켜 세움.

再起(재기) 힘을 돌이켜 다시 일어남.

再來(재래) 다시 한 번 옴. 두 번째 옴.

再發(재발) 병 등이 다시 발생함.

再生(재생) 다시 살아남.

再修(재수) 한 번 배웠던 과정을 다시 배움.

再演(재연) 다시 상연함.

再請(재청) 1)다시 청함. 2)다른 사람의 의견에 대하여 찬성하는 뜻으로 거듭 청함.

再版(재판) 1)두 번째 출판함. 2)과거에 있었던 일이 또다시 되풀이됨.

再婚(재혼) 두 번째의 혼인.

[유] 復(다시 부) 更(다시 갱)

[비] 冉(나아갈 염)

冏	⑤ 7획	日ケイ・キョウ
	빛날 경	中jiǒng

[풀이] 1. 빛나다. ¶冏冏 2. 밝다. ¶冏然

冏冏(경경) 1)빛나는 모양. 2)밝은 모양.

冏然(경연) 밝은 모양.

[유] 熙(빛날 희) 炯(빛날 형)

冒	⑦ 9획	日ボウ・おかす
	무릅쓸 모	中mào

丨 冂 冂 冃 冃 冐 冒 冒 冒

*회의. 눈(目) 위를 쓰개(冃)로 가린 것을 나타내어, '가리다' 의 뜻으로 쓰임. 또 눈이 가려져 여기저기 부딪치며 나아간다는 뜻에서 '무릅쓰다' 의 뜻으로도 쓰임.

[풀이] 1. 무릅쓰다. ¶冒險 2. 범하다. 죄를 짓다.

冒瀆(모독) 권위 · 명예 · 위신 등을 떨어뜨리거나 깎아내려 욕되게 함.

冒頭(모두) 이야기나 글의 첫머리.

冒沒廉恥(모몰염치) 염치없는 줄 알면서도 이를 무릅쓰고 일을 행함.

冒險(모험) 어떤 일을 위험을 무릅쓰고 하는 것. 또는 그 일.

[비] 틈(창성할 창)

冑	⑦ 9획	日チュウ・かぶと
	투구 주	中zhòu

[풀이] 투구.

冑甲(주갑) 투구와 갑옷. 갑주(甲冑).

[유] 兜(투구 두) 胃(밥통 위)

冕	⑦ 11획	日ベン・かんむり
	면류관 면	中miǎn

[풀이] 면류관. ¶冕旒冠

冕旒冠(면류관) 옛날 제왕이나 제후들의 정복에 갖추어 쓰는, 직사각형의 판에 많은 주옥을 꿰어 늘어뜨린 관.

冖 부

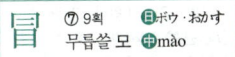

'冖'자는 위가 밋밋하고 좌우가 아래로 내려온 모양으로 사물을 덮어 놓은 모양 같다고 하여 '덮다' 라는 뜻으로 쓰인다. 이 글자는 단독의 문자로는 쓰이지 않고 부수로서의 역할만 한다. 또한 이 글자를 부수로 갖는 글자는 무엇을 덮어서 가리는 사물이나 상태와 관련이 있다.

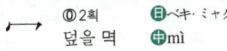

冖	⓪ 2획	日ベキ・ミャク
	덮을 멱	中mì

[풀이] 덮다.

冗

② 4획
穴(p182)의 俗字

寫

③ 5획
寫(p193)의 俗字

宜

⑤ 7획
宜(p185)와 同字

冠

⑦ 9획
🗾 カン･かんむり
갓 관
🀄 guān, guàn

一冂冖冘冠冠冠

* 회의. 머리(元)에 덮어쓰는(冖) 법도(寸) 있는 모자를 나타내어 '갓'의 뜻으로 쓰임.
풀이 1. 갓. 갓을 쓰다. ¶冠冠 2. 닭의 벗. 3. 으뜸. 제일. 4. 어른. 관례를 올린 성인.

冠禮(관례) 스무 살이 된 남자가 갓을 쓰고 성인이 되는 예식.
冠婚喪祭(관혼상제) 관례·혼례·상례·제례를 통틀어 이르는 말.
金冠(금관) 금으로 만들거나 장식한 관.
弱冠(약관) 남자가 스무 살에 관례를 한다는 데서, 남자 나이 스물을 말함.

寇

⑧ 10획
寇(p188)의 俗字

冥

⑧ 10획
🗾 メイ･くらい
어두울 명
🀄 míng

一冂冖冝冝冝冥冥

* 회의. '日(날 일)'과 '六(여섯 륙)'을 합쳐 보름달이 이지러지기 시작하는 음력 16일을 나타내고, 다시 그 위를 덮어(冖) 가렸으므로, '어둡다'의 뜻으로 쓰임.
풀이 1. 어둡다. 어둠. 밤. 2. 그윽하다.

깊숙하다. ¶冥想 3. 저승. ¶冥福 4. 어리석다. 사리에 어둡다.

冥鬼(명귀) 저승에 있다는 귀신.
冥福(명복) 죽은 뒤에 저승에서 받는 복. 죽은 뒤의 행복.
冥府(명부) 저승. 죽어서 심판을 받는다는 곳.
冥想(명상) 고요히 눈을 감고 생각함.
冥護(명호) 사람이 모르는 사이에 신불(神佛)이 보호함.
幽冥(유명) 1)그윽하고 어두움. 2)저승.
🔵 暗(어두울 암) 🔴 明(밝을 명)

冡

⑧ 10획
🗾 ボウ･ム
덮어쓸 몽
🀄 méng

풀이 1. 덮어쓰다. 2. 어둡다.
🟦 蒙(입을 몽) 冢(집 총) 冢(무덤 총)

冤

⑧ 10획
🗾 エン･ぬれぎぬ
원통할 원
🀄 yuān

* 회의. 토끼(兔)가 망(冖)을 쓰고 있어서 움직이지 못하는 모양을 나타낸 글자. 이에 '원통하다'라는 뜻으로 쓰임.

풀이 원통하다. 억울하다. ¶冤魂

冤淚(원루) 원통하여 흘리는 눈물.
冤訴(원소) 죄 없음을 호소함. 억울함을 하소연함.
冤罪(원죄) 억울하게 뒤집어쓴 죄.
冤痛(원통) 1)억울한 죄를 뒤집어쓴 한(恨). 2)몹시 원망스러움.
冤魂(원혼) 원통하게 죽은 혼.
🔵 怨(원망할 원) 恨(한할 한)
🟦 免(면할 면) 兔(토끼 토)

冢

⑧ 10획
🗾 チョウ･つか
무덤 총
🀄 zhǒng

풀이 1. 무덤. ¶冢墳 2. 사직단. 제단. 흙을 쌓아 지신에게 제사 지내는 제단. ¶冢祀 3. 맏. 크다. ¶冢子

[冖 9~14획] 冢寫冪 [冫 0~5획] 冫冬冰冲冱冷

冢壙(총광) 시체를 묻는 구덩이.
冢祀(총사) 종묘(宗廟)나 가묘(家廟)에서 지내는 제사.
冢子(총자) 1)대를 잇는 장남. 2)태자(太子). 세자(世子).
冢中枯骨(총중고골) 무덤 속에 있는 백골이란 뜻으로, 핏기 없이 몹시 여윈 사람을 비유하는 말.
동 塚(무덤 총) 墳(무덤 분)
비 冢(덮어쓸 몽) 家(집 가)

⑨ 11획
富(p190)의 俗字

⑫ 14획
寫(p193)의 俗字

冪 ⑭ 16획 日ベキ·おおう 中mì
덮을 멱

풀이 1. 덮다. 덮어쓰다. ¶冪冪 2. 멱수. 수학 용어.
冪冪(멱멱) 구름 등이 덮여 있는 모양.
동 幎(덮을 멱) 蓋(덮을 개)

冫 부

冫 이수변 部

'冫'자는 '얼음'을 뜻하는 글자로, 이 글자를 부수로 갖는 글자는 차거나 추운 것과 관련이 있다.

冫 ⓪ 2획 日ヒョウ 中bīng
얼음 빙

풀이 얼음.

冬 ③ 5획 日トウ·ふゆ 中dōng
겨울 동

丿 夂 夂 冬 冬

*회의. 1년 사계절 중 가장 늦게 오며(夂) 물이 어는(冫) 계절, 곧 '겨울'을 나타냄.

풀이 겨울. ¶冬季
冬季(동계) 겨울철. 동절(冬節).
冬眠(동면) 양서류·파충류 등의 동물이 겨울 동안 활동을 멈추고 땅속이나 물속에서 수면 상태로 있는 현상.
冬服(동복) 겨울철에 입는 옷.
冬至(동지) 24절기의 하나. 밤이 가장 길고 낮이 가장 짧은 날. 양력 12월 22, 23일경.
嚴冬(엄동) 혹독하게 추운 겨울.
越冬(월동) 겨울을 넘김.

冰 ④ 6획
氷(p395)의 本字

冲 ④ 6획
沖(p400)과 同字

冱 ④ 6획 日ご 中hù
찰 호

풀이 1. 차다. 춥다. 추위. ¶冱寒 2. 얼다. 얼음.
冱寒(호한) 심한 추위. 혹한(酷寒).
동 冷(찰랭)

冷 ⑤ 7획 日レイ·つめたい 中lěng
찰 랭(냉)

丶 冫 冫 冷 冷 冷

*형성. 뜻을 나타내는 부수 '冫(얼음 빙)'과 음을 나타내는 '令(영령)'을 합친 글자.

풀이 1. 차다. 춥다. ¶冷氣 2. 식히다. ¶

冷却 3. 쌀쌀맞다. ¶冷待

冷却(냉각) 식어서 차갑게 됨.

冷氣(냉기) 찬 기운.

冷待(냉대) 푸대접.

冷凍(냉동) 인공적으로 얼게 함.

冷笑(냉소) 냉정하게 비웃음.

冷藏(냉장) 음식물 등을 상하지 않게 차게 하여 저장함.

冷靜(냉정) 감정에 흔들리지 않고 차분함.

冷徹(냉철) 침착하고 사리가 밝음.

冷酷(냉혹) 인간다운 정이 없고 혹독함.

高冷地(고랭지) 표고(標高)가 높은 한랭한 곳.

[유] 冱(찰 호) [반] 溫(따뜻할 온)

冶

⑤ 7획 [日]ヤ·いる
쇠 불릴 야 [中]yě

* 형성. 뜻을 나타내는 부수 '冫(얼음 빙)'과 음을 나타내는 '台(나 이)'를 합친 글자.

[풀이] 1. 쇠를 불리다. 단련하다. ¶陶冶 2. 대장장이. 3. 요염하다. 예쁘다. ¶冶容

冶金(야금) 광석에서 쇠붙이를 골라내거나 합금을 만드는 일.

冶容(야용) 얼굴을 곱게 단장함.

冶匠(야장) 대장장이.

陶冶(도야) 1)질그릇을 만드는 일과 주물(鑄物)을 만드는 일. 2)심신을 갈고 닦음.

[비] 治(다스릴 치)

况

⑤ 7획
況(p406)의 俗字

冽

⑥ 8획 [日]レツ·レチ
찰 렬(열) [中]liè

[풀이] 차다. 춥다.

冽風(열풍) 찬 바람. 한풍(寒風).

[유] 冷(찰 랭) 冱(찰 호) [비] 例(법식 례)

凍

⑧ 10획 [日]トウ·こおる
얼 동 [中]dòng

[풀이] 얼다. 얼음. ¶凍死

凍裂(동렬) 얼어서 피부 등이 갈라짐.

凍氷寒雪(동빙한설) 얼음이 얼고 눈보라가 치는 추위.

凍死(동사) 얼어 죽음.

凍傷(동상) 얼어서 피부 등이 터짐. 또는 그 상처.

凍足放尿(동족방뇨) 언 발에 오줌 누기. 잠시 도움이 될 뿐, 곧 더 나쁘게 되는 일을 이르는 말. 임시방편.

凍太(동태) 겨울에 잡아 얼린 명태.

冷凍(냉동) 차게 해서 얼게 함.

解凍(해동) 얼었던 것이 녹음.

[유] 涸(얼 고) 洛(얼 학)

凉

⑧ 10획
涼(p415)의 俗字

凌

⑧ 10획 [日]リョウ·しのぐ
능가할 릉(능) [中]líng

[풀이] 1. 능가하다. ¶凌駕 2. 업신여기다. 얕보다. ¶凌侮 3. 범하다.

凌駕(능가) 다른 것과 비교하여 훨씬 뛰어남.

凌侮(능모) 남을 업신여겨 깔봄.

凌辱(능욕) 깔보며 욕을 보임.

凌遲(능지) 고대의 형벌 중의 하나로, 사지를 찢은 후 목을 베던 극형(極刑). 능지(陵遲).

[비] 陵(언덕 릉)

凊

⑧ 10획 [日]セイ·ショウ
서늘할 정 [中]qiàn, qìng

[풀이] 서늘하다. 시원하다.

冬溫夏淸(동온하청) 겨울에는 따뜻하게, 여름에는 시원하게 해 드린다는 뜻으로, 부모님께 효성이 지극함을 이르는 말.
유 凉(서늘할 량) 비 情(뜻 정)

凋 ⑧ 10획　日チョウ・しぼむ　시들 조　中diāo

풀이 1. 시들다. ¶凋枯 2. 쇠하다. 건강이나 기세가 약해짐. ¶凋殘

凋枯(조고) 풀 등이 시들고 마름.
凋落(조락) 1)시들어 떨어짐. 2)형편없이 망함. 3)죽음.
凋殘(조잔) 시들어 쇠잔함.

准 ⑧ 10획　日ジュン・なぞらえる　승인할 준　中zhǔn

풀이 1. 승인하다. 허가하다. ¶准行 2. 따르다. 모범으로 삼다.

准行(준행) 허가함.
批准(비준) 1)신하가 임금에게 말씀을 올리고 임금이 그것을 허가함. 2)조약의 체결에 대하여, 국가가 최종적으로 확인하고 동의함.
認准(인준) 고위 공무원 임명에 대한 국회의 승인.
유 認(인정할 인) 비 淮(강 이름 회)

凄 ⑧ 10획　日セイ・すさじい　쓸쓸할 처　中qī

풀이 1. 쓸쓸하다. ¶凄涼 2. 차다. 싸늘하다.

凄涼(처량) 쓸쓸하고 슬픔.
凄然(처연) 처량함.
凄雨(처우) 쓸쓸히 내리는 비.
凄日(처일) 싸늘한 날. 가을날.
凄切(처절) 몹시 처량함.
凄慘(처참) 슬프고 참혹함.
비 悽(슬퍼할 처)

減 ⑨ 11획
減(p419)의 俗字

準 ⑩ 12획
準(p427)의 俗字

凜 ⑬ 15획　日リン　찰 름(늠)　中lǐn

풀이 1. 차다. 춥다. ¶凜然 2. 늠름한 모양. 꿋꿋하고 위풍이 있는 모양. ¶凜凜

凜冽(늠렬) 추위가 매서운 모양.
凜凜(늠름) 1)추위가 살을 엘 듯한 모양. 2)꿋꿋하고 위풍이 있는 모양.
凜然(늠연) 1)추위가 매서운 모양. 늠렬(凜冽). 2)위풍당당한 모양.

凛 ⑬ 15획
凜(p71)의 俗字

凝 ⑭ 16획　日キョウ・こる　엉길 응　中níng

丶ｙ冫冫冫冫疑疑凝凝凝

*형성. 뜻을 나타내는 부수 '冫(얼음 빙)'과 음을 나타내는 '疑(의심할 의)'를 합친 글자.

풀이 1. 엉기다. ¶凝固 2. 모으다. 모이다. 집중하다. ¶凝集 3. 막다. 막히다.

凝結(응결) 1)엉김. 2)기체가 액체로 변하는 현상.
凝固(응고) 엉겨 굳어짐.
凝視(응시) 뚫어지게 자세히 바라봄.
凝集(응집) 한 군데에 엉겨서 모임.
凝縮(응축) 1)한 군데로 엉겨 굳어짐. 2)기체가 액체로 변함.

凝血(응혈) 뭉친 피.
氷凝(빙응) 얼어서 굳음.
[비] 疑(의심할 의)

熙 ⑭ 16획
[日]キ
화할 희
[中]xī

[풀이] 화하다. 누그러지다.

几부

几 안석 궤 部

'几'자는 사람들이 자리를 잡고 앉을 때 몸을 기대는 도구인 '안석'이라는 뜻을 지닌다. 또한, 제사나 제향(祭享)을 드릴 때 희생물을 얹는 기구를 나타내기도 하며, 일반적으로 '책상'의 뜻을 지닌다.

几 ⓪ 2획
[日]キ
안석 궤
[中]jī, jǐ

[풀이] 1. 안석. 앉을 때 몸을 기대는 기구. ¶几席 2. 책상. ¶几案
几席(궤석) 안석과 자리.
几案(궤안) 1)책상. 2)공무(公務).
几筵(궤연) 1)안석과 자리. 2)제사 때 쓰는 상과 자리.
几下(궤하) 편지의 겉봉에 상대편의 이름 밑에 붙여 쓰는 존칭.
[비] 凡(무릇 범)

凡 ① 3획
[日]ボン・およそ
무릇 범
[中]fán

丿几凡

* 상형. 바람을 안은 돛을 본뜬 글자. 바람은 어디에서나 두루 불어온다 하여 '무릇', '모두'라는 뜻으로 쓰임.

[풀이] 1. 무릇. 대개. 2. 대강. 개요. 3. 모두. 합계. ¶凡節 4. 범상하다. 평범하다. ¶非凡
凡夫(범부) 1)평범한 사람. 2)번뇌에 얽매어 생사(生死)를 초월하지 못하는 사람.
凡事(범사) 1)평범한 일. 예삿일. 2)모든 일.
凡常(범상) 대수롭지 않고 평범함.
凡俗(범속) 평범하고 속됨.
凡人(범인) 평범한 사람.
凡節(범절) 법도에 맞는 모든 질서와 절차.
非凡(비범) 보통이 아니고 아주 뛰어남.
平凡(평범) 뛰어난 점이 없이 보통임.
[비] 几(안석 궤)

① 3획
凡(p72)의 俗字

处 ③ 5획
處(p652)의 俗字

凭 ⑥ 8획
[日]ヒョウ・よる
기댈 빙
[中]píng

[풀이] 기대다. 의지하다.

凰 ⑨ 11획
[日]オウ・おおとり
봉황새 황
[中]huáng

[풀이] 봉황새. 암컷 봉황새.
鳳凰(봉황) 고대 중국에서 상서로운 것으로 여기던 상상의 새. 봉조(鳳鳥).
[유] 鳳(봉황새 봉)

凱 ⑩ 12획
[日]ガイ
즐길 개
[中]kǎi

* 형성. 뜻을 나타내는 부수 '几(안석 궤)'와

음을 나타내는 '豈(개가 개)'를 합친 글자.

풀이 1. 즐기다. 좋아하다. 2. 개가(凱歌). 승전했을 때 울리는 음악. ¶凱歌 3. 이기다. 승리하다. 4. 착하다. 온화하다. ¶凱易

凱歌(개가) 전쟁에 이기고 부르는 노래. 개선가(凱旋歌).
凱旋(개선) 싸움에 이기고 노래를 부르며 돌아옴.
凱易(개이) 착하고 온화하여 까다롭지 않음.

비 豈(어찌 기)

凳	⑫ 14획	🗾 トウ
걸상 등		🇨🇳 dèng

풀이 걸상. 등받이 없는 의자.
凳床(등상) 나무로 만든 세간의 한 가지. 발판으로도 쓰고 의자로도 쓰임.

凵 부

凵 위튼입구 部

'凵'자는 '입 벌리다'라는 뜻을 지닌 부수자로, 입을 벌리거나 위가 터진 그릇이라는 뜻을 나타내고 단독의 문자로는 쓰이지 않는다.

凵	⓪ 2획	🗾 カン・コン
입 벌릴 감		🇨🇳 qiǎn

풀이 1. 입을 벌리다. 2. 위가 터진 그릇.

凶	② 4획	🗾 キョウ
흉할 흉		🇨🇳 xiōng

ノ ㄨ 凶 凶

* 지사. 땅을 파서 만든 함정의 모양을 나타낸 글자. 이에 함정의 갈라진 틈새로 빠져 '운수가 나쁘다', '흉하다'의 뜻으로 쓰임.

풀이 1. 흉하다. 불길하다. 운수가 나쁘다. ¶吉凶 2. 해치다. ¶凶手 3. 흉년. ¶豊凶 4. 흉악하다. 사납다. ¶凶計

凶計(흉계) 흉악한 꾀.
凶器(흉기) 사람을 다치게 하는 기구.
凶年(흉년) 농작물이 잘되지 않은 해. 흉세(凶歲).
凶夢(흉몽) 불길한 꿈. 언짢은 꿈.
凶報(흉보) 1)불길한 소식. 2)사망의 통지. 흉음(凶音).
凶手(흉수) 흉악한 짓을 하는 사람.
凶惡(흉악) 1)대단히 악함. 2)모습이 험상궂고 무섭게 생김.
凶作(흉작) 농사가 잘되지 못함.
凶兆(흉조) 불길한 조짐.
凶測(흉측) 더할 수 없이 몹시 흉악함.
凶暴(흉포) 흉악하고 포악함.
吉凶(길흉) 길함과 흉함.
豊凶(풍흉) 풍년과 흉년.

반 吉(길할 길)

凹	③ 5획	🗾 オウ・くぼむ
오목할 요		🇨🇳 āo, wā

* 상형. 중앙이 오목하게 들어간 모양을 본뜬 글자.

풀이 오목하다. ¶凹凸
凹鏡(요경) 오목거울.
凹凸(요철) 오목하게 들어감과 볼록하게 나옴.

반 凸(볼록할 철)

凸	③ 5획	🗾 トツ・でこ・なかだか
볼록할 철		🇨🇳 tū

* 상형. 중앙이 볼록하게 나온 모양을 본뜬 글자.

풀이 볼록하다. ¶凸鏡
凸鏡(철경) 볼록거울.

[凹] 凹(오목할 요)

③ 5획
날 출
日 シュツ・でる・だす
中 chū

丨 ㅏ 屮 出 出

*상형. 식물의 싹이 땅 위로 돋아나는 모양을 본뜬 글자. 이에 '나다'의 뜻으로 쓰임.

[풀이] 1. 나다. 나타나다. 2. 나가다. ¶出家 3. 낳다. 태어나다. ¶出生 4. 시집가다. 5. 떠나다. 6. 뛰어나다. ¶出衆 7. 드러내다. 내놓다.

出家(출가) 1)집을 나감. 2)집을 나와 절에 들어감.
出口(출구) 나가는 어귀.
出勤(출근) 일터로 근무하러 나감.
出納(출납) 금전을 내어 주거나 받아들임.
出頭(출두) 어느 장소에 나옴.
出馬(출마) 1)말을 타고 나아감. 2)선거에 나감.
出生(출생) 사람이 태어남.
出衆(출중) 여러 사람 가운데서 뛰어남.
出現(출현) 없던 것이나 숨겨져 있던 것이 나타남.
排出(배출) 불필요한 것을 밖으로 내보냄.
支出(지출) 금전을 지불함.
呼出(호출) 불러냄.

[유] 發(쏠 발) 入(들 입)

⑥ 8획
쌀 함
日 カン・はこ
中 hán

*상형. 화살을 넣어 두는 용기를 본뜬 글자. 이에 '상자', '집어넣다'의 뜻으로 쓰임.

[풀이] 1. 싸다. 넣다. 2. 함. 상자. 갑. ¶郵便函 3. 갑옷. 4. 글월. 편지. ¶惠函
函封(함봉) 상자에 넣어 봉함.
函數(함수) 한 변수의 값에 따라 결정되는 다른 변수를 앞의 것에 대해 일컫는 말.
郵便函(우편함) 벽에 걸어 두고 편지를 넣는 작은 함.
惠函(혜함) 남이 보낸 편지를 높여 이르는 말.

[유] 箱(상자 상) 包(쌀 포)

函
⑦ 9획
函(p74)의 俗字

刀부

刀(刂) 칼 도 部

'刀'자는 날이 굽은 칼의 모양을 나타낸 글자로, '칼'이라는 뜻으로 쓰인다. '刀'자가 '刂'의 형태로 한자의 우측에 쓰일 때는 '선칼도'라고 부른다. 이들은 모두 칼과 관련된 뜻이나 ка 모양의 거룻배와 비슷하여 '거룻배'를 뜻하기도 하고, 칼 모양의 '돈'을 나타내기도 한다.

② 2획
칼 도
日 トウ・かたな
中 dāo

丿 刀

*상형. 칼의 모양을 본뜬 글자.

[풀이] 칼. ¶刀劍
刀劍(도검) 칼이나 검을 통틀어 이르는 말.
刀刃(도인) 칼날.
刀痕(도흔) 칼로 생긴 흔적.
面刀(면도) 얼굴에 있는 털이나 수염을 깎음.
銀粧刀(은장도) 은으로 장식한 작은 칼. 과거에 부녀자들이 노리개로 지니고 다님.

[비] 力(힘 력) ク(바랄 조) 刃(칼날 인)

刁

①2획 　**日**チョウ
바라 조　**中**diāo

풀이 바라. 징의 한가지.

비 刀(칼 도)

刃

①3획
刃(p75)의 俗字

刃

①3획　**日**ジン・は
칼날 인　**中**rèn

*지사. 칼(刀)에 점(ヽ)을 찍어 날이 있는 곳을 가리키는 글자.

풀이 1. 칼날. 칼. ¶白刃 2. 칼질하다. 칼로 베다.

刃傷(인상) 칼로 사람을 상하게 함.
刀刃(도인) 1)칼날. 2)칼의 총칭.
白刃(백인) 서슬이 시퍼런 칼.

유 刀(칼 도)

分

②4획　**日**ブン・わける
나눌 분　**中**fēn, fèn

丿 八 公 分

*회의. 칼(刀)로 쪼개서(八) 나누는 것을 나타낸 글자. 이에 나누다 라는 뜻으로 쓰임.

풀이 1. 나누다. ¶分散 2. 분별하다. 3. 분. 시간·길이·무게·각도·화폐 등을 세는 단위. 4. 신분. 직분. ¶職分 5. 분수. ¶分岐 **참**5. 묶. ¶配分

分岐點(분기점) 여러 갈래로 갈라져 나가기 시작한 지점.
分團(분단) 1)한 단체를 나눈 그 부분. 2)한 학급을 몇으로 나눈 그 하나.
分擔(분담) 일을 나누어 맡음.
分量(분량) 부피와 수효의 많고 적은 정도.
分離(분리) 갈라서 떼어 놓음. 또는 서로 떨어짐.
分別(분별) 1)사물을 종류에 따라 나눔. 2)어떤 일을 사리에 맞게 판단함.
分付(분부) 윗사람의 당부나 명령을 높여 이르는 말.
分散(분산) 이리저리 흩어짐. 나누어 흩어지게 함.
分野(분야) 사물을 어떤 기준에 의하여 구분한 영역.
分綴(분철) 서류 등을 나누어 묶음.
分布(분포) 흩어져 퍼져 있음.
分解(분해) 1)풀어 나눔. 2)합성물을 분리하여 두 가지 이상의 물질로 되는 것. 분화(分化).
名分(명분) 반드시 지켜야 할 도리나 분수.
配分(배분) 몫몫이 나눔.

유 剖(쪼갤 부)

刈

②4획　**日**ガイ・かる
벨 예　**中**yì

풀이 베다. 자르다. ¶刈穫

刈穫(예확) 농작물을 베어 거두어들임.

切

②4획
① 끊을 절　**日**セツ・きる
② 모두 체　**中**qiē, qiè

一 七 切 切

*형성. 뜻을 나타내는 부수 '刀(칼 도)'와 음을 나타내는 '七(일곱 칠)'을 합친 글자. 칼(刀)로 일곱(七) 조각을 낸다는 의미에서 '끊는다'의 뜻을 나타냄.

풀이 **❶** 1. 끊다. 베다. 자르다. ¶切斷 2. 갈다. 문지르다. ¶切齒腐心 3. 정성스럽다. 친절하다. 4. 적절하다. 잘 맞다. ¶切實 **❷** 5. 모두. 일체. ¶一切

切感(절감) 절실하게 느낌.
切開(절개) 피부나 근육을 잘라 젖히거나 또는 뼈를 잘라 치료함.
切斷(절단) 끊어 냄. 끊어짐.
切迫(절박) 다급하여 여유가 없음.
切實(절실) 1)실제에 꼭 맞음. 2)아주

다급함.

切切(절절) 매우 간절함.

切磋琢磨(절차탁마) 뼈와 상아는 칼로 자르고 갈며 옥과 돌은 망치로 쪼고 간다는 뜻으로, 학문과 덕행을 배우고 닦음을 비유하는 말.

切齒腐心(절치부심) 매우 원통하고 분하여 이를 갈고 속을 썩임.

切下(절하) 화폐의 대외 가치를 낮춤.

哀切(애절) 애처롭고 슬픔.

一切(1.일절/2.일체) 1)절대로, 전혀. 2)모든, 온갖.

[유] 斷(끊을 단) 絶(끊을 절)

刊	③ 5획 책 펴낼 간	[日]カン·きざむ [中]kān

一 二 干 刊 刊

* 형성. 뜻을 나타내는 부수 '刂(刀:칼 도)'와 음을 나타내는 '干(방패 간)'을 합친 글자.

[풀이] 1. 책을 펴내다. 출판하다. ¶刊行 2. 새기다. 조각하다.

刊木(간목) 나무를 베. 벌목(伐木).

刊印(간인) 인쇄물을 인쇄함.

刊行(간행) 출판물을 인쇄하여 세상에 내놓음. 출판함.

出刊(출간) 책을 만들어서 세상에 내놓음. 간행(刊行).

[비] 刑(형벌 형) 刋(끊을 천)

列	④ 6획 벌릴 렬(열)	[日]レツ·ならべる [中]liè

一 厂 歹 歹 列 列

[풀이] 1. 벌이다. 늘어놓다. ¶列擧 2. 차례. 등급. 3. 줄. 행렬. 4. 여러. 다수. ¶列強

列強(열강) 많은 강대한 나라들.

列擧(열거) 모조리 들어 말함.

列島(열도) 연달아 줄을 지어 있는 섬.

列傳(열전) 많은 사람의 개별적인 전기를 차례로 서술한 책.

列車(열차) 기관차에 객차·화차를 연결한 차량.

系列(계열) 관련이 있거나 유사한 점에서 한 갈래로 이어지는 계통.

序列(서열) 순서에 따라 늘어섬.

[비] 例(법식 례)

刘	④ 6획 劉(p85)의 俗字

刎	④ 6획 목 벨 문	[日]フン·くびはねる [中]wěn

[풀이] 목을 베다. ¶刎頸

刎頸之交(문경지교) 목이 베어져도 후회하지 않을 만큼 친한 사귐. 또는 그러한 벗.

[유] 剄(목 벨 경) [비] 勿(말 물)

刓	④ 6획 깎을 완	[日]ガン [中]wán, yuán

[풀이] 1. 깎다. ¶刓削 2. 닳다.

刓缺(완결) 닳아서 없어짐.

刓削(완삭) 깎음. 깎아서 둥글게 함.

[유] 削(깎을 삭)

刖	④ 6획 발꿈치 벨 월	[日]ゲツ·ガツ [中]yuè

[풀이] 발꿈치를 베다. ¶刖刑

刖刑(월형) 발뒤꿈치를 베는 형벌.

刑	④ 6획 형벌 형	[日]ケイ·ギョウ [中]xíng

一 二 于 开 开 刑

* 형성. 뜻을 나타내는 부수 '刂(刀:칼 도)'와 음을 나타내며 정해진 질서나 규칙을 의미하

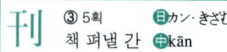

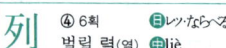

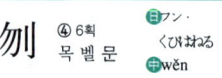

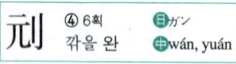

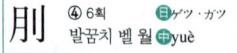

는 '井(우물 정)'을 합친 글자. 이에 사회 질서를 위해 칼을 쓰는 것. 곧 '처벌하다'라는 뜻으로 쓰임.

풀이 1. 형벌. 벌하다. ¶求刑 2. 법.

刑務所(형무소) 교도소의 옛 이름.
刑罰(형벌) 국가가 범죄를 저지른 사람에게 주는 벌.
刑法(형법) 육법(六法)의 하나. 범죄와 형벌에 관한 법률.
刑事(형사) 형법의 적용을 받는 사건.
刑獄(형옥) 1)형벌. 2)감옥.
刑場(형장) 사형을 집행하는 장소.
求刑(구형) 검사가 판사에게 피고에 대한 형벌을 요구함.
實刑(실형) 실제로 받는 형벌.
유 罰(죄벌) 비 刊(책펴낼 간)

刧 ⑤ 7획 日キョウ 中jié
겁탈할 겁

풀이 1. 겁탈하다. 2. 위협하다. 으르다.
刧掠(겁략) 협박하여 빼앗음.
비 劫(위협할 겁)

刼 ⑤ 7획
刧(p77)과 同字

利 ⑤ 7획 日リ・きく 中lì
이로울 리(이)

´ 二 千 千 禾 禾 利 利

*회의. 벼(禾)를 베는 칼(刂)을 나타낸 글자. 벼를 베는 칼은 날카로워야 하기 때문에 '날카롭다'라는 뜻으로 쓰임.

풀이 1. 이롭다. 유익하다. ¶利得 2. 날카롭다. ¶銳利 3. 이기다. 4. 이자. ¶利率

利權(이권) 이익을 얻는 권리.
利得(이득) 이익을 얻음.
利潤(이윤) 1)장사하여 남은 돈. 이익. 2)한 기업체의 순수익.

利率(이율) 임금에 대한 이자 비율.
利益(이익) 이득. 유익한 것.
利子(이자) 저축의 보수로 지불되는 일정한 비율의 공전.
利點(이점) 이로운 점.
利他(이타) 자기가 희생하여 남을 이롭게 함.
利害(이해) 이익과 손해. 득실.
權利(권리) 1)권세와 이익. 2)자신의 이익을 주장할 수 있는 법률상의 힘.
銳利(예리) 칼날·감각 등이 날카로움.

別 ⑤ 7획 日ベツ・わかれる 中bié, biè
다를 별

¹ ⁿ ⁿ ⁿ 匇 另 別 別

*회의. 칼(刂)로 뼈를 발라내는(另)것을 나타낸 글자. 이에 '나누다', '헤어지다'의 뜻으로 쓰임.

풀이 1. 다르다. 다른. ¶別稱 2. 나누다. 분리하다. ¶別別 3. 헤어지다. 이별하다. ¶離別

別居(별거) 부부나 가족이 서로 떨어져 삶.
別故(별고) 1)뜻밖의 사고. 2)다른 까닭.
別館(별관) 본관 외에 따로 지은 집.
別堂(별당) 따로 지은 집.
別名(별명) 본명 밖에 그 사람의 생김새나 버릇 등을 바탕으로 지어 부르는 다른 이름.
別味(별미) 1)특별한 맛. 2)특별히 만든 음식.
別別(별별) 별의별. 온갖.
別世(별세) 이 세상을 떠남. 죽음.
別室(별실) 1)따로 있는 방. 2)첩.
別稱(별칭) 달리 부르는 이름.
各別(각별) 특별함. 남다름.
分別(분별) 서로 다른 것을 구별하여 나눔.
離別(이별) 헤어짐.
유 分(나눌 분) 區(나눌 구)

別 ⑤ 7획
別(p77)의 俗字

刪 ⑤ 7획 🇯サン・セン
깎을 산 🇨shān

`] 刀 刀 刪 刪`

풀이 깎다. 삭제하다. 버리다. ¶刪削

刪改(산개) 글의 잘못된 곳을 지우고 고쳐서 바로잡음.
刪削(산삭) 필요 없는 글자나 어구를 삭제함.

🇰 削(깎을 삭) 🇰 冊(책 책)

初 ⑤ 7획 🇯ショ·はじめ
처음 초 🇨chū

`` ` ラ ネ ネ ネ 初 初 ``

* 회의. 옷(衣)을 지을 때 처음 하는 일이 칼(刀)로 옷감을 자르는 것이라 하여, '처음'의 뜻으로 쓰임.

풀이 처음. 시작. ¶始初

初期(초기) 처음 시기.
初年(초년) 1)중년 이전의 시대. 어린 시기. 2)첫해 또는 처음의 시기.
初面(초면) 처음으로 만남.
初步(초보) 1)걷기 시작한 첫걸음. 2)가장 쉬운 단계.
初喪(초상) 사람이 죽어서 장사 지낼 때까지의 동안.
初旬(초순) 초하룻날부터 열흘날까지의 동안.
初入(초입) 1)처음 들어섬. 2)처음 들어가는 입구.
初志一貫(초지일관) 처음에 세운 뜻을 끝까지 밀고 나감.
初創期(초창기) 일을 처음 시작할 때.
初行(초행) 처음으로 감. 또는 그 길.
始初(시초) 시작한 처음 무렵.
自初至終(자초지종) 처음부터 끝까지의 과정.

🇰 始(처음 시)

判 ⑤ 7획 🇯ハン
판가름할 판 🇨pàn

`` ` ハ ハ 스 半 半 判 ``

* 형성. 뜻을 나타내는 부수 '刂(刀:칼 도)'와 음을 나타내는 '半(반 반)'을 합친 글자. 칼로 물건을 잘라 나누는 것을 나타낸다.

풀이 1. 판가름하다. 판단하다. ¶判別
2. 구별이 명확하다. ¶判異

判決(판결) 법률을 적용하여 소송 사건을 판단하여 결정함.
判斷(판단) 시비·선악·길흉 등을 판가름하여 결정함.
判例(판례) 판결한 선례(先例).
判明(판명) 명확히 밝혀짐.
判別(판별) 나눔. 가려냄. 구별함.
判事(판사) 법원에서 범죄나 소송 사건의 재판을 맡아보는 법관.
判異(판이) 아주 분명하게 다름.
判定(판정) 어떤 일을 판별하여 결정함. 또는 그 결정.
批判(비판) 비평하여 판정함.
評判(평판) 1)세간의 비평. 2)세상에 퍼진 소문이나 명성.

🇰 剖(판가름할 부) 🇰 刊(책 펴낼 간)

刻 ⑥ 8획 🇯コク·きざむ
새길 각 🇨kè

`` ` 一 ナ ナ 亥 亥 刻 刻 ``

* 형성. 뜻을 나타내는 부수 '刂(刀:칼 도)'와 음을 나타내는 '亥(돼지 해)'를 합친 글자.

풀이 1. 새기다. 조각하다. ¶刻印 2. 각박하다. 모질다. ¶刻薄 3. 시각. ¶時刻

刻苦(각고) 마음에 새기고 고생을 이겨 냄.
刻骨難忘(각골난망) 뼈에 새겨 잊혀지지 않는다는 뜻으로, 남의 은혜를 잊지 않고 간직함을 이르는 말.
刻薄(각박) 모질고 박정함.

刻印 (각인) 도장을 새김.
刻舟求劍 (각주구검) 배에 새겨 놓고 검을 찾는다는 뜻으로, 어리석고 융통성이 없음을 이르는 말.
刻下 (각하) 지금. 현재. 각금(刻今).
時刻 (시각) 시간의 어느 한 시점.
彫刻 (조각) 조형 미술의 한 가지. 나무·돌 등에 새기거나 빚는 일.
비 核 (씨 핵) 該 (그 해)

刮 ⑥ 8획
깎을 괄
日 カツ·こする
中 guā

풀이 1. 깎다. 도려내다. 삭제하다. ¶刮削 2. 비비다. ¶刮目相對 3. 닦다.
刮目相對 (괄목상대) 눈을 비비고 상대를 본다는 뜻으로, 학식이나 재주가 갑자기 향상되어 놀람을 이르는 말.
刮削 (괄삭) 깎아 냄.
유 削 (깎을 삭) 刓 (깎을 완)

券 ⑥ 8획
문서 권
日 ケン
中 quàn, xuàn

丶丷丛屮夬券券

풀이 문서, 계약서. 증서. ¶券約
券契 (권계) 어음. 증서.
券約 (권약) 문서에 의한 약속. 계약(契約).
福券 (복권) 공공 기관 등에서 어떤 사업 자금을 조성하기 위해 널리 파는, 당첨금이 따르는 표.
旅券 (여권) 외국에 여행하는 것을 승인하는 증서.
유 狀 (문서 장) 비 卷 (책 권)

到 ⑥ 8획
이를 도
日 トウ·いたる
中 dào

一ズ云至至到到

*형성. 뜻과 음을 동시에 나타내는 부수 'リ(刀:칼 도)'와 '至(이를 지)'를 합친 글자.

풀이 1. 이르다. 다다르다. 도달하다. ¶到達 2. 세밀하다. 주밀하다. ¶周到
到達 (도달) 목적한 곳에 이름.
到來 (도래) 와서 닿음. 닥쳐옴.
到着 (도착) 목적지에 다다름.
到處 (도처) 가는 곳. 곳곳.
周到 (주도) 두루 미치어 빈틈이 없음.
비 倒 (넘어질 도)

刷 ⑥ 8획
쓸 쇄
日 サツ·する
中 shuā, shuà

丿コア尸戸吊刷刷

*형성. 뜻을 나타내는 부수 'リ(刀:칼 도)'와 음을 나타내는 '㕞(쇄)'을 합친 글자.

풀이 1. 쓸다. 닦다. ¶刷掃 2. 솔질하다. 3. 인쇄하다.
刷掃 (쇄소) 소제함. 청소함.
刷新 (쇄신) 묵은 것의 폐단을 줄이고 새롭게 함.
印刷 (인쇄) 글이나 그림 등을 판에 박아 내는 일.

刺 ⑥ 8획
❶ 가시 자
❷ 찌를 척
日 シ·さす
中 cī, cì

一ㄷ币市東東刺刺

*형성. 뜻을 나타내는 부수 'リ(刀:칼 도)'와 음을 나타내는 '朿(가시 자)'를 합친 글자. 가시(朿)같이 생긴 칼(刀)로 찌르는 것을 나타내어 '찌르다' 또는 '가시'의 뜻으로 쓰임.

풀이 ❶ 1. 가시. 바늘. 2. 찌르다. ¶刺客 3. 비방하다. 나무라다. ¶諷刺 4. 명함. 5. 헐뜯다. 6. 문신하다. 자자하다. ❷ 7. 찌르다. 상처 입히다.
刺客 (자객) 사람을 몰래 찔러 죽이거나 다치게 하는 사람. 암살자(暗殺者).
刺戟 (자극) 1)외부에서 작용을 주어 감각이나 마음에 반응을 일으킴. 2) 흥분시킴.
刺傷 (자상) 칼 같은 물건에 찔린 상처.

刺繡(자수) 수를 놓음. 또는 그 수.
刺殺(척살/자살) 칼 등으로 찔러 죽임.
諷刺(풍자) 사회나 인간의 비리 등을 빗대어 재치 있게 깨우쳐 비판함.
🔗 剌(어그러질 랄) 剌(어그러질 랄)

制 ⑥ 8획 🇯セイ 마를 제 🇨zhì

` ⺍ ⺍ ⺍ ⺍ ⺍ 制 制 制

*회의. 나뭇가지(未)를 칼(刂)로 잘라 생활에 필요한 도구를 만드는 것을 나타내어, '만들다'의 뜻으로 쓰임.

풀이 1. 마르다. 마름질하다. 2. 만들다. 짓다. 3. 억제하다. 누르다. ¶制御 4. 법도. 규정. 5. 임금의 말. 칙서. ¶制勅

制度(제도) 1)국가의 법률과 명령으로 만든 법칙. 2)사회 생활을 하는 데 필요한 법칙.
制服(제복) 어떤 단체나 기관에서 일정하게 제정한 옷차림.
制壓(제압) 세력이나 기세를 위력이나 위엄으로 눌러 통제함.
制御(제어) 절제하여 억제함.
制裁(제재) 잘못된 것에 대하여 나무라거나 처벌함.
制定(제정) 제도를 만들어 정함.
制勅(제칙) 임금의 명령.
制限(제한) 1)일정한 한도. 2)어느 한도를 넘지 못하게 함.
強制(강제) 위력을 써서 개인의 의사를 누르고 무리하게 행함.
統制(통제) 여러 부분으로 나누어진 것을 제한하거나 지도함.

刹 ⑥ 8획 🇯サツ・セチ 절 찰 🇨chà, shā

풀이 1. 절. 사찰. ¶寺刹 2. 찰나. 짧은 시간. ¶刹那

刹竿(찰간) 큰 절 앞에 세우는 깃대 비슷한 물건. 당간(幢竿).

刹那(찰나) 아주 짧은 시간. 순간.
寺刹(사찰) 절. 사원.
🔗 寺(절 사) 殺(죽일 살)

刱 ⑥ 8획
創(p83)의 古字

刑 ⑥ 8획
刑(p76)의 本字

剋 ⑦ 9획 🇯コク 이길 극 🇨kè

풀이 이기다. 승리하다. ¶剋己

剋己(극기) 자기를 눌러 이김.
相剋(상극) 서로 화합하지 못하고 충돌함.
下剋上(하극상) 계급이나 신분이 낮은 사람이 윗사람을 꺾고 오름.
🔗 勝(이길 승)

剌 ⑦ 9획 어그러질 🇯ラツ・もとる 랄(날) 🇨lá, là

*회의. 묶은 다발(束)을 잘라낸다(刂)는 의미에서, '어그러지다', '떨어져 나가다'의 뜻으로 쓰임.

풀이 1. 어그러지다. 어긋나다. 2. 소리의 형용.

剌剌(날랄) 1)바람이 부는 소리. 2)어그러진 모양.
潑剌(발랄) 활발하게 약동하는 모양.
🔗 刺(찌를 자)

削 ⑦ 9획 🇯サク・けずる 깎을 삭 🇨xiāo, xuē

` ⺍ ⺍ ⺍ ⺍ 肖 肖 肖 削

*형성. 뜻을 나타내는 부수 '刂(刀:칼 도)'와

음을 나타내는 '肖(닮을 초)'를 합친 글자.

풀이 1. 깎다. 깎아 내다. ¶削減 2. 빼앗다.

削減(삭감) 깎아서 줄이거나 덞.

削刀(삭도) 스님들이 머리털을 깎는 데 쓰는 칼.

削磨(삭마) 1)깎고 갊. 2)바람과 온도의 변화나 물의 작용으로 인하여 암석이 부서지고 침식됨.

削髮(삭발) 1)머리털을 깎음. 2)중이 됨.

削奪(삭탈) 죄인의 벼슬과 품계를 빼앗음.

切削(절삭) 잘라 끊거나 깎음.

添削(첨삭) 더하고 뺌. 첨가와 삭제.

⊕ 剜(깎을 완) ⊖ 添(더할 첨)

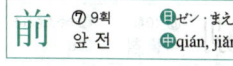

| 前 | ⑦ 9획 앞 전 | 日ゼン・さき ⊕qián, jiǎn |

丷 丷 艹 肻 肻 前 前 前 前

풀이 1. 앞. ¶前方 2. 먼저. 우선.

前科(전과) 이전에 범한 죄과.

前例(전례) 이미 있었던 사례.

前面(전면) 앞쪽.

前方(전방) 중심의 앞부분.

前生(전생) 현세에 태어나기 전의 세상.

前夜(전야) 1)전날 밤. 어젯밤. 2)바로 그 앞의 시기나 단계.

前進(전진) 앞으로 나아감.

前轍(전철) 앞서 지나간 수레바퀴의 자국이라는 뜻으로, 앞사람의 실패의 경험을 비유하는 말.

前後(전후) 1)앞뒤. 2)처음과 마지막. 3)먼저와 나중.

午前(오전) 자정부터 낮 12시까지 사이.

直前(직전) 1)바로 앞. 2)일이 생기기 바로 전.

⊕ 先(먼저 선) ⊖ 後(뒤 후)

| 剃 | ⑦ 9획 머리 깎을 체 | 日テイ・そる ⊕tì |

풀이 머리를 깎다. ¶剃刀

剃刀(체도) 면도칼.

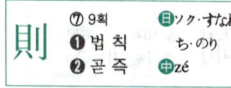

ㅣ ㄇ ㄇ 月 貝 貝 貝 則 則

* 회의. 세 발 솥(鼎)에 칼(刀)로 새긴 중요한 글을 나타낸 글자.

풀이 1 1. 법. 준칙. ¶規則 2 2. 곧. 다시 말해. ¶滿則溢

則道(칙도) 법칙. 법도.

則效(칙효) 본받음. 본보기로 삼음.

滿則溢(만즉일) 차면 넘친다는 뜻으로, 모든 것이 오래 가면 쇠함을 이르는 말.

規則(규칙) 여러 사람이 다 같이 지키기로 정한 법칙.

⊕ 典(법전) ⊖ 側(곁 측)

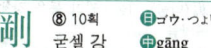

| 剛 | ⑧ 10획 굳셀 강 | 日ゴウ・つよい ⊕gāng |

ㅣ ㄇ 冂 冂 冂 冋 冈 岡 岡 剛

* 형성. 뜻을 나타내는 부수 '刂(刀:칼 도)'와 음을 나타내는 岡(언덕 강)을 합친 글자. 이에 쉽게 금가나 부러지지 않는 단단한 칼이라는 의미에서, '강하다'의 뜻으로 쓰임.

풀이 1. 굳세다. 힘이 세다. ¶剛健 2. 단단하다.

剛健(강건) 1)마음이 곧고 뜻이 굳세며 건전함. 2)필력(筆力)이나 문세(文勢)가 강하고 씩씩함.

剛斷(강단) 일을 딱 잘라서 결단하는 힘.

剛性(강성) 1)단단한 성질. 2)압력을 가하여도 모양이 바뀌지 않는 성질.

剛直(강직) 굳세고 곧음.

剛愎(강퍅) 성미가 깔깔하고 고집이 세며 까다로움.

外柔內剛(외유내강) 겉으로는 부드럽고 약하게 보이지만, 속으로는 강직하고 굳셈.
유 強(굳셀 강) 勁(굳셀 경)
반 弱(약할 약)

剞 ⑧ 10획 日 キ
새김칼 기 中 jī

풀이 새김칼. 조각칼.

剞劂(기궐) 조각칼. 새김칼.
유 劂(새김칼 궐)

剝 ⑧ 10획 日 ハク・はぐ
벗길 박 中 bāo, bō

풀이 벗기다. 벗겨지다. ¶剝皮

剝民(박민) 과중한 조세와 부역 등으로 백성들을 괴롭힘.
剝製(박제) 동물의 가죽을 벗겨 내고 그 속을 솜 등으로 메워서 살아 있는 것 같은 모양으로 만드는 일. 또는 그 물건.
剝奪(박탈) 재물·권리 등을 강제로 빼앗음.
剝皮(박피) 껍질 또는 거죽을 벗김.

剖 ⑧ 10획 日 ボウ・わける
쪼갤 부 中 pōu

풀이 쪼개다. 가르다. ¶剖棺斬屍

剖棺斬屍(부관참시) 죽은 사람의 큰 죄가 드러났을 때 그 관을 쪼개 다시 목을 베는 극형을 시행하던 일.
剖截(부절) 쪼개어 나눔.
解剖(해부) 생물체나 시체 등의 내부의 구조나 상태를 치료·연구하기 위해 칼 등으로 자르는 일.
유 分(나눌 분) 비 部(거느릴 부)

剕 ⑧ 10획 日 ヒ
발 벨 비 中 fèi

풀이 발을 베다. ¶剕辟

剕辟(비벽) 고대 형벌의 한 가지로, 종지뼈를 베는 형벌.

剡 ⑧ 10획 日 エン・セン
❶ 땅 이름 섬
❷ 날카로울 염 中 shàn, yǎn

풀이 ❶ 1. 땅 이름. 진한(秦漢) 때 회계군(會稽郡)에 속한 한 현(縣). 2. 2. 날카롭다. 예리하다. 3. 베다. 깎다.

剡削(염삭) 깎음.

剤 ⑨ 10획
劑(p85)의 俗字

剔 ⑧ 10획 日 テキ・たちねる
바를 척 中 tī

풀이 바르다. 뼈를 발라 내다. ¶剔抉

剔抉(척결) 깎아 파냄. 후벼 냄.
剔出(척출) 도려내거나 후벼 냄.
비 易(쉬울 이)

副 ⑨ 11획 日 フク・そう
버금 부 中 fù

풀이 1. 버금. 다음. 둘째. ¶副業 2. 머리 꾸미개. 3. 돕다. 보조하다.

副官(부관) 군대에서 각 단장·대장에 직속되어 제반 사무·서무·비서 등의 일을 보는 장교.
副本(부본) 원본과 동일하게 기재한 문서.
副賞(부상) 상장과 상품 외에 따로 덧붙여 주는 상품.
副收入(부수입) 1)목적한 수입 외에 따로 생기는 수입. 2)부업 등으로 얻어지는 수입.
副業(부업) 본업 외에 갖는 직업.
副應(부응) 좇아서 응함.

副作用(부작용) 약의 본래의 효과 외에 생기는 작용.
副題(부제) 서적이나 글의 제목 밑에 따로 덧붙이는 작은 제목.
유 次(버금 차) 仲(버금 중)
비 偏(다그칠 핍)

剩 ⑨ 11획
剩(p83)의 俗字

剪 ⑨ 11획
翦(p593)의 俗字

剴 ⑩ 12획 日カイ
알맞을 개 中kǎi

풀이 1. 알맞다. 적절하다. ¶剴切 2. 큰 낫.
剴切(개절) 아주 적절함.

剩 ⑩ 12획 日ジョウ・あまる
남을 잉 中shèng

* 형성. 뜻을 나타내는 부수 '刂(刀:칼 도)'와 음을 나타내는 '乘(오를 승)'을 합친 글자.

풀이 남다. 나머지. ¶剩餘
剩金(잉금) 남은 돈. 잉여금.
剩餘(잉여) 쓰고 난 나머지.
剩員(잉원) 남은 인원.
過剩(과잉) 많음. 지나침.
유 殘(남을 잔) 비 乘(탈 승)

創 ⑩ 12획 日ソウ・はじめる
비롯할 창 中chuàng, chuāng

丿丶亽今今今會會會創創

풀이 1. 비롯하다. 시작하다. ¶創始 2. 상처를 입히다. 상처. ¶創傷
創刊(창간) 정기 간행물인 신문·잡지 등을 처음 간행함. 발간(發刊).

創立(창립) 처음으로 세움. 설립함.
創傷(창상) 날이 있는 물건에 다친 상처.
創始(창시) 처음 시작함.
創氏改名(창씨개명) 일제 강점기에 우리의 성(姓)과 이름을 일본식으로 고치던 일.
創案(창안) 처음으로 생각해 냄. 또는 그 고안.
創業(창업) 1)사업을 처음 시작함. 2)나라의 기초를 세움.
創意(창의) 새로운 생각. 새로운 고안.
創作(창작) 자기의 생각으로 처음 만들어 냄.
創造(창조) 1)처음으로 생각해 내어 만듦. 2)조물주가 처음으로 우주를 만듦.
創出(창출) 처음으로 생겨남.
獨創(독창) 모방하지 않고 자기 혼자 힘으로 만들어 냄.
유 始(비로소 시) 倉(곳집 창)

割 ⑩ 12획 日カツ・わる
나눌 할 中gē

丶丷宀宀宁宇害害害割割

* 형성. 뜻을 나타내는 부수 '刂(刀:칼 도)'와 음을 나타내는 '害(해할 해)'을 합친 글자.

풀이 1. 나누다. 가르다. ¶割據 2. 베다. 자르다. ¶割腹 3. 할. 10분의 1. ¶割引
割據(할거) 땅을 분할하여 차지하고 지배함.
割當(할당) 분배함. 몫으로 나눔. 또는 그 분량.
割腹(할복) 배를 가름.
割賦(할부) 여러 번으로 나누어 냄.
割愛(할애) 소중히 여기는 것을 선뜻 내어 줌.
割引(할인) 일정한 가격에서 얼마를 덜어 냄.
割增(할증) 일정한 액수에 얼마를 더함.

役割(역할) 1)맡아서 해야 할 일. 2) 어떤 일에 있어 갖는 자격이나 의무.
뮤 分(나눌 분)

剿 ⑪ 13획
죽일 초
日ショウ
中jiǎo

풀이 죽이다. 무찌르다.
剿討(초토) 도적의 무리를 토벌함.

剽 ⑪ 13획
빠를 표
日ヒョウ
中piāo

풀이 1. 빠르다. 날래다. 2. 사납다. ¶剽悍 3. 위협하다. 협박하다. ¶剽掠 4. 빼앗다. ¶剽竊
剽掠(표략) 위협하여 약탈함.
剽竊(표절) 남의 시가(詩歌)나 문장 등을 훔쳐 자기 것처럼 발표함.
剽悍(표한) 사납고 날쌤.
剛剽(강표) 굳세고 날램.
비 剽(저밀 속)

劂 ⑫ 14획
새김칼 궐
日ケツ・カチ
中jué

풀이 새김칼. 조각칼.
剞劂(기궐) 조각하는 칼. 새김칼.
뮤 剞(새김칼 기) 비 厥(그 궐)

劃 ⑫ 14획
그을 획
日カク・くぎる
中huái, huài, huai

畵 劃

* 형성. 뜻을 나타내는 부수 '刂(刀:칼 도)'와 음을 나타내는 '畫(그을 획)'을 합친 글자. 이에 칼로서 구분하다, 쪼개다의 뜻으로 쓰임.

풀이 1. 긋다. 획을 긋다. 2. 나누다. 쪼개다.
劃一(획일) 모두 한결같이 함. 획일

(畫一).
劃定(획정) 획을 그어 정함.
計劃(계획) 앞으로 할 일의 절차 · 규모 · 내용 등을 미리 정함.
비 畫(그림 화) 晝(낮 주)

劍 ⑬ 15획
칼 검
日ケン・つるぎ
中jiàn

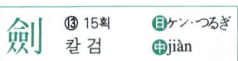

* 형성. 뜻을 나타내는 부수 '刂(刀:칼도)'와 음을 나타내는 '僉(여러 첨)'을 합친 글자.

풀이 칼. 양쪽 모두 칼날이 있는 긴 칼.
劍戟(검극) 1)칼과 창. 2)무기(武器).
劍術(검술) 칼 쓰는 법.
劍花(검화) 칼날이 서로 부딪혀 나는 불꽃.
□蜜腹劍(구밀복검) 입으로는 달콤한 말을 하면서 뱃속에는 칼을 품는다는 뜻으로, 겉으로는 달갑게 하나 속으로는 해칠 생각이 있음을 비유하는 말.
비 儉(검소할 검) 檢(단속할 검) 險(험할 검)

劒 ⑬ 15획
日
中

劍(p84)과 同字

劇 ⑬ 15획
심할 극
日ケキ・はげしい
中jù

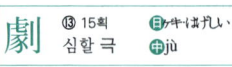
豦 劇

풀이 1. 심하다. 혹독하다. ¶劇甚 2. 바쁘다. 번거롭다. 3. 연극. ¶喜劇
劇團(극단) 연극을 연구 · 상연하기 위하여 짜여진 단체.
劇甚(극심) 몹시 지독함. 심함.
劇場(극장) 연극을 상연하거나 영화를 상영하는 곳.

劇痛(극통) 몹시 심한 아픔.
演劇(연극) 배우가 연출자의 지도하에 각본에 의하여 상연하는 극.
喜劇(희극) 풍자와 익살 위주로 경쾌하게 표현한 연극.
🟰 甚(심할 심)

劉 ⑬ 15획 🇯ㄹュウ 성 류(유) 🇨ㄴliú

풀이 1. 성(姓). 2. 이기다. 이겨 내다.

劉備(유비) 중국 삼국 시대 촉한(蜀漢)의 시조(始祖). 자는 현덕(玄德).
🟰 殺(죽일 살)

劈 ⑬ 15획 🇯セキ 쪼갤 벽 🇨ㄴpī, pǐ

풀이 쪼개다. 가르다. ¶劈破
劈開(벽개) 1)쪼개어 엶. 2)광물이 결을 따라 쪼개짐.
劈頭(벽두) 1)글 첫머리. 2)일의 시작, 맨 처음.
劈破門閥(벽파문벌) 가문을 가리지 않고 인재를 등용함.
🟰 剖(쪼갤 부) 🟰 壁(벽 벽)

劍 ⑭ 16획
劒(p84)의 本字

劓 ⑭ 16획 🇯ギ・はなきる 코 벨 의 🇨ㄴyì

풀이 코를 베다. 고대 형벌의 하나. ¶劓罰
劓罰(의벌) 코를 베는 형벌.
🟰 鼻(코 비)

劑 ⑭ 16획 🇯ザイ・まぜる 약 지을 제 🇨ㄴjì

풀이 약을 짓다. 조제하다. 조제한 약.

¶藥劑
劑熟(제숙) 잘 조합함.
藥劑(약제) 의료용으로 조제한 약.
調劑(조제) 여러 가지 약을 적절히 조합하여 한 가지 약제를 만듦.
🟰 齊(가지런할 제) 齋(재계할 재)

力부

力 힘力部

'力'은 팔에 힘을 주었을 때 근육이 불거진 모양을 나타낸 글자로, '힘'이라는 뜻을 지닌다. 또한 '힘쓰다', '힘을 다하다'는 뜻으로도 쓰인다. 따라서 '力'을 부수로 하는 글자는 무엇인가 힘들여 행한다는 뜻과 관련이 있다.

力 ② 2획 🇯リョク・リキ・ちから 힘 력(역) 🇨ㄴlì

풀이 1. 힘. ¶實力 2. 힘을 쓰다.
力量(역량) 일을 해낼 수 있는 능력. 또는 그 능력의 정도.
力說(역설) 힘주어 말함.
力作(역작) 애써서 만듦. 또는 그 제작품.
力點(역점) 1)지레나 지레를 응용한 도구에서 물체를 움직일 때 힘이 모이는 점. 2)힘을 가장 많이 들이는 주안점.
力學(역학) 1)물체의 운동과 물체 사이에 작용하는 힘의 원리 등에 관한 학문. 2)서로 관계되는 세력·영향력·권력 등의 관계.
努力(노력) 힘써 애씀. 또는 그 힘.
實力(실력) 실제로 해낼 수 있는 능력.

體力(체력) 몸의 힘이나 능력.
💬 筋(힘근) 🔃 刀(칼도)

더할 가

ㄱ カ カ 加 加

* 회의. 말(口)에 더욱 힘(力)을 쓴다는 의미를 지닌 글자. 이에 '더하다'의 뜻으로 쓰임.

풀이 1. 더하다. 가하다. 보태다. ¶加減 2. 미치다. 베풀어지다. 3. 들어가다. ¶加入

加減(가감) 1)더하기와 빼기. 2)더하거나 빼서 알맞게 조절함.
加擔(가담) 같은 편이 되어 도움.
加味(가미) 음식에 다른 식품이나 양념 등을 넣어 더하게 함.
加勢(가세) 힘을 보탬. 원조함.
加熱(가열) 물체에 열을 더해 줌.
加入(가입) 어떤 단체나 조직에 들어감.
加害(가해) 남에게 해를 끼침.
附加(부가) 덧붙임. 보탬.
參加(참가) 어떤 모임에 참여하거나 가입함.
💬 添(더할 첨) 增(더할 증) 益(더할 익)

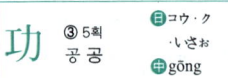
공 공

ㄱ T 工 功 功

* 형성. 뜻을 나타내는 부수 '力(힘 력)'과 음을 나타내며 '도구를 갖고 일하다'의 의미를 지닌 '工(장인 공)'을 합친 글자. 이에 힘써서 일을 한 결과로 생긴 '공로'의 뜻으로 쓰임.

풀이 1. 공. 공적. ¶功過 2. 상복. ¶功服

功過(공과) 공로와 허물.
功德(공덕) 1)공로와 은덕. 2)불교에서, 현재 또는 미래에 행복을 가져올 선행을 이르는 말.
功勞(공로) 어떤 목적을 이루는 데에 힘쓴 노력이나 수고.
功名(공명) 1)공을 세워 이름을 떨침. 2)공적과 명예. 3)공을 세운 이름.
功夫(공부) 학문과 기술을 닦는 일.
功服(공복) 대공(大功)과 소공(小功)의 상복.
功績(공적) 쌓은 공로.
成功(성공) 1)뜻한 것이 이루어짐. 2)사회적 지위를 얻음.
💬 勳(공훈) 🔃 攻(칠공)

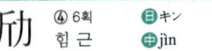
힘 근

풀이 힘. 힘이 세다.
💬 力(힘력)

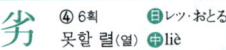
못할 렬(열)

丨 丨 小 少 岁 劣

* 회의. 힘(力)이 적은(少) 것을 나타내어, '약하다, 남보다 못하다'의 뜻으로 쓰임.

풀이 1. 못하다. 뒤떨어지다. ¶劣等 2. 졸렬하다. 서투르다. ¶拙劣 3. 약하다.

劣等(열등) 등급이 보통보다 낮음. 낮은 등급.
劣性(열성) 잡종의 생물로서 한쪽 어버이에게 받은 형질을 나타내지 않는 유전질을 말함.
劣惡(열악) 뒤떨어지고 나쁨.
庸劣(용렬) 재주가 남보다 떨어짐.
拙劣(졸렬) 서투르고 보잘것없음.
💬 拙(졸할 졸) 🔃 省(살필 성)

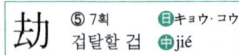
겁탈할 겁

* 회의. 가려(去) 하는 것을 힘(力)으로 위협하여 못 가게 함을 나타낸 글자.

풀이 1. 겁탈하다. 빼앗다. ¶劫奪 2. 위협하다. 으르다. ¶劫姦 3. 겁. 오랜 세월. ¶永劫 4. 부지런하다.

劫姦(겁간) 위협하여 간음함.
劫年(겁년) 액운이 돌아온 해.
劫掠(겁략) 협박하여 남의 것을 노략 질함.
劫奪(겁탈) 1)폭력을 써서 빼앗음. 2) 겁간(劫姦).
永劫(영겁) 영원한 세월. 광겁(曠劫).
비 怯(겁낼 겁)

劬 ⑤ 7획 日ク 수고로울 구 中qú

[풀이] 수고롭다. ¶劬劬

劬劬(구구) 1)수고하는 모양. 2)매우 바쁜 모양.
劬勞(구로) 힘써 일해 피곤함.

努 ⑤ 7획 日ド・つとめる 힘쓸 노 中nǔ

* 형성. 뜻을 나타내는 부수 '力(힘 력)'과 음을 나타내는 '奴(종 노)'를 합친 글자. 이에 종이 힘써 일한다는 의미에서 '힘쓰다', '노력하다'의 뜻으로 쓰임.

[풀이] 힘쓰다. 있는 힘을 다하다.
努力(노력) 힘을 다하여 애씀.
동 劭(힘쓸 소) 勉(힘쓸 면) 勵(힘쓸 려)

励 ⑤ 7획
勵(p91)의 俗字

劳 ⑤ 7획
勞(p89)의 俗字

助 ⑤ 7획 日ジョ・たすける 도울 조 中zhù

丨 刀 月 且 助 助

* 형성. 뜻을 나타내는 부수 '力(힘 력)'과 음을 나타내는 '且(또 차)'를 합친 글자.

[풀이] 돕다. 도움.
助力(조력) 힘을 보탬.
助手(조수) 주장이 되는 사람의 일을 도와주는 사람.
助言(조언) 옆에서 남의 말을 거들어 도와줌. 또는 도와주는 말.
助演(조연) 연극·영화에서 주연의 연기를 도와서 연기함. 또는 그 사람.
助長(조장) 바람직하지 못한 일을 부추김.
內助(내조) 아내가 남편을 도움.
協助(협조) 힘을 보태 서로 도움.
동 傅(도울 보) 佑(도울 우) 佐(도울 좌)

劻 ⑥ 8획 日コウ・キョウ 급할 광 中kuāng

[풀이] 급하다. 바쁜 모양. ¶劻勷
劻勷(광양) 급한 모양.

劾 ⑥ 8획 日ガイ・きわめる 캐물을 핵 中hé

[풀이] 캐묻다. 신문하다. ¶彈劾
劾狀(핵장) 탄핵하는 글.
劾奏(핵주) 죄과를 조사하여 임금에게 아룀.
彈劾(탄핵) 죄를 조사하여 꾸짖음.

効 ⑥ 8획
效(p314)의 俗字

勁 ⑦ 9획 日ケイ・つよい 강할 경 中jìng

* 형성. 뜻을 나타내는 부수 '力(힘 력)'과 음을 나타내는 '巠(물줄기 경)'을 합친 글자. 물줄기(巠)의 힘(力)이 세다 하여 '굳세다'의 뜻을 나타냄.

[풀이] 강하다. 굳세다. ¶勁健

勁健(경건) 1)굳세고 튼튼함. 2)그림이나 글씨의 필세(筆勢)가 굳세고 힘참.
勁力(경력) 강한 힘.
強勁(강경) 타협하거나 굽힘이 없이 힘차고 굳셈.
유 強(굳셀 강)

勉 ⑦ 9획 日ベン・つとめる 힘쓸 면 中miǎn

* 형성. 뜻을 나타내는 부수 '力(힘 력)'과 음을 나타내는 '免(면할 면)'을 합친 글자.

풀이 1. 힘쓰다. 노력하다. ¶勉學 2. 권면하다.
勉勵(면려) 1)힘씀. 2)남을 격려하여 힘쓰도록 함.
勉從(면종) 마지못해 복종함.
勉學(면학) 학문에 힘써 공부함.
勉行(면행) 부지런히 행함.
勤勉(근면) 부지런히 노력함.
유 努(힘쓸 노) 勵(힘쓸 려)

勃 ⑦ 9획 日ボツ・にわか 우쩍 일어날 발 中bó

풀이 1. 우쩍 일어나다. ¶勃起 2. 갑작스럽다. ¶勃興 3. 성하다. 4. 발끈하다. 화를 내는 모양. ¶勃然
勃起(발기) 갑작스럽게 일어남.
勃發(발발) 전쟁이나 사건 등이 갑자기 일어남.
勃然(발연) 발끈 화내는 모습.
勃興(발흥) 갑자기 흥함.

勇 ⑦ 9획 日ユウ・いさましい 용감할 용 中yǒng

* 형성. 뜻을 나타내는 부수 '力(힘 력)'과 음을 나타내며 '솟아오르다'의 뜻을 지닌 甬(길 용)'을 합친 글자. 힘(力)이 솟아남(甬)을 나타내어 '용감하다'의 뜻으로 쓰임.

풀이 1. 용감하다. 용기가 있다. ¶勇士 2. 날래다. ¶勇猛
勇敢(용감) 씩씩하고 겁이 없으며 기운참.
勇氣(용기) 씩씩하고 굳센 기운.
勇斷(용단) 과감하게 결단함.
勇猛(용맹) 용감하고 사나움.
勇士(용사) 1)용기가 있는 남자. 2)용감한 군인.
勇戰(용전) 용감하게 싸움.
勇退(용퇴) 조금도 꺼리지 않고 용기 있게 물러남.
英勇(영용) 영특하고 용감함.
반 怯(겁낼 겁)

勅 ⑦ 9획 日チョウ・みことのり 조서 칙 中chì

* 형성. 뜻을 나타내는 부수 '力(힘 력)'과 음을 나타내는 '束(묶을 속)'을 합친 글자.

풀이 1. 조서. 임금의 명령을 적은 문서. ¶詔勅 2. 타이르다. ¶勞謙謹勅
勅令(칙령) 임금의 명령.
勅命(칙명) 칙령(勅令).
勅使(칙사) 임금의 명령으로 가는 사신.
勞謙謹勅(노겸근칙) 부지런히 일하고 겸손하며 삼가고 신칙함.
詔勅(조칙) 임금의 명령을 알리기 위해 적은 문서.

勍 ⑧ 10획 日ケイ・ギョウ 셀 경 中qíng

풀이 세다. 강하다. ¶勍敵
勍敵(경적) 센 적(敵). 강적.
유 勁(굳셀 경) 就(이룰 취)

勘 ⑨ 11획
헤아릴 감　日 カン・かんがえる　中 kān

풀이 1. 헤아리다. 깊이 생각하다. ¶勘案 2. 문초하다. 신문하다. ¶勘斷
勘斷(감단) 문초하여 단죄함.
勘案(감안) 참고하여 생각함.
輕勘(경감) 죄인을 가볍게 처분함.
유 測(헤아릴 측) 量(헤아릴 량)

動 ⑨ 11획
움직일 동　日 ドウ・うごく　中 dòng

丿亻亻亻亩亩亩重重動動

*형성. 뜻을 나타내는 부수 '力(힘 력)'과 음을 나타내는 '重(무거울 중)'을 합친 글자.

풀이 1. 움직이다. 움직이게 하다. ¶動力 2. 일하다. 3. 어지럽다. ¶動亂
動機(동기) 행동을 결정하는 원인.
動亂(동란) 전쟁·재앙으로 인해 세상이 어지러워짐. 난리.
動力(동력) 기계를 움직이는 힘.
動物(동물) 스스로 움직일 수 있으며 지각·생장·생식의 기능을 가진 생물의 한 가지.
動産(동산) 금전이나 가구 등과 같이 옮길 수 있는 재물.
動搖(동요) 1)움직이고 흔들림. 2)마음이 불안해짐.
動作(동작) 1)움직이는 행동. 2)의식적인 행위.
動態(동태) 움직이는 상태.
亂動(난동) 질서를 어지럽히며 마구 행동함.
震動(진동) 몹시 흔들리거나 떨림.
비 重(무거울 중)

勒 ⑨ 11획
굴레 륵(늑)　日 ロク・くつわ　中 lè, lēi

풀이 1. 굴레, 재갈. 말아무 소의 머리에 씌워 고삐에 걸쳐 매는 줄. 2. 다스리다. 3. 억지로 하다. ¶勒定
勒定(늑정) 강제로 정함.
勒奪(늑탈) 강제로 빼앗음. 강탈함.
彌勒(미륵) 1) '미륵보살'의 준말. 2) 돌부처.

務 ⑨ 11획
힘쓸 무　日 ム・つとめる　中 wù, wǔ

フマ予矛矛矛矜矜務務

풀이 1. 힘쓰다. 애쓰다. ¶務本 2. 직무. ¶勤務
務本(무본) 근본에 힘씀.
務實力行(무실역행) 참되고 착실 있게 힘써 실행함.
勤務(근무) 직무에 종사하는 것.
任務(임무) 책임을 지고 맡은 일.
債務(채무) 빌린 것을 다시 갚아야 하는 의무.
유 勞(일할 로)

勖 ⑨ 11획
힘쓸 욱　日 キョク・ユク　中 xù

풀이 힘쓰다. 노력하다.
비 帽(모자 모)

勞 ⑩ 12획
수고로울 로(노)　日 ロウ・つかれる　中 láo

丶ソ火火炒炒炒袋袋勞

*회의. 등불(熒)을 비추면서 일에 힘쓰는(力) 것을 나타내어, '수고롭다'의 뜻으로 쓰임.

풀이 1. 수고롭다. 힘들이다. 수고. ¶勞苦 2. 일하다. 일. ¶勞動 3. 지치다. ¶勞困 4. 위로하다.
勞苦(노고) 수고스럽게 애씀.
勞困(노곤) 지치고 피곤함.

[力 10~11획] 勝勛勸勤募勢

勞動(노동) 정신이나 힘을 써서 일함. 또는 그 일.
勞務(노무) 1)임금을 벌기 위해 일함. 2)회사에서 직원들의 작업 분위기나 후생 등에 관한 사무.
勞心焦思(노심초사) 몹시 애쓰고 속을 태움.
勞役(노역) 힘든 육체 노동.
勞賃(노임) 노동에 대한 보수. 품삯.
勤勞(근로) 부지런히 일함.
유 努(힘쓸 노)

勝

⑩ 12획 日ショウ・かつ
이길 승 中shèng

丿 丨 刀 月 月 盯 肝 胖 胖 勝 勝

[풀이] 1. 이기다. 승리하다. 승리. ¶勝負 2. 낫다. 뛰어나다. 3. 경치가 좋다. ¶勝地
勝負(승부) 이김과 짐. 승패(勝敗).
勝算(승산) 승리할 가망성.
勝訴(승소) 소송에서 이김.
勝戰(승전) 싸움에 이김.
勝地(승지) 경치가 좋은 곳.
勝敗(승패) 이기고 짐. 승부(勝負).
반 負(질부) 비 騰(오를 등) 膝(무릎 슬)

勛

⑩ 12획
勳(p91)의 古字

勧

⑪ 13획
勸(p91)의 俗字

勤

⑪ 13획 日キン・つとめる
부지런할 근 中qín

[풀이] 1. 부지런하다. 부지런히 일하다. ¶勤勉 2. 일. 직책.

勤儉節約(근검절약) 부지런하고 검소하며 절약함.
勤勞(근로) 부지런히 일함.
勤勉(근면) 부지런히 힘씀.
勤務(근무) 일을 맡아 함.
勤實(근실) 부지런하고 건실함.
勤王(근왕) 임금에게 충성을 다함.
勤怠(근태) 1)부지런함과 나태함. 2)출근과 결근.
皆勤(개근) 휴일을 제외하고는 하루도 빠짐없이 출석하거나 출근함.
轉勤(전근) 근무지를 옮김.
유 勞(일할 로) 勉(힘쓸 면)
비 動(움직일 동)

募

⑪ 13획 日ボ・つのる
모을 모 中mù

一 十 卝 丱 莳 苩 苩 莫 募 募

* 형성. 뜻을 나타내는 부수 '力(힘 력)'과 음을 나타내는 '莫(없을 막)'을 합친 글자.

[풀이] 모으다. 불러 모으다. ¶募集
募金(모금) 기부금 등을 모음.
募兵(모병) 병사를 모집함. 또는 그 병사.
募集(모집) 불러 모음.
公募(공모) 일반에게 공개하여 모집함.
應募(응모) 모집에 응함. 지원함.
유 集(모일 집)
비 慕(사모할 모) 幕(장막 막) 墓(무덤 묘)

勢

⑪ 13획 日セイ・いきおい
기세 세 中shì

一 + 土 キ 夫 坴 刲 執 埶 勢 勢

* 형성. 뜻을 나타내는 부수 '力(힘 력)'과 음을 나타내는 '埶(권세 세)'를 합친 글자.

[풀이] 1. 기세. 위세. 권세. ¶權勢 2. 형세. 되어 가는 형편. ¶情勢 3. 불알.
勢家(세가) 위세가 있는 집안. 권력 있는 집안.

勢力(세력) 1)남을 누르고 자기가 원하는 대로 행동할 수 있는 힘. 2)어떤 힘·속성을 가진 집단.
勢不兩立(세불양립) 세력이 있는 두 사람이 함께 설 수 없음.
勢威(세위) 떨치는 기세와 위엄.
權勢(권세) 권력과 세력.
情勢(정세) 일이 돌아가는 형세.
形勢(형세) 일의 형편이나 상태.
비 熱(더울 열)

勣 ⑪ 13획 日セキ·シャク 中jī
공 적

풀이 공. 업적.
유 績(실적 적) 勳(공 훈)

勦 ⑪ 13획 日チョウ 中chāo, jiǎo
노곤할 초

풀이 1. 노곤하다. ¶勦民 2. 강탈하다. 빼앗다. 3. 죽이다. 무찌르다. ¶勦滅
勦滅(초멸) 적을 공격하여 무찌름. 잡아 죽임. 초진(勦殄).
勦民(초민) 백성을 수고롭게 함.
勦討(초토) 쳐서 멸망시킴. 초멸(勦滅).

勛 ⑬ 15획
勳(p91)의 俗字

勳 ⑭ 16획 日クン·いさお 中xūn
공 훈

* 형성. 뜻을 나타내는 부수 '力(힘 력)'과 음을 나타내는 '熏(연기낄 훈)'을 합친 글자.

풀이 공. 공적. 공훈. 임금이나 나라를 위해 세운 공적. ¶勳功
勳功(훈공) 국가나 임금을 위해 세운 공적.
勳舊(훈구) 훈공이 있는 집안. 또는 누대의 공로자.
勳勞(훈로) 나라에 공을 세움.
勳章(훈장) 훈공이 있는 사람에게 나라에서 표창하기 위해 내리는 휘장.
功勳(공훈) 드러나게 세운 공로.
殊勳(수훈) 빼어난 공훈. 수공(殊功).
유 功(공 공) 勣(공적 적)

勵 ⑮ 17획 日レイ·はげむ 中lì
힘쓸 려(여)

풀이 1. 힘쓰다. 노력하다. 애쓰다. ¶激勵 2. 권장하다. 장려하다. ¶勵志
勵志(여지) 격려하여 뜻을 굳게 함.
勵行(여행) 힘써 실행함.
激勵(격려) 힘을 북돋우어 줌.
勉勵(면려) 1)스스로 힘써 함. 2)격려하여 힘쓰게 함.
유 勸(힘쓸 면) 努(힘쓸 노) 勉(힘쓸 면)

勷 ⑰ 19획 日ジョウ·ニョウ 中ráng, xiāng
달릴 양

풀이 1. 달리다. 2. 바쁘다. 급하다.
유 走(달릴 주) 비 襄(도울 양)

勸 ⑱ 20획 日カン·すすめる 中quàn
권할 권

풀이 권하다. 장려하다. 장려하다. ¶勸善
勸善懲惡(권선징악) 선행을 장려하고 악행을 징계함. 권징(勸懲).
勸業(권업) 일이나 산업을 장려함.
勸誘(권유) 어떤 일을 하도록 권함.
勸學(권학) 학문을 권장함.
強勸(강권) 억지로 권함.
비 權(권세 권) 勤(부지런할 근)

勹부

勹 쌀 포部

'勹'자는 '包(쌀 포)'자에서 유래한 것으로, 사람이 몸을 앞으로 구부려 보따리를 싸서 안고 있는 모양을 나타낸 글자다. '싸다'라는 뜻과 관련이 있고 단독으로 쓰이기보다는 부수의 역할만을 한다.

勹 ②2획 日ホウ・ヒョウ
쌀 포 中bāo

풀이 싸다.

勺 ①3획 日シャク
구기 작 中sháo

*상형. 손잡이가 있는 국자의 모양을 본뜬 글자.

풀이 1. 구기, 국자. 술이나 국 등을 뜰 때 쓰는 기구. 2. 작. 용량의 단위. 홉의 10분의 1.

勺水不入(작수불입) 한 모금의 물도 마시지 못한다는 뜻으로, 음식을 전혀 먹지 못함을 이르는 말.
勺飮(작음) 국자로 떠 마심.

🔁 勹(쌀 포) 勻(적을 균)

勾 ②4획 日コウ・まがる
굽을 구 中gōu, gòu

풀이 1. 굽다. ¶勾喙. 2. 붙잡다.
勾當(구당) 임무에 임함.
勾喙(구훼) 굽은 부리.

🔁 曲(굽을 곡) 🔀 勺(구기 작)

勻 ②4획 日イン・キン
적을 균 中yún

풀이 1. 적다. 2. 같다. 고르다.

勻勻(균균) 고른 모양.
🔀 勿(말 물) 勺(구기 작)

勿 ②4획 日モチ・ブツ
말 물 中wù

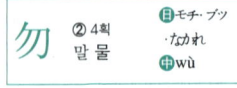

*상형. 장대 끝에 세 개의 기가 달려 있는 모양을 본뜬 글자. 이 깃발을 들면 사람들이 일을 멈추고 모였다고 하여 '…하지 마라'의 뜻으로 쓰임.

풀이 1. 말다. 마라. 금지의 조사. ¶勿驚
2. 아니다. 부정의 조사. 3. 없다. ¶勿論

勿驚(물경) 놀라지 마라.
勿論(물론) 말할 필요가 없음.
勿侵(물침) 1)침범하지 못함. 2)건드리지 못하게 함.

🔁 毋(말 무) 🔀 勺(적을 균)

包 ③5획 日ホウ・つつむ
쌀 포 中bāo

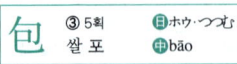

*회의. 뱃속의 아이([巳])를 싸고 있음([勹])을 나타내어, '싸다', '품다'의 뜻으로 쓰임.

풀이 싸다. 감싸다. ¶包括

包括(포괄) 하나로 싸 묶음. 총괄함.
包攝(포섭) 1)받아들임. 가담시킴. 2)어떤 개념이 다른 일반적인 개념에 속하는 종속 관계를 말함.
包容(포용) 1)싸서 받아들임. 2)마음씨가 너그러워 남의 잘못을 감싸 줌.
包圍(포위) 주위를 에워쌈. 둘러쌈.
包裝(포장) 물건을 쌈.
包含(포함) 어떤 사물이나 현상 가운데 함께 들어 있거나 함께 넣음.
懷包(회포) 마음속에 품은 생각.

匈 ④6획 日キョウ・むね
오랑캐 흉 中xiōng

[勹 7~9획] 匍匐匏 [匕 0~9획] 匕化北匙

풀이 1. 오랑캐. ¶匈奴 2. 떠들썩하다.
匈奴(흉노) B.C. 3세기부터 약 3백 년간 몽골 지방에서 유목하던 민족.
▶ 夷(오랑캐 이) ▶ 匈(빌 개)

匍 ⑦ 9획 日ホ・ブ
길 포 中pú

풀이 기다. 기어가다. ¶匍匐
匍匐(포복) 배를 땅에 대고 기어감.

匐 ⑨ 11획 日フク・はらばう
길 복 中fú

풀이 기다. 엎드려서 기어가다. ¶匍匐

匏 ⑨ 11획 日ホウ・ふくべ
박 포 中páo

풀이 박. 바가지. ¶匏蘆
匏蘆(포로) 조롱박.

匕부

匕 비수 비 部

'匕'자는 끝이 뾰족한 숟가락 모양을 본떠 '숟가락'을 나타낸 글자다.

匕 ⑦ 2획 日ヒ・さじ
비수 비 中bǐ

풀이 1. 비수. ¶匕首 2. 숟가락.
匕首(비수) 날카로운 칼. 단도(短刀).
匕箸(비저) 숟가락과 젓가락.

化 ⑦ 4획 日カ・ケ・ばける
될 화 中huà

ノ 亻 化

*회의. 사람(人)이 모양을 바꿔 다른 사람(匕)이 된다는 뜻에서 '바뀌다'라는 뜻을 나타냄.

풀이 1. 되다. 화하다. 원래의 상태에서 다른 상태로, 또는 전혀 다른 물질로 변함. 2. 교화하다. ¶感化
化石(화석) 지질 시대에 살던 생물의 유해가 암석 속에 남아 있는 것.
化粧(화장) 분·연지 등을 얼굴에 발라 꾸밈.
化學(화학) 물질의 조성·성질 및 화합·분해 등을 연구하는 자연 과학의 한 부분.
化合(화합) 두 가지 이상의 물질이 화학적으로 결합하여 새 물질이 되는 현상.
感化(감화) 덕으로써 변하게 함.

北 ③ 5획 日ホク・きた
❶ 북녘 북
❷ 달아날 배 中běi, bèi

丨 ㅑ ㅑ 非 北

*상형. 사람이 서로 등지고 있는 모양을 본뜬 글자. 이에 '등지다', '달아나다'의 뜻으로 쓰임.

풀이 ❶ 1. 북녘. 북쪽. ¶北端 ❷ 2. 달아나다. 도망치다. ¶敗北
北極(북극) 1)북쪽 끝. 2)자침이 가리키는 북쪽 끝. 3)지구의 자전축을 연장할 때 천구와 마주치는 북쪽 점.
北端(북단) 북쪽 끝.
北上(북상) 북쪽으로 올라감.
北緯(북위) 적도 이북의 위도.
北進(북진) 북쪽으로 나아감.
敗北(패배) 싸움에 짐.
▶ 光(조짐 조)

匙 ⑨ 11획 日シ・さじ
숟가락 시 中chí, shi

[ㄷ 0~8획] ㄷ 匹匡匠匣匧匪

풀이 숟가락. ¶匙箸

匙箸(시저) 숟가락과 젓가락.

비 題(표제 제)

ㄷ 부

ㄷ 상자 방 部

'ㄷ'자는 네모난 형태의 상자를 옆에서 본 모양을 나타낸 글자로 '상자'라는 뜻을 지닙니다. 단독으로는 쓰이지 않으며, 이 글자를 부수로 갖는 글자는 일반적으로 물건을 담아 두는 기구나 사물을 담는다는 의미와 관련이 있다.

ㄷ ⓪ 2획 日ホウ
상자 방 中 fāng

풀이 상자. 네모난 상자 모양의 용기(容器).

匹 ③ 5획 日ソウ·めぐる
돌 잡 中 zā

풀이 1. 돌다. 둘레. 2. 두루. 널리.

匹旬(잡순) 10일간. 열흘 동안.

匡 ④ 6획 日キョウ·ただす
바를 광 中 kuāng, kuàng

* 형성. 뜻을 나타내는 부수 'ㄷ(상자 방)'과 음을 나타내는 '王(임금 왕)'을 합친 글자.

풀이 1. 바르다. 2. 바로잡다. ¶匡救 3. 두려워하다.

匡救(광구) 잘못을 바로잡고 흐트러진 세상을 구제함.

匡牀(광상) 편한 평상. 침대.

匡正(광정) 잘못된 일이나 부정 등을 바르게 고침. 교정(矯正).

匠 ④ 6획 日ショウ·たくみ
장인 장 中 jiàng

풀이 1. 장인(匠人). 기술자. ¶名匠 2. 궁리. 고안(考案). ¶意匠

匠人(장인) 물건을 만드는 일을 업으로 삼는 사람.

巨匠(거장) 위대한 예술가.

名匠(명장) 유명한 장인.

意匠(의장) 만들고자 하는 생각. 고안(考案).

뮤 工(장인 공)

匣 ⑤ 7획 日コウ·はこ
갑 갑 中 xiá

* 형성. 뜻을 나타내는 'ㄷ(상자 방)'과 음을 나타내는 '甲(첫째 천간 갑)'을 합친 글자.

풀이 갑. 궤. 작은 상자. ¶文匣

匣籢(갑렴) 빗을 넣어 두는 상자.

文匣(문갑) 문서 등을 넣어 두는 작은 궤.

紙匣(지갑) 가죽이나 헝겊 등으로 쌈지처럼 만든 물건.

뮤 厥(상자 궤)

匧 ⑦ 9획
篋(p557)과 同字

匪 ⑧ 10획
❶ 대상자 비 日ヒ·フン
❷ 나눌 분 中 fěi

풀이 ❶ 1. 대상자. 대나무 상자. 2. 비적. 도적. ¶匪徒 ❷ 3. 나누다. 나누어 주다. ¶匪頒

匪頒(분반) 신하들에게 하사품을 나누어 줌.

匪徒(비도) 비적(匪賊)의 무리. 비류(匪類).

匪賊(비적) 떼를 지어 다니며 재물을 빼앗는 도적. 또는 도적의 무리.

[匚 11~12획] 匯匱　[匸 0~9획] 匸区匹医區匿　95

匯
⑪ 13획　🄙 カイ
물 돌 회　🄒 huì

풀이 물이 돌다. 물이 돌아 흐르다.

匱
⑫ 14획　🄙 キ
함 궤　🄒 guì, kuì

풀이 1. 함. 궤. 갑. ¶匱横 **2.** 다하다. 없어지다. ¶匱乏

匱横(궤횡) 상자.
匱乏(궤핍) 물건 등이 다하여 없어짐.
🄢 函(함함)

匸부

匸 감출 혜 部

'匸'자는 '감추다'는 뜻을 지니며, 단독으로는 쓰이지 않고 부수자로서의 역할만 한다.

匸
② 2획　🄙 ケイ・かくす
감출 혜　🄒 xì

풀이 감추다. 덮어 가리다.

区
② 4획
區(p95)의 略字

匹
② 4획　🄙 ヒツ・たぐい
필 필　🄒 pǐ

풀이 1. 필. ㉠말이나 소를 세는 단위. ㉡옷감의 길이 단위. **2.** 짝. 한 쌍을 이루는 것. 또는 한 쌍 중의 하나. ¶配匹 **3.** 혼자. 하나.

4. 상대. 적수. ¶匹敵
匹馬單鎗(필마단창) 말 한 필과 창 한 자루. 혼자 간단한 무장을 하고 말을 타고 감.
匹夫(필부) 1)한 사람의 남자. 2)신분이 낮은 남자.
匹夫之勇(필부지용) 보통 사람의 용기라는 뜻으로, 하찮은 용기를 이르는 말.
匹敵(필적) 엇비슷함. 어깨를 견줌.
配匹(배필) 배우자. 부부로서의 짝.
🄗 四(넉 사)

医
⑤ 7획
醫(p762)의 俗字

區
⑦ 11획　🄙 ク・さかい
구역 구　🄒 qū, ōu

一　丆　丆　厅　厅　區　區　品　品　區

*회의. 여러 가지 물건(品)을 나누어 감추어 둔(匸) 곳, 즉 '구역'을 나타냄.

풀이 1. 구역. 지역. ¶區內 **2.** ❶ 행정 구역. **3.** 나누다. 구별하다. ¶區分 **4.** 작다. 자질구레하다. ¶區區

區間(구간) 어떤 지역과 다른 지역과의 사이.
區內(구내) 구역의 안.
區別(구별) 종류에 따라 나누어 놓음.
區分(구분) 갈라서 나눔.
區域(구역) 갈라놓은 지역.
區劃(구획) 경계를 갈라 정함. 또는 그 구역.

匿
⑨ 11획　🄙 トク・かくす
숨을 닉(익)　🄒 nì

풀이 숨다. 숨기다. ¶匿名
匿名(익명) 이름을 숨김.
隱匿(은닉) 숨김. 감춤.
🄢 隱(숨길 은)

十 열 십 部

'十'자는 충족된 수 '열'을 뜻하여 완전하거나 부족함이 없다는 뜻을 지닌다. 또한 의미가 확대되어 '열 번'이나 '열 배', 또는 많은 수를 지칭하여 '많다'나 '전부'를 나타내기도 한다. 그러나 이 글자를 부수로 갖는 글자는 이러한 의미와는 관계가 없다.

十 ⓪2획 日ジュウ・とお 中shí
열 십

* 지사. 두 손을 엇갈리게 하여 합친 모양을 나타냄. 이에 '열'이라는 뜻으로 쓰임.

풀이 열. 10. ¶十中八九

十干(십간) 천간(天干)인 갑(甲)·을(乙)·병(丙)·정(丁)·무(戊)·기(己)·경(庚)·신(辛)·임(壬)·계(癸)의 총칭.

十分(십분) 1)한 시간의 6분의 1. 2)충분히.

十二支(십이지) 지지(地支)인 자(子)·축(丑)·인(寅)·묘(卯)·진(辰)·사(巳)·오(午)·미(未)·신(申)·유(酉)·술(戌)·해(亥)의 총칭.

十中八九(십중팔구) 열의 여덟이나 아홉. 거의.

동 什(열 사람 십)

廿 ①3획
卄(p230)의 俗字

千 ①3획 日セン・ち 中qiān
일천 천

풀이 1. 일천. 1000. 2. 많다. 많은 모양. ¶千秋

千金(천금) 1)돈 천 냥이라는 뜻으로, 많은 돈을 이르는 말. 2)남의 딸을 높여 부르는 말.

千不當萬不當(천부당만부당) 매우 부당함. 전혀 가당치 않음.

千辛萬苦(천신만고) 천만 가지의 고생. 아주 많은 고생을 함.

千秋(천추) 먼 세월. 긴 세월.

千態萬象(천태만상) 천 가지 만 가지의 상태. 다양한 모양.

千篇一律(천편일률) 1)문장의 글귀가 거의 비슷하여 같음. 2)여러 사물이 판에 박힌 듯 모두 비슷함.

危險千萬(위험천만) 몹시 위험함.

一攫千金(일확천금) 힘들이지 않고 한꺼번에 많은 돈을 얻음.

비 于(어조사 우) 干(방패 간)

卅 ②4획 日ソウ 中sà
서른 삽

풀이 서른. 30.

비 冊(책 책)

升 ②4획 日ショウ・ます 中shēng
되 승

풀이 1. 되. 곡식·액체의 양을 헤아리는 단위. ¶斗升 2. 올리다. 오르다. ¶升天 3. 새. 피륙의 날을 세는 단위. 날실 80올.

升階(승계) 계단을 오른다는 뜻으로, 단계를 밟으며 나아감을 이르는 말.

升天(승천) 1)하늘로 올라감. 2)기독교에서 죽음을 이름. 승천(昇天).

升遐(승하) 1)임금이 세상을 떠남. 2)하늘로 오름.

斗升(두승) 말과 되.

비 卄(스물 입)

午 ② 4획 ❶ゴ・ひる ❷wǔ
낮 오

丿 丿 匸 午

*상형. 절굿공이의 모양을 본뜬 글자. 원래는 '절굿공이'를 뜻했으나, 바뀌어 '낮'의 뜻으로 쓰임.

풀이 1. 낮. ¶午睡 2. 일곱째 지지(地支). 시간은 정오, 방위는 정남쪽에 해당함.

午睡(오수) 낮잠.
午前(오전) 정오 이전. 자정부터 낮 12시까지의 사이.
午餐(오찬) 점심. 주찬(晝饌).
午後(오후) 정오 이후. 낮 12시부터 자정까지의 사이.
正午(정오) 낮 12시.

윤 晝(낮 주) 비 牛(소 우)

半 ③ 5획 ❶ハン・なかば ❷bàn
반 반

丿 丷 ⺊ 亠 半

*회의. 소(牛)를 나누는(八) 일을 나타낸 글자. 이에 '나누다', '반쪽' 등의 뜻으로 쓰임.

풀이 1. 반. 절반. ¶半切 2. 가운데. 중앙.

半減(반감) 반으로 덞. 절반으로 줄.
半島(반도) 삼면이 바다로 둘러싸인 땅.
半白(반백) 흰 머리카락과 검은 머리카락이 반씩 섞임.
半信半疑(반신반의) 반은 믿고 반은 의심함.
半圓(반원) 원을 둘로 나눈 한 부분.
半切(반절) 1)반으로 자름. 2)전지를 절반으로 자른 것.
半破(반파) 반쯤 부서짐.
殆半(태반) 거의 절반.

비 伴(짝 반)

卉 ③ 5획
卉(p97)의 俗字

卍 ④ 6획 ❶マン・まんじ ❷wàn
만자 만

*상형. 인도 신 크리슈나의 가슴에 난 선모(旋毛)의 모양을 본뜬 글자.

풀이 만자(卍字).

卍字(만자) 1)부처의 몸에 나타나는 길상만덕(吉祥萬德)의 표지. 2)만(卍)과 같은 형상의 무늬.

古 ④ 6획
世(p4)의 古字

卉 ④ 6획 ❶キ・くさ ❷huì
풀 훼

풀이 풀. 초목. ¶卉木

卉木(훼목) 풀과 나무.
花卉(화훼) 꽃이 피는 풀. 화초.

비 奔(달릴 분)

卑 ⑥ 8획 ❶ヒ・いやしい ❷bēi
낮을 비

丿 丨 ⺍ 白 白 甶 甶 卑

풀이 1. 낮다. 낮은 곳. 2. 천하다. 신분·지위가 낮다. ¶卑賤 3. 비루하다. 저열하다. ¶卑屈

卑怯(비겁) 용기가 없음. 정정당당하지 못하고 야비함.
卑屈(비굴) 하는 것이 비겁하고 천함.
卑陋(비루) 1)낮고 더러움. 2)하는 행동이 야비함.
卑俗(비속) 1)속됨. 2)비천한 풍속.
卑劣(비열) 하는 것이 천하고 못남.
卑賤(비천) 지위나 신분이 낮고 천함.
卑下(비하) 1)땅이 낮음. 2)지위가 낮음. 3)자기를 겸손하게 낮추거나 상대방을 깔보아 낮춤.
野卑(야비) 성질이나 행동이 상스럽

[十 6~10획] 卒 卓 協 南 博

고 더러움.
유 淺(얕을 천) 底(밑 저)

卒 ⑥ 8획 日ソツ·おわる
마칠 졸 中cù, zú

` 亠 宀 中 灾 卆 卒 卒

*회의. 보통 옷과는 달리 표시(一)를 한 옷(衣)을 나타낸 글자. 이런 옷은 주로 병사가 입었으므로 '병사'의 뜻으로 쓰임.

풀이 1. 마치다. 끝내다. 2. 죽다. 3. 군사, 병사. ¶烏合之卒 4. 갑자기. ¶卒然
卒倒(졸도) 심한 충격이나 피로로 정신을 잃음.
卒業(졸업) 규정한 교육 과정을 마침.
卒然(졸연) 갑자기.
烏合之卒(오합지졸) 까마귀가 모인 것처럼 질서 없이 모여 있는 무리. 또는 그런 군사.
유 兵(군사 병)

卓 ⑥ 8획 日タク·つくえ
높을 탁 中zhuó

` 丨 卜 占 卢 卢 卓 卓

*회의. 사람을 뜻하는 '匕(비수 비)'와 새벽녘을 뜻하는 '무(아침 조)'를 합친 글자. 사람이 새벽녘의 태양보다 높은 모양에서 '높다'의 뜻을 나타냄.

풀이 1. 높다. 2. 뛰어나다. 우월하다. ¶卓見 3. 책상. ¶卓子
卓見(탁견) 뛰어난 의견이나 생각.
卓球(탁구) 상 위에 네트를 치고 공을 마주 치는 실내 운동의 한 가지.
卓越(탁월) 월등하게 뛰어남.
卓子(탁자) 책상, 테이블.
食卓(식탁) 식사용 탁자.

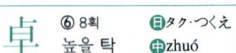

協 ⑥ 8획 日キョウ·かなう
도울 협 中xié

` 丨 十 扌 抃 抃 恊 協

*회의. '十(열 십)'에 '힘쓰다'의 의미가 진 '力(힘 력)'을 세번 겹쳐 써서, '서로 힘써 돕다'라는 뜻을 나타냄.

풀이 1. 돕다. 협력하다. 힘을 모으다. ¶協力 2. 화합하다. 맞다. ¶妥協
協同(협동) 마음을 같이하여 힘을 합함.
協力(협력) 힘을 합하여 서로 도움.
協商(협상) 협의함.
協約(협약) 협의하여 약속함. 또는 그 약속.
協助(협조) 힘을 보태어 서로 도움.
協會(협회) 어떤 목적을 위하여 회원이 상호 협력하여 설립하는 단체.
妥協(타협) 쌍방이 서로 좋도록 양보하여 협의함. 또는 그 협의.

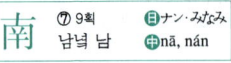

南 ⑦ 9획 日ナン·みなみ
남녘 남 中nā, nán

一 十 十 冇 冇 冇 南 南 南

*상형. 중국 남쪽의 소수민족이 쓰던 악기를 본뜬 글자. 바뀌어 '남쪽'의 뜻으로 쓰임.

풀이 남녘. 남쪽. 남향. ¶南端
南無(나무←남무) 부처나 경문 이름 앞에 붙여 믿음의 굳건함을 나타내는 말.
南柯一夢(남가일몽) 덧없는 한때의 부귀영화.
南極(남극) 1)지축의 남쪽 끝. 2)남극 가까이 있어 수명을 맡아본다는 별.
南端(남단) 남쪽 끝.
南向(남향) 남쪽을 향함.
江南(강남) 1)강의 남쪽. 2)따뜻한 남쪽 나라. 3)중국 양자강의 남쪽.

博 ⑩ 12획 日ハク·ひろい
넓을 박 中bó

一 十 十 忄 忄 恒 恒 博 博
博 博

풀이 1. 넓다. 넓히다. ¶博識 2. 노름. 도박. ¶賭博

博物館(박물관) 자연물·생산품·역사 자료 등을 널리 모아 진열하여 보이는 곳.

博士(박사) 1)성균관(成均館)·홍문관(弘文館)에 있던 정7품 벼슬. 2)전문 학술에 관하여 일정한 과정을 마치고 논문 심사 등에 합격한 사람에게 주는 학위. 또는 그 사람. 3)아는 것이 많은 사람.

博識(박식) 보고 들은 것이 많아 아는 것도 많음.

博愛(박애) 모든 사람들을 차별 없이 사랑함.

博學(박학) 1)아는 것이 많음. 2)널리 배움.

賭博(도박) 화투·카드 놀이 등과 같이 요행을 바라고 돈을 걸어 다투는 일. 노름.

卜 부

卜 점 복 部

'卜'자는 '점'과 관련된 뜻으로, 옛 사람들은 뒷일의 좋고 나쁨을 알기 위해 거북의 등껍질이나 소의 뼈에 홈을 파고 불로 지져 나타난 파열 무늬로 길흉의 조짐을 추측하였는데, 그런 파열 무늬를 나타낸 글자이다. 이에 '점' 또는 '점치다'라는 뜻으로 쓰인다.

| 卜 | ① 2획 | 日 ボク·うらなう |
| | 점 복 | 中 bo, bǔ |

ㅏㅏ

풀이 1. 점. 점치다. 길흉의 조짐을 판단함. ¶卜債 2. ⑧짐바리.

卜術(복술) 점을 치는 술법.
卜債(복채) 점을 쳐 준 대가로 점쟁이에게 내는 돈.

占卜(점복) 점. 복점(卜占).
日 占(점칠 점)

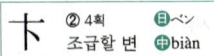
조급할 변

풀이 조급하다. 성미가 급하다. ¶卞急
卞急(변급) 성미가 급함.
비 下(아래 하)

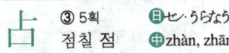
점칠 점

ㅏㅏㅏ占占

*획의. 점칠 때 갈라진 금(卜)을 보고 길흉을 묻는(口) 것을 나타내어, '점치다'의 뜻으로 쓰임.

풀이 1. 점치다. 점을 보다. 점. ¶占卦 2. 차지하다. 점령하다. ¶獨占

占據(점거) 일정한 곳을 차지하여 자리 잡음.
占卦(점괘) 점칠 때 나오는 괘.
占領(점령) 일정한 땅이나 대상을 차지하여 자기 것으로 삼음.
占術(점술) 점치는 술법.
占有(점유) 자기의 소유로 함.
獨占(독점) 독차지함.
先占(선점) 남보다 앞서 차지함.
日 卜(점 복) 비 点(점 점)

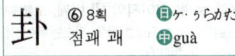
점괘 괘

풀이 점괘. 괘.
卦辭(괘사) 괘(卦)의 뜻 풀이를 해 놓은 글.
卦鐘(괘종) 벽에 걸어 놓는 시계.
비 掛(걸 괘)

⑥ 8획
臥(p613)의 俗字

卨	⑨ 11획 사람 이름 설	[日]セツ·むし [中]xiè

[풀이] 사람 이름.

卩 부

卩(㔾) 병부 절 部

'卩' 자는 임금이 군사를 일으킬 때 사용하던 동글납작한 신표(信標)를 말하는 '병부'를 뜻한다. 그러나 '卩' 자는 병부보다는 '사람'과 관련이 있다. 한자의 구성에서 발로 쓰일 때는 '㔾' 모양으로 바뀐다.

卩	⓪ 2획 병부 절	[日]セシ·セチ [中]bù, jié

[풀이] 병부.

卯	③ 5획 토끼 묘	[日]ボウ·ミョウ [中]mǎo

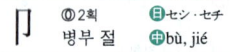

*상형. 좌우로 열린 두 문짝을 본뜬 글자. 가차하여 십이지(十二支)의 네 번째로 쓰임.

[풀이] 토끼. 십이지의 네 번째. 오행에서는 나무(木), 방위로는 동쪽, 달로는 음력 2월에 해당함. ¶卯方

卯方(묘방) 24방위의 하나. 동쪽.

卯時(묘시) 십이시의 넷째 시. 오전 5~7시.

[유] 兎(토끼 토) [비] 卵(알 란)

卮	③ 5획 잔 치	[日]シ·さかずき [中]zhī

[풀이] 잔. 술잔. ¶卮酒

卮酒(치주) 잔에 따라 놓은 술. 배주(杯酒).

[유] 盃(잔 배) [비] 后(임금 후)

危	④ 6획 위태할 위	[日]キ·あやうい·あぶない [中]wēi

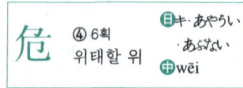

*상형. 한 사람은 절벽 위에 서 있고 또 한 사람은 절벽 아래에 꿇어 앉은 모습을 본뜬 글자. 이에 그 위치가 '위태롭다'라는 뜻으로 쓰임.

[풀이] 1. 위태롭다. 위험하다. ¶危急 2. 두려워하다. 불안해하다. 3. 높다.

危急(위급) 위태하고 급함.

危機(위기) 위험한 경우. 위험한 때.

危重(위중) 병세가 위험함.

危殆(위태) 형세가 매우 어렵고 안전하지 못함.

危險(위험) 위태로움. 안전하지 못함.

安危(안위) 편안함과 위태함.

[유] 殆(위태할 태) [반] 安(편안할 안)

[비] 厄(재앙 액)

印	④ 6획 도장 인	[日]イン·しるし [中]yìn

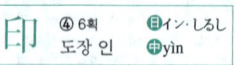

*회의. 손가락에 쥔(爪) 신표(卩)라는 의미에서 '도장'의 뜻으로 쓰임.

[풀이] 1. 도장. ¶印鑑 2. 찍다. 찍히다. ¶印刷

印鑑(인감) 자신의 도장임을 증명할 수 있게 관공서에 등록해 둔 도장.

印象(인상) 사물·현상 등과 접촉하였을 때에 머릿속에 새겨지는 흔적이나 작용.

印刷(인쇄) 판에 판 글자·그림 등을 찍는 일.

印章(인장) 도장.

印畫(인화) 필름을 감광지(減光紙)

위에 올려 놓고 비추어 화상(畫像)이 나타나게 함.

刻印(각인) 1)도장을 새김. 2)머리에 확실히 새겨 놓음.

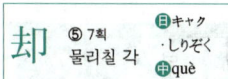
却 ⑤ 7획
물리칠 각
日 キャク・しりぞく
中 què

一 十 土 去 去 却 却

* 형성. 뜻을 나타내는 卩(병부절)과 음을 나타내는 谷(골 곡)의 변형자를 합친 글자.

[풀이] 1. 물리치다. 쫓아 버리다. ¶却下 2. 물러나다. 3. 오히려. 도리어. 4. 어조사. ¶忘却

却說(각설) 화제를 바꾸어 다른 말을 할 때 말머리에 쓰는 말.

却下(각하) 물리침. 각퇴(却退).

冷却(냉각) 식어서 차가워짐. 차갑게 식힘.

忘却(망각) 잊어버림.

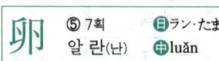
卵 ⑤ 7획
알 란(난)
日 ラン・たまご
中 luǎn

ㄣ ㄣ ㄣ ㄣ 卵 卵 卵

* 상형. 벌레가 알을 배서 배가 불룩하게 나온 모양을 본뜬 글자.

[풀이] 1. 알. ¶卵白 2. 기르다. ¶卵育

卵巢(난소) 난자를 만들어 내며 또한 특수한 분비물을 분비하는 여자의 생식기의 한 부분.

卵育(난육) 기름. 양육함.

卵黃(난황) 1)달걀의 노른자. 2)누런 빛의 양분.

産卵(산란) 알을 낳음.

[비] 卯(토끼 묘)

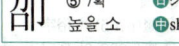
召 ⑤ 7획
높을 소
日 ショウ・たかい
中 shào

[풀이] 1. 높다. 2. 뛰어나다. 훌륭하다.

[유] 高(높을 고) [반] 低(낮을 저)

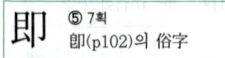
即 ⑤ 7획
卽(p102)의 俗字

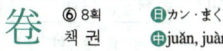
卷 ⑥ 8획
책 권
日 カン・まく
中 juǎn, juàn

` ` ` ` ` 쓰 产 失 尧 巻 卷

[풀이] 1. 책. 두루마리. ¶卷帙 2. 권. 책을 세는 단위. 3. 말다.

卷頭言(권두언) 책의 머리말.

卷數(권수) 책의 수효.

卷帙(권질) 1)책. 2)책의 편수(篇數).

卷土重來(권토중래) 흙먼지를 일으키며 다시 온다는 뜻으로, 한 번 패한 자가 세력을 복구하여 다시 쳐들어옴, 또는 한 번 실패한 자가 다시 힘을 내어 나아감을 이르는 말.

壓卷(압권) 책이나 예술 작품 등에서 가장 뛰어난 부분.

[유] 冊(책 책) [비] 券(문서 권)

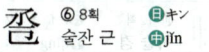
巹 ⑥ 8획
술잔 근
日 キン
中 jǐn

[풀이] 술잔. 혼례 때 쓰이는 합환주 잔.

合巹(합근) 전통 혼례식에서 신랑 신부가 서로 잔을 주고 받는 일.

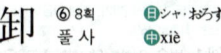
卸 ⑥ 8획
풀 사
日 シャ・おろす
中 xiè

[풀이] 풀다. 벗다. 옷을 벗거나 짐을 내려놓거나 수레에 묶인 말을 풂. ¶卸擔

卸擔(사담) 짊어진 짐을 내려놓음.

[유] 釋(풀 석) [비] 御(어거할 어)

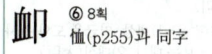
卹 ⑥ 8획
恤(p255)과 同字

卻 ⑦ 9획
却(p101)의 本字

卽 ⑦ 9획
곧 즉
🇯ソク·すなわち
🇨jí

`ノ 亻 亽 亼 自 自 卽 卽`

* 회의. 먹을 것이 가득 들어 있는 그릇 앞〔皀〕에 사람이 무릎 꿇고 있음〔卩〕을 나타낸 글자. 먹을 것이 있는 자리로 나아간다고 하여 '나아가다'의 뜻으로 쓰임.

풀이 1. 곧. 바로. 다시 말하면. ¶卽刻 2. 자리에 나아가다. ¶卽位

卽刻 (즉각) 바로 그 시각. 즉시.

卽死 (즉사) 그 자리에서 바로 죽음.

卽席 (즉석) 1)일이 진행되는 바로 그 자리. 2)바로 그 자리에서 무언가를 하거나 만듦.

卽時 (즉시) 바로 그때. 당장에.

卽位 (즉위) 임금의 자리에 오름.

卽興 (즉흥) 즉석에서 일어난 흥취.

同 則(곧 즉) **卿**(벼슬 경)

卿 ⑩ 12획
벼슬 경
🇯ケイ·キョウ
🇨qīng

`´ ｨ ｨ ｨ ｨ ｨ ｨ ｨ 卿 卿`
卿卿

* 회의. 두 사람〔卯〕이 음식〔皀〕을 사이에 두고 마주 앉은 모양을 나타낸 글자. 이에 '향응하다'의 뜻으로 쓰이다가, 후에 임금이 신하를 부르는 청호로 쓰임.

풀이 1. 벼슬. 정치를 담당하는 최고위급의 관직. 또는 그 사람. ¶卿大夫 2. 경. 임금이 신하를 부르거나 관직이 비슷한 사람들끼리 부르는 존칭.

卿大夫 (경대부) 1)경(卿)과 대부(大夫). 2)정치를 직접 담당하는 고위 관리.

卿相 (경상) 1)재상. 임금을 도와 정사를 돌보는 대신. 2)대신(大臣).

公卿 (공경) 영의정·우의정·좌의정의 3공신과 여러 대신들을 아울러 부르는 총칭.

비 鄕(시골 향)

厂 부

厂 민엄호 部

厂자는 언덕의 바위가 약간 돌출되고 비탈진 모양을 나타낸 글자로, '언덕' 또는 '낭떠러지'를 뜻한다.

厂 ⓪ 2획
언덕 한
🇯カン
🇨ān, chǎng

풀이 언덕. 낭떠러지.

厄 ④ 4획
액 액
🇯ヤク
🇨è

`ノ 厂 厄 厄`

풀이 1. 액. 사나운 운수. ¶厄運 2. 재앙.

厄年 (액년) 운수가 사나운 해. 또는 그 연령.

厄運 (액운) 사나운 운수. 악운(惡運).

厄禍 (액화) 사나운 운수로 입는 재앙.

同 殃(재앙 앙) **비** 危(위태할 위)

厓 ⑥ 8획
언덕 애
🇯ガイ·きし
🇨yá

풀이 1. 언덕. 낭떠러지. ¶斷厓 2. 물가.

同 岸(언덕 안) 丘(언덕 구) **비** 涯(물가 애)

厘 ⑦ 9획
❶釐(p765)의 俗字
❷塵(p228)의 俗字

[厂 7~11획] 厖厚原厠厥厨厦厫

厖 ⑦ 9획
클 방
日ボウ
中máng

풀이 1. 크다. ¶厖大 2. 두텁다. 3. 섞이다. 어지럽다.
厖大(방대) 규모나 양이 매우 크거나 많음.
⇨ 太(클 태)

厚 ⑦ 9획
두터울 후
日コウ・あつい
中hòu

一厂厂厂厂厂厂厚厚厚

*회의. 제사를 지내는 사당을 뜻하는 厂(언덕 한)과 제주(祭酒)를 올리는 형상인 '후(旱)'를 합친 글자. 신에게 제사를 올린다는 데에서 '후하다'의 뜻을 나타냄.

풀이 1. 두텁다. 후하다. 2. 짙다. 정도가 깊다. ¶濃厚 3. 두껍다. 두께. ¶厚顔
厚待(후대) 두텁게 대접함.
厚德(후덕) 두터운 덕행 또는 은덕.
厚謝(후사) 후하게 사례함. 또는 그 사례.
厚生(후생) 1)백성들의 살림살이를 풍요롭게 함. 2)몸을 건강하게 유지함.
厚顔無恥(후안무치) 낯가죽이 두꺼워 뻔뻔스럽고 부끄러움을 모름.
厚恩(후은) 두터운 은혜.
濃厚(농후) 1)액체가 진함. 2)가능성이 큼.
溫厚(온후) 성품이 온화하고 후덕함.
⇨ 篤(도타울 독) ↔ 薄(엷을 박)

原 ⑧ 10획
근원 원
日ゲン・はら
中yuán

一厂厂厂厂厂厂原原原

*회의. 厂(언덕 한)과 '泉(샘 천)'을 합친 글자. 이에 계곡의 맑은 물이 솟아나기 시작하는 샘을 뜻하여 '근원'의 뜻을 나타냄.

풀이 1. 근원. 근본. ¶原則 2. 벌판. 들판. ¶草原 3. 용서하다.
原稿(원고) 인쇄하기 위해 쓴 초고.
原料(원료) 물건을 만드는 재료.
原本(원본) 등사나 초록(抄錄)·개정·번역 등을 하기 전의 본디의 책.
原始(원시) 1)처음. 시작. 2)자연 그대로 있어 아직 진보가 없는 것.
原因(원인) 사물의 근본이 되는 까닭·이유.
原子(원자) 물질을 점점 작게 나눌 때, 어떠한 방법으로도 더 이상 나눌 수 없다고 생각되는 극히 미세한 입자.
原則(원칙) 많은 현상에 공통되는 규칙.
原形(원형) 본디의 형상.
草原(초원) 풀이 난 들판.
⇨ 本(근본 본) 根(뿌리 근) 비 源(근원 원)

厠 ⑨ 11획
廁(p226)과 同字

厥 ⑩ 12획
그 궐
日ケツ・ほる・その
中jué

ノ厂厂厂厂厂厂厂厂厂厂厂厥厥

풀이 1. 그. 그것. ¶厥者 2. 숙이다. 조아리다. ¶厥角 3. 종족 이름. 돌궐(突厥).
厥角(궐각) 머리를 땅에 대고 조아림.
厥者(궐자) 그 사람.
⇨ 彼(저 피)

厨 ⑩ 12획
廚(p228)의 俗字

厦 ⑩ 12획
廈(p226)의 俗字

厫 ⑪ 13획
廒(p227)의 俗字

厭 ⑫ 14획
❶ 싫을 염 [日]エン·あきる
❷ 누를 엽 [中]yā, yàn

[풀이] [1] 1. 싫다. 꺼리다. ¶厭忌 2. 싫증나다. 물리다. ¶厭症 3. 만족하다. 4. 막다. 틀어막다. [2] 5. 누르다. 억누르다.

厭忌(염기) 싫어하고 꺼림.
厭離(염리) 이 세상의 괴로움을 싫어하여 떠남. 속세를 떠남.
厭世(염세) 세상을 싫어함. 세상을 비관함.
厭症(염증) 싫증남.
厭勝(엽승) 주술(呪術)로 사람을 복종시킴.
[유] 惡(싫어할 오) [비] 壓(누를 압)

厰 ⑫ 14획
廠(p228)의 俗字

厲 ⑬ 15획 [日]レイ·ラ·とぐ
갈 려(여) [中]lì

[풀이] 1. 갈다. 문지르다. ¶厲劍 2. 숫돌. 3. 힘쓰다. 격려하다. 4. 엄하다. 사납다. ¶厲禁

厲劍(여검) 칼을 갊.
厲禁(여금) 엄하게 금함.
厲民(여민) 백성을 몹시 괴롭힘.
[비] 萬(일만 만) 勵(힘쓸 려)

厶부

厶 마늘모 部

'厶'자는 마늘 모양을 닮았다고 하여 '마늘모'라는 부수명칭으로 쓰이나, 개인적인 성질의 의미를 담아 '사사롭다'는 뜻을 가진다.

厶 ⓪ 2획 [日]シ
사사 사 [中]mǒu

[풀이] 사사롭다. '私(사사로울 사)'의 고자.

去 ③ 5획 [日]キョ·コ·さる
갈 거 [中]qù

[풀이] 1. 가다. 2. 지나가다. 3. 버리다. 없애다. ¶除去

去來(거래) 돈이나 물건을 서로 주고받음.
去勢(거세) 1)세력을 제거함. 2)수컷의 불알이나 암컷의 난소를 제거함.
去就(거취) 물러남과 나감. 주로 관직의 진퇴를 말할 때 쓰임.
消去(소거) 사라지게 함. 지워 없앰.
除去(제거) 없애 버림.
[유] 行(갈 행) 往(갈 왕)
[반] 來(올 래)

参 ⑥ 8획
參(p104)의 俗字

參 ⑨ 11획 [日]サン·まいる
❶ 참여할 참 [中]cān, cēn,
❷ 석 삼 shēn

*지사. 개인을 뜻하는 '厶(마늘 모)'와 '人(사람 인)', 다양한 모양을 나타낸 '彡(터럭 삼)'을 합친 글자. 이에 사람들이 각양각색으로 있다는 의미에서 '참여하다'의 뜻으로 쓰임.

[풀이] [1] 1. 참여하다. 간여하다. ¶參加 2. 뵈다. 알현하다. ¶參拜 3. 층이 나다. 불규칙한 모양. ¶參差 4. 헤아리다. [2] 5. 석. 셋. '三(석 삼)'의 갖은자.

參加(참가) 어떠한 모임·단체 등에 참여함.

參見(참견) 남의 일에 끼어듦.
參拜(참배) 신에게 배례(拜禮)함.
參席(참석) 자리·모임에 참여함.
參與(참여) 참가하여 함께 더불어 함.
參戰(참전) 전쟁에 참여함.
參照(참조) 참고로 대조하여 봄.
參差(참치) 들쭉날쭉함.
同參(동참) 함께 참여함.
유 三(석 삼)

 ⑩ 12획
參(p104)의 俗字

又부

又 또 우 部

'又' 자는 오른손을 뜻하는 글자인데, 오른손은 모든 활동의 중심이 되는 손이므로 반복의 의미가 더해져 '또'의 뜻으로 쓰인다.

 ⓪ 2획 日ユウ·また
또 우 中yòu

ノ又

풀이 또, 다시. 거듭. ¶又況
又況(우황) 하물며.
유 且(또 차) 再(두 재)
비 叉(뒤져 올 치) 叉(깍지 낄 차)

 ① 3획 日サ·シャ
깍지 낄 차 中chā, chǎ, chà

* 지사. 손(又)이 서로 교차해 있는 것을 점(ヽ)으로 표시한 것으로 '엇갈리다', '끼우다'

의 뜻으로 쓰임.
풀이 1. 깍지 끼다. 2. 엇갈리다. ¶交叉
3. 가닥. 갈래. ¶叉路 4. 야차. 귀신 이름.
叉路(차로) 갈림길.
叉手(차수) 1)두 손을 어긋나게 마주 잡음. 2)팔짱을 낀다는 뜻으로, 관여하지 않음을 이르는 말.
交叉(교차) 1)2개 이상의 것이 한 곳에서 마주침. 2)서로 엇갈림.
비 又(또 우)

 ② 4획 日キュウ·およぶ
미칠 급 中jí

ノ 丿 乃 及

* 회의. 사람(人)을 뒤따라가 손(又)으로 붙잡는 것을 나타낸 글자. 이에 '따라붙다', '미치다'라는 뜻으로 쓰임.
풀이 1. 미치다. 이르다. ¶及其也 2. 및. 와(과). 접속사.
及其也(급기야) 필경에는.
及第(급제) 과거 시험에 합격됨.
유 扱(미칠 급) 至(이를 지)
비 乃(이에 내)

 ② 4획
❶ 돌이킬 반 日ハン·かえる
❷ 뒤집을 번 中fǎn

ノ 厂 万 反

* 회의. 손(又)으로 바위(厂)를 뒤집는다는 의미를 나타낸 글자. 이에 '뒤엎는다', '반대'라는 뜻으로 쓰임.
풀이 ❶ 1. 돌이키다. 되돌리다. 2. 반복하다. 되풀이하다. ¶反復 3. 반대하다. ¶反抗 ❷ 4. 뒤집다. 뒤엎다.
反感(반감) 반대의 뜻을 가진 감정.
反對(반대) 1)어떤 사물과 대립되는 관계에 있음. 2)남의 말에 맞서 거스름.
反亂(반란) 나라에 반대하여 일으킨 난리.
反問(반문) 질문에 답하지 않고 도리

어 물음.

反復(반복) 한 가지 일을 되풀이함.

反省(반성) 스스로 돌이켜 살핌.

反應(반응) 1)어떠한 작용을 받아 일어나는 변화 현상. 2)자극에 대한 모든 신체 운동과 의식 작용.

反轉(반전) 일의 형세가 뒤바뀜.

反則(반칙) 법칙이나 규정에 위반됨.

反抗(반항) 순종하지 않고 대듦.

如反掌(여반장) 손바닥을 뒤집는 것처럼 매우 쉬움.

收 ② 4획
收(p313)의 俗字

双 ② 4획
雙(p799)의 俗字

友 ② 4획
벗 우 日 ユウ·とも ⊕yǒu

一 ナ 方 友

* 형성. 뜻을 나타내며 동시에 음을 나타내는 부수 '又(또 우)'를 상하로 두 번 겹쳐 쓴 글자. 손에 손을 잡은 '벗'의 뜻을 나타낸다.

풀이 1. 벗, 친구. ¶朋友 2. 벗하다. 3. 우애가 있다.

友愛(우애) 형제 사이의 정과 친구 사이의 정분.

友誼(우의) 벗 사이의 정. 우정(友情)

友情(우정) 우의(友誼).

友好(우호) 서로 사이가 좋음.

朋友(붕우) 벗.

🔁 朋(벗 붕)

受 ⑥ 8획
받을 수 日 ジュ·うける ⊕shòu

* 회의. 손(爪)에서 손(又)으로 무언가를(→) 주고받는 것을 나타낸 글자. 후에 '주다(授)'와 '받다(受)'가 나뉘게 되어 '받다'의 뜻만을 나타냄.

풀이 1. 받다. 받아들이다. ¶受講 2. 얻다. ¶受益

受講(수강) 강습이나 강의를 받음.

受難(수난) 어려운 일을 당함.

受諾(수락) 승낙.

受侮(수모) 모욕을 당함.

受賞(수상) 상을 받음.

受業(수업) 가르침을 받음. 지식을 전해 받음.

受益(수익) 이익을 얻음.

受取(수취) 받아서 취함.

接受(접수) 문서 등을 처리하기 위해 받아들임.

凹 授(줄 수) 凹 愛(사랑 애)

叔 ⑥ 8획
아재비 숙 日 シュク·おじ ⊕shū

풀이 아재비. 숙부. 아버지의 동생. ¶叔父

叔母(숙모) 숙부의 아내.

叔父(숙부) 아버지의 남동생.

叔姪(숙질) 아저씨와 조카.

凹 淑(맑을 숙)

取 ⑥ 8획
취할 취 日 シュ·とる ⊕qǔ

* 회의. 손(又)으로 귀(耳)를 떼는 것을 나타낸 글자. 옛날에는 전쟁에서 적을 잡으면 귀를 잘라 가져왔다 하여 '취하다'의 뜻으로 쓰임.

풀이 취하다. 가지다. 손에 넣다. ¶取得

取扱(취급) 1)사물을 다룸. 2)일을 처리함.

取得(취득) 손에 넣음.

取消(취소) 글로 적은 것이나 또는 진

술한 사실을 없앰.
取調(취조) 범죄 사실을 속속들이 조사함.
進取(진취) 적극적으로 나아가서 일을 이룸.
[유] 得(얻을 득) 撮(취할 촬)
[반] 捨(버릴 사)

叛	⑦ 9획 배반할 반	[日]ハン·そむく [中]pàn

丶 丷 䒑 兰 半 半 叛 叛 叛

*형성. '거스르다'의 뜻을 지닌 '反(되돌릴 반)'과 음을 나타내며 '둘로 나뉘다'의 뜻을 지닌 '半(반 반)'을 합친 글자. 이에 '배반하여 떠나다'의 뜻으로 쓰임.

[풀이] 배반하다. 모반하다. ¶叛逆

叛軍(반군) 반란군.
叛徒(반도) 반란을 도모하는 무리.
叛逆(반역) 배반하고 역모를 함.
叛賊(반적) 제 나라를 배반한 역적.
背叛(배반) 신의를 저버리고 등짐.
[비] 判(판가름할 판) 版(널 판)

叙	⑦ 9획 敍(p315)의 俗字

叟	⑧ 10획 늙은이 수	[日]ソウ·おきな [中]sǒu, sōu, xiāo

[풀이] 늙은이.

叟傖(수창) 시골 영감.
[유] 翁(늙은이 옹)

叡	⑭ 16획 밝을 예	[日]エイ·さとい [中]ruì

[풀이] 1. 밝다. 사리에 통하다. ¶叡智 2. 임금. 천자의 언행에 붙이는 말. ¶叡覽

叡覽(예람) 임금이 봄.
叡明(예명) 임금이 현명함.
叡智(예지) 1)사물의 본질을 꿰뚫는 현명한 지혜. 2)이성(理性).
[유] 哲(밝을 철) 昭(밝을 소) 明(밝을 명)
[반] 暗(어두울 암)

叢	⑯ 18획 모일 총	[日]ソウ·くさむら [中]cóng

*형성. 풀이 떼 지어 나 있는 모양을 나타내는 윗부분과 음을 나타내는 '取(가질 취)'를 합친 글자. 이에 '풀숲', '떼 지어 모이다'의 뜻으로 쓰임.

[풀이] 1. 모이다. 모으다. ¶叢書 2. 떨기. 떼. 풀이나 나무 등의 무더기. ¶竹叢

叢林(총림) 잡목이 우거진 숲.
叢書(총서) 같은 제목이나 형식으로 간행한 여러 권의 책.
叢叢(총총) 많이 모여 있는 모양.
竹叢(죽총) 작은 대숲.
[유] 集(모일 집) [반] 散(흩을 산)
[비] 業(업 업)

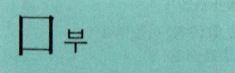

口 부

口 입 구 部

'口'자는 사람의 입 모양을 본뜬 글자로, 입이라는 뜻을 가지며 사람은 모두 입을 갖고 있다고 하여 '인구'를 나타내기도 한다. 또한 입 모양이 네모와 비슷하여 '네모난 것'이나 '구멍', '어귀'의 뜻으로도 쓰이며, 입으로 말하다 하여 구변(口辯)에서처럼 '말하다'의 뜻을 나타내기도 한다. 이 글자를 부수로 갖는 글자는 일반적으로 입의 기관이나 그 활동과 관련이 있다.

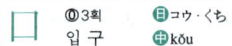

口	⓪3획	🇯コウ·くち
	입 구	🇨🇳kǒu

ㅣ 口 口

풀이 1. 입. 주둥이. ¶口腔 2. 어귀. ¶浦口 3. 인구. ¶食口 4. 말하다. ¶口辯

口腔(구강) 입 안의 빈 곳.

口頭(구두) 마주 보며 직접 입으로 하는 말.

口味(구미) 1)음식을 눈으로 보거나 맛을 보았을 때 느끼게 되는 충동. 2)어떤 일에 대한 의욕이나 흥미나 취향. 입맛.

口辯(구변) 입으로 하는 말. 또는 그 솜씨.

口實(구실) 핑계 삼을 밑천.

口傳(구전) 말로 전함.

口臭(구취) 입에서 나는 나쁜 냄새.

口號(구호) 연설이 끝났을 때나, 시위 행진을 할 때에 외치는 간결한 문구.

食口(식구) 같은 집에 살며 끼니를 함께 하는 사람. 식솔(食率).

有口無言(유구무언) 입은 있으나 할 말이 없음. 변명할 말이 없음.

浦口(포구) 배가 드나드는 강의 어귀.

비 口(큰입구)

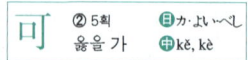

可	②5획	🇯カ·よい·〜に
	옳을 가	🇨🇳kě, kè

一 丂 可 可 可

* 회의. 말(口)을 사리에 맞게(丁) 함을 나타낸 글자. 이에 '옳다'의 뜻으로 쓰임.

풀이 1. 옳다. 2. 가능하다. 가히. ¶可能 3. 허락하다.

可恐(가공) 두려워할 만함.

可能(가능) 할 수 있음. 될 수 있음.

可望(가망) 될 만한 희망.

可否(가부) 1)옳고 그름. 2)가결(可決)과 부결(否決).

可憎(가증) 괘씸하고 얄미움.

許可(허가) 1)허락. 2)법으로 금지하던 일을 특정한 경우에 허락해 주는 일.

비 何(어찌 하)

古	②5획	🇯コ·ふるい
	예 고	🇨🇳gǔ

一 十 古 古 古

* 회의. 여러(十) 대에 걸쳐 입(口)으로 전해 오는 것을 나타낸 글자. 이에 '옛날'이라는 뜻을 나타냄.

풀이 예. 예전. 옛날. ¶古今

古今(고금) 옛날과 지금.

古代(고대) 1)옛 시대. 2)역사상의 연대 구분의 하나.

古來(고래) 옛날부터 지금까지.

古物(고물) 오래된 물건.

古墳(고분) 옛 무덤.

古雅(고아) 우아하고 예스러움.

古典(고전) 1)고대의 전적(典籍). 2)옛날의 의식이나 법식. 3)시대를 대표하는 것으로서 후세에 남을 가치가 있는 작품.

古參(고참) 오래전부터 그 일에 종사

하던 사람.
古風 (고풍) 1)옛 풍속. 2)예스러운 모습. 3)한시(漢詩)의 한 체(體).
유 昔(옛 석)

| 叩 | ②5획 | 日コウ·たたく |
| | 두드릴 고 | 中kòu |

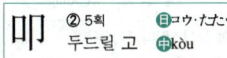

풀이 1. 두드리다. 치다. ¶叩門 2. 조아리다. ¶叩頭
叩頭 (고두) 경의를 표하기 위해 머리를 조아림.
叩門 (고문) 남의 집을 방문하여 문을 두드림.
비 卬 (나 앙)

| 句 | ②5획 | 日ク·くぎり |
| | 구절 구 | 中jù, gōu, gòu |

ノ ク 勹 句 句

풀이 구절. 글귀. ¶句文
句讀 (구두) 글을 읽기 편하게 하기 위하여 단어·구절 등에 점이나 부호 등으로 표시하는 방법.
句文 (구문) 글귀.
句節 (구절) 한 토막의 말이나 글.
名句 (명구) 뛰어난 글귀. 유명한 문구.
字句 (자구) 글자와 글귀.
유 章 (글 장)

| 叫 | ②5획 | 日キュウ |
| | 부르짖을 규 | 中jiào |

丨 口 口 叫 叫

풀이 부르짖다. 부르다. ¶叫號
叫聲 (규성) 외치는 소리.
叫彈 (규탄) 잘못을 엄하게 따지고 나무람.
叫號 (규호) 큰 소리로 부름.
叫喚 (규환) 큰 소리로 부르짖음.
絶叫 (절규) 있는 힘을 다해 부르짖음.

| 另 | ②5획 | 日レイ·わかれる |
| | 헤어질 령(영) | 中lìng |

풀이 1. 헤어지다. 나누다. ¶另居 2. 따로. 각각. ¶另席
另居 (영거) 따로 거처함. 별거(別居).
另函 (영함) 1)따로 봉함. 2)별봉(別封)의 편지.

| 司 | ②5획 | 日シ·つかさどる |
| | 맡을 사 | 中sī, sì |

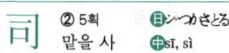

*지사. 后(임금 후)자를 뒤집어 놓은 모양을 나타낸 글자. 대궐 안의 임금과는 반대로 대궐 밖에서 일하는 '벼슬아치'의 뜻을 나타냄.
풀이 1. 맡다. ¶司令官 2. 관아. 3. 벼슬. 관리. ¶上司
司令官 (사령관) 사령의 직책을 맡은 무관.
司法 (사법) 법률을 실제의 사실에 적용하는 국가 작용.
司書 (사서) 책을 맡아 관리하는 일.
司會 (사회) 회의나 예식 등의 진행을 맡아보는 사람. 또는 그 일.
上司 (상사) 위 등급의 기관이나 관청. 또는 자기보다 계급이 위인 사람.
유 任 (맡길 임)

| 史 | ②5획 | 日シ·ふみ·れきし |
| | 역사 사 | 中shǐ |

丨 口 口 史 史

*회의. 바르게[中] 붓을 잡고[又] 기록하는 것을 나타내어, '역사'의 뜻으로 쓰임.
풀이 1. 역사. 사기. ¶國史 2. 사관(史官). ¶史官
史官 (사관) 역사를 기록하던 관리.
史劇 (사극) 역사적 사실을 바탕으로 만든 연극 또는 희곡.

史料(사료) 역사의 연구나 편찬에 필요한 자료.
史書(사서) 역사적 일을 기록한 책.
史蹟(사적) 역사적으로 보존할 만한 가치가 있는 자취.
史學(사학) 역사를 연구하는 학문.
國史(국사) 1)한 나라의 역사. 2)우리 나라의 역사.
歷史(역사) 인류의 변천과 흥망의 기록.
🔃 吏(벼슬아치 리)

召	②5획 ❶ 부를 소 ❷ 대추 조	🇯🇵ショウ めす 🇨🇳zhào

* 형성. 뜻을 나타내는 부수 '口(입 구)'와 음을 나타내는 '刀(칼 도)'를 합친 글자.

풀이 ❶ 1. 부르다. 초청하다. ¶召集 2. 초래하다. ❷ 3. 대추.
召見(소견) 불러서 만나 봄.
召集(소집) 불러 모음.
召還(소환) 불러들임. 돌아오도록 부르는 것.
🔃 招(부를 초) 呼(부를 호)

右	②5획 오른쪽 우	🇯🇵コウ·ユウ·みぎ 🇨🇳yòu

ノナオ右右

* 회의. 밥을 먹는([口]) 손(又)을 나타내어, '오른쪽'의 뜻으로 쓰임.

풀이 1. 오른쪽. ¶右側 2. 존경하다. 숭상하다. ¶右文 3. 돕다.
右文(우문) 문(文)을 숭상함.
右往左往(우왕좌왕) 이리저리 갈피를 잡지 못함.
右翼(우익) 1)새의 오른쪽 날개. 2)대열의 오른쪽. 3)보수파·국수주의파의 정당·단체.
右側(우측) 오른쪽의 옆.
🔁 左(왼쪽 좌)

叮	②5획 정성스러울 정	🇯🇵テイ· ねんごろ 🇨🇳dīng

풀이 정성스럽다. ¶叮寧
叮寧(정녕) 1)정성스럽게 일을 다함. 일을 치밀하게 함. 2)틀림없이. 꼭. 정녕(丁寧).

只	②5획 다만 지	🇯🇵シ·ただ 🇨🇳zhǐ

* 회의. '口(입 구)'와 나눈다는 뜻을 지닌 '八(여덟 팔)'을 합친 글자. 이에 말에 여운이 있음을 나타냄. 또한 '다만'의 뜻으로도 쓰임.

풀이 다만. 단지. ¶只
只今(지금) 1)이제. 곧. 2)이 시간.
但只(단지) 다만. 겨우. 오직.
🔃 但(다만 단)

叱	②5획 꾸짖을 질	🇯🇵シッ·しかる 🇨🇳chì

풀이 꾸짖다. 책망하다. ¶叱正
叱正(질정) 꾸짖어 바로잡음.
叱責(질책) 꾸짖어 나무람.
叱咤(질타) 성내며 크게 꾸짖음.
🔃 吒(꾸짖을 타) 🔁 讚(칭찬할 찬)

台	②5획 ❶ 별 태 ❷ 나 이	🇯🇵ダイ· ほしのな 🇨🇳tāi, yī

풀이 ❶ 1. 별. 별 이름. 삼공(三公)의 자리나 그와 비슷한 지위의 비유로 쓰임. ¶台鑑 ❷ 2. 나. 자신.
台鑑(태감) 과거 종2품 이상의 관리에게 보내는 편지나 보고서 등의 겉봉투에 쓰던 말.

[口 2~3획] 叭叶号各吉同   111

叭 ②5획   日ハツ   나팔 팔   中pā, bā

[풀이] 나팔.

喇叭(나팔) 1)금속으로 만든 관악기의 한 가지. 2)끝이 나팔꽃 모양으로 생긴 악기. 나발.

叶 ②5획   日キョウ·あわせる   화합할 협   中xié

[풀이] 화합하다. 합하다.

叶韻(협운) 어떤 운(韻)의 한자가 합해져 다른 운에도 통용됨.

[윾] 協(도울 협) 和(화할 화)

号 ②5획
號(p653)의 俗字

各 ③6획   日カク·おのおの   각각 각   中gè

丿ク夂夂各各

*회의. 집[口]에 다다른[夂]을 나타낸 글자. 바꾸어 '각각'의 뜻으로 쓰임.

[풀이] 각각. 제각기. 따로따로. ¶各各

各各(각각) 따로따로.

各色(각색) 1)여러 가지 빛깔. 2)여러 가지.

各樣(각양) 여러 가지 모양.

各自(각자) 각각. 제각기.

各處(각처) 여러 곳.

[비] 名(이름 명)

吉 ③6획   日キツ·キチ·よい   길할 길   中jí

一十士吉吉吉

*회의. 선비(士)가 하는 말(口)은 허튼 것이 없다고 하여 '좋다, 길하다'는 뜻을 나타냄.

[풀이] 1. 길하다. 좋다. 2. 복. 행운.

吉夢(길몽) 좋은 꿈.

吉祥(길상) 운이 좋을 조짐. 상서로운 조짐.

吉人(길인) 1)착한 사람. 2)복이 많은 사람.

吉日(길일) 길한 날. 좋은 날.

吉兆(길조) 좋은 일이 생길 조짐.

吉凶(길흉) 1)좋은 일과 언짢은 일. 행복과 재앙. 2)혼례와 장례.

不吉(불길) 운이 좋지 않거나 일이 상서롭지 못함.

[반] 凶(흉할 흉)

同 ③6획   日ドウ·おなじ   같을 동   中tóng

｜冂冂冃冋同

*회의. 여러 사람의 말(口)이 하나(一)로 모임(冂)을 나타내어 '같다'라는 뜻으로 쓰임.

[풀이] 1. 같다. 동일하다. ¶同等 2. 같이. 함께. 화합하다. ¶合同

同居(동거) 한 집에서 같이 거주함.

同等(동등) 같은 등급.

同僚(동료) 같은 곳에서 같은 일을 하는 사람.

同伴(동반) 데리고 함께 다님. 길을 같이 감.

同時(동시) 같은 때.

同一(동일) 꼭 같음.

同情(동정) 남의 불행·슬픔을 자기 일처럼 가슴 아파함.

同窓(동창) 같은 학교나 같은 스승에게 수업함. 수학(修學)을 같이 함.

同胞(동포) 1)같은 어머니로부터 태어난 형제자매. 2)한 나라 한 민족에 속하는 사람.

共同(공동) 여러 사람이 함께 일을 함.

合同(합동) 모아서 하나로 함.

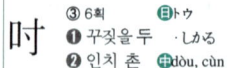

❶ 꾸짖을 두 ·しかる
❷ 인치 촌 ⓒdòu, cùn

풀이 ❶ 1. 꾸짖다. 혼내다. ❷ 2. 인치. 길이의 단위.

③ 6획
벼슬아치 리(이)
日リ·つかさ
中lì

一 一 一 一 吏 吏

* 회의. 오로지[一] 법을 지켜 사실을 기록하는[史] 사람을 나타내어 '벼슬아치', '관리'의 뜻을 나타냄.

풀이 1. 벼슬아치. 관리. ¶官吏 2. 아전. 지방 관청에 딸린 하급 관원.

吏讀(이두) 신라 때 한자의 음과 뜻을 빌어 우리 말을 표기하는데 쓰이던 문자.
吏屬(이속) 아전의 무리.
官吏(관리) 관직에 있는 사람.

🔗 官(벼슬 관) 寮(벼슬아치 료) 爵(벼슬 작)
비 更(고칠 경) 史(역사 사)

③ 6획
이름 명
日メイ·ミョウ·な
中míng

丿 ク タ タ 名 名

* 회의. 저녁(夕)이 되어 어두워지면 자기 이름을 말[口]하여 적이 아님을 알렸다는 데서 '이름', '호칭'이라는 뜻으로 쓰임.

풀이 1. 이름. 2. 이름나다. 유명해지다. ¶名物 3. 명. 사람의 수를 세는 단위.

名家(명가) 1)훌륭한 집안. 이름난 가문. 명문(名門). 2)이 분야에서 이름이 난 사람.
名單(명단) 관련된 사람의 이름을 적은 것.
名物(명물) 1)그 지방의 이름난 물건. 2)특징이 있어 인기 있는 사람.
名分(명분) 신분에 의하여 반드시 지켜야 할 도의상의 본분.
名聲(명성) 세상에 떨친 이름. 명예.
名譽(명예) 사회적으로 받는 존경과 높은 공적에 따르는 영광.
名作(명작) 뛰어난 작품.
名稱(명칭) 사물의 이름. 호칭(呼稱).
名銜(명함) 자기의 성명·주소·직업·신분 등을 적은 종이쪽.
有名(유명) 이름이 세상에 널리 알려짐.

비 各(각각 각)

③ 6획
탄식할 우
日ク·ウ·ああ
中xū

풀이 탄식하다. ¶吁嗟

吁嗟(우차) 탄식. 탄식하는 모양.

🔗 嘆(탄식할 탄) 비 于(어조사 우)

③ 6획
弔(p232)의 俗字

③ 6획
咤(p120)의 本字

③ 6획
토할 토
日ト·はく
中tǔ

丨 口 口─ 마 吐

* 형성. 뜻을 나타내는 부수 '口(입 구)'와 음을 나타내는 '土(흙 토)'를 합친 글자.

풀이 1. 토하다. 뱉다. 2. 말하다. 털어 놓다. ¶吐說

吐露(토로) 속마음을 털어놓고 말함.
吐說(토설) 사실을 털어놓고 말함.
吐血(토혈) 피를 토함.
嘔吐(구토) 음식물을 토함.

合 ③ 6획
❶ 합할 합 [日]ゴウ·あう
❷ 홉 홉[韓] [中]hè

ノ 人 亼 合 合 合

[풀이] [1] 1. 합하다. 모으다. ¶合心 2. 맞다. 적합하다. ¶合法 [2] 3. 홉. 양을 되는 단위.

合計(합계) 한데 모아 계산함. 또는 그 수.
合理(합리) 이치에 합당함.
合當(합당) 알맞음.
合同(합동) 여럿이 모여 하나가 되어 함께 함.
合法(합법) 법 · 규칙에 맞음.
合乘(합승) 함께 탐.
合心(합심) 많은 사람이 마음을 합함.
合意(합의) 1)서로 뜻이 맞음. 2)당사자간의 뜻이 합치함.
合作(합작) 1)힘을 합하여 만듦. 2)작품을 두 사람 이상이 서로 의논하여 지음.
合唱(합창) 여러 사람이 소리를 맞추어 노래함.
結合(결합) 둘 이상의 것이 합쳐짐.
符合(부합) 서로 꼭 들어맞음.
混合(혼합) 뒤섞어서 한데 합함.
[비] 含(머금을 함)

向 ③ 6획
❶ 향할 향 [日]キョウ·コウ·むかう
❷ 성 상 [中]xiàng

ノ 亻 门 向 向 向

*상형. 창문이 있는 집을 본뜬 글자. 원래는 '북쪽의 창문'을 뜻했으나, 바뀌어 '향하다'의 뜻으로 쓰임.

[풀이] [1] 1. 향하다. 나아가다. ¶向上 2. 이전. 접때. ¶向時 [2] 3. 성(姓).

向路(향로) 향해 가는 길. 갈 길.
向上(향상) 위로 향하여 나아가는 일.
向時(향시) 이전. 접때.
向後(향후) 이 다음. 이 뒤.
性向(성향) 성질상의 경향. 기질.
偏向(편향) 한쪽으로 치우침.

后 ③ 6획 [日]コウ·きさき
임금 후 [中]hòu

*회의. 한[一] 입[口]으로 천하를 호령하는 사람[人]을 나타내어, '제후', '임금'의 뜻으로 쓰임.

[풀이] 1. 임금. ¶后王 2. 황후. ¶后妃 3. 신령. 신명. 4. 뒤.

后妃(후비) 임금의 정실(正室). 황후(皇后).
后王(후왕) 임금. 천자(天子).
[유] 王(임금 왕) 君(임금 군)

吃 ③ 6획 [日]キツ·ども る
말 더듬을 흘 [中]chī

[풀이] 1. 말을 더듬다. ¶吃人 2. 먹다.

吃人(흘인) 말을 더듬는 사람.
[유] 吶(말 더듬을 눌)

告 ④ 7획
❶ 알릴 고 [日]コク·つげる
❷ 청할 곡 [中]gào

ノ ㅗ 牛 牛 生 告 告

*회의. 소[牛]를 제물로 바치고 신에게 소원을 말하는[口] 것을 나타내어, '알리다'의 뜻으로 쓰임.

[풀이] [1] 1. 알리다. 아뢰다. 고하다. ¶告知 2. 고발하다. 하소연하다. [2] 3. 청하다.

告白(고백) 숨김없이 사실대로 말함.
告訴(고소) 피해자 또는 고소권자가 범죄 사실을 수사 기관에게 신고하여 범인의 소추를 구하는 행위.
告知(고지) 통지하여 알림.
告解(고해) 자신의 죄를 용서받는 성

사(聖事).
廣告(광고) 1)세상에 널리 알림. 2)상품·서비스 등을 매체를 통하여 소비자에게 알리는 행위.

④ 7획　日クン·きみ
임금 군　中jūn

フ コ 子 尹 尹 君 君

풀이 1. 임금. 천자(天子). ¶君王　2. 호칭. 남편·아내·조상·부모의 존칭. 3. 어진이. 현자(賢者). ¶君子　4. 그대. 자네. 5. 봉작. ¶大君

君臣(군신) 임금과 신하.
君王(군왕) 임금.
君子(군자) 1)학식과 덕이 높은 사람. 2)남편을 가리키는 말.
君主(군주) 임금.
大君(대군) 조선 시대 때 임금의 정실 부인이 낳은 아들을 이르던 말.
暴君(폭군) 포악한 임금.
유 王(임금 왕) 后(임금 후)

④ 7획
❶ 말 더듬을 눌　日トツ·どもる 中nà, nè
❷ 떠들 납

풀이 ❶ 1. 말을 더듬다. ❷ 2. 떠들다. 외치다. ¶吶喊

吶喊(납함) 큰 소리로 외침.
유 吃(말 더듬을 흘)

④ 7획
음률 려(여)　日リョ·ロ ·せぼね
中lǔ

* 상형. 사람의 등뼈를 본뜬 글자. 등뼈에는 마디가 있기 때문에 마디가 있는 음성인 '음률'의 뜻을 나타냄.

풀이 음률. ¶律呂

律呂(율려) 음악이나 음성의 가락.

비 侶(짝 려)

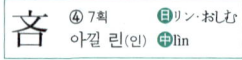
④ 7획　日リン·おしむ
아낄 린(인)　中lìn

풀이 아끼다. 인색하다. ¶吝嗇

吝嗇(인색) 재물을 아낌.
유 惜(아낄 석)

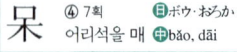
④ 7획　日ボウ·おろか
어리석을 매　中bǎo, dāi

풀이 어리석다. 미련하다. ¶癡呆

癡呆(치매) 정신이 온전하지 않아 말과 동작이 어눌함.
유 保(지킬 보)

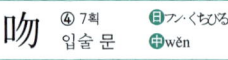
④ 7획　日フン·くちびる
입술 문　中wěn

풀이 입술. ¶吻合

吻合(문합) 입속의 위아래가 맞는 것처럼 사물이 서로 맞는 것을 뜻함.
接吻(접문) 입술을 댐. 입맞춤. 키스.
유 脣(입술 순)　비 勿(말물)

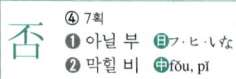
④ 7획
❶ 아닐 부　日フ·ヒ·いな
❷ 막힐 비　中fǒu, pǐ

一 プ ア 不 不 否 否

* 형성. 뜻을 나타내는 부수 '口(입 구)'와 음을 나타내는 '不(아닐 부)'를 합친 글자. 입(口)으로 직접 아니다(不)라고 말함을 나타내어, '…이 아니다'라는 부정의 뜻으로 쓰임.

풀이 ❶ 1. 아니다. 부정하다. ¶否決　❷ 2. 막히다. ¶否塞　3. 나쁘다. 좋지 않다.

否決(부결) 의안이 성립되지 않음.
否認(부인) 동의하지 않음.
否定(부정) 그렇지 않다고 인정함.
否塞(비색) 운수가 막힘.
否運(비운) 운수가 꽉 막힘.

與否(여부) 그러함과 그러하지 않음.
[유] 不(아닐 부) 未(아닐 미)
[반] 正(바를 정) [비] 丕(클 비)

吩 ④ 7획 분부할 분 [日]フン·いいつけ [中]fēn

[풀이] 1. 분부하다. 2. 명령하다.

吩咐(분부) 윗사람의 당부나 명령을 높여 이르는 말.

吮 ④ 7획 빨 연 [日]セン·すう [中]shǔn

[풀이] 빨다. 핥다.

吮疽之仁(연저지인) 상사가 부하의 종기를 입으로 빨아 줄 정도로 극진히 아낌.

吾 ④ 7획 나 오 [日]ゴ·われ [中]wú

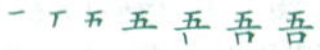

[풀이] 나. 자신. 본인. ¶吾不關焉

吾等(오등) 우리들.

吾不關焉(오불관언) 나는 그 일에 상관하지 않음.

吾兄(오형) 나의 형이라는 뜻으로, 친구 사이의 편지에서 상대를 부르는 말.
[유] 我(나 아) 余(나 여) 予(나 여)
[반] 汝(너 여) 他(다를 타)

吳 ④ 7획 나라 이름 오 [日]ゴ·くにのな [中]wú

[풀이] 나라 이름. ㉠춘추 시대에 태백(太伯)이 세운 나라. ㉡삼국 시대 손권(孫權)이 세운 나라. ¶吳越同舟

吳越同舟(오월동주) 오나라 사람과 월나라 사람이 한 배를 타고 있다는 뜻으로, 원수라도 같은 처지에 있게 되면 협력하게 됨을 이르는 말.

吟 ④ 7획 읊을 음 [日]イン·よむ [中]yín, jìn

* 형성. 뜻을 나타내는 부수 '口(입 구)'와 음을 나타내는 '今(이제 금)'을 합친 글자.

[풀이] 1. 읊다. 노래하다. ¶吟詠 2. 끙끙 앓다. ¶呻吟 3. 울다.

吟味(음미) 1)시나 시조를 지어 그 뜻을 새김. 2)사물의 의미를 깊이 새겨 연구함.

吟詠(음영) 시나 시조를 읊조림.

吟風弄月(음풍농월) 바람을 쐬며 시를 읊고 밝은 달을 즐김. 즉, 자연을 만끽하며 시를 짓거나 읊조림.

呻吟(신음) 끙끙 앓는 소리.
[유] 詠(읊을 영) [비] 昑(밝을 금)

呈 ④ 7획 드릴 정 [日]テイ·あらわす [中]chéng, chěng

* 형성. 뜻을 나타내는 부수 '口(입 구)'와 음을 나타내는 '壬(줄기 정)'을 합친 글자.

[풀이] 1. 드리다. 바치다. ¶呈上 2. 나타나다. 나타내다.

呈上(정상) 물건을 올려 드림. 헌상함.

贈呈(증정) 남에게 물건을 줌.

吹 ④ 7획 불 취 [日]スイ·ふく [中]chuī, chuì

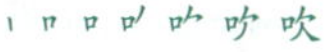

* 회의. 입(口)으로 하품하면(欠) 숨이 밖으로 나오므로 '불다'의 뜻을 나타냄.

[풀이] 1. 불다. 숨을 내쉬다. ¶吹奏 2. 바람이 불다. 3. 충동하다. 부추기다.

吹奏(취주) 관악기를 불어 연주함.

吹打(취타) 군대 안에서 나팔·소라·대각 등을 불고 바라·징·북 등을 치던 군악.

鼓吹(고취) 1)북을 치고 피리를 붊. 2)용기를 북돋움.

3획

비 次(버금 차)

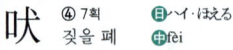

| 吞 | ④ 7획 삼킬 탄 | 日ドン・のむ 中tūn |

풀이 삼키다. ¶呑聲

呑聲(탄성) 소리를 삼킨다는 뜻으로, 슬픔을 이기지 못해 소리를 내지 못하며 울먹임을 이르는 말.

甘呑苦吐(감탄고토) 달면 삼키고 쓰면 뱉는다는 뜻으로, 자기 비위에 맞으면 취하고 싫으면 버린다는 뜻.

| 吠 | ④ 7획 짖을 폐 | 日ハイ・ほえる 中fèi |

*회의. '口(입 구)'와 '犬(개 견)'을 합친 글자. 이에 개가 짖는다 라는 뜻으로 쓰임.

풀이 개가 짖다. 개 짖는 모양.

鷄鳴狗吠(계명구폐) 닭이 울고 개가 짖는다는 뜻으로, 인가(人家)나 촌락(村落)이 있음을 뜻함.

| 品 | ④ 7획 | 品(p120)의 俗字 |

| 含 | ④ 7획 머금을 함 | 日ガン・ふくむ 中hán, hàn |

*형성. 뜻을 나타내는 부수 '口(입 구)'와 음을 나타내는 '今(이제 금)'을 합친 글자.

풀이 1. 머금다. 2. 품다.

含量(함량) 들어 있는 분량.
含有(함유) 섞여 있거나 머금고 있음.
含蓄(함축) 1)깊이 간직하여 드러나지 않음. 2)깊은 뜻을 간직함.

비 合(합할 합)

| 吼 | ④ 7획 울 후 | 日コウ・ほえる 中hǒu |

풀이 1. 울다. 2. 외치다. ¶吼號

吼號(후호) 큰 소리로 부름.
獅子吼(사자후) 1)석가모니의 설법. 2)크게 열변을 토함.

비 孔(구멍 공)

| 吸 | ④ 7획 숨 들이쉴 흡 | 日キュウ・すう 中xī |

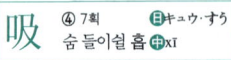

풀이 1. 숨을 들이쉬다. ¶吸引 2. 마시다. 빨다. ¶吸收

吸收(흡수) 1)빨아들임. 2)자신의 것으로 받아들임.
吸煙(흡연) 담배를 피움.
吸引(흡인) 숨을 빨아들임.
吸血(흡혈) 피를 빨아들임.
呼吸(호흡) 숨을 내쉬고 들이마심. 또는 그 숨.

비 汲(물 길을 급)

| 呵 | ⑤ 8획 꾸짖을 가 | 日カ・しかる 中hē, ā |

*형성. 뜻을 나타내는 부수 '口(입 구)'와 음을 나타내는 '可(옳을 가)'를 합친 글자.

풀이 1. 꾸짖다. 호통치다. ¶呵責 2. 껄껄 웃다.

呵呵大笑(가가대소) 큰 소리로 웃음.
呵責(가책) 엄하게 꾸짖음.

유 叱(꾸짖을 질) 咤(꾸짖을 타)
비 可(옳을 가)

| 咖 | ⑤ 8획 커피 가 | 日コヒ・カ 中kā |

풀이 커피.

咖啡(가비) 커피. 'coffee'의 음역.

| 呱 | ⑤ 8획 울 고 | 日コ・なく 中gū |

[口 5획] 咎 呶 咄 命 味 咐 呻 咏

[풀이] 울다. 울음소리.

呱呱(고고) 1)울음소리. 2)아이가 처음 태어날 때 우는 소리.
유 泣(울 읍) 哭(울 곡)

咎 ⑤8획 🇯 キュウ・とがめる 🇨 jiù, gāo
허물 구

[풀이] 1. 허물. 잘못. 2. 재앙. ¶咎殃 3. 꾸짖다. 책망하다. ¶誰怨誰咎

咎殃(구앙) 재앙.
誰怨誰咎(수원수구) 남을 원망하거나 책망할 것이 없음.

呶 ⑤8획 🇯 ド·やかましい 🇨 náo
지껄일 노

[풀이] 지껄이다. 수다 떨다.

呶呶(노노) 떠드는 모양. 지껄임.

咄 ⑤8획 🇯 トツ·しかる 🇨 duō
꾸짖을 돌

[풀이] 1. 꾸짖다. 질책하다. ¶咄嗟 2. 괴이하여 놀라는 소리. ¶咄咄

咄咄(돌돌) 괴이하여 놀라 지르는 소리.
咄嗟(돌차) 1)꾸짖음. 혼냄. 2)놀라는 소리. 3)순식간. 당장.

命 ⑤8획 🇯 メイ·ミョウ·いのち 🇨 mìng
목숨 명

ノ 人 人 亽 今 合 命 命

*회의. 말(口)로써 시킴(令) 일을 나타내어, '명령'의 뜻으로 쓰임.
[풀이] 1. 목숨. 생명. ¶命脈 2. 운수. 운명. ¶運命 3. 명령하다. 명령. ¶命令 4. 이름을 짓다. ¶命名 5. 표적. 목표. ¶命中

命令(명령) 1)분부. 지휘. 2)행정 기관이 제정하는 법규.
命脈(명맥) 생명. 목숨.
命名(명명) 사람이나 물건의 이름을 지음.
命運(명운) 운명(運命).
命中(명중) 겨냥한 곳을 바로 맞힘. 적중(的中).
運命(운명) 타고난 운수나 수명.
유 壽(목숨 수)

味 ⑤8획 🇯 ミ·あじ 🇨 wèi
맛 미

丨 ㅁ ㅁ ㅁ 叶 吽 味 味

*형성. 뜻을 나타내는 부수 '口(입 구)'와 음을 나타내어 나무에 열린 과일을 뜻하는 '未(아닐 미)'를 합친 글자. 이에 과일을 입에 넣다, 곧 '맛보다'의 뜻을 나타냄.
[풀이] 1. 맛. ¶味覺 2. 뜻. 의미. 3. 맛보다. 음미하다. ¶味讀

味覺(미각) 맛을 느끼는 감각. 미감(味感).
味讀(미독) 책을 읽으면서 음미함.
膏粱珍味(고량진미) 기름지고 맛있는 음식. 산해진미(山海珍味).
비 未(아닐 미) 昧(어두울 매)

咐 ⑤8획 🇯 フ·いいつけ 🇨 fù
분부할 부

[풀이] 1. 분부하다. 명령하다. ¶吩咐 2. 불다. 숨을 내쉬다.

吩咐(분부) 윗사람의 명령을 높여 이르는 말.
비 附(붙을 부)

呻 ⑤8획 🇯 シン·うめく 🇨 shēn
끙끙거릴 신

[풀이] 끙끙거리다. 앓다. ¶呻吟

呻吟(신음) 병이나 고통으로 끙끙 앓음.

咏 ⑤8획
詠(p685)과 同字

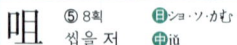
씹을 저

풀이 씹다. 씹어 맛을 보다. ¶咀嚼
咀嚼(저작) 1)음식물을 씹음. 2)글의 뜻을 잘 연구하여 감상함.
유 嚼(씹을 작) 且(또 차)

빌 주

풀이 1. 빌다. 기도하다. 바라다. ¶呪術 2. 저주. ¶詛呪
呪術(주술) 신의 힘이나 기이한 힘으로 재앙을 물리치거나 복을 달라고 비는 술법(術法).
詛呪(저주) 남에게 재앙이 닥치기를 빎.
유 祈(빌 기)

두루 주

丿 冂 月 月 円 周 周 周

풀이 1. 두루. 골고루. 두루 미치다. 2. 둘레. 주변. ¶周邊 3. 주나라. 무왕(武王)이 은(殷)의 뒤를 이어 세운 나라. 4. 치밀하다. 면밀하다. ¶周到 5. 두르다.
周年(주년) 한 해 단위로 돌아오는 해.
周到(주도) 두루 주의를 기울여 실수가 없음.
周邊(주변) 주위. 가장자리.
周圍(주위) 1)주변. 환경. 2)바깥 둘레.
周知(주지) 여러 사람이 두루 앎.
유 遍(두루 편) 偏(치우칠 편)

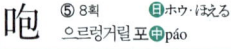
으르렁거릴 포

풀이 1. 으르렁거리다. 2. 성을 내다. 불끈 화를 내다. ¶咆哮
咆哮(포효) 1)사나운 짐승이 으르렁거림. 2)화를 내어 고함을 지름.

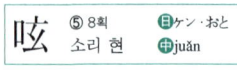
소리 현

풀이 소리. 큰 소리.
유 音(소리 음)

부를 호

丨 口 口 吖 吁 呼 呼

* 형성. 뜻을 나타내는 부수 '口(입 구)'와 음을 나타내는 '乎(어조사 호)'를 합친 글자. 입[口]으로 소리를 내서 부르는[乎] 것을 나타내어 '부르다'의 뜻으로 쓰임.

풀이 1. 부르다. 호명하다. ¶呼名 2. 숨을 내쉬다. ¶呼吸 3. 아! 탄식 소리.
呼名(호명) 이름을 부름.
呼訴(호소) 남에게 사정을 하소연함.
呼應(호응) 1)한 쪽이 부르면 다른 쪽이 이에 응답함. 2)글의 앞뒤가 서로 맞아 어울림.
呼出(호출) 불러냄.
呼吸(호흡) 생물이 산소를 들이마시고 이산화탄소를 내보내는 작용.
歡呼(환호) 기뻐 외침.

화목할 화

丿 二 千 禾 禾 和 和

* 형성. 뜻을 나타내는 부수 '口(입 구)'와 음을 나타내는 '禾(벼 화)'를 합친 글자.

풀이 1. 화목하다. 사이가 좋다. ¶調和 2. 순하다. 온화하다. ¶和暢 3. 화답하다. ¶和答 4. 합치다. 합계. 5. 소리를 맞추다. 화음. ¶和音
和答(화답) 시가(詩歌)에 응하여 서로 답함.

[口 6획] 咯 咬 哀 咿 咽 咨 哉   119

和穆(화목) 온화하고 정다움.
和音(화음) 높낮이가 다른 둘 이상의 소리가 함께 어우러지는 소리.
和暢(화창) 날씨나 마음이 온화하고 맑음.
和解(화해) 다툼을 서로 풂.
調和(조화) 서로 잘하여 사이가 좋음. 잘 어울림.
平和(평화) 평온하고 화목함.
유 穆(화목할 목)

咯 ⑥ 9획
토할 각   日 カク・はく   中 kǎ, gē, luò

[풀이] 토하다. 뿜어내다. ¶咯血
咯血(각혈) 피를 토함. 허파나 기관지 등에서 피를 토하는 일. 또는 그 피.
유 吐(토할 토) 喀(토할 객)

咬 ⑥ 9획
새소리 교   日 コウ・かむ   中 jiāo, yǎo

[풀이] 1. 새소리. 2. 깨물다. 씹다. ¶咬傷
咬傷(교상) 짐승·독사·독충 등에 물린 상처.

哀 ⑥ 9획
슬플 애   日 アイ・あはれむ   中 āi

*형성. 뜻을 나타내는 부수 '口(입 구)'와 음을 나타내는 '衣(옷 의)'를 합친 글자.
[풀이] 1. 슬프다. 슬퍼하다. 슬픔. ¶哀惜 2. 불쌍히 여기다. 안쓰러워하다.
哀乞伏乞(애걸복걸) 애처롭게 하소연하면서 빌고 또 빎.
哀悼(애도) 사람의 죽음을 슬퍼함.
哀惜(애석) 1)슬프고 아까움. 2)매우 안타깝게 여김.
哀願(애원) 슬픈 소리로 간절히 바람.
哀切(애절) 매우 애처롭고 슬픔.

哀痛(애통) 슬프고 아픔. 몹시 슬퍼함.
悲哀(비애) 슬픔과 설움.
유 悲(슬플비) 비 衷(속마음 충) 衰(쇠할 쇠)

咿 ⑥ 9획
선웃음칠 이   日 イ   中 yī

[풀이] 1. 선웃음치다. 거짓 웃음을 치다. 2. 글 읽는 소리.
咿唔(이오) 글 읽는 소리. 이오(伊吾).

咽 ⑥ 9획
❶ 목구멍 인   日 イン・のど
❷ 목멜 열   中 yān, yè, yà

[풀이] ❶ 1. 목구멍. 후두. ¶咽喉 ❷ 2. 목이 메이다. ¶嗚咽
咽喉(인후) 목구멍.
嗚咽(오열) 흐느끼거나 목메어 욺.
유 喉(목구멍 후) 비 因(인할 인)

咨 ⑥ 9획
물을 자   日 シ・とうく   中 zī

[풀이] 1. 묻다. 자문을 구하다. ¶咨問 2. 탄식하다. 3. 이. 이것.
咨問(자문) 남에게 의견을 물어서 어떤 일을 도모함.
유 問(물을 문) 諸(물을 자) 비 姿(모양 자)

哉 ⑥ 9획
어조사 재   日 サイ・かな   中 zāi

[풀이] 1. 어조사. 감탄·의문·반어 등의 뜻을 나타냄. ¶嗚呼痛哉 2. 비롯하다. 시작하다. ¶哉生明
哉生明(재생명) 처음으로 달에 빛이 생김. 곧, 음력 초사흘을 이르는 말.
嗚呼痛哉(오호통재) 아아! 슬프고 원통하도다.

快哉(쾌재) 마음먹은 대로 되어 통쾌함. 또는 그런 일.
비 載(실을 재) 裁(마를 재)

咫 ⑥9획 日 シ・みじかい 여덟 치 지 中 zhǐ

풀이 1. 여덟 치. 2. 짧은 거리. 짧다.
咫尺(지척) 매우 가까운 거리. '咫'는 8촌, '尺'은 10촌을 말함.

咤 ⑥9획 日 タ・しかる 꾸짖을 타 中 zhà

풀이 꾸짖다. 타박하다. ¶叱咤
叱咤(질타) 성내어 크게 꾸짖음.
유 叱(꾸짖을 질) 咤(꾸짖을 타)

品 ⑥9획 日 ヒン・しな 물건 품 中 pǐn

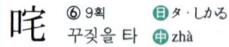

* 회의. 물건(口)이 셋 모여 여러 가지 '물건'을 나타냄.
풀이 1. 물건. ¶品目 2. 등급. ¶品位 3. 품격. ¶品性 4. 품계, 벼슬의 차례. ¶品官 5. 품평하다.
品官(품관) 벼슬아치. 관리.
品格(품격) 사람이나 물건에서 느껴지는 품위.
品階(품계) 왕조 때의 벼슬의 등급.
品目(품목) 물품의 이름. 물품의 목록.
品性(품성) 품격과 성질. 사람됨.
品位(품위) 1)물품의 등급. 2)직품(職品)과 지위. 3)인간이 가지는 절대적 가치로서 존경을 받을 위엄·존엄.
品切(품절) 물품이 끊김. 물품이 다 팔리고 없음.
品行(품행) 품성과 행실.
部品(부품) 기계의 어떠한 부분에 쓰이는 물품.
비 晶(밝을 정)

咸 ⑥9획 日 カン・みな 다 함 中 xián, jiǎn

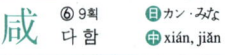

풀이 다. 모두. ¶咸告
咸告(함고) 모두 말함. 빼지 않고 모두 고함.
咸氏(함씨) 남의 조카의 존칭.
咸興差使(함흥차사) 심부름꾼이 가서 소식이 없거나, 또는 회답이 더딜 때를 비유하는 말.
비 成(이룰 성) 威(위엄 위)

哈 ⑥9획 日 ゴウ 마실 합 中 hà, shà

풀이 1. 마시다. 2. 웃음소리.

咳 ⑥9획 日 ガイ・せき 어린아이 웃을 해 中 hái, ké, hāi

풀이 1. 어린아이가 웃다. 2. 기침을 하다. 기침.
咳嗽(해수) 기침. 기침을 함.
咳喘(해천) 기침과 천식(喘息).

哄 ⑥9획 日 コウ・どよめく 떠들썩할 홍 中 hòng, hǒng

풀이 떠들썩하다. ¶哄動
哄動(홍동) 떠들썩함.
哄笑(홍소) 입을 벌리고 웃음.
유 騷(떠들 소)

哥 ⑦10획 日 カ・あに 노래 가 中 gē

* 회의. 입김이 퍼진다는 뜻을 가진 '可(옳을 가)'를 포개어 '노래'의 뜻을 나타냄.
풀이 1. 노래. 노래를 부르다. 2. 형이나 형뻘의 사람을 높여 부르는 말.

哥哥 (가가) 1)형이나 남을 부르는 경어. 2)아들에 대한 아버지의 호칭.
유 歌 (노래 가)

哽 ⑦ 10획 目コウ・むせぶ 목멜 경 中gěng

[풀이] 1. 목메다. 2. 막히다. ¶哽塞
哽塞 (경색) 지나치게 울어 목이 메임.
哽咽 (경열) 목메어 욺.
비 更 (고칠 경)

哭 ⑦ 10획 目コク・なく 울 곡 中kū

丨 口 口 口 口² 吅 哭 哭 哭

*회의. 개(犬)가 짖듯이 울부짖는(吅) 것을 나타내어 '울다'의 뜻으로 쓰임.
[풀이] 1. 울다. 2. 곡하다. 곡성. ¶哭聲
哭聲 (곡성) 곡하는 소리.
哭泣 (곡읍) 소리 내어 욺.
痛哭 (통곡) 목 놓아 슬피 욺.
유 泣 (울 읍) 吼 (울 후) 鳴 (울 명)

㐘 ⑦ 10획 꿋

[풀이] 우리나라 '꿋' 음에 사용되는 한자.

唐 ⑦ 10획 目トウ・から 당나라 당 中táng

丶 广 广 广 庐 庐 唐 唐 唐 唐

*형성. 뜻을 나타내는 부수 '口(입 구)'와 음을 나타내는 '庚(고칠 경)'이 합친 글자.
[풀이] 1. 당나라. 수(隋)의 뒤를 이어 세운 나라. 2. 황당하다. ¶唐慌 3. 갑자기.
唐突 (당돌) 1)조금도 꺼리거나 어려워하는 마음이 없음. 2)저촉됨. 부딪침.
唐詩 (당시) 당대(唐代)의 시. 중국 역사에서 당대는 시가(詩歌)가 가장 융성했던 시대임.
唐慌 (당황) 놀라서 어쩔 줄을 모름.

哩 ⑦ 10획 目リ・マイル 어조사 리 中li, li

[풀이] 1. 어조사. 2. 마일(mile). 거리의 단위.

唎 ⑦ 10획 目リ 소리 리 中lì

[풀이] 소리.

哱 ⑦ 10획 目ハツ・みだれる 어지러울 발 中bō

[풀이] 1. 어지럽다. 2. 군대에서 쓰는 취주 악기. ¶哱囉
哱囉 (바라・발라) 군대에서 쓰는, 입으로 부는 악기의 한 종류. 나발・소라 등의 관악기.

唆 ⑦ 10획 目サ・そそのかす 부추길 사 中suō

[풀이] 부추기다. 꾀다. ¶唆嗾
唆嗾 (사주) 남을 부추김. 사촉(唆囑).
教唆 (교사) 남을 부추겨 나쁜 짓을 시킴.
비 俊 (고칠 전)

員 ⑦ 10획 目イン・かず 관원 원 中yuán, yún, yùn

丨 口 口 冂 冃 肙 冒 員 員 員

*회의. 입(口)을 재물(貝)로 해서 자기의 존재를 알리는 것을 나타낸 글자. 이에 '사람의 수효'를 나타냄.
[풀이] 1. 관원. 벼슬아치. 2. 사람. 인원. ¶滿員 3. 둥글다.
員外 (원외) 정해진 사람 수의 밖.

滿員(만원) 인원이 가득 참.
定員(정원) 일정한 규정에 따라 정해진 인원.
會員(회원) 어떤 모임을 구성하고 있는 사람.

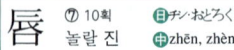
唇 ⑦ 10획　⊕チン・おどろく　⊕zhēn, zhèn
놀랄 진

풀이 놀라다. 놀라는 소리.
유 驚(놀랄 경)　비 脣(입술 순)

哲 ⑦ 10획　⊕テツ・あきらか　⊕zhé
밝을 철

一 † 扌 扌 扩 折 折 折 哲 哲

*형성. 뜻을 나타내는 부수 '口(입 구)'와 음을 나타내는 '折(꺾을 절)'을 합친 글자.
풀이 밝다. 사리에 밝다. 총명하다. ¶哲人
哲理(철리) 1)철학의 이치. 2)오묘하고 깊은 이치.
哲人(철인) 도리와 사리에 밝은 사람.
哲學(철학) 인생의 의의, 세계의 본체 등 궁극의 근본 원리를 연구하는 학문.
聖哲(성철) 성인(聖人)과 철인(哲人).
유 晳(밝을 석)

哨 ⑦ 10획　⊕ショウ・みはり　⊕shào, xiāo
망볼 초

풀이 망보다. 보초를 서다. ¶哨兵
哨兵(초병) 보초를 서는 군사.
哨所(초소) 보초병이 서서 망보는 곳.

唄 ⑦ 10획　⊕バイ・うた　⊕bài
찬불 패

풀이 찬불(讚佛). 부처의 공덕을 찬양하는 노래. ¶唄讚
唄讚(패찬) 부처의 덕을 찬양하는 노래. 범패(梵唄).
비 貝(조개 패)

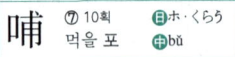
哺 ⑦ 10획　⊕ホ・くらう　⊕bǔ
먹을 포

풀이 1. 먹다. 씹어 먹다. 2. 먹이다. 기르다. ¶哺乳
哺乳(포유) 젖을 먹임.
비 俌(도울 보)

哮 ⑦ 10획　⊕コウ・ほえる　⊕xiào
으르렁거릴 효

풀이 으르렁거리다. 큰 소리를 내다. ¶哮吼
咆哮(포효) 1)울부짖음. 2)고함지름.
유 咆(으르렁거릴 포)

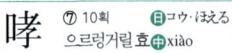
啓 ⑧ 11획　⊕ケイ・ひらく　⊕qǐ
열 계

丶 亠 ㇹ 户 户 𢪙 𢪙 改 改 啓 啓

*회의. 손(又)으로 문(戶)을 여는 것을 나타낸 '啓'(계)'에 '口(입 구)'를 더하여, 입으로 사람을 가르쳐 깨우침을 나타냄.
풀이 1. 열다. 열리다. 2. 일깨워주다. ¶啓蒙 3. 여쭈다. ¶狀啓 4. 안내하다.
啓蒙(계몽) 1)어리석은 사람을 깨우쳐 지식을 넓혀 줌. 2)일반 대중의 편견을 없애고 합리적인 생각을 하게 함.
啓發(계발) 1)지능을 깨우쳐 열어 줌. 2)계몽(啓蒙).
啓示(계시) 1)가르쳐 보여 줌. 타일러 가르침. 2)신이 인심(人心)의 무지를 열어 진리를 교시(敎示)함.
狀啓(장계) 임금께 아뢰는 문서.
유 開(열 개)

啖 ⑧ 11획　⊕タン　⊕dàn
먹을 담

풀이 먹다. 허겁지겁 먹는 모양.

[口 8획] 喉問商售啞唵唯啁

啖食(담식) 허겁지겁 먹음.

唳 ⑧ 11획
울 려
🇯🇵 レイ・なく
🇨🇳 lì

풀이 울다. 학이 울다.

鶴唳(학려) 학의 울음소리.

問 ⑧ 11획
물을 문
🇯🇵 モン・とう
🇨🇳 wèn

丨 冂 冂 冋 冋 門 門 門 問 問 問

풀이 1. 묻다. 질문하다. 2. 물음. 질문.
3. 방문하다. 찾다. ¶問喪

問答(문답) 1)묻고 답함. 2)한쪽에서
는 묻고 다른 한쪽에서는 대답함.

問喪(문상) 상사(喪事)를 위문함.

問題(문제) 1)대답을 얻기 위한 물음.
2)당면한 연구 사항. 3)논쟁이 될
만한 일.

問責(문책) 잘못을 물어 책망함.

問項(문항) 묻는 항목.

🔄 答(대답할 답)

商 ⑧ 11획
장사 상
🇯🇵 ショウ・あきない
🇨🇳 shāng

亠 亠 ナ 产 产 芦 产 商 商 商 商

풀이 1. 장사. 장사하다. ¶商術 2. 장
수. 상인. 3. 헤아리다. 생각하다. ¶商
量 4. 오음(五音)의 하나. 6. 상나라.
탕(湯)임금이 하(夏)의 뒤를 이어 세운 나라.

商街(상가) 상점이 많이 모인 거리.

商量(상량) 헤아려 생각함.

商術(상술) 장사하는 솜씨.

商人(상인) 장사꾼.

商店(상점) 가게.

商品(상품) 팔고 사는 물건.

商號(상호) 상인이 영업상으로 자기를
나타내는 데 쓰는 이름.

行商(행상) 길을 다니며 물건을 파는
상인.

🔄 南(남녘 남)

售 ⑧ 11획
팔 수
🇯🇵 シュウ・うる
🇨🇳 shòu

풀이 팔다. 판매하다.

🔄 賣(팔 매)

啞 ⑧ 11획
벙어리 아
🇯🇵 ア・おし
🇨🇳 yǎ, yā, è

풀이 1. 벙어리. ¶盲啞 2. 놀라다. 놀라
소리를 지르다. ¶啞然

啞然(아연) 놀라 입을 벌리고 있는 모양.

盲啞(맹아) 장님과 벙어리.

唵 ⑧ 11획
머금을 암
🇯🇵 アン・オン
🇨🇳 ǎn

풀이 1. 머금다. 손으로 움켜서 먹다. 2.
범어 'om'의 음역자.

唯 ⑧ 11획
오직 유
🇯🇵 ユイ・ただ
🇨🇳 wéi, wěi

丨 口 口 口' 吖 吖 旷 咋 咋 唯 唯

풀이 1. 오직. 유독. 오로지. 2. 대답하
다. ¶唯唯

唯物論(유물론) 물질만이 궁극의 실
재이며, 정신상의 현상은 모두 물질
의 작용에 불과하다는 학설.

唯唯(유유) 1)공손한 대답. 승낙하는
말. 2)시키는 대로 순종하는 모양.

唯一(유일) 오직 하나밖에 없음.

啁 ⑧ 11획
❶ 비웃을 조
❷ 우는 소리 주
🇯🇵 チョウ・さえずる
🇨🇳 tiáo, zhōu

3획

풀이 **1.** 비웃다. **2.** 시끄럽게 떠들다. ❷ **3.** 새나 벌레 등이 우는 소리. ¶嘲啾

嘲啾(주주) 벌레 등이 우는 소리.
유 嘲(비웃을 조)

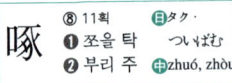

ㅁ ㅁ ㅁ' ㅁ冂 ㅁ日 ㅁ日 ㅁ昌 ㅁ昌 唱

*형성. 뜻을 나타내는 부수 '口(입 구)'와 음을 나타내는 '昌(창성할 창)'을 합친 글자. 이에 입(口)으로 성하게(昌) '부른다'는 뜻을 나타냄.

풀이 **1.** 부르다. 외치다. **2.** 노래하다. 노래. ¶唱歌

唱歌(창가) 곡조에 맞추어 노래를 부름. 또는 그 노래.
唱劇(창극) 판소리에서 발전하여 두 사람 이상의 배우가 등장하여 창(唱)을 중심으로 춘향전·심청전 등을 연거 나가는 연극.
唱導(창도) 1)교(敎義)를 제창하여 사람들을 인도함. 2)솔선수범하여 지도함.
獨唱(독창) 혼자서 노래함.
유 呼(부를 호) 비 晶(밝을 정)

啜 ⑧ 11획 日テツ·すする
마실 철 中chuò

풀이 **1.** 마시다. 먹다. ¶啜汁 **2.** 울다. 훌쩍거리다. ¶啜泣

啜泣(철읍) 훌쩍거림.
啜汁(철즙) 국물을 마심.
유 飮(마실 음)

唾 ⑧ 11획 日タ·つば
침 타 中tuò

풀이 **1.** 침. **2.** 침을 뱉다. ¶唾棄

唾具(타구) 침 등을 뱉는 그릇.
唾棄(타기) 침을 뱉음. 즉, 업신여겨 돌보지 않음.
唾液(타액) 침.

啄 ⑧ 11획 日タク
❶ 쪼을 탁 つい ばむ
❷ 부리 주 中zhuó, zhòu

풀이 ❶ **1.** 쪼다. 쪼아 먹다. ¶啄木 똑똑 두드리다. ❷ **3.** 부리. 주둥이.

啄木(탁목) 딱따구리. 뇌공(雷公).
유 刻(새길 각)

啤 ⑧ 11획
衡(p771)의 俗字

喝 ⑨ 12획 日カツ·しかる
꾸짖을 갈 中hè, yè

풀이 **1.** 꾸짖다. **2.** 고함치다. 소리치다. ¶喝采

喝采(갈채) 큰 소리로 열렬히 칭찬함.
喝破(갈파) 1)큰 소리로 꾸짖음. 2)잘못을 바로잡고 진실을 말하여 밝힘.
恐喝(공갈) 무섭게 으르고 협박함.
유 叱(꾸짖을 질) 咤(꾸짖을 타) 咜(꾸짖을 타)

喀 ⑨ 12획 日カク·はく
토할 객 中kā

풀이 토하다. 토하는 소리. ¶喀血

喀痰(객담) 담을 토함.
喀血(객혈) 피를 토함. 각혈(咯血).
유 吐(토할 토) 咯(토할 객)

喬 ⑨ 12획 日キョウ·たかい
높을 교 中qiáo, jiāo

*상형. 높은 누대 위에 꽂혀 있는 깃발의 모양을 본떠 '높다'의 뜻을 나타냄.

[口 9획] 喫 單 喇 喨 喪

풀이 1. 높다. ¶喬木 2. 교만하다.
喬木(교목) 키가 큰 나무.
喬木世家(교목세가) 문벌이 높고 나라와 명운을 함께 하는 집안.
喬遷(교천) 1)높은 곳으로 옮김. 2)남의 이사·영전을 축하하는 말.
🔄 高(높을 고) 🔁 低(낮을 저)

喫
⑨ 12획   🇯🇵 キツ・のむ
마실 끽   🇨🇳 chī

*형성. 뜻을 나타내는 부수 '口(입 구)'와 음을 나타내는 '契(맺을 계)'를 합친 글자.

풀이 1. 마시다. ¶喫茶 2. 먹다. ¶滿喫 3. 피우다. ¶喫煙 4. 받다. 당하다.
喫茶(끽다) 차를 마심.
喫煙(끽연) 담배를 피움.
滿喫(만끽) 1)마음껏 먹고 마시는 것. 2)마음껏 즐김.
🔄 飮(마실 음)

單
⑨ 12획
❶ 홑 단   🇯🇵 タン・ひとつ
❷ 오랑캐   🇨🇳 dān, chán,
  임금 선   shàn

丨冂冂冃目胃胃單單單

*상형. 자루가 길고 끝이 두 가닥으로 갈라진 사냥 도구를 본뜬 글자. 바꾸어, '홑'의 뜻으로 쓰임.

풀이 ❶ 1. 홑. 한 겹. 2. 홀로. 혼자. 단독으로. ¶單色 3. 단자. 쪽지. 4. 단순하다. ¶單純 ❷ 5. 오랑캐 이름. 오랑캐 임금의 이름. ¶單于
單價(단가) 단위의 가격.
單獨(단독) 혼자. 단 하나.
單色(단색) 한 가지 색깔.
單純(단순) 1)간단하고 복잡하지 않음. 2)조건이나 제한이 없음.
單語(단어) 뜻을 나타내는 말의 최소 단위. 낱말.
單調(단조) 변화가 없이 단순한 가락.
單于(선우) 흉노의 군장.
簡單(간단) 번거롭지 않고 단순함.
名單(명단) 이름이 적혀 있는 단자.
🔄 獨(홀로 독)

喇
⑨ 12획   🇯🇵 ラツ・らっぱ
나팔 라(나)   🇨🇳 lǎ

풀이 1. 나팔. ¶喇叭 2. 라마교. ¶喇嘛
喇叭(나팔) 금속으로 만든 관악기의 한 가지.
喇嘛敎(라마교) 불교에서 파생된 티베트의 종교.
🔁 刺(찌를 자)

喨
⑨ 12획   🇯🇵 リョウ
소리 맑을 량   🇨🇳 liàng

풀이 소리가 맑다.

喪
⑨ 12획   🇯🇵 ソウ・も
잃을 상   ・うしなう
          🇨🇳 sāng, sàng

一十十士吉吉吉亩亩喪喪喪

*회의. 사람이 없어저(亡) 우는(哭) 것을 나타냄. 이에 '죽다'의 뜻을 나타내며, 물건을 '잃다'라는 뜻으로도 쓰임.

풀이 1. 잃다. 상실하다. ¶喪失 2. 죽다. 3. 상을 당하다. ¶喪家 4. 망하다. ¶喪國 5. 복을 입다. 복. ¶喪服
喪家(상가) 초상난 집.
喪國(상국) 나라를 잃음.
喪服(상복) 상중에 입는 예복.
喪失(상실) 잃어버림.
喪輿(상여) 시체를 운반하는 기구.
喪制(상제) 부모의 거상(居喪) 중에 있는 사람.
喪主(상주) 주장이 되는 상제.
問喪(문상) 남의 상사에 대하여 슬픈 뜻을 나타내어 방문함.

善 ⑨ 12획 ㊐ゼン・よい
착할 선 ㊥shàn

〃 〃 ハ ツ ㅂ ¥ 芏 羊 羔 善 善 善

* 회의. 양(羊)처럼 순하고 부드럽게 말(譶) 하는 것을 나타낸 글자. 이에 '착하다'라는 뜻으로 쓰임.

[풀이] 1. 착하다. 선하다. ¶善良 2. 훌륭하다. 좋다. ¶最善 3. 잘하다. 4. 옳다고 생각하다. 5. 친하다. 사이가 좋다.

善男善女(선남선녀) 착한 남자와 착한 여자. 즉, 착하고도 어진 사람들.
善良(선량) 착하고 어짊.
善心(선심) 1)착한 마음. 2)남을 도와 주는 마음.
善惡(선악) 착함과 악함.
善處(선처) 1)적절히 처리함. 2)좋은 지위.
善行(선행) 착한 행실.
最善(최선) 가장 좋거나 훌륭함. 또는 그런 것.

[유] 良(좋을 량) [반] 惡(악할 악)

啻 ⑨ 12획 ㊐シ・ただす
뿐 시 ㊥chì

[풀이] 뿐. 만. …뿐만 아니라.

喔 ⑨ 12획 ㊐アク
닭 소리 악 ㊥wō, wū

[풀이] 1. 닭 소리. 2. 억지로 웃는 모양. ¶咿喔
咿喔(이악) 억지로 웃는 모양.

営 ⑨ 12획
営(p457)의 俗字

喟 ⑨ 12획 ㊐キ・ためいき
한숨 쉴 위 ㊥kuì

[풀이] 한숨을 쉬다. 한숨. ¶喟然
喟然(위연) 한숨 쉬는 모양.

[비] 謂(이를 위)

喩 ⑨ 12획 ㊐ユ・さとす
깨달을 유 ㊥yù, yú, shù

* 형성. 뜻을 나타내는 부수 '口(입 구)'와 음을 나타내는 '兪(점점 유)'를 합친 글자.

[풀이] 1. 깨닫다. 깨우치다. 2. 깨우쳐 주다. ¶喩敎 3. 비유하다. 비유.

喩敎(유교) 깨우쳐 주고 가르침. 유교 (諭敎).
比喩(비유) 한 사물을 다른 사물에 빗대어 표현함.

[유] 悟(깨달을 오)

啼 ⑨ 12획 ㊐テイ・なく
울 제 ㊥tí

[풀이] 울다. 울부짖다.

啼血(제혈) 울며 피를 토함. 두견새의 슬픈 울음소리를 이르는 말.

[유] 泣(울 읍) 吼(울 후) 鳴(울 명) 哭(울 곡)

喘 ⑨ 12획 ㊐ゼン・あえぐ
헐떡거릴 천 ㊥chuǎn

[풀이] 1. 헐떡이다. ¶喘息 2. 기침을 하다. 기침 소리.

喘息(천식) 주기적으로 일어나는 호흡곤란.

喆 ⑨ 12획
哲(p122)과 同字

喋 ⑨ 12획 ㊐チョウ・しゃべる
재잘거릴 첩 ㊥dié, zhá

[풀이] 1. 재잘거리다. ¶喋喋 2. 피가 흐르다. 피가 흐르는 모양.

[口 9~10획] 啾喊喚喉喧喙喜嗛

喋喋(첩첩) 재잘거리는 모양.

啾 ⑨ 12획
소리 추 / 日スイ・ツイ / 中jiū

[풀이] 1. 소리. 여럿이 내는 시끄러운 소리. 2. 웅얼거리는 소리. ¶啾啾 3. 새나 벌레 등이 우는 소리.

啾啾(추추) 1)새·벌레·말 등이 우는 소리. 2)피리 소리.

喊 ⑨ 12획
소리칠 함 / 日カン・さけぶ / 中hǎn, jiān

[풀이] 소리치다. 고함지르다. 함성을 지르다. ¶高喊

喊聲(함성) 여러 사람이 고함을 지르는 소리.
高喊(고함) 크게 외치는 소리.

喚 ⑨ 12획
부를 환 / 日カン・よぶ / 中huàn

*형성. 뜻을 나타내는 부수 '口(입 구)'와 음을 나타내면서 시끄럽게 떠드는 소리를 나타낸 '奐(빛날 환)'을 합친 글자. 이에 '큰 소리로 부르다', '외치다'의 뜻을 나타냄.

[풀이] 부르다. 외치다. ¶喚呼

喚起(환기) 관심·기억 등을 불러일으킴.
喚呼(환호) 소리 높여 부름.
召喚(소환) 불러들임.

[유] 呼(부를 호)

喉 ⑨ 12획
목구멍 후 / 日コウ・のど / 中hóu

*형성. 뜻을 나타내는 부수 '口(입 구)'와 음을 나타내는 '侯(제후 후)'를 합친 글자.

[풀이] 목구멍. 목. ¶喉頭

喉頭(후두) 목구멍에 이어지는 호흡기의 한 부분.
喉音(후음) 내쉬는 숨을 목청을 마찰하여 내는 소리.

[유] 咽(목구멍 인)

喧 ⑨ 12획
떠들썩할 훤 / 日ケン・かまびすしい / 中xuān, xuǎn

[풀이] 떠들썩하다. 시끌벅적하다.

喧騷(훤소) 시끄럽고 소란스러움.
喧擾(훤요) 시끄럽게 떠듦.
喧傳(훤전) 시끄럽게 말을 퍼뜨림. 여러 사람의 입에 오르내림.

[유] 騷(떠들 소) [반] 靜(고요할 정)

喙 ⑨ 12획
부리 훼 / 日カイ・くちばし / 中huì

[풀이] 부리. 주둥이. ¶喙長三尺

喙長三尺(훼장삼척) 부리의 길이가 석 자라는 뜻으로, 말을 매우 잘함을 이르는 말.

喜 ⑨ 12획
기쁠 희 / 日キ・よろこぶ / 中xǐ

一 十 土 士 丰 吉 吉 吉 直 喜 喜 喜

[풀이] 1. 기쁘다. 즐겁다. 2. 좋아하다.

喜劇(희극) 익살과 풍자로 사람을 즐겁게 하는 연극.
喜怒哀樂(희로애락) 기쁨과 노여움과 슬픔과 즐거움. 사람의 여러 감정을 이르는 말.
喜悲(희비) 기쁨과 슬픔.
喜消息(희소식) 기쁜 소식.
喜悅(희열) 기뻐함.
歡喜(환희) 기쁨.

[유] 悅(기쁠 열) [반] 悲(슬플 비) 哀(슬플 애)

嗛 ⑩ 13획
겸손할 겸 / 日ケン / 中qiǎn,

[풀이] 1. 겸손하다. 공손하다. ¶嗛嗛 2.

[口 10~11획] 嗜嗣嗇嗚嗔嗟嗤嗅嘉

모자라다.
嗛嗛(겸겸) 1)작은 모양. 부족한 모양. 2)겸손한 모양.
🔗 謙(겸손할 겸)

嗜 ⑩ 13획 日 シ·たしなむ 즐길 기 中 shì

풀이 즐기다. 좋아하다.
嗜眠(기면) 자는 것을 즐김.
嗜好(기호) 즐기고 좋아함.
🔗 好(좋을 호)

嗣 ⑩ 13획 日 シ·つぐ 이을 사 中 sì

풀이 1. 잇다. 계속하다. ¶後嗣 2. 계승하다. 3. 연습하다. 익히다.
嗣君(사군) 왕위를 계승할 임금.
嗣法(사법) 법사(法師)로부터 법통(法統)을 이어받음.
嗣孫(사손) 대를 이을 손자.
後嗣(후사) 대를 잇는 아들.
🔗 承(이을 승) 繼(이을 계) 續(이을 속)

嗇 ⑩ 13획 日 ショク·おしむ 아낄 색 中 sè

풀이 1. 아끼다. 소중히 여기다. 2. 인색하다. 3. 거두다. 거두어들이다.
嗇夫(색부) 1)농민. 2)낮은 벼슬.
吝嗇(인색) 지나치게 재물을 아낌.
🔗 吝(아낄 린) 🔁 墻(담 장)

嗚 ⑩ 13획 日 オ·ああ 탄식할 오 中 wū, wù

* 형성. 뜻을 나타내는 부수 '口(입 구)'와 음을 나타내는 '烏(까마귀 오)'를 합친 글자.

풀이 1. 탄식하다. 탄식하는 소리. ¶嗚呼 2. 흐느껴 울다. 목메어 울다. ¶嗚咽
嗚咽(오열) 목메어 욺.
嗚呼(오호) 슬프거나 탄식하는 모양.
🔗 嘆(탄식할 탄) 🔁 鳴(울 명)

嗔 ⑩ 13획 日 シン·おこる 성낼 진 中 chēn

풀이 성내다. 화내다. ¶嗔怒
嗔怒(진노) 성냄.
嗔責(진책) 성내며 꾸짖음.
🔗 怒(성낼 노) 憤(성낼 분)
🔁 愼(삼갈 신)

嗟 ⑩ 13획 日 サ·なげく 탄식할 차 中 jiē

풀이 1. 탄식하다. ¶嗟惜 2. 감탄하다. 3. 아! 탄식하거나 감탄할 때 내는 소리. ¶嗟乎
嗟惜(차석) 탄식하며 아까워함.
嗟歎(차탄) 탄식함. 한탄함.
嗟乎(차호) 탄식하는 소리.
🔗 歎(탄식할 탄) 嘆(탄식할 탄) 嗚(탄식할 오)

嗤 ⑩ 13획 日 チ·あざわらう 비웃을 치 中 chī

풀이 비웃다. 쌀쌀한 태도로 비웃는 모양. ¶嗤笑
嗤笑(치소) 비웃음.
🔗 笑(웃을 소) 嘲(비웃을 조)

嗅 ⑩ 13획 日 キュウ·かぐ 맡을 후 中 xiù

풀이 맡다. 냄새를 맡다. ¶嗅覺
嗅覺(후각) 냄새를 맡는 감각.
🔗 臭(냄새 취)

嘉 ⑩ 14획 日 カ·よい 아름다울 가 中 jiā

[口 11~12획] 嘔嘗嗽嗾嘖嘆器噴

풀이 1. 아름답다. 예쁘다. 2. 뛰어나다. 훌륭하다. ¶嘉禮 3. 칭찬하다. 4. 즐기다. 좋아하다. ¶嘉納

嘉納(가납) 물건을 고맙게 생각하며 받아들임.

嘉禮(가례) 1)임금의 즉위·성혼, 왕세자나 왕세손의 탄생·책봉·성혼 등의 예식. 2)경사스러운 예식.

嘉賓(가빈) 귀한 손님. 반가운 손님.

嘉尙(가상) 1)착하고 기특함. 2)착하고 기특하게 여김.

嘉節(가절) 좋은 시절.

嘉肴(가효) 맛있는 안주.

유 美(아름다울 미) 佳(아름다울 가)

嘔
① 14획 　日 オウ・はく
노래할 구　　中 ōu, ǒu, xū

풀이 1. 노래하다. 2. 게우다. 토하다. ¶嘔吐

嘔氣(구기) 1)토할 것 같은 기분. 토기(吐氣). 2)기분이 울적함.

嘔吐(구토) 먹은 음식을 토함.

유 歌(노래 가)　**비** 歐(토할 구)

嘗
① 14획 　日 ショウ・なめる
맛볼 상　　　中 cháng

丨 丨 丷 ⺌ ⺌ 뿌 쓩 쓩 쓩 쑹
嘗 嘗 嘗 嘗 嘗

* 형성. 뜻을 나타내는 '旨(뜻 지)'와 음을 나타내는 '尙(숭상할 상)'을 합친 글자.

풀이 1. 맛보다. ¶嘗膽 2. 시험하다. ¶嘗試 3. 일찍이. 일찍.

嘗膽(상담) 쓸개를 맛봄. 원수를 갚기 위해 고통을 참음을 이르는 말.

嘗試(상시) 1)시험하여 봄. 2)시험 삼아 하는 계책.

嗽
① 14획　　日 ソウ・せき
기침할 수　　中 sòu

풀이 1. 기침하다. 기침. ¶嗽咳 2. 양치질하다. 입을 가시다. ¶含嗽

嗽咳(수해) 기침. 기침을 함.

含嗽(함수) 양치질. 양치질을 함.

嗾
① 14획　　日 ソウ
부추길　　　けしかける
수·주　　　中 sǒu

풀이 부추기다. 선동하다.

使嗾(사주) 어떤 일을 하도록 남을 부추김.

嘖
① 14획　　日 サク・さけぶ
외칠 책　　　中 zé

풀이 1. 외치다. 부르짖다. ¶嘖嘖 2. 말다툼하다.

嘖嘖(책책) 1)시끄럽게 외치는 모양. 말다툼하는 모양. 2)새가 우는 소리.

嘆
① 14획　　日 タン・なげく
탄식할 탄　　中 tàn

풀이 탄식하다. 한숨 쉬다.

嘆息(탄식) 한탄하며 한숨을 쉼.

유 歎(탄식할 탄) 鳴(탄식할 오) 慨(탄식할 개)

器
⑫ 15획
器(p130)의 俗字

噴
⑫ 15획　　日 フン・ふく
뿜어낼 분　　中 pēn

풀이 1. 뿜어내다. 뿜다. ¶噴火 2. 재채기하다.

噴射(분사) 뿜어서 내쏨. 뿜어 내보냄.

噴嚔(분체) 재채기.

噴火(분화) 1)불을 내뿜음. 2)화산(火山)이 터져 불을 내뿜는 현상.

비 貫(꿸 분) 墳(무덤 분)

[口 12~13획] 嘶 噎 嘲 囑 嘴 噓 嘻 嗷 噤 器

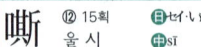
ⓒ 15획 ⓙ セイ・いななく
울 시 ⓒ sī

풀이 1. 울다. 애처롭게 울다. ¶嘶噪 2. 목이 쉬다.

嘶噪(시조) 시끄럽게 욺.

유 泣(울 읍) 吼(울 후) 鳴(울 명) 哭(울 곡)

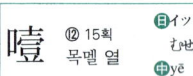
ⓒ 15획 ⓙ イツ・エツ・むせぶ
목멜 열 ⓒ yē

풀이 목메다. 목이 막히다. ¶噎嗢

噎嗢(열우) 1)목이 메어 토함. 2)웃으며 떠드는 소리.

유 咽(목멜 인)

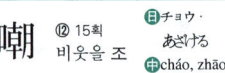
ⓒ 15획 ⓙ チョウ・あざける
비웃을 조 ⓒ cháo, zhāo

풀이 비웃다. 조롱하다. ¶嘲笑

嘲弄(조롱) 비웃으며 놀림.
嘲笑(조소) 비웃음.

비 朝(아침 조)

囑 ⓒ 15획
囑(p133)의 俗字

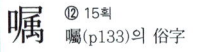
ⓒ 15획 ⓙ シ・くちばし
부리 취 ⓒ zuǐ

풀이 부리. 주둥이. ¶嘴子

嘴子(취자) 부리.

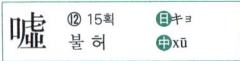
ⓒ 15획 ⓙ キョ
불 허 ⓒ xū

풀이 불다. 숨을 내쉬다.

噓呵(허가) 숨을 내쉼.

嘻 ⓒ 15획 ⓙ キ・たのしむ
웃을 희 ⓒ xī

풀이 1. 웃다. 웃는 소리나 모양. ¶嘻笑 2. 한숨 쉬다.

嘻笑(희소) 억지로 웃음.

유 喜(기쁠 희)

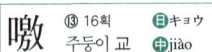
ⓒ 16획 ⓙ キョウ
주둥이 교 ⓒ jiào

풀이 1. 주둥이. 2. 부르짖다. 3. 울다. 소리 내어 우는 소리. ¶嗷嗷

嗷嗷(교교) 1)슬프게 우는 소리. 2)원숭이가 우는 소리.

비 激(물 부딪혀 흐를 격)

噤 ⓒ 16획 ⓙ キン・つぐむ
입 다물 금 ⓒ jìn

풀이 입을 다물다. 말을 하지 않다. ¶噤吟

噤齘(금계) 화가 나 이를 악묾.
噤凍(금동) 추위로 입을 다묾.
噤吟(금음) 1)말을 하지 않고 끙끙거림. 2)턱을 끄덕이는 모양.

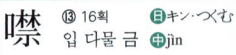
ⓒ 16획 ⓙ キ・うつわ
그릇 기 ⓒ qì

丨 丨 口 吅 吅 哭 哭 哭 哭 器 器 器 器

* 회의. 犬(개犬)고기를 네 개의 접시(口)에 쌓은 모습을 나타낸 글자. 이에 먹을 것을 제각기 덜어 먹는 접시, 곧 '그릇'의 뜻으로 쓰임.

풀이 1. 그릇. 접시. ¶器具 2. 도구. 기구. ¶器物 3. 기관(器官). 생물체의 기관. 4. 인재. 5. 재능. 도량.

器官(기관) 생물체를 구성하는 한 부분.
器具(기구) 세간·연장·그릇 등을 통틀어 이르는 말.
器量(기량) 1)재주와 덕. 2)재능.

[口 13~16획] 噴噬嘯嚚噪噫嚀嚇嚆嚭

器物(기물) 살림살이에 쓰이는 온갖 그릇.
茶器(다기) 차를 달여 마시는 데 쓰이는 여러 가지 기구.
祭器(제기) 제사 때 쓰는 그릇.
유 皿(그릇 명) 비 哭(울 곡)

噴 ⑬ 16획
噴(p129)의 俗字

噬 ⑬ 16획 日ゼイ・かむ ⊕shì
씹을 서

풀이 씹다. 물어뜯다. 깨물다.

噬臍莫及(서제막급) 사향노루가 배꼽의 향 때문에 붙잡힌 줄 알고 물어뜯으려 하나 입이 닿지 않는다는 데서, 일이 잘못된 뒤에는 후회해도 소용없음을 비유한 말.
反噬(반서) 은혜를 잊고 주인을 묾. 은인을 배반하여 해침.
유 咀(씹을 저) 嚼(씹을 작)

嘯 ⑬ 16획 日ショウ ⊕xiào, chì
휘파람 불 소

풀이 1. 휘파람 불다. ¶長嘯 2. 읊다. 읊조리다. ¶嘯詠
嘯詠(소영) 시가(詩歌) 등을 읊조림.
長嘯(장소) 1)휘파람을 길게 붊. 2)시가 등을 길게 읊조림.
비 肅(엄숙할 숙)

嚚 ⑬ 16획 日カク・おどろく ⊕è
놀랄 악

풀이 1. 놀라다. ¶嚚夢 2. 엄숙한 모양.
嚚夢(악몽) 1)놀라 꾸는 꿈. 2)불길한 꿈.

噪 ⑬ 16획 日ソウ・さわぐ ⊕zào
떠들썩할 조

풀이 떠들썩하다. 시끄럽다. ¶噪音
噪音(조음) 진동이 빠르고 불규칙하여 불쾌한 느낌을 주는 잡음.
유 喧(떠들썩할 훤) 騷(떠들 소) 咻(떠들 휴)

噫 ⑬ 16획
❶ 탄식할 희 日イ・ああ
❷ 트림 애 ⊕yī, ǎi, yì

풀이 ❶ 1. 탄식하다. 아! 감탄・탄식・한탄의 소리. ¶噫嗚 ❷ 2. 트림.
噫嗚(희오) 슬퍼 탄식하는 모양.
유 嘆(탄식할 탄) 鳴(탄식할 오) 慨(탄식할 개)

嚀 ⑭ 17획 日レイ ⊕níng
간절할 녕

풀이 간절하다. 간곡하다. ¶叮嚀
叮嚀(정녕) 일에 정성을 들임.

嚇 ⑭ 17획
❶ 껄껄 웃을 하 日ハ・わらう
❷ 성낼 혁 ⊕xià, hè

풀이 ❶ 1. 껄껄 웃다. 웃음소리. 2. 위협하다. 협박하다. ¶威嚇 ❷ 3. 성내다. 화를 내다. ¶嚇怒
嚇怒(혁노) 몹시 성냄.
威嚇(위하) 으름. 협박함.
비 赫(붉을 혁)

嚆 ⑭ 17획 日コウ・なく ⊕hāo
울릴 효

풀이 울리다. 소리가 나다. ¶嚆矢
嚆矢(효시) 1)우는 화살. 2)일의 시작. 최초의 선례. 단서(端緖).
유 響(울릴 향)

嚭 ⑯ 19획 日ヒ・おおきい ⊕pǐ
클 비

[口 16~18획] 嚬嚥嚮嚳嚶嚴囁嚼囀

| 嚬 ⑯ 19획 日ヒン・しかめる 中 pín |

풀이 찡그리다. 눈살을 찌푸리다. ¶嚬蹙
嚬蹙(빈축) 1)불쾌하여 얼굴을 찡그림. 2)남을 비난하거나 미워함.
유 顰(찡그릴 빈)

| 嚥 ⑯ 19획 日エン・のむ 中 yàn |

풀이 삼키다. 꿀꺽 삼키다. ¶嚥下
嚥下(연하) 꿀꺽 삼킴.
유 吞(삼킬 탄) 비 燕(제비 연)

| 嚮 ⑯ 19획 日キョウ・むかう 中 xiàng, xiǎng |

풀이 1. 향하다. 대하다. ¶嚮背 2. 접때. 지난번. ¶嚮日
嚮導(향도) 길을 인도함. 또는 그 사람.
嚮背(향배) 좇음과 등짐. 복종과 배반.
嚮日(향일) 1)해를 마주 향함. 2)접때. 지난날.
유 向(향할 향) 비 響(울릴 향)

| 嚳 ⑰ 20획 日コク・つげる 中 kù |

풀이 1. 고하다. 아뢰다. 2. 고대 중국의 제왕(帝王) 이름.
유 告(알릴 고)

| 嚶 ⑰ 20획 日アン 中 yīng |

풀이 새소리. 새가 장단을 맞추듯 서로 지저귀는 소리. ¶嚶鳴
嚶鳴(앵명) 새가 서로 정답게 욺.

| 嚴 ⑰ 20획 日ゲン・ゴン・きびしい 中 yán |

풀이 1. 엄하다. 엄격하다. ¶嚴重 2. 엄숙하다. 위엄이 있다. 3. 혹독하다. ¶嚴冬
嚴冬(엄동) 매우 추운 한겨울.
嚴命(엄명) 엄격한 명령. 엄중한 명령.
嚴守(엄수) 반드시 꼭 지킴.
嚴肅(엄숙) 엄하고 정숙함.
嚴重(엄중) 1)매우 엄함. 2)엄격하고 정중함.
嚴酷(엄혹) 엄격하고 혹독함.
謹嚴(근엄) 점잖고 엄함.
莊嚴(장엄) 엄숙하고 위엄이 있음.
비 儼(의젓할 엄)

| 囁 ⑱ 21획 日セツ 中 niè, zhé |

풀이 1. 소곤거리다. 속삭이다. 2. 머뭇거리다. 우물거리다. ¶囁嚅
囁嚅(섭유) 1)머뭇거리며 분명하게 말하지 못하는 모양. 2)말이 많음.
유 呢(소곤거릴 니) 呫(소곤거릴 첩)

| 嚼 ⑱ 21획 日シャク・かむ 中 jué |

풀이 1. 씹다. ¶咀嚼 2. 맛보다. 먹어 보다. ¶嚼味
嚼味(작미) 씹어 맛을 봄.
咀嚼(저작) 1)음식을 입에 넣고 씹음. 2)글의 뜻을 깊이 음미함.
유 咀(씹을 저) 비 爵(잔 작)

| 囀 ⑱ 21획 日セン 中 zhuàn |

지저귈 전

[口 19~21획] 囊囈囅囍囑 [口 0~2획] 口四

풀이 1. 지저귀다. 새가 울다. 2. 울림. 가락.
비 囀(구를 전)

囊 ⑲ 22획
주머니 낭 ㊥náng

풀이 주머니. 호주머니. 지갑. ¶背囊
囊刀(낭도) 주머니칼.
囊中之錐(낭중지추) 주머니 속의 송곳이라는 뜻으로, 걸출한 인재는 반드시 드러나기 마련임을 이르는 말.
背囊(배낭) 물건을 넣어 등에 질 수 있도록 천이나 가죽으로 주머니처럼 만든 것.
비 裏(속 리) 襄(도울 양)

囈 ⑲ 22획
잠꼬대 예 ㊥yì

풀이 잠꼬대.
囈語(예어) 1)잠꼬대. 2)허황된 소리.
유 詤(잠꼬대 황) 讏(잠꼬대 위)

囅 ⑲ 22획
웃을 천 ㊐セン ㊥chǎn

풀이 웃다. 빙그레 웃는 모양.
비 戰(싸울 전)

囍 ⑲ 22획
쌍희 희(囍)

풀이 쌍희(雙喜). 공예품이나 그릇 등에 무늬처럼 쓰는 글자.

囑 ㉑ 24획
부탁할 촉 ㊥zhǔ

풀이 부탁하다. 말기다. 위촉하다. ¶委囑
囑託(촉탁) 부탁하여 말김.

委囑(위촉) 말김. 말겨 부탁함.
유 託(부탁할 탁) 請(청할 청)
비 屬(엮을 속)

口부

口 큰입구 部

'口'자는 사방을 에워싼 모양을 본뜬 글자로 '에우다'는 뜻으로 쓰인다. '口(입 구)'자와 모양은 같고 크기는 그보다 크기 때문에 부수 명칭은 '큰입구' 라고 한다.

口 ⓪ 3획
❶ 圍(p136)의 古字
❷ 國(p136)의 古字

四 ② 5획
넉 사 ㊐シ・よつ ㊥sì

丨 冂 冂 四 四

*지사. 코로 숨을 내쉬는 모양을 본뜬 글자. 이에 '숨'의 뜻으로 쓰이다가 후에 가차하여 '넷'의 뜻으로 쓰임

풀이 넉. 넷. 네 번.
四角(사각) 1)네 개의 모서리. 2)네 구석에 각이 있는 모양. 네모.
四君子(사군자) 기개가 있는 군자와 같다는 네 가지 식물. 곧 매화·난초·국화·대나무.
四面楚歌(사면초가) 사방에서 들리는 초나라 노래라는 뜻으로, 사방이 적으로 둘러싸여 돕는 사람이 없는 고립된 상태를 이르는 말.
四分五裂(사분오열) 네 개로 나뉘고 다섯 개로 찢어짐. 이리저리 흩어짐.
四書(사서) 유교의 경전인 논어(論

語)·맹자(孟子)·중용(中庸)·대학(大學).

四聖(사성) 네 명의 성인. 공자·석가·예수·소크라테스.

四海(사해) 1)사방의 바다. 2)온 세상. 천하.

🔁 西(서녘 서)

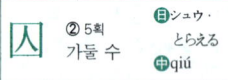

| ㅣ 冂 冂 囚 囚

*회의. 사람(人)이 울타리 안에 갇혀 있는(囗) 모양으로, '갇히다', '가두다'의 뜻을 나타냄.

풀이 1. 가두다. 갇히다. 감금하다. 2. 죄수. 옥에 갇힌 사람. ¶罪囚

死刑囚(사형수) 사형의 판결을 받은 죄수.

罪囚(죄수) 죄를 짓고 옥에 갇힌 사람.

🔁 因(인할 인) 困(곤할 곤)

團(p137)의 俗字

| 冂 冂 円 因 因

*회의. 돗자리(囗) 위에 누운 사람(大)을 나타낸 글자. 본래의 뜻은 '자리', '깔개' 였으며, 여기서 '의지하다', '인하다'의 뜻이 나옴.

풀이 1. 인하다. 말미암다. 2. 원인. 까닭. ¶因果 3. 이어받다. ¶因襲 4. 인연. ¶因緣

因果(인과) 원인과 결과.

因果應報(인과응보) 자기가 한 일의 원인에 대하여 반드시 거기에 상응하는 결과가 있음.

因襲(인습) 이전부터 전하여 내려오는 몸에 젖은 습관.

因緣(인연) 1)연분. 연줄. 2)지금 일어나고 있는 것에 대한 이전의 관계.

原因(원인) 어떤 사물·현상을 일으키는 근본이 되는 일 또는 사건.

🔁 囚(가둘 수) 困(곤할 곤)

| 冂 冂 円 回 回

*상형. 물이 일정한 곳을 중심으로 빙빙 도는 모양을 본뜬 글자. 이에 '돌다', '돌아오다'의 뜻으로 쓰임.

풀이 1. 돌다. ¶回轉 2. 돌리다. 돌이키다. 3. 돌아오다. 4. 회. 번. ¶每回

回改(회개) 돌이켜 잘못을 고침.

回答(회답) 물음에 대답함. 또는 그 대답.

回收(회수) 도로 거두어들임.

回轉(회전) 빙빙 돎.

回春(회춘) 1)봄이 다시 돌아옴. 2)중한 병에서 다시 건강을 회복함. 3)다시 젊어짐.

回避(회피) 꺼려서 피함.

每回(매회) 한 번 한 번. 매번.

🔁 巡(돌 순)

| 冂 冂 冃 用 困 困

*회의. 나무(木)가 우리(囗) 안에 갇혀서 자라지 못해 난처하게 된 모양을 나타낸 글자. 이에 '곤란하다'의 뜻으로 쓰임.

풀이 1. 괴롭다. ¶困辱 2. 어렵다. 곤란하다. ¶困難 3. 곤하다. 지치다. ¶疲困

困境(곤경) 곤란한 처지.

困窮(곤궁) 몹시 곤란함.

困難(곤란) 어려움.

困辱(곤욕) 괴로움과 모욕을 당함.

貧困(빈곤) 가난하고 곤궁함.

疲困(피곤) 지쳐 곤함.
- 유 苦(쓸고) 비 囚(가둘 수) 因(인할 인)

国 ④ 7획
國(p136)의 俗字

図 ④ 7획
圖(p137)의 俗字

囮 ④ 7획 日ワ・かわる 中é
후림새 와

[풀이] 후림새. 다른 새를 꾀기 위해 매어 둔 새.

囲 ④ 7획
圍(p136)의 俗字

囬 ④ 7획
回(p134)의 俗字

固 ⑤ 8획 日コ・かたい 中gù
굳을 고

丨冂门円円田固固

* 형성. 뜻을 나타내는 부수 '囗(에울 위)'와 음을 나타내는 '古(예 고)'를 합친 글자.

[풀이] 1. 굳다. 단단하다. ¶固體 2. 완고하다. ¶固陋 3. 우기다. ¶固執 4. 굳이. 5. 진실로. 참으로. 6. 본디. 원래. 전부터. ¶固有

固陋(고루) 완고하여 융통성이 없음. 고집스럽고 비루함.
固守(고수) 굳게 지킴.
固有(고유) 본디부터 있음.
固定(고정) 일정한 곳에 있어 움직이지 않음.
固執(고집) 자신의 의견을 굳게 내세워 우김.

固體(고체) 굳게 뭉쳐 일정한 형상을 가진 물체.
堅固(견고) 굳고 튼튼함.
- 유 硬(굳을 경)

国 ⑤ 8획
國(p136)의 俗字

囹 ⑤ 8획 日レイ・ひとや 中líng
옥 령(영)

[풀이] 옥. ¶囹圄
囹圄(영어) 감옥.
- 유 獄(옥 옥)

囿 ⑥ 9획 日ユウ・その 中yòu
동산 유

[풀이] 동산. ¶囿苑
囿苑(유원) 새나 짐승을 기르는 동산.
- 유 園(동산 원)

圄 ⑦ 10획 日ゴ・ギョ・ひとや 中yǔ
옥 어

[풀이] 옥(獄). 감옥. ¶囹圄
圄囹(어령) 옥. 감옥. 영어(囹圄).
- 유 獄(옥 옥) 囚(가둘 수)

圃 ⑦ 10획 日ホ・はたけ 中pǔ
밭 포

[풀이] 밭. 남새밭. ¶圃田
圃田(포전) 1)평평하고 넓은 들. 2)채소・과실 나무를 심어 가꾸는 밭.
- 유 田(밭 전)

圂 ⑦ 10획 日コン・かわや 中hùn, huà
뒷간 혼・환

풀이 1. 뒷간. 2. 돼지우리.
圂腴(환유) 가축의 내장(內臟).

 ⑧ 11획 ㋴コク·くに
나라 국 ㊥guó

丨冂冂冂冋冏周國國國

풀이 나라. 국가. ¶國家
國家(국가) 나라.
國基(국기) 나라가 세워진 본바탕. 또는 유지하는 바탕.
國旗(국기) 나라의 표지로서 정해진 기.
國力(국력) 한 나라가 가진 힘.
國防(국방) 국가의 외적에 대한 방어.
國法(국법) 나라의 법. 국가의 법률.
國史(국사) 1)한 나라의 역사. 2)한국의 역사.
國語(국어) 1)국민 전체가 쓰는 그 나라 말. 2)우리나라 고유의 말.
國際(국제) 1)나라와 나라 사이의 교제 또는 그 관계. 2)세계 각국에 관한 일.
國債(국채) 국가의 빚.
國土(국토) 나라에 속해 있는 땅.
國會(국회) 입헌 국가에서 국민의 뜻을 대표하는 기관.
愛國(애국) 자기 나라를 사랑함.
㈜ 邦(나라 방)

圈 ⑧ 11획 ㋴ケン·おり
우리 권 ㊥juān, juàn, quān

풀이 1. 우리. 2. 동그라미. ¶圈點 3. 범위. 구역. ¶圈域
圈域(권역) 어떤 특정한 범위 안의 지역이나 영역.
圈點(권점) 시문이나 요처(要處) 등의 옆에 찍는 동그라미 표.
首都圈(수도권) 서울을 중심으로 이루어지는 대도시권.

圉 ⑧ 11획 ㋴ギョ·うまかい
마부 어 ㊥yǔ

풀이 1. 마부. 2. 막다. ¶圉禁 3. 몸이 굳고 괴로운 모양.
圉禁(어금) 막아서 지킴.

員 ⑨ 12획
圓(p136)의 俗字

圍 ⑨ 12획 ㋴イ·かこむ
둘레 위 ㊥wéi

丨冂冂冂冋冏周周周圍圍

* 형성. 뜻을 나타내는 부수 囗(에울 위)와 음을 나타내는 韋(다룸가죽 위)를 합친 글자.

풀이 1. 둘레. ¶周圍 2. 둘러싸다. 에워싸다. 포위하다. ¶圍護 3. 경계(境界). 구역. ¶範圍
圍籬(위리) 1)울타리를 침. 2)귀양 간 사람의 거처에 가시로 울타리를 치던 일.
圍護(위호) 둘러싸고 지킴.
範圍(범위) 1)한정된 구역의 언저리. 2)어떤 힘이 미치는 한계.
周圍(주위) 1)둘레. 2)어떤 사물·사람을 둘러싼 환경.
㈔ 園(동산 원)

圓 ⑩ 13획 ㋴エン·まるい
둥글 원 ㊥yuán

丨冂冂冂冋冏周周周周圓圓圓

* 형성. 뜻을 나타내는 부수 囗(에울 위)와 음을 나타내어 '둥글다'라는 의미를 지닌 員(수효 원)을 합친 글자. 이에 '둥글다'의 뜻으로 쓰임.

풀이 1. 둥글다. 2. 원형. 동그라미. ¶同心圓 3. 둘레. 4. 원만하다. 모나지 않

[口 10~13획] 園團圖圜

다. ¶圓滿
圓光(원광) 1)달이나 해의 빛. 2)불상(佛像) 위에 나타나는 둥근 빛.
圓滿(원만) 1)일의 진행이 순조로움. 2)성격이 모나지 않고 온화함. 3)사이가 좋음.
圓寂(원적) 승려의 죽음.
圓活(원활) 1)원만하여 막힌 데가 없음. 2)부드럽고 생기가 있음.
同心圓(동심원) 중심을 같이하나 반지름이 다른 두 개 이상의 원.
유 円(둥글 엔) 團(둥글 단)
비 員(인원 원)

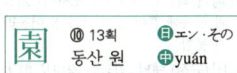
園 ⑩ 13획 日エン・その
동산 원 ⊕yuán

｜ㄇ冂円月帛帛帛園園園園園

*형성. 뜻을 나타내는 부수 囗(에울 위)와 음을 나타내는 袁(옷길 원)을 합친 글자.

풀이 1. 동산. 정원. 과수원. ¶田園 2. 원소(園所). 왕세자·왕세자빈과 종친의 무덤.
園林(원림) 1)집터에 딸린 수풀. 2)정원숲.
園池(원지) 1)정원과 못. 2)정원 안에 있는 못.
樂園(낙원) 아무 근심 걱정 없이 안락하게 살 수 있는 곳. 이상향(理想鄕).
田園(전원) 1)논밭과 동산. 2)시골. 도시의 교외.
비 圍(주위 위)

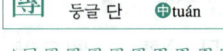
團 ⑪ 14획 日ダン・あつまり
둥글 단 ⊕tuán

｜ㄇ冂円月帛帛帛帛團團團團

*형성. 뜻을 나타내는 부수 囗(에울 위)와 음을 나타내며 둥글게 뭉친 모양을 뜻하는 '專(오로지 전)'을 합친 글자. 이에 '둥글게 뭉치다', 곧 '둥근 모양'의 뜻으로 쓰임.

풀이 1. 둥글다. ¶團圓 2. 모이다. 모여들다. 3. 덩어리. 4. 모임. 집단.
團匪(단비) 굳게 모인 도적.
團圓(단원) 1)둥근 모양. 2)원만하게 해결함. 3)연극에서의 마지막 장. 대단원(大團圓).
團坐(단좌) 빙 둘러앉음.
集團(집단) 많은 사람이나 동물, 또는 물건이 모여서 무리를 이룬 상태.
유 円(둥글 엔) 圓(둥글 원) 集(모을 집)

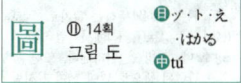
圖 ⑪ 14획 日ズ・ト・え・はかる
그림 도 ⊕tú

｜ㄇ冂円円円周周周圖圖圖圖

*회의. 천이나 종이(囗)위에 고을(啚)의 모습을 그린 것으로 '지도'나 '그림'을 나타냄.

풀이 1. 그림. 도표. 지도. ¶圖書 2. 꾀하다. 계획하다. 3. 그리다. 베끼다. 4. 책. 서적. ¶圖書
圖謀(도모) 앞으로의 일에 대해서 수단과 방법을 계획함.
圖生(도생) 살기를 꾀함.
圖書(도서) 서적·글씨·그림 등을 통틀어 이르는 말.
圖讖(도참) 미래를 예언하는 술법. 또는 그러한 내용이 적혀 있는 책.
略圖(약도) 요소들을 간략하게 나타낸 그림.
版圖(판도) 1)한 나라의 영토. 2)어떤 세력이 미치는 영역이나 범위.
유 謀(꾀할 모) 畫(그림 화)

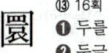
圜 ⑬ 16획
❶ 두를 환 日カン・めぐる
❷ 둥글 원 ⊕huán, yuán

풀이 ❶ 1. 두르다. 둘러싸다. ¶圜繞 ❷ 2. 둥글다. ¶圜冠

圓冠(원관) 둥근 갓. 유자(儒者)의 갓.

圓視(1.원시/2.환시) 1)놀라 눈을 둥글게 뜨고 봄. 2)둘러봄.

圓繞(환요) 에워 두름.

[유] 円(둥글 엔) 團(둥글 단) 圓(둥글 원)

土부

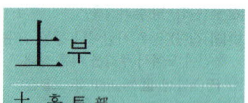

土 흙 토 部

'土' 자는 '흙'을 뜻하는 글자로, 국토(國土)나 영토(領土)에서처럼 일정한 '장소'나 '지방'을 나타낸다. 또한 농촌과 관련된 뜻으로 많이 쓰이고 사람이 흙을 토대로 살아가기 때문에 '살다' 라는 뜻을 나타내기도 한다. 따라서 이 글자를 부수로 갖는 글자는 땅의 성질이나 상태, 또는 지역이나 지형과 관련이 있다.

土
⓪3획 흙 토 [日]ト·ド·つち [中]tǔ

一 十 土

*상형. 불룩 솟아 있는 흙더미를 본뜬 글자. '흙'이라는 뜻을 나타냄.

[풀이] 1. 흙. ¶土器 2. 땅. 논밭. 영토. ¶土地 3. 지방. ¶土豪

土器(토기) 진흙으로 만들어 잿물을 올리지 않고 구운 그릇.

土臺(토대) 1)흙만 가지고 높게 쌓아 올린 대. 2)집의 맨 아랫부분이 되는 바탕. 3)사물이나 사업의 기초.

土俗(토속) 그 지방 특유의 풍속.

土地(토지) 1)땅. 2)논밭이나 집터. 3)토질. 토양.

土豪(토호) 지방에 웅거하여 세력을 떨치는 호족(豪族).

鄕土(향토) 시골. 고향.

[유] 壤(흙 양) [비] 士(선비 사)

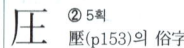

圧
② 5획 壓(p153)의 俗字

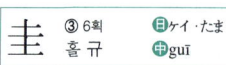

圭
③ 6획 홀 규 [日]ケイ·たま [中]guī

[풀이] 1. 홀. 천자가 제후를 봉할 때 하사하는, 옥으로 만든 신표. 2. 용량 단위. 기장알 64개의 용량. 소량의 뜻으로 쓰임. 3. 모서리. ¶圭角

圭角(규각) 1)옥(玉)의 모서리. 2)말과 행동에 흠이 있어 남과 잘 어울리지 못함.

圭田(규전) 옛날, 임금이 경대부(卿大夫)에게 준 밭. 또는 벼슬아치가 받는 밭. 사전(仕田).

[비] 奎(별 이름 규)

圮
③ 6획 무너질 비 [日]ヒ·こわれる [中]pǐ

[풀이] 무너지다. 붕괴되다. ¶圮缺

圮缺(비결) 무너져 이지러짐.

[유] 坍(무너질 담) 崩(무너질 붕) 壞(무너질 괴)

[비] 圯(다리 이)

圬
③ 6획 흙손 오 [日]オ·こて [中]wū

[풀이] 흙손. ¶圬人

圬人(오인) 미장이.

[비] 圩(오목할 우)

圯
③ 6획 다리 이 [日]イ·つちのはし [中]yí

[풀이] 다리. 흙다리.

圯橋(이교) 1)흙다리. 2)중국 강소성(江蘇省) 하비(下邳)에 있는 다리

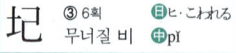

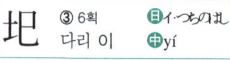

[土 3~4획] 在 地 坎 坑 均

이름.
비 坵(무너질 비)

在 ③ 6획
있을 재 日 ザイ・ある 中 zài

一ナナキ存在

*형성. 뜻을 나타내는 부수 '土(흙 토)'와 음을 나타내는 '才(재주 재)'를 합친 글자.

풀이 있다. 존재하다. 살아 있다. ¶在家
在家(재가) 집에 있음.
在庫品(재고품) 팔고 남아서 창고에 쌓여 있는 물품.
在來(재래) 전부터 있어 옴.
在野(재야) 초야(草野)에 있음. 벼슬길에 나아가지 않고 시골에 머무름.
在職(재직) 직장에 근무하고 있음.
在學(재학) 학교에 적을 두고 공부함.
存在(존재) 있음.
現在(현재) 이제. 지금.
유 存(있을 존) 有(있을 유) 비 左(왼 좌)

地 ③ 6획
땅 지 日 チ・ジ・つち 中 de, dì

一十土も切地

*회의. 뜻을 나타내는 '土(흙 토)'와 음을 나타내는 '也(어조사 야)'를 합친 글자.

풀이 1. 땅. 논밭. 영토. ¶地上 2. 곳. 장소. 3. 처지. 입장. 4. 바탕. 기본. 5. 신분. 지위. ¶地位
地球(지구) 인류가 살고 있는 천체.
地圖(지도) 지구 표면의 일부 또는 전부를 일정한 축척(縮尺)에 의해 평면상에 나타낸 그림.
地雷(지뢰) 적을 살상시키거나 건물을 파괴할 목적으로 땅속에 묻는 폭약.
地名(지명) 땅의 이름.
地方(지방) 1)어느 한 방면의 땅. 2)서울 이외의 곳.
地上(지상) 땅의 위.
地位(지위) 신분. 직위.
地點(지점) 일정한 지역 안에서 어디라고 지정한 곳.
地震(지진) 땅이 흔들려 움직이는 일. 지각 내부의 급격한 변화로 말미암아 지반이 진동하는 현상.
地平線(지평선) 대지와 하늘이 서로 접하는 것처럼 보이는 경계선.
地形(지형) 땅의 생긴 모양이나 형세.
유 坤(땅 곤)

坎 ④ 7획
구덩이 감 日 カン・あな 中 kǎn

풀이 1. 구덩이. 2. 험하다. ¶坎坷 3. 괘 이름. 8괘의 하나.
坎坷(감가) 1)길이 험하여 걷기에 힘듦. 2)때를 만나지 못함. 또는 뜻을 이루지 못함.
유 坑(구덩이 갱) 吹(불 취)

坑 ④ 7획
구덩이 갱 日 コウ・あな 中 kēng

*형성. 뜻을 나타내는 부수 '土(흙 토)'와 음을 나타내며 '텅 빈 곳'을 의미하는 '亢(목 항)'을 합친 글자. 이에 땅 위에 난 큰 '구덩이'라는 뜻으로 쓰임.

풀이 1. 구덩이. ¶坑道 2. 묻다.
坑道(갱도) 땅속의 굴. 갱내의 통로.
坑木(갱목) 갱도나 갱내에 버티어 대는 데 쓰는 나무.
유 坎(구덩이 감) 비 抗(겨룰 항)

均 ④ 7획
고를 균 日 キン・ひとしい 中 jūn, yùn

一十土圹圴均均

풀이 고르다. 공평하다. 고르게 하다. ¶均等
均等(균등) 수량·상태 등이 차별 없이 고름.
均服(균복) 균일한 옷차림.

均分(균분) 고르게 나눔.

均一(균일) 한결같이 고름. 차이가 없음. 똑같음.

均衡(균형) 어느 한쪽으로 치우침이 없이 쪽 고름.

平均(평균) 높낮이를 고르게 함. 또는 그 수치.

[유] 平(평평할 평)

圻 ④ 7획
❶ 경기 기 ❷ 끝 은
[日]キ・さかい
[中]qí, yín

[풀이] [1] 1. 경기(京畿). 서울을 중심으로 사방 천리(千里)의 땅. [2] 2. 끝. 지경.

[유] 畿(경기 기) [비] 斤(서로 근)

坍 ④ 7획
무너질 담
[日]タン
[中]tān

[풀이] 무너지다. 무너뜨리다.

坊 ④ 7획
동네 방
[日]ボウ・まち・ちまた
[中]fāng, fáng

* 형성. 뜻을 나타내는 부수 '土(흙 토)'와 음을 나타내며 '네모짐'을 뜻하는 '方(모 방)'을 합친 글자. 이에 네모지게 구획된 토지(土地), 곧 '마을'의 뜻으로 쓰임.

[풀이] 1. 동네. 마을. ¶坊坊曲曲 2. 방. 거처하는 방・집.

坊坊曲曲(방방곡곡) 어느 한 군데도 빼놓지 않은 모든 곳.

[비] 枋(다목 방)

坏 ④ 7획
언덕 배
[日]ハイ
[中]huài, guài, pī

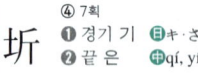

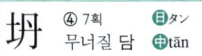

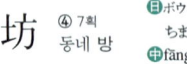

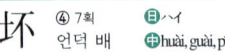

[풀이] 1. 언덕. 2. 날기와. 3. 뒷담. 벽(壁). 4. 막다. 바르다. 흙으로 담의 갈라진 틈을 메움.

[유] 丘(언덕 구) 岸(언덕 안)

坐 ④ 7획
앉을 좌
[日]ザ・すわる
[中]zuò

丿 人 人丿 人人 𠈌 坐 坐

* 회의. 두 사람(人人)이 땅(土) 위에 마주 앉은 모양을 나타낸 글자. 이에 '앉다'라는 뜻으로 쓰임.

[풀이] 1. 앉다. 앉아 있다. ¶坐席 2. 연루되다. ¶連坐 3. 지키다.

坐不安席(좌불안석) 마음이 불안하여 앉아서 편하게 오래 있지 못함.

坐席(좌석) 1)앉는 자리. 2)사람들이 모인 자리.

坐藥(좌약) 요도・항문・질에 끼워 넣는 약.

坐定(좌정) 앉음을 높여 이르는 말.

坐礁(좌초) 배가 암초에 걸림.

連坐(연좌) 다른 사람의 범죄에 대해서 특정한 범위의 몇 사람이 함께 책임을 짐.

[비] 座(자리 좌)

址 ④ 7획
터 지
[日]シ・もとい
[中]zhǐ

* 형성. 뜻을 나타내는 부수 '土(흙 토)'와 음을 나타내는 '止(멈출 지)'를 합친 글자.

[풀이] 터. 지반.

[유] 基(터 기)

坂 ④ 7획
비탈 판
[日]ハン・さか
[中]bǎn

[풀이] 1. 비탈. 고개. 2. 둑. 제방.

[유] 阪(비탈 판) [비] 板(널빤지 판)

坩 ⑤ 8획
도가니 감
[日]カン・るつぼ
[中]gān

[풀이] 도가니. ¶坩堝

坩堝(감과) 도가니.

[비] 柑(감자나무 감)

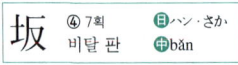

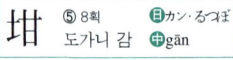

[土 5획] 坰坤坵垈坮垂坳坧坼坦　141

坰 ⑤ 8획　들 경
🇯 ケイ・まちはずれ
🇨 jiōng

[풀이] 들. 교외.

坤 ⑤ 8획　땅 곤
🇯 コン・つち
🇨 kūn

* 회의. 대지(土)는 만물을 자라게 한다는 (申) 의미에서 '땅', '대지'라는 뜻으로 쓰임.

[풀이] 1. 땅. ¶乾坤 2. 곤괘. 8괘의 하나. 땅을 상징하며, 방위로는 서남쪽에 해당함. 3. 황후.

坤方(곤방) 서남쪽.
坤位(곤위) 죽은 여자의 신주.
乾坤(건곤) 하늘과 땅.
🔗 地(땅 지)

坵 ⑤ 8획
丘(p4)의 俗字

垈 ⑤ 8획　터 대 ⓚ

[풀이] 터. 집터. ¶垈地
垈地(대지) 집터.
🔗 基(터 기) 址(터 지)

坮 ⑤ 8획
臺(p615)와 同字

垂 ⑤ 8획　드리울 수
🇯 スイ・たれる
🇨 chuí

* 형성. 뜻을 나타내는 부수 '土(흙 토)'와 음을 나타내는 부수 이외의 글자를 합친 글자. 이에 흙(土) 위로 초목의 꽃이나 잎이 늘어진

모양을 나타내어 '늘어지다', '드리우다'라는 뜻으로 쓰임.

[풀이] 1. 드리우다. 늘어지다. ¶垂直 2. 거의.

垂簾聽政(수렴청정) 황제의 나이가 어려서 태황(太皇)・태후(太后)・황태후(皇太后) 등이 정사를 돌보는 일. 수렴지정(垂簾之政).
垂楊(수양) 수양버들.
垂直(수직) 1) 똑바로 드리움. 또는 그 상태. 2) 하나의 평면 또는 직선에 대하여 90도의 각도를 이루는 상태.
🔄 乘(탈 승)

坳 ⑤ 8획　팬 곳 요
🇯 オウ・くぼみ
🇨 ào

[풀이] 팬 곳. 움푹한 곳. ¶坳泓
坳泓(요홍) 움푹 패여 물이 고인 곳.
🔄 拗(꺾을 요)

坧 ⑤ 8획　토대 척
🇯 タク・セキ
🇨 zhí

[풀이] 토대. 터.
🔄 拓(주울 척)

坼 ⑤ 8획　터질 탁
🇯 タク・さける
🇨 chè

[풀이] 터지다. 갈라지다. ¶坼裂
坼裂(탁렬) 터져 갈라짐.

坦 ⑤ 8획　평평할 탄
🇯 タン・たいらか
🇨 tǎn

[풀이] 1. 평평하다. 평탄하다. ¶坦坦大路 2. 너그럽다. ¶坦懷
坦然(탄연) 평온한 모양.
坦坦大路(탄탄대로) 평평하고 넓은 큰 길.
坦懷(탄회) 편안한 마음에 거리낌이

없음.
유 坪(평평할 평) 비 但(다만 단)

坡 ⑤ 8획 고개 파
日 ハ・さか
中 pō

풀이 1. 고개. 언덕. 비탈. 2. 둑. ¶坡岸
坡頭(파두) 둑 가.
坡岸(파안) 강가의 둔덕.
비 破(깨뜨릴 파)

坪 ⑤ 8획 평평할 평
日 イ・たいらか
中 píng

* 형성. 뜻을 나타내는 부수 '土(흙 토)'와 음을 나타내며 '평탄하다'는 뜻을 지닌 '平(평평할 평)'을 합친 글자. 이에 평탄한 땅, 곧 '들판'의 뜻으로 쓰임.

풀이 1. 평평하다. 고르다. 2. ⓐ 평. 지적(地積)의 단위. 여섯 자 평방.
坪數(평수) 평(坪)으로 따진 넓이.
유 坦(평평할 탄)

垢 ⑥ 9획 때 구
日 コウ・ク・あか
中 gòu

풀이 1. 때. 몸이나 옷에 묻은 더러운 것. ¶垢故. 때문다. 더럽다. ¶純眞無垢
垢故(구고) 때가 묻어 고서(古書)가 됨.
垢面(구면) 때가 낀 얼굴.
純眞無垢(순진무구) 마음과 몸이 깨끗하여 조금도 더러운 때가 없음.
비 后(임금 후)

垌 ⑥ 9획 항아리 동
日 ドウ・かめ・つぼ
中 dòng, tóng

풀이 1. 항아리. 동이. 2. ⓐ 동막이. 물을 막기 위해 둑을 쌓는 일.
垌畓(동답) 바닷가에 둑을 쌓고 바닷물을 퍼내어 일군 논.
유 瓨(항아리 강) 甄(항아리 추) 罃(항아리 앵)

城 ⑥ 9획 성 성
日 ジョウ・しろ
中 chéng

- 十 土 圤 圹 圻 城 城 城

* 형성. 뜻을 나타내는 부수 '土(흙 토)'와 음을 나타내는 '成(이룰 성)'을 합친 글자. 이에 '흙(土)을 높이 쌓다', 곧 '성벽을 쌓아 백성을 지키다'의 뜻을 나타냄.

풀이 1. 성. 도시 둘레에 높이 쌓은 큰 담장. ¶城郭 2. 성으로 둘러싼 도시·나라.
城郭(성곽) 내성(內城)과 외성(外城).
城壘(성루) 작은 성.
城門(성문) 성을 출입하는 문.
城壁(성벽) 성곽의 벽. 성의 담.
城市(성시) 성이 있는 도시. 시가(市街).
城主(성주) 성의 주인.
城隍堂(성황당) 성을 지키는 넋을 모신 사당.
都城(도성) 1)서울. 2)도읍을 둘러싼 성곽.
비 成(이룰 성) 誠(정성 성)

垣 ⑥ 9획 담 원
日 エン・かき
中 yuán

풀이 담. 낮은 담장. ¶垣牆
垣牆(원장) 담.
비 咺(울 훤)

垠 ⑥ 9획 끝 은
日 キン・はて
中 yín

풀이 끝. 땅의 가장자리.

垞 ⑥ 9획 언덕 택
日 タ
中 chá

풀이 언덕.

垓 ⑥ 9획 지경 해
日 ガイ・さかい
中 gāi

[土 6~8획] 型 垕 埋 城 埃 垸 埇 埈 堈 堅   143

뜻이 1. 지경. 경계. 2. 국토의 끝. 땅의 가장자리.
城字(해자) 1)능(陵)이나 묘의 경계. 2)성(城) 주위에 둘러 판 못.
유 界(지경 계)

型 ⑥ 9획 日ケイ・かた 거푸집 형 中xíng

*형성. 뜻을 나타내는 부수 土(흙 토)와 음을 나타내는 刑(형벌 형)을 합친 글자.

뜻이 1. 거푸집. 2. 본보기. 모범. ¶型紙
型紙(형지) 본보기로 오려 만든 종이.
模型(모형) 똑같거나 모양의 물건을 만들기 위한 틀.
原型(원형) 같은 것이 여러 개가 만들어진 본바탕.
비 形(모양 형) 刑(형벌 형)

垕 ⑥ 9획
厚(p103)의 古字

埋 ⑦ 10획 日マイ・うめる 묻을 매 中mái, mán

一十土 圢 圢 圻 坦 坦 埋 埋

*형성. 뜻을 나타내는 부수 土(흙 토)와 음을 나타내며 '묻다'라는 뜻을 지닌 貍(너구리 리)의 생략형을 합친 글자.

뜻이 묻다. 묻히다. 땅속에 묻다. ¶埋立
埋立(매립) 땅을 메워 돋움.
埋沒(매몰) 파묻음.
埋伏(매복) 몰래 공격하기 위해 적당한 곳에 숨어 엎드림.
埋葬(매장) 1)시체를 땅속에 묻음. 2)나쁜 짓을 한 사람을 사회적으로 얼굴을 못 들게 함.
비 理(다스릴 리)

城 ⑦ 10획
城(p142)의 本字

埃 ⑦ 10획 日アイ・ほこり・ごみ 티끌 애 中āi

뜻이 티끌. 먼지. ¶埃塵
埃及(애급) 이집트.
埃塵(애진) 1)티끌. 2)더러움.
유 塵(티끌 진)

垸 ⑦ 10획 日ガン・ただしい 바를 완·환 中yuàn

뜻이 1. 바르다. 옻에 재를 섞어 바르다. 2. 둑. 제방.
비 琓(옥 이름 완)

埇 ⑦ 10획 日ヨウ 길 돋울 용 中yǒng

뜻이 길을 돋우다. 길에 흙을 덮다.
비 踊(뛸 용)

埈 ⑦ 10획 日シュン 가파를 준 中jùn

뜻이 1. 가파르다. 2. 급하다.

堈 ⑧ 11획 日カン・あな 언덕 강 中gāng

*형성. 뜻을 나타내는 부수 土(흙 토)와 음을 나타내는 岡(강)을 합친 글자.

뜻이 1. 언덕. 2. 독. 항아리.
유 丘(언덕 구) 岸(언덕 안) 坏(언덕 배)

堅 ⑧ 11획 日ケン・かたい 굳을 견 中jiān

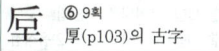

*형성. 뜻을 나타내는 부수 土(흙 토)와 음을 나타내는 臤(견)을 합친 글자. 이에 흙(土)이 굳은(臤) 것을 나타내어, '굳다', '단단하다'의 뜻으로 쓰임.

[土 8획] 堀埼基堂培埠

풀이 1. 굳다. 견고하다. 단단하다. ¶堅固 2. 굳세다. 강하다.

堅固(견고) 굳고 튼튼함.
堅實(견실) 확실하고 틀림이 없음.
堅持(견지) 굳게 지님.
中堅(중견) 1)중군(中軍). 2)단체나 사회에서 중심이 되는 사람.
비 堅(세울 수)

堀 ⑧ 11획 일クツ・ほり 굴 굴 중kū

풀이 1. 굴. 2. 파다. 굴을 파다.
비 掘(팔 굴)

埼 ⑧ 11획 일キ・みさき 갑 기 중qí

풀이 갑. 곶. 바다로 뻗어 나온 육지의 끝 부분.

基 ⑧ 11획 일キ・もとい 터 기 중jī

一 十 廿 甘 甘 苴 其 其 基 基

풀이 1. 터. 2. 근본. 바탕. ¶基本
基金(기금) 1)밑천. 기본금. 2)어떤 목적을 위하여 준비해 놓은 자금.
基壇(기단) 건물·비석 등의 밑에 받치는 돌.
基本(기본) 사물의 근본.
基點(기점) 기준이 되는 점.
基準(기준) 기본이 되는 표준.
基礎(기초) 1)건물의 주춧돌. 또는 토대. 2)사물의 밑바탕. 근본.
유 址(터 지) 垈(터 대) **비** 其(그 기)

堂 ⑧ 11획 일ドウ・おもてざしき 집 당 중táng

丨 丨 丨 丷 丷 兴 兴 兴 堂 堂 堂

풀이 1. 집. ¶佛堂 2. 대청. 마루 ¶堂上 3. 사촌 형제나 오촌 숙질 관계의 친족. ¶堂叔 4. 당당하다. 의젓하다.

堂堂(당당) 1)위엄 있고 훌륭한 모양. 위의가 번듯한 모양. 2)거리낌 없이 떳떳한 모양.
堂上(당상) 1)마루 위. 대청 위. 2)조선시대 정3품 상(上) 이상의 품계에 해당하는 벼슬을 통틀어 이름.
堂叔(당숙) 종숙(從叔)을 친근히 부르는 말.
堂兄弟(당형제) 사촌인 형과 아우. 종형제(從兄弟).
明堂(명당) 1)임금이 신하의 알현을 받던 정전(正殿). 2)풍수상 좋은 자리.
佛堂(불당) 부처님을 모신 집.
食堂(식당) 1)식사하는 방. 2)음식점.
유 家(집 가) 屋(집 옥) 宅(집 택) 室(집 실)
비 當(할 당)

培 ⑧ 11획 일バイ・つちかう 북돋울 배 중péi

一 十 扌 圤 圤 圤 坧 培 培 培

*형성. 뜻을 나타내는 부수 '土(흙 토)'와 음을 나타내는 뜻을 가진 '音(부)'를 합친 글자.
풀이 1. 북돋우다. 식물의 뿌리를 흙으로 덮다. ¶培植 2. 양성하다. 기르다.
培養(배양) 1)북돋아 기름. 2)사람을 가르쳐 기르거나 실력을 기름.
비 倍(곱 배)

埠 ⑧ 11획 일フ・はとば 부두 부 중bù

풀이 부두. 선창.
埠頭(부두) 항구에서 배를 대고 여객

[土 8획] 埴堊埜域堉埻執埰

이나 짐을 싣고 내리는 곳.

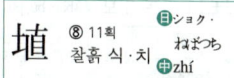
埴 ⑧ 11획
찰흙 식·치
日 ショク・ねばつち
中 zhí

[풀이] 찰흙. 진흙.
埴土(식토) 찰흙.
비 植(심을 식)

堊 ⑧ 11획
백토 악
日 ア・アク・しろつち
中 è

[풀이] 1. 백토. 흰 흙. 2. 희게 칠하다.
堊車(악거) 하얀 흙을 칠한 수레.
堊慢(악만) 백토를 바름.
堊壁(악벽) 흰 벽.
白堊館(백악관) 미국 워싱턴에 있는 미국 대통령의 관저. 미국 정부를 지칭하기도 함.
비 惡(악할 악)

埜 ⑧ 11획
野(p764)의 古字

域 ⑧ 11획
지경 역
日 イキ・さかい
中 yù

一 十 土 圠 圠 圠 圠 域 域 域

*형성. 뜻을 나타내는 부수 '土(흙 토)'와 음을 나타내며 지역·나라를 의미하는 或(시 혹)을 합친 글자. 이에 나라, '지경'의 뜻으로 쓰임.

[풀이] 1. 지경(地境). 경계. ¶地域 2. 나라.
域內(역내) 구역의 안쪽.
異域(이역) 1)다른 나라의 땅. 2)고향에서 멀리 떨어진 곳.
地域(지역) 땅의 경계.
유 界(지경 계) 境(지경 경)

堉 ⑧ 11획
기름진 땅 육
日 リク・よくち
中 yù

[풀이] 기름진 땅. 비옥한 땅. 옥토(沃土).
비 育(기를 육)

埻 ⑧ 11획
과녁 준
日 ジュン・てき
中 zhǔn

[풀이] 1. 과녁. 2. 법칙. 기준.
유 的(과녁 적)

執 ⑧ 11획
잡을 집
日 シツ・シュウ・とる
中 zhí

一 十 土 幸 幸 幸 幸 刲 執 執

[풀이] 1. 잡다. 쥐다. ¶執權 2. 맡다. 관장하다. 3. 고집하다. ¶我執
執權(집권) 정권을 잡음. 권력을 가짐.
執念(집념) 마음에 깊이 새겨 뗄 수 없는 생각.
執務(집무) 사무를 봄.
執拗(집요) 꽉 잡은 마음이 질기고도 끈기가 있음.
執着(집착) 마음이 한 가지 일에만 달라붙어 다른 생각을 하지 않음.
執筆(집필) 글이나 글씨를 씀.
執行(집행) 1)실제로 일을 잡아서 실행함. 2)관리가 직권으로써 법률에 정한 바의 내용을 실행함.
固執(고집) 자기의 의견만 굳게 내세움.
我執(아집) 자신에 집착함. 자기의 뜻을 내세워 버팀.
유 捉(잡을 착) 비 報(갚을 보)

埰 ⑧ 11획
채지 채
日 サイ・りょうち
中 cài

[풀이] 채지(采地). 식읍(食邑).
비 採(캘 채)

堆 ⑧ 11획 흙무더기 퇴 [日]タイ・うずたかい [中]duī, zuī

[풀이] 1. 흙무더기. 언덕. 2. 쌓다. 쌓이다. ¶堆積

堆肥(퇴비) 두엄.

堆積(퇴적) 많이 쌓아 놓음.

[비] 椎(쇠몽둥이 추) 推(밀 추)

堪 ⑨ 12획 견딜 감 [日]カン・たえる [中]kān

* 형성. 뜻을 나타내는 부수 '土(흙 토)'와 음을 나타내는 '甚(심할 심)'을 합친 글자.

[풀이] 1. 견디다. 이겨 내다. ¶堪耐 2. 하늘. ¶堪輿

堪耐(감내) 참고 견딤.

堪當(감당) 1)일을 맡아서 해낼 수 있음. 2)잘 참아 견뎌 냄.

堪輿(감여) 하늘과 땅.

[유] 耐(견딜 내) 忍(참을 인)

堺 ⑨ 12획 界(p493)와 同字

堝 ⑨ 12획 도가니 과 [日]カ・るつぼ [中]guō

[풀이] 도가니. 쇠붙이를 녹이는 그릇. ¶坩堝

[유] 坩(도가니 감)

堵 ⑨ 12획 담 도 [日]ト・かき [中]dǔ

[풀이] 1. 담. ¶堵牆 2. 거처. 담의 안쪽.

堵牆(도장) 담. 울타리.

[유] 壁(벽 벽) 垣(담 원)

壂 ⑨ 12획 壘(p154)의 俗字

堡 ⑨ 12획 작은 성 보 [日]ホウ・とりで [中]bǎo, bǔ, pǔ

* 형성. 뜻을 나타내는 부수 '土(흙 토)'와 음을 나타내는 '保(지킬 보)'를 합친 글자. 흙(土)을 쌓아 지키는 것(保)을 나타내어 '작은 성'의 뜻으로 쓰임.

[풀이] 작은 성. ¶堡壘

堡壘(보루) 1)적을 막기 위해 쌓은 진지. 2)가장 튼튼한 발판.

堡砦(보채) 보루(堡壘).

報 ⑨ 12획 갚을 보 [日]ホウ・むくいる [中]bào

[풀이] 1. 갚다. 보답하다. ¶報恩 2. 알리다. 여쭈다. ¶弘報

報告(보고) 어떤 임무를 띤 사람이 그 일의 내용이나 결과를 글 또는 말로 알림.

報答(보답) 호의나 은혜 등을 갚음.

報復(보복) 원수를 갚음.

報償(보상) 남에게 진 빚이나 받은 물건을 갚음.

報酬(보수) 대가나 사례로 주는 금품.

報恩(보은) 은혜를 갚음.

報應(보응) 인업(因業)에 따른 결과.

電報(전보) 전신으로 보내는 소식.

弘報(홍보) 널리 알리는 것.

[유] 償(갚을 상) 酬(갚을 수)

堰 ⑨ 12획 방죽 언 [日]エン・せき [中]yàn

[풀이] 방죽. 둑. ¶堰堤

堰堤(언제) 댐(dam). 둑.

堧 ⑨ 12획 빈 터 연 [日]エン [中]ruán

[풀이] 빈 터. 성 밑이나 강가의 공터.

[土 9~10획] 堯堣場堤堞堭堠塏塊

堯
⑨ 12획 　日ギョウ·たかい
요임금 요　　中yáo

*회의. 오똑한(兀) 것 위에 더 높게(左) 흙을 쌓은 것을 뜻하여 '높다'는 뜻을 나타냄.

풀이 1. 요임금. 중국 전설에 나오는 고대의 성군(聖君). ¶堯舜 2. 높다.

堯舜(요순) 1)요임금과 순임금. 2)성군(聖君).

堣
⑨ 12획　日ウ·すみ
모퉁이 우　中yú

풀이 모퉁이.

유 隅(모퉁이 우) 비 偶(짝 우)

場
⑨ 12획　日ジョウ·ば
마당 장　中cháng, chǎng

一 ナ 丈 圹 坦 坍 塌 垣 場 場 場

*형성. 뜻을 나타내는 부수 '土(흙 토)'와 음을 나타내는 '昜(볕 양)'를 합친 글자.

풀이 1. 마당. 정원. 2. 곳. 장소. ¶場所
場內(장내) 장소의 안. 회장의 내부.
場面(장면) 어떠한 장소의 곁에 드러난 면. 또는 그 광경.
場所(장소) 1)무엇이 있는 곳. 또는 무슨 일이 일어나는 곳. 2)지금 있는 곳. 처소.
場外(장외) 어떠한 처소의 바깥.
廣場(광장) 넓은 장소.
立場(입장) 당면하고 있는 상황. 처지.

유 所(바소) 비 場(발두둑 역)

堤
⑨ 12획　日テイ·つつみ
방축 제　中dī

一 ナ 丈 圹 坦 坍 坍 垾 垾 堤 堤

*형성. 뜻을 나타내는 부수 '土(흙 토)'와 음

을 나타내는 '是(이 시)'를 합친 글자.

풀이 방축. ¶堤防
堤防(제방) 방축. 둑.
堤堰(제언) 물을 막아 놓기 위해 강이나 바다를 가로질러 쌓은 둑.

비 提(끌 제)

堞
⑨ 12획　日チョウ·ひめがき
성가퀴 첩　中dié

풀이 성가퀴. 성벽 위에 낮게 쌓은 담.

비 葉(잎 엽) 諜(염탐할 첩)

堭
⑨ 12획　日コウ
당집 황　中huáng

풀이 1. 당집. 2. 전각(殿閣). 벽이 없는 집. 3. 해자(垓字).

堠
⑨ 12획　日コウ·つか
봉화대 후　中hòu

풀이 1. 봉화대. 망대(望臺). 2. 이정표.
堠臺(후대) 망루.
堠子(후자) 이정표.

塏
⑩ 13획　日ガイ·たかだい
높고 건조할 개　中kǎi

풀이 높고 건조하다. 높고 건조한 땅.
塏塏(개개) 언덕 등이 높은 모양.

塊
⑩ 13획　日カイ·かたまり
흙덩이 괴　中kuài

一 ナ 丈 圹 圹 坰 坰 坰 塊 塊 塊

*형성. 뜻을 나타내는 부수 '土(흙 토)'와 음을 나타내며 덩어리를 뜻하는 '鬼(귀신 귀)'를 합친 글자. 이에 '흙덩이', 나아가 모든 물건

의 덩어리'라는 뜻으로 쓰임.

[풀이] 1. 흙덩이. 2. 덩어리. 덩이. ¶塊根
塊根(괴근) 덩이뿌리.
塊炭(괴탄) 덩이로 된 석탄.
金塊(금괴) 금덩이.
[비] 鬼(귀신 귀) 魂(넋 혼) 愧(부끄러워할 괴)

塘 ⑩ 13획
- 못 당
- [日] トウ・いけ
- [中] táng

[풀이] 1. 못. 연못. 저수지. ¶塘池 2. 둑. 제방. ¶塘池
塘池(당지) 둑을 쌓아 물을 모이게 한 못. 저수지. 용수지(用水池).
蓮塘(연당) 연못.
池塘(지당) 넓고 깊게 팬 땅에 늘 물이 괴어 있는 곳. 못.
[유] 池(못 지) 澤(못 택)

塗 ⑩ 13획
- 진흙 도
- [日] ト・ぬる
- [中] tú

丶丶ミ氵氵汾涂涂涂
涂涂塗塗

*형성. 뜻을 나타내는 부수 '土(흙 토)'와 음을 나타내는 '涂(길 도)'를 합친 글자.

[풀이] 1. 진흙. 진흙길. 2. 칠하다. 바르다. 흙을 바르거나, 도료(塗料) 등을 칠함. ¶塗料 3. 길. 도로.
塗料(도료) 물건의 겉에 칠하여 채색하거나 썩지 않게 하는 물질.
塗說(도설) 길거리의 뜬소문.
塗擦(도찰) 바르고 문지름.
塗炭(도탄) 진흙탕과 숯불이란 뜻으로, 그곳에 빠져 있는 듯한 격심한 고통을 이르는 말.
[유] 泥(진흙 니) 道(길 도)

塞 ⑩ 13획
- ❶ 변방 새
- ❷ 막힐 색
- [日] サイ・ふさぐ
- [中] sāi, sài, sè

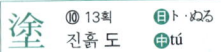

*형성. 뜻을 나타내는 부수 '土(흙 토)'와 음을 나타내는 부수 이외의 글자를 합친 글자. 부수 이외의 글자는 벽돌을 양손으로 쌓아 집의 벽을 막는 모양을 나타냄. 이에 흙으로 집의 벽을 막다」는 뜻으로 쓰임.

[풀이] ❶ 1. 변방. 국경. 2. 성채(城砦). 요새. 외적을 막기 위해 변경에 설치하는 작은 성. ¶要塞 ❷ 3. 막히다.
塞翁之馬(새옹지마) 변방 늙은이의 말이라는 뜻으로, 인생의 길흉화복은 예측할 수 없음을 이르는 말.
塞外(새외) 국경의 밖.
塞性(색성) 본연의 성품을 막음.
要塞(요새) 1) 국방상 중요한 지점에 마련해 놓은 군사적 방어 시설. 2) 차지하기 어려운 대상이나 목표.
[유] 邊(가 변) [비] 寒(찰 한)

塑 ⑩ 13획
- 토우 소
- [日] ソ・でく
- [中] sù

[풀이] 1. 토우(土偶). 흙으로 만든 인형. ¶塑像 2. 흙으로 물건의 형체를 빚다.
塑像(소상) 찰흙으로 만든 형상.
[비] 朔(초하루 삭)

塒 ⑩ 13획
- 홰 시
- [日] シ・ジ・ねぐら
- [中] shí

[풀이] 홰. 새장·닭장에 새·닭이 올라앉도록 가로지른 나무 막대.

塩 ⑩ 13획
鹽(p846)의 俗字

塋 ⑩ 13획
- 무덤 영
- [日] エイ・はか
- [中] yíng

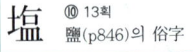

[풀이] 무덤. 분묘. ¶塋域

[土 10~11획] 塢塡塚塔塡境墐

塋域(영역) 묘지.
先塋(선영) 조상의 무덤. 또는 무덤이 있는 곳. 선산(先山).
유 墳(무덤 분) 墓(무덤 묘) 冢(무덤 총)
비 瑩(밝을 영)

塢 ⑩ 13획 日オ·どて 中wù
독 오

풀이 1. 둑. 제방. 2. 보루. 성채. ¶塢壁 3. 마을. 촌락. ¶村塢

塢壁(오벽) 흙으로 쌓아 만든 보루.
村塢(촌오) 시골 마을.

塡 ⑩ 13획 日テン·うずめる
❶ 메울 전
❷ 누를 진 中tián

풀이 ❶ 1. 메우다. 채우다. 가득 차다. ¶塡補 2. 북소리. ❷ 3. 누르다. 진정시키다. ¶塡撫 4. 오래다.

塡補(전보) 채워 넣음.
塡塞(전색) 메움. 또는 메워짐.
塡充(전충) 메워 채움.
塡撫(진무) 난리를 일으킨 백성을 진정시키고 어루만져 달램.
充塡(충전) 빈 곳이나 공간을 메워서 채움.
유 鎭(누를 진)

塚 ⑩ 13획 日チョウ 中zhǒng
무덤 총

풀이 무덤.
塚墓(총묘) 무덤.

塔 ⑩ 13획 日トウ·そとば 中tǎ
탑 탑

一 † ナ ナ' ナ" ゲ ゲ 垯 垯
垯 塔 塔

* 형성. 뜻을 나타내는 부수 '土(흙 토)'와 음을 나타내는 '荅(팥 답)'을 합친 글자. 흙(土)을 쌓은(荅) 모양을 나타내어 탑 이라는 뜻으로 쓰임.

풀이 탑. ¶塔碑
塔碑(탑비) 탑과 비석.
塔尖(탑첨) 탑 끝의 뾰족한 곳.
金字塔(금자탑) 1)피라미드. 2)후세에게까지 빛낼 훌륭한 업적.
비 搭(탈 탑)

塡 ⑩ 13획
壎(p153)과 同字

境 ⑪ 14획 日キョウ·さかい
지경 경 中jìng

一 † ナ ナ' ナ' ゲ ゲ 培 培
培 境 境

* 형성. 뜻을 나타내는 부수 '土(흙 토)'와 음을 나타내는 '竟(마칠 경)'을 합친 글자. 땅(土)이 마치는(竟) 곳, 즉 '지경'을 나타냄.

풀이 1. 지경. 경계. ¶國境 2. 경우. 형편. ¶境遇 3. 곳. 장소.
境界(경계) 일이나 물건이 어떤 표준 밑에 서로 맞닿은 자리.
境內(경내) 경계나 영역의 안.
境遇(경우) 부닥친 형편이나 사정.
境地(경지) 1)경계 안의 땅. 2)처지나 환경. 3)어떠한 단계에 이른 상태.
國境(국경) 나라와 나라 사이의 경계.
漸入佳境(점입가경) 점점 더 아름다운 경지로 들어감.
유 界(지경 계)

墐 ⑪ 14획 日キン·ぬる
매흙질할 근 中jǐn, jìn

풀이 1. 매흙질하다. 벽에 흙을 바르다. ¶墐戶 2. 묻다. 파묻다.
墐戶(근호) 문을 흙으로 발라 막음.
비 槿(무궁화나무 근)

墁

⑪ 14획 日マン・ぬる 中màn
흙손 만

풀이 흙손.

墓

⑪ 14획 日ボ・はか 中mù
무덤 묘

艹艹艹艹苎苎莫莫**墓**

*형성. 뜻을 나타내는 부수 '土(흙 토)'와 음을 나타내는 '莫(없을 막)'을 합친 글자.

풀이 무덤. 분묘. 묘지.

墓碑(묘비) 죽은 사람의 사적(事蹟)이나 업적 등을 기록하여 무덤 앞에 세우는 비석.
墓穴(묘혈) 관을 묻는 구덩이. 광혈(壙穴).
省墓(성묘) 조상의 산소에 가서 인사를 드리고 산소를 살피는 일.
유 冢(무덤 총) 墳(무덤 분)
비 幕(장막 막) 慕(사모할 모) 募(모을 모)

塽

⑪ 14획 日ショウ 中shuǎng
높고 밝은 땅 상

풀이 높고 밝은 땅.

墅

⑪ 14획 日ショ・なや 中shù
농막 서

풀이 1. 농막. 논밭 근처에 간단하게 지은 집. 2. 별장(別莊). ¶墅舍
墅舍(서사) 별장.
비 野(들 야)

塾

⑪ 14획 日ジュク・まなびや 中shú
글방 숙

풀이 글방. 서당. ¶塾舍
塾舍(숙사) 교실과 기숙사를 겸한 사설 서당.
義塾(의숙) 공익을 위해 의연금(義捐金)으로 세운 교육 기관.
비 熟(익을 숙)

墉

⑪ 14획 日ヨウ・かき 中yōng
담 용

풀이 1. 담. 2. 성벽. 보루.
유 墻(담 장)

塲

⑪ 14획
場(p147)과 同字

塼

⑪ 14획 日セン・かわら 中tuán, zhuān
벽돌 전

풀이 벽돌. ¶塼甓
塼甓(전벽) 벽돌.
비 轉(구를 전)

塵

⑪ 14획 日ジン・ちり 中chén
티끌 진

*회의. 땅(土) 위로 사슴(鹿)이 떼 지어 달려가는 모양을 나타낸 글자. 이에 달릴 때 흙먼지가 일어난다 하여, '먼지'라는 뜻으로 쓰임.

풀이 1. 티끌. 먼지. ¶塵烟 2. 속세(俗世). 인간 세상. ¶塵事
塵芥(진개) 티끌. 먼지.
塵事(진사) 세속의 일.
塵烟(진연) 연기처럼 일어나는 먼지.
塵合泰山(진합태산) 티끌 모아 태산.
粉塵(분진) 티끌.
紅塵(홍진) 1)붉게 일어나는 먼지. 2) 번거로운 세상.
유 埃(티끌 애)

塹

⑪ 14획 日ザン・ほり 中qiàn
구덩이 참

[土 12획] 墩墨墳墡增墜墮

풀이 구덩이. 해자. 참호. ¶塹壕

塹壕(참호) 성(城) 둘레에 적의 공격을 피하기 위하여 파 놓은 구덩이.

유 坑(구덩이 갱) 비 塾(빠질 점)

墩 ⑫ 15획 日トン·おか 돈대 돈 中dūn

풀이 돈대. 흙더미. ¶墩臺

墩臺(돈대) 평지보다 좀 높게 만든 곳.

墨 ⑫ 15획 日ボク·すみ 먹 묵 中mò

丶亠冖冃甲里黒黒墨墨
黑黑黑墨墨

*회의. 흙(土) 같은 검댕(黑)을 나타내어 먹 이라는 뜻으로 쓰임.

풀이 1. 먹. 먹물. ¶墨畫 2. 형벌 이름. 오형(五刑)의 하나로 자자(刺字)하는 형벌.

墨家(묵가) 겸애(兼愛) 사상을 주장한 묵적(墨翟)의 학파.

墨客(묵객) 문장·그림에 능한 사람.

墨守(묵수) 자기의 의견이나 주장을 지킴. 묵적지수(墨翟之守).

墨畫(묵화) 먹으로 그린 그림.

近墨者黑(근묵자흑) 먹을 가까이하는 사람은 검어짐. 즉 나쁜 사람과 사귀면 그 버릇에 물들기 쉬움.

白墨(백묵) 분필.

비 黑(검을 흑)

墳 ⑫ 15획 日フン·はか 무덤 분 中fén

一十土扩扩圹圹圹垆垆
垆垆墳墳墳

*형성. 뜻을 나타내는 부수 '土(흙 토)'와 음을 나타내는 '賁(클 분)'을 합친 글자.

풀이 무덤. 묘도. ¶墳墓

墳墓(분묘) 무덤.

墳塋(분영) 1) 무덤. 묘지. 2) 고향.

유 家(무덤 총) 墓(무덤 묘)

墡 ⑫ 15획 日ゼン 흰 흙 선 中shàn

풀이 흰 흙. 백토.

增 ⑫ 15획 日ゾウ·ます 더할 증 中zēng

一十土圹圹圹护护
圹增增增

*형성. 뜻을 나타내는 부수 '土(흙 토)'와 음을 나타내는 '曾(일찍 증)'을 합친 글자.

풀이 더하다. 늘다. 늘리다. ¶增設

增刊(증간) 정기 이외에 더하는 간행. 또는 그 간행물.

增大(증대) 늘어서 커짐.

增設(증설) 시설을 늘림.

增幅(증폭) 사물의 범위가 늘어나 커짐. 또는 사물의 범위를 넓혀서 크게 함.

急增(급증) 갑자기 늘어남.

割增(할증) 일정한 금액에 얼마를 더 얹음.

유 加(더할 가) 반 減(덜 감)

墜 ⑫ 15획 日ツイ·おちる 떨어질 추 中zhuì

풀이 떨어지다. 떨어뜨리다. ¶墜落

墜落(추락) 떨어짐. 낙하함.

墜露(추로) 떨어지는 이슬.

墜岸(추안) 깎아지른 듯한 해안.

墜地(추지) 땅에 떨어짐.

失墜(실추) 명예나 위신을 떨어뜨리거나 잃음.

유 落(떨어질 락) 墮(떨어질 타)

墮 ⑫ 15획 日ダ·おちる 떨어질 타 中duò

[土 12~13획] 墟 墾 壞 壇 壁 墳 墺

* 형성. 뜻을 나타내는 부수 `土(흙 토)`와 음을 나타내는 隋(수나라 수)를 합친 글자.

풀이 떨어지다. 떨어뜨리다. ¶墮落

墮落(타락) 떨어짐. 품행이 나빠서 못된 구렁에 빠짐.

墮胎(타태) 인공적인 방법으로 유산시킴. 낙태.

유 墜(떨어질 추)

墟 ⑫ 15획 **日**キョ・あと
언덕 허 **中**xū

* 형성. 뜻을 나타내는 부수 `土(흙 토)`와 음을 나타내는 虛(빌 허)를 합친 글자. 이에 비어버린 땅, 곧 '매우 황폐해진 터'의 뜻으로 쓰임.

풀이 1. 언덕. 2. 옛터. 황폐해진 터. ¶廢墟

殷墟(은허) 중국 은나라의 옛터. 갑골문자가 처음 출토된 곳.

廢墟(폐허) 건물·시가지 등의 황폐해진 터.

유 丘(언덕 구) 岸(언덕 안) 坏(언덕 배)

墾 ⑬ 16획 **日**コン・ひらく
개간할 간 **中**kěn

* 형성. 뜻을 나타내는 부수 `土(흙 토)`와 음을 나타내는 貇(정성스러울 간)을 합친 글자.

풀이 개간하다. ¶墾田

墾田(간전) 밭을 개간함. 또는 개간한 밭.

開墾(개간) 버려 둔 땅을 새로 일구어 논밭으로 만듦. 기간(起墾).

비 懇(정성 간)

壞 ⑬ 16획
壊(p154)의 俗字

壇 ⑬ 16획 **日**ダン・たかい
단 단 **中**tán

풀이 1. 단. 제단. 흙 등을 높게 쌓아 만들어 놓은 자리. ¶壇墠 2. 사회. ¶畫壇

壇墠(단선) 흙을 쌓아 올린 제단.

壇場(단장) 1)제사를 지내기 위하여 흙을 쌓아 올린 곳. 2)설법하는 곳.

佛壇(불단) 부처를 모셔 놓은 단. 수미단(須彌壇).

畫壇(화단) 화가의 사회.

비 亶(믿음 단) 垣(담 원)

壁 ⑬ 16획 **日**へキ・かべ
벽 벽 **中**bì

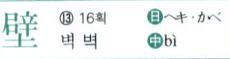

* 형성. 뜻을 나타내는 부수 `土(흙 토)`와 음을 나타내는 辟(임금 벽)을 합친 글자. 풍한(風寒)을 막기[辟] 위해 흙[土]으로 만든 것.

풀이 벽. 바람벽. ¶壁書

壁壘(벽루) 적을 막기 위하여 흙·돌 등으로 쌓은 성채.

壁立(벽립) 1)바람벽처럼 우뚝 섬. 2)다른 세간은 없고 벽만 있는 가난한 모양.

壁書(벽서) 벽에 쓴 글.

壁欌(벽장) 벽을 뚫어 만든 장.

壁畫(벽화) 벽에 그린 그림.

氷壁(빙벽) 눈이나 얼음으로 덮인 암벽.

비 璧(둥근 옥 벽)

墳 ⑬ 16획
墳(p151)의 本字

墺 ⑬ 16획 **日**オウ・イク
물가 오·욱 **中**ào
・きし

[土 13~15획] 壅墻壔壓壑壕燻壙

풀이 물가. 육지 쪽으로 들어간 후미진 물가.

墺地利(오지리) 오스트리아의 음역. 오태리(墺太利).
유 涯(물가 애)

壅 ⑬ 16획 日ヨウ·ふさぐ 막을 옹 中yōng

풀이 막다. 막히다. ¶壅滯

壅固執(옹고집) 억지가 몹시 심한 고집.
壅塞(옹색) 1)생각이 막혀서 답답함. 2)생활이 군색함. 3)아주 비좁음.
壅滯(옹체) 막혀 걸림.
비 甕(독 옹)

墻 ⑬ 16획 日ショウ·かき 담 장 中qiáng

一 十 扌 圹 圹 圹 圹 圹 圹 垆
垆 垆 墙 墙 墙 墙

풀이 담. 담장. 벽.
墻壁(장벽) 담과 벽.
墻垣(장원) 담.
유 垣(담 원)

壔 ⑭ 17획 日トウ·とりで 성채 도 中dǎo

풀이 1. 성채. 보루. 2. 기둥. 기둥 모양.
유 城(성 성)

壓 ⑭ 17획 日アツ·おさえる 누를 압 中yā, yà

丿 厂 厂 厂 厂 厂 厂 厂 厂
厂 厭 厭 壓 壓 壓

* 형성. 뜻을 나타내는 부수 '土(흙 토)'와 음을 나타내는 '厭(싫을 염)'을 합친 글자.

풀이 1. 누르다. 2. 진압하다. 평정하다. ¶壓倒
壓倒(압도) 1)눌러 거꾸러뜨림. 굴복시킴. 2)남을 능가할 만큼 뛰어남.
壓力(압력) 1)물체가 다른 물체를 누르는 힘. 2)남이 자기 뜻을 따르도록 압박하는 힘.
壓迫(압박) 1)내리누름. 2)심리적·정신적으로 상대편에게 겁을 줌.
壓死(압사) 눌러 죽음.
氣壓(기압) 대기 압력. 단위는 밀리바 (mb).
制壓(제압) 제어하여 억누름.
유 抑(누를 억) 비 厭(싫을 염)

壑 ⑭ 17획 日ガク·たに 골 학 中hè

풀이 1. 골. 골짜기. ¶幽壑 2. 구렁.
壑谷(학곡) 1)골짜기. 2)구렁.
幽壑(유학) 깊숙한 골짜기.
유 谷(골짜기 곡)

壕 ⑭ 17획 日ゴウ·ほり 해자 호 中háo

풀이 해자. 도랑. 성(城) 둘레에 파 놓은 도랑.
防空壕(방공호) 공습 때에 대피하기 위하여 땅속에 마련한 시설.
塹壕(참호) 1)성 둘레의 구덩이. 2)적의 공격에 대비하기 위한 시설.

燻 ⑭ 17획 日ケン·つちぶえ 질나팔 훈 中xūn

풀이 질나팔. 흙을 구워서 만든 악기로, 6개 또는 8개의 구멍이 뚫려 있음.
燻篪相和(훈지상화) 훈과 지의 음률이 서로 조화를 이룸. 형제가 화목함을 이르는 말.
비 燻(연기 낄 훈)

壙 ⑮ 18획 日コウ·あな 광 광 中kuàng

[土 15~17획] 壙壘壞壜壟壤

풀이 1. 광. 시체를 묻기 위해서 판 구덩이. ¶壙穴 2. 넓직하다.
壙中(광중) 무덤 속.
壙穴(광혈) 시체를 묻는 구덩이.
비 廣(넓을 광)

壘 ⑮ 18획 日レイ·とりで 中lěi, lù
진 루(누)

풀이 1. 진. 작은 성. 보루. ¶堡壘 2. 포개다. 쌓다.
壘壘(누루) 연이은 모양.
壘石(누석) 쌓인 돌.
堡壘(보루) 1) 돌·흙·콘크리트 등으로 튼튼하게 쌓은 진지. 2) 어떤 일을 하기 위한 튼튼한 발판을.
비 疊(겹쳐질 첩)

壞 ⑯ 19획 日カイ·こわす 中guài, huà
무너질 괴

一ナナナナナナナ严严严严严严
护护护擅壇壞壞壞

* 형성. 뜻을 나타내는 부수 '土(흙 토)'와 음을 나타내는 '褱(품을 회)'를 합친 글자.

풀이 무너지다. 허물어지다. 파괴되다.
¶壞裂
壞爛(괴란) 썩어 허물어짐. 산산이 부서짐.
壞裂(괴열) 무너지고 갈라짐.
壞血病(괴혈병) 비타민 C의 부족으로 잇몸 등에 피가 나고 악화되면 빈혈, 심장 쇠약 등을 일으키는 병.
破壞(파괴) 건물이나 기물·조직 등을 부수거나 무너뜨림.
유 坍(무너질 담) 崩(무너질 붕)
비 壤(흙 양) 懷(품을 회)

壜 ⑯ 19획 日タン·さけがめ 中tán
술병 담

풀이 술병. 술독.

壟 ⑯ 19획 日ロウ·うね 中lǒng
언덕 롱(농)

풀이 1. 언덕. 작은 구릉. ¶壟斷 2. 밭두둑.
壟斷(농단) 깎아지른 듯한 높은 언덕이라는 뜻으로, 시장에서 유리한 곳을 차지해 이익을 독점함을 이르는 말.
丘壟(구롱) 1) 산언덕. 2) 조상의 무덤.
유 丘(언덕 구) 岸(언덕 안) 坏(언덕 배)

壤 ⑰ 20획 日ジョウ·つち 中rǎng
흙 양

一ナナナナナナナナ严严严严
护护护擅壇壤壤壤

* 형성. 뜻을 나타내는 부수 '土(흙 토)'와 음을 나타내는 '襄(도울 양)'을 합친 글자. 농사를 짓는 데 적당할 만큼 숙성된(襄) 흙(土)을 나타내어, '부드러운 흙'의 뜻으로 쓰임.

풀이 1. 흙. 부드럽고 비옥한 흙. 2. 땅. 토지. ¶壤土
壤地(양지) 토지. 국토.
壤土(양토) 1) 땅. 2) 경작에 알맞은 흙.
天壤之差(천양지차) 하늘과 땅만큼 많은 차이. 천양지간(天壤之間).
土壤(토양) 1) 흙. 2) 식물, 특히 농작물을 자라게 하는 흙.
유 土(흙 토) 비 壞(무너질 괴)

士 부

士 선비 사 部

'士'자는 '선비'를 뜻하는 글자로, 기사(騎士)에서처럼 '사람'의 뜻으로도 쓰인다. 또한 전사(戰士)나 사관(史官)에서처럼 '무사'나 '관리', '지식인'의 뜻으로도 쓰이며, 장성한 남자를 나타낼 때에도 쓰인다.

士 ①3획
선비 사
日シ・ジ・さむらい
中shì

一十士

*상형. 도끼를 본뜬 글자. 이에 도끼를 든 '병사', 남자를 나타냄.

[풀이] 1. 선비. 학식과 덕이 있는 사람. ¶紳士 2. 남자. 사나이. 3. 벼슬. 벼슬아치. ¶士大夫 4. 군인. 병사. ¶士兵 5. 칭호나 직업에 붙이는 말. ¶辯護士

士氣(사기) 1)병사의 씩씩한 기운. 2)일을 이룩하려는 기세.
士大夫(사대부) 1)문벌이 높은 사람. 2)양반.
士兵(사병) 1)장교가 아닌 모든 졸병. 2)하사관이 아닌 병사.
辯護士(변호사) 소송 사무나 일반 법률 사무를 행하는 직업을 가진 사람.
紳士(신사) 품행이 바르고 학덕과 기풍을 갖춘 사람.

유 儒(선비 유) 彦(선비 언) 비 土(흙 토)

壬 ①4획
아홉째 천간 임
日ジン・ニン・みずのえ
中rén

ノ二千壬

*상형. 실을 감는 막대기의 모양을 본뜬 글자. 후에 가차하여 천간(天干)의 아홉째 글자로 쓰임.

[풀이] 1. 아홉째 천간(天干). 오행으로는 물(水), 방위로는 북쪽에 해당함. 2. 간사하다. 아첨하다. ¶壬人

壬方(임방) 24방위의 하나. 북북서에서 북쪽으로 15도의 각도 안.
壬人(임인) 간사한 사람.

비 王(임금 왕) 玉(구슬 옥)

壯 ③6획
壯(p155)의 俗字

売 ④7획
賣(p714)의 俗字

声 ④7획
聲(p599)의 俗字

壱 ④7획
壹(p155)의 俗字

壯 ④7획
씩씩할 장
日ソウ
中zhuàng

丨丬爿壯壯壯

*형성. 뜻을 나타내는 부수 '士(선비 사)'와 음을 나타내는 '爿(나무조각 장)'을 합친 글자.

[풀이] 1. 씩씩하다. 굳세다. 건장하다. ¶壯烈 2. 장하다. 훌륭하다. ¶壯觀 3. 젊다. 한창나이. 특히 남자 나이 30세를 지칭함.

壯觀(장관) 웅장하고 볼만한 광경.
壯烈(장렬) 씩씩하고 세참.
壯士(장사) 1)장정(壯丁). 2)혈기 넘치는 용감한 남자.
壯丁(장정) 기운이 좋은 젊은 사나이.
健壯(건장) 몸이 크고 굳셈.
雄壯(웅장) 으리으리하게 크고 장대함.

비 狀(형상 상)

壻 ⑦12획
사위 서
日セイ・むこ
中xù

*형성. 뜻을 나타내는 부수 '士(선비 사)'와 음을 나타내는 '胥(서로 서)'를 합친 글자.

[풀이] 사위. ¶同壻

同壻(동서) 자매의 남편끼리나 형제의 아내끼리 서로를 지칭하는 말.

유 婿(사위 서)

壹 ⑦12획
한 일
日イチ・ひとつ
中yī

[士 9~11획] 壹壺壽 [夂 0~6획] 夂夅変覔

*형성. 뜻을 나타내는 '壺(병 호)'와 음을 나타내는 '吉(길할 길)'을 합친 글자. 이에 병 속에 길한 것을 넣어 둔 모양을 나타내어 오직 길한 마음을 품고 있다는 뜻에서 '오직', '오로지'의 뜻으로 쓰임.

[풀이] 1. 하나. '一(한 일)'의 갖은자. 2. 오로지. 한결같이. ¶壹意

壹意(일의) 오로지 하나의 일에 뜻을 쏟음.

壺 ⑨ 12획　日コ·つぼ
병 호　中hú

[풀이] 병. 항아리. ¶投壺

壺中天(호중천) 병 속의 하늘. 즉, 별천지·선경(仙境)을 이르는 말.
投壺(투호) 화살을 던져 병 속에 많이 넣는 쪽이 이기는 놀이.

[비] 壼(대궐 안 길 곤)

壼 ⑩ 13획　日コン·おくみあ
대궐 안 길 곤　中kǔn

[풀이] 1. 대궐 안의 길. 2. 내궁(內宮). 내실(內室). 부녀자를 뜻함.

壼政(곤정) 1)궁중의 정치. 2)내전(內殿)의 일.

[비] 壺(병 호)

壽 ⑪ 14획　日ジュ·ことぶき
목숨 수　中shòu

壽 壽 壽

[풀이] 1. 목숨. 수명. ¶壽命 2. 장수하다. 오래 살다. ¶萬壽

壽命(수명) 사람의 목숨.
壽福康寧(수복강녕) 오래 살고 복되며, 건강하고 평안함.
壽衣(수의) 시체를 염습할 때 입히는 옷.
萬壽(만수) 오래오래 삶.

[동] 命(목숨 명)

夂부

夂 뒤져 올 치部

'夂' 자는 사람의 발 모양을 나타내는 '止(그칠 지)'가 변형된 글자로서, 발이 앞을 향하지 않고 뒤를 향해 있다고 하여 '뒤져서 오다'는 뜻을 나타낸다. 부수로 쓰일 때는 주로 글자의 윗부분에 온다.

夂 ⓪ 3획　日チ·おくれる
뒤져 올 치　中zhǐ

[풀이] 뒤져서 오다. 뒤떨어져 오다.

夅 ③ 6획
學(p182)과 同字

変 ⑥ 9획
變(p702)의 俗字

覔 ⑦ 10획
覺(p678)과 同字

夊부

夊 천천히 걸을 쇠部

'夊' 자는 '夂(뒤져 올 치)'처럼 사람의 발 모양을 나타내는 '止(그칠 지)'가 변형된 모양으로, 발을 끌 듯 천천히 걷는 모양을 나타낸 글자이다. 이에 '천천히 걷다'의 뜻으로 쓰인다. 부수로 쓰일 때는 주로 글자의 아랫부분에 온다.

[夊 0~17획] 夊夏夔 [夕 0~2획] 夕外

夊 ⓪3획 ⓐスイ·おそい ⓒsuī
천천히걸을쇠

풀이 천천히 걷다.

夏 ⑦10획 ⓐカ·なつ ⓒxià
여름 하

一 一 一 一 一 一 一 一 夏 夏

*상형. 건장한 남자가 허리에 두 손을 얹고 서 있는 모습을 본뜬 글자. 원래는 건장한 사람, '장대하다'의 뜻을 나타내었으나, 후에 바뀌어 '여름'의 뜻으로 쓰임.

풀이 1. 여름. ¶夏服 2. 하나라. 우왕(禹王)이 만든 중국 고대 왕조.

夏爐冬扇(하로동선) 여름의 난로와 겨울의 부채라는 뜻으로, 쓸모없는 말이나 재주를 비유하는 말.
夏服(하복) 여름에 입는 옷. 여름옷.
夏至(하지) 24절기의 하나. 6월 21, 22일경. 해가 가장 긴 날.

夔 ⑦20획 ⓐキ ⓒkuí
조심할 기

풀이 1. 조심하다. 삼가다. ¶夔夔 2. 짐승 이름. 발이 하나 달렸다는 전설상의 짐승.
夔夔(기기) 조심하고 두려워하는 모양.

夕부

夕 저녁 석 部

'夕'자는 '月(달 월)'에서 1획을 뺀 글자로, 해가 지고 달이 반쯤 뜬 때, 곧 '황혼', '저녁'이란 뜻으로 쓴다. 그리고 이 뜻이 확대되어 한 달의 마지막이나, 한 해의 마지막과 같이 하나의 주기(週期)가 끝나는 것을 뜻하기도 한다. 이 글자를 부수로 갖는 글자는 '저녁'과 관련이 있다.

夕 ⓪3획 ⓐセキ·ゆう ⓒxī
저녁 석

ノ ク タ

*상형. 달(月)에서 한 획을 뺀 글자.

풀이 1. 저녁. 밤. ¶夕陽 2. 쏠리다. 기울다.

夕刊新聞(석간신문) 매일 저녁 때에 발행하는 신문.
夕陽(석양) 1)저녁 때. 2)저녁나절의 해. 3)노년(老年).
夕照(석조) 저녁 햇빛. 사조(斜照). 사양(斜陽).
朝夕(조석) 아침과 저녁.
ⓤ 夜(밤 야) ⓜ 朝(아침 조)

外 ②5획 ⓐガイ·そと·ほか ⓒwài
밖 외

ノ ク タ 外 外

*회의. '夕(저녁 석)'과 '卜(점 복)'을 합친 글자. 점(卜)을 치기 위해 거북 등딱지에서 살을 긁어 내는(夕) 모양을 나타내어 '제외하다', 밖의 뜻으로 쓰임.

풀이 1. 바깥. 밖. ¶外部 2. 외국. ¶外債 3. 외가. 처가. ¶外家 4. 멀리하다. 제외하다.

外家(외가) 어머니의 친정. 외가집.
外國(외국) 자기 나라 밖의 다른 나라.
外來(외래) 1)밖에서 옴. 2)외국에서 옴.
外貌(외모) 겉으로 본 모습. 겉모양.
外部(외부) 1)바깥. 2)그 조직에 속하지 않는 범위.
外債(외채) 국가가 외국에 대해서 지는 채무.
外出(외출) 밖에 잠시 나감.
外套(외투) 겨울에 추위 등을 막기 위해서 의복 위에 덮어 입는 옷.
外貨(외화) 외국의 화폐.
ⓜ 內(안 내)

多 ③ 6획 日 タ・おおい 많을 다 中 duō

ノクタ多多

* 회의. 하루가 지나 저녁(夕)이 되고 또 하루가 가서 저녁(夕)이 된다는 의미로, 저녁이 많음을 나타낸 글자. 이에 '많다', '과하다'의 뜻으로 쓰임.

풀이 많다. 많게 하다. ¶多多益善

多角形(다각형) 많은 모로 된 모양.

多年間(다년간) 여러 해 동안.

多多益善(다다익선) 많으면 많을수록 좋음.

多量(다량) 많은 분량.

多方面(다방면) 여러 방면. 많은 곳.

多數(다수) 수효가 많음. 많은 수효.

多樣(다양) 종류가 여러 가지로 많음.

多情多感(다정다감) 정이 많고 느낌이 풍부함.

多血質(다혈질) 활발하고 쾌활하지만 성급하고 인내력이 부족한 자질.

반 少(적을 소) 小(작을 소)

夙 ③ 6획 日 シュク・はやい 일찍 숙 中 sù

풀이 1. 일찍. 아침 일찍. ¶夙起 2. 옛날. 예전부터. ¶夙志

夙起(숙기) 아침 일찍부터 일어남.

夙成(숙성) 나이에 비해 성숙함.

夙夜(숙야) 1)아침 일찍부터 깊은 밤까지. 2)조조(早朝). 새벽.

夙志(숙지) 일찍부터 품고 있던 뜻.

유 早(새벽 조) **비** 風(바람 풍)

夜 ⑤ 8획 日 ヤ・よる 밤 야 中 yè

`一亠广广疒夜夜夜`

* 형성. 뜻을 나타내는 부수 '夕(저녁 석)'과 음을 나타내는 '亦(또 역)'의 생략형을 합친 글자. 저녁(夕) 후에 또(亦) 오는 시간을 나타

내어, 밤의 뜻으로 쓰임.

풀이 밤. 깊은 밤. ¶夜勤

夜間(야간) 밤. 밤 사이.

夜勤(야근) 밤에 근무함.

夜半(야반) 한밤중. 밤 12시.

夜深(야심) 밤이 깊음.

夜陰(야음) 밤의 어두운 때. 밤중.

夜叉(야차) 1)두억시니. 2)염라국의 옥졸. 3)모양이 기이하고 힘이 센 귀신. 사람을 해치나 바른 불법(佛法)을 수호한다고 함.

夜學(야학) 밤에 배우는 공부.

深夜(심야) 깊은 밤.

前夜(전야) 어젯밤. 그 전날 밤.

유 夕(저녁 석) **비** 友(벗 우)

夥 ⑪ 14획 日 カ・おびただしい 많을 과 中 huǒ

풀이 많다. 넉넉하다. ¶夥多

夥多(과다) 많음.

유 多(많을 다)

夢 ⑪ 14획 日 ボウ・ム・ゆめ 꿈 몽 中 mèng

`艹艹뱝夢夢夢夢夢夢`

* 형성. 뜻을 나타내는 부수 '夕(저녁 석)'과 음을 나타내는 '瞢(어두울 몽)'의 생략형을 합친 글자. 어두운 저녁에 꿈을 꾸듯 몽롱하다 하여, 꿈꾸다', '몽롱하다'는 뜻으로 쓰임.

풀이 꿈. 꿈을 꾸다. ¶夢寐

夢寐(몽매) 자면서 꿈을 꾸고 있는 동안.

夢想(몽상) 1)꿈에서 생각함. 또는 그 생각. 2)가능성이 없는 일을 생각함.

夢精(몽정) 성적인 꿈을 꾸고 사정(射精)함.

夢幻(몽환) 꿈과 환상. 사물의 덧없음을 비유하는 말.

惡夢(악몽) 꿈자리가 사나운 꿈. 불길한 꿈.

寅 ⑪ 14획　日イン・つつしむ
조심할 인　中yín

풀이 1. 조심하다. 삼가다. ¶寅畏 2. 연관되다. 연줄을 대다.

寅畏(인외) 삼가고 두려워함.

大 부

大 큰 대 部

'大'자는 사람이 정면으로 서서 두 팔과 두 다리를 벌리고 있는 모양을 나타낸 글자이다. '크다'라는 뜻으로 쓰인다. 그 밖에 길이나 넓이, 규모나 범위, 또는 힘이나 세력, 도량이 큼을 나타낼 때에도 쓰이고, 수량이 많음을 나타내기도 한다. 또한 대학자(大學者)나 대왕(大王)처럼 존경이나 찬미의 뜻을 나타낼 때에도 쓰인다. 이 글자를 부수로 갖는 글자는 모두 '크다'는 뜻과 관련이 있다.

大 ⓪ 3획　日タイ・ダイ・おおきい
❶ 큰 대
❷ 클 태
中dà, dài

一ナ大

*상형. 팔다리를 벌리고 서 있는 사람을 본뜬 모양.

풀이 ❶ 1. 크다. 넓다. 많다. ¶大地 2. 대강. 대개. ¶大概 ❷ 2. 크다.

大概(대개) 1)대체의 뜻. 대체의 줄거리. 2)대강.
大闕(대궐) 궁궐.
大膽(대담) 담력이 큼.
大陸(대륙) 광대한 육지.
大門(대문) 집의 정문.
大部分(대부분) 반이 넘는 수효나 분량. 거의 모두.
大勢(대세) 1)대체의 힘. 2)큰 세력.
大王(대왕) 1)훌륭하고 업적이 뛰어난 임금. 2)선왕의 존칭.
大地(대지) 넓고 큰 땅. 하늘에 대하여 땅을 일컬음.
大廳(대청) 집채 가운데 있는 마루.
大砲(대포) 화약의 힘으로 포탄을 멀리 내쏘는 화기.
大型(대형) 같은 종류의 물건 중에서 규모가 큰 것.
强大(강대) 강하고 큼.
重大(중대) 무겁고 큼. 또는 그런 일.
品 太(클 태) 巨(클 거)
반 小(작을 소) 少(적을 소)
비 丈(어른 장) 犬(개 견) 太(클 태)

夫 ⓪ 4획　日フ・おっと
사내 부　中fū, fú

一二チ夫

*회의. 상투를 틀어 비녀(一)를 꽂은 어엿한 어른(大)을 의미하여 장부(夫)라는 뜻으로 쓰인다.

풀이 1. 사내. 성인 남자. ¶農夫 2. 남편. 지아비. ¶夫婦 3. 대저. 발어사. 4. …구나. …인저. …인가? 감탄·의문의 어조사.

夫君(부군) 1)임금. 2)친구. 3)남편.
夫婦(부부) 남편과 아내.
夫役(부역) 국가나 공공 단체가 국민에게 의무적으로 책임지우는 노역(勞役).
夫人(부인) 남의 아내에 대한 높임말.
農夫(농부) 농사를 업으로 하는 사람.
品 男(사내 남) 반 婦(며느리 부)

夭 ⓪ 4획　日ヨウ・ヨク・ヤ
어릴 요　中yāo

*상형. '大(큰 대)'의 모양에 가까우면서 그

[大 1~2획] 夭 夬 太 失

머리가 오른쪽으로 구부러져 있는 모습을 나타낸 글자. 이에 제대로 쑥쑥 자라지 못하고 '일찍 죽는다'는 뜻으로 쓰임.

풀이 1. 어리다. 젊고 예쁘다. ¶夭夭 2. 젊어서 죽다. ¶夭折

夭夭(요요) 1)젊고 용모가 아름다움. 2)얼굴에 화색이 도는 모양.

夭折(요절) 젊은 나이에 죽음.

비 矢(화살 시) 天(하늘 천)

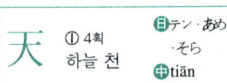

天 ① 4획
하늘 천
日 テン・あめ・そら
中 tiān

一 二 于 天

*회의. 사람이 서 있는 모양(大)과 그 위로 끝없이 펼쳐져 있다(一)의 뜻을 합친 글자. 이에 '하늘'의 뜻으로 쓰임.

풀이 1. 하늘. ¶天國 2. 하느님, 조물주. 3. 천연, 자연. ¶天然 4. 임금, 왕. ¶天子

天國(천국) 하늘나라. 기독교에서 죄를 벗은 사람의 영혼이 죽은 뒤에 간다는 천상계.

天倫(천륜) 1)부자·형제 사이의 변하지 않는 떳떳한 도리. 2)하늘의 도리. 천리(天理).

天幕(천막) 노천에 치는 장막. 텐트.

天罰(천벌) 하늘이 내리는 형벌.

天性(천성) 본래 타고난 성품.

天然(천연) 자연 그대로. 타고난 그대로.

天子(천자) 천제(天帝)의 명을 받아서 천하를 다스리는 사람.

天體(천체) 우주간에 있는 온갖 물체. 해와 달, 별 등의 총칭.

天下(천하) 1)하늘 아래의 온 세상. 2)한 나라 전체.

雨天(우천) 비가 내리는 날씨.

유 空(빌 공) **비** 夭(어릴 요)

夬 ① 4획
쾌 이름 쾌
日 カイ・わける
中 jué, guài

풀이 1. 괘 이름. 64괘 중의 하나. 2. 결단하다. 정하다. ¶夬夬

夬夬(쾌쾌) 결단하는 모양. 결단하여 의심하지 않는 모양.

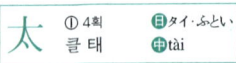

太 ① 4획
클 태
日 タイ・ふとい
中 tài

一 ナ 大 太

*지사. '大(큰 대)'에 다시 점을 찍어 더욱 크다는 뜻을 나타냄.

풀이 1. 크다. 2. 심하다. 심히. 몹시. ¶太甚 3. 첫째. 처음. ¶太初 4. 콩. ¶豆太

太古(태고) 아주 오랜 옛날.

太半(태반) 절반 이상. 반수가 넘음.

太甚(태심) 몹시 심함.

太陽(태양) 천체의 하나인 해(日).

太子(태자) 임금의 자리를 이을 왕자.

太初(태초) 천지가 열리기 전. 상고 (上古). 태일(太一).

太平聖代(태평성대) 어질고 착한 임금이 잘 다스리는 태평한 세상.

豆太(두태) 팥과 콩.

반 小(작을 소)

비 犬(개 견) 大(큰 대) 丈(어른 장)

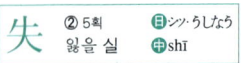

失 ② 5획
잃을 실
日 シツ・うしなう
中 shī

丿 ㄣ 느 失 失

*지사. '矢(화살 시)'에서 화살촉이 위로 나갔으니 이미 화살을 쏘아서 '잃은' 것을 뜻하는 글자.

풀이 1. 잃다. 놓치다. ¶失格 2. 그르치다. 잘못하다. 착오(錯誤). ¶失手

失格(실격) 자격을 잃음.

失望(실망) 희망을 잃음.

失手(실수) 무슨 일에서 잘못됨. 또는 그러한 일.

失言(실언) 실수로 말을 잘못함. 또는 그 말.

[大 2~5획] 央夸夷夽夾奇   161

失踪(실종) 종적을 잃어서 있는 곳이나 생사를 알 수 없게 됨.
失敗(실패) 일이 목적과는 반대로 헛되게 됨. 일을 잘못하여 그르침.
損失(손실) 1)축이 나서 없어짐. 2)손해를 봄.
유 亡(망할 망) 비 矢(화살 시)

央 ②5획 日オウ・なかば 가운데 앙 中yāng

丨口冂央央

* 상형. 멜대를 멘 사람의 모습을 본뜬 글자. 사람이 멜대 중앙에 서야 균형이 잡히므로, '중앙', '가운데'의 뜻으로 쓰임.

풀이 가운데. 중앙. ¶中央

中央(중앙) 사방의 중심이 되는 곳. 가운데.
유 中(가운데 중)

夸 ③6획 日カ・ほこる 자랑할 과 中kuā

풀이 1. 자랑하다. 뽐내다. ¶夸矜 2. 과장하다.
夸矜(과긍) 자랑함.
夸燿(과요) 자랑하고 빛냄.
유 誇(자랑할 과)

夷 ③6획 日イ・えびす 오랑캐 이 中yí

一 匚 冂 弖 夷 夷

* 회의. 큰(大) 활(弓)을 가진 동쪽 사람, 즉 오랑캐를 나타냄.

풀이 1. 오랑캐. 중국 동쪽에 사는 이민족. 바뀌어 중국 주위의 모든 이민족을 통칭하기도 함. 2. 상하다. 3. 평평하다. 평탄하다. ¶夷坦

夷蠻戎狄(이만융적) 주위 사방의 야만국. 동이・서융・남만・북적을 통틀어 이르는 말.

夷坦(이탄) 마음이 편하고 고요함. 평탄(平坦).
尊王攘夷(존왕양이) 왕실을 높이고 오랑캐를 물리침.

夽 ④7획 日グン 클 운 中yǔn

풀이 크다. 높다.

夾 ④7획 日キョウ・はさむ 낄 협 中gá, jiā, jiá

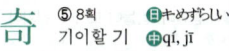

풀이 1. 끼다. 끼워 넣다. ¶夾持 2. 좁다. ¶夾門

夾門(협문) 1)정문 옆에 따로 붙은 작은 문. 2)삼문(三門) 좌우의 작은 문.
夾侍(협시) 곁에서 모심.
夾持(협지) 겨드랑이에 숨겨 가짐. 또는 그 물건.
비 狹(좁을 협) 來(올 래)

奇 ⑤8획 日キ・めずらしい 기이할 기 中qí, jī

一ナ大太夵夵夵奇奇

* 형성. 뜻을 나타내는 부수 '大(큰 대)'와 음을 나타내는 '可(옳을 가)'를 합친 글자.

풀이 1. 기이하다. 괴상하다. ¶奇怪 2. 홀수. 기수. 3. 불우하다. 운이 좋지 않다. 4. 갑자기. ¶奇襲

奇怪(기괴) 기이함. 이상야릇함.
奇妙(기묘) 기이하고 묘함.
奇拔(기발) 1)아주 빼어남. 매우 뛰어남. 2)남이 생각지 못하는 색다른 것.
奇襲(기습) 기묘한 꾀를 써서 갑자기 습격함.
奇巖怪石(기암괴석) 기이하고 괴상한 바위와 돌.
奇智(기지) 기발한 지혜.
奇特(기특) 특이함.
유 怪(기이할 괴)

[大 5~6획] 奈奉奔奄契奎

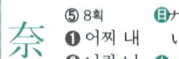

⑤ 8획　　　　日 ナ・ダイ
❶ 어찌 내　　　いかん
❷ 나라 나　　　中 nài

一ナ大本卒奈奈

* 형성. 뜻을 나타내는 부수 '大(큰 대)'와 음을 나타내는 '示(보일 시)'를 합친 글자. 본래는 사과나무의 일종을 나타낸 글자였으나, 나중에 가차하여 의문사로 쓰임.

풀이 ❶ 1. 어찌. ¶奈何 ❷ 2. 나라. ¶奈落
奈落(나락) 범어 Naraka의 음역. 지옥.
奈何(내하) 어떻게. 어찌하여.

奉　⑤ 8획　日 ホウ・たてまつる
　　받들 봉　　中 fèng

一二三丰夫表表奉

* 형성. 뜻을 나타내는 '手(손 수)'와 음을 나타내는 '丰(예쁠 봉)'을 합친 글자. 이에 양쪽 손에 가득 받들어 드리는 것을 나타내어 받들다, '드리다'의 뜻으로 쓰임.

풀이 받들다. 받들어 모시다. 섬기다. ¶奉養
奉公(봉공) 국가나 사회를 위하여 몸과 마음을 다함. 봉직(奉職).
奉仕(봉사) 1)남을 위하여 일함. 2)남을 받들어 섬김.
奉養(봉양) 어버이나 조부모를 받들어 모심.
奉祝(봉축) 공경하는 마음으로 축하함.
奉獻(봉헌) 삼가 바침.
비 奏(아뢸 주)

奔　⑤ 8획
　　奔(p163)의 俗字

奄　⑤ 8획　日 エン・おおう
　　가릴 엄　　中 yǎn

* 회의. '大(큰 대)'와 '申(펼 신)'의 변형자를 합친 글자. 이에 크게 펴서 '덮다'라는 뜻으로 쓰임.

풀이 1. 가리다. 덮다. 2. 갑자기. 문득. ¶奄忽 3. 내시. ¶奄人
奄奄(엄엄) 1)숨이 끊어질 듯한 모양. 2)어두운 모양.
奄人(엄인) 환관(宦官). 내시.
奄忽(엄홀) 갑자기. 홀연.
비 蔽(덮을 폐)

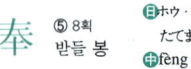

⑥ 9획　　　　日 ケイ・キツ
❶ 맺을 계　　かきつけ
❷ 애쓸 결　　中 qì, qiè, xiè
❸ 종족 이름 글
❹ 사람 이름 설

一二三圭圭丰韧韧契契

* 형성. 뜻을 나타내는 '大(큰 대)'와 음을 나타내는 '㓞(계)'를 합친 글자.

풀이 ❶ 1. 맺다. 인연을 맺다. ¶契機 2. 약속. 약속하다. ¶契約 ❷ 3. 애쓰다. 4. 소원(疏遠)하다. ❸ 5. 종족 이름. ¶契丹 ❹ 6. 사람 이름. 은(殷)나라의 시조.
契丹(거란·글단) 5세기 이래 내몽골 지방에서 유목하던 부족.
契機(계기) 어떠한 일이 일어나거나 맺는 근거나 기회.
契約(계약) 1)사람과 사람 사이의 약속. 2)일정한 법률적 발생을 목적으로 하는 두 개 이상의 의사 표시의 합치에 의해서 성립하는 법률 행위.
비 結(맺을 결) 合(합할 합)

奎　⑥ 9획　日 ケイ・ほしのな
　　별 이름 규　中 kuí, kui

풀이 별 이름. 28수(宿)의 하나. 문장(文章)을 관장함.
奎文(규문) 학문과 문물.
奎章(규장) 임금의 글씨.
비 圭(홀 규)

奔 ⑥ 9획
달릴 분
🇯🇵 ホン・はしる
🇨🇳 bēn, bèn

一 ナ 大 ナ 本 卒 卒 奔

* 회의. 사람을 뜻하는 '大(큰 대)'와 발자국을 뜻하는 '굴(그칠 지)'를 합친 글자. 사람이 여러 발자국을 남기소 달려감을 나타내어, '달리다', '달아나다'라는 뜻으로 쓰임.

[풀이] 1. 달리다. 급히 가다. ¶奔走 2. 달아나다. 도망가다.

奔流(분류) 힘차게 빨리 흐름. 또는 그 물줄기. 급류(急流).
奔忙(분망) 몹시 바쁨.
奔走(분주) 1)몹시 바쁨. 2)진력(盡力)함.

🔗 逃(달아날 도)

奏 ⑥ 9획
아뢸 주
🇯🇵 ソウ・もうす
🇨🇳 zòu

一 = 三 声 夫 夫 奏 奏

* 회의. 초목이 싹튼 것을 두 손으로 받쳐 들고 앞으로 나아감을 나타낸 글자. 이에 '바치다', '아뢰다'라는 뜻으로 쓰임.

[풀이] 1. 아뢰다. 여쭈다. ¶奏請 2. 연주하다. ¶演奏

奏請(주청) 임금에게 올려 재가(裁可)를 청함.
奏效(주효) 1)효력이 나타남. 2)일이 성취됨.
演奏(연주) 여러 사람 앞에서 악기를 다루어 음악을 들려줌.

🔗 告(알릴 고) 🔁 奉(받들 봉)

奕 ⑥ 9획
클 혁
🇯🇵 エキ・ヤク・うつくしい
🇨🇳 yì

[풀이] 1. 크다. ¶奕奕 2. 아름답다. 3. 겹치다. 중첩하다. 4. 바둑. ¶奕棋

奕棋(혁기) 바둑.
奕奕(혁혁) 사물이 큰 모양.

🔁 変(변할 변)

奐 ⑥ 9획
빛날 환
🇯🇵 カン・あきらか
🇨🇳 huàn

[풀이] 1. 빛나다. ¶奐奐 2. 성하다. 성대하다.

奐奐(환환) 빛나는 모양. 빛이 밝은 모양.

🔗 昱(빛날 욱) 光(빛 광) 炯(빛날 형)

奘 ⑦ 10획
클 장
🇯🇵 ソウ・おおきい
🇨🇳 zàng, zhuǎng

[풀이] 1. 크다. 체구가 크다. 2. 성하다.

套 ⑦ 10획
덮개 투
🇯🇵 トウ・ふた
🇨🇳 tào

* 회의. '大(큰 대)'와 '長(길 장)'을 합친 글자. 이에 '크고 길다'라는 뜻을 나타내며, 바꾸어 '덮개'의 뜻으로 쓰임.

[풀이] 1. 덮개. 씌우개. 2. 일정한 말이나 방식. ¶常套的

套語(투어) 틀에 박힌 말.
常套的(상투적) 버릇이 되어 늘 쓰는 것.
外套(외투) 추위·눈비를 막기 위해 겉옷 위에 입는 옷.

🔗 蓋(덮을 개)

奚 ⑦ 10획
어찌 해
🇯🇵 ケイ・なんぞ
🇨🇳 xī

' ' ' ハ 爫 爫 爫 奚 奚

* 상형. 노예의 목에 밧줄을 묶고 그 밧줄의 끝을 다른 사람의 손이 쥐고 있는 모양을 본뜬 글자. 이에 '노예', '종'의 뜻으로 쓰임.

[풀이] 1. 어찌. 어느. 어느 곳. 2. 종. 여자 종. ¶奚奴

奚距(해거) 어찌하여.
奚奴(해노) 종.

🔗 何(어찌 하) 🔁 溪(시내 계)

奢 ⑨ 12획
- 日 シャ・おごる
- 中 shē
- 사치할 사

* 형성. 뜻을 나타내는 부수 '大(큰 대)'와 음을 나타내는 '者(놈 자)'를 합친 글자.

풀이 사치하다. 사치. ¶豪奢

奢侈(사일) 사치하고 자랑함.
奢侈(사치) 제 분수에 지나치게 치레함. 분수없이 호사함.
豪奢(호사) 매우 사치스러움.
田 侈(사치할 치)

奠 ⑨ 12획
- 日 テン・さだめる
- 中 diàn
- 제사 지낼 전

* 회의. 오래된 술(酋)을 상(丌) 위에 올려 신에게 제물로 드리는 것을 나타낸 글자. 이에 '제사 지내다'의 뜻으로 쓰임.

풀이 1. 제사 지내다. 2. 드리다. 4. 결정하다.

奠都(전도) 도읍을 정함.
奠物(전물) 부처나 신에게 올리는 물건.
田 尊(높을 존)

奥 ⑩ 13획
- 日 オウ・おく
- 中 ào
- ❶ 아랫목 오
- ❷ 따뜻할 욱

* 회의. '宀(집 면)'과 '釆(나눌 변)'과 '大(큰 대)'를 합친 글자. 집('宀) 내부를 나누어(釆) 만든 방 중에서 큰(大) 안방이라는 뜻에서 '깊숙한 곳'을 나타냄.

풀이 ❶ 1. 아랫목. 2. 속. 깊숙한 곳. 가장 안쪽. 3. 그윽하다. 깊숙하다. ¶奥妙 ❷ 4. 따뜻하다.

奥妙(오묘) 심오하고 미묘함.
奥旨(오지) 매우 깊은 뜻.
深奥(심오) 사물의 뜻이 매우 깊고 오묘함.

奨 ⑩ 13획
奬(p164)의 俗字

奬 ⑪ 14획
- 日 ショウ
- 中 jiǎng
- 권면할 장
- すすめる

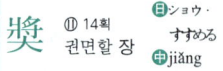
奬 奬

풀이 1. 권면하다. 권장하다. 장려하다. ¶奬勵 2. 돕다. 도움. 3. 칭찬하다. 표창하다. 4. 이루다. 성취하다.

奬勵(장려) 권하여 힘씀.
奬學金(장학금) 학업을 장려하기 위한 목적으로 주는 돈.
田 漿(간장 장) 裝(꾸밀 장)

奪 ⑪ 14획
- 日 ダツ・うばう
- 中 duó
- 빼앗을 탈

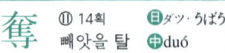
奞 奪 奪 奪 奪

* 회의. 손목(寸) 위에 있던 새(隹)가 날개를 크게(大) 펼치고 날아가 버려 잃어버림을 나타낸 글자. 이에 '빼앗다', '잃다'의 뜻으로 쓰임.

풀이 1. 빼앗다. 약탈하다. ¶掠奪 2. 없어지다. 떠나가다. ¶奪氣

奪氣(탈기) 1)기운이 빠짐. 2)몹시 지쳐 기운이 다함.
奪胎(탈태) 옛사람의 작품을 바탕으로 말을 만듦. 탈태환골[奪胎換骨].
掠奪(약탈) 폭력으로 빼앗음.
爭奪(쟁탈) 서로 다투어 빼앗음.
田 掠(노략질할 략) 攫(빼앗을 략)
田 奮(떨칠 분)

奭 ⑫ 15획
- 日 セキ・さかん
- 中 shì
- ❶ 클 석
- ❷ 붉을 혁

* 형성. 뜻을 나타내는 부수 '大(큰 대)'와 음을 나타내는 '百(일백 백)'을 두 개 합친 글자. 크고 많다의 의미에서 '크다', '왕성하다'는 뜻으로 쓰임.

풀이 ❶ 1. 크다. 2. 성하다. 성행하다.

2 3. 붉다. 붉은빛. 4. 성내는 모양.

㴰 ⑫ 15획
물 깊고 넓을 윤
日 リン·えん
中 yūn

풀이 물이 깊고 넓다. ¶㴰㴰

㴰㴰(윤윤) 물이 깊고 넓은 모양.

奮 ⑬ 16획
떨칠 분
日 フン·ふるう
中 fèn

一ナ大存存存奞奞奞奞奞奞奮奮奮奮

* 회의. 사람이 다가가면 밭(田)에 있던 새(隹)가 날개를 크게(大) 펼쳐서 날아가 버리는 모양을 나타낸 글자로, 전력을 다해서 '힘쓰다', '떨치다'의 뜻으로 쓰임.

풀이 1. 떨치다. 위세를 떨치다. 용맹을 드날리다. ¶奮激 2. 성내다. ¶奮怒

奮激(분격) 마음을 떨쳐 일으킴.
奮怒(분노) 몹시 성냄. 분노(忿怒).
奮戰(분전) 분발하여 싸움.
興奮(흥분) 1)감정이 북받치거나 격분함. 또는 그 감정. 2)자극 때문에 생물체의 활동 상태가 고조되는 변화.

비 奪(빼앗을 탈)

女 부

女 계집 녀 部

'女'자는 여자가 손을 앞으로 모으고 무릎을 꿇고 유순하게 앉아 있는 모양을 나타내어, '여자'라는 뜻으로 쓰인다. 또한 의미가 축소되어 '딸'을 뜻하기도 하고, '시집보내다'나 '섬기다'를 나타낸다. 그리고 여자의 신체적 특성에서 작고 연약한 것을 비유할 때에도 쓰인다. 이 글자를 부수로 갖는 글자는 모두 '여자'와 관련이 있다.

女 ⓪ 3획
계집 녀(여)
日 ジョ, おんな
中 nǚ, rǔ

く 女 女

* 상형. 여자(女)가 손을 앞으로 모으고 무릎을 꿇고 앉아 있는 모양을 본뜬 글자.

풀이 1. 계집. 여자. 작고 연약한 것의 비유로도 쓰임. ¶女流 2. 딸. 여식. 3. 별 이름.

女傑(여걸) 여장부. 호걸스러운 여자.
女流(여류) 어떤 전문 분야에 능숙한 여성을 이르는 말.
女士(여사) 학덕이 있고 현숙한 여자.
女色(여색) 1)여자와의 육적인 관계. 2)여자의 용모. 3)미녀.
女王(여왕) 여자 임금.
女必從夫(여필종부) 아내는 반드시 남편을 따라야 함.
美女(미녀) 생김새가 아름다운 여자.
少女(소녀) 아직 성숙하지 않은 여자 아이.

반 男(사내 남)

奴 ② 5획
종 노
日 ド·やっこ
中 nú

く 女 女 奵 奴

* 회의. 여자(女)를 손(又)으로 붙잡은 것을 나타낸 글자. 이에 자유를 빼앗기고 종살이한다 하여, '종'의 뜻으로 쓰임.

풀이 1. 종. 노예. 사내 종. ¶奴僕 2. 놈. 남을 낮추어 부르는 말.

奴僕(노복) 남자 종.
奴婢(노비) 남자 종과 여자 종의 총칭.
奴隸(노예) 1)종. 2)자유를 구속당하고 남에게 부림을 당하는 사람.
守錢奴(수전노) 돈을 모을 줄만 알고 쓸 줄은 모르는 인색한 사람.

비 如(같을 여)

奸 ③ 6획
간사할 간
日 カン·よこしま
中 jiān

[女 3획] 妄妃如好

풀이 1. 간사하다. 간악하다. ¶奸巧 2. 간음하다. 3. 범하다. 어지럽히다.
奸巧(간교) 간사하고 교활함.
奸邪(간사) 성품과 바탕이 간악하고 올바르지 못함.
奸惡(간악) 간사하고 악독함.
奸賊(간적) 간사한 도적.
弄奸(농간) 간사한 꾀를 써서 남을 속이거나 일을 그르치게 함.
유 姦(간사할 간)

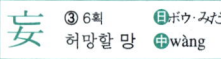
妄 ③ 6획　日ボウ・みだり
허망할 망　中wàng

丶亠亡亡妄妄

*형성. 뜻을 나타내는 부수 `女(계집 녀)`와 음을 나타내는 `亡(없을 망)`를 합친 글자.

풀이 1. 허망하다. ¶妄想 2. 망령되다. 말·행동이 이치에 맞지 않음. ¶妄言
妄動(망동) 분별없이 행동함.
妄發(망발) 1)자기 또는 자기 조상에게 욕이 되게 말을 함. 2)망령된 말. 망언.
妄想(망상) 이치에 맞지 않는 망령된 생각. 망념(妄念).
妄言(망언) 망령된 말. 사리에 맞지 않는 말.
妖妄(요망) 요사스럽고 망령됨.

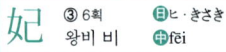
妃 ③ 6획　日ヒ・きさき
왕비 비　中fēi

く女女女ダ妃

*형성. 뜻을 나타내는 부수 `女(계집 녀)`와 음을 나타내는 `己(몸 기)`를 합친 글자.

풀이 1. 왕비. 왕·황태자의 정실부인. 또는 황후 다음으로 높은. 황제의 첩실. ¶妃嬪 2. 짝. 짝을 짓다.
妃嬪(비빈) 왕비(王妃)와 빈(嬪). 임금의 정실(正室)과 소실(小室).
王妃(왕비) 왕의 아내.
유 后(임금 후)

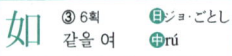
如 ③ 6획　日ジョ・ごとし
같을 여　中rú

く女女女如如如

*형성. 뜻을 나타내는 부수 `口(입 구)`와 음을 나타내는 `女(계집 녀)`를 합친 글자.

풀이 1. 같다. 같게 하다. ¶如前 2. 만일. 만약. ¶或如 3. 어찌. 어찌…하랴. ¶如何間
如來(여래) 1)석가모니(釋迦牟尼)의 존칭. 2)중생의 번뇌 속에 숨겨져 있는 청정한 절대적인 불변의 본성.
如反掌(여반장) 손바닥을 뒤집는 것과 같음. 매우 쉬운 일을 뜻함.
如意(여의) 1)자신의 뜻과 같음. 일이 뜻대로 됨. 2)중이 독경·설법할 때 가지는 기물.
如前(여전) 전과 같음.
如何間(여하간) 어떻든 간에.
或如(혹여) 혹시. 만일.
유 似(같을 사)　**비** 奴(종 노)

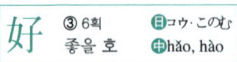
好 ③ 6획　日コウ・このむ
좋을 호　中hǎo, hào

く女女女ゲ奸好

*회의. 여자(女)가 아들(子)을 안고 좋아함을 나타낸 글자. 이에 '좋아하다'의 뜻으로 쓰임.

풀이 1. 좋다. 훌륭하다. ¶好評 2. 사이가 좋다. 의가 좋다. 3. 좋아하다. 사랑하다. ¶好感
好感(호감) 좋은 감정.
好奇心(호기심) 신기한 것을 좋아하거나 모르는 일을 알고 싶어하는 마음.
好事多魔(호사다마) 좋은 일에는 항상 안 좋은 일이 많이 따름.
好意(호의) 친절한 마음.
好轉(호전) 1)잘 되지 않던 일이 잘 되어 감. 2)병 증세가 점점 나아짐.
好評(호평) 좋은 평판. 평판이 좋음.
良好(양호) 아주 좋음.
유 良(좋을 량)　**반** 厭(싫을 염) 憎(미워할 증)

妗 ④ 7획
- 日 キン
- 외숙모 금
- 中 jìn, xiān

풀이 외숙모. 외숙부의 아내.

妓 ④ 7획
- 日 キ・あそびめ
- 기생 기
- 中 jì

풀이 기생. 창녀. ¶妓女
妓女(기녀) 기생.
妓生(기생) 노래나 춤 등으로 술자리에서 흥을 돕는것을 업으로 삼던 여자.
名妓(명기) 이름난 기생.
- 유 娼(창기 창)

妙 ④ 7획
- 日 ミョウ・たえ
- 묘할 묘
- 中 miào

〵 〢 〡 〡 〥 〦 妙 妙

*형성. 뜻을 나타내는 부수 '女(계집 녀)'와 음을 나타내는 '少(작을 소)'를 합친 글자. 이에 여자(女)가 오밀조밀하다(少)는 의미에서, '예쁨'의 뜻으로 쓰임.

풀이 1. 묘하다. 기이하고 뛰어나다. ¶妙手 2. 예쁘다. 아름답다. ¶妙麗 3. 젊다. ¶妙齡
妙齡(묘령) 젊은 여자의 꽃다운 나이. 곧 20세 전후의 여자 나이.
妙味(묘미) 뛰어난 맛. 묘한 맛.
妙手(묘수) 1)뛰어난 수. 2)솜씨가 뛰어난 사람.
妙藥(묘약) 신통하게 잘 듣는 약.
妙策(묘책) 매우 교묘한 꾀.
奇妙(기묘) 기이하고 묘함.
- 비 妙(땅 이름 묘)

妨 ④ 7획
- 日 ボウ・さまたげる
- 방해할 방
- 中 fáng

〵 〢 〡 〡 〥 妨 妨

*형성. 뜻을 나타내는 부수 '女(계집 녀)'와 음을 나타내는 '方(모 방)'을 합친 글자.

풀이 1. 방해하다. ¶妨害 2. 거리끼다.
妨害(방해) 남의 일에 훼방을 놓아 못하게 함.
無妨(무방) 해로울 것 없음.
- 비 坊(동네 방)

妣 ④ 7획
- 日 ヒ・なきはは
- 죽은어미 비
- 中 bǐ

풀이 죽은 어미. 돌아가신 어머니.

妍 ④ 7획
姸(p171)의 俗字

妖 ④ 7획
- 日 ヨウ・なまめかしい
- 아리따울 요
- 中 yāo

풀이 1. 아리땁다. 요염하다. ¶妖艶 2. 요괴. ¶妖怪 3. 괴이하다. ¶妖妄
妖怪(요괴) 도깨비. 괴이한 귀물.
妖妄(요망) 요사하고 망령됨.
妖術(요술) 사람의 눈을 현혹되게 하는 괴상한 술법.
妖艶(요염) 사람을 흘릴 만큼 얼굴이 아리따움.
妖精(요정) 요사스러운 정령(精靈).
- 유 美(아름다울 미)

妊 ④ 7획
- 日 ニン・はらむ
- 아이 밸 임
- 中 rèn

*형성. 뜻을 나타내는 부수 '女(계집 녀)'와 음을 나타내는 '壬(아홉째 천간 임)'을 합친 글자.

풀이 아이를 배다. 임신하다.
妊產婦(임산부) 임부(妊婦)와 산부(產婦).
妊娠(임신) 아이를 뱀.

🔃 任(맡길 임)　　　🔁 婦(며느리 부)

妝 ④ 7획　🇯ショウ·かざる
꾸밀 장　🇨zhuāng

풀이 꾸미다. 치장하다. ¶妝扮
妝匣(장갑) 화장 도구를 담는 상자.
妝扮(장분) 치장하는 일.

妥 ④ 7획　🇯ダ·おだやか
온당할 타　🇨tuǒ

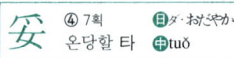

* 회의. 여자(女)를 손(爪)으로 앉혀서 편하게 함. 또는 여자(女)의 연약한 손(爪) 모양을 나타낸 글자. 이에 '온화하다', '편안하다'는 뜻으로 쓰임.

풀이 1. 온당하다. 타당하다. 마땅하다. ¶妥當 2. 평온하다. 무사하다.
妥結(타결) 두 편이 서로 협의·절충하여 일을 마무리 지음. 또는 그 일.
妥當(타당) 사리에 마땅하고 온당함.
妥協(타협) 두 편이 서로 좋도록 협의함.
🔃 采(캘 채)

妒 ④ 7획
妬(p170)와 同字

姑 ⑤ 8획　🇯コ·しゅうとめ
시어미 고　🇨gū

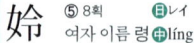

* 형성. 뜻을 나타내는 부수 '女(계집 녀)'와 음을 나타내는 '古(예 고)'를 합친 글자. 이에 오래된(古) 여자(女), 곧 '시어머니'의 뜻으로 쓰임.

풀이 1. 시어미. ¶姑婦 2. 고모. ¶姑從 3. 잠깐. 일시.
姑母(고모) 아버지의 누이.
姑婦(고부) 시어머니와 며느리.
姑從(고종) 고모의 자녀. 고종 사촌.

妲 ⑤ 8획　🇯ダツ
여자 이름 달　🇨dá

풀이 여자 이름.
妲己(달기) 중국 고대 은(殷)나라 주왕(紂王)의 비(妃).

姈 ⑤ 8획　🇯レイ
여자 이름 령　🇨líng

풀이 1. 여자 이름. 2. 영리하다. 약삭빠르다.
🔃 玲(옥소리 령)

妹 ⑤ 8획　🇯マイ·いもうと
누이 매　🇨mèi

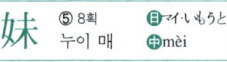

* 형성. 뜻을 나타내는 부수 '女(계집 녀)'와 음을 나타내며 나무 맨 끝의 작은 가지를 뜻하는 '未(아닐 미)'를 합친 글자. 이에 여자(女) 중에 맨 끝을 의미하여, '누이동생'의 뜻으로 쓰임.

풀이 누이동생. 손아래 누이. ¶姉妹
妹夫(매부) 손아래 누이의 남편.
🔁 姉(손윗누이 자)　🔃 昧(여자의 자 말)

姆 ⑤ 8획　🇯ボ·うば
여스승 모　🇨mǔ

풀이 1. 여스승. 2. 유모. 젖어미. ¶保姆
保姆(보모) 1) 왕세자를 가르치고 기르던 여자. 2) 보육원 등에서 아이를 돌보는 여자.

姒 ⑤ 8획　🇯シ·あにょめ
동서 사　🇨sì

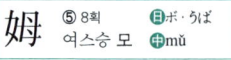

풀이 1. 동서. 형제의 아내끼리의 호칭. 2. 언니.
🔂 娅(동서 아)

[女 5획] 姓 始 婀 委 姉 姊 姐 妊

姓 ⑤8획 日セイ・うじ
성씨 성 ⊕xìng

く く ㄑ ㄑ 女 女 妒 妒 姓

* 형성. 뜻을 나타내는 부수 '女(계집 녀)'와 음을 나타내는 '生(날 생)'을 합친 글자. 이에 어떤 집 여자(女)로부터 태어난(生) 같은 혈족을 의미하여, '성'이라는 뜻으로 쓰임.

풀이 1. 성씨. ¶姓名 2. 백성.

姓名(성명) 성과 이름.
姓氏(성씨) 성의 존칭.
姓銜(성함) 성명의 존칭.

비 牲(희생 생) 性(성품 성)

始 ⑤8획 日シ・はじめ
비로소 시 ⊕shǐ

く く ㄑ ㄑ 女 女' 妒 妒 始 始

* 형성. 뜻을 나타내는 부수 '女(계집 녀)'와 음을 나타내는 '台(나 이)'를 합친 글자. 여자(女)의 뱃속에 아이[台]가 생기는 일을 나타내어, '처음', '비로소'의 뜻으로 쓰임.

풀이 1. 비로소. 처음으로. 2. 처음. ¶始作 3. 비롯하다. 시작하다.

始末書(시말서) 잘못하여 일을 저지른 사람이 일의 전말을 자세히 적는 문서.
始作(시작) 1)처음으로 함. 2)처음.
始終一貫(시종일관) 처음부터 끝까지 한결같음.

유 初(처음 초) 末(끝 말) 終(끝날 종)
비 殆(위태할 태)

婀 ⑤8획 日ア
아리따울 아 ⊕ē

풀이 1. 아리땁다. 2. 여자 이름.

委 ⑤8획 日イ・ゆだねる
맡길 위 ⊕wēi, wěi

´ 一 千 千 禾 禾 秃 委 委

* 회의. 고개를 숙인 벼[禾]처럼 다소곳이 앉은 여자[女]의 모습에서 '따르다', '맡기다'의 뜻을 나타냄.

풀이 1. 맡기다. 위임하다. 위탁하다. ¶委任 2. 버리다. 3. 자세하다. ¶委曲 4. 쌓다. 비축하다.

委曲(위곡) 자세하고 찬찬함.
委付(위부) 맡겨 부탁함.
委員(위원) 1)일반 단체에 있어서 지명 또는 선거에 의하여 특정한 사무를 위임받은 사람. 2)위원회 또는 심의회 등의 구성원.
委任(위임) 남에게 일의 처리를 맡김.

유 任(맡길 임) 託(부탁할 탁)
비 季(계절 계)

姉 ⑤8획
姊(p169)의 本字

姊 ⑤8획 日シ・あね
누이 자 ⊕zǐ

く く ㄑ ㄑ 女 女' 扩 妒 姊

풀이 손위 누이. 누나. 언니. 여자를 친근하게 또는 공경하는 뜻에서 부를 때도 쓰임. ¶姊兄

姊妹(자매) 여자 형제.
姊兄(자형) 손위 누이의 남편. 손위의 매부.

반 妹(누이 매)

姐 ⑤8획 日シャ・あね
누이 저 ⊕jiě

풀이 1. 손위 누이. 누나. 언니. 2. 여자의 통칭.

姃 ⑤8획 日セイ
단정할 정 ⊕zhēng

풀이 1. 단정하다. 2. 여자 이름.

[女 5~6획] 姝 妻 妾 妬 姦 姜 姣 姞

⊕ 端(바를 단)

姝 ⑤ 8획 ⓙ シュ
여자 이름 주 ⊕ tōu

풀이 1. 여자 이름. 2. 아름답다. 예쁘다.

妻 ⑤ 8획 ⓙ サイ・つま
아내 처 ⊕ qī, qì

*회의. '丯(베틀 디딜판 섬)'의 생략형과 '女(계집 녀)'를 합친 글자. 이에 가정에서 의복과 음식을 만드는 여자, 곧 '아내'의 뜻으로 쓰임.

풀이 1. 아내. 첩(妾)이 아닌 정실 부인. ¶妻家 2. 시집보내다.
妻家(처가) 아내의 집. 친정.
妻子(처자) 아내와 자식. 처자식.
妻妾(처첩) 아내와 첩.
妻兄(처형) 아내의 언니.
夫妻(부처) 남편과 아내. 부부(夫婦).
⊕ 婦(아내 부)

妾 ⑤ 8획 ⓙ ショウ・めかけ
첩 첩 ⊕ qiè

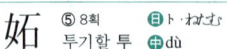

풀이 1. 첩. ¶妾室 2. 여자의 겸칭.
妾室(첩실) 첩을 점잖게 이르는 말.
愛妾(애첩) 총애하는 첩.
비 接(사귈 접)

妬 ⑤ 8획 ⓙ ト・ねたむ
투기할 투 ⊕ dù

풀이 투기하다. 시기하다. ¶妬忌
妬忌(투기) 질투. 강샘.
嫉妬(질투) 1)강샘. 2)다른 사람이 잘 되는 것을 시기하여 미워하고 깎아 내리려 함.

⊕ 嫉(미워할 질)

姦 ⑥ 9획 ⓙ カン・みだら
간사할 간 ⊕ jiān

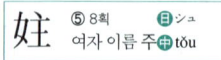

*회의. 여자(女)가 많이 모인 모양으로 '음란하다', '간사하다.'라는 뜻을 나타낸 글자.

풀이 1. 간사하다. 간특하다. ¶姦邪 2. 간음하다. 간통하다. ¶姦淫
姦計(간계) 간사한 꾀.
姦邪(간사) 간악하다. 또는 그런 사람.
姦惡(간악) 간사하고 악함.
姦淫(간음) 부부 아닌 남녀가 성적 관계를 맺음.
姦通(간통) 남녀 사이의 불의의 밀통. 배우자 있는 사람이 배우자 이외의 사람과 정을 통함.
⊕ 邪(간사할 사) 奸(간사할 간)

姜 ⑥ 9획 ⓙ キョウ・うじのな
성 강 ⊕ jiāng

*형성. 뜻을 나타내는 부수 '女(계집 녀)'와 음을 나타내는 '羊(양 양)'을 합친 글자.

풀이 1. 성(姓). ¶姜太公 2. 굳세다.
姜太公(강태공) 중국 주(周)나라 초기의 정치가. 본명은 여상(呂尙).
비 美(아름다울 미)

姣 ⑥ 9획 ⓙ コウ・けうい
예쁠 교 ⊕ jiāo

풀이 예쁘다. ¶姣美
姣美(교미) 예쁨. 아름다움.
비 嬌(아리따울 교)

姞 ⑥ 9획 ⓙ キツ
삼갈 길 ⊕ jí

풀이 삼가다.

娍 ⑥ 9획
아름다울 성
🇯セイ
🇨chéng, shèng

풀이 1. 아름답다. 날씬하고 보기 좋다. 2. 여자 이름.

妍 ⑥ 9획
고울 연
🇯ケン・うつくしい
🇨yán

풀이 곱다. 예쁘다. 아름답다. ¶妍粧
妍粧(연장) 곱게 꾸밈.

娃 ⑥ 9획
예쁠 왜·와
🇯ワ・けつくしい 🇨wá

풀이 1. 예쁘다. 2. 미녀. 예쁜 여자.

姚 ⑥ 9획
예쁠 요
🇯ヨウ・みめよい 🇨yáo

풀이 1. 예쁘다. 아리땁다. ¶姚姚 2. 날래다. 굳세고 민첩하다.
姚姚(요요) 예쁘고 아리따움.
🔁 姣(예쁠 교)

威 ⑥ 9획
위엄 위
🇯イ・たけだけしい 🇨wēi

一 厂 厂 厂 反 反 戚 威 威

* 형성. 여자(女)를 무기(戌)로 위협함을 나타내어, '위협하다'의 뜻으로 쓰임.

풀이 1. 위엄. 위세. ¶威信 2. 협박하다. 으르다. ¶威脅
威力(위력) 1)위엄 있는 힘. 2) 큰 권세.
威信(위신) 위엄과 믿음.
威壓(위압) 위엄이나 위력으로 압박함. 또는 그 압력.
威風(위풍) 위엄이 있는 기세.
威脅(위협) 으르고 협박함.
🔁 咸(다 함)

姨 ⑥ 9획
이모 이
🇯イ・おば 🇨yí

풀이 이모. 어머니의 자매. ¶姨母
姨母(이모) 어머니의 자매.

姻 ⑥ 9획
혼인 인
🇯イン・えんぐみ 🇨yīn

く 女 女 如 如 姻 姻 姻

* 형성. 뜻을 나타내는 부수 '女(계집 녀)'와 음을 나타내는 '因(인할 인)'을 합친 글자. 여자(女)가 의지하는(因) 것은 신랑의 집이라 하여, '결혼'의 뜻으로 쓰임.

풀이 혼인. 결혼. 혼인하다. ¶婚姻
姻戚(인척) 혈연 관계가 없이 혼인으로 맺어진 친족.
姻兄(인형) 처남 매부 사이에 서로 높여 부르는 말. 매형(妹兄).
婚姻(혼인) 남자와 여자가 부부가 되는 일.
🔁 婚(혼인할 혼)

姙 ⑥ 9획
妊(p167)과 同字

姿 ⑥ 9획
맵시 자
🇯シ・すがた 🇨zī

丶 冫 冫 次 次 姿 姿 姿

* 형성. 뜻을 나타내는 부수 '女(계집 녀)'와 음을 나타내어 여러 가지를 모아 갖춘 것을 뜻하는 '次(버금 차)'를 합친 글자. 이에 여자(女)의 여러 가지 갖추어진 모습이라는 뜻에서, '자태', '맵시가 있다'의 뜻으로 쓰임.

풀이 1. 맵시. 자태. 모양. ¶姿態 2. 자질. 바탕.
姿色(자색) 여자의 예쁜 얼굴.
姿勢(자세) 몸을 가누거나 움직이는 모양.

姿態(자태) 몸가짐과 맵시.
🔟 恣(방자할 자)

姝 ⑥ 9획 ⓙ ジュ・うつくしい ⓒ shū
예쁠 주

풀이 예쁘다. ¶姝麗
姝麗(주려) 예쁘고 고움.

姪 ⑥ 9획 ⓙ チツ・おい ⓒ zhí
조카 질

풀이 조카. 조카딸. ¶姪女
姪女(질녀) 조카딸.
🔟 妷(조카 질)

姮 ⑥ 9획 ⓙ コウ・つき ⓒ héng
항아 항

풀이 항아. ¶姮娥
姮娥(항아) 달에 산다고 전해지는 선녀.

姬 ⑥ 9획 ⓙ キ・ひめ ⓒ jī
아씨 희

풀이 아씨. 여자의 미칭.
美姬(미희) 아름다운 여자.

姫 ⑥ 9획
姬(p172)의 俗字

娜 ⑦ 10획 ⓙ ダ・ナ・うつくしい ⓒ nà, nuó
아리따울 나

풀이 1. 아리땁다. 2. 날씬하다.
娜娜(나나) 1)예쁘게 생긴 모양. 2)천천히 흔들리는 모양.
🔟 姚(예쁠 요)

娘 ⑦ 10획 ⓙ ジョウ・むすめ ⓒ niáng
아가씨 낭

풀이 1. 아가씨. 낭자. ¶娘子 2. 어머니. ¶娘家
娘子(낭자) 처녀. 아가씨.

娩 ⑦ 10획 ⓙ ベン・うむ ⓒ miǎn, wǎn
해산할 만

* 형성. 뜻을 나타내는 부수 '女(계집 녀)'와 음을 나타내는 '免(면할 면)'을 합친 글자.

풀이 1. 해산하다. ¶分娩 2. 순박하다. 유순하다. ¶娩順
娩順(만순) 순박함.
分娩(분만) 아이를 낳음. 해산(解產).

娑 ⑦ 10획 ⓙ シャ・サ ⓒ suō
춤출 사

풀이 1. 춤추다. 2. 범어 'Sa'의 음역자. ¶娑婆
娑婆(사파/사바) 1)춤추는 모양. 2)범어 'sabhā'의 음역. 인간이 여러 가지 고통을 견디고 있는 곳. 이 세상.
🔟 舞(춤출 무) 沙(모래 사)

娠 ⑦ 10획 ⓙ シン・はらむ ⓒ shēn
애 밸 신

풀이 애를 배다. 임신하다.
🔟 妊(아이 밸 임)

娥 ⑦ 10획 ⓙ ガ・みめよい ⓒ é
예쁠 아

풀이 1. 예쁘다. ¶娥媌 항아(姮娥). 달에 사는 선녀의 이름. 바꾸어, 달(月)의 다른 이름.
娥媌(아모) 예쁘고 아름다움.
🔟 姚(예쁠 요)

[女 7~8획] 娟娫娛娣婪婁婦婢

娟
⑦ 10획
예쁠 연
日エン・うつくしい
中juān

풀이 예쁘다. 곱다.

娟娟(연연) 1)예쁜 모양. 2)달빛이 밝은 모양. 3)가볍게 나는 모양.

娫
⑦ 10획
예쁠 연
日エン
中yán

풀이 예쁘다.

娛
⑦ 10획
즐거워할 오
日ゴ・たのしむ
中yú

く 女 女 ザ ザ 妒 妒 娯 娯 娯

* 형성. 뜻을 나타내는 부수 '女(계집 녀)'와 음을 나타내는 '吳(오나라 오)'를 합친 글자. 여자(女)와 같이 즐기고 노는 것(吳)은 즐겁다 하여 '즐겁다', '기쁘다'는 뜻으로 쓰임.

풀이 즐거워하다. 즐기다. ¶娛樂

娛樂(오락) 피로나 긴장을 풀기 위해 게임·노래·춤 등을 하며 즐겁게 노는 일.

娛遊(오유) 1)즐거워하며 노닒. 2)오락과 유희.

유 快(즐거울 쾌) 樂(즐거워할 락)

娣
⑦ 10획
여동생 제
日テイ・いもうと
中dì

풀이 1. 여동생. 2. 손아래 동서를 부르는 말. ¶娣姒

娣姒(제사) 1)자매. 2)손아래 동서와 손위 동서.

유 妹(누이 매) 弟(아우 제)

婪
⑧ 11획
탐할 람(남)
日ラン・むさぼる
中lán

풀이 탐하다. 욕심이 많다. ¶婪酣

婪酣(남감) 재물이나 음식 등을 탐함.

유 貪(탐할 탐) **비** 楚(모형 초)

婁
⑧ 11획
끌 루(누)
日ル・ロウ
中lóu, lǚ, lǚ

풀이 1. 끌다. 당기다. 2. 거두다. 3. 별 이름. ¶婁星

婁星(누성) 별 이름. 28수(宿)의 열여섯째.

비 數(셀 수)

婦
⑧ 11획
아내 부
日フ・よめ・おんな
中fù

く 女 女 女' 女' 女' 女' 女' 妒 妒 妒 婦 婦

* 회의. 빗자루(帚)를 가지고 청소하는 여자(女)를 나타내어, '며느리', 또는 '아내'의 뜻으로 쓰임.

풀이 1. 아내. 지어미. 부인. ¶婦女 2. 며느리. 3. 여자. 계집. ¶婦道

婦女(부녀) 부인. 여자.

婦道(부도) 여자가 지켜야 할 마땅한 도리.

婦人(부인) 결혼한 여자의 총칭.

夫婦(부부) 남편과 아내.

유 妻(아내 처) **반** 夫(지아비 부)

婢
⑧ 11획
여자종 비
日ヒ・はしためちゅ
中bì

く 女 女 女' 女' 妒 妒 妒 婢 婢

* 형성. 뜻을 나타내는 부수 '女(계집 녀)'와 음을 나타내는 '卑(낮을 비)'를 합친 글자. 이에 신분이 낮은 여자를 나타내어 '계집종'의 뜻으로 쓰임.

풀이 1. 여자 종. 하녀. ¶婢僕 2. 소첩. 여자가 자신을 낮추어 부르는 말.

婢僕(비복) 여자 종과 남자 종.

官婢(관비) 관아에서 부리던 여자 종

[유] 妮(계집종 니) 娭(계집종 애)

婭	⑧ 11획 동서 아	[日]ア·あいよめ [中]yà

[풀이] 동서. 자매의 남편끼리의 호칭.

[유] 姒(동서 사)

婉	⑧ 11획 순할 완	[日]エン·しなやか [中]wǎn

[풀이] 1. 순하다. 온순하다. 2. 예쁘다. 아름답다. ¶婉美 3. 완곡하다. ¶婉曲

婉曲(완곡) 말투가 모나지 않고 부드러움.

婉美(완미) 예쁘고 아름다움.

[유] 順(순할 순)

婥	⑧ 11획 예쁠 작	[日]タク·きれい [中]chuò

[풀이] 예쁘다. 아리땁다.

娼	⑧ 11획 몸 파는 여자 창	[日]ショウ·あそびめ [中]chāng

[풀이] 몸 파는 여자. 창녀. ¶娼女

娼妓(창기) 몸을 파는 천한 기생.

娼女(창녀) 몸을 파는 여자.

[유] 妓(기생 기)

娶	⑧ 11획 장가들 취	[日]シュ·めとる [中]qǔ

[풀이] 장가들다. 아내를 맞다. ¶娶妻

娶妻(취처) 아내를 맞이함. 장가듦.

[비] 聚(모일 취)

婆	⑧ 11획 할미 파	[日]バ·ばば [中]pó

[풀이] 1. 할미. 늙은 여자. ¶老婆 2. 춤추는 모양. ¶婆娑 3. 범어 'Bha'의 음역자.

婆娑(파사) 1)춤추는 모양. 옷자락이 너울거리는 모양. 2)시들어 처진 모양.

老婆(노파) 늙은 여자. 할머니.

[유] 媼(할미 온) 嫗(할미 구)

婚	⑧ 11획 혼인할 혼	[日]コン·えんぐみ [中]hūn

* 형성. 뜻을 나타내는 부수 '女(계집 녀)'와 음을 나타내는 '昏(저녁 혼)'을 합친 글자. 여자가 시집갈 때에 해질녘부터 식이 시작되었다고 하여 '혼인하다'의 뜻으로 쓰임.

[풀이] 혼인하다. 결혼하다. ¶結婚

婚談(혼담) 혼인에 대하여 오가는 말.

婚禮(혼례) 혼인 때 행하는 예식.

婚事(혼사) 혼인에 관한 일.

婚約(혼약) 혼인을 맺겠다는 약속. 약혼.

婚姻(혼인) 장가들고 시집가는 일. 결혼(結婚).

婚處(혼처) 혼인하기에 알맞은 상대방.

結婚(결혼) 혼인으로 부부의 연을 맺음.

[유] 姻(혼인 인)

媒	⑨ 12획 중매 매	[日]バイ·なかがい [中]méi

* 형성. 뜻을 나타내는 부수 '女(계집 녀)'와 음을 나타내는 '某(아무 모)'를 합친 글자.

[풀이] 1. 중매. 중매 서다. 중매쟁이. ¶仲媒 2. 매개하다. 이어 주다. ¶媒介

媒介(매개) 중간에서 이어 줌. 중개함.

媒婆(매파) 중매하는 노파.

仲媒(중매) 결혼이 이루어지도록 중간에서 소개하는 일.

[유] 妁(중매 작)

媄 ⑨ 12획 🗾ビ 빛 고울 미 ⊕měi

풀이 빛이 곱다.

媚 ⑨ 12획 🗾ビ・こびる 아첨할 미 ⊕mèi

풀이 1. 아첨하다. 2. 곱다. 아름답다. 3. 아양을 떨다. 애교를 부리다. ¶媚嫵
媚嫵(미무) 아양을 부림. 애교를 부림.
媚藥(미약) 색정을 일으키게 하는 약.
🔁 諂(아첨할 첨) 佞(아첨할 녕)

婿 ⑨ 12획
壻(p155)와 同字

媤 ⑨ 12획
시집 시 🇰

풀이 시집. 남편의 집. ¶媤宅
媤家(시가) 남편의 집안.
媤宅(시댁) 시가를 높여 부르는 말.

媛 ⑨ 12획 🗾エン・みめよい 미인 원 ⊕yuán, yuàn

풀이 1. 미인. 미녀. 2. 예쁘다. 아름답다.
才媛(재원) 재주 있는 젊은 여자.
🔁 娥(미녀 아) 🔄 醜(추할 추)

婷 ⑨ 12획 🗾テイ・みめよい 예쁠 정 ⊕tíng

풀이 예쁘다. 아리땁다. ¶婷婷
婷婷(정정) 1)예쁜 모양. 2)꽃이 아름다운 모양.

媓 ⑨ 12획 🗾ノウ・はは 어머니 황 ⊕huáng

풀이 어머니.

嫁 ⑩ 13획 🗾カ・とつぐ 시집갈 가 ⊕jià

* 형성. 뜻을 나타내는 부수 '女(계집 녀)'와 음을 나타내는 '家(집 가)'를 합친 글자. 이에 여자[女]를 집[家]으로 들인다는 의미에서, '시집가다' 또는 '시집은 여자'의 뜻으로 쓰임.

풀이 1. 시집가다. 시집보내다. ¶出嫁 2. 떠넘기다. 전가하다. ¶轉嫁
嫁期(가기) 시집갈 시기. 또는 그러한 나이.
嫁資(가자) 시집갈 때 드는 비용.
出嫁(출가) 처녀가 시집을 감.
轉嫁(전가) 자기의 허물이나 책임 등을 남에게 떠넘김.
🔄 娶(장가들 취)

媿 ⑩ 13획 🗾キ・はじる 부끄러워할 괴 ⊕kuì

풀이 1. 부끄럽다. 부끄러워하다. ¶媿恥 2. 창피를 주다. 욕보이다.
媿恥(괴치) 부끄러움.
🔁 恥(부끄러울 치)

媾 ⑩ 13획 🗾コウ 화친할 구 ⊕gòu

풀이 1. 화친하다. 화해하다. ¶媾和 2. 겹사돈을 맺다. 겹혼인하다. 3. 성교하다. 4. 사랑하다.
媾和(구화) 사이가 좋지 않던 나라끼리 서로 화친함.

嫋 ⑩ 13획 🗾ジョウ・しなやか 예쁠 뇨(요) ⊕niǎo

풀이 1. 예쁘다. 가냘프고 아름답다. ¶嫋娜 2. 살랑거리며 흔들리는 모양. ¶嫋嫋

[女 10~11획] 媽嫂媳媼嫄媵嫉嫌嫗嫩

嫋娜(요나) 1)아름다움. 2)부드러운 모양.
유 娥(예쁠 아) 姚(예쁠 요)

媽 ⑩ 13획 日ボ·ははｍā 어미 마

풀이 1. 어미. 어머니. 2. 할머니. ¶媽媽 3. 암말. 말의 암컷.
媽媽(마마) 1)어머니. 2)할머니. 노파.
유 母(어미 모)

嫂 ⑩ 13획 日ソウ·あにょめ 형수 수 中sǎo

풀이 형수. ¶兄嫂
季嫂(계수) 아우의 아내. 제수.
兄嫂(형수) 형의 아내.
유 娣(형수 수)

媳 ⑩ 13획 日セキ·よめ 며느리 식 中xí

풀이 며느리. ¶媳婦
媳婦(식부) 아들의 아내. 며느리.
유 婦(며느리 부) 만 壻(사위 서)

媼 ⑩ 13획 日オウ·おうな 할미 온 中ǎo

풀이 할미. 할머니. 늙은 여자. ¶媼媪
媼媼(온구) 늙은 여자.

嫄 ⑩ 13획 日ゲン 사람 이름 원 中yuán

풀이 사람 이름. 주(周)나라 선조인 후직(后稷)의 어머니 자(字).

媵 ⑩ 13획 日ヨウ·こしもと 보낼 잉 中yìng

풀이 1. 보내다. 전송하다. 2. 몸종. 잉첩. 옛날, 시집갈 때 데리고 간 여자. ¶媵妾
媵妾(잉첩) 신분이 높은 집안의 여자가 시집갈 때 데리고 가던 여자 종. 잉비(媵婢). 잉어(媵御).

嫉 ⑩ 13획 日シツ·ねたむ 시기할 질 中jí

풀이 1. 시기하다. 질투하다. ¶嫉妬 2. 미워하다. 싫어하다. ¶嫉視
嫉視(질시) 밉게 봄. 시기하는 눈빛으로 쳐다봄.
嫉妬(질투) 시기하고 증오함. 또는 그러한 행위. 질투(嫉妒).
유 妬(시기할 투)

嫌 ⑩ 13획 日ケン·きらう 싫어할 혐 中xián

풀이 1. 싫어하다. 미워하다. ¶嫌忌 2. 의심하다. 의심스럽다. ¶嫌疑
嫌忌(혐기) 미워하고 싫어함.
嫌惡(혐오) 싫어하고 미워함.
嫌疑(혐의) 1)꺼리고 싫어함. 2)범죄를 저지른 사실이 있을 것이라는 의심.
유 惡(싫어할 오)

嫗 ⑪ 14획 日ウ·おうな 할미 구 中yù

풀이 할미. 할머니. ¶老嫗
老嫗(노구) 할멈.
유 媼(할미 온)

嫩 ⑪ 14획 日ドン·やわらか 어릴 눈 中nèn

풀이 어리다. 어리고 연약하다. ¶嫩芽
嫩芽(눈아) 새로 나온 싹. 새싹.
嫩草(눈초) 새로 난 풀.

嫠 ⑪ 14획 日リ・やもめ 과부 리(이) 中lí

풀이 과부. 미망인. ¶嫠婦
嫠婦(이부) 과부. 남편을 잃은 여자.

嫙 ⑪ 14획 日セン・きれい 예쁠 선 中xuán

풀이 예쁘다.
🔁 娥(예쁠 아) 姚(예쁠 요)

嫣 ⑪ 14획 日エン・にこやか 상긋 웃을 언 中yān

풀이 상긋 웃는 모양. 예쁘게 웃는 모양. ¶嫣然
嫣然(언연) 예쁘게 미소 짓는 모양.

嫡 ⑪ 14획 日テキ・チャク・よつぎ 정실 적 中dí

풀이 1. 정실(正室). 본처. 2. 적자. 본처가 낳은 아들. 그 중에서도 대를 이을 맏아들만을 가리키기도 함. ¶嫡庶
嫡庶(적서) 적자(嫡子)와 서자(庶子).
嫡子(적자) 정실의 몸에서 태어난 아들.
凡 妾(첩첩) 비 摘(딸 적)

嫦 ⑪ 14획
姮(p172)의 俗字

嬌 ⑫ 15획 日キョウ・なまめかしい 아리따울 교 中jiāo

* 형성. 뜻을 나타내는 부수 '女(계집 녀)'와 음을 나타내는 '喬(높을 교)'를 합친 글자. 이에 여자(女)의 미모가 뛰어나다(喬)는 의미에서, '아름답다'의 뜻으로 쓰임.

풀이 1. 아리땁다. 요염하다. 아름답다. ¶嬌聲 2. 사랑스럽다. ¶愛嬌
嬌童(교동) 예쁜 아이. 미소년(美少年).
嬌聲(교성) 요염한 소리.
愛嬌(애교) 남에게 호감을 주는 상냥스러운 말씨나 행동.

嬋 ⑫ 15획 日セン・うるわしい 고울 선 中chán

풀이 곱다. 예쁘다. 아름답다. ¶嬋娟
嬋娟(선연) 예쁘고 고운 모양.
🔁 麗(고울 려)

嬅 ⑫ 15획 日カ・はで 여자 이름 화 中huà

풀이 1. 여자 이름. 2. 아름답다.

嬉 ⑫ 15획 日キ・たのしい 즐길 희 中xī

풀이 1. 즐기다. 기뻐하다. ¶嬉遊 2. 놀다. 장난하다. ¶嬉笑
嬉笑(희소) 기뻐하며 웃음.
嬉遊(희유) 즐겁게 놂.
🔁 喜(기쁠 희)

嬴 ⑬ 16획 日エイ・みちる 찰 영 中yíng

풀이 1. 차다. 가득하다. ¶嬴縮 2. 남다. 넘치다. ¶嬴餘
嬴餘(영여) 나머지. 남은 것.
嬴縮(영축) 가득 참과 줄어듦.
🔁 滿(찰 만)

嬖 ⑬ 16획 日ヘイ・かわいがる 사랑할 폐 中bì

[女 14~17획] 嬪嬰嬴孀孃 [子 0획] 子

풀이 사랑하다. 총애하다. ¶嬖近
嬖近(폐근) 1)가까이에서 총애함. 2) 가까이에서 시중드는 사람.
嬖人(페인) 비위를 잘 맞추어 남에게 총애를 받는 사람.

嬪 ⑭ 17획 日ヒン・ひめ
아내 빈 中pín

* 형성. 뜻을 나타내는 부수 '女(계집 녀)'와 음을 나타내는 '賓(손 빈)'을 합친 글자.

풀이 1. 아내. 2. 여관(女官). 궁녀. 3. 임금의 소실. ¶妃嬪
嬪宮(빈궁) 왕세자의 비(妃).
嬪妾(빈첩) 임금의 첩. 빈잉(嬪媵).
妃嬪(비빈) 비(妃)와 빈(嬪).
유 妻(아내 처) 婦(아내 부)

嬰 ⑭ 17획 日エイ・あかご
갓난아이 영 中yīng

풀이 갓난아이. 영아. ¶嬰孺
嬰兒(영아) 젖먹이.
嬰孺(영유) 갓난아이.
유 幼(어릴 유) 倪(어린이 예)

嬴 ⑭ 17획
嬴(p177)과 同字

孀 ⑰ 20획 日ソウ・やもめ
과부 상 中shuāng

풀이 과부. 미망인. ¶孀老
孀老(상로) 늙은 과부.
青孀寡婦(청상과부) 젊은 과부.
유 嫠(과부 리)

孃 ⑰ 20획 日ジョウ・むすめ
계집애 양 中niáng

* 형성. 뜻을 나타내는 부수 '女(계집 녀)'와 음을 나타내며 성숙한 모양을 뜻하는 '襄(도

물 양)'을 합친 글자. 원래 '어머니'란 뜻으로 썼으나, 지금은 '소녀'의 뜻으로 쓰임.
풀이 계집애. 아가씨. 소녀.
令孃(영양) 남의 딸을 높여 일컫는 말.

子부

子 아들 자 部

'子'자는 강보에 싸인 어린아이의 모양을 본뜬 글자였으나, 의미가 축소되어 '아들'의 뜻으로 쓰인다. 그리고 손자(孫子)에서처럼 '자손'이나 '사람'의 뜻으로도 쓰이고, 공자(孔子)나 맹자(孟子)처럼 남자에 대한 존칭이나 미칭(美稱)을 나타내는 '접미사'로도 쓰인다. 또한 식물의 씨나 열매, 혹은 동물의 알이나 새끼를 나타내기도 하고, 어린아이가 작다는 의미에서 '작다'를 뜻하기도 한다. 이 글자를 부수로 갖는 글자는 대부분 아이의 행동이나 상태 등과 관련이 있다.

子 ⓪ 3획 日シ・ス・こ
아들 자 中zǐ, zi

→ 了 子

* 상형. 강보에 싸인 어린아이가 두 팔을 벌리고 있는 모양을 본뜬 글자.

풀이 1. 아들. 자식. ¶子息 2. 동물의 알. 새끼. 3. 씨. 열매. ¶種子 4. 십이지의 첫째. 오행에서는 물(水). 방위로는 북쪽, 시각으로는 밤 11시~새벽 1시, 동물로는 쥐에 해당함. ¶子正 5. 남자에 대한 경칭. 6. 당신. 너. 7. 작위 이름. 오등작(五等爵)의 넷째. ¶子爵 8. 접미사.

子女(자녀) 아들과 딸.
子孫(자손) 1)아들과 손자. 2)여러 대의 후손.
子息(자식) 1)아들과 딸. 2)남자를 낮추어 부르는 욕설.

子音(자음) 날숨이 입이나 코로 나오는 길에 목이나 입에서 장애를 받고 거칠게 나는 소리.
子正(자정) 자시(子時)의 한가운데. 곧, 밤 12시.
母子(모자) 어머니와 아들.
凹 女(여자 녀) 凹 孑(외로울 혈) 予(나 여)

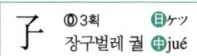
풀이 1. 장구벌레. 2. 짧다.

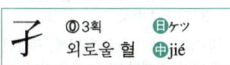
풀이 외롭다. 혼자. 홀로. ¶孑孑單身
孑孑單身(혈혈단신) 의지할 곳이 하나도 없는 외톨이.
凹 子(아들 자)

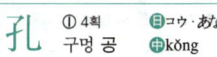
ㄱ 了 孑 孔
* 회의. 어린아이(子)가 젖(乚)을 빠는 모양을 나타낸 글자. 이에 젖이 나오는 '구멍'의 뜻으로 쓰임.
풀이 1. 구멍. ¶毛孔 2. 공자(孔子). ¶孔孟 3. 매우. 심히. ¶孔棘
孔隙(공극) 1)구멍. 2)빈틈.
孔道(공도) 1)큰길. 2)터널. 구멍난 길. 3)공자(孔子)가 제자들에게 설파한 도.
孔子(공자) 세계 4대 성인 중의 한 명. 이름은 구(丘), 자는 중니(仲尼).
毛孔(모공) 털구멍.
凹 穴(구멍 혈)

孕 ②5획 日ヨウ・はらむ
아이 밸 잉 中yùn

풀이 아이 배다. 임신하다. ¶孕胎
孕胎(잉태) 아이를 뱀.
凹 姙(아이 밸 임) 娠(아이 밸 신)

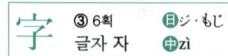
丶宀宀宀字字
* 형성. 뜻과 음을 나타내는 부수 '子(아들 자)'와 '宀(집 면)'를 합친 글자. 아이(子)가 집(宀) 안에 있는 모습을 나타내어, 집안에서 자식을 낳아 젖을 먹여 기르는 것을 뜻함. 또한 아이가 불어 자손이 이어지듯이 자형(字形)이나 자음(字音)이 계속 생기는 것을 의미하여 '문자', '글자'라는 뜻으로 쓰임.
풀이 1. 글자. ¶字句 2. 자. 본이름 외에 부르는 이름. 3. 낳다. 기르다. ¶字育 4. 사랑하다.
字句(자구) 글자와 어구.
字幕(자막) 영화에서 표제·배역·설명 등을 글자로 나타낸 것.
字育(자육) 사랑하여 기름.
字義(자의) 글자의 뜻.
字典(자전) 한자를 수집 배열하여 각 글자의 뜻을 해석한 책.
文字(문자) 말의 음과 뜻을 나타내는 시각적 기호. 글자.
凹 書(글 서) 凹 宇(집 우)

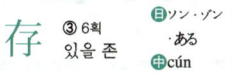
一ナ才存存存
* 형성. 뜻과 음을 나타내는 부수 '子(아들 자)'와 음을 나타내는 '在(있을 재)'를 합친 글자.
풀이 1. 있다. 존재하다. 살아 있다. ¶存在 2. 문안하다. 안부를 묻다. 3. 보존하다. ¶存續
存立(존립) 생존하여 자립함.
存亡(존망) 삶과 죽음. 존재와 멸망.
存續(존속) 그대로 지속함.

存在(존재) 1)실제로 있음. 또는 그 대상. 2)의식으로부터 독립하여 객관적으로 외계에 실재하는 것.
生存(생존) 죽지 않고 살아 있음.
🔂 有(있을 유) 在(있을 재)

孚 ④ 7획 🗾 フ・まこと
미쁠 부 🇨🇳 fú, fu

[풀이] 1. 미쁘다. 미덥다. 성실하다. ¶孚佑 2. 기르다. ¶孚育
孚佑(부우) 성심을 다하여 도움.
孚育(부육) 보호하여 길러 냄.
🔃 浮(뜰 부)

孜 ④ 7획 🗾 シ・つとめる
힘쓸 자 🇨🇳 zī

[풀이] 힘쓰다. 부지런히 힘쓰다. ¶孜孜
孜孜(자자) 힘쓰는 모양.
🔂 努(힘쓸 노)

斈 ④ 7획
學(p182)의 俗字

孝 ④ 7획 🗾 コウ
효도 효 🇨🇳 xiào

一 十 土 耂 孝 孝 孝

* 회의. 아들[子]이 노인[耂]을 잘 봉양함을 나타낸 글자로, '효도'의 뜻으로 쓰임.

[풀이] 1. 효도. 효도를 하다. ¶孝道 2. 상복. 상복을 입다. 부모의 상중에 있다.
孝女(효녀) 효심이 지극한 딸.
孝道(효도) 부모를 잘 섬기는 도리.
孝誠(효성) 마음을 다하여 부모를 섬기는 정성.
孝養(효양) 부모를 효로써 봉양함.
孝子(효자) 1)부모를 잘 섬기는 자식. 2)부모 제사 때에 자기를 일컫는 말.

孝行(효행) 부모를 정성으로 섬기는 행실.
不孝子(불효자) 어버이를 잘 섬기지 않는 자식.

季 ⑤ 8획 🗾 キ・すえ
계절 계 🇨🇳 jì

一 二 千 禾 禾 季 季 季

* 회의. 볍씨[禾]를 나타낸 글자. 볍씨는 벼의 끝에 있기 때문에 막내를 의미하다가, 바뀌어 '계절'이라는 뜻으로 쓰임.

[풀이] 1. 계절. 철. ¶季節 2. 끝. 말년(末年). 3. 막내. ¶季父
季刊(계간) 계절마다 한 번씩, 즉 1년에 네 번 간행함. 또는 그런 잡지.
季父(계부) 아버지의 막내 동생. 막내 삼촌. ↔ 백부(伯父).
季節(계절) 철.
四季(사계) 봄·여름·가을·겨울의 사철.
🔃 李(자두리) 秀(빼어날 수)

孤 ⑤ 8획 🗾 コ・みなしご
외로울 고 🇨🇳 gū

了 孑 孑 孒 孒 孤 孤 孤

* 형성. 뜻을 나타내는 부수 '子(아들 자)'와 음을 나타내는 '瓜(오이 과)'를 합친 글자. 오이[瓜]처럼 땅에 버려져서 돌봐 주는 부모가 없는 아이[子]라는 의미를 나타내어, '고아', '외롭다'의 뜻으로 쓰임.

[풀이] 1. 외롭다. 고독하다. ¶孤老 2. 고아. ¶孤兒
孤獨(고독) 1)외로움. 2)홀몸.
孤立(고립) 의지할 데가 없이 외톨이가 됨.
孤兒(고아) 부모가 없는 아이.
孤掌難鳴(고장난명) 손바닥 하나로는 소리를 내기 어렵다는 뜻으로, 혼자서는 일을 이루지 못함을 이르는 말.
孤魂(고혼) 떠돌아다니는 외로운 넋.

孥 ⑤ 8획 ❷ ノウ・しぞく
처자식 노 ❸ nú

풀이 처자식. 아내와 자식. ¶孥戮
孥戮(노륙) 처자식까지 함께 형벌을 주는 일.

孟 ⑤ 8획 ❷ モウ・かしら
맏 맹 ❸ mèng

フ了子子舌盂盂孟

*형성. 뜻을 나타내는 부수 '子(아들 자)'와 음을 나타내는 皿(그릇 명)을 합친 글자.

풀이 1. 맏. 맏이. 2. 첫. 첫째. 각 계절의 첫 달. ¶孟春 3. 맹랑하다. 4. 맹자. ¶孟母三遷
孟母三遷(맹모삼천) 맹자의 어머니가 아들의 교육을 위해 세 번 이사를 함.
孟春(맹춘) 1)초봄. 2)음력 정월.
🔁 兄(맏 형)

学 ⑤ 8획
學(p182)의 俗字

孩 ⑥ 9획 ❷ カイ・こども
어린아이 해 ❸ hái

풀이 1. 어린아이. ¶孩嬰 2. 어리다.
孩嬰(해영) 갓난아이. 유자(幼子).
🔁 倪(어린이 예)

孫 ⑦ 10획 ❷ ソン・まご
손자 손 ❸ sūn

フ了子子子 挤 挤 孫 孫 孫

*회의. 아들(子)이 계속 이어짐(系)을 나타낸 글자. 이에 자식에서 자식에게로 이어지는 것을 나타내어 '손자'의 뜻으로 쓰임.

풀이 1. 손자(孫子). ¶孫婦 2. 자손.

孫女(손녀) 아들의 딸.
孫婦(손부) 손자의 아내.
孫子(손자) 아들의 아들.
子孫(자손) 1)자식과 손자. 2)후손.
🔁 祖(조상 조)

孰 ⑧ 11획 ❷ ジュク・いすれ
누구 숙 ❸ shú

一 亠 亠 亩 亩 亨 享 孰 孰 孰

풀이 1. 누구. ¶孰怨孰尤 2. 무엇. 어느. ¶孰若
孰是孰非(숙시숙비) 누가 옳고 그른지 분명하지 않음.
孰若(숙약) 양쪽을 비교할 때 쓰는 말.
誰怨孰尤(수원숙우) 누구를 원망하고 누구를 탓하리요.
🔁 誰 (누구 수)

孱 ⑨ 12획 ❷ セン・よわい
잔약할 잔 ❸ chán, zhàn

풀이 잔약하다. 허약하다. ¶孱弱
孱弱(잔약) 늙거나 병들거나 시들어서 아주 약함.

孳 ⑩ 13획 ❷ サ・うむ
부지런할 자 ❸ zī

풀이 1. 부지런하다. 힘쓰다. 2. 낳다. 새끼를 치다. ¶孳尾 3. 교미하다. ¶孳尾
孳尾(자미) 교미하여 새끼를 낳음.
孳育(자육) 새끼를 낳아 기름.
🔁 勤(부지런할 근)

孵 ⑪ 14획 ❷ ブ・かう
알 깔 부 ❸ fū

풀이 알을 까다. 부화하다. ¶孵化
孵化(부화) 알을 깜. 알을 깸.
🔁 卵(알 란)

[子 13~17획] 學孺蘖孽 [宀 0~2획] 宀宄宁

學 ⑬ 16획
日 ガク・まなぶ
배울 학
中 xué

「F F 所 所 所 的 的 的 的 的
臼 臼 臼 學 學

* 회의. 건물(冖) 안에서 어린아이(子)가 두 손(臼)에 좋은 것(爻)을 받아들임을 나타낸 글자. 이에 '배우다' 라는 뜻으로 쓰임.

[풀이] 1. 배우다. ¶學問 2. 학문. 학설. 학파(學派). ¶學府 3. 학자. 배우는 사람. 4. 학교.

學堂(학당) 1)글방. 2)지난날, 학교를 이르던 말.
學歷(학력) 수학(修學)한 이력.
學問(학문) 1)지식을 배우고 익힘. 2)일정한 이론에 따라 체계화된 지식.
學府(학부) 1)학문의 중심이 되는 곳. 2)학문에 해박함을 비유하는 말.
學生(학생) 1)학문에 힘쓰는 사람. 학교 등의 교육기관에서 공부하는 사람. 2)벼슬길에 나아가지 못한 사람의 신주(神主)에 쓰는 존칭.
學藝(학예) 학문과 기예.
學派(학파) 학문상의 유파.
勉學(면학) 학문에 힘씀.
向學(향학) 배움의 길로 나아감.
[반] 教(가르칠 교)

孺 ⑭ 17획
日 ジュ・むつ
젖먹이 유
中 rú

[풀이] 1. 젖먹이. 어린아이. ¶孺子 2. 사모하다. 3. 딸리다. 종속되다. 주로 남편에게 딸린 사람 이라는 의미에서 '아내'를 가리킴. ¶孺人
孺嬰(유영) 젖먹이. 갓난아기.
[유] 孩(어린아이 해)

蘖 ⑯ 19획
日 シヨシ
서자 얼
中 niè

[풀이] 1. 서자. ¶蘖孫 2. 재앙.

蘖子(얼자) 서자. 정실이 아닌 소실에게서 난 아들.
庶蘖(서얼) 서자와 그 자손.

孽 ⑰ 20획
蘖(p182)의 俗字

宀부

宀자는 지붕으로 덮여 있는 집 모양을 나타내어 '집 면'이라 불리나, '갓머리'라는 부수 명칭으로 더 많이 쓰인다. 이 글자를 부수로 갖는 글자 역시 집의 상태나 집과 관계된 활동 등과 관련이 있다.

宀 ⓪ 3획
日 ベン・メン
집 면
中 mián

[풀이] 집.

宄 ② 5획
日 ジョウ・むだ
쓸데없을 용
中 rǒng

[풀이] 1. 쓸데없다. 불필요하다. 군더더기다. ¶宄官 2. 번잡하다.
宄官(용관) 특별한 직책을 맡지 않은 벼슬. 또는 한가한 벼슬.
宄雜(용잡) 뒤섞여 잡다함. 혼잡(混雜).
[비] 穴(구멍 혈)

宁 ② 5획
日 チョ・たたずむ
쌓을 저
中 níng, nìng

[풀이] 1. 쌓다. 저장하다. 2. 우두커니 서다. 잠시 멈추어 서다. ¶宁立

宁立(저립) 우두커니 섬.
🔠 積(쌓을 적) 畜(쌓을 축)

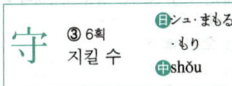
③ 6획
지킬 수
🇯🇵シュ・まもる・もり
🇨🇳shǒu

丶宀宁宁守守

* 회의. 관청(宀)에서 법도(寸)에 따라 일을 하다는 뜻을 지닌 글자. 이에 직무를 지킴. '지키다'라는 뜻으로 쓰임.

[풀이] 1. 지키다. 수비하다. 보존하다. ¶守備 2. 지방 장관.

守舊(수구) 오래된 관습을 따름. 옛 것을 지킴.
守備(수비) 지키어 막음.
守身(수신) 자신의 본분을 지켜 불의에 빠지지 않도록 함.
守節(수절) 1)절개를 지킴. 2)과부가 재혼하지 않음.
守株待兔(수주대토) 그루터기를 지키어 토끼를 기다림. 어리석게 고집하여 지키기만 함. 옛 습관에만 젖어 시대의 변천을 모름. 수주(守株).
守護(수호) 지켜 보존함.
🔠 保(지킬 보)

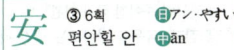
③ 6획
편안할 안
🇯🇵アン・やすい
🇨🇳ān

丶宀宀安安

* 회의. 여자[女]가 집[宀] 안에 있는 모습을 나타낸 글자. 여자가 집에 있으면 집안이 평온하다 하여, '편안하다'의 뜻으로 쓰임.

[풀이] 1. 편안하다. 안전하다. ¶安樂 2. 안정시키다. 편안하게 하다. 3. 어찌.

安寧(안녕) 1)몸과 마음이 편안함. 2)겨울.
安樂(안락) 근심 걱정 없이 편안하고 즐거움.
安否(안부) 1)편안함과 편안하지 않음. 2)편안히 잘 있는지 물음. 또는 편안히 잘 있다고 전함.
安心(안심) 1)편안하게 마음을 놓음. 2)신앙에 의하여 흔들리지 않는 경지에 마음을 머무르게 함.
安全(안전) 온전하여 걱정이 없음. 탈이 없음.
安置(안치) 1)일정한 곳에 안전하게 둠. 2)잠자리에 듦.
🔠 寧(편안할 녕)

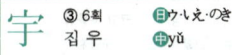
③ 6획
집 우
🇯🇵ウ・いえ・のき
🇨🇳yǔ

丶宀宀宀宇宇

* 형성. 뜻을 나타내는 부수 宀(집 면)과 음을 나타내는 于(어조사 우)를 합친 글자.

[풀이] 1. 집. ¶屋宇 2. 하늘. 우주. 천하. ¶宇宙 3. 도량. 기량.

宇宙(우주) 천지 사방. 온 세계를 둘러싸고 있는 공간.
屋宇(옥우) 집.
🔠 家(집 가) 屋(집 옥) 堂(집 당)
🔡 字(글자 자)

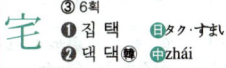
③ 6획
❶ 집 택
❷ 댁 댁
🇯🇵タク・すまい
🇨🇳zhái

丶宀宀宅宅

* 형성. 뜻을 나타내는 부수 宀(집 면)과 음을 나타내는 乇(부탁할 탁)을 합친 글자.

[풀이] ❶1. 집. ¶宅內 2. 산소. 무덤. ¶宅兆 ❷3. 댁. 남의 집 또는 부인을 이르는 말.

宅內(1.택내/2.댁내) 1)집안. 2)남의 집안을 높여 이르는 말.
宅兆(택조) 무덤. 묘지.
宅地(택지) 집터.
宅號(택호) 관직명이나 처가(妻家)가 있는 곳의 이름을 붙여 그 사람의 집을 부르는 이름.
住宅(주택) 사람이 살 수 있도록 지은 집.
🔠 家(집 가) 屋(집 옥) 堂(집 당) 宇(집 우)

宏 ④ 7획 　　큰 굉　　🇯 コウ・ひろい　🇨 hóng

*형성. 뜻을 나타내는 부수 '宀(집 면)'과 음을 나타내는 '厷(팔뚝 굉)'의 생략형을 합친 글자.

풀이 크다. 넓다. ¶宏傑

宏傑(굉걸) 굉장하고 웅대함.
宏大(굉대) 굉장히 큼.
宏闊(굉활) 크고 넓음.
宏壯(굉장) 매우 크고 훌륭함.

🔗 丕(클 비) 穴(구멍 혈)

宋 ④ 7획 　　송나라 송　🇯 ソウ　🇨 sòng

*회의. 집(宀)안에 나무(木)로 만든 가구가 있는 방을 나타낸 글자였으나, 후에 '송나라'의 뜻으로 쓰임.

풀이 송나라. ㉠주나라의 제후국으로 춘추시대 12열국 중 하나. ㉡남북조 시대 남조(南朝)의 왕조 중 하나 ㉢조광윤(趙光胤)이 후주(後周)의 선위를 받아 세운 왕조.

宋學(송학) 송대(宋代)의 유학(儒學). 곧 성리학. 주자학.

完 ④ 7획 　　완전할 완　🇯 カン・まったい　🇨 wán

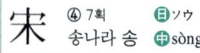

*형성. 뜻을 나타내는 부수 '宀(집 면)'과 음을 나타내는 '元(으뜸 원)'을 합친 글자.

풀이 1. 완전하다. 온전하다. 2. 보전하다. 완전하게 하다. ¶完成 3. 끝내다.

完結(완결) 완전히 끝맺음.
完了(완료) 완전히 마침.
完璧(완벽) 모자라거나 흠잡을 데 없이 완전함.
完成(완성) 완전히 다 이룸.
完全(완전) 1)부족함이 없음. 2)흠이 없음.
完治(완치) 완전히 치료함.
完快(완쾌) 병이 완전히 나음.
未完(미완) 끝을 맺지 못함.
補完(보완) 모자란 점을 보충하여 완전하게 함.

🔗 全(완전할 전)

官 ⑤ 8획 　　벼슬 관　🇯 カン・つかさ　🇨 guān

丶丶宀宀宁宁官官

*회의. 많은 사람들(呂)이 모여서 공적인 일을 보는 집(宀)을 나타내어, '관청'의 뜻으로 쓰임.

풀이 1. 벼슬. 2. 관리. ¶官僚 3. 관청. ¶官衙 4. 기관(器官). 눈·코·입·귀 등.

官家(관가) 1)나랏일을 보던 집. 2)지방에서, 그 고을의 원을 이르던 말.
官僚(관료) 1)같은 관직의 동료. 2)정부의 관리.
官婢(관비) 관아에 속해 있는 여자 노비.
官舍(관사) 정부에서 관리가 지내도록 지어 주는 주택.
官衙(관아) 관리들이 모여 정사를 논의하던 곳. 관청. 관서(官署).
官職(관직) 관리의 직무 또는 직위.
官廳(관청) 국가 사무에 대하여 국가의 의사를 결정하고 이것을 표시하는 권능이 주어진 국가 기관.
長官(장관) 국무를 맡아보는 행정 각부의 책임자.

🔗 仕(벼슬할 사) 吏(벼슬아치 리)

宝 ⑤ 8획

寶(p194)의 俗字

宓 ⑤ 8획
　　❶ 성 복　🇯 ビツ・ミツ
　　❷ 편안할 밀　🇨 fú, mì

풀이 ❶ 1. 성씨(姓氏). ❷ 2. 편안하다.

🔗 蜜(꿀 밀)

実 ⑤ 8획
實(p192)의 俗字

宛 ⑤ 8획
- 🇯🇵 エン・あたかも
- 🇨🇳 wǎn, wān

풀이 1. 굽다. 2. 흡사. 3. 뚜렷하다. 완연하다. ¶宛然

宛然(완연) 1)뚜렷한 모양. 분명한 모양. 2)서로 비슷한 모양.

🟦 曲(굽을 곡) 🟥 直(곧을 직)

宜 ⑤ 8획
마땅할 의
- 🇯🇵 ギ・よろしい
- 🇨🇳 yí

丶丶宀宀宁宁官宜

*회의. '宀(집 면)'과 고기를 담은 그릇 모양의 '組(조)'의 생략형을 합친 글자. 이에 집에 고기가 쌓여 있으면 좋다고 하여 '형편이 좋다', '마땅하다'라는 뜻으로 쓰임.

풀이 1. 마땅하다. 이치에 맞다. 알맞다. ¶宜當 2. 형편이 좋다. ¶便宜

宜當(의당) 마땅히 그러함.
宜稱(의칭) 1)좋은 이름. 2)마땅함.
便宜(편의) 형편이나 조건 등이 편하고 좋음.

🟦 宣(베풀 선)

定 ⑤ 8획
정할 정
- 🇯🇵 テイ・さだめる
- 🇨🇳 dìng

丶丶宀宀宁宁定

*형성. 뜻을 나타내는 부수 '宀(집 면)'과 음을 나타내는 '正(바를 정)'을 합친 글자.

풀이 1. 정하다. 결정하다. ¶定論 2. 안정시키다. 평정하다. ¶安定 3. 정해지다. 안정되다.

定期(정기) 일정한 기간 또는 시기.
定論(정론) 일정한 결론에 이르러 바뀔 수 없는 이론. 정설(定說).
定時(정시) 1)정해진 시각. 2)일정한 시기.
定式(정식) 일정한 방식이나 격식.
定員(정원) 정해진 인원.
定處(정처) 정한 곳. 일정한 곳.
定型(정형) 일정한 형틀이나 형식. 정해진 유형.
固定(고정) 1)정한 대로 바꾸지 않음. 2)정한 곳에서 움직이지 않음.
安定(안정) 안전하게 자리잡음.

🟩 決(결정할 결)

宗 ⑤ 8획
마루 종
- 🇯🇵 ソウ・シュウ・むね
- 🇨🇳 zōng

丶丶宀宀宁宇宗宗

*회의. 신주(示)를 모시는 집(宀)을 나타내는 글자. 이에 종묘, 즉 '사당'의 뜻으로 쓰이며, 그 사당을 모시는 '종가'의 뜻에도 쓰임.

풀이 1. 마루. 으뜸. 근본. ¶宗旨 2. 일족(一族). ¶宗親 3. 갈래. 종파. 4. 종묘. 사당. ¶宗廟

宗家(종가) 한 문중의 본가.
宗敎(종교) 무한・절대의 초인간적인 신(神)을 숭배하고 신앙하여 인간 생활의 고뇌를 해결하고 삶의 의미를 추구하는 영적인 문화 체계.
宗廟(종묘) 1)임금・제후(諸侯)의 조상을 모시는 사당. 2)국가.
宗旨(종지) 1)한 종교나 종파의 중심되는 가르침. 2)가장 옳은 것으로 믿고 받드는 주의・주장 등을 비유하는 말.
宗親(종친) 1)임금의 친족. 2)친족.

宙 ⑤ 8획
집 주
- 🇯🇵 チュウ
- 🇨🇳 zhòu

丶丶宀宀宁宙宙宙

*형성. 뜻을 나타내는 부수 '宀(집 면)'과 음을 나타내는 '由(말미암을 유)'를 합친 글자.

풀이 1. 집. 2. 하늘. 우주. ¶宙表

宇宙(우주) 시간과 공간. 천지의 사이.
유 家(집 가) 屋(집 옥) 堂(집 당) 宇(집 우)

宕 ⑤ 8획
- 日 トウ・ほしいまま
- 中 dàng
- 방탕할 탕

풀이 1. 방탕하다. 제멋대로 굴다. 2. 거칠다. 호탕하다. 3. ¶탕건(宕巾).

宕巾(탕건) 지나날, 관원이 갓 아래 받쳐 쓰던 관(冠).
豪宕(호탕) 호기롭고 대범함.

客 ⑥ 9획
- 日 キャク・まろうど
- 中 kè
- 손님 객

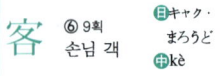

*형성. 뜻을 나타내는 부수 '宀(집 면)'과 음을 나타내는 '各(각각)'을 합친 글자.

풀이 1. 손님. 손. ¶客席 2. 나그네. 과객. 3. 사람. 4. 과거. ¶客年 5. 의탁하다. 부치다. 6. 쓸데없다. ¶客氣

客氣(객기) 쓸데없이 부리는 혈기.
客年(객년) 작년.
客席(객석) 손님이 앉는 자리.
客員(객원) 1)예정 밖의 인원. 2)어떤 기관에서 손에 준한 특별 대접을 받는 사람.
客地(객지) 자신의 집을 떠나 임시로 가 있는 곳.
客體(객체) 1)객지에 있는 몸. 2)의사와 행위의 목적물.
顧客(고객) 영업을 하는 사람에게 대상자로 찾아오는 손님.
유 旅(나그네 려) 반 主(주인 주)

宣 ⑥ 9획
- 日 セン・のべる
- 中 xuān
- 베풀 선

ノ 丶 宀 宀 宣 宣 宣 宣

*형성. 뜻을 나타내는 부수 '宀(집 면)'과 음을 나타내는 '亘(뻗 선)'을 합친 글자.

풀이 1. 베풀다. 2. 밝히다. 널리 알리다. ¶宣傳 3. 임금의 명령. 조칙.

宣告(선고) 1)선언하여 알림. 2)판사가 법정에서 재판의 판결을 공표함.
宣誓(선서) 성실함을 확실히 보증하기 위하여 맹세함.
宣揚(선양) 널리 세상에 떨침.
宣言(선언) 자기의 의견을 널리 말함. 공공연하게 세상 사람들에게 밝힘.
宣傳(선전) 1)백성에게 명령을 전하는 것. 2)어떤 사물이나 사상・주의 등을 사람들에게 설명하고 이해와 공명을 얻기 위해 널리 알림.
유 施(베풀 시) 宜(마땅할 의)

宬 ⑥ 9획
- 日 セイ
- 中 chéng
- 서고 성

풀이 서고(書庫).

室 ⑥ 9획
- 日 シツ・むろ
- 中 shì
- 집 실

*회의. 사람이 이르러(至) 사는 곳(宀)의 뜻으로 쓰임.

풀이 1. 집. 가옥. ¶皇室 2. 방. ¶室外 3. 아내.

室內(실내) 1)방의 안. 2)남의 아내를 일컫는 말.
室外(실외) 방의 바깥.
病室(병실) 병을 치료하기 위하여 환자를 따로 거처하게 하는 방.
入室(입실) 방에 들어감.
皇室(황실) 황제의 집안.
유 家(집 가) 屋(집 옥) 堂(집 당) 宅(집 택)

宥 ⑥ 9획
- 日 ユウ・ゆるす
- 中 yòu
- 용서할 유

*형성. 뜻을 나타내는 부수 '宀(집 면)'과 음을 나타내는 '有(있을 유)'를 합친 글자.

[宀 6~7획] 宦家宮宥宸

宦 ⑥ 9획
벼슬 환 日カン・つかえる 中huàn

* 회의. 관가(宀)에서 일하는 신하(臣)를 나타낸 글자. 이에 '벼슬'의 뜻으로 쓰임.

풀이 1. 벼슬. 관직. 벼슬하다. 2. 내시. 환관. ¶宦官

宦官(환관) 내시. 내관.
宦族(환족) 대대로 벼슬을 해 온 집안.
町 官(벼슬 관)

家 ⑦ 10획
집 가 日カ・ケ・いえ 中gū, jiā, jie

* 회의. 지붕이 덮여 있는 깃(宀) 안에 돼지(豕)를 기른다는 뜻을 나타낸 글자. 옛날에는 가축을 집에서 많이 길렀던 데에서 '집'의 뜻으로 쓰임.

풀이 1. 집. 2. 집안. 가족. 가문. ¶家門 3. 전문가. 학문·기예에 정통한 사람. ¶藝術家

家家戶戶(가가호호) 집집마다.
家具(가구) 집의 도구.
家門(가문) 1)집안. 문중. 2)대대로 이어오는 그 집안의 사회적 지위.
家寶(가보) 한 집안에 대대로 내려오는 보물.
家事(가사) 1)집안 살림에 관한 일. 2)한 집안의 사사로운 일.
家屋(가옥) 사람이 사는 집.
家族(가족) 집안 사람. 한 가정에 사는 집안 사람 전부.
家畜(가축) 가정에서 기르는 짐승.
家訓(가훈) 가정의 교훈. 선조의 유훈(遺訓).

藝術家(예술가) 예술 활동을 하는 사람.
町 屋(집 옥) 宇(집 우) 宅(집 택) 室(집 실)

宮 ⑦ 10획
궁궐 궁 日キュウ・みや 中gōng

* 회의. 서로 연결된 여러 개의 건물(呂)이 한 집(宀)에 있는 모양을 나타낸 글자. 이에 '궁궐'의 뜻으로 쓰임.

풀이 1. 궁궐. 궁전. ¶宮殿 2. 집. 가옥. ¶宮闕 3. 오음(五音)의 첫째 음. ¶宮商角徵羽 4. 궁형. 생식기를 없애는 형벌. ¶宮刑

宮闕(궁궐) 임금이 거처하는 집. 대궐.
宮女(궁녀) 궁중에서 대전(大殿)·내전(內殿)을 가까이 모시던 내명부(內命婦)의 총칭.
宮商角徵羽(궁상각치우) 동양 음악의 다섯 음계(五音).
宮殿(궁전) 궁궐.
宮刑(궁형) 오형(五刑)의 하나. 생식기를 없애는 형벌.
王宮(왕궁) 임금이 사는 궁전.

宥 ⑦ 10획
밤 소 日ショウ・よい 中xiāo

풀이 1. 밤. 초저녁. ¶宵晨 2. 작다. ¶宵人 3. 어리석다.

宵晨(소신) 밤과 새벽. 밤과 아침.
宵人(소인) 음흉한 사람. 소인(小人).
宵行(소행) 1)밤길을 감. 2)개똥벌레.
元宵(원소) 음력 정월 보름날 밤.
町 夜(밤 야)

宸 ⑦ 10획
집 신 日シン 中chén

풀이 1. 집. ¶宸次 2. 궁궐. 대궐.

宸斷(신단) 임금의 결단.
宸旨(신지) 임금의 뜻.

풀이 1. 용서하다. ¶宥恕 2. 너그럽다.

宥恕(유서) 너그럽게 용서함.
宥和(유화) 너그러운 태도로 사이좋게 지냄.
町 恕(용서할 서)

宴 ⑦ 10획 日エン・うたげ 잔치 연 中yàn

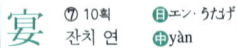

*형성. 뜻을 나타내는 부수 '宀(집 면)'과 음을 나타내는 '낮(안)'을 합친 글자. 집(宀)에서 편하게(낮) 쉰다하여 '편안하다'의 뜻으로 쓰임.

[풀이] 1. 잔치. 연회. 잔치를 열다. ¶宴飮 2. 편안하다. ¶宴坐

宴樂(연락) 잔치를 베풀고 즐기는 일. 또는 그 잔치.
宴飮(연음) 술잔치.
宴坐(연좌) 한가하게 쉼. 좌선(坐禪).
宴會(연회) 주연(酒宴). 여러 사람이 모여 베푸는 잔치.

容 ⑦ 10획 日ヨウ・かたち 얼굴 용 中róng, yǒng

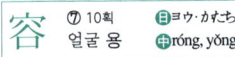

*회의. 골짜기(谷)와 집(宀)은 둘 다 많은 것을 담아 넣을 수 있으므로, '담다'의 뜻으로 쓰임.

[풀이] 1. 얼굴. 용모. 모양. ¶容貌 2. 넣다. 담다. ¶容器 3. 용납하다. 받아들이다. 4. 용서하다. ¶容恕

容器(용기) 물건을 담아 두는 그릇.
容納(용납) 너그러운 마음으로 받아 줌.
容量(용량) 1)그릇에 물건이 담기는 분량. 2)일정한 상태에 있어서의 물질이 지닐 수 있는 열이나 전기.
容貌(용모) 사람의 얼굴.
容恕(용서) 잘못이나 죄를 나무라거나 벌하지 않고 덮어 줌.
容易(용이) 쉬움.
容積(용적) 1)물건을 담을 수 있는 부피. 2)입방체가 차지하고 있는 공간의 부분.
內容(내용) 1)속에 들어 있는 것. 2)글이나 말 따위에 나타나 있는 사항. 3)어떤 일의 줄거리.

[동] 顔(얼굴 안)

宰 ⑦ 10획 日サイ・つかさ 재상 재 中zǎi

*회의. 관청(宀)에서 죄인(辛)을 다스리는 사람을 나타내어 '정승'의 뜻으로 쓰임.

[풀이] 1. 재상. ¶宰相 2. 주관하다. ¶主宰

宰木(재목) 무덤가에 심은 나무.
宰殺(재살) 짐승을 잡아 죽임.
宰相(재상) 임금을 돕고 모든 관리를 지휘·감독하는 제일 높은 관직.
主宰(주재) 책임지고 맡아서 처리함.

[비] 幸(다행 행)

害 ⑦ 10획 日ガイ ❶ 해로울 해 そこなう ❷ 어찌 할 中hài

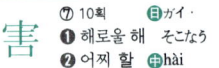

*회의. 집(宀)을 산란(丯)하게 만드는 말(口)은 '해로움'을 나타냄.

[풀이] ❶ 1. 해롭다. 해를 끼치다. ¶害惡 2. 손해. 해. 3. 요해처. 요충지. ¶要害處 ❷ 4. 어찌.

害惡(해악) 남을 해치는 나쁜 일.
害蟲(해충) 사람이나 농작물에 대하여 해를 끼치는 벌레의 총칭.
要害處(요해처) 아군에게는 유리하고 적군에게는 불리한 곳.
有害(유해) 해가 있음.

[동] 惡(악할 악) 利(이로울 리)

寇 ⑧ 11획 日コウ・あだ 도둑 구 中kòu

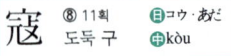

[풀이] 1. 도둑. 2. 노략질하다. 해치다. 쳐들어오다. ¶寇亂 3. 원수. 외적. ¶倭寇
寇亂(구란) 외적의 침입과 내란(內亂).
寇賊(구적) 국경을 쳐들어온 외적.
倭寇(왜구) 지난날, 일본의 해적을 이르던 말.

寄 ⑧ 11획 日キ・よる 부칠 기 ⊕jì

丶宀宀宀宁宇宇宏客寄寄

* 형성. 뜻을 나타내는 부수 宀(집 면)과 음을 나타내는 奇(기이할 기)를 합친 글자.

풀이 1. 부치다. 전하다. ¶寄別 2. 의뢰하다. 맡기다. 위임하다. ¶寄託 3. 의탁하다. 의지하다.

寄居(기거) 1)타향에서 임시로 삶. 2)남의 집에 몸을 의지함.
寄別(기별) 소식을 전함.
寄生(기생) 1)남에게 붙어 삶. 2)다른 동식물의 몸이나 체내에 부착하여 영양을 섭취하며 생활함.
寄與(기여) 1)도움이 되는 일을 하는 것. 이바지. 공헌. 2)보내 줌.
寄住(기주) 남의 집에 몸을 의지하고 지냄.
寄贈(기증) 물건을 보냄. 증정.
寄託(기탁) 1)의탁함. 의뢰함. 부탁하여 맡겨 둠. 2)몸을 맡김.
冊 付(줄 부)

密 ⑧ 11획 日ミツ・ひそか 빽빽할 밀 ⊕mì

丶宀宀宀宓宓宓宓密密

* 형성. 뜻을 나타내는 山(메 산)과 음을 나타내는 宓(편안할 밀)을 합친 글자. 이에 조용한 산을 나타내어 "조용하다", "은밀하다"는 뜻으로 쓰임.

풀이 1. 빽빽하다. 밀집하다. ¶密集 2. 비밀로 하다. 숨기다. 은밀하다. ¶密語 3. 가깝다. 친하다. ¶緊密 4. 꼼꼼하다. 빈틈없다.

密告(밀고) 남몰래 넌지시 일러바침.
密度(밀도) 1)빽빽이 들어선 정도. 2)일정 물질의 어느 온도에 있어서의 단위 체적에 대한 질량. 3)내용이 충실한 정도.
密林(밀림) 나무들이 빽빽하게 들어선 깊은 숲.
密室(밀실) 비밀스런 방.
密語(밀어) 몰래 하는 말.
密集(밀집) 빽빽이 모임.
密着(밀착) 1)빈틈없이 단단하게 붙음. 2)사진을 현상된 필름 그대로의 크기로 인화지에 구워 올림.
密會(밀회) 1)몰래 모임. 2)남녀가 비밀히 만남.
緊密(긴밀) 관계가 매우 가까워 틈이 없음.
精密(정밀) 자세하고 치밀함.
冊 稠(빽빽할 조)

宿 ⑧ 11획 日シュク・やどる
❶ 잘 숙
❷ 성수 수 ⊕sù, xiǔ, xiù

丶宀宀宀宁宁宿宿宿宿

풀이 ❶ 1. 자다. 묵다. 숙박하다. ¶宿所 2. 미리다. 3. 오래되다. 묵다. ¶宿願 4. 숙직. 당직. ❷ 5. 성수. 별자리.

宿命(숙명) 날 때부터 정해진 운명.
宿泊(숙박) 여관이나 어떤 곳에서 잠을 자고 머무름.
宿所(숙소) 머물러 묵는 곳.
宿願(숙원) 오래전부터 품은 소망.
宿題(숙제) 1)학교에서 배운 것을 예습·복습하기 위해 내주는 과제. 2)두고 생각할 문제.
宿醉(숙취) 이튿날까지 깨지 않고 취함.
星宿(성수) 모든 별자리의 별들. 진수(辰宿).
合宿(합숙) 여럿이 한곳에 묵음.
冊 寐(잠잘 매) 寢(잠잘 침)

寃 ⑧ 11획
寃(p68)의 俗字

寅 ⑧ 11획 [日]イン·とら
셋째 지지 인 [中]yín

[풀이] 1. 셋째 지지. 오행에서는 나무(木). 동물로는 호랑이, 방위로는 동북동쪽, 시각으로는 오전 3시~5시, 달로는 음력 정월에 해당함. ¶寅時 2. 공경하다. 삼가다.

寅方(인방) 24방위의 하나. 동북동쪽.
寅時(인시) 새벽 3시부터 5시까지의 시간.

寂 ⑧ 11획 [日]セキ·ジャク·さびしい
고요할 적 [中]jì

* 형성. 뜻을 나타내는 부수 '宀(집 면)'과 음을 나타내는 '叔(아재비 숙)'을 합친 글자.

[풀이] 1. 고요하다. 적막하다. ¶寂寞 2. 죽다. 열반하다. ¶圓寂

寂寞(적막) 고요하고 쓸쓸함.
寂寂(적적) 외롭고 쓸쓸함.
圓寂(원적) 중의 죽음.
閑寂(한적) 한가하고 조용함.

[유] 禪(고요할 선) 靜(고요할 정)

寀 ⑧ 11획 [日]サイ·ほうろく
채지 채 [中]cǎi, cài

[풀이] 채지(采地). 경대부(卿大夫)에게 식읍(食邑)으로 내린 땅.

寐 ⑨ 12획 [日]ビ·ねる
잘 매 [中]mèi

[풀이] 자다. 잠을 자다. ¶寐語

寐語(매어) 잠꼬대.
夢寐(몽매) 잠을 자며 꿈을 꿈.
寤寐(오매) 깨어 있을 때나 자고 있을 때. 자나 깨나.

[유] 宿(잠잘 숙)

富 ⑨ 12획 [日]フ·とむ
부유할 부 [中]fù

* 형성. 뜻을 나타내는 부수 '宀(집 면)'과 음을 나타내는 '畐(폭 복)'을 합친 글자. 집(宀)에 술항아리(畐)가 있는 모습을 나타내어 '부유하다'의 뜻으로 쓰임.

[풀이] 1. 부유하다. 2. 풍성하다. 넉넉하다. ¶富裕 3. 나이가 젊다.

富貴(부귀) 재산이 많고 귀함.
富裕(부유) 재물이 넉넉함.
富者(부자) 재물이 많아 부유한 사람.
富豪(부호) 재산이 많고 권력이 있는 사람.
甲富(갑부) 으뜸가는 부자.
豊富(풍부) 양이 많고 넉넉함.

[반] 貧(가난할 빈)

寔 ⑨ 12획 [日]ショク·ジキ
이 식 [中]shí

[풀이] 1. 이. 이것. 2. 참으로. 정말.

寓 ⑨ 12획 [日]グウ·よせる
붙어 살 우 [中]yù

* 형성. 뜻을 나타내는 부수 '宀(집 면)'과 음을 나타내는 '禺(긴꼬리원숭이 우)'를 합친 글자. 이에 집(宀)에 원숭이(禺)가 붙어 사는 것처럼 '임시로 붙어 살다'의 뜻으로 쓰임.

[풀이] 1. 붙어 살다. 얹혀 살다. ¶寓居 2. 가탁(假託)하다. 핑계를 대다.

寓居(우거) 1)임시로 몸을 붙여 삶. 또는 그 집. 2)남에게 자기 주거를 낮추어 일컫는 말.
寓意(우의) 자기의 생각을 다른 사물에 비유해서 은근히 나타냄.
寓話(우화) 다른 사물에 빗대어 교훈·풍자 등을 은연중에 나타내는 이야기.

寄寓(기우) 한때 남에게 몸을 의지하여 지냄.

| 寒 | ⑨ 12획 찰 한 | 日 カン・さむい 中 hán |

宀宀宀宀宀宀宁宁宋宋実実実寒

* 회의. 사람(人)이 집(宀) 안에서도 풀을 깔고(茻) 잘 만큼 얼음(冫)이 있음을 나타낸 글자. 이에 '춥다'는 뜻으로 쓰임.

풀이 1. 차다. 춥다. ¶寒帶 2. 가난하다. ¶貧寒 3. 쓸쓸하다. 적적하다.

寒氣(한기) 1)추위. 2)병적으로 느끼는 으스스한 기운.
寒帶(한대) 남북 양반구의 위도 66.5도에서 양극까지의 지대.
寒冷(한랭) 춥고 차가움.
寒門(한문) 가난하고 신분이 낮은 집안.
寒心(한심) 안타깝고 기가 막힘.
寒波(한파) 기온이 갑자기 내려서 심한 한기가 오는 현상.
貧寒(빈한) 살림이 가난하여 쓸쓸함.
酷寒(혹한) 몹시 심한 추위.
유 冷(찰 랭)   반 熱(더울 열)
비 塞(변방 새)

| 寬 | ⑩ 13획 | 寬(p193)의 俗字 |

| 審 | ⑩ 13획 | 寧(p191)과 同字 |

| 寢 | ⑩ 13획 | 寢(p192)의 俗字 |

| 寡 | ⑪ 14획 적을 과 | 日 カ・すくない 中 guǎ |

宀宀宀宀宀宀宁宁宇宇宜宜
寡寡寡寡

풀이 1. 적다. ¶寡聞 2. 홀어미. 과부. 과부가 되다. 3. 나. 과인. 임금이 스스로를 칭하는 말. ¶寡人

寡聞(과문) 들은 것이 적음.
寡人(과인) 덕이 없는 사람이란 뜻으로, 임금이 자신을 겸손하게 이르는 말.
衆寡不敵(중과부적) 적은 수로 많은 수를 대적하지 못함.

| 寧 | ⑪ 14획 편안할 녕(영) | 日 ネイ・むしろ ・やすい 中 níng, nìng |

宀宀宀宀宀宀宀宀宁
宁宁宁宁宁寧寧

* 회의. 집(宀) 안의 상(丁) 위에 그릇(皿)이 잘 놓여 있어 마음(心)이 평안함을 나타낸 글자. 이에 '편안하다'의 뜻으로 쓰임.

풀이 1. 편안하다. 안녕하다. 편안히 하다. ¶寧靜 2. 문안하다. 근친하다. 친정 부모를 찾아뵙다. 3. 차라리. 오히려. 4. 어찌. ¶寧渠

寧渠(영거) 어찌하여.
寧樂(영락) 편안하고 즐거움.
寧靜(영정) 편안하고 고요함.
寧親(영친) 1)부모를 편안하게 함. 2)부모를 찾아뵈러 고향으로 돌아감.
安寧(안녕) 1)아무 탈 없이 편안함. 2)사회가 평화롭고 질서가 흐트러지지 않음.
유 安(편안할 안)

| 寥 | ⑪ 14획 쓸쓸할 료(요) | 日 リョウ ・さびしい 中 liáo |

풀이 1. 쓸쓸하다. 적막하다. ¶寥閴 2. 텅 비다. 휑하다. ¶寥廓

寥閴(요격) 쓸쓸하고 조용함.

寥廓(요확) 1)텅 비고 드넓은 모양.
2)넓은 하늘.

寞 ① 14획 🗾 バク·マク さびしい 🇨🇳 mò
쓸쓸할 막

풀이 쓸쓸하다. 적막하다. ¶寞寞

寞寞(막막) 쓸쓸하고 적막한 모양.

🔗 寥(쓸쓸할 료)

實 ① 14획 🗾 シツ·ミ·みのる 🇨🇳 shí
열매 실

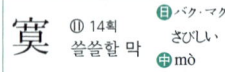
實實實實

* 회의. 집(宀)안에 꿴[毌] 재물[貝]이 가득 찬 것을 나타낸 글자. 이에 '가득 차다'의 뜻으로 쓰임.

풀이 1. 열매. ¶果實 2. 속. 내용. 3. 꽉 차다. 가득 채우다. 4. 참. 사실. 참되다. ¶眞實

實感(실감) 실제의 체험을 통해 느낀 감정.

實名(실명) 진짜 이름. 본명(本名).

實事求是(실사구시) 사실에 입각해서 진리를 구하는 뜻으로, 학문을 하는 자세를 이르는 말.

實用(실용) 실제로 쓰임.

實際(실제) 있는 그대로의 상태.

實質(실질) 실제로 있는 본바탕.

實踐(실천) 생각한 것을 실제로 행함.

實行(실행) 생각한 바를 직접 행동으로 옮김.

果實(과실) 과일. 열매.

眞實(진실) 거짓이 없이 참됨.

🔗 果(실과 과)

寤 ① 14획 🗾 ゴ·さめる 🇨🇳 wù
깰 오

풀이 1. 깨다. 잠이 깨다. 2. 깨닫다.

寤寐不忘(오매불망) 자나 깨나 잊지 못함.

察 ① 14획 🗾 サツ·みる 🇨🇳 chá
살필 찰

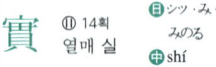
寀寀察察

* 형성. 뜻을 나타내는 부수 '宀(집 면)'과 음을 나타내는 '祭(제사 제)'를 합친 글자. 집[宀]에서 제사(祭)를 지내기 위하여 빠짐없이 준비함. 곧 생각하여 살핌을 나타내어, '살피다'라는 뜻으로 쓰임.

풀이 1. 살피다. 관찰하다. 조사하다. ¶觀察 2. 자세하다. 세밀하다. ¶察察

察言觀色(찰언관색) 남의 말과 안색을 살펴서 그 뜻을 헤아림.

觀察(관찰) 사물을 주의 깊게 살펴봄.

診察(진찰) 의사가 병의 유무나 상태 등을 살핌.

🔗 省(살필 성)

寨 ① 14획 🗾 サイ·とりで 🇨🇳 zhài
울짱 채

풀이 울짱. 목책(木柵).

山寨(산채) 1)산에 목책을 둘러서 만든 성채. 2)산적들의 소굴.

🔗 塞(찰 한)

寢 ① 14획 🗾 シン·ねる 🇨🇳 qǐn
잠잘 침

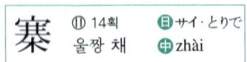
寑寢

풀이 1. 잠자다. 수면을 취하다. ¶就寢
2. 쉬다. 멈추다. 그치다.

寢臺(침대) 누워서 잠을 잘 수 있도록 만든 가구. 주로 서양식의 침상.

寢食(침식) 잠자는 일과 먹는 일.

寢室(침실) 잠을 자는 방.

就寢(취침) 잠자리에 누워 잠을 청함.

寬 ⑫ 15획
너그러울 관
日 カン・ひろい
中 kuān

丶丶宀宀宀宀宀宀宀
宵宵宵寬寬寬

*형성. 뜻을 나타내는 부수 '宀(집 면)'과 음을 나타내는 '莧(방긋 웃는 모양 완)'을 합친 글자.

풀이 1. 너그럽다. 관대하다. ¶寬容 2. 넓다. 크다.

寬大(관대) 마음이 너그럽고 큼.
寬恕(관서) 너그럽게 용서함.
寬容(관용) 남의 잘못을 너그럽게 받아들이거나 용서함.
寬厚(관후) 마음이 너그럽고 온후함.

寮 ⑫ 15획
벼슬아치
료(요)
日 リョウ
中 liáo

풀이 1. 벼슬아치. 관리. ¶百寮 2. 작은 집. 특히 중이 거처하는 집. ¶寮舍 3. 창(窓). 작은 창.

寮舍(요사) 중이 거처하는 곳.
同僚(동료) 같은 일자리에 있는 사람.
百寮(백료) 모든 벼슬아치. 백관(百官).
금 吏(벼슬아치 리) 官(벼슬 관)

寫 ⑫ 15획
베낄 사
日 シャ・うつす
中 xiě, xiè

丶丶宀宀宀宀宀宀宀宀
寫寫寫寫

*형성. 뜻을 나타내는 부수 '宀(집 면)'과 음을 나타내는 '舄(집 면)'을 합친 글자.

풀이 1. 베끼다. 복사하다. ¶寫本 2. 그리다. 본떠 그리다. ¶描寫

寫字(사자) 글씨를 베껴 씀.
寫照(사조) 1)실제의 모습을 그대로 찍어 냄. 2)초상화 또는 사진.
描寫(묘사) 눈으로 보거나 마음으로 느낀 것 등을 그림을 그리듯이 표현함.
映寫(영사) 영화 필름이나 슬라이드 등을 영사막에 비춤.
금 倣(본뜰 방)

審 ⑫ 15획
살필 심
日 シン・つまびらか
中 shěn

丶丶宀宀宀宀宀宀宀宀
宷宷宷審審

*회의. 물건을 잘게 나눔을 뜻하는 '番(갈마들 번)'과 '宀(집 면)'을 합친 글자. 더하여서 '(宀)'이 분명하지 않은 것을 '자세히 살핌다'는 뜻으로 쓰임.

풀이 1. 살피다. 관찰하다. 자세히 밝히다. ¶查審 2. 자세하다. 자세히. ¶審問

審問(심문) 자세하게 따져 물음.
審査(심사) 자세하게 조사하여 등급을 매기거나 당락 여부를 결정함.
審判(심판) 1)문제가 되는 안건을 심의하여 판결을 내림. 2)경기나 게임에서 공정한 규칙을 적용하거나 승부를 판정함. 또는 그런 사람.
誤審(오심) 잘못 심판함. 또는 그 심판.
금 察(살필 찰) 番(차례 번)

寯 ⑫ 15획
뛰어날 준
日 シュン
中 jùn

풀이 1. 뛰어나다. 2. 모으다.

寰 ⑬ 16획
기내 환
日 カン・ゲン
中 huán

풀이 1. 기내(畿內). 봉건 시대에 천자(天子)가 직접 관리하던 영지(領地). ¶寰內 2. 천하(天下). 세계.

寰內(환내) 1)천자가 다스리는 모든 영토. 2)천하. 세계.

寵	⑯ 19획 괼 총	[日]チョウ·めぐむ [中]chǒng

[풀이] 1. 괴다. 사랑하다. 총애하다. ¶寵愛 2. 은혜. 총애. ¶恩寵

寵臣(총신) 임금의 총애를 받는 신하.

寵兒(총아) 1)많은 사람에게 특별한 사랑을 받는 사람. 2)시운(時運)을 타고 출세한 사람.

寵愛(총애) 남달리 귀엽게 여겨 사랑함.

恩寵(은총) 높은 사람이나 신(神)에게서 받는 총애.

寶	⑰ 20획 보배 보	[日]ホウ·たから [中]bǎo

* 형성. 집(宀) 안에 진귀한 옥(玉)과 화폐로 쓰이는 조개(貝)가 있는 모양을 나타낸 글자. 후에 음을 나타내는 '缶(장군 부)'가 덧붙어 지금의 형태가 되었음. 이에 '보배'의 뜻으로 쓰임.

[풀이] 1. 보배. 보물. ¶家寶 2. 보배로 여기다. 소중히 하다. 3. 높임말. 임금과 관계된 일, 불교·도교와 관계된 일, 또는 상대방을 높일 때 쓰는 접두어.

寶劍(보검) 1)보배로운 칼. 아주 예리하여 몹시 잘 드는 칼. 2)나라의 행사에 쓰이는 칼.

寶齡(보령) 임금의 나이를 높여 이르는 말.

寶物(보물) 귀한 가치가 있는 보배로운 물건.

寶石(보석) 빛깔·광택이 특별히 아름답고 희귀한 광물.

寶重(보중) 보물과 같이 소중히 함. 또는 귀한 보물.

家寶(가보) 한 집안의 보물.

[유] 珍(보배 진)

寸부

寸 마디 촌 部

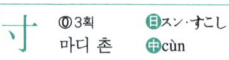

'寸' 자는 사람의 몸 가운데 손을 이용하여 길이를 나타낸 글자로, '한 마디', '한 치'를 뜻한다. 또한 일정한 길이를 헤아린다고 하여 일정한 '법도'나 '규칙'을 나타내기도 하고, 아주 짧은 길이를 의미하여 '약간', '조금'의 뜻으로도 쓰이며, 삼촌(三寸)이나 사촌(四寸)에서처럼 '촌수'를 나타낼 때에도 쓰인다. 이 글자를 부수로 갖는 글자는 일반적으로 손과 관련이 있다.

寸	⓪ 3획 마디 촌	[日]スン·すこし [中]cùn

* 지사. 손목의 맥을 짚는 자리를 나타내어, 손목에서 맥 짚는 곳까지의 길이를 뜻하는 글자.

[풀이] 1. 마디. 손가락 하나의 폭. ¶寸寸 2. 치. 길이의 단위. 1자의 1/10. 3. 약간. 아주 작거나 짧다. ¶寸陰 4. [韓] 촌수. 혈족의 관계를 나타내는 단위.

寸刻(촌각) 매우 짧은 시각.

寸數(촌수) 친족 간의 멀고 가까운 정도를 나타내는 숫자 체계. 즉, 친족 간의 관계를 말함.

寸陰(촌음) 아주 짧은 시간.

寸志(촌지) 1)작은 뜻. 촌심(寸心). 2)성의가 담긴 작은 선물.

寸鐵殺人(촌철살인) 한 치의 쇠로 사람을 죽인다는 뜻으로, 날카로운 말 한 마디로 상대의 허점을 찌른다는 말.

寸寸(촌촌) 1)한 치씩. 2)조금씩.

寸土(촌토) 퍽 좁은 논밭. 척토(尺土).

寸評(촌평) 매우 짧게 비평함. 또는 그 비평.

[유] 節(마디 절)

寺 ③ 6획
❶ 절 사 [日]ジ·てら
❷ 내시 시 [中]sì

一 十 土 土 寺 寺

*형성. 뜻을 나타내는 '寸(마디 촌)'과 음을 나타내는 '之(갈 지)'의 고자(古字)를 합친 글자.

[풀이] [1] 1. 절. 사찰. ¶寺刹 [2] 2. 내시. ¶寺人 3. 관청.

寺院(사원) 절. 사찰(寺刹).

寺刹(사찰) 절.

寺人(사인) 내시.

[유] 刹(절 찰) [비] 侍(모실 시)

対 ④ 7획
對(p197)의 俗字

寿 ④ 7획
壽(p156)의 俗字

封 ⑥ 9획
봉할 봉 [日]フウ·ホウ·とじる [中]fēng

一 十 土 圭 圭 圭 圭 封 封

*회의. 천자가 제후에게 영토(土)를 주면서 그에게(之) 법도(寸) 있게 다스리라 하였음을 나타낸 글자. 이에 '봉하다'의 뜻으로 쓰임.

[풀이] 1. 봉하다. 왕이 토지를 내려 제후로 삼음. 또는 작위 등을 내려 줌. 2. 봉하다. 아가리를 붙이다. ¶封合 3. 흙으로 쌓다. ¶封墳

封建(봉건) 천자가 사방 천 리의 직할지 이외의 토지를 나누어 주고 제후를 세워 다스리게 하던 제도.

封墳(봉분) 흙을 올려 무덤을 만듦. 또는 그 무덤.

封鎖(봉쇄) 1)봉하여 꼭 잠금. 2)병력으로 적을 포위하고 외부와의 교통을 끊음.

封印(봉인) 봉하여 붙인 자리에 도장을 찍음.

封套(봉투) 편지를 써서 넣고 봉하는 봉지.

封合(봉합) 봉하여 붙임.

射 ⑦ 10획
❶ 쏠 사 [日]シャ·いる
❷ 맞힐 석 [中]shè
❸ 벼슬 이름 야
❹ 싫어할 역

′ 亻 亻 月 月 身 身 身 射 射

*회의. 활과 화살의 상형을 변형시킨 '身(몸 신)'과 손을 뜻하는 '寸(마디 촌)'을 합친 글자. 이에 '쏘다', '맞히다'라는 뜻으로 쓰임.

[풀이] [1] 1. 쏘다. 활·총을 쏘다. ¶射擊 [2] 2. 맞히다. 적중하다. [3] 3. 벼슬 이름. ¶僕射 [4] 4. 싫어하다.

射擊(사격) 총 등을 쏘아서 목적물을 맞히거나 공격함.

射殺(사살) 활이나 총으로 쏴 죽임.

射程(사정) 총구로부터 탄환이 도달할 수 있는 지점까지의 수평 거리.

射倖心(사행심) 요행을 바라는 마음.

射中(석중) 쏘아 적중함.

反射(반사) 1)파동이 물체의 표면에 부딪쳐서 방향을 바꾸는 것. 2)자극에 대하여 일어나는 반응.

将 ⑦ 10획
將(p196)의 俗字

尉 ⑧ 11획 [日]イ·やすんじる
벼슬 이름 위 [中]wèi, yù

[풀이] 1. 벼슬 이름. 무관(武官)의 벼슬 이름에 쓰임. 2. 위로하다. 위문하다.

尉官(위관) 대위·중위·소위를 통틀어 이르는 말.

3획

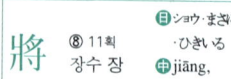

將 ⑧ 11획 장수 장
🇯🇵 ショウ・まさに・ひきいる
🇨🇳 jiāng, jiàng, qiāng

丨丬爿爿爿爿爿爿將將將

* 형성. 뜻을 나타내는 부수 '寸(마디 촌)'과 '肉(고기 육)', 음을 나타내는 '爿(나무 조각 장)'을 합친 글자. 무기(爿)와 식량(肉)을 손(寸)에 들고 싸움에 나아감을 나타내어, 장수의 뜻으로 쓰임.

풀이 1. 장수. 장군. ¶將帥 2. 장차. 앞으로. ¶將來 3. 나아가다. 진보하다.

將軍(장군) 1)장관(將官) 자리의 사람. 즉, 준장(准將) 이상의 무관. 2)군의 지휘자. 총대장.

將來(장래) 1)앞날. 앞으로 닥쳐 올 때. 2)앞날의 전망이나 전도.

將兵(장병) 장수와 병사.

將帥(장수) 군대를 거느리는 장군. 군(軍)의 우두머리. 대장(大將). 장령(將領).

日就月將(일취월장) 나날이, 다달이 발전함.

반 卒(군사 졸) 兵(군사 병)

專 ⑧ 11획 오로지 전
🇯🇵 セン・もっぱら
🇨🇳 zhuān

一一一一一一一車車專專

* 회의. 손(寸)으로 물레(車) 돌리는 것을 나타낸 글자. 원래는 '돌리다'의 뜻이었으나, 후에 가차하여 '오로지'라는 뜻으로 쓰임.

풀이 1. 오로지. 오직. ¶專念 2. 마음대로 하다. ¶專橫 3. 독차지하다. 독점하다. ¶專擔

專攻(전공) 한 가지를 전문적으로 연구함.

專念(전념) 오로지 그 일에만 마음을 씀.

專擔(전담) 1)혼자 담당함. 2)전문적으로 어떤 일의 전부를 담당함.

專門家(전문가) 어떤 특정한 학과나 일을 오로지 연구하여 그에 관한 지식 · 경험이 풍부한 사람.

專屬(전속) 오로지 한곳에 속함.

專有物(전유물) 공동 소유물이 아닌 개인의 소유물.

專橫(전횡) 권세를 독차지하여 마음대로 행함.

비 專(펼 부)

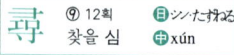

尋 ⑨ 12획 찾을 심
🇯🇵 ジン・たずねる
🇨🇳 xún

⼀⼅⼅⼅⼅⼅⼅⼅⼅⼅尋尋
尋尋

* 회의. '左(왼 좌)'의 생략형과 '右(오른 우)'의 생략형, '寸(마디 촌)'을 합친 글자. 이에 좌우 손을 쭉 펴서 잰 치수(寸)인 길의 뜻으로 쓰임.

풀이 1. 찾다. 방문하다. ¶尋訪 2. 길. 발. 두 팔을 벌린 길이. 3. 보통. 평소. ¶尋常

尋訪(심방) 사람을 방문함.

尋常(심상) 1)대수롭지 않음. 2)얼마 안 되는 거리나 넓이.

동 訪(찾을 방)

尊 ⑨ 12획
❶ 높을 존
❷ 술그릇 준
🇯🇵 ソン ❶ たっとぶ
🇨🇳 zūn

⼋⼋⼋⼋⼋尊尊尊尊尊尊
尊尊

* 회의. 술병(酋)을 손(寸)에 공손히 들어서 바치는 모양을 나타낸 글자. 이에 경의의 뜻을 나타내어 '높이다'의 뜻으로 쓰임.

풀이 ❶ 1. 높다. 존귀하다. ¶尊卑 2. 우러러보다. 존경하다. ¶尊重 ❷ 3. 술그릇. 술통.

尊敬(존경) 높여 공경함.

尊待(존대) 높여 대접함.

尊卑(존비) 높고 낮음.

尊嚴(존엄) 1)귀하고 엄숙함. 2)임금의 지위.

尊重(존중) 1)높이고 소중하게 여김. 2)높고 귀함.
尊稱(존칭) 존경하여 높여 부름. 또는 그 호칭.
尊銜(존함) 상대자의 이름을 높여 이르는 말.
自尊(자존) 1)스스로 잘난 체하며 자기를 높임. 2)자신의 인격을 존중하며, 스스로의 품위를 지킴.
비 奠(드릴 전)

對 ① 14획 日タイ·こたえる 대답할 대 中duì

丨丨丨ㅛㅛ业业쓰业쓰岇岇岇岇對對

對 對

*회의. 땅(土) 위에 떨기처럼 난 초목에 사람이 손(寸)을 대고 있는 모양을 나타낸 글자. 초목을 앞에 두고 있다는 의미에서 '상대하다', '마주 보다'의 뜻으로 쓰임.

풀이 1. 대답하다. 답하다. ¶對答 2. 대하다. 상대하다. ¶對聯 3. 짝. 상대.

對答(대답) 물음에 응하는 말.
對等(대등) 1)서로 견주어 우열이 없음. 2)서로 대하는 데 어떤 차별이 없음.
對聯(대련) 한시에서 서로 대(對)가 되는 것.
對應(대응) 1)서로 마주 대함. 2)상대에 따라 응함. 3)쌍방이 서로 같음.
相對(상대) 서로 마주 대함. 또는 그 대상.
유 答(대답할 답) 반 問(물을 문)

導 ⑬ 16획 日トウ·みちびる 이끌 도 中dǎo

丶丷丷丷丷丷芦芦芦首首道道道
導 導

*형성. 뜻을 나타내는 부수 '寸(마디 촌)'과 음을 나타내는 '道(길 도)'를 합친 글자. 이에 남의 손(寸)을 잡고 길(道)을 가는 것을 나타내어, '인도하다'의 뜻으로 쓰임.

풀이 이끌다. 인도하다. ¶先導

導入(도입) 끌어들임.
導體(도체) 열·전기의 전도율이 큰 물체.
先導(선도) 앞장서 이끎.
指導(지도) 어떤 목적이나 방향에 따라 가르쳐 이끎. 가르침.
비 道(길 도)

小부

小 작을 소 部

'小'자는 빗방울이나 모래알처럼 작은 모양을 본뜬 글자로, '작다'라는 뜻을 지닌다. 그 의미가 확대되어 '조금'이라는 뜻으로도 쓰이고, 소곡(小曲)에서처럼 '짧다', 소아(小兒)나 소생(小生)처럼 '어리다'라는 뜻이나 자기의 겸칭을 나타내어 겸양의 접두어로 쓰이기도 한다. 이 글자를 부수로 갖는 글자는 대부분 '작다'와 관련이 있다.

小 ⓪ 3획 日ショウ·ちいさい 작을 소 中xiǎo

丨小小

*상형. 빗방울이나 모래알처럼 작은 모양을 본뜬 글자.

풀이 1. 작다. 자잘하다. 시간이 짧거나, 지위가 낮거나, 나이가 어리거나, 도량 등이 좁은 것을 나타내기도 하며, 자신을 겸손하게 낮추는 의미로 붙이는 접두사로 쓰이기도 함. ¶小人 2. 적다. 많지 않다. ¶小作

小鼓(소고) 악기의 이름. 작은북.
小隊(소대) 중대를 셋 또는 넷으로 나눈 편제의 하나.
小賣(소매) 물건을 도매상에게서 사서 중간 이익을 얻고 소비자에게 파는 장사.

小便(소변) 오줌.

小說(소설) 상상력과 사실의 통일적 표현으로 인생과 미를 문장으로 나타낸 예술.

小兒(소아) 1)어린아이. 2)자기 아들의 겸칭.

小人(소인) 1)일반 민간인. 서민(庶民). 2)덕이 없는 사람. 수양이 부족한 사람. 3)자기 자신을 낮추어 이르는 말. 4)몸집이 작은 사람.

小作(소작) 남의 전답을 빌어서 경작함.

小貪大失(소탐대실) 작은 것을 탐하다가 큰 것을 잃음.

小型(소형) 작은 형태.

🔁 少(적을 소) 🔀 大(큰 대) 多(많을 다)

少 ① 4획 🇯🇵 ショウ · すくない
적을 소 🇨🇳 shǎo, shào

丨 丨 小 少

*상형. 부피가 작은(小)것이 연속되어(丿) '수량이 적다'라는 뜻을 나타내는 글자.

풀이 1. 적다. 양이 적다. ¶少數 2. 젊다. 어리다. 젊은이. ¶少年 3. 잠시. 잠깐. ¶少憩

少憩(소게) 잠깐 쉼.
少女(소녀) 어린 여자 아이. 동녀(童女).
少年(소년) 나이가 어린 사내아이.
少數(소수) 적은 수.
少許(소허) 조금. 얼마 안 되는 양.

🔁 小(작을 소) 🔀 大(큰 대) 多(많을 다)

尖 ③ 6획 🇯🇵 セン · とがる
뾰족할 첨 🇨🇳 jiān

*회의. '小(작을 소)'와 '大(큰 대)'를 합친 글자. 물건이 아래는 큰데 위로 갈수록 작아지는 모양을 나타내어 '뾰족하다'의 뜻으로 쓰임.

풀이 뾰족하다. 날카롭다. ¶尖利

尖端(첨단) 1)뾰족한 끝부분. 2)학문 · 사조 · 유행 등의 맨 앞.

尖利(첨리) 뾰족하고 날카로움.

尙 ⑤ 8획 🇯🇵 ショウ · なお
오히려 상 🇨🇳 shàng

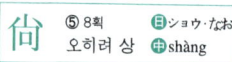

풀이 1. 오히려. 2. 숭상하다. ¶崇尙 3. 높다. 높이다. ¶高尙

尙古(상고) 오래된 문물을 소중히 여김.
尙早(상조) 아직 이름.
尙存(상존) 아직 존재함.
高尙(고상) 인품 · 예술 등이 품위 있고 훌륭함.
崇尙(숭상) 높여 존경함.

尟 ⑩ 13획 🇯🇵 セン · すくない
적을 선 🇨🇳 xiǎn

풀이 적다. 많지 않다. 드물다. ¶尟少

尟少(선소) 적음.
尟疇(선주) 같은 부류가 적음.

🔁 小(적을 소) 鮮(적을 소)

尠 ⑩ 13획
尟(p198)의 本字

尢 부

尢(尣 · 兀) 절름발이 왕 部

'尢'자는 '大'자를 변형시켜 다리 하나는 곧고 하나는 굽은 모양을 나타낸 글자로, '절름발이'라는 뜻으로 쓰인다. 또한 등이 굽고 키가 작은 사람인 '곱사둥이'를 나타내기도 하고, '약하다'의 뜻으로 쓰이기도 한다. 이 글자를 부수로 갖는 글자는 '굽다'와 관련이 있다.

尢 ⓪3획 [日]オウ·せむし
절름발이 왕 [中]wāng

[풀이] 절름발이. 한쪽 다리가 굽은 사람.

尤 ① 4획 [日]ユウ·もっとも
더욱 우 [中]yóu

一 ナ 九 尤

[풀이] 1. 더욱. 가장. ¶尤妙 2. 허물. 결점. 3. 탓하다. 원망하다.

尤妙(우묘) 더욱 기묘함.

尤物(우물) 1)가장 좋은 물건. 2)용모가 아름다운 여자.

尨 ④ 7획 [日]ボウ·むくいぬ
삽살개 방 [中]máng, méng

* 회의. '犬(개 견)'과 '彡(털 삼)'를 합친 글자. 이에 털이 많은 개, 곧 '삽살개'의 뜻으로 쓰임.

[풀이] 1. 삽살개. ¶尨犬 2. 크다. ¶尨大

尨犬(방견) 털이 많은 개. 삽살개.

尨大(방대) 크거나 많음.

尨雜(방잡) 어지럽게 뒤섞임. 혼잡함.

就 ⑨ 12획 [日]シュウ·つく
이룰 취 [中]jiù

丶 亠 亠 亡 古 亨 京 京 京 就 就 就

* 회의. 더욱(尤) 높은 언덕(京)을 쌓음을 나타내어 '이루다'의 뜻으로 쓰임.

[풀이] 1. 이루다. 이루어지다. ¶成就 2. 나아가다. ¶就任

就任(취임) 맡은 자리에 나아감.

就職(취직) 직업을 얻음. 취업(就業).

就寢(취침) 잠자리에 듦. 잠을 잠.

就學(취학) 학교에 들어가서 공부함. 스승에게 나아가서 학문을 배움.

成就(성취) 목적한 바를 이룸.

[유] 成(이룰 성) [비] 孰(누구 숙)

尸 부

尸 주검 시 部

'尸' 자는 사람이 무릎을 구부리고 앉은 형태를 나타낸 글자로, 죽은 사람의 몸인 '주검'의 뜻으로 쓰인다. 그리고 제사를 지낼 때 신위(神位)에 앉히던 어린아이인 '시동(尸童)'을 나타내다가, 의미가 확대되어 '위패'나 '신주'의 뜻으로도 쓰인다. 이 글자를 부수로 갖는 글자는 사람의 몸 또는 집과 관련이 있다.

尸 ⓪3획 [日]シ·しかばね
주검 시 [中]shī

[풀이] 1. 주검. 시체. 2. 신주. 위패. 3. 시동. 제사 때 신위를 대신하는 아이. ¶尸童

尸童(시동) 제사를 지낼 때 신위(神位) 대신에 앉히던 어린아이.

尸位素餐(시위소찬) 자리에 있을 뿐, 직무를 다하지 않고 녹봉만 먹는 일.

[유] 屍(주검 시) [비] 戶(지게 호)

尹 ① 4획 [日]イン·おさ
다스릴 윤 [中]yǐn

* 회의. 손(⺕)에 지팡이(丿)를 쥔 것을 나타낸 글자. 지팡이는 권력의 상징이므로 '다스리다', 또는 그러한 '벼슬'의 뜻으로 쓰임.

[풀이] 1. 다스리다. 다스려 바로잡다. 2. 벼슬 이름. ¶尹司

尹司(윤사) 관리.

尹祭(윤제) 조상의 제사에 쓰는 포(脯).

[유] 治(다스릴 치)

尺 ① 4획 [日]シャク
자 척 [中]chǐ, chě

㇆ 尸 尸 尺

3획

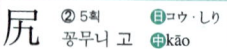

* 지사. 사람의 몸(尸)에서 장딴지 부분에 표시(\)를 하여 '한 자'를 나타낸 글자.

[풀이] 1. 자. ㉠길이를 재는 도구. ㉡길이의 단위. 10치. ¶尺度 2. 짧다. 작다. 3. 편지. ¶尺書

尺度(척도) 1)물건을 재는 자. 2)평가나 판단의 기준.
尺書(척서) 편지나 문서.
尺寸(척촌) 1)자와 치. 촌척(寸尺). 2)얼마 안 되는 것을 이르는 말.

[비] 尸(주검 시)

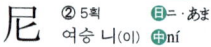

[풀이] 꽁무니.

[유] 尾(꼬리 미)

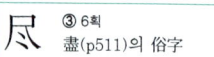

여승 니(이) ní

[풀이] 여승. 비구니(比丘尼). ¶尼僧
尼僧(이승) 여자 중. 여승(女僧). 비구니.
比丘尼(비구니) 출가하여 불문에 들어 구족계를 받은 여승.

[유] 僧(중 승)

盡(p511)의 俗字

局 ③7획 キョク·くぎる jú
판 국

ㄱㄱ尸月局局局

[풀이] 1. 판. 장기판·바둑판 등. 또는 장기·바둑 등의 승부. 2. 판국. 형세. 국면. ¶局面 3. 관청. 관아. 4. 부분. 구역. ¶局部 5. 재능. 기량. ¶局量

局面(국면) 1)일이 진행되는 상태. 2)승패를 겨루는 장기·바둑판의 형세.
局量(국량) 재간과 도량.
局部(국부) 1)전체 가운데의 일부분. 2)음부(陰部).
局地(국지) 한정된 구역의 땅.
局限(국한) 어떤 부분에 한정됨.
難局(난국) 어려운 고비.

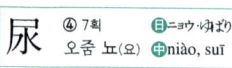

[풀이] 오줌. 소변. ¶尿道
尿道(요도) 오줌이 방광에서 몸 밖으로 나오는 구실을 하는 관. 오줌길.
糖尿(당뇨) 포도당이 많이 섞여 나오는 병적인 오줌.

[유] 便(오줌 변)

丿ㄱ尸尸尸尾尾

* 회의. 펼쳐 있는 꼬리 모양을 나타낸 尸(주검 시)와 毛(터럭 모)를 합친 글자. 이에 털이 난 '꼬리'를 나타냄.

[풀이] 1. 꼬리. 2. 끝. 뒤. ¶尾末 3. 교미하다. 4. 마리. 물고기를 세는 단위.

尾燈(미등) 자동차 등의 뒤에 붙은 등.
尾末(미말) 끄트머리.
尾行(미행) 몰래 뒤를 밟음.

[유] 尻(꽁무니 고)

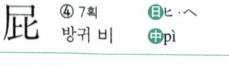

[풀이] 방귀.

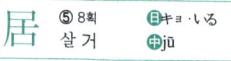

丿ㄱ尸尸尸戸居居

* 형성. 뜻을 나타내는 부수 尸(주검 시)와 음을 나타내는 '古(예 고)'를 합친 글자.

[풀이] 1. 살다. 있다. ¶居住 2. 머물다.

[尸 5~7획] 屆屆屈屏屎屍屋展屑   201

멈추다. **3. 어조사.** 지정하여 부르거나 영탄·강세를 나타냄.

居間(거간) 사이에서 흥정을 붙임. 또는 그런 사람.
居留(거류) 1)잠시 머무름. 2)외국에 머물러 삶.
居室(거실) 1)거처하는 방. 2)가족이 평소 모여서 생활하는 서양식 방.
居住(거주) 머물러 삶. 또는 그 집.
居之半(거지반) 거의. 절반 이상.
居處(거처) 한 군데를 정하여 두고 늘 기거함. 또는 그곳.
🔠 住(살 주)

屆 ⑤ 8획 🇯カイ・とどける 🇨jiè
이를 계

 1. 이르다. 다다르다. ¶屆期 **2.🟤 관청에 신고하다.**
屆期(계기) 때가 이름. 정한 시간에 다다름.

届 ⑤ 8획
屆(p201)의 俗字

屈 ⑤ 8획 🇯クツ・かがむ 🇨qū
굽을 굴

フ コ コ 尸 尸 屈 屈 屈

 1. 굽다. 구부리다. ¶屈折 **2. 굳세다. 강하다.** ¶屈強
屈曲(굴곡) 이리저리 좌우로 꺾임.
屈服(굴복) 힘이 미치지 못하여 복종함. 힘이 다하여 복종함.
屈辱(굴욕) 남에게 억눌려 업신여김을 받음.
屈折(굴절) 빛이나 소리가 밀도가 다른 물체에 투사될 때 방향이 변함.
屈從(굴종) 굽혀 복종함.
不屈(불굴) 어려움이 있어도 굽히지 않고 끝까지 해냄.
🔠 宛(굽을 완) 曲(굽을 곡)

屛 ⑥ 9획
屏(p202)의 俗字

屎 ⑥ 9획 🇯シ・くそ 🇨shī
똥 시

 똥. 대변.

屍 ⑥ 9획 🇯シ・かばね 🇨shī
주검 시

 주검. 시체. 송장. ¶屍身
屍身(시신) 송장. 시체.
屍體(시체) 주검. 송장.
🔠 尸(주검 시)

屋 ⑥ 9획 🇯オク・いえ・や 🇨wū
집 옥

丿 尸 尸 尸 尸 居 居 屋 屋

* 회의. 사람이 이르러(至) 머물 수 있는 집(尸)을 나타낸 글자. 이에 집의 뜻으로 쓰임.

 1. 집. 가옥. ¶家屋 **2. 지붕.** ¶屋上
屋上(옥상) 지붕 위.
屋外(옥외) 집 밖. 한데.
家屋(가옥) 집.
洋屋(양옥) 서양식으로 지은 집.
🔠 家(집 가) 堂(집 당) 宇(집 우) 室(집 실)

屐 ⑦ 10획 🇯ゲキ・げた 🇨jī
나막신 극

 나막신. ¶屐子
屐子(극자) 나막신.

屑 ⑦ 10획 🇯セツ・くず 🇨xiè
가루 설

풀이 1. 가루. ¶屑塵 2. 마음에 두다.
屑塵(설진) 티끌.
不屑(불설) 대수롭지 않게 여겨 마음에 두지 않음.
비 粉(가루 분)

展 ⑦ 10획 日テン·のはす
펼 전 中zhǎn

フ ユ ア ヤ 尸 乕 屏 屏 展

풀이 1. 펴다. 벌이다. ¶展開 2. 늘이다. 베풀다. 3. 살피다. ¶展望
展開(전개) 1)눈앞에 펼쳐짐. 2)시작하여 벌임. 3)소설·영화 등에서 주제를 여러 각도에서 변화시킴.
展覽會(전람회) 물건 등을 벌여 놓고 여러 사람에게 보이는 모임.
展望(전망) 멀리 바라봄. 멀리 내다봄.
展示(전시) 여러 가지 물건을 벌여 놓고 보임.
發展(발전) 1)더 좋은 상태로 나아감. 2)일이 어떤 방향으로 전개됨.
비 開(열 개) 伸(펼 신) 殿(큰 집 전)

屛 ⑧ 11획 日ヘイ·びょうぶ
병풍 병 中bīng, bǐng, píng

ノ 尸 尸 尸 尸 尸 屏 屏 屏 屏

* 형성. 뜻을 나타내는 부수 '尸'(주검 시)와 음을 나타내는 '幷'(어우를 병)을 합친 글자. 집[尸] 안에 늘어세운[幷] 것을 나타내어, '병풍'의 뜻으로 쓰임.

풀이 1. 병풍. ¶屛風 2. 숨다. 물러나다. ¶屛居 3. 두려워하다. 4. 가리다. 막다. 5. 물리치다.
屛居(병거) 세상을 등지고 숨어 지냄. 은거함.
屛風(병풍) 바람을 막거나 가리기 위하여 방에 치는 물건.
비 屝(짚신 비)

屠 ⑦ 12획 日ト·ころす
죽일 도 中tú

풀이 1. 죽이다. 무찌르다. ¶屠戮 2. 백정. 가축을 잡는 일을 직업으로 삼는 사람. ¶屠家
屠家(도가) 백정.
屠狗(도구) 개를 잡음.
屠戮(도륙) 모두 잡아 죽임. 도살(屠殺).
屠殺(도살) 1)마구 죽임. 2)가축을 잡아 죽임.
비 殺(죽일 살)

属 ⑦ 12획
属(p203)의 俗字

屢 ⑪ 14획 日ル·しばしば
여러 루(누) 中lǚ

ノ 厂 尸 尸 尸 尸 尸 尸 尸 屑 屚 屢 屢 屢

* 형성. 뜻을 나타내는 부수 '尸'(주검 시)와 음을 나타내는 '婁'(끌 루)를 합친 글자.

풀이 여러. 여러 번. 자주. ¶屢月
屢月(누월) 여러 달.

履 ⑫ 15획 日リ·はく
신 리(이) 中lǚ

ノ 厂 尸 尸 尸 尸 尸 尸 尸 屛 屛 屛 屛 履 履

* 회의. 다님을 편하게[彳] 넣어서 가는[彳] 배[舟]와 같은 것을 나타낸 글자. 이에 '신발'의 뜻으로 쓰임.

풀이 1. 신. 신발. 2. 밟다. 밟는 땅. 영토(領土). 3. 겪다. 경험하다. ¶履歷
履歷(이력) 지금까지 거쳐 온 학업·직업 등의 경력.
履氷(이빙) 얼음을 밟는 것처럼 아주 위험함.

草履(초리) 짚신.
유 屐(신 사) 屨(신 루)

層 ⑫ 15획 일 ソウ·かさなる
충 층 중 céng

フ ユ コ 尸 尸 尸 尸 层 层 层 層 層 層

*형성. 뜻을 나타내는 부수 `尸`(주검 시)와 음을 나타내는 `曾`(일찍 증)을 합친 글자. 지붕 위에 지붕이 거듭(曾) 높은 건물(尸)을 나타내어, '층'의 뜻으로 쓰임.

[풀이] 1. 층. 겹. ¶高層 2. 겹치다. 층지다.

層階(층계) 걸어서 층 사이를 오르내릴 수 있도록 턱이 지게 만들어 놓은 것. 계단(階段).
層崖(층애) 겹겹이 쌓인 언덕.
高層(고층) 1)여러 층으로 높이 겹쳐 있는 것. 2)상공(上空)의 높은 곳.
一層(일층) 한결. 더욱.

履 ⑭ 17획 일 ク·くつ
신 구 중 jù

[풀이] 신. 가죽신·짚신·미투리 등. ¶履賤踊貴

履賤踊貴(구천용귀) 보통 신발의 값은 싸고 발을 잘린 죄인이 신는 신발의 값은 비싸다는 뜻으로, 죄를 저지른 사람이 많음을 비유하는 말.
유 履(신 리) 屐(신 사)

屬 ⑱ 21획 일 ゾク·ショク
❶ 무리 속 ·つづく
❷ 부탁할 촉 중 shǔ, zhǔ

フ 尸 尸 尸 尸 尸 肙 肙 肙 肙 肙 属 属 属 屬 屬 屬 屬 屬

*형성. 뜻을 나타내는 부수 `尸`(주검 시)와 음을 나타내는 `蜀`(나라 이름 촉)을 합친 글자.

[풀이] ❶ 1. 무리. 패거리. 2. 살붙이. 혈족. 친족. ¶卑屬 3. 따르다. 복종하다.
¶屬國 ❷ 4. 부탁하다. 맡기다. 5. 붙다. 부착하다. ¶屬意.

屬國(속국) 다른 나라에 매여 있는 나라.
屬望(촉망) 희망을 걺. 기대함.
屬意(촉의/속의) 희망을 걺.
附屬(부속) 주된 것에 딸려 있음.
卑屬(비속) 혈연 관계에서, 자기의 아들과 같거나 그 이하의 항렬에 있는 친족.
所屬(소속) 어떤 기관이나 조직에 딸림. 또는 그 딸린 사람이나 물건.
유 徒(무리 도) 衆(무리 중)

屮 부

屮 왼손 좌 部

`屮` 자는 왼손 모양을 나타낸 글자로 '왼손'이라는 뜻을 지닌다.

屮 ⓪ 3획 일 サ·ひだりのて
왼손 좌 중 zuǒ

[풀이] 왼손.

屯 ① 4획
❶ 진칠 둔 일 トン·たむろ
❷ 어려울 준 중 tún, zhūn

一 ㄷ 屮 屯

*상형. 싹(屮)이 땅(一)위로 나오려고 애쓰는 모양을 나타내어 '어렵다'는 뜻으로 쓰임.

[풀이] ❶ 1. 진을 치다. 모이다. ¶屯兵 ❷ 2. 어렵다.

屯兵(둔병) 주둔해 있는 군사.
屯營(둔영) 주둔하고 있는 진영.
屯田(둔전) 1)주둔한 군대의 군량을 확보하기 위해 경작하는 토지. 2)궁궐이나 관아에 속한 토지.

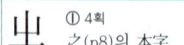
之(p8)의 本字

山부

山 메 산 部

'山'자는 산 모양에서 만들어진 글자로, '산'이라는 넓은 의미 외에 '산신'의 뜻으로도 쓰인다. 그리고 산에 절을 많이 지었다고 하여 '절'이나 '무덤'을 나타내기도 한다. 이 글자를 부수로 갖는 글자는 모두 산과 관련이 있다.

메 산

丨 山 山

* 상형. 뾰족뾰족하게 이어지는 산봉우리 모양을 본뜬 글자.

풀이 1. 뫼. 산. ¶山林 2. 능. 무덤. 3. 절. 사찰.

山間(산간) 산골. 산과 산 사이.
山林(산림) 산과 숲. 산에 있는 숲.
山脈(산맥) 일정한 방향으로 뻗어 나간 산악의 줄기.
山水(산수) 1)산과 물. 자연. 2)산에 흐르는 물.
山岳(산악) 육지에서 다른 곳보다 두드러지게 솟아 있는 높고 험한 부분.
山野(산야) 산과 들.
山賊(산적) 산속에 숨어 지내며 지나는 사람의 재물을 빼앗는 도둑.
山村(산촌) 산속에 있는 마을.
山海珍味(산해진미) 산과 바다의 진귀한 음식. 곧, 온갖 진귀한 재료로 만든 음식들.
登山(등산) 산에 오름.
雪山(설산) 눈이 쌓인 산.

우뚝 솟을 흘

* 형성. 뜻을 나타내는 부수 '山(메 산)'과 음을 나타내는 '乞(빌 걸)'을 합친 글자.

풀이 우뚝 솟다. 산이 높이 솟다.
屹立(흘립) 우뚝 솟아 있음.

높을 급

풀이 높다. 높이 솟은 모양. ¶岌岌
岌岌(급급) 1)높은 모양. 2)위태로운 모양.
비 及(미칠 급)

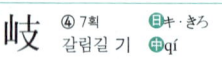
갈림길 기

* 형성. 뜻을 나타내는 부수 '山(메 산)'과 음을 나타내는 '支(지탱할 지)'를 합친 글자.

풀이 갈림길. 갈라지다. ¶岐路
岐路(기로) 1)갈림길. 2)미래(未來)의 향방이 상반되게 갈라지는 지점.
分岐(분기) 나뉘어 갈라짐. 또는 그 갈래.
비 伎(재주 기)

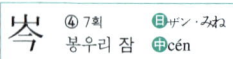
봉우리 잠

풀이 1. 봉우리. 산봉우리. 2. 높다.
岑嵒(잠암) 높고 험한 모양.
寸木岑樓(촌목잠루) 차이가 매우 심함.
동 峯(봉우리 봉)

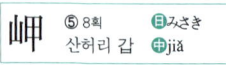
산허리 갑

풀이 1. 산허리. ¶岬岫 2. 곶. 바다로 가늘게 뻗어 있는 육지의 끝부분.
岬岫(갑수) 1)산허리. 2)산에 있는 동굴.

[山 5~6획] 岡岱岺岷岫岳岸岩岾岵峠峙

岡
⑤ 8획 　日コウ・おか
언덕 강　中gāng

풀이 1. 언덕. 고개. ¶岡巒 2. 산등성이. 3. 산봉우리.

岡巒(강만) 언덕.

유 丘(언덕 구) 坏(언덕 배) 垢(언덕 구)

岱
⑤ 8획 　日タイ・おおきい
대산 대　中dài

풀이 대산(岱山). 중국 태산(泰山)의 다른 이름.

岱宗(대종) 중국 태산(泰山)의 다른 이름.

岺
⑤ 8획 　日レイ
산 이름 령　中líng

풀이 1. 산 이름. 2. 산이 깊다.

岷
⑤ 8획 　日ミン
산 이름 민　中mín

풀이 산 이름. 중국 사천성(四川省)에 있는 산.

岫
⑤ 8획 　日スウ・みね
산굴 수　中xiù

풀이 1. 산굴. 산속의 동굴. 2. 산봉우리.

岳
⑤ 8획 　日ガク・たけ
큰 산 악　中yuè

丿 ㄧ ㄏ ㄓ 丘 乒 乒 岳 岳

*회의. 산(山) 위에 또 언덕(丘)이 있음을 나타내어, 곧 '높은 산', '큰 산'의 뜻으로 쓰임.

풀이 1. 큰 산. 2. 장인. 장모.

岳母(악모) 장모.
岳父(악부) 아내의 아버지. 장인(丈人).
山岳(산악) 높고 험한 산.

유 嶽(큰산 악) 比(군사 병)

岸
⑤ 8획 　日ガン・きし
언덕 안　中àn

丨 ㄩ ㄩ 屶 户 户 岸 岸

*형성. 뜻을 나타내는 부수 '山(메 산)'과 '厂(언덕 한)'과 음을 나타내는 '干(방패 간)'을 합친 글자.

풀이 1. 언덕. 낭떠러지. ¶岸畔 2. 바다·강의 기슭.

岸畔(안반) 물가.
岸邊(안변) 언덕 가.
岸壁(안벽) 1)해안 등에 배를 댈 수 있게 쌓은 벽. 2)깎은 듯한 언덕.

유 丘(언덕 구) 坏(언덕 배) 垢(언덕 구)

岩
⑤ 8획
巖(p210)의 俗字

岾
⑤ 8획
❶ 고개 재
❷ 절 이름 점

풀이 ❶ 1. 고개. 재. ❷ 2. 절 이름.

岵
⑤ 8획 　日コ・やま
산 호　中hù

풀이 산. 초목이 많은 산.

유 山(산 산)

峠
⑥ 9획
언덕길 고개 상

풀이 언덕길 고개. 일본에서 만든 한자임.

峙
⑥ 9획 　日そばだつ
우뚝 솟을 치　中shì, zhì

*형성. 뜻을 나타내는 부수 '山(메 산)'과 음을 나타내는 '寺(절 사)'를 합친 글자.

[山 7획] 島 峯 峰 峨 峻 峭 峴 峽

풀이 우뚝 솟다. ¶峙立
峙立(치립) 우뚝 섬.
비 時(때 시)

島
㉠ 10획　㉻トウ・しま　㊥dǎo
섬 도

′ ′ ′′ ′′ ′′ ′′ 鳥 鳥 島 島

* 형성. 뜻을 나타내는 부수 '山(메 산)'과 음을 나타내는 '鳥(새 조)'를 합친 글자. 바다 한가운데에서 새가 쉬는 산, 즉 '섬'이라는 뜻으로 쓰임.

풀이 섬.
島配(도배) 죄인을 섬으로 유배시킴.
島嶼(도서) 섬.
半島(반도) 대륙에서 바다 쪽으로 뻗어 3면이 바다로 둘러싸인 육지.
비 鳥(새 조) 烏(까마귀 오)

峯
㉠ 10획　㉻ホウ・みね　㊥fēng
봉우리 봉

′ ′ 山 山′ 山′′ 夆 夆 峯 峯 峯

* 형성. 뜻을 나타내는 부수 '山(메 산)'과 음을 나타내며 위로 우뚝 솟아오른 모양을 의미하는 '夆(가릴 봉)'을 합친 글자. 이에 산이 솟아오른 '봉우리'의 뜻으로 쓰임.

풀이 봉우리. ¶崖
峯頭(봉두) 산꼭대기.
峯崖(봉애) 산봉우리의 벼랑.
最高峯(최고봉) 1)가장 높은 봉우리. 2)어떤 분야에서 가장 뛰어남.
유 峰(봉우리 잠)

峰
㉠ 10획
峯(p206)과 同字

峨
㉠ 10획　㉻ガ・たかい　㊥é
높을 아

풀이 1. 높다. ¶峨峨 2. 위엄이 있다.

峨峨(아아) 1)산세가 험한 모양. 2)엄숙하고 위엄이 있는 모양.
유 高(높을 고) 비 娥(예쁠 아)

峻
㉠ 10획　㉻シュン・たかい　㊥jùn
높을 준

풀이 1. 높다. 험하다. 2. 엄하다. 엄격하다. ¶峻嚴
峻論(준론) 엄하고 날카로운 논설.
峻法(준법) 엄격한 법.
峻嚴(준엄) 1)엄숙함. 2)험하고 높음.
峻刑(준형) 엄한 형벌.
유 高(높을 고) 비 俊(준걸 준)

峭
㉠ 10획　㉻ショウ・きびしい　㊥qiào
가파를 초

풀이 1. 가파르다. 험하다. ¶峭壁 2. 엄격하다. 준엄하다.
峭壁(초벽) 험하게 솟은 절벽.
峭絶(초절) 산이 깎은 듯이 높은 모양. 험절(險絶).

峴
㉠ 10획　㉻ケン・みね　㊥xiàn
재 현

* 형성. 뜻을 나타내는 부수 '山(메 산)'과 음을 나타내는 '見(볼 견)'을 합친 글자.

풀이 재. 고개.

峽
㉠ 10획　㉻キョウ　㊥xiá
골짜기 협

* 형성. 뜻을 나타내는 부수 '山(메 산)'과 음을 나타내는 '夾(낄 협)'을 합친 글자. 이에 두 산(山) 사이에 끼인(夾) 곳, 곧 '골짜기'의 뜻으로 쓰임.

풀이 골짜기. ¶峽谷
峽谷(협곡) 골짜기. 계곡.
峽路(협로) 산길.
海峽(해협) 육지와 육지 사이의 좁고

긴 바다.
유 谷(골 곡) 비 峽(산 이름 래)

崗 ⑧ 11획
岡(p205)의 俗字

崑 ⑧ 11획 日コン
산 이름 곤 中kūn

풀이 산 이름. 곤륜산(崑崙山), 서왕모(西王母)가 산다는 신화 속의 산.
비 昆(형 곤)

崛 ⑧ 11획 日クツ
우뚝 솟을 굴 中jué

풀이 우뚝 솟다. 산이 높이 솟다.
崛起(굴기) 우뚝 일어섬. 우뚝 솟음.
유 峙(우뚝 솟을 치)

崎 ⑧ 11획 日キ
험할 기 中qí

풀이 험하다. ¶崎嶇
崎嶇(기구) 1)산이 가파르고 험함. 2)일이 순조롭지 못하고 온갖 어려움을 겪는 상태. 또는 그런 삶.
유 嶐(험준할 룡)

崍 ⑧ 11획 日ライ
산 이름 래 中lái

풀이 산 이름. 중국 사천성(四川省)에 있는 산.
비 峽(골짜기 협)

崙 ⑧ 11획 日リン
산 이름 륜(윤) 中lún

풀이 산 이름. 곤륜산(崑崙山), 서왕모(西王母)가 산다는 신화 속의 산.
비 侖(둥글 륜)

崩 ⑧ 11획 日ホウ・くずれる
무너질 붕 中bēng

丨 山 屵 屵 屵 岸 岸 崩 崩 崩

* 형성. 뜻을 나타내는 부수 '山(에 산)'과 음을 나타내는 '朋(벗 붕)'을 합친 글자.

풀이 1. 무너지다. 붕되다. 무너뜨리다. ¶崩壞 2. 임금이 죽다. ¶崩御
崩壞(붕괴) 1)허물어져 무너짐. 2)방사성 원자핵이 방사선을 내며 다른 종의 원자로 변화함.
崩御(붕어) 임금의 죽음. 임금의 죽음은 하늘이 무너짐과 같다는 뜻.
山崩(산붕) 산이 무너짐.
유 坍(무너질 담) 壞(무너질 괴)

崧 ⑧ 11획 日カサ
우뚝 솟을 숭 中sōng

풀이 우뚝 솟다. 산이 높다.
崧高(숭고) 산이 높고 웅장한 모양.

崇 ⑧ 11획 日スウ・あめめる
높을 숭 中chóng

丨 凵 屮 屮 屶 屶 岧 岧 崇 崇 崇

* 형성. 뜻을 나타내는 부수 '山(에 산)'과 음을 나타내는 '宗(마루 종)'을 합친 글자. 산(山)이 높고 크다는(宗) 뜻에서 '높다'의 뜻으로 쓰임.

풀이 1. 높다. 높이다. ¶崇高 2. 존경하다. 우러러보다. 높이 떠받들다. ¶崇拜
崇高(숭고) 뜻이 높고 고상함.
崇拜(숭배) 우러러 공경함.
崇尙(숭상) 높여 소중히 여김.
崇仰(숭앙) 높여 우러러봄.
유 尊(높을 존)

崖 ⑧ 11획 日ガイ・かけ
벼랑 애 中yá

* 형성. 뜻을 나타내는 부수 '山(에 산)'과 음

을 나타내며 '낭떠러지'의 뜻을 지닌 厓(언덕 애)를 합친 글자. 이에 산의 '낭떠러지'라는 뜻으로 쓰임.

[풀이] 벼랑. 언덕. ¶崖岸

崖岸(애안) 1)물가의 낭떠러지. 2)모가 나서 남과 어울리지 않음.

斷崖(단애) 낭떠러지.

비 厓(언덕 애)

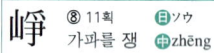

[풀이] 1. 가파르다. 험준하다. 2. 추위가 매우 심한 모양.

崢嶸(쟁영) 1)산이 가파른 모양. 2)깊고 험한 모양. 3)추위가 심한 모양.

崔 ⑧ 11획 日サイ·たかい 높을 최 中cuī

* 형성. 뜻을 나타내는 부수 '山(메 산)'과 음을 나타내는 '隹(새 추)'를 합친 글자.

[풀이] 높다. 크다. ¶崔嵬

崔嵬(최외) 1)맨 위가 흙으로 덮인 돌산. 2)꼭대기에 돌이 있는 흙산. 3)산꼭대기. 4)산이 높고 험한 모양.

동 崇(높을 숭) 비 催(재촉할 최)

嵌 ⑨ 12획 日ガン 새겨 넣을 감 中qiàn

[풀이] 1. 새겨 넣다. 끼워 넣다. ¶象嵌 2. 산이 깊다. 3. 골짜기.

嵌空(감공) 1)동굴. 2)영롱(玲瓏)함.

象嵌(상감) 금속이나 도자기 표면에 무늬를 파고 그 속에 금·은 등을 넣어 채우는 기술.

嵐 ⑨ 12획 日ラン 남기 람(남) 中lán

[풀이] 남기(嵐氣). 이내. ¶嵐氣

嵐氣(남기) 해 질 무렵에 멀리 보이는 푸르스름한 기운. 이내.

靑嵐(청람) 푸른 산의 이내.

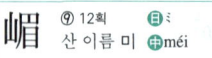

[풀이] 산 이름. 아미산(峨嵋山). 중국 사천성(四川省)에 있는 산.

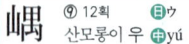

[풀이] 1. 산모롱이. 산굽이. 2. 산이 높고 험한 모양. ¶嵎嵎

嵎嵎(우우) 산이 높고 험한 모양.

비 隅(모퉁이 우)

嵆 ⑨ 12획 日ケイ 산 이름 혜 中jī

[풀이] 산 이름. 중국 하남성(河南省)에 있는 산.

* 회의. 산(山)이 높은(高) 것을 나타내어, '높다', '크다'의 뜻으로 쓰임.

[풀이] 1. 높다. 산이 높고 크다. ¶嵩高 2. 산 이름. 중국 하남성(河南省)에 있는 산.

嵩高(숭고) 1)높은 산. 2)산이 높은 모양.

嵩峻(숭준) 높고 험준함.

동 崇(높을 숭)

[풀이] 높다. 산이 높고 험준하다.

嵬崛(외굴) 산이 높고 험준한 모양.

嵬峨(외아) 1)높고 큰 모양. 2)소리가 높고 큰 모양.

[山 10~14획] 嵯嶇嶋嶂嶄嶠嶝嶢嶪嶺嶼

嵯 ⑩ 13획
日 サ・シ
우뚝 솟을 차 ⊕cuó, cī

[풀이] 우뚝 솟다. 산이 높고 험준하다.
嵯峨(차아) 1)산이 높고 험준한 모양.
2)산 이름.
유 峙(우뚝 솟을 치)

嶇 ⑪ 14획
日 ク・けわしい
험할 구 ⊕qū

[풀이] 험하다. 산세가 가파르다. ¶崎嶇
嶇岑(구잠) 산이 험한 모양.

嶋 ⑭ 14획
島(p206)와 同字

嶂 ⑪ 14획
日 ショウ・みね
높고 가파른 산 장 ⊕zhàng

[풀이] 높고 가파른 산. 병풍처럼 높이 솟은 봉우리.

嶄 ⑪ 14획
日 サン・ザン・たかい
높을 참 ⊕chán, zhǎn

[풀이] 높다. 산이 높고 가파르다.
嶄新(참신) 취향이 매우 새로움.
嶄崒(참줄) 산이 높고 험함.

嶠 ⑫ 15획
日 キョウ・やまみち
뾰족하고 높을 교 ⊕jiào, qiáo

[풀이] 1. 뾰족하고 높다. 뾰족하게 솟은 높은 산. ¶嶠嶽 2. 산길.
嶠嶽(교악) 뾰족하게 우뚝 솟은 큰 산.
비 僑(높을 교)

嶝 ⑫ 15획
日 トウ・さかみち
고개 등 ⊕dèng

[풀이] 고개. 고갯길. 비탈길.

嶢 ⑫ 15획
日 ギョウ
높을 요 ⊕yáo

[풀이] 1. 높다. ¶嶢嶪 2. 불안한 모양. 위태로운 모양. ¶嶢嶤
嶢嶪(요업) 위태로운 모양.
嶢嶤(요요) 1)위태로운 모양. 2)산이 높은 모양.
비 曉(새벽 효)

嶪 ⑬ 16획
日 ギョウ
높고 험할 업 ⊕yè

[풀이] 높고 험하다. 산이 높고 웅장한 모양.
嶪嶪(업업) 산이 험준한 모양.
비 業(업 업)

嶺 ⑭ 17획
日 レイ・リョウ・みね
재 령(영) ⊕lǐng

* 형성. 뜻을 나타내는 부수 '山(메 산)'과 음을 나타내는 '領(거느릴 령)'를 합친 글자. 옷깃(領)이 어깨로 올라가는 것처럼 산(山)으로 올라가는 고갯길을 나타내어, 재, '고개'의 뜻으로 쓰임.

[풀이] 1. 재. 고개. 2. 산봉우리. ¶嶺雲
嶺南(영남) 조령(鳥嶺) 이남, 즉 경상도 지방을 이르는 말.
嶺雲(영운) 산봉우리에 걸린 구름.
峻嶺(준령) 높고 가파른 고개.

嶼 ⑭ 17획
日 セイ
섬 서 ⊕yǔ

풀이 섬. 작은 섬.
島嶼 (도서) 바다에 있는 크고 작은 섬들.

嶽 ⑭ 17획 🇯ガク・たけ 큰 산 악 🇨yuè

* 형성. 뜻을 나타내는 부수 '山(메 산)'과 음을 나타내는 '獄(감옥 옥)'을 합친 글자.

풀이 큰 산. 높은 산.
嶽公 (악공) 장인(丈人).
嶽嶽 (악악) 1)위엄이 있는 모양. 2)우뚝 솟은 모양.
五嶽 (오악) 중국의 다섯 영산(靈山). 곧, 태산(泰山)·화산(華山)·형산(衡山)·항산(恒山)·숭산(嵩山).
동 岳(큰 산 악)

嶸 ⑭ 17획 🇯エイ 가파를 영 🇨róng

풀이 가파르다. 높고 험하다. ¶崢嶸

嶷 ⑭ 17획 🇯ギ・ギョウ
❶ 산 이름 의
❷ 높을 억 🇨yí

풀이 1. 산 이름. 구의산(九嶷山). 중국 호남성(湖南省)에 있는 산. 2. 높다. ¶嶷然 3. 어린애가 영리하다.
嶷然 (억연) 높이 빼어난 모양.
嵬嶷 (외억) 높고 큼.

巍 ⑱ 21획 🇯ギ・たかい 높을 외 🇨wēi

풀이 높다. 높고 큰 모양.
巍巍 (외외) 높고 큼.

巒 ⑲ 22획 🇯ラン・みね 메 만 🇨luán

풀이 메. 산. 산등성이.

巒岡 (만강) 산봉우리.
層巒 (층만) 여러 층이 진 멧부리.
동 山(산 산)

巓 ⑲ 22획 🇯テン・いただき 산꼭대기 전 🇨diān

풀이 산꼭대기. 산마루. ¶山巓
山巓 (산전) 산꼭대기. 정(山頂).
비 嶺(재 령)

巖 ⑳ 23획 🇯ガン・いわお 바위 암 🇨yán

广 广 芦 芦 芦 芦 芹 芹 巖 巖 巖

* 형성. 뜻을 나타내는 부수 '山(메 산)'과 음을 나타내는 '嚴(엄할 엄)'을 합친 글자.

풀이 1. 바위. ¶巖石 2. 험준하다.
巖窟 (암굴) 바위굴. 석굴(石窟).
巖盤 (암반) 땅속에 있는 큰 암석층이나 그런 지반(地盤).
巖石 (암석) 바윗돌.
巖穴之士 (암혈지사) 속세를 떠나 산속에서 지내는 선비. 은사(隱士).
동 岩(바위 암)

巛 부

巛 (川) 개미허리 部

'巛'자는 모양이 개미의 허리처럼 구부려져 있어 '개미허리'라 불리우나 단독의 문자로 사용되지 않고 그 변형자인 '川'자가 주로 쓰인다. '川'자는 흐르는 냇물의 모양을 나타내어 '내 천'이라 부른다. 이 둘은 모두 물이 흐르는 '내'와 관련이 있고 의미가 확대되어 '들판'이나 '물의 신', 또는 '물귀신'과 관련이 있다.

川 ⓪3획 セン・かわ 내 천 ⓗchuān

ノ 丿 川

*상형, 양쪽 언덕 사이로 물이 흐르고 있는 모양을 본뜬 글자. 이에 '시내', '강'의 뜻으로 쓰임.

풀이 내. 하천. ¶川澤

川邊(천변) 냇가.
川魚(천어) 냇물에 사는 물고기.
川川(천천) 느린 모양.
川澤(천택) 내와 못.
河川(하천) 시내. 강.

州 ③6획 シュウ・くに 고을 주 ⓗzhōu

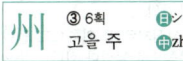

*상형, 물(川) 가운데 있는 땅을 본뜬 글자. 이에 '섬', '고을'의 뜻으로 쓰임.

풀이 고을. 고대 중국의 지방 행정 구역.

州郡(주군) 1)옛날의 지방 행정 구역인 주(州)와 군(郡). 2)지방.
州縣(주현) 1)주(州)와 현(縣). 2)지방.
ⓑ 洲(섬 주)

巡 ④7획 ジュン・めぐる 돌 순 ⓗxún

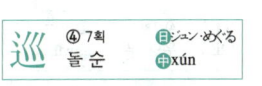

풀이 돌다. 돌아보다. 순시하다. ¶巡廻
巡警(순경) 1)돌아다니며 경계함. 2)9급 경찰 공무원(警察公務員).
巡視(순시) 돌아다니며 시찰함. 또는 그런 사람.
巡洋艦(순양함) 군함의 하나. 전함과 구축함의 중간 함종임.
巡閱(순열) 돌아다니며 검사함.
巡察(순찰) 순행(巡行)하며 살핌.
巡廻(순회) 여러 곳으로 돌아다님.
ⓑ 回(돌 회)

巢 ⑧11획 ソウ・す 집 소 ⓗcháo

*상형, 나무(木) 둥지(日) 위의 새(巛)가 있는 모양을 본뜬 글자. 이에 '새집'의 뜻으로 쓰임.

풀이 1. 집. 새집. 2. 큰 피리.
巢窟(소굴) 나쁜 짓을 하는 사람들이 활동의 근거지로 삼고 있는 곳. 굴혈(窟穴). 소혈(巢穴). 와굴(窩窟).

工 부

工 장인 공 部

'工'자는 물건을 만들기 위한 공구(工具)를 본뜬 글자로, 그러한 공구를 만지는 사람인 '장인'을 뜻한다. 그리고 공구를 가지고 일한다는 의미에서 '일'이나 '만들다', 또는 공교(工巧)에서처럼 '교묘하다'라는 뜻으로도 쓰인다. 또한 악공(樂工)처럼 어떤 일에 숙달된 사람을 나타내기도 한다.

工 ⓪3획 コウ・ク・たくみ 장인 공 ⓗgōng

一 T 工

*상형. 목수 등이 작업할 때 쓰는 'T' 모양의 끝을 본뜬 글자. 원래는 '공구', '도구'를 뜻했으나, 바뀌어 '장인'의 뜻으로 쓰임.

풀이 1. 장인(匠人). 2. 공업. ¶工業 3. 교묘하다. ¶工巧 4. 일. 기능.
工巧(공교) 교묘함.
工具(공구) 공작에 쓰이는 작은 기구의 총칭.
工夫(공부) 학문 또는 기술 등을 익히고 연마함.
工業(공업) 자연물이나 물품에 인공을

212 [工 2~7획] 巨 巧 左 巫 差

가하여 유용한 물품을 만드는 산업.
工場(공장) 근로자가 기계를 이용하여 물건을 가공·제조하거나 수리하는 시설. 또는 그 건물.
職工(직공) 1)물건을 제작함을 직업으로 하는 사람. 2)공장 노동에 종사하는 사람.

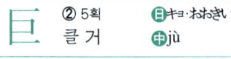
巨 ② 5획 日キョ·おおきい、 클 거 中jù

一 厂 FF 巨

*상형. 자를 손에 들고 있는 사람의 모습을 본뜬 글자. 가차하여 '크다'의 뜻으로 쓰임.
[풀이] 1. 크다. ¶巨物 2. 많다. ¶巨金
巨金(거금) 거액의 돈. 많은 돈.
巨大(거대) 매우 큼.
巨物(거물) 1)학문이나 세력 같은 것이 뛰어난 인물. 2)큰 물건.
巨事(거사) 매우 거창한 일. 큰일.
巨人(거인) 몸이 큰 사람.
巨匠(거장) 위대한 예술가. 대가(大家).
巨漢(거한) 몸집이 큰 사나이.
[유] 丕(클 비) 碩(클 석)

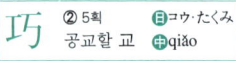
巧 ② 5획 日コウ·たくみ 공교할 교 中qiǎo

一 T I 「 巧

*형성. 뜻을 나타내는 부수 '工(장인 공)'과 음을 나타내는 부수 이외의 글자를 합친 글자.
[풀이] 1. 공교하다. 솜씨가 좋다. 잘하다. ¶巧妙 2. 예쁘다. 아름답다. 3. 재주. 솜씨. ¶技巧
巧妙(교묘) 기이하고 묘함.
巧笑(교소) 사랑스러운 웃음. 아양을 떠는 웃음.
巧言令色(교언영색) 남의 환심을 사기 위한 교묘한 말과 그럴싸한 표정.
技巧(기교) 교묘한 솜씨.
精巧(정교) 정밀하고 교묘함.
[비] 攻(칠 공)

左 ② 5획 日サ·ひだり 왼 좌 中zuǒ

一 ナ 广 ナ 左

*회의. 오른손이 일하는(工) 데 왼손(ナ)이 도와줌을 나타낸 글자. 이에 '왼손', '왼쪽'의 뜻으로 쓰임.
[풀이] 1. 왼. 왼쪽. ¶左傾 2. 증거. 증명하다. 3. 낮추다. 내리다. 4. 돕다.
左傾(좌경) 1)왼편으로 기욺. 2)공산주의 또는 사회주의 사상을 신봉하는 경향.
左邊(좌변) 왼편 가장자리.
左右(좌우) 1)왼쪽과 오른쪽. 2) '좌우지'의 준말.
左之右之(좌지우지) 왼쪽으로 돌렸다 오른쪽으로 돌렸다 한다는 뜻으로, 어떤 일이나 대상을 마음대로 처리하거나 다루는 것을 이르는 말.
左遷(좌천) 높은 지위에서 낮은 지위로 떨어짐. 또는 중앙에서 지방으로 전근됨.
極左(극좌) 극단적으로 공산주의나 사회주의 사상을 띤 경향.
[반] 右(오른 우) [비] 佐(도울 좌)

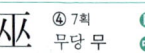
巫 ④ 7획 日フ·ブ·みこ 무당 무 中wū

*상형. 무당이 춤출 때 입고 있는 옷의 소매 모양을 본뜬 글자.
[풀이] 무당. 무녀.
巫覡(무격) 여자 무당과 남자 무당.
巫俗(무속) 무당들의 풍속.

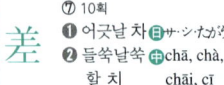
差 ⑦ 10획
❶ 어긋날 차 日サ·シ·たがう
❷ 들쭉날쭉, 할 치 中chā, chà, chāi, cī

ᅩ ᅭ ᅭ 놔 놔 놔 놔 羊 差 差 差

*형성. 뜻을 나타내는 부수 '左(왼 좌)'와 음을 나

[己 0~1획] 己 巳 己 巴 213

타내는 '垂(드리울 수)'를 합친 글자. 왼손[左]을 아래로 드리우니[垂] 좌우가 같지 않다고 해서, '어긋나다'라는 뜻으로 쓰임.

풀이 **1** 1. 어긋나다. 다르다. 2. 나머지. 어떤 수량에서 일부를 빼고 남은 수량. 3. 차별. 차이. ¶差別 4. 병이 낫다. 5. 보내다. 파견하다. 6. 부리다. 남에게 시키다. 7. 들쑥날쑥하다. 가지런하지 않다. ¶參差

差度 (1.차도/2.차탁) 1)병이 나아지는 일. 2)비교하여 헤아림.
差等 (차등) 등급의 차이.
差別 (차별) 차등이 있게 나눔.
差異 (차이) 서로 같지 않고 다름. 또는 그런 정도나 상태.
誤差 (오차) 1)실지로 계산·측량한 값과 이론적으로 정확한 값과의 차이. 2)잘못. 실수.
參差 (참차) 들쑥날쑥함.
유 違 (어길 위)

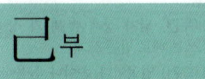

己 몸 기 部

'己' 자는 '몸'을 뜻하는 글자로, 주로 자기 자신의 몸이나 자기 자신을 나타낸다. 그리고 천간(天干)의 여섯 번째로 쓰이나, 다른 글자에는 영향을 주지 않는다.

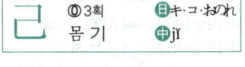
① 3획　**日** キ・コ・おのれ
몸 기　**中** jǐ

ㄱㄱ己

*상형. 본래 구불거리는 긴 끈의 모양을 본뜬 글자. 가차되어 '몸', 자기'의 뜻으로 쓰임.

풀이 1. 몸. 제 몸. 자기. ¶己身 2. 여섯째 천간. 오행에서는 흙(土), 방위로는 중앙에 해당함.

己身 (기신) 자기. 제 몸.
己出 (기출) 자기가 낳은 자식.
克己 (극기) 자기 감정·욕심을 이성으로 눌러 이김.
自己 (자기) 1)제 몸. 자기 자신. 나. 2)막연하게 사람을 가리키는 말.
비 巳 (여섯째 지지 사) 已 (이미 이)

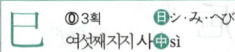
① 3획　**日** シ・み・へび
여섯째지지 사　**中** sì

ㄱㄱ巳

*상형. 뱀이 몸을 사리고 꼬리를 드리운 모양을 본뜬 글자. 십이지(十二支)의 여섯째 글자로 쓰임.

풀이 여섯째 지지. 오행에서는 불(火), 동물로는 뱀, 방위로는 동남쪽, 시각으로는 오전 9~11시, 달로는 음력 4월에 해당함. ¶巳時
巳方 (사방) 24방위의 하나. 정남에서 동으로 30도 됨.
巳時 (사시) 오전 9시부터 11시까지의 동안.
비 巳 (이미 이) 己 (몸 기)

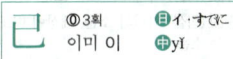
① 3획　**日** イ・すでに
이미 이　**中** yǐ

ㄱㄱ已

풀이 1. 이미. 벌써. 이전에. ¶已決 2. 너무. 매우. 3. 뿐. 따름. 단정·한정의 어조사. 4. 그치다. 그만두다. ¶不得已
已決 (이결) 이미 결정함.
已甚 (이심) 매우 심함.
已往 (이왕) 1)오래전. 2)이전.
不得已 (부득이) 마지못하여, 하는 수 없이.
유 旣 (이미 기)
비 己 (몸 기) 巳 (여섯째 지지 사)

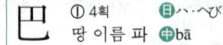
① 4획　**日** ハ・へび
땅 이름 파　**中** bā

*상형. 본래 뱀이 따리를 들고 있는 모양을 본뜬 글자로, '뱀'의 뜻으로 쓰임.

풀이 1. 땅 이름. 중국 사천성(四川省) 중경(重庆) 일대의 옛 지명. 2. 뱀.

巴蜀(파촉) 중국 사천성(四川省) 지역의 다른 이름.

비 円(둥글 엔)

厄 7획
厄(p100)의 俗字

巷 ⑥ 9획
거리 항
일 コウ・ちまた
중 hàng, xiàng

一 十 艹 ⺾ 爫 共 巷 巷 巷

*형성. 뜻을 나타내는 '邑(고을 읍)'의 생략형과 음을 나타내는 '共(함께 공)'을 합친 글자. 고을(邑) 사람이 다 같이(共) 다니는 '거리'를 나타냄.

풀이 거리, 골목. ¶巷說

巷街(항가) 거리.
巷間(항간) 일반 사람들 사이.
巷談(항담) 거리에 떠도는 소문.
巷說(항설) 거리의 소문. 세상에 떠도는 소문.
巷族(항족) 문벌있는 가문.
陋巷(누항) 1)좁고 누추한 거리. 2)자기가 사는 동네를 겸손하게 일컫는 말.

유 街(거리 가) **반** 港(항구 항)

巽 ⑨ 12획
부드러울 손
일 ソン・ゆずる
중 xùn

풀이 1. 부드럽다. 순하다. 2. 사양하다. 3. 괘 이름. ㉠8괘의 하나. 사물을 받아들이는 덕을 나타내는 상. ㉡64괘의 하나.

巽方(손방) 24방위(方位)의 하나. 동남쪽.
巽時(손시) 오전 8시 반부터 9시 반까지의 시간.

비 選(가릴 선)

巾부

巾 수건 건 部

'巾'자는 수건 모양을 나타내어 '수건'을 뜻하는 글자이다. 천의 조각이라는 의미에서 '헝겊'이라는 뜻으로도 쓰이고, 망건(網巾)에서처럼 '두건'을 나타내기도 한다. 이 글자를 부수로 갖는 글자는 베나 천과 같은 방직물에 관련된 의미를 갖는다.

巾 ⓪ 3획
수건 건
일 ケン
중 jīn

*상형. 줄에 걸린 천 또는 수건의 모양을 본뜬 글자. 후에 두건의 뜻으로도 쓰임.

풀이 1. 수건, 행주. ¶手巾 2. 쓰개, 두건.

巾衣(건의) 두건(頭巾)을 쓰고 옷을 입음.
頭巾(두건) 남자 상제(喪制)가 상중에 쓰는 베로 만든 쓰개.
手巾(수건) 얼굴이나 손이나 몸을 씻은 뒤에 물기를 닦기 위해 사용하는, 면 등의 천으로 만든 물건.

市 ② 5획
시장 시
일 シ・いち
중 shì

풀이 1. 시장, 저자. ¶市場 2. 시가. 도시. ¶市外 3. 행정 구획의 단위. ¶都市

市内(시내) 도시의 안쪽.
市民(시민) 도시에 사는 사람.
市外(시외) 도시의 밖.
市場(시장) 1)매일 또는 정기적으로 사람들이 모여 여러 가지 상품을 사고파는 장소. 2)상품이 거래되는 범위.
市廳(시청) 시의 행정 사무를 맡아보는 곳.

都市(도시) 정치·경제·문화의 중심지로 사람들이 많이 모여 사는 지역.
비 市(슬갑 불)

布 ②5획 日フ·ぬの 베 포 中 bù

一ナ 才 布 布

*형성. 뜻을 나타내는 부수 '巾(수건 건)'과 음을 나타내는 '父(아비 부)'를 합친 글자.

풀이 1. 베, 천. ¶布木 2. 베풀다. 3. 펴다, 넓게 펼치다. ¶分布

布告(포고) 1)고시(告示)하여 널리 일반에게 알림. 2)국가의 결정적 의사를 공식으로 일반에게 알리는 것.
布袋(포대) 포목으로 만든 자루.
布笠(포립) 베·모시 등으로 겉을 싼 갓.
布木(포목) 베와 무명.
石布(석포) 1)바둑 둘 때 처음에 돌을 놓는 것. 2)미래를 준비함.
分布(분포) 나뉘어 퍼져 있음.
散布(산포) 흩어져 퍼지거나 퍼트림.
流布(유포) 세상에 널리 퍼뜨림.
비 市(시장 시)

帆 ③6획 日ハン·ほ 돛 범 中 fān

*형성. 뜻을 나타내는 부수 '巾(수건 건)'과 음을 나타내며 돛 모양을 본뜬 '凡(무릇 범)'을 합친 글자. 이에 '돛'의 뜻으로 쓰임.

풀이 돛. 돛대에 달아 바람을 받게 하는 천.
帆船(범선) 돛단배.
비 汎(뜰 범)

希 ④7획 日キ·こいねがう 바랄 희 中 xī

ノメチチ 并希希

*회의. '巾(수건 건)'과 여러 선이 교차되어 있는 모양의 '爻(효 효)'를 합친 글자. 원래는 실을 섞어 짠 천을 의미했으나, 후에 '드물다', '바라다'의 뜻으로 쓰임.

풀이 1. 바라다. 희망하다. ¶希求 2. 드물다. 적다.
希求(희구) 바라고 요구함.
希臘(희랍) 그리스의 음역. 유럽의 동남부 발칸 반도 남단에 있는 공화국.
希望(희망) 1)앞일에 대하여 기대를 가지고 바람. 2)좋은 결과를 기대하는 마음. 또는 밝은 전망.
유 望(바랄 망)

帘 ⑤8획 日レン 술집 기 中 lián

풀이 술집 기. 과거 중국에서 주막임을 표시하기 위해 세운 푸른 깃발.

帛 ⑤8획 日ハク·きぬ 비단 백 中 bó

*형성. 뜻을 나타내는 부수 '巾(수건 건)'과 음을 나타내는 '白(흰 백)'을 합친 글자. 이에 '흰 명주'의 뜻으로 쓰임.

풀이 비단. 명주.
帛書(백서) 비단에 쓴 글자. 또는 그 비단.
布帛(포백) 베와 비단.
유 幣(비단 폐)

帙 ⑤8획 日チツ·ふみつつみ 책갑 질 中 zhì

풀이 1. 책갑. 책의(冊衣). 책을 넣거나 싸는 물건. 2. 질. 여러 권으로 된 책 한 벌을 세는 단위. 3. 책. 서적.
全帙(전질) 한 질로 된 책의 전부.

帖 ⑤8획 日チョウ·かきもの ❶ 휘장 첩 ❷ 체지 체 中 tiē, tiě, tiè

*형성. 뜻을 나타내는 부수 '巾(수건 건)'과 음을 나타내는 '占(점 점)'을 합친 글자.

풀이 ❶ 1. 휘장. 2. 법첩(法帖). 본받을 만큼 잘 쓴 글자를 모아 만든 서첩. 3. 문서. 장부. 4. 편안하다. 평정하다. ❷ 5. 체지(帖紙). 관청에서 이전을 임명할 때 쓰던 임명장.

帖伏(첩복) 1)순순히 복종함. 첩복(帖服). 2)가라앉음.

帖帖(첩첩) 1)침착한 모양. 2)붙어서 떨어지지 않는 모양. 3)드리워진 모양.

手帖(수첩) 가지고 다니면 기록하는 작은 공책.

비 呫(소곤거릴 첩)

帚
⑤ 8획 　　日 スイ·はく
비 추　　　　中 zhǒu

풀이 1. 비. 빗자루. 2. 비로 쓸다.

帚拂(추불) 쓸고 떪.

帑
⑤ 8획
❶ 나라금고 탕
❷ 처자 노　　中 nú, tāng

풀이 ❶ 1. 나라 금고. 국가의 재화를 보관하는 창고. ¶帑庫 ❷ 2. 처자.

帑庫(탕고) 재물을 보관하는 창고.

비 帑(걸레 녀)

帥
⑥ 9획 　　日 スイ·ひきいる
❶ 장수 수
❷ 거느릴 솔　　中 shuài

丿 亻 亻 亻 亻 亻 亻 亻 帥

*형성. 뜻을 나타내는 부수 '巾(수건 건)'과 을 나타내는 부수 이외의 글자를 합친 글자.

풀이 ❶ 1. 장수. 장군. ¶帥長 ❷ 2. 거느리다. 인솔하다. 앞장서다. ¶帥先

帥先(솔선) 앞장서 인도함.

帥長(수장) 군대의 우두머리.

將帥(장수) 군사를 거느리는 우두머리.

統帥(통수) 통합하여 거느림.

비 師(스승 사)

帝
⑥ 9획 　　日 テイ·みかど
임금 제　　中 dì

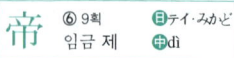

*상형. 하늘에 제사를 올릴 때 쓰는 상을 본뜬 글자. 하늘의 뜻을 받아 천하를 다스리는 '임금'의 뜻으로 쓰임.

풀이 1. 임금. 제왕. 황제. ¶帝國 2. 하느님. ¶玉皇上帝

帝國(제국) 황제가 다스리는 나라.

帝王(제왕) 1)군주국의 원수. 2)황제 또는 국왕의 총칭.

帝政(제정) 1)임금의 정치. 2)제국주의의 정치.

玉皇上帝(옥황상제) 도가에서 하느님을 일컫는 말.

皇帝(황제) 제국의 임금.

비 后(임금 후)·王(임금 왕)

帰
⑦ 10획
歸(p385)의 俗字

帯
⑦ 10획
帶(p217)의 俗字

師
⑦ 10획 　　日 シ
스승 사　　中 shī

丿 亻 亻 亻 亻 亻 亻 師 師 師

*회의. '𠂤(두를 잡)'은 무엇을 둘러싸고 있는 모양이고, 나머지 부분은 물건을 쌓은 모양을 나타냄. 대장을 중심으로 군중이 둘러싸고 있다는 데서 '군사'의 뜻으로 쓰임.

풀이 1. 스승. 선생. ¶師父 2. 전문가. 전문적인 기예를 닦은 사람. ¶醫師 3. 군대. 군사. ¶師團

師團(사단) 군대 편성의 한 단위. 사령부를 가지며 독립적인 작전을 수행할 수 있는 전략 병단.

師母(사모) 스승의 부인.

[巾 7~8획] 席帨帶常帷

師父(사부) 1)스승에 대한 존칭. 2)승려·도사에 대한 존칭. 3)스승과 아버지.
師事(사사) 스승으로 섬김. 스승으로 섬겨 가르침을 받음.
師弟(사제) 1)스승과 제자. 2)자기보다 나이가 어린 중. 3)동문(同門)의 후배.
師表(사표) 학식과 인격이 높아 남의 모범이 될만한 사람.
비 帥(장수 수)

席
⑦ 10획
자리 석
日 セキ·しく
中 xí

丶亠广广广庐庐席席

* 형성. 뜻을 나타내는 부수 '巾(수건 건)'과 음을 나타내는 庶(여러 서)'를 합친 글자.

풀이 1. 자리. 좌석. 2. 깔개. 돗자리. ¶席間 3. 깔다.

席卷(석권) 자리를 만다는 뜻으로, 닥치는 대로 영토를 차지하는 것을 이르는 말.
席上(석상) 어떤 모임의 자리.
席次(석차) 1)자리의 차례. 2)성적의 순서.
缺席(결석) 출석하지 않음.
首席(수석) 제1위.
동 座(자리 좌)

帨
⑦ 10획
수건 세
日 セイ·ひぬぐい
中 shuì

풀이 1. 수건. 2. 손을 닦다.

帶
⑦ 11획
띠 대
日 タイ·おび
中 dài

一 十 卅 卅 卅 卅 帶 帶 帶

* 상형. 옛날 지위 높은 사람이 매던 허리띠의 모양을 본뜬 글자.

풀이 1. 띠. 허리띠. ¶革帶 2. 차다. 피다. 두르다. 3. 데리고 있다. 데리고 다니다.

帶同(대동) 사람과 함께 데려감.
帶狀(대상) 띠처럼 좁고 긴 모양.
帶妻僧(대처승) 살림을 차리고 처와 가족을 거느린 중.
革帶(혁대) 가죽으로 만든 허리띠.
비 滯(막힐 체)

常
⑧ 11획
항상 상
日 ショウ·つね
中 cháng

丶丷ヽ冖冖冖尚尚常常常

* 형성. 뜻을 나타내는 부수 '巾(수건 건)'과 음을 나타내는 '尙(높을 상)'을 합친 글자.

풀이 1. 항상. 늘. ¶日常 2. 범상하다. 예사롭다. 3. 떳떳하다. 변치 않다. ¶正常 4. 법도. 도리.

常例(상례) 흔히 있는 일. 보통 있는 일.
常綠樹(상록수) 나뭇잎이 4계절 언제나 푸른 나무.
常備(상비) 항상 준비해 둠.
常識(상식) 보통 사람이 지니거나 또는 지녀야 할 보통의 지식이나 판단력.
常任(상임) 일정한 직무를 늘 계속해 맡음.
常存(상존) 언제나 존재함.
常住(상주) 항상 거주함. 늘 머무름.
常套(상투) 보통으로 늘 하는 버릇. 예사의 버릇.
日常(일상) 1)매일 반복되는 생활. 2)늘. 날마다.
正常(정상) 탈이나 변동이 없는 보통의 상태. 바른 상태.
비 堂(집 당) 党(무리 당)

帷
⑧ 11획
휘장 유
日 ユウ·とばり
中 wéi

* 형성. 뜻을 나타내는 부수 '巾(수건 건)'과 음을 나타내는 '隹(새 추)'를 합친 글자.

풀이 휘장. 장막. 씌우개.

[巾 8~9획] 帳帽帮幄幃幀幅帿

帷幕(유막) 1)휘장과 천막. 2)비밀을 논의하는 곳. 작전을 짜는 곳.
유 帳(휘장 장)

帷幄(유악) 1)기밀을 의논하는 곳. 유막(帷幕). 2)참모(參謀).
유 帳(휘장 장)

帳 ⑧ 11획 日チョウ·とばり
휘장 장 中zhàng

丨冂巾巾帄帄帄帳帳帳

*형성. 뜻을 나타내는 부수 '巾(수건 건)'과 음을 나타내는 '長(긴 장)'을 합친 글자. 길게 늘어뜨린 천. 곧 '장막'을 나타냄.

풀이 1. 휘장, 장막. ¶帳幕 2. 장부, 공책. ¶帳簿

帳幕(장막) 천막 또는 둘러친 막.
帳簿(장부) 금품의 수입 및 지출을 기록하는 책.
揮帳(휘장) 여러 폭의 천을 이어 만든, 둘러치는 장막.
유 帷(휘장 유)

帽 ⑨ 12획 日モウ·ぼうし
모자 모 中mào

*형성. 뜻을 나타내는 부수 '巾(수건 건)'과 음을 나타내는 '冒(무릅쓸 모)'을 합친 글자. 베(巾)로 만들어 머리에 덮어 쓰는(冒) '모자'의 뜻으로 쓰임.

풀이 모자, 두건.

帽帶(모대) 모자와 띠.
帽子(모자) 현대식 쓰개를 통틀어 이르는 말.
脫帽(탈모) 모자를 벗음.

帮 ⑨ 12획
幫(p220)과 同字

幄 ⑨ 12획 日アク·とばり
휘장 악 中wò

*형성. 뜻을 나타내는 부수 '巾(수건 건)'과 음을 나타내는 '屋(집 옥)'을 합친 글자.

풀이 1. 휘장. 2. 천막.

幄幕(악막) 군대의 진중(陣中)에 친 막.

幃 ⑨ 12획 日イ·とばり
휘장 위 中wéi

풀이 1. 휘장, 장막. 2. 향주머니.

幃幔(위만) 휘장(揮帳).
羅幃(나위) 비단 포장.
유 帳(휘장 장) 帷(휘장 유)

幀 ⑨ 12획 日テイ
그림족자 정 中zhēn

풀이 1. 그림 족자, 비단 위에 그린 그림. 2. 책의 겉장.

裝幀(장정) 1)제본에서, 책을 매어 표지를 붙임. 2)책의 모양새 전반에 걸친 의장(意匠)을 함. 또는 그 의장, 책치레.
비 偵(정탐할 정)

幅 ⑨ 12획 日フク·はば
폭 폭 中fú

丨冂巾巾帄帄帄帄帄幅幅
幅幅

*형성. 뜻을 나타내는 부수 '巾(수건 건)'과 음을 나타내는 '畐(폭 복)'을 합친 글자.

풀이 1. 폭, 너비, 넓이. ¶幅員 2. 폭, 종이·직물·그림을 세는 단위. 3. 포백(布帛). 직물. 천. ¶畫幅

幅員(폭원) 도로 등의 너비.
大幅(대폭) 1)큰 폭. 2)넓은 범위. 3)폭이 크게, 매우 많이.
畫幅(화폭) 그림을 그리는 천이나 종이 등을 두루 이르는 말.

帿 ⑨ 12획 日コウ·てき
과녁 후 中hóu

[巾 10~12획] 幎 幌 幕 幢 幡 幞 幟 幣 219

풀이 과녁. 과녁판.
윤 的(과녁 적)

幎 ⑩ 13획
덮을 멱
日 ベキ・とばり
中 mì

풀이 1. 덮다. 가리다. 2. 가리개. 보자기.
幎目(멱목) 소렴(小殮) 때 시신의 얼굴을 싸는 가리개.
비 瞑(어두울 명)

幌 ⑩ 13획
휘장 황
日 コウ・ほろ
中 huǎng

풀이 1. 휘장. 2. 수레의 포장.
윤 帳(휘장 장) 帷(휘장 유) 幃(휘장 위)

幕 ⑪ 14획
막 막
日 マク・バク
中 mù

丶 亠 艹 艹 苎 苹 苜 莫 莫 莫
莫 萛 幕 幕

* 형성. 뜻을 나타내는 부수 '巾(수건 건)'과 음을 나타내는 '莫(없을 막)'을 합친 글자. 천(巾)을 위로 덮어서 없는(莫) 것처럼 가리는 장막(帳幕)을 나타냄.

풀이 1. 막. 장막. 천막. ¶開幕 2. 막부. 장군이 군무를 처리하는 군막. ¶幕僚 3. 연극의 단락.
幕僚(막료) 중요한 계획의 입안이나 시행 등의 일을 보좌하는 간부.
幕府(막부) 대장군의 본영(本營).
幕舍(막사) 임시로 지은 허름한 집.
幕後(막후) 1)막의 뒤. 2)드러나지 않은 뒷면. 감추어진 이면의 상황.
開幕(개막) 1)막을 열거나 올림. 2)회의나 행사 등을 시작함.
天幕(천막) 비바람 등을 막기 위해 치는 서양식 장막. 텐트.
黑幕(흑막) 1)검은 장막. 2)겉으로 드러나지 않은 음흉한 내막.
비 墓(무덤 묘) 暮(저물 모) 募(모을 모)

幢 ⑫ 15획
기 당
日 トウ・はた
中 chuáng, zhuàng

* 형성. 뜻을 나타내는 부수 '巾(수건 건)'과 음을 나타내는 '童(아이 동)'을 합친 글자.

풀이 1. 기. 의장용 또는 지휘용으로 쓰는 기. 2. 휘장. 막. 덮개.
幢竿(당간) 기를 세우는 대.
幢容(당용) 수레에 치는 휘장.

幡 ⑫ 15획
기 번
日 ハン・はた
中 fān

풀이 1. 기. 표기. 표지를 한 깃발. ¶幡旗 2. 펄럭이다. 나부끼다.
幡旗(번기) 표지가 있는 기.
幡然(번연) 선뜻 마음을 바꾸는 모양.
윤 幟(기 도) 幟(기 치)

幞 ⑫ 15획
건 복
日 ボク・ずきん
中 fú

풀이 건. 두건.

幟 ⑫ 15획
기 치
日 シ・のぼり
中 zhì

풀이 기. 표기. 표지가 있는 기.
旗幟(기치) 1)군대 안에서 쓰는 기(旗). 2)어떤 일에 대한 분명한 태도 또는 주장.
윤 幟(기 도) 幡(기 번)

幣 ⑫ 15획
비단 폐
日 ヘイ・ぬさ
    ・まい
中 bì

丶 丷 ヽ 产 内 肉 甫 尚 尚 敝
敝 敝 幣 幣

* 형성. 뜻을 나타내는 부수 '巾(수건 건)'과 음을 나타내는 '敝(해질 폐)'를 합친 글자.

[풀이] 1. 비단. ¶幣帛 2. 예물. 폐백. ¶幣物 3. 화폐. 돈. ¶紙幣

幣物(폐물) 바치는 물건.

幣帛(폐백) 1)바치는 비단. 2)임금에게 바치는 예물. 3)예의를 갖추어 보내는 물건. 4)신부가 처음 시부모를 뵐 때 올리는 물건.

紙幣(지폐) 종이에 돈의 가치를 박아 만든 화폐. 지전(紙錢).

幫 ⑭ 17획
도울 방
🗾 ホウ・たすけ
🇨🇳 bāng

[풀이] 1. 돕다. 보좌하다. ¶幫助 2. 무리. 패거리.

幫間(방간) 1)중개자(仲介者). 2)잔치에서 흥을 돋우는 사람.

幫助(방조) 1)거들어 도와줌. 2)남의 범행에 도움을 주는 일.

干 부

干 방패 간 部

'干' 자는 '방패'를 뜻하는 글자로, 방패로 적의 공격을 막는다 하여 '막다', 또는 방패는 무기의 일종으로 적을 공격할 수 있다고 하여 '범하다'를 뜻한다. 여기서 의미가 확대되어 간여(干與)에서처럼 '간섭하다', 또는 간구(干求)에서처럼 '구하다'는 뜻을 나타내기도 한다. 또한 십간(十干)에 쓰여 연도나 날짜 등을 나타내기도 한다.

干 ⓪ 3획
방패 간
🗾 かん
🇨🇳 gān, gàn

一二干

*상형. 끝이 두 갈래로 갈라진 길쭉한 자루 모양의 방패를 본뜬 글자.

[풀이] 1. 방패. 2. 범하다. 어기다. 저촉되다. 3. 간여하다. 참견하다. ¶干涉 4. 구하다. 5. 말리다. 건조시키다. 6. 천간(天干). ¶干支 7. 얼마. ¶若干

干涉(간섭) 1)남의 일에 참견함. 2)둘 이상의 같은 종류의 파동이 동일 지점에서 만났을 때 서로 겹쳐서 파동을 강화하거나 약화하는 일.

干潮(간조) 썰물.

干支(간지) 십간(十干)과 십이지(十二支).

干拓(간척) 호수나 바닷가에 제방을 만들어 그 안의 물을 빼고 육지나 경작지를 만듦.

若干(약간) 조금. 얼마쯤.

[비] 千(일천 천) 天(하늘 천)

平 ② 5획
평평할 평
🗾 ヘイ・ビョウ・たいら
🇨🇳 píng

一 一 二 平 平

*회의. '干' 모양의 저울 양쪽에 같은 거리에 같은 중량을 놓아(八) 평평하게 하는 것을 나타냄. 이에 '평평하다'의 뜻으로 쓰임.

[풀이] 1. 평평하다. ¶平遠 2. 고르다. 균등하다. 3. 다스리다. 4. 쉽다. 평이하다. 5. 평상. 보통. ¶平凡 6. 평안하다. 안정되다.

平常時(평상시) 특별한 일이 없는 보통 때.

平等(평등) 차별이 없이 모두가 동등함.

平凡(평범) 특별히 뛰어난 점이 없이 보통임.

平素(평소) 평상시(平常時).

平遠(평원) 평평하고 넓은 들판.

平易(평이) 별로 까다롭지 않고 쉬움.

平定(평정) 난을 평안하게 진정시킴.

平衡(평형) 한쪽으로 치우치지 않음.

公平(공평) 치우치지 않고 공정함.

水平(수평) 기울지 않고 평평한 상태.

[유] 坦(평평할 탄) [비] 乎(어조사 호)

年 ③ 6획 日ネン·とし 中nián
해 년(연)

丿 ㄧ ㅗ ㄠ 乍 年

* 형성. 뜻을 나타내는 '禾(벼 화)'와 음을 나타내는 '千(일천 천)'을 합친 글자. 원래는 많은(千) 벼(禾)가 익는 것을 의미했으나, 바뀌어 '해'의 뜻으로 쓰임.

풀이 1. 해. 년. ¶年賀 2. 나이. ¶年紀

年紀(연기) 1)나이. 2)연수(年數). 연대(年代). 3)연호(年號).
年歲(연세) 1)나이. 연령(年齡). 2)해. 세월(歲月). 3)곡물(穀物)
年賀(연하) 1)새해의 기쁨. 새해를 축하함. 2)노인의 장수(長壽)를 축하하는 일.
新年(신년) 새해.
豊年(풍년) 농사가 잘된 해.
동 歲(해 세)

并 ③ 6획
并(p221)의 俗字

幷 ⑤ 8획 日ヘイ·あわせる 中bīng, bìng
아우를 병

풀이 아우르다. 한데 합치다. ¶幷有
幷有(병유) 아울러 지님. 병유(併有).
幷呑(병탄) 아울러 삼킴.

幸 ⑤ 8획 日コウ·さいわい 中xìng
다행 행

一 + 土 キ 土 击 壺 幸

* 회의. '夭(일찍 죽을 요)'와 책받침부를 뺀 '逆(거스를 역)'을 합친 글자. 일찍 죽는 것을 거스르는 것은 다행이라 하여, '다행'이라는 뜻으로 쓰임.

풀이 1. 다행. 행복. 다행하다. ¶多幸 2. 요행. 뜻밖의 행운. ¶幸運 3. 바라다. ¶幸冀 4. 거둥. 임금의 행차. 5. 총애하다. ¶幸臣
幸冀(행기) 원하고 바람.
幸臣(행신) 총애받는 신하. 총신(寵臣).
幸運(행운) 좋은 운수.
多幸(다행) 일이 잘 펴이게 되어 좋음.
비 辛(매울 신)

幹 ⑩ 13획 日カン·みき 中gàn
줄기 간

一 十 + 十 古 古 甘 횬 횬 斡 幹 幹

* 형성. 뜻을 나타내는 '木(나무 목)'과 음을 나타내는 부수 이외의 글자를 합친 글자. 후에 '木'이 '干'으로 변형됨.

풀이 1. 줄기. 2. 몸. 뼈대. 3. 근본. 주체. ¶根幹 4. 재능. 기량. ¶才幹 5. 맡다. 담당하다. 6. 천간(天干).
幹蠱(간고) 자식이 아버지가 실패한 사업을 다시 일으킴. 즉, 일을 잘 처리함.
幹部(간부) 단체의 수뇌부에 있는 사람들.
幹事(간사) 주가 되어 일을 처리함. 또는 그런 사람.
根幹(근간) 1) 뿌리와 줄기. 2)사물의 바탕이나 가장 중심이 되는 부분.
才幹(재간) 일을 적절하게 잘 처리하는 능력. 재능(才能).
비 斡(구를 알)

幺 부

幺 작을 요 部

'幺'자는 실과 관련된 글자로 '糸(실 사)'자의 윗부분만 따서 작은 실의 모양을 나타내다가 '작다'를 뜻하게 되었다. 여기서 의미가 확대되어 '나이가 어리다'나 작은 개념의 수를 나타내기도 한다.

幺

幺 ⓪3획 ㅌヨウ・ちいさい
작을 요 ⊕ yāo

[풀이] 1. 작다. ¶幺麼 2. 어리다.

幺麼(요마) 1)작음. 2)변변치 못함. 또는 그런 사람.

[유] 小(작을 소) [비] 玄(검을 현)

幻

幻 ①4획 ゲン・カン・まぼろし
변할 환 ⊕ huàn

*상형. 가지 끝에 걸린 실타래 모양을 본뜬 글자. 실을 염색하면 색깔이 바뀌므로 '변하다'의 뜻으로 쓰임.

[풀이] 1. 변하다. 2. 미혹(迷惑)하다. 현혹시키다. 3. 요술. ¶幻術 4. 환상. 허깨비. ¶幻想

幻滅(환멸) 환상(幻想)에서 깨어나 현실로 돌아감.

幻想(환상) 현실에 있을 수 없는 일을 있는 것처럼 상상하는 일.

幻術(환술) 요술(妖術).

[유] 變(변할 변) [幼](어릴 유)

幼

幼 ②5획 ㅌヨウ・おさない
어릴 유 ⊕ yòu

*회의. 어린아이는 아직 힘[力]이 작다[幺]에서 '어리다'의 뜻으로 쓰임.

[풀이] 어리다. 유치하다. ¶幼年

幼年(유년) 1)어린 나이. 2)어린아이.

幼兒(유아) 어린아이.

幼稚(유치) 1)나이가 어림. 연소(年少). 2)저속함.

[비] 幻(변할 환)

幽

幽 ⑥9획 ユウ・かすか
그윽할 유 ⊕ yōu

*형성. 뜻을 나타내는 '山(메 산)'과 음을 나타내는 '㐫(유)'를 합친 글자.

[풀이] 1. 그윽하다. 깊다. 심원하다. ¶幽谷 2. 어둡다. 검다. 3. 숨다. 4. 가두다. 감금하다. 5. 귀신. ¶幽靈 6. 저승. 황천.

幽谷(유곡) 그윽하고 깊은 산골. 조용한 골짜기.

幽靈(유령) 귀신. 죽은 사람의 혼.

幽閉(유폐) 1)방안 깊이 가둠. 2)외출을 하지 않고 깊이 들어박히는 일.

幾

幾 ⑨12획 キ・いく
몇 기 ⊕ jǐ, jī

*회의. 적은[幺] 수의 사람이 수자리[戍]를 서니 '위태롭다'는 뜻을 나타냄.

[풀이] 1. 몇. 얼마. ¶幾何 2. 기미. 조짐. ¶幾微 3. 거의. 4. 위태롭다. 5. 가깝다. 가까워지다. 6. 바라다. 바라건대.

幾微(기미) 낌새. 조짐.

幾何學(기하학) 공간에 관한 수학. 곧 물건의 형상・대소・위치에 관한 진리를 연구하는 학문.

[비] 機(틀 기)

广 부

广 엄호 部

자는 집 모양을 나타내어 '집'을 뜻하는 글자이며, 엄호 라는 부수 명칭으로 많이 쓰인다. 이 글자를 부수로 하는 글자는 주로 작고 허름한 집의 뜻과 관련이 있고, '마룻대'의 뜻을 나타내기도 한다.

广

广 ⓪3획 ゲン
집 엄 ⊕ ān, guǎng

[풀이] 집.

広 ② 5획
廣(p227)의 俗字

庁 ② 5획
廳(p229)의 俗字

庄 ③ 6획
莊(p631)의 俗字

庇 ④ 7획 덮을 비 [日]ヒ [中]bì

[풀이] 1. 덮다. 가리다. 2. 감싸다. 보호하다. ¶庇護

庇護(비호) 편들어 감싸 주고 보호함.

床 ④ 7획 평상 상 [日]ショウ·とこ·ゆか [中]chuáng

丶 亠 广 庀 庁 床 床

* 회의. 평상의 모양을 본뜬 '爿(나무 조각 장)'에 '木(나무 목)'을 덧붙여 '평상'을 나타냄. 본자는 '牀'이고 '床'은 속자임.

[풀이] 1. 평상. '牀(평상 상)'의 속자. ¶起床 2.[韓] 상. 밥상. ¶飯床 3.[韓] 못자리.

床石(상석) 무덤 앞에 제물을 차려 놓는 상처럼 만든 돌.

起床(기상) 잠에서 깨어 일어남.

溫床(온상) 인공적으로 열을 가하여 식물을 재배하는 장치를 한 묘상.

[비] 庠(학교 상)

序 ④ 7획 차례 서 [日]ジョ [中]xù

丶 亠 广 户 户 庐 序

* 형성. 뜻을 나타내는 부수 '广(집 엄)'과 음을 나타내는 '予(나 여)'를 합친 글자.

[풀이] 1. 차례. 순서. 차례를 매기다. ¶序列 2. 학교. 3. 담. 4. 실마리. 단서. 5. 머리말. ¶序論

序論(서론) 머리말의 논설. 본론의 단서가 되는 논문.

序幕(서막) 1)연극 등에서 처음 여는 막. 2)일의 처음 시작.

序說(서설) 서론(序論).

序列(서열) 일정한 순서대로 늘어섬. 또는 그 순서(順序).

秩序(질서) 체계를 이루어 혼란을 일으키지 않도록 하기 위한 사물의 순서와 차례.

[유] 秩(차례 질)

庚 ⑤ 8획 일곱째천간경 [日]コウ·かのえ [中]gēng

丶 亠 广 户 户 庐 庚 庚

[풀이] 1. 일곱째 천간. 오행에서는 쇠(金), 방위로는 서쪽에 해당함. 2. 나이. 3. 길. 도로.

庚方(경방) 24방위의 하나. 정서(正西)로부터 남쪽으로 15도 되는 방위를 중심으로 한 15도 각도 안.

庚炎(경염) 불꽃과 같은 삼복(三伏) 중의 더위.

[비] 康(편안할 강)

府 ⑤ 8획 관청 부 [日]フ·くら [中]fǔ

丶 亠 广 庀 庁 庁 府 府

* 형성. 뜻을 나타내는 부수 '广(집 엄)'과 음을 나타내는 '付(줄 부)'를 합친 글자. 사람에게 내어 줄(付) 수 있도록 물건을 보관하는 곳(广)을 나타내어, '곳집' 또는 '관청'의 뜻으로 쓰임.

[풀이] 1. 관청. ¶府庭 2. 곳집. 창고. ¶府帑 3. 도읍. 도시. 4. 행정 구역 이름.

府院君(부원군) 왕비의 친아버지나

3획

정일품 공신(功臣)의 작호(爵號).
府庭(부정) 관아의 뜰.
府帑(부탕) 국고(國庫).
政府(정부) 1)행정부. 2)국가의 통치권을 행사하는 입법·사법·행정부를 통틀어 이르는 말.
🔵 里(마을 리) 🔵 附(붙을 부)

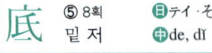
底 ⑤ 8획 🇯🇵 テイ・そこ
밑 저 🇨🇳 dǐ, dī

丶亠广广庐底底底

*형성. 뜻을 나타내는 부수 广(집 엄)과 음을 나타내는 氐(근본 저)를 합친 글자.

풀이 1. 밑. 바닥. ¶海底 2. 속. 내부. ¶底意 3. 이르다. 다다르다.
底力(저력) 속에 간직한 끈기 있는 힘.
底邊(저변) 1)삼각형의 정점에 대한 변. 밑변. 2)사회적·경제적으로 기저를 이루는 계층.
底意(저의) 속마음.
海底(해저) 바다의 밑바닥.
🔵 低(밑 저)

店 ⑤ 8획 🇯🇵 テン・みせ
가게 점 🇨🇳 diàn

丶亠广广庐店店店

*형성. 뜻을 나타내는 부수 广(집 엄)과 음을 나타내는 占(점점)을 합친 글자.

풀이 가게. 점포. ¶商店
店員(점원) 남의 상점에서 매매 등의 일을 봐 주고 보수를 받는 사람.
店鋪(점포) 1)집. 방. 2)가게. 상점.
商店(상점) 물건을 파는 가게.
🔵 占(차지할 점)

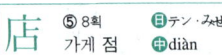
庖 ⑤ 8획 🇯🇵 かた・どころ
부엌 포 🇨🇳 páo

*형성. 뜻을 나타내는 부수 广(집 엄)과 음을 나타내는 包(안을 포)를 합친 글자.

풀이 1. 부엌. ¶庖丁 2. 요리. 음식. 3. 푸주간.
庖丁(포정) 1)옛날의 이름난 요리사. 소의 살을 발라내는 데 솜씨가 뛰어남. 2)요리사. 3)백정. 백정.
庖廚(주주→포주) 소나 돼지 등을 잡아서 그 고기를 파는 가게. 푸줏간.
🔵 廚(부엌 주)

度 ⑥ 9획 🇯🇵 ド・たび
❶ 법도 도 🇨🇳 dù, duó
❷ 헤아릴 탁

丶亠广广广庐庐度度

*형성. 뜻을 나타내는 又(또 우)와 음을 나타내는 庶(여러 서)의 생략형을 합친 글자.

풀이 ❶ 1. 법도. 규범. ¶法度 2. 자[尺]. ¶度量 3. 정도. 4. 기량. 5. 도. 온도·각도·경도·위도 등의 단위. 6. 번. 횟수. 7. 모습. 풍채. 8. 지나다. 통과하다. ❷ 9. 헤아리다. 짐작하다.
度量(도량) 1)자[尺]와 말[斗]. 2)마음이 너그러워 모두 포용하는 품성.
度數(도수) 각도·온도·광도 등의 크기를 나타내는 수.
度外視(도외시) 문제로 삼지 않고 가외 것으로 보아 넘김.
度地(탁지) 땅을 측량함.
法度(법도) 법률과 제도.
制度(제도) 관습·도덕·법률 등의 규범이나 사회의 구조적인 체계.
🔵 準(법도 준)

庠 ⑥ 9획 🇯🇵 ショウ・がっこう
학교 상 🇨🇳 xiáng

풀이 학교. 고대 중국의 지방 학교.
🔵 校(학교 교)

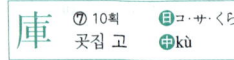
庫 ⑦ 10획 🇯🇵 コ・サ・くら
곳집 고 🇨🇳 kù

[广 7~8획] 庭座康庶庵

`` 广 广 广 广 庐 庐 庫 庫

*회의. 수레(車)를 넣어 두는 곳집(广)을 나타낸 글자. 후에 책이나 보물을 넣는 '창고'로도 쓰임.

풀이 곳집. 곳간. 창고. ¶庫間

庫直(고직) 창고를 지키는 사람.
庫間(고간→고간) 곳집.
金庫(금고) 돈이나 귀중품을 보관하는 데 쓰이는 철제의 상자.
倉庫(창고) 곳집.

🔁 庉(곳간 돈)

庭 ⑦ 10획 日テイ
뜰 정 中tíng

`` 广 广 广 庐 庐 庭 庭

*형성. 뜻을 나타내는 부수 广(집 엄)과 음을 나타내는 '廷(정)'을 합친 글자.

풀이 1. 뜰. 마당. ¶庭園 2. 집안. 3. 조정(朝廷).

庭球(정구) 테니스(tennis).
庭園(정원) 뜰. 집안의 동산.
庭除(정제) 뜰. 마당.
庭訓(정훈) 가정에서의 가르침.

🔁 廷(조정 정)

座 ⑦ 10획 日ザ・せき
자리 좌 中zuò

`` 广 广 广 庐 庐 座 座

*형성. 뜻을 나타내는 부수 广(집 엄)과 음을 나타내는 '坐(앉을 좌)'를 합친 글자. 집(广)에서 앉는(坐) 곳, 곧 '자리'를 나타낸다.

풀이 1. 자리. 좌석. ¶座談 2. 지위. 위치. 3. 별자리.

座談(좌담) 자리에 앉아서 틀에 얽매이지 않고 이야기를 나눔. 또는 그 이야기.
座席(좌석) 앉는 자리.
座右銘(좌우명) 늘 자리 옆에 놓고 자기 반성의 계기로 삼는 격언.

座標(좌표) 한 점의 위치를 나타내기 위하여 어떤 일정한 위치와의 관계를 나타내는 표.

🔁 席(자리 석) 🔁 坐(앉을 좌)

康 ⑧ 11획 日コウ
편안할 강 中kāng

`` 广 广 广 庐 庐 唐 康 康

*형성. 뜻을 나타내는 '米(쌀 미)'와 음을 나타내는 '庚(일곱째 천간 경)'을 합친 글자.

풀이 1. 편안하다. 편안히 하다. ¶康寧 2. 오거리. 다섯 방향으로 통하는 큰길.

康健(강건) 기력이 튼튼하고 건강함.
康寧(강녕) 몸이 건강하고 마음이 편안함.
健康(건강) 몸이 아무 탈 없이 정상적이고 튼튼함.
小康(소강) 1)병이 조금 나음. 2)소란하던 세상이 조금 안정됨.

🔁 安(편안할 안)

庶 ⑧ 11획 日ショ
여러 서 中shù

`` 广 广 广 庐 庐 庐 庶 庶 庶

*회의. 집(广)에 이십(廿)명의 사람들이 불(灬)을 쬐고 있으니 '여러 무리'가 있는 것을 나타냄.

풀이 1. 여러. 온갖. 2. 무리. 백성. 3. 첩의 자식. 서자. ¶庶子 4. 가깝다. 차이가 없다. 5. 바라다. 바라건대.

庶民(서민) 평민. 백성.
庶子(서자) 첩의 몸에서 난 자식.
庶出(서출) 첩의 소생.

🔁 遮(막을 차)

庵 ⑧ 11획 日アン・いおり
암자 암 中ān

*형성. 뜻을 나타내는 부수 广(집 엄)과 음을 나타내는 '奄(가릴 엄)'을 합친 글자.

풀이 1. 암자. ¶庵主. 2. 초막(草幕). 작은 초가집.

庵主(암주) 1)암자를 가진 중. 2)여승(女僧).

庸 ⑧ 11획 日ヨウ・つね 쓸 용 ⊕yōng

丶广广广户户户庐庐庸庸

* 형성. 뜻을 나타내는 庚(일곱째 천간 경)과 음을 나타내는 㪔(쓸 용)을 합친 글자.

[풀이] 1. 쓰다. 채용하다. 임용하다. 2. 어리석다. ¶庸劣 3. 평범하다. ¶凡庸 4. 떳떳하다. 변치 않다.

庸君(용군) 어리석어 잘 다스릴 자격이 없는 임금.
庸劣(용렬) 재주가 남만 못하고 어리석음.
凡庸(범용) 평범하고 변변치 못함. 또는 그런 사람.

[비] 康(편안할 강)

廂 ⑨ 12획 日ソウ 곁채 상 ⊕xiāng

* 형성. 뜻을 나타내는 부수 广(집 엄)과 음을 나타내는 相(서로 상)을 합친 글자.

[풀이] 곁채. 결방. 몸채 양쪽에 딸린 건물.
廂廊(상랑) 몸채 주위에 딸린 작은 방.

[유] 廊(행랑 랑)

庾 ⑨ 12획 日ユウ・くら 곳집 유 ⊕yǔ

[풀이] 곳집. 곡물 창고. ¶庾廩
庾廩(유름) 쌀을 보관하는 창고.

[유] 庫(곳집 고)

厠 ⑨ 12획 日ソク・はばかり・わき 뒷간 측 ⊕cè

[풀이] 1. 뒷간. 변소. ¶厠間 2. 돼지우리.
厠間(측간) 뒷간. 변소.

廃 ⑫ 12획 廢(p402)의 俗字

廊 ⑩ 13획 日ロウ 행랑 랑(낭) ⊕láng

丶广广广广广庁庐庐廊廊

* 형성. 뜻을 나타내는 부수 广(집 엄)과 음을 나타내는 郎(랑)을 합친 글자.

[풀이] 1. 행랑. 곁채. ¶廊底 2. 복도.
廊底(낭저) 행랑(行廊).
廊下(낭하) 1)행랑. 2)복도.
畵廊(화랑) 1)그림 등 미술품을 전시하는 시설. 2)화상(畵商)이 경영하는 전시장.

[유] 廂(곁채 상)

廉 ⑩ 13획 日レン・いさぎよい 청렴할 렴(염) ⊕lián

丶广广广户户序序席廉廉

* 형성. 뜻을 나타내는 부수 广(집 엄)과 음을 나타내는 兼(겸할 겸)을 합친 글자.

[풀이] 1. 청렴하다. 결백하다. ¶淸廉 2. 살피다. 살펴보다. 3. 값이 싸다. ¶低廉
廉價(염가) 저렴한 값. 싼값.
廉明(염명) 청렴하고 밝음.
廉隅(염우) 물건의 모서리.
廉恥(염치) 청렴하여 부끄러움을 아는 마음.
低廉(저렴) 값이 쌈.
淸廉(청렴) 마음이 고결하고 재물 욕심이 없음.

廈 ⑩ 13획 日カ・ガ 큰 집 하 ⊕shà, xià

[풀이] 큰 집. ¶大廈

廈氈(하전) 임금이 거처하는 곳.

大廈(대하) 큰 집.

廓
⑪ 14획
❶ 외성 곽 [日]カク
❷ 넓을 확 [中]kuò

* 형성. 뜻을 나타내는 부수 '广(집 엄)'과 크다는 뜻을 지닌 '郭(성곽 곽)'을 합친 글자. 이에 넓고 큰(郭) 집(广)을 나타내며, 바뀌어 '크다'라는 뜻이 됨.

[풀이] [1] 1. 외성(外城). ¶城廓 2. 둘레. 테두리. ¶外廓 [2] 3. 넓다. 크다. 4. 텅 비다. 휑하다.

廓大(확대) 넓고 큼.

廓落(확락) 큰 모양.

城廓(성곽) 1)성. 또는 성의 둘레. 2)내성(內城)과 외성(外城)을 아울러 이르는 말.

外廓(외곽) 1)성 밖으로 다시 둘러쌓은 성. 외성(外城). 2)바깥 테두리. ↔내곽(內廓).

[유] 城(성 성)

廏
⑪ 14획
마구간 구 [日]キュウ·うまや [中]jiù

[풀이] 마구간.

廏舍(구사) 마구간.

廏人(구인) 말을 맡아서 기르는 사람.

馬廏(마구) 마구간.

廐
⑪ 14획
廏(p227)의 俗字

廖
⑪ 14획
공허할 료 [日]リョウ [中]liào

[풀이] 공허하다. 속이 텅 비다.

廕
⑪ 14획
덮을 음 [日]イン·オン·おおう [中]yìn

* 형성. 뜻을 나타내는 부수 '广(집 엄)'과 음을 나타내는 '陰(그늘 음)'을 합친 글자.

[풀이] 1. 덮다. 감싸다. ¶庇廕 2. 그늘.

廕補(음보) 조상의 은덕으로 벼슬을 함. 음제(廕除).

庇廕(비음) 1)차양의 그늘. 2)두둔하여 보살펴 줌.

廣
⑫ 15획
넓을 광 [日]コウ·ひろい [中]guǎng

丶 亠 广 广 庐 庐 庐 庐 庐 庴 庴 庴 庿 廣 廣

* 형성. 뜻을 나타내는 부수 '广(집 엄)'과 음을 나타내는 '黃(누를 황)'을 합친 글자.

[풀이] 1. 넓다. 넓히다. ¶廣濟 2. 널리.

廣大(광대) 넓고 큼.

廣博(광박) 학식 등이 넓음.

廣野(광야) 아득하게 넓은 들판.

廣濟(광제) 널리 세상 사람을 구제함.

廣闊(광활) 넓고 탁 트임.

[유] 擴(넓힐 확) [반] 狹(좁을 협)

廟
⑫ 15획
사당 묘 [日]ミョウ·たまや [中]miào

丶 丿 广 广 庐 庐 庐 庐 庐 庐 庴 庿 廟 廟 廟

* 회의. 신이나 조상에게 참배하는(朝) 집(广)을 나타낸 글자. 이에 '사당'의 뜻으로 쓰임.

[풀이] 1. 사당. 조상의 신주를 모신 곳. 또는 신을 제사 지내는 곳. ¶家廟 2. 정전(正殿). 나라의 정사를 처리하는 곳. 임금·조정을 상징함.

廟堂(묘당) 1)선대 임금의 영(靈)을 모신 곳. 2)종묘(宗廟)와 명당(明堂).

廟諱(묘휘) 종묘에 모신 임금의 휘

(諱). 또는 임금의 이름을 죽은 뒤 이르는 말.
家廟(가묘) 한 집안의 사당.
宗廟(종묘) 조선 시대에, 역대 임금과 왕비의 위패를 모시던 왕실의 사당.

廡	⑫ 15획 곁채 무	日ブ・ひさし 中wǔ

풀이 1. 곁채. 2. 집. 큰 건물.

廝	⑫ 15획 하인 시	日シ・こもの 中sī

풀이 1. 하인. 종. 노비. 2. 천하다. 비천하다.
廝徒(시도) 1)하인. 머슴. 2)군졸(軍卒).

廛	⑫ 15획 가게 전	日テン・みせ 中chán

* 회의. 마을[里]의 땅[土]을 나누어[八] 주어 집[广]을 짓도록 한 글자.

풀이 1. 가게. 점포. ¶市廛 2. 터. 집터. 2.5묘(畝)의 집터.
廛肆(전사) 가게. 상점.
廛市(전시) 시내.
市廛(시전) 시장 거리에 있는 가게. 시중의 상점. 시사(市肆).
🔁 店(가게점)

廚	⑫ 15획 부엌 주	日シュウ・たいどころ 中chú

풀이 부엌. 취사장. ¶廚子
廚娘(주낭) 식모. 하녀.
廚房(주방) 부엌.
廚子(주자) 요리사.
庖廚(포주→포주) 소·돼지 등의 고기를 파는 가게. 푸줏간.
🔁 庖(부엌 포)

廠	⑫ 15획 헛간 창	日ソウ 中chǎng

풀이 1. 헛간. 벽이 없는 건물. 2. 공장. ¶廠房
廠房(창방) 공장.
兵器廠(병기창) 병기를 만들거나 수리하는 공장. 조병창(造兵廠).

廢	⑫ 15획 폐할 폐	日ハイ・すたれる 中fèi

`亠广广广广广广庐庐庐庐廖廖廢廢廢

* 형성. 뜻을 나타내는 부수 广(집 엄)과 음을 나타내며 '망가지다'의 뜻을 가지는 '發(쏠 발)'을 합친 글자. 집[广]이 망가짐[發]을 나타내어, '무너지다', '못 쓰게 되다'의 뜻으로 쓰임.

풀이 1. 폐하다. 없애다. ¶廢位 2. 부서지다. 못 쓰게 되다. ¶廢絶 3. 떨어지다. 4. 폐질. 고질병. 5. 망하다. 무너지다.
廢務(폐무) 1)일을 게을리 함. 2)폐조(廢朝) 등의 이유로 신하가 정무를 보지 않음.
廢位(폐위) 임금의 자리를 폐(廢)함.
廢絶(폐절) 허물어져 없어짐.
廢品(폐품) 쓸 수 없게 된 물건.
存廢(존폐) 남겨 두는 일과 없애는 일.
荒廢(황폐) 집이나 땅이 그냥 방치되어 거칠고 못 쓰게 됨.

廩	⑬ 16획 곳집 름(늠)	日リン・くら 中lǐn

풀이 1. 곳집. 쌀 창고. ¶廩庫 2. 녹미(祿米). 녹봉으로 주던 쌀.
廩庫(늠고) 쌀 곳간. 쌀 창고.
廩廩(늠름) 1)모습이 바름. 풍채(風采). 2)위태로운 모양.
倉廩(창름) 곳집.
🔁 廥(곳간 괴) 庾(곳집 유)

廬 ⑯ 19획
오두막집
려(여)
🔵 リョ・ロ
いおり
🔴 lú

* 형성. 뜻을 나타내는 부수 '广'(집 엄)과 음을 나타내는 '盧(밥그릇 로)'를 합친 글자.

[풀이] 1. 오두막집. ¶廬舍 2. 주막. 여인숙.

廬舍(여사) 1)밭 가운데에 세운 식사와 휴식용의 집. 2)무덤 옆에 세운, 상주가 거처하는 초막.
草廬(초려) 1)초가(草家). 2)자기의 집을 낮추어 이르는 말.

[비] 慮(생각할 려)

廳 ㉒ 25획
관청 청
🔵 チョウ
🔴 tīng

广广广广广广广广庐庐庐庐庐庐厛厛厛厛厛厛廳廳廳

* 형성. 뜻을 나타내는 부수 '广'(집 엄)과 음을 나타내는 '聽(들을 청)'을 합친 글자.

[풀이] 1. 관청. 관아. ¶官廳 2. 마루. 대청. ¶廳堂

廳堂(청당) 궁 안의 대청. 관원들이 정사를 의논하던 곳.
廳舍(청사) 관청의 건물.
官廳(관청) 1)법률로 정해진 국가적인 사무를 취급하는 국가 기관. 2)국가 기관의 사무를 맡아보는 곳.
退廳(퇴청) 관청에서 일을 마치고 나옴.

廴 부

廴 민책받침 部

'廴'자는 사람의 보행(步行)과 관련되어 '길게 걸을 인'으로 불리다가, 辶자에서 윗부분의 점이 없어진 모양과 같다고 해서 '민책받침'이라는 부수 명칭으로 쓰인다.

廴 ③ 3획
길게 걸을 인
🔵 イン
🔴 yǐn

[풀이] 길게 걷다. 발걸음을 길게 떼어 놓다.

延 ④ 7획
끌 연
🔵 エン・のばす
🔴 yán

丿 亻 т 千 乒 延 延

* 회의. 그쳐(止) 있는 것을 한쪽으로 펴서 (丿) 길게 끄는(廴) 것을 나타내어, '끌다'라는 뜻으로 쓰임.

[풀이] 1. 끌다. 늘이다. 연장하다. ¶延命 2. 미루다. 지연하다. ¶延期 3. 맞이하다. 불러들이다.

延期(연기) 정한 기한을 늘임.
延命(연명) 겨우 목숨을 이어 살아감.
延長(연장) 시간·길이 등을 길게 늘임. 또는 그 길이.
延滯(연체) 기한 안에 이행하여야 할 채무나 세금을 지체함.
遲延(지연) 오래 걸려 늦추어짐. 또는 오래 끎.

[비] 廷(조정 정)

廷 ④ 7획
조정 정
🔵 テイ・やくしょ
🔴 tíng

丿 一 二 千 壬 廷 廷

* 형성. 뜻을 나타내는 부수 '廴'(길게 걸을 인)와 음을 나타내는 '壬(착할 정)'을 합친 글자.

[풀이] 1. 조정. ¶朝廷 2. 관아. ¶法廷

廷論(정론) 조정에서 논의하는 일. 또는 그 논의.
廷叱(정질) 조정에서 꾸짖음.
法廷(법정) 법원이 소송 절차에 따라 송사를 심리·판결하는 곳.
朝廷(조정) 임금이 나랏일을 논의하고 집행하는 곳.

[비] 延(끌 연)

建 ⑥ 9획
세울 건
🇯ケン·コン·たてる
🇨jiàn

フコヨヨ聿聿津建建

*회의. 붓(聿)을 끌어서(廴) 계획을 세우는 것을 나타내어, '세우다'라는 뜻으로 쓰임.

풀이 1. 세우다. 이룩하다. 건설하다. ¶建立 2. 건의하다. 의견을 고하다. ¶建議

建國(건국) 나라를 세움.
建極(건극) 천자(天子)가 한 나라의 기본적인 법칙을 세워 천하(天下)를 다스림.
建立(건립) 절·탑·동상 등을 세우거나 이룩함.
建物(건물) 땅 위에 세운 집 등.
建設(건설) 세워 만듦.
建議(건의) 1)의견을 말함. 2)개인이나 단체가 정부에 희망을 고함.
建造(건조) 건축물을 세움.
建築(건축) 흙·나무·쇠 등을 써서 가옥·창고·다리 등의 축조물을 세우는 일.
비 健(건강할 건)

廻 ⑥ 9획
돌 회
🇯カイ·めぐる
🇨huí

*형성. 뜻을 나타내는 부수 廴(끌 연)'과 음을 나타내는 '回(돌 회)'를 합친 글자. 돌아서 [回]가는(廴) 것을 나타내어, '돌다', '돌리다'의 뜻을 나타냄.

풀이 1. 돌다. 돌리다. ¶廻轉 2. 피하다. 회피하다. 멀리하다.

廻轉(회전) 1)어떤 축을 중심으로 하여 그 주위를 도는 것. 2)어떤 생각을 하거나 계책을 짜느라 머리를 쓰는 것. 3)상품이 팔려서 투자와 자금의 회수를 되풀이함.
巡廻(순회) 여러 곳을 돌아다니는 것.
迂廻(우회) 멀리 돌아서 감.
동 回(돌 회) 巡(돌 순)

廾부

廾 밑스물입 部

'廾'자는 왼손과 오른손을 맞잡아 받들고 있는 모양을 나타낸 글자이다. 이에 '받들 공'이라 하여 '들다'를 뜻하다가, '밑스물입'이라는 부수 명칭으로 쓰이게 되었다. 단독의 문자보다는 부수자로 많이 쓰이며, 이 글자를 부수로 삼는 글자는 두 손의 동작과 관련이 있다.

廾 ⓪ 3획
받들 공
🇯コウ
🇨gǒng

풀이 받들다. 두 손으로 받들다.

廿 ① 4획
스물 입
🇯ジュウ·にじゅう
🇨niàn

풀이 스물. 이십.
비 甘(달 감)

弁 ② 5획
고깔 변
🇯ベン·かんむり
🇨biàn

풀이 고깔. 관(冠).
弁言(변언) 머리말. 서언(序言)

弄 ④ 7획
희롱할 롱(농)
🇯ロウ·もてあそぶ
🇨lòng, nòng

一二千王弄弄弄

*회의. 두 손(廾)으로 구슬(玉)을 가지고 즐기는 것을 나타내어, '즐기다', '희롱하다'의 뜻으로 쓰임.

풀이 1. 희롱하다. 놀리다. ¶戱弄 2. 놀

[艹 6~12획] 弈 弊 [弋 0~3획] 弋 弍 式

다. 가지고 논다. ¶愚弄 3. 즐기다. 좋아하다. 4. 업신여기다.
弄奸 (농간) 남을 희롱하는 간사한 짓.
弄談 (농담) 장난으로 하는 말.
弄物 (농물) 장난감.
弄瓦 (농와) 여자아이를 낳음. 옛날 딸을 낳으면 장난감으로 흙으로 만든 실패를 주었다는 고사에서 나옴.
弄璋 (농장) 남자아이를 낳음.
弄調 (농조) 희롱하는 어조. 농담조.
愚弄 (우롱) 사람을 바보로 만들어 놀림.
戲弄 (희롱) 말이나 행동으로 실없이 놀리는 짓.
비 戲(놀 희)

弈 ⑥ 9획
바둑 혁

풀이 1. 바둑. 바둑을 두다. ¶弈楸 2. 노름. 도박.
弈楸 (혁추) 바둑판.

弊 ⑫ 15획 日イ・やぶれる
해질 폐 中bì

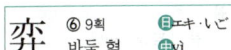
弊 弊 弊

* 형성. 뜻을 나타내는 부수 廾(받들 공)과 음을 나타내는 敝(낡을 폐)를 합친 글자.

풀이 1. 해지다. 낡다. ¶弊履 2. 폐단. 3. 곤하다. 지치다. ¶疲弊 4. 자기의 사물에 대한 겸칭. ¶弊國
弊國 (폐국) 자기 나라를 낮추어 이르는 말.
弊端 (폐단) 좋지 못하고 해로운 일.
弊履 (폐리) 해진 신.
弊害 (폐해) 폐단과 손해.
語弊 (어폐) 적절하지 않은 용어를 씀으로써 일어나는 오해나 폐해.
疲弊 (피폐) 지치고 쇠약해짐.
비 幣(비단 폐) 蔽(가릴 폐)

弋 부

弋 주살 익 部

'弋'자는 '주살'이라는 뜻으로, 줄을 매달아 쏘는 화살을 말한다. 이 화살은 새나 짐승을 잡는 데 사용되므로 '잡다'나 '취하다'는 뜻으로 쓰이기도 하고, 또한 '말뚝'을 나타내기도 한다.

弋 ① 3획 日ヨク・いぐるみ
주살 익 中yì

풀이 1. 주살. 줄에 매달아 쏘는 화살. ¶弋羅 2. 주살로 새를 잡다.
弋羅 (익라) 주살과 그물.
弋繒 (익증) 주살.
비 戈(창 과)

弍 ② 5획
二(p13)의 古字

式 ⑥ 6획 日シキ・のり
법 식 中shì

一 二 F 式 式 式

* 형성. 뜻을 나타내는 工(장인 공)과 음을 나타내는 弋(주살 익)을 합친 글자.

풀이 1. 법. 제도. 규격. 2. 의식. 전례. ¶式順 3. 방식. 형식. ¶公式 5. 본뜨다. 본받다. 4. 수학의 식. 공식.
式順 (식순) 의식을 진행하는 순서.
式場 (식장) 의식을 거행하는 장소.
公式 (공식) 1)공적인 방식. 2)계산 법칙을 수학적으로 나타낸 식.
禮式 (예식) 예의에 따른 격식.
形式 (형식) 1)겉으로 나타나 보이는 사물의 모양. 2)일정한 절차·양식·방법.

[부수] 度(법도 도) 典(법 전) 法(법 법)

弑
⑩ 13획 日シ・ころす
죽일 시 中shì

[풀이] 죽이다. 자식이 부모를, 신하가 임금을, 아랫사람이 윗사람을 죽임.

弑害(시해) 부모 또는 임금을 죽임.

[비] 殺(죽일 살)

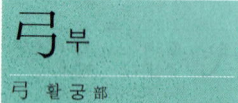

弓 활 궁部

'弓'자는 활의 모양을 본떠 '활'을 나타낸 글자로, 활을 쏘는 방법인 '궁술'을 뜻하기도 하고, 활의 길이를 토대로 길이의 단위로도 쓰인다. 이 글자를 부수로 갖는 글자는 대부분 활 또는 화살을 쏘는 동작과 관련이 있다.

弓
③ 3획 日キュウ・ゆみ
활 궁 中gōng

ㄱㄱ弓

* 상형. 활의 모양을 본뜬 글자.

[풀이] 활. ¶弓弩

弓弩(궁노) 활과 쇠뇌.
弓弦(궁현) 1)활시위. 2)굽은 모양. 또는 길 등이 곧게 나 있어 가까움. 궁현(弓絃). ↔ 궁배(弓背).
弓形(궁형) 활의 모양.
洋弓(양궁) 서양 활. 또는 그 활로 겨루는 경기.

引
① 4획 日イン・ひく
끌 인 中yǐn

ㄱㄱ弓引

* 회의. 활(弓)에 화살(丨)을 대고 끌어당기는 것을 나타내어, '끌다', '당기다'의 뜻으로 쓰임.

[풀이] 1. 끌다. 당기다. ¶誘引 2. 이끌다. 인도하다. ¶引渡 3. 인용하다. 끌어 대다. 4. 늘이다. 5. 노래 곡조. 악곡(樂曲).

引繼(인계) 하던 일을 넘겨줌.
引導(인도) 가르쳐 바로잡아 이끎. 안내함.
引上(인상) 1)끌어올림. 2)물건 값·요금·봉급 등을 올림.
引用(인용) 1)남의 글 또는 말을 자신의 글이나 말 가운데 끌어 씀. 2)남을 채용함.
引火(인화) 불이 옮겨 붙음. 불을 옮겨 붙임.
誘引(유인) 남을 꾀어냄.

弔
① 4획 日チョウ・
❶ 조상할 조 とむらう
❷ 이를 적 中diào

ㄱㄱ弓弔

* 회의. 사람(人)이 활(弓)을 쥐고 있는 것을 나타낸 글자. 옛날에 조상할 때에, 짐승을 막기 위하여 활을 가지고 갔다고 하여, '조상하다'는 뜻으로 사용됨.

[풀이] ❶ 1. 조상하다. 조의를 표하다. ¶弔問 2. 불쌍히 여기다. 3. 매달다. ❷ 4. 이르다. 다다르다.

弔問(조문) 죽은 사람을 슬퍼함. 상제를 위문함.
弔意(조의) 죽은 이를 슬퍼하며 조상하는 마음. 애도의 마음.
弔鐘(조종) 1)죽은 사람에 대해 슬퍼하는 뜻으로 치는 종. 2)성하였던 제도나 세력 등이 완전히 무너져 종말을 고하는 소리를 비유하는 말.

[비] 弓(활 궁) 弗(아닐 불)

弗
② 5획 日フツ
아닐 불 中fú

[弓 2~5획] 弘弛弟弩弥弦

* 상형. 여러 대의 화살을 새끼줄로 한데 묶어서 곧게 펴는 모양을 본뜬 글자. 원래는 '교정하다'의 뜻을 나타냈으나, 가차하여 '아니다'라는 뜻으로 쓰임.

풀이 1. 아니다. 부정의 뜻. ¶弗豫 2. 달러(dollar). ¶弗貨

弗豫(불예) 즐거워하지 않음.
弗貨(불화) 달러(dollar)를 본위로 하는 화폐.

유 不(아닐 불)

弘 ②5획 ㉠コウ·ひろい ㉢hóng
넓을 홍

フ ナ 弓 弘 弘

* 형성. 뜻을 나타내는 부수 '弓(활 궁)'과 음을 나타내는 '厷(팔뚝 굉)'의 고자를 합친 글자.

풀이 1. 넓다. 크다. ¶弘大 2. 넓히다. ¶弘法

弘大(홍대) 넓고 큼.
弘法(홍법) 부처의 도를 폄.
弘益人間(홍익인간) 널리 인간을 이롭게 함.

유 廣(넓을 광)

弛 ③6획 ㉠イ·チ ㉢ch
늦출 이

* 형성. 뜻을 나타내는 부수 '弓(활 궁)'과 음을 나타내는 '也(어조사 야)'를 합친 글자. 활(弓)을 쏘기 힘들이(也) 늘어뜨리는 것을 나타내어, '늦추다'·'느슨하다'는 뜻이 됨.

풀이 1. 늦추다. 느슨하게 하다. ¶解弛 2. 느슨하다. ¶弛緩 3. 활시위를 벗기다.

弛緩(이완) 근육·긴장 등이 풀려 느슨해짐.
弛張(이장) 이완(弛緩)과 긴장(緊張).
解弛(해이) 마음·규율 등이 풀려 느즈러짐.

弟 ④7획 ㉠テイ·おとうと ㉢dì
아우 제

丷 艹 凸 凸 弟 弟 弟

* 상형. 줄로 칭칭 감은 창 모양을 본뜬 글자. 줄을 차근차근 차례대로 감은 것에서 '차례'를 뜻하며, 바뀌어 '아우'의 뜻으로 쓰임.

풀이 1. 아우. 동생. ¶弟兄 2. 제자. 3. 자기를 겸손하게 이르는 말. 4. 공경하다. 받들어 섬기다.

弟嫂(제수) 아우의 아내.
弟子(제자) 1)가르침을 받는 사람. 2)나이 어린 사람. 연소자.
子弟(자제) 1)남의 아들에 대한 높임말. 2)남의 집에 있는 젊은이.
兄弟(형제) 형과 아우.

반 兄(맏 형)

弩 ⑤8획 ㉠ノウ ㉢nǔ
쇠뇌 노

* 형성. 뜻을 나타내는 부수 '弓(활 궁)'과 음을 나타내는 '奴(종 노)'를 합친 글자.

풀이 쇠뇌. 여러 개의 화살이나 돌을 연달아 쏘도록 만든 큰 활.

弩弓(노궁) 쇠뇌.
弩砲(노포) 쇠뇌.

弥 ⑤8획
彌(p235)와 同字

弦 ⑤8획 ㉠ケン·ゆみづる ㉢xián
시위 현

* 형성. 뜻을 나타내는 부수 '弓(활 궁)'과 음을 나타내는 '玄(검을 현)'을 합친 글자. '玄'은 糸(실 사)의 변형이므로, 활(弓)의 줄(糸)인 '활시위'의 뜻으로 쓰임.

풀이 1. 시위. 활시위. 2. 현악기의 줄. 현악기. ¶弦管 3. 반달. ¶上弦 4. 현. ㉠직각 삼각형의 빗변. ㉡호(弧)의 두 끝을 잇는 선분.

弦管(현관) 현악기와 관악기. 거문고와 피리.
弦影(현영) 반달의 모양. 또는 그 빛.

上弦(상현) 음력 7, 8일경에 나타나는 반달.

弧 ⑤ 8획
활 호 🇯 コ・ゆみ 🇨 hú

풀이 1. 활. 나무로 만든 활. ¶弧弓 2. 호. 원둘레의 일부로서, 활처럼 휜 곡선.

弧弓(호궁) 1)나무로 만든 활. 2)나무로 만든 활과 뿔로 만든 활.

弧矢(호시) 1)나무로 만든 활과 화살. 2)별 이름.

🇷 弓(활 궁)

彎 ⑥ 9획
彎(p.235)의 俗字

弱 ⑦ 10획
약할 약 🇯 ジャク・よわい 🇨 ruò

 ̄ ̄ ̄ ̄弓 弓 弓 弱 弱 弱 弱

* 회의. '弓(활 궁)'은 구부러진 모양을 나타내고, '彡(터럭 삼)'은 털이 부드럽게 휘어진 것을 나타냄. 쉽게 구부러질 정도로 '약하다'의 뜻으로 쓰임.

풀이 1. 약하다. 약한 사람. ¶弱化 2. 젊다. 어리다. ¶弱冠 3. 모자라다.

弱冠(약관) 남자 나이 20세를 이르는 말.

弱肉强食(약육강식) 약한 것은 강한 것의 먹이가 된다는 뜻으로, 강한 자가 약한 자를 공격하여 지배함을 이르는 말.

弱點(약점) 1)모자라는 점. 결점. 2)깨끗하지 못한 이면.

弱化(약화) 세력이 약해짐.

🇷 强(강할 강)

强 ⑧ 11획
강할 강 🇯 キョウ・つよい 🇨 jiàng, qiáng, qiǎng

 ̄ ̄ ̄弓 弓 弓 弓 弦 弦 弦 强 强 强

* 형성. 뜻을 나타내는 '虫(벌레 훼)'와 음을 나타내는 '弘(넓을 홍)'을 합친 글자. '弘'은 '疆(굳셀 강)'의 변형으로, 이에 딱딱한(疆) 벌레(虫)의 뜻으로 쓰이다가, 후에 가차되어 '굳세다'의 뜻으로 쓰이됨.

풀이 1. 강하다. 굳세다. ¶强大 2. 강한 자. 힘이 있는 자. 3. 힘쓰다. 노력하다. 4. 억지로 시키다. 강요하다. ¶强奪 5. 남다. 우수리가 있어 실제로는 표기한 숫자보다 큼을 나타냄.

强姦(강간) 부녀자를 강제로 간음함.

强大(강대) 힘이 세고 큼.

强力(강력) 힘이 셈. 강한 힘.

强盛(강성) 세력이 힘차고 왕성함.

强要(강요) 무리하게 요구함. 억지로 요구함.

强敵(강적) 강한 적.

强奪(강탈) 억지로 빼앗음.

强豪(강호) 1)세력이 강하여 대들기 어려운 상대. 2)아주 강한 팀.

🇷 健(튼튼할 건) 🇷 弱(약할 약)

張 ⑧ 11획
베풀 장 🇯 チョウ・はる 🇨 zhāng

 ̄ ̄ ̄弓 弓 弓 弦 弦 弦 張 張 張

* 형성. 뜻을 나타내는 부수 '弓(활 궁)'과 음을 나타내는 '長(길 장)'을 합친 글자. 활[弓]을 길게[長] 당기는 것을 나타냄.

풀이 1. 베풀다. 차리다. 2. 활을 당기다. 3. 장막. 4. 벌리다. 넓히다. ¶擴張 5. 떠벌리다. 자랑하다.

張力(장력) 당기거나 당겨지는 힘.

張本人(장본인) 어떤 일을 일으킨 당사자.

張皇(장황) 1)당황함. 2)길고 번거로움.

緊張(긴장) 1)마음을 단단히 하여 특히 조심함. 2)팽팽하게 당김.

擴張(확장) 늘여서 넓힘.

🇷 施(베풀 시) 宣(베풀 선)

强 ⑨ 12획
强(p234)의 俗字

弾 ⑨ 12획
彈(p235)의 俗字

弼 ⑨ 12획 [日]ヒツ·たすける
도울 필 [中]bì

[풀이] 1. 돕다. 보좌하다. 보좌하는 사람. ¶弼導 2. 도지개. 틀이 가거나 뒤틀린 활을 바로잡는 틀.

弼導(필도) 도와서 이끎.

輔弼(보필) 임금의 정사(政事)를 도움.

[유] 助(도울 조) 幇(도울 방)

彈 ⑫ 15획 [日]タン·たま
탄알 탄 [中]dàn, tán

* 형성. 뜻을 나타내는 부수 '弓(활 궁)'과 음을 나타내는 '單(홑 단)'을 합친 글자.

[풀이] 1. 탄알. ¶彈弓 2. 튀기다. ¶彈力 3. 타다. 연주하다. ¶彈奏 4. 따지다. 탄핵하다.

彈弓(탄궁) 탄환을 쏘는 활.

彈力(탄력) 탄성체가 외부에서 가해진 힘에 저항하여 본디의 상태로 돌아가려고 하는 힘.

彈奏(탄주) 1)잘못을 밝혀 탄핵함. 2)현악기를 탐.

指彈(지탄) 잘못을 꼬집어 나무람. 지목하여 비방함.

爆彈(폭탄) 폭발탄의 준말.

彊 ⑬ 16획 [日]コウ·つよい
굳셀 강 [中]jiàng, qiáng, qiǎng

[풀이] 1. 굳세다. 강하다. ¶彊弩 2. 힘쓰다.

彊弩(강노) 강한 쇠뇌.

[유] 強(강할 강)

彌 ⑭ 17획 [日]ビ·ミ·いよいよ
두루 미 [中]mí

[풀이] 1. 두루. 널리. ¶彌亘 2. 더욱. 점점 더. 3. 깁다. 수선하다. ¶彌縫 4. 오래되다.

彌亘(미긍) 널리 걸침. 두루 퍼짐.

彌滿(미만) 가득 참.

彌彌(미미) 조금씩.

彌縫(미봉) 1)해진 곳을 꿰맴. 2)자신의 결점을 눈가림으로 넘김.

沙彌(사미) 1)불도를 닦는 20세 미만의 남자. 2)불문에 든 지 얼마 안 되어 불법에 미숙한 어린 남자 수행자. 사미승(沙彌僧).

彎 ⑲ 22획 [日]ワン·ひく
굽을 만 [中]wān

[풀이] 1. 굽다. 구부러지다. 휘다. ¶彎曲 2. 활에 화사위를 당기다.

彎曲(만곡) 활처럼 휘어 굽음.

灣入(만입) 강이나 바다의 물이 육지 쪽으로 활처럼 휘어져 들어감. 또는 그곳.

彐 부

彐(彑·⺕) 튼가로왈 部

'彐'자는 돼지 머리의 모양을 나타내어 '돼지 머리 계'로 불리다가, '曰(가로 왈)'자의 왼쪽 획이 없는 모양과 같다 하여 '튼가로왈'이라는 부수 명칭으로 쓰인다.

3획

크

크 ① 3획 ㉠ケイ
돼지 머리 계 ㊥jì

풀이 돼지 머리.

彑 ③ 6획
多(p158)의 俗字

当 ③ 6획
當(p497)의 俗字

灵 ④ 7획
靈(p805)의 俗字

彖 ⑥ 9획 ㉠タン
단사 단 ㊥tuàn

풀이 1. 단사(彖辭). 주역(周易)의 각 괘의 뜻을 풀이한 총론. 2. 판단하다. 점을 치다.

彗 ⑧ 11획 ㉠ケイ・ほうき
비 혜 ㊥huì

*회의. '크'자는 손을 나타내는 '又(또 우)'의 변형임. 손(크)에 비(丰丰)를 들고 있는 것을 나타내어, 비의 뜻으로 쓰임.

풀이 1. 비. 빗자루. ¶彗掃 2. 쓸다. 3. 살별, 꼬리별. ¶彗星

彗星(혜성) 빛나는 긴 꼬리를 끌고 해 주위를 포물선 또는 타원을 그리며 지나가는 별. 살별.
彗掃(혜소) 비로 쓸어 깨끗하게 함.
彗孛(혜패) 살별. 혜성(彗星).

彘 ⑨ 12획 ㉠テイ・いのこ
돼지 체 ㊥zhì

풀이 돼지.
㊅ 亥(돼지 해) 豚(돼지 돈)

彙 ⑩ 13획 ㉠イ・キ・はりねずみ
무리 휘 ㊥huì

풀이 1. 무리. 동류(同類) ¶彙類 2. 모으다. 같은 종류끼리 모으다. ¶彙集 3. 고슴도치.

彙類(휘류) 같은 종류끼리 모음.
彙集(휘집) 같은 종류의 물건을 모음.
語彙(어휘) 한 언어에서 사용되는 단어의 전체.
㊅ 徒(무리 도) 衆(무리 중) 屬(무리 속)

彛 ⑬ 16획
彝(p236)의 俗字

彝 ⑮ 18획 ㉠イ・つね
떳떳할 이 ㊥yí

풀이 1. 떳떳하다. 항상 변치 않다. ¶彝倫 2. 술그릇. 종묘에서 쓰는 제기(祭器)의 하나.

彝倫(이륜) 마땅히 지켜야 할 변치 않는 도리.
彝訓(이훈) 사람이 반드시 지켜야 할 교훈.

彡부

彡 터럭 삼 部

'彡'자는 털이 가지런히 나 있는 모양을 나타내어 '터럭 삼'이라고 하고, '三'자의 변형된 모양이라 하여 '삐친석삼'이라고도 한다. 뜻은 주로 '터럭'이나 '머리털'을 나타내며, 이 글자를 부수로 갖는 글자는 털, 색깔, 또는 이것으로 아름답게 장식한다는 뜻과 관련이 있다.

彡 ① 3획 日サン·セン 中shān
터럭 삼

풀이 터럭, 긴 머리털.

彤 ④ 7획 日ドウ·あかい 中tóng
붉을 동

풀이 1. 붉다. 2. 붉은 칠을 하다.

彤雲(동운) 붉은빛을 띠는 구름.

🔁 赤(붉을 적)

形 ④ 7획 日ケイ·かたち 中xíng
형상 형

˥ ニ 开 开 开ˊ 形 形

* 형성. 뜻을 나타내는 부수 '彡(터럭 삼)'과 음을 나타내는 '幵(평평할 견)'을 합친 글자. 색채(彡)를 가지고 질서 있는 모양(幵)을 나타내어, '형상', '형태'의 뜻으로 쓰임.

풀이 1. 형상. 모양. 생김새. ¶形態 2. 얼굴. 용모. 3. 형세. 상태. ¶形便 4. 나타나다. 나타내다.

形局(형국) 일이 벌어진 형편·국면.
形成(형성) 1)어떤 모양을 이룸. 2)일이 진척됨.
形言(형언) 형용하여 말함.
形質(형질) 형체와 성질.
形體(형체) 1)물건의 생김새와 바탕이 되는 몸. 2)생김새. 물건의 외형.
形態(형태) 사물의 모양.
形便(형편) 1)일이 되어 가는 모양. 2)살림살이의 형세.
變形(변형) 형태가 바뀜. 모습을 바꿈.

🔁 狀(형상 상) 🔀 刑(형벌 형)

彦 ⑥ 9획 日ひこ 中yán, yàn
선비 언

풀이 선비. 재주와 덕이 뛰어난 사람.

彦士(언사) 재주와 덕이 뛰어난 선비.

🔁 士(선비 사) 儒(선비 유)

彧 ⑦ 10획 日イク 中yù
문채 욱

풀이 1. 문채. 무늬. 문채가 있다. 2. 초목이 무성한 모양.

彧彧(욱욱) 1)초목이 무성한 모양. 2)문채가 빛나는 모양.

彬 ⑧ 11획 日ビン·ひかる 中bīn
❶ 빛날 빈
❷ 밝을 반

* 형성. 뜻을 나타내는 부수 '彡(터럭 삼)'과 음을 나타내는 '林(수풀 림)'을 합친 글자.

풀이 ❶ 1. 빛나다. 문(文)과 질(質)을 겸비하다. ❷ 2. 밝다. 문채가 밝고 선명하다. ¶彬蔚

彬彬(빈빈) 글의 형식과 내용이 잘 갖추어져 있는 모양.

🔁 昱(빛날 욱) 炯(빛날 형) 奐(빛날 환)

彫 ⑧ 11획 日チョウ·きざむ 中diāo
새길 조

* 형성. 뜻을 나타내는 부수 '彡(터럭 삼)'과 음을 나타내는 '周(두루 주)'를 합친 글자. 문채(彡)를 두루(周) 새기는 것을 나타내어, '새기다', '조각'을 뜻함.

풀이 1. 새기다. 아로새기다. 조각하다. ¶彫刻 2. 시들다.

彫刻(조각) 조형 미술의 한 가지. 나무·돌·흙·쇠붙이 등을 깎고 새겨서 입체적인 형상을 만듦. 또는 그렇게 새긴 것.
彫塑(조소) 소상(塑像)과 조각.
彫琢(조탁) 보석 등을 새기거나 쪼는 일.

🔀 周(두루 주)

彩 ⑧ 11획 日サイ·もよう 中cǎi
무늬 채

彩

ノ ハ 四 四 丛 平 平 采 采 彩 彩

* 형성. 뜻을 나타내는 부수 '彡(터럭 삼)'과 음을 나타내는 '采(캘 채)'를 합친 글자.

풀이 1. 무늬, 문양. 2. 채색, 채색하다. ¶彩色 3. 빛, 광채. ¶彩虹

彩色(채색) 1)그림에 색을 칠함. 2)여러 가지의 고운 빛깔.

彩雲(채운) 여러 빛깔의 고운 구름.

彩虹(채홍) 고운 빛깔의 무지개.

光彩(광채) 찬란한 빛.

유 文(무늬 문)

彪

⑧ 11획 ヒョウ・もよう 범 표 biāo

* 회의. 호랑이[虎] 가죽의 무늬[彡]를 나타낸 글자.

풀이 1. 범, 호랑이. 2. 무늬, 호랑이 가죽 무늬. ¶彪炳

彪炳(표병) 호랑이 가죽처럼 무늬가 빛나고 아름다움.

유 彩(무늬 채) 文(무늬 문)

彭

⑦ 12획
❶ 땅이름 팽 ホウ
❷ 곁 방 péng

풀이 ❶ 1. 땅 이름. 2. 팽창하다. 부풀어 오르다. ¶彭湃 ❷ 3. 곁, 옆. 4. 많다. 성하다.

彭湃(팽배) 물결이 부딪쳐 솟구친다는 뜻에서, 기세나 문장의 사조 등이 성하게 일어남을 이르는 말.

彰

⑪ 14획 ショウ・あきらか 밝을 창 zhāng

* 형성. 뜻을 나타내는 부수 '彡(터럭 삼)'과 음을 나타내는 '章(글 장)'을 합친 글자.

풀이 1. 밝다. 뚜렷하다. ¶彰德 2. 드러나다, 드러내다. 나타내다. ¶顯彰

彰德(창덕) 사람의 선행이나 덕 등을 세상에 밝게 드러냄.

彰顯(창현) 뚜렷하게 나타냄.

表彰(표창) 다른 사람의 공적이나 선행을 세상에 드러내어 밝힘.

유 明(밝을 명)

影

⑫ 15획 エイ・かげ 그림자 영 yǐng

ノ 冂 冂 日 日 炅 昮 昘 景 景 景 影 影

* 형성. 뜻을 나타내는 부수 '彡(터럭 삼)'과 음을 나타내는 '景(볕 경)'을 합친 글자. 햇볕[景]이 밝은 데서 생기는 무늬[彡]인 '그림자'를 뜻함.

풀이 1. 그림자. ¶陰影 2. 형상, 모습. 3. 화상. 초상(肖像). ¶影幀

影庇(영비) 도움, 은덕(恩德).

影印(영인) 책 등을 사진으로 찍어 인쇄함.

影幀(영정) 화상을 그린 족자.

影響(영향) 하나의 작용이 다른 사물에 미치는 현상.

反影(반영) 반사하여 비친 그림자.

陰影(음영) 1)그림자. 2)그늘. 3)미묘한 변화나 차이.

유 晷(그림자 구)

彳 부

彳 두인변 部

'彳'자는 '行(다닐 행)'의 왼쪽 부분으로, 조금씩 걷기가 자꾸 멈춘다는 뜻을 나타낸다. 그러나 단독의 문자보다는 주로 부수로 쓰이는데, 부수 명칭은 '두인변'이다. 이 글자를 부수로 갖는 글자는 대부분 걷기와 관련된 동작을 나타낸다.

[彳 0~5획] 彳彷役徑佛往徃征

彳
①3획 ㉺テキ・たたずむ
조금걸을 척 ㊥chì

풀이 조금 걷다. 걷다가 자꾸 멈춰 서다.

彷
④7획 ㉺ホウ・さまよう
배회할 방 ㊥fǎng, páng

*형성. 뜻을 나타내는 부수 '彳(조금 걸을 척)'과 음을 나타내는 '方(모 방)'을 합친 글자.

풀이 1. 배회하다. 헤매다. 2. 비슷하다.
彷彿(방불) 1)비슷함. 2)흐릿하고 어렴풋함.
彷徨(방황) 일정한 방향이나 목적이 없이 헤맴.
유 徨(노닐 황)

役
④7획 ㉺エキ・やく
부릴 역 ㊥yì

ノ ノ 彳 彳 彳 役 役

*회의. 무기를 들고(殳) 변방을 지키러 돌아다니는(彳) 것, 곧 '수자리'를 나타내며 '부역, 역할'의 뜻으로도 쓴다.

풀이 1. 부리다. 일을 시키다. 2. 일. 노동. ¶役軍 3. 부역(賦役). 요역(徭役). 4. 전쟁.
役軍(역군) 1)수자리를 하는 병사. 2)일꾼.
役事(역사) 토목이나 건축 등의 공사.
役割(역할) 소임. 구실.
苦役(고역) 고된 노동.
勞役(노역) 아주 힘든 육체 노동.
유 使(하여금 사)

徑
⑤8획
徑(p241)의 俗字

佛
⑤8획 ㉺フツ
비슷할 불 ㊥fú

풀이 비슷하다. 닮다. ¶彷彿
비 佛(부처 불)

往
⑤8획 ㉺オウ・いく
갈 왕 ㊥wǎng

ノ ノ 彳 彳 彳 往 往 往

*형성. 뜻을 나타내는 부수 '彳(조금 걸을 척)'과 음을 나타내는 '坐(황)'를 합친 글자.

풀이 1. 가다. 떠나가다. ¶往來 2. 옛날. 지난 해. ¶往年 3. 가끔. ¶往往
往年(왕년) 지나간 해. 옛날.
往來(왕래) 오고 가고 함.
往復(왕복) 1)갔다가 돌아옴. 2)문서나 편지의 왕래.
往往(왕왕) 이따금. 때때로.
往診(왕진) 의사가 병자가 있는 곳으로 직접 가서 진찰함.
반 來(올 래) 비 住(살 주)

徃
⑤8획
往(p239)의 俗字

征
⑤8획 ㉺セイ
칠 정 ㊥zhēng

ノ ノ 彳 彳 彳 征 征 征

*형성. 뜻을 나타내는 부수 '彳(조금 걸을 척)'과 음을 나타내는 '正(바를 정)'을 합친 글자. 똑바로[正] 나아가는[彳] 치는 것을 나타내어, '가다', '정벌하다'의 뜻으로 쓰임.

풀이 1. 치다. 정벌하다. ¶征伐 2. 가다. 먼 길을 가다. ¶遠征
征伐(정벌) 적이나 무도한 무리를 군대로 침.
征服(정복) 1)정벌하여 복종시킴. 2)어려운 일을 겪어 이겨 냄.
征戰(정전) 1)전쟁. 2)전쟁에 나아감.
遠征(원정) 1)멀리 적을 치러 감. 2)경기·조사·탐험 등을 하기 위해 먼 곳에 감.
유 打(칠 타)

徂 ⑤8획 日ソ·いく 갈 조 中cú

풀이 1. 가다. 떠나가다. 향해 가다. ¶徂來 2. 비로소.

徂來(조래) 가고 옴. 왕래.

彼 ⑤8획 日ヒ·あれ·かれ 저 피 中bǐ

ノノイ 彳 卆 彷 彼 彼

*형성. 뜻을 나타내는 부수 '彳(조금 걸을 척)'과 음을 나타내는 '皮(가죽 피)'를 합친 글자.

풀이 1. 저. 저곳. 저 사람. ¶彼此 2. 그. 나 자신이 아닌 남을 지칭함. ¶彼我

彼我(피아) 그와 나. 남과 자기.
彼岸(피안) 1)저쪽 물가 언덕. 2)속세의 번뇌를 해탈하여 열반의 세계에 도달함. 또는 그 경지.
彼此(피차) 이것과 저것. 서로.
비 佊(간사할 피)

待 ⑥9획 日タイ·まつ 기다릴 대 中dāi, dài

ノノイ 彳 卆 徃 待 待

*형성. 뜻을 나타내는 부수 '彳(조금 걸을 척)'과 음을 나타내는 '寺(절 사)'를 합친 글자.

풀이 1. 기다리다. ¶待機 2. 대접하다. 대우하다. ¶待遇

待機(대기) 1)기회나 때를 기다림. 2)임지(任地)나 업무에 대한 명령을 기다림.
待遇(대우) 신분에 맞게 대접함.
待接(대접) 1)손님을 맞음. 2)음식을 차려서 손님을 접대함.
待避(대피) 위험·난을 일시적으로 피함.
期待(기대) 어떤 일이 이루어질 것을 바라고 기다림.
비 侍(모실 시)

律 ⑥9획 日リツ 법 률(율) 中lǜ

ノノイ 彳 卆 徨 徨 律

*형성. 뜻을 나타내는 부수 '彳(조금 걸을 척)'과 음을 나타내는 '聿(붓 율)'을 합친 글자.

풀이 1. 법. 규칙. ¶律法 2. 음률. 가락. ¶律動 3. 율시(律詩).

律動(율동) 규칙에 따라 주기적으로 움직이는 일.
律法(율법) 1)법도. 법률. 2)종교적·도덕적·사회적 생활에 관하여 신의 이름으로 규정된 규범.
法律(법률) 법규. 법도.
🔒 法(법 법) 模(법 모)

徇 ⑥9획 日シュン·まわる 돌 순 中xùn

풀이 1. 돌다. 순행하다. 2. 좇다. 따르다. ¶徇國 3. 두루. 골고루.
徇國(순국) 나라를 지키기 위해 죽음.
徇通(순통) 두루 통함.
🔒 回(돌 회) 巡(돌 순)

徉 ⑥9획 日ヨウ 노닐 양 中yáng

풀이 노닐다. 배회하다.
비 洋(바다 양)

徊 ⑥9획 日カイ 노닐 회 中huái, huí

풀이 노닐다. 배회하다. ¶徘徊
徘徊(배회) 목적 없이 거닒.
🔒 徉(노닐 양)

後 ⑥9획 日ゴ·コウ·あと 뒤 후 中hòu

ノノイ 彳 卆 徉 後 後

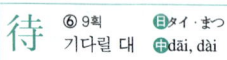
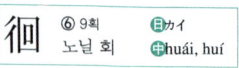

[彳 6~7획] 很 徑 徒 徐　241

* 회의. 작은(幺) 아기가 걸어가(彳) 늦게 이르니(夊) 어른의 뒤에 선 것임을 나타냄. 이에 '뒤', '나중' 이라는 뜻으로 쓰임.

풀이 1. 뒤. 위치상의 뒤. 또는 시간상의 나중. ¶後代 2. 뒤떨어지다. 뒤지다. 3. 후손. 후계자. ¶後孫

後期(후기) 1)뒤의 시기. 2)후반기(後半期).
後代(후대) 뒤의 세대.
後門(후문) 뒷문.
後拂(후불) 나중에 값을 지불함.
後孫(후손) 자손(子孫)
後援(후원) 1)뒤에 있는 원병(援兵). 2)뒤에서 남몰래 도와줌.
後進(후진) 1)자기보다 나중에 나옴. 또 그 사람. 후배(後輩). 2)뒤로 감. 퇴보함.
後天(후천) 태어난 후에 갖춤. 이 세상에 난 뒤에 앎. 태어난 후에 얻은 지식·습관 등.
後退(후퇴) 뒤로 물러감.
後悔(후회) 이전의 잘못을 뉘우침.
老後(노후) 늙은 뒤.
背後(배후) 1)등 뒤. 2)어떤 일에 겉으로 드러나지 않는 뒤편.
반 前(앞 전) 先(먼저 선)

很　⑥ 9획　⑪ キン
패려궂을 흔　⑭ hěn

풀이 1. 패려궂다. 언행이 거칠고 꼬여 있다. ¶很戾 2. 어기다. 거역하다. 3. 다투다. 4. 아주. 매우.

很戾(흔려) 1)마음이 심술궂고 꼬여 있음. 2)도리(道里)에 어긋남.

徑　⑦ 10획　⑪ ケイ·みち
지름길 경　⑭ jìng

`丿亻彳彳彳彳彳徑徑徑`

* 형성. 뜻을 나타내는 부수 彳(조금 걸을 척)과 음을 나타내는 巠(지하수 경)을 합친 글자.

풀이 1. 지름길. ¶徑道 2. 지름. 직경. 3. 곧다. 정직하다.

徑道(경도) 1)오솔길. 2)지름길.
徑行(경행) 생각한 바 대로 행함.

徒　⑦ 10획　⑪ ト·ただ
무리 도　⑭ tú

`丿亻彳彳彳什什徒徒`

* 형성. 뜻을 나타내는 彳(쉬엄쉬엄 갈 착)과 음을 나타내는 土(흙 토)를 합친 글자. 말이나 수레를 타지 않고 흙(土)을 밟으며 가는(彳) 것을 나타내어 '걷다'의 뜻으로 쓰임.

풀이 1. 무리. 패거리. ¶徒黨 2. 맨손. 맨발. ¶徒步 3. 징역. 징역 사는 죄수. 4. 다만. 단지. 5. 헛되이. ¶徒勞 6. 걸어다니다. 보행하다. ¶徒步

徒黨(도당) 무리.
徒勞(도로) 헛수고.
徒輩(도배) 같은 무리.
徒步(도보) 걸어감.
徒弟(도제) 1)제자. 2)직업에 필요한 지식·기능을 습득하기 위하여 남의 밑에서 노무에 종사하는 직공.

유 衆(무리 중) 屬(무리 속)
비 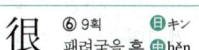 徙(옮길 사)

徐　⑦ 10획　⑪ ジョ
천천할 서　⑭ xú

`丿亻彳彳彳徐徐徐徐`

* 형성. 뜻을 나타내는 부수 彳(조금 걸을 척)과 음을 나타내는 余(나 여)를 합친 글자. '余'는 '餘(남을 여)'의 약자로 여유 있게 (余) 가는(彳) 것을 나타내어, '천천히 가다'라는 뜻으로 쓰임.

풀이 천천히 하다. 천천히. ¶徐步

徐步(서보) 천천히 걸음.
徐徐(서서) 1)평온한 모양. 2)잠을 자고 있는 모양. 3)천천히.
徐行(서행) 천천히 감. 조용히 걸음.

從 ⑦ 10획
從(p242)의 俗字

得 ⑧ 11획 ㊐トク・える
얻을 득 ㊥dé, de, děi

′ ㇒ 彳 彳 彳' 彳㔾 彳甲 得 得 得

* 회의. 걸어가서(彳) 돈(貝)이나 물품을 손(寸)에 넣는다 하여 '얻다'의 뜻을 나타냄.

풀이 1. 얻다. 가지다. ¶得失 2. 만족하다. 3. 알다. 깨닫다. ¶得道 4. 이득.

得男(득남) 아들을 낳음.
得道(득도) 바른 길을 얻음. 도를 깨달음.
得病(득병) 병을 얻음. 병에 걸림.
得失(득실) 얻음과 잃음. 이익과 손실.
得意(득의) 생각한 대로 되어 만족함. 바라던 일이 이루어짐.
得點(득점) 어떠한 시험이나 경기 같은 데서 점수를 얻음. 또는 그 점수.
利得(이득) 이익을 얻음. 또는 그 이익.
囲 獲(얻을 획) ↔ 失(잃을 실)

倈 ⑧ 11획 ㊐ライ・きる
올 래 ㊥lái, lài

풀이 1. 오다. 오게 하다. 2. 위로하다.
囲 來(올 래)

徘 ⑧ 11획 ㊐ハイ
노닐 배 ㊥pái

풀이 노닐다. 배회하다.
徘徊(배회) 목적 없이 어떤 곳을 중심으로 이리저리 거닒.

徙 ⑧ 11획 ㊐サ・うつる
옮길 사 ㊥xǐ

풀이 옮기다. 이동하다. ¶徙居
徙居(사거) 거처를 옮김.

徙木之信(사목지신) 백성을 다스리는 자는 백성과의 약속을 지켜야 함을 이르는 말.
移徙(이사) 집을 옮김.
囲 徒(무리 도)

徜 ⑧ 11획 ㊐ショウ
노닐 상 ㊥cháng

풀이 노닐다. 배회하다.
囲 徘(노닐 배)

御 ⑧ 11획 ㊐ゴ・お
어거할 어 ㊥yù

′ ㇒ 彳 彳' 彳㔾 彳午 彳缶 徊 御 御

* 회의. 뜻을 나타내는 부수 '彳(조금 걸을 척)'과 '卸(풀 사)'를 합친 글자. 마차를 몰고 가거나(彳) 마차를 세우고 말을 푸는(卸) 일 같이 나타내어 말을 몰다'의 뜻으로 쓰임.

풀이 1. 어거하다. 말을 몰다. ¶御駕 2. 거느리다. 다스리다. 4. 임금에 관한 일에 붙이는 높임말.

御駕(어가) 임금이 타고 다니는 수레.
御命(어명) 임금의 명령. 어령(御令).
御用(어용) 1)임금이 씀. 또는 그 물건. 2)권력에 영합하여 줏대 없이 행동하는 짓을 낮잡아 이르는 말.
御製(어제) 1)임금이 지음. 2)임금이 지은 문장이나 음악.
崩御(붕어) 임금이 죽음.

從 ⑧ 11획 ㊐ジュ・したがう
좇을 종 ㊥cóng

′ ㇒ 彳 彳' 彳八 彳ㄨ 彳人 徉 從 從

* 형성. 뜻을 나타내는 辵(쉬엄쉬엄 갈 착)과 음을 나타내는 从(좇을 종)을 합친 글자. 본래는 '从'만으로도 한 사람(人)에 다른 사람(人)이 따르는 것을 나타내었는데, 후에 '辵'을 덧붙여 '따라가다', '좇다'의 뜻으로 쓰임.

풀이 1. 좇다. 따르다. ¶順從 2. 일하

[彳 9~10획] 復循徧徨微

다. 종사하다. 3. 여유롭다. 느릿하다. 4. 하인. 시중드는 사람. 5. 친족 간의 관계를 나타내는 말. 6. 버금. 품계(品階)는 같으나 등급이 낮은 것. 7. 부터. ¶從來 8. 세로.

從軍(종군) 군대를 따라 전쟁터로 감.

從來(종래) 이전까지. 이전부터 최근까지.

從僕(종복) 사내 종.

從業員(종업원) 어떤 업무에 종사하는 사람.

從橫(종횡) 1)세로와 가로. 2)마음대로임. 자유자재임.

順從(순종) 순순히 복종함.

復
⑨ 12획
❶ 다시 부 🇯フク·カえる
❷ 돌아올 복 🇨fù

丿 亻 彳 彳 彳 芢 狗 徇 復 復 復

* 형성. 뜻을 나타내는 부수 '彳(조금 걸을 척)'과 음을 나타내는 '复(돌아갈 복)'을 합친 글자. 갔다가(彳) 다시 오니(复) '돌아오다', '다시' 라는 뜻으로 쓰임.

풀이 ❶ 1. 다시. 또. 거듭. ¶復興 ❷ 2. 돌아오다. 돌려보내다. 3. 회복하다. 본래대로 돌아가다. 4. 되풀이하다. 반복하다. ¶復習 5. 대답하다. 6. 말씀드리다. 7. 갚다.

復古(복고) 옛날 모양으로 돌아감.

復歸(복귀) 본디의 상태로 돌아감.

復讐(복수) 원수를 갚음.

復習(복습) 한 번 배운 것을 다시 익힘.

復元(복원) 원래대로 다시 회복함.

復職(복직) 물러났던 관직이나 직업에 다시 오름.

復興(부흥) 1)일을 다시 일으킴. 2)쇠약했던 것이 전과 같이 다시 흥함.

循
⑨ 12획
좇을 순
🇯ジュン·おう
🇨xún

丿 亻 彳 彳 彳 彳 稦 稦 循 循 循

풀이 1. 좇다. 따르다. 2. 돌다. 순환하다. ¶循環

循吏(순리) 법을 지키며 근무하는 관리.

循環(순환) 1)쉬지 않고 돎. 2)원인과 결과가 서로 쉬지 않고 돎. 3)생물이 영양물을 몸의 각 부분에 운반함.

🔗 從(좇을 종)

徧
⑨ 12획
두루 편
🇯ヘン
🇨biàn

풀이 1. 두루. 골고루. 2. 돌아다니다. 두루 다니다.

徧賜(편사) 두루 미치게 줌.
徧周(편주) 두루 미침.

🔗 編(엮을 편) 偏(치우칠 편)

徨
⑨ 12획
배회할 황
🇯コウ
🇨huáng

풀이 배회하다. 방황하다. ¶彷徨

🔗 彷(배회할 방)

微
⑩ 13획
작을 미
🇯ビ·み·かすか
🇨wēi

丿 亻 彳 彳 彳 彳 徏 徏 徏 徏 微 微

* 형성. 뜻을 나타내는 부수 '彳(조금 걸을 척)'과 음을 나타내는 부수 이외의 글자를 합친 글자.

풀이 1. 작다. 미세하다. ¶微微 2. 정묘하다. 미묘하다. 3. 몰래. 은밀히 4. 어렴풋하다. 희미하다. 5. 천하다. 미천하다. ¶寒微 6. 적다. 조금.

微物(미물) 자그마하고 변변찮은 물건. 하찮은 벌레나 동물.

微微(미미) 보잘것없고 작은 모양.

微雨(미우) 이슬비. 작게 내리는 비.

微志(미지) 작은 뜻.
微行(미행) 1)임금이나 고관들이 남이 알아차리지 못하도록 천한 복장을 하고 몰래 다님. 2)좁은 길.
輕微(경미) 정도가 가벼움. 아주 작음.
寒微(한미) 가난하고 문벌이 변변하지 못함.
비 薇(고비 미)

| 徭 | ⑩ 13획 | 日ヨウ·りくつ |
| | 구실 요 | 中yáo |

*형성. 뜻을 나타내는 부수 '彳(조금 걸을 척)'과 음을 나타내는 '䍃(항아리 유·요)'를 합친 글자.
풀이 부역(賦役), 역사(役事). 나라에서 의무적으로 시키는 일.
徭役(요역) 국가에서 세금을 대신하여 시키던 노동.
비 搖(흔들릴 요)

| 德 | ⑫ 15획 | 日トク |
| | 덕 덕 | 中dé |

ノノ彳彳犷犷徃德德德
德德德德

*형성. 뜻을 나타내는 부수 '彳(조금 걸을 척)'과 음을 나타내는 '惪(덕 덕)'을 합친 글자. '惪'은 '德'의 변형으로, 곧은(直) 마음(心)인 덕을 뜻함.
풀이 1. 덕. 인품. 도덕. ¶美德 2. 덕분. 은혜. 3. 복(福). 행복.
德治主義(덕치주의) 덕으로서 나라를 바르게 다스린다는 사상.
道德(도덕) 인류의 큰 도. 사람으로서 마땅히 지켜야 할 도리 및 그것을 자각하며 실천하는 행위의 총체.
美德(미덕) 아름다운 덕. 도덕적인 선행.

徵	⑫ 15획	
	❶ 부를 징	日チョウ·しるし
	❷ 음률 이름 치	中zhēng, zhǐ

ノノ彳彳彳犷犷徎徵徵
徵徵徵

*회의. 微(작을 미)의 생략형과 壬(착할 정)을 합친 글자. 미세하게(微) 공부하여 학문에 통달한 사람(壬)을 임금이 부른다 하여 '부르다'의 뜻으로 쓰임.
풀이 ❶ 1. 부르다. 불러들이다. ¶徵兵 2. 거두다. 거둬들이다. ¶徵收 3. 조짐. 징조. ¶徵兆 ❷ 4. 음률 이름. 오음(五音)의 하나. 오행에서는 불(火), 십이지로는 오(午), 계절로는 여름에 해당함.
徵兵(징병) 법에 의거하여 해당자를 군대에 복무시키기 위하여 모음.
徵收(징수) 나라에서 세금이나 그 밖의 돈·물건을 거둠.
徵用(징용) 거두어 사용함. 징발하여 사용함.
徵兆(징조) 어떤 일이 있을 조짐.
徵候(징후) 좋거나 언짢은 조짐.
特徵(특징) 특별히 눈에 띄는 점.
비 懲(혼날 징)

| 徹 | ⑫ 15획 | 日テツ |
| | 통할 철 | 中chè |

ノノ彳彳彳彳彳犷徛徛
徛徛徹徹

*회의. 鬻(솥 력)의 변형과 又(또 우)의 변형을 합친 글자. 식사 후 손(又)으로 鬻을 가져간다(彳)를 나타내어 '치워 없애다'를 의미했지만, 후에 바뀌어 '뚫다. 또는 통하다'는 뜻으로 쓰임.
풀이 1. 통하다. 트이다. 2. 뚫다. 관통하다. 구멍을 내다. ¶貫徹
徹頭徹尾(철두철미) 머리에서 꼬리까지 통한다는 뜻으로, 처음부터 끝까지 바꾸지 않고 생각을 철저히 관철함을 이르는 말.
徹夜(철야) 밤을 새워 가며 일함.
徹底(철저) 속속들이 꿰뚫거나 미치어 부족함이나 빈틈이 없음.
貫徹(관철) 자신의 주의·주장 등의

방침을 처음부터 끝까지 밀고 나감.
유 貫(꿸 관)

徼 ⑬ 16획 日ヨウ 中jiǎo, jiào, yāo
구할 요

풀이 1. 구하다. 바라다. ¶徼功 2. 순찰하다. 순행(巡行)하다. 3. 순찰하는 사람. 4. 길. 샛길.

徼功(요공) 공을 바람. 공을 세우고자 함.
유 求(구할 구) 비 邀(맞을 요)

徽 ⑭ 17획 日キ・イ 中huī
아름다울 휘

풀이 1. 아름답다. 훌륭하다. ¶徽言 2. 표기(標旗). 표지(標識). ¶徽章 3. 기러기발. 4. 줄. 끈.

徽言(휘언) 좋은 말. 아름다운 말.
徽章(휘장) 직무나 신분·명예 등을 나타내기 위하여 옷이나 모자 등에 붙이는 표시.
徽號(휘호) 임금의 공덕을 칭송하기 위해 지은 호.
비 微(작을 미)

心부

心 (忄·㣺) 마음 심 部

'心'자는 사람의 심장 모양을 나타내어 '마음'을 뜻하는 글자로, 글자의 좌측에 '忄'과 같은 모양으로 쓰여 '심방변'이라는 명칭으로 쓰이기도 한다. '마음'이나 가장 중요한 부분, 한가운데라는 '중심'의 뜻으로도 사용되며 '사상'이나 '감정'과 관련된 글자에 주로 쓰인다.

心 ①4획 日 シン・こころ
마음 심 中 xīn

* 상형. 사람의 심장의 모양을 본뜬 글자.

풀이 1. 심장. 2. 생각. 마음. ¶心亂 3. 근본. 근원. 4. 중심. 한가운데. ¶中心

心境(심경) 마음의 상태. 마음가짐.
心亂(심란) 마음이 뒤숭숭함.
心理(심리) 정신 상태. 마음의 움직임.
心身(심신) 마음과 몸. 정신과 신체.
心弱(심약) 마음이 연약함.
心情(심정) 마음에 품은 생각과 감정.
心地(심지) 마음의 본바탕. 마음자리.
心血(심혈) 1)모든 노력. 정신력과 육체의 모든 것. 2)있는 대로의 힘. 최대의 정성과 정력.
童心(동심) 아이의 순수한 마음.
中心(중심) 1)한가운데. 한복판. 2)가장 중요한 역할을 하는 곳.

必 ①5획 日 ヒツ・かならず
반드시 필 中 bì

* 회의. 말뚝(弋)을 받아 경계를 분명히 나눔(八)을 나타냄 바뀌어 '반드시'의 뜻으로 쓰임.

풀이 반드시. 틀림없이. 꼭. ¶必要

必死(필사) 1)반드시 죽음. 죽기를 결심함. 2)죽도록 힘을 씀. 목숨을 걸고 행함.
必需(필수) 1)꼭 있어야 함. 2)반드시 쓰임.
必要(필요) 꼭 소용이 됨. 반드시 없어서는 안 됨.
何必(하필) 어째서 꼭.

비 心(마음 심)

忌 ③7획 日 キ・いむ
꺼릴 기 中 jì, jī

* 형성. 뜻을 나타내는 부수 '心(마음 심)'과 음을 나타내는 '己(몸 기)'를 합친 글자.

풀이 1. 꺼리다. 멀리하다. 피하다. ¶禁忌 2. 질투하다. 미워하다. 3. 기일. 제삿날. 조상이 죽은 날. ¶忌日

忌日(기일) 사람이 죽은 날. 제삿날.
忌憚(기탄) 두렵거나 어려워서 꺼림.
忌避(기피) 꺼려 피함.
禁忌(금기) 꺼리어 금하거나 피함.

동 憚(꺼릴 탄)

忙 ③6획 日 ボウ・いそがしい
바쁠 망 中 máng

* 형성. 뜻을 나타내는 부수 '忄(心:마음 심)'과 음을 나타내는 '亡(없을 망)'을 합친 글자. 마음(心)에 생각할 겨를이 없는(亡) 것이라 '바쁘다'라는 뜻을 나타냄.

풀이 바쁘다. 급하다. ¶忙中閑

忙裡偸閑(망리투한) 바쁜 가운데 틈을 봐서 놂.
忙忙(망망) 바쁜 모양.
忙中閑(망중한) 바쁜 와중에 한가한 짬.

동 悤(바쁠 총) 비 汒(황급할 망)

[心 3~4획] 忘応忍志忖忒忼念

忘 ③ 7획
- 🇯🇵 ボウ・わすれる
- 🇨🇳 wáng, wàng

丶亠亡亡忘忘忘

* 형성. 뜻을 나타내는 부수 '心(마음 심)'과 음을 나타내는 '亡(없을 망)'을 합친 글자. 마음(心)에서 없어짐(亡), 곧 '잊다'의 뜻을 나타냄.

풀이 잊다. 잊어버리다. ¶忘年

忘却(망각) 기억이 희미해져 잊어버림.
忘年(망년) 1)나이를 잊음. 2)한 해의 안 좋은 일을 잊음.
忘失(망실) 1)생각을 잊어버림. 2)잊어버려서 없어짐.
忘恩(망은) 은혜를 잊음.
健忘(건망) 잘 잊어버림.

応 ③ 7획
應(p274)의 俗字

忍 ③ 7획
- 🇯🇵 イン・たえる
- 🇨🇳 rěn

フ刀刃刃忍忍忍

* 형성. 뜻을 나타내는 부수 '心(마음 심)'과 음을 나타내는 '刃(칼날 인)'을 합친 글자. 마음(心)에 칼날(刃)을 품으며 '참다'라는 뜻을 나타냄.

풀이 1. 참다. 인내하다. ¶忍耐 2. 잔인하다. ¶殘忍

忍苦(인고) 고통을 참음. 괴로움을 참고 이겨 냄.
忍耐(인내) 괴로움이나 노여움 등을 참고 견딤.
忍從(인종) 참고 복종함.
殘忍(잔인) 몹시 모질고 인정이 없음.
유 耐(견딜 내)

志 ③ 7획
- 🇯🇵 シ・こころざし
- 🇨🇳 zhì

一十士士志志志

* 형성. 뜻을 나타내는 부수 '心(마음 심)'과 음을 나타내는 '之(갈 지)'의 변형자를 합친 글자. 마음(心)이 가는(之) 것, 곧 뜻을 나타냄.

풀이 1. 뜻. 뜻하다. 의지. ¶志操 2. 기록하다.

志士(지사) 절의(節義)가 있는 선비. 나라에 목숨을 바쳐 충성을 다하는 사람.
志操(지조) 굳은 절개. 굳은 뜻.
志向(지향) 뜻이 쏠리는 방향. 또는 그 방향으로 나감.
유 意(뜻 의)

忖 ③ 6획
- 🇯🇵 ソン・はかる
- 🇨🇳 cǔn

풀이 헤아리다. 생각하다. ¶忖度

忖度(촌탁) 남의 마음을 헤아림.
유 測(헤아릴 측) 量(헤아릴 량)
비 村(마을 촌)

忒 ③ 7획
- 🇯🇵 トク・かわる
- 🇨🇳 tè, tēi, tuī

변할 특

풀이 1. 변하다. 바뀌다. 2. 어긋나다. 틀리다. 3. 의심하다.

忼 ④ 7획
- 🇯🇵 コウ
- 🇨🇳 kāng

강개할 강

풀이 강개하다. 의기가 북받쳐 원통하고 슬프다.

忼慨(강개) 불의를 보고 의가 북받쳐 분개하고 한탄함. 강개(慷慨).
유 慷(강개할 강) **비** 抗(막을 항)

念 ④ 8획
- 🇯🇵 ネン・おもう
- 🇨🇳 niàn

생각할 념(염)

ノ人人今今念念念

* 형성. 뜻을 나타내는 부수 '心(마음 심)'과

4획

음을 나타내는 '今(이제 금)'을 합친 글자.

풀이 1. 생각하다. 생각. ¶念頭 2. 외다. 암송하다. ¶念佛 3. 스물. 이십.

念頭(염두) 1)마음. 생각. 2)생각의 시초. 마음속.
念慮(염려) 마음을 놓지 못함. 걱정하는 마음.
念佛(염불) 1)마음속으로 불경을 외는 일. 2)같은 내용의 말을 계속 반복함.
念願(염원) 마음속으로 생각하고 바람. 오랫동안의 소원.
斷念(단념) 품고 있던 생각을 끊어 버림.
유 想(생각할 상) 考(상고할 고)

풀이 부끄러워하다. 창피해하다.
忸恨(육한) 부끄러워하며 원망함.
유 恥(부끄러워할 치)

| 忞 | ④ 8획 힘쓸 민 | 日 ビン・つとめる 中 mín |

풀이 힘쓰다. 애쓰다.
유 努(힘쓸 노)

| 忿 | ④ 8획 성낼 분 | 日 フン・おこる 中 fèn |

* 형성. 뜻을 나타내는 부수 '心(마음 심)'과 음을 나타내는 '分(나눌 분)'을 합친 글자.

풀이 성내다. 화내다. ¶忿爭
忿憤(분분) 분하여 원통하게 여김.
忿爭(분쟁) 서로 화가 나서 다툼.
유 怒(성낼 노)

| 忤 | ④ 7획 거스를 오 | 日 ゴ・こう 中 wǔ |

풀이 거스르다. 어기다. ¶忤逆

忤逆(오역) 거스름. 배반함.

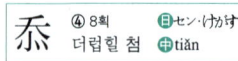

풀이 1. 더럽히다. 2. 욕. 욕하다.
비 添(더할 첨)

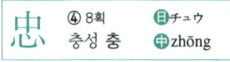

丨 口 口 中 中 忠 忠 忠

* 형성. 뜻을 나타내는 부수 '心(마음 심)'과 음을 나타내는 '中(가운데 중)'을 합친 글자. 마음[心]의, 중심[中]에서 우러나오는 참된 뜻, 곧 '충성'을 나타냄.

풀이 1. 충성. 충성하다. ¶忠僕 2. 정성을 다하다. 정성. 진심.

忠告(충고) 진심으로 남의 허물을 타이름.
忠僕(충복) 충성으로 주인을 섬기는 종.
忠誠(충성) 1)참마음에서 우러나는 정성. 2)나라·임금에게 바치는 지극한 마음.
忠義(충의) 임금과 나라에 대한 충성된 의리.
忠直(충직) 성실하고 정직함.

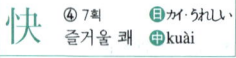

丨 亻 忄 忄 忄 快 快

풀이 1. 즐겁다. 유쾌하다. ¶快感 2. 시원하다. 쾌청하다. 3. 병이 낫다. ¶快癒 4. 빠르다. 신속하다. 5. 잘 들다. 예리하다.

快感(쾌감) 상쾌하고 즐거운 느낌.
快樂(쾌락) 1)기분이 좋고 즐거움. 2)욕망의 충족에서 오는 유쾌한 감정.
快癒(쾌유) 병이 다 나음. 쾌차(快差).
快適(쾌적) 알맞게 기분이 매우 좋음.
快晴(쾌청) 하늘이 시원스럽게 갬.

[心 4~5획] 忽怯怪急怒怛

快活(쾌활) 마음씨나 성질 또는 행동이 씩씩하고 활발함.
完快(완쾌) 병이 완전히 나음.
비 決(결단할 결)

忽 ④ 8획 日おろそか 소홀히 할 홀 中hū

丿勹勿勿忽忽忽

* 형성. 뜻을 나타내는 부수 '心(마음 심)'과 음을 나타내는 '勿(없을 물)'을 합친 글자.
풀이 1. 소홀히 하다. ¶疏忽 2. 갑자기. 홀연히. ¶忽然

忽然(홀연) 갑자기.
忽地(홀지) 문득. 홀연.
疏忽(소홀) 데면데면하고 허술함.
비 悤(바쁠 총)

怯 ⑤ 8획 日キョウ·おそれる 겁낼 겁 中qiè

* 회의. 마음(心)에서 두려움을 느껴 간다는 (去) 뜻으로 '겁내다'의 뜻을 나타냄.
풀이 1. 겁내다. 두려워하다. ¶怯心 2. 겁이 많다. 무서움을 잘 타다.
怯心(겁심) 겁내거나 두려워하는 마음.

怪 ⑤ 8획 日カイ·ケ·あやしい 기이할 괴 中guài

丨丬忄忄⺗怪怪怪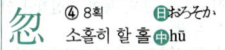

* 형성. 뜻을 나타내는 부수 '忄(心;마음 심)'과 '圣(힘쓸 골)'을 합친 글자.
풀이 1. 기이하다. 괴상하다. ¶奇怪 2. 유령. 도깨비.

怪奇(괴기) 기이하고 기이함.
怪談(괴담) 기이하고 이상한 이야기.
怪力(괴력) 초인적일 만큼 뛰어난 힘.
怪物(괴물) 1)괴상하게 생긴 물건. 2)행동이나 생김새가 괴상한 인물.
怪變(괴변) 괴상한 변고(變故).
怪石(괴석) 1)이상하게 생긴 돌. 2)예쁜 돌.
유 奇(기이할 기)

急 ⑤ 9획 日キュウ 급할 급 中jí

丿ク久各刍急急急

* 형성. 뜻을 나타내는 부수 '心(마음 심)'가 음을 나타내는 '及(미칠 급)'의 변형자를 합친 글자. 마음(心)만 먼저 이르고자 (及)하니 '조급하다'의 뜻을 나타냄.
풀이 1. 급하다. 급히. ¶急迫 2. 갑자기. 3. 중요하다.

急急(급급) 매우 급한 모양.
急騰(급등) 갑자기 오름.
急迫(급박) 조금의 여유도 없이 절박함.
急速(급속) 아주 빠름.
急進(급진) 1)급히 진행함. 2)급속히 이상을 실현하려는 일.
急派(급파) 급히 파견함.

怒 ⑤ 9획 日ノウ·おこる 성낼 노 中nù

〈 女 奴 奴 怒 怒 怒

* 형성. 뜻을 나타내는 부수 '心(마음 심)'과 음을 나타내는 '奴(종 노)'를 합친 글자.
풀이 1. 성내다. 화내다. 노여움. ¶怒氣 2. 세차다. ¶怒濤

怒氣(노기) 노여운 기색.
怒濤(노도) 세차게 밀려오는 큰 파도. 성난 파도.
怒聲(노성) 성난 소리.
憤怒(분노) 분하여 성을 냄.
유 忿(성낼 분) 비 恕(용서할 서)

怛 ⑤ 8획 日タツ·かなしい 슬플 달 中dá

[心 5획] 怜佛思性怏

풀이 1. 슬프다. 애달프다. ¶悒悼 2. 놀라다. 3. 두려워하다.

悒悼(달도) 슬퍼함. 애도함.
🔗 悲(슬플 비) 비 但(다만 단)

怜 ⑤ 8획
❶ 영리할 령(영) 日レイ 中 lián, líng
❷ 불쌍히 여길 련(연)

*형성. 뜻을 나타내는 '忄(心:마음 심)'과 음을 나타내는 '令(부릴 령)'을 합친 글자.

풀이 ❶ 1. 영리하다. 똑똑하다. ¶怜悧
❷ 2. 불쌍히 여기다.

怜悧(영리) 영리하고 민첩함. 영리(伶俐).
🔗 譱(영리할 현) 비 伶(영리할 령)

佛 ⑤ 8획
답답할 불 日ヒ·フツ いかる 中 fèi, fú

풀이 1. 답답하다. ¶佛鬱 2. 화를 내다. 발끈하다. ¶佛然

佛然(불연) 불끈 화내는 모양.
佛鬱(불울) 마음이 답답함. 울적함. 울불(鬱佛).
비 佛(부처 불)

思 ⑤ 9획
생각할 사 日シ·おもう 中 sāi, sī, sì

丨 冂 円 曱 田 思 思 思

*회의. 두뇌(囟)와 마음(心)을 합하여 '생각하다'의 뜻을 나타냄.

풀이 1. 생각하다. ¶思考 2. 그리워하다. 사모하다. ¶思慕 3. 슬퍼하다. 4. 생각. 뜻. 마음.

思考(사고) 1)생각. 궁리. 2)해결의 수단을 찾아가는 정신적인 작용.
思慮(사려) 1)깊이 생각함. 2)여러 가지 일에 대한 생각과 근심.
思慕(사모) 1)그리워함. 2)마음으로 우러러 받들어 따름.
思索(사색) 사물의 이치를 따져서 깊이 생각함.
思惟(사유) 1)생각함. 2)철학에서 분석·추리·판단 등의 정신적인 인식 작용.
思春期(사춘기) 이성에 대해 관심을 갖게 되고 춘정(春情)을 느낄 만한 나이.
🔗 念(생각할 념) 想(생각할 상)

性 ⑤ 8획
성품 성 日セイ·シュウ たち 中 xìng

丶 丷 忄 忄 忄 忄 性 性

*형성. 뜻을 나타내는 '忄(心:마음 심)'과 음을 나타내는 '生(날 생)'을 합친 글자. 타고난 [生] 마음[心] 그대로라는 의미에서, '성품'의 뜻을 나타낸다.

풀이 1. 성품. ¶性品 2. 성질. 3. 바탕. 근본. ¶天性 4. 성별.

性格(성격) 각 사람에게 특유한 성질. 인품.
性能(성능) 1)성질과 능력. 2)기계 등이 일을 해낼 수 있는 능력.
性味(성미) 성질과 취미.
性別(성별) 남성·여성의 구별.
性質(성질) 1)타고난 기질. 고유의 성격. 2)그것만이 가지고 있는 바탕. 특성. 특질.
性品(성품) 성격과 품행. 성질과 됨됨이.
天性(천성) 선천적으로 타고난 성질.
비 姓(성 성)

怏 ⑤ 8획
원망할 앙 日アン·うらみ 中 yàng

풀이 1. 원망하다. 앙심을 품다. ¶怏心 2. 불만스럽다. ¶怏怏

怏心(앙심) 원한을 품은 마음. 앙갚음

[心 5획] 怨怡怍怔怎怊怨怠怕

하기를 벼르는 마음.
快快(앙앙) 불만이 있어 못마땅한 모양.
🔗 怨(원망할 원) 📛 殃(재앙 앙)

怨 ⑤ 9획
원망할 원
🇯 エン・うらみ
🇨 yuàn

丶ク夕夘処処怨怨怨

풀이 1. 원망하다. ¶怨聲 2. 원수. ¶怨讐 3. 원망. 원한.
怨望(원망) 마음에 불평을 품고 미워함.
怨聲(원성) 원망하는 소리.
怨讐(원수) 자기 또는 자기 나라에 참을 수 없는 해(害)를 끼친 사람.
怨恨(원한) 원통하고 한스럽게 여기는 생각.
🔗 快(원망할 앙)

怡 ⑤ 8획
기쁠 이
🇯 イ・うれしい
🇨 yí

풀이 기쁘다. ¶怡怡
怡悅(이열) 기쁘고 즐거움.
怡怡(이이) 기뻐하는 모양. 이연(怡然).
🔗 喜(기쁠 희)

怍 ⑤ 8획
부끄러워할 작
🇯 サク・はずかしい
🇨 zuò

풀이 부끄러워하다. 수치스러워하다. ¶怍色
怍色(작색) 부끄러워하는 얼굴빛.
🔗 恥(부끄러워할 치) 忸(부끄러워할 뉵)

怔 ⑤ 8획
두려워할 정
🇯 セイ・ショウ
🇨 zhēng, zhèng

풀이 두려워하다. 무서워하다. ¶怔忪
怔忪(정종) 두려워하는 모양.
🔗 恐(두려울 공)

怎 ⑤ 9획
어찌 즘
🇯 シン・いかに
🇨 zěn

풀이 어찌. 어찌하여.

怊 ⑤ 8획
슬퍼할 초
🇯 ショウ・かなしい
🇨 chāo

풀이 1. 슬퍼하다. 2. 실의에 빠지다. ¶怊悵
怊悵(초창) 1) 슬퍼하는 모양. 2) 실의(失意)에 빠진 모양.
🔗 悼(슬플 달) 悲(슬플 비)

怨 ⑤ 9획
恩(p257)의 俗字

怠 ⑤ 9획
게으를 태
🇯 タイ・なまける
🇨 dài

丶厶ㅅ台台台怠怠怠

* 형성. 뜻을 나타내는 부수 '心(마음 심)'과 음을 나타내는 '台(별 태)'를 합친 글자.

풀이 게으르다. 게으름을 피우다. ¶怠慢
怠慢(태만) 게으름. 느림.
怠業(태업) 1) 게으름을 피우는 일. 2) 노동쟁의(勞動爭議)의 한 가지.
倦怠(권태) 어떤 일이나 상태에 시들해져서 생기는 게으름이나 싫증.
懶怠(나태) 게으르고 느림.
🔗 惰(게으를 타) 倦(게으를 권)
📛 勤(부지런할 근)

怕 ⑤ 8획
두려워할 파
🇯 ハ・ハク
🇨 pà

풀이 두려워하다. ¶怕懼
怕懼(파구) 두려워함.
🔗 恐(두려울 공) 怔(두려워할 정)
📛 泊(배 댈 박)

[心 5~6획] 怖 怳 恪 恐 恭 恭 恝 恇 恠

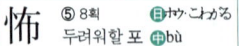
怖 ⑤ 8획
두려워할 포
日 フ・こわがる
中 bù

[풀이] 두려워하다. ¶恐怖

怖覆(포복) 놀라서 넘어짐.
怖畏(포외) 무섭고 두려움.
恐怖(공포) 두려워함.
유 恐(두려울 공) 怔(두려워할 정)

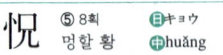
怳 ⑤ 8획
멍할 황
日 キョウ
中 huǎng

[풀이] 1. 멍하다. 2. 황홀하다. ¶怳惚 4. 어슴푸레하다. 흐릿하다.

怳惚(황홀) 1)빛이 어른어른하여 눈이 부심. 2)멍한 모양. 황홀(慌惚).
비 況(하물며 황)

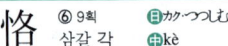
恪 ⑥ 9획
삼갈 각
日 カク・つつしむ
中 kè

[풀이] 삼가다. 근신하다.

恪勤(각근) 정성을 다하여 부지런히 일함.
유 慎(삼갈 신)

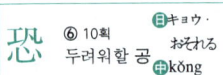
恐 ⑥ 10획
두려워할 공
日 キョウ
おそれる
中 kǒng

一 T 工 工 玑 玑 恐 恐 恐

* 형성. 뜻을 나타내는 부수 '心(마음 심)'과 음을 나타내는 '玑(공)'을 합친 글자. 겁을 먹은 마음을 나타내어, 두려워하다의 뜻으로 쓰임.

[풀이] 1. 두려워하다. 무서워하다. 두려움. ¶恐怖 2. 으르다. 협박하다. ¶恐喝

恐喝(공갈) 무섭게 으르고 협박함.
恐悸(공계) 두려워 가슴이 뜀.
恐水病(공수병) 광견병(狂犬病).
恐妻家(공처가) 아내에게 눌려 지내는 사람.

恐怖(공포) 무서움. 두려움.
恐惶(공황) 두려워 어찌할 바를 모름.
유 怔(두려워할 정) 怖(두려워할 포) 惶(두려워할 황)

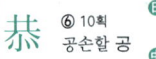
恭 ⑥ 10획
공손할 공
日 キョウ・うやうやしい
中 gōng

一 十 廾 艹 共 共 恭 恭 恭

* 형성. 뜻을 나타내는 부수 '心(마음 심)'의 과 음을 나타내며 두 손으로 바치는 모습을 한 뜻 '共(함께 공)'을 합친 글자. 두 손으로 바칠 때의 마음가짐이 '공손하다'의 뜻을 나타냄.

[풀이] 1. 공손하다. 예의 바르다. ¶恭遜 2. 삼가다. ¶恭敬

恭敬(공경) 삼가하며 예를 차려 높임.
恭待(공대) 1)공손히 대접함. 2)경어 (敬語)를 씀.
恭遜(공손) 공경하고 겸손함.
유 遜(겸손할 손)

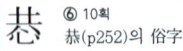
恭 ⑥ 10획

恭(p252)의 俗字

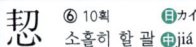
恝 ⑥ 10획
소홀히 할 괄
日 カイ
中 jiá

[풀이] 소홀히 하다. ¶恝視

恝視(괄시) 하찮게 대함.

恇 ⑥ 9획
겁낼 광
日 コウ・おそれる
中 kuāng

[풀이] 겁내다. 두려워하다. ¶恇怯

恇怯(광겁) 두려워함. 무서워함.
유 怯(겁낼 겁)

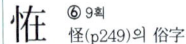
恠 ⑥ 9획

怪(p249)의 俗字

[心 6획] 恬恧恋恕恂恃息恙恚

恬 ⑥ 9획
- 日 ネン
- 편안할 념(염) ⊕ tián

풀이 1. 편안하다. ¶恬淡 2. 조용하다. 고요하다.

恬淡(염담) 욕심이 없어 마음이 편안함.

비 活(살 활)

恧 ⑥ 10획
- 日 リク・はずかしい
- 부끄러울 뉵(육) ⊕ nǜ

풀이 부끄럽다. ¶恧焉

恧焉(육언) 부끄러워함.

恋 ⑥ 10획
戀(p276)의 俗字

恕 ⑥ 10획
- 日 ジョ・ゆるす
- 용서할 서 ⊕ shù

ㄥ ㄠ ㄠ ㄠ 如 如 如 恕 恕 恕

* 형성. 뜻을 나타내는 부수 '心(마음 심)'과 음을 나타내는 '如(같을 여)'를 합친 글자.

풀이 1. 용서하다. ¶恕免 2. 동정하다. 연민을 갖다.

恕免(서면) 용서하여 죄를 묻지 않음.
恕宥(서유) 죄를 관대하게 용서함.
恕直(서직) 관대하고 정직함.
容恕(용서) 잘못을 꾸짖거나 벌하지 않고 덮어 줌.

유 寬(너그러울 관) 비 怒(성낼 노)

恂 ⑥ 9획
- 日 シュン・ジュン・まこと
- 정성 순 ⊕ xún

* 형성. 뜻을 나타내는 부수 '忄(心;마음 심)'과 음을 나타내는 '旬(열흘 순)'을 합친 글자.

풀이 1. 정성. 2. 미쁘다. 믿음성이 있다. 3. 두려워하다.

恂恂(순순) 두려워 근심하는 모양.

恃 ⑥ 9획
- 日 シ・さむらい
- 믿을 시 ⊕ shì

풀이 믿다. 의지하다. ¶恃賴

恃賴(시뢰) 믿고 의지함.

유 信(믿을 신)

息 ⑥ 10획
- 日 ソク・いき・むすこ
- 숨쉴 식 ⊕ xī

ノ ㇅ ㇅ ㇅ 自 自 息 息 息

* 회의. 가슴[心] 속의 공기가 코[自]로 나오는 것을 나타내어 '숨쉬다'의 뜻으로 쓰임.

풀이 1. 숨쉬다. 2. 쉬다. 휴식하다. 3. 살다. 생존하다. 4. 그치다. 멈추다. ¶息交 5. 자식. 아들딸. ¶令息 6. 이자. ¶息錢

息肩(식견) 짐을 내려 어깨를 쉰다는 뜻으로, 무거운 책임에서 벗어남을 말함.
息交(식교) 다른 사람과 교제를 끊음.
息錢(식전) 이자.
令息(영식) 다른 사람의 아들을 높여 이르는 말.

유 吸(숨 들이쉴 흡)

恙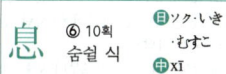

풀이 1. 근심. 2. 병(病).

恚 ⑥ 10획
- 日 エ・おこる
- 성낼 에 ⊕ huì

풀이 성내다. 화내다. ¶恚恨

恚恨(에한) 성을 내며 한을 품음.

유 怒(성낼 노)

恩 ⑥ 10획 🇯🇵オン・めぐみ 🇨🇳ēn
은혜 은

丨 冂 冂 ฿ ฿ ฿ ฿ 恩 恩 恩

* 형성. 뜻을 나타내는 부수 '心(마음 심)'과 음을 나타내는 '因(인할 인)'을 합친 글자.

풀이 1. 은혜. 혜택. ¶恩功 2. 사랑하다. ¶恩寵

恩功(은공) 은혜와 공로.
恩師(은사) 많은 은혜를 베풀어 준 스승.
恩人(은인) 은혜를 베풀어 준 사람. 신세를 진 사람.
恩寵(은총) 1)높은 이로부터 받는 특별한 은혜와 사랑. 2)기독교에서, 하나님의 인류에 대한 사랑을 이르는 말.
恩惠(은혜) 고맙게 베풀어 주는 혜택.
報恩(보은) 은혜를 갚음.
聖恩(성은) 임금의 은혜.

🔄 惠(은혜 혜)

恁 ⑥ 10획 🇯🇵イン 🇨🇳nèn, nín
생각할 임

풀이 1. 생각하다. 2. 이러하다. 이같은.

恁地(임지) 이와 같은. 이와 같이.

🔄 念(생각할 념) 想(생각할 상) 思(생각할 사)

恣 ⑥ 10획 🇯🇵シ 🇨🇳zì
방자할 자

丶 丷 冫 次 次 次 恣 恣 恣

* 형성. 뜻을 나타내는 부수 '心(마음 심)'과 음을 나타내는 '次(차례 차)'를 합친 글자.

풀이 방자하다. 방종하다. ¶恣意

恣意(자의) 제멋대로의 마음. 방자한 생각.
恣行(자행) 방자하게 행동함. 또는 그 행동.
放恣(방자) 어려워하거나 삼가는 태도가 없이 건방짐.

🔄 姿(모양 자)

恥 ⑥ 10획 🇯🇵チ 🇨🇳chǐ
부끄러워 할 치

一 T T F F 耳 耳 耻 恥 恥

* 형성. 뜻을 나타내는 부수 '心(마음 심)'과 음을 나타내는 '耳(귀 이)'를 합친 글자. 부끄러운 마음에[心] 귀[耳]가 붉어진다 하여 '부끄럽다'는 뜻으로 쓰임.

풀이 1. 부끄러워하다. 2. 부끄럼. 창피. ¶恥辱

恥辱(치욕) 부끄러움과 욕됨. 수치와 모욕.
廉恥(염치) 부끄러움을 아는 마음.

🔄 忸(부끄러워할 뉵)

恨 ⑥ 9획 🇯🇵コン・うらむ 🇨🇳hèn
한할 한

丨 忄 忄 忄 忄 忄 忄 恨 恨

* 형성. 뜻을 나타내는 부수 '忄(心;마음 심)'과 음을 나타내는 '艮(어긋날 간)'을 합친 글자. 마음[心]에 뿌리박혀[艮] 있는 것을 나타내어, '한', '원한'을 뜻하며 됨.

풀이 1. 한하다. 원통하다. 2. 뉘우치다. ¶恨歎 3. 원한. 유감.

恨死(한사) 원한을 품고 죽음. 억울하게 죽음.
恨歎(한탄) 원통한 일이나 뉘우침이 있을 때 한숨 쉬며 탄식함.
怨恨(원한) 미워하고 원망함.

🔄 怨(원망할 원) 🇰🇷 限(한정할 한)

恒 ⑥ 9획 🇯🇵コウ・つね 🇨🇳héng
항상 항

丶 忄 忄 忄 忄 忄 恒 恒 恒

* 형성. 뜻을 나타내는 부수 '忄(心;마음 심)'과 음을 나타내는 '亘(건널 긍)'을 합친 글자.

풀이 1. 항상. 늘. 언제나. ¶恒常 2. 늘 그렇게 하다. 변하지 않다. ¶恒溫

恒久(항구) 변하지 않고 오래 감.

恒常(항상) 늘. 언제나.
恒時(항시) 늘. 언제나.
恒溫(항온) 일정한 온도.
유 常(항상 상)

恆	⑥ 9획

恆 恒(p254)의 本字

恍	⑥ 9획	日コウ·こうこつ 황홀할 황 ⊕huǎng

풀이 황홀하다. 황홀감.
恍惚(황홀) 1)빛이 어른거려 눈부심. 2)어떤 사물에 마음을 빼앗겨 멍한 모양.
유 惚(황홀할 홀)

恢	⑥ 9획	日カイ·ひろい 넓을 회 ⊕huī

풀이 1. 넓다. 넓고 크다. ¶恢弘 2. 되돌리다.
恢復(회복) 다시 되찾거나 원 상태로 되돌리는 것.
恢弘(회홍) 넓고 큼. 썩 너그러움.

恤	⑥ 9획	日ケツ 구휼할 휼 ⊕xù

＊형성. 뜻을 나타내는 '忄(心:마음 심)'과 음을 나타내는 '血(피 혈)'을 합친 글자.

풀이 구휼하다. 돕다. ¶救恤
恤金(휼금) 정부가 이재민에게 내어 주는 돈.
救恤(구휼) 빈민이나 이재민 등에게 금품을 주어 구조함.

恟	⑥ 9획	日キョウ 두려워할 흉 ⊕xiōng

풀이 두려워하다. 무서워서 어수선하다.

恟恟(흉흉) 두려워 술렁거리는 모양.
비 恐(두려워할 공) 怔(두려워할 정) 怖(두려워할 포)

恰	⑥ 9획	日コウ·まるで 마치 흡 ⊕qià

풀이 1. 마치. 꼭. 2. 흡사하다.
恰似(흡사) 1)거의 같음. 비슷함. 2)마치.

悃	⑦ 10획	日コン 정성 곤 ⊕kǔn

풀이 정성. 정성스러움.
悃望(곤망) 정성껏 바람.
悃誠(곤성) 정성.
비 咽(목구멍 인)

惱	⑦ 10획

惱 惱(p261)의 俗字

悧	⑦ 10획

悧 悧(p35)의 同字

悚	⑦ 10획	日ソウ 두려워할 송 ⊕sǒng

풀이 두려워하다. ¶悚懼
悚懼(송구) 두려워서 마음이 거북함.
悚然(송연) 두려워서 옹송그림.
유 恐(두려울 공) 惶(두려워할 황) 怖(두려워할 포)

悉	⑦ 11획	日シツ 갖출 실 ⊕xī

풀이 1. 갖추다. 2. 모두. 다. 전부. ¶悉心 3. 다하다.
悉心(실심) 마음을 다함.

[心 7획] 悪 悦 悟 悠 悒 悛 悌 悄

悉盡(실진) 모두. 빠짐없이.

悪 ⑦ 11획
惡(p258)의 俗字

悦 ⑦ 10획 ㊐エツ·よろこぶ 기쁠 열 ㊥yuè

丿 丨 忄 忄' 忄'' 恰 怡 怡 悦 悦

* 형성. 뜻을 나타내는 '忄(心:마음 심)'과 음을 나타내는 '兌(기쁠 태)'를 합친 글자. 마음(忄)이 기쁨(兌)을 나타내어, 기뻐하다' 라는 뜻으로 쓰임.

풀이 기쁘다. 기뻐하다. 기쁨.

悅口之物(열구지물) 입을 기쁘게 하는 물건. 즉, 입에 맞는 맛있는 음식.
悅樂(열락) 기뻐하고 즐거워함.
悅服(열복) 기꺼이 복종함. 기뻐하며 진심으로 따름.
喜悅(희열) 기쁨과 즐거움.

유 喜(기쁠 희) 說(기쁠 열)

悟 ⑦ 10획 ㊐ゴ·さとる 깨달을 오 ㊥wù

丿 丨 忄 忄' 忄'' 怃 怃 悟 悟 悟

* 형성. 뜻을 나타내는 부수 '忄(心:마음 심)'과 음을 나타내는 '吾(나 오)'를 합친 글자.

풀이 1. 깨닫다. 깨달음. 2. 슬기롭다.

悟道(오도) 불도(佛道)의 진리를 깨달음.
悟性(오성) 영리한 천성. 합리적인 생각을 하는 능력. 이성과 감성 사이의 중간에 위치한 논리적 사유의 능력.
悟悔(오회) 잘못을 깨닫고 뉘우침.

유 覺(깨달을 각)

悠 ⑦ 11획 ㊐ユウ·とおい 멀 유 ㊥yōu

丿 亻 亻' 亻'' 攸 攸 悠 悠 悠 悠

* 형성. 뜻을 나타내는 부수 '心(마음 심)'과 음을 나타내는 '攸(아득할 유)'를 합친 글자.

풀이 1. 멀다. 아득하다. ¶悠久 2. 한가하다. ¶悠悠

悠久(유구) 아득하고 오래됨.
悠悠(유유) 1)아득하게 먼 모양. 2)침착하고 느긋한 모양. 3)한가한 모양.
悠長(유장) 1)길고 오램. 2)침착하여 마음에 여유가 있음.

유 遠(멀 원) 반 近(가까울 근)

悒 ⑦ 10획 ㊐ユウ 근심할 읍 ㊥yì

풀이 1. 근심하다. 2. 마음이 자유롭지 않은 모양.

悒鬱(읍울) 근심스러워 마음이 답답해짐.

悛 ⑦ 10획 ㊐シュン·あらためる 고칠 전 ㊥quān

* 형성. 뜻을 나타내는 부수 '忄(心:마음 심)'과 음을 나타내는 '夋(준)'을 합친 글자.

풀이 고치다. 개선하다. ¶悛心

悛心(전심) 나쁜 마음을 고침.

비 唆(부추길 사) 俊(준걸 준)

悌 ⑦ 10획 ㊐サイ 공경할 제 ㊥tì

* 형성. 뜻을 나타내는 부수 '忄(心:마음 심)'과 음을 나타내는 '弟(아우 제)'를 합친 글자. 아우(弟)가 형을 대하는 마음(心)은 공경이어야 한다고 해서, '공경하다'의 뜻으로 쓰임.

풀이 1. 공경하다. 2. 사이가 좋다. 화락하다. ¶悌友

悌友(제우) 형제나 어른과의 관계가 화목함.

유 敬(공경할 경)

悄 ⑦ 10획 ㊐ショウ 근심할 초 ㊥qiāo, qiǎo

[心 7~8획] 悄悖悍患悔悸悾悳 257

풀이 1. 근심하다. ¶悄然 2. 고요하다. 쓸쓸하다.
悄然(초연) 1)쓸쓸한 모양. 2)근심하는 모양. 초초(悄悄).
유 憂(근심할 우) 愁(근심할 수)

悤 ⑦ 11획 日ソウ
바쁠 총 中cōng

풀이 1. 바쁘다. 급하다. ¶悤遽 2. 밝다. 현명하다.
悤遽(총거) 1)바쁜 모양. 급한 모양. 2)급하게 설침.
悤忙(총망) 매우 급하고 바쁨.
유 忙(바쁠 망)

悖 ⑦ 10획 日ハイ·はずす
어그러질 패 中bèi, bó

풀이 어그러지다. 일그러지다. ¶悖德
悖德(패덕) 1)도덕과 의리에 어긋남. 2)정도(正道)에서 벗어난 행위.
悖倫(패륜) 인륜에 어그러짐.

悍 ⑦ 10획 日カン·あらい
사나울 한 中hàn

* 형성. 뜻을 나타내는 부수 忄(心;마음 심)과 음을 나타내는 '旱(가물 한)'을 합친 글자.

풀이 1. 사납다. 억세다. ¶悍婦 2. 세차다. 날래다.
悍婦(한부) 거칠고 사나운 여자.
悍勇(한용) 사납고 용맹스러움.
유 暴(사나울 폭)

患 ⑦ 11획 日カン·うれえる
근심 환 中huàn

ノ ロ ロ 吕 吕 串 串 患 患 患

* 형성. 뜻을 나타내는 부수 '心(마음 심)'과 음을 나타내는 '串(꿸 관)'을 합친 글자. 마음(心)을 뚫어(串) 찌르는 것을 나타내어, '근심' 또는 '병'의 뜻으로 쓰임.

풀이 1. 근심. 근심하다. ¶後患 2. 병. 병들다. ¶患者
患亂(환란) 재앙
患部(환부) 병이나 상처가 난 자리.
患者(환자) 병을 앓는 사람.
疾患(질환) 몸과 마음의 병.
後患(후환) 뒷날에 생기는 근심.
유 愁(근심할 수)

悔 ⑦ 10획 日カイ·くいる
뉘우칠 회 中huǐ

丨 丨 丨 忄 忄 忙 悔 悔 悔 悔

* 형성. 뜻을 나타내는 부수 忄(心;마음 심)과 음을 나타내는 '每(매양 매)'을 합친 글자.

풀이 뉘우치다. 잘못을 깨닫다. ¶悔改
悔改(회개) 잘못을 뉘우치고 고침.
悔心(회심) 잘못을 뉘우치는 마음.
悔悟(회오) 잘못을 뉘우치고 깨달음.
悔恨(회한) 뉘우치고 한탄함.
後悔(후회) 이전의 잘못을 뉘우침.
비 侮(업신여길 모)

悸 ⑧ 11획 日キ·おそれる
두근거릴 계 中jì

* 형성. 뜻을 나타내는 부수 忄(心;마음 심)과 음을 나타내는 '季(계절 계)'를 합친 글자.

풀이 1. 두근거리다. ¶悸悸 2. 두려워하다.
悸悸(계계) 놀라고 두려워서 가슴이 두근거리는 모양.

悾 ⑧ 11획 日コウ·まごころ
정성 공 中kōng

풀이 정성. 정성을 다하는 모양. ¶悾款
悾款(공관) 정성. 진심.

悳 ⑧ 12획
德(p244)과 同字

[心 8획] 悼 惇 惘 悶 俳 悲 惜 惡

悼

⑧ 11획　日トウ,あ̇わ̇れ̇む̇
슬퍼할 도　中dào

*형성. 뜻을 나타내는 부수 '忄(心;마음 심)'과 음을 나타내는 '卓(높을 탁)'를 합친 글자.

풀이 슬퍼하다. 애도하다. ¶悼歌

悼歌(도가) 죽음을 슬퍼하며 부르는 노래.
哀悼(애도) 사람의 죽음을 슬퍼함.
追悼(추도) 죽은 이를 생각하며 슬퍼함.
유 悲(슬플 비) 哀(슬플 애)

惇

⑧ 11획　日ドン
도타울 돈　中dūn

풀이 도탑다. 돈독하다. ¶惇信
惇惇(돈돈) 도타운 모양.
惇信(돈신) 도탑게 믿음.
유 篤(도타울 독) 敦(도타울 돈)

惘

⑧ 11획　日モウ
멍할 망　中wǎng

풀이 멍하다. 망연자실하다.
惘惘(망망) 1)멍한 모양. 2)당황하는 모양.

悶

⑧ 12획　日ミン
번민할 민　中mēn, mèn

*형성. 뜻을 나타내는 부수 '心(마음 심)'과 음을 나타내는 '門(문 문)'을 합친 글자. 문(門)을 닫고 있으니 마음(心)이 답답하다 하여, '번민하다'의 뜻으로 쓰임.

풀이 번민하다. 2. 번민. ¶苦悶
悶沓(민답) 안타깝고 답답함.
苦悶(고민) 괴로워서 속을 태움.
煩悶(번민) 마음이 번거롭고 답답함.
유 煩(괴로워할 번)

俳

⑧ 11획　日ビ,はい
표현 못할 비　中fēi

풀이 표현을 못하다. ¶俳俳
俳俳(비비) 말로써 드러내지 못하는 모양.

悲

⑧ 12획　日ヒ,かなしむ
슬플 비　中bēi

丿 丿 扌 丰 非 非 非 悲 悲 悲

*형성. 뜻을 나타내는 부수 '心(마음 심)'과 음을 나타내는 '非(아닐 비)'를 합친 글자.

풀이 1. 슬프다. 슬퍼하다. ¶悲劇 2. 불쌍히 여기다.
悲劇(비극) 1)슬픈 결말의 극. 2)인생에 일어나는 비참한 사건.
悲鳴(비명) 놀라거나 급할 때 지르는 소리.
悲報(비보) 슬픈 소식.
悲哀(비애) 슬픔과 설움.
悲慘(비참) 슬프고 처참함.
悲痛(비통) 몹시 슬프고 마음이 아픔.
유 哀(슬플 애) 悼(슬퍼할 도)

惜

⑧ 11획　日セキ,おしむ
아낄 석　中xī

丿 丿 扌 扌 扩 拤 惜 惜 惜 惜

*형성. 뜻을 나타내는 부수 '忄(心;마음 심)'과 음을 나타내는 '昔(예석)'을 합친 글자.

풀이 1. 아끼다. 2. 아까워하다. ¶哀惜
惜別(석별) 서로 헤어지기를 아쉬워함.
惜敗(석패) 아깝게 짐.
哀惜(애석) 슬프고 아까움.
비 借(빌 차)

惡

⑧ 12획　日アク·オ·わる
❶ 악할 악　い·にくむ
❷ 미워할 오　中è, ě, wū, wù

一 一 一 亓 亓 亜 亞 亞 悪 惡

*형성. 뜻을 나타내는 부수 '心(마음 심)'과 음을 나타내는 '亞(버금 아)'를 합친 글자.

[心 8획] 惋惟情情悰慘悵

풀이 ① 1. 악하다. 나쁘다. ¶惡質 2. 더럽다. 더러움. 3. 추하다. 흉하다. 못됐기다. ② 4. 미워하다. 싫어하다. ¶憎惡

惡談(악담) 1)남이 잘되지 못하도록 저주하는 말. 2)남의 일을 나쁘게 말하는 것.

惡黨(악당) 악한 도당. 나쁜 무리.

惡魔(악마) 사람을 악하게 만드는 마귀.

惡性(악성) 모질고 악독한 성질.

惡用(악용) 1)잘못 씀. 2)나쁜 일에 사용함.

惡質(악질) 못되고 나쁜 성질.

惡天候(악천후) 비·바람 등이 심한 사나운 날씨.

惡臭(악취) 불쾌한 냄새. 나쁜 냄새.

惡化(악화) 어떤 상태나 일이 나쁘게 됨.

惡寒(오한) 1)추위를 싫어함. 2)몸이 오슬오슬 추워지는 증상.

憎惡(증오) 몹시 미워함.

반 善(착할 선) 良(좋을 량)

惋 ⑧ 11획
한탄할 완 ⽇ワン·なげく 中wǎn

풀이 한탄하다. 탄식하다.

惋惜(완석) 한탄하며 아까워함.

惟 ⑧ 11획
생각할 유 ⽇タダ·おもう 中wéi

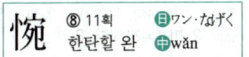

* 형성. 뜻을 나타내는 부수 '忄(心:마음 심)'과 음을 나타내는 '隹(새 추)'를 합친 글자.

풀이 1. 생각하다. 사유하다. 2. 오직. 다만. ¶惟一

惟獨(유독) 오직. 홀로.

惟一(유일) 오직 하나.

思惟(사유) 1)생각함. 2)사고(思考·판단·추리 등을 행하는 인간의 정신 작용.

유 念(생각할 념) 想(생각할 상) 考(상고할 고) 思(생각할 사) **비** 推(밀 추)

情 ⑧ 11획
뜻 정 ⽇セイ·ジョウ·なさけ 中qíng

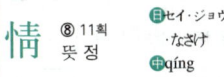

* 형성. 뜻을 나타내는 부수 '忄(心:마음 심)'과 음을 나타내는 '青(푸를 청)'을 합친 글자.

풀이 1. 뜻. 2. 사랑. 정. 3. 사정. 일의 정황. ¶事情 4. 멋. 정취. ¶情趣

情景(정경) 1)상황. 광경. 2)정취와 경치.

情報(정보) 정황의 보고. 사건의 실정 보고.

情緖(정서) 어떤 일을 경험하거나 생각함에 따라 일어나는 감정.

情熱(정열) 격렬하게 일어나는 감정.

情趣(정취) 정감을 불러 일으키는 흥취.

情況(정황) 상황. 형편.

事情(사정) 1)일의 형편이나 까닭. 2)어떤 일의 형편이나 까닭을 남에게 말하고 도움을 바라는 일.

유 意(뜻 의) 志(뜻 지) **반** 淸(맑을 청)

情 ⑧ 11획
情(p259)과 同字

悰 ⑧ 11획
즐길 종 ⽇ソウ 中cóng

풀이 1. 즐기다. 즐거워하다. 2. 생각. 마음.

慘 ⑧ 11획
慘(p269)의 俗字

悵 ⑧ 11획
슬퍼할 창 ⽇チョウ 中chàng

풀이 1. 슬퍼하다. ¶悵望 2. 원망하다. 한탄하다.

悵望(창망) 슬퍼하며 바라봄. 한탄하며 바라봄.

유 悼(슬퍼할 도) 悲(슬플 비)

悽 ⑧ 11획 ㊐ サイ・かなしい
슬퍼할 처 ㊥ qī

* 형성. 뜻을 나타내는 부수 忄(心:마음 심)과 음을 나타내는 妻(아내 처)를 합친 글자.

풀이 슬퍼하다. 마음 아프다. ¶悽然

悽然(처연) 마음이 슬픈 모양.
悽絶(처절) 더할 나위 없이 애처로움.
悽慘(처참) 슬프고 참혹함.

유 怛(슬플 달) 悲(슬플 비) 悵(슬퍼할 창)

惕 ⑧ 11획 ㊐ セキ
두려워할 척 ㊥ tì

풀이 1. 두려워하다. ¶惕惕 2. 놀라다.

惕惕(척척) 1)두려워하는 모양. 2)놀라는 모양. 3)사랑하는 모양.

惆 ⑧ 11획 ㊐ チュウ
실망할 추 ㊥ chóu

풀이 실망하다.

惆然(추연) 실망하여 슬퍼하는 모양.

悴 ⑧ 11획 ㊐ スイ
파리할 췌 ㊥ cuì

풀이 파리하다. 초췌하다. ¶悴顔

悴顔(췌안) 초췌한 얼굴.
憔悴(초췌) 파리하고 해쓱함.

유 憔(수척할 초)

悻 ⑧ 11획 ㊐ ギョウ
성낼 행 ㊥ xìng

풀이 성내다. 발끈 화내다.

惠 ⑧ 12획 ㊐ ケイ・エ めぐむ
은혜 혜 ㊥ huì

풀이 1. 은혜. ¶惠澤 2. 은혜를 주다. 베풀다. ¶惠撫

惠撫(혜무) 은혜를 베풀어 주고 어루만짐.
惠施(혜시) 은혜로써 베풀어 줌.
惠澤(혜택) 은혜와 덕택.

유 恩(은혜 은)

惑 ⑧ 12획 ㊐ ワク・まどう
미혹할 혹 ㊥ huò

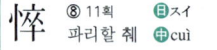

* 형성. 뜻을 나타내는 부수 心(마음 심)과 음을 나타내는 或(혹시 혹)을 합친 글자. 이것일까 혹은(或) 저것일까 하는 마음(心)으로 어지러움을 나타내어, '미혹하다'는 뜻이 됨.

풀이 1. 미혹하다. 무언가에 홀리다. ¶惑亂 2. 미혹되게 하다. 3. 의심하다.

惑亂(혹란) 미혹되어 어지러워짐.
惑世(혹세) 1)어지러운 세상. 2)세상을 어지럽게 함.
迷惑(미혹) 무언가에 홀려 마음이 흐림.

유 迷(미혹할 미) 비 感(느낄 감)

惛 ⑧ 11획 ㊐ コン・ミン
어리석을 혼 ㊥ hūn

* 형성. 뜻을 나타내는 부수 忄(心:마음 심)과 음을 나타내는 昏(어두울 혼)을 합친 글자. 마음(心)이 어둡다(昏)라는 뜻에서 '어리석다', '흐리하다'라는 뜻을 나타냄.

풀이 1. 어리석다. 2. 혼미하다. 정신이 흐릿한 모양. ¶惛耄

惛耄(혼모) 늙어서 정신이 흐리고 기력이 쇠함.

비 昏(어두울 혼)

[心 8~9획] 惚感愆惱愍想惛   261

惚 ⑧ 11획 日コツ 황홀할 홀 中hū

풀이 황홀하다. ¶恍惚

惚怳(홀황) 1)황홀한 모양. 2)멍하니 있는 모양.

뜻 恍(황홀할 황) 비 忽(소홀히할 홀)

感 ⑨ 13획 日カン 느낄 감 中gǎn

丿厂厂厂厂戶成成成感感感

* 형성. 뜻을 나타내는 부수 '心(마음 심)'과 음을 나타내는 '咸(다 함)'을 합친 글자. 무엇이나 다[咸] 접하면 마음[心]에 느껴진다하여, '느끼다'라는 뜻으로 쓰임.

풀이 1. 느끼다. ¶感覺 2. 마음이 움직이다. 감동하다. ¶感動 3. 병에 걸리다. ¶感染

感覺(감각) 신체적·정신적 자극에 의해 일어나는 반응이나 느낌.
感動(감동) 깊이 느껴 마음이 움직임.
感銘(감명) 마음에 깊이 느껴 새김.
感謝(감사) 고맙게 여김.
感染(감염) 1)병에 옮음. 2)나쁜 버릇이나 풍습에 물듦.
感應(감응) 1)마음으로 느껴 반응함. 2)신심이 부처나 신령에게 통함.
感情(감정) 외부의 자극으로부터 느끼는 심리적 반응.
感歎(감탄) 마음 깊이 느껴 탄복함.
感興(감흥) 마음에 느껴 일어나는 흥취.
敏感(민감) 감각이 예민함.
快感(쾌감) 상쾌하고 좋은 느낌.

愆 ⑨ 13획 日ケン・あやまる 허물 건 中qiān

풀이 1. 허물. 잘못. 2. 어기다.
愆過(건과) 실수. 잘못. 건우(愆尤).

惱 ⑨ 12획 日ノウ·なやむ 괴로워할 뇌 中nǎo

丨丨忄忄忄忄忄忄忄惱惱惱

* 형성. 뜻을 나타내는 부수 '忄(心:마음 심)'과 음을 나타내는 '㐫(뇌)'를 합친 글자. 마음[心]과 머리[㐫]에 관한 일을 나타내어 '고뇌하다'의 뜻으로 쓰임.

풀이 괴로워하다. 고뇌하다.
惱苦(뇌고) 몹시 괴로워함.
惱殺(뇌쇄) 애가 타도록 몹시 괴로워함. 또는 괴롭게 함.

뜻 煩(괴로워할 번) 悶(괴로워할 민)

愍 ⑨ 13획 日ビン 근심할 민 中mǐn

풀이 근심하다. 가련하게 여기다.
憐愍(연민) 가련하게 여김.

想 ⑨ 13획 日ソウ·ソ·おもう 생각할 상 中xiǎng

一十才木相相相相相想想

* 형성. 뜻을 나타내는 부수 '心(마음 심)'과 음을 나타내는 '相(서로 상)'을 합친 글자.

풀이 1. 생각하다. ¶想像 2. 생각.
想起(상기) 지나간 일을 생각함.
想念(상념) 마음속에 떠오르는 생각.
想像(상상) 어떤 가상적인 상황이나 사물을 머리에 그려 봄.
空想(공상) 실행되기 어려운 헛된 생각.
豫想(예상) 미리 어림잡아 생각함. 또는 그런 생각.
回想(회상) 지나간 일을 다시 생각함.

惛 ⑨ 12획 日セイ·ちえ 지혜 서 中xū

[心 9획] 惺愁愕愛惹愚

풀이 지혜. 지혜로우.
비 壻(사위 서)

惺 ⑨ 12획 日セイ・さとる 中xīng
깨달을 성

풀이 1. 깨닫다. ¶惺悟 2. 영리하다.
惺悟(성오) 깨달음.
동 覺(깨달을 각) 悟(깨달을 오)

愁 ⑨ 13획 日シュウ・うれえる 中chóu
근심할 수

丿 二 千 禾 禾 乔 秒 秋 秋 愁 愁

풀이 근심하다. 근심. 시름. ¶愁心
愁色(수색) 근심하는 기색.
愁心(수심) 몹시 근심함. 또는 그런 마음.
哀愁(애수) 마음속에 스며드는 슬픈 시름.
鄕愁(향수) 고향을 그리워하는 마음.

愕 ⑨ 12획 日アク・おどろく 中è
놀랄 악

풀이 깜짝 놀라다. ¶驚愕
愕立(악립) 놀라 일어섬.
驚愕(경악) 몹시 놀람.
동 驚(놀랄 경)

愛 ⑨ 13획 日アイ・あいする 中ài
사랑 애

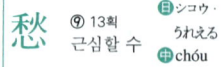

* 형성. 뜻을 나타내는 부수 '夊(천천히 걸을 쇠)'와 음을 나타내는 '忢(사랑 애)'를 합친 글자.

풀이 1. 사랑. 자애. 2. 사랑하다. ¶戀愛 3. 그리워하다. 사모하다. 4. 즐기다. 좋아하다. ¶愛讀 5. 아끼다. 탐내다.
愛讀(애독) 즐겨 읽음.

愛慕(애모) 사랑하고 그리워함.
愛玩(애완) 작은 동물이나 공예품 등을 가까이 두고 구경하며 즐김.
愛人(애인) 사랑하는 사람. 연인(戀人).
愛情(애정) 1)사랑하고 귀여워하는 마음. 2)이성을 그리워하여 끌리는 마음. 사랑.
愛好(애호) 어떤 사물을 사랑하고 좋아함.
戀愛(연애) 어떤 이성에 특별한 애정을 느껴 그리워하는 일. 또는 그런 상태.
반 憎(미워할 증)

惹 ⑨ 13획 日ヤ・ひく 中rě
이끌 야

풀이 이끌다. 일으키다. ¶惹起
惹起(야기) 무슨 일이나 사건 등을 일으킴.
惹鬧(야료) 1)까닭 없이 트집을 부리고 일을 일으킴. 2)화나게 함.
동 引(끌 인) 비 匿(숨길 닉)

愚 ⑨ 13획 日グ・おろか 中yú
어리석을 우

丿 口 日 甲 巴 禺 禺 禺 禺 愚 愚

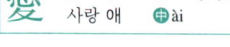

* 형성. 뜻을 나타내는 부수 '心(마음 심)'과 음을 나타내는 '禺(긴꼬리원숭이 우)'를 합친 글자. 긴꼬리원숭이[禺]의 마음[心]에는 지혜가 없다 하여 '어리석음'을 뜻함.

풀이 1. 어리석다. 우매하다. ¶愚問 2. 자신을 낮추어 부르는 말.
愚公移山(우공이산) 불가능해 보이는 목표라도 끊임없이 노력하면 성공할 수 있음.
愚鈍(우둔) 어리석고 둔함.
愚問(우문) 어리석은 물음.
愚民(우민) 1)어리석은 백성. 2)국민이 통치자에게 자신을 낮추어 일컫는 말.

萬愚節(만우절) 서양 풍속에서 전래된 것으로, 양력 4월 1일에 가벼운 거짓말로 서로 속이면서 즐기는 날.

[유] 懞(어두울 몽)

愈	⑨ 13획 나을 유	[日]ユウ [中]yù

ノ 人 ㅅ 亼 亽 俞 俞 俞 俞 俞 愈 愈 愈

*형성. 뜻을 나타내는 부수 '心(마음 심)'과 음을 나타내는 '兪(점점 유)'를 합친 글자.

[풀이] 1. 낫다. 뛰어나다. 2. 병을 고치다. 치유하다. ¶快愈 3. 더욱. 점점.

愈愈(유유) 점점 심해지는 모양.

快愈(쾌유) 병이 깨끗이 다 나음. 쾌차(快差).

[비] 愉(즐거울 유) 兪(점점 유)

愉	⑨ 12획 즐거울 유	[日]ユ·よろこぶ [中]yú

*형성. 뜻을 나타내는 부수 '忄(心:마음 심)'과 음을 나타내는 '兪(점점 유)'를 합친 글자. 마음[心]이 편하게 점점 통하는[兪] 것은 기쁜 일이라 하여, '기뻐하다'는 뜻이 됨.

[풀이] 즐겁다. 기뻐하다. ¶愉快

愉悅(유열) 유쾌하고 기쁨. 즐거움.

愉快(유쾌) 마음이 즐겁고 상쾌함.

[유] 快(쾌할 쾌) 樂(즐길 락)

意	⑨ 13획 뜻 의	[日]イ [中]yì

丶 亠 亣 立 产 音 音 音 音 意 意 意

*회의. 마음[心]이 말소리[音]를 통해 표시되는 것인 '뜻' 또는 '생각'을 나타냄.

[풀이] 1. 뜻. 마음. 2. 의미. 의의. 3. 생각하다. 생각. ¶意見

意見(의견) 어떤 일에 대한 생각.

意識(의식) 1)사물을 총괄하여 판단·분별하는 마음의 작용. 2)사회·역사적인 영향을 받아서 형성되는 감정·견해 등. 3)마음에 둠. 자각함.

意慾(의욕) 적극적으로 하고자 하는 마음.

意志(의지) 1)뜻. 의욕(意慾). 2)사물을 깊이 생각하고 선택하고 결심하여 실행하는 능력.

意表(의표) 뜻밖. 생각 밖.

決意(결의) 뜻을 정하여 굳게 가짐. 또는 그 뜻. 결심(決心).

用意(용의) 1)어떤 일을 할 마음을 먹음. 또는 그 마음. 2)마음의 준비를 함.

[유] 志(뜻 지)

慈	⑨ 13획 사랑 자	[日]ジ·いつくしむ [中]cí

丶 丷 丷 䒑 䒑 兹 兹 兹 兹 兹 慈 慈 慈

*형성. 뜻을 나타내는 부수 '心(마음 심)'과 음을 나타내는 '玆(이 자)'를 합친 글자.

[풀이] 1. 사랑하다. 사랑. 자애. ¶慈愛. 2. 어머니. ¶慈母

慈母(자모) 1)자애로운 어머니. 2)죽은 어머니 대신 자신을 길러 준 어머니.

慈善(자선) 불행한 처지에 있는 사람을 딱히 여겨 도와주는 일.

慈愛(자애) 아랫사람에게 베푸는 깊은 사랑.

仁慈(인자) 마음이 어질고 자애스러움.

[유] 愛(사랑 애)

愀	⑨ 12획 ❶ 근심할 초 ❷ 쓸쓸할 추	[日]チュウ [中]qiǎo

[풀이] [1] 1. 근심하다. 2. 정색하다. ¶愀然 [2] 3. 쓸쓸하다. 외롭다.

愀然(초연) 1)안색이 변하는 모양. 2)

4획

근심하는 모양.

惴 ⑨ 12획 [日]ずい·こわがる
두려워할 췌 [中]zhuì

[풀이] 두려워하다. ¶惴恐

惴恐(췌공) 두려워함.

[유] 恐(두려워할 공) 怖(두려워할 포)

惻 ⑨ 12획 [日]ソク·かなしい
슬퍼할 측 [中]cè

[풀이] 슬퍼하다. 측은하다.

惻隱(측은) 가엾고 불쌍하게 여김.

[유] 怛(슬플 달) 悲(슬플 비)

[비] 測(헤아릴 측) 側(곁 측)

惰 ⑨ 12획 [日]タ·ダ·おこたる
게으를 타 [中]duò

[풀이] 1. 게으르다. 게으름. ¶惰怠 2. 오래되어 굳어진 버릇.

惰性(타성) 1)오래되어 굳어진 버릇. 2)물체가 외부의 힘을 받지 않는 한 현재의 상태를 지속하려는 성질.

惰怠(타태) 게으르고 느림. 태만(怠慢).

[유] 倦(게으를 권) 慢(게으를 만)

[반] 勤(부지런할 근)

愎 ⑨ 12획 [日]フク·もとる
괴팍할 퍅 [中]bì

[풀이] 괴팍하다. 너그럽지 못하다. ¶愎性

愎性(퍅성) 까다롭고 걸핏하면 화를 내는 성질.

剛愎(강퍅) 고집이 세며 까다로움.

[비] 復(다시 부)

惶 ⑨ 12획 [日]コウ·おそれる
두려워할 황 [中]huáng

* 형성. 뜻을 나타내는 부수 '忄(心;마음 심)'과 음을 나타내는 '皇(임금 황)'을 합친 글자. 황제(皇)는 마음(心)속으로도 두려운 존재라는 데에서 '두려워하다'의 뜻을 나타냄.

[풀이] 두려워하다. ¶惶恐

惶恐(황공) 위엄이나 지위에 눌려 두려워함.

惶悚(황송) 지위 등에 눌려 두려움.

恐惶(공황) 놀랍고 두려워서 어찌할 바를 모름.

[유] 恐(두려워할 공) 怔(두려워할 정) 怖(두려워할 포)

愃 ⑨ 12획
❶ 너그러울 훤 [日]ガン·セン
❷ 상쾌할 선 [中]xuān, xuǎn

[풀이] [1] 1. 너그럽다. [2] 2. 상쾌하다.

[유] 寬(너그러울 관) [비] 煊(따뜻할 훤)

愨 ⑩ 14획 [日]カク
삼갈 각 [中]què

[풀이] 1. 삼가다. 조심하다. 2. 성실하다. ¶愨謹

愨謹(각근) 성실하고 삼감.

愷 ⑩ 13획 [日]カイ·たのしむ
즐거울 개 [中]kǎi

* 형성. 뜻을 나타내는 부수 '忄(心;마음 심)'과 음을 나타내는 '豈(즐길 개)'를 합친 글자.

[풀이] 1. 즐겁다. 2. 마음이 편안해지다. 3. 개선(凱旋)의 음악. ¶愷歌

愷歌(개가) 승전가. 개가(凱歌).

[유] 嬉(즐길 희) [비] 豈(어찌 개)

愾 ⑩ 13획
❶ 성낼 개 [日]キ·ガイ
❷ 한숨쉴 희 [中]kài

[풀이] [1] 1. 성내다. 분개하다. ¶敵愾心 [2] 2. 한숨을 쉬다. 한탄하다.

[心 10획] 愾愧慄慁愼愼慂慍

愾憤(개분) 성냄. 분개함.
敵愾心(적개심) 적에 대하여 화를 내는 마음.
비 氣(기운 기)

慊 ⑩ 13획 日ケン
❶ 찐덥지
않을 겸 ⊕qiǎn, qiè
❷ 의심할 혐

풀이 ❶ 1. 찐덥지 않다. 마음에 흐뭇하지 않다. ¶慊然 ❷ 2. 의심하다.
慊然(겸연) 1)불만스러운 모양. 2)미안하여 면목이 없는 모양.

愧 ⑩ 13획 日キ·はじる
부끄러워할괴 ⊕kuì

愧愧愧

* 형성. 뜻을 나타내는 부수 忄(心:마음 심)과 음을 나타내는 '鬼(귀신 귀)'를 합친 글자. 귀신(鬼)에 홀린 것처럼 괴로운 마음(心)을 나타내어, '부끄러운' 것을 뜻하게 됨.

풀이 부끄러워하다. ¶自愧之心
愧報(괴보) 부끄러워 얼굴을 붉힘.
自愧之心(자괴지심) 스스로 부끄러워하는 마음.
慙愧(참괴) 부끄럽게 여김.
유 恥(부끄러워할 치) 忸(부끄러워할 뉵)

慄 ⑩ 13획 日リツ·おののく
두려워할 률(율) ⊕lì

* 형성. 뜻을 나타내는 부수 忄(心:마음 심)과 음을 나타내는 '栗(밤나무 율)'을 합친 글자.

풀이 1.두려워하다. 2. 벌벌 떨다. ¶戰慄.
慄慄(율률) 1)두려워 떠는 모양. 2)소름이 끼치는 모양.
戰慄(전율) 심한 두려움이나 분노 등으로 몸을 떪.
유 恐(두려워할 공) 怖(두려워할 포) 惶(두려워할 황)

慁 ⑩ 14획
❶ 하소연할소 日ソ·サク
❷ 두려워할색 ⊕sù

풀이 ❶ 1. 하소연하다. 하소연. ❷ 2. 두려워하다.
비 朔(초하루 삭) 塑(토우 소)

愼 ⑩ 13획 日シン·つつしむ
삼갈 신 ⊕shèn

愼愼愼

* 형성. 뜻을 나타내는 부수 忄(心:마음 심)과 음을 나타내는 '眞(참 진)'을 합친 글자. 마음(心)이 참됨(眞), 곧 '진실', '삼가다'의 뜻으로 쓰임.

풀이 삼가다. 조심하다. ¶謹愼
愼密(신밀) 조심하여 빈틈이 없음.
愼重(신중) 매우 조심성이 있음.
謹愼(근신) 1)삼가고 조심함. 2)학교나 직장에서, 잘못에 대하여 뉘우치고 몸가짐을 삼가라는 뜻에서, 일정 기간 동안 등교를 금하거나 행동을 제약하는 일.
유 謹(삼갈 근) 비 眞(참 진)

愼 ⑩ 13획
愼(p265)과 同字

慂 ⑩ 14획 日ヨウ
권할 용 ⊕yǒng

풀이 권하다. 종용하다.
慫慂(종용) 달래거나 꾀어서 하게 함.

慍 ⑩ 13획 日オン·おこる
성낼 온 ⊕yùn

풀이 1 성내다. 화를 내다. ¶慍色 2. 성. 화. 노여움. 3. 원망하다.

慍色(온색) 성난 얼굴빛.
비 溫(따뜻할 온)

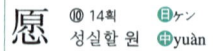
愿 ⑩ 14획 日ケン
성실할 원 中yuàn

* 형성. 뜻을 나타내는 부수 '心(마음 심)'과 음을 나타내는 '厡(근원 원)'을 합친 글자.

풀이 1. 성실하다. ¶愿謹 2. 삼가다. 정중하다. 3. 바라다.
愿謹(원근) 성실하고 삼감.
愿心(원심) 바람. 소원(所願).

慇 ⑩ 14획 日イン
은근할 은 中yīn

풀이 은근하다. 친절하다.
慇懃(은근) 1)겸손하고 정중함. 2)마음속으로 생각하는 정이 깊음. 3)드러나지 않음.

慈 ⑩ 14획
慈(p263)의 本字

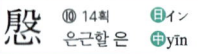
愴 ⑩ 13획 日ソウ·かなしい
슬퍼할 창 中chuàng

* 형성. 뜻을 나타내는 부수 '忄(心;마음 심)'과 음을 나타내는 '倉(푸를 창)'을 합친 글자.
풀이 슬퍼하다. 마음 아파하다. ¶愴恨
愴恨(창한) 슬퍼하고 한스러움.
悲愴(비창) 마음이 몹시 슬픔.
유 慽(슬플 척) 怛(슬플 달) 悲(슬플 비)

態 ⑩ 14획 日タイ·ありさま
모양 태 中tài

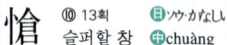
態態

* 형성. 뜻을 나타내는 부수 '心(마음 심)'과 음을 나타내는 '能(능할 능)'을 합친 글자.

풀이 1. 모양. 형상. ¶態度 2. 자태. 몸짓. 3. 형편.
態度(태도) 1)몸을 가지는 모양. 2)어떤 사물에 대한 감정이나 생각이 겉으로 나타난 모습.
態勢(태세) 사물에 대한 몸가짐. 준비 상태.
狀態(상태) 사물이나 현상이 처해 있는 현재의 모양 또는 형편.
姿態(자태) 1)몸가짐과 맵시. 2)모양이나 모습.
形態(형태) 사물의 생긴 모양.
유 象(형상 상) 形(모양 형) 비 熊(곰 웅)

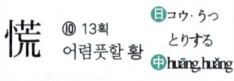
慌 ⑩ 13획 日コウ·うつ とりする
어렴풋할 황 中huǎng, huāng

* 형성. 뜻을 나타내는 부수 '忄(心;마음 심)'과 음을 나타내는 '荒(거칠 황)'을 합친 글자.

풀이 1. 어렴풋하다. 희미한 모양. ¶慌惘 2. 황홀하다. 3. 다급하다. ¶慌罔
慌惘(황망) 1)어렴풋한 모양. 2)바빠서 어리둥절함.
비 荒(거칠 황)

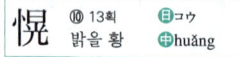
恍 ⑩ 13획 日コウ
밝을 황 中huǎng

풀이 1. 밝다. 환하다. 2. 들뜨다. ¶恍懷
恍懷(황양) 마음이 들뜸.
유 明(밝을 명)

慜 ⑪ 15획
慇(p264)의 俗字

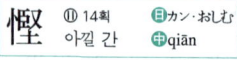
慳 ⑩ 14획 日カン·おしむ
아낄 간 中qiān

풀이 아끼다. 째째하게 굴다. ¶慳齒
慳吝(간린) 욕심이 많고 몹시 인색함.
유 吝(인색할 린) 惜(아낄 석)

[心 11획] 慷慨憇慶慣慮

慷
① 14획 　日コウ
강개할 강　⊕kāng

풀이 강개하다. 분개하다. ¶慷慨

慷慨(강개) 의분(義憤)에 북받쳐 슬퍼하고 한탄함. 또는 그 마음.
유 慨(분개할 개)

慨
① 14획 　日カイ・なげく
분개할 개　⊕kǎi

忄 忄 忄 忄 忏 忏 忾 恺 慨
慨 慨 慨

* 형성. 뜻을 나타내는 부수 '忄(心:마음 심)'과 음을 나타내는 '旣(이미 기)'를 합친 글자.

풀이 1. 분개하다. 분노하다. ¶慷慨 2. 슬퍼하다. 비탄하다.

慨嘆(개탄) 분하게 여겨 탄식함. 또는 그 소리.
感慨(감개) 마음속에 사무치는 깊은 느낌.
憤慨(분개) 매우 분하게 여김. 분탄(憤歎).
유 慷(강개할 강) **비** 槪(대개 개)

憇
① 15획
憩(p270)의 俗字

慶
① 15획 　日ケイ・キョウ
경사 경　めでたい
　　　　　⊕qìng

丶 广 广 广 广 庐 庐 庐 鹿
鹿 麐 慶 慶

* 회의. 남 좋은 일에 사슴(鹿)을 선물로 가지고 축하하는 마음(心)으로 간다(夂)에서, '경사'를 나타냄.

풀이 1. 경사. 축하할 일. ¶慶事 2. 축하하다.

慶福(경복) 경사스럽고 복됨.
慶事(경사) 경사스러운 일. 기쁜 일.
慶弔(경조) 1)경사스러운 일과 불행한 일. 2)경축(慶祝)과 조문(弔問).
유 賀(하례 하)

慣
① 14획 　日カン・なれる
버릇 관　⊕guàn

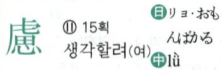

* 형성. 뜻을 나타내는 부수 '忄(心:마음 심)'과 음을 나타내는 '貫(꿸 관)'을 합친 글자. 일관(一貫)된 마음으로 행동을 반복해서 익숙해진 것, 곧 '버릇'을 뜻함.

풀이 1. 버릇. 익숙해진 것. 관례. ¶慣例 2. 버릇이 되다. 익숙해지다.

慣例(관례) 버릇이 된 전례(前例).
慣性(관성) 물체가 외력의 작용을 받지 않는 한 정지 혹은 운동의 상태를 언제까지나 지속하려고 하는 성질.
慣習(관습) 일정한 사회에서 오랫동안 지켜 내려와 일반적으로 인정되고 습관화된 질서나 규칙.
慣用(관용) 습관이 되어 자주 사용함.
慣行(관행) 예전부터 관례가 되어 행해짐.
習慣(습관) 버릇.
비 貫(꿸 관)

慮
① 15획 　日リョ・おも
생각할 려(여)　んばかる
　　　　　　⊕lǜ

丶 广 广 广 庐 庐 虍 虍 虑
虜 慮 慮 慮

* 형성. 뜻을 나타내는 부수 '心(마음 심)'과 음을 나타내며 빙빙 돈다는 뜻을 가진 盧(밥그릇 로)의 생략형으로 이루어진 글자. 마음으로 두루 '생각한다'는 뜻을 나타냄.

풀이 1. 생각하다. 생각. ¶考慮 2. 근심하다. 걱정하다. ¶念慮

慮後(여후) 장래의 일을 염려함.

[心 11획] 慢 慕 愍 慴 慠 慾 慵

考慮(고려) 생각하여 헤아림.
念慮(염려) 마음을 놓지 못하고 걱정함.
🔗 念(생각할 념) 想(생각할 상) 思(생각할 사)

慢 ⑪ 14획 ❷リョ·おもん ばかる ⊕màn
게으를 만

忄忄忄忄忄忄忄慢慢慢慢

*형성. 뜻을 나타내는 부수 忄(心:마음 심)과 음을 나타내는 漫(널 만)을 합친 글자.

[풀이] 1. 게으르다. 게으름을 피우다. ¶怠慢 2. 거만하다. 오만하다. 3. 업신여기다. ¶慢侮 4. 느리다. 더디다.

慢棄(만기) 가볍게 여겨 사용하지 않음.
慢侮(만모) 거만한 태도로 업신여김.
倨慢(거만) 잘난 체하며 남을 업신여김. 교만. 오만(傲慢).
怠慢(태만) 게으르고 느림.
🔗 惰(게으를 타) 倦(게으를 권)
🔁 勤(부지런할 근)

慕 ⑪ 15획 ❷ボ ⊕mù
그리워할 모

艹艹艹艹艹艹艹莫莫莫
莫莫莫慕慕

*형성. 뜻을 나타내는 부수 心(마음 심)과 음을 나타내는 莫(없을 막)을 합친 글자.

[풀이] 그리워하다. 사모하다. ¶思慕

慕心(모심) 그리워하는 마음.
慕華(모화) 중국이나 중국 것을 섬김.
思慕(사모) 1)마음에 두고 몹시 그리워함. 2)우러러 받들며 마음으로 따름.
追慕(추모) 죽은 이를 생각하고 그리워함.
🔗 募(모을 모) 幕(장막 막) 墓(무덤 묘)

愍 ⑪ 15획 ❷ミン ⊕mǐn
총명할 민

[풀이] 총명하다. 영리하다.

慴 ⑪ 14획 ❷シュク ⊕shè
두려워할 습

[풀이] 두려워하다. 두려워서 벌벌 떨다. ¶慴服
慴服(습복) 두려워서 복종함. 습복(慴伏).
🔗 畏(두려워할 외) 恐(두려워할 공) 怖(두려워할 포)

慠 ⑪ 14획
傲(p50)와 同字

慾 ⑪ 15획 ❷ヨク·よくしん ⊕yù
욕심 욕

丶丶タタ谷谷谷欲欲慾
慾慾慾慾

*회의. 하고자 하는[欲] 마음[心]을 나타내어, '욕심'의 뜻으로 쓰임.

[풀이] 욕심을 내다. 욕심. 욕정(欲情). ¶慾心

慾望(욕망) 무엇을 하거나 가지고자 함. 또는 그 마음.
慾心(욕심) 하고자 하거나 가지고 싶어 하는 마음.
慾情(욕정) 1)몹시 가지고 싶은 마음. 2)이성(異性)에 대한 육체적 욕망.
過慾(과욕) 욕심이 지나침. 또는 지나친 욕심.
意慾(의욕) 무엇인가를 하고자 하는 욕구.
🔗 欲(하고자 할 욕)

慵 ⑪ 14획 ❷ヨウ ⊕yōng
게으를 용

[풀이] 게으르다. 게으름을 피우다. ¶慵惰
慵惰(용타) 게으름.

[心 11획] 憂慰慫慘慚慙

비 備(갖출 비)

憂
① 15획 일コウ・うれえる 中yōu
근심할 우

一一一万币币币百审审憂憂憂

풀이 1. 근심하다. 걱정하다. 2. 근심. 걱정. 괴로움. 3. 상(喪). 상중(喪中).

憂愁(우수) 걱정과 근심.
憂鬱症(우울증) 마음이 어둡고 가슴이 답답한 증세.
杞憂(기우) 기나라 사람이 하늘이 무너질까 근심했다는 고사에서 온 말로 쓸데없는 군걱정을 이르는 말.

유 愁(근심할 수) 懂(근심할 근)
비 優(넉넉할 우)

慰
① 15획 일イ・なぐさめる 中wèi
위로할 위

コア尸尸尸尼尉尉-尉尉慰慰慰

*형성. 뜻을 나타내는 부수 '心(마음 심)'과 음을 나타내는 尉(벼슬 이름 위)를 합친 글자. 尉자는 여기서 다리미를 뜻하여, 마음(心)의 구김살을 다리미(尉)로 다리듯 펴는 것을 나타내어 '위로하다'의 뜻으로 쓰임.

풀이 위로하다. 위로.
慰靈祭(위령제) 죽은 이의 영혼을 위로하기 위하여 행하는 제사.
慰勞(위로) 1)고달픔을 달래어 따뜻하게 대하여 줌. 2)괴로움이나 슬픔을 잊게 함.
慰撫(위무) 위로하고 어루만져 달램.
安慰(안위) 1)위로하여 마음을 편안하게 함. 2)안정되어 편히 지냄.

유 撫(어루만질 무)

慫
① 15획 일ソウ 中sǒng
권할 종

풀이 권하다. ¶慫慂

慫慂(종용) 달래어 권함. 꾀어서 하게 함.
유 勸(권할 권)

慘
① 14획 일サン・むごい 中cǎn
참혹할 참

丶丶忄忄忄忄忄忄忄忄忄忄
忄忄慘慘

*형성. 뜻을 나타내는 부수 '忄(心:마음 심)'과 음을 나타내는 參(참여할 참)을 합친 글자.

풀이 1. 참혹하다. 무자비하다. ¶慘酷 2. 비참하다. 애처롭다. ¶慘憺 3. 아프다. 통증을 느끼다. 4. 근심하다. 걱정하다.

慘憺(참담) 1)가슴이 아플 정도로 비참함. 2)괴롭고 슬픈 모양. 3)참혹하고 암담함. 4)우울하고 쓸쓸함.
慘事(참사) 참혹한 일 또는 사건.
慘狀(참상) 참혹한 모양이나 상태.
慘酷(참혹) 비참하고 끔찍함. 혹독하고 잔인함.
悲慘(비참) 차마 눈 뜨고 볼 수 없을 만큼 슬프고 참혹함.
悽慘(처참) 슬프고 참혹함.

비 參(참가할 참)

慚
① 14획
慙(p.269)과 同字

慙
① 15획 일サン・はずかしい 中cán
부끄러워할 참

一一一一百百亘車車斬斬
斬慙慙慙

*형성. 뜻을 나타내는 부수 '心(마음 심)'과 음을 나타내는 斬(벨 참)을 합친 글자. 마음(心)이 베어지는 (斬) 것과 같은 기분이라 하여 '부끄러움'을 나타냄.

풀이 부끄러워하다. 부끄러움. ¶慙愧

[心 11~12획] 慽慟慝慓慧憨憩憬憒

慙愧(참괴) 부끄럽게 여김.
慙悔(참회) 부끄러워하여 뉘우침.
유 恥(부끄러울 치) 忸(부끄러워할 뉵)

慽 ⑪ 14획 日セキ 中qī
근심할 척

풀이 근심하다.

慟 ⑪ 14획 日トウ 中tòng
서럽게 울 통

풀이 서럽게 울다. 울면서 슬퍼하다. ¶慟哭
慟哭(통곡) 큰 소리로 서럽게 욺.
비 働(일할 동)
慽慽(척척) 근심하는 모양.

慝 ⑪ 15획 日トク 中tè
간사할 특

* 회의. 마음속(心)으로 무엇인가를 숨긴다(匿)는 데에서 간사하다의 뜻을 나타냄.

풀이 1. 간사하다. ¶慝邪 2. 악하다. 악한 일.
慝邪(특사) 간사함.
奸慝(간특) 간사하고 사특함.
비 匿(숨길 닉)

慓 ⑪ 14획 日ヒョウ 中piào
날랠 표

풀이 1. 날래다. 빠르다. 2. 매섭다. 사납다. ¶慓毒
慓毒(표독) 성질이 사납고 독살스러움.
유 勇(날쌜 용)

慧 ⑪ 15획 日ケイ·かしこい 中huì
슬기로울 혜

ᆖ ᆖ ᆖ 圭 丰 丰 圭 圭 圭 圭 彗
彗 慧 慧 慧

* 형성. 뜻을 나타내는 부수 '心(마음 심)'과 음을 나타내는 '彗(비 혜)'가 합쳐진 글자. 깨끗하게 쓴(彗) 것처럼 밝은 마음(心)에서 나오는 지혜를 나타냄.

풀이 슬기롭다. 총명하다. 슬기. ¶慧眼
慧敏(혜민) 슬기롭고 민첩함.
慧眼(혜안) 날카로운 눈. 사물의 본질이나 이면을 꿰뚫어보는 눈.
智慧(지혜) 사물의 도리나 선악 등을 잘 분별하는 마음의 작용. 슬기.
유 智(지혜 지)

憨 ⑫ 16획 日カン 中hān
어리석을 감

풀이 어리석다. 우매하다. ¶憨笑
憨笑(감소) 바보같이 웃음. 또는 어리석은 웃음.
반 慧(슬기로울 혜)

憩 ⑫ 16획 日ケイ·いこう 中qì
쉴 게

풀이 쉬다. 휴식하다. ¶休憩
休憩(휴게) 일을 하거나 길을 가다가 잠깐 쉬는 일. 휴식.
유 休(쉴 휴)

憬 ⑫ 15획 日ケイ·さとる 中jǐng
깨달을 경

풀이 1. 깨닫다. 알아차리다. ¶憬悟 2. 그리워하다. ¶憧憬 3. 멀다. 요원하다.
憬悟(경오) 깨달음.
유 覺(깨달을 각) 悟(깨달을 오) 惺(깨달을 성)

憒 ⑫ 15획 日ケイ 中kuì
심란할 궤

풀이 심란하다. 마음이 어지럽다. ¶憒亂
憒亂(궤란) 마음이 산란함. 궤궤(憒憒).
비 憤(버릇 관)

[心 12획] 憧憐憮憫憤憊憑

憧 ⑫ 15획
그리워할 동
🇯 ドウ・あこがれる
🇨 chōng

* 형성. 뜻을 나타내는 부수 '忄(心:마음 심)'과 음을 나타내는 '童(아이 동)'을 합친 글자.

풀이 1. 그리워하다. 동경하다. ¶憧憬 2. 뜻을 정하지 못하다.

憧憬(동경) 그리워 애틋하게 생각함.

憐 ⑫ 15획
불쌍히 여길 련(연)
🇯 リン・あわれ
🇨 lián

忄 忄 忄 忄 忄 忄 忄 忄
憐 憐 憐 憐 憐

풀이 1. 불쌍히 여기다. 가엾게 생각하다. ¶憐憫 2. 사랑하다.

憐憫(연민) 불쌍히 여김.
可憐(가련) 1)가엾고 불쌍함. 2)저절로 동정심이 갈 만큼 애틋함.
哀憐(애련) 애처롭고 가엾게 여김. 애긍(哀矜).
🔖 隣(이웃 린)

憮 ⑫ 15획
어루만질 무
🇯 ム・なでる
🇨 wǔ

풀이 1. 어루만지다. 2. 실망한 모양. ¶憮然
憮然(무연) 1)몹시 놀라는 모양. 2)크게 낙담하는 모양.

憫 ⑫ 15획
근심할 민
🇯 ミン
🇨 mǐn

忄 忄 忄 忄 忄 忄 忄 忄
憫 憫 憫 憫 憫

* 형성. 뜻을 나타내는 부수 '忄(心:마음 심)'과 음을 나타내며 가엾이 여긴다는 뜻을 지닌 '関(위문할 민)'을 합친 글자. 이에 진심으로 가엾게 여기다, 또는 마음을 다해 '근심하다'의 뜻으로 쓰임.

풀이 1. 근심하다. 우려하다. 2. 불쌍히 여기다. 가엾게 생각하다. ¶憐憫

憫憫(민망) 보기에 답답하고 딱하여 안타까움.
不憫(불민) 딱하고 가여움.
憐憫(연민) 불쌍히 여기는 모양.
🔖 憂(근심할 우) 愁(근심할 수) 懃(근심할 근)

憤 ⑫ 15획
성낼 분
🇯 フン・いきどおる
🇨 fèn

忄 忄 忄 忄 忄 忄 忄 忄
憤 憤 憤 憤

* 형성. 뜻을 나타내는 부수 '忄(心:마음 심)'과 음을 나타내는 '賁(클 분)'을 합친 글자.

풀이 1. 성내다. 분노하다. ¶憤慨 2. 떨쳐 일어나다.

憤慨(분개) 분하게 여김. 몹시 화를 냄. 분개(憤愾). 분탄(憤嘆).
憤氣衝天(분기충천) 분한 기운이 하늘을 찌름.
悲憤慷慨(비분강개) 슬프고 분한 느낌이 마음속에 가득 차 있음.
鬱憤(울분) 분한 마음이 가슴에 가득함. 또는 그 마음.
🔖 噴(뿜을 분) 墳(무덤 분)

憊 ⑫ 16획
고달플 비
🇯 ヒ・つらい
🇨 bèi

풀이 고달프다. 지치다. ¶憊色
憊色(비색) 피로한 얼굴빛.
🔖 疲(피로 피)

憑 ⑫ 16획
기댈 빙
🇯 ビン・よる
🇨 píng

* 형성. 뜻을 나타내는 부수 '心(마음 심)'과 음을 나타내며 '의지하다'라는 의미를 지닌

[心 12~13획] 憎憔憚憲憶憙懇

'凭(업신여길 빙)'을 합친 글자. 이에 마음을 의지함을 나타내어 '기대다'의 뜻으로 쓰임.

풀이 1. 기대다. 의지하다. ¶憑依 2. 의거하다. 근거를 들다.

憑依(빙의) 1)남의 힘에 의지함. 2)귀신이 달라붙음. 의빙(依憑).

憑藉(빙자) 1)남의 힘을 빌려서 의지함. 2)핑계를 댐.

證憑(증빙) 증거로 삼음. 또는 증거로 삼는 근거.

유 依(의지할 의)

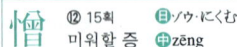
| 憎 | ⑫ 15획 | 日ゾウ·にくむ |
| | 미워할 증 | 中zēng |

* 형성. 뜻을 나타내는 부수 忄(心:마음 심)과 음을 나타내는 曾(거듭할 증)을 합친 글자.

풀이 미워하다. 미움. 증오. ¶愛憎

憎惡(증오) 몹시 미워함.

可憎(가증) 괘씸하고 얄미움. 밉살스러움.

愛憎(애증) 사랑과 미움. 증애(憎愛).

유 惡(미워할 오) 厭(싫을 염)

| 憔 | ⑫ 15획 | 日チョウ·やつれる |
| | 수척할 초 | 中qiáo |

풀이 수척하다. 야위어지다. ¶憔悴

憔悴(초췌) 야위어 쇠약해진 모양.

유 悴(파리할 췌)

| 憚 | ⑫ 15획 | 日タン·いむ |
| | 꺼릴 탄 | 中dàn |

* 형성. 뜻을 나타내는 부수 忄(心:마음 심)과 음을 나타내는 單(홑 단)을 합친 글자.

풀이 1. 꺼리다. 피하다. ¶忌憚 2. 두려워하다.

憚改(탄개) 고치기를 꺼림.

忌憚(기탄) 어렵게 여겨 꺼림.

유 忌(꺼릴 기)

| 憲 | ⑫ 16획 | 日ケン·のり |
| | 법 헌 | 中xiàn, xiǎn |

* 회의. 해로운(害)일을 감시하는 눈(目)과 마음(心)으로서 만든 법을 나타냄.

풀이 1. 법. 법규. 규정. ¶憲法 2. 상관(上官). 높은 벼슬아치. 3. 고시(告示)하다.

憲法(헌법) 한 나라의 통치 체제의 기본 원칙을 정하는 법.

憲章(헌장) 1)이상(理想)으로서 규정한 원칙적인 규범. 2)헌법의 전장(典章). 3)법적으로 규정한 규범.

官憲(관헌) 1)정부나 관의 법규. 2)지난날, '관청'을 이르던 말. 3)관리.

違憲(위헌) 헌법 규정을 어김.

유 法(법법) 律(법률) 典(법전)

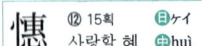
| 憓 | ⑫ 15획 | 日ケイ |
| | 사랑할 혜 | 中huì |

풀이 1. 사랑하다. 2. 순하다. 순종하다.

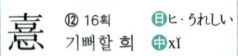
| 憙 | ⑫ 16획 | 日ヒ·うれしい |
| | 기뻐할 희 | 中xǐ |

풀이 1. 기뻐하다. 2. 좋아하다. 즐기다.

비 嬉(즐길 희)

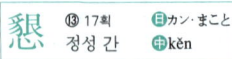
| 懇 | ⑬ 17획 | 日カン·まこと |
| | 정성 간 | 中kěn |

* 형성. 뜻을 나타내는 부수 心(마음 심)과 음을 나타내는 豤(정성스러울 간)을 합친 글자. 이에 정성스러운 마음, 곧 '정성'을 나

[心 13획] 憾 憼 懃 憺 懍 懋 憤 憶

타냄.

풀이 1. 정성. 성심. 2. 간절하다. ¶懇求
懇曲(간곡) 간곡하고 곡진(曲盡)함.
懇求(간구) 간절히 요구함.
懇談(간담) 1)간곡하게 이야기를 나눔. 2)간곡한 이야기.
懇切(간절) 아주 절실함.
윤 誠(정성 성) 款(정성 관) 恂(정성 순)

憾 ⑬ 16획 ⓙ カン 한할 감 ⓒ hàn

*형성. 뜻을 나타내는 부수 '忄(心:마음 심)'과 음을 나타내는 '感(느낄 감)'을 합친 글자.

풀이 1. 한하다. 2. 서운해 하다. 섭섭해하다. ¶私憾
憾情(감정) 원망하거나 성내는 마음.
遺憾(유감) 1)마음에 남아 있는 섭섭한 느낌. 2)언짢은 마음.
윤 恨(한할 한)

憼 ⑬ 17획 ⓙ ケイ 공경할 경 ⓒ jǐng

풀이 공경하다.
윤 敬(공경할 경)

懃 ⑬ 17획 ⓙ キン 은근할 근 ⓒ qín

풀이 은근하다. 친절한 모양.
懃懇(근간) 은근함. 친절함.
윤 慇(은근할 은)

憺 ⑬ 16획 ⓙ タン・やすい 편안할 담 ⓒ dàn

풀이 편안하다. 평온하다. ¶憺憺
憺憺(담담) 1)편안한 모양. 2)조용한 모양.
윤 寧(편안할 녕) 安(편안할 안)
비 擔(멜 담)

懍 ⑬ 16획 ⓙ あぶない 두려워할 름 ⓒ lǐn

풀이 1. 두려워하다. 벌벌 떨다. 2. 삼가다. 조심하다.
懍懍(늠름) 1)두려워하는 모양. 2)위엄이 있는 모양. 3)삼가고 조심하는 모양.

懋 ⑬ 17획 ⓙ ム・せいだす 힘쓸 무 ⓒ mào

풀이 1. 힘쓰다. ¶懋力 2. 성하다. 성대하다. ¶懋典
懋戒(무계) 힘써 경계함.
懋力(무력) 힘씀.
懋績(무적) 1)공적에 힘씀. 2)뛰어난 공적(功績). 뛰어난 공훈(功勳).
懋典(무전) 성대하게 치른 의식(儀式).
懋遷(무천) 1)무역에 힘씀. 2)교역을 함.
윤 務(힘쓸 무)

憤 ⑬ 16획
憤(p271)의 本字

憶 ⑬ 16획 ⓙ オク・おもう 생각할 억 ⓒ yì

丨 丨 忄 忄 忄 忓 忓 忴 悴 悴 悴 憶 憶 憶 憶

*형성. 뜻을 나타내는 부수 '忄(心:마음 심)'과 음을 나타내는 '意(뜻 의)'를 합친 글자. 마음속에 항상 뜻을 간직한다는 데서, '생각하다' 또는 '기억하다'는 뜻이 됨.

풀이 1. 생각하다. 생각. ¶記憶 2. 추억하다. 기억하다.
憶念(억념) 잊지 않고 생각함.
憶想(억상) 생각함.
記憶(기억) 지난 일을 잊지 않고 마음속에 간직하여 둠. 또는 그 내용.

追憶(추억) 지난 일을 돌이켜 생각함. 또는 그 생각. 추상(追想).
유 念(생각할 념) 想(생각할 상) 思(생각할 사)
비 億(억 억)

懊 ⑬ 16획 일オウ・なやむ 한할 오 중ào

*형성. 뜻을 나타내는 부수 忄(心:마음 심)과 음을 나타내는 '奧(아랫목 오)'를 합친 글자.

풀이 한하다. 뉘우치다. ¶懊惱

懊惱(오뇌) 한탄하고 피로워함. 오뇌(懊惱).

懊悔(오회) 잘못을 깨닫고 뉘우침. 회한(悔恨).

應 ⑬ 17획 일おう・あたえる 응할 응 중yīng, yìng

广广广广疒疒疒疒庐
庐庐應應應

*형성. 뜻을 나타내는 부수 心(마음 심)과 음을 나타내는 부수 이외의 글자를 합친 글자.

풀이 1. 응하다. 대답하다. 2. 감당하다. 대처하다. 3. 응급. 응당. 당연히. 마땅히. 4. 서로 어울려서 움직이다. 호응하다. ¶呼應

應急(응급) 급한 일에 우선 대처함.

應答(응답) 부름이나 물음에 대답함.

應報(응보) 선악의 행위에 따라 받게 되는 복(福)이나 화(禍)의 갚음.

應試(응시) 시험을 치름.

應援(응원) 1)곁에서 성원함. 2)호응하여 도움.

相應(상응) 1)서로 응함. 2)서로 맞음. 알맞음. 3)서로 기맥이 통함.

呼應(호응) 어떤 요구나 호소 같은 것에 응하여 따름.

유 答(대답할 답)

懈 ⑬ 16획 일カイ 게으를 해 중xiè

*형성. 뜻을 나타내는 부수 忄(心:마음 심)과 음을 나타내는 '解(풀 해)'를 합친 글자. 마음[心]의 긴장이 풀린다[解] 하여 '게을리하다'의 뜻으로 쓰임.

풀이 게으르다. 게으름을 피우다.

懈弛(해이) 마음이나 규율이 풀려 느슨해짐.

유 惰(게으를 타) 倦(게으를 권) 慢(게으를 만)

만 勤(부지런할 근)

懷 ⑬ 16획
懷(p275)의 俗字

懦 ⑭ 17획 일ジュ・ナ 나약할 나・유 중nuò

풀이 1. 나약하다. 무기력하다. 2. 겁쟁이.

懦夫(나부) 1)겁이 많은 사내. 2)게으른 사람.

비 儒(선비 유)

懟 ⑭ 18획 일タイ 원망할 대 중duì

풀이 원망하다. 원한을 품다. ¶懟憾

懟憾(대감) 원망함.

懟怒(대노) 원망하며 화를 냄.

怨懟(원대) 억울하게 여겨 탓하거나 분하게 여겨 미워함. 원망(怨望).

懣 ⑭ 18획 일マン・モン 번민할 만 중mèn

풀이 번민하다. 가슴이 답답하다. ¶懣然

懣然(만연) 고민하는 모양.

懲 ⑮ 19획 일チョウ 징계할 징 중chéng

'彳彳彳彳 彳 彳 彴 彴 徨 徨 徨 徨 徨 懲 懲 懲 懲

[心 16~18획] 懲懶懸懷懺懼懾

* 형성. 뜻을 나타내는 부수 '心(마음 심)'과 음을 나타내는 '徵(부를 징)'를 합친 글자.

풀이 징계하다. 벌하다. ¶懲罰

懲戒(징계) 1)허물을 뉘우치도록 주의를 주고 나무람. 2)부정이나 부당한 행위를 되풀이하지 못하도록 제재를 가함.

懲罰(징벌) 1)장래를 경계하는 목적으로 벌을 줌. 2)부정이나 부당한 행위에 대하여 응징하는 뜻으로 주는 벌.

懲治(징치) 징계하여 다스림. 제재를 가하여 선도함.

膺懲(응징) 잘못을 뉘우치도록 징계함.

반 讚(기릴 찬)

懶 ⑯ 19획 日ラ・たいだ 게으를 라(나) 中lài, lǎn

풀이 게으르다. 의욕이 없다. ¶懶眠

懶怠(나태) 게으르고 느림.

嬾 ⑯ 19획
嬾(p275)의 俗字

懸 ⑯ 20획 日ケン・かける 매달 현 中xuán

* 형성. 뜻을 나타내는 부수 '心(마음 심)'과 음을 나타내는 '縣(매달 현)'를 합친 글자.

풀이 1. 매달다. 달아매다. 걸다. ¶懸垂幕 2. 멀다. 동떨어지다.

懸賞金(현상금) 현상으로 내건 상금.

懸垂幕(현수막) 선전문·구호문 등을 적어 세로나 가로로 길게 매단 천.

懸案(현안) 해결되지 않은 안건.

懸崖(현애) 깎아지른 듯한 절벽.

懸板(현판) 글씨나 그림 등을 새겨서 문 위나 벽에 거는 판자.

함 縣(매달 현)

懷 ⑯ 19획 日カイ・なつく 품을 회 中huái

* 형성. 뜻을 나타내는 부수 '忄(心:마음 심)'과 음을 나타내는 '褱(그리워할 회)'를 합친 글자. 마음속으로 그리워하는 것을 나타내어, '생각하다', '품다'의 뜻을 나타냄.

풀이 1. 품다. 품에 안다. ¶懷包 2. 가슴. 품. 3. 마음. 생각. 4. 위로하다. 달래다. ¶懷柔

懷古(회고) 지난 일을 돌이켜 생각함.

懷柔(회유) 어루만져 달램.

懷疑(회의) 마음속으로 의심을 품음.

懷姙(회임) 아이를 뱀.

懷抱(회포) 1)가슴에 품음. 2)마음속에 품은 생각.

感懷(감회) 마음에서 느껴 일어나는 회포.

懺 ⑰ 20획 日ザン 뉘우칠 참 中chàn

풀이 뉘우치다.

懺悔(참회) 과거의 죄를 뉘우쳐 고백함.

비 識(참서 참)

懼 ⑱ 21획 日ク・おそれ 두려워할 구 中jù

풀이 두려워하다. 두려움.

懼惕(구척) 두려워함.

疑懼(의구) 의심하며 두려워함.

함 恐(두려워할 공) 怖(두려워할 포) 惶(두려워할 황)

懾 ⑱ 21획 日セフ 두려워할 섭 中shè

[心 18~24획] 懿懽戀戆 [戈 0~2획] 戈戊成

풀이 두려워하다. 겁내다. ¶俱怖
俱怖(섭포) 두려워함.
비 怖(두려워할 포) 惶(두려워할 황) 懼(두려워할 구)

懿 ⑱ 22획 日イ
아름다울 의 中yì

풀이 아름답다. 훌륭하다. ¶懿德
懿德(의덕) 아름다운 덕. 훌륭한 덕행.
懿訓(의훈) 훌륭한 가르침.

懽 ⑲ 21획 日カン
기뻐할 환 中huān

풀이 기뻐하다. ¶懽心
懽心(환심) 기뻐하는 마음.
비 歡(기뻐할 환)

戀 ⑲ 23획 日レン
사모할 련(연) 中liàn

* 형성. 뜻을 나타내는 '心(마음 심)'과 음을 나타내는 '䜌(련)'을 합친 글자.

풀이 사모하다. 그리워하다. ¶戀歌
戀歌(연가) 사랑하는 사람을 그리워하여 부르는 노래.
戀慕(연모) 1)사랑하여 그리워함. 2)공경하여 사모함.
戀愛(연애) 남녀의 애틋한 사랑.
悲戀(비련) 이루어지지 못하고 비극으로 끝나는 연애.
비 慕(그리워할 모)

戆 ㉔ 28획 日トウ·おろか
어리석을 당 中gàng, zhuàng

풀이 어리석다. 고지식하다. ¶戆直

戆直(당직) 고지식하고 정직함.

戈 창 과 部

'戈'자는 전쟁에서 중요하게 쓰였던 무기인 '창'을 나타내며 '전쟁'이라는 뜻으로도 쓰인다. 이 글자를 부수로 갖는 글자는 대부분 무기나 전쟁 등과 관련이 있다.

戈 ⓪ 4획 日カ·ほこ
창 과 中gē

* 상형. 나무로 된 자루에 끝이 뾰족한 쇠붙이가 달린 창의 모양을 본뜬 글자.

풀이 1. 창. 무기. ¶戈甲 2. 전쟁. 싸움. ¶干戈
戈甲(과갑) 창과 갑옷.
干戈(간과) 1)창과 방패. 2)전쟁.

戊 ① 5획 日ボウ·つちのえ
다섯째 천간 무 中wù

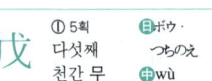

* 상형. 초승달 모양의 날이 달린 도끼를 본뜬 글자. 가차하여, 천간(天干)의 다섯째 글자로 쓰임.

풀이 다섯째 천간. 방향으로는 중앙, 시각으로는 오전 3~5시, 오행으로는 토(土)에 해당함. ¶戊夜
戊夜(무야) 오경, 곧 오전 3시에서 5시 사이.
비 戌(지킬 수) 戌(열한째 지지 술)

成 ② 6획 日セイ·なる
이룰 성 中chéng

[戈 2～3획] 成戍戎戒成我

成 ② 6획
지킬 성
🇯🇵 ジョウ・なる
🇨🇳 chéng

丿 厂 厂 成 成 成

*형성. 뜻을 나타내는 부수 '戈(다섯째 천간 무)'에 음을 나타내는 '丁(넷째 천간 정)'을 합친 글자.

[풀이] 1. 이루다. 완성하다. ¶成功 2. 되다. 이루어지다.

成功(성공) 1)목적한 바를 이룸. 2)부(富) 또는 사회적 지위를 얻음.
成立(성립) 사물이 이루어짐.
成分(성분) 1)한 물체를 이룬 바탕이 되는 물질. 2)문장을 이루는 각 부분.
成事(성사) 일을 이룸.
成人(성인) 이미 성년이 된 사람. 어른. 대인(大人).
成長(성장) 1)자라서 커짐. 2)발전하여 규모나 세력이 점점 커짐.
成就(성취) 어떤 일이나 생각을 이룸.
速成(속성) 빨리 이루어지거나 이룸.

② 6획
지킬 수
🇯🇵 ジュ・まもる
🇨🇳 shù

[풀이] 1. 지키다. 수호하다. 2. 수자리. 국경을 지키는 일. 또는 그 병사.

戍樓(수루) 적의 동정을 살피기 위하여 지은 망루(望樓).
衛戍地(위수지) 군대를 주둔시켜 두는 일정한 곳.

[비] 戌(열한째 지지 술) 戊(다섯째 천간 무)

② 6획
열한째
지지 술
🇯🇵 ジュツ・いぬ
🇨🇳 xū

丿 厂 戊 戌 戌

[풀이] 열한째 지지. 시각으로는 오후 7~9, 달로는 음력 9월, 방위로는 서북쪽, 띠로는 개에 해당함. ¶戌時

戌時(술시) 오후 7시부터 9시까지의 시간.

[비] 戍(지킬 수) 戊(다섯째 천간 무)

② 6획
병장기 융
🇯🇵 ジュウ・つわもの
🇨🇳 róng

*회의. 방패(十)와 창(戈), 곧 '병장기'를 나타냄.

[풀이] 1. 병장기. 병기. ¶戎馬 2. 군사. 군졸. 4. 오랑캐. 중국 서쪽의 이민족.

戎馬(융마) 1)싸움에 쓰이는 말. 군마(軍馬). 2)병기와 군마. 3)전쟁. 군사(軍事).

[비] 戒(경계할 계)

③ 7획
경계할 계
🇯🇵 カイ・いましめる
🇨🇳 jiè

一 二 千 开 戒 戒 戒

*회의. 창(戈)을 두 손으로 잡고(卄) 서 있는 모양을 나타내어 '경계하다'라는 뜻이 됨.

[풀이] 1. 경계하다. 지키다. ¶戒飮 2. 타이르다. ¶訓戒 3. 재계하다. 몸과 마음을 깨끗이 하고 부정을 멀리함. 4. 계율.

戒嚴(계엄) 전쟁이나 큰 사변이 일어났을 때에 군대로써 어떤 지역을 경계하며, 그 지역의 사법권과 행정권을 군 사령관이 관할하는 일.
戒律(계율) 승려가 지켜야 할 불교의 규율. 계(戒)와 율(律).
警戒(경계) 좋지 않은 일이 일어나지 않도록 미리 마음을 가다듬어 조심함.
訓戒(훈계) 타일러 경계함.

[비] 戎(병장기 융)

成 ③ 7획
成(p276)의 本字

③ 7획
나 아
🇯🇵 ガ・われ・わ
🇨🇳 wǒ

一 二 千 手 我 我 我

* 상형. 본래 톱니 모양의 날이 있는 창을 나타냈으나 후에 가차하여 '나', '자기'의 뜻으로 쓰임.

풀이 1. 나. 자기. 본인. ¶無我 2. 우리. 우리편.

我田引水 (아전인수) 자기 논에 물 대기. 자기에게만 이롭게 되도록 생각하거나 행동함을 이르는 말.

我執 (아집) 자기 중심의 좁은 의견이나 생각, 또는 거기에 사로잡힌 고집.

無我境 (무아경) 정신이 한곳에 통일되어 나를 잊고 있는 경지. 무아경지(無我之境).

유 余(나 여) 予(나 여) 吾(나 오) 俺(나 엄)
반 汝(너 여)

戕 ④ 8획 日ショウ·こうす 죽일 장 中qiāng

풀이 1. 죽이다. ¶戕殺 2. 상하게 하다. 상하다.

戕殺 (장살) 무찔러서 죽임.

유 殺(죽일 살) **비** 將(장차 장)

或 ④ 8획 日ワク·あるいは 혹 혹 中huò

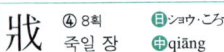

* 회의. 원래는 창(戈)을 들고 국토(一)의 경계(口)를 지키는 것을 나타내어 '국가'를 뜻했으나, 후에 가차되어 '혹', '혹시'의 뜻으로 쓰임.

풀이 1. 혹시. 혹은. 설사. ¶或者 2. 어떤. 어떤 사람.

或是 (혹시) 1)만일에. 2)어떠한 때에.
或者 (혹자) 1)혹시. 2)어떤 사람.

戛 ⑦ 11획 日カツ·ほこ 창 알 中gā, jiá

풀이 1. 창. 긴 창. 2. 두드리다. 3. 쇠 낟알이 부딪치는 소리. ¶戛然

戛然 (알연) 쇠낱알이 부딪치는 소리.

비 夏(여름 하)

戚 ⑦ 11획 日セキ·みうち 겨레 척 中qī

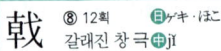

* 형성. 뜻을 나타내는 부수 戈(다섯째 천간 무)과 음을 나타내는 尗(콩 숙)을 합친 글자.

풀이 1. 겨레. 친족. ¶一家親戚 2. 슬프다. 서럽다. 3. 근심하다.

戚黨 (척당) 척속(戚屬). 친척이 되는 겨레붙이.

戚臣 (척신) 임금과 외척 관계가 있는 신하.

一家親戚 (일가친척) 동성과 이성의 모든 겨레붙이.

비 叔(아재비 숙)

戟 ⑧ 12획 日ゲキ·ほこ 갈래진 창 극 中jǐ

* 회의. 戈(창 과)와 倝(줄기 간)이 합쳐져 나무 줄기처럼 긴 자루 위에 곁가지처럼 창날이 달린 창을 나타냄.

풀이 1. 갈래진 창. ¶戟盾 2. 찌르다.

戟盾 (극순) 창과 방패.

비 乾(하늘 건)

戞 ⑧ 12획
戛(p278)의 俗字

戡 ⑨ 13획 日カン·かつ 이길 감 中kān

풀이 1. 이기다. 승리하다. 2. 죽이다. 3. 평정하다. ¶戡亂

戡亂 (감란) 난리를 평정함.

유 勝(이길 승) **비** 勘(헤아릴 감)

戦 ⑨ 13획
戰(p279)의 俗字

戢 ⑨ 13획
日 シュウ・おさめる
中 jí
거둘 즙

풀이 1. 거두다. 거두어들이다. 2. 그치다. 그만두다.

戢兵(즙병) 군대를 거두어들임. 즉, 전쟁을 그만둠.

截 ⑩ 14획
日 セツ・きる
中 jié
끊을 절

풀이 끊다. 절단하다. ¶截長補短

截長補短(절장보단) 1)긴 것을 절단해 짧은 것에 보탬. 2)장점으로 단점을 보충함.
截取(절취) 잘라 냄.
斷截(단절) 자름. 끊음. 절단(切斷).

🔁 絶(끊을 절) 切(끊을 절)

戮 ⑪ 15획
日 リク・ころす
中 lù
죽일 륙(육)

*형성. 뜻을 나타내는 부수 '戈(창 과)'와 음을 나타내는 '翏(높이날 료)'를 합친 글자.

풀이 1. 죽이다. 살해하다. ¶誅戮 2. 사형에 처하다. 육시하다. 죽은 사람에게 형벌을 가하여 목을 베다. 3. 치욕을 당하다. 4. 합하다. ¶戮力

戮力(육력) 서로 힘을 합침. 협력(協力).
誅戮(주륙) 죄를 물어 죽임. 법으로 다스려 죽임.

🔁 殺(죽일 살) 戕(죽일 장)

戰 ⑫ 16획
日 セン・たたかう
中 zhàn
싸울 전

丶 ソ ヅ ヅ 严 严 严 単 単 戰 戰

*형성. 뜻을 나타내는 부수 '戈(창 과)'과 음을 나타내는 옛 사냥 도구의 모양을 본뜬 '單(홑 단)'을 합친 글자. 이에 무기와 무기가 맞부딪침을 나타내어, 전쟁 이라는 뜻이 됨.

풀이 1. 싸우다. 전쟁을 하다. 싸움. ¶戰死 2. 두려워하다. 떨다.

戰國時代(전국시대) 주(周)나라 위열왕 때부터 진(秦)나라 시황제(始皇帝)가 천하를 통일하기까지의 동란기.
戰死(전사) 싸움에서 죽음.
戰爭(전쟁) 국가와 국가 사이의 무력에 의한 투쟁.
戰戰兢兢(전전긍긍) 몹시 두려워하며 조심함.
反戰(반전) 전쟁을 반대함.
休戰(휴전) 전쟁을 얼마 동안 쉼.

🔁 爭(다툴 쟁)

戱 ⑫ 16획
戲(p279)의 俗字

戴 ⑬ 17획
日 タイ・いただく
中 dài
일 대

*형성. 뜻을 나타내는 부수 이외의 글자를 합친 글자. '異'는 귀신 탈을 머리 위에 인 모양을 본뜬 글자로, '머리에 이다' 라는 뜻을 나타냄.

풀이 1. 이다. 머리에 얹다. 2. 받들다. 공경하다. ¶推戴

戴天(대천) 하늘을 머리에 인다는 뜻으로, 이 세상에 생활함을 이르는 말.
推戴(추대) 어떤 사람을 높은 직책으로 오르게 하여 받듦.

🔁 載(실을 재)

戲 ⑬ 17획
日 キ・たわむれる
中 hū, xì
놀 희

丶 ト 广 广 庐 庐 虍 虍 虐 虐 虗 虗 戲 戲 戲

풀이 1. 놀다. 놀이. 2. 희롱하다. 놀리다. ¶戲弄 3. 연기. 연극. ¶戲曲

戲曲(희곡) 연극의 대본.

戲弄(희롱) 1)장난하며 놂. 2)장난삼아 놀림.
戲謔(희학) 실없는 농지거리.
百戲(백희) 온갖 연희(演戲).
遊戲(유희) 즐겁게 놂. 또는 놀이.

🔵 遊(놀 유) 🔴 獻(바칠 헌)

戶부

戶 지게 호 部

'戶'자는 문 한 짝의 모양을 본떠 '지게'를 나타낸 글자다. 지게란 마루에서 방으로 드나드는 곳에 외부 사람의 시선을 막고 실내를 보호하기 위해 만들어 놓은 외문을 말한다. 또한 '출입구'나 출입구'를 막는 기능에서 '막다'라는 뜻으로도 쓰이며 문이 달린 '집'을 칭하기도 한다. 이 글자를 부수로 갖는 글자는 대부분 문과 관련된 뜻을 나타낸다.

① 4획　🇯ㅁ·と
지게 호　🇨hù

` ` ㄱ 戶

* 상형. 문짝 하나를 본뜬 글자로, '외쪽 문'의 뜻을 나타냄.

풀이 1. 지게, 지게문. 즉, 마루와 방 사이의 문 또는 부엌의 바깥문. 2. 집.

戶口(호구) 집의 호수와 인구의 수.
戶籍(호적) 한 집안의 가족 관계 및 각 가족의 성명·생년월일 등을 기록한 국가의 공인 문서.
戶主(호주) 한 집의 가장으로서 가족을 통솔하고 부양하는 의무를 가진 사람.
門戶(문호) 1)집으로 드나드는 문. 2) 외부와 교류하기 위한 통로.

🔴 尸(주검 시)

① 5획　🇯ヤク·くるしむ
좁을 액　🇨è

풀이 1. 좁다. 구멍이 작다. 2. 재난. 위난(危難).

④ 8획　🇯レイ·もとす
어그러질　🇨lì
려(여)

* 회의. 개구멍(戶)으로 개(犬)가 드나들 때 몸을 구부리는 데서 '굽다'의 뜻을 나타내며, 바뀌어 '어그러지다'의 뜻으로 쓰임.

풀이 1. 어그러지다. ¶悖戾 2. 이르다. 도착하다. 3. 돌려주다.

戾道(여도) 되돌아오는 길. 귀로(歸路).
悖戾(패려) 말이나 행동이 도리에 어긋나고 사나움.

🔴 淚(눈물 루)

④ 8획　🇯ボウ·へや
방 방　🇨fáng

` ` ㄱ 戶 戶 戶 房 房

* 형성. 뜻을 나타내는 부수 '戶(지게 호)'와 음을 나타내는 '方(모 방)'을 합친 글자.

풀이 1. 방. 곁방. ¶廚房 2. 집. 가옥. 3. 별 이름. 이십팔수의 하나.

房子(방자) 조선 시대 때 지방 관아에 소속되어 있던 남자 하인.
洞房(동방) 1)잠자는 방. 침실. 2)신랑이 신부의 방에서 첫날밤을 지내는 의식.
廚房(주방) 음식점 등에서 음식을 만들거나 차리는 방.

④ 8획　🇯ショ·ところ
바 소　🇨suǒ

` ` ㄱ 戶 戶 所 所 所

* 회의. 도끼(斤)가 있는 집(戶)을 나타내어 높은 사람이 있는 곳을 의미했으나, 바뀌어

풀이 1. 바. 것. ¶所感 2. 곳. 장소. 처소. ¶場所

所感(소감) 마음으로 느낀 바.

所得(소득) 1)얻은 바의 것. 2)수입. 이익.

所望(소망) 바라는 바.

所屬(소속) 어떠한 기관이나 단체에 딸림. 또는 그 사람이나 물건.

所有(소유) 가지고 있음. 또는 그 물건.

所在(소재) 있는 바. 있는 곳.

所持(소지) 무엇을 가지고 있음.

所致(소치) 어떤 까닭으로 빚어진 일.

場所(장소) 1)무엇이 있거나 무슨 일이 벌어지거나 하는 곳. 2)지금 있는 곳.

住所(주소) 1)사람이 자리를 잡아 살고 있는 곳. 2)실질적인 생활의 근거가 되는 곳.

유 場(마당 장)

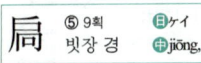

풀이 빗장. 문을 닫을 때 가로지르는 나무 막대기. ¶扃鍵

扃鍵(경건) 1)빗장과 열쇠. 2)바꾸어 문단속.

비 局(판 국)

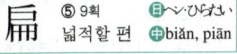

*회의. 문(戶)위에 써 붙인 글(冊)을 나타내어, '현판'의 뜻으로 쓰임.

풀이 1. 넓적하다. 2. 현판. 글씨나 그림을 새기거나 써서 문 위의 벽 같은 곳에 다는 널 조각. 3. 거룻배. ¶扁舟

扁桃腺(편도선) 후두부의 좌우에 있는 복숭아처럼 생긴 모양의 임파선.

扁舟(편주) 조각배. 거룻배.

扁平(편평) 넓고 평평함.

유 平(평평할 평)

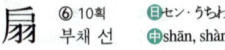

*회의. 지게문(戶)이 새의 깃(羽)처럼 움직임을 나타낸 글자. 자฀어, '부채'의 뜻으로 쓰임.

풀이 부채. 부채질하다. ¶扇子

扇狀(선상) 부채꼴.

扇子(선자) 부채.

⑦ 11획 日コ・したがう

扈 뒤따를 호 中hù

풀이 1. 뒤따르다. 따르다. 2. 날뛰다. 횡행하다.

扈衛(호위) 궁성을 경호함.

跋扈(발호) 함부로 세력을 휘두르거나 제멋대로 날뛰어 사회에 해를 끼침.

유 從(좇을 종)

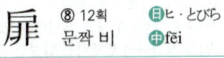

*형성. 뜻을 나타내는 부수 '戶(지게 호)'와 음을 나타내는 '非(아닐 비)'를 합친 글자. 양쪽으로 열리는(非) 문(戶)인 '사립문'을 나타냄.

풀이 문짝. 문. ¶扉戶

扉戶(비호) 문짝과 문.

비 扇(사립문 선)

手부

手(扌) 손 수 部

'手'자는 손을 본뜬 글자로, 이 글자가 '投'처럼 글자의 왼쪽에 '扌'의 모양으로 쓰일 때는 '재방변'이라 한다. '手'자는 또한 가수(歌手)나 투수(投手)에서처럼 '사람', 또는 '전문가'의 뜻으로도 쓰이기도 한다. 이 글자를 부수로 갖는 글자는 대부분 손이나 손의 동작과 관련이 있다.

手 ⓪4획 손 수 [日]ジュ·ズ·テ [中]shǒu

一 二 三 手

*상형. 다섯 손가락을 편 모양을 본뜬 글자.

[풀이] 1. 손. ¶手足 2. 재주. 솜씨. 수단. ¶手法 3. 사람. 4. 손수. 스스로. 직접.

手巾(수건) 얼굴이나 몸을 닦기 위하여 만든 베 조각.

手當(수당) 일정한 급료 외에 주는 보수.

手法(수법) 1)어떤 일을 꾸미는 데 있어서의 솜씨. 2)수단. 방법.

手術(수술) 상처 부위를 절개, 또는 절단하는 외과적(外科的)인 방법에 의한 치료법.

手足(수족) 1)손과 발. 2)손이나 발과 같이 요긴하게 부리는 사람. 3)형제를 비유하는 말.

手帖(수첩) 몸에 지니고 다니며 간단한 기록을 적는 작은 공책.

手票(수표) 은행과 당좌 계약(當座契約)을 체결하여 발행하는 일정한 금액의 쪽지 표.

[반] 足(발 족)

才 ⓪3획 재주 재 [日]サイ·ザイ·ざえ [中]cái

一 十 才

*상형. 초목이 땅에서 돋아나는 모양을 나타낸 글자. 원래 초목이 자라는 시초, 즉 '처음'을 뜻했으나, 바뀌어 '재주'의 뜻으로 쓰임.

[풀이] 1. 재주. 재능. 2. 재능이 있는 사람. ¶人才 3. 겨우.

才幹(재간) 일을 잘 처리하는 재능.

才能(재능) 재주와 능력.

才談(재담) 익살을 섞어 가며 재치 있게 하는 재미있는 말.

才德(재덕) 재주와 덕행.

才弄(재롱) 어린아이의 영민(英敏)한 언행. 슬기로운 말과 귀여운 짓.

才子佳人(재자가인) 재주 있는 남자와 아름다운 여인.

人才(인재) 재주가 뛰어난 사람.

[유] 伎(재주 기) 技(재주 기)

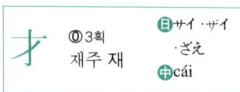

扑 ②5획 칠 복 [日]ボク·うつ [中]pū

*형성. 뜻을 나타내는 부수 '扌(手:손 수)'와 음을 나타내는 '卜(점 복)'을 합친 글자.

[풀이] 치다. 때리다. ¶扑撻

扑滅(복멸) 쳐서 멸함.

[유] 征(칠 정) 打(칠 타)

払 ②5획 拂(p288)의 俗字

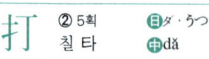

打 ②5획 칠 타 [日]ダ·うつ [中]dǎ

一 扌 扌 扌 打

*형성. 뜻을 나타내는 부수 '扌(手:손 수)'와 음을 나타내는 '丁(넷째 천간 정)'을 합친 글자. 손(扌)으로 못(丁)을 치는 것을 나타내어, '치다'라는 뜻이 됨.

[풀이] 1. 치다. 때리다. 두드리다. ¶打擊 2. 동사 앞에 쓰이는 접두사. ¶打算 3. 타. 다스. 12개를 묶음으로 하는 것을 세는 단위.

打擊(타격) 1)때려서 침. 2)어떤 영향을 받아 기운이 크게 꺾임.

打倒(타도) 쳐서 거꾸러뜨림. 때려 부숨.

打撲傷(타박상) 때려서 다친 상처. 또는 물체에 부딪쳐서 생긴 상처.

打算(타산) 계산함. 이득과 손실을 헤아려 봄.

打者(타자) 야구에서 배트로 공을 치는 사람.

打破(타파) 규율이나 관례를 깨뜨려 버림.

亂打(난타) 마구 침.

[유] 扑(칠 복)

扣 ③ 6획 두드릴 구 [日]コウ·たたく [中]kòu

[풀이] 두드리다. ¶扣舷

扣舷(구현) 뱃전을 두드림. 또는 그 소리.

扤 ③ 6획 흔들릴 올 [日]ゴツ·ゲツ [中]wù

[풀이] 1. 흔들리다. 움직이다. 2. 불안하다. 위태롭다.

[유] 搖(흔들릴 요)

托 ③ 6획 맡길 탁 [日]タク·ひらく [中]tuō

一 丨 扌 扌 扌 托

[풀이] 1. 맡기다. 의지하다. ¶托生 2. 받치다. 받침.

托鉢(탁발) 중이 불경을 외면서 돌아다니며 동냥하는 일.

托生(탁생) 세상에 태어나 의탁하여 살아감.

扞 ③ 6획 막을 한 [日]カン·ふせぐ [中]gǎn, hàn

[풀이] 막다. 지키다. ¶扞衛

扞衛(한위) 막아 지킴.

抉 ④ 7획 도려낼 결 [日]ケツ·えぐる [中]jué

[풀이] 1. 도려내다. ¶剔抉 2. 파헤치다. 폭로하다.

抉剔(결척) 살을 긁어내고 뼈를 발라냄.

扱 ④ 7획 취급할 급 [日]ソウ·キュウ·あつかう [中]chā, xī

* 형성. 뜻을 나타내는 부수 '扌(手:손 수)'와 음을 나타내는 '及(미칠 급)'을 합친 글자.

[풀이] 1.[韓] 취급하다. 다루다. ¶取扱 2. 이르다. 미치다.

取扱(취급) 1)사물을 다룸. 2)다루어 처리함.

技 ④ 7획 재주 기 [日]ギ·わざ [中]jì

一 丨 扌 扌 扌 扌 技

* 형성. 뜻을 나타내는 부수 '扌(手:손 수)'와 음을 나타내는 '支(지탱할 지)'를 합친 글자.

[풀이] 재주. 재능. ¶技術

技能(기능) 사람의 기술에 관한 능력이나 재능.

技法(기법) 기교와 방법.

技術(기술) 1)재주. 2)이론을 실제에 응용하는 재주. 3)자연을 인간 생활에 편리하게 고쳐서 가공하는 일.

技藝(기예) 기술상의 재주. 예능.

[유] 伎(재주 기) 才(재주 재)

抃 ④ 7획 손뼉 칠 변 [日]ベン·うつ [中]biàn

[풀이] 손뼉 치다.

抃手(변수) 손뼉을 침.

[유] 抵(손뼉 칠 지)

扶 ④ 7획 도울 부 [日]フ·ホ·たすける [中]fú

一 丨 扌 扌 扌 扌 扶

* 형성. 뜻을 나타내는 '扌(手:손 수)'와 음을 나타내는 '夫(지아비 부)'를 합친 글자. 손으로(手) 사람(夫)을 부축하는 모습을 나타내어 '부축하다', '돕다'의 뜻으로 쓰임.

[풀이] 1. 돕다. 도움. ¶扶養 2. 붙들다. 부축하다.

扶養(부양) 도와서 기름.

4획

扶助(부조) 1)남을 거들어 도와줌. 2) 잔칫집이나 상가(喪家) 등에 물건이나 돈을 보냄. 또는 그 물건이나 돈.
유 助(도울 조)

抔	④ 7획 움킬 부	日ホウ·すくう 中póu

풀이 1. 움키다. 움켜잡다. 2. 움큼.
비 杯(잔 배)

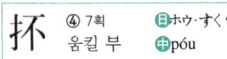

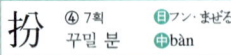

扮	④ 7획 꾸밀 분	日フン·まぜる 中bàn

풀이 꾸미다. 차려입다. ¶扮裝

扮裝(분장) 1)몸을 꾸밈. 2)배우가 등장인물에 어울리도록 얼굴·몸·옷 등을 꾸미는 일.
유 裝(꾸밀 장)

批	④ 7획 비평할 비	日ヒ·うつ 中pī, pí

一 丨 扌 扌 扎 扎 批

* 형성. 뜻을 나타내는 부수 '扌(手;손 수)'와 음을 나타내는 '比(견줄 비)'를 합친 글자.

풀이 1. 비평하다. 평하다. ¶批判 2. 답하다. 상소에 대한 임금의 대답. 3. 손으로 치다.

批准(비준) 1)신하의상주를 임금이 재가함. 2)조약의 체결에 대하여 국가 원수 또는 그 밖의 국내법상 정하여진 기관이 확인하는 절차.

批判(비판) 1)사물의 옳고 그름을 판정함. 2)비평하여 판단함.
유 評(품평할 평)

抒	④ 7획 풀 서	日ジョ·のべる 中shū

풀이 1. 푸다. 떠내다. 2. 펴다. 토로하다. ¶抒情

抒情(서정) 자기의 감정을 말이나 글로 나타냄.

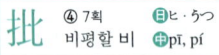

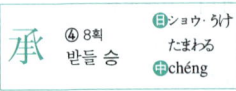

承	④ 8획 받들 승	日ショウ·うけたまわる 中chéng

乛 了 了 孑 孑 承 承 承

* 회의. 몸을 구부린 사람(卩)을 좌(丩) 우(又)의 손으로 받치고 있는 모습을 나타내어, '받들다'의 뜻으로 쓰임.

풀이 1. 받들다. 승낙하다. ¶承服 2. 잇다. 계승하다. ¶承繼

承繼(승계) 받아서 이음. 뒤를 이어받음.

承諾(승낙) 청하는 말을 들어주는 것.

承服(승복) 1)납득하여 복종함. 승복(承伏). 2)죄를 스스로 자백함.

承認(승인) 1)옳다고 인정하여 승낙함. 2)동의함. 들어줌.

扼	④ 7획 누를 액	日アク·ヤク·おさえる 中è

풀이 1. 누르다. 진압하다. 2. 멍에. 3. 움켜쥐다. 가지다. 잡다. ¶扼腕

扼腕(액완) 화가 나서 주먹을 쥐거나 팔을 걷어 올림.
유 壓(누를 압)

抑	④ 7획 누를 억	日ヨク·おさえる 中yì

一 丨 扌 扌 扌 扣 抑

* 회의. '扌(手;손 수)'에 '印(도장 인)'을 뒤집어 도장을 누름을 뜻하는 '卬(나 앙)'을 덧붙인 글자. 도장을 찍듯 '누르다'의 뜻으로 쓰임.

풀이 1. 누르다. 억누르다. 억제하다. ¶抑壓 2. 대저. 그런데. 또한. 발어사.

抑留(억류) 억지로 머물게 함. 자유를 구속함.

抑壓(억압) 억지로 누름. 압제함.

抑制(억제) 억눌러 못하게 함.

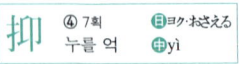

[手 4획] 折 抄 択 投 把 抛 抗

同 壓(누를 압) 扼(누를 액)
비 仰(우러를 앙)

折 ④ 7획 日 セツ・おる 中 tí, zhé
꺾을 절

一 亅 扌 扌 圻 折 折

* 회의. 도끼(斤)로 초목(扌)을 쳐서 꺾는 것을 나타내어, '꺾다'의 뜻으로 쓰임.

풀이 1. 꺾다. 꺾이다. ¶百折 2. 요절하다. 일찍 죽다. 3. 꾸짖다. 4. 자르다. 가르다.

折半(절반) 둘로 나눔. 또는 그렇게 나눈 반.
折衷(절충) 상반된 의견의 중간쯤을 취해서 조정하는 일.
百折(백절) 여러 번 꺾임.

비 析(쪼갤 석)

抄 ④ 7획 日 ショウ・とる 中 chāo
베낄 초

一 亅 扌 扌 抄 抄 抄

* 형성. 뜻을 나타내는 부수 '扌(手;손 수)'와 음을 나타내는 '少(적을 소)'를 합친 글자.

풀이 1. 베끼다. 가려 베끼다. ¶抄本 2. 약탈하다. 노략질하다.

抄錄(초록) 필요한 것만 뽑아서 적음.
抄本(초본) 원본의 일부만을 뽑아서 베낀 문서.
詩抄(시초) 시를 추려 내어 적은 책.

동 寫(베낄 사)

択 ④ 7획
擇(p309)의 俗字

投 ④ 7획 日 トウ・なげる 中 tóu, dòu
던질 투

一 亅 扌 扌 扒 抄 投

* 회의. 손(扌)으로 창(殳)을 던지는 데서 '던

지다'의 뜻을 나타냄.

풀이 1. 던지다. ¶投下 2. 버리다. 3. 주다. 증여하다. 4. 맞다. 합치하다. 5. 묵다. 머무르다.

投稿(투고) 신문 · 잡지사 등에 원고를 보냄.
投賣(투매) 손해를 무릅쓰고 싸게 팖.
投書(투서) 드러나지 않은 사실이나 남의 잘못을 적어서 넌지시 보냄.
投入(투입) 던져 넣음. 들여놓음.
投資(투자) 자본을 투입함.
投票(투표) 선거 또는 어떤 사항을 체결할 때 자기의 의사를 표지(票紙)에 표시하여 일정한 장소에 넣는 일.
投下(투하) 아래로 내던짐.

반 收(거둘 수)

把 ④ 7획 日 ハ・とる 中 bǎ, bà
잡을 파

一 亅 扌 扌 扪 把 把

풀이 1. 잡다. 쥐다. 2. 파악하다. ¶把握 3. 손잡이. 자루. 4. 묶음. 묶어 놓은 단 · 다발 등.

把守(파수) 경계하여 지키는 것. 또는 그 사람.
把握(파악) 1)꽉 잡아 쥠. 2)어떠한 일을 잘 이해하여 확실하게 앎.

동 握(쥘 악)

抛 ④ 7획
抛(p290)의 俗字

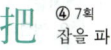

抗 ④ 7획 日 コウ・あたる 中 káng, kàng
막을 항

一 亅 扌 扌 扩 抗

* 형성. 뜻을 나타내는 부수 '扌(手;손 수)'와 음을 나타내는 '亢(목 항)'을 합친 글자. 높은 (亢) 세력의 압박에 대해서 손(扌)으로 '반발' 하는 것이라 하여, '대항하다', '저항하

다.'막다'를 나타냄.

풀이 1. 막다. 대항하다. ¶抗拒 2. 들다. 들어 올리다. 3. 겨루다.

抗拒(항거) 순종하지 않고 맞서서 대항함.

抗辯(항변) 서로 항거하며 변론함.

抗議(항의) 반대의 의견을 주장함.

抗爭(항쟁) 대항하여 다툼.

對抗(대항) 1)서로 맞서서 버팀. 2)상대하여 덤빔.

비 坑(구덩이 갱)

拒 ⑤ 8획 **日** キョク·こばむ
막을 거 **中** jù, jū

一 † 扌 扩 折 拒 拒

* 형성. 뜻을 나타내는 부수 '扌(手;손 수)'와 음을 나타내는 '巨(클 거)'를 합친 글자.

풀이 1. 막다. 방어하다. 2. 거절하다. 거부하다. ¶拒否

拒否(거부) 승낙하지 않고 물리침.

拒逆(거역) 윗사람의 뜻이나 명령을 거스름.

拒絶(거절) 승낙하지 않고 물리침. 거부하여 끊어버림.

유 抗(막을 항)

據(p307)의 俗字

拑 ⑤ 8획 **日** ケン·カン·つぐむ
입 다물 겸 **中** qián

풀이 1. 입 다물다. 2. 재갈을 물리다.

拑口(겸구) 1)입을 다뭄. 입에 재갈을 물림. 2)언론의 자유를 막음.

拐 ⑤ 8획 **日** カイ·たぶらかす
속일 괴 **中** guǎi

풀이 1. 속이다. 거짓말하다. 속여서 꾀다. ¶誘拐 2. 지팡이.

拐帶(괴대) 속여서 물건을 빼앗아 달아남.

誘拐(유괴) 사람을 속여서 꾀어냄.

유 詐(속일 사)

拘 ⑤ 8획 **日** ク·コウ·とらえる
잡을 구 **中** gōu, jū

一 † 扌 扌 扚 拘 拘 拘

* 형성. 뜻을 나타내는 부수 '扌(手;손 수)'와 음을 나타내는 '句(글귀 구)'를 합친 글자. 손 (扌)에 갈고리(句)를 가지고 걸어 잡는 것을 나타내어 '잡다'의 뜻으로 쓰임.

풀이 1. 잡다. 잡히다. ¶拘禁 2. 거리끼다. 얽매이다. ¶拘碍 6. 바로잡다.

拘禁(구금) 신체를 구속하여 감금함.

拘束(구속) 1)체포하여 속박함. 2)관직·도의에 얽매어 자유롭지 못함. 3)행동이나 의사의 자유를 빼앗음.

拘碍(구애) 얽매이고 장애가 됨. 거리낌. 구애(拘礙).

비 抱(안을 포)

拏 ⑤ 9획 **日** ナ·ひく·とる
붙잡을 나 **中** ná

풀이 붙잡다. 체포하다. ¶拏捕

拏捕(나포) 잡아 가둠.

拈 ⑤ 8획 **日** ネン·ひねる
집을 념·점 **中** niān

풀이 집다. 잡다

拈華微笑(염화미소) 말로 하지 않고 마음에서 마음으로 전하는 일을 뜻하는 말.

担 ⑤ 8획
擔(p308)의 俗字

[手 5획] 拉抹拇拍拌拔拜拜　287

拉　⑤ 8획
끌 랍(납)　🇯ラツ·ロウ·くだく　🇨lā, lǎ, là

풀이 1. 끌다. 데려가다. ¶拉致 2. 꺾다. 부러뜨리다.

拉致(납치) 강제로 끌고 감.

抹　⑤ 8획
바를 말　🇯マツ·する　🇨mǒ

*형성. 뜻을 나타내는 부수 '扌(手;손 수)'와 음을 나타내는 '末(끝 말)'을 합친 글자.

풀이 1. 바르다. 붙이다. 2. 지우다. ¶抹殺 3. 쓰다듬다. 문지르다.

抹殺(말살) 1)지워서 없앰. 2)사실·존재 등을 부인하여 없애는 일.

抹消(말소) 기록되어 있는 것을 지워서 없앰.

拇　⑤ 8획
엄지손가락 무　🇯ム·おやゆび　🇨mǔ

풀이 엄지손가락.

拇印(무인) 손도장.

拍　⑤ 8획
칠 박　🇯ハク·たたく　🇨pāi, bó

一 二 扌 扌 扩 拍 拍 拍

*형성. 뜻을 나타내는 부수 '扌(手;손 수)'와 음을 나타내는 '白(흰 백)'을 합친 글자.

풀이 1. 치다. 손으로 때리다. ¶拍手 2. 박자. ¶拍子

拍手(박수) 두 손뼉을 마주 두드림.
拍子(박자) 악곡의 리듬의 근본이 되는 주기적인 시간의 기본 단위.

🔖 栢(잣나무 백)

拌　⑤ 8획
버릴 반　🇯ハン·バン　🇨bàn

풀이 1. 버리다. 내버리다. 2. 섞다. 3. 쪼개다. 가르다. ¶拌蚌

拌蚌(반방) 대합 조개를 갈라 진주를 취함.

🔖 捨(버릴 사)

拔　⑤ 8획
뺄 발　🇯バツ·ハイ·ぬく　🇨bá

一 二 扌 扌 扩 扐 拔 拔

*형성. 뜻을 나타내는 부수 '扌(手;손 수)'와 음을 나타내는 '犮(달릴 발)'을 합친 글자.

풀이 1. 빼다. 뽑다. ¶拔萃 2. 빼어나다. 뛰어나다. ¶拔群 3. 가리다. 선발하다.

拔群(발군) 여럿 가운데서 특별히 뛰어남.
拔本塞源(발본색원) 나무의 뿌리를 뽑고 물의 원천을 막아 버린다는 뜻으로, 근본적인 처방을 이르는 말.
拔萃(발췌) 1)여럿 속에서 매우 뛰어남. 2)책이나 글 속에서 중요한 것을 뽑아 냄.
拔擢(발탁) 사람을 뽑아 올려 씀.

拜　⑤ 8획
拜(p287)의 俗字

拜　⑤ 9획
절 배　🇯バイ·じぎ　🇨bài

一 二 三 手 手 手 手 手 拜 拜

*회의. 왼손(手)과 오른손(手)을 땅에 내리고 몸을 구부려 잘하는 것을 나타내어, 절 의 뜻으로 쓰임.

풀이 1. 절. 절하다. ¶禮拜 2. 공경하다. 삼가다. 3. 벼슬을 주다.

拜讀(배독) 남의 편지 등을 존경하는 마음으로 읽음.
拜上(배상) 삼가 올림. 편지 밑에 자기

이름 아래 쓰는 말.

禮拜(예배) 1)공손한 마음으로 예를 갖추어 절하는 일. 2)개신교의 종교 의식.

參拜(참배) 1)신에게 절하고 빎. 2)무덤이나 기념탑 등의 앞에서 절하고 기림.

拊	⑤ 8획 어루만질 부	[日]フ·なでる [中]fǔ

[풀이] 1. 어루만지다. 위로하다. ¶拊循 2. 치다.

拊循(부순) 어루만져 위무(慰撫)함.

[유] 撫(어루만질 무)

拂	⑤ 8획 ❶ 털 불 ❷ 도울 필	[日]ヒツ·フツ ·はらう [中]bì, fú

一 十 扌 扌 扌 扌 拂 拂

* 형성. 뜻을 나타내는 부수 '扌(手:손 수)'와 음을 나타내는 '弗(아닐 불)'을 합친 글자.

[풀이] 1. 털다. 먼지를 털다. ¶拂塵 2. 거스르다. 어기다. 3. 치르다.

拂拭(불식) 말끔하게 씻어 없앰.

拂塵(불진) 1)먼지를 텖. 2)먼지떨이.

[비] 佛(비슷할 불)

押	⑤ 8획 수결 압	[日]オウ·コウ·おす [中]yā

一 十 扌 扌 扣 扣 押 押

[풀이] 1. 수결. 지난날, 자기 성명이나 직함 아래에 도장 대신 쓰던 일정한 자형. 2. 도장을 찍다. 3. 누르다. 4. 운자를 맞추다. 운을 달다. 5. 잡다. 체포하다.

押送(압송) 죄인을 다른 곳으로 보냄.

押收(압수) 1)물건을 강제로 빼앗음. 2)증거물 등을 점유 확보하는 행위.

押韻(압운) 한시(漢詩)를 지을 때 일정한 위치에 운자(韻字)를 달아 시를 짓는 일.

拗	⑤ 8획 꺾을 요	[日]ヨウ·オウ ·ねじける [中]ǎo, ào, niù

[풀이] 1. 꺾다. 부러뜨리다. ¶拗矢 2. 비뚤다. 마음이 비꼬이다.

拗矢(요시) 화살을 꺾음. 또는 그런 화살.

[유] 折(꺾을 절)

抵	⑤ 8획 거스를 저	[日]テイ·あたる [中]dǐ

一 十 扌 扌 扌 扌 抵 抵

* 형성. 뜻을 나타내는 부수 '扌(手:손 수)'와 음을 나타내는 '氐(근본 저)'를 합친 글자.

[풀이] 1. 거스르다. 어기다. 2. 막다. 막아 내다. ¶抵抗 3. 당하다. 4. 무릇. 대저. ¶大抵

抵當(저당) 채무의 담보물.

抵觸(저촉) 1)부딪침. 충돌함. 2)서로 모순됨.

抵抗(저항) 1)대항함. 반항함. 2)어떤 힘에 대하여 그것과는 반대의 방향으로 작용하는 힘.

大抵(대저) 대체로. 무릇.

[유] 逆(거스를 역) [반] 順(순할 순)

拙	⑤ 8획 졸할 졸	[日]セツ·つたない [中]zhuō

一 十 扌 扌 扌 扌 拙 拙

* 형성. 뜻을 나타내는 부수 '扌(手:손 수)'와 음을 나타내는 '出(날 출)'을 합친 글자. 손이 나가고 없으니 일할 능력이 없으므로 '졸렬하다'의 뜻을 나타냄.

[풀이] 1. 졸하다. 졸렬하다. 서툴다. 2. 자신의 것을 낮추어 이르는 말. ¶拙作

拙稿(졸고) 자신의 원고에 대한 겸양의 표현.

拙劣(졸렬) 서투르고 보잘것없음.

拙作(졸작) 보잘것없는 작품. 자기의 작품에 대한 겸양의 표현.

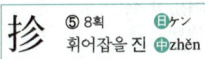
⑤ 8획	日チュウ
버틸 주	中zhǔ

풀이 버티다. 지탱하다. ¶拄杖
拄杖(주장) 받치는 막대기. 지팡이.

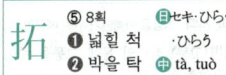
⑤ 8획	日ケン
휘어잡을 진	中zhěn

풀이 휘어잡다. 거머쥐다.

拓
⑤ 8획	日セキ・ひらく
❶ 넓힐 척	・ひらう
❷ 박을 탁	中tà, tuò

一 † † † 扩 护 拓 拓

* 형성. 뜻을 나타내는 부수 '扌(手:손 수)'와 음을 나타내는 '石(돌 석)'을 합친 글자.

풀이 ❶ 1. 넓히다. 확장하다. 2. 개척하다. ¶開拓 ❷ 3. 새기다. 박다. 비문 등에 종이를 대고 박아 냄. ¶拓本

拓本(탁본) 쇠와 돌에 새긴 글씨나 그림을 그대로 박아 냄. 또는 그 박은 종이. 탑본(搨本).
開拓(개척) 1)거친 땅을 일구어 논밭을 만듦. 2)아무도 손대지 않은 새로운 분야를 열어 그 부문의 길을 닦음.

招
⑤ 8획	日ショウ・まねく
부를 초	中zhāo

一 † † 扌 扫 招 招 招

* 형성. 뜻을 나타내는 부수 '扌(手:손 수)'와 음을 나타내는 '召(부를 소)'를 합친 글자. 손짓으로 사람을 부르는 일을 나타냄.

풀이 1. 부르다. 초대하다. ¶招待 2. 초래하다. 3. 밝히다. 자백하다.

招待(초대) 남을 불러서 대접함.
招來(초래) 어떤 결과가 오게 함.
招聘(초빙) 예를 갖추어 맞이함.
招請(초청) 청하여 부름.
問招(문초) 죄인을 불러다 놓고 물어보며 조사하는 일.
유 召(부를 소)

抽
⑤ 8획	日チュウ・ぬく
뺄 추	中chōu

* 형성. 뜻을 나타내는 부수 '扌(手:손 수)'와 음을 나타내는 '由(말미암을 유)'를 합친 글자.

풀이 빼다. 뽑다. ¶抽籤

抽象(추상) 사물 또는 개념들 중에 공통되는 특성이나 속성 등을 추출하여 일반적인 개념으로 파악하는 정신의 작용.
抽籤(추첨) 제비를 뽑음.
抽出(추출) 빼냄. 뽑아냄.

拖
⑤ 8획	日タ・ひく
끌 타	中tuō

풀이 끌다. 끌어당기다. ¶拖延
拖延(타연) 시간을 끎. 유예(猶豫)함.
유 引(끌 인)

扡
⑤ 8획
拖(p289)과 同字

拆
⑤ 8획	日タク・つぶす
터질 탁	中cā, chāi

풀이 터지다. 갈라지다.
拆封(탁봉) 봉한 것을 뜯음. 개봉(開封).
유 決(터질 결)

抬
⑤ 8획
❶ 笞(p552)와 同字
❷ 擡(p309)의 俗字

[手 5~6획] 抱 抛 披 拡 挙 挌 拷 拱 括

抱 ⑤ 8획 ❂ホウ・いだく 안을 포 ⊕bào, pāo

㇐㇒㇑㇒㇒㇐㇑㇒

* 형성. 뜻을 나타내는 부수 '扌(手;손 수)'와 음을 나타내는 '包(쌀 포)'를 합친 글자. 두 손으로 무엇을 싸는 것으로 나타내어 '안다', '품다'는 뜻으로 쓰임.

풀이 1. 안다. 품다. ¶抱擁 2. 가슴. 마음. ¶抱負

抱負(포부) 마음속에 품은 미래에 대한 홀륭한 계획이나 희망.
抱擁(포옹) 품에 껴안음.
抱合(포합) 1)서로 끌어안음. 2)서로 다른 물질이 변화가 없이 결합하는 일.
비 拘(잡을 구)

抛 ⑤ 8획 ❂ホウ・なげうつ 던질 포 ⊕pāo

풀이 1. 던지다. ¶抛物 2. 버리다. ¶抛棄

抛棄(포기) 1)하던 일을 도중에 그만둠. 2)자기의 권리나 자격을 버림.
抛物(포물) 물건을 던짐.
유 投(던질 투)

披 ⑤ 8획 ❂ヒ・ひらく 헤칠 피 ⊕pī

* 형성. 뜻을 나타내는 부수 '扌(手;손 수)'와 음을 나타내는 '皮(가죽 피)'를 합친 글자.

풀이 1. 헤치다. 들추내다. 2. 펴다. 열다. 털어놓다. ¶披瀝 3. 옷을 입다. 4. 찢어지다. 찢다.

披瀝(피력) 마음속의 생각을 숨김없이 털어놓음.
披露(피로) 1)문서 등을 펴 보임. 2)일반에게 널리 알림. 공표(公表)함.
유 害(해칠 해) **비** 被(이불 피)

拡 ⑤ 8획
擴(p311)의 俗字

挙 ⑥ 10획
擧(p309)의 俗字

挌 ⑥ 9획 ❂カク・うつ 칠 격 ⊕gé

풀이 치다. ¶挌殺

挌殺(격살) 쳐 죽임.
유 打(칠 타)

拷 ⑥ 9획 ❂ユウ・うつ 칠 고 ⊕kǎo

풀이 치다. 죄상을 자백받기 위해 매질함.

拷問(고문) 죄인의 몸에 고통을 주어 죄상을 심문함.

拱 ⑥ 9획 ❂キョウ・かかえ 두 손 마주 잡을 공 ⊕gǒng

풀이 1. 두 손을 마주 잡다. ¶拱手 2. 아름. 두 손을 벌려서 껴안은 둘레.

拱手(공수) 왼손을 오른손 위에 놓고 두 손을 마주 잡아, 공경의 뜻을 나타내는 예.

括 ⑥ 9획 ❂カツ・くくる 묶을 괄 ⊕guà, kuò

* 형성. 뜻을 나타내는 부수 '扌(手;손 수)'와 음을 나타내는 '舌(혀 설)'을 합친 글자.

풀이 1. 묶다. 묶음. ¶一括 2. 싸다. 담다.

括弧(괄호) 말이나 글 또는 숫자 등을 한데 묶기 위하여 사용하는 부호. ( ), { }, [ ] 등.
概括(개괄) 대강을 간추려 요점이나 줄거리를 뭉뚱그림.
一括(일괄) 한데 묶음. 한데 아우르는 일.
包括(포괄) 있는 대로 온통 휩쓸어 쌈.
유 束(묶을 속) **비** 栝(노송나무 괄)

挂 ⑥ 9획
걸 괘
🇯 ケイ・カイ ・かかる
🇨 guà

풀이 걸다. ¶挂冠

挂冠(괘관) 의관을 벗어 걸어 놓는다는 뜻으로, 관직을 그만둠을 이르는 말.
挂帆(괘범) 배에 돛을 닮.

拳 ⑥ 10획
주먹 권
🇯 ケン・こぶし
🇨 quán

* 형성. 뜻을 나타내는 부수 '手(손 수)'와 음을 나타내는 '卷(두루마리 권)'을 합친 글자. 책(卷)을 말듯이 손(手)을 쥔다는 뜻에서 '주먹'을 나타냄.

풀이 주먹. 주먹을 쥐다. ¶拳鬪

拳法(권법) 주먹을 휘두르며 격투하는 무예.
拳銃(권총) 한 손으로 다룰 수 있는 작은 총기.
拳鬪(권투) 주먹으로 서로 때려서 승패를 결정하는 운동 경기의 하나. 복싱(boxing).

🇰 券(문서 권)

拮 ⑥ 9획
일할 길
🇯 キツ・はたらく
🇨 jié

풀이 일하다. ¶拮据

拮据(길거) 쉴 새 없이 일하는 모양.
🇰 桔(도라지 길)

拿 ⑥ 10획
붙잡을 나
🇯 ナ・つかむ
🇨 ná

풀이 붙잡다. 사로잡다.

拿捕(나포) 죄인이나 배 같은 것을 붙잡음.
🇰 拏(붙잡을 나)

挑 ⑥ 9획
돋울 도
🇯 チョウ・トウ ・いどむ
🇨 tiāo, tiǎo

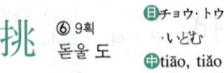

* 형성. 뜻을 나타내는 부수 '扌(手;손 수)'와 음을 나타내는 '兆(조짐 조)'를 합친 글자.

풀이 1. 돋우다. 심지 등을 올림. 2. 자극하다. 싸움을 걸다. ¶挑戰

挑發(도발) 1)전쟁・분쟁 등을 일으키기 위해 상대를 자극함. 2)욕정 등을 부추겨 불러일으키는 것.
挑戰(도전) 1)싸움을 걺. 2)어려운 사업이나 기록 경신에 맞섬.
🇰 桃(복숭아나무 도)

挈 ⑥ 10획
❶ 손에 들 설 ・ひっさげる
❷ 끊을 계
🇯 ケツ・ケイ
🇨 qiè

풀이 ❶ 1. 손에 들다. 2. 이끌다. ❷ 3. 끊다. 단절하다.

挈令(계령) 명령 등을 판자에 새겨 놓은 법령.
🇰 契(맺을 계)

拾 ⑥ 9획
❶ 주울 습 ・ひろう
❷ 열 십
🇯 シュウ・ジュウ
🇨 shí, shè

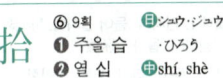

* 회의. 손(手)으로 모은다(合) 하여 '줍다'의 뜻을 나타냄.

풀이 ❶ 1. 줍다. 습득하다. ❷ 2. 열. '十(열 십)'의 갖은자.

拾得(습득) 물건을 주움.
收拾(수습) 1)어수선한 사태를 거두어 바로잡음. 2)산란한 정신을 가라앉혀 바로잡음. 3)어수선하게 흩어진 물건을 다시 정돈함.
🇰 捨(버릴 사)

拭 ⑥ 9획　日シキ・みがく　닦을 식　中shì

풀이 닦다. 깨끗하게 씻다. ¶拭目

拭目(식목) 눈을 닦고 자세히 봄.

拂拭(불식) 말끔하게 치워 없앰.

按 ⑥ 9획　日アン・おさえる　누를 안　中àn

* 형성. 뜻을 나타내는 부수 'ㅑ(扌:손 수)'와 음을 나타내는 '安(편안할 안)'을 합친 글자. 손으로 눌러 움직이지 못하도록 안정시킨다 하여 '누르다'의 뜻으로 쓰임.

풀이 1. 누르다. ¶按摩 2. 어루만지다. 3. 생각하다. 4. 살피다. 순찰하다.

按摩(안마) 손으로 몸의 근육을 두드리거나 주물러서 혈액 순환을 좋게 하고 피로가 풀리게 하는 일.

按排(안배) 알맞게 배치하거나 조절함.

按酒(안주) 술을 마실 때 곁들여 먹는 지짐이나 고기 등의 음식.

비 接(사귈 접)

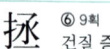
拯 ⑥ 9획　日ジョウ　건질 증　中zhěng

풀이 1. 건지다. 들어 올리다. ¶拯救 2. 구원하다. 돕다. ¶拯恤

拯救(증구) 건저 구함. 구원함. 구휼(救恤).

拯恤(증휼) 도와줌. 구휼(救恤).

동 撜(건질 증)

持 ⑥ 9획　日ジ・チ・もつ　가질 지　中chí

一 十 扌 扌 扩 挂 持 持 持

* 형성. 뜻을 나타내는 부수 'ㅑ(扌:손 수)'와 음을 나타내는 '寺(절 사)'를 합친 글자.

풀이 1. 가지다. 지니다. ¶持參 2. 잡다. 손에 넣다. 3. 버티다. 견디다.

持久(지구) 꾸준히 버티어 견딤.

持論(지론) 늘 가지고 있는 의견.

持病(지병) 오랫동안 낫지 않는 병.

持續(지속) 같은 상태가 오래 계속됨.

持參(지참) 물건을 가지고 참석함.

維持(유지) 어떤 상태를 그대로 지녀 감.

비 待(기다릴 대)

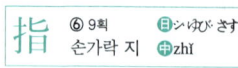
指 ⑥ 9획　日シ・ゆび・さす　손가락 지　中zhǐ

一 十 扌 扌 扩 护 指 指 指

* 형성. 뜻을 나타내는 부수 'ㅑ(扌:손 수)'와 음을 나타내는 '旨(맛있을 지)'를 합친 글자.

풀이 1. 손가락·발가락. ¶指紋 2. 가리키다. 지시하다. ¶指令

指令(지령) 지시하는 명령.

指紋(지문) 손가락 안쪽에 있는 피부의 주름. 또는 그것이 어떤 물건에 남긴 흔적.

指示(지시) 1)가리켜 보임. 2)일러서 시킴. 명령함.

指摘(지적) 1)손가락질하여 가리킴. 2)잘못을 들추어 가려냄.

指標(지표) 방향을 가리키는 표지. 사물의 가늠이 되는 표지.

指揮(지휘) 지시하여 시킴.

捆 ⑦ 10획　日コン・うつ　두드릴 곤　中kǔn

풀이 두드리다. 치다. ¶捆屨

捆屨(곤구) 짚신을 죄고 두드려 단단하게 함.

동 叩(두드릴 고)

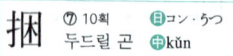
捃 ⑦ 10획　日クン・ひろう　주울 군　中jùn

풀이 줍다. 습득하다.

捃拾(군습) 주움. 주워서 모음.

[手 7] 挪 捏 挽 揶 挺 捐 挹 挺 挫 振

挪
- ⑦ 10획
- 🇯🇵 ダ・もむ
- 옮길 나
- 🇨🇳 nuó

풀이 1. 옮기다. ¶挪用 2. 비비다. 문지르다.

挪用(나용) 돈·물건 등을 잠시 돌려씀.
🔄 移(옮길 이)

捏
- ⑦ 10획
- 🇯🇵 ネツ・こねる
- 반죽할 날
- 🇨🇳 niē

풀이 1. 반죽하다. ¶捏造 2. 꿰어맞추다. 근거 없는 일을 지어내다.

捏造(날조) 1)흙을 반죽하여 물건의 모양을 만들어 냄. 2)사실이 아닌 것을 사실인 양 거짓으로 꾸밈.

挽
- ⑦ 10획
- 🇯🇵 バン・ひく
- 당길 만
- 🇨🇳 wǎn

풀이 1. 당기다. 끌다. 2. 말리다. ¶挽留 3. 애도하다. ¶挽歌

挽歌(만가) 1)상엿소리. 2)죽은 사람을 애도(哀悼)하는 시나 노래. 만가(輓歌).
挽留(만류) 붙잡고 말림.
挽回(만회) 잃거나 뒤떨어진 것을 바로잡아 회복함.
🔁 晚(저물 만)

揶
- ⑦ 10획
- 🇯🇵 ヤ
- 농지거리할 야
- 🇨🇳 yé, yú

풀이 농지거리를 하다. 희롱하다.

揶揄(야유) 놀림. 또는 그런 말이나 짓.

挺
- ⑦ 10획
- 🇯🇵 セン
- 늘일 연
- 🇨🇳 shān

풀이 늘이다. 길게 뻗다.
🔄 抻(늘일 신) 🔁 挺(뺄 정)

捐
- ⑦ 10획
- 🇯🇵 エン・すてる
- 버릴 연
- 🇨🇳 juān

풀이 1. 버리다. 없애다. ¶捐世 2. 주다. 기부하다.

捐世(연세) 세상을 버림. 기세(棄世).
義捐金(의연금) 자선이나 공익을 위해 내는 돈.
🔁 損(덜 손)

挹
- ⑦ 10획
- 🇯🇵 ユウ・くむ
- 뜰 읍
- 🇨🇳 yì

풀이 1. 뜨다. 푸다. 2. 끌다. 당기다. 3. 누르다. 겸양하다.

挹注(읍주) 1)물을 퍼다 부음. 2)부족한 것을 채움.

挺
- ⑦ 10획
- 🇯🇵 テイ・ぬく
- 뺄 정
- 🇨🇳 tǐng

풀이 1. 빼다. 뽑다. 2. 특출나다. 빼어나다. 3. 앞장서다. 먼저 나아가다. ¶挺身

挺立(정립) 1)높이 솟음. 2)뛰어남.
挺身(정신) 어떤 일에 남보다 앞장서서 나아감.
🔁 挺(늘일 연)

挫
- ⑦ 10획
- 🇯🇵 サ・ザ・くじく
- 꺾을 좌
- 🇨🇳 cuò

*형성. 뜻을 나타내는 부수 '扌(手;손 수)'와 음을 나타내는 '坐(앉을 좌)'를 합친 글자.

풀이 꺾다. 꺾이다. ¶挫北

挫北(좌배) 꺾이어 도망감.
挫折(좌절) 1)눌러서 꺾음. 2)실패함.
🔄 折(꺾을 절) 拉(꺾을 랍)

振
- ⑦ 10획
- 🇯🇵 シン・ふる
- 떨칠 진
- 🇨🇳 zhèn

一十扌扌扩扩拆振振

[手 7~8획] 捉捌捕捍挾据控

* 형성. 뜻을 나타내는 부수 扌(手;손 수)와 음을 나타내는 辰(별 진)을 합친 글자.
풀이 1. 떨치다. 떨쳐 일어나다. ¶振作 2. 떨다. 진동하다. 흔들리다. ¶振動 3. 건지다. 구원하다.
振動(진동) 1)흔들리어 움직임. 2)냄새 등이 아주 심하게 남.
振子(진자) 중력의 작용으로 좌우로 일정한 운동을 되풀이하도록 만든 장치.
振作(진작) 기세를 떨쳐 일어남. 북돋음.

捉 ⑦ 10획 日サク·とらえる
잡을 착 中zhuō

丨扌扌扌扌扣捉捉捉

* 형성. 뜻을 나타내는 부수 扌(手;손 수)와 음을 나타내는 足(발 족)을 합친 글자.
풀이 1. 잡다. 손에 쥐다. 2. 붙잡다. 체포하다.
捉去(착거) 사람을 붙잡아 감.
捉送(착송) 잡아 압송함.
捕捉(포착) 꼭 붙잡음.
유 執(잡을 집) 비 促(재촉할 촉)

捌 ⑦ 10획 日ハツ·さばく
깨뜨릴 팔 中bā, bié

풀이 1. 깨뜨리다. 쳐부수다. 2. 고무래. 곡식을 끌어 모으거나 논밭의 흙을 고르는 데 쓰는 나무로 만든 기구. 3. 여덟. '八(여덟 팔)'의 갖은자.

捕 ⑦ 10획 日ホ·ブ·とらえる
사로잡을 포 中bǔ

丨扌扌扌扩捐捕捕

* 형성. 뜻을 나타내는 부수 扌(手;손 수)와 음을 나타내는 甫(클 보)를 합친 글자.
풀이 사로잡다. 생포하다. ¶生捕
捕鯨(포경) 고래를 잡음.
捕虜(포로) 전투에서 사로잡힌 적의 군사.
捕縛(포박) 붙잡아서 결박함.
捕獲(포획) 1)적병을 사로잡음. 2)짐승이나 물고기를 잡음.
生捕(생포) 사로잡음.
逮捕(체포) 죄인을 쫓아가서 잡음.
유 拿(붙잡을 나)

捍 ⑦ 10획 日カン·ふせぐ
막을 한 中hàn, xiān

풀이 막다. 지키다. ¶捍邊
捍邊(한변) 변방을 지킴.

挾 ⑦ 10획 日キョウ·はさむ
낄 협 中jiā, xié

풀이 1. 끼다. 끼우다. ¶挾持 2. 가지다. 소지하다. 3. 생각을 품다.
挾輔(협보) 곁에서 보좌함.
挾雜(협잡) 옳지 않은 짓으로 남을 속임. 또는 그 짓.
挾持(협지) 1)끼고 지님. 2)마음에 품음.
유 夾(낄 협)

据 ⑧ 11획 日キョ·すえる
일할 거 中jū, jù

풀이 1. 일하다. 2. 의거하다.
유 勞(일할 로) 働(일할 동)

控 ⑧ 11획 日コウ·ひかえる
당길 공 中kòng

풀이 1. 당기다. 끌어당기다. 2. 고하다. 알리다.
控訴(공소) 다시 심의를 청구하는 일.
控制(공제) 1)눌러 제압함. 2)자유를 억누름.
비 腔(빈속 강)

[手 8획] 掛 掬 掘 捲 掎 捺 捻 掉 搯 掠

掛
⑧ 11획 　日 カ・かける
걸 괘　　 中 guà

一 十 才 才 才' 才'- 护 挂 挂 掛 掛

*형성. 뜻을 나타내는 부수 扌(手;손 수)와 음을 나타내는 '卦(괘 괘)'를 합친 글자.

풀이 1. 걸다. 걸쳐 놓다. ¶掛鐘 2. 마음에 걸리다. 신경 쓰이다. ¶掛念

掛念(괘념) 마음에 두고 잊지 않음.
掛圖(괘도) 걸어 놓고 보는 학습용의 그림이나 지도.
掛鐘(괘종) 벽에 거는 시계.
동 挂(걸 괘)

掬
⑧ 11획 　日 キク・すくう
움킬 국　中 jū

풀이 1. 움키다. 움켜쥐다. ¶掬飮 2. 용량 단위. 한 움큼의 양에 해당하는 5홉.
掬飮(국음) 물을 두 손으로 움켜 마심.

掘
⑧ 11획 　日 クツ・ほる
팔 굴　　中 jué

*형성. 뜻을 나타내는 부수 扌(手;손 수)와 음을 나타내는 '屈(굽을 굴)'을 합친 글자. 허리를 구부려(屈) 손(扌)으로 땅을 판다는 뜻을 나타냄.

풀이 파다. 파내다. ¶掘鑿
掘鑿(굴착) 땅이나 암석을 파서 뚫음.
發掘(발굴) 1)땅속에 묻힌 물건을 파냄. 2)알려지지 않거나 뛰어난 것을 찾아냄.
採掘(채굴) 땅을 파서 광석 등을 캐냄.

捲
⑧ 11획 　日 ケン
말 권　　中 juǎn

풀이 말다. 휩쓸다. ¶捲土重來
捲土重來(권토중래) 흙먼지를 날리며 다시 온다는 뜻으로, 한 번 실패한 일에 의욕적으로 다시 도전함을 이르는 말.

掎
⑧ 11획 　日 キ・ひく
끌 기　　中 jǐ

풀이 끌다. 끌어당기다.
掎角(기각) 앞뒤에서 적을 공격함.

捺
⑧ 11획 　日 ナツ・おす
누를 날　中 nà

*형성. 뜻을 나타내는 부수 扌(手;손 수)와 음을 나타내는 '柰(어찌 내)'를 합친 글자.

풀이 누르다. 찍다. ¶捺印
捺染(날염) 천에 무늬를 찍는 염색 방법.
捺印(날인) 도장을 찍음.

捻
⑧ 11획 　日 ネン・ねじる
비틀 념　中 niǎn, niē

풀이 비틀다. 꼬다.
동 撚(비틀 념)

掉
⑧ 11획 　日 トウ・ふるう
흔들 도　中 diào

풀이 흔들다. 흔들리다. ¶掉尾
掉尾(도미) 꼬리를 세차게 흔든다는 뜻으로, 끝판에 두드러지게 활약함을 비유하는 말.
동 搖(흔들릴 요)　**비** 棹(노 도)

搯
⑧ 11획 　日 トウ・すくう
가릴 도　中 tāo

풀이 1. 가리다. 선택하다. 2. 소매치기하다. ¶搯摸
搯摸(도모) 손으로 더듬어 물건을 훔침. 또는 그 도둑. 소매치기.
비 陶(질그릇 도)

掠
⑧ 11획 　日 リャク・かすめる
노략질할 략(약)　中 lüè

[手 8획] 挆 排 捧 掊 捨 棲 掃

ーナオオガががだお掠

풀이 노략질하다. 약탈하다. ¶擄掠

掠奪(약탈) 폭력을 써서 억지로 빼앗음.
擄掠(노략) 떼를 지어 다니며 재물을 빼앗아 감.
윤 鈔(노략질할 초)

| 挆 | ⑧ 11획 | 日レイ・レツ |
| | 비틀 렬 | 中lì, liè |

풀이 비틀다. 꼬다.

| 排 | ⑧ 11획 | 日ハイ おしひらく |
| | 물리칠 배 | 中pái, pǎi |

ーナオオガガガ扩扩排排
* 형성. 손(扌)으로 좌우로 밀어 나눈다(非)는 데서 '물리치다'의 뜻을 나타냄.

풀이 1. 물리치다. 배척하다. ¶排他 2. 밀다. 밀어내다. ¶排泄 3. 늘어서다. 차례로 서다.

排氣(배기) 공기나 가스·증기를 밖으로 뽑아냄.
排泄(배설) 1)안에서 밖으로 새어 나가게 함. 2)생물이 영위하는 물질대사의 결과로 생기는 쓸데없는 물질을 몸 밖으로 내보내는 작용.
排列(배열) 질서 있게 늘어놓음. 죽 벌여서 열을 지음.
排置(배치) 분배(分排)하여 벌여 놓음.
排他(배타) 남을 배척함.
윤 斥(물리칠 척)

| 捧 | ⑧ 11획 | 日ホウ ささげる |
| | 받들 봉 | 中pěng |

풀이 1. 받들다. 들다. 2. 안다. 감싸다. ¶捧腹絶倒

捧腹絶倒(봉복절도) 배를 안고 넘어진다는 뜻으로, 몹시 우스워서 몸을

가누지 못할 만큼 웃음을 이르는 말.
윤 奉(받들 봉)

| 掊 | ⑧ 11획 | 日ホウ |
| | 모을 부 | 中póu, pǒu |

풀이 1. 모으다. 취하다. 2. 가르다. 쪼개다. 3. 치다. 공격하다. ¶掊擊

掊擊(부격) 공격함. 타격(打擊).
윤 輯(모을 집) 비 培(북돋울 배)

| 捨 | ⑧ 11획 | 日シャ・すてる |
| | 버릴 사 | 中shě |

ーナオオガ扑扑扒捨捨捨
* 형성. 뜻을 나타내는 부수 扌(手:손 수)와 음을 나타내는 舍(집 사)를 합친 글자.

풀이 1. 버리다. 내버리다. ¶捨家 2. 베풀다.

捨象(사상) 낱낱의 특수성을 고려의 대상에서 제외시킴.
取捨(취사) 취하고 버림.
喜捨(희사) 기꺼이 재물을 내놓음.
비 拾(주울 습)

| 棲 | ⑧ 11획 |
| ❶ 栖(p357)와 同字
| ❷ 樓(p364)와 同字

| 掃 | ⑧ 11획 | 日ソウ・はく |
| | 쓸 소 | 中sǎo |

ーナオオガ扩折扫掃掃
* 형성. 뜻을 나타내는 부수 扌(手:손 수)와 음을 나타내는 帚(비 추)를 합친 글자. 손(扌)에 빗자루(帚)를 잡은 것을 나타내어, '쓸다'의 뜻으로 쓰임.

풀이 1. 쓸다. 쓸어내다. 청소하다. ¶掃除 2. 버리다. 제거하다.

掃去(소거) 쓸어버림.
掃除(소제) 쓸고 닦아서 깨끗하게 함.

청소.
掃蕩(소탕) 모조리 제거하여 평정함.
一掃(일소) 단번에 모조리 쓸어 버림.

授 ⑧ 11획 줄 수

ナオオオガザ护护护授授

*형성. 나타내는 부수 扌(手;손 수)와 음을 나타내는 '受(받을 수)'를 합친 글자. 원래 '受'는 '주다'와 '받다'의 뜻을 모두 갖고 있었는데, 후에 '주다'의 뜻일 때는 扌를 붙여 구별하게 되었음.

[풀이] 1. 주다. 수여하다. ¶授受 2. 전수하다. 가르치다. ¶傳授

授受(수수) 주고받음. 주는 일과 받는 일.
授業(수업) 학업이나 기술 등을 가르쳐 줌.
授與(수여) 증서·상장·상품 또는 훈장 같은 것을 줌.
授乳(수유) 아기에게 젖을 줌.
傳授(전수) 기술·비법 등을 전해 줌.
- 반 受(받을 수) 收(거둘 수)
- 비 援(구원할 원)

掖 ⑧ 11획 겨드랑 액 日アク·わき 中yē, yè

[풀이] 1. 겨드랑이. ¶扶掖 2. 끼다. 3. 부축하다. 도와주다. ¶掖誘 4. 후궁(後宮).

掖誘(액유) 도와서 이끎.
扶掖(부액) 겨드랑이를 붙들어 걸음을 도움.

掩 ⑧ 11획 가릴 엄 日エン·おおう 中yǎn

*형성. 뜻을 나타내는 부수 扌(手;손 수)와 음을 나타내는 '奄(가릴 엄)'을 합친 글자.

[풀이] 1. 가리다. ¶掩蔽 2. 덮다. 3. 엄습하다. ¶掩襲 4. 감싸 보호하다. ¶掩護

掩襲(엄습) 불시에 습격함.
掩蔽(엄폐) 가려서 숨김.

掩護(엄호) 적의 공격이나 화력(火力)으로부터 자기 편의 행동이나 시설 등을 보호함.
- 유 閉(닫을 폐)

捏 ⑧ 11획 견줄 예 日ゲツ 中niè

[풀이] 1. 견주다. 2. 땅기다.

掌 ⑧ 12획 손바닥 장 日ショウ·てのひら 中zhǎng

丨丨⺌⺌⺌⺌⺌⺌堂堂堂掌

*형성. 뜻을 나타내는 부수 '手(손 수)'와 음을 나타내는 '尙(높을 상)'을 합친 글자.

[풀이] 1. 손바닥. 발바닥. ¶掌紋 2. 맡다. 주관하다. ¶管掌

掌匣(장갑) 손에 끼는 물건.
掌握(장악) 손에 쥠. 손에 넣음.
掌中寶玉(장중보옥) 1)손 안에 든 보옥. 2)가장 소중하고 사랑스러운 사람이나 물건.
管掌(관장) 일을 맡아서 주관함.
- 비 賞(상줄 상)

接 ⑧ 11획 접할 접 日セツ·つきあう 中jiē

ナオオ扩护护护护接接接

*형성. 뜻을 나타내는 부수 扌(手;손 수)와 음을 나타내는 '妾(첩 첩)'을 합친 글자.

[풀이] 1. 접하다. 2. 대접하다. 접대하다. ¶接待 3. 사귀다. 교제하다. 4. 잇다. 붙이다. ¶接續

接近(접근) 1)가까이 함. 2)거리가 가까워짐.
接待(접대) 손님을 맞이하여 음식을 차려 올림.
接續(접속) 맞닿게 하여 이음. 연속함.
接觸(접촉) 1)맞붙어서 닿음. 2)더불

어 교섭함.
直接(직접) 중간에 매개를 통하지 않고 바로 접촉하는 관계.
비 妾(첩첩)

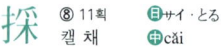
措 ⑧ 11획 日ソ·おく
둘 조 中cuò, zé

*형성. 뜻을 나타내는 부수 '扌(手;손 수)'와 음을 나타내는 '昔(예 석)'을 합친 글자.
풀이 1. 두다. 놓다. 2. 조치하다. 처리하다. ¶措置 3. 베풀다.
措置(조치) 일을 잘 정돈하여 처리함.
유 置(둘 치) 비 借(빌 차)

採 ⑧ 11획 日サイ·とる
캘 채 中cǎi

一十才扌扩扩护挥採採

*형성. 뜻을 나타내는 부수 '扌(手;손 수)'와 음을 나타내는 '采(캘 채)'를 합친 글자. 손(扌)으로 캔다는(采) 의미에서 '캐다'의 뜻을 나타냄.
풀이 1. 캐다. 채집하다. ¶採掘 2. 가려내다. 골라내다. ¶採擇
採掘(채굴) 땅을 파서 광석 등을 캐어 냄.
採用(채용) 채택하여 사람을 씀.
採點(채점) 학과나 경기의 성적을 점수로 매김.
採取(채취) 1)땅에서 캐어 냄. 2)풀·나무 등을 베거나 캐어 내는 일.
採擇(채택) 골라서 택하여 씀.
반 植(심을 식) 비 埰(영지 채)

掇 ⑧ 11획 日タツ·テツ ·とる
주울 철 中duō

풀이 줍다. 취하다. ¶掇拾
掇拾(철습) 주워 모음.
유 拾(주울 습)

捷 ⑧ 11획 日ショウ·かつ
이길 첩 中jié

*형성. 뜻을 나타내는 부수 '扌(手;손 수)'와 음을 나타내는 '疌(빠를 첩)'을 합친 글자.
풀이 1. 이기다. 승리하다. ¶捷報 2. 민첩하다. 빠르다.
捷徑(첩경) 1)지름길. 2)쉽고 빠른 방법.
捷報(첩보) 싸움에 이겼다는 보고나 소식.
敏捷(민첩) 재빠르고 날램.
비 棲(살 서)

掣 ⑧ 11획 日セイ·ひく
끌 체 中chè

풀이 끌다. ¶掣曳
掣曳(체예) 끌어당겨 막음. 말림.
비 製(지을 제)

捶 ⑧ 11획 日スイ·タ·
종아리 칠 추 むらうつ
中chuí

풀이 1. 종아리를 치다. 채찍질하다. ¶捶擊 2. 매. 채찍.
捶打(추타) 매질하다. 추달(捶撻).

推 ⑧ 11획 日スイ·タイ
❶ 옮길 추 ·おす
❷ 밀 퇴 中tuī

一十才扌扩扩拚拚推推

*형성. 뜻을 나타내는 부수 '扌(手;손 수)'와 음을 나타내는 '隹(새 추)'를 합친 글자.
풀이 ❶ 1. 옮기다. 이동하다. 2. 천거하다. 추천하다. 3. 밀다. ¶推進 4. 헤아리다. 추측하다. ¶推測 5. 높이 받들다. ❷ 6. 밀다. 밀어젖히다.
推理(추리) 밝혀지지 않은 일을 미루어 생각함.
推仰(추앙) 높이 받들어서 사모함.

推進(추진) 앞으로 밀고 나아감.
推測(추측) 미루어 생각하여 헤아림.
推敲(퇴고/추고) 시문을 지을 때 글자나 구를 정성껏 다듬고 고침.
類推(유추) 미루어 짐작함. 서로 비슷한 점을 비교하여 하나의 사물에서 다른 사물로 추리를 해 나가는 일.
비 惟(생각할 유) 堆(쌓을 퇴) 椎(몽치 추)

探 ⑧ 11획 日タン・さぐる 찾을 탐 中tàn

一十扌扌扌扜扣护探探探

*형성. 뜻을 나타내는 부수 扌(手:손 수)와 음을 나타내는 부수 이외의 글자를 합친 글자.

풀이 1. 찾다. 찾아다니다. ¶探險 2. 연구하다, 구명하다. ¶探究 3. 살피다. 엿보다.
探究(탐구) 진리나 학문이나 원리 등을 파고들어 깊이 연구하는 것.
探査(탐사) 더듬어 살펴 조사함.
探偵(탐정) 몰래 남의 비밀이나 행동을 탐지함. 또는 그 일을 하는 사람.
探險(탐험) 어떤 발견을 하기 위하여 위험을 무릅쓰고 험난한 곳을 찾는 일.
廉探(염탐) 남의 사정이나 비밀(秘密) 등을 몰래 조사함.
유 尋(찾을 심) 비 深(깊을 심)

掀 ⑧ 11획 日キン 번쩍 들 흔 中xiān

풀이 번쩍 들다. 높이 들어 올리다.
掀簸(흔파) 바람에 나부껴 올라감.

揀 ⑨ 12획 日カン・ケン・えらぶ 가릴 간 中jiǎn

풀이 가리다. 가려서 뽑다.
揀擇(간택) 1)분간하여 고름. 2)왕이나 왕자의 배우자를 고름.
비 練(익힐 련)

揭 ⑨ 12획 日ケイ・ケツ・かかげる 들 게 中jiē

*형성. 뜻을 나타내는 부수 扌(手:손 수)와 음을 나타내는 '曷(어찌 갈)'을 합친 글자.

풀이 1. 들다. 걸다. 게시하다. ¶揭示
揭示(게시) 여러 사람에게 알리기 위해 내붙이거나 내걸어 두루 보게 함.
揭載(게재) 신문·잡지 등에 기사나 광고 등을 실음.
비 謁(아뢸 알)

揆 ⑨ 12획 日キ・ギ・はかる 헤아릴 규 中kuí

풀이 1. 헤아리다. ¶揆策 2. 법도. 도(道).
揆策(규책) 계책을 헤아림.
비 察(살필 찰)

揑 ⑨ 12획 捏(p293)의 俗字

描 ⑨ 12획 日ビョウ・えがく 그릴 묘 中miáo

*형성. 뜻을 나타내는 부수 扌(手:손 수)와 음을 나타내는 '苗(싹 묘)'를 합친 글자.

풀이 그리다. 묘사하다.
描寫(묘사) 어떤 대상을 보고 느낀 것을 그림을 그리듯이 객관적으로 표현함.
素描(소묘) 단색으로 그림을 그림. 또는 그 그림. 데생.
유 畫(그림 화)

插 ⑨ 12획 日ソウ・さす 꽂을 삽 中chā

[手 9획] 插 握 揠 挪 揚 掩 掾 搖 援

插
⑨ 12획
插(p299)의 俗字

握
⑨ 12획
쥘 악
日アク・にぎる
中wò

* 형성. 뜻을 나타내는 부수 'ㅗ(扌;손 수)'와 음을 나타내는 '岊(집옥)'을 합친 글자.

풀이 1. 쥐다. 손에 쥐다. ¶握手 2. 줌. 주먹으로 쥘 만한 분량. 또는 크기.

握手(악수) 친애 · 축하 · 환영 등의 뜻을 나타내기 위해 서로 손을 마주 잡음.
把握(파악) 1)잡아 쥠. 2)어떤 일을 잘 이해하여 확실하게 앎.
유 捉(잡을 착)

揠
⑨ 12획
뽑을 알
日アツ・ぬく
中yà

풀이 뽑다. 당겨 뽑다.

揠苗(알묘) 곡식을 빨리 자라게 하려고 그 고갱이를 뽑아 올린다는 뜻으로, 서두르다가 도리어 해를 당함을 이르는 말.
유 拔(뺄 발)

挪
⑨ 12획
挪(p293)와 同字

揚
⑨ 12획
오를 양
日ヨウ・あげる
中yáng

一十扌扌扩扩护押捐揚揚

* 형성. 뜻을 나타내는 부수 'ㅗ(扌;손 수)'와 음을 나타내는 '昜(양기 양)'을 합친 글자.

풀이 1. 오르다. 올리다. ¶揚水 2. 날리다. 날다. 바람에 흩날리다. 3. 칭찬하다. ¶讚揚 4. 나타나다. 드러나다.

揚名(양명) 이름을 높이 드날림.
揚水(양수) 물을 위로 퍼 올림.
揚揚(양양) 목적을 이루거나 이름을 드날리게 되어 만족한 빛을 나타냄.
宣揚(선양) 널리 떨침.
讚揚(찬양) 칭찬하여 드러냄.
유 上(위 상) 昇(오를 승) 반 降(내릴 강)

掩
⑨ 12획
가릴 엄
日エン・おおう
中yǎn

풀이 가리다. 감추다.

掩取(엄취) 덮쳐 취함. 엄취(掩取).
掩蔽(엄폐) 가려서 감춤.
유 掩(가릴 엄)

掾
⑨ 12획
아전 연
日エン・たすける
中yuàn

풀이 아전. 하급 관원. ¶掾吏
掾吏(연리) 아전.
비 緣(가 연)

搖
⑨ 12획
搖(p303)의 俗字

援
⑨ 12획
도울 원
日エン・たすける
中yuán, huàn

一十扌扌扩扩护护授援援

* 형성. 뜻을 나타내는 부수 'ㅗ(扌;손 수)'와 음을 나타내는 '爰(당길 원)'을 합친 글자. '爰(爪)으로 당기는(爻)'동작을 나타내어 '당기다'의 뜻으로 쓰임.

풀이 1. 돕다. 구원하다. ¶援助 2. 당기다. 붙잡다. 쥐다.

援軍(원군) 구원하는 군대.
援助(원조) 도와줌.

[手 9획] 揄 揉 揖 提 換 揮   301

應援(응원) 편들어 격려하거나 도움.
後援(후원) 뒤에서 도와줌.
吊 助(도울 조) 비 授(줄 수)

揄 ⑨ 12획 日ヨウ・ユウ 끌 유 中yú

[풀이] 1. 끌다. 끌어내다. 2. 끌어올리다. 찬양하다. ¶揄揚 3. 빈정대다. 조롱하다.

揄揚(유양) 끌어올림. 칭찬함.
揶揄(야유) 빈정대며 놀림.

揉 ⑨ 12획 日ユウ 주무를 유 中róu

* 형성. 뜻을 나타내는 부수 扌(手:손 수)와 음을 나타내는 柔(부드러울 유)를 합친 글자. 손(扌)으로 부드럽게(柔) 한다는 의미에서 '주무르다'라는 뜻을 나타냄.

[풀이] 1. 주무르다. 2. 휘다. 구부러지게 하다. ¶揉輪

揉輪(유륜) 나무를 구부정하게 휘어 수레바퀴를 만듦.

揖 ⑨ 12획 日ユウ・シュウ 읍할 읍 中yī

[풀이] 읍하다. 읍. 인사하는 예의 한 가지. 두 손을 맞잡아 얼굴 앞으로 들고 허리를 굽혀 인사함. ¶揖禮

揖禮(읍례) 읍을 하는 예법.

提 ⑨ 12획 日タイ・シ さげる 끌 제 中dǐ, tí

一十扌扌扌捍捍捍捍提提

* 형성. 뜻을 나타내는 부수 扌(手:손 수)와 음을 나타내는 是(이 시)를 합친 글자.

[풀이] 1. 끌다. 2. 거느리다. 통솔하다. 3. 들다. 내놓다. ¶提示

提供(제공) 받쳐서 이바지함. 갖다 줌. 내놓음.
提示(제시) 어떤 의사를 글이나 말로 써 드러내어 보임.
提案(제안) 1) 서면으로 의안을 의회에 제출함. 제출된 의안. 2) 자기 생각을 말하거나 상대방의 의견을 물음.
提出(제출) 문안·건의·법안 등을 내놓음.
前提(전제) 어떤 일이 이루어지기 위하여 선행하는 것.

換 ⑨ 12획 日カン・かえる 바꿀 환 中huàn

一十扌扌扌扩扩捣捣換換換

* 형성. 뜻을 나타내는 부수 扌(手:손 수)와 음을 나타내는 奐(빛날 환)을 합친 글자.

[풀이] 바꾸다. 바뀌다.

換氣(환기) 공기를 바꿈.
換算(환산) 어떤 단위를 다른 단위로 계산하여 고침.
換率(환율) 두 나라 사이의 통화의 교환율. 환시세.
換節期(환절기) 계절이 바뀌는 시기.
交換(교환) 서로 바꿈. 서로 주고받음.
吊 變(변할 변)

揮 ⑨ 12획 日キ・ふるう 휘두를 휘 中huī, hún

一十扌扌扌扩扩捏捏捏揮揮

* 형성. 뜻을 나타내는 부수 扌(手:손 수)와 음을 나타내는 軍(군대 군)을 합친 글자. 손(扌)으로 군대(軍)를 지휘한다는 데에서 '휘두르다, 지휘하다'를 뜻함.

[풀이] 1. 휘두르다. ¶揮毫 2. 지휘하다. 지휘. ¶指揮 3. 뿌리다. 흩어지다. ¶揮汗

揮發(휘발) 액체가 보통의 온도에도 저절로 기체로 변하여 공중으로 날아가는 작용.
揮帳(휘장) 둘러치는 장막.
揮毫(휘호) 붓을 휘두름. 붓글씨를 쓰거나 그림을 그림.

[手 10획] 推搴搆搗搏搬摂搔損

指揮(지휘) 명령하여 사람들을 움직임.
비 揮(빛날 휘)

推 ⑩ 13획 日カク・たたく 칠 각 中què

풀이 1. 치다. 때리다. 2. 독차지하다. ¶推利
推利(각리) 정부가 물품을 전매하여 그 이익을 독차지하는 일.

搴 ⑩ 14획 日ケン・ぬく 빼낼 건 中qiān

풀이 1. 빼내다. 뽑아내다. ¶搴旗 2. 들어 올리다. 걷어 올리다.
搴旗(건기) 적의 기를 빼앗음.
유 拔(뺄 발)

搆 ⑩ 13획 日コウ 끌 구 中gòu

풀이 1. 끌다. 끌어당기다. 2. 차리다. 꾸미다.
搆兵(구병) 군대를 출동시킴. 군대를 전쟁을 하기 위한 태세로 배치함.
비 構(얽을 구)

搗 ⑩ 13획 日トウ・つく 찧을 도 中dǎo

* 형성. 뜻을 나타내는 부수 '扌(手;손 수)'와 음을 나타내는 '島(섬 도)'를 합친 글자.

풀이 1. 찧다. ¶搗精 2. 두드리다. 다듬이질하다.
搗精(도정) 곡식을 찧거나 쓿는 일.
유 搗(찧을 도)

搏 ⑩ 13획 日ハク・うつ 칠 박 中bó

풀이 1. 치다. 때리다. ¶搏鬪 2. 두드리다. 3. 잡다. 사로잡다.

搏動(박동) 맥박이 뛰는 것.
搏鬪(박투) 치고 때리며 싸움.
龍虎相搏(용호상박) 용과 호랑이가 서로 다툰다는 뜻으로, 두 강자가 서로 승패를 다툼으로 이르는 말.
유 打(칠 타)

搬 ⑩ 13획 日ハン・はこぶ 옮길 반 中bān

풀이 옮기다. 나르다. 운반하다.
搬出(반출) 꺼내 옮김.
運搬(운반) 옮겨서 나름.
유 移(옮길 이)

摂 ⑩ 13획

攝(p311)의 俗字

搔 ⑩ 13획 日ソウ・つめ 긁을 소 中sāo

풀이 1. 긁다. 2. 떠들다.
搔癢(소양) 가려운 곳을 긁는 일.

損 ⑩ 13획 日ソン 덜 손 中sǔn

一十扌扌扌捐捐捐損損損

* 형성. 뜻을 나타내는 부수 '扌(手;손 수)'와 음을 나타내는 '員(인원 원)'을 합친 글자. '員'은 隕(떨어질 운)과 관련된 뜻으로 '扌'에서 떨어져서 隕 '덜다', '손상하다'의 뜻을 나타냄.

풀이 1. 덜다. 줄이다. 2. 줄다. 감소하다. 3. 잃다. 손해 보다. ¶損失 4. 상하다. 해치다. ¶損傷
損傷(손상) 떨어지고 상함.
損失(손실) 1)축나서 없어짐. 2)밑짐. 또는 그 일.
損益(손익) 손해와 이익.

損害(손해) 해를 입음.
缺損(결손) 모자람. 불완전함.
破損(파손) 깨어져 못 쓰게 됨. 또는 깨뜨려 못 쓰게 함.
비 捐(버릴 연)

| 搜 | ⑩ 13획 찾을 수 | 日ソウ・さがす 中sōu |

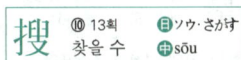

* 형성. 뜻을 나타내는 부수 '扌(手;손 수)'와 음을 나타내는 '叟(늙은이 수)'를 합친 글자.

풀이 찾다. 살피다. ¶搜索
搜査(수사) 찾아다니며 조사함.
搜所聞(수소문) 세상에 떠돌아다니는 소문을 더듬어 찾음.
搜索(수색) 더듬으며 찾음. 수사하여 탐색함. 찾아 구함.
搜集(수집) 찾아서 모음.
동 索(찾을 색)

| 搤 | ⑩ 13획 잡을 액 | 日アク・とる 中è |

풀이 1. 잡다. 쥐다. ¶搤腕 2. 조르다. 목을 조르다.
搤腕(액완) 분하거나 원통해서 자기도 모르게 자기 팔을 꽉 쥠.
비 益(더할 익)

| 搖 | ⑩ 13획 흔들릴 요 | 日ヨウ・ゆれる 中yáo |

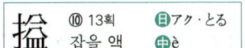

* 형성. 뜻을 나타내는 부수 '扌(手;손 수)'와 음을 나타내는 '䍃(요)'를 합친 글자.
풀이 흔들리다. 흔들다. 요동하다. ¶搖動
搖動(요동) 1)흔들려 움직임. 2)흔들어 움직이게 함.

搖籃(요람) 1)유아를 눕히거나 앉히고 흔들어서 즐겁게 하거나 잠재우는 채롱. 2)사물이 발달하는 처음. 3)어린 시절.
動搖(동요) 1)움직이고 흔들림. 2)불안한 상태에 빠짐.
동 震(떨 진)

| 搢 | ⑩ 13획 꽂을 진 | 日シン・はさむ 中jìn |

풀이 꽂다. 사이에 끼워 넣다.
搢紳(진신) 1)벼슬아치를 통틀어 이르는 말. 2)지위가 높고 행동이 점잖은 사람.

| 搾 | ⑩ 13획 짤 착 | 日サク・しぼる 中zhà |

풀이 짜다. 짜내다.
搾取(착취) 1)꼭 누르거나 비틀어서 즙을 짜냄. 2)자본가(資本家)가 노동자(勞動者)를 부려서 그 성과로 얻은 이익을 무상으로 취득함.
壓搾(압착) 기계 등으로 세게 눌러서 짬.

| 搶 | ⑩ 13획 닿을 창 | 日ソウ・ショウ 中qiāng, qiǎng |

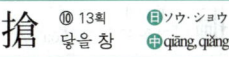

풀이 1. 닿다. 부딪치다. 2. 빼앗다. ¶搶奪 3. 어지럽다. 산란하다.
搶奪(창탈) 억지로 빼앗음. 약탈(掠奪).

| 搭 | ⑩ 13획 탈 탑 | 日タツ・のる 中dā |

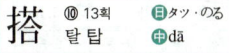

* 형성. 뜻을 나타내는 부수 '扌(手;손 수)'와 음을 나타내는 '畗(답할 답)'을 합친 글자.
풀이 1. 타다. 탑승하다. ¶搭乘 2. 싣다. ¶搭載
搭乘(탑승) 배・수레 등에 탐.
搭載(탑재) 배・수레 등에 물건을 실음.
동 乘(탈 승) 搊(탈 추)

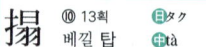	⑩ 13획	日タク
	베낄 탑	中tà

풀이 1. 베끼다. 2. 박다. 금석문(金石文) 위에 종이를 대어 박아 냄. ¶搨本

搨本(탑본) 쇠와 돌에 새긴 글씨나 그림을 그대로 박아 냄. 또는 박아 낸 그 종이.

	⑩ 13획	日ケイ・たずさえる
	끌 휴	中xié

* 형성. 뜻을 나타내는 부수 扌(手;손 수)와 음을 나타내며 '동여매다'의 뜻을 지닌 부수 이외의 글자를 합친 글자. 이에 '손을 잡다'의 뜻을 나타냄.

풀이 1. 끌다. 이끌다. ¶提携 2. 들다. 손에 가지다. ¶携帶

携帶(휴대) 몸에 지니고 다님.
提携(제휴) 1) 서로 붙잡아 끌어 줌. 2) 서로 도움. 또는 공동으로 일함.

摳	⑪ 14획	日コウ
	걸을 구	中kōu

풀이 걷다. 추어올리다. ¶摳衣
摳衣(구의) 옷을 걷어 올림.

摩	⑪ 15획	日マ・する
	갈 마	中mā, mó

* 형성. 뜻을 나타내는 부수 手(손 수)와 음을 나타내는 麻(삼 마)를 합친 글자.

풀이 1. 갈다. 연마하다. 2. 문지르다. 비비다. ¶按摩 3. 쓰다듬다. 어루만지다. 4. 닿다. ¶摩天樓

摩擦(마찰) 물건과 물건이 서로 닿아서 비빔.
摩天樓(마천루) 하늘에 닿을 듯이 아주 높게 지은 고층 건물.
按摩(안마) 손으로 몸을 두드리거나 주물러 피로를 푸는 일.
🔄 研(갈 연)

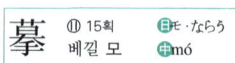	⑪ 15획	日モ・ならう
	베낄 모	中mó

풀이 1. 베끼다. ¶摹寫 2. 본뜨다.
摹寫(모사) 베낌.
🔄 寫(베낄 사)

摸	⑪ 14획	日␣・マク・ボ
	찾을 모	中mō, mó

* 형성. 뜻을 나타내는 부수 扌(手;손 수)와 음을 나타내는 莫(없을 막)을 합친 글자.

풀이 1. 더듬어 찾다. ¶摸索 2. 잡다. 가지다. 3. 본뜨다.
摸倣(모방) 흉내를 냄. 본을 뜸.
摸寫(모사) 본떠서 그림.
摸索(모색) 더듬어 찾음. 모착(摸捉).
🔄 探(찾을 탐)

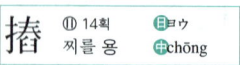	⑪ 14획	日ヨウ
	찌를 용	中chōng

풀이 1. 찌르다. 2. 치다. 두드리다.

	⑪ 14획	日テキ・つむ
	딸 적	中zhāi

* 형성. 뜻을 나타내는 부수 扌(手;손 수)와 음을 나타내는 啇(밑동 적)을 합친 글자.

풀이 1. 따다. 2. 남의 글을 요점만 뽑아 쓰다. 3. 들추어내다. ¶摘發 4. 손가락으로 가리키다. ¶指摘

摘發(적발) 숨어 드러나지 않는 것을 들추어냄.
摘示(적시) 지적하여 제시함.

[手 11~12획] 摺摯摠摧撚撓撞撈撫

摘要(적요) 중요한 부분을 뽑아서 적음 또는 그렇게 적은 것.
指摘(지적) 손가락으로 가리킴.
回 敵(원수 적)

摺 ⑪ 14획 日セツ
접을 접 ⊕zhé

풀이 접다. 꺾어서 겹치다. ¶摺扇
摺扇(접선) 접는 부채. 절부채.
㊀ 拉(꺾을 납)

摯 ⑪ 15획 日シ・にぎる
잡을 지 ⊕zhì

*형성. 뜻을 나타내는 부수 '手(손 수)'와 음을 나타내는 '執(잡을 집)'을 합친 글자. 손(手)으로 잡는(執)동작을 나타내어, '잡다'의 뜻으로 쓰임.

풀이 1. 잡다. 손에 쥐다. 2. 돈독하다. 극진하다.
眞摯(진지) 참답고 착실함.
㊀ 執(잡을 집) 囘 擊(부딪힐 격)

摠 ⑪ 14획
總(p582)과 同字

摧 ⑪ 14획 日サイ・くだく
❶ 꺾을 최 ⊕cuī
❷ 꼴 좌

*형성. 뜻을 나타내는 부수 '扌(手;손 수)'와 음을 나타내는 '崔(높을 최)'를 합친 글자.

풀이 ❶ 1. 꺾다. 부러뜨리다. ¶摧殘 2. 누르다. 억압하다. ❷ 3. 꼴. 꼴을 베다. 마소에게 먹이는 풀.
摧殘(최잔) 꺾이어 쇠해짐. 또는 꺾어 손상을 입힘.

撚 ⑫ 15획 日ネン・ひねる
비틀 년(연) ⊕niǎn

풀이 비틀다. 꼬다.
撚絲(연사) 두 가닥 이상의 실을 꼬아 놓은 실. 치사(縒絲).
回 燃(불사를 연)

撓 ⑫ 15획 日ドウ・コウ・たわめる
어지러울 뇨(요) ⊕náo

풀이 1. 어지럽다. 어지럽게 하다. ¶撓亂 2. 휘다. 구부리다. 구부러지게 하다. ¶撓折 3. 꺾이다.
撓屈(요굴) 휘어져 굽힘.
撓亂(요란) 어지러움.
撓折(요절) 구부러져 꺾임.

撞 ⑫ 15획 日トウ・ドウ・つく
칠 당 ⊕zhuàng

풀이 1. 치다. 두드리다. 2. 부딪히다.
撞球(당구) 공을 가지고 하는 경기의 하나.
自家撞着(자가당착) 자신의 언행이 모순되어 일치되지 않음.
㊀ 摮(칠 오) 打(칠 타)

撈 ⑫ 15획 日ロウ
잡을 로(노) ⊕lāo

풀이 1. 잡다. 건져 내다. ¶撈魚 2. 끙게. 농기구의 하나로 씨를 뿌린 뒤 씨앗이 흙에 덮이게 하는 기구.
撈魚(노어) 물고기를 잡음.
漁撈(어로) 물고기나 조개, 바닷말 등을 잡거나 채취함.

撫 ⑫ 15획 日フ・ブ・なでる
어루만질 무 ⊕fǔ

*형성. 뜻을 나타내는 부수 '扌(手;손 수)'와 음을 나타내는 덮어씌운다는 의미를 가진 '無(없을 무)'를 합친 글자. 이에 손(手)으로 덮

어씌워〔無〕쓰다듬는 것을 나타내어 '어루만지다'의 뜻으로 쓰임.
[풀이] 1. 어루만지다. 쓰다듬다. 2. 달래다. 위로하다.
撫摩(무마) 위로하여 달램.
撫慰(무위) 어루만져 위로함.
撫育(무육) 어루만져 기름.
撫恤(무휼) 불쌍히 여겨 위로하고 물질적으로 도와줌.
愛撫(애무) 이성을 사랑하여 어루만짐.
[비] 舞(춤출 무)

撲 ⑫ 15획 [日]ボク・ハク・ホク・うつ [中]pū
칠 박

* 형성. 뜻을 나타내는 부수 '扌(手;손 수)'와 음을 나타내는 부수 이외의 글자를 합친 글자.
[풀이] 치다, 때리다. ¶撲殺
撲滅(박멸) 모조리 잡아 없애 버림.
撲殺(박살) 때려서 죽임.
[동] 打(칠 타) 拍(칠 박)

撥 ⑫ 15획 [日]ハツ・おさめる [中]bō, fá
다스릴 발

[풀이] 1. 다스리다. 2. 없애다. 제거하다. ¶撥去 3. 퉁기다. 반발하다. ¶反撥 4. 채. 현악기의 줄을 퉁기는 도구.
撥去(발거) 떨어서 없앰.
撥木(발목) 비파(琵琶)를 연주하는 데에 쓰는 나무로 만든 물건. 술대.
反撥(반발) 1)되받아 퉁겨짐. 2)상대에 대하여 언짢게 여겨 그에 반항하는 태도를 나타내는 일.

撒 ⑫ 15획 [日]サツ・まく [中]sā, sǎ
뿌릴 살

[풀이] 1. 뿌리다. 흩뜨리다. 2. 놓다.
撒手(살수) 손을 놓음. 일에서 손을 뗌.
撒布(살포) 뿌려서 퍼트림.
[비] 撤(거둘 철)

撙 ⑫ 15획 [日]ソン・くじく [中]zǔn
누를 준

[풀이] 1. 누르다. 억제하다. 2. 겸손하다. 3. 절약하다. 검약하다. ¶撙節
撙節(준절) 씀씀이를 아낌.
[비] 燇(불존)

撰 ⑫ 15획 [日]セン・サン・あつめる [中]zhuàn
❶ 지을 찬
❷ 가릴 선

* 형성. 뜻을 나타내는 부수 '扌(手;손 수)'와 음을 나타내는 '巽(손괘 손)'을 합친 글자.
[풀이] ❶ 1. 짓다. 시문(詩文)을 짓다. ❷ 1. 가리다. 선택하다.
撰述(찬술) 책을 지음. 저술(著述).
撰集(찬집) 시문 등을 가려 엮은 책.
[동] 作(지을 작)

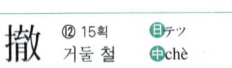
撤 ⑫ 15획 [日]テツ [中]chè
거둘 철

[풀이] 거두다. 걷어 없애다.
撤去(철거) 거두어 치움.
撤收(철수) 거두어들임.
撤廢(철폐) 어떤 제도나 규정을 폐지함. 거두어 치워 그만둠.
撤回(철회) 일단 제출했던 것을 다시 거두어들임.
[동] 收(거둘 수) 撒(뿌릴 살)

撮 ⑫ 15획 [日]サツ・つまむ [中]cuō, zuǒ
집을 촬

[풀이] 1. 집다. 2. 모으다. ¶撮徒 3. 찍다. 촬영하다. ¶撮影 4. 자밤. 네 손가락 끝으로 집을 만한 분량.
撮影(촬영) 사진·영화를 찍음.

[手 12~13획] 撐 撑 播 撼 據 撿 擊 擎

撐 ⑫ 15획
日 トウ・ひかえばしら
中 chēng
버틸 탱

[풀이] 버티다. 지탱하다. ¶支撐

撐柱(탱주) 넘어지지 않게 버티는 기둥.
支撐(지탱) 오래 버티거나 배겨 냄.

撑 ⑫ 15획
撐(p307)의 俗字

播 ⑫ 15획
日 ハ・まく
中 bō
뿌릴 파

丨 扌 扌' 扌'' 扩 払 护 拚 搢 搢 播 播

*형성. 뜻을 나타내는 부수 '扌(手;손 수)'와 음을 나타내는 '番(갈마들 번)'을 합친 글자. '番'은 밭에 씨를 뿌리는 모양을 나타낸 글자로, '扌'를 덧붙여 '뿌리다', '파종하다'의 뜻으로 쓰임.

[풀이] 1. 뿌리다. 씨를 뿌리다. ¶播植 2. 퍼뜨리다. ¶傳播 3. 달아나다. 도망가다.

播植(파식) 씨를 뿌려 심음. 파종.
播遷(파천) 임금이 도성을 떠나 난을 피함.
傳播(전파) 전하여 널리 퍼뜨림. 전포(傳布).

[동] 撒(뿌릴 살)

撼 ⑬ 16획
日 カン・うごかす
中 hàn
흔들 감

[풀이] 흔들다. 흔들리다.
撼動(감동) 흔들어 움직임. 요동시킴.

據 ⑬ 16획
日 キョ・コ・よる
中 jù
의거할 거

丨 扌 扌' 扌'' 扩 扩 护 护 捧 捧 捧 據 據

*형성. 뜻을 나타내는 부수 '扌(手;손 수)'와 음을 나타내는 '豦(원숭이 거)'를 합친 글자.

[풀이] 1. 의거하다. 근거하다. 증거로 삼다. ¶依據 2. 웅거하다. 어떤 지역에 자리잡고 굳게 막아 지킴. 3. 근원. 근거. ¶證據

據點(거점) 의지하여 지키는 곳. 활동의 근거지.
依據(의거) 1)어떠한 사실을 근거로 함. 2)어떤 곳에 자리잡고 머무름. 3)남의 힘을 빌려 의지함. 의빙(依憑).
證據(증거) 증명할 만한 근거.

撿 ⑬ 16획
日 ケン
中 jiǎn
단속할 검

[풀이] 1. 단속하다. 순찰하다. 2. 조사하다. 살펴보다.

[비] 檢(봉함 검) 儉(검소할 검)

擊 ⑬ 17획
日 ゲキ・うつ
中 jī, jí
칠 격

一 ⼘ ⼙ 亘 車 車' 車'' 軎 軗 轂 轂 擊 擊 擊

*형성. 뜻을 나타내는 부수 '扌(手;손 수)'와 음을 나타내는 '毄(부딪치는 소리 격)'을 합친 글자. 손[手]이 부딪친[毄] 것을 나타내어 '치다'의 뜻으로 쓰임.

[풀이] 1. 치다. 때리다. 두드리다. 2. 공격하다. 습격하다. ¶攻擊 3. 보다. 마주치다. ¶目擊

擊退(격퇴) 쳐서 물리침.
擊破(격파) 쳐서 부숨.
攻擊(공격) 1)나아가 적을 침. 2)말로 상대편을 논박하거나 비난함.
目擊(목격) 눈으로 직접 봄.

[동] 打(칠 타) 拍(칠 박) 撲(칠 박)

擎 ⑬ 17획
日 ケイ
中 qíng
들 경

[풀이] 1. 들다. 높이 들어 올리다. ¶擎劍

[手 13획] 擒撻擔擄擗擘擁操

2. 떠받치다.
擎劍(경검) 검을 높이 듦.

擒 ⑬ 16획 日キン
사로잡을 금 中qín

* 형성. 뜻을 나타내는 부수 '扌(手;손 수)'와 음을 나타내는 '禽(짐승 금)'을 합친 글자. 손(手)으로 짐승(禽)을 잡는다고 하여 '사로잡다'라는 뜻을 나타낸다.

[풀이] 사로잡다. 붙잡다. ¶擒生

擒縱(금종) 사로잡음과 놓아줌.
[유] 捕(사로잡을 포) [비] 檎(능금나무 금)

撻 ⑬ 16획 日タツ
매질할 달 中tà

[풀이] 매질하다.

撻楚(달초) 회초리로 때림.
鞭撻(편달) 1)채찍으로 때림. 2)일깨워 주고 격려함.
[비] 達(통달할 달)

擔 ⑬ 16획 日タン・になう
멜 담 中dān, dàn

一 亅 扌 扌 扩 扩 护 护 捛 捛 捛 捛 擔 擔

* 형성. 뜻을 나타내는 부수 '扌(手;손 수)'와 음을 나타내는 '詹(이를 첨)'을 합친 글자.

[풀이] 1. 메다. ¶擔夫 2. 맡다. 떠맡다. ¶擔當 3. 짐. 맡은 일. ¶負擔

擔當(담당) 어떤 일을 맡음.
擔保(담보) 1)맡아서 보증함. 2)채권을 보전하기 위하여 제공된 보증.
擔任(담임) 책임을 지고 일을 맡아봄.
負擔(부담) 일이나 책임 등을 떠맡음. 또는 떠맡은 일이나 책임.
[유] 負(질 부)

擄 ⑬ 16획 日ロ
사로잡을 로 中lǔ

[풀이] 1. 사로잡다. 2. 약탈하다. ¶擄掠

擄掠(노략) 떼를 지어 돌아다니면서 사람과 재물을 빼앗음.
[유] 捕(사로잡을 포)

擗 ⑬ 16획 日ヘキ
가슴 칠 벽 中pǐ

[풀이] 가슴을 치다. 슬퍼하다. ¶擗踊

擗踊(벽용) 슬퍼서 가슴을 치며 통곡함.
[비] 僻(후미질 벽)

擘 ⑬ 17획 日ヘキ
엄지손가락 벽 中bò

[풀이] 엄지손가락.
[유] 拇(엄지손가락 무) [비] 壁(벽 벽)

擁 ⑬ 16획 日ヨウ・いだく
안을 옹 中yōng

一 亅 扌 扌 扩 扩 护 护 挤 挤
擁 擁 擁 擁 擁 擁

* 형성. 뜻을 나타내는 부수 '扌(手;손 수)'와 음을 나타내는 '雍(화목할 옹)'을 합친 글자.

[풀이] 1. 안다. 끌어안다. ¶抱擁 2. 가지다. 소유하다. 3. 보호하다. 지키다. 4. 가리다. 막다.

擁立(옹립) 임금의 자리에 모셔 세움.
擁護(옹호) 1)부축하여 보호함. 2)편을 들어 지킴.
抱擁(포옹) 품에 껴안음.
[유] 抱(안을 포)

操 ⑬ 16획 日ソウ・もつ・とる
잡을 조 中cāo

一 亅 扌 扌 扩 扩 押 押 押 捉 捉 操 操

* 형성. 뜻을 나타내는 부수 '扌(手;손 수)'와 음을 나타내는 '喿(떠들 소)'를 합친 글자.

[手 13~14획] 擅擇擱擧擡擣

풀이 1. 잡다. 가지다. 2. 부리다. 조종하다. ¶操柁 3. 절개. 절조. ¶志操

操心(조심) 실수가 없도록 마음을 삼가서 경계함.

操業(조업) 공장 등에서 기계를 움직여 작업을 실시함.

操縱(조종) 마음대로 부림.

操柁(조타) 배의 키를 조종함.

志操(지조) 높은 뜻과 절개.

體操(체조) 신체 각 부위의 고른 발육, 건강의 증진, 체력의 단련을 목적으로 하는 일정한 규칙에 따른 운동.

유 執(잡을 집) 비 燥(마를 조)

擅 ⑬ 16획 日 セン
제멋대로 천 中 shàn

풀이 제멋대로. 마음대로. ¶擅斷

擅斷(천단) 혼자서 일을 제멋대로 처리함.

擇 ⑬ 16획 日 タク·えらぶ
가릴 택 中 zé, zhái

一 扌 扌 扌 扌 扌 扌 扌 扌 扌
扌 扌 扌 扌

* 형성. 뜻을 나타내는 부수 '扌(手;손 수)'와 음을 나타내는 '睪(엿볼 역)'을 합친 글자.

풀이 가리다. 고르다. ¶擇日

擇日(택일) 좋은 날을 가려 정함.

選擇(선택) 둘 이상의 것에서 마음에 드는 것을 골라 뽑음.

採擇(채택) 골라서 씀. 채용(採用).

유 選(가릴 선) 澤(못 택)

擱 ⑭ 17획 日 カク
놓을 각 中 gē, gé

풀이 놓다. 잡고 있던 것을 놓다. ¶擱筆

擱筆(각필) 쓰고 있던 글을 멈추고 붓을 놓음.

유 放(놓을 방)

擧 ⑭ 18획 日 キョ·あげる
들 거 中 jǔ

` ⺅ ⺅ ⺅ ⺅ ⺅ 臼 臼 臼 臼 與 與
與 擧 擧 擧

* 형성. 뜻을 나타내는 부수 '手(손 수)'와 음을 나타내는 '與(더불 여)'를 합친 글자. 두손[手]이 서로 더불어[與] 물건을 들어 올리는 것을 나타내어, '들다'라는 뜻이 됨.

풀이 1. 들다. 들어 올리다. ¶擧手 2. 일으키다. 세우다. 3. 등용하다. 가려 뽑다. 4. 행동거지. 거동. ¶擧動 5. 시험. 과거. 6. 모두. 다.

擧動(거동) 몸을 움직이는 짓이나 태도.

擧論(거론) 어떤 일을 들어 의논하는 주제로 삼음.

擧手(거수) 손을 듦.

擧行(거행) 1)행사나 의식을 정한 대로 행함. 2)명령에 따라 시행함.

一擧兩得(일거양득) 한 가지 일로써 두 가지 이익을 얻음.

快擧(쾌거) 통쾌한 행동.

비 譽(명예 예) 擧(배울 학)

擡 ⑭ 17획 日 タイ
들 대 中 tái

* 형성. 뜻을 나타내는 부수 '扌(手;손 수)'와 음을 나타내는 '臺(대 대)'를 합친 글자.

풀이 들다. 들어 올리다.

擡頭(대두) 어떤 현상이 머리를 들고 일어남.

擣 ⑭ 17획 日 トウ·つく
찧을 도 中 dǎo

풀이 1. 찧다. 빻다. 2. 찌르다. 공격하다. 3. 두드리다. 다듬이질하다. ¶擣衣

擣衣(도의) 다듬이질함.

擣剉(도좌) 찧음.

유 搗(찧을 도)

擯 ⑭ 17획 日ヒン 물리칠 빈 中bìn

풀이 1. 물리치다. 뿌리치다. 2. 인도하다. 손님을 맞다.

擯斥(빈척) 반대하여 물리침. 배척(排斥).

擬 ⑭ 17획 日ギ・はかる 헤아릴 의 中nǐ

*형성. 뜻을 나타내는 부수 扌(手; 손 수)와 음을 나타내는 疑(의심할 의)를 합친 글자. 손(扌)으로 진짜로 의심할(疑) 정도로 비슷하게 만드는 것이라 하여 '흉내 내다', '본뜨다'의 뜻으로 쓰임.

풀이 1. 헤아리다. 2. 비교하다. 견주다. 3. 본뜨다. 흉내 내다.

擬似(의사) 실제와 비슷함.
擬人(의인) 1)사람이 아닌 것을 사람인 양 나타내는 일. 2)자연인이 아닌 것에 법률상 인격을 부여하는 일.
模擬(모의) 실제와 비슷한 형식과 내용으로 연습 삼아 해 봄.

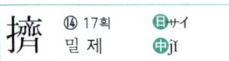 量(헤아릴 량) 비 疑(의심할 의)

擠 ⑭ 17획 日サイ 밀 제 中jǐ

풀이 1. 밀다. 밀치다. ¶排擠 2. 배척하다. ¶擠陷

擠陷(제함) 사람을 모함하여 힘든 상황에 빠뜨림.
排擠(배제) 떠밀어 물리침.

擦 ⑭ 17획 日サツ・こする 비빌 찰 中cā, cá

풀이 비비다. 문지르다. ¶摩擦

擦傷(찰상) 무엇에 쏠리거나 긁혀서 생긴 상처. 찰과상(擦過傷).
摩擦(마찰) 1)서로 맞대어 비빔. 2)뜻이 맞지 않아서 옥신각신함.

 摩(갈 마)

擢 ⑭ 17획 日タク 뽑을 탁 中zhuó

*형성. 뜻을 나타내는 부수 扌(手; 손 수)와 음을 나타내는 翟(꿩 적)을 합친 글자.

풀이 1. 뽑다. 뽑아내다. 2. 발탁하다. ¶拔擢

擢賞(탁상) 뽑아 내어 상을 줌.
拔擢(발탁) 사람을 뽑아 씀.

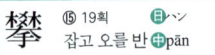 耀(빛날 요)

攀 ⑮ 19획 日ハン 잡고 오를 반 中pān

풀이 잡고 오르다. 더위잡고 기어오르다. ¶登攀

攀緣(반연) 1)더위잡고 기어오름. 반원(攀援). 2)권력 있는 사람에게 의지하여 출세함. 3)속된 인연에 끌림.
登攀(등반) 매우 높거나 험한 산 등을 기어오름. 반등(攀登).

擾 ⑮ 18획 日ヨウ 어지러울 요 中rǎo

풀이 1. 어지럽다. 난잡하다. ¶擾亂 2. 길들이다.

擾亂(요란) 소란함. 또는 어지러움.
騷擾(소요) 여러 사람이 떠들썩하게 들고 일어남.

 亂(어지러울 란) 비 優(넉넉할 우)

攅 ⑮ 18획

攢(p311)의 俗字

擲 ⑮ 18획 日セキ 던질 척 中zhì

풀이 던지다. 내버리다. ¶投擲

擲去(척거) 던져 버림.

投擲(투척) 물건을 던짐.

攄 ⑮ 18획 🇯 チョ・のべる 펼 터 🇨🇳 shū

[풀이] 1. 펴다. 늘어놓다. 2. (韓)헤아리다.

攄得(터득) 스스로 생각하거나 연구하여 알아냄.

擺 ⑮ 18획 🇯 ハ 열릴 파 🇨🇳 bǎi

[풀이] 1. 열리다. 2. 털다. 털어 버리다. ¶擺脫. 3. 흔들리다. 요동하다.

擺撥(파발) 1)조선 말기에, 공문을 급히 보내기 위해 설치했던 역참. 2)공문을 각 역참으로 나르던 사람.
擺脫(파탈) 1)구속이나 예절 등으로부터 벗어남. 2)제거(除去)함.
🔁 開(열 개)

擴 ⑮ 18획 🇯 カ・ひろめる 넓힐 확 🇨🇳 kuò

一 ナ 扌 扩 扩 扩 扩 扩 护 护 擴 擴 擴 擴 擴

*형성. 뜻을 나타내는 부수 '扌(手;손 수)'와 음을 나타내는 '廣(넓을 광)'을 합친 글자. 손(手)으로 넓히는(廣) 것을 뜻함.

[풀이] 넓히다. 확장하다.

擴大(확대) 늘여서 크게 함.
擴散(확산) 흩어져 퍼짐.
擴張(확장) 늘여서 넓게 함.
🔁 廣(넓을 광)

攘 ⑰ 20획 🇯 ジョウ 물리칠 양 🇨🇳 rǎng

*형성. 뜻을 나타내는 부수 '扌(手;손 수)'와 음을 나타내는 '襄(도울 양)'을 합친 글자.

[풀이] 1. 물리치다. 쫓다. ¶攘夷 2. 훔치다. 도둑질하다.

攘夷(양이) 오랑캐를 쫓음.
攘斥(양척) 물리쳐 쫓아 버림.
🔁 讓(사양할 양)

攝 ⑱ 21획 🇯 セツ・ひく・とる 당길 섭 🇨🇳 shè

一 ナ 扌 扩 扩 扩 扩 扩 押 押 押 揖 揖 攝 攝 攝 攝 攝

*형성. 뜻을 나타내는 부수 '扌(手;손 수)'와 음을 나타내는 '聶(소곤거릴 섭)'을 합친 글자.

[풀이] 1. 당기다. 끌어당기다. ¶包攝 2. 다스리다. 조절하다. ¶攝生 3. 빌다. 빌리다. 4. 대신하다.

攝理(섭리) 1)병을 조리함. 2)일을 대신하여 처리함. 3)자연계를 지배하고 있는 이법(理法).
攝生(섭생) 건강을 유지하도록 꾀함.
攝取(섭취) 영양분을 빨아들임.
包攝(포섭) 1)상대를 자기편으로 끌어넣음. 2)어떤 개념이 보다 일반적인 개념에 포괄되는 종속 관계.

擕 ⑱ 21획
攜(p304)의 本字

攣 ⑲ 23획 🇯 レン 걸릴 련 🇨🇳 luán

[풀이] 1. 걸리다. 연관되다. ¶攣拘 2. 손발이 오그라지다. 쥐가 나다.

攣拘(연구) 묶임. 걸림.
痙攣(경련) 근육이 발작적으로 수축하는 현상.

攢 ⑲ 22획 🇯 サン 모일 찬 🇨🇳 cuán, zǎn

[풀이] 모이다. 모으다.

攢聚(찬취) 빽빽이 모임.
🔁 纂(모을 찬) 集(모일 집)

攤 ⑰ 22획 日タン 펼 탄 中tān

풀이 펴다. 펼치다. ¶攤書

攤書(탄서) 책을 펼침.

비 灘(여울 탄)

攪 ⑳ 23획 日キョウ 어지러울 교 中jiǎo

풀이 1. 어지럽다. 어지럽게 하다. 2. 뒤섞다. ¶攪亂

攪亂(교란) 뒤흔들어 어지럽게 함.

뮤 亂(어지러울 란)

攫 ⑳ 23획 日カク 붙잡을 확 中jué

풀이 붙잡다. 쥐다. 움켜쥐다.

一攫(일확) 1) 한 움큼. 2) 힘들이지 않고 손쉽게 얻음.

攬 ㉑ 24획 日ラン 잡을 람(남) 中lǎn

풀이 1. 잡다. 손에 쥐다. 2. 주관하다. 맡아보다.

攬要(남요) 요점을 잘 잡음.

支부

支 지탱할 지 部

'支'자는 나뭇가지를 손에 쥐고 무엇인가에 버티고 있는 모습을 나타내어 '지탱하다'라는 뜻을 지닌다. 그리고 지탱하고 있는 '가지'를 뜻하기도 하고, '가르다', '흩어지다'라는 뜻을 나타내기도 한다. また는 지불(支拂)에서처럼 무엇인가를 '지급하다', '지출하다'라는 뜻으로도 쓰인다.

支 ④ 4획 日シ·ささえる 지탱할 지 中zhī

一 十 才 支

*상형. 나뭇가지를 손에 쥔 모습을 본뜬 글자. 이에 '가지' 또는 가지처럼 '갈라지다'의 뜻으로 쓰임.

풀이 1. 지탱하다. 유지하다. 버티다. ¶支持 2. 가르다. 갈리다. 3. 지불하다. 지출하다. ¶支出 4. 지지(地支). 십이지(十二支).

支給(지급) 어떠한 특정 조건을 갖춘 사람에게 물건이나 돈을 치뤄 줌.

支配(지배) 1)거느리어 모든 일을 처리함. 2)어떤 사람이 힘으로 타인의 생각과 행동을 규제함.

支持(지지) 1)붙들어서 버팀. 2)어떤 사람이나 단체의 정책·의견 등에 찬성하여 원조함.

支出(지출) 어떤 목적을 위하여 돈이나 물건을 치러 줌.

支撐(지탱) 오래 버티어 나감. 오래 배겨 나감.

依支(의지) 1)몸을 기댐. 또는 기댈 대상. 2)마음을 붙여 도움을 받음.

비 攴(칠 복)

攴부

攴(攵) 등글월문 部

'攴'자는 손에 나뭇가지를 들고 가볍게 치는 모양을 나타내어 '치다'라는 뜻을 지닌다. 또한 그 변형인 '攵'자는 '攴'자의 맨 위의 획이 둥지로 있는 듯하다고 해서 '둥글월문'이라는 명칭으로 쓰인다. 이 글자를 부수로 갖는 글자는 '치다'나 '채찍질하다'처럼 대부분 사람의 동작이나 행위에 강제적인 힘이 가해지는 것과 관련된 뜻으로 쓰인다.

[攴 0~4획] 攴攷收改攻攸放

攴
② 4획
칠 복
日 ホク・うつ
中 pū

[풀이] 1. 치다. 2. 등글월문. 한자의 부수 명칭.
[비] 支(지탱할 지)

攷
② 6획
考(p595)의 古字

收
② 6획
거둘 수
日 シュウ・おさめる
中 shōu

丨丨丩丩收收

* 형성. 뜻을 나타내는 부수 '攵(攴:칠 복)'과 음을 나타내는 'ㄐ(규)'를 합친 글자.

[풀이] 1. 거두다. 수확하다. ¶收金 2. 잡다. 체포하다.

收金(수금) 돈을 거두어들임.
收納(수납) 거두어들임.
收拾(수습) 1)흩어진 물건을 거두어 정리함. 2)어수선한 마음·사태를 바로잡음.
收入(수입) 1)금품이나 곡물 같은 것을 거두어들임. 2)소득.
收集(수집) 거두어 모음.
沒收(몰수) 부당하게 얻은 것을 법에 의하여 강제로 거두어들임.
秋收(추수) 가을걷이.
[유] 穫(거둘 확)

改
③ 7획
고칠 개
日 カイ・あらためる
中 gǎi

丶丨丨己己攻改

* 형성. 뜻을 나타내는 부수 '攵(攴:칠 복)'과 음을 나타내는 '己(몸 기)'를 합친 글자. 자기(己) 잘못을 매로 쳐서(攴) '고치는' 것을 나타냄.

[풀이] 고치다. 바꾸다. 바로잡다. ¶改善
改過遷善(개과천선) 잘못을 바로 고치고 착하게 됨.
改良(개량) 고쳐서 좋게 함.
改善(개선) 좋게 고침.
改正(개정) 틀린 데를 바르게 고침.
改編(개편) 1)고쳐 다시 엮음. 2)단체의 조직을 다시 편성함.
改革(개혁) 새롭게 뜯어고침.
[유] 更(고칠 경)

攻
③ 7획
칠 공
日 コウ・せめる
中 gōng

一丆工工攻攻

* 형성. 뜻을 나타내는 부수 '攵(攴:칠 복)'과 음을 나타내는 '工(장인 공)'을 합친 글자. 연장(工)으로 쳐서(攴)물건을 만드는 것을 나타내며 '치다'라는 뜻으로도 쓰임.

[풀이] 1. 치다. 공격하다. ¶攻擊 2. 배우다. 연구하다. 3. 다듬다. 갈다.

攻擊(공격) 적을 침.
攻略(공략) 남의 땅을 쳐서 빼앗음.
攻防(공방) 공격과 방어.
攻勢(공세) 공격하는 태세나 그 세력.
速攻(속공) 재빨리 공격함.
專攻(전공) 전문적으로 연구함.
[비] 巧(공교로울 교) 功(공 공)

攸
③ 7획
바 유
日 ユウ・ところ
中 yōu

[풀이] 1. 바. 어조사로서 '所'와 뜻이 같음. 2. 곳. 장소. 3. 달리다. 4. 아득하다. ¶攸攸
攸攸(유유) 아득한 모양.
[유] 所(바 소)

放
④ 8획
놓을 방
日 ホウ・はなす
中 fàng, fāng, fǎng

`亠亠方方方 放 放`

*형성. 뜻을 나타내는 부수 '攵(攴:칠 복)'과 음을 나타내는 '方(모 방)'을 합친 글자.

[풀이] 1. 놓다. 두다. 2. 내쫓다. 방사하다. ¶放牧 3. 내쫓다. 추방하다. 4. 방자하다. 멋대로 하다. ¶放縱 5. 내버려 두다. 방임하다.

放浪(방랑) 정처 없이 떠돌아다님.

放牧(방목) 소·말·양 등을 놓아 먹임.

放送(방송) 라디오·텔레비전을 통해서 뉴스·강연·연예 프로그램 등을 내보냄.

放縱(방종) 멋대로 행동함.

放蕩(방탕) 술이나 여자에 빠져 행실이 추저분함.

放學(방학) 학교에서 일정한 기간 동안 학교 생활을 쉬는 것.

解放(해방) 풀어놓아 자유롭게 함.

[비] 旅(군사 려)

④ 8획
政(p314)의 本字

⑤ 9획 日コ·ゆえ 옛 고 中gù

`一十十古古古古故故`

*형성. 뜻을 나타내는 부수 '攵(攴:칠 복)'과 음을 나타내는 '古(오랠 고)'를 합친 글자.

[풀이] 1. 옛날. 과거. 오래되다. ¶故鄕 2. 일. 사건. ¶事故 3. 까닭. 연유. 이유. ¶無故 4. 죽다. 5.일부러. 고의로. ¶故意

故國(고국) 조상이 살던 고향인 나라.

故意(고의) 일부러 하는 생각이나 태도.

故障(고장) 기계가 부서져서 제 기능을 잃음.

故鄕(고향) 나서 자란 옛 고장.

無故(무고) 1)별다른 이유가 없음. 2)아무탈 없음.

事故(사고) 뜻밖에 일어난 사건.

⑤ 9획 日ヒン·つとめる 강할 민 中mǐn, fěn

[풀이] 1. 강하다. 굳세다. 2. 힘쓰다.

[비] 㳽(가늘 민)

⑤ 9획 日セイ·まつりごと 정사 정 中zhèng

`一丁Ŧ下正正矿政政`

*형성. 뜻을 나타내는 부수 '攵(攴:칠 복)'과 음을 나타내는 '正(바를 정)'을 합친 글자. 처서(攵) 바로잡는(正) 일을 나타내어 '정치'라를 뜻으로 쓰임.

[풀이] 정사(政事). 정치. 다스림.

政黨(정당) 정치상의 이념이나 이상이 같은 사람들이 그들의 정책을 실현하기 위하여 모인 단체.

政府(정부) 1)국가 통치권을 행사하는 기관의 총칭. 2)내각에 의하여 통합되는 국가 기관. 행정부.

政策(정책) 정치에 관한 방침이나 그것을 이루기 위한 수단.

政治(정치) 국가의 주권자가 그 영토와 국민을 다스림.

善政(선정) 바르고 좋은 정치.

效
⑥ 10획 日コウ·ならう 본받을 효 中xiào

`一亠乡方方交效效效`

*형성. 뜻을 나타내는 부수 '攵(攴:칠 복)'과 음을 나타내는 '交(사귈 교)'를 합친 글자.

[풀이] 1. 본받다. 2. 힘쓰다. 노력하다. 3. 보람. ¶效用

效果(효과) 1)보람. 2)좋은 결과. 성과(成果).

效力(효력) 1)효과나 효험을 나타내는 힘. 2)법률이나 규칙 등의 작용.

效用(효용) 1)효험. 보람. 2)어떤 물건의 사용 방법. 용도.

效驗(효험) 일의 좋은 보람.

特效(특효) 특별한 효험이나 효과.

[유] 倣(본받을 방)

敎	⑦ 11획 가르칠 교	[日]キョウ・おしえる [中]jiāo, jiào

丿 乂 乄 乡 孝 孝 孝 孝' 孝𠂉 教 敎

*회의. 아이(子)로 하여금 본받도록(效) 매로 때리는(攵) 것을 나타내어, '가르치다'의 뜻으로 쓰임.

[풀이] 1. 가르치다. ¶敎師 2. 종교. ¶敎會

敎權(교권) 스승으로서의 권위.

敎壇(교단) 교실에서 교사가 강의할 때 서는 단.

敎理(교리) 종교상의 이치.

敎師(교사) 학문 · 기예를 가르치는 사람.

敎育(교육) 가르쳐 지식을 주고 기름.

敎材(교재) 가르치는 데 쓰이는 재료.

敎訓(교훈) 가르치고 깨우침.

布敎(포교) 종교를 널리 퍼뜨림.

[반] 學(배울 학) 習(익힐 습)

教	⑦ 11획 敎(p315)의 俗字

救	⑦ 11획 구원할 구	[日]キュウ・すくう [中]jiù

一 十 寸 才 求 求 求 求' 求𠂉 救 救

*형성. 뜻을 나타내는 부수 '攵(攴:칠 복)'과 음을 나타내는 '求(구할 구)'를 합친 글자.

[풀이] 1. 구원하다. 구원. ¶救援 2. 돕다. 도움.

救急(구급) 위급한 사건이나 병 같은 것을 구원함.

救援(구원) 위험이나 곤란에 빠진 사람을 구해 줌.

救助(구조) 구원하고 도와줌.

救出(구출) 어렵거나 위험한 상태에 놓인 사람을 도와서 빠져나오게 함.

[유] 求(구할 구)

敏	⑦ 11획 민첩할 민	[日]ビン・すばやい [中]mǐn

丿 𠂉 亡 丏 勾 每 每 每' 每𠂉 敏 敏

*형성. 뜻을 나타내는 부수 '攵(攴:칠 복)'과 음을 나타내는 '每(매양 매)'를 합친 글자.

[풀이] 1. 민첩하다. 재빠르다. ¶敏捷 2. 영리하다. 총명하다.

敏感(민감) 감각이 예민함.

敏捷(민첩) 활동하는 힘이 재빠름.

銳敏(예민) 감각이 날카롭고 빠름.

[유] 倢(빠를 첩)

敍	⑦ 11획 차례 서	[日]ジョ・のべる [中]xù

丿 𠆢 亼 仒 夆 余 余 余' 余𠂉 敍 敍

*형성. 뜻을 나타내는 부수 '攵(攴:칠 복)'과 음을 나타내는 '余(나 여)'를 합친 글자.

[풀이] 1. 차례. 순서. 2. 베풀다. 주다. 3. 진술하다. 쓰다. ¶敍述

敍事(서사) 사실이나 사건 등을 있는 그대로 적음.

敍述(서술) 차례에 따라 말하거나 적음.

敍情(서정) 자기의 감정을 말이나 글로 나타냄.

[유] 秩(차례 질)

敖	⑦ 11획 거만할 오	[日]ゴウ・おごる [中]áo, ào

[풀이] 1. 거만하다. 오만하다. ¶敖慢 2. 놀다. 희롱하다.

敖慢(오만) 태도가 거만함. 잘난 체하고 남을 업신여기며 건방짐.

[유] 傲(거만할 오)

4획

敕 ⑦ 11획
勅(p88)과 同字

敗 ⑦ 11획
日 ハイ・やぶれる
패할 패　中 bài

1 丨 冂 冂 冃 月 貝 則 貯 敗 敗

*형성. 뜻을 나타내는 부수 攵(攴:칠 복)과 음을 나타내는 '貝(조개 패)'를 합친 글자. 재물(貝)을 쳐서(攵) 망가뜨린다는 데서 '손상시키다'의 뜻으로 쓰임.

풀이 1. 패하다. 지다. ¶敗戰 2. 썩다. 부패하다. ¶腐敗 3. 무너뜨리다. 손상시키다.

敗亡(패망) 패하여 망함.
敗北(패배) 싸움에 져서 달아남.
敗戰(패전) 싸움에서 패함.
失敗(실패) 일이 뜻한 바대로 되지 못함. 뜻을 이루지 못함.

반 勝(이길 승)

敢 ⑧ 12획
日 カン・あえて
감히 감　中 gǎn

一 二 丁 干 干 干 盯 軒 敢 敢

풀이 1. 감히. 함부로. 2. 용감하다. 3. 결단성 있다. ¶果敢

敢行(감행) 어려움을 무릅쓰고 용감하게 행함.
果敢(과감) 일을 딱 잘라서 결정하며 용감함.
勇敢(용감) 씩씩하고 두려움이 없으며 기운참.

敦 ⑧ 12획
日 トン・あつい
도타울 돈　中 duì, dūn

亠 亠 古 古 享 享 享 敦 敦 敦

*형성. 뜻을 나타내는 부수 攵(攴:칠 복)과 음을 나타내는 '享(누릴 향)'을 합친 글자.

풀이 1. 도탑다. ¶敦篤 2. 정성.

敦篤(돈독) 인정이 도타움.
敦厚(돈후) 인정이 두터움. 돈독(敦篤). 독후(篤厚).

동 篤(도타울 독)

散 ⑧ 12획
日 サン・ちる
흩어질 산　中 sǎn, sàn

一 卝 卝 廾 旹 荆 荆 散 散 散

풀이 1. 흩어지다. ¶分散 2. 한가롭다. 한산하다. ¶閑散 3. 헤어지다. 나누어지다. 4. 쓸모없다. 5. 가루약.

散漫(산만) 어수선하게 흩어져 있음.
散步(산보) 바람을 쐬기 위하여 이리저리 거닒.
散在(산재) 여기저기 흩어져 있음.
分散(분산) 갈라져 흩어짐. 또는 흩어지게 함.
閑散(한산) 1)한가하고 쓸쓸함. 2)일이 없어 한가함.

반 集(모일 집)

敞 ⑧ 12획
日 ショウ・たか くひろい
높을 창　中 chǎng

풀이 높다. 땅이 높고 탁 트이다.

敞豁(창활) 앞이 트여 시원스러운 모양.

동 高(높을 고)

敝 ⑧ 12획
日 ヘイ・やぶれる
해질 폐　中 bì

풀이 1. 해지다. 낡다. 2. 버리다. 3. 저. 자기를 낮추는 겸양의 접두어.

敝廬(폐려) 1)초라한 집. 2)자기 집을 겸손하여 이르는 말.

동 弊(해질 폐)

敬 ⑨ 13획
日 ケイ・うやまう
공경할 경　中 jìng

敬 敬

*회의. 삼가 조심하는(苟) 것에 매질(攵)을 더하여 '삼가다', '공경하다'의 뜻을 나타냄.

풀이 1. 공경하다. 존경하다. ¶尊敬 2. 삼가다. 절제하다.

敬虔(경건) 공경하는 마음으로 삼가며 조심성이 있음.
敬禮(경례) 공경의 뜻을 나타내는 일. 또는 그 동작.
敬畏(경외) 공경하고 어려워함. 경구(敬懼).
尊敬(존경) 남의 훌륭한 행위나 인격 등을 높여 공경함.

同 恭(공경할 공)

数 ⑨ 13획
數(p317)의 俗字

敭 ⑨ 13획
揚(p300)의 古字

敲 ⑩ 14획
日 コウ・たたく
두드릴 고 中 qiāo

*형성. 뜻을 나타내는 부수 攵(攴:칠 복)과 음을 나타내는 '高(높을 고)'를 합친 글자.

풀이 두드리다. 치다. ¶敲門

敲門(고문) 문을 두드려 사람을 찾음.
推敲(퇴고) 시문을 지을 때, 자구(字句)를 여러 번 생각하여 고침.

同 叩(두드릴 고)

敷 ⑪ 15획
日 フ・しく
펼 부 中 fū

*형성. 뜻을 나타내는 부수 攵(攴:칠 복)과 음을 나타내는 '尃(펼 부)'를 합친 글자.

풀이 1. 펴다. 넓게 깔다. 2. 베풀다.

敷設(부설) 철도 등을 설치함.
敷衍(부연) 1)덧붙여 알기 쉽게 자세

히 설명을 늘어놓음. 또는 그 설명.
2)널리 퍼지게 함.
敷地(부지) 집을 짓거나 도로를 내는 데 쓰이는 땅.

同 伸(펼 신)

數 ⑪ 15획
日 スウ・ス・ス
❶ 셀 수 かず・かぞえる
❷ 자주 삭 中 shǔ, shù,
❸ 촘촘할 촉 shuò

數 數 數

풀이 ❶ 1. 세다. 셈하다. 2. 숫자. 수량. 수효. ¶倍數 3. 운수. 운명. 4. 꾀. 책략. 5. 약간의. 몇. ¶數次 ❷ 6. 자주. 여러 번. ❸ 7. 촘촘하다. 빽빽하다.

數式(수식) 숫자나 문자를 계산 기호로 연결하여 수학적으로 뜻을 가지게 한 것.
數日(수일) 두서너 날. 며칠.
數次(수차) 두서너 차례. 몇 차례.
數爻(수효) 사물의 낱낱의 수.
度數(도수) 1)거듭된 번수나 횟수. 2)크기를 나타낸 수치의 정도. 3)어떠한 정도.
倍數(배수) 어떤 수의 곱절이 되는 수.

敵 ⑪ 15획
日 テキ・あだ
원수 적 中 dí

敵 敵

*형성. 뜻을 나타내는 부수 攵(攴:칠 복)과 음을 나타내는 '啇(나무뿌리 적)'을 합친 글자.

풀이 1. 원수. 2. 상대방. ¶敵手 3. 겨루다. 맞서다.

敵國(적국) 적대 관계에 있는 나라.
敵愾心(적개심) 의분을 느껴 적과 싸우고자 하는 화난 마음.
敵手(적수) 1)힘이 비슷한 상대. 2)적

[攴 12~16획] 敾 整 斂 斃 斅 [文 0획] 文

의 손길.
敵陣(적진) 적군의 진영.
無敵(무적) 겨룰 만한 상대가 없음.
匹敵(필적) 재주나 힘 등이 엇비슷하여 서로 견줄 만함. 필대(匹對).

敾 ⑫ 16획
사람 이름 선(鮮)

[풀이] 사람 이름.

整 ⑫ 16획
가지런할 정
⊕ zhěng
日 セイ・ととのえる

丿 亠 亓 产 束 束 剌 剌 敕 敕 敕
敕 整 整

*형성. 뜻을 나타내는 부수 '攵(칠 복)'과 '束(묶을 속)'과 음을 나타내는 '正(바를 정)'을 합친 글자. 치거나(攵) 묶어서(束) 바르게(正) 정돈한다는 뜻을 나타냄.

[풀이] 1. 가지런하다. 정돈되다. ¶端整 2. 가지런하게 하다. 정돈하다. ¶整頓 3. 정. 금액 뒤에 써서 우수리가 없음을 나타냄.

整頓(정돈) 가지런히 바로잡음.
整理(정리) 어수선하고 어지러운 것을 바로잡음.
整備(정비) 흩어진 것을 가다듬어 바로 갖춤.
整然(정연) 가지런한 모양.
端整(단정) 1) 깔끔하고 가지런함. 2) 반듯하고 아름다움.

유 齊(가지런할 제)

斂 ⑬ 17획
거둘 렴(염)
⊕ liǎn
日 レン・おさめる

[풀이] 1. 거두다. 모으다. 2. 감추다. 숨기다. 3. 염하다. 죽은 이의 몸을 씻긴 다음에 수의를 입히고, 염포로 묶는 일.

斂錢(염전) 돈을 거두어 모음.
苛斂誅求(가렴주구) 가혹하게 세금을 거두거나 마음대로 백성의 재산을 빼앗음.

斃 ⑭ 18획
넘어질 폐
⊕ bì
日 ヘイ・たおれる

*형성. 뜻을 나타내는 '死(죽을 사)'와 음을 나타내는 '敝(낡을 폐)'를 가 합친 글자.

[풀이] 1. 넘어지다. 쓰러지다. 2. 쓰러져 죽다. ¶斃死

斃死(폐사) 쓰러져 죽음.

비 弊(해질 폐)

斅 ⑯ 20획
가르칠 효
⊕ xiào, xué
日 コウ・おしえる

[풀이] 가르치다. 교육하다.

斅學相長(효학상장) 가르치고 배우면서 서로 성장함. 교학상장(教學相長).

유 教(가르칠 교)

文부

文 글월 문 部

'文'자는 '문신'을 나타내다가 후에 '글월'이라는 뜻이 된 글자이다. 또한, '무늬'나 '문체'라는 뜻으로 확대되어 쓰인다. 그 밖에 '문자'나 '문장', '책'이라는 뜻으로 사용되면서 무사(武士)의 상대적 개념인 '문인(文人)'을 나타내기도 한다.

文 ⓪ 4획
글월 문
⊕ wén
日 ブン・モン
ふみ

丶 亠 ナ 文

*상형. 가슴에 문신을 한 사람이 똑바로 선 모습을 본뜬 글자.

풀이 1. 글월. 문장. ¶文句 2. 글자. 3. 문서. ¶文書 4. 학문. 예술. ¶文化 5. 무늬. 채색. 6. 문신하다. 7. 꾸미다. 8. 문. 신발 치수의 단위를 말하며, 1문은 2.4cm임.

文句(문구) 글의 구절. 글귀.

文明(문명) 1)사람의 지혜가 열리고 정신적·물질적 생활이 풍부해진 상태. 2)문채(文彩)가 있고 빛남.

文房具(문방구) 문방 제구(諸具). 글과 글씨에 관한 모든 기구.

文書(문서) 글로써 어떤 내용을 적어 표시한 모든 것.

文字(문자) 1)말의 음과 뜻을 표시하는 시각적 기호. 글자. 2)말. 문구.

文化(문화) 1)자연을 이용하여 인류의 이상을 실현하여 나아가는 정신 활동. 2)문덕(文德)으로써 백성을 교화함.

漢文(한문) 한자로 쓰여진 글.

齊 ④ 8획
齊(p856)의 俗字

齋 ⑦ 11획
齋(p857)의 俗字

斑 ⑧ 12획
얼룩 반
🇯 ハン·まだら
🇨 bān

풀이 얼룩. 반점. ¶斑點

斑點(반점) 얼룩덜룩한 점.

斐 ⑧ 12획
문채 날 비
🇯 ヒ·あや
🇨 fěi

*형성. 뜻을 나타내는 부수 '文(글월 문)'과 음을 나타내는 '非(아닐 비)'를 합친 글자.

풀이 문채가 나는 모양. 아름다운 모양. ¶斐文

斐文(비문) 아름다운 무늬가 있는 장식.

斌 ⑧ 12획
빛날 빈
🇯 ヒン·うるわしい
🇨 bīn

풀이 빛나다. 문(文)과 질(質)이 잘 갖추어져 훌륭한 모양.

斌斌(빈빈) 겉과 속이 잘 조화되어 섞여 있는 모양.

🔁 彬(빛날 빈)

斗부

斗 말 두 部

'斗' 자는 '말'을 뜻하는 글자로, 말은 곡식이나 액체 등의 용량을 재는 단위의 양을 뜻하며, 그에 맞도록 만든 그릇을 가리키기도 한다. 이 글자를 부수로 갖는 글자는 일반적으로 양을 재는 도구 등과 관련이 있다.

斗 ⓪ 4획
말 두
🇯 トウ·ます
🇨 dǒu, dòu

丶 ㆍ 三 斗

*상형. 물건의 양을 재는, 자루가 달린 국자 모양을 본뜬 글자.

풀이 1. 말. 용량 단위. 10되. ¶斗量 2. 별 이름. 북두(北斗)·남두(南斗)·소두(小斗)의 세 별자리의 총칭임. ¶北斗七星 3. 갑자기. 홀연히.

斗量(두량) 1)말로 곡식을 됨. 또는 그 분량. 2)일을 두루 헤아려 처리함.

斗酒不辭(두주불사) 말술도 사양하지 않을 정도로 주량이 매우 큼.

料 ⑥ 10획
헤아릴 료(요)
🇯 リョウ·はかる
🇨 liào

丶 ㆍ 三 半 米 米 米 料

* 회의. 말(斗)로 쌀(米)이을 된다는 뜻에서 '재다', '헤아리다'를 나타냄.

풀이 1. 헤아리다. 요량하다. 2. 수를 세다. 셈하다. 3. 거리. 감. 4. 급여. 삯. ¶給料 5. 값. 가격. ¶無料 6. 다스리다.

料金(요금) 남에게 수고를 끼쳤거나 사물을 사용·관람한 대가로 지불하는 금전을 통틀어 일컫는 말.

料量(요량) 앞일에 대해 헤아려 생각함. 또는 그 생각.

料理(요리) 1)음식물을 조리함. 또는 그 음식. 2)어떤 일을 맡아 처리함.

無料(무료) 값을 받지 않음.

原料(원료) 물건을 만드는 데 바탕이 되는 재료.

동 量(헤아릴 량) 비 科(과정 과)

⑦ 11획
휘 곡
日 コク·こくます
中 hú

풀이 휘. 열 말의 용량. 또는 그 용량을 되는 기구.

---

⑦ 11획
비낄 사
日 シャ·ななめ
中 xié

丿 ハ ´ ゛ 仒 ゟ 佘 斜 斜 斜

* 형성. 뜻을 나타내는 부수 '斗(말 두)'와 '余(나 여)'를 합친 글자.

풀이 비끼다. 비스듬하다.

斜線(사선) 비스듬하게 그은 줄.

斜視(사시) 1)눈을 흘겨봄. 2)사팔눈으로 봄. 또는 사팔눈.

傾斜(경사) 비스듬히 기울어짐.

⑦ 13획
술 따를 짐
日 シン·くむ
中 zhēn

풀이 1. 술을 따르다. 술잔을 주고받다. ¶斟酒 2. 짐작하다. 헤아리다. ¶斟酌

斟酌(짐작) 어림잡아 헤아림.

비 甚(심할 심)

---

⑩ 14획
관리할 알
日 アツ·カン·めぐる
中 guǎn

풀이 1. 관리하다. 돌봐 주다. ¶斡旋 2. 돌다. 빙빙 돌다.

斡旋(알선) 양편의 사이에 들어서 일이 잘되도록 돌보아 줌.

비 幹(줄기 간)

斤부

斤 도끼 근 部

'斤'자는 나무로 된 자루에 돌이나 청동을 끈으로 묶어 놓은 도끼 모양을 나타내어 '도끼'를 뜻하는 글자로, 무게를 다는 단위를 나타내기도 한다. 이 글자를 부수로 갖는 글자는 일반적으로 도끼와 관련이 있다.

---

① 4획
도끼 근
日 キン·おの
中 jīn

´ 厂 F 斤

* 상형. 구부러진 자루에 날을 붙인 도끼를 본뜬 글자.

풀이 1. 도끼. ¶斧斤 2. 근. 중량 단위.

斤量(근량) 1)무게. 중량(重量). 2)저울로 무게를 닮.

동 斧(도끼 부) 비 尺(물리칠 척)

---

① 5획
물리칠 척
日 セキ·しりぞける
中 chì

´ 厂 F 斤 斥

풀이 1. 물리치다. 내쫓다. ¶排斥 2. 엿보다. 염탐하다. ¶斥候

斥邪(척사) 1)요사스러운 것을 물리침. 2)사교(邪教)를 물리침.
斥候(척후) 적군의 형편 또는 지형 등을 엿보아 정찰하고 수색함.
排斥(배척) 반대하여 물리침.
비 斥(도끼 근)

斧 ④ 8획 日フ・おの
도끼 부 中fū

풀이 도끼. ¶斧斤
斧斤(부근) 큰 도끼와 작은 도끼. 도끼, 도끼를 통틀어 이르는 말.
유 斤(도끼 근)

斫 ⑤ 9획 日シャク・きる
벨 작 中zhuó

풀이 베다. 쪼개다.
斫刀(작도) 작두. 한약재나 짚·콩깍지 등의 사료를 써는 연장.
長斫(장작) 통나무를 길쭉길쭉하게 잘라서 쪼갠 땔나무.

断 ⑦ 11획
斷(p321)의 俗字

斬 ⑦ 11획 日ザン・きる
벨 참 中zhǎn

풀이 1. 베다. 참수하다. ¶斬首 2. 상복 이름. 자락의 끝 둘레를 꿰매지 않은 상복.
斬首(참수) 목을 베어 죽임.
斬新(참신) 지극히 새로움. 진부(陳腐)하지 않음.
비 漸(점점 점) 暫(잠시 잠)

斯 ⑧ 12획 日シ・この
이 사 中sī

一十十十十廿廿其其其斯斯斯

* 회의. 키(其)를 도끼(斤)로 쪼갠다는 의미였는데, 바뀌어 '이', '이것'이라는 뜻이 됨.
풀이 1. 이. 이것. 2. 어조사.
斯文亂賊(사문난적) 유교의 논리에 어긋나는 언행을 하는 사람.
비 欺(속일 기)

新 ⑦ 13획 日シン・あたらしい
새 신 中xīn

丶亠亍立立辛辛辛亲新新新新

* 회의. 도끼(斤)로 장작(辛)을 패는 것을 나타낸 글자로, 원래의 뜻은 '장작'임. 후에 가차하여 '새롭다'의 뜻으로 쓰임.
풀이 1. 새. 새롭다. ¶最新 2. 새롭게 하다. 혁신하다.
新聞(신문) 사회에서 일어난 새로운 사건이나 화제를 보도하는 정기 간행물
新婦(신부) 갓 결혼한 여자.
新人(신인) 어떤 분야에 새로 참여한 사람.
新參(신참) 1)새로 들어온 사람. ↔ 고참(古參). 2)새로 벼슬한 사람이 처음으로 관청에 들어감.
新興(신흥) 새로 일어남.
最新(최신) 가장 새로움.
비 舊(예 구) 古(옛 고) 비 親(친할 친)

斲 ⑩ 14획 日タク・きる
깎을 착 中zhuó

풀이 1. 깎다. 깎아 내다. 2. 베다.
斲雕(착조) 1)문양을 깎아 냄. 2)퇴락한 풍속을 바로잡음.

斷 ⑭ 18획 日ダン・たつ
끊을 단 ことわる
中duàn

𠃍𠃍𢆉𢆉𢆉𢆉𢆉𢆉𢇍斷斷斷斷斷
斷斷斷

* 회의. 부수 '斤(도끼 근)'과 싹이 계속 이어짐을 나타내는 부수 이외의 글자를 합친 글자. 이어진 것을 도끼로 "끊는" 것을 나타냄.

풀이 1. 끊다. 절단하다. 2. 그만두다. 3. 결단하다. ¶決斷

斷念(단념) 품었던 생각을 끊어 버림.

斷想(단상) 때때로 떠오르는 단편적인 생각.

斷言(단언) 딱 잘라 말함.

斷定(단정) 결단하여 정함.

決斷(결단) 딱 잘라 결정하거나 단안을 내림. 또는 그 결정이나 단안.

處斷(처단) 결단하여 처리함. 또는 그러한 처분.

유 絶(끊을 절) 반 續(이을 속)

方부

方 모 방部

'方'자는 '모', '모서리'를 뜻하는 글자로, 구석이나 모퉁이 또는 모난 곳을 나타낸다. 그리고 사각의 모진 것이 일정하다 하여 '바르다'나 일정한 '방향'이나 '방법'을 나타내기도 한다. 그러나 부수로 쓰일 때는 주로 휘날리는 깃발을 본뜬 '㫃'의 일부로 쓰이기 때문에 이 글자를 부수로 갖는 글자는 대부분 깃발과 관련이 있다.

方 ④ 4획 모 방
日 ホウ・かた
中 fāng

`ㆍ亠方方`

* 상형. 목에 칼 또는 밧줄이 걸린 사람을 본뜬 글자. 원래는 중국 주위의 이민족을 뜻했으며, 바뀌어 '사방', 방위 등의 뜻으로 쓰임.

풀이 1. 모. 네모. 2. 방위. 방향. ¶四方 3. 방법. 방도. ¶方法 4. 이제. 바야흐로. 5. 견주다. 비교하다. 6. 바르다. 곧다. 7. 장소. 곳.

方今(방금) 바로 지금. 이제.

方法(방법) 목적을 이루기 위한 수단.

方言(방언) 한 지방에서만 쓰는 말. 사투리.

方針(방침) 1)일을 처리할 방향과 계획. 2)방위를 가리키는 지남철.

方向(방향) 향하는 쪽.

四方(사방) 동서남북의 네 방향.

於 ④ 8획
❶ 어조사 어
❷ 감탄사 오
日 オ・おいて
中 wū, yū, yú

`ㆍㅗ方方扒扒於於`

* 상형. 까마귀의 모양을 본뜬 글자. 바뀌어 어조사로 많이 쓰임.

풀이 ❶ 1. 어조사. ㉠ …에. …에서. 장소·시간을 나타냄. ㉡ …보다. 비교를 나타냄. ㉢ …에게. 방향·대상을 나타냄. ㉣ …로부터. 유래·원인을 나타냄. ¶於焉間 ❷ 2. 아아! 감탄사.

於焉間(어언간) 어느덧. 알지 못하는 사이에.

於此於彼(어차어피) 이렇게 하든지 저렇게 하든지. 이러거나 저러거나.

유 于(어조사 우)

施 ⑤ 9획
베풀 시
日 シ・セ・ほどこす
中 shī

`ㆍㅗ方方扩扩扩施施`

풀이 1. 베풀다. ¶施設 2. 시행하다. ¶施行 3. 주다. ¶施賞

施工(시공) 공사를 시행함.

施賞(시상) 상품 또는 상금을 줌.

施設(시설) 베풀어 설비함. 또는 베풀어 놓은 설비.

施行(시행) 1)실제로 행함. 2)법령이 실제로 그 효력을 발생함.

實施(실시) 실제로 시행함.

[方 6~7획] 旂 旅 旄 旁 旃 旆 旋 旌

비 旋(돌 선)

旂 ⑥ 10획 日キ 中qí
기 기

풀이 기. 교룡(交龍)을 그리고 방울을 단 붉은 기.

旂旐(기조) 기.

旅 ⑥ 10획 日リョ・たび 中lǚ
나그네 려(여)

*회의. 깃발(㫃)아래 많은 사람(从)들이 모인 모습을 나타내어 '군대'의 뜻으로 쓰임.

풀이 1. 나그네. 여행객. 2. 여행하다. ¶旅行 3. 군대. 군사.

旅館(여관) 나그네를 묵게 하는 집.
旅費(여비) 여행 비용. 노잣돈.
旅裝(여장) 길 떠날 차림. 여행의 몸차림.
旅程(여정) 여행하는 일수나 거리나 길의 차례.
旅行(여행) 먼 길을 가는 일.

旄 ⑥ 10획 日ボウ 中máo, mào
깃대 장식 모

풀이 1. 깃대 장식. 깃대의 꼭대기에 깃털 등을 단 장식. 2. 늙은이.

旄鉞(모월) 황제의 명(命)과 함께 장수가 하사받는 지휘봉과 큰 도끼.

旁 ⑥ 10획 日ホウ・かたわら 中bàng, páng
곁 방

*형성. 뜻과 음을 모두 나타내는 부수 '方(모 방)'과 '二(두 이)'와 '⺀(쌀 포)'를 합친 글자.

풀이 1. 곁. 옆. ¶旁側 2. 널리. 두루. 3. 방. 한자의 오른쪽.

旁觀(방관) 관여하지 않고 곁에서 보고만 있음.

旁側(방측) 1)곁. 옆. 2)가까이에서 모시는 사람. 근시(近侍).

비 妾(첩 첩)

旃 ⑥ 10획 日セン 中zhān
기 전

풀이 기. 비단으로 만든 깃발과 기드림이 달린 무늬 없는 붉은 기. ¶旃旌

旃旌(전정) 깃발.

旆 ⑥ 10획 日ハイ 中pèi
기 패

풀이 기. 깃발. ¶旆旌

旆旌(패정) 기(旗).

旋 ⑦ 11획 日セン・めぐる 中xuán, xuàn
돌 선

*회의. 깃발(㫃) 아래 발(疋)을 옮겨 행진함을 나타내어, 군대가 출정했다가 '돌아오다'의 뜻으로 쓰임.

풀이 돌다. 돌아오다. ¶旋回

旋律(선율) 음악의 고저·장단의 변화가 일정한 리듬으로써 연속적으로 울려 나오는 것. 멜로디.
旋風(선풍) 1)회오리바람. 2)갑자기 큰 영향력을 일으키는 것.
旋回(선회) 1)둘레로 빙빙 돌아감. 2)항공기가 그 진로를 변경함.

유 回(돌 회) 비 施(베풀 시)

旌 ⑦ 11획 日テイ 中jīng
기 정

풀이 1. 기. 깃발. 2. 나타내다. 표시하다.

旌門(정문) 충신·효자·열녀 등 사회에 귀감이 될 만한 사람을 기리기 위하여 그 집 앞이나 마을 앞에 세우던 붉은 색의 문.

族 ⑦ 11획
- 日 ゾク・みうち・やから
- 中 zú, zòu
- 겨레 족

`一 亠 ナ方 方 扩 扩 疗 疗 族 族`

*회의. 전쟁이 나면 깃발[㫃]을 들고 사람들이 활[矢]을 들고 많이 모임을 나타낸 글자. 이에 같은 편으로 모여 싸우는 '씨족'이나 '겨레', '민족'의 뜻으로 쓰임.

[풀이] 1. 겨레. 민족. 2. 일가. 친족. ¶家族 3. 무리.

族閥(족벌) 큰 세력을 가진 문벌의 일족(一族).
族譜(족보) 씨족의 계보.
族屬(족속) 1)같은 종족에 속하는 사람들. 2)같은 동아리에 속하는 사람들을 얕잡아 이르는 말.
族長(족장) 일족(一族) 가운데 제일 어른.
家族(가족) 한 집안의 친족. 호주의 친족 및 그 배우자들.

[참] 戚(겨레 척)

旒 ⑨ 13획
- 日 リュウ・はたあし
- 中 liú
- 깃발 류

[풀이] 1. 깃발. 2. 면류관의 술. 구슬을 꿰어 면류관 앞뒤로 드리운 것. 천자(天子)는 12줄, 제후(諸侯)는 9줄을 드리움.

冕旒冠(면류관) 임금이 정복(正服)에 갖추어 쓰던 관.

旗 ⑩ 14획
- 日 キ・はた
- 中 qí
- 기 기

旗 旗 旗

*형성. 뜻을 나타내는 '㫃(언)'과 음을 나타내는 '其(그기)'를 합친 글자.

[풀이] 1. 기. 깃발. ¶旗手 2. 표. 표지.

旗手(기수) 1)행렬 등의 앞에서 기를 드는 사람. 2)단체 활동의 대표로서 앞장서는 사람.
旗幟(기치) 1)군대 내에서 쓰던 기(旗). 2)어떤 일에 대해 분명하게 표명하는 태도나 주장.
太極旗(태극기) 우리나라의 국기.

[참] 斿(깃발 유) 旆(기 패)

无 부

无(无) 없을 무 部

'无'자는 '無'자의 옛날자(古字)로 '없다'를 뜻하나, 단독의 문자보다는 주로 부수(部首)로서의 역할을 한다.

无 ⓪ 4획
- 日 ム・なし
- 中 wú
- 없을 무

[풀이] 없다. ¶无垢

无垢(무구) 심신에 세속적(世俗的)인 때가 없어 깨끗함. 무구(無垢).

[참] 無(없을 무)
[비] 尤(더욱 우) 旡(목멜 기)

旡 ⓪ 4획
- 日 キ・ケ
- 中 jì
- 목멜 기

[풀이] 목이 메다.

[비] 无(없을 무)

既 ⑤ 9획
既(p324)의 俗字

既 ⑦ 11획
- 日 キ・すでに
- 中 jì, xì
- 이미 기

 旣

[日 0~2획] 日旧旦旬旭 325

* 회의. 음식이 든 그릇(日) 앞에 앉아 고개를 돌린 사람(旡)을 나타낸 글자로, 이미 배가 부르다는 뜻에서 '이미'의 뜻으로 쓰임.

[풀이] 이미. 벌써. 예전에. ¶既婚

既得(기득) 권리나 재산상의 이익 등을 이미 얻은 것. 이미 자기 소유가 된 것.

既成(기성) 어떤 사물이 이미 되어 있거나 만들어져 있음.

既往(기왕) 이미. 현재보다 이전. 과거.

既婚(기혼) 이미 결혼함.

[유] 已(이미 이)

日 부

日 날 일部

'日'자는 '해'나 '날'을 뜻하는 글자로, 하루 동안이나 하루 종일의 시간을 나타내기도 한다. 그리고 해가 떠 있는 시간이 낮이라 '낮'을 나타내며, '매일'이라는 뜻으로도 사용된다. 이 글자를 부수로 갖는 글자는 일반적으로 해나 그와 관련된 현상에 대한 뜻을 갖는다.

日 ① 4획 날 일 ⓙジツ・ニチ・ひ・か ⓒrì

丨 冂 冂 日 日

* 상형. 해의 모양을 본뜬 글자.

[풀이] 1. 날. 날짜. 2. 낮. 3. 해. 햇볕. 햇살. ¶日出

日課(일과) 날마다 일정하게 하는 일 또는 과정.

日記(일기) 그날그날 겪은 일이나 생각 등을 적은 개인의 기록.

日常(일상) 평소에. 날마다. 항상.

日用(일용) 1)매일 씀. 2)날마다의 쏨씀이.

日程(일정) 그날에 할 일. 또는 그 차례.

日出(일출) 해돋이. 해가 돋음.

每日(매일) 그날그날. 하루하루.

[비] 曰(가로 왈)

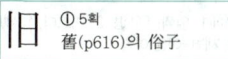
旧 ① 5획
舊(p616)의 俗字

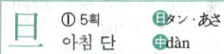
旦 ① 5획 아침 단 ⓙタン・あさ ⓒdàn

丨 冂 冂 日 旦

* 회의. 해(日)가 지평선(一) 위로 솟은 모양을 나타내어, '아침'의 뜻으로 쓰임.

[풀이] 아침. ¶旦夕

旦夕(단석) 1)아침과 저녁. 2)시기나 상태 등이 위급하여 절박한 모양.

一旦(일단) 1)한번. 2)일조(一朝). 3)우선 잠깐.

[유] 朝(아침 조) [반] 夕(저녁 석) 夜(밤 야)

旬 ② 6획 열흘 순 ⓙジュン・とおか ⓒxún

丿 勹 勹 句 句 旬

* 회의. '日(날 일)'과 '勹(쌀 포)'를 합친 글자. 날(日)을 한 바퀴 싼다(勹)는 뜻에서 '열흘'을 나타냄.

[풀이] 1. 열흘. 십 일. ¶旬報 2. 열 번. 3. 십 년. ¶七旬 4. 두루 미치다. ¶旬宣

旬報(순보) 열흘에 한번 발간하는 신문.

七旬(칠순) 70세.

[비] 句(글귀 구)

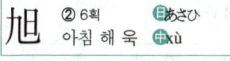
旭 ② 6획 아침 해 욱 ⓙあさひ ⓒxù

[풀이] 1. 아침 해. ¶旭日 2. 해가 뜨다.

旭旦(욱단) 아침. 해뜰녘.

旭日(욱일) 아침 해.

早 ② 6획 ◉ソウ・はやい 일찍 조 ㊥zǎo

丨 ㄇ 日 日 旦 早

* 회의. 해(日)가 머리 위(十)에 떠올랐다고 하여 '일찍', '새벽'을 뜻함.

풀이 1. 일찍. ¶早退 2. 이르다. ¶早期 3. 새벽. 이른 아침.

早期(조기) 이른 시기.

早晩(조만) 1)이름과 늦음. 2)아침과 저녁. 3) 곧. 머지않아. 4)요즈음.

早朝(조조) 이른 아침. 새벽.

早退(조퇴) 정해진 시간보다 일찍 돌아감.

맨 遲(늦을 지) **비** 旱(가물 한)

旨 ② 6획 ◉シ・むね・うまい 맛있을 지 ㊥zhǐ

풀이 1. 맛있다. 2. 뜻. ¶趣旨

旨義(지의) 뜻. 의미. 취지(趣旨).

要旨(요지) 말·글 등의 중요한 뜻.

趣旨(취지) 근본이 되는 뜻.

旰 ③ 7획 ◉カン・くれる 해 질 간 ㊥gàn, hàn

풀이 해가 지다. 늦다.

비 旴(클 우)

旴 ③ 7획 ◉ク・あさひ 클 우 ㊥xū

풀이 1. 크다. 2. 해가 뜨다. 해가 돋다.

비 旰(해 질 간)

旱 ③ 7획 ◉カン・ひでり 가물 한 ㊥hàn

丨 ㄇ 日 日 日 旦 旱

* 형성. 뜻을 나타내는 부수 '日(날 일)'과 음을 나타내며 '마르다'라는 뜻을 지닌 '干(방패 간)'을 합친 글자. 해(日)가 초목을 마르게(干) 한다 하여, '가뭄'의 뜻을 나타냄.

풀이 가물다. 가뭄. ¶旱害

旱魃(한발) 1)가뭄. 2)가뭄을 맡아 한해를 일으킨다는 귀신.

旱害(한해) 가뭄의 피해.

비 早(일찍 조)

昆 ④ 8획 ◉コン 형 곤 ㊥kūn

* 상형. 발 달린 벌레를 본뜬 글자. '곤충'의 뜻으로 쓰임.

풀이 1. 형. ¶昆弟 2. 자손. 3. 벌레.

昆弟(곤제) 형과 아우. 형제.

昆蟲(곤충) 1)벌레. 2)곤충류에 딸린 동물.

昑 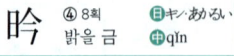 ④ 8획 ◉キン・あかるい 밝을 금 ㊥qīn

풀이 밝다.

旽  ④ 8획 ◉トン 밝을 돈 ㊥tūn, zhùn

풀이 밝다.

明  ④ 8획 ◉メイ・ミョウ・あきらか 밝을 명 ㊥míng

丨 ㄇ 日 日ˊ 日刀 明 明 明

* 회의. 해(日)와 달(月)은 밝은 것이라, '밝다'는 뜻이 됨.

풀이 1. 밝다. 환하다. ¶明朗 2. 밝히다. 3. 똑똑하다. 명석하다. ¶明晳 4. 시력(視力). 5. 이승. 현세. 6. 확실하다. 명백하다. ¶明確 7. 명나라. 주원장(朱元璋)이 원(元)나라에 이어 세운 왕조.

明堂(명당) 1)왕자의 묘로 정교(政

[日 4획] 旼旻昉昐昔昇昂易

教)를 행하는 집. 2)풍수설(風水說)에서, 후대에 좋은 일이 많이 생기게 된다는 좋은 터.

明朗(명랑) 1)밝고 맑음. 2)밝고 쾌활함.

明分(명분) 1)분수를 밝힘. 2)명백한 직분(職分).

明晳(명석) 분명하고 똑똑함.

明暗(명암) 밝음과 어두움.

明確(명확) 분명하고 확실함.

說明(설명) 내용·이유 등을 알기 쉽게 말하여 밝힘.

聰明(총명) 영리하고 재주가 있음.

🔗 叡(밝을 예) 昭(밝을 소)

旼 ④ 8획 日ミン 온화할 민 ⊕mín

풀이 온화하다. 화목하다.

旻 ④ 8획 日ミン・あきぞら 하늘 민 ⊕mín

풀이 하늘. 가을 하늘.

旻天(민천) 1)가을 하늘. 2)뭇사람을 사랑으로 돌보아 주는 어진 하늘.

🔗 天(하늘 천)

昉 ④ 8획 日ホウ・あきらか 밝을 방 ⊕fǎng

풀이 1. 밝다. 환하다. 2. 비로소.

昐 ④ 8획 日フン 햇빛 분 ⊕fēn

풀이 햇빛.

昔 ④ 8획 日セキ·シャク·むかし 옛 석 ⊕xī, cuò

一十卄丗芒昔昔昔

* 회의. 해(日)가 파도(𡿨) 밑으로 가라앉는 것. 즉 '홍수'를 나타낸 글자. 고대의 대홍수를 가리키어 '옛날'의 뜻으로 쓰임.

풀이 1. 옛, 옛날. ¶昔年 2. 어제.

昔年(석년) 여러 해.

🔗 古(옛 고) ↔ 今(이제 금)

昇 ④ 8획 日ショウ·のぼる 오를 승 ⊕shēng

丿 ㄇ 曰 日 曰 昇 昇 昇

* 형성. 뜻을 나타내는 부수 '日(날 일)'과 음을 나타내는 '升(되 승)'을 합친 글자. 해(日)가 떠오르는(升) 것을 나타내어 '오르다', '올리다'의 뜻으로 쓰임.

풀이 1. 오르다. ¶昇進 2. 올리다.

昇級(승급) 1)등급이 오름. 2)학년이 오름.

昇進(승진) 직위가 오름.

昇華(승화) 1)고체에 열을 가하면 액체가 되는 과정을 거치지 않고 직접 기체로 되는 현상. 2)영화로운 지위에 오름.

上昇(상승) 위로 올라감.

🔗 昂(오를 앙) ↔ 降(내릴 강)

昂 ④ 8획 日コウ·あげる 오를 앙 ⊕áng, yàng

풀이 1. 오르다. ¶昂貴 2. 높다. 3. 밝다. 환하다.

昂貴(앙귀) 물가가 오름. 등귀(騰貴).

激昂(격앙) 감정이 격해짐. 몹시 흥분함.

🔗 昇(오를 승)

易 ④ 8획 日イ·エキ·やすい ❶ 바꿀 역 ❷ 쉬울 이 ⊕yì

丿 ㄇ 曰 日 旦 尸 易 易

* 상형. 도마뱀의 머리와 다리 4개를 형상화

[日 4~5획] 昈 旺 昌 昊 昏 昕 昵 昤

한 것으로 도마뱀이 광선에 따라 색이 변한다
하여 '변하다'의 뜻을 나타냄.

풀이 ❶ 1. 바꾸다. 교환하다. ¶貿易 2.
바뀌다. 달라지다. 3. 주역. 역학. ❷4. 쉽
다. 손쉽다. ¶容易 5. 편하다. 편안하다.

易姓(역성) 왕조가 바뀜. 혁세(革世).
易地思之(역지사지) 처지를 바꾸어
 생각함.
易學(역학) 주역에 관한 학문.
簡易(간이) 간단하고 편리함.
貿易(무역) 외국과 물건을 팔고 사거
 나 교환하는 상행위.
容易(용이) 아주 쉬움. 수월함.
回 貿(바꿀 무)

昈 ④ 8획 日 ウ 밝을 오 中 wǔ

풀이 밝다.

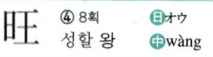
旺 ④ 8획 日 オウ 성할 왕 中 wàng

* 형성. 뜻을 나타내는 부수 '日(날 일)'과 음
을 나타내는 '王(임금 왕)'을 합친 글자.
풀이 성하다. 왕성하다.
旺盛(왕성) 사물이 한창 성(盛)함.

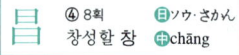
昌 ④ 8획 日 ソウ・さかん 창성할 창 中 chāng

丨 冂 日 日 甲 昌 昌 昌

* 회의. '日(날 일)'이 둘 겹쳐서, 햇빛이 밝
게 빛남을 나타냄. 바뀌어, 널리 사물이 '창성
하다'의 뜻이 됨.
풀이 1. 창성하다. 성하다. ¶繁昌 2. 착
하다. 훌륭하다.
昌盛(창성) 일이나 세력 등이 번성하
 여 잘되어 감.
昌運(창운) 탁 트인 좋은 운수.
繁昌(번창) 한창 잘되어 성함.
비 唱(노래 창)

昊 ④ 8획 日 コウ・なつぞら 하늘 호 中 hào

* 형성. 뜻을 나타내는 부수 '日(날 일)'과 음
을 나타내는 '天(하늘 천)'을 합친 글자. 태양
(日)이 있는 밝은 하늘(天)을 나타냄.
풀이 하늘. 여름 하늘.
昊天(호천) 1)하늘. 2)여름 하늘.
回 天(하늘 천) 昱(하늘 민)

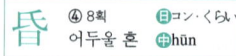
昏 ④ 8획 日 コン・くらい 어두울 혼 中 hūn

一 匚 氏 氏 昏 昏 昏

* 회의. 해(日)가 아래(氏)로 내려가서 '어두
움'을 나타냄.
풀이 1. 어둡다. 2. 날이 저물다. 저녁
때. 3. 어지럽다. 어지럽히다. ¶昏迷
昏迷(혼미) 1)사리에 어둡고 흐리멍
 텅함. 2)마음이 어지러워 희미함.
昏夢(혼몽) 흐린 꿈.
昏睡(혼수) 1)정신없이 잠이 듦. 2)의
 식을 잃음.
昏絶(혼절) 정신이 아찔하여 까무라침.

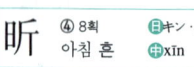
昕 ④ 8획 日 キン・あさ 아침 흔 中 xīn

풀이 아침. 새벽.
昕昕(흔흔) 밝은 모양.
回 朝(아침 조)

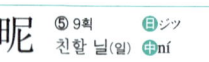
昵 ⑤ 9획 日 ジツ 친할 닐(일) 中 ní

풀이 친하다.
昵交(일교) 친함. 또는 그 사람.

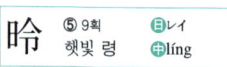
昤 ⑤ 9획 日 レイ 햇빛 령 中 líng

풀이 햇빛. 햇살. 일광.

昧

⑤ 9획
어두울 매
🇯🇵 マイ・バイ・くらい
🇨🇳 mèi

* 형성. 뜻을 나타내는 부수 '日(날 일)'과 음을 나타내는 '未(아직 미)'를 합친 글자. 해[日]가 아직[未] 나오지 않아 '어둡다'의 뜻을 나타냄.

풀이 1. 어둡다. ¶曖昧 2. 어리석다. 사리에 밝지 않다.

昧茫(매망) 어두움.
無知蒙昧(무지몽매) 아는 것이 없이 어리석음.
曖昧(애매) 희미하여 분명하지 않음.
🔗 矇(어두울 몽) 懞(어두울 몽)
🔸 味(맛 미)

昴

⑤ 9획
별자리이름 묘
🇯🇵 ボウ・すばる
🇨🇳 mǎo

풀이 별자리 이름. 28수(宿)의 하나.

昞

⑤ 9획
밝을 병
🇯🇵 ビョウ・あかるい
🇨🇳 bǐng

풀이 밝다. 빛나다. 환하다.
🔗 明(밝을 명)

昺

⑤ 9획
昞(p329)와 同字

星

⑤ 9획
별 성
🇯🇵 セイ・ショウ・ほし
🇨🇳 xīng

* 형성. 뜻을 나타내는 부수 '日(해 일)'과 음을 나타내는 '生(날 생)'을 합친 글자.

풀이 1. 별. 천체. ¶星辰 2. 세월. 시간.

星宿(성수) 별자리의 별들.
星雲(성운) 구름처럼 보이는 천체.
星座(성좌) 별자리.
流星(유성) 별똥별.
🔗 辰(별 진)

昭

⑤ 9획
밝을 소
🇯🇵 ショウ・あきらか
🇨🇳 zhāo, sháo

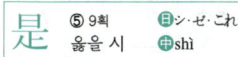

* 형성. 뜻을 나타내는 부수 '日(날 일)'과 '召(부를 소)'를 합친 글자. 해[日]를 부르니[召] 밝아 오는 것을 나타냄. 곧, '밝다'의 뜻으로 쓰임.

풀이 밝다. 분명하다.

昭詳(소상) 분명하고 자세함.
昭昭(소소) 밝은 모양.
🔗 叡(밝을 예) 亮(밝을 량) 明(밝을 명)

是

⑤ 9획
옳을 시
🇯🇵 シ・ゼ・これ
🇨🇳 shì

* 회의. 해[日]처럼 정확하고 바르다[正]는 뜻이 합하여 '옳다'의 뜻을 나타냄.

풀이 1. 옳다. 바르다. ¶是非 2. 이것. 이. 지시 대명사.

是非(시비) 1)옳음과 그름. 2)옥신각신 다툼.
是認(시인) 옳다고 인정함.
是正(시정) 잘못된 것을 바로잡음.
或是(혹시) 1)만일에. 2)어떠한 때에.
🔸 非(아닐 비)

昻

⑤ 9획
昂(p327)의 俗字

映

⑤ 9획
비출 영
🇯🇵 エイ・うつす
🇨🇳 yìng, yǎng

[日 5~6획] 昱昨昼昶春昡晈晟晒

* 형성. 뜻을 나타내는 부수 '日(날 일)'과 음을 나타내는 '央(가운데 앙)'을 합친 글자.

풀이 비추다. 비치다. ¶映畫

映像(영상) 1)광선의 굴절이나 반사에 따라 비추어지는 물체의 모습. 2)영화·텔레비전 등의 화상(畫像).

映畫(영화) 촬영한 필름을 영사막에 비추어, 모습이나 움직임을 실제와 같이 재현해 보이는 것.

反映(반영) 1)반사하여 비침. 2)어떤 영향이 다른 것에 미치어 나타남.

유 照(비출 조) **예** 暎(재앙 앙)

| 昱 | ⑤ 9획 밝을 욱 | 日イク·ヨク· あきらか 中yù |

풀이 밝다. 빛나다.

昱昱(욱욱) 태양이 눈부시게 빛나는 모양.

| 昨 | ⑤ 9획 어제 작 | 日サク·きのう 中zuó |

丨 冂 冃 日 日' 日' 昨 昨 昨

* 형성. 뜻을 나타내는 부수 '日(날 일)'과 음을 나타내는 '乍(언뜻 사)'를 합친 글자.

풀이 1. 어제. 작일. ¶昨日 2. 옛날. 지난날. ¶昨年

昨年(작년) 지난해.

昨日(작일) 어제.

昨醉(작취) 어제 마신 술.

반 今(이제 금) **비** 作(지을 작)

| 昼 | ⑤ 9획 | 晝(p332)의 俗字 |

| 昶 | ⑤ 9획 해 길 창 | 日チョウ 中chǎng |

풀이 1. 해가 길다. 2. 밝다. 환하다.

| 春 | ⑤ 9획 봄 춘 | 日シュン·はる 中chūn, chǔn |

一 = 三 声 夫 夫 春 春 春

* 형성. 뜻을 나타내는 부수 '日(날 일)'과 艸(풀 초), 그리고 음을 나타내는 '屯(모일 준)'을 합친 글자. 풀(艸)이 햇빛(日)을 받아 싹트는(屯) 때를 나타내어, '봄'을 뜻함.

풀이 1. 봄. 봄날. ¶晚春 2. 청춘. 젊은 시절. 3. 남녀의 정분.

春季(춘계) 봄철.

春困(춘곤) 봄철에 느끼는 나른하고 졸리는 기운.

春困(춘곤) 1)봄꿈. 2)덧없는 인생을 비유하는 말.

春困(춘곤) 1)봄의 정취. 2)남녀 간의 정욕.

春秋(춘추) 1)봄과 가을. 2)나이. 3)세월. 4)공자(孔子)가 지은 노(魯)나라의 역사책.

春風(춘풍) 봄바람.

晚春(만춘) 늦봄.

賣春(매춘) 몸 파는 일.

| 昡 | ⑤ 9획 빛날 현 | 日ゲン 中xuàn |

풀이 1. 빛나다. 2. 햇빛. 일광.

유 昱(빛날 욱) 炯(빛날 형) 奐(빛날 환)

| 晈 | ⑥ 10획 | 皎(p507)와 同字 |

| 晟 | ⑥ 10획 밝을 성 | 日セイ 中shèng |

풀이 밝다. 환하다. 빛나다.

| 晒 | ⑥ 10획 | 曬(p339)와 同字 |

時 ⑥ 10획 🇯ジ・とき 🇨shí
때 시

丨 冂 日 日 日 旷 旷 時 時

*형성. 뜻을 나타내는 부수 '日(해 일)'과 음을 나타내는 '寺(절 사)'를 합친 글자.

[풀이] 1. 때. 2. 시. 시간의 단위. 3. 세월. 시절. 4. 계절. 철. 5. 기회.

時期(시기) 정해진 때.
時代(시대) 역사적 특징으로 구분한 일정한 기간. 또는 어떤 길이를 지닌 연월(年月).
時事(시사) 그 당시에 일어난 일.
時歲(시세) 세월. 때.
時日(시일) 1)때와 날. 2)좋은 날. 3)기일이나 기한.
時節(시절) 1)철. 계절. 2)좋은 기회. 3)사람의 일생을 구분한 동안.
當時(당시) 그때.
🔗 詩(시 시)

晏 ⑥ 10획 🇯アン・おそい 🇨yàn
늦을 안

[풀이] 1. 늦다. 2. 편안하다. ¶晏然
晏然(안연) 마음이 편안함.

晁 ⑥ 10획
朝(p343)의 古字

晉 ⑥ 10획 🇯シン・すすむ 🇨jìn
나아갈 진

[풀이] 1. 나아가다. 전진하다. ¶晉秩 2. 진나라. ㉠춘추 시대(春秋時代)에 산서성(山西省) 부근에 있던 나라. ㉡사마염(司馬炎)이 위(魏)의 선위(禪位)를 받아 세운 왕조. ㉢오대(五代) 때 석경당(石敬瑭)이 후당(後唐)에 이어 세운 왕조.

晉山(진산) 새로 선출된 주지(住持)가 취임하는 일. 진산(進山).
晉秩(진질) 품계(品階)가 오름.
🔗 進(나아갈 진)

晋 ⑥ 10획
晉(p331)의 俗字

晃 ⑥ 10획 🇯コウ・あきらか 🇨huǎng, huàng
밝을 황

[풀이] 밝다. 빛나다.
晃晃(황황) 환하게 빛나는 모양. 황황(煌煌).

晄 ⑥ 10획
晃(p331)과 同字

晜 ⑦ 11획 🇯コン・あに 🇨kūn
형 곤

[풀이] 1. 형. ¶晜弟 2. 뒤. 후손.
晜弟(곤제) 형과 아우. 곤제(昆弟).

晚 ⑦ 11획 🇯バン・マン・くれ 🇨wǎn
늦을 만

丨 冂 日 日 日' 日' 旷 晚 晚 晚

*형성. 뜻을 나타내는 부수 '日(날 일)'과 음을 나타내는 '免(면할 면)'을 합친 글자. 태양(日)을 면하는(免)때, 곧 '저녁'을 나타냄.

[풀이] 1. 늦다. ¶晚期 2. 저물다. 해가 지다. ¶晚餐
晚期(만기) 늦은 시기.
晚年(만년) 늙바탕. 일생의 끝 시기.
晚成(만성) 늦게야 이루어짐. 늘그막에 성공함.
晚餐(만찬) 저녁에 베푼 잔치.
晚秋(만추) 늦가을.

晚學(만학) 나이가 들어서 공부를 시작함.
🔁 遲(늦을 지)

晨 ⑦11획 🇯シン・あつき 🇨chén
새벽 신

' ㄷ ㅁ ㅁ ㅌ ㅌ ㅌ 晨 晨 晨

* 형성. 뜻을 나타내는 부수 '日(날 일)'과 음을 나타내는 '辰(별 신)'을 합친 글자.

풀이 새벽. 이른 아침.

晨明(신명) 새벽녘.
晨星(신성) 1)새벽별. 효성. 2)소수(少數)・희소(稀少)의 비유.
🔁 曉(새벽 효)

晤 ⑦11획 🇯ゴ・あきらか 🇨wù
만날 오

풀이 1. 만나다. 허물없이 사귀다. ¶晤談 2. 밝다.

晤談(오담) 서로 만나 허물없이 이야기함. 사이좋게 이야기함.

晢 ⑦11획 🇯セツ・セイ・あきらか 🇨zhé
밝을 절

풀이 밝다. 똑똑하다.
🔁 哲(밝을 철)

晝 ⑦11획 🇯チュウ・ひる 🇨zhòu
낮 주

ㄱ ㄱ ㅋ 由 申 書 書 書 書 晝

* 회의. 해[日]가 뜨고 짐에 따라 밤과 낮을 구분하여(畫), 그 중에서 해가 나오는 때인 '낮'의 뜻으로 쓰임.

풀이 낮. 해가 떠 있는 동안.

晝間(주간) 낮 동안.
晝耕夜讀(주경야독) 낮에는 밭을 갈고 밤에는 글을 읽음. 바쁜 틈을 타서 어렵게 공부함.
晝夜(주야) 낮과 밤.
白晝(백주) 대낮.
🔀 畫(그림 화) 書(글 서)

晙 ⑦11획 🇯ジュン 🇨jùn
밝을 준

풀이 1. 밝다. 환하다. 2. 이르다.
🔀 俊(준걸 준)

晡 ⑦11획 🇯ホ 🇨bū
신시 포

풀이 1. 신시(申時). 오후 3~5시. 2. 저녁 무렵.

晡時(포시) 1)신시(申時). 2)저녁 무렵.

晛 ⑦11획 🇯ケン 🇨xiàn
햇살 현

풀이 1. 햇살. 햇빛. 2. 해가 나다.

晧 ⑦11획 🇯コウ 🇨hào
밝을 호

풀이 밝다. 밝아지다.

晧旰(호간) 1)해가 뜨는 모양. 2)빛이 나는 모양.

晥 ⑦11획 🇯カン 🇨wǎn
환할 환

풀이 환하다. 밝다.

晦 ⑦11획 🇯カイ・みそか 🇨huì
어두울 회

풀이 1. 어둡다. 캄캄하다. ¶晦冥 2. 그믐. 음력에서 매달의 맨 마지막 날. ¶晦日

晦冥(회명) 어둠. 캄캄함. 혼암(昏暗).
晦日(회일) 그믐날.

[日 7~8획] 晞景晷普晳晰晬晻晹晶

晞
⑦ 11획 日 キ・かわく
마를 희 中 xī

*형성. 뜻을 나타내는 부수 '日(날 일)'과 음을 나타내는 '希(바랄 희)'를 합친 글자.

풀이 1. 마르다. 말리다. ¶晞土 2. 날이 밝아 오다.

晞土(희토) 마른 땅. 마른 흙.

景
⑧ 12획 日 ケイ・けしき
경치 경 中 jǐng, yǐng

丶 口 曰 曰 旦 昙 昙 景 景 景

*형성. 뜻을 나타내는 부수 '日(날 일)'과 음을 나타내는 '京(클 경)'을 합친 글자.

풀이 1. 경치. 풍경. ¶景致 2. 햇볕. 볕. 빛. 3. 크다. 4. 우러러보다. 사모하다.

景觀(경관) 어떤 지역의 아름다운 풍경.
景氣(경기) 물건의 매매나 거래가 잘 이루어지는 형편.
景致(경치) 자연의 아름다운 모습.
景況(경황) 모양. 상태. 상황.
光景(광경) 1)경치. 2)벌어진 일의 형편이나 모양.
風景(풍경) 1)경치. 2)어떤 정경이나 상황의 모습.

비 影(그림자 영)

晷
⑧ 12획 日 キ・ひかげ
그림자 구 中 guǐ

풀이 1. 그림자. 2. 해시계.

晷刻(구각) 때. 시각(時刻).

유 影(그림자 영)

普
⑧ 12획 日 フ・あまねく
널리 보 中 pǔ

丶 丷 并 并 並 普 普 普 普

*형성. 뜻을 나타내는 부수 '日(날 일)'과 음을 나타내는 '竝(나란히 할 병)'을 합친 글자. 해(日)가 나란히(竝) 비친다 하여, '모두', '두루'의 뜻을 나타냄.

풀이 1. 널리. 두루. ¶普及 2. 넓다.

普及(보급) 널리 펴서 미침. 널리 퍼뜨려 실행되게 함.
普通(보통) 널리 일반에게 통함.
普遍(보편) 모든 것에 두루 미치거나 통함.

비 晋(나라 진)

晳
⑧ 12획 日 せき・あきらか
밝을 석 中 xī

풀이 밝다. 명석하다.

유 哲(밝을 철)

晰
⑧ 12획
晳(p333)과 同字

晬
⑧ 12획 日 スイ
돌 수 中 zuì

풀이 돌. 생일. 태어난 후 첫 번째 생일. 또는 널리 생일을 뜻함.

晬宴(수연) 생일잔치.

晻
⑧ 12획 日 アン
어두울 암 中 ǎn, àn, yǎn

풀이 어둡다. ¶晻昧

晻昧(암매) 1)어둠. 2)어리석음. 3)사실을 분별하기 어려움.

유 暗(어두울 암)

晹
⑧ 12획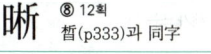
해가반짝날역 中 yí

풀이 해가 반짝 나다.

晶
⑧ 12획 日 ショウ・あきらか
맑을 정 中 jīng

[日 8~9획] 晶 智 晴 晫 暇 暖

* 상형. 밤하늘에 빛나는 별(日) 세 개를 나타내어, 밝다 의 뜻을 나타냄.

풀이 1. 맑다. 투명하다. ¶晶瑩 2. 수정(水晶).

晶瑩(정영) 맑고 투명함.

結晶(결정) 일정한 평면으로 둘러싸인 물체 내부의 원자배열이 규칙적으로 이루어짐. 또는 그 물체.

水晶(수정) 석영의 한 가지. 무색투명하며 장식품 등에 쓰임.

晸
⑧ 12획
해뜨는 모양 정
日セイ
中zhěng

풀이 해가 뜨는 모양.

智
⑧ 12획
지혜 지
日チ・ちえ
中zhì

丿⺦⺦矢矢知知知智智

* 형성. 뜻을 나타내는 부수 日(날 일) 과 음을 나타내는 知(알 지) 를 합친 글자. 아는(知) 것이 밝은 해(日) 와 같다고 하여, 지혜 가 있음을 나타냄.

풀이 1. 지혜. 슬기. ¶智慧 2. 지혜롭다.

智力(지력) 1)슬기의 힘. 2)아는 일과 노력하는 일.

智慧(지혜) 사리를 분별(分別)하는 마음의 작용.

機智(기지) 상황에 따라 재빨리 행동하는 재치.

才智(재지) 재주와 지혜.

유 慧(슬기로울 혜) 知(알 지)

晴
⑧ 12획
갤 청
日セイ・はれる
中qíng

丨⺦⺦日日⺍⺍⺍晴晴晴

* 형성. 뜻을 나타내는 부수 日(날 일) 과 음을 나타내는 靑(푸를 청) 을 합친 글자. 푸른 하늘(靑) 에 해(日)가 뜨는 것은 날이 개는 것이라고 하여, 개다 의 뜻으로 쓰임.

풀이 개다. 맑아지다.

晴朗(청랑) 맑고 화창함.

晴天霹靂(청천벽력) 맑은 하늘에 날벼락이란 뜻으로, 갑자기 일어나는 변동이나 사건을 비유하는 말.

비 睛(눈동자 정)

晫
⑧ 12획
밝을 탁
日タク
中zhuó

풀이 밝다.

暇
⑨ 13획
겨를 가
日カ・ひま
中xiá

丨⺦⺦日日'日'旷旷旷'旷'暇暇

* 형성. 뜻을 나타내는 부수 日(날 일) 과 음을 나타내는 叚(빌릴 가) 를 합친 글자.

풀이 1. 겨를. 틈. ¶餘暇 2. 한가하다. 여유 있게 지내다.

暇日(가일) 한가한 날. 가경(暇景).

餘暇(여가) 겨를. 틈. 가극(暇隙).

休暇(휴가) 1)학교나 직장 등에서 일정한 기간 동안 쉬는 일. 또는 그 겨를. 방가(放暇). 2)말미.

유 閒(틈 한) 비 假(거짓 가)

暖
⑨ 13획
따뜻할 난
日ダン・あたたかい
中nuǎn

丨⺦⺦日日'旷旷旷旷'暖暖暖

* 형성. 뜻을 나타내는 부수 日(날 일) 과 음을 나타내는 爰(이에 원) 을 합친 글자.

풀이 1. 따뜻하다. 2. 따뜻하게 하다. ¶暖房

暖帶(난대) 열대와 온대의 중간에 있는 지대.

暖房(난방) 방을 따뜻하게 함. 또는 따뜻한 방. 난방(煖房).

溫暖(온난) 날씨가 따뜻함.

유 溫(따뜻할 온) 반 寒(찰 한) 冷(찰 랭)

[日 9획] 暋 暑 暗 暘 暎 暐 暈 暄 暉

暋
- ⑨ 13획
- 굳셀 민
- 日 ビン·ミン
- 中 mǐn, mín

풀이 굳세다. 강하다.

暑
- ⑨ 13획
- 더울 서
- 日 セイ·あつい
- 中 shǔ

丨冂日日日′ 旦′ 旦″ 昿 昦 晷 暑

*형성. 뜻을 나타내는 부수 '日(날 일)'과 음을 나타내는 '者(놈 자)'를 합친 글자.

풀이 1. 덥다. 무덥다. 2. 더위. ¶避暑 3. 여름.

暑炎(서염) 대단한 더위.
劇暑(극서) 매우 심한 더위. 혹심한 더위. 극서(極暑). ↔극한(極寒).
避暑(피서) 더위를 피해 시원한 곳으로 감.

반 凉(서늘할 량) 비 暑(관청 서)

暗
- ⑨ 13획
- 어두울 암
- 日 アン·くらい
- 中 àn

丨冂日日日′ 旷 旷 昨 昨 暗 暗

*형성. 뜻을 나타내는 부수 '日(날 일)'과 음을 나타내는 '音(소리 음)'을 합친 글자.

풀이 1. 어둡다. 2. 외다. ¶暗唱

暗澹(암담) 1)매우 어둡고 컴컴함. 2)희망이 없고 비참함.
暗算(암산) 머릿속으로 계산함.
暗殺(암살) 남몰래 사람을 죽임.
暗鬱(암울) 암담하고 우울함.
暗礁(암초) 해면 가까이 숨어 있는 보이지 않는 바위.
暗號(암호) 어떤 내용을 남모르게 전달하려고 쓰는 신호나 부호.
明暗(명암) 1)밝음과 어두움. 2)기쁨과 슬픔, 행복과 불행 등을 비유하는 말. 3)그림이나 사진 등에서, 입체감을 느끼게 하는 색의 농담이나 강약.

반 明(밝을 명)

暘
- ⑨ 13획
- 해돋이 양
- 日 ヨウ
- 中 yáng

풀이 해돋이. 해가 뜨다. ¶暘谷

暘谷(양곡) 동쪽 끝의 해가 돋는다는 곳.

暎
- ⑨ 13획

映(p329)과 同字

暐
- ⑨ 13획
- 햇빛 위
- 日 イ·ひかり
- 中 wěi

풀이 1. 햇빛. 햇살. 2. 빛나는 모양. 환한 모양. ¶暐暐

暐暐(위위) 환한 모양. 빛나는 모양.

暈
- ⑨ 13획
- 무리 훈
- 日 ウン·かさ
- 中 yūn, yùn

풀이 1. 무리. 해나 달 또는 광원(光源)의 둘레에 나타나는 흰빛의 테. ¶日暈. 2. 현기증 나다. 3. 멀미. ¶船暈

暈輪(훈륜) 달무리 등의 둥근 테두리.
日暈(일훈) 햇무리.

暄
- ⑨ 13획
- 따뜻할 훤
- 日 ケン·あたたかい
- 中 xuān

풀이 따뜻하다. 온난하다.

暄風(훤풍) 따뜻한 바람. 봄바람.

동 暖(따뜻할 난)

暉
- ⑨ 13획
- 빛 휘
- 日 キ·ひかり
- 中 huī

풀이 1. 빛. 광채. 2. 빛나다.

暉芒(휘망) 빛. 광채.
光暉(광휘) 환하게 빛남. 또는 그 빛. 광요(光耀).

336　[日 10~11획] 暣暝暢暠暮暫暲暴

暣
⑩ 14획　㊐キ
날씨 기　㊥qì

[풀이] 날씨. 일기.

暝
⑩ 14획　㊐メイ·ミョウ·くらい
어두울 명　㊥míng

[풀이] 어둡다. 어둑어둑하다. ¶暝途
暝暝(명명) 어두운 모양.
🔗 暗(어두울 암)　🔄 明(밝을 명)

暢
⑩ 14획　㊐チョウ·のべる
펼 창　㊥chàng

丨冂曰甲甲甲甲甲甲暢暢暢

[풀이] 1. 펴다. 진술하다. ¶暢敍 2. 통하다. 막힘이 없다. ¶暢暢 3. 화창하다. 날씨가 맑다.
暢達(창달) 1)거침없이 뻗어 나감. 2) 거침없이 의견·주장 등을 표현하여 전달함.
流暢(유창) 글을 읽거나 말이 거침이 없음.
和暢(화창) 날씨 등이 온화하고 맑음.
🔗 伸(펼 신)

暠
⑩ 14획　㊐コウ
흴 호　㊥hào

[풀이] 희다. 흰 모양.
暠然(호연) 희고 환한 모양.

暮
⑪ 15획　㊐ボ·くれる·くらす
저물 모　㊥mù

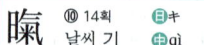
暮暮

*형성. 뜻을 나타내는 부수 「日(날 일)」과 음을 나타내는 「莫(없을 막)」을 합친 글자. 원래 「莫」은 해(日)가 수풀(茻)사이로 지는 때를 나타낸 글자임. 여기에 「日」을 덧붙여 '저물다'의 뜻으로 쓰임.

[풀이] 1. 저물다. 해가 지다. ¶日暮 2. 끝. 마지막. ¶歲暮 3. 늦다. 노쇠하다.
暮年(모년) 늙은 나이.
暮夜(모야) 밤. 깊은 밤. 혼야(昏夜).
朝三暮四(조삼모사) 아침에 세 개, 저녁에 네 개. 간사한 꾀로 남을 속이는 일을 비유하는 말.
🔄 墓(무덤 묘) 幕(장막 막) 慕(사모할 모)

暫
⑪ 15획　㊐ザン·しばらく
잠시 잠　㊥zàn

一　車　車　車　斬　斬　斬　斬　暫暫暫

[풀이] 잠시. 잠깐.
暫時(잠시) 얼마 되지 않은 동안. 잠깐.
暫定(잠정) 1)일시의 안정(安定). 2) 어떤 일을 잠시 임시적으로 정하는 일.

暲
⑪ 15획　㊐ショウ
밝을 장　㊥zhāng

[풀이] 밝다. 해가 돋다.
🔗 彰(밝을 창)

暴
⑪ 15획　㊐ボウ·バク
❶ 사나울 포·폭 ·あばく
❷ 나타날 폭　㊥bào, pù

丨冂日日呈昇昇暴暴暴
暴暴暴

*회의. 해(日)가 나니(出) 두 손(廾)으로 곡식(米)을 말린다 하여 '쬐다', '드러내다'의 뜻으로 쓰임.

[풀이] ❶ 1. 사납다. 포악하다. ¶暴君 2. 갑자기. 급하게. ¶暴落 3. 세차다. 격렬하다. 4. 지나치다. ❷ 5. 나타내

[日 11~12획] 暳暻曁曇暾曆暹曄曉

다. 드러나 보이다. ¶暴露 6. 쬐다. ¶暴曬

暴惡(포악) 성질이 사납고 모짊.
暴徒(폭도) 폭동을 일으키는 무리.
暴露(폭로) 1)비밀을 드러내 보임. 2) 노천(露天)에서 비바람을 맞음.
暴言(폭언) 난폭한 말.
暴行(폭행) 1)난폭한 행동. 2)남에게 불법으로 폭력을 행사하는 일.
亂暴(난폭) 행동이 몹시 거칠고 사나움.
橫暴(횡포) 제멋대로 굴며 난폭함.

暳 ⑫ 15획 日ケイ 별 반짝거릴 혜 中huì

풀이 별이 반짝거리다.

暻 ⑫ 16획 日ケイ・あきらか 밝을 경 中jǐng

풀이 밝다. 환하다.

曁 ⑫ 16획 日キ・およぶ 및 기 中jì

풀이 1. 및. 함께. 2. 미치다. 다다르다. ¶曁及
曁及(기급) 이름. 다다름. 미침.

曇 ⑫ 16획 日ドン・タン・くもる 흐릴 담 中tán

* 회의. 해(日) 밑에 구름(雲)이 끼어 햇빛을 가림을 뜻하여, '흐리다'의 뜻으로 쓰임.

풀이 흐리다. 구름이 끼다.
曇天(담천) 구름이 끼어 흐린 하늘.
비 晴(갤 청)

暾 ⑫ 16획 日トン・あさひ 아침 해 돈 中tūn

풀이 1. 아침 해. 2. 아침 해가 비추다.
暾暾(돈돈) 1)햇빛이 구석구석 비치는 모양. 2)불빛이 환한 모양.

曆 ⑫ 16획 日レキ・こよみ 책력 력(역) 中lì

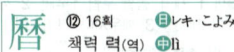

* 형성. 뜻을 나타내는 부수 '日(날 일)'과 음을 나타내는 厤(책력 력)'을 합친 글자.

풀이 1. 책력. 달・계절・시령(時令) 등을 날짜에 따라 적어 놓은 것. ¶曆紀 2. 셈. 셈하다. 헤아리다. 5. 운명. 운수. ¶曆命.
曆年(역년) 책력에 정한 1년. 태양력에서는 365일. 윤년은 366일.
曆法(역법) 책력을 만드는 데 기준이 되는 법칙.
冊曆(책력) 천체를 측정하여 해와 달의 움직임과 절기(節氣)를 적어 놓은 책. 역서(曆書).
비 歷(지날 력)

暹 ⑫ 16획 日セン 해 돋을 섬 中xiān

풀이 해가 돋다. 햇살이 퍼지다.

曄 ⑫ 16획 日ヨウ・かがやく 빛날 엽 中yè

풀이 빛나다. 빛을 발하다.
曄曄(엽엽) 1)빛나는 모양. 밝고 윤기 있는 모양. 2)성(盛)한 모양.
동 燠(빛날 욱) 炯(빛날 형) 奐(빛날 환)

曉 ⑫ 16획 日ギョウ・あかつき 새벽 효 中xiǎo

[日 13~17획] 曖 曙 曜 曛 曠 曝 曦 曩

* 형성. 뜻을 나타내는 부수 '日(날 일)'과 음을 나타내는 '堯(높을 요)'를 합친 글자. 해 [日]가 높이[堯] 환해지는 시각을 나타내어 '새벽'을 뜻함.

[풀이] 1. 새벽. 동틀 무렵. ¶早曉 2. 깨닫다. ¶曉達 3. 깨우치다. 타이르다.

曉得 (효득) 깨달아 앎.

曉星 (효성) 1) 새벽에 보이는 별. 2) 샛별. 금성(金星). 3) 매우 드문 존재.

曉喩 (효유) 알아듣도록 타이름.

春曉 (춘효) 봄철의 새벽.

[딸] 晨(새벽 신) 曙(새벽 서)

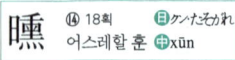

* 형성. 뜻을 나타내는 부수 '日(날 일)'과 음을 나타내는 '愛(사랑 애)'를 합친 글자.

[풀이] 1. 가리다. 가려지다. 2. 희미하다. 어둡다. ¶曖曖

曖昧 (애매) 분명하지 못함.

曖曖 (애애) 어둠침침한 모양. 흐릿한 모양.

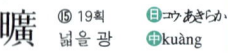

* 형성. 뜻을 나타내는 부수 '日(날 일)'과 음을 나타내는 '署(맡을 서)'를 합친 글자.

[풀이] 1. 새벽. 날이 샐 무렵. ¶曙光 2. 날이 밝다. 밤이 새다.

曙光 (서광) 1) 동틀 때의 빛. 2) 좋은 일이 일어나려는 조짐.

[딸] 曉(새벽 효) 晨(새벽 신)

曜 ⑭ 18획 日ヨウ·ひかり 中yào
빛날 요

* 형성. 뜻을 나타내는 부수 '日(날 일)'과 음을 나타내는 '翟(꿩적)'을 합친 글자.

[풀이] 1. 빛나다. 빛을 발하다. ¶曜曜 2. 요일. ¶曜日

曜日 (요일) 월·화·수·목·금·토·일에 붙어 일주일의 각 날을 나타낸 말.

[딸] 燿(빛날 휘) 昱(빛날 욱) 昡(빛날 현)

曛 ⑭ 18획 日クン·たそかれ
어스레할 훈 中xūn

[풀이] 1. 어스레하다. 2. 저녁 해. 석양.

曛黑 (훈흑) 해가 져서 어두움. 황혼이 짙어 어둑어둑함. 또는 그 시각.

[풀이] 1. 넓다. 광활하다. ¶曠海 2. 비다. 공허하다. ¶曠古 3. 허송하다. 헛되이 지내다. 4. 멀다. 요원하다.

曠古 (광고) 옛날을 공허하게 한다는 뜻으로, 전례가 없음을 이르는 말.

曠野 (광야) 광대한 들. 허허벌판.

曠日 (광일) 1) 하는 것 없이 여러 날을 보냄. 2) 오랜 시일. 3) 종일(終日).

曝 ⑮ 19획 日バク·さらす 中pù
쬘 폭

* 형성. 뜻을 나타내는 부수 '日(날 일)'과 음을 나타내는 '暴(햇볕 쪼일 폭)'을 합친 글자.

[풀이] 쬐다. 햇볕에 쬐어 말리다.

曝書 (폭서) 서책을 햇볕에 쬐고 바람을 쐬는 일. 쇄서(曬書).

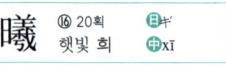

[풀이] 햇빛. 일광.

曦光 (희광) 햇빛. 일광(日光).

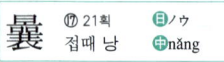

[풀이] 접때. 앞서. 전에.

曩日 (낭일) 접때. 지난번. 전일(前日).

[日 19획] 曬 [曰 0~3획] 曰曲曳更　339

비 囊(주머니 낭)

曬 ⑲ 23획
쬘 쇄
日 サイ・シ
  さらす
中 shài

풀이 쬐다. 햇볕을 쬐다.

曬書(쇄서) 책을 햇빛에 쬠.

曰 부

曰 가로 왈 部

'曰'자는 말할 때 입속에서 나오는 소리의 기운을 나타내어 '口'자에 '一'라는 부호가 더해진 글자로, '가로되'라는 뜻을 지닌다. 따라서 공자왈(孔子曰)에서처럼 남의 말을 인용할 때 주로 쓰인다. 자형상 분류를 위해 설정된 부수라서 부수로 쓰일 때는 거의 뜻이 드러나지 않는다.

曰 ⓪ 4획
가로 왈
日 エツ・いわく
  いう
中 yuē

丨冂曰曰

풀이 1. 가로되. 말하기를. 2. 이르다. ¶曰可曰否

曰可曰否(왈가왈부) 어떤 일에 대해 옳으니 그르니 함.

曰牌(왈패) 언행이 단정하지 못하고 수선스러운 사람. 왈자(曰者).

비 日(해 일)

曲 ② 6획
굽을 곡
日 キョク・
  まがる・うた
中 qū, qǔ

丨冂曰冎曲曲

*상형. 나무 등을 구부려 만든 그릇을 본떠 '굽다'의 뜻을 나타냄.

풀이 1. 굽다. 휘다. ¶曲直 2. 굽히다. 3. 자세하다. 상세하다. ¶曲禮 4. 구석. 5. 간절하다. 6. 가락. 악곡. ¶舞曲

曲曲(곡곡) 산·내·길의 굽이굽이. 2)방방곡곡.

曲線(곡선) 구부러진 선.

曲折(곡절) 1)꼬불꼬불함. 2)문장 같은 것의 쓰임이 복잡하고 변화가 많음. 3)자세한 사정. 복잡한 내용.

曲調(곡조) 가사(歌詞). 음악의 가락.

曲解(곡해) 사실과 어긋나게 잘못 이해함. 또는 그 이해. 오해(誤解).

懇曲(간곡) 간절하고 정성이 지극함.

歪曲(왜곡) 사실과 다르게 곱새김.

동 歪(비뚤 왜) 반 直(곧을 직)

曳 ② 6획
끌 예
日 エイ・ひく
中 yè

풀이 끌다. 질질 끌다.

曳引船(예인선) 다른 배를 끄는 배.

비 吏(벼슬 리) 更(고칠 경)

更 ③ 7획
❶ 다시 갱
❷ 고칠 경
日 コウ・かわる
  あらためる
中 gēng, gèng

一一一币币更更

*형성. 뜻을 나타내는 '攴(칠 복)'과 음을 나타내는 '丙(남녘 병)'을 합친 글자.

풀이 ❶ 1. 다시. 또. ¶更新 ❷ 2. 고치다. ¶更張 3. 바꾸다. ¶更迭 4. 시각. 해질녘부터 새벽까지 5등분한 야간의 시간. 5. 지나다. 통과하다.

更生(갱생) 거의 죽음 지경에서 다시 살아남. 재생(再生).

更新(1.갱신/2.경신) 1)다시 새로워짐. 2)묵은 것을 고쳐 새롭게 함.

更迭(경질) 있던 사람을 갈아 내고 다른 사람으로 대신함.

變更(변경) 바꾸어 고침.
비 更(벼슬 리) 曳(끌 예)

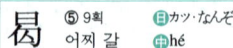
⑤ 9획 어찌 갈
日 カツ・なんぞ
中 hé

풀이 1. 어찌. 2. 어느 때. 언제. ¶曷月 3. 어찌…하지 않은가?
曷爲(갈위) 어찌하여. 무엇 때문에.

⑥ 10획 글 서
日 ショ・かく・ふみ
中 shū

一 ㄱ ㅋ ㅋ ヨ 肀 聿 書 書 書 書

*형성. 뜻을 나타내는 '聿(붓 율)'과 음을 나타내는 '者(놈 자)'를 합친 글자.

풀이 1. 글. 기록. 문장. 2. 글씨. ¶書圖 3. 쓰다. 기록하다. 4. 편지. 서한. ¶書簡 5. 책. 문서.
書簡(서간) 편지.
書類(서류) 기록·사무에 관한 문서.
書齋(서재) 책을 쌓아 두고 글을 읽거나 쓰는 방.
書帖(서첩) 명필을 모아 꾸민 책. 묵첩(墨帖).
書畫(서화) 글씨와 그림.
文書(문서) 실무상 필요한 사항을 문장으로 적어서 나타낸 글.
證書(증서) 증거가 되는 문서. 어떤 사실을 증명하는 서류.
비 晝(낮 주) 畫(그림 화)

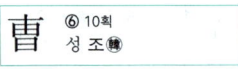
⑥ 10획 성 조

풀이 성(姓) 성(姓)으로서, 우리는 이 자를 쓰고 중국에서는 '曹'를 씀.

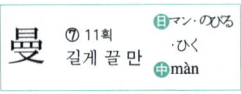
⑦ 11획 길게 끌 만
日 マン・のびる ・ひく
中 màn

풀이 1. 길게 끌다. 길다. ¶曼延 2. 아름답다. ¶曼辭
曼辭(만사) 아름답게 수식한 말. 능숙한 말씨.
曼延(만연) 1)길게 연속함. 2)널리 퍼짐.

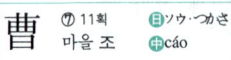
⑦ 11획 마을 조
日 ソウ・つかさ
中 cáo

풀이 1. 마을. 관청. ¶法曹界 2. 무리. 떼. 3. 조나라. 춘추 시대의 제후국으로 지금의 산동성(山東省)에 위치함.
曹輩(조배) 동아리. 무리.
法曹(법조) 일반적으로 법률 사무에 종사하는 사람. 법조인(法曹人).

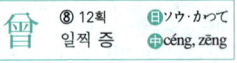
⑧ 12획 일찍 증
日 ソウ・かつて
中 céng, zēng

丿 八 八 伫 伫 俭 徊 俭 俭
曾 曾 曾

*상형. 김이 나는 시루를 본뜬 글자. 원래의 뜻은 '시루(甑)'였는데, 바뀌어 '일찍'의 뜻으로 쓰임.

풀이 1. 일찍. 일찍이. ¶曾經 2. 거듭. 다시.
曾往(증왕) 일찍이. 지나간 때.
曾祖(증조) 아버지의 할아버지. 증조부(曾祖父).
未曾有(미증유) 일찍이 없었음.
비 會(모을 회)

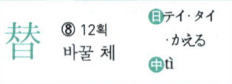
⑧ 12획 바꿀 체
日 テイ・タイ ・かえる
中 tì

一 二 キ ‡ ‡ 𣂼 𣂼 𣂼 替 替

*회의. 두 사람(𣂼)이 나란히 서서 말(曰)을 하며 갈마드는 모양에서 '갈다', '바꾸다'의 뜻을 나타냄.

풀이 1. 바꾸다. 갈다. ¶替番 2. 쇠하다. 멸망하다. 쇠퇴하다. ¶替壞

替換(체환) 1)바꿈. 2)갈아들임. 교대함.
交替(교체) 서로 갈림.
代替(대체) 다른 것으로 바꿈.
🔄 換(바꿀 환)

最 ⑧ 12획 🇯🇵サイ·もっとも 가장 최 🇨🇳zuì

一冂日曰甲早是是最最最

* 회의. 앞뒤 가리지 않고 함부로(冒) 취하여(取) 모은다는 뜻을 나타냄. 바꾸어 '가장'의 뜻으로 쓰임.

[풀이] 가장. 제일. ¶最高

最高(최고) 가장 높음.
最近(최근) 1)가장 가까움. 2)요즘.
最善(최선) 1)가장 좋은 것. 가장 선한 것. 2)온 힘. 전력(全力).
最終(최종) 맨 나중.
最初(최초) 맨 처음.

會 ⑨ 13획 🇯🇵カイ·あう 모일 회 🇨🇳guì, huì, kuài

[풀이] 1. 모이다. 모으다. ¶會同 2. 모임. 단체. 3. 만나다. ¶會見 4. 깨닫다. 이해하다. ¶會得 5. 맞다. ¶會心 6. 기회. 적당한 시기. ¶機會

會見(회견) 서로 만나 봄.
會計(회계) 들어오거나 나간 돈을 따져서 셈하는 일. 또는 그 일을 하는 사람.
會談(회담) 모여서 의논함.
會悟(회오) 깨달음. 해오(解悟).
會者定離(회자정리) 만나면 반드시 이별한다는 뜻으로, 세상의 무상(無常)함을 이르는 말.
會合(회합) 모임. 집합.
大會(대회) 많은 사람의 모임.
再會(재회) 1)두 번째 갖는 모임. 2)다시 만남.
🔄 集(모일 집) 輯(모을 집)
🔸 曾(일찍 증)

月부

月 달 월 部

'月'자는 달의 모양을 나타내어 '달' 또는 달이 뜨는 '밤'을 뜻하는 글자로, '매달' 이나 '다달이'를 나타내기도 한다. 그리고 의미가 확대되어 시간의 흐름인 '세월' 이라는 뜻으로도 사용된다.

月 ⓪ 4획 🇯🇵ゲツ·つき 달 월 🇨🇳yuè

丿 冂 月 月

* 상형. 초승달 혹은 반달의 모양을 본뜬 글자.

[풀이] 1. 달. ㉠지구의 위성. ㉡한 해의 12분의 일. ㉢달을 세는 단위. 2. 세월. ¶日月

月刊(월간) 매달 한 차례씩 인쇄물을 발행함.
月給(월급) 다달이 받는 급료.
月賦(월부) 값, 또는 빚을 다달이 나누어 갚아 가는 일.
月下老人(월하노인) 남녀를 맺어 주는 중매쟁이.
正月(정월) 음력 1월.

有 ② 6획 🇯🇵ユウ·ある·もつ 있을 유 🇨🇳yǒu, yòu

丿 ナ 冇 冇 有 有

* 형성. 뜻을 나타내는 '月(肉:고기 육)'과 음을 나타내는 '又(또 우)'를 합친 글자. 고기(肉)를 든 손(又)을 나타내어, '가지다', '있다.' 라는 뜻으로 쓰임.

[풀이] 1. 있다. ¶有能 2. 가지다. 소유하다. 3. 또.

有能(유능) 재능이 있음.
有力(유력) 1)힘이 있음. 완력(腕力).

이 셈. 2)세력이 있음. 3)확실한 가능성이 있음.
有望(유망) 잘될 희망이 있음.
有備無患(유비무환) 미리 준비하여 어떤 일을 당해도 걱정할 것이 없음.
有耶無耶(유야무야) 1)어물어물하. 흐지부지함. 2)흐리멍덩함.
有用(유용) 쓸모가 있음.
有效(유효) 효력이 있음. 보람이 있음.
所有(소유) 자기 것으로 가짐.
유 存(있을 존) 在(있을 재)

服 ④ 8획 日フク・きもの
옷 복 中fú, fù

丿 丿 丬 月 月ˊ 肝 服 服

*형성. 뜻을 나타내는 부수 '月(달 월)'과 음을 나타내는 부수 이외의 글자를 합친 글자.

풀이 1. 옷. 복장. ¶服物 2. 입다. 옷을 입다. 3. 상복. 4. 복종하다. 따르다. ¶服從 5. 약을 먹다. 복용하다. ¶服用 6. 생각하다. ¶服念 7. 행하다. 종사하다.

服務(복무) 맡은 일에 힘씀.
服屬(복속) 1)좇아 따름. 복종. 2)복(服)을 입을 친속(親屬). 유복친(有服親).
服用(복용) 약을 먹음.
服裝(복장) 옷. 옷차림.
服從(복종) 남의 명령이나 의사에 따름.
歎服(탄복) 감탄하여 진심으로 따름.

朋 ④ 8획 日ホウ・とも
벗 붕 中péng

丿 丿 月 月 刖 刖 朋 朋

*상형. 조가비 5개씩 실로 꿴 꿰미를 두 줄로 나란히 놓은 모양을 본뜬 글자. 이에 '짝', '벗'의 뜻을 나타냄.

풀이 1. 벗. 친구. ¶朋友 2. 동아리. 떼. 무리.
朋黨(붕당) 이해나 주의 등이 같은 사람끼리 모여 당외 사람들을 배척하는 단체.
朋友(붕우) 벗. 친구. 우인(友人).
유 友(벗 우) 비 冊(책 책)

朔 ⑥ 10획 日サク・ついたち
초하루 삭 中shuò

 朔 朔 朔

*형성. 뜻을 나타내는 부수 '月(달 월)'과 음을 나타내는 '逆(거스를 역)'의 생략형을 합친 글자. 한 달(月)이 가고 또 거슬러 올라가서(逆) 초하룻날이 된다고 하여, '초하루'라는 뜻으로 쓰임.

풀이 1. 초하루. ¶朔晦 2. 북녘. 북쪽. ¶朔空
朔望(삭망) 초하루와 보름. 음력 1일과 15일.
朔風(삭풍) 북쪽에서 불어오는 바람.

朕 ⑥ 10획 日チン・われ
나 짐 中zhèn

풀이 1. 나. 자기 자신. 본래 신분의 구별 없이 스스로를 일컫는 말이었는데, 진시황 때부터 임금만 쓰게 됨 2. 징조. 조짐. ¶朕兆
朕兆(짐조) 조짐. 징조.

朗 ⑦ 11획 日ロウ・ほがらか
밝을 랑(낭) 中lǎng

*형성. 뜻을 나타내는 부수 '月(달 월)'과 음을 나타내는 '良(좋을 량)'을 합친 글자. 좋은(良) 달(月)이란 밝은 달을 뜻하여, '밝다'를 바탕으로.

풀이 1. 밝다. 환하다. ¶朗朗 2. 명랑하다. 쾌활하다. 3. 소리가 맑고 또렷하다.
朗讀(낭독) 소리를 높여 읽음.
朗朗(낭랑) 1)소리가 명랑한 모습. 2)빛이 매우 밝음.
朗報(낭보) 유쾌한 소식. 기쁜 소식.
明朗(명랑) 1)밝고 맑고 낙천적인 성미. 또는 모습. 2)유쾌하고 쾌활함.
비 郞(사나이 랑)

[月 7~14획] 望期朞朝朦

望 ⑦ 11획 日ボウ·のぞむ
바랄 망 中wàng

*형성. 뜻을 나타내는 '朢(보름 망)'과 음을 나타내는 '亡(망할 망)'을 합친 글자. 높은 곳〔壬〕에 서서 달〔月〕을 바라보는 눈〔臣〕을 나타낸 '朢'에 음을 표시하는 '亡'을 붙여 '바라보다'의 뜻으로 쓰임.

풀이 1. 바라다. 기대하다. ¶所望 2. 바라보다. 먼곳을 내다보다. 3. 원망하다. 꾸짖다. ¶怨望 4. 보름. 음력 15일. 음력 보름날의 달. ¶望月 5. 이름. 명성.

望臺(망대) 먼 곳을 바라보는 누대.
望月(망월) 1)보름날 밤의 달. 2)달을 바라봄.
望鄕(망향) 고향을 그려 바라봄.
所望(소망) 바라는 바.
怨望(원망) 남을 못마땅하게 여기고 탓함.

윤 願(원할 원) 希(바랄 희)

期 ⑧ 12획 日キ·ごきる·ときウ
기약할 기 中jī, qī

一十廿廿甘其其期期期期

*형성. 뜻을 나타내는 부수 '月(달 월)'과 음을 나타내는 '其(그기)'를 합친 글자.

풀이 1. 기약하다. 약속하다. ¶期約 2. 때. 시기. ¶期節 3. 돌. 만 하루, 만 1개월, 또는 만 1년. 4. 백 살. 5. 바라다. 기대하다. ¶期待 6. 기한. 기간. ¶期間

期間(기간) 미리 정한 일정한 시간. 기한의 사이.
期待(기대) 어느 때로 기약하여 바람. 희망을 가지고 기약한 것을 기다림.
期圖(기도) 기약하여 피함.
期約(기약) 때를 작정하여 약속함.
期日(기일) 기약한 날짜.
期會(기회) 1)때를 약속하고 모임. 2)꼭 실행하려고 계획함. 3)때. 시기.

時期(시기) 때. 기간.

반 欺(속일 기)

朞 ⑧ 12획 日キ
돌 기 中jī

풀이 돌. 일 주년(一週年). 만 하루, 만 1개월, 또는 만 1년.

朞年(기년) 1)기년복(朞年服)의 준말. 2)한 해 되는 돌.

朝 ⑧ 12획 日チョウ·あさ
아침 조 中cháo, zhāo

一十十占古直卓朝朝朝朝

*회의. 강〔月〕 옆의 수풀〔艸〕 사이로 해〔日〕가 뜨는 모습을 나타내어 '아침'의 뜻으로 쓰임.

풀이 1. 아침. ¶朝飯 2. 조정. 3. 왕조. 4. 알현하다. 임금을 뵈다. ¶朝謁

朝貢(조공) 제후(諸侯)나 속국(屬國) 등이 내조(來朝)하여 공물(貢物)을 바치는 일.
朝飯(조반) 아침밥.
朝三暮四(조삼모사) 아침에 세 개, 저녁에 네 개라는 뜻으로, 눈앞에 보이는 차이만 알고 결과가 같은 것을 모르는 어리석음을 이르는 말.
朝野(조야) 1)조정과 백성. 관리와 민간인. 2)천하. 세상.
朝會(조회) 1)백관이 임금을 뵙기 위해 모이던 일. 2)학교·관청 등에서 행하는 아침 모임.

윤 旦(아침 단) 반 夕(저녁 석) 夜(밤 야)

朦 ⑭ 18획 日モウ
흐릴 몽 中méng

풀이 흐리다. 어렴풋하다.

朦朧(몽롱) 1)흐릿하고 희미함. 2)정신·상황이 뚜렷하지 않고 흐릿함.
朦朦(몽몽) 1)어슴푸레한 모양. 2)정신이 흐려 멍한 모양.

[月 16획] 朧 [木 0~1획] 木 末 未

비 朦(소경 몽)

朧 ⑯ 20획 ⓙロウ ⓒlóng
흐릿할 롱

풀이 흐릿하다. 분명하지 않다.

朧光(농광) 흐린 달빛.

木 부

木 나무 목 部

'木'자는 '나무'를 뜻하는 글자로, 나무를 베어 목재를 만들기 때문에 '목재'나 나무를 재료로 하여 만든 물건'을 나타낸다. 사람을 땅에 묻을 때 흔히 나무를 사용하여 '관'이나 '널'이라는 뜻으로도 사용하므로, 나무의 재질이 질박하다 하여 '질박하다', 또는 목화(木花)에서처럼 '무명'의 뜻으로도 사용된다. 이 글자를 부수로 갖는 글자는 나무와 관련되고, 사람의 생활이나 생산 활동과 관련된 뜻도 갖는다.

木 ⓞ4획 ⓙボク·モク·き
나무 목 ⓒmù

一 十 才 木

*상형. 땅에 뿌리를 박고 선 나무 모양을 본뜬 글자.

풀이 1. 나무. ¶木石 2. 오행(五行)의 하나. 방위로는 동쪽, 계절로는 봄을 뜻함. 3. 질박하다. 꾸밈이 없이 수수하다. 4. ⓐ 무명. 면포(綿布).

木工(목공) 나무로 물건을 만드는 사람. 목수(木手).

木馬(목마) 나무로 만든 말.

木石(목석) 1)나무와 돌. 2)감정이 무디고 무뚝뚝한 사람.

木造(목조) 나무를 재료로 하여 만듦. 또는 그 물건.

木鐸(목탁) 1)절에서 불공을 할 때나 사람을 모이게 할 때 두드려서 소리를 내는 기구. 2)세상 사람을 깨우쳐 바른 길로 인도할 사람이나 기관.

草木(초목) 1)풀과 나무. 2)식물.

유 樹(나무 수)

末 ⓞ5획 ⓙマツ·すえ
끝 말 ⓒme, mò

一 = ≠ 才 末

*지사. 나무(木)의 위쪽에 표시(一)를 하여 나뭇가지 끝을 나타냄. 바꾸어, 널리 '사물의 끝'이란 뜻으로 쓰임.

풀이 1. 끝. 마지막. ¶末伏 2. 중요하지 않는 부분. 지엽(枝葉). 3. 꼭대기. 정상. 4. 가루.

末期(말기) 끝나는 시기.

末路(말로) 1)가던 길의 마지막. 2)일생의 끝날 무렵. 노후(老後). 말년(末年). 3)일이 망해 가는 길.

末世(말세) 정치·도덕·풍속 등이 아주 쇠퇴한 시대. 망해 가는 세상.

末梢(말초) 1)끝이 갈려 나간 가는 가지. 2)사물의 끝 부분.

斷末魔(단말마) 1)숨이 끊어질 때의 고통. 2)임종.

비 未(아닐 미)

未 ⓞ5획 ⓙミ
아닐 미 ⓒwèi

一 = ≠ 才 未

*상형. 나무의 가지와 잎이 무성한 모양을 본뜬 글자. 가차하여 십이지의 여덟째로 쓰임.

풀이 1. 아니다. 아직 …하지 않다. 부정의 뜻. ¶未安 2. 여덟째 지지(地支). 시간은 오후 1~3시, 방위는 서남쪽, 달로는 6월, 띠로는 양을 나타냄.

未開(미개) 1)아직 문명이 깨이지 못한 상태. 2)꽃이 아직 피지 않음.

未達(미달) 어떤 한도나 목표에 아직 이르지 못함.
未來(미래) 아직 오지 않은 때.
未成年(미성년) 아직 만 20세가 되지 않음. 또는 그 사람.
未然(미연) 아직 그렇게 되지 않은 상태.
未洽(미흡) 마음에 넉넉하지 못하거나 흡족하지 못함.
🔁 非(아닐 비) 不(아닐 불) 🔀 末(끝 말)

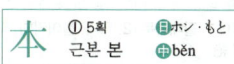

一 十 才 木 本

* 지사. 나무(木) 아래쪽에 표적(一)을 붙여 나무의 뿌리를 나타냄. 후에, 나무에 한하지 않고 '사물의 근본'이란 뜻으로 쓰임.

풀이 1. 근본. 기본. ¶根本 2. 자기 자신. 본인. ¶本人 3. 본디. 원래의. ¶本性 4. 책. 문서. ¶刻本

本能(본능) 날 때부터 타고난 능력.
本來(본래) 1)사물이 전하여 내려 온 그 처음. 2)본디부터. 본디부터.
本性(본성) 본디의 성질.
本人(본인) 1)자기. 저. 2)바로 그 사람. 당사자.
本質(본질) 1)본바탕. 2)본래부터 가지고 있는 사물의 독자적 성질.
脚本(각본) 연극의 바탕이 되는 글.
🔁 根(뿌리 근)

풀이 1. 패. 얇고 작은 나뭇조각. 2. 편지. ¶簡札 3. 돈. 현금.
札翰(찰한) 편지.
現札(현찰) 현금.

朮 ① 5획   🇯 もちあわ
   차조 출   🇨 zhú

풀이 차조. 찰기가 많은 조(粟).

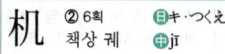

풀이 책상.
机案(궤안) 책상. 궤안(几案).
🔀 朳(산사나무 구)

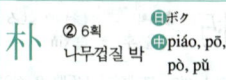

一 十 才 木 朴 朴

* 형성. 뜻을 나타내는 부수 '木(나무 목)'과 음을 나타내는 '卜(점 복)'을 합친 글자.

풀이 1. 나무껍질. 2. 소박하다. 수수하다. 순박하다. ¶朴而不文
朴素(박소) 사치하지 않고 수수함.
朴忠(박충) 순박하고 충실함.
淳朴(순박) 순량하고 꾸밈이 없음.

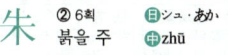

丿 亠 느 牛 朱 朱

* 지사. 나무(木)의 한가운데에 한 획(一)을 덧붙여 나무의 속 단면이 붉은 빛깔임을 나타냄.

풀이 붉다.

朱子學(주자학) 중국 송(宋)나라 주희(朱熹)가 대성한 학설. 도학(道學)성리학(性理學). 이학(理學).
朱雀(주작) 1)남쪽에 있는 성수(星宿)로서 그곳을 지키는 신. 붉은 봉황의 형상임. 주조(朱鳥). 2)남쪽. 남방.
朱黃(주황) 빨강과 노랑의 중간색.
🔁 赤(붉을 적) 丹(붉을 단)

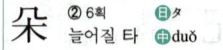

[木 2~3획] 朶朽杆杠杞杜李杋杉

풀이 1. 늘어지다. ¶朶雲 2. 꽃송이. 꽃송이나 꽃가지를 세는 단위. ¶朶朶

朶朶(타타) 나무의 가지·잎·꽃송이·열매 등이 휘늘어져 있는 모양.

朶 ②6획
朶(p345)의 俗字

朽 ②6획 ㊐キョウ·くちる ㊥xiǔ
썩을 후

풀이 1. 썩다. 부패하다. ¶朽敗 2. 쇠약해지다. ¶朽老

朽落(후락) 1)낡고 썩어서 쓸 수가 없게 됨. 2)오래되어서 빛깔이 변함.

不朽(불후) 썩지 않음. 영원히 없어지지 않음.

㊛ 腐(썩을 부)

杆 ③7획 ㊐ケン ㊥gān, gǎn
방패 간

*형성. 뜻을 나타내는 부수 '木(나무 목)'과 음을 나타내는 '干(방패 간)'을 합친 글자. 나무(木)로 만든 방패(干)라는 뜻을 나타냄.

풀이 1. 방패. 2. 몽둥이. ¶杆棒 3. 난간. ¶欄杆 4. 지레.

欄杆(난간) 계단이나 다리 등의 가장자리에, 나무나 쇠붙이 등으로 가로세로 세워 놓은 살.

㊛ 盾(방패 순)

杠 ③7획 ㊐コウ ㊥gāng, gàng
깃대 강

풀이 1. 깃대. 2. 다리. 외나무다리 같은 작은 다리.

杠梁(강량) 다리. 교량(橋梁).

杞 ③7획 ㊐キ·シ ㊥qǐ
구기자 기

풀이 1. 구기자. 2. 고리버들. 3. 나라 이름. 주대(周代)의 나라로, 우왕(禹王)의 자손이 통치하였음.

杞憂(기우) 기나라 사람의 근심이라는 뜻으로, 쓸데없는 걱정을 이르는 말.

杜 ③7획 ㊐トウ ㊥dù
팥배나무 두

*형성. 뜻을 나타내는 부수 '木(나무 목)'과 음을 나타내는 '土(흙 토)'를 합친 글자.

풀이 1. 팥배나무. 2. 막다. 틀어막다. ¶杜絶

杜鵑(두견) 1)두견이. 2)진달래.

杜門不出(두문불출) 문을 닫고 나가지 않는다는 뜻으로, 집에만 틀어박혀 세상 밖으로 나가지 않음을 이르는 말.

杜絶(두절) 교통과 통신이 막히고 끊어짐.

李 ③7획 ㊐リ ㊥lǐ
오얏나무 리

一 十 十 木 本 李 李

*형성. 뜻을 나타내는 부수 '木(나무 목)'과 음을 나타내는 '子(아들 자)'를 합친 글자.

풀이 1. 오얏나무. 자두나무. 2. 오얏. 자두. ¶道傍苦李

桃李(도리) 1)복숭아와 자두. 또는 그 꽃이나 열매. 2)남이 천거한 좋은 인재(人材)를 비유하는 말.

㊛ 季(계절 계)

杋 ③7획 ㊐ハン ㊥fán
나무 이름 범

풀이 나무 이름. 일명 수부목(水浮木).

杉 ③7획 ㊐サン·あさ ㊥shā, shān
삼나무 삼

풀이 삼나무.

束

③ 7획 [日]ソク·たばねる
묶을 속 [中]shù

一 ㄷ 𠮛 𠮛 申 東 束

*상형. 땔나무를 묶은 모양을 본떠, '묶다', '매다'의 뜻을 나타냄.

[풀이] 1. 묶다. 동여매다. 2. 약속하다. ¶約束 3. 묶음. 뭇. 나무나 채소의 한 묶음.

束縛(속박) 자유를 구속함.

束手無策(속수무책) 어찌할 도리가 없어 꼼짝 못함.

拘束(구속) 1)마음대로 못하게 얽어맴. 2)체포하여 속박함.

[유] 括(묶을 괄) [비] 朿(가시 자)

杌

③ 7획 [日]オツ
위태로울 올 [中]wù

[풀이] 1. 위태롭다. ¶杌隉 2. 등걸. 그루터기. 3. 걸상. ¶杌子

杌隉(올얼) 위태로운 모양. 불안한 모양.

杌子(올자) 걸상. 간편한 작은 걸상.

杅

③ 7획 [日]ウ
잔 우 [中]yú, wū

[풀이] 1. 잔. 물그릇. 2. 목욕통. 3. 만족하다. ¶杅杅

杖

③ 7획 [日]ジョウ·つえ
지팡이 장 [中]zhàng

*형성. 뜻을 나타내는 부수 '木(나무 목)'과 음을 나타내는 '丈(어른 장)'을 합친 글자.

[풀이] 1. 지팡이. 2. 몽둥이. 곤장. ¶藜杖 3. 장형. 곤장으로 때리는 형벌.

杖刑(장형) 곤장(棍杖)으로 볼기를 치는 형벌.

棍杖(곤장) 죄인의 볼기나 허벅다리를 치는 몽둥이.

竹杖(죽장) 대지팡이.

[비] 枚(낱 매)

材

③ 7획 [日]ザイ·まるた
재목 재 [中]cái

一 十 才 木 木 村 材

*형성. 뜻을 나타내는 부수 '木(나무 목)'과 음을 나타내는 '才(재주 재)'를 합친 글자.

[풀이] 1. 재목. 재료. ¶材料 2. 재주. 재능. 능력. ¶人材 3. 자질. 바탕.

材料(재료) 1)물건을 만드는 감. 2)일할 거리.

材質(재질) 1)목재의 성질. 2)재료의 성질.

教材(교재) 가르치는 데 쓰이는 재료.

木材(목재) 건축이나 가구 등을 만드는 데 쓰이는 나무로 된 재료.

[비] 林(수풀 림) 村(마을 촌)

条

③ 7획
條(p361)의 俗字

杈

③ 7획 [日]サ
작살 차 [中]chā

[풀이] 1. 작살. 2. 가장귀진 나뭇가지.

村

③ 7획 [日]ソン·むら
마을 촌 [中]cūn

一 十 才 木 木 村 村

*형성. 뜻을 나타내는 부수 '木(나무 목)'과 음을 나타내는 '寸(마디 촌)'을 합친 글자.

[풀이] 마을. 시골. ¶村落

村落(촌락) 시골의 부락.

村老(촌로) 시골 늙은이.

村民(촌민) 촌에 사는 백성.

無醫村(무의촌) 의사와 의료 시설이 없는 촌.

富村(부촌) 부자가 많이 사는 마을. 부유하게 살아 가는 마을.

[유] 里(마을 리) [비] 材(재목 재)

杓 ③ 7획 ❽シャク
❶ 북두자루 표 ⊕biāo,
❷ 구기 작　sháo

* 형성. 뜻을 나타내는 부수 '木(나무 목)'과 음을 나타내는 '勺(구기 작)'을 합친 글자. 나무(木)로 만든 구기(勺)라는 뜻을 나타냄.

[풀이] ❶ 1. 북두 자루. 북두칠성의 자루 부분. ❷ 2. 구기. 국자와 비슷한 기구.

杏 ③ 7획 ❽コウ・アンズ
살구나무 행 ⊕xìng

[풀이] 1. 살구나무. 살구. ¶杏花 2. 은행나무. 은행. ¶銀杏

杏仁(행인) 살구 씨의 알맹이. 기침·변비의 약재로 씀.

銀杏(은행) 은행나무의 열매.

[비] 杳(어두울 묘)

杰 ④ 8획
傑(p47)의 俗字

果 ④ 8획 ❽カ・くだもの
열매 과 ⊕guǒ

丨 冂 曰 旦 甼 果 果

* 상형. 나무 위에 열매가 열린 모양을 본뜬 글자. 열매의 뜻으로 쓰임.

[풀이] 1. 열매. 과실. ¶果木 2. 결단성이 있다. 과감하다. ¶果敢 3. 과연. 정말. ¶果然 4. 결과. ¶結果

果敢(과감) 과단성이 있게 일을 함. 용감하게 실행함.

果斷(과단) 용기 있게 결단함.

果然(과연) 1)알고 보니 정말 그러함. 2)결과에 있어서도 참으로 그러함.

果汁(과즙) 과실의 즙.

結果(결과) 1)열매를 맺음. 2)어떤 까닭으로 인하여 이루어지는 결말의 상태.

[유] 實(열매 실)

枏 ④ 8획 ❽ナン
녹나무 남 ⊕nán

[풀이] 녹나무.

杻 ④ 8획 ❽
감탕나무 뉴 ⊕chǒu, niǔ

[풀이] 감탕나무.

東 ④ 8획 ❽トウ・ひがし
동녘 동 ⊕dōng

一 一 戸 戸 自 申 東 東

* 상형. 나무 위로 해가 떠오르는 모양을 본뜬 글자로, 해가 뜨는 동쪽을 나타냄.

[풀이] 동녘. 동쪽. 오행(五行)의 으로는 목(木) 계절로는 봄을 나타냄.

東家食西家宿(동가식서가숙) 떠돌아다니며 이 집 저 집에서 얻어먹고 지냄.

東問西答(동문서답) 어떤 물음에 대하여 엉뚱한 대답을 함.

東奔西走(동분서주) 사방으로 바쁘게 돌아다님. 동행서주(東行西走).

東學(동학) 수운(水雲) 최제우(崔濟愚)를 교조(教祖)로 한 일종의 민족 종교. 천도교(天道敎).

古今東西(고금동서) 동양과 서양 모든 때와 모든 지역.

林 ④ 8획 ❽リン・はやし
수풀 림(임) ⊕lín

一 十 才 才 木 村 村 林

* 회의. 나무(木)가 둘 겹쳐 늘어선 모습. 곧, 나무가 많은 수풀을 나타냄.

[풀이] 1. 수풀. 숲. ¶林間 2. 많다.

林間(임간) 숲 사이. 숲 속.

林立(임립) 숲처럼 죽 늘어섬.

[木 4획] 枚杳枋杯枇析松

林野(임야) 1)숲이 있거나 개간되지 않은 땅. 2)산지.
林泉(임천) 1)숲과 샘. 2)은사(隱士)의 사는 곳.
山林(산림) 1)산과 숲. 산에 있는 숲. 2)도시에서 멀리 떨어진 산야.
<u>비</u> 材(재목 재)

枚 ④ 8획 日マイ·みき 中méi
줄기 매

* 회의. 나무(木)에서 잔가지를 쳐 내는(攴) 것을 나타내어, 쳐 내고 남은 '줄기'를 뜻함.

풀이 1. 줄기. 나무줄기. 2. 낱낱이. 일일이. ¶枚擧 3. 낱. 장. 셀 수 있게 된 얇은 물질의 하나이나.

枚擧(매거) 낱낱이 들어서 말함.
枚陳(매진) 낱낱이 사실대로 진술함.
<u>비</u> 杖(지팡이 장)

杳 ④ 8획 日ョウ 中yǎo
어두울 묘

* 회의. 해(日)가 나무(木) 밑으로 저물었음을 나타낸 글자. 이에 '어둡다'의 뜻으로 쓰임.

풀이 1. 어둡다. 어둠침침하다. ¶杳昧 2. 멀다. 아득하게 멀다. ¶杳渺

杳然(묘연) 1)그윽하고 먼 모양. 2)알 길이 없이 까마득함.
<u>유</u> 暗(어두울 암)
<u>비</u> 査(조사할 사) 香(향기 향)

枋 ④ 8획 日ホウ 中fāng
나무 이름 방

풀이 나무 이름. 수레를 만드는 재료로 쓰는 나무의 하나.

杯 ④ 8획 日ハイ·こけら 中bēi
잔 배

풀이 잔. 술잔.

杯中蛇影(배중사영) 술잔 속의 뱀 그림자라는 뜻으로, 공연한 의혹으로 고민하는 일을 비유하는 말.
乾杯(건배) 잔을 비움. 서로 잔을 높이 들어 행운을 빌고 마시는 일.
苦杯(고배) 쓴 술잔이란 뜻으로, 억울한 실패나 몹시 심한 고생을 이르는 말.

枇 ④ 8획 日ヒ 中pí
비파나무 비

풀이 비파나무.

枇杷(비파) 비파나무의 열매.
<u>유</u> 杷(비파나무 파)

析 ④ 8획 日セキ·さける 中xī
가를 석

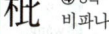

* 회의. 도끼(斤)로 나무(木)를 쪼개는 것을 나타내어 '가르다', '쪼개다'의 뜻으로 쓰임.

풀이 1. 가르다. 나누다. ¶析肝 2. 분석하다.

析出(석출) 화합물을 분석하여 어떤 물질을 골라냄.
分析(분석) 1)복합된 사물을 그 성질이나 요소에 따라 가르는 일. 2)화학적·물리적 방법으로 물질의 원소를 분해하는 일.
<u>비</u> 折(꺾을 절)

松 ④ 8획 日ノウ·まつ 中sōng
소나무 송

* 형성. 뜻을 나타내는 부수 '木(나무 목)'과 음을 나타내는 '公(공변될 공)'을 합친 글자.

풀이 소나무.

松柏(송백) 소나무와 잣나무.
松津(송진) 소나무의 줄기에서 분비되는 수지(樹脂). 송고(松膏).
松花(송화) 소나무의 꽃. 또는 그 꽃가루.

枘
④ 8획
장부 예
日 エイ・ちょう
中 ruì

풀이 장부. 나무 끝을 구멍에 맞추어 박기 위해 깎아 가늘게 만든 부분.

枘鑿(예조) 사물이 서로 맞지 않음을 비유하는 말. 방예원조(方枘圓鑿).

枉
④ 8획
굽을 왕
日 オウ
中 wǎng

풀이 1. 굽다. 휘다. ¶枉直 2. 굽히다. 3. 억울한 죄(罪).

枉臨(왕림) 남의 방문의 경칭.
枉法(왕법) 1)법을 어김. 2)법을 악용함.
矯枉過直(교왕과직) 구부러진 것을 바로잡으려다가 너무 곧게 함.

杵
④ 8획
공이 저
日 テイ・きね
中 chǔ

풀이 1. 공이. 절굿공이. ¶杵臼 2. 방망이. 몽둥이.

杵臼(저구) 절굿공이와 절구통.

杼
④ 8획
❶ 북 저
❷ 상수리나무 서
日 ジョ
中 zhù

풀이 ❶ 1. 북. 베틀의 북. ¶杼梭 ❷ 2. 상수리나무. ¶杼斗 3. 개수통.

杼斗(서두) 상수리의 다른 이름.
杼梭(저사) 1)베틀의 북. 2)베를 짜는 일.
回 抒(풀 서)

枓
④ 8획
❶ 구기 주
❷ 두공 두
日 ト
中 dǒu

풀이 ❶ 1. 구기. 술·죽·기름 등을 풀 때 쓰는 도구. ❷ 2. 두공.

枓栱(두공) 기둥머리를 장식하기 위하여 끼우는 대접처럼 넓적하게 네모진 나무. 대접받침. 주두(柱枓).

枝
④ 8획
❶ 가지 지
❷ 육손이 기
日 シ・えだ
中 zhī

一 十 才 木 木 杧 枝 枝

*형성. 뜻을 나타내는 부수 '木(나무 목)'과 음을 나타내는 '支(가지 지)'를 합친 글자. 나무(木)의 가지(支)를 나타낸다.

풀이 ❶ 1. 가지. 2. 버티다. ¶枝梧 ❷ 3. 육손이. 손가락이 여섯인 사람. ¶枝指

枝指(지기) 육손이.
枝幹(지간) 가지와 줄기.
枝葉(지엽) 1)가지와 잎. 2)중요하지 않은 부분.
枝節(지절) 1)가지와 마디. 2)곡절이 많은 사단(事端).
金枝玉葉(금지옥엽) 1)귀여운 자손을 소중하게 일컫는 말. 2)임금의 집안과 자손.

杪
④ 8획
나무 끝 초
日 チョウ
中 miǎo

풀이 1. 나무 끝. 2. 끝. 말단.

杪頭(초두) 1)나무의 끝. 2)꼭대기.

枢
④ 8획
樞(p373)의 俗字

枕
④ 8획
베개 침
日 シン・まくら
中 zhěn

一 十 才 木 木 杧 枕

풀이 1. 베개. ¶衾枕 2. 베개를 베다.

枕木(침목) 1)길고 큰 물건 밑을 괴어

[木 4～5획] 杷板杭柯枷架柬柑

놓은 큰 나무토막. 2)철로 밑에 괴는 나무토막.

衾枕(금침) 이부자리와 베개.
🔁 沈(가라앉을 침)

杷 ④ 8획 🗾ハ
비파나무 파 🀄pá, bà

풀이 1. 비파나무. 2. 발고무래. 땅을 고르거나 곡식을 긁어 모으는 갈퀴 모양의 도구.
🔁 枇(비파나무 비)

板 ④ 8획 🗾ハン・いた
널빤지 판 🀄bǎn

一十 才 木 木 板 板 板

* 형성. 뜻을 나타내는 부수 '木(나무 목)'과 음을 나타내는 反(돌이킬 반)'을 합친 글자.

풀이 1. 널빤지. 판자. 2. 판목. 글자나 그림을 새긴 나뭇조각. ¶板木
板金(판금) 얇고 넓게 조각내 쇠붙이.
板木(판목) 인쇄하기 위하여 글자나 그림을 새긴 나무.
板書(판서) 분필로 칠판에 글을 씀.
板子(판자) 목판(木板). 널빤지.
看板(간판) 상점 등에서, 상호·업종·상품명 등을 내건 표지.
坐板(좌판) 1)땅에 깔아 놓고 앉는 널빤지. 2)물건을 팔기 위해 늘어놓은 널조각.
🔁 版(널 판)

杭 ④ 8획 🗾コウ
건널 항 🀄háng, kàng

풀이 1. 건너다. 2. 고을 이름. 항주(杭州). 중국 절강성(浙江省)의 성도(省都).
杭絶(항절) 배로써 물을 건넘.
🔁 渡(건널 도)

柯 ⑤ 9획 🗾カ・えだ
자루 가 🀄kē

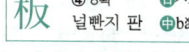

* 형성. 뜻을 나타내는 부수 '木(나무 목)'과 음을 나타내는 '可(옳을 가)'를 합친 글자.

풀이 1. 자루. 도끼 자루. ¶斧柯 2. 가지. 나뭇가지. ¶柯葉
柯葉(가엽) 가지와 잎.
斧柯(부가) 도끼의 자루.

枷 ⑤ 9획 🗾カ・くびかせ
도리깨 가 🀄jiā

풀이 1. 도리깨. 재래식 타작 농구의 한 가지. ¶連枷 2. 칼. 죄인의 목에 씌우는 형틀.
連枷(연가) 곡식을 두들겨 낟알을 터는 농기구. 도리깨.

架 ⑤ 9획 🗾カ・たな
시렁 가 🀄jià

フカカ加加加架架架

* 형성. 뜻을 나타내는 부수 '木(나무 목)'에 음을 나타내는 '加(더할 가)'를 합친 글자.

풀이 1. 시렁. ¶書架 2. 건너지르다. 가설하다. ¶架設
架空(가공) 1)공중에 시설물을 설치함. 2)근거 없는 일. 3)사실이 아니고 상상으로 지어낸 일.
架橋(가교) 1)다리를 놓는 일. 2)건너 질러 놓은 다리.
架設(가설) 건너질러 설치함.
高架(고가) 높다랗게 건너지름.
書架(서가) 책을 얹어 놓은 선반.

柬 ⑤ 9획 🗾カン
가릴 간 🀄jiǎn

풀이 1. 가리다. ¶柬理 2. 편지.
柬理(간리) 가려서 앎.

柑 ⑤ 9획 🗾カン
감자나무 감 🀄gān

풀이 감자나무.

[木 5획] 柑枯枸樞柩柰柳株某

柑子(감자) 감자나무의 열매. 귤의 일종.

柜 ⑤9획 ⊕キョ・けやき ⊕jǔ
고리버들 거

[풀이] 1. 고리버들. 2. 느티나무.

枯 ⑤9획 ⊕コ・かれき ⊕kū
마를 고

一十才木朴朴枯枯

* 형성. 뜻을 나타내는 부수 '木(나무 목)'과 음을 나타내는 '古(오랠 고)'를 합친 글자. 나무(木)가 오래되어(古) 말라 죽음을 나타내어 '마르다', '말라 죽다'의 뜻을 나타냄.

[풀이] 1. 마르다. ¶枯渴 2. 말라 죽다. 고사하다. ¶枯死 3. 쇠하다. ¶榮枯
枯渴(고갈) 물이 바짝 마름.
枯木(고목) 말라죽은 나무.
枯死(고사) 말라 죽음.
枯葉(고엽) 마른 잎. 시든 잎.
榮枯(영고) 사물의 번영함과 쇠멸함. 성함과 쇠함.

枸 ⑤9획 ⊕ク ⊕gǒu, gòu, jǔ
호깨나무 구

[풀이] 1. 호깨나무. 2. 구기자나무. ¶枸杞子
枸杞子(구기자) 1)구기자나무. 2)구기자나무의 열매.

樞 ⑤9획 ⊕ク・いた ⊕jiù
널 구

[풀이] 널. 관(棺).
靈柩(영구) 시체를 넣은 관(棺).
運柩(운구) 영구(靈柩)를 운반함.

柾 ⑤9획 ⊕ク ⊕jiù
관 구

[풀이] 관(棺). 널.

柰 ⑤9획 ⊕ナイ ⊕nài
능금나무 내

[풀이] 1. 능금나무. 2. 어찌. ¶柰何
柰何(내하) 어떻게. 어찌하여. 여하(如何).
[비] 奈(어찌 내)

柳 ⑤9획 ⊕リュウ・やなぎ ⊕liǔ
버들 류(유)

一十才木村柯柳柳

* 형성. 뜻을 나타내는 부수 '木(나무 목)'과 음을 나타내는 '卯(넷째지지 묘)'를 합친 글자.

[풀이] 1. 버들. 버드나무. ¶柳腰 2. 별이름. 이십팔수(二十八宿)의 하나.
柳絮(유서) 버들개지. 버드나무의 꽃.
柳腰(유요) 1)하늘거리는 버들가지. 2)미인의 가는 허리.
楊柳(양류) 버드나무.
花柳(화류) 1)꽃과 버들. 2)기생(妓生). 기녀(妓女).

株 ⑤9획 ⊕マツ ⊕mò
기둥 말

[풀이] 기둥. 지주(支柱).
[유] 柱(기둥 주)

某 ⑤9획 ⊕ボウ・それがし ⊕mǒu
아무 모

一十十廿廿甘苷茋某

* 회의. 단(甘) 열매가 열리는 나무(木)로, '매화나무(梅)'를 뜻하다가, 가차되어 '아무개'를 나타냄.

[풀이] 1. 아무. 아무개. ¶某事 2. 어느. 어느 것.
某時(모시) 아무 때. 아무 시간.
某種(모종) 어떤 종류. 아무 종류.
某處(모처) 아무 곳. 어떤 곳.

[木 5획] 柈柏柄柶查柧柖柿柿枲柴

柈 ⑤ 9획
盤(p511)의 俗字

柏 ⑤ 9획 ㊐ハク ㊥bǎi, bó, bò
나무이름 백

풀이 1. 측백나무. 2. ㉠ 잣나무. ¶柏子
柏子(백자) 잣나무의 열매.
冬柏(동백) 동백나무의 열매.
비 拍(손뼉칠 박)

柄 ⑤ 9획 ㊐ヘイ・え・とって ㊥bǐng
자루 병

*형성. 뜻을 나타내는 부수 '木(나무 목)'과 음을 나타내는 丙(남녘 병)을 합친 글자.

풀이 1. 자루. 손잡이. ¶柄 2. 권세. 권력. ¶柄用
柄用(병용) 중요한 자리에 등용(登用)됨으로써 권력을 잡음.
身柄(신병) 구금 또는 보호의 대상으로서의 본인의 몸.
동 秘(자루 비)

柶 ⑤ 9획 ㊐サ ㊥sì
수저 사

풀이 1. 수저. 숟가락. 2. ㉠ 윷. ¶擲柶
擲柶(척사) 윷놀이.

查 ⑤ 9획 ㊐サ・しらべる ㊥chá, zhā
조사할 사

一 十 ナ 木 木 杏 杏 査 査

*형성. 뜻을 나타내는 부수 '木(나무 목)'과 음을 나타내는 且(또 차)를 합친 글자.

풀이 1. 조사하다. 수사하다. ¶審査 2. ㉠ 사돈. ¶査夫人
査夫人(사부인) 사돈댁의 높임말.

査定(사정) 조사하거나 심사하여 결정함.
査證(사증) 1)조사하여 증명함. 2)외국인의 입국 허가의 표시로 여권에 적어 주는 증명. 비자.
査察(사찰) 조사하여 살핌.
檢査(검사) 사실을 조사하여 옳고 그름과 좋고 나쁨을 판단함.
審査(심사) 자세히 조사하여 정함.

牲 ⑤ 9획
찌 생 ㊧

풀이 1. 찌. 찌지. 무엇을 표하거나 적어서 붙이는 작은 종이 쪽지. 2. 제비. 3. 장승.
牲紙(생지) 무엇을 표하거나 적어 붙인 종이쪽.

柖 ⑤ 9획 ㊐ショウ ㊥sháo
나무흔들릴 소

풀이 1. 나무가 흔들리다. 2. 과녁.

柹 ⑤ 9획 ㊐シ・かき ㊥shì
감나무 시

풀이 감나무. 감.

柿 ⑤ 9획
柹(p353)의 俗字

枲 ⑤ 9획 ㊐シ・からむし ㊥xī
모시풀 시

풀이 1. 모시풀. 쐐기풀과의 다년초. 껍질의 섬유는 모시의 원료임. 2. 삼. ¶枲麻
枲麻(시마) 삼. 삼의 섬유.

柴 ⑤ 9획 ㊐シ ㊥chái, cī, zì, zhài
섶 시

[木 5획] 染栄柟柔柚柞柱

*형성. 뜻을 나타내는 부수 '木(나무 목)'과 음을 나타내는 '此(이 차)'를 합친 글자.

풀이 1. 섶, 땔나무. 또는 잡목. ¶柴草 2. 막다. 3. 울짱, 울타리.

柴扉(시비) 사립문.
柴炭(시탄) 땔나무와 숯.

비 紫(자줏빛 자)

染
⑤ 9획
日 セン・そめる
물들일 염
中 rǎn

` ` ` ` 氵 氿 氿 氿 染 染 染

*회의. 나무(木)를 여러 번(九) 물(水)에 적신다는 뜻에서 '물들인다'의 뜻을 나타냄.

풀이 1. 물들이다, 염색하다. ¶染色 2. 물들다. 3. 옮다. ¶感染

染料(염료) 물감.
染色(염색) 염료로 물을 들임.
感染(감염) 1)병이 옮음. 2)나쁜 버릇이나 풍습에 물이 듦.
汚染(오염) 공기·물 등이 세균·가스 등의 독성에 물듦.

비 梁(들보 량)

栄
⑤ 9획
榮(p369)의 俗字

栭
⑤ 9획
日 エイ・セツ
❶ 노 예
・かじ
❷ 도지개 설
中 yì, xiè

풀이 ❶ 1. 노, 배를 젓는 막대기. ❷ 2. 도지개, 틈이 나거나 뒤틀린 활을 바로잡는 틀.

柔
⑤ 9획
日 ジュウ
・やわらか
부드러울 유
中 róu

フ マ 予 子 予 矛 柔 柔 柔

*회의. 창(矛) 자루가 될 수 있는 유연한 나무(木)라는 뜻에서 '부드럽다'의 뜻을 나타냄.

풀이 1. 부드럽다. ¶柔毛 2. 순하다, 온순하다. 3. 연약하다. ¶柔媚

柔道(유도) 맨손으로 상대방을 넘어뜨리거나 메치는 무술. 유술(柔術).
柔順(유순) 온순하고 공손함.
柔弱(유약) 몸이나 마음이 약함.
柔軟(유연) 부드럽고 연함.
柔和(유화) 성질이 부드럽고 온화함.
溫柔(온유) 마음씨가 따뜻하고 부드러움.

유 弱(약할 약) 비 剛(굳셀 강)

柚
⑤ 9획
❶ 유자나무 유 日 ユウ
❷ 바디 축
中 yóu, yòu

풀이 ❶ 1. 유자나무. ¶柚子 ❷ 2. 바디, 베틀이나 자리틀 등에 딸린 기구의 한 가지.

柚子(유자) 유자나무의 열매.

柞
⑤ 9획
❶ 떡갈나무 작 日 サク
❷ 나무벨 책
中 zhà, zuò

풀이 ❶ 1. 떡갈나무. ❷ 2. 나무를 베다.

柞蠶(작잠) 멧누에.

柱
⑤ 9획
日 チュウ・はしら
기둥 주
中 zhù

一 十 才 木 木 木 村 柱 柱

*형성. 뜻을 나타내는 부수 '木(나무 목)'과 음을 나타내는 '主(주인 주)'을 합친 글자. 집의 구조에서 중심이 되는(主) 나무(木)라는 뜻에서 기둥을 나타냄.

풀이 1. 기둥. ㉠보·도리 등을 받치는 나무. ㉡의지할 것, 믿는 것. ¶柱石 2. 기러기발, 현악기 등의 줄 밑에 괴어 소리를 조절함. 3. 버티다, 받치다.

柱聯(주련) 기둥이나 벽 등에 써서 붙이는 그림이나 글귀.
四柱八字(사주팔자) 1)사주의 간지(干支)가 되는 여덟 글자. 2)타고난

[木 5~6획] 枳 柵 柒 柂 柝 枰 栞 桀 格   355

운수나 운명.
石柱(석주) 돌로 만든 기둥. 돌기둥.
支柱(지주) 1)버팀대. 받침대. 2)의지할 대상을 비유하는 말.
🔁 株(기둥 말)

枳 ⑤ 9획 ❶ジ·キ
탱자나무 지 ㊥zhǐ, zhī

풀이 탱자나무. ¶橘化爲枳

橘化爲枳(귤화위지) 강남의 귤을 강북에 심으면 탱자가 된다는 뜻으로, 사람도 환경에 따라 기질이 변한다는 말.

柵 ⑤ 9획 ❶サク
울짱 책 ㊥shān, zhà

풀이 울짱. 목책. ¶木柵

木柵(목책) 나무 말뚝을 박아 만든 울타리.
鐵柵(철책) 쇠로 된 살대로 만든 우리나 울타리.

柒 ⑤ 9획
❶ 漆(p433)과 同字
❷ 七(p1)의 갖은자

柂 ⑤ 9획 ❶タ
키 타 ㊥duò

풀이 키. 배의 키.
柂手(타수) 배의 키를 조종하는 사람. 키잡이.
🔁 舵(키 타)

柝 ⑤ 9획 ❶タク
딱따기 탁 ㊥tuò

풀이 1. 딱따기. 야경 볼 때 두드리는 나무.
2. 터지다. 갈라지다.
柝居(탁거) 분가(分家)함.

枰 ⑤ 9획 ❶ヒョウ
바둑판 평 ㊥píng

풀이 바둑판. 장기판.

栞 ⑥ 10획 ❶カン
도표 간 ㊥kān

풀이 도표(道標). 산에 갈 때 나뭇가지를 꺾거나 깎아서 방향을 표시한 것.
栞木(간목) 산림을 갈 때, 나무를 꺾어서 도표(道標)로 삼는 일.

桀 ⑥ 10획 ❶ケツ
해 걸 ㊥jié

*회의. 두 발(㐄)이 나무(木) 위를 디딘 모습을 나타내어, '홰'의 뜻으로 쓰임.

풀이 1. 홰. 닭이 올라앉게 만들어 놓은 나무 막대. 2. 사납다. 3. 걸왕(桀王). 하(夏)의 마지막 왕.
桀紂(걸주) 폭군인 하(夏)의 걸왕(桀王)과 은(殷)의 주왕(紂王). 포악무도한 임금을 비유하는 말.
🔁 傑(뛰어날 걸)

格 ⑥ 10획
❶ 격식 격 ❶カク·のり
❷ 그칠 각 ㊥gé

一十 才 木 杦 杦 柊 柊 格 格

*형성. 뜻을 나타내는 부수 '木(나무 목)'과 음을 나타내는 '各(각각 각)'을 합친 글자.

풀이 ❶ 1. 격식. ¶格式 2. 자리. 지위. 3. 인격. 인품. ¶人格 4. 이르다. 다다르다. 5. 대적하다. 겨루다. ¶格鬪 6. 연구하다. 7. 격자. 선을 가로세로로 일정한 간격으로 그어 방형(方形)이 되게 한 것. ❷ 8. 그치다. 중단하다.

格式(격식) 격에 어울리는 법식.
格言(격언) 사리에 맞아 교훈이 될 만한 짧은 말. 금언(金言).
格調(격조) 1)내용과 구성의 조화로

이루어지는 예술적 품위. 2)사람·사물·분위기 등의 품격.
格鬪(격투) 서로 맞붙어 싸움.
格下(격하) 자격·지위·등급 등을 낮춤.
品格(품격) 사람된 바탕과 성품.
合格(합격) 1)격식이나 조건에 맞음. 2)시험에 붙음.

桂 ⑥ 10획 日ケイ·カツラ
계수나무 계 中guì

* 형성. 뜻을 나타내는 부수 '木(나무 목)'과 음을 나타내는 '圭(홀 규)'를 합친 글자

풀이 계수나무. ¶桂秋
桂月(계월) 1)달의 다른 이름. 2)음력 8월.
桂皮(계피) 계수나무의 얇은 껍질.

栝 ⑥ 10획 日カツ
노송나무 괄 中guā, kuò

풀이 1. 노송나무. ¶栝柏 2. 전나무. 3. 도지개, 휜 물건을 바로잡는 틀.
栝樹(괄수) 1)노송나무. 2)전나무.
同 檜(노송나무 회)

框 ⑥ 10획 日キョウ·かまち
문테 광 中kuàng

풀이 문테.

桄 ⑥ 10획 日コウ·たがやさん
광랑나무 광 中guāng, guàng

풀이 광랑나무.
桄榔(광랑) 광랑나무. 야자과에 속하는 나무. 철목(鐵木).

校 ⑥ 10획 日コウ·まなびや
학교 교 中jiào

* 형성. 뜻을 나타내는 부수 '木(나무 목)'과 음을 나타내는 '交(사귈 교)'를 합친 글자

풀이 1. 학교. ¶學校 2. 고치다. 바로잡다. ¶校定 3. 조사하다. ¶校覽 4. 장교.
校歌(교가) 학교의 기풍을 나타내기 위해 제정하여 부르는 노래.
校長(교장) 학교장. 교무를 통할하고 소속 직원을 감독하는 학교의 장.
校訂(교정) 글자나 문장을 비교하여 고침.
校誌(교지) 학생들이 학교에서 편집 발행하는 잡지.
校則(교칙) 학교의 규칙.
將校(장교) 군대에서, 소위 이상의 무관(武官)의 통칭.
學校(학교) 설비를 갖추고 학생을 모아 교육을 하는 기관.

根 ⑥ 10획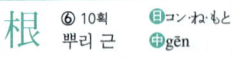
뿌리 근 中gēn

풀이 1. 뿌리. 2. 근본. ¶根本
根幹(근간) 1)뿌리와 줄기. 2)사물의 바탕이나 중심이 되는 부분.
根本(근본) 1)초목의 뿌리. 2)사물의 본바탕. 근원.
根性(근성) 1)근본이 되는 성질. 2)어떤 일을 끝까지 해내려는 끈질긴 성질.
根源(근원) 1)나무뿌리와 물이 흘러나오는 샘. 2)일의 밑바탕.
根絶(근절) 다시 살아날 수 없게 뿌리째 끊어 없애 버림.
禍根(화근) 화를 일으키는 근원.
同 柢(뿌리 저) 本(근본 본)

桔 ⑥ 10획 日キツ·ききょう
도라지 길 中jié, jú

풀이 도라지. ¶桔梗

桔梗(길경) 도라지.

桃 ⑥ 10획 ⓙトウ・もも 中táo
복숭아나무 도

一十才才本机杉桃桃桃

[풀이] 복숭아나무. 복숭아. ¶桃花腺

桃色(도색) 1)복숭아꽃과 같은 빛깔. 담홍색(淡紅色). 2)남녀 사이에 얽힌 색정적인 일.
桃園結義(도원결의) 유비(劉備)·관우(關羽)·장비(張飛)가 복숭아밭에서 의형제를 맺은 고사에서 나온 말로, 의형제를 맺는 일을 이르는 말.
武陵桃源(무릉도원) 이 세상을 떠난 별천지. 신선의 세계.

桐 ⑥ 10획 ⓙトウ・きり 中tóng
오동나무 동

*형성. 뜻을 나타내는 부수 '木(나무 목)'과 음을 나타내는 '同(같을 동)'을 합친 글자.

[풀이] 오동나무. ¶桐孫

桐油紙(동유지) 동유를 먹인 방수지(防水紙).
🔗 梧(벽오동나무 오)

栗 ⑥ 10획 ⓙリツ・くり 中lì, liè
밤나무률(율)

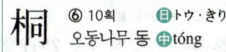

*상형. 나무 위에 밤송이가 가득 달린 모양을 본뜬 글자.

[풀이] 1. 밤나무. 밤. ¶穀殼 2. 떨다.
栗烈(율렬) 살을 에는 듯한 대단한 추위.
栗房(율방) 밤송이.
甘栗(감률) 1)단밤. 2)뜨겁게 달군 모래 속에 넣어 익힌 밤.
🔗 粟(조속)

栢 ⑥ 10획
柏(p353)의 俗字

桑 ⑥ 10획 ⓙソウ・くわ 中sāng
뽕나무 상

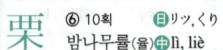

*상형. 잎이 무성한 뽕나무의 모양을 본뜬 글자.

[풀이] 뽕나무. ¶桑楡

桑田碧海(상전벽해) 뽕나무밭이 푸른 바다로 바뀌어진다는 뜻으로, 세상의 변천이 덧없음을 이르는 말.

栖 ⑥ 10획 ⓙセイ 中xī
깃들일 서

[풀이] 1. 책상. ¶書案 2. 생각하다

栒 ⑥ 10획 ⓙジュン 中sǔn, xún
가름대나무 순

[풀이] 가름대나무.

栻 ⑥ 10획 ⓙシキ・うらないいぱん 中shì
점판 식

[풀이] 점판. 점치는 데 쓰는 나무판.

案 ⑥ 10획 ⓙアン・つくえ 中àn
책상 안

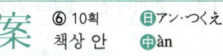

*형성. 뜻을 나타내는 부수 '木(나무 목)'과 음을 나타내는 '安(편안할 안)'을 합친 글자.

[풀이] 1. 책상. ¶書案 2. 생각하다. 고안하다. 3. 생각, 계획. ¶考案 4. 안건. 조사·논증을 요하는 사건. 5. 안석. 앉을 때 몸을 기대는 방석.
案件(안건) 조사하거나 논의할 사항.
案內(안내) 1)인도하여 내용을 알려 줌. 2)목적하는 곳으로 인도함.
案卷(안권) 사건의 기록.
案堵(안도) 1)마음을 놓음. 안도(安

堵). 2)제 사는 곳에서 편안이 삶.
考案(고안) 새로운 방법·물건을 연구하여 생각해 냄. 또는 그 안.
提案(제안) 안을 냄. 계획을 제출함.

桜 ⑥ 10획
櫻(p379)의 俗字

桟 ⑥ 10획
棧(p364)의 俗字

栽 ⑥ 10획
심을 재 日 サイ・うえる 中 zāi, zài

一十土 士 ≠ 才 栽 栽 栽

* 형성. 뜻을 나타내는 부수 '木(나무 목)'과 음을 나타내는 부수 이외의 글자를 합친 글자.

풀이 심다. 초목을 심다.
栽培(재배) 초목을 심고 가꾸는 일.
盆栽(분재) 관상(觀賞)을 위해 화분에 심어 가꾼 나무.

유 植(심을 식) 비 裁(마를 재)

栓 ⑥ 10획
평미레 전 日 ゼン 中 shuān, shuǎn

* 형성. 뜻을 나타내는 부수 '木(나무 목)'과 음을 나타내는 '全(완전할 전)'을 합친 글자.

풀이 1. 평미레. 곡식을 될 때 그 위를 밀어서 고르게 하는 나무 방망이. 2. 나무못. 3. 병마개.

유 槪(평미레 개)

栴 ⑥ 10획
단향목 전 日 セン・かおりき 中 zhān

풀이 단향목.

株 ⑥ 10획
그루 주 日 シュ・チュ・かぶ 中 zhū

一十 才 木 木 杧 枨 枨 株 株

* 형성. 뜻을 나타내는 부수 '木(나무 목)'과 음을 나타내는 '朱(붉을 주)'를 합친 글자.

풀이 1. 그루. ㉠나무·곡식 등의 줄기의 밑동. ㉡나무를 세는 단위. 2. 그루터기. ¶株駒 3.(續) 주식(株式). 주식회사. ¶株
株價(주가) 주식(株式)의 값.
株守(주수) 구습만을 고집하고 변통할 줄을 모르는 사람을 비웃는 말. 수주대토(守株待兎).
株式(주식) 1)주식회사의 자본을 이루는 단위. 2)주주권(株主權)을 표시하는 유가 증권.

桎 ⑥ 10획
차꼬 질 日 シツ 中 zhì

풀이 차꼬. 족쇄(足鎖).
桎梏(질곡) 1)차꼬와 수갑. 2)자유를 속박함.

桌 ⑥ 10획
卓(p98)의 古字

核 ⑥ 10획
씨 핵 日 カク・さねしん 中 hé, hú

一十 才 木 木 朾 杧 村 核 核

* 형성. 뜻을 나타내는 부수 '木(나무 목)'과 음을 나타내는 '亥(돼지 해)'를 합친 글자.

풀이 1. 씨. 2. 핵심. 알맹이. ¶核心 3. 씨 있는 과일. 4. 원자핵.

核心(핵심) 1)사물의 중심이 되는 요긴한 부분. 사물의 알맹이. 2)과실의 씨.
結核(결핵) 만성 전염병의 한 가지.

비 該(그 해) 刻(새길 각)

桁 ⑥ 10획
❶ 도리 형 日 ヘン・コウ 中 háng, hàng, héng
❷ 횃대 항

풀이 **1** 1. 도리. 기둥과 기둥을 건너서 얹히는 나무. ¶桁梧 **2** 2. 횃대. ¶桁衣 3. 차꼬.

桁梧(형오) 도리와 기둥.

桓	⑥ 10획 굳셀 환	日 カン・ひょうしき 中 huán

풀이 1. 굳세다. 용맹하다. ¶桓桓 2. 크다. ¶桓撥 3. 머뭇거리다. 주저하다.

桓桓(환환) 굳센 모양. 용맹스러운 모양.

栩	⑥ 10획 상수리나무 후	日 フ 中 xǔ

풀이 1. 상수리나무. 2. 기뻐하다.

栩栩(후후) 기뻐하는 모양.

桿	⑦ 11획 杆(p346)의 俗字	

梗	⑦ 11획 가시나무 경	日 ケイ 中 gěng

*형성. 뜻을 나타내는 부수 '木(나무 목)'과 음을 나타내는 '更(고칠 경)'을 합친 글자.

풀이 1. 가시나무. 2. 대개. ¶梗槪 3. 곧다. 바르다. ¶梗直 4. 굳세다. 강하다. ¶梗正 5. 막히다. ¶梗塞

梗槪(경개) 대강의 줄거리. 개요(槪要).
梗塞(경색) 1)사물의 흐름이나 분위기 등이 막히거나 굳어져 순조롭지 못한 상태가 되는 것. 2)혈전(血栓) 등의 물질이 혈관을 막아, 영양을 공급받지 못한 세포 조직이 죽는 것.

械	⑦ 11획 형틀 계	日 ケイ 中 xiè

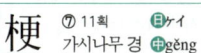

*형성. 뜻을 나타내는 부수 '木(나무 목)'과 음을 나타내는 '戒(경계할 계)'를 합친 글자.

풀이 1. 형틀. 차꼬·수갑·칼 등. 2. 기계. 기구. ¶械 3. 무기. 병장기.

械器(계기) 기계나 기구.
機械(기계) 동력으로 움직여서 자동적으로 일을 하는 장치.
🈺 機(틀 기)

梏	⑦ 11획 수갑 곡	日 コク 中 gù, jué

풀이 수갑. 쇠고랑. ¶桎梏

桎梏(질곡) 1)차꼬와 수갑. 2)자유를 가질 수 없게 몹시 속박함.

梱	⑦ 11획 문지방 곤	日 コン 中 kǔn

풀이 문지방.

梡	⑦ 11획 도마 관	日 カン 中 kuǎn

풀이 도마.

梁	⑦ 11획 들보 량	日 リョウ 中 liáng

丶ㆍ氵汀汧汾汱梁梁梁

*형성. 뜻을 나타내는 부수 '木(나무 목)'과 '氵(水:물 수)', 음을 나타내는 '刅(해칠 창)'을 합친 글자. 물(水) 위에 놓인 나무(木) 다리를 나타내어 '다리'의 뜻으로 쓰임.

풀이 1. 들보. ¶梁栭 2. 다리. ¶橋梁

梁上君子(양상군자) 대들보 위의 군자란 뜻으로, 도둑을 이르는 말.
橋梁(교량) 다리.
棟梁(동량) 1)마룻대와 들보. 2)집안이나 국가의 기둥이 될 만한 인물.

梠	⑦ 11획 평고대 려	日 リョ・ひさし 中 lǚ

풀이 펑고대. 처마 끝에 가로놓은 오리목.

梨 ⑦ 11획 日 リ・なし 배나무 리(이) 中 lí

一二千千千千禾利利利利梨梨梨

* 형성. 뜻을 나타내는 부수 '木(나무 목)'과 음을 나타내는 '利(이로울 리)'를 합친 글자.

풀이 배나무. 배. ¶梨花

梨花(이화) 배꽃.

烏飛梨落(오비이락) 까마귀 날자 배 떨어진다는 뜻으로, 남의 의심을 받기 쉬운 우연의 일치를 비유하는 속담.

梅 ⑦ 11획 日 バイ・うめ 매화나무 매 中 méi

一十才木朼朼杧梅梅梅

* 형성. 뜻을 나타내는 부수 '木(나무 목)'과 음을 나타내는 '每(매양 매)'를 합친 글자.

풀이 1. 매화나무. ¶梅實 2. 매우. 장마. 매실이 익을 무렵의 장마. ¶梅雨

梅實(매실) 매화나무의 열매.

梅雨(매우) 매실이 익을 때에 지는 장마. 대략 6월 중순부터 7월 상순께까지 지는 장마를 이르는 말.

비 侮(뉘우칠 회)

梶 ⑦ 11획 日 ミ 나무 끝 미 中 wěi

풀이 나무 끝. 우듬지.

윤 梢(나무 끝 초)

桮 ⑦ 11획 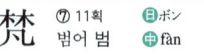 술잔 배 中 bēi

풀이 1. 술잔. 2. 그릇. 나무를 구부려 만든 그릇.

桮棬(배권) 나무를 구부려 만든 그릇.

윤 盞(잔 잔) 盃(잔 배) 杯(잔 배)

梵 ⑦ 11획 日 ボン 범어 범 中 fàn

풀이 1. 범어. 인도의 고대어. 산스크리트.
2. 불교나 인도에 관한 사물에 붙이는 접두어.

梵語(범어) 고대 인도의 말. 산스크리트(Sanskrit).

梵鍾(범종) 절에서 치는 종.

비 楚(모형 초) 焚(불사를 분)

桴 ⑦ 11획 日 フ・むね 떗목 부 中 fú

풀이 1. 떗목. ¶桴筏 2. 북채. ¶桴鼓 3. 마룻대. 집의 용마루 밑에 서까래가 걸리게 된 나무.

桴筏(부벌) 떗목.

梭 ⑦ 11획 日 サ 북 사 中 suō

풀이 북. 베틀의 부속 중 하나. ¶梭杼

梭杼(사저) 베틀의 북.

梳 ⑦ 11획 日 ソ・くし 빗 소 中 shū

풀이 1. 빗. 2. 빗다.

梳洗(소세) 머리를 빗고 얼굴을 씻음.

梧 ⑦ 11획 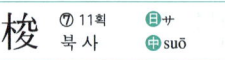 벽오동나무 오 中 wú

풀이 벽오동나무. ¶梧桐

梧桐(오동) 오동나무.

梧秋(오추) 음력 7월의 다른 이름.

윤 桐(오동나무 동)

梓 ⑦ 11획  가래나무 재 中 zǐ

[木 7획] 稅梃程梯條桭梢梔桶

풀이 1. 가래나무. ¶梓材 2. 판목(版木). 3. 목수. ¶梓人
梓宮(재궁) 임금의 관.
梓材(재재) 1)가래나무 재목. 2)가래나무로 만든 인쇄의 판목(版木).

稅
⑦ 11획
日 セツ・タツ
中 zhuō, tuō, ruì
❶ 쪼구미 절
❷ 지팡이 탈

풀이 ❶ 1. 쪼구미. 동자기둥. 들보 위에 세우는 짧은 기둥. 2. 2. 지팡이.
비 稅(구실 세)

梃
⑦ 11획
日 テイ・ほこ・つえ
中 tǐng, tìng
몽둥이 정

풀이 1. 몽둥이. 막대기. 2. 나무줄기.

程
⑦ 11획
日 テイ・よりかかり
中 tīng
탁자 정

풀이 1. 탁자. 2. 기둥.

梯
⑦ 11획
日 テイ・はしご
中 tī
사다리 제

* 형성. 뜻을 나타내는 부수 '木(나무 목)'과 음을 나타내는 '弟(아우 제)'을 합친 글자.

풀이 사다리.
梯形(제형) 사다리꼴.
階梯(계제) 1)계단과 사다리. 2)일이 사다리 밟듯이 차차 진행되는 순서. 3)알맞은 형편이나 좋은 기회.
雲梯(운제) 1)높은 사다리. 2)옛날에 성을 공격하는 데 쓰인 긴 사다리.

條
⑦ 11획
日 ジョウ
中 tiáo
가지 조

丨亻仁仃仃伀伀伂條條條

* 형성. 뜻을 나타내는 부수 '木(나무 목)'과 음을 나타내는 '攸(바 유)'를 합친 글자.

풀이 1. 가지. 나뭇가지. 2. 조리. 맥락. ¶條理 3. 조목. ¶條目
條件(조건) 어떤 사물이 성립되는 데 갖추어야 하는 요소.
條理(조리) 1)일의 순서. 2)일·행동·말의 앞뒤가 맞고 체계가 서는 것.
條目(조목) 법률이나 규정 등의 하나하나의 조항이나 항목.
條約(조약) 나라 사이의 합의에 따라 약속한 서로의 권리나 의무.
條項(조항) 조목(條目).

桭
⑦ 11획
日 シン
中 zhēn
처마 진

풀이 1. 처마. 2. 대청. 두 기둥의 사이. 3. 가지런히 하다. 정돈하다.

梢
⑦ 11획
日 チョウ
中 shāo
나무 끝 초

* 형성. 뜻을 나타내는 부수 '木(나무 목)'과 음을 나타내는 '肖(닮을 초)'를 합친 글자.

풀이 1. 나무의 끝. 나뭇가지의 끝. ¶梢柴 2. 꼬리. 끝. 말단. ¶末梢
梢工(초공) 사공. 뱃사람. 초공(梢公).
末梢的(말초적) 1)사물의 근본에서 벗어나 사소한 모양. 2)문제 삼을 가치가 없는 모양.
동 梶(나무 끝 미)

梔
⑦ 11획
日 チ
中 zhī
치자나무 치

풀이 치자나무.

桶
⑦ 11획
日 トウ
中 tǒng
통 통

* 형성. 뜻을 나타내는 부수 '木(나무 목)'과 음을 나타내는 '甬(길 용)'을 합친 글자. 나무(木)로 만든 속 빈 그릇(甬), 곧 '통'을 뜻함.

풀이 통. 물건을 담는 그릇. ¶筆桶

鐵桶(철통) 1)쇠로 만든 통. 2)준비나 대책에 빈틈없음.

筆桶(필통) 1)붓·연필 등 필기구를 넣어 다니는 기구. 2)붓을 꽂아 두는 통.

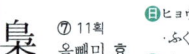
梟 ⑦ 11획
올빼미 효
日 ヒョウ·ふくろう
中 xiāo

* 회의. 새를 뜻하는 '鳥(새 조)'와 '木(나무 목)'을 합친 글자. 올빼미는 어미를 잡아먹는 불효한 새라 하여 그 머리를 잘라 나무 위에 매달았던 풍속에서 '올빼미'를 뜻함.

풀이 1. 올빼미. ¶梟鴟 2. 목을 베어 매달다. ¶梟首 3. 사납고 날래다. 용맹하다. ¶梟勇

梟首(효수) 죄인의 목을 베어 높은 곳에 매다는 처형(處刑).

梟示(효시) 효수(梟首)하여 경계하는 뜻으로 여러 사람에게 보임.

梟雄(효웅) 사납고 용맹함. 또는 그러한 영웅.

檢 ⑧ 12획
檢(p376)의 俗字

棨 ⑧ 12획
창 계
日 ケイ
中 qǐ

풀이 창. ¶棨戟

棨戟(계극) 의장용(儀仗用) 기구의 하나. 적흑색(赤黑色) 비단으로 싼 나무 창.

棍 ⑧ 12획
몽둥이 곤
日 コン
中 gùn

풀이 몽둥이.

棍杖(곤장) 옛날에 죄인의 볼기를 치던 형구.

椁 ⑧ 12획
槨(p371)과 同字

棺 ⑧ 12획
널 관
日 カン·ひつぎ
中 guān

풀이 널. ¶棺槨

棺槨(관곽) 시체를 넣는 속널과 겉널.

剖棺斬屍(부관참시) 죽은 후에 큰 죄가 드러났을 때 관을 쪼개어 목을 베어 극형을 추시(追施)하던 일.

棬 ⑧ 12획
코뚜레 권
日 ケン·はなぎ
中 quān, juàn

풀이 1. 코뚜레. 2. 나무 그릇.

棘 ⑧ 12획
멧대추나무 극
日 キョク
中 jí

풀이 1. 멧대추나무. 2. 가시나무. ¶棘木 3. 가시. 바늘. ¶棘茨

棘人(극인) 몸시 슬픔에 잠겨 있는 사람. 부모의 상(喪)을 입은 사람이 자기를 일컫는 말. 상제(喪制).

棘茨(극자) 가시.

荊棘(형극) 1)나무의 온갖 가시. 2)고초나 난관.

비 蕀(아기풀 극)

棋 ⑧ 12획
바둑 기
日 キ·ゴ·こいし
中 qí

* 형성. 뜻을 나타내는 부수 '木(나무 목)'과 음을 나타내는 '其(그 기)'로 이루어진 글자.

풀이 1. 바둑. ¶棋局 2. 장기. ¶將棋

棋譜(기보) 바둑이나 장기의 대국 내용을 기호로 기록한 것.

棋士(기사) 바둑을 직업으로 삼는 사람.

將棋(장기) 둘이서 청·홍의 장기짝을 장기판에 정해진 대로 마주 벌여 놓

[木 8획] 碁棄棠棹棟棱棉樋棅棒棚

碁 ⑧ 12획
棋(p362)와 同字

棄 ⑧ 12획 ⓐキ・すてる
버릴 기 ⓒqì

一十六云玄亨產棄棄

* 회의. 사산된 아기(子)를 키(其)에 담아 두 손(廾)으로 버리는 것을 나타내어, '버리다'의 뜻으로 쓰임.

풀이 1. 내버리다. ¶棄却 2. 그만두다. 3. 멀리하다. 배척하다.

棄却(기각) 버려 두어 문제삼지 않음.
棄權(기권) 권리를 버리고 행사하지 않음.
棄兒(기아) 버린 아이.
遺棄(유기) 버리고 돌보지 않음.
廢棄(폐기) 못 쓰게 된 것을 버림.
동 捨(버릴 사) 비 葉(잎 엽)

棠 ⑧ 12획 ⓐトウ
팥배나무 당 ⓒtáng

풀이 1. 팥배나무. ¶棠梨 2. 산앵두나무.
棠梨(당리) 팥배나무의 열매. 팥배.

棹 ⑧ 12획 ⓐト・タク
❶ 노 도
❷ 책상 탁 ⓒzhào, zhuō

풀이 1. 노. 2. 노를 젓다. ¶棹聲
棹歌(도가) 뱃노래. 도창(棹唱).

棟 ⑧ 12획 ⓐトウ・むね
마룻대 동 ⓒdòng

* 형성. 뜻을 나타내는 부수 '木(나무 목)'과 음을 나타내는 '東(동녘 동)'을 합친 글자.

풀이 1. 마룻대. ¶棟幹 2. 채. ㉠집. ㉡집을 세는 단위. ¶病棟

棟梁(동량) 1)마룻대와 들보. 2)한 집 안이나 나라의 중심을 맡은 사람.
病棟(병동) 병원 안에 있는 여러 병실로 된 한 채의 건물.

棱 ⑧ 12획 ⓐリク
모 릉(능) ⓒléng, léng

풀이 모. 모서리. ¶棱楹
棱楹(능영) 모가 난 기둥.

棉 ⑧ 12획 ⓐメン・わた
목화 면 ⓒmián

* 회의. 포백(帛)의 원료로 쓰는 나무(木), 즉 '목화'를 뜻함.

풀이 목화.
棉花(면화) 아욱과의 일년초. 목화(木花).

樋 ⑧ 12획
홈통 명 (韓)

풀이 홈통. 물을 끌어다 쓸 때 사용하는 물건.

棅 ⑧ 12획
柄(p353)과 同字

棒 ⑧ 12획 ⓐボウ
몽둥이 봉 ⓒbàng

* 형성. 뜻을 나타내는 부수 '木(나무 목)'과 음을 나타내는 '奉(받들 봉)'을 합친 글자.

풀이 1. 몽둥이. ¶鐵棒 2. 치다. 몽둥이질하다.

棒鋼(봉강) 압연하여 막대 모양으로 만든 강철.
鐵棒(철봉) 1)쇠몽둥이. 2)체조 용구의 한 가지.

棚 ⑧ 12획 ⓐホウ・たな
시렁 붕 ⓒpéng

[木 8획] 椑森棲植椀椅棧椄

풀이 1. 시렁, 선반. 물건을 얹는 두 개의 장나무. 2. 누각(樓閣).

棚閣(붕각) 성 위에 세운 망루(望樓).
大陸棚(대륙붕) 대륙이나 큰 섬을 둘러싸고 있는, 깊이 약 200m까지의 경사가 완만한 해저(海底).
유 架(시렁 가)

椑 ⑧ 12획 日ビ 中bēi, pí
❶ 술통 비
❷ 널 벽

풀이 ❶ 1. 술통. 2. 감나무. ❷ 3. 널. 관.

森 ⑧ 12획 日サン・もり 中sēn
빽빽할 삼

* 회의. 나무(木)를 셋 겹쳐서 나무가 많이 우거진 모양을 나타낸 글자로, 나무가 빽빽한 것을 나타낸다.

풀이 1. 나무가 빽빽하다. ¶森林 2. 우거지다. 무성하다. 3. 오싹하다. 4. 늘어서다. ¶森羅萬象

森羅萬象(삼라만상) 우주 사이에 있는 온갖 물건과 현상. 만물(萬物).
森林(삼림) 나무가 울창한 수풀.
森嚴(삼엄) 질서가 바르고 엄숙함.

棲 ⑧ 12획 日セイ 中qī
살 서

* 형성. 뜻을 나타내는 부수 '木(나무 목)'과 음을 나타내는 '妻(아내 처)'를 합친 글자.

풀이 살다. 깃들이다. ¶棲道
棲宿(서숙) 깃들임. 서식(棲息).
棲息(서식) 동물이 어떤 곳에 깃들어 삶.
유 住(살 주) 비 捿(이길 첩)

植 ⑧ 12획 日ショク・うえる 中zhí
심을 식

一十才才木材材材植植植

* 형성. 뜻을 나타내는 부수 '木(나무 목)'과 음을 나타내는 '直(곧을 직)'을 합친 글자. 나무(木)를 곧게(直) 세워 심는다는 뜻에서, '심다'를 나타낸다.

풀이 1. 심다. 재배하다. ¶植木 2. 초목(草木)의 총칭. 3. 살게 하다. 4. 세우다.

植木(식목) 나무를 심음. 또는 심은 나무.
植物(식물) 1)초목(草木)의 총칭. 2)생물계를 둘로 분류한 것의 하나.
植民(식민) 강대국이 종속 관계의 다른 나라에 자국민을 이주시키는 일.
植樹(식수) 나무를 심음. 식목(植木).
移植(이식) 옮겨 심음.
유 栽(심을 재)

椀 ⑧ 12획 日ワン 中wǎn
주발 완

풀이 주발. 음식 등을 담는 작은 식기.

椅 ⑧ 12획 日イ・いす 中yī, yǐ
걸상 의

풀이 걸상.
椅子(의자) 걸터앉도록 만든 기구. 걸상.

棧 ⑧ 12획 日サン 中zhàn
❶ 잔도 잔
❷ 성할 진

풀이 ❶ 1. 잔도. ¶棧道 2. 여관. 창고. ❷ 3. 성하다. 번성하다. ¶棧棧

棧橋(잔교) 1)잔도(棧道). 2)부두에서 선박에 걸쳐 놓아 오르내리게 된 다리.
棧道(잔도) 1)험한 곳에 선반을 매듯이 하여 낸 길. 잔각(棧閣). 2)높은 누각(樓閣)의 복도.
비 殘(해칠 잔)

椄 ⑧ 12획 日セツ・つぎき 中jiē
접붙일 접

[木 8~9획] 棖棗棕棣椒椎槩楗極

[풀이] 접붙이다. ¶接木

接木(접목) 나무를 접붙임.

棖 ⑧ 12획 문설주 정
日 チョウ・ぼうだて
中 chéng

[풀이] 문설주.

棗 ⑧ 12획 대추나무 조
日 チョウ・なつめ
中 zǎo

* 회의. '朿(가시 자)'를 위아래로 겹쳐 써서 가시가 많고 키가 큰 '대추나무'를 나타냄.

[풀이] 대추나무. 대추. ¶棗栗

棗栗(조율) 대추와 밤.

棕 ⑧ 12획
椶(p367)과 同字

棣 ⑧ 12획 ❶ 산앵두나무 체 ❷ 침착할 태
日 テイ・タイ・にわうめ
中 dì, dài

[풀이] ❶ 1. 산앵두나무. ¶棣棠 2. 침착하다. 태연하다. ¶棣棣

棣棠(체당) 산앵두나무.

椒 ⑧ 12획 산초나무 초
日 ショウ
中 jiāo

[풀이] 1. 산초나무. ¶椒聊 2. 후추나무. ¶胡椒

椒聊(초료) 산초나무.
胡椒(호초) 후추.

椎 ⑧ 12획 몽치 추
日 スウ
中 chuí, zhuī

[풀이] 1. 몽치. 몽둥이. 2. 치다. ¶椎擊 3. 등뼈. ¶脊椎

椎擊(추격) 침. 때림. 추타(椎打).
脊椎(척추) 등뼈.
鐵椎(철추) 쇠몽치.
田 堆(쌓을 퇴) 推(밀 추)

槩 ⑨ 13획
概(p370)의 俗字

楗 ⑨ 13획 문빗장 건
日 ケン・かんぬき
中 jiàn

[풀이] 1. 문빗장. 2. 제방. 둑.

極 ⑨ 13획 다할 극
日 キョク・ゴク・きわめる
中 jí

一十才木木木朽朽柯柯極
極極

* 형성. 뜻을 나타내는 부수 '木(나무 목)'과 음을 나타내는 '亟(빠를 극)'을 합친 글자.

[풀이] 1. 다하다. 끝나다. 2. 극. 끝. 물체의 서로 다른 양쪽의 끝. 3. 더할 나위 없이. 지극히. ¶極盛 4. 임금의 자리. 제위(帝位). ¶登極 5. 남극. 북극. ¶南極

極端(극단) 1)맨 끝. 2)중용을 벗어나 한쪽으로 심히 치우침.
極樂(극락) 1)한껏 즐김. 2)아미타불(阿彌陀佛)이 있다는 서방정토(西方淨土).
極盛(극성) 극히 왕성함.
極甚(극심) 아주 심함.
極惡(극악) 몹시 악함.
極盡(극진) 그 이상 더할 수 없음.
極致(극치) 극도에 이른 경지(境地).
極刑(극형) 가장 무거운 형벌. 사형을 이르는 말.
窮極(궁극) 어떤 일의 마지막 끝이나 막다른 고비. 구극(究極).

[木 9획] 楠楽楼楞楙楣楂楔楯椰楊業

消極(소극) 무슨 일에 대하여, 나아가서 작용하려 하지 않고 수동적인 자세를 가지는 일. ↔적극(積極).
비 亟(빠를 극)

楠 ⑨ 13획 ⽇ナン
녹나무 남 ⊕nán

풀이 녹나무.

楽 ⑨ 13획
樂(p372)의 俗字

楼 ⑨ 13획
樓(p371)의 俗字

楞 ⑨ 13획 ⽇リョウ
모서리 릉 ⊕léng

풀이 모서리.
유 棱(모 릉)

楙 ⑨ 13획 ⽇ム
무성할 무 ⊕mào

풀이 무성하다. ¶楙盛
楙盛(무성) 나무가 우거져 성함.
유 茂(우거질 무)

楣 ⑨ 13획 ⽇ミ
문미 미 ⊕méi

풀이 1. 문미. ¶門楣 2. 처마. 차양.
門楣(문미) 문 위에 가로 댄 나무.
비 眉(눈썹 미)

楂 ⑨ 13획 ⽇サ
떼 사 ⊕chá, zhā

풀이 1. 떼. 뗏목. 2. 풀명자나무.

楔 ⑨ 13획 ⽇セツ
문설주 설 ⊕xiē

풀이 1. 문설주. 문의 양쪽에 세운 기둥. 2. 쐐기.
楔形文字(설형문자) 고대 바빌로니아・앗시리아・페르시아 등에서 쓰던 쐐기 모양의 글자.

楯 ⑨ 13획 ⽇ジュン
난간 순 ⊕dùn, shǔn

풀이 1. 난간. 2. 방패. ¶楯櫓
楯櫓(순로) 방패.

椰 ⑨ 13획 ⽇ヤ・やし
야자나무 야 ⊕yē

풀이 야자나무. 야자.
椰杯(야배) 야자나무 열매의 껍질로 만든 술잔.
椰漿(야장) 야자나무 열매의 즙(汁).

楊 ⑨ 13획 ⽇ヨウ・やなぎ
버들 양 ⊕yáng

一十才才才杉杉杉杉
杼楊楊楊

*형성. 뜻을 나타내는 부수 '木(나무 목)'과 음을 나타내는 '昜(볕 양)'을 합친 글자.

풀이 버들. 버드나무. ¶楊柳.
楊柳(양류) 버드나무. '楊'은 갯버들. '柳'는 수양버들.
垂楊(수양) 버드나뭇과의 낙엽 교목. 사류(絲柳). 실버들.
유 柳(버들 류) 비 陽(볕 양)

業 ⑨ 13획 ⽇ギョウ・ゴウ・わざ
업 업 ⊕yè

業業

*상형. 종이나 북 등의 악기를 매다는 틀을 장식하는 판을 본뜬 글자. 원래는 이 판을 가리키는 글자였으나, 바뀌어 '일', '업' 등의 뜻으로 쓰임.

풀이 1. 업. 일. ¶偉業 2. 학문. 기예(技藝) 3. 선악의 소행. 선악의 응보. 범어(梵語) Karma의 역어(譯語). ¶業報

業務(업무) 1)직업으로 하는 일. 2)맡아 하는 일.
業報(업보) 전생에 한 일에 대하여 이승에서 받는 선악의 갚음. 업과(業果).
業績(업적) 이룩해 놓은 성과.
家業(가업) 1)그 집안의 직업. 2)대대로 물려받은 직업. 세업(世業).
自業自得(자업자득) 자신이 저지른 일의 과보를 자기가 받음.

비 叢(모일 총)

椽 ⑨ 13획 日エン 中chuán
서까래 연

풀이 서까래. ¶椽木
椽木(연목) 서까래.

楹 ⑨ 13획 日エイ・はしら 中yíng
기둥 영

풀이 기둥.
楹棟(영동) 1)기둥과 마룻대. 2)가장 중요한 인물.

楡 ⑨ 13획 日ユ・にれ 中yú
느릅나무 유

풀이 느릅나무. ¶楡柳
楡柳(유류) 느릅나무와 버드나무.

楢 ⑨ 13획 日ユウ・なら 中yóu
졸참나무 유

풀이 졸참나무.

椸 ⑨ 13획 日イ 中yí
횃대 이

풀이 횃대. 옷걸이.
椸架(이가) 옷걸이. 횃대.

楮 ⑨ 13획 日チョ 中chǔ
닥나무 저

풀이 1. 닥나무. 종이를 만드는 데 쓰이는 나무. ¶楮冠 2. 종이. ¶楮册 3. 지폐. 돈.
楮貨(저화) 종이돈. 지화(紙貨). 고려 말과 조선 초에 쓰였음.

楨 ⑨ 13획 日テイ 中zhēn
광나무 정

풀이 1. 광나무. 2. 담. 기둥. 3. 근본.
楨幹(정간) 1)담을 칠 때 담의 양쪽 끝에 세우는 기둥. 2)사물의 근본이 되는 것.

椶 ⑨ 13획 日ソウ・シュ 中zōng
종려나무 종

풀이 종려나무.
椶櫚(종려) 더운 지방에 나는 사철 푸른 나무의 한 가지.

楫 ⑨ 13획 日シュウ・ショウ・かじ 中jí
노 집·즙

풀이 노. 배 젓는 기구. ¶舟楫
舟楫(주즙) 배와 노. 배와 그에 딸린 모든 것을 통틀어 이르는 말.

楚 ⑨ 13획 日ソ・しもと 中chǔ
회초리 초

[木 9~10획] 楸椿楕楓楷權槀槁槓槐構

풀이 1. 회초리. 매. ¶楚撻 2. 매질하다. 3. 아프다. ¶楚痛 4. 선명하다. 곱다. ¶楚楚 5. 초나라. ㉠춘추 전국 시대의 나라. ㉡오대(五代)의 십국(十國) 중의 하나.

楚撻(초달) 회초리로 종아리를 때림. 편달(鞭撻).

楚楚(초초) 1)산뜻한 모양. 선명한 모양. 2)가시덤불이 우거진 모양. 3)고통스러워하는 모양.

苦楚(고초) 괴로움과 어려움.

淸楚(청초) 깨끗하고 고움.

楸 ⑨ 13획 日ㇱュウ・ひさぎ
개오동나무 추 中qiū

풀이 1. 개오동나무. 2.⑩ 가래나무. ¶楸子 3. 바둑판. ¶楸枰

楸子(추자) 1)가래나무의 열매. 2)호두.

椿 ⑨ 13획 日チン・チュン
참죽나무 춘 中chūn

풀이 1. 참죽나무. ¶椿菜葉 2. 아버지. 부친. ¶椿府丈

椿府丈(춘부장) 남의 아버지의 존칭.

楕 ⑨ 13획 日ダ
길둥글 타 中tuǒ

풀이 길둥글다. 둥글고 길쭉하다.

楕圓(타원) 길쭉하게 둥근 원.

楓 ⑨ 13획 日フウ・かえで
단풍나무 풍 中fēng

풀이 단풍나무.

楓林(풍림) 단풍나무 숲.

丹楓(단풍) 1)단풍나무의 준말. 2)늦가을에 붉게 또는 누렇게 된 나뭇잎.

楷 ⑨ 13획 日カイ
본 해 中jiē, kǎi

풀이 1. 본. 본보기. 모범. 2. 해서(楷書). 한자 서체의 한 가지.

楷書(해서) 한자 서체의 한 가지. 점과 획을 따로 하여 반듯하게 쓰는 글씨.

權 ⑩ 14획 日カク・まるきばし
외나무다리 각 中què

풀이 1. 외나무다리. 2. 도거리하다. 전매하다.

榷酤(각고) 정부에서 술을 전매(專賣)하는 일. 각주(榷酒).

槀 ⑩ 14획 日コウ
마를 고 中gǎo

풀이 마르다. 말라 죽다.

槀魚(고어) 말린 물고기.

윤 枯(마를 고)

槁 ⑩ 14획 日
槀(p368)와 同字

槓 ⑩ 14획 日コウ・てこ
지렛대 공 中gàng

풀이 지렛대. 지레. ¶槓桿

槓桿(공간) 지레. 지렛대.

槐 ⑩ 14획 日カイ
홰나무 괴 中huái

풀이 홰나무.

槐木(괴목) 홰나무.

構 ⑩ 14획 日コウ・かまえる
얽을 구 中gòu

一十才才木木朴朴構構構
構構構

[木 10획] 榵 榴 槃 榜 榧 榭 槊 樣 榮

* 형성. 뜻을 나타내는 부수 '木(나무 목)'과 음을 나타내는 '冓(지밀 구)'를 합친 글자.

풀이 1. 얽다. 짓다. 짜 맞추다. ¶構成 2. 인연을 맺다. 3. 이루다. 이루어지다. 4. 집. ¶構內 5. 도모하다. 계획하다.

構內(구내) 큰 건물의 안.
構圖(구도) 1)미적 효과를 얻기 위하여 전체적으로 조화되게 배치하는 도면 구성의 요령. 2)사물 현상의 전체적인 짜임이나 양상.
構成(구성) 여러 부분이나 요소들을 모아서 일정한 전체를 짜 이룸.
構造(구조) 1)꾸밈새. 2)꾸며 만듦. 3)각 부분이나 요소들을 모아 어떤 전체를 짜 이룸.
機構(기구) 1)하나의 조직을 이루고 있는 구조적인 체계. 2)기계의 내부 구조.

비 講(익힐 강)

榵
⑩ 14획 日ロウ
빈랑나무 랑 中 láng

풀이 빈랑나무.

榴
⑩ 14획 日リュウ・ざくろ
석류나무 류(유) 中 liú

풀이 석류나무.
榴火(유화) 붉은 석류꽃.
石榴(석류) 석류나무의 열매.

槃
⑩ 14획 日ハン・バン・たらい
쟁반 반 中 pán

* 형성. 뜻을 나타내는 부수 '木(나무 목)'과 음을 나타내는 '般(선반 반)'을 합친 글자.

풀이 1. 쟁반. 소반. 2. 즐기다.
涅槃(열반) 불도를 완전히 이루어 일체의 번뇌를 해탈한 최고의 경지.

비 (소반 반)

榜
⑩ 14획 日ホウ・ボウ
매 방 中 bàng, bǎng, bēng

풀이 1. 매. 2. 매질하다. 3. 방. 방문. 여러 사람에게 알리기 위해 길거리에 붙이는 글. 4. 배를 젓다.
榜示(방시) 게시함. 공고문을 써서 판에 게시함.
落榜(낙방) 합격자의 성명을 적은 방에 자기 이름이 오르지 않았다는 뜻으로, 과거에 떨어짐을 이르는 말.
標榜(표방) 1)어떠한 명목을 붙여 내세움. 2)남의 선행을 내세워 여러 사람에게 보이고 칭찬함.

榧
⑩ 14획 日ヒ・かや
비자나무 비 中 fěi

풀이 비자나무.

榭
⑩ 14획 日シャ・うてな
정자 사 中 xiè

풀이 1. 정자. ¶臺榭 2. 사당(祠堂). 3. 도장(道場). 무술을 익히는 곳.

槊
⑩ 14획 日サク・ソ
창 삭 中 shuò

풀이 창. 길이가 1장 8척인 창.

樣
⑩ 14획
樣(p372)의 俗字

榮
⑩ 14획 日エイ・さかえる
영화 영 中 róng

荣榮

* 형성. 뜻을 나타내는 부수 '木(나무 목)'과

음을 나타내는 '熒(등불 형)'의 생략자를 합친 글자. 나무(木)에서 환하게 빛나(熒)는 잎을 나타내어, '꽃', '꽃이 피다', '번성하다' 등의 뜻으로 쓰임.

풀이 1. 영화, 영광. ¶榮華 2. 꽃. 3. 흥하다. 한창 일어나다.

榮光(영광) 빛나는 영예.
榮達(영달) 지위가 높고 귀하게 됨.
榮辱(영욕) 영화와 치욕.
榮轉(영전) 더 좋거나 높은 직위로 올라감.
榮華(영화) 권력과 부귀를 마음껏 누리는 일.
繁榮(번영) 번성하고 영화롭게 됨.
虛榮(허영) 1)분수에 넘치는 외관상의 영화(榮華). 2)필요 이상의 겉치레.
비 熒(등불 형)

榕 ⑩ 14획 **日**ヨウ
용나무 용 **中**róng

풀이 용나무.

榛 ⑩ 14획 **日**シン・はしばみ
개암나무 진 **中**zhēn

풀이 1. 개암나무. 2. 덤불.
榛莽(진망) 잡초, 잡목이 우거진 곳. 수풀.

搓 ⑩ 14획
❶ 나무벨차 **日**サ・きる
❷ 떼 사 **中**chá

풀이 ❶ 1. 나무를 베다. 나무를 비스듬히 찍다. ❷ 2. 떼. 뗏목.
搓蘖(차얼) 비스듬히 자른 나무에서 돋아나는 움. 차얼(搓蘖).

槍 ⑩ 14획 **日**ソウ・ショウ・やり
창 창 **中**chēng, qiāng

풀이 창. ¶竹槍
槍劍(창검) 1)창과 칼. 2)무기 또는 무력을 비유하는 말.
槍手(창수) 창을 쓰는 사람. 또는 창을 쓰는 군사.
竹槍(죽창) 대나무로 만든 창.

榱 ⑩ 14획 **日**スイ・たるき
서까래 최 **中**cuī

풀이 서까래.
榱桷(최각) 서까래. 연각(椽桷).

槌 ⑩ 14획
❶ 망치 추 **日**ツイ・つち
❷ 던질 퇴 **中**chuí

풀이 ❶ 1. 망치, 몽치. ¶槌杵 2. 치다. 때리다. ❷ 3. 던지다. 내던지다.
槌杵(추저) 망치. 절굿공이.

榻 ⑩ 14획 **日**トウ
걸상 탑 **中**tà

풀이 걸상. 길고 좁게 만든 평상. ¶榻牀
榻牀(탑상) 의자나 와상(臥床) 등의 총칭.
동 楊(걸상 의)

榥 ⑩ 14획 **日**コウ・ふづくえ
책상 황 **中**huàng

풀이 1. 책상. 서안(書案). 2. 창문. 천을 바른 채광창.
비 机(책상 궤)

槪 ⑪ 15획 **日**ガイ・カイ・おほむね
대개 개 **中**gài

一十才才木杯朽朽榨槪槪槪槪

[木 11획] 槨權樛槻槿樑樓模

*형성. 뜻을 나타내는 부수 '木(나무 목)'과 음을 나타내는 '旣(이미 기)'를 합친 글자. 말이나 되에 곡식을 가득 담고(旣) 그 위를 밀어 평평하게 하는 데 쓰이는 나무(木)로 된 '평미레'를 뜻함. 대개 라는 뜻으로 쓰임.

풀이 1. 대개. 대강. ¶大概 2. 평미레. 곡식을 말이나 되로 잴 때, 그 위를 고르게 하는 나무 방망이. 3. 절개. 절조. ¶節概 4. 경치. ¶景概

概括(개괄) 대충 추려 요점이나 줄거리를 추려 한데 뭉뚱그림.

概念(개념) 여러 관념 속에서 공통된 요소를 추상하여 종합한 하나의 관념.

概論(개론) 전체의 내용을 간추린 대강의 논설.

概要(개요) 어떤 일이나 문제의 대강의 요점.

大概(대개) 1)대부분. 2)대체의 사연. 줄거리. 3)그저 웬만한 정도로. 대체로.

節概(절개) 옳은 일을 지키어 뜻을 굽히지 않는 굳건한 마음이나 태도.

槨 ⑪ 15획 ⑪カク ⑪guǒ
덧널 곽

풀이 덧널. 관을 담는 궤.

權 ⑪ 15획
權(p379)의 俗字

樛 ⑪ 15획 ⑪キュウ ⑪jiū
휠 규

풀이 1. 휘다. 굽다. 휘어 늘어지다. ¶樛枝 2. 두루 돌아다니다. ¶樛流

樛枝(규지) 굽은 나뭇가지.

槻 ⑪ 15획 ⑪キ·つき ⑪guī
물푸레나무규

풀이 물푸레나무.

槿 ⑪ 15획 ⑪キン·むくげ ⑪jǐn
무궁화나무근

풀이 무궁화나무. ¶槿花

槿域(근역) 무궁화가 많은 땅이라는 뜻으로, 우리나라의 다른 이름. 근화향(槿花鄉).

 蕣(무궁화 순)

樑 ⑪ 15획 ⑪リョ ⑪liáng
들보 량

풀이 들보. 대들보.

🔁 梁(들보량)

樓 ⑪ 15획 ⑪ロウ ⑪lóu
다락 루(누)

一 亻 木 木 木 [*] 杵 [*] 桾 桾 樏 樏 樓 樓 樓 樓

*형성. 뜻을 나타내는 부수 '木(나무 목)'과 음을 나타내는 '婁(끌 루)'를 합친 글자.

풀이 다락. 다락집. ¶樓閣

樓閣(누각) 1)다락집. 2)2층이나 3층으로 지은 집.

樓臺(누대) 높은 건물. 누각(樓閣)과 대사(臺榭).

望樓(망루) 망을 보기 위하여 세운 높은 다락집. 관각(觀閣).

城樓(성루) 성곽의 곳곳에 세운 다락집.

模 ⑪ 15획 ⑪モウ ⑪mó
법 모

一 亻 木 木 木 [*] 杵 [*] 棺 棺 模 模 模

*형성. 뜻을 나타내는 부수 '木(나무 목)'과 음을 나타내는 '莫(없을 막)'을 합친 글자.

풀이 1. 법. 법식. ¶模範 2. 본뜨다. 본받다. ¶模範 3. 거푸집. 4. 모호하다. 분명하지 않다.

模倣(모방) 본받음. 본뜸. 흉내를 냄.
模範(모범) 본받아 배울 만한 본보기.
模寫(모사) 본떠 그대로 그림.
模樣(모양) 1)사람이나 물건의 형태. 모습. 생김새. 2)어떤 일이 되어가는 꼴. 형편. 상태. 3)체면.
模造(모조) 본떠 만듦. 모방하여 만듦.
模糊(모호) 분명하지 않은 모양. 흐릿하여 똑똑하지 않은 모양.
規模(규모) 1)사물의 구조나 구상(構想)의 크기. 2)본보기가 될 만한 틀이나 제도. 3)씀씀이의 계획성이나 일정한 한도.
🔗 式(법 식) 法(법 법) 🔲 漢(사막 막)

樊 ① 15획　日ハン・まがき
울 번　中fán

풀이 1. 울. 울타리. 2. 새장. ¶樊籠 3. 어지러운 모양. 어수선한 모양.

樊籠(번롱) 1)새장. 조롱(鳥籠). 2)관직에 매여 자유롭지 못함. 3)감옥을 비유하는 말.

樂 ① 15획
❶ 풍류 악　日ガク・ラク
❷ 즐거울락(낙)　‥たのしい
❸ 좋아할 요　中lè, yuè

′ ′ 冫 冫 冫 冫 冫 泊 泊 泊 泊 泊 樂 樂

*상형. 나무 받침대 위에 여러 가닥의 현(絲)이 있는 현악기를 본뜬 글자. 이에 '악기', '음악'을 뜻함.

풀이 ❶ 1. 풍류. 음악. ¶音樂 ❷ 2. 즐겁다. 기쁘다. ¶苦樂 3. 즐기다. ❸ 4. 좋아하다. ¶樂山樂水

樂觀(낙관) 1)즐겁게 봄. 재미있게 봄. 2)모든 일을 희망적으로 봄. ↔ 비관(悲觀).
樂園(낙원) 살기 좋은 즐거운 장소. 천국(天國). 이상향(理想鄕).
樂天(낙천) 1)천명(天命)을 즐김. 2)모든 사물에 대하여 즐겁고 좋은 것으로 보는 생각.
樂器(악기) 음악 기구.
樂譜(악보) 곡조를 여러 가지 글자・표 등으로써서 적은 보표.
樂山樂水(요산요수) 산을 좋아하고 물을 좋아함. 산수를 좋아함.
極樂(극락) 1)극진히 즐거워함. 더할 나위 없는 환락. 2)극락세계.
音樂(음악) 인간의 사상이나 감정을 악음(樂音)을 통해 나타내는 예술.
🔲 (악 악)

樣 ① 15획　日ヨウ・ショウ
모양 양　中yàng

一 十 オ オ オ オ オ 杉 杉 杉 样 样 样 様 様

*형성. 뜻을 나타내는 부수 '木(나무 목)'과 음을 나타내는 '羕(양)'을 합친 글자.

풀이 1. 모양. 형상. 상태. ¶模樣 2. 본보기. 모범. ¶樣式

樣相(양상) 모습. 모양. 생김새.
樣式(양식) 1)꼴. 모양. 형상. 2)일정한 모양과 형식.
樣態(양태) 사물의 존재나 행동의 모습. 상태(狀態).
多樣(다양) 종 많음. 가지가지임.
外樣(외양) 겉모양. 겉보기.
🔗 形(모양 형) 態(모양 태)

樟 ① 15획　日ショウ・くす
녹나무 장　中zhāng

풀이 녹나무.

樟腦(장뇌) 녹나무를 증류하여 취하는 백색 방향성(芳香性) 결정(結晶).

① 15획　日ショウ
노 장　中jiǎng

樗

⑪ 15획 日 チョ
가죽나무 저 中 chū

풀이 가죽나무

樗櫟(저력) 1)가죽나무와 상수리나무. 2)무능한 사람이나 쓸모 없는 물건을 비유하는 말.

槽

⑪ 15획 日 ソウ·おけ
구유 조 中 cáo

풀이 1. 구유. 마소의 먹이를 담는 통. 2. 통. 나무통.

槽櫪(조력) 1)말구유와 마판. 2)마구간이나 외양간.

비 曹(마을 조)

樅

⑪ 15획 日 ショウ·もみ
전나무 종 中 cōng, zōng

풀이 전나무.

樞

⑪ 15획 日 スイ
지도리 추 中 shū, ōu

풀이 1. 지도리. 문짝을 여닫게 하는 물건. ¶樞衡 2. 사북. 고동. ㉠기계의 작동을 시작하게 하는 장치. ㉡사물의 가장 중요한 부분.

樞機卿(추기경) 로마 교황의 최고 고문.
樞軸(추축) 1)운동이나 활동의 중심이 되는 가장 중요한 부분. 2)권력이나 정치의 중심.
中樞(중추) 1)사물의 중심이 되는 중요한 부분이나 자리. 2)한가운데.

標

⑪ 15획 日 ヒョウ·こずえ
우듬지 표 中 biāo

一十十才木木栌栌标标
標標標標

* 형성. 뜻을 나타내는 부수 '木(나무 목)'과 음을 나타내는 '票(표 표)'를 합친 글자.

풀이 1. 우듬지. 나무의 끝. 2. 표. 표시. ¶標示 3. 표하다. ¶標紙

標本(표본) 1)본보기가 될 만한 물건. 2)동식물 등의 실물 견본. 3)통계에서 그 전체 집단의 성질을 헤아릴 수 있는 표준 자료.
標示(표시) 표를 하여 외부에 나타나게 함.
標語(표어) 주의·강령 등을 간명하게 표현한 짧은 어구.
標的(표적) 목표가 되는 사물.
標準(표준) 사물의 정도를 정하는 기준이나 목표.
標槍(표창) 던져서 적을 공격하는 창.
目標(목표) 행동을 통하여 이루거나 도달하려고 함. 또는 그 대상.
手標(수표) 대차·임차 등을 할 때에 주고받는 증서.

橄

⑫ 16획 日 カン·ガン
감람나무 감 中 gǎn

풀이 감람나무.

橄欖石(감람석) 유리 같은 광택을 가진 결정체의 광물.

橋

⑫ 16획 日 キョウ·はし
다리 교 中 qiáo

一十十才木术扩杯柞柠
槗橋橋橋橋

* 형성. 뜻을 나타내는 부수 '木(나무 목)'과 음을 나타내는 '喬(높을 교)'를 합친 글자. 높은(喬) 곳에 나무(木)를 걸치고 건너는 다리를 뜻함.

풀이 다리. 교량. ¶橋梁

橋脚(교각) 다리의 기둥. 다리의 발.
橋梁(교량) 다리.
鐵橋(철교) 철골(鐵骨) 구조로 된 교량.

비 僑(높을 교)

[木 12획] 橇 橘 機 橈 橙 榴 樸 橵 橡

橇 ⑫ 16획 ⓙキョウ
썰매 교·취 ⓒqiáo

[풀이] 1. 썰매. 2. 덧신.

橘 ⑫ 16획 ⓙキツ·キチ · たちばな
귤나무 귤 ⓒjú

[풀이] 귤나무. 귤.

柑橘(감귤) 귤과 밀감.

機 ⑫ 16획 ⓙキ·はた
틀 기 ⓒjī

一十才木术术杆杆桦桦桦
桦 機 機 機

*형성. 뜻을 나타내는 부수 '木(나무 목)'과 음을 나타내는 '幾(몇 기)'를 합친 글자.

[풀이] 1. 틀. 기계. ¶機械 2. 베틀. 3. 조짐. 전조(前兆). 4. 때. 시기. ¶機宜 5. 기회. ¶機會 6. 기틀. 7. 비밀. ¶軍機

機械(기계) 도구를 짜 맞추어 이에 동력을 응용함으로써 일정한 운동을 전하여 작업을 행하려 하는 기구.

機能(기능) 1)신체의 각 부분의 활동. 2)어떤 물건이 가지는 능력. 작용(作用).

機密(기밀) 1)중요하고 비밀스러운 일. 2)비밀에 붙여 발설하지 않음.

機要(기요) 기밀에 속하는 긴요한 일.

機會(기회) 1)어떤 일이 이루어지기에 알맞은 때·경우. 2)적당한 겨를.

無機(무기) 1)무생물 등과 같이 생명이나 활력을 가지고 있지 않음. 2)무기 화학·무기 화학물의 준말.

好機(호기) 좋은 기회.

[同] 械(형틀 계) [비] 幾(기미 기)

橈 ⑫ 16획 ⓙドウ·ジョウ · ニョウ·かじ
❶ 굽을 뇨(요)
❷ 노 요 ⓒráo

[풀이] ❶ 1. 굽다. 구부리다. 구부러지다. 2. 약하다. 약해지다. 3. 꺾다. ¶橈敗 ❷ 4. 노. 작은 노.

橈橈(요요) 1)휘는 모양. 2)약한 모양.

橙 ⑫ 16획 ⓙトウ
등자나무 등 ⓒchéng

[풀이] 등자나무. 등자. ¶橙黃

橙黃(등황) 1)등자나무가 누레짐. 2)등황색. 등색. 주황색(朱黃色).

[同] 藤(등나무 등)

榴 ⑫ 16획
榴(p369)의 本字

樸 ⑫ 16획 ⓙボク
❶ 통나무 박
❷ 나무 빽빽할 복 ⓒpǔ

[풀이] ❶ 1. 통나무. 2. 순박하다. 꾸밈이 없다. ¶淳樸 ❷ 3. 나무가 빽빽하다. 총생(叢生)하다.

樸直(박직) 꾸밈이 없고 정직함.

素樸(소박) 인공을 가하지 않음. 꾸밈이 없음.

淳樸(순박) 순량하고 솔직함.

[비] 僕(시중꾼 복)

橵 ⑫ 16획
산자 산 ⓚ

[풀이] 산자. 지붕 서까래에 흙을 받기 위하여 나뭇개비를 가로 펴고 엮은 것.

橡 ⑫ 16획 ⓙショウ·ゾウ ·とち
상수리나무 상 ⓒxiàng

[풀이] 상수리나무. 상수리.

橡實(상실) 상수리. 상자(橡子).

[木 12획] 樹橓橒樽樵橢橐樺橫

樹 ⑫ 16획 日ジュ・き 나무 수 中shù

一十十才才村村村村桂桂樹樹樹

풀이 1. 나무. ¶樹木 2. 심다. 3. 세우다. ¶樹功

樹立 (수립) 사업이나 공을 굳게 세움.
樹木 (수목) 나무.
樹種 (수종) 1)나무의 종류. 2)초목을 심음.
果樹 (과수) 과실나무.
常綠樹 (상록수) 사철 내내 푸른빛을 지니고 있는 나무.

橓 ⑫ 16획 日ツュン 무궁화나무 순 中shùn

풀이 무궁화나무.

橒 ⑫ 16획 日ウン 나무 이름 운 中yún

풀이 나무 이름.

樽 ⑫ 16획 日ソン・たる 술통 준 中zūn

풀이 술통. 술단지. ¶樽酒
樽俎 (준조) 1)술통과 고기를 담는 그릇. 2)온갖 예절을 갖춘 공식 연회.

樵 ⑫ 16획 日ショウ・きこり 땔나무 초 中qiáo

풀이 1. 땔나무. ¶薪樵 2.나무하다. 땔나무를 마련하다. 3. 나무꾼. ¶樵家
樵汲 (초급) 나무하고 물을 길음. 또는 그 사람.
樵婦 (초부) 나무하는 여자. 또는 나무꾼의 아내.

橢 ⑫ 16획 楕(p368)과 同字

橐 ⑫ 16획 日タク 전대 탁 中tuó

풀이 전대. 주머니.
橐中裝 (탁중장) 전대에 넣어 가지고 다니는 중요한 물건.

樺 ⑫ 16획 日カ 자작나무 화 中huà

풀이 자작나무.
樺巾 (화건) 자작나무 껍질로 만든 건(巾).

橫 ⑫ 16획 日オウ・コウ・よこ 가로 횡 中héng, hèng, guāng

一十才才木 村村村村村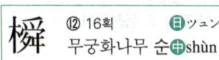
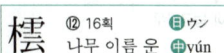

*형성. 뜻을 나타내는 부수 '木(나무 목)'과 음을 나타내는 '黃(누를 황)'을 합친 글자.

풀이 1. 가로. 동서. 2. 가로지르다. 횡단하다. 3. 방자하다. 사납다. 4. 제멋대로. ¶橫談 5. 갑작스러운. 뜻밖의.

橫斷 (횡단) 1)가로 끊음. 2)가로 지나감.
橫領 (횡령) 1)남의 물건을 불법으로 빼앗음. 2)남에게 부탁받은 것을 영유함.
橫死 (횡사) 뜻밖의 재화로 말미암아 죽음. 횡액(橫厄)으로 죽음.
橫說竪說 (횡설수설) 조리(條理)가 없는 말을 되는대로 지껄임.
橫暴 (횡포) 제멋대로 굴며 난폭함.
橫行 (횡행) 1)거리낌없이 마음대로 돌아다님. 2)멋대로 행함. 3)모로 걸음.
縱橫 (종횡) 1)가로세로. 2)자유자재.

행동이 거침없음.
밴 縱(세로 종)

檜 ⑫ 16획
나무 이름 회

풀이 나무 이름. 일본 한자임.

檟 ⑬ 17획 日カ·ひさぎ 中jiǎ
개오동나무 가

풀이 1. 개오동나무. 2. 매. 회초리. ¶檟楚
檟楚(가초) 매. 회초리. 하초(夏楚)

橿 ⑬ 17획 日キョウ·もちのき 中jiāng
감탕나무 강

풀이 1. 감탕나무. 2. 굳세다. 강성하다.
橿橿(강강) 강성(强盛)한 모양.

檢 ⑬ 17획 日ケン 中jiǎn
검사할 검

一十 才 木 木 杧 松 松 杦
檢 檢 檢 檢 檢 檢

*형성. 뜻을 나타내는 부수 '木(나무 목)'과 음을 나타내는 '僉(여러 첨)'을 합친 글자.

풀이 1. 검사하다. 조사하다. ¶檢問 2. 단속하다. 3. 봉하다. 봉인하다.
檢擧(검거) 수사기관에서 범법 용의자를 잡아가는 일.
檢問(검문) 조사하여 물어봄.
檢査(검사) 옳고 그름, 좋고 나쁨 등의 사실을 살피어 검토하거나 조사하여 판정함.
檢閱(검열) 검사하여 봄.
檢證(검증) 검사하여 증명함.
檢討(검토) 내용을 자세히 살펴가면서 따져 봄.
點檢(점검) 하나하나 검사함.
밴 險(험할 험) 儉(검소할 검)

檄 ⑬ 17획 日ゲキ·ケキ 中xí
격문 격

풀이 격문. ¶檄文
檄文(격문) 1)세상 사람들을 선동하거나 의분을 고취하기 위해 쓴 글. 2)군병을 모집하거나 적군을 달래거나 힐책하기 위하여 발송하는 글. 3)급히 여러 사람에게 알리려고 여러 곳에 보내는 글.
밴 激(격렬할 격)

檠 ⑬ 17획 日ケイ·ゆだめ 中qíng
도지개 경

풀이 1. 도지개. 뒤틀린 활을 바로잡는 틀. 2. 바로잡다. 3. 등잔걸이.

檎 ⑬ 17획 日ゴ·キン 中qín
능금나무 금

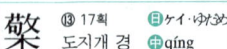

풀이 능금나무.

檀 ⑬ 17획 日タン·ダン·まゆみ 中tán
박달나무 단

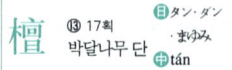

一十 才 木 木 杧 栌 栌 栌 椢
椢 椢 椢 檀 檀 檀

*형성. 뜻을 나타내는 부수 '木(나무 목)'과 음을 나타내는 '亶(믿을 단)'을 합친 글자.

풀이 1. 박달나무. ¶檀弓 2. 단향목.
檀君(단군) 우리나라의 국조로 받드는 최초의 임금으로 고조선을 개국함.
檀紀(단기) 단군이 즉위한 서력 기원전 2333년을 원년으로 하는 기원.
檀香木(단향목) 자단(紫檀)·백단(白檀) 등 향나무의 통칭.

檗 ⑬ 17획 日ハク·きはだ 中bò
황벽나무 벽

[풀이] 황벽나무.

橚 ⑬ 17획 [日]シュク
밋밋할 숙 [中]sù

[풀이] 밋밋하다. 나무가 길고 꼿꼿하다.

檍 ⑬ 17획 [日]オク·もちのき
감탕나무 억 [中]yì

[풀이] 감탕나무.

檃 ⑬ 17획 [日]イン·ためぎ
도지개 은 [中]yǐn

[풀이] 1. 도지개. 휘어진 나무나 뒤틀린 활을 바로잡는 틀. ¶檃栝 2. 바로잡다.

檃栝(은괄) 1)도지개. 2)잘못을 바로 잡음.

檣 ⑬ 17획 [日]ショウ·ほばしら
돛대 장 [中]qiáng

[풀이] 돛대.

檣頭(장두) 돛대의 꼭대기.

檉 ⑬ 17획 [日]テイ·かわやなぎ
위성류 정 [中]chēng

[풀이] 위성류(渭城柳). ¶檉柳

檉柳(정류) 위성류(渭城柳).

檝 ⑬ 17획
楫(p367)과 同字

檐 ⑬ 17획 [日]エン·タン·になう
❶ 처마 첨
❷ 질 담 [中]yán, dān

[풀이] [1] 1. 처마. 추녀. ¶檐鈴 [2] 2. 지다. 메다. 짊어지다.

飛檐(비첨) 날아가듯 아름다운 모양을 한 번쩍 들린 처마. 비우(飛宇).

檜 ⑬ 17획 [日]カイ·ひのき
노송나무 회 [中]guì

[풀이] 노송나무.

檜皮(회피) 노송나무 껍질.

[유] 栝(노송나무 괄)

櫃 ⑭ 18획 [日]キ·ひつ
함 궤 [中]guì

[풀이] 함. 궤.

書櫃(서궤) 1)책을 넣어 두는 궤짝. 2)아는 것이 많은 사람.

[유] 櫝(함 독)

檮 ⑭ 18획 [日]トウ·きりかぶ
등걸 도 [中]táo

[풀이] 1. 등걸. 그루터기. 2. 어리석다. ¶檮昧

檮昧(도매) 어리석음. 무지 몽매함.

櫂 ⑭ 18획 [日]トウ·タク·かじ
노 도 [中]zhào

[풀이] 1. 노. 삿대. 2. 삿대질하다. 노를 젓다. ¶櫂舟

櫂歌(도가) 뱃노래.

檳 ⑭ 18획 [日]ビン
빈랑나무 빈 [中]bīn, bīng

[풀이] 빈랑나무. 빈랑. ¶檳榔

檻 ⑭ 18획 [日]カン·ケン·おり
우리 함 [中]jiàn

[木 15~17획] 檻櫟櫓櫛櫍櫪櫨櫶欄櫺

풀이 1. 우리, 짐승을 가두어 두는 곳. ¶圈檻. **2.** 감옥. ¶檻倉 **3.** 덫, 함정. **4.** 난간. ¶檻欄

檻車(함거) 지난날, 죄인을 호송(護送)하는 데 쓰던 수레.
檻穽(함정) 1)짐승을 잡기 위하여 파놓은 구덩이. 2)빠져나올 수 없는 곤경이나 계략.
[비] 艦(군함 함)

櫚 ⑮ 19획 ㊐リョ・ロ ㊥lǘ
종려나무 려

풀이 종려나무. ¶椶櫚

櫟 ⑮ 19획 ㊐レキ・くぬぎ ㊥lì, yuè
상수리나무 력

풀이 상수리나무. ¶櫟樗

櫓 ⑮ 19획 ㊐ロ・おおだて ㊥lǔ
방패 로(노)

풀이 1. 방패. **2.** 망루(望樓). **3.** 노, 배 젓는 기구. ¶櫓聲
櫓棹(노도) 노와 상앗대.

櫛 ⑮ 19획 ㊐シツ・くし ㊥zhì
빗 즐

*형성. 뜻을 나타내는 부수 '木(나무 목)'과 음을 나타내는 '節(마디 절)'을 합친 글자. 나무(木)로 절도(節)있는 빗살을 만든 것을 나타내어, '빗, 빗질'의 뜻으로 쓰임.

풀이 1. 빗, 머리빗. **2.** 빗다. ¶櫛沐 **3.** 늘어서다. ¶櫛比
櫛比(즐비) 많은 것이 빗살과 같이 촘촘히 죽 늘어섬.

櫍 ⑮ 19획 ㊐シツ ㊥zhì
모탕 질

풀이 모탕. 도끼받침.

櫪 ⑯ 20획 ㊐レキ・かいばおけ ㊥lì
말구유 력

풀이 1. 말구유. ¶槽櫪 **2.** 마판, 마구간에 깐 널빤지. **3.** 상수리나무.
櫪廐(역구) 말구유와 마구간.

櫨 ⑯ 20획 ㊐ロ・はぜ ㊥lú
두공 로(노)

풀이 1. 두공, 기둥 위에 짜 놓은 구조. **2.** 거먕옻나무.

櫶 ⑯ 20획 ㊐ケン ㊥xiǎn
나무 이름 헌

풀이 나무 이름.

欄 ⑰ 21획 ㊐ラン・てすり ㊥lán
난간 란(난)

一十十十十十
枦枦枦枦枦枦枦柑柑柑柑柑
柑栭栭楫楫欄欄欄

*형성. 뜻을 나타내는 부수 '木(나무 목)'과 음을 나타내는 '闌(가로막을 란)'을 합친 글자. 사람이 떨어지지 않도록 나무(木)로 가로막은(闌) 것, 곧 '난간'을 뜻함.

풀이 1. 난간. ¶欄干 **2.** 난, 칸. 지면(紙面), 지면에 설정한 부분의 경계선. 또는 그 경계의 안.
欄干(난간) 누각이나 층계나 다리의 가장자리를 막은 물건.
欄檻(난함) 난간(欄干).
空欄(공란) 지면(紙面)의 빈칸.

櫺 ⑰ 21획 ㊐レイ・リョウ・れんじ ㊥líng
격자창 령(영)

풀이 1. 격자창. **2.** 처마, 추녀. **3.** 난간.
櫺檻(영함) 격자로 꾸민 난간.

[木 17~21획] 欂櫻權欌欒欑欖

欂 ⑰ 21획
두공 박　日 ノ·ますがた　中 bó

풀이 두공(枓栱). 동자기둥.

欂櫨(박로) 두공(枓栱). 옥뢰(屋櫑).

櫻 ⑰ 21획
앵두나무 앵　日 オウ·さくら　中 yīng

풀이 앵두나무.

櫻脣(앵순) 앵두같이 붉은 입술. 미인의 입술을 이르는 말.

權 ⑱ 22획
권세 권　日 ケン·ゴン·おもり　中 quán

一十才才杧杧杧杧杧栌栌栌栌榨榨榨榨榨權權權

* 형성. 뜻을 나타내는 부수 '木(나무 목)'과 음을 나타내는 '雚(황새 관)'을 합친 글자.

풀이 1. 권세. 권력. 2. 권리. ¶權利 3. 저울. 4. 저울질하다. 무게를 달다. ¶權稱 5. 꾀. 책략. 6. 권도(權道). 임기응변의 방도.

權力(권력) 남을 지배하여 강제로 복종시키는 힘.

權謀術數(권모술수) 남을 교묘하게 속이는 임기응변의 꾀와 술책.

權威(권위) 1)절대적인 것으로서 남을 복종시키는 힘. 2)어떤 분야에서 능히 남이 신뢰할 만한 뛰어난 지식이나 기술.

權座(권좌) 권력, 특히 통치권을 가진 자리.

權限(권한) 공적으로 행사할 수 있는 직권의 범위.

主權(주권) 1)주된 권리. 2)국가 의사를 최종적으로 결정하는 권력. 3)한 국가가 가지는 독립적 자주권.

特權(특권) 특정한 개인이나 집단에 대하여 인정하는 특별한 권리나 이익, 또는 의무의 면제.

비 勸(권할 권)

欌 ⑱ 22획
장롱 장　韓

풀이 장롱.

欌籠(장롱) 옷을 넣는 장.

欒 ⑲ 23획
모감주나무란　日 ラン·ひじき　中 luán

풀이 1. 모감주나무. 2. 둥근 모양. 원만한 모양. ¶團欒

團欒(단란) 1)썩 원만함. 2)가족 등 가까운 사람들이 화목하고 즐거움.

欑 ⑰ 23획
모일 찬　日 サン·あつめる　中 cuán

풀이 1. 모이다. 모으다. ¶欑集 2. 가장(假葬)하다. 임시로 묻다.

欑集(찬집) 모임. 모여듦.

비 輯(모을 집) 集(모을 집)

欖 ㉑ 25획
감람나무 람　日 ラン　中 lǎn

풀이 감람나무. 감람과의 상록 교목.

欠부

欠 하품 흠 部

'欠'자는 입을 크게 벌린 사람의 모습에서 '하품'을 뜻하는 글자로, 하품은 몸에 기(氣)가 부족하여 일어나는 현상으로 생각하여 '부족하다', '흠이 많다', '흠내다'처럼 '흠'과 관련된 뜻을 지닌다.

欠 ⓪4획 日ケン・あくび 하품 흠 中qiàn

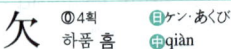

*상형. 사람이 입을 벌리며 하품하는 모양을 본뜬 글자.

풀이 1. 하품. 2. 하품하다. ¶欠伸 3. 모자라다. 부족하다. ¶欠缺 4.⑲ 흠.

欠缺(흠결) 일정한 수에서 부족함.
欠節(흠절) 잘못된 점. 모자라는 점.
비 次(버금 차)

次 ②6획 日シ・ジ・つぎ 버금 차 中cì, zī

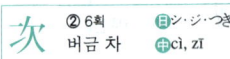

*회의. 피곤하여 하품[欠]을 하며 다음[二]으로 미룬다는 데에서 '다음', '버금'의 뜻으로 쓰임.

풀이 1. 버금. 다음. ¶次期 2. 차례. 순서. 3. 횟수. 번. ¶幾次

次期(차기) 다음 시기.
次例(차례) 순서, 차례.
次席(차석) 수석(首席)의 다음 자리.
次點(차점) 득점 또는 득표 수가 최고점에 다음가는 점수나 표수.
目次(목차) 차례, 목록.
漸次(점차) 점점, 차차.
비 吹(불 취) 吸(마실 흡)

欧 ④8획
歐(p382)의 俗字

欣 ④8획 日キン・よろこぶ 기뻐할 흔 中xīn

*형성. 뜻을 나타내는 부수 '欠(하품 흠)'과 음을 나타내는 '斤(도끼 근)'을 합친 글자.

풀이 ⑬ 기뻐하다.

欣然(흔연) 기쁘거나 반가워 기분이 좋음.
欣快(흔쾌) 기쁘고 유쾌함.
유 歡(기뻐할 환)

欲 ⑦11획 日ヨク・ほっする 하고자 할 욕 中yù

*형성. 뜻을 나타내는 부수 '欠(하품 흠)'과 음을 나타내는 '谷(계곡 곡)'을 합친 글자.

풀이 1. 하고자 하다. 하려 하다. ¶意慾 2. 욕심내다. 탐하다. 3. 바라다. 원하다.

欲求(욕구) 무엇을 얻거나 무슨 일을 하고자 원함. 또는 그 욕망.
欲望(욕망) 무엇을 하거나 가지고 싶은 바람.
欲心(욕심) 무엇을 지나치게 탐내는 마음.
欲情(욕정) 1)한 때의 충동으로 일어나는 욕심. 2)색욕(色慾).
意欲(의욕) 무언가를 하고자 하는 적극적(積極的)인 마음.
유 慾(욕심 욕)

欷 ⑦11획 日キ・すすりなく 흐느낄 희 中xī

풀이 흐느끼다.

款 ⑧12획 日カン・まこと 정성 관 中kuǎn

풀이 1. 정성. 정성스럽다. ¶款誠 2. 머무르다. 3. 항목. ¶款項 4. 도장. 돈, 경비(經費).

款待(관대) 정성껏 대우함. 후하게 대접함.
款項(관항) 조항(條項). 항목(項目).
落款(낙관) 글씨나 그림에 이름을 쓰고 도장을 찍음.
유 懇(정성 간) 誠(정성 성) 恂(정성 순)

欺 ⑧12획 日キ・あざむく 속일 기 中qī

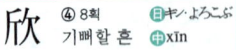

[欠 8~10획] 欸欽歃歇歆歌歉   381

* 형성. 뜻을 나타내는 부수 '欠(하품 흠)'과 음을 나타내는 '其(그 기)'를 합친 글자.

풀이 속이다. 거짓말하다.

欺君(기군) 임금을 속임.
欺瞞(기만) 남을 속임.
欺罔(기망) 남을 속이고 업신여김.
詐欺(사기) 나쁜 목적으로 남을 속이는 행위.

🔗 詐(속일 사) 비 期(기약할 기)

欻 ⑧ 12획   日クツ・たちまち
문득 훌   中xū

풀이 문득. 갑자기.

欻然(훌연) 갑자기.

欽 ⑫ 12획   日キン・つつしむ
공경할 흠   中qīn, qìn

* 형성. 뜻을 나타내는 부수 '欠(하품 흠)'과 음을 나타내는 '金(쇠 금)'을 합친 글자.

풀이 1. 공경하다. 흠모하다. ¶欽慕 2. 임금이에 관한 일에 붙이는 접두사. ¶欽定

欽慕(흠모) 존경하여 사모함.
欽仰(흠앙) 공경하여 앙모(仰慕)함.
欽差(흠차) 칙명(勅命)을 띠고 사신으로 감. 또는 그 사람.

🔗 敬(공경할 경)

歃 ⑨ 13획   日ソウ・ショウ・すする
마실 삽   中shà

풀이 마시다. ¶歃血

歃血(삽혈) 희생(犧牲)의 피를 서로 나누어 마시거나 입술에 발라 서약을 반드시 지킬 것을 맹세함.

歇 ⑨ 13획   日ケツ・やめる
쉴 헐   中xiē

풀이 1. 쉬다. 휴식하다. ¶歇息 2. 值

값이 싸다.

歇息(헐식) 쉼. 휴식.
間歇(간헐) 그쳤다 이어졌다 함. 쉬었다 일어났다 함.

歆 ⑨ 13획   日キン・うける
받을 흠   中xīn

풀이 1. 받다. 흠향하다. 신이 제사 음식의 기(氣)를 받는 것. 2. 부러워하다. ¶歆羨

歆饗(흠향) 신명(神明)이 제사의 예(禮)를 받음.

歌 ⑩ 14획   日カ・うた・うたう
노래 가   中gē

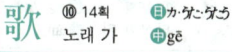

* 형성. 뜻을 나타내는 부수 '欠(하품 흠)'과 음을 나타내는 '哥(울음 가)'를 합친 글자.

풀이 1. 노래. 2. 노래하다. 노래를 부르다.

歌劇(가극) 음악과 가무를 섞어 하는 연극(演劇).
歌謳(가구) 노래를 부름. 가구(歌嘔).
歌詞(가사) 1)노래의 내용이 되는 글. 2)고려 말엽부터 나타난 3·4조 또는 4·4조의 운문으로 된 시가 형식.
歌手(가수) 노래를 부르는 사람.
歌謠(가요) 노래. 민요·속요·유행가 등의 총칭.
四面楚歌(사면초가) 사방에서 들려오는 초나라 노래. 곧 적에게 완전히 포위되어 고립된 상태를 이르는 말.

🔗 謠(노래 요) 唱(노래 창)

歉 ⑩ 14획   日ケン・カン・あきたりない
흉년 들 겸   中qiàn

풀이 1. 흉년 들다. ¶歉年 2. 불만족스럽다. 3. 적다. 부족하다.

歉年(겸년) 흉년(凶年).

歉然(겸연) 불만족스러운 모양. 마음에 차지 않는 모양.

歐 ⑪ 15획 토할 구 [日]ク·はく [中]ōu, ǒu

[풀이] 1. 토하다. ¶歐吐 2. 치다. 때리다. ¶歐打 3. 유럽. 구라파. ¶歐美

歐吐(구토) 뱃속에 있는 음식을 게움.

歐美(구미) 1)유럽 주와 아메리카 주. 2)유럽과 미국.

[비] 毆(때릴 구)

歎 ⑪ 15획 탄식할 탄 [日]タン·なげく [中]tàn

一 十 卄 廾 廾 廿 芇 苷 莒 莫 菓 蓳 歎 歎 歎

* 형성. 뜻을 나타내는 부수 '欠(하품 흠)'과 음을 나타내는 부수 이외의 글자를 합친 글자.

[풀이] 1. 탄식하다. 한숨을 쉬다. ¶歎息 2. 칭찬하다. ¶歎譽

歎伏(탄복) 감동하여 심복함.

歎聲(탄성) 1)탄식하는 소리. 2)감탄하는 소리.

歎息(탄식) 한숨을 쉬며 한탄함.

感歎(감탄) 감동하여 찬탄함. 마음에 깊이 느끼어 탄복함.

讚歎(찬탄) 깊이 감동하여 찬양함.

恨歎(한탄) 한숨을 지음. 또는 그 한숨.

[유] 嘆(탄식할 탄)

歓 ⑪ 15획 歡(p382)의 俗字

歔 ⑫ 16획 흐느낄 허 [日]キョ·すすりなく [中]xū

[풀이] 1. 흐느끼다. 훌쩍거리며 울다. ¶歔泣 2. 두려워하다.

歔欷(허희) 1)흐느껴 욺. 2)두려워하는 모양.

[유] 欷(흐느낄 희)

歛 ⑬ 17획 바랄 감 [日]カン [中]hān

[풀이] 1. 바라다. 원하다. 2. 주다.

歛退(감퇴) 물러가기를 원함.

歟 ⑭ 18획 어조사 여 [日]ヨ·か [中]yú

[풀이] 어조사. 의문·감탄·추측 뜻을 나타냄.

[비] 與(줄 여)

歠 ⑮ 19획 마실 철 [日]セツ·すする [中]chuò

[풀이] 마시다. 들이마시다.

[유] 飲(마실 음)

歡 ⑱ 22획 기뻐할 환 [日]カン·よろこぶ [中]huān

丶 丷 丷 艹 艹 艹 艹 苗 苗 苗 莙 萑 萑 萑 萑 萑 萑 雚 雚 歡 歡 歡

* 형성. 뜻을 나타내는 부수 '欠(하품 흠)'과 음을 나타내는 '雚(풀이름 관)'을 합친 글자.

[풀이] 1. 기뻐하다. 기쁘게 하다. 2. 기쁨. 즐거움. ¶哀歡

歡談(환담) 기쁜 마음으로 정답게 이야기함. 또는 그 이야기.

歡樂(환락) 기뻐하고 즐거워함. 또는 즐거운 마음으로 놂.

歡心(환심) 기뻐하는 마음. 즐거워하는 마음.

歡迎(환영) 기쁘게 맞음.

歡呼(환호) 기뻐서 고함을 지름.

歡喜(환희) 1)즐겁고 기쁨. 2)불법을 듣고 신심(信心)을 얻음으로써 생기는 마음의 기쁨.

哀歡(애환) 슬픔과 기쁨.
🔁 欣(기뻐할 흔) 喜(기쁠 희)

止부

止 그칠 지 部

'止'자는 발 모양을 본뜬 글자로, '그치다'를 뜻한다. 또한 행동 등을 '막다', '금지하다'의 뜻으로 많이 쓰이며 행동거지(行動擧止)에서처럼 '행동'을 뜻하기도 한다. 이 글자를 부수로 갖는 글자는 대부분 발과 관련이 있다.

| 止 | ⓪ 4획
그칠 지 | 🇯🇵 シ・とまる
🇨🇳 zhǐ |

ㅣ ㅏ ㅑ 止

* 상형. 사람 발의 모양을 본뜬 글자. 발을 멈추고 나아가지 않음을 나타내어, '그치다'의 뜻으로 쓰임.

풀이 1. 그치다. 끝나다. 2. 그만두다. 3. 금하다. 금지하다. ¶禁止. 4. 머무르다. 숙박하다. ¶止宿 4. 거동. 행동거지.

止水(지수) 흐르지 않고 괴어 있는 물. 고요하여 움직이지 않는 마음을 비유하는 말.
止宿(지숙) 머물러 묵음. 헐숙(歇宿).
止痛(지통) 아픔이 그침.
止血(지혈) 흘러나오는 피를 멎게 함.
禁止(금지) 못하게 알림.
中止(중지) 도중에서 그만둠.
🔁 正(바를 정)

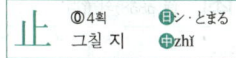

| 正 | ① 5획
바를 정 | 🇯🇵 セイ・ショウ
・ただしい
🇨🇳 zhèng, zhēng |

一 T 下 正 正

* 회의. 회의. 성(口)으로 발길(止)을 돌려 진격하는 형상을 나타낸 글자로, '征(칠 정)'의 본임. 바꾸어 '바르다'의 뜻을 나타냄.

풀이 1. 바르다. 올바르다. ¶正義 2. 바로잡다. 바르게 하다. 3. 틀림없이. 확실히. 4. 정. 위계 상하를 나타내는 말로 '從'보다 높음. 5. 본. 사물의 주가 되는 것으로 '副'와 반대임. 6. 정월. 1월. ¶正月

正道(정도) 사람이 행하여야 할 바른 길.
正式(정식) 1)정당한 방법. 2)바른 격식. 규정에 맞는 격식.
正月(정월) 음력 1월.
正義(정의) 1)사람이 지켜야 할 올바른 도리. 2)바른 뜻.
正直(정직) 마음이 바르고 곧음.
正確(정확) 바르고 확실함.
端正(단정) 흐트러진 데 없이 얌전하고 깔끔함.

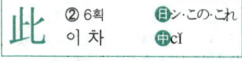

| 此 | ② 6획
이 차 | 🇯🇵 シ・この・これ
🇨🇳 cǐ |

ㅣ ㅏ ㅑ 止 止 此

* 회의. 사람(人)이 멈추어 선(止) 장소인 '이곳'을 나타낸 글자로 의미가 확대되어 '이', '이것'의 뜻으로 쓰임.

풀이 이. 이것. 이곳. ㉠가까운 사물을 가리키는 말. ㉡가까운 장소를 가리키는 말.

此岸(차안) 1)이쪽 물가의 언덕. 2)깨닫지 못하고 고생하며 사는 상태. 3)이승.
此後(차후) 이 다음.
彼此(피차) 1)이것과 저것. 2)이편과 저편의 양편.

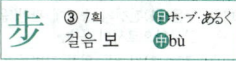

| 步 | ③ 7획
걸음 보 | 🇯🇵 ホ・ブ・あるく
🇨🇳 bù |

ㅣ ㅏ ㅑ 止 止 步 步

* 상형. 오른쪽 발바닥과 왼쪽 발바닥이 잇닿아 있는 모양을 본뜬 글자. 이에 '걷다', '걸음'의 뜻으로 쓰임.

풀이 1. 걸음. 2. 걷다. 보행하다. ¶步行

3. 운명. 운수. ¶國步 4. 보. ㉠길이의 단위. 8자 또는 6자. ㉡넓이의 단위. 사방 6자.

步道(보도) 사람이 다니는 길.
步兵(보병) 도보로 전투하는 병정.
步調(보조) 1)걸음걸이의 속도나 모양. 2)동시에 진행되는 여러 가지 일들의 속도나 상태.
步哨(보초) 보병의 초병(哨兵). 경계나 감시의 임무를 맡은 보병.
步行(보행) 걸어감.
散步(산보) 이리저리 거닒. 산책.
進步(진보) 사물의 내용이나 정도가 차츰차츰 나아지거나 나아가는 일.

岐 ④ 8획
❶ 岐(p204)와 同字
❷ 跂(p721)와 同字

武 ④ 8획
굳셀 무
㈰ ム・ブ・つよい
㊥ wǔ

一 二 于 于 于 武 武 武

*회의. 무기(戈)를 들고 걸어감(止)을 나타내어, '군사'나 '군인'의 뜻으로 쓰임.

[풀이] 1. 굳세다. 강하다. ¶武強 2. 호반. 무인. 군인. ¶武道 3. 군사. 군대나 전쟁에 관한 일. 4. 반걸음. 한 걸음의 절반. 곧 3자.

武官(무관) 1)군사에 관한 일을 맡은 벼슬아치. 2)무과 출신의 벼슬아치.
武道(무도) 1)무인이 마땅히 지켜야 할 도리. 2)무예(武藝)·무술을 통틀어 이름.
武力(무력) 군대의 위력. 병력(兵力).
武運(무운) 1)전쟁의 승패에 관한 운수. 2)무인으로서의 운수.
武裝(무장) 1)전투를 위한 장비를 갖춤. 또는 그 장비. 2)필요한 사상이나 기술을 단단히 갖춤.
文武(문무) 1)문관과 무관. 2)문식(文識)과 무략(武略).
㊞ 文(무늬 문)

步 ④ 8획
步(p383)의 俗字

歪 ⑨ 9획
비뚤 외·왜
㈰ ワイ·エ
ゆがむ
㊥ wāi

*회의. 바르지[正] 않은[不] 것, 즉 '비뚤어지다'의 뜻을 나타냄.

[풀이] 1. 비뚤다. 기울다. 2. 바르지 않다. ¶歪曲

歪曲(왜곡) 사실과 틀리게 해석함.

齒 ⑫ 12획
齒(p858)의 俗字

歲 ⑨ 13획
해 세
㈰ サイ・セイ・とし
㊥ suì

丨 丨 屮 屮 屮 岁 岁 岁 岁 歲 歲 歲

*상형. 일종의 도끼를 본뜬 글자. 가차하여 '해'의 뜻으로 쓰임.

[풀이] 1. 해. 일 년. ¶歲時 2. 세월. 3. 나이. 연령.

歲暮(세모) 한 해의 마지막 때.
歲拜(세배) 섣달 그믐이나 정초에 웃어른에게 하는 인사.
歲時(세시) 1)새해. 설. 2)일 년 중의 그때그때.
年歲(연세) 나이의 높임말. 춘추(春秋).
㊞ 年(해 년)

歷 ⑫ 16획
지낼 력(역)
㈰ レキ・リャク
へる
㊥ lì

一 厂 厂 厂 厂 厂 麻 麻 麻 麻 歷 歷 歷

[止 14획] 歸 [歹 0~4획] 歹 死 歿

*형성. 곡식이 심어져 있는 논(厤)에 발자국 (止)이 나 있는 것을 나타내어 '지나가다' 또는 '지나간 흔적'의 뜻으로 쓰임.

풀이 1. 지내다. 2. 격다. 3. 두루, 널리. ¶歷觀 4. 분명하다. 또렷하다. 5. 달력.

歷代(역대) 이어 내려온 모든 대. 대대(代代).

歷歷(역력) 1)분명한 모양. 뚜렷한 모양. 2)사물이 질서 정연하게 늘어선 모양.

歷史(역사) 1)인간 사회가 거쳐 온 변천의 모습. 또는 그 기록. 2)어떤 사물이나 인물·조직 등이 오늘에 이르기까지의 자취.

歷任(역임) 차례로 여러 관직을 거침.

歷程(역정) 거쳐 온 길.

來歷(내력) 1)어떤 사물의 지나온 자취. 2)내림.

비 瀝(거를 력)

歸 ⑭ 18획 日キ・かえる 中guī
돌아갈 귀

'''' ' ŀ ŀ ŀ ŀ ŀ ŀ ŀ ŀ ŀ
帰 帰 歸 歸

풀이 1. 돌아가다. 돌아오다. ¶歸家 2. 시집가다. ¶歸寧 3. 의탁하다. 의지하다. ¶歸依

歸家(귀가) 집으로 돌아감.

歸納(귀납) 논리학에서, 낱낱의 구체적 사실로부터 일반적인 명제(命題)나 법칙을 이끌어 냄.

歸屬(귀속) 1)부하가 됨. 복종함. 2)재산이나 권리, 또는 영토 같은 것이 어떤 사람이나 단체·국가의 소유로 돌아감.

歸依(귀의) 1)돌아가 몸을 의지함. 2)신불의 가르침을 믿고 그에 의지함.

歸趣(귀취) 어떤 결과로서 귀착되는 바. 귀착되는 곳.

歸鄕(귀향) 고향으로 돌아가거나 돌아옴.

唱 行(갈 행)

歹 부

歹(歺) 죽을사변 部

'歹'자는 뼈에 살이 없고 앙상한 조각만 남은 모양에서 '뼈 앙상할 알'이라 하는데, '死'자의 왼쪽 부분에 사용되어 '죽을사변'이라는 부수 명칭으로 쓰인다. 또한 '나쁘다'라는 뜻을 나타내기도 한다. 이 글자를 부수로 갖는 글자는 죽음이나 재난과 관련이 있다.

歹 ⓪ 4획
❶ 앙상한뼈 알 日ガツ・タイ
❷ 나쁠 대 中dǎi

풀이 ❶ 1. 앙상한 뼈. ❷ 2. 나쁘다.

死 ② 6획 日シ・しぬ
죽을 사 中sǐ

一 ㄏ 歹 歹 死 死

*회의. 죽어 뼈만 앙상하게 남은 시체(歹)와 그 앞에 꿇어 앉아 애도하는 사람(人)을 나타내어 '죽다'의 뜻으로 쓰임.

풀이 1. 죽다. ¶死亡 2. 다하다. 없어지다. 3. 필사적이다. 죽음을 무릅쓰다. ¶死鬪

死境(사경) 죽음에 이른 경지.

死力(사력) 죽을 힘. 결사적으로 쓰는 힘.

死亡(사망) 사람이 죽음.

死生決斷(사생결단) 죽고 사는 것을 돌아보지 않음.

死鬪(사투) 죽을 힘을 다하여 싸움.

枯死(고사) 말라 죽음.

윰 殺(죽일 살)

歿 ④ 8획   日ボツ・しぬ
죽을 몰 中mò

[歹 4~6획] 殀殃殂殄殆殊殉

풀이 죽다.
戰歿(전몰) 전장에서 적과 싸우다가 죽음.
유 死(죽을 사) 沒(가라앉을 몰)

| 殀 | ④ 8획 | 日ヨ
일찍 죽을 요 | 中yāo |

풀이 일찍 죽다. 요절하다.
殀壽(요수) 단명(短命)과 장수(長壽).

| 殃 | ⑤ 9획 | 日オウ·わざわい
재앙 앙 | 中yāng |

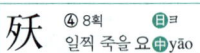
* 형성. 뜻을 나타내는 부수 '歹(앙상할 뼈 알)'와 음을 나타내는 '央(중앙 앙)'을 합친 글자.
풀이 재앙. 재난. ¶災殃
殃及子孫(앙급자손) 조상이 지은 죄악으로 말미암은 화(禍)가 그 자손에게 미침.
殃禍(앙화) 죄악의 결과로 받는 재앙.
災殃(재앙) 천변지이(天變地異)로 인한 온갖 불행한 일.
유 災(재앙 재)

| 殂 | ⑤ 9획 | 日ソ·しぬ
죽을 조 | 中cú |

풀이 죽다.
殂落(조락) 1)죽음. 임금의 죽음. 2)시들어 떨어짐.

| 殄 | ⑤ 9획 | 日テン·たえる
다할 진 | 中tiǎn |

풀이 1. 다하다. 2. 모두. 모조리. ¶殄滅
3. 끊다. 끊어지다.
殄滅(진멸) 모조리 죽여 없앰.
殄殲(진섬) 남김없이 멸망시킴.
유 盡(다할 진)

| 殆 | ⑤ 9획 | 日タイ·ほとんど
위태할 태 | 中dài |

* 형성. 뜻을 나타내는 부수 '歹(앙상할 뼈 알)'와 음을 나타내는 '台(별 태)'를 합친 글자. 죽음(歹)의 조짐(台)을 나타내어 '위태롭다'의 뜻으로 쓰임.
풀이 1. 위태하다. ¶危殆 2. 거의. ¶殆半
殆半(태반) 거의 절반.
危殆(위태) 형세가 매우 어려움. 마음을 놓을 수가 없을 만큼 안전하지 못하고 위험함.
유 危(위태할 위)

| 殊 | ⑥ 10획 | 日シュ·ことに
벨 수 | 中shū |

* 형성. 뜻을 나타내는 부수 '歹(앙상할 뼈 알)'와 음을 나타내는 '朱(붉을 주)'를 합친 글자.
풀이 1. 베다. 베어 죽이다. ¶殊死 2. 결심하다. 각오하다. 3. 다르다. 4. 뛰어나다. 특이하다. ¶特殊
殊死(수사) 1)목을 베어 죽임. 2)죽음을 각오함.
殊常(수상) 보통과 달리 이상함.
殊勳(수훈) 특별히 뛰어난 훈공.
特殊(특수) 보통과 아주 다름. 특별함.

| 殉 | ⑥ 10획 | 日ジュン·おいじに
따라 죽을 순 | 中xùn |

* 형성. 뜻을 나타내는 부수 '歹(앙상할 뼈 알)'과 음을 나타내는 '旬(열흘 순)'을 합친 글자.
풀이 1. 따라 죽다. ¶殉葬 2. 목숨을 바

치다. ¶殉國

殉敎(순교) 자기가 믿는 종교를 위하여 목숨을 바침.
殉國(순국) 나라를 위해 목숨을 바침.
殉葬(순장) 옛날 임금이나 귀족의 장례에 그를 추종하던 사람·동물, 애용하던 기물 등을 함께 매장하던 일.

残 ⑥ 10획
殘(p387)의 俗字

殍 ⑦ 11획
ᴋ ヒョウ ㊥piǎo
굶어 죽을 표

풀이 굶어 죽다. 아사하다.

殖 ⑧ 12획
ᴋ ショク・ふやす ㊥zhí
번성할 식

* 형성. 뜻을 나타내는 부수 '歹(앙상할 뼈알)'과 음을 나타내는 '直(곧을 직)'을 합친 글자.

풀이 1. 번성하다. 번식하다. ¶繁殖 2. 심다. 3. 불어나다. 불리다. ¶殖産

殖産(식산) 1)생산물을 늘림. 2)재산을 불려 늘림.
殖民(식민) 강대국이 본국과 종속 관계에 있는 나라에 자국민을 이주시키는 일.
繁殖(번식) 붇고 늘어서 많이 퍼짐. 또는 퍼지게 함.
生殖(생식) 낳아서 불림.

유 昌(창성할 창) 비 植(심을 식)

殘 ⑧ 12획
ᴋ ザン・そこなう・のこる ㊥cán
남을 잔

一 ㄱ ㄅ ㄅ ㄅ' ㄅ'' ㄅ''' 殘 殘 殘

* 형성. 뜻을 나타내는 부수 '歹(앙상한 뼈알)'과 음을 나타내는 '㦮(적을 잔)'을 합친 글자.

풀이 1. 남다. 2. 나머지. ¶殘餘 3. 잔인하다. ¶殘惡 4. 해치다. 5. 죽이다. 6. 쇠해지다. 쇠잔하다.

殘金(잔금) 1)쓰고 남은 돈. 2)갚다가 덜 갚은 돈.
殘惡(잔악) 잔인하고 악독함.
殘忍(잔인) 모질고 인정이 없음.
殘滓(잔재) 남은 찌꺼기.
殘骸(잔해) 1)남은 시체. 2)부서지거나 못 쓰게 되어 남아 있는 물체.
衰殘(쇠잔) 쇠하여 잔약해짐.

殞 ⑩ 14획
ᴋ イン・おちる ㊥yǔn
죽을 운

풀이 1. 죽다. 목숨이 끊어지다. ¶殞命 2. 떨어지다. ¶殞石

殞命(운명) 사람의 목숨이 끊어짐. 죽음.
殞石(운석) 땅 위에 떨어진 별똥. 유성(流星)이 다 타지 않고 떨어진 것.

殤 ⑪ 15획
ᴋ ショウ・わかじに ㊥shāng
일찍 죽을 상

풀이 일찍 죽다. 20살 전에 죽음.

殤服(상복) 아직 성년이 되지 않고 죽은 자녀에 대하여 입는 복제(服制).

비 傷(상처 상)

殪 ⑫ 16획
ᴋ エイ ㊥yì
쓰러질 에

풀이 1. 쓰러지다. 죽다. ¶殪仆 2. 다하다. 없애다.

殪歿(에몰) 길가에 쓰러져 죽음.
殪仆(에부) 쓰러짐. 죽음.

殫 ⑫ 16획
ᴋ タン・つきる ㊥dān
다할 탄

풀이 다하다. 없어지다. ¶殫誠

殫竭(탄갈) 다 없어짐. 또는 다 없앰. 탄진(殫盡).
殫誠(탄성) 정성을 다함.
비 彈(탄알 탄)

⑬ 17획
굳어질 강
日 キョウ · たおれる
中 jiāng

풀이 1. 굳어지다. 시체가 굳어 썩지 않다. 2. 하얗게 말라 죽은 누에. ¶殭蠶
殭屍(강시) 얼어 죽은 시체.
같 固(굳을 고) 비 疆(지경 강)

⑬ 17획
염할 렴(염)
日 レン
中 liàn

풀이 염하다. 염습하다. ¶殮襲
殮襲(염습) 죽은 사람의 몸을 씻은 다음에 옷을 입히고 염포(殮布)로 묶는 일.
비 殘(남을 잔)

殯
⑭ 18획
초빈할 빈
日 ヒン · かりもがり
中 bìn

*형성. 뜻을 나타내는 부수 歹(앙상한 뼈 알) 과 음을 나타내는 賓(손빈)을 합친 글자.
풀이 초빈(草殯)하다. 장사 지내기 전에 시신을 관에 넣어 임시로 안치함.
殯所(빈소) 발인(發靷)할 때까지 관을 놓아 두는 방.
같 殮(염할 렴)

殲
⑰ 21획
다 죽일 섬
日 セン · つくす
中 jiān

풀이 다 죽이다. 멸하다.
殲滅(섬멸) 남김없이 무찔러 없앰.
殲敵(섬적) 적을 섬멸함.
비 纖(가늘 섬)

殳부

殳 갖은등글월문 部

'殳'자는 손에 어떤 도구를 들고 있는 모양에서 '창' 또는 '몽둥이'를 뜻하는 글자로, '갖은등글월문'이라는 부수 명칭으로 쓰인다. 따라서 이 글자를 부수로 갖는 글자는 창이나 몽둥이 등으로 무엇을 때리는 동작과 관련이 많다.

⓪ 4획
창 수
日 シュ · ほこ
中 shū

풀이 창. 몽둥이. ¶殳戈
殳書(수서) 한자 서체의 하나. 병기(殳兵器) 위에 쓰던 글씨체.

殴
④ 8획
殿(p390)의 俗字

⑤ 9획
조각 단
日 タン
中 duàn

丿 丆 斤 斤 斤 段 段 段

*회의. 손에 도구를 들고(殳) 바위(厂)를 때려 돌조각(二)이 튀는 모습을 나타낸 글자. 이에 '치다' 등의 뜻을 나타내었으나, 바뀌어 '조각', '단락'의 뜻으로 쓰임.

풀이 1. 조각. 단락. 2. 구분. 갈림. 3. 계단. 단계. ¶階段 4. 수단. 방법. 5. 단. 등급·구획 등을 세는 단위.
段階(단계) 일의 차례에 따라 진행되는 과정.
段落(단락) 1)문장의 큰 부분. 2)일이 다 된 끝. 결말.
段數(단수) 1)여러 단으로 나뉜 단위(段位)의 수. 2)술수를 쓰는 재간의 정도.

[윷 6~9획] 殺殷殺殻殽殿

階段(계단) 오르내리기 위해 만든 층 층대. 층계.
手段(수단) 어떤 목적을 달성하기 위한 방법.
비 殷(성할 은)

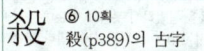
殺(p389)의 古字

殷 ⑥ 10획
성할 은
日イン・アン・さかん
中yān, yīn, yǐn

풀이 1. 성하다. 번성하다. ¶殷大 2. 은나라. 탕왕(湯王)이 하(夏)나라를 멸하고 세운 나라. 3. 천둥소리.
殷鑑(은감) 거울삼아 경계하여야 할 가까운 전례(前例).
殷殷(은은) 1)겉으로 뚜렷하게 드러나지 않고 흐릿함. 2)멀리서 들려오는 소리가 힘차고 큰 모양.
殷昌(은창) 번창함. 번성함.
비 段(구분 단)

殺 ⑦ 11획
❶ 죽일 살 ・ころす
❷ 감할 쇄
日サツ・サイ
中shā, shài

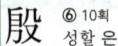

* 형성. 뜻을 나타내는 부수 '殳(창 수)'와 음을 나타내는 '杀(죽일 살)'을 합친 글자.

풀이 ❶ 1. 죽이다. 살인하다. ¶殺人 2. 지우다. 문대어 없애다. ❷ 3. 감하다. 덜다. 4. 매우. 심히.
殺菌(살균) 병균 및 그 밖의 미생물(微生物)을 죽임.
殺伐(살벌) 1)사람을 죽이고자 들이침. 2)거동이 무시무시함.
殺傷(살상) 죽이거나 상처를 입힘.
殺戮(살육) 많은 사람을 함부로 죽임.
殺人(살인) 사람을 죽임.

殺蟲(살충) 벌레를 죽임.
殺害(살해) 남을 죽임. 남의 생명을 해침.
殺到(쇄도) 한꺼번에 세차게 몰려듦.
抹殺(말살) 1)있는 것을 아주 없애 버림. 2)존재를 아주 무시함.
虐殺(학살) 참혹하게 죽임.

殻 ⑧ 12획
껍질 각
日カク
中ké, qiào

풀이 껍질. 껍데기.
殻果(각과) 껍데기가 단단한 나무 열매. 견과(堅果).
비 穀(곡식 곡)

殽 ⑧ 12획
섞일 효
日コウ・まじる
中xiáo, yáo

풀이 1. 섞이다. 2. 어지럽다. 혼란스럽다. ¶殽亂 3. 안주. ¶殽羞
殽羞(효수) 1)술안주. 2)요리. 음식.
殽雜(효잡) 뒤섞여 혼잡함.
동 雜(섞일 잡)

4획

殿 ⑨ 13획
큰 집 전
日デン・テン・との
中diàn

丿 ア ㄕ ㄕ ㄕ 屈 屏 屏 屏 殿
殿 殿

* 형성. 뜻을 나타내는 부수 '殳(창 수)'와 음을 나타내는 '展(펼 전)'을 합친 글자.

풀이 1. 큰 집. 궁궐. ¶殿閣 2. 후군. ㉠후진의 군대. ㉡최후까지 남아서 적을 방어하는 일.
殿閣(전각) 1)임금이 거처하던 궁전. 궁전(宮殿). 2)궁전과 누각.
殿堂(전당) 1)크고 화려한 건물. 2)신령이나 부처를 안치하는 건물. 전우(殿宇).
宮殿(궁전) 임금이 거처하는 집. 궁궐(宮闕).

神殿(신전) 신령을 모신 전각.
御殿(어전) 임금이 있는 전각(殿閣).
비 展(펼 전)

毀 ⑨ 13획 헐 훼 日キ 中huǐ

՛ ՛ ՛ ՛ ՛ 臼 臼 臼 臼 臼 臼 毀 毀 毀

* 형성. 뜻을 나타내는 '土(흙 토)'와 음을 나타내는 毇(정미할 훼)의 생략형을 합친 글자. 흙(土)을 빻는다는 毇(훼)에서 '헐다', '부수다'의 뜻으로 쓰임.

풀이 1. 헐다. 부수다. 무너뜨리다. ¶毀棄 2. 비방하다. ¶毀譽

毀謗(훼방) 1)남의 일을 방해함. 2)남을 헐뜯어 비방함. 훼저(毀詆). 방훼(謗毀).
毀損(훼손) 1)체면·명예 등을 손상함. 2)헐어서 못쓰게 함.
毀折(훼절) 헐고 부러뜨림.
貶毀(폄훼) 남을 깎아내리고 헐뜯음.

毀 ⑨ 13획
毀(p390)의 俗字

毆 ⑪ 15획 칠 구 日ク 中ōu

풀이 치다. 때리다. ¶毆縛
毆罵(구매) 때리고 욕을 함.
毆打(구타) 때림. 두들김.
유 打(칠 타) 비 歐(토할 구)

毅 ⑪ 15획 굳셀 의 日キ·ギ·つよい 中yì

* 형성. 뜻을 나타내는 부수 '殳(창 수)'와 음을 나타내는 '豙(털 일어날 의)'를 합친 글자.
풀이 굳세다. 의지가 강하다. ¶毅然
毅然(의연) 의지가 굳세고 태도가 꿋꿋하며 단호함.

毋부

毋 말 무 部

'毋' 자는 '女' 자에 '一'을 합한 글자로, 몸을 침범하지 못하게 막는다는 의미에서 '막다'를 뜻하다가 '말다'라는 뜻을 나타내게 되었다. 따라서 금지의 의미인 '말다'나 '없다' 또는 부정의 의미인 '아니다'를 뜻한다.

毋 ⓪ 4획 말 무 日ブ·ム·なかれ 中wú

* 회의. 여자(女)를 침범하지 못하게 빗장을 걸어 금지함을 나타낸다.
풀이 1. 말라. 마라. 금지의 뜻. 2. 없다. ¶毋害 3. 아니다.
毋慮(무려) 어떤 수가 상당히 많음을 강조하는 말.
毋望(무망) 1)뜻밖. 의외(意外). 2)희망이 없음.
비 母(어미 모) 毌(꿰뚫을 관)

母 ⓪ 5획 어미 모 日ボ·ははは 中mǔ

乚 ㄫ ㄫ 母 母

* 상형. 어머니가 아이에게 젖을 먹이는 모양을 본뜬 글자.
풀이 1. 어머니. 엄마. ¶母乳 2. 암컷. 3. 근본. 근원.
母國(모국) 자기의 본국.
母性愛(모성애) 어머니의 자식에 대한 깊은 애정.
母乳(모유) 어머니의 젖.
母子(모자) 1)어머니와 아들. 2)원금과 이자.
母胎(모태) 어머니의 태(胎) 안.
父母(부모) 어버이. 아버지와 어머니.

[母 3~11획] 每毒毒毓 [比 0~5획] 比毗

賢母良妻(현모양처) 자식에게는 어진 어머니이고, 남편에게는 착한 아내임.
비 母(말 무) 毌(꿰뚫을 관)

每 ③ 7획
매양 매
일 マイ・ごと
ごと
중 měi

／ ㄏ ㄈ 乍 乍 每 每 每

*상형. 머리에 깃털 장식을 꽂은 여자를 본뜬 글자. 원래는 여자가 '아름답다'라는 뜻이었는데, 가차되어 '매양'의 뜻으로 쓰임.
풀이 매양. 매번. 언제나. ¶每樣
每樣(매양) 항상 그 모양으로.
每事(매사) 하나하나의 일. 모든 일.
每日(매일) 하루하루의 모든 날.
每週(매주) 각 주. 주마다.
비 海(바다 해)

毒 ③ 7획
음란할 애
일 アイ・みだら
중 ǎi

풀이 음란하다.
비 毒(독 독)

毒 ④ 8획
독 독
일 ドク・そこなう
중 dú

一 ニ 十 キ 主 圭 丰 毒 毒

*회의. 「艸(풀 초)」와 「毋(음란한 사람 애)」를 합친 글자. 사람을 음란하게(毋) 만드는 풀(艸)로, '독약'의 뜻을 나타냄.
풀이 1. 독. 독약. ¶毒氣 2. 해치다. ¶毒舌 3. 독하다. 보좌하다. 4. 나란히 하다. 매섭다.
毒感(독감) 아주 독한 감기.
毒蛇(독사) 이빨을 통하여 독액(毒液)을 분비하는 독선(毒腺)을 가진 뱀.
毒舌(독설) 남을 해치는 말.
毒藥(독약) 독기가 있는 약.
惡毒(악독) 마음이 악하고 독살스러움.
비 毒(음란할 애)

毓 ⑪ 14획
기를 육
일 イク
중 yù

풀이 기르다.
동 育(기를 육)

比부

比 견줄 비 部

'比'자는 두 사람이 나란히 서 있는 모양을 나타내어 '견주다'를 뜻한다. 그리고 비견(比肩)에서처럼 '나란하다'를 나타내기도 한다. 부수로서의 역할은 크지 않으며, 자형상의 분류를 위해 설정된 부수다.

比 ⓪ 4획
견줄 비
일 ヒ・くらべる
중 bǐ

一 ナ ド 比

*상형. 두 사람이 나란히 서 있는 모양을 본뜬 글자.
풀이 1. 견주다. 겨루다. ¶比較 2. 무리. 3. 돕다. 보좌하다. 4. 나란히 하다. 5. 비례. 비율(比率).
比較(비교) 서로 견주어 봄.
比等(비등) 서로 비슷함.
比例(비례) 1)예를 들어 견주어 봄. 2)두 수나 양의 비율이 다른 두 수나 양의 비율과 같은 일.
比率(비율) 하나의 수를 기준으로 하여 나타낸 다른 수의 비교 값.
百分比(백분비) 전체의 100분의 1을 단위로 하여 나타내는 서양식의 비율.
비 此(이 차)

毗 ⑤ 9획
도울 비
일 ヒ・あい
중 pí

[比 5획] 毘毖 [毛 0~8획] 毛毬毫毳

*형성. 뜻과 음을 나타내는 부수 '比(견줄 비)'와 '朼(발 전)'을 합친 글자.

풀이 돕다. 보좌하다. ¶毗益

毗益(비익) 도와서 이롭게 함.

毘 ⑤ 9획
毗(p391)와 同字

毖 ⑤ 9획　日ヒ・つつしむ
삼갈 비　中bì

풀이 1. 삼가다. 조심하다. 2. 고달프다.
毖勞(비로) 삼가 위로함.

毛부

毛 터럭 모 部

'毛'자는 여러 가닥의 털을 나타내어 '터럭'을 뜻하는 글자로, 눈썹이나 수염 등의 모든 털을 나타낸다. 이 글자를 부수로 갖는 글자는 털이나 털로 만든 물건과 관련이 있다.

毛 ⑩ 4획　日モウ・け
터럭 모　　・けもの
　　　　　　中máo

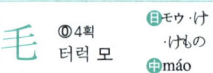

*상형. 사람의 눈썹이나 머리털 혹은 짐승의 털 모양을 본뜬 글자.

풀이 1. 터럭. 털. ¶毛孔 2. 풀. 식물. ¶不毛地 3. 가늘다. 가볍다.
毛孔(모공) 피부에서 털이 나오는 아주 작은 구멍.
毛髮(모발) 1)머리카락. 2)근소. 약간.
毛織物(모직물) 털실로 짠 피륙이나 편물・양탄자 등.
毛皮(모피) 털이 붙은 채로 벗긴 짐승의 가죽.
毛筆(모필) 붓.
不毛地(불모지) 식물이 자라지 않는 거칠고 메마른 땅.
脫毛(탈모) 털이 빠짐. 또는 그 털.

毬 ⑦ 11획　日キュウ・まり
공 구　　　中qiú

*형성. 뜻을 나타내는 부수 '毛(털 모)'과 음을 나타내는 '求(구할 구)'를 합친 글자.

풀이 공. 둥근 물체.
毬燈(구등) 모양이 공같이 둥근 등. 구등(球燈).
유 球(공구)

毫 ⑦ 11획　日コウ・け
가는 털 호　中háo

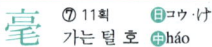

*형성. 뜻을 나타내는 부수 '毛(터럭 모)'와 음을 나타내는 '高(높을 고)'의 생략형을 합친 글자. 길고 뾰족한 가는 털을 뜻함.

풀이 1. 가는 털. 잔털. ¶毫髮 2. 붓. 붓끝. ¶毫楮 3.무게 또는 길이의 단위. 1리(釐)의 10분의 1. 4.조금. ¶秋毫
毫釐(호리) 1)자와 저울의 눈인 호(毫)와 이(釐). 2)얼마 안 되는 적은 분량.
秋毫(추호) 가을철에 가늘어진 짐승의 털이란 뜻으로, 조금 또는 매우 적음을 이르는 말.
揮毫(휘호) 붓을 휘둘러 글씨를 쓰거나 그림을 그림.
비 豪(호걸 호)

毳 ⑧ 12획　日ゼイ・セイ
솜털 취　　・むくげ
　　　　　　中cuì, qiāo

풀이 솜털. 부드럽고 가는 털.
毳毛(취모) 새의 배에 난 부드러운 털.

[毛 12~13획] 氅氈 [氏 0~4획] 氏民氐氓

훈 毬 (솔털 용)

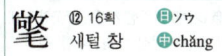
⑫ 16획　日 ソウ
새털 창　中 chǎng

풀이 새털.
氅衣(창의) 소매가 넓고 뒤 솔기가 갈라진 것으로 관원이 평상시에 입던 웃옷.
훈 羽 (깃 우)

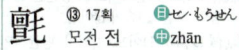
⑬ 17획　日 セン・もうせん
모전 전　中 zhān

풀이 모전(毛氈). 펠트. 털로 짠 모직물.
氈帽(전모) 모직으로 만든 모자.

氏 부

氏 성씨部

'氏'자는 사람의 '성씨'를 뜻한다. 그리고 부계(父系)나 모계(母系)의 집안이나, 사람의 이름이나 성에 붙여 '존칭'의 뜻으로도 사용된다. 부수로서 글자의 뜻에 영향을 주지는 않으며, 자형상의 분류를 위해 설정된 부수이다.

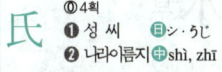
⓪ 4획
❶ 성 씨　日 シ・うじ
❷ 나라이름지　中 shì, zhī

一 厂 氏 氏

*상형. 금방이라도 무너질 듯이 내민 언덕의 모양을 본뜬 글자.

풀이 1 1. 성(姓). 씨(氏). 2. 호칭. 2 3. 나라 이름. 月氏. 기원전 5세기 중엽 중앙 아시아에서 터키 계통의 민족이 세운 나라.

氏族(씨족) 공동의 조상에서 나온 일족. 원시 사회의 생활 단위였던 혈족 집단.
비 氐 (근본 저)

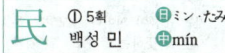
① 5획　日 ミン・たみ
백성 민　中 mín

フ 尸 尸 民 民

*상형. 한쪽 눈을 송곳으로 찌른 모습을 본뜬 글자. 이에 도망가지 못하도록 한쪽 눈을 멀게 한 노예(奴隸)를 나타내며, 바꾸어 '백성'의 뜻으로 쓰임.

풀이 백성. 국민.
民家(민가) 일반 백성들이 사는 살림집. 여염집.
民間(민간) 1)일반 백성들의 사회. 2) 관(官)이나 군대에 속하지 않음.
民泊(민박) 민가에 숙박함.
民俗(민속) 민간의 풍속.
民族(민족) 같은 지역에서 오랫동안 공동 생활을 함으로써 언어나 풍습 등 문화 내용을 함께하는 종족 집단.
民弊(민폐) 민간에 끼치는 폐해.
國民(국민) 한 나라의 통치권 아래에 결합하여 국가를 구성하고 있는 사람.
훈 氓 (백성 맹)

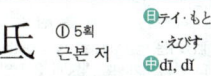
① 5획　日 テイ・もと・えびす
근본 저　中 dǐ, dī

풀이 1. 근본. 근원. 2. 종족 이름. 중국 서쪽에 살던 이민족. 3. 별자리 이름. 이십팔수의 하나.
훈 本 (밑 본)　비 氏 (성씨)

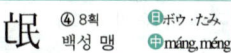
④ 8획　日 ボウ・たみ
백성 맹　中 máng, méng

풀이 백성. 국민.
氓隷(맹례) 천한 백성.
훈 民 (백성 민)

[气 0~10획] 气気氛氣氤氳

气부

气 기운 기 部

'气'자는 구름이 피어나는 모양을 본떠 '기운'을 뜻하는 글자로, '氣'자와 비슷하다 하여 '기운기엄'이라는 부수 명칭으로 쓰인다. '气'자는 구름의 기운에서 의미가 확대되어 '기체'를 모두 가리키고, 주로 부수(部首)자로서의 역할만 한다.

气 ⓪ 4획
❶ 기운 기 日キ・キツ
❷ 빌 걸 中qì

* 상형. 구름이 피어나는 모양을 본뜬 글자.

풀이 ❶ 1. 기운. ❷ 2. 빌다.

気 ② 6획
氣(p394)의 俗字

氛 ④ 8획
기운 분 日フン・き 中fēn

* 형성. 뜻을 나타내는 부수 "气(기운 기)'와 음을 나타내는 '分(나눌 분)'을 합친 글자.

풀이 1. 기운. ㉠길흉의 조짐으로 나타나는 기운. ㉡나쁜 기. 흉기(凶氣). ≒氣邪 2. 재앙.

氛氣(분기) 공중에 보이는 구름이나 연기 같은 기운.

氛埃(분애) 더러운 먼지. 티끌.

氣 ⑥ 10획
기운 기 日キ・ケ・きいき 中qì

丿 一 厂 气 气 気 氣 氣 氣

* 형성. 뜻과 음을 나타내는 부수 "气(기운 기)'와 '米(쌀 미)'를 합친 글자.

풀이 1. 기운. 기세. ¶氣運 2. 기질. 성질. 3. 공기. 기체. ¶氣體 4. 숨. 호흡. ¶氣絶 5. 날씨. 천기. 6. 마음. 의사.

氣槪(기개) 씩씩한 기상과 꿋꿋한 절개.

氣力(기력) 심신(心身)의 힘. 원기.

氣分(기분) 1)마음에 저절로 느껴지는 상태. 2)원기(元氣). 3)분위기.

氣色(기색) 얼굴에 나타나는 마음속의 생각이나 감정.

氣運(기운) 사세(事勢) 또는 대세(大勢)가 어떤 방향으로 향하려는 움직임.

氣絶(기절) 1)일시적으로 정신을 잃고 숨이 막힘. 2)숨이 끊어짐.

氣候(기후) 1)어느 지역의 평균적인 기상 상태. 2)1년의 24기와 72후의 통칭.

氤 ⑥ 10획
기운 성할 인 日イン・きはい 中yīn

풀이 기운이 성하다.

氤氳(인온) 천지의 기가 화하여 성한 모양. 인온(絪縕).

氳 ⑩ 14획
기운 성할 온 日オン・きはい 中yún

풀이 기운이 성하다.

氳氛(온분) 기운이 왕성한 모양.

水부

水(氵·氺) 물 수 部

'水'자는 물의 흐르는 모양을 본뜬 글자로, '강(江)'자에서처럼 글자의 좌측에 'ㅣ'의 모양으로 쓰일 때는 '삼수변'이라는 부수 명칭으로 쓰인다. '水'의 뜻은 '물'이고 물이 흐르는 곳이나 '호수', '바다'와도 관련된다. 그리고 물이 많은 상태인 '홍수'나 모든

'액체'를 통칭하기도 하고, 수평(水平)에서처럼 '평평하다', 또는 우주를 구성하는 오행(五行)의 하나를 나타내기도 한다. 이 글자를 부수로 갖는 글자는 물과 관련된 사물뿐만 아니라, 물에 의한 활동이나 상태, 성질과도 관련이 있다.

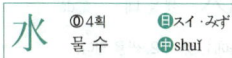

丨 亅 才 水

*상형. 물이 흐르는 모양을 본뜬 글자.

풀이 1. 물. ㉠산소와 수소로 이루어진 액체. ㉡호수·바다·강 등. ¶水道 2. 오행(五行)의 하나. 계절은 겨울, 방위는 북쪽을 나타냄.

水道(수도) 1)물이 흐르는 길. 2)뱃길. 항로(航路). 3)주민들에게 물을 공급하기 위한 설비.
水力(수력) 물의 힘. 물이 흐르는 힘.
水面(수면) 물의 표면.
水産(수산) 물속에서 생산되는 것. 어패류나 해조류 등. 수산물(水産物).
水蒸氣(수증기) 물이 증발한 김.
水平(수평) 1)잔잔한 수면처럼 평평한 상태. 2)수준(水準).
水害(수해) 홍수로 인한 재해.
비 氷(얼음 빙)

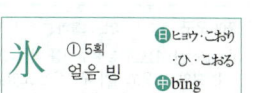

丨 亅 커 水 氷

*형성. 뜻을 나타내는 부수 'γ(水·물 수)와 음을 나타내는 'γ(얼음 빙)'을 합친 글자. 물(水)이 언(γ) 것, 즉 '얼음'을 뜻함.

풀이 1. 얼음. 2. 얼다. ¶氷水

氷山(빙산) 1)얼음의 산. 바다에 뜨는 산 같은 얼음덩이. 2)믿을 수 없는 사물을 비유하는 말.
氷點(빙점) 물이 얼기 시작하거나 얼음이 녹기 시작하는 온도. 섭씨 0도.
氷板(빙판) 얼음판.
氷河期(빙하기) 지구상의 기후가 몹시 한랭해 북반구 대부분이 대규모의 빙하로 덮였던 시기.
結氷(결빙) 물이 얼어붙음.
비 永(길 영)

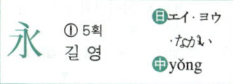

丨 亅 才 永 永

*상형. 길게 뻗어 흐르는 물의 모양을 본뜬 글자로, '길다'의 뜻을 나타냄.

풀이 1. 길다. 2. 오래다. 오래도록. ¶永久

永久(영구) 길고 오램. 세월이 한없이 계속됨.
永生(영생) 영원한 생명 또는 삶.
永遠(영원) 1)어떤 상태가 끊임없이 이어짐. 2)시간을 초월함.
永住(영주) 어떤 곳에서 오래도록 삶.
유 長(길 장) 단 短(짧을 단)
비 氷(얼음 빙)

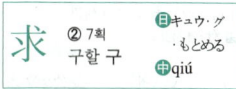

一 十 寸 寸 求 求 求

*상형. 짐승의 가죽으로 만든 옷의 모양을 본뜬 글자. 원래의 뜻 '갖옷'이지만, 가차하여 '모으다', '구하다'의 뜻으로 쓰임.

풀이 1. 구하다. 바라다. ¶求人 2. 찾다. ¶索求

求乞(구걸) 남에게 돈 등을 빌어서 얻음.
求道(구도) 1)도(道)를 구함. 2)불법의 정도(正道)를 구함.
求職(구직) 직업을 구함.

求婚(구혼) 혼처(婚處)를 구함.

要求(요구) 1)달라고 청함. 2)어떤 행위를 하도록 청하거나 구함.

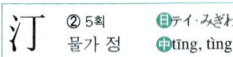

氾	② 5획 넘칠 범	[日]ハン·あふれる [中]fàn, fán

[풀이] 1. 넘치다. 물이 넘치다. ¶氾濫 2. 넓다. 광대하다. 3. 떠다니다.

氾濫(범람) 1)물이 차서 넘쳐 흐름. 범일(汎溢). 2)바람직하지 못한 것들이 많이 나돎.

[유] 汎(뜰 범) 泛(뜰 범) [비] 犯(범할 범)

汀	② 5획 물가 정	[日]テイ·みぎわ [中]tīng, tìng

* 형성. 뜻을 나타내는 부수 '氵(水:물 수)'와 음을 나타내는 '丁(넷째 천간 정)'을 합친 글자.

[풀이] 물가. ¶汀瀆

汀洲(정주) 얕은 물 가운데 토사(土沙)가 쌓여 물 위로 드러난 곳.

汁	② 5획 즙 즙	[日]ジュウ·しる [中]zhī

* 형성. 뜻을 나타내는 부수 '氵(水:물 수)'와 음을 나타내는 '十(열 십)'을 합친 글자.

[풀이] 1. 즙. 진액(津液). 2. 국물.

汁滓(즙재) 즙을 짜낸 찌끼.

[비] 什(열 사람 십)

江	③ 6획 강 강	[日]コウ·ゴウ·え [中]jiāng

丶 冫 氵 氵 氵T 江

* 형성. 뜻을 나타내는 부수 '氵(水:물 수)'와 음을 나타내는 '工(장인 공)'을 합친 글자. 여러 물줄기[水]를 함께[工] 모은 '큰 강'이라는 뜻을 나타냄.

[풀이] 1. 강. 2. 양자강(揚子江).

江南(강남) 중국 양자강(揚子江)의 남쪽 지역.

江邊(강변) 강가.

江山(강산) 1)강과 산. 산천(山川). 2)국토(國土).

江村(강촌) 강가의 마을. 강향(江鄕).

江湖(강호) 1)강과 호수. 2)세상. 속세. 강해(江海). 3)관직을 떠나 은거해 있는 시골.

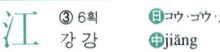

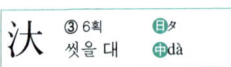

汏	③ 6획 씻을 대	[日]タ [中]dà

[풀이] 1. 씻다. 2. 쌀을 일다.

[비] 汰(사치할 태)

汎	③ 6획 뜰 범	[日]ハン·ひろい [中]fàn

* 형성. 뜻을 나타내는 부수 '氵(水:물 수)'와 음을 나타내는 '凡(무릇 범)'을 합친 글자.

[풀이] 1. 뜨다. 2. 넓다. 광대하다. 3. 널리. ¶嘌潛

汎濫(범람) 1)물이 넘쳐 흐름. 2)널리 모든 일에 통함.

汎論(범론) 1)널리 논함. 2)대강 대강 설명한 객관적인 이론.

汎稱(범칭) 넓은 범위로 두루 일컬음. 또는 그 이름.

[유] 氾(넘칠 범) 泛(뜰 범)

汕	③ 6획 오구 산	[日]サン [中]shàn

[풀이] 오구. 물고기를 잡는 그물의 한 가지.

汕汕(산산) 1)오구로 물고기를 떠서 잡는 모양. 2)물고기가 헤엄치는 모양.

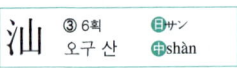

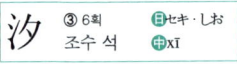

汐	③ 6획 조수 석	[日]セキ·しお [中]xī

[풀이] 조수. 썰물.

汐水(석수) 저녁 때에 밀려 들어왔다가 나가는 조수(潮水).

[유] 潮(조수 조)

[水 3~4획] 汝污汙池汗汞決

汝 ③ 6획
너 여
🅙 ジョ・なんじ
🄲 rǔ

丶 丶 氵 汋 汝 汝

* 형성. 뜻을 나타내는 부수 '氵(水:물 수)'와 음을 나타내는 '女(계집 녀)'를 합친 글자.

[풀이] 너. 그대. 친구나 손아랫사람에 대한 2인칭 대명사.

汝等(여등) 너희들.

汚 ③ 6획
더러울 오
🅙 オ・けがれる・きたない
🄲 wā, wū, yū

丶 丶 氵 氵 沪 汚

* 형성. 뜻을 나타내는 부수 '氵(水:물 수)'와 음을 나타내는 '亐(오)'를 합친 글자.

[풀이] 1. 더럽다. 불결하다. ¶汚渠 2. 더럽히다.

汚泥(오니) 1)진흙. 수렁. 2)땅이 낮고 습기가 많은 상태.
汚物(오물) 더러운 물질.
汚水(오수) 더러워진 물. 구정물.
汚辱(오욕) 1)더럽혀 욕되게 함. 2)부끄러움. 수치스러움.

[비] 汗(땀 한)

汙 ③ 6획
汚(p397)와 同字

池 ③ 6획
못 지
🅙 チ・いけ
🄲 chí

丶 丶 氵 沪 池 池

* 형성. 뜻을 나타내는 부수 '氵(水:물 수)'와 음을 나타내는 '也(어조사 야)'를 합친 글자.

[풀이] 못. 연못. ¶池閣
池塘(지당) 못의 둑.
池畔(지반) 못가.
池沼(지소) 못과 늪.

[비] 他(다를 타)

汗 ③ 6획
땀 한
🅙 カン・あせ
🄲 hán, hàn

丶 丶 氵 氵 沪 汗

* 형성. 뜻을 나타내는 부수 '氵(水:물 수)'와 음을 나타내는 '干(방패 간)'을 합친 글자. 날이 가물어(干) 땀(水)이 나는 것을 내보듯이 가득 찬다는 뜻으로, 장서(藏書)가 많음을 비유하는 말.

[풀이] 땀. ¶汗血
汗衫(한삼) 여름 옷의 한 가지. 속옷. 땀받이. 한의(汗衣).
汗牛充棟(한우충동) 짐으로 실으면 소가 땀을 흘리고, 쌓으면 들보까지 가득 찬다는 뜻으로, 장서(藏書)가 많음을 비유하는 말.
汗血(한혈) 1)피와 땀. 2)몹시 노력함.

[비] 汚(더러울 오)

汞 ③ 7획
수은 홍
🅙 コウ
🄲 gǒng

[풀이] 수은(水銀).

決 ③ 7획
결정할 결
🅙 ケツ・きめる・きまる
🄲 jué

丶 丶 氵 氵 沪 決 決

* 형성. 뜻을 나타내는 부수 '氵(水:물 수)'와 음을 나타내는 '夬(쾌 이름 쾌)'를 합친 글자.

[풀이] 1. 결정하다. ¶決定 2. 터지다. 제방이 터지다. ¶決壞 3. 틔우다. 터뜨리다. 4. 반드시. 기어코.

決斷(결단) 딱 잘라 결정하거나 단안을 내림. 또는 그 결정이나 단안.
決論(결론) 의론의 가부와 시비를 따져 결정함. 또는 그 결정된 의론.
決心(결심) 마음을 굳게 작정함. 또는 그 작정한 마음.
決戰(결전) 승부를 결판내는 싸움.

決判(결판) 옳고 그름을 가려 판정을 내림.
解決(해결) 사건·문제 등을 잘 처리함.
[비] 快(쾌할 쾌)

汩
④ 7획
❶ 빠질 골 [日]コツ
❷ 흐를 율 [中]gǔ, yù

[풀이] ❶ 1. 빠지다. 2. 빠르다. ¶汩流 2. 다스리다. ❷ 3. 흐르다.

汩流(골류) 물이 빨리 흐름. 또는 빠른 흐름.
[비] 汨(물 이름 멱) 汩(쉴 박)

汲
④ 7획
길을 급 [日]キュウ·くむ
[中]jí

[풀이] 1. 물을 긷다. ¶汲水 2. 끌어당기다. 3. 바쁘다. 분주히 움직이다.

汲汲(급급) 무슨 일에 정신을 쏟아 힘쓰는 모양.
汲水(급수) 물을 길음.
[비] 吸(마실 흡)

汽
④ 7획
김 기 [日]キ·いけげ
[中]qì

*형성. 뜻을 나타내는 부수 "氵(水:물 수)"와 음을 나타내는 "气(기운 기)"를 합친 글자.

[풀이] 김. 수증기.
汽笛(기적) 1)기관차·선박 등의 신호 장치. 2)증기의 힘으로 내는 신호음.
汽車(기차) 증기 기관차나 디젤 기관차로 객차·화차를 견인하고 궤도를 달리는 열차.

沂
④ 7획
내 이름 기 [日]キ·ぎ·ぎん
[中]yí

[풀이] 내 이름. 중국 산동성(山東省)에서 시작하여 사수(泗水)로 들어가는 강.

沓
④ 8획
합할 답 [日]トウ·くつ
[中]dá, tà

[풀이] 1. 합하다. 2. 겹쳐지다. 중첩하다. 3. 유창하다.

沓沓(답답) 1)말이 많고 유창한 모양. 2)완만한 모양. 게으른 모양. 3)빨리 가는 모양.
[비] 杳(어두울 묘) 畓(논 답)

沌
④ 7획
어두울 돈 [日]トン
[中]dùn, zhuàn

[풀이] 1. 어둡다. 천지가 아직 개벽되지 않아 모든 사물이 확실하게 구분되지 않은 상태. 2. 돌다. 빙빙 돌다. 3. 어리석다.

混沌(혼돈) 1)천지개벽 초에 하늘과 땅이 아직 나누어지지 않은 상태. 혼륜(渾淪). 2)사물의 구별이 확실하지 않은 상태. 3)어떤 대상에 대해 갈피를 잡을 수 없어 뚜렷한 생각이나 인식을 가질 수 없는 상태.

汨
④ 7획
❶ 물 이름 멱 [日]ベキ
❷ 다스릴 골 [中]mì

[풀이] ❶ 1. 물 이름. ❷ 2. 다스리다.

汨羅水(멱라수) 중국 호남성(湖南省) 상인현(湘陰縣) 북쪽에 있는 강.
[비] 汩(빠질 골)

洒
④ 7획
내 이름 면 [日]メン
[中]miǎn

[풀이] 내 이름. 중국 섬서성(陝西省)에 흐르는 한수(漢水)의 지류.

沐
④ 7획
머리 감을 목 [日]モク·ボク·あらう
[中]mù

[水 4획] 沒汶沕汴汾沙沁

* 형성. 뜻을 나타내는 부수 '氵(水:물 수)'와 음을 나타내는 '木(나무 목)'을 합친 글자.

풀이 1. 머리를 감다. ¶沐浴 2. 씻다.

沐間(목간) 1)목욕간의 준말. 2)목욕.
沐浴(목욕) 머리를 감고 몸을 씻는 일.
[비] 休(쉴 휴)

沒 ④ 7획
가라앉을 몰
日ボツ・もつ・しずむ
中méi, mò

丶丶氵沪汐沒

* 회의. 물(水)이 소용돌이치는(回) 곳에 사람의 손(又)이 튀어나온 모습을 나타내어, 사람이 물에 '빠지다', '가라앉다'의 뜻을 나타냄.

풀이 1. 가라앉다. 빠지다. ¶沈沒 2. 다하다. 모두 없어지다. 3. 넣다. 4. 죽다. 사망하다. ¶沒年 5. 빼앗다. 몰수하다.

沒頭(몰두) 다른 생각을 할 여유가 없이 어떤 일에 열중함.
沒落(몰락) 1)성 등이 함락됨. 2)영락(零落)함. 3)멸망함.
沒殺(몰살) 죄다 죽임.
沒廉恥(몰염치) 염치가 없음.
出沒(출몰) 나타났다 숨었다 함.
[유] 沈(빠질 침) 浸(적실 침)

汶 ④ 7획
내 이름 문
日モン・ミン
中wèn

* 형성. 뜻을 나타내는 부수 '氵(水:물 수)'와 음을 나타내는 '文(글월 문)'을 합친 글자.

풀이 1. 내 이름. 중국 산동성(山東省)에 있는 강. 2. 치욕. 수치.

沕 ④ 7획
❶ 아득할 물 日ムツ
❷ 숨을 밀
中mì, wù

풀이 ❶ 1. 아득하다. ¶沕穆 ❷ 2. 숨다. 잠복하다.

沕穆(물목) 깊어 아득한 모양.

汴 ④ 7획
내 이름 변
日ヘン・べん
中biàn

풀이 1. 내 이름. 중국 하남성(河南省)을 흘러 황하(黃河)로 들어가는 강. 2. 땅 이름. 중국 하남성(河南省) 개봉현(開封縣)의 옛 이름.

汾 ④ 7획
클 분
日フン
中fén

풀이 1. 크다. 2. 강 이름. 중국 산서성(山西省)에서 발원하여 황하로 들어가는 강.

沙 ④ 7획
모래 사
日サ・シャ・すな・いさご
中shā, shà

丶丶氵汅汐沙沙

* 회의. 물가(水)에 있는 자잘한 모래알(少)들을 나타내어, '모래'의 뜻으로 쓰임.

풀이 1. 모래. ¶沙金 2. 일다. 쌀 같은 것을 일어서 좋은 것은 취하고 나쁜 것은 추려 냄.

沙金(사금) 강이나 바닷가의 모래 흙 속에 섞인 금.
沙器(사기) 백토로 빚어서 구워 만든 매끄럽고 단단한 그릇.
沙漠(사막) 강우량이 적고 식물이 거의 자라지 않으며, 자갈과 모래로 뒤덮인 매우 넓은 불모의 땅.
沙鉢(사발) 사기로 만든 그릇.
沙上樓閣(사상누각) 모래 위에 지은 집. 기초가 튼튼하지 못하여 부실한 물건이나 일을 비유하는 말.
白沙場(백사장) 강이나 바닷가의 흰 모래톱.
[유] 砂(모래 사) [비] 少(적을 소)

沁 ④ 7획
스며들 심
日シン・しみる
中qìn

풀이 1. 스며들다. 2. 더듬어 찾다.
[비] 泌(분비할 비)

[水 4획] 沈汭沃汪沄沅沚冲沈

沈 ④ 7획 ㊐ユウ
❶ 강 이름 연 ㊥yǎn
❷ 물 흐르는 모양 유

[풀이] ❶ 1. 강 이름. 제수(清水)의 상류.
2. 흐르다. ❷ 3. 물이 흐르는 모양. ¶沈溶
沈沈(연연) 물이 졸졸 흐르는 모양.

汭 ④ 7획 ㊐エイ
물굽이 예 ㊥ruì

[풀이] 물굽이. 굽어흐르는 강의 안쪽.

沃 ④ 7획 ㊐オク·そそぐ
물 댈 옥 ㊥ào, wò

* 형성. 뜻을 나타내는 부수 氵(水:물 수)와
음을 나타내는 '夭(일찍 죽을 요)'를 합친 글자.

[풀이] 1. 물을 대다. 관개하다. ¶沃灌 2. 기름지다. ¶沃土
沃灌(옥관) 물을 댐.
沃畓(옥답) 땅이 기름진 논.
沃土(옥토) 기름진 땅.
肥沃(비옥) 땅이 걸고 기름짐.

汪 ④ 7획 ㊐オウ
넓을 왕 ㊥wāng, wǎng

* 형성. 뜻을 나타내는 부수 氵(水:물 수)와
음을 나타내는 '王(임금 왕)'를 합친 글자.

[풀이] 넓다. ¶汪汪
汪洋(왕양) 1)바다가 아득히 넓음. 2)미루어 헤아리기 어려움.
汪汪(왕왕) 1)물이 깊고 넓은 모양. 2)도량이 넓은 모양.

沄 ④ 7획 ㊐ウン·ながれる
소용돌이칠 운 ㊥yún

[풀이] 1. 소용돌이치다. 2. 넓다. 광대하다.
沄沄(운운) 1)물이 빙빙 돌아서 흐르는 모양. 2)넓고 깊은 모양.

沅 ④ 7획 ㊐ゲン
강 이름 원 ㊥yuán

[풀이] 강 이름. 중국 호남성(湖南省)을 흐르는 강.
[비] 沄(소용돌이칠 운)

沚 ④ 7획 ㊐シ·なぎさ·みぎわ
물가 지 ㊥zhǐ

[풀이] 1. 물가. 2. 강 가운데의 작은 섬.

冲 ④ 7획 ㊐チュウ·おき
텅 빌 충 ㊥chōng

[풀이] 1. 텅 비다. 공허하다. 2. 온화하다.
3. 나이가 어리다. 4. 높이 날다. 높이 솟다. ¶冲天
冲氣(충기) 하늘과 땅 사이의 조화된 기운.
冲天(충천) 하늘이 높이 오름.
相冲(상충) 어울리지 않고 서로 마주침.
[비] 仲(버금 중)

沈 ④ 7획 ㊐チン·シン·しず
❶ 가라앉을 침 むしずめる
❷ 성 심 ㊥chén, shěn

丶丶冫氵沪沈沈

* 형성. 뜻을 나타내는 부수 氵(水:물 수)와
음을 나타내는 '冘(게으를 임)'을 합친 글자. 물(水) 속에 사람(冘)이 빠진 것을 나타내어, '가라앉다'의 뜻으로 쓰임.

[풀이] ❶ 1. 가라앉다. 잠기다. ¶沈沒
2. 마음이 가라앉다. 3. 빠지다. 4. 막히다. 정체하다. ❷ 5. 성(姓).
沈沒(침몰) 물속에 가라앉음. 물속에 빠져 들어감.
沈鬱(침울) 마음이 울적함.

[水 4~5획] 沉汰沢沛沆洰泔沽泥

沈着(침착) 행동이 찬찬하여 들뜨지 않음.
沈滯(침체) 일이 나아가지 못하고 그 자리에 있음.
沈痛(침통) 마음에 깊이 느껴 몹시 비통함.
擊沈(격침) 적의 함선을 공격하여 가라앉힘.
浮沈(부침) 1)물 위에 떠올랐다 잠겼다 함. 2)성(盛)함과 쇠(衰)함.
유 沒(빠질 몰) 浸(적실 침)

沉 ④ 7획
沈(p400)의 俗字

汰 ④ 7획
사치할 태
日タイ・タ
中tài

*형성. 뜻을 나타내는 부수 '氵(水:물 수)'와 음을 나타내는 '太(클 태)'를 합친 글자.

풀이 1. 사치하다. ¶汰侈 2. 일다. 추려내다. 3. 씻다.

汰沙(태사) 물건을 물에 넣고 일어서 골라냄.
淘汰(도태) 1)여럿 가운데 쓸데없거나 맞지 않는 것을 줄여 없앰. 2)물에 넣고 일어서 쓸데없는 것을 가려서 버림. 3)환경에 적응하지 못한 개체군이 사라지거나 멸종함.
沙汰(사태) 비로 인해 언덕이나 산비탈이 무너지는 일.
비 沃(물 댈 옥) 汰(씻을 대)

沢 ④ 7획
澤(p439)의 俗字

沛 ④ 7획
늪 패
日ハイ
中pèi

풀이 1. 늪. 물 가운데 풀이 무성한 곳. ¶沛澤 2. 비오다. 비가 내리다. ¶沛然 3. 성한 모양. 성대한 모양.
沛澤(패택) 풀이 우거진 얕은 못.

沆 ④ 7획
넓을 항
日コウ
中hàng

풀이 1. 넓다. 2. 괸 물.
沆漑(항개) 물이 고요히 흐르는 모양.

洰 ④ 7획
洰(p69)와 同字

泔 ⑤ 8획
뜨물 감
日カン・しろみず・ゆする
中gān

*형성. 뜻을 나타내는 부수 '氵(水:물 수)'와 음을 나타내는 '甘(달 감)'를 합친 글자.

풀이 1. 뜨물. ¶泔水 2. 삶다.
泔水(감수) 쌀뜨물.

沽 ⑤ 8획
팔 고
日コ・うる
中gū, gǔ

풀이 1. 팔다. ¶沽賣 2. 사다.
沽賣(고매) 팖.
沽販(고판) 장사. 또는 장사함.

泥 ⑤ 8획
진흙 니(이)
日デイ・ナイ・どろ
中ní, nì

丶 氵 氵 汀 泥 泥 泥 泥

*형성. 뜻을 나타내는 부수 '氵(水:물 수)'와 음을 나타내는 '尼(중 니)'를 합친 글자.

풀이 1. 진흙. ¶泥沙 2. 진창. 땅이 질어 질퍽한 곳.
泥金(이금) 금가루를 아교에 녹인 것. 서화(書畫)를 그리는 데 쓰임.
泥水(이수) 진흙이 섞여 흐린 물.
泥醉(이취) 술에 몹시 취함.

[水 5획] 冷沫泯泊泮泛法

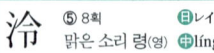
冷 ⑤ 8획
맑은 소리 령(영)
🇯🇵レイ
🇨🇳líng

[풀이] 1. 맑은 소리. 물이나 바람의 맑은 소리. 2. 맑다. 청명하다. 3. 깨우치다. 4. 악인(樂人).

冷冷(영령) 소리가 듣기에 맑고 시원함.

[비] 怜(영리할 령)

沫 ⑤ 8획
거품 말
🇯🇵マツ·バツ
あわ·しぶき
🇨🇳mò

*형성. 뜻을 나타내는 부수 '氵(水:물 수)'와 음을 나타내는 '末(끝 말)'을 합친 글자. 튀어 흩어진 물의 끝[末]이라 하여 '물방울'의 뜻으로 쓰임.

[풀이] 1. 거품. 2. 물방울. 3. 침. 4. 땀.

沫沸(말비) 거품이 부글부글 끓어오름.
泡沫(포말) 물거품.

[비] 沬(땅 이름 매)

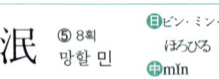
泯 ⑤ 8획
망할 민
🇯🇵ビン·ミン
ほろびる
🇨🇳mǐn

[풀이] 망하다. 멸하다. 없어지다. ¶泯絶

泯滅(민멸) 멸망함. 절멸함.
泯然(민연) 1) 명백하게 드러나지 않는 모양. 2) 망하는 모양.

泊 ⑤ 8획
배 댈 박
🇯🇵ハク·とまる
·とめる
🇨🇳bó

`丶氵氵沪沪泊泊

*형성. 뜻을 나타내는 부수 '氵(水:물 수)'와 음을 나타내는 '白(흰 백)'을 합친 글자. '白'은 바싹 다가감의 뜻을 나타내어, 배가 바싹 다가가[白] 잠시 머무는 물가[水]라는 뜻에서 '머물다', '묵다'의 뜻을 나타냄.

[풀이] 1. 배를 대다. ¶泊船 2. 머무르다. 묵다. ¶憩泊 3. 고요하다. ¶泊如 4. 떠돌아 다니다. 5. 엷다. 산뜻하다.

泊船(박선) 배를 육지에 댐.
泊懷(박회) 담박(淡泊)하여 번민하지 않는 마음.
碇泊(정박) 배가 닻을 내리고 머무름.

[비] 汩(빠질 골)

泮 ⑤ 8획
녹을 반
🇯🇵ハン·とける
🇨🇳pàn

[풀이] 1. 녹다. 얼음이 녹다. 2. 학교. 중국 주대(周代)의 제후(諸侯)의 국학(國學).
¶泮宮

泮宮(반궁) 주대(周代)에 제후의 도읍에 설립한 대학(大學).

[비] 洋(바다 양)

泛 ⑤ 8획
뜰 범
🇯🇵ハン·ホウ·う
かぶ·うかべる
🇨🇳fàn

[풀이] 1. 뜨다. ¶泛舟 2. 넓다. 광대하다. 3. 널리. ¶泛觀

泛泛(범범) 1) 물 위에 뜬 모양. 2) 가득 차는 모양.
泛舟(범주) 배를 물에 띄움.

[유] 汎(뜰 범) 氾(뜰 범)

法 ⑤ 8획
법 법
🇯🇵ホウ·ハッ·のり
🇨🇳fǎ

`丶氵氵汁注法法

*회의. 평평한 물[水]과 같이 공평하게 죄를 조사하여 죄가 있는 자를 제거한다[去]하여 '법', '규정'의 뜻을 나타냄.

[풀이] 1. 법. 제도. 규칙. ¶法度 2. 모범. 본보기. 3. 방법. 4. 불교의 가르침. 5. 프랑스.

法規(법규) 법률상의 규정.
法度(법도) 본보기가 될 만한 제도.
法網(법망) 범죄자에 대한 법률의 제재

[水 5획] 泌沸泗泄沼泝沿

를 물고기에 대한 그물에 비유하는 말.
法典(법전) 법률·법령을 정리하여 엮은 책.
法則(법칙) 1)반드시 지켜야 할 규범. 규칙. 2)일정한 조건 아래에서 반드시 성립하는 사물 상호 간의 필연적이고 본질적인 관계.
法會(법회) 1)불법을 강설(講說)하는 모임. 2)죽은 이를 위하여 재(齋)를 올리는 일.
不法(불법) 법에 어긋남.

泌 ⑤ 8획
❶ 분비할 비 ❸ヒ·ヒツ
❷ 물결 · しみる
　부딪칠 필 ⊕bì

풀이 ❶ 1. 분비하다. 2. 샘물이 흐르는 모양. ❷ 3. 물결이 부딪치다. ¶泌瀄

泌尿器(비뇨기) 오줌의 생성과 배설을 맡은 기관.
비 沁(스며들 심)

沸 ⑤ 8획
❶ 끓을 비 ❸フツ·わく
❷ 샘솟을 불 ·わかす
⊕fèi

풀이 ❶ 1. 끓다. ¶沸騰 ❷ 2. 샘솟다. 용솟음치다. ¶沸泉

沸泉(불천) 솟아나오는 샘.
沸騰(비등) 1)액체가 끓어오름. 2)물 끓듯이 일어남.
沸沸(비비/불불) 액체가 끓어오르는 모양.
비 佛(부처 불)

泗 ⑤ 8획 ❸シ·なみだ
강 이름 사 ⊕sì

풀이 1. 강 이름. 중국 산동성(山東省)에서 회수(淮水)로 흐르는 강. 2. 콧물.

泗上弟子(사상제자) 공자의 제자. 공자가 사수 근처에서 제자들을 가르친 데서 온 말.

泄 ⑤ 8획
❶ 샐 설 ❸エイ·セツ
❷ 떠날 예 　·もれる
⊕xiè

풀이 ❶ 1. 새다. ¶泄散 2. 설사하다.
❷ 3. 흩어지다. 떠나다.

泄瀉(설사) 배탈로 인해 누는 묽은 대변(大便).
漏泄(누설) 1)액체가 샘. 또는 새게 함. 2)비밀이 새어나감. 또는 새어나가게 함.
비 世(대 세)

沼 ⑤ 8획 ❸ショウ·ぬま
늪 소 ⊕zhǎo

* 형성. 뜻을 나타내는 부수 'ⅰ(水:물 수)'와 음을 나타내는 '召(부를 소)'를 합친 글자.

풀이 늪. 얕고 진흙이나 풀이 많은 못.

沼澤(소택) 늪. 못.
비 昭(밝을 소)

泝 ⑤ 8획
거슬러 ❸ソ·さかのぼる
올라갈 소 ⊕sù

풀이 거슬러 올라가다. ¶泝流

泝流(소류) 물의 흐름을 거슬러 올라감.

沿 ⑤ 8획
따를 연 ❸エン·そう
⊕yán, yǎn

丶 氵 氵 沿 沿 沿 沿

* 형성. 뜻을 나타내는 부수 'ⅰ(水:물 수)'와 음을 나타내는 '㕣(연)'를 합친 글자. 물가(水)의 울퉁불퉁하게 패인 땅(㕣)을 나타내어 '물가'를 뜻했으나, 바뀌어 '가장자리', '따르다'의 뜻으로 쓰임.

풀이 1. 따르다. 따라 내려가다. ¶沿習
2. 가장자리.

沿邊(연변) 국경·강·철도 등이 인접한 지역.
沿岸(연안) 1)바닷가·강가·호숫가의 육지. 2)바닷가·강가·호숫가의 가까운 수역.
沿海(연해) 1)바다에 인접한 육지 부분. 2)육지에 가까운 바다.
비 治(다스릴 치) 浴(목욕할 욕)

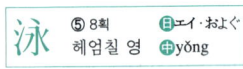

泳 ⑤ 8획 日エイ·およぐ
헤엄칠 영 中yǒng

丶丶氵氵汀汀泳泳

*형성. 뜻을 나타내는 부수 氵(水·물 수)와 음을 나타내는 永(길 영)을 합친 글자.

[풀이] 헤엄치다.

水泳(수영) 헤엄.
유 泅(헤엄칠 수)

油 ⑤ 8획 日ユ·あぶら
기름 유 中yóu

丶丶氵氵汩汩油油

*형성. 뜻을 나타내는 부수 氵(水·물 수)와 음을 나타내는 由(말미암을 유)를 합친 글자.

[풀이] 1. 기름. ¶油性 2. 구름이 뭉게뭉게 이는 모양. ¶油然

油性(유성) 기름의 성질. 기름과 같은 성질.
油煙(유연) 기름을 태울 적에 나는 연기 또는 그을음.
油脂(유지) 동식물에서 얻은 기름.
油畫(유화) 기름으로 갠 물감으로 그리는 서양식 그림.

泣 ⑤ 8획 日キュウ·なく
울 읍 中qì, lì

丶丶氵氵沪沪泣泣

*형성. 뜻을 나타내는 부수 氵(水·물 수)과 음을 나타내는 立(설 립)이 합쳐진 글자. 사람(立)이 서서 흘리는 물(氵)이라 하여 '눈물'을 나타냄.

[풀이] 울다. ¶泣顏

泣訴(읍소) 눈물로써 하소연함.
泣斬馬謖(읍참마속) 촉한(蜀漢)의 제갈량이 군령을 어긴 부하 마속을 눈물을 흘리면서 목을 베었다는 고사에서, 군율을 세우기 위하여서는 사랑하고 아끼는 사람도 버림을 이르는 말.

洆 ⑤ 8획 日イツ·あふれる
넘칠 일 中yì

[풀이] 1. 넘치다. 2. 음탕하다. 음란하고 방자하다. 3. 물결이 출렁이다.

洆湯(일탕) 더운물이 끓어 넘치듯이 빠른 일.

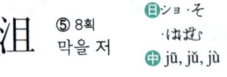

沮 ⑤ 8획 日ショ·そ
막을 저 ·はばむ
中jū, jǔ, jù

[풀이] 1. 막다. 방해하다. ¶沮駭 2. 꺾이다. 기가 꺾이다.

沮喪(저상) 기력이 꺾여서 기운을 잃음.
沮止(저지) 막아서 못하게 함.
沮害(저해) 막아서 못하게 하여 해침.
비 狙(원숭이 저)

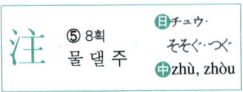

注 ⑤ 8획 日チュウ·そそぐ·つぐ
물 댈 주 中zhù, zhòu

丶丶氵氵沪沪注注

*형성. 뜻을 나타내는 부수 氵(水·물 수)와 음을 나타내는 主(주인 주)를 합친 글자.

[풀이] 1. 물을 대다. ¶灌注 2. 물을 붓다. ¶傾注 3. 뜻을 두다. 마음을 두다. ¶注意 4. 주석을 달다. ¶注脚 5. 주해. 주석. ¶脚注

注目(주목) 주의하여 봄. 자세히 살펴 봄.
注釋(주석) 서적의 본문의 해설.

[水 5획] 泉沾治沱泡泰波

注意(주의) 1)마음에 새겨 조심함. 2) 경고나 충고의 뜻으로 일깨워 줌.

注入(주입) 1)쏟아 넣음. 2)기억과 암송을 주로 삼아 가르침.

注解(주해) 본문의 뜻을 알기 쉽게 풀이함. 또는 그 풀이.

泉 ⑤ 9획 日セン・いずみ 샘 천 中quán

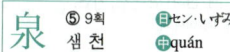

*상형. 샘구멍에서 물이 흘러나오는 모양을 본뜬 글자.

풀이 샘. 샘물.

泉石(천석) 1)샘과 돌. 산과 물. 2)산수의 경치.

九泉(구천) 1)저승. 2)깊은 땅속.

溫泉(온천) 지열로 인해 땅속에서 데워진 물이 자연적으로 솟아나는 샘.

源泉(원천) 1)물이 솟아나는 근원. 2)사물이 나거나 생기는 근원.

沾 ⑤ 8획
❶ 젖을 첨 日セン・テン
❷ 엿볼 점　うるおう
❸ 경망할 접 中zhān, zhàn

풀이 ❶ 1. 젖다. 적시다. ¶沾衿 ❷ 2. 엿보다. ❸ 3. 경망하다.

沾濕(첨습) 젖음. 또는 적심.

均沾(균첨) 이익이나 혜택을 고르게 얻거나 받음.

治 ⑤ 8획 日チ・ジ・おさめる・なおす 다스릴 치 中zhì

*형성. 뜻을 나타내는 부수 '氵(水:물 수)'와 음을 나타내는 '台(나 이)'를 합친 글자.

풀이 1. 다스리다. 정돈하다. ¶治安 2. 병을 다스리다. ¶治療 3. 정사(政事).

정치.

治療(치료) 병을 다스려 낫게 함.

治世(치세) 1)잘 다스려진 세상. 태평한 세상. 2)어떤 임금이 다스리는 때나 세상.

治安(치안) 잘 다스려 편안하게 함. 국가와 사회의 안녕과 질서를 보전하고 지켜 감.

治迹(치적) 1)백성을 다스린 업적. 2)선정(善政)을 한 업적.

治下(치하) 다스리는 범위 안. 지배 하.

비 沿(따를 연) 비 冶(대장간 야)

沱 ⑤ 8획 日タ 눈물 흐를 타 中tuó

풀이 1. 눈물이 흐르다. 2. 비가 쏟아지다.

洗湯(일탕) 더운물이 끓어 넘치듯이 빠른 일.

泡 ⑤ 8획
沱(p405)와 同字

泰 ⑤ 10획 日タイ・やすい 클 태 中tài

一二三声夫表泰泰泰泰

풀이 1. 크다. 2. 안락하다. 편안하다. ¶泰平 3. 산 이름. ¶泰山

泰山北斗(태산북두) 1)태산과 북두성. 2)모든 사람의 존경을 받는 뛰어난 인물.

泰山峻嶺(태산준령) 큰 산과 험한 고개.

泰然自若(태연자약) 어떤 충동에도 마음이 동요되지 않고 천연스러운 모양.

泰平(태평) 나라가 잘 다스려져 편안함.

围 조(클 비) 비 秦(벼 이름 진)

波 ⑤ 8획 日ハ・なみ 물결 파 中bō

[水 5획] 泙泡河泫洞泓況

丶丶冫冫冫冫冫冫冫冫波波
* 형성. 뜻을 나타내는 부수 '氵(水·물 수)'와 음을 나타내는 '皮(가죽 피)'를 합친 글자.

풀이 1. 물결, 파도. ¶波濤 2. 눈빛, 안광(眼光). ¶秋波 3. 움직이다, 동요하다.

波及(파급) 영향이나 여파가 차차 전하여 먼 곳까지 미침.
波濤(파도) 물결.
波瀾萬丈(파란만장) 기복과 변화가 심한 인생살이.
波紋(파문) 1)수면에 이는 물결의 무늬. 2)어떤 일이나 주위를 동요할 만한 영향.
波長(파장) 전파나 음파 등의 파동에서, 마루에서 다음 마루까지의 또는 골에서 다음 골까지의 거리.
비 彼(저 피)

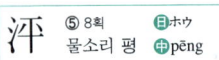
泙 ⑤ 8획 日ホウ 물소리 평 中pēng

풀이 1. 물소리. 2. 물결이 센 모양.

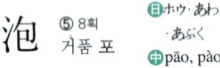
泡 ⑤ 8획 日ホウ・あわ・あぶく 거품 포 中pāo, pào

풀이 거품. ¶泡沫

泡沫(포말) 1)물거품. 2)허무하고 덧없는 일.
氣泡(기포) 유리나 액체 같은 속에 공기나 다른 기체가 들어가, 둥그런 형상을 하고 있는 것.
동 沫(거품 말)

河 ⑤ 8획 日カ・かわ 강 하 中hé

丶丶冫冫汀汀河河
* 형성. 뜻을 나타내는 부수 '氵(水·물 수)'와 음을 나타내는 '可(옳을 가)'를 합친 글자. 물[水]이 굽이쳐[可] 흐른다는 뜻에서 '강'을

뜻함.

풀이 1. 강, 내. 2. 황하(黃河). ¶河江
河畔(하반) 강가, 강변.
河川(하천) 강과 시내.
河海(하해) 1)큰 강과 바다. 2)광대(廣大)함을 비유하는 말.
山河(산하) 산과 강, 자연.
비 何(어찌 하)

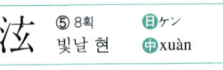
泫 ⑤ 8획 日ケン 빛날 현 中xuàn

풀이 1. 빛나다, 이슬이 빛나다. 2. 눈물을 흘리다. ¶涕泫 3. 깊고 넓다.

泫然(현연) 눈물이 줄줄 흐르는 모양.
涕泫(체현) 눈물을 흘림.

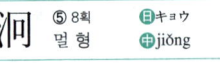
洞 ⑤ 8획 日キョウ 멀 형 中jiǒng

풀이 1. 멀다. 2. 깊고 넓다.
洞洞(형형) 물이 깊고 넓은 모양.

泓 ⑤ 8획 日コウ・ふかい 깊을 홍 中hóng

* 형성. 뜻을 나타내는 부수 '氵(水·물 수)'와 음을 나타내는 '弘(넓을 홍)'을 합친 글자.

풀이 1. 깊다, 물이 깊다. 2. 물이 맑다.
泓渟(홍정) 깊은 웅덩이.
동 深(깊을 심)

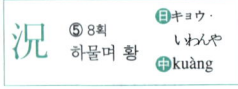
況 ⑤ 8획 日キョウ・いわんや 하물며 황 中kuàng

丶丶冫冫汀汀況況
* 형성. 뜻을 나타내는 부수 '氵(水·물 수)'와 음을 나타내는 '兄(형 형)'을 합친 글자.

풀이 1. 하물며. 2. 모양, 형편.
況且(황차) 하물며.
近況(근황) 요즈음의 형편.

[水 6획] 洎洸洞洛洌流洑洩

狀況(상황) 어떤 일의 그때의 모습이나 형편.

洎
6획 ９획 日キ・およぶ
❶ 윤택할 계 ·うるおう
❷ 미칠 기 中jì

풀이 ❶ 1. 윤택하다. 2. 물을 붓다. 3. 미치다. 이르다.

비 沮(막을 저)

洸
6획 ９획 日コウ・たけだつ
❶ 용솟음칠 광 中guāng,
❷ 황할 황 huáng

*형성. 뜻을 나타내는 부수 氵(水:물 수)와 음을 나타내는 光(빛 광)을 합친 글자.

풀이 ❶ 1. 용솟음치다. 물이 솟으며 빛나다. 2. 성내다. 3. 굳세다. 용맹하다. ❷ 4. 황홀하다. ¶洸忽 5. 물이 깊다. ¶洸洋

洸洋(황양) 1)물이 깊고 넓은 모양. 2)학설·의론 등이 광대하고 심원(深遠)한 모양.

洞
6획 ９획 日ドウ・トウ
❶ 골 동 ·あな·ほら
❷ 꿰뚫을 통 中dòng

丶丶氵氵汀汀洞洞洞

*형성. 음을 나타내는 부수 氵(水:물 수)와 음을 나타내는 同(같을 동)을 합친 글자. 물[水]이 빠져 나가 속이 빈[同] 골을 뜻함.

풀이 ❶ 1. 골. 골짜기. 2. ⟨ 고을. 마을. ¶洞里 3. 굴. 동굴. ¶空洞 4. 깊다. ❷ 5. 꿰뚫다. 통하다. ¶洞達

洞窟(동굴) 깊고 넓은 굴.
洞里(동리) 마을. 동네.
洞房(동방) 1)잠자는 방. 침방(寢房). 2)화촉동방(華燭洞房)·동방화촉(洞房華燭). 3)깊숙한 방.
洞穴(동혈) 동굴.

洞達(통달) 꿰뚫음. 훤히 알거나 능란함.
洞察(통찰) 온통 밝히어 살핌. 앞을 환하게 내다봄.
空洞(공동) 1)텅 빈 굴. 2)물체 속에 아무것도 없이 빈 것. 또는 그 구멍.

🔁 谷(골 곡)

洛
6획 ９획 日ラク
강이름 락(낙) 中luò

풀이 1. 강 이름. 중국 섬서성(陝西省)에서 발원하여 황하로 흘러 들어가는 강. 2. 낙양(洛陽). 중국 하남성(河南省)에 있는 도시.

洛陽紙貴(낙양지귀) 낙양의 종이값을 올린다는 뜻으로, 저서가 호평을 받아 베스트셀러가 됨을 이르는 말.

비 落(떨어질 락)

洌
6획 ９획 日レツ・きよい
맑을 렬(열) 中liè

풀이 1. 맑다. 2. 차다. ¶洌風
洌風(열풍) 찬 바람.

비 例(법식 례)

流
6획 ９획
流(p411)의 本字

洑
6획 ９획
❶ 나루 복 日ボク
❷ 보 보(⟨) 中fú, fù

풀이 ❶ 1. 나루. 2. 빙 돌아 흐르다. ¶洑流 3. 땅속에 스며 흐르다. ❷ 4. 보. 논밭에 물을 대기 위해 물을 저장하여 둔 곳.

洑流(복류) 1)물결이 빙 돌아 흐름. 2)스며 흐름.

洩
6획 ９획 日セツ・エイ
❶ 샐 설 ·もれる
❷ 나는모양예 中xiè

[水 6획] 洩洒洙洵洋洿洼

洩 ⑥ 9획
샐 예·설
日エイ·セツ·もらす
中xiè

풀이 ① 1. 새다. 비밀이 흘러나오다.
② 2. 나는 모양. ¶洩洩
洩洩(예예) 훨훨 나는 모양.

洗 ⑥ 9획
씻을 세
日セン·あらう·すすぐ
中xǐ, xiǎn

丶丶冫氵汁浐洗洗

*형성. 뜻을 나타내는 부수 '氵(水:물 수)'와 음을 나타내는 '先(먼저 선)'을 합친 글자.
풀이 씻다. 세수하다.
洗練(세련) 1)씻고 손질함. 2)사상(思想)·시문(詩文) 등을 잘 다듬음. 3)수양에 의해 인격이 원만하고 고상해짐.
洗禮(세례) 기독교에서 입교하려는 사람에게 모든 죄악을 씻는 의미로 베푸는 의식.
洗手(세수) 손 또는 얼굴을 씻음.
洗顔(세안) 얼굴을 씻음.
洗滌(세척) 깨끗이 빨거나 씻음.
洗濯(세탁) 빨래.
비 滌(씻을 척)

洒 ⑥ 9획
❶ 물 뿌릴 쇄
❷ 씻을 세
❸ 잠길 선
日シャ·サイ·そそぐ·あらう
中sǎ

풀이 ① 1. 물을 뿌리다. ¶洒掃 2. 상쾌하다. 시원하다. ¶洒脫 ② 3. 씻다.
③ 4. 삼가다. 엄숙하다.
洒如(선여) 정중히 삼가는 모양. 엄숙한 모양.
洒落(쇄락) 마음이 상쾌함.
洒脫(쇄탈) 속된 기를 벗어나 기분이 상쾌함.

洙 ⑥ 9획
강 이름 수
日シュ
中zhū

풀이 강 이름. 사수(泗水)의 두 지류.
비 洗(씻을 세)

洵 ⑥ 9획
참으로 순
日ジュン·まこと
中xún

풀이 1. 참으로, 진실로. 2. 눈물을 흘리다.
洵訏(순우) 진실로 큼.

洋 ⑥ 9획
바다 양
日ヨウ·あふれる·ひろし
中yáng

丶丶冫氵汁洋洋洋

*형성. 뜻을 나타내는 부수 '氵(水:물 수)'와 음을 나타내는 '羊(양 양)'을 합친 글자. 큰(羊) 물(水)이라는 의미에서 '바다'의 뜻을 나타냄.
풀이 1. 바다. 대해. ¶海洋 2. 서양. ¶西洋 3. 넓다. 광대하다.
洋服(양복) 서양식의 옷.
洋食(양식) 서양식의 음식.
洋藥(양약) 1)서양 의술에 의하여 만든 약. 2)서양에서 수입한 약.
洋行(양행) 1)서양으로 감. 2)주로 서양과 무역하는 상점.
遠洋(원양) 뭍에서 멀리 떨어진 바다.
海洋(해양) 넓은 바다.
유 海(바다 해) 반 陸(뭍 륙) 地(땅 지)

洿 ⑥ 9획
웅덩이 오
日オ·たまりみず
中wū

풀이 1. 웅덩이. ¶洿池 2. 더럽다.
洿池(오지) 웅덩이. 못.

洼 ⑥ 9획
웅덩이 와
日ア·くぼみ
中guī, wā

풀이 웅덩이.
洼水(와수) 고인 물.

[水 6획] 洹洟净洲津浅派海洫洪

洹
- ⑥ 9획
- ❶ 강 이름 원 ⓙカン
- ❷ 세차게 흐를 환 ⓒhuán

[풀이] ❶ 1. 강 이름. 중국 하남성(河南省) 북부의 임현(林縣)에서 발원한 강. ❷ 2. 세차게 흐르다.

洟
- ⑥ 9획
- ⓙイ・テイ・はな・しる・はな
- ❶ 콧물 이
- ❷ 눈물 체
- ⓒtì, yí

[풀이] 1. 콧물. 2. 눈물.

净
- ⑥ 9획
- 淨(p417)의 俗字

洲
- ⑥ 9획
- 섬 주
- ⓙシュウ・す・しま・くに
- ⓒzhōu

丶丶氵氵汀汋洲洲洲

*형성. 뜻을 나타내는 부수 '氵(水:물 수)'와 음을 나타내는 '州(고을 주)'를 합친 글자.

[풀이] 1. 섬. 2. 대륙(大陸). ¶六大洲

洲嶼(주서) 강 어귀에 흙과 모래가 쌓여 삼각주처럼 된 섬.
六大洲(육대주) 지구상의 여섯 대륙.
유 島(섬 도) 비 州(고을 주)

津
- ⑥ 9획
- 나루 진
- ⓙシン・つ
- ⓒjīn

*형성. 뜻을 나타내는 부수 '氵(水:물 수)'와 음을 나타내는 '聿(붓 율)'을 합친 글자.

[풀이] 1. 나루. ¶津頭 2. 진액. ¶津液 3. 넘치다. 넘쳐 흐르다. ¶興味津津

津液(진액) 생물의 몸 안에 생명 현상으로서 생기거나 흐르는 액체.
興味津津(흥미진진) 흥미가 넘칠 만큼 많음.
비 律(법 률)

浅
- ⑥ 9획
- 淺(p418)의 俗字

派
- ⑥ 9획
- 물갈래 파
- ⓙハ・わかれ
- ⓒpā, pài

丶丶氵氵氵沪派派派

*회의. 부수 '水'와 물이 갈라져 흐르는 모양을 본뜬 부수 외의 글자를 더하여 '물갈래'의 뜻을 나타냄.

[풀이] 1. 물갈래. 2. 내보내다. 파견하다. ¶派遣 3. 가르다. 나누다.

派遣(파견) 어떤 임무를 띠게 하여 사람을 보냄.
派閥(파벌) 이해 관계에 따라 따로 갈라진 사람들의 집단.
派生(파생) 하나의 본체에서 다른 사물이 갈려 나와 생김.
急派(급파) 급히 파견함.
分派(분파) 1)나뉜 갈래. 2)여러 갈래로 나뉨.
비 波(물결 파)

海
- ⑥ 9획
- 海(p413)의 俗字

洫
- ⑥ 9획
- 봇도랑 혁
- ⓙキョク・みぞ・ほり
- ⓒxù

[풀이] 1. 봇도랑. 논 사이의 도랑. 2. 수문. 수도(水道)의 문. 3. 비다. 공허하다.

洪
- ⑥ 9획
- 큰물 홍
- ⓙコウ・おおみず・おおいに
- ⓒhóng

[水 6~7획] 活洶洽涇涅涂

`氵氵氵氵汁洪洪洪洪`

*형성. 뜻을 나타내는 부수 `氵(水:물 수)`와 음을 나타내는 `共(함께 공)`을 합친 글자.

풀이 1. 큰물. ¶洪水 **2.** 크다. ¶洪業 **3.** 넓다. ¶洪博

洪大(홍대) 넓고 큼. 아주 큼.

洪水(홍수) 비가 많이 와서 하천이 넘치거나 땅이 물에 잠기게 된 상태. 큰물.

洪業(홍업) 나라를 세우는 큰 사업.

유 澤(큰물 홍) 비 供(이바지할 공)

活
⑥ 9획
❶ 살 활 ❷ 물 콸콸 흐를 괄
日 カツ·いきる
中 huó

`氵氵氵氵汁汗汗活活`

*형성. 뜻을 나타내는 부수 `氵(水:물 수)`와 음을 나타내는 `舌(혀 설)`을 합친 글자.

풀이 ❶ 1. 살다. 생존하다. ¶活路 **2.** 생기가 있다. 활발하다. ¶活潑 ❷ **3.** 물이 콸콸 흐르다.

活氣(활기) 활발한 생기.

活動(활동) 1)힘차게 몸을 움직임. 2)어떤 일의 성과를 거두기 위하여 애씀. 또는 어떤 일을 이루려고 돌아다님.

活潑(활발) 생기가 있음.

活用(활용) 잘 응용하여 유용하게 씀.

活字(활자) 활판 인쇄에 쓰이는 일정한 규격의 글자.

生活(생활) 1)살아서 활동함. 2)살림. 생계. 3)어떤 행동이나 활동을 하며 살아가는 상태.

圓活(원활) 1)일이 거침없이 잘되어 나감. 2)부드럽고 생기가 있음.

洶
⑥ 9획
물살 세찰 흉
日 キョウ
中 xiōng

풀이 물살이 세차다.

洶洶(흉흉) 1)인심이 몹시 어수선함. 2)물결이 몹시 세차게 일어남. 3)떠들썩한 모양.

洽
⑥ 9획
윤택할 흡
日 コウ·あまねし·うるおす
中 qià

풀이 1. 윤택하다. 넉넉하다. **2.** 젖다. 적시다. **3.** 두루. 널리. **4.** 화목하다.

洽足(흡족) 조금도 모자람이 없을 정도로 넉넉하여 만족함. 흡만(洽滿).

未洽(미흡) 만족하지 못함. 아직 넉넉하지 못함.

涇
⑦ 10획
통할 경
日 ケイ·キョウ
中 jīng

풀이 1. 통하다. **2.** 강 이름. 중국 감숙성(甘肅省)에서 발원하여 위수(渭水)로 흘러 들어가는 강.

涇渭(경위) 1)경수(涇水)와 위수(渭水). 2)경수(涇水)는 흐리고 위수(渭水)는 맑다는 뜻으로, 사물의 구별이 확실함을 비유하는 말.

涅
⑦ 10획
개흙 녈(열)
日 デツ·ネツ·ネチ·ネ
中 niè

풀이 1. 개흙. 갯바닥·진펄 등에 있는 검고 미끈한 흙. **2.** 검게 물들이다.

涅槃(열반) 1)모든 번뇌의 속박에서 해탈하고, 불생불멸(不生不滅)의 법을 체득한 경지. 2)부처나 고승의 죽음. 입적(入寂).

涂
⑦ 10획
길 도
日 ト·ズ·みち
中 tú

풀이 길. ⓛ밭도랑에 난 길. ⓒ도로. ⓒ당(堂) 앞에 벽돌을 깐 길.

유 道(길 도) 비 除(섬돌 제)

[水 7획] 浪流浬浡浮浜涉

浪 ⑦ 10획
물결 랑(낭) 日ロウ 中làng, láng

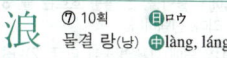

*형성. 뜻을 나타내는 부수 '氵(水·물 수)'과 음을 나타내는 '良(좋을 량)'을 합친 글자.

풀이 1. 물결. 파도. ¶風浪 2. 유랑하다. ¶流浪 3. 함부로. 마구. 4. 터무니없다.

浪漫(낭만) 현실적이 아니라 고상하고 서정적이며 환상적인 상태.
浪費(낭비) 돈·시간·노력 등을 헛되이 씀.
浪說(낭설) 터무니없는 헛소문.
浪人(낭인) 마땅한 일자리가 없거나 때를 만나지 못하여, 놀고 있는 사람.
流浪(유랑) 정처 없이 떠돌아다님.
風浪(풍랑) 1)바람과 물결. 2)바람결에 따라 일어나는 물결.

🔗 波(물결 파)

流 ⑦ 10획
흐를 류 日リュウ·ル·ながれる·ながす 中liú

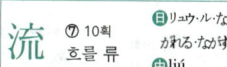

풀이 1. 흐르다. ¶流水 2. 널리 퍼지다. ¶流布 3. 흐름. 4. 돌아다니다. 방랑하다. ¶流浪 5. 갈래. 분파. 6. 품위. 등급. ¶上流 7. 귀양 보내다. 추방하다. ¶流配

流浪(유랑) 여기저기 방랑함.
流配(유배) 죄인을 귀양 보냄.
流星(유성) 별똥별.
流水(유수) 흐르는 물.
流言蜚語(유언비어) 아무 근거 없이 멀리 퍼진 소문. 뜬소문.
流出(유출) 밖으로 흘러나가거나 흘러 나가게 함.
流行(유행) 1)널리 퍼짐. 2)세상에 일시적으로 널리 퍼져 행해짐.

浬 ⑦ 10획
해리 리 日リ·ノット·かいり 中lǐ

풀이 해리(海里). 해상의 거리를 나타내는 단위.

浡 ⑦ 10획
일어날 발 日ボツ·おこる·わく 中bó

풀이 일어나다. 우쩍 일어나다.

浡然(발연) 성하게 일어나는 모양.
🔗 勃(우쩍 일어날 발)

浮 ⑦ 10획
뜰 부 日フ·うく·うかす 中fú

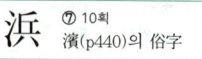

*형성. 뜻을 나타내는 부수 '氵(水·물 수)'와 음을 나타내는 '孚(미쁠 부)'를 합친 글자.

풀이 1. 뜨다. 2. 떠돌다. 3. 근거가 없다. ¶浮說 4. 덧없다. ¶浮生 5. 가볍다.

浮橋(부교) 배와 배를 잇대어 잡아매고 널빤지를 깔아서 임시로 놓은 다리.
浮動(부동) 1)떠서 움직임. 2)정하여 있지 않고 이리저리 떠돌음.
浮遊(부유) 1)여기저기 놀러 다님. 2)갈 곳을 정하지 않고 떠돎.
浮標(부표) 물 위에 띄워 암초 등의 소재나 항로 등을 나타내는 표지.

浜 ⑦ 10획
濱(p440)의 俗字

涉 ⑦ 10획
건널 섭 日ショウ·わたる 中shè

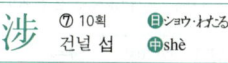

* 회의. 물(水)을 걸어서[步] 건너는 것을 나타내어 '건너다'의 뜻으로 쓰임.

풀이 1. 건너다. ¶涉水 2. 겪다. 경과하다. 지내다. 3. 관여하다. 관계하다.

涉獵(섭렵) 1)널리 이곳저곳을 다니면서 찾음. 2)책을 이것저것 널리 읽음.

干涉(간섭) 남의 일에 뛰어들어 관계함.

交涉(교섭) 1)어떤 일을 이루기 위해 상대방과 의논함. 2)관계를 가짐.

유 渡(건널 도)　陟(오를 척)

ᆞᆞᆞᆞᆞ氵氵氵氵消消消

* 형성. 뜻을 나타내는 부수 氵(水:물 수)와 음을 나타내는 肖(닮을 초)를 합친 글자.

풀이 1. 사라지다. 없어지다. ¶消滅 2. 없애다. 사라지게 하다. 3. 불을 끄다. 4. 쓰다. 사용하다.

消却(소각) 1)지워 없앰. 2)빚을 갚아 버림.

消極(소극) 무슨 일에 대하여, 나아가서 작용하려 하지 않고 수동적인 자세를 가지는 일.

消息(소식) 1)동정(動靜). 안부(安否). 소식(消息). 2)편지. 통신(通信).

消化(소화) 1)먹은 음식을 삭임. 2)배운 것을 잘 익혀 자기 것으로 만듦.

抹消(말소) 적혀 있는 사실을 지워 없앰.

반 現(나타날 현)

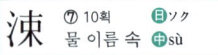

풀이 1. 물 이름. 중국 산서성(山西省)에서 발원하는 황하(黃河)의 지류(支流). 2. 헹구다.

涓 ⑦ 10획　日エン
　물방울 연　中juān

풀이 1. 물방울. 2. 졸졸 흐르는 물. 3. 가리다. 선택하다.

涓埃(연애) 1)물방울과 티끌. 2)아주 작은 것을 비유하는 말.

涓涓(연연) 물이 졸졸 흐르는 모양.

풀이 1. 침. 2. 잇닿다.

비 涏(곧을 정)

* 형성. 뜻을 나타내는 부수 氵(水:물 수)와 음을 나타내는 完(완전할 완)을 합친 글자.

풀이 1. 빨다. ¶浣染 2. 씻다. 목욕하다. 3. 열흘. 옛날에 관리가 열흘마다 휴가를 얻어 집에서 목욕한 데서 유래함.

浣染(완염) 세탁하여 염색함.

ᆞᆞᆞᆞ氵氵氵氵浴浴浴浴

* 형성. 뜻을 나타내는 부수 氵(水:물 수)와 음을 나타내는 谷(골짜기 곡)을 합친 글자. 사람이 목욕통에 앉아 물을 끼얹는 모습을 본뜬 '谷'에 '水'를 더하여 '목욕하다'의 뜻을 나타냄.

풀이 1. 목욕하다. 2. 목욕. ¶浴室

浴室(욕실) 목욕하는 설비가 있는 방.

浴槽(욕조) 목욕통.

浴化(욕화) 덕화(德化)를 입음.

沐浴(목욕) 머리를 감고 몸을 씻음.

비 沿(좇을 연)

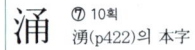

湧(p422)의 本字

[水 7획] 浥浙湞浚涕浸浿浦海

浥
⑦ 10획 日ユウ・ヨウ
❶ 젖을 읍 ·우르싀다
❷ 물이 흐르는 모양 압 中yà, yì

풀이 ❶ 1. 젖다. 적시다. ❷ 2. 물이 흐르는 모양.

浥塵(읍진) 먼지가 젖을 정도로 적게 내리는 비.

浙
⑦ 10획 日セツ
강 이름 절 中zhè

풀이 강 이름. 중국 절강성(浙江省)에 있는 전당강(錢塘江)의 하류. ¶浙江

湞
⑦ 10획 日セン
❶ 곧을 정
❷ 반질반질 할 전 中diān, tīng

풀이 ❶ 1. 곧다. ❷ 2. 반질반질하다.

비 涎(침 연)

浚
⑦ 10획 日シュン・さらう
깊을 준 中jùn, xùn

* 형성. 뜻을 나타내는 부수 '氵(水:물 수)'와 음을 나타내는 부수 이외의 글자를 합친 글자.

풀이 1. 깊다. ¶浚谷 2. 치다. 준설하다.

浚渫(준설) 우물이나 개울의 진흙 또는 강바닥의 모래를 파냄.

浚井(준정) 우물을 깨끗이 쳐냄.

유 深(깊을 심) 비 俊(준걸 준)

涕
⑦ 10획 日テイ・なみだ
눈물 체 中tì

풀이 1. 눈물. ¶涕淚 2. 울다.

涕淚(체루) 눈물.

涕泣(체읍) 1)눈물을 흘리며 욺. 2)눈물.

유 淚(눈물 루) 悌(공경할 제)

浸
⑦ 10획 日シン・ひたす
잠길 침 ひたる・つける 中jìn

丶丶氵氵氵浔浔浔浸浸

* 형성. 뜻을 나타내는 부수 '氵(水:물 수)'와 음을 나타내는 부수 이외의 글자를 합친 글자.

풀이 1. 잠기다. ¶浸水 2. 젖다. 적시다. 3. 스며들다. ¶浸液

浸水(침수) 물에 잠김.

浸潤(침윤) 물이 차츰 스며듦. 차츰차츰 배어 들어감.

浸種(침종) 싹을 빨리 트게 하려고 씨앗을 물에 담가 불림. 또는 그 일.

浸泣(체읍) 1)스며 젖어듦. 2)병균 등이 몸속으로 들어옴. 3)몰래 숨어

비 沈(빠질 침) 沒(빠질 몰)

浿
⑦ 10획 日ハイ
강 이름 패 中pèi

풀이 강 이름. 우리나라 압록강·대동강·예성강의 옛 이름.

浦
⑦ 10획 日ホ・うら
개 포 中pǔ

丶丶氵氵汀汀沪沪浦浦

* 형성. 뜻을 나타내는 부수 '氵(水:물 수)'와 음을 나타내는 '甫(클 보)'를 합친 글자.

풀이 개. 개천.

浦口(포구) 배가 드나드는 개(浦)의 어귀.

海
⑦ 10획 日カイ・うみ・み
바다 해 中hǎi

丶丶氵氵汇海海海海

* 형성. 뜻을 나타내는 부수 '氵(水:물 수)'와 음을 나타내는 '每(매양 매)'를 합친 글자. 넓고 깊어 어두운(晦) 물(水)을 나타내어, '바다'의 뜻으로 쓰임.

[水 7~8획] 浹浩洨溪淈港淇淖淡

海

풀이 1. 바다. 2. 크다. 넓다.

海軍(해군) 1)바다 위에서 싸우기 위해 조직된 군대. 2)해상(海上)군비의 총칭.
海流(해류) 항상 일정한 방향으로 움직이는 바닷물의 흐름.
海産物(해산물) 바다에서 나는 물건. 어패류・해조류 등.
海岸(해안) 바닷가의 언덕. 바닷가.
海外(해외) 1)사해(四海)의 밖. 2)외국(外國).
海賊(해적) 해상에서 활동하는 도적.
四海(사해) 1)사방의 바다. 2)온 천하.
유 洋(바다 양) 반 陸(뭍 륙) 地(땅 지)

浹 ⑦ 10획 日 ショウ・あまねし 中 jiā
두루 미칠 협

풀이 1. 두루 미치다. 2. 젖다. ¶浹浹 3. 돌다. 일주하다.

浹浹(협협) 축축하게 젖은 모양.
浹和(협화) 모두 화합함. 모두 화목함.

浩 ⑦ 10획 日 コウ・ひろい・ゆたか 中 hào
클 호

丶冫冫汁汁浩浩浩

*형성. 뜻을 나타내는 부수 '冫(水·물 수)'와 음을 나타내는 '告(알릴 고)'를 합친 글자.

풀이 1. 크다. ¶浩歌 2. 광대하다. ¶浩洋 3. 넉넉하다. 풍부하다.

浩大(호대) 넓고 큼.
浩渺(호묘) 한없이 넓고 아득한 모양.
浩然之氣(호연지기) 1)천지 사이에 가득 찬, 크고 넓은 원기(元氣). 2)도의에 맞고 공명정대하여 전혀 부끄러움이 없는 도덕적 용기. 3)자유롭고 즐거운 마음. 호기(浩氣).
浩蕩(호탕) 1)넓고 큰 모양. 2)탈속(脫俗)하여 뜻이 분방(奔放)한 모양.

洨 ⑦ 10획 日 コウ 中 xiào
물 이름 효

풀이 물 이름.

渓 ⑧ 11획
溪(p425)의 俗字

淈 ⑧ 11획 日 コツ・にごる・みだれる 中 gǔ
흐릴 굴

풀이 1. 흐리다. 혼탁하다. 2. 다하다. ¶淈盡

淈濁(굴탁) 물이 흐려짐.

港 ⑧ 11획 日 ケン 中 juàn
물 돌아 흐를 권

풀이 물이 돌아 흐르다.

淇 ⑧ 11획 日 キ 中 qí
강 이름 기

풀이 강 이름. 중국 하남성(河南省)에 흐르는 황하의 지류.

淖 ⑧ 11획 日 ドウ・シャク 中 ❶ niào ❷ chuò, nào
❶ 진흙 뇨(요) ・どろ
❷ 얌전할 작

풀이 ❶ 1. 진흙. 2. 진창. ¶淖濘 ❷ 3. 얌전하다. ¶淖約

淖濘(요녕) 진창.

淡 ⑧ 11획 日 タン・あわい 中 dàn
묽을 담

丶冫冫冫汁汁汁淡淡淡

[水 8획] 淘涼淚淪淋

* 형성. 뜻을 나타내는 부수 '氵(水:물 수)'와 음을 나타내는 '炎(불꽃 염)'을 합친 글자.

풀이 1. 묽다. 엷다. ¶淡彩 2. 싱겁다. ¶淡食 3. 담박하다. ¶淡泊

淡淡(담담) 욕심이 없고 마음이 깨끗함.
淡泊(담박) 1)욕심이 없고 마음이 깨끗함. 2)맛이나 빛이 산뜻함. 담백(淡白).
淡水(담수) 짠맛이 없는 맑은 물. 단물. 민물.
淡粧(담장) 요란하지 않은 담박한 화장.
淡彩(담채) 엷은 채색.
冷淡(냉담) 태도나 마음이 쌀쌀함.
濃淡(농담) 짙음과 옅음.

유 濃(짙을 농) 비 啖(먹을 담)

淘

⑧ 11획
일 도
日 トウ・よなぐ
よなげる
中 táo

* 형성. 뜻을 나타내는 부수 '氵(水:물 수)'와 음을 나타내는 '匋(질그릇 도)'를 합친 글자. 질그릇(匋)을 씻어 잡물을 제거함을 나타내어, '쌀을 일다'의 뜻으로 쓰임.

풀이 일다. 쌀을 일다. ¶淘米

淘金(도금) 사금을 읾.
淘汰(도태) 1)불필요하거나 부적당한 것을 줄여 없앰. 2)물에 일어서 쓸데없는 것을 흘려 버림. 3)환경이나 조건에 적응하지 못한 생물이 멸망함. 4)사회적 활동 영역에서 경쟁에 진 사람이 밀려남.

涼

⑧ 11획
서늘할 량(양)
日 リョウ
すずしい
中 liáng, liàng

* 형성. 뜻을 나타내는 부수 '氵(水:물 수)'와 음을 나타내는 '京(서울 경)'을 합친 글자.

풀이 1. 서늘하다. ¶涼氣 2. 엷다. ¶涼德 3. 쓸쓸하다. ¶悽涼

涼氣(양기) 서늘한 기운.
涼雨(양우) 선선한 비.
納涼(납량) 여름에 더위를 피하여 서늘함을 맛봄.
悽涼(처량) 1)보기에 거칠고 쓸쓸함. 2)마음이나 신세가 초라하고 구슬픔.

유 冷(찰 랭) 비 京(서울 경)

淚

⑧ 11획
눈물 루(누)
日 ルイ・なみだ
中 lèi

* 형성. 뜻을 나타내는 부수 '氵(水:물 수)'와 음을 나타내는 '戾(어그러질 려)'를 합친 글자.

풀이 1. 눈물. ¶別淚 2. 눈물 흘리다.

淚水(누수) 눈물.
淚痕(누흔) 눈물의 흔적.
暗淚(암루) 소리 없이 흘리는 눈물.

유 涕(눈물 체)

淪

⑧ 11획
잔물결 륜(윤)
日 リン・ロン
さざなみ
中 lún

* 형성. 뜻을 나타내는 부수 '氵(水:물 수)'와 음을 나타내는 '侖(생각할 륜)'을 합친 글자.

풀이 1. 잔물결. 물놀이. 2. 빠지다.

淪落(윤락) 1)타락함. 2)쇠망(衰亡)함.
淪沒(윤몰) 1)물에 빠져 들어감. 2)죄에 빠짐.
沈淪(침륜) 1)침몰. 2)재산이나 권세가 줄어들어 보잘것없이 됨.

淋

⑧ 11획
물 뿌릴 림(임)
日 リン・さびしい
中 lín, lìn

풀이 1. 물을 뿌리다. 2. 방울지다. 3. 임질. 성병의 일종. ¶淋疾

淋漓(임리) 1)피 또는 땀 같은 것이 줄줄 흐르는 모양. 2)원기(元氣)가 넘치는 모양. 3)비 오는 모양.
淋疾(임질) 성병(性病)의 일종으로 요도 점막에 염증이 생기는 병.

淼 ⑧ 12획 日ミョウ
물 아득할 묘 中miǎo

풀이 물이 아득하다. 물이 넓다.

淼茫(묘망) 물 등이 한없이 넓고 아득한 모양.

비 森(나무 빽빽할 삼)

渋 ⑧ 11획
澁(p435)의 俗字

淅 ⑧ 11획 日セキ
쌀 일 석 中xī

* 형성. 뜻을 나타내는 부수 '氵(水:물 수)'와 음을 나타내는 '析(가를 석)'을 합친 글자.

풀이 1. 쌀을 일다. ¶淅米 2. 쓸쓸하다. 처량하다.

淅瀝(석력) 1)눈비가 내리는 소리. 2)애처롭고 쓸쓸한 모양.

淅米(석미) 쌀을 씻음.

淞 ⑧ 11획 日ショウ
강 이름 송 中sōng

풀이 강 이름. 오송강(吳淞江). 중국 강소성(江蘇省) 태호(太湖)에서 발원하여 황포강(黃浦江)과 합치는 강.

淑 ⑧ 11획 日シュク・よい
맑을 숙 中shū

丶丶氵氵汁汁汁淑淑

* 형성. 뜻을 나타내는 부수 '氵(水:물 수)'와 음을 나타내는 '叔(아재비 숙)'을 합친 글자.

풀이 1. 맑다. 맑고 깊다. ¶淑淑 2. 착하다. 얌전하다. ¶淑質 3. 사모하다.

淑女(숙녀) 1)교양과 예의와 품격을 갖춘 점잖은 여자. 2)상류 사회의 여자.

淑姿(숙자) 숙녀의 얌전하고 덕스러운 자태.

貞淑(정숙) 여자의 행실이 곱고 마음씨가 맑음.

賢淑(현숙) 여자의 마음이 어질고 깨끗함.

유 清(맑을 청) 비 叔(아재비 숙)

淳 ⑧ 11획 日ジュン・あつ
순박할 순 中chún

풀이 순박하다. ¶淳朴

淳朴(순박) 풍속이 순후(淳厚)하고 아름다움.

淳風美俗(순풍미속) 인정이 두텁고 아름다운 풍속.

淳厚(순후) 순박하고 인정이 두터움.

유 朴(순박할 박)

淬 ⑧ 11획 日サイ
담금질할 쉬 中cuì

풀이 1. 담금질하다. 2. 물들이다. 염색하다. 3. 힘쓰다. ¶淬勉

淬礪(쉬려) 1)칼을 담금질하고 갊. 2)애써 학문을 닦음.

深 ⑧ 11획 日シン・ふかい
깊을 심 中shēn

丶丶氵氵汃汃汃深深深

* 형성. 뜻을 나타내는 부수 '氵(水:물 수)'와 음을 나타내는 부수 이외의 글자를 합친 글자.

풀이 1. 깊다. 깊게 하다. ¶深海 2. 질다. ¶深藍

深刻(심각) 1)깊이 새김. 2)사태가 절박하여 중대한 일.

深度(심도) 깊은 정도.

深山(심산) 깊은 산.

深奧(심오) 깊고 오묘함.

深醉(심취) 술에 몹시 취함.

深海(심해) 깊은 바다.

九重深處(구중심처) 깊은 궁궐 구중궁궐(九重宮闕).

[水 8획] 涯液淤淹淵淫淀淨

水深(수심) 물의 깊이.
[반] 淺(얕을 천) [비] 探(더듬을 탐)

涯
⑧ 11획
물가 애
[日] ガイ・みぎわ・はて
[中] yá

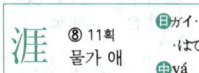

* 형성. 뜻을 나타내는 부수 '氵(水:물 수)'와 음을 나타내는 '厓(벼랑 애)'를 합친 글자.

[풀이] 1. 물가. ¶濱涯 2. 끝. 가장자리. ¶涯岸
涯角(애각) 궁벽하고 먼 땅.
涯岸(애안) 바다·강·못 등의 가장자리.
生涯(생애) 살아 있는 동안. 일생 동안.
天涯(천애) 1)하늘의 끝. 2)썩 먼 곳.

液
⑧ 11획
진 액
[日] エキ・しる・つゆ
[中] yè, shì

[풀이] 진. 즙. ¶津液
液晶(액정) 액체와 결정과의 중간 상태에 있는 물질.
液體(액체) 일정한 부피는 있으나 일정한 모양은 없이 유동하는 물질.
液化(액화) 기체(氣體)나 고체(固體)가 액체로 변함.
溶液(용액) 고체(固體)가 다른 액체 가운데에서 용해한 것.
[비] 夜(밤 야)

淤
⑧ 11획
진흙 어
[日] オ・ヨ・どろ
[中] yū

[풀이] 진흙. ¶淤泥
淤泥(어니) 진흙. 진흙탕.
[동] 泥(진흙 니)

淹
⑧ 11획
담글 엄
[日] エン・いれる
[中] yān

[풀이] 1. 담그다. 적시다. 2. 머무르다. 체류하다. ¶淹久 3. 오래되다. ¶淹歲
淹博(엄박) 학식이 매우 넓음.
淹死(엄사) 물에 빠져 죽음.
淹滯(엄체) 1)오래 머무름. 2)현재(賢才)가 있으면서 낮은 직위에 머물러 있음. 또는 그 사람.
[비] 俺(나 엄)

淵
⑧ 11획
淵(p422)의 俗字

淫
⑧ 11획
음란할 음
[日] イン・みだら
[中] yín

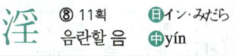

[풀이] 1. 음란하다. 음탕하다. ¶淫亂 2. 어지럽히다. 미혹하다.
淫談悖說(음담패설) 음탕하고 상스러운 이야기.
淫亂(음란) 음탕하고 난잡함.
淫心(음심) 음란한 마음.
淫蕩(음탕) 행동이 음란하고 방탕함.
姦淫(간음) 부부가 아닌 남녀가 성적 관계를 맺음.
[동] 婬(음탕할 음)

淀
⑧ 11획
얕은 물 정
[日] テン・よどむ
[中] diàn

[풀이] 얕은 물.

淨
⑧ 11획
깨끗할 정
[日] ジョウ・きよい・きよめる
[中] jìng

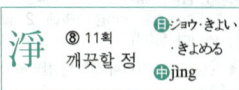

* 형성. 뜻을 나타내는 부수 '氵(水:물 수)'와 음을 나타내는 '爭(다툴 쟁)'을 합친 글자.

[풀이] 깨끗하다. 깨끗하게 하다. ¶淨化

[水 8획] 済淙凄淺添淸清

淨潔(정결) 맑고 깨끗함.
淨書(정서) 글씨를 읽기 쉽도록 깨끗이 옮겨 씀.
淨水(정수) 1)깨끗한 물. 2)물을 맑게 하는 일. 또는 맑게 한 물.
淨土(정토) 부처가 사는 청정한 곳.
淨化(정화) 깨끗하게 함.
洗淨(세정) 깨끗하게 빨거나 씻음.
유 潔(깨끗할 결) 汚(더러울 오)

済 ⑧ 11획
濟(p441)의 俗字

淙 ⑧ 11획
물소리 종
日 ソウ
中 cóng

풀이 물소리. 물이 흐르는 소리. ¶淙潺
淙潺(종잔) 물 흐르는 소리.
유 凄(쓸쓸할 처)

凄 ⑧ 11획
쓸쓸할 처
日 セイ・すごい
中 qī

풀이 1. 쓸쓸하다. 2. 차다. 서늘하다.

淺 ⑧ 11획
얕을 천
日 セン・あさい
中 jiàn, qiǎn

氵氵汙汙浅浅浅浅

*형성. 뜻을 나타내는 부수 '氵(水:물 수)'와 음을 나타내는 '戔(작을 잔)'을 합친 글자. 물(水)이 작아서(戔) '얕다'의 뜻을 나타냄.
풀이 1. 얕다. ㉠물이 깊지 않음. ㉡학문·지식 등이 깊지 않음. ㉢泛音. ¶淺薄 2. 엷다. 연하다. ¶淺黃
淺近(천근) 지식이나 생각이 천박하고 얕음.
淺薄(천박) 지식이나 생각 등이 얕음.
淺灘(천탄) 얕은 여울.
日淺(일천) 1)시작한 지 얼마 되지 않음. 2)날짜가 많지 않음.
반 深(깊을 심) 비 賤(천할 천) 錢(돈 전)

添 ⑧ 11획
더할 첨
日 テン・そえる
中 tiān

氵氵汙汙汗沃添添添添

*형성. 뜻을 나타내는 부수 '氵(水:물 수)'와 음을 나타내는 '忝(더럽힐 첨)'을 합친 글자.
풀이 더하다. 덧붙이다. ¶添加
添加(첨가) 덧붙임. 더 넣음.
添附(첨부) 더하여 붙임.
添人(첨입) 더 들어감. 더 넣음.
別添(별첨) 서류 등을 따로 덧붙임.
유 加(더할 가) 반 削(깎을 삭)

淸 ⑧ 11획
맑을 청
日 セイ・ショウ ・きよらか
中 qīng

氵氵汀汙浐浐清清清

*형성. 뜻을 나타내는 부수 '氵(水:물 수)'와 음을 나타내는 '靑(푸를 청)'을 합친 글자.
풀이 1. 맑다. ¶淸凉. 2. 깨끗하다. 청결하다. ¶內淸外濁 3. 깨끗하게 하다.
4. 청나라. 만주족(滿洲族)인 누르하치가 명(明)을 멸하고 세운 왕조.
淸潔(청결) 맑고 깨끗함.
淸涼(청량) 맑고 시원함.
淸貧(청빈) 청백(淸白)하여 가난함.
淸楚(청초) 청초(淸楚)하고 우아함.
淸淨(청정) 맑고 깨끗함. 더럽거나 더럽지 않음.
淸楚(청초) 깨끗하고 고움.
山高水淸(산고수청) 산이 높고 물이 맑다는 뜻으로, 경치(景致)가 좋음을 이르는 말.
유 淑(맑을 숙)
비 請(청할 청) 晴(갤 청) 情(뜻 정)

清 ⑧ 11획
淸(p418)의 俗字

[水 8~9획] 淄涸涵淏混淮淆渴減　419

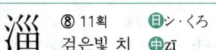
淄 ⑧ 11획　日シ・くろ
검은빛 치　中zī

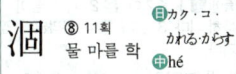
涸 ⑧ 11획　日カク・コ・かれる・からす
물 마를 학　中hé

풀이 물이 마르다. ¶涸渴

涸渴(학갈) 물이 말라서 없어짐. 2)물건이 부족하게 됨. 물건이 바닥이 남.

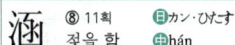
涵 ⑧ 11획　日カン・ひたす
젖을 함　中hán

풀이 1. 젖다. 적시다. 2. 담그다. 잠기다. ¶涵浸

涵養(함양) 1)은덕을 베풀어서 기름. 2)학식을 넓혀서 심성(心性)을 닦음.

동 潤(젖을 윤)　비 函(함 함)

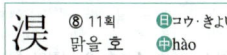
淏 ⑧ 11획　日コウ・きよい
맑을 호　中hào

풀이 맑다. 물이 맑다.

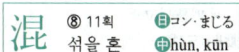
混 ⑧ 11획　日コン・まじる
섞을 혼　中hùn, kūn

丶丶氵氵沪沪沪浞浞混

*형성. 뜻을 나타내는 부수 氵(水·물 수)과 음을 나타내는 昆(형 곤)을 합친 글자.

풀이 1. 섞다. 섞이다. ¶混食 2. 흐리다.

混同(혼동) 1)뒤섞음. 혼합함. 2)뒤섞어 보거나 잘못 판단함.
混亂(혼란) 뒤섞여 어지러움. 뒤죽박죽이 됨.
混用(혼용) 섞어 사용함.
混戰(혼전) 서로 뒤섞여 싸움.
混濁(혼탁) 흐림. 맑지 않음.
混合(혼합) 뒤섞어서 한데 합함.

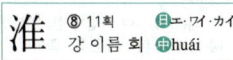
淮 ⑧ 11획　日エ・ワイ・カイ
강 이름 회　中huái

풀이 강 이름. 중국 하남성(河南省)에서 발원하여 황하로 흘러 들어가는 강.

비 准(승인할 준)

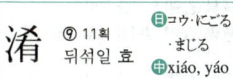
淆 ⑨ 11획　日コウ・にごる・まじる
뒤섞일 효　中xiáo, yáo

풀이 1. 뒤섞이다. 어지러워지다. ¶淆素 2. 흐리다. ¶淆亂

淆亂(효란) 흐리고 어지러워짐.

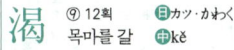
渴 ⑨ 12획　日カツ・かわく
목마를 갈　中kě

丶丶氵氵沪沪沪渴渴渴

*형성. 뜻을 나타내는 부수 氵(水·물 수)와 음을 나타내는 曷(어찌 갈)을 합친 글자.

풀이 1. 목이 마르다. ¶渴症 2. 마르다. 고갈하다.

渴求(갈구) 애타게 구함.
渴望(갈망) 간절히 바람. 몹시 바람.
渴水(갈수) 가물어서 물이 마름.
渴症(갈증) 목마름.
枯渴(고갈) 1)물이 말라서 없어짐. 2)물자·자금이 달림. 3)인정·정서가 메마름.

비 湯(끓일 탕)

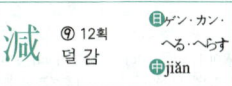
減 ⑨ 12획　日ゲン・カン・へる・へらす
덜 감　中jiǎn

丶丶氵氵沪沪沪減減減

*형성. 뜻을 나타내는 부수 氵(水·물 수)과 음을 나타내는 咸(다 함)을 합친 글자.

[水 9획] 渠湳湍湛渡滿湾

풀이 1. 덜다. 줄이다. ¶減卻 2. 줄어들다. ¶減勢

減輕(감경) 1)줄여 가볍게 함. 2)본형(本刑)보다 더 가벼운 형으로 처벌함.
減免(감면) 감하여 면제함.
減少(감소) 줄어 적어짐. 또는 줄여 적게 함.
減速(감속) 속도를 줄임.
減員(감원) 인원을 줄임.
減縮(감축) 덜어서 줄임. 또는 덜리어서 줆.
削減(삭감) 깎아서 줄임.

🔁 增(불을 증) 🔃 滅(멸망할 멸)

渠 ⑨ 12획
도랑 거
🇯🇵 キョ・みぞ
🇨🇳 jù, qú

* 형성. 뜻을 나타내는 부수 `氵(水:물 수)`와 음을 나타내는 `榘(곱자 구)`의 생략형을 합친 글자. 이에 곱자를 대고 인공적으로 만든 '도랑', '해자'의 뜻으로 쓰임.

풀이 1. 도랑. 2. 크다. ¶渠大 3. 그, 그 사람. ¶渠儂

渠大(거대) 큼.
渠水(거수) 땅을 파서 통하게 한 수로(水路).

湳 ⑨ 12획
강 이름 남
🇯🇵 ナン
🇨🇳 nǎn

풀이 강 이름. 중국 산서성(山西城)에서 발원하는 황하의 지류.

湍 ⑨ 12획
여울 단
🇯🇵 タン・はやせ
🇨🇳 tuān

* 형성. 뜻을 나타내는 부수 `氵(水:물 수)`와 음을 나타내는 `耑(끝 단)`을 합친 글자.

풀이 1. 여울. 강이나 바다의 바닥이 얕거나 폭이 좁거나 하여 물이 세차게 흐르는 곳. ¶湍瀧 2. 소용돌이치다.

湍湍(단단) 소용돌이치는 모양.
湍流(단류) 급히 흐르는 물. 급류(急流).

湛 ⑨ 12획
❶ 즐길 담 🇯🇵 タン・たえる
❷ 괼 잠 🇨🇳 zhàn
❸ 잠길 침

풀이 ❶ 1. 즐기다. ❷ 2. 괴다. 물이 가득히 괴다. 3. 깊다. ❸ 4. 가라앉다. 잠기다.

湛恩(잠은) 두터운 은혜. 깊은 은혜.
湛湛(잠잠) 1)중후한 모양. 2)물이 깊고 가득 찬 모양. 3)이슬이 많이 내린 모양.

🔁 耽(즐길 탐) 🔃 甚(심할 심)

渡 ⑨ 12획
건널 도
🇯🇵 ト・わたる・わたす
🇨🇳 dù

* 형성. 뜻을 나타내는 부수 `氵(水:물 수)`와 음을 나타내는 `度(법도 도)`를 합친 글자. '度'는 '건너다'는 뜻을 나타내어 '물을 건너다'라는 뜻이 됨.

풀이 1. 건너다. ¶渡來 2. 나루터. ¶渡津 3. 주다. 교부하다.

渡來(도래) 1)물을 건너옴. 2)외국에서 배를 타고 옴.
渡船(도선) 나룻배.
過渡期(과도기) 1)어떤 상태에서 새로운 상태로 변해 가는 시기. 2)낡은 것은 벗어났지만 아직 새 것은 이루어지지 않아 동요와 불안에 싸인 시기.

🔃 度(법도 도)

滿 ⑨ 12획
滿(p430)의 俗字

湾 ⑨ 12획
灣(p445)의 俗字

[水 9획] 渺渼湄渤湃湺渣湘渲渫湿湜

渺 ⑨ 12획
아득할 묘
日ビョウ·ミョウ·はるか
中miǎo

*형성. 뜻을 나타내는 부수 氵(水:물 수)와 음을 나타내는 眇(애꾸눈 묘)를 합친 글자.

[풀이] 아득하다. ¶渺然

渺然(묘연) 아득히 넓은 모양. 끝이 없는 모양.

渼 ⑨ 12획
물놀이 미
日ミ
中měi

[풀이] 1. 물놀이. 파문(波紋). 2. 물 이름. 중국 섬서성에서 발원하는 노수(澇水)의 지류.

湄 ⑨ 12획
물가 미
日ビ·ミ·みぎわ
中méi

[풀이] 물가.

渤 ⑨ 12획
바다 이름 발
日ホツ·ボツ
中bó

[풀이] 바다 이름. 요동반도(遼東半島)와 산동반도(山東半島)의 사이에 있는 바다.

渤海(발해) 1) 바다 이름. 2) 대조영(大祚榮)이 세운 나라.

湃 ⑨ 12획
물결 이는 모양 배
日ハイ
中pài

[풀이] 1. 물결이 이는 모양. 2. 물결 소리.

湃湃(배배) 물결이 이는 모양. 또는 파도의 소리.

湺 ⑨ 12획
사람 이름 보

[풀이] 사람 이름.

渣 ⑨ 12획
찌끼 사
日サ·かす·おり
中zhā

[풀이] 찌끼. 침전물.

渣滓(사재) 찌끼. 침전물.

湘 ⑨ 12획
강 이름 상
日ショウ
中xiāng

[풀이] 강 이름. 광서성(廣西省)에서 발원하여 동정호(洞庭湖)로 흘러 들어가는 강. ¶湘江

湘竹(상죽) 반죽(斑竹)의 다른 이름.

渲 ⑨ 12획
바림 선
日セン
中xuàn

*형성. 뜻을 나타내는 부수 氵(水:물 수)와 음을 나타내는 宣(베풀 선)을 합친 글자.

[풀이] 바림. 그림에서 한쪽은 진하게 하고 다른 쪽으로 갈수록 차츰 흐리게 칠하는 기법.

渲染法(선염법) 화면에 물을 칠하고 채 마르기 전에 채색을 하여서 입체감 있게 나타내는 화법(畫法).

渫 ⑨ 12획
칠 설
日セツ·さらう
中xiè

[풀이] 1. 치다. 준설하다. ¶浚渫 2. 업신여기다. ¶渫慢

渫慢(설만) 깔봄. 멸시함.

비 僕(가벼울 엽)

湿 ⑨ 12획

濕(p440)의 俗字

湜 ⑨ 12획
물 맑을 식
日ショク
中shí

[풀이] 물이 맑다. ¶清湜

湜湜(식식) 물이 맑아 속까지 환히 보이는 모양.

[水 9획] 渥淵渶溫渦湧湲渭游

渥 ⑨ 12획 두터울 악
日アク・あつい 中wò

[풀이] 1. 두텁다. 돈후하다. ¶渥恩 2. 젖다.
渥味(악미) 진한 맛.
渥恩(악은) 두터운 은혜.

淵 ⑨ 12획 못 연
日エン・ふち 中yuān

* 형성. 뜻을 나타내는 부수 氵(水:물 수)와 음을 나타내는 부수 이외의 글자를 합친 글자. 부수 이외의 글자는 깊은 못에서 물이 돌고 있는 모양을 본뜬 것으로, '연못', '깊은 곳'을 뜻함.

[풀이] 1. 못. ¶淵海 2. 깊다. ¶淵意.
淵博(연박) 학문(學問)·견문(見聞) 등이 깊고 넓음.
淵意(연의) 깊은 마음. 연지(淵旨).
淵泉(연천) 1)못과 샘. 2)못처럼 깊고 샘처럼 솟아남.
深淵(심연) 1)깊은 못. 2)헤아리기 어려우 깊은 구렁.
[유] 池(못 지) 澤(못 택)

渶 ⑨ 12획 강 이름 영
日エン 中yìng

[풀이] 강 이름. 중국 청구산(靑丘山)에서 발원한 강.

溫 ⑨ 12획
溫(p426)의 俗字

渦 ⑨ 12획 소용돌이 와
日カ・うず 中guō, wō

[풀이] 1.소용돌이. ¶渦水 2. 소용돌이치다.
渦紋(와문) 소용돌이 모양의 무늬.
渦中(와중) 1)소용돌이치며 흐르는 물결 가운데. 2)분란(紛亂)한 사건의 중심.
[비] 過(지날 과)

湧 ⑨ 12획 샘 솟을 용
日ユウ・ヨウ・わく・わかす 中yǒng

[풀이] 샘이 솟다. 솟아나다. ¶湧泉
湧泉(용천) 1)솟아나는 샘. 2)연달아 좋은 생각이 떠오름.
湧出(용출) 물이 솟구쳐 나옴.

湲 ⑨ 12획 물 흐를 원
日エン・カン 中yuán

[풀이] 물이 흐르는 모양.
湲湲(원원) 1)눈물이 줄줄 흐르는 모양. 2)물고기 등이 뒤집히는 모양.

渭 ⑨ 12획 강 이름 위
日イ 中wèi

[풀이] 강 이름. 중국 감숙성(甘肅省)에서 발원하여 황하로 흘러 들어가는 강.
渭陽(위양) 1)위수(渭水)의 북쪽. 2)외삼촌. 또는 외조부.

游 ⑨ 12획 헤엄칠 유
日ユウ・およぐ 中yóu, liú

[풀이] 1. 헤엄치다. 수영하다. ¶游泳 2. 놀다. 3. 떠돌다. 옮겨 다니다.
游擊(유격) 일정한 임무를 갖지 않고 기회를 보아 출동하여 적을 무찌름.
游牧(유목) 거처를 정하지 않고, 물과 목초를 따라 옮겨다니며 목축을 함. 또는 그 목축. 유목(遊牧).
游說(유세) 각처로 돌아다니며 자기의 의견이나 소속 정당의 주장 등을 설명하고 선전함.
游泳(유영) 헤엄치며 놂.

[水 9획] 湮滋溊渚湔渟湞湊湫測

湮
⑨ 12획　日イン・しずむ
잠길 인　⊕yān, yīn

풀이 1. 잠기다. ¶湮伏 2. 망하다. 없어지다. ¶湮替

湮滅(인멸) 흔적도 없이 전부 없어짐.
湮沒(인몰) 깊숙이 숨음. 가라앉아 사라져 버림. 인멸(湮滅).
湮替(인체) 쇠퇴함. 쇠하여 망함.
湮透(인투) 스며들게 함.

滋
⑨ 12획
滋(p427)의 俗字

溊
⑨ 12획　日サイ
강 이름 재　⊕zāi

풀이 강 이름. 현재의 대도하(大渡河).

渚
⑨ 12획　日ショ・なぎさ・みぎわ
물가 저　⊕zhǔ

풀이 1. 물가. ¶渚崖 2. 모래섬. 사주(砂洲).
渚崖(저애) 물가와 냇가.

湔
⑨ 12획　日セン
씻을 전　⊕jiān

풀이 씻다. 빨다. ¶湔拂
湔雪(전설) 씻어서 깨끗이 함. 오명(汚名)·치욕 등을 깨끗이 씻어 버림.

渟
⑨ 12획　日テイ・とどまる
물 괼 정　⊕tíng

풀이 1. 물이 괴다. ¶渟涵 2. 물가. 3. 멈추다. 정지하다.
渟泊(정박) 배가 항구에서 머무름.
渟水(정수) 괸 물.

湞
⑨ 12획　日テイ
강 이름 정　⊕zhēn

풀이 강 이름. 중국 광동성(廣東省)에서 발원하여 북강(北江)이 되는 물줄기.

湊
⑨ 12획　日ソウ・あつめる・みなと
모일 주　⊕còu

풀이 모이다. 모으다.
湊合(주합) 모음.
비 秦(벼이름 진)

湫
⑨ 12획　日シュウ・ショウ・くて
❶ 못 추　⊕jiǎo, jiū, qiū
❷ 낮을 초

풀이 ❶ 1. 못. 웅덩이. 2. 근심하다. 슬퍼하다. ¶湫湫 3. 서늘하다. ❷ 4. 낮다. 좁다. ¶湫隘
湫隘(초애) 땅이 낮고 좁음.
湫湫(추추) 근심하며 슬퍼하는 모양.
비 秋(가을 추)

測
⑨ 12획　日ソク・はかる
잴 측　⊕cè

丶 丶 氵 氵 沪 沪 沪 沪 泪 測 測

*형성. 뜻을 나타내는 부수 氵(水:물 수)와 음을 나타내는 則(곧 즉)을 합친 글자.

풀이 재다. 헤아리다. ¶測揆
測量(측량) 1)남의 마음을 추측함. 2) 기기를 이용하여 사물의 위치·높이거리·방향 등을 잼.
測定(측정) 1)재어 정함. 2)어떤 양(量)의 크기를 어떤 장치나 기계를 사용해서, 어떤 단위를 기준으로 하여 재는 일.
測候(측후) 천문·기상을 관측함.
臆測(억측) 이유와 근거가 없는 추측.

[水 9획] 湯渝港湖渾渙

推測(추측) 미루어 헤아림.
비 惻(슬퍼할 측) 側(곁 측)

湯
⑨ 12획
끓일 탕
일 トウ・ゆ
중 shāng, tāng

丶丶氵沪沪沪渇渇渇
湯湯

*형성. 뜻을 나타내는 부수 氵(水:물 수)와 음을 나타내는 '昜(양기 양)'을 합친 글자. 뜨거운(昜) 물(水), 즉 '끓인 물'을 나타냄.

풀이 1. 끓이다. 2. 끓인 물. ¶湯火 3. 목욕탕, 욕실. ¶湯殿 4. 국, 국물. ¶湯器
湯器(탕기) 국이나 찌개 등을 떠 놓는 자그마한 그릇.
湯液(탕액) 달여 우려낸 액체.
湯池(탕지) 1)견고한 성(城). 주위에 파 놓은 해자에서 뜨거운 물이 솟아난다는 뜻에서 온 말. 2)온천(溫泉).
熱湯(열탕) 끓는 물. 또는 끓는 국.
비 渇(목마를 갈)

渝
⑨ 12획
달라질 투
일 ユ・かわる
중 yú

풀이 1. 달라지다. 변하다. 2. 흘러 넘치다.
渝移(투이) 변하여 옮겨 감.
비 諭(깨우칠 유) 兪(점점 유)

港
⑨ 12획
항구 항
일 コウ・みなと
중 gǎng

丶丶氵汁汁洪洪港港

*형성. 뜻을 나타내는 부수 氵(水:물 수)와 음을 나타내는 '巷(거리 항)'을 합친 글자. 물(水) 위의 길(巷)인 '수로'를 나타내다가, '항구'의 뜻이 됨.

풀이 항구.
港口(항구) 바닷가에 배를 댈 수 있도록 시설을 갖춘 곳.
港灣(항만) 해안의 만곡한 곳에 방파제・부두・잔교・창고 등의 시설을

한 수역(水域).
空港(공항) 항공기가 뜨고 내릴 수 있도록 시설을 갖춘 곳.
비 巷(거리 항)

湖
⑨ 12획
호수 호
일 コ・みずうみ
중 hú

丶丶氵汁汁泔洴湖湖湖

*형성. 뜻을 나타내는 부수 氵(水:물 수)와 음을 나타내는 '胡(오랑캐 호)'를 합친 글자.

풀이 호수.
湖畔(호반) 호숫가.
湖沼(호소) 호수와 늪.
湖水(호수) 1)큰 못. 2)호수의 물.
비 潮(조수 조)

渾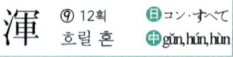
⑨ 12획
흐릴 혼
일 コン・すべて
중 gǔn, hún, hùn

*형성. 뜻을 나타내는 부수 氵(水:물 수)와 음을 나타내는 '軍(군사 군)'을 합친 글자.

풀이 1. 흐리다. 혼탁하다. ¶渾深 2. 모두, 전부. 3. 섞이다. 4. 크다. 크고 있다. ¶渾元
渾沌(혼돈) 천지가 아직 개벽되지 않아 모든 사물의 구별이 확실치 않은 상태.
渾身(혼신) 온몸.
渾然(혼연) 1)모가 지거나 찌그러진 데가 없는 둥근 모양. 2)사물이 융합(融合)되어 있는 모양. 3)구별이나 차별이 없는 모양.
渾濁(혼탁) 흐림. 혼탁(渾濁).
동 濁(흐릴 탁) 비 揮(휘두를 휘)

渙
⑨ 12획
흩어질 환
일 カン・あきらか
중 huàn, huì

풀이 흩어지다. 풀리다. ¶渙散
渙發(환발) 조서 또는 칙명(勅命)을 발포함.

渙散(환산) 1)단체가 해산함. 2)병열(病熱)이 내림.
渙然氷釋(환연빙석) 얼음이 녹는 것처럼 의혹이나 의문이 남김없이 풀려 없어짐.
비 換(바꿀 환)

湟 ⑨ 12획
해자 황
日 オウ·コウ·ほり
中 huáng

풀이 1. 해자(垓子). 성 밖으로 둘러서 판 못. 2. 움푹 패인 땅.
湟潦(황료) 우묵하게 팬 땅에 괸 물. 웅덩이.

溪 ⑩ 13획
시내 계
日 ケイ·たに
中 xī

氵氵氵氵氵 浐 浐 浐 浐 浐 淒 溪 溪

* 형성. 뜻을 나타내는 부수 '氵(水:물 수)'와 음을 나타내는 '奚(어찌 해)'를 합친 글자.
풀이 시내. 시냇물. ¶溪聲
溪谷(계곡) 산골짜기.
溪嶺(계령) 산골짜기와 산봉우리.
溪流(계류) 골짜기에 흐르는 시냇물.
碧溪(벽계) 물빛이 푸르게 보이는 맑고 깊은 시내.
유 谿(시내 계)

溝 ⑩ 13획
도랑 구
日 コウ·みぞ·どぶ
中 gōu, kòu

풀이 1. 도랑. 봇도랑. 봇물을 끌어대기 위해 만든 도랑. ¶溝畎 2. 해자.
溝渠(구거) 도랑. 통수로(通水路).
溝壑(구학) 도랑과 골짜기.
排水溝(배수구) 빼낸 물을 흘려 보내기 위하여서 만든 도랑.
비 構(얽을 구)

溺 ⑩ 13획
❶ 빠질 닉
❷ 오줌 뇨
日 デキ·ニョウ
中 nì, ruò, niào

풀이 ❶ 1. 빠지다. ㉠물에 빠짐. ㉡어려움에 처함. ¶耽溺 ❷ 1. 오줌.
溺死(익사) 물속에 빠져서 죽음.
溺愛(익애) 지나치게 사랑함. 사랑에 빠짐.
耽溺(탐닉) 어떤 일에 지나치게 빠짐.
비 弱(약할 약)

滔 ⑩ 13획
물 넘칠 도
日 トウ·はびこる·あつまる
中 tāo

풀이 1. 물이 넘치다. 창일하다. ¶滔騰 2. 넓다. ¶滔蕩 3. 물이 세차게 흐르는 모양.
滔滔(도도) 1)넓은 물줄기가 기운차게 흐르는 모양. 2)거침없이 말을 잘하는 모양.
滔天(도천) 1)하늘을 두려워하지 않고 업신여김. 2)큰물이 하늘에까지 맞닿음.

滕 ⑩ 15획
물 솟을 등
日 トウ
中 téng

풀이 1. 물이 솟다. 2. 등나라. 춘추 시대(春秋時代)에 지금의 산동성(山東省) 등현(滕縣) 지방에 있던 나라.
비 勝(이길 승)

溜 ⑩ 13획
흐를 류(유)
日 リュウ·たまる·ためる
中 liú, liù

* 형성. 뜻을 나타내는 부수 '水(물 수)'와 음을 나타내는 '留(머무를 류)'를 합친 글자.
풀이 1. 흐르다. 물이 흐르다. 2. 방울져 떨어지다. 3. 물방울.
溜溜(유류) 물이 흘러 내려가는 소리.

溜水 (유수) 1)괸 물. 2)떨어지는 물방울.

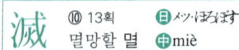
滅 ⑩ 13획 日メツ・ボチ 멸망할 멸 中miè

丶亠卝汀汀沥沥沥减滅
滅滅

*형성. 뜻을 나타내는 부수 氵(水:물 수)과 음을 나타내는 '?(불꺼질 멸)'을 합친 글자. 물(水)이 모두 없어진다(?) 뜻에서, '다하다', '멸망하다'의 뜻으로 쓰임.

[풀이] 1. 멸망하다. ¶滅亡 2. 다하다. 없어지다. 3. 죽다. 사망하다. 4. 끄다. 꺼지다.

滅口 (멸구) 비밀을 유지하기 위하여 그 일을 아는 사람을 가두거나 죽여 없앰.
滅裂 (멸렬) 갈기갈기 찢어짐. 뿔뿔이 흩어짐.
滅亡 (멸망) 망하여 없어짐.
滅絶 (멸절) 멸망시켜 없앰.
壞滅 (괴멸) 파괴되어 멸망함.
不滅 (불멸) 없어지지 않거나 멸망하지 않음.
[비] 減 (덜 감)

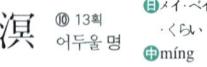
溟 ⑩ 13획 日メイ・ベイ ・くらい 어두울 명 中míng

[풀이] 1. 어둡다. ¶溟溟 2. 바다. 대해. ¶溟渤
溟溟 (명명) 1)어두운 모양. 2)심오(深奧)하여 알기 어려운 모양.
溟洲 (명주) 큰 바다 가운데 있는 섬.
[동] 暗 (어두울 암)

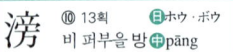
滂 ⑩ 13획 日ホウ・ボウ 비 퍼부을 방 中pāng

[풀이] 비가 퍼붓다.
滂濞 (방비) 1)물이 흐르는 소리. 2)많고 성한 모양.
滂沱 (방타) 1)비가 죽죽 내리는 모양. 2)눈물이 뚝뚝 떨어지는 모양.

溥 ⑩ 13획 日ハク・フ ・あまねし ❶ 넓을 보 ❷ 펼 부 中pǔ

[풀이] ❶ 1. 넓다. ¶溥大 ❷ 2. 펴다.
溥大 (보대) 넓고 큼.

溯 ⑩ 13획
遡(p749)와 同字

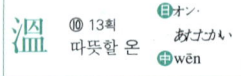
溲 ⑩ 13획 日シュウ・シュ ・そそぐ 오줌 수 中sǒu,sōu

[풀이] 오줌. ¶溲器
溲器 (수기) 오줌을 받아 내는 그릇. 요강.

溫 ⑩ 13획 日オン ・あたたかい 따뜻할 온 中wēn

丶亠氵汀沪沪沪渭渭渭溫溫

*형성. 뜻을 나타내는 부수 氵(水:물 수)와 음을 나타내는 부수 이외의 글자를 합친 글자.

[풀이] 1. 따뜻하다. 온난하다. ¶溫水 2. 온화하다. 부드럽다. ¶溫順 3. 복습하다. 익히다. ¶溫習
溫故知新 (온고지신) 옛것을 익히고 나아가 새것을 앎.
溫順 (온순) 온화하고 공손(恭順)함.
溫柔 (온유) 온후(溫厚)하고 유순함.
溫存 (온존) 1)좋지 못한 일을 고치지 않고 방치함. 2)소중히 보존함.
溫泉 (온천) 뜨거운 물이 나오는 샘.
溫厚 (온후) 1)성질이 온화하고 돈후함. 2)따뜻하고 조용함.
氣溫 (기온) 대기의 온도.

[水 10획] 溶源溵溢滋滓準

保溫(보온) 1)온도를 일정하게 유지함. 2)따뜻한 기운을 잘 유지함.
반 冷(찰 랭)凉(서늘할 량)

溶 ⑩ 13획
질펀히 흐를 용
日 ヨウ·とける·とかす·とく
中 róng

*형성. 뜻을 나타내는 부수 '氵(水:물 수)'와 음을 나타내는 '容(얼굴 용)'을 합친 글자.

풀이 1. 질펀히 흐르다. 2. 녹다. ¶溶解
溶媒(용매) 물질을 녹여 용액으로 만드는 물질.
溶液(용액) 한 물질이 다른 물질에 녹아서 고르게 퍼져 이루어진 물질.
溶解(용해) 1)녹음. 또는 녹임. 2)물질이 액체 속에 녹아 있는 현상.
비 容(얼굴 용)

源 ⑩ 13획
근원 원
日 ゲン·みなもと
中 yuán

氵氵氵沪沪沪沥沥源源源

*형성. 뜻을 나타내는 부수 '氵(水:물 수)'와 음을 나타내는 '原(근원 원)'을 합친 글자. 이에 물(水)의 근원(原)이라 하여 '수원'의 뜻을 나타냄.

풀이 1. 근원. ¶根源 2. 수원(水源).
源流(원류) 1)물이 흐르는 원천(源泉). 2)사물의 근원.
源泉(원천) 1)물이 흐르는 근원. 2)사물이 생기는 근원.
起源(기원) 사물이 생긴 근원.
語源(어원) 어떤 말이 오늘날의 형태나 뜻으로 되기 전의 본디 형태나 뜻.
財源(재원) 재화(財貨)나 재정의 원천.
유 原(근원 원)

溵 ⑩ 13획
강 이름 은
日 イン
中 yīn

풀이 강 이름. 중국 하남성(河南省) 허창현(許昌縣)에서 발원한 강.
비 激(격렬할 격)

溢 ⑩ 13획
넘칠 일
日 イツ·あふれる
中 yì

*형성. 뜻을 나타내는 부수 '氵(水:물 수)'와 음을 나타내는 '益(더할 익)'을 합친 글자. '益'은 접시에 물이 넘치는 모양을 나타낸 글자로, '水'와 합쳐서 '넘치다'의 뜻을 나타냄.

풀이 넘치다. ¶溢流
溢流(일류) 넘쳐서 흐름.
海溢(해일) 바다 속의 지각 변동이나 기상 변화 때문에 바닷물이 크게 일어나서 육지로 넘쳐 들어오는 일.
비 益(더할 익)

滋 ⑩ 13획
불을 자
日 ジ·シ·しげる·ます
中 zī

*형성. 뜻을 나타내는 부수 '氵(水:물 수)'와 음을 나타내는 '茲(불을 자)'를 합친 글자.

풀이 1. 붇다. 증가하다. ¶滋殖 2. 더욱. 한층. ¶滋慢 3. 자라다. 생장하다. 4. 맛있다. 맛. 5. 적시다.
滋補(자보) 몸에 영양이 됨. 자양(滋養).
滋生(자생) 무성하게 자람.
滋養(자양) 1)양육함. 기름. 2)몸의 영양이 됨. 또는 그 음식.

滓 ⑩ 13획
찌꺼기 재
日 サイ·シ·おり·かす
中 zǐ

풀이 1. 찌꺼기. ¶滓穢 2. 앙금. 침전물.
滓穢(재예) 1)찌꺼기. 더러운 것. 2)더럽힘.

準 ⑩ 13획
법도 준
日 ジュン·なぞらえる
中 zhǔn

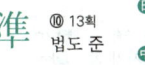

[水 10획] 溱滄溘滎溷滑滉

氵 氵 氵 氵 氵 氵 泩 泩 泩 淮 進 準

* 형성. 뜻을 나타내는 부수 '氵(水:물 수)'와 음을 나타내는 '隹(새매 준)'를 합친 글자.

풀이 1. 법도. 표준. 2. 평평하다. 수평하다. 3. 준하다. ¶準據 4. 콧마루.

準據(준거) 어떤 일을 기준으로 하여 따름.
準繩(준승) 1)수준기와 먹줄. 2)모범. 표준.
準則(준칙) 1)본받음. 표준으로 삼음. 2)표준을 삼아서 따라야 할 규칙.
準行(준행) 1)준하여 행함. 2)허가함.
基準(기준) 기본이 되는 표준.
標準(표준) 1)사물의 정도를 정하는 기준이나 목표. 2)다른 것의 규범이 되는 준칙이나 규격.

🔗 式(법 식) 法(법 법) 度(법도 도)

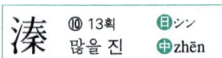
溱 ⑩ 13획 日シン
많을 진 中zhēn

풀이 1. 많다. 2.성(盛)하다. ¶溱溱 3. 강 이름. 중국 하남성(河南省) 밀현(密縣)에서 발원하여 유수(洧水)와 합쳐지는 강.

溱溱(진진) 1)많은 모양. 2)성한 모양.
비 湊(모일 주)

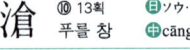
滄 ⑩ 13획 日ソウ・あおい
푸를 창 中cāng

* 형성. 뜻을 나타내는 부수 '氵(水:물 수)'와 음을 나타내는 '倉(곳집 창)'을 합친 글자.

풀이 1. 푸르다. ¶滄浪 2. 차다. 춥다. ¶滄熱 3. 큰 바다. ¶滄海一粟

滄浪(창랑) 넓은 바다의 푸른 물결.
滄茫(창망) 물이 푸르고 넓고 아득한 모양.
滄海(창해) 넓고 푸른 바다.
비 愴(슬퍼할 창)

溘 ⑩ 13획 日コウ
갑자기 합 中kè

풀이 갑자기. 별안간. ¶溘死

溘死(합사) 1)갑자기 죽음. 2)사람의 죽음. 장서(長逝). 합서(溘逝).
비 盍(덮을 합)

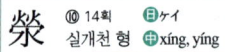
滎 ⑩ 14획 日ケイ
실개천 형 中xíng, yíng

풀이 실개천. ¶滎澤

滎澤(형택) 수량(水量)이 적은 물.
비 榮(영화로울 영) 熒(등불 형)

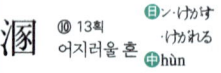
溷 ⑩ 13획 日シ・けがす
어지러울 혼 ・けがれる
中hùn

풀이 1. 어지럽다. 혼란하다. ¶溷淆 2. 흐리다.

溷穢(혼예) 더러움.
溷濁(혼탁) 어지럽고 흐림.

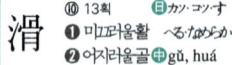
滑 ⑩ 13획 日カツ・コツ・す
❶ 미끄러울활 ・へる・なめらか
❷ 어지러울골 中gǔ, huá

풀이 ❶ 1. 미끄럽다. ¶滑走 2. 교활하다. ❷ 3. 어지럽다. ¶滑稽 4. 익살.

滑稽(골계) 남을 웃기려고 일부러 하는 우스운 짓이나 말. 익살.
滑降(활강) 미끄러져 내려옴.
滑走(활주) 미끄러져 내달음.
滑車(활차) 도르래.
圓滑(원활) 1)일이 거침이 없이 순조로움. 2)모나지 않고 부드러움.
潤滑(윤활) 물기나 기름기가 있어 뻑뻑하지 않고 반드러움.

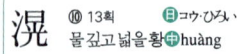
滉 ⑩ 13획 日コウ・ひろい
물깊고넓을황 中huàng

풀이 물이 깊고 넓다.

滉漾(황양) 물이 깊고 넓은 모양. 황양

[水 11획] 漑滾漚漌漣漉漏漓漠

(滉瀁).

漑 ⑪ 14획 물 댈 개
日 カイ・ガイ・そそぐ
中 gài, jì

풀이 물을 대다. ¶漑浸

漑田(개전) 전지에 물을 댐.
灌漑(관개) 농사를 짓는 데 필요한 물을 논밭에 끌어 대는 일. 관수(灌水).
비 注(물 댈 주)

滾 ⑪ 14획 흐를 곤
日 コン・たぎつ・たぎる
中 gǔn

풀이 1. 흐르다. ¶滾滾 2. 물이 끓다.

滾滾(곤곤) 물이 세차게 흐르는 모양.
滾汨(곤골) 몹시 바쁨.
비 流(흐를 류)

漚 ⑪ 14획 담글 구
日 オウ・ウ
中 ōu, òu

*형성. 뜻을 나타내는 부수 氵(水:물 수)와 음을 나타내는 區(나눌 구)를 합친 글자.

풀이 1. 담그다. 2. 거품.

漚麻(구마) 삼을 물에 담금.

漌 ⑪ 14획 맑을 근
日 キン
中 jǐn

풀이 1. 맑다. 2. 담그다.
비 僅(겨우 근)

漣 ⑪ 14획 물놀이 련(연)
日 レン・さざなみ
中 lián, lán

*형성. 뜻을 나타내는 부수 氵(水:물 수)와 음을 나타내는 連(이을 련)을 합친 글자.

풀이 1. 물놀이. 잔물결. 2. 울다. 눈물이 흐르다.

漣落(연락) 눈물이 흘러내리는 모양.
漣痕(연흔) 모래나 눈 위에 만들어진 파도의 흔적.

漉 ⑪ 14획 거를 록(녹)
日 ロク・こす・すく
中 lù

풀이 거르다. ¶漉酒

漉酒(녹주) 술을 거름.
비 鹿(사슴 록)

漏 ⑪ 14획 샐 루(누)
日 ロウ・ロ・もれる
中 lòu

丶丶氵汋沪沪沪涓漏漏漏漏漏

*형성. 뜻을 나타내는 부수 氵(水:물 수)와 음을 나타내는 屚(루)를 합친 글자. 지붕(尸)에 비(雨)가 새는 것을 나타내어 '새다'의 뜻으로 쓰임.

풀이 1. 새다. ¶漏水 2. 빠뜨리다. 유실하다. 3. 물시계. ¶漏刻

漏落(누락) 기록에서 빠짐.
漏泄(누설) 1)액체가 새거나 새어 나가게 함. 2)비밀이 새거나 새어 나가게 함.
漏水(누수) 1)새는 물. 2)누수기(漏水器)나 누각(漏刻)의 물.
遺漏(유루) 필요한 것이 비거나 빠짐. 유탈(遺脫).
脫漏(탈루) 1)밖으로 새어 나감. 2)있어야 할 것이 빠짐. 누락됨.

漓 ⑪ 14획 스며들 리
日 リ・うすい
中 lí

풀이 스며들다.

漠 ⑪ 14획 사막 막
日 バク・ひろい
中 mò

漠

氵氵氵氵沙沙洴漠漠
漠漠漠

* 형성. 뜻을 나타내는 부수 氵(水:물 수)와 음을 나타내는 '莫(없을 막)'을 합친 글자. 물〔水〕이 없는〔莫〕 곳을 나타내어 '사막'의 뜻으로 쓰임.

풀이 1. 사막. ¶砂漠 2. 넓다. ¶空漠 3. 쓸쓸하다. ¶落寞

漠漠(막막) 1)넓고 아득함. 2)아득하고 막연함.

漠然(막연) 아득하여 분명하지 않은 모양.

砂漠(사막) 강수량이 적고 식물이 거의 자라지 않으며, 자갈과 모래로 뒤덮인 매우 넓은 불모의 땅.

대 橫(법 모)

滿

⑪ 14획
가득 찰 만
日 マン・みちる・みたす
中 mǎn

氵氵沪沪沪沪滞滞滿
滿滿

* 형성. 뜻을 나타내는 부수 氵(水:물 수)와 음을 나타내는 부수 이외의 글자를 합친 글자.

풀이 1. 가득 차다. ¶充滿 2. 풍족하다. 3. 온, 모든.

滿開(만개) 1)만발(滿發). 2)활짝 엶.

滿了(만료) 기한이 다 차서 끝남.

滿身瘡痍(만신창이) 1)전신이 상처 투성이임. 2)성한 데가 하나도 없을 만큼 결함이 많음을 비유하는 말.

滿月(만월) 1)가장 완전하게 둥근 달. 보름달. 2)만삭(滿朔).

滿點(만점) 1)규정한 점수에 이른 점수. 2)아주 만족할 만한 정도.

滿足(만족) 1)부족함이 없이 충분함. 2)마음이 흐뭇함.

滿醉(만취) 술에 잔뜩 취함.

未滿(미만) 정한 수나 정도에 차지 못함.

充滿(충만) 가득하게 참.

漫

⑪ 14획
질펀할 만
日 マン・みだりに・そぞろに
中 màn

氵氵氵沪沪涓涓渭渭
渭渭漫

* 형성. 뜻을 나타내는 부수 氵(水:물 수)와 음을 나타내는 '曼(끌 만)'을 합친 글자. 물〔水〕이 널리 퍼진다는〔曼〕 뜻이 바뀌어, '질펀하다'의 뜻으로 쓰임.

풀이 1. 질펀하다. 2. 흩어지다. 난잡하다. ¶漫瀾 3. 함부로. 멋대로. ¶漫言 4. 물이 넓다. ¶漫淺

漫談(만담) 재미있고 익살스러운 말로써 세상을 비판·풍자하는 이야기.

漫衍(만연) 1)끝이 없는 모양. 2)일대에 넘쳐 퍼지는 모양. 3)성대한 모양. 4)뒤섞인 모양.

漫評(만평) 1)일정한 체계 없이 생각나는 대로 하는 비평. 2)만화를 그려서 인물이나 사회를 비평함.

漫畫(만화) 사물의 특징을 과장하여 간단하고 익살스럽게 그려 인생이나 사회를 풍자하는 그림.

散漫(산만) 어수선하여 질서나 통일성이 없음.

汗漫(한만) 되어 가는 그대로 내버려 두고 등한시함.

滲

⑪ 14획
스밀 삼
日 シン・しみる・にじむ
中 shèn

풀이 1. 스미다. 배어들다. 2. 새다. 흘러나오다.

滲出(삼출) 액체가 스며 나옴.
滲透(삼투) 스며 들어감. 침투(浸透).

漩

⑪ 14획
소용돌이 선
日 セン・ゼン
中 xuán

풀이 1. 소용돌이. 2. 소용돌이치다.

[水 11획] 漱漾漁演潁漪漳

漩渦(선와) 소용돌이.

漱 ⑪ 14획 日ソウ・すすぐ
양치질할 수 ⊕shù,sòu

[풀이] 1. 양치질하다. ¶漱石枕流 2. 씻다. 빨래하다. ¶漱澣

漱滌(수척) 씻음. 빪.

漾 ⑪ 14획 日ヨウ・ただよう
출렁거릴 양 ⊕yàng

[풀이] 출렁거리다. ¶漾水

漾水(양수) 출렁거리는 물.
漾漾(양양) 1)물에 뜨는 모양. 2)물결이 출렁거리는 모양.

漁 ⑪ 14획 日ギョ・いさる
고기 잡을 어 ⊕yú

丶亠冫冫冫冫冯渔渔渔渔
漁漁

* 형성. 뜻을 나타내는 부수 氵(水:물 수)와 음을 나타내는 魚(물고기 어)를 합친 글자. 이에 물속의 물고기를 잡는다는 뜻으로 쓰임.

[풀이] 물고기를 잡다. ¶漁夫

漁撈(어로) 고기잡이.
漁夫(어부) 물고기를 잡는 사람.
漁船(어선) 고기잡이 배.
漁村(어촌) 고기잡이하는 사람들이 모여 사는 마을.
漁獲(어획) 수산물을 잡거나 채취하는 것. 또는 그 취한 물건.
大漁(대어) 1)큰 물고기. 2)물고기가 많이 잡히는 일. 풍어(豊漁).

演 ⑪ 14획 日エン・のべる
멀리 흐를 연 ⊕yǎn

丶亠冫冫冫汇沪沪演演演
演演

* 형성. 뜻을 나타내는 부수 氵(水:물 수)와 음을 나타내는 寅(셋째 지지 인)을 합친 글자.

[풀이] 1. 멀리 흐르다. 2. 펴다. 널리 펴다. ¶廣演 3. 부연하다. 설명을 덧붙이다. 4. 공연하다. 연기하다. ¶上演 5. 익히다. 배우다.

演技(연기) 배우가 무대에서 보이는 말이나 동작. 혹은 그 기술.
演說(연설) 1)도리(道理)나 의의(意義) 등을 설명함. 2)여러 사람 앞에서 자기의 주의・주장, 또는 의견을 진술함.
演習(연습) 학문이나 기예 등을 되풀이하여 익힘.
演藝(연예) 여러 사람 앞에서 연극・음악・무용・만담 등을 보임. 또는 그 재주.
演奏(연주) 악기로 음악을 들려주는 일.
公演(공연) 연극이나 음악・무용 등을 공개된 자리에서 해 보임. 상연(上演).

潁 ⑪ 15획 日エイ
강 이름 영 ⊕yǐng

[풀이] 강 이름. 중국 하남성(河南省)에서 발원하여 회수(淮水)로 흘러 들어가는 강.

[비] 疑(의심할 의)

漪 ⑪ 14획 日イ・さざなみ
물놀이 의 ⊕yī

[풀이] 물놀이. 잔물결. ¶漪漣

漪漣(의련) 잔잔한 물결. 물놀이.

漳 ⑪ 14획 日ショウ
강 이름 장 ⊕zhāng

[풀이] 1. 강 이름. 중국 산서성(山西省)에서 발원하여 위하(衛河)로 흘러 들어가는 강. ¶漳河 2. 막다. ¶漳防

漳防(장방) 1)둑. 제방(堤防). 장방(障防). 2)가로막아 멎게 함.

[비] 彰(밝을 창)

[水 11획] 漿滴漸漕漬漲滌

漿
① 15획
미음 장
日 ショウ・ソウ
・こんず・しる
中 jiāng

풀이 1. 미음. 쌀 등을 푹 끓인 음식. 2. 즙. 음료수. 마실 것.

漿果(장과) 살과 물이 많은 과실. 감·사과·귤 등.

비 獎(권면할 장)

滴
① 14획
물방울 적
日 テキ・しずく
中 dī

丶丶氵氵广广广广流流
流滴滴滴

* 형성. 뜻을 나타내는 부수 '氵(水:물 수)'와 음을 나타내는 '啇(밑둥)'을 합친 글자.

풀이 1. 물방울. 2. 방울져 떨어지다. ¶滴水

滴露(적로) 방울져 맺혔거나 떨어지는 이슬.

硯滴(연적) 벼룻물을 담는 조그만 그릇. 수적(水滴). 연수(硯水).

點滴(점적) 1)낱낱의 물방울. 2)높은 곳에서 하나둘 떨어지는 물방울.

漸
① 14획
점점 점
日 ゼン・セン
・ようやく
中 jiān, jiàn

丶丶氵氵广广浐浐渐渐渐
漸漸

* 형성. 뜻을 나타내는 부수 '氵(水:물 수)'와 음을 나타내는 '斬(벨 참)'을 합친 글자.

풀이 1. 점점. 차차. ¶漸近 2. 조금씩 나아가다. 3. 흐르다. 흘러 들어가다. 4. 번지다. 물들다.

漸入佳境(점입가경) 1)점점 아름다운 경지로 들어감. 2)점점 흥미를 느끼게 됨. 3)점차로 잘되어 감.

漸漸(점점) 서서히 나아가는 모양. 점차. 차츰차츰.

漸增(점증) 점점 증가함.

漸層法(점층법) 수사법의 한 가지. 어구를 겹쳐 써서 점차로 문장의 뜻을 강화시켜 절정으로 이끄는 수법.

비 斬(부끄러울 참) 暫(잠시 잠)

漕
① 14획
배로 실어 나를 조
日 ソウ・こぐ
中 cáo, cào

풀이 1. 배로 실어 나르다. ¶漕運 2. 배를 젓다.

漕運(조운) 배로 물건을 실어 나름.

漕艇(조정) 1)보트를 저음. 2)보트를 저어 승부를 겨루는 경기의 하나.

漬
① 14획
담글 지
日 シ・つける
・つかる
中 zì

풀이 1. 담그다. 잠기다. 2. 물들이다. 염색하다.

沈漬(침지) 물속에 담가 적심.

비 淸(맑을 청)

漲
① 14획
불을 창
日 チョウ
・みなぎる
中 zhǎng, zhàng

* 형성. 뜻을 나타내는 부수 '氵(水:물 수)'와 음을 나타내는 漲(펼 장)'을 합친 글자. 이에 물(水)이 펼쳐진다(張)하여 '불어나다'의 뜻으로 쓰임

풀이 1. 물이 불어나다. ¶漲水 2. 가득 차다.

漲水(창수) 불어서 넘치는 물.
漲溢(창일) 물이 넘침.

비 泓(깊을 홍)

滌
① 14획
씻을 척
日 テキ・ジョウ
・あらう
中 dí

풀이 씻다. 빨래하다. ¶洗滌

滌暑(척서) 더위의 기운을 씻어 버림.
洗滌(세척) 깨끗이 씻음. 세정(洗淨).
▷ 洗(씻을 세)

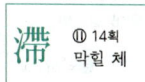
滯 ⑪ 14획
㊐ タイ·とどこおる
㊥ zhì
막힐 체

氵氵氵氵沪滞滞滞
滞滞滞滞

* 형성. 뜻을 나타내는 부수 '氵(水:물 수)'와 음을 나타내는 '帶(띠 대)'를 합친 글자. 띠(帶)를 두른 것처럼 물(水)이 흐르지 않는다는 뜻으로 막히다 의 뜻을 나타냄.

풀이 1. 막히다. 통하지 않다. ¶滯悶 2. 쌓이다. 3. 머무르다. 체재하다. ¶滯在

滯氣(체기) 체증(滯症)의 기미.
滯納(체납) 세금 등을 기한까지 내지 못하여 밀림.
滯留(체류) 1)막힘. 정체(停滯)함. 2)일정한 곳에 머물러 있음. 체재(滯在).
滯拂(체불) 지급이 늦어짐. 지급을 지체함.
滯在(체재) 객지에 머물러 있음. 체류(滯留).
停滯(정체) 사물의 흐름이 더 나아가지 못하고 한곳에 머물러 막힘.
▷ 鬱(막힐 울)

漆 ⑪ 14획
㊐ シツ·うるし
㊥ qī
옻 칠

氵氵氵汁汁汁沐沐漆
漆漆漆

* 형성. 뜻을 나타내는 부수 '氵(水:물 수)'와 음을 나타내는 '桼(옻나무 칠)'을 합친 글자.

풀이 1. 옻. 옻나무. 2. 검다. 3. 옻칠하다. 4. 옻칠.

漆器(칠기) 옻칠한 그릇.
漆板(칠판) 검은 칠 등을 하여 분필로 글씨를 쓰도록 만들어 놓은 널조각.
漆黑(칠흑) 옻칠처럼 검고 광택이 있음. 또는 그 빛깔.

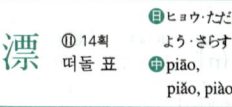
漂 ⑪ 14획
㊐ ヒョウ·ただよう·さらす
㊥ piāo, piǎo, piào
떠돌 표

氵氵氵沪沪沪沪渾漂漂
渾漂漂漂

* 형성. 뜻을 나타내는 부수 '氵(水:물 수)'와 음을 나타내는 '票(표 표)'를 합친 글자.

풀이 1. 떠돌다. 유랑하다. 2. 떠다니다. ¶漂流 3. 높다. ¶漂然 4. 헹구다. 빨래하다. ¶漂母

漂流(표류) 1)물에 떠서 흘러감. 2)정처 없이 떠돎.
漂白(표백) 피륙·종이 등을 물에 빨거나 약품을 써서 희게 함.
漂着(표착) 물에 떠돌아다니다가 어떤 뭍에 닿음.

漢 ⑪ 14획
㊐ カン·からあや
㊥ hàn
한나라 한

氵氵氵汁汁汁汁汁洪淳
漢漢漢

* 형성. 뜻을 나타내는 부수 '氵(水:물 수)'와 음을 나타내는 부수 이외의 글자를 합친 글자.

풀이 1. 한나라. 유방(劉邦)이 진(秦)을 멸하고 세운 나라. 2. 중국 본토와 중국인을 지칭하는 말. ¶漢土 3. 한수(漢水). 중국 섬서성(陝西省)에서 발원한 강. 4. 사나이. ¶怪漢 5. 은하수. ¶星漢

漢文(한문) 1)한대(漢代)의 문장(文章). 2)한자(漢字)로 된 글.
漢陽(한양) 조선 때, 서울의 이름.
漢字(한자) 중국어를 표기하는 중국 고유의 문자.
漢學(한학) 1)한어(漢語), 또는 중국의 학술·제도·사상 등 중국 자체에 관한 학문의 총칭. 2)한(漢)·당(唐)의 훈고학(訓詁學).

怪漢(괴한) 행동이 수상한 사나이.
비 嘆(말릴 한)

淲 ⑪ 14획 日コ・ほとり 中hǔ, xǔ
물가 호

풀이 물가.
비 許(허락할 허)

滬 ⑪ 14획 日コ 中hù
강 이름 호

풀이 1. 강 이름. 중국 강소성(江蘇省)을 흐르는 오송강(吳松江)의 하류. 2. 대나무 어살. 물속에 대나무를 들어 꽂아 물고기를 잡는 울.

澗 ⑫ 15획 日カン・たに 中jiàn
산골물 간

풀이 산골물. 시내. ¶澗壑
澗水(간수) 골짜기에 흐르는 물.
溪澗(계간) 시내가 흐르는 골짜기.
비 潤(젖을 윤)

瀾 ⑫ 15획
澗(p434)의 本字

潔 ⑫ 15획 日ケツ・いさぎよい 中jié
깨끗할 결

氵氵氵汀浐浐浐渎潔潔
潔潔

* 형성. 뜻을 나타내는 부수 氵(水:물 수)와 음을 나타내는 '絜(깨끗할 결)'을 합친 글자.

풀이 1. 깨끗하다. ¶潔白 2. 청렴하다. 결백하다.
潔白(결백) 1)깨끗하고 흰 상태. 2)마음씨나 몸가짐이 깨끗함.
潔癖(결벽) 1)불결한 것을 대단히 싫어하는 성벽(性癖). 2)부정한 것을 극단적으로 미워하는 성질.
不潔(불결) 더러움. ↔청결(淸潔).
淸潔(청결) 맑고 깨끗함.
유 淨(깨끗할 정) 비 偞(맑을 설)

潰 ⑫ 15획 日エ・カイ・つい える・つうれる 中kuì
무너질 궤

* 형성. 뜻을 나타내는 부수 氵(水:물 수)와 음을 나타내는 '貴(귀할 귀)'를 합친 글자.

풀이 1. 무너지다. ¶潰裂 2. 무너뜨리다. 헐다. 3. 진무르다. 4. 흩어지다.
潰崩(궤붕) 무너져 내림.
潰瘍(궤양) 헐어서 짓무르는 병.
潰走(궤주) 전투에 져서 뿔뿔이 흩어져 달아남.
유 坍(무너질 담) 崩(무너질 붕) 壞(무너질 괴)

潭 ⑫ 15획 日タン・ふち 中tán, xún
깊을 담

* 형성. 뜻을 나타내는 부수 氵(水:물 수)와 음을 나타내는 '覃(미칠 담)'을 합친 글자. '覃'자가 '깊다'는 뜻을 나타내어 깊은 물, 곧 '못'의 뜻을 나타냄.

풀이 1. 깊다. ¶潭根 2. 못. ¶澄潭
潭水(담수) 깊은 못이나 늪의 물.
潭壑(담학) 깊은 골짜기. 깊은 구렁.
碧潭(벽담) 푸른빛이 감도는 깊은 못.
유 深(깊을 심) 비 覃(미칠 담)

潼 ⑫ 15획 日トウ・ドウ 中tóng
강 이름 동

풀이 강 이름. 중국 사천성(四川省)에서 발원하는 부강(涪江)의 지류.

潦 ⑫ 15획 日ロウ にわたずみ 中lǎo, liáo
큰 비 료(요)

[水 12획] 潾潣潘潑潽漬潸澁潟漸潯澆

풀이 1. 큰 비. ¶潦浸 2. 장마. 3. 길바닥에 괸 물. ¶潦水

潦水(요수) 1)길바닥에 괸 물. 2)큰 물.
비 僚(동료료)

潾 ⑫ 15획 日リン 中lín
맑을 린(인)

풀이 1. 맑다. 물이 맑다. 2. 돌샘. 바위 등에서 나오는 샘물.

潾潾(인린) 물이 맑은 모양.
유 淑(맑을 숙) 淑(맑을 숙)
반 濁(흐릴 탁) 비 隣(이웃 린)

潣 ⑫ 15획 日ビン 中mǐn
물졸졸흐를민

풀이 물이 졸졸 흐르다.

潘 ⑫ 15획 日ハン 中pān
뜨물 반

풀이 뜨물. ¶潘沐

潘沐(반목) 뜨물로 머리를 감음.
비 番(갈마들 번)

潑 ⑫ 15획 日ハツ・はねる 中pō
뿌릴 발

* 형성. 뜻을 나타내는 부수 '氵(水:물 수)'와 음을 나타내는 '發(필 발)'를 합친 글자. 물(水)을 넓게 펼쳐(發) 뿌리다'의 뜻으로 쓰임.

풀이 1. 뿌리다. 물을 뿌리다. 2. 기운차다. ¶活潑

潑剌(발랄) 1)고기가 물에서 뛰는 모양. 2)활발하게 약동하는 모양. 원기가 왕성한 모양.

潑墨(발묵) 수묵화를 그리거나 글씨를 쓸 때 먹물이 번져서 퍼짐.

活潑(활발) 움직임이 매우 생기고 힘차며 시원스러움.
유 播(뿌릴 파)

潽 ⑫ 15획 日フ 中pū
물 이름 보

풀이 물 이름.

潰 ⑫ 15획
潰(p784)의 俗字

潸 ⑫ 15획 日サン 中shān
눈물 흐를 산

풀이 눈물이 흐르다. ¶潸根

潸然(산연) 눈물을 흘리는 모양.

澁 ⑫ 15획
澀(p784)의 俗字

潟 ⑫ 15획 日セキ・かた 中xì
개펄 석

풀이 개펄. 조수가 드나들어 염분(鹽分)이 많이 섞인 바닷가의 땅.

潟鹵(석로) 소금기가 많은 땅. 석로(潟鹵).

漸 ⑫ 15획 日シ・セイ 中sī
다할 시

풀이 다하다. 망하다. ¶漸盡

漸盡(시진) 1)망함. 없어짐. 2)기운이 다 빠짐.

潯 ⑫ 15획 日ジン・ふち 中xún
물가 심

풀이 1. 물가. 2. 강 이름. 중국 광서성(廣西省)을 흐르는 강.

澆 ⑫ 15획 日ギョウ・そそぐ 中jiāo
물 댈 요

[水 12획] 澆 潤 潺 潛 潮

풀이 1. 물을 대다. 물을 주다. ¶澆漑
2. 경박하다. 엷다. ¶澆風

澆灌(요관) 논밭에 물을 댐.
澆風(요풍) 경박한 풍속.

澐 ⑫ 15획
큰물결 일 운　日ウン　中yún

풀이 큰 물결이 일다.

潤 ⑫ 15획
윤택할 윤　日ジュン・うるおい　中rùn

` ` 氵 氵 氵 沪 沪 汃 汃 汃
汃 汃 汃 潤 潤

*형성. 뜻을 나타내는 부수 '氵(水:물 수)'와 음을 나타내는 부수 '閏(윤달 윤)'을 합친 글자.

풀이 1. 윤택하다. 윤이 나다. 2. 이득. 이익. ¶利潤 3. 광택. 윤. ¶潤美 4. 젖다. 적시다. ¶潤濕

潤氣(윤기) 번지르르한 기운.
潤色(윤색) 1)광택을 내고 색칠함. 2)시문(詩文)의 초고에 살을 붙여 꾸밈.
潤澤(윤택) 1)태깔이 부드럽고 번지르르 함. 2)살림살이가 넉넉함.
潤滑(윤활) 윤이 나고 반질반질함.
利潤(이윤) 1)장사하여 남은 돈. 이익(利益). 2)기업의 총수익에서 모든 생산비를 뺀 나머지의 소득.

困 涵(젖을 함) 濡(젖을 유)

潺 ⑫ 15획
물 흐르는 소리 잔　日サン・セン　中chán

풀이 물 흐르는 소리. 또는 그 모양. ¶潺湲
潺潺(잔잔) 1)물이 졸졸 흐르는 모양. 또는 그 소리. 2)비가 오는 모양.

潛 ⑫ 15획
자맥질할 잠　日セン・ひそむ　中qián

` ` 氵 氵 氵 浐 浐 浐 泮 潘 潘
潜 潜 潛 潛

*형성. 뜻을 나타내는 부수 '氵(水:물 수)'와 음을 나타내는 부수 이외의 글자를 합친 글자.

풀이 1. 자맥질하다. 2. 잠기다. 3. 숨다. ¶潛伏 4. 몰래. 은밀히. ¶潛探

潛伏(잠복) 겉으로 드러나지 않고 숨어 엎드림. 남몰래 숨어 있음.
潛水(잠수) 물속에 잠겨 들어감.
潛入(잠입) 다른 사람 몰래 숨어 듦.
潛在(잠재) 속에 잠겨 있거나 숨어 겉으로 드러나지 않음.↔현재(顯在).
潛跡(잠적) 종적을 감춤.
潛行(잠행) 남몰래 다님. 숨어서 오고감.

潜 ⑫ 15획
潛(p436)의 俗字

潮 ⑫ 15획
조수 조　日チョウ・しお・うしお　中cháo

` ` 氵 氵 氵 浐 泸 泸 沽 淖 淖 潮
潮 潮

*형성. 뜻을 나타내는 부수 '氵(水:물 수)'와 음을 나타내는 부수 '朝(아침 조)'을 합친 글자. 이에 '아침 조'의 뜻을 나타냄.

풀이 1. 조수. ㉠아침 조수. ㉡밀려왔다 나갔다 하는 바닷물. ¶潮水 2. 시류.

潮流(조류) 1)조수의 흐름. 2)시세(時勢)의 경향이나 동향.
潮水(조수) 해와 달, 특히 달의 인력에 의하여 주기적으로 해수면의 수위가 올라갔다 내려갔다 하는 현상을 이루는 바닷물.
思潮(사조) 어떤 시대나 계층의 사람들 사이에 나타나는 일반적 사상의 경향.
風潮(풍조) 세상이 되어 가는 추세.

비 湖(호수 호)

澍 ⑫ 15획 [日]チュウ
단비 주 [中]shù

[풀이] 1. 단비. 때에 맞추어 알맞게 오는 비. ¶澍雨 2. 적시다.

澍雨(주우) 때맞추어 오는 비. 단비.

[비] 潮(조수 조) 樹(나무 수)

潗 ⑫ 15획 [日]シュウ
샘 솟을 집 [中]jí

[풀이] 샘 솟다. 샘이 솟는 소리나 도망.

澄 ⑫ 15획 [日]チョウ·すます·すむ·すみ
맑을 징 [中]dèng

[풀이] 맑다. 맑게 하다.

澄水(징수) 맑은 물.

澄澈(징철) 대단히 맑음.

澄清(징청) 물 등이 아주 맑음.

明澄(명징) 밝고 맑음.

[유] 潾(맑을 린) 清(맑을 청) 淑(맑을 숙)

澈 ⑫ 15획 [日]テツ
물 맑을 철 [中]chè

[풀이] 물이 맑다.

澈漠(철막) 맑고 깨끗함.

澎 ⑫ 15획 [日]ホウ
물 부딛칠 팽 [中]péng

[풀이] 물이 부딪치다. 물결이 서로 부딪는 기세 또는 소리.

澎湃(팽배) 1)물결이 서로 맞부딪쳐 솟구침. 2)기세나 사조(思潮) 등이 세차게 읾.

澔 ⑫ 15획
浩(p414)과 同字

潢 ⑫ 15획 [日]コウ
웅덩이 황 [中]huáng

[풀이] 웅덩이. 저수지. 못. ¶潢汚

潢池(황지) 물이 괴어 있는 못. 저수지.

激 ⑬ 16획 [日]ゲキ·はげしい
격렬할 격 [中]jī

* 형성. 뜻을 나타내는 부수 '氵(水:물 수)'와 음을 나타내는 '敫(성 교)'를 합친 글자. 물〔水〕이 바위 등을 부드린다는〔敫〕를 뜻하여, 이에 '치다', '부딪치다'의 뜻으로 쓰임.

[풀이] 1. 격렬하다. 과격하다. ¶激烈 2. 힘차다. 세차고 빠르다. 3. 부딪치다. 물결이 부딪쳐 흐르다.

激怒(격노) 몹시 화를 내거나 격분(激忿)함.

激突(격돌) 심하게 부딪침.

激勵(격려) 용기나 의욕이 솟아나도록 북돋아 줌.

激變(격변) 상황 등이 급격하게 변함.

激甚(격심) 대단히 심함.

激增(격증) 급격하게 늘거나 불어나거나 함.

激鬪(격투) 격렬한 싸움.

急激(급격) 급하고 격렬함.

濃 ⑬ 16획 [日]ノウ·こい·こ·こまやか
짙을 농 [中]nóng

* 형성. 뜻을 나타내는 부수 '氵(水:물 수)'와 음을 나타내는 '農(농사 농)'을 합친 글자.

[풀이] 짙다. 진하다. ¶濃淡

濃淡(농담) 진함과 묽음. 짙음과 연함.

濃度(농도) 1)액체의 진하고 묽은 정도. 2)어떤 성질이나 성분이 깃들어 있는 정도.

濃密(농밀) 진하고 빽빽함.
濃艶(농염) 화사하고 아름다움.
濃縮(농축) 용액 등의 농도를 높임.
濃厚(농후) 1)극히 두터움. 2)빛깔이 매우 짙음. 3)액체가 묽지 않고 진함.

澾 ⑬ 16획
미끄러울 달 🇯タツ 🇨tà

풀이 미끄럽다.
🔵 達(통달할 달)

澹 ⑬ 16획
❶ 담박할 담 🇯タン
❷ 넉넉할 섬 🇨dàn, tán

풀이 ❶ 1. 담박하다. ¶澹泊 2. 싱겁다. ❷ 3. 넉넉하다.
澹泊(담박) 1)마음이 욕심이 없고 깨끗함. 2)맛이나 빛이 산뜻함.
澹然(담연) 조용한 모양.
暗澹(암담) 앞날에 대한 전망이 어두움. 희망이 없음.
慘澹(참담) 1)가슴이 아플 정도로 비참함. 2)참혹하고 암담함. 3)속을 썩이도록 괴로움. 4)우울하고 쓸쓸함.

濂 ⑬ 16획
내 이름 렴 🇨lián, xiǎn 🇯レン

풀이 1. 내 이름. ㉠중국 호남성(湖南省) 도현(道縣)에 있는 내. ㉡중국 강서성(江西省) 여산(廬山)의 기슭에서 양자강(揚子江)으로 흘러 들어가는 내. 2. 싱겁다. 엷다.

澧 ⑬ 16획
강 이름 례(예) 🇨lǐ 🇯レイ

풀이 1. 강 이름. ㉠중국 호남성(湖南省)을 흘러 동정호(洞庭湖)에 들어가는 강. ㉡중국 하남성(河南省)에서 발원하는 당하(唐河)의 지류. 2. 단술.

澧澧(예례) 물소리. 파도 소리.
🔵 僊(신선 풍)

濆 ⑬ 16획
뿜을 분 🇯フン/ホン/わく 🇨fén, fèn, pēn

풀이 1. 뿜다. 물을 뿜다. ¶濆水 2. 가. 3. 솟다. 솟아나다.
濆水(분수) 물을 뿜어 내는 설비 또는 그 물.
濆泉(분천) 물이 솟아 나오는 샘.

潚 ⑬ 16획
❶ 물 맑을 숙 🇯シュク
❷ 빠를 축 🇨sù

풀이 ❶ 1. 물이 맑다. ❷ 2. 빠르다.
🔵 瀟(강 이름 소)

濊 ⑬ 16획
흐릴 예 🇯サン 🇨càn

풀이 1. 흐리다. 더럽다. 2. 종족 이름.
濊貊(예맥) 한족(韓族)의 조상이 되는 민족.

澳 ⑬ 16획
❶ 깊을 오 🇯イク・オウ・オク・くま・おき
❷ 후미 욱 🇨ào

풀이 ❶ 1. 깊다. ¶澳溟 ❷ 2. 후미. 바다나 강이 활등처럼 휘어들어와 배가 정박하게 된 곳.
澳溟(오명) 물이 깊음. 또는 그곳.
🔵 奧(속 오)

澱 ⑬ 16획
앙금 전 🇯デン・テン・おり 🇨diàn

풀이 앙금. 찌끼. 액체의 바닥에 가라앉은 침전물. ¶沈澱
澱粉(전분) 식물의 영양 저장 물질로서 뿌리 등에 포함되어 있는 탄수화

[水 13~14획] 澡濈澯濁澤澣澮濘濤

물. 녹말.

沈澱(침전) 액체 속에 섞인 작은 고체가 밑바닥에 가라앉음. 또는 그 앙금.

澡 ⑬ 16획 日ソウ・あらう 씻을 조 中zǎo

풀이 1. 씻다. 세척하다. 2. 깨끗하게 하다. ¶澡雪

澡盥(조관) 양치질하고 손을 씻음.
澡漱(조수) 손을 씻고 양치질함.
유 洗(씻을 세) 操(잡을 조)

濈 ⑬ 16획 日シュウ 화목할 즙 中jí

풀이 1. 화목하다. ¶濈濈 2. 빠르다. ¶濈然
濈然(즙연) 빠른 모양.

澯 ⑬ 16획 日サン 맑을 찬 中càn

풀이 맑다. 물이 맑다.
비 燦(빛날 찬)

濁 ⑬ 16획 日ダク・ジョク にごる・にごす 흐릴 탁 中zhuó

* 형성. 뜻을 나타내는 부수 'ㆍ氵(水:물 수)'와 음을 나타내는 '蜀(나라 이름 촉)'을 합친 글자.

풀이 1. 흐리다. 더럽다. ㉠흙이 흐림. ㉡소리가 맑지 않음. ¶濁汚 2. 혼란스럽다. 어지럽다.

濁流(탁류) 흘러가는 흐린 물.
濁聲(탁성) 쉬거나 흐린 목소리.
濁酒(탁주) 막걸리.
混濁(혼탁) 맑지 않음.
반 淸(맑을 청) 비 獨(홀로 독)

澤 ⑬ 16획 日タク・さわ 못 택 中zé

* 형성. 뜻을 나타내는 부수 'ㆍ氵(水:물 수)'와 음을 나타내는 '睾(엿볼 역)'을 합친 글자.

풀이 1. 못. ¶澤畔 2. 늪. 진펄. 3. 윤. 윤이 나다. 4. 은혜. 은덕. ¶德澤

澤畔(택반) 못가에 있는 편평한 땅.
澤雨(택우) 만물을 적시는 좋은 비.
光澤(광택) 1)번들번들한 빛. 2)빛의 반사에 의해 물질 표면이 번쩍이는 현상.
惠澤(혜택) 은혜와 덕택.
유 池(못 지)

澣 ⑬ 16획 日カン・あらう 빨 한 中huàn

풀이 1. 빨다. 빨래하다. 씻다. 2. 열흘. 당대(唐代)에 관리에게 열흘마다 휴가를 주어 목욕을 하게 했다는 데에서 유래함.

澣衣(한의) 옷을 빪. 빨래함.
上澣(상한) 초하루부터 열흘까지의 동안. 상순(上旬).
비 潮(조수 조)

澮 ⑬ 16획 日カイ 봇도랑 회 中huì, kuài

풀이 1. 봇도랑. 2. 강 이름. 중국 산서성(山西省)에서 발원하는 분하(汾河)의 지류.

濘 ⑭ 17획 日ネイ・ぬかるみ 진창 녕 中níng, nìng

풀이 진창. 땅이 질어 곤죽이 된 곳.

濤 ⑭ 17획 日トウ・なみ 큰 물결 도 中tāo

*형성. 뜻을 나타내는 부수 '氵(水:물 수)'와 음을 나타내는 '壽(목숨 수)'을 합친 글자. 이에 길게 이어진[壽] 水[물]이란 뜻에서 '물결'의 뜻으로 쓰임.

[풀이] 큰 물결. 파도. ¶濤波

濤聲(도성) 파도 소리.
波濤(파도) 큰 물결.

濫	⑭ 17획	日 ラン·みだり
	넘칠 람(남)	中 jiàn, làn

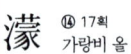

*형성. 뜻을 나타내는 부수 '氵(水:물 수)'와 음을 나타내는 '監(살필 감)'을 합친 글자.

[풀이] 1. 넘치다. 2. 함부로 하다. 외람하다. 도가 지나치다. ¶濫發

濫發(남발) 1)함부로 발행함. 2)총을 함부로 쏨. 3)말을 함부로 함.
濫伐(남벌) 나무를 함부로 벰.
濫用(남용) 1)규정이나 범위를 벗어나 함부로 마구 씀. 2)권리나 권한 등을 함부로 행사함.
濫獲(남획) 가리지 않고 마구 잡음.
汎濫(범람) 1)물이 차서 넘쳐흐름. 2)바람직하지 않은 것들이 많이 나돎.

濛	⑭ 17획	日 モウ·こさめ·くらい
	가랑비 올 몽	中 méng

*형성. 뜻을 나타내는 부수 '氵(水:물 수)'와 음을 나타내는 '蒙(입을 몽)'을 합친 글자.

[풀이] 1. 가랑비가 오다. 2. 흐릿하다. 분명하지 않다. ¶濛涓

濛濛(몽몽) 비·구름·안개 같은 것으로 날씨가 침침한 모양.
濛雨(몽우) 부슬비.

濮	⑭ 17획	日 ホク·ボク
	강 이름 복	中 pú

[풀이] 강 이름. 중국 하남성(河南省) 봉구현(封丘縣)에서 발원하는 황하(黃河)의 지류.

濱	⑭ 17획	日 ヒン·はま
	물가 빈	中 bīn

*형성. 뜻을 나타내는 부수 '氵(水:물 수)'와 음을 나타내는 '賓(손 빈)'을 합친 글자.

[풀이] 1. 물가. ¶水濱 2. 임박하다. 절박하다. ¶濱死

濱死(빈사) 죽음에 임박함. 죽어 감.
水濱(수빈) 물가. 수애(水涯).
동 涯(물가 애) 瀕(물가 빈)

澀	⑭ 17획	日 ジュウ·シュウ·しぶい
	떫을 삽	中 sè

[풀이] 1. 떫다. ¶澀苦 2. 껄끄럽다. 3. 말을 꺼리다. 말을 더듬다.

澀味(삽미) 떫은맛.
澀語(삽어) 더듬거리는 말.
難澀(난삽) 어렵고 까다로움.

濕	⑭ 17획	日 シツ·シュウ
	축축할 습	中 shī, tà, xí

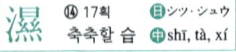

[풀이] 축축하다. ¶濕地

濕氣(습기) 축축한 기운.
濕度(습도) 공기 가운데 수증기가 들어 있는 정도.
濕潤(습윤) 젖음. 또는 적심.
濕地(습지) 습기가 많은 땅. 축축한 땅.
濕布(습포) 물이나 약액에 적신 헝겊은 환부에 대서 염증을 치료함. 또는 그 헝겊.

澡	⑭ 17획	
	澹(p444)과 同字	

濡 [14] 17획 젖을 유 [日]ジュ·ぬらす·ぬれる [中]rú

[풀이]1. 젖다. 2. 적시다. ¶濡濕 3. 윤. 4. 지체하다. 머무르다.

濡染(유염) 1)적셔 물들임. 글씨를 씀. 2)단련해서 저절로 능력이 생김.

濡滯(유체) 막히고 걸림. 머물러 지체함.

[유] 潤(젖을 윤) [비] 儒(선비 유)

濟 [14] 17획 건널 제 [日]サイ·セイ·すむ [中]jǐ, jì

* 형성. 뜻을 나타내는 부수 '氵(水:물 수)'와 음을 나타내는 '齊(가지런할 제)'를 합친 글자.

[풀이]1. 건너다. ¶濟度 2. 건지다. 구제하다. ¶救濟 3. 이루다. 성취하다. 4. 많고 성하다. ¶濟濟

濟度(제도) 1)물을 건넘. 2)중생을 고해(苦海)에서 건져 극락세계로 인도하여 줌.

決濟(결제) 1)결정적으로 처리하여 끝을 냄. 2)기업체나 공공기관에서 돈 거래를 청산함.

救濟(구제) 어려운 형편이나 불행한 처지에서 건져 줌.

濬 [14] 17획 칠 준 [日]シュン [中]jùn, xùn

[풀이]1. 치다. 깊게 물길을 파다. 2. 깊다. ¶濬哲

濬潭(준담) 깊은 못.

濬川(준천) 내를 파서 깊게 함.

濯 [14] 17획 씻을 탁 [日]タク·あらう·すすぐ·ゆすぐ [中]zhuó

* 형성. 뜻을 나타내는 부수 '氵(水:물 수)'와 음을 나타내는 '翟(꿩 적)'을 합친 글자. '翟'은 '두드린다'는 뜻을 나타내어 물(水)에 적셔 막대기로 두드려서(翟) 더러워진 곳을 빠는 것을 뜻하여 '씻다'는 뜻으로 쓰임.

[풀이] 씻다. 빨다. ¶濯澣

濯足(탁족) 1)발을 씻는다는 뜻으로, 세속(世俗)을 초탈함을 이르는 말. 2)멀리 여행 갔다 온 사람을 초대함.

濯澣(탁한) 씻음. 빪.

濠 [14] 17획 해자 호 [日]ゴウ·ほり [中]háo

[풀이]1. 해자. 성 밖으로 둘러 판 못. ¶濠橋 2.[韓] 오스트레일리아의 준말.

濠橋(호교) 해자에 놓은 다리.

濠洲(호주) 오스트레일리아.

[유] 隍(해자 황) 壕(해자 호)

濩 [14] 17획 [1] 삶을 확 [2] 퍼질 호 [日]カク [中]huò, hù

[풀이] [1] 1. 삶다. [2] 2. 퍼지다.

[비] 穫(벼 벨 확) 獲(얻을 획)

潤 [14] 17획 闊(p786)과 同字

瀆 [15] 18획 도랑 독 [日]トク·けがす [中]dú

[풀이]1. 도랑. 2. 더럽히다. ¶瀆職

瀆職(독직) 직책을 더럽힘. 공무원이 지위·직권을 남용하여 부정한 행위를 저지름.

冒瀆(모독) 말이나 행동으로써 더럽혀 욕되게 함.

4획

[水 15~16획] 濾瀏瀉瀋瀁濺瀑瀅灌瀝

濾 ⑮ 18획 日 リョ·ロ·こす 거를 려(여) 中 lǜ

풀이 거르다. 걸러 내다. ¶濾過

濾過(여과) 거름. 걸러 냄.

瀏 ⑮ 18획 日 リュウ·きよい 맑을 류(유) 中 liú

풀이 1. 맑다. 2. 빠르다. 바람이 빠르게 불다. ¶瀏瀏

瀏覽(유람) 죽 읽음. 훑어봄.
瀏瀏(유류) 1)바람이 빨리 부는 모양. 2)재빠른 모양. 3)청명한 모양.

비 劉(죽일 류)

瀉 ⑮ 18획 日 シャ·そそぐ·はく 쏟을 사 中 xiè

* 형성. 뜻을 나타내는 부수 氵(水:물 수)와 음을 나타내는 寫(베낄 사)를 합친 글자.

풀이 1. 쏟다. ¶瀉出 2. 토하다. 게우다. 3. 설사하다. ¶瀉痢

瀉痢(사리) 설사(泄瀉).
瀉藥(사약) 설사하게 하는 약.
泄瀉(설사) 묽은 똥. 또는 그런 똥을 눔.

비 寫(베낄 사)

瀋 ⑮ 18획 日 シン 즙 심 中 shěn

풀이 1. 즙. 2. 강 이름. 중국 요녕성(遼寧省)에서 발원하는 혼하(渾河)의 지류.

비 審(살필 심)

瀁 ⑮ 18획 日 ヨウ 내 이름 양 中 yǎng

풀이 1. 내이름. 2. 물이 끝없이 넓은 모양.

瀁瀁(양양) 물이 끝없이 넓은 모양.

濺 ⑮ 18획 日 セン·そそぐ 뿌릴 천 中 jiān, jiàn

풀이 1. 뿌리다. 물을 쏟다. ¶濺沫 2. 빨리 흐르다. ¶濺濺

濺沫(천말) 튀어 흩어지는 물방울.

瀑 ⑮ 18획 日 バク·たき
❶ 폭포 폭
❷ 소나기 포 中 bào, pù

* 형성. 뜻을 나타내는 부수 氵(水:물 수)와 음을 나타내는 暴(사나울 폭)을 합친 글자. 세차게[暴] 쏟아지는 물[水]을 나타내어 '소나기' 또는 '폭포'의 뜻으로 쓰임.

풀이 ❶ 1. 폭포. ¶瀑布 ❷ 2. 소나기. 3. 거품. ¶瀑沫

瀑布(폭포) 물이 절벽에서 쏟아져 내리는 것.

비 爆(터질 폭)

瀅 ⑮ 18획 日 ケイ 맑을 형 中 yíng

* 형성. 뜻을 나타내는 부수 氵(水:물 수)와 음을 나타내는 瑩(옥돌 형)을 합친 글자.

풀이 1. 맑다. ¶汀瀅 2. 시내.

瀅瀅(형영) 시내. 졸졸 흐르는 개천.

灌 ⑯ 19획 日 カク 물결 소리 곽 中 huò

풀이 1. 물결 소리. 2. 번쩍이다. ¶灌濩

灌湱(곽휘) 많은 물결이 서로 부딪히는 소리.

瀝 ⑯ 19획 日 レキ·したたる 거를 력(역) 中 lì

풀이 1. 거르다. 2. 물방울이 떨어지다. ¶瀝滴 3. 술잔에 남은 술.

瀝青(역청) 천연으로 나는 탄화수소

[水 16~17획] 瀘瀧瀨瀕瀛瀜潴瀞瀚瀣瀾

화합물.
披瀝(피력) 속마음을 털어놓음.

瀘 ⑯ 19획 ⓙ ロ ⓒ lú
강 이름 로

풀이 강 이름. 티베트에서 발원하여 양자강(揚子江)으로 흘러드는 강.

비 濾(거를 려)

瀧 ⑯ 19획 ⓙ ロウ·たき ⓒ lóng, shuāng
❶ 비올 롱(농)
❷ 여울 랑

풀이 ❶ 1. 비가 오다. ¶瀧瀧 ❷ 2. 여울.
瀧瀧(농롱) 1)비가 부슬부슬 오는 모양. 2)물이 흐르는 소리.

비 朧(흐릿할 롱)

瀨 ⑯ 19획 ⓙ ライ·せ ⓒ lài
여울 뢰

풀이 여울.

瀕 ⑯ 19획 ⓙ ヒン·せまる·みぎわ ⓒ bīn
물가 빈

* 회의. 사람(頁)이 물가에 서서 막 물을 건너려고(涉) 함을 나타내어 '물가'의 뜻으로 쓰임.

풀이 1. 물가. 2. 이르다. 임박하다.
瀕死(빈사) 거의 죽을 지경에 이름.
瀕海(빈해) 바닷가. 바다와 잇닿은 지대.

유 涯(물가 애) 濱(물가 빈)

瀛 ⑯ 19획 ⓙ エイ·うみ ⓒ yíng
바다 영

풀이 1. 바다. 2. 신선이 사는 섬. ¶瀛洲
瀛海(영해) 큰 바다.

瀜 ⑯ 19획 ⓙ ユウ ⓒ róng
물 깊을 융

풀이 물이 깊다. 물이 깊고 넓은 모양.

潴 ⑯ 19획 ⓙ チョ·みずたまり ⓒ zhū
웅덩이 저

풀이 1. 웅덩이. ¶潴水 2. 물이 괴다.
潴水(저수) 저수지. 웅덩이.

瀞 ⑯ 19획 ⓙ ジョウ·セイ·とろ·きよい ⓒ jìng
맑을 정

풀이 맑다. 깨끗하다.

비 靜(고요할 정)

瀚 ⑯ 19획 ⓙ カン·ひろい ⓒ hàn
넓을 한

* 형성. 뜻을 나타내는 부수 '氵(水:물 수)'와 음을 나타내는 '翰(깃 한)'을 합친 글자.

풀이 넓다. 넓고 큰 모양.
瀚瀚(한한) 광대한 모양. 호한(浩瀚).
浩瀚(호한) 1)물이 광대한 모양. 2)서책이 많은 모양.

비 澣(빨 한)

瀣 ⑯ 19획 ⓙ カイ ⓒ xiè
이슬 기운 해

풀이 이슬 기운.

瀾 ⑰ 20획 ⓙ ラン·なみ ⓒ lán
물결 란(난)

풀이 물결.
瀾文(난문) 잔물결의 무늬.
波瀾(파란) 1)작은 물결과 큰 물결. 2)순조롭지 않고 어수선하게 일어

4획

[水 17~21획] 瀲瀰瀟瀅瀷灌瀅灑灘灝

나는 혼란이나 사단.
유 波(물결 파) 비 爛(문드러질 란)

瀲 ⑰ 20획 日レン ㊥liàn
넘칠 렴(염)

풀이 1. 넘치다. 범람하다. 물이 넘치는 모양. ¶瀲灩 2. 뜨다.
瀲灩(염염) 1)물이 넘치는 모양. 2)잔 물결이 이는 모양.

瀰 ⑰ 20획 日ビ·ミ ㊥mǐ
물 넓을 미

풀이 물이 넓다. 수면이 아득히 넓다. ¶瀰茫
瀰茫(미망) 넓디넓어 끝없는 모양.

瀟 ⑰ 20획 日ショウ ㊥xiāo
강 이름 소

풀이 1. 강 이름. 중국 호남성(湖南省) 영원현(寧遠縣)에서 발원하는 강. ¶瀟湘 2. 물이 맑고 깊다. 청량하다. 3. 비바람이 세차게 치는 모양.
瀟瀟(소소) 1)산뜻하고 시원함. 2)인품이 맑고 깨끗함.
비 潚(물 맑을 숙)

瀅 ⑰ 20획 日エイ ㊥yíng
물졸졸흐를 영

풀이 1. 물이 졸졸 흐르다. 2. 물이 소용돌이치는 모양.
瀅瀅(영영) 1)물이 쉬지 않고 흐르는 소리. 2)물이 소용돌이치는 모양.

瀷 ⑰ 20획 日ヨク ㊥yì
강 이름 익

풀이 강 이름. 중국 하남성(河南省) 밀현(密縣)에서 발원하여 영수(潁水)로 흘러드는 강.

灌 ⑱ 21획 日カン ㊥guàn
물 댈 관

*형성. 뜻을 나타내는 부수 氵(水:물 수)와 음을 나타내는 '藿(풀 이름 관)'을 합친 글자.

풀이 1. 물을 대다. ¶灌漑 2. 따르다. 붓다. 3. 더부룩이 나다. 총생(叢生)하다.
灌漑(관개) 농사를 짓는데 필요한 물을 논밭에 대는 것.
灌木(관목) 나무의 키가 작고 원줄기가 분명하지 않은 나무. 떨기나무.
灌腸(관장) 항문을 통해 약물을 장에 넣는 것.
유 注(물댈 주)

瀅 ⑲ 21획
물 이름 형㊗

풀이 물 이름.

灑 ⑲ 22획 日サイ·シャ ㊥sǎ
뿌릴 쇄 ·そそぐ

풀이 1. 뿌리다. 물을 끼얹다. ¶灑沃 2. 깨끗하다. ¶灑落
灑落(쇄락) 기분이나 몸이 상쾌하고 깨끗함.
灑塵(쇄진) 물을 뿌려 먼지를 씻어 버림.

灘 ⑲ 22획 日タン·ダン ㊥tān
여울 탄 ·なだ

풀이 여울. 얕고 돌이 많은 하천. ¶灘聲
灘聲(탄성) 여울물이 흐르는 소리.
沙灘(사탄) 모래가 바닥에 깔린 여울.
비 攤(펼 탄)

灝 ㉑ 24획 日コウ ㊥hào
넓을 호

[水 22~23획] 灝灦 [火 0~3획] 火灯灰灸　445

풀이 넓다. 아득하다. ¶灝灝
灝灝(호호) 넓고 먼 모양.

灣 ㉒ 25획　日ワン
물굽이 만　中wān

풀이 물굽이. 물이 육지에 굽어 들어온 곳.
港灣(항만) 배를 대고 승객이나 화물을 싣고 부릴 수 있도록 시설을 한 수역.

灦 ㉓ 26획　日エン
출렁거릴 염　中yàn

풀이 출렁거리다. 물결치다.
灦灦(염염) 1)달빛이 물에 비치어 아름답게 빛나는 모양. 2)물이 출렁거리는 모양.

火부

火(灬) 불 화 部

'火'자는 불길이 타오르는 모양을 나타낸 글자로, 글자의 아래에 '灬'의 모양으로 쓰일 때는 '연화발'이라는 부수 명칭으로 불린다. 이 둘은 모두 불과 관련이 있고, 또한 불편한 마음이나 화급함을 의미하기도 한다. 이 글자를 부수로 갖는 글자는 모두 불이나 불과 관련된 현상·사물·성질 등과 관계가 있다.

火 ①4획　日カ·ヒ
불 화　中huǒ

丶 丷 少 火

* 상형. 불이 활활 타는 모양을 본뜬 글자.

풀이 1. 불. ㉠물체의 연소. ㉡등불. ㉢화재. ㉣빛을 발하는 것. ㉤. 횃불. 불꽃. ¶火災 2. 화. 노여운 심정. 3. 오행의 하나. 계절로는 여름, 방위로는 남쪽에 해당함. 4. 불나다. 5. 불사르다. ¶火葬 6. 급하다. ¶火急

火急(화급) 타는 불과 같이 매우 급함.
火爐(화로) 숯불을 담아 놓는 그릇.
火病(화병) 분한 마음을 삭이지 못하여 나는 병. 울화병(鬱火病).
火傷(화상) 불이나 뜨거운 열 등에 데어서 상함. 또는 그 상처.
火藥(화약) 열이나 충격을 가하면 폭발하는 물질.
火災(화재) 불이 나는 재앙. 불로 인한 재난.
火刑(화형) 불에 태워 죽이는 형벌.
放火(방화) 고의로 불을 지름.
熱火(열화) 1)뜨거운 불길. 2)매우 격렬한 열정을 비유하는 말.

灯 ②6획
燈(p455)의 俗字

灰 ②6획　日カイ·ヘイ
재 회　中huī

* 회의. 손()으로 타다(火) 남은 재를 모으는 모양에서 '재'를 나타냄.

풀이 1. 재. 타고 남은 재. 2. 석회(石灰).
灰壁(회벽) 석회를 반죽하여 바름. 또는 그 벽.
灰色(회색) 1)잿빛. 쥐색. 2)정치적·사상적 경향이 분명하지 않음을 비유하는 말.
石灰(석회) 석회석을 태워 이산화탄소를 없애고 얻는 생석회(生石灰)와 생석회에 물을 부어 얻는 소석회(消石灰)의 총칭.

灸 ③7획　日キュウ·ヤヒ
뜸 구　中jiǔ

* 형성. 뜻을 나타내는 부수 火(불 화)와 음을 나타내는 久(오랠 구)를 합친 글자.

[풀이] 1. 뜸. 2. 뜸을 뜨다. 뜸질하다. ¶灸
瘡
灸所(구소) 뜸을 뜰 수 있는 몸의 부분.
灸瘡(구창) 뜸 뜬 곳이 헐어서 난 부스럼.
[비] 炙(구울 자·적)

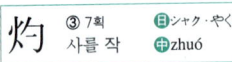
灼 ④ 7획 ⑪シャク・やく
사를 작 ⑭zhuó

[풀이] 1. 사르다. 태우다. 2. 밝다. ¶灼然
灼然(작연) 빛나는 모양. 명백한 모양.
灼熱(작열) 1)불에 새빨갛게 닮. 2)뜨
 겁게 타오름.
灼灼(작작) 붉은 꽃이 화려하고 찬란
 하게 핀 모양.

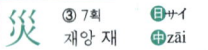
災 ④ 7획 ⑪サイ
재앙 재 ⑭zāi

ㄑ ㄑㄑ ㄑㄑㄑ 巛 巛 災 災

* 회의. 불(火)로 인한 화재와 물(巛)로 인한
홍수를 합쳐서 '재난', '재앙'의 뜻을 나타냄.

[풀이] 재앙. 재난. ¶災難
災難(재난) 뜻밖에 일어나는 불행한 일.
災殃(재앙) 천재지변 또는 뜻하지 않
 은 변고로 말미암은 불행한 사고.
災害(재해) 재변(災變)으로 인하여
 받는 해.
火災(화재) 불이 나는 재앙. 또는 불로
 인한 재앙.
[유] 殃(재앙 앙)

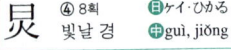
炅 ④ 8획 ⑪ケイ・ひかる
빛날 경 ⑭guì, jiǒng

[풀이] 1. 빛나다. 2. 열. 열기.
[유] 炯(빛날 형) 煥(빛날 환) 眩(빛날 현)

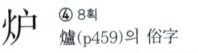
炉 ④ 8획
爐(p459)의 俗字

炆 ④ 8획 ⑪モン
따뜻할 문 ⑭wén

[풀이] 1. 따뜻하다. 2. 뭉근한 불. 약한 불.
[유] 溫(따뜻할 온)

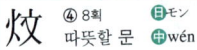
炎 ④ 8획 ⑪エン・ほのお
불탈 염 ⑭yán

丶 丶 丷 ㇜ 半 芒 芳 炎

* 회의. '火(불 화)'를 둘 겹쳐 불길이 활활
타오르는 모양을 나타낸 글자.

[풀이] 1. 불타다. 불에 타다. ¶炎爛 2.
 덥다. 3. 염증.
炎凉世態(염량세태) 권세가 있을 때
 는 아부하여 좇고, 세력이 없어지면
 푸대접하는 세상 인심.
炎陽(염양) 뜨겁게 내리쬐는 햇볕.
炎症(염증) 몸의 한 부분이 세균이나
 약품의 작용으로 붉게 부어오르며
 아픈 병.
炎天(염천) 1)타는 듯이 더운 한여름
 의 하늘. 2)남쪽 하늘.
炎火(염화) 활활 타오르는 불.
[유] 燃(사를 연)

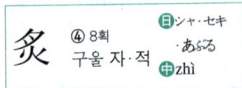
炙 ④ 8획 ⑪シャ・セキ
구울 자·적 あぶる
  ⑭zhì

* 회의. 고기(月)를 불(火)에 얹는것을 나타
내어, 굽다의 뜻으로 쓰임.

[풀이] 1. 굽다. 2. 적. 야채와 고기 등을 꼬
 챙이에 끼워 양념하여 구운 제사 음식.

炙鐵(적철) 석쇠.
膾炙(회자) 회와 구운 고기라는 뜻으
 로, 널리 상찬되어 사람의 입에 오르
 내림을 이르는 말.
散炙(산적) 쇠고기 등을 길쭉하게 썰
 어 양념을 하여 꼬챙이에 꿰어서 구
 운 음식.
[비] 灸(뜸 구)

炒 ④ 8획
- 🇯 ソウ・ショウ
- いる
- 🇨🇳 chǎo

볶을 초

[풀이] 볶다. 불에 볶다. ¶炒麵

炒麵(초면) 밀국수를 기름에 볶아서 만든 음식.

炊 ④ 8획
- 🇯 スイ・たく
- 🇨🇳 chuī

불 땔 취

*형성. 뜻을 나타내는 부수 '火(불 화)'와 음을 나타내는 吹(불 취)'의 생략형을 합친 글자. 입으로 바람을 불어[吹] 불[火]을 피운다는 의미에서 '불을 때다'의 뜻으로 쓰임.

[풀이] 1. 불을 때다. 불을 지피다. 2. 밥을 짓다. ¶炊事

炊事(취사) 밥을 짓거나 하는 일.
自炊(자취) 가족을 떠나서 혼자 지내는 사람이 손수 밥을 지어 먹음. 또는 그 일.

炕 ④ 8획
- 🇯 コウ・あぶる
- 🇨🇳 kàng, hāng

마를 항

[풀이] 1. 마르다. 건조하다. ¶炕旱 2. 굽다. 불에 굽다.

炕旱(항한) 가뭄이 계속되는 날씨. 가뭄.

炘 ④ 8획
- 🇯 キン
- 🇨🇳 xìn

화끈거릴 흔

[풀이] 1. 화끈거리다. 2. 불사르다.

炘炘(흔흔) 열기가 대단한 모양.

炬 ⑤ 9획
- 🇯 キョ・コ
- 🇨🇳 jù

횃불 거

*형성. 뜻을 나타내는 부수 '火(불 화)'와 음을 나타내는 '巨(클 거)'를 합친 글자.

[풀이] 횃불. 홰. 등불. ¶炬燭

炬燭(거촉) 횃불. 거화(炬火).
炬火(거화) 횃불.

炳 ⑤ 9획
- 🇯 ヘイ・あきらか
- 🇨🇳 bǐng

밝을 병

[풀이] 밝다. 빛나다. ¶炳煜

炳煜(병욱) 빛남.

🇰 叡(밝을 예) 亮(밝을 량) 明(밝을 명)

炤 ⑤ 9획
- 🇯 ショウ
- あきらか
- 🇨🇳 zhào

❶ 밝을 소
❷ 비출 조

[풀이] ❶ 1. 밝다. 빛나다. ❷ 2. 비추다.

炤炤(소소) 밝고 환한 모양.

為 ⑤ 9획

爲(p460)의 俗字

炸 ⑤ 9획
- 🇯 サク
- 🇨🇳 zhà, zhá

터질 작

[풀이] 터지다. 폭발하다.

炸裂(작렬) 폭발하여 터짐.

点 ⑤ 9획

點(p851)의 俗字

炡 ⑤ 9획
- 🇯 セイ
- 🇨🇳 zhēng

불 번쩍일 정

[풀이] 불이 번쩍이다.

炷 ⑤ 9획
- 🇯 シュ
- 🇨🇳 zhù

심지 주

[풀이] 심지. 등잔 심지.

炭 ⑤ 9획
- 🇯 タン・すみ
- 🇨🇳 tàn

숯 탄

丨 屵 岢 岸 炭 炭 炭

*회의. 산의 벼랑(岸) 밑에서 나무를 태워
[火] 숯을 만드는 것을 나타내어 '숯'의 뜻으
로 쓰임.

풀이 1. 숯. 목탄. 2. 석탄.

炭鑛(탄광) 석탄을 캐는 광산.
炭酸(탄산) 탄산가스가 물에 녹아서
되는 묽은 산.

炮
⑤ 9획　日 ホウ・あぶる
구울 포　中 páo, pào

풀이 굽다. 고기를 통째로 굽다. 또는
그 고기.

炮煮(포자) 구움과 삶음.

관련: 炙(구울 자·적)

炰
⑤ 9획
炮(p448)과 同字

炫
⑤ 9획　日 ケン・ゲン
　　　　　　・かがやく
빛날 현　中 xuàn

*형성. 뜻을 나타내는 부수 '火(불 화)'와 음
을 나타내는 '玄(검을 현)'을 합친 글자.

풀이 1. 빛나다. ¶炫燿 2. 눈이 부시다.

炫燿(현요) 밝게 빛남. 광채를 발함.

관련: 昱(빛날 욱) 炯(빛날 형) 奐(빛날 환) 眩
(빛날 현)

炯
⑤ 9획　日 キョウ・
　　　　　　 あきらか
빛날 형　中 jiǒng

풀이 1. 빛나다. 2. 밝다. ¶炯心

炯炯(형형) 1)반짝반짝 빛나는 모양.
2)눈빛이 날카로운 모양.

炷
⑥ 10획　日 ケイ
화덕 계　中 wēi

풀이 1. 화덕. 휴대용의 작은 화덕. 2. 밝다.

烙
⑥ 10획　日 ラク・やく
지질 락(낙)　中 lào, luò

풀이 지지다. 불로 지지다.

烙印(낙인) 1)불에 달구어 찍는 쇠도
장. 또는 그것으로 찍은 표시. 2)불
명예스러운 평가.

烈
⑥ 10획　日 レツ・はげしい
세찰 렬(열)　中 liè

一ブ歹歹列列烈烈烈

*형성. 뜻을 나타내는 부수 '灬(火:불 화)'와
음을 나타내는 '列(벌일 렬)'을 합친 글자.

풀이 1. 세차다. 기세가 대단하다. ¶烈
烈 2. 강하다. 굳세다. 3. 아름답다.
4. 공덕.

烈女(열녀) 정절(貞節)이 곧은 여자.
烈烈(열렬) 태도·애정이 걷잡을 수
없이 세참.
烈士(열사) 절의(節義)를 굳게 지키
는 사람.
烈火(열화) 1)맹렬하게 타는 불. 2)맹
렬한 태도.
激烈(격렬) 몹시 맹렬함.
壯烈(장렬) 씩씩하고 열렬함.

烟
⑥ 10획
煙(p452)과 同字

烏
⑥ 10획　日 オ・からす
까마귀 오　中 wū, wù

丿ケ广卢乌烏烏烏

*상형. 까마귀를 본뜬 글자. 까마귀는 몸이
검어서 눈이 어디 있는지 알 수 없기 때문에
'鳥(새 조)'의 눈에 해당하는 한 획을 생략한
형태를 취함.

풀이 1. 까마귀. ¶烏飛梨落 2. 검다. ¶
烏雲 3. 어찌. 어찌하여 ¶烏有 4. 아!
아! 탄식하는 소리. ¶烏呼

烏飛梨落(오비이락) 까마귀 날자 배 떨어진다는 뜻으로, 일이 공교롭게 다른 일과 때가 같아 억울하게 혐의를 받게 됨을 비유하는 말.
烏鵲橋(오작교) 칠월 칠석에 견우와 직녀의 두 별을 서로 만나게 하기 위하여, 까막까치가 모여 은하에 놓는다고 하는 다리.
烏合之卒(오합지졸) 어중이떠중이들이 모인, 규율이 없는 병졸. 또는 그런 군중.

비 鳥(새 조)

烝 ⑥ 10획
찔 증
日 ジョウ·むす
中 zhēng

풀이 1. 찌다. 2. 무덥다. 3. 많다. ¶烝徒
烝民(증민) 온 백성. 만민(萬民).
烝濕(증습) 무덥고 습기가 있음.
烝烝(증증) 1)왕성하게 일어나는 모양. 2)차차로 나아가는 모양. 3)순수하고 전일(專一)한 모양. 4)불기운이 올라가는 모양.

동 蒸(찔 증)

烘 ⑥ 10획
불 쬘 홍
日 コウ
中 hōng

풀이 1. 불을 쬐다. 2. 불을 때다.
烘霽(홍제) 햇볕이 뜨겁게 쬠.

烋 ⑥ 10획
경사로울 휴
日 コウ·キュウ
中 xiāo

풀이 1. 경사롭다. 경사. 2. 아름답다.

烽 ⑦ 11획
봉화 봉
日 ホウ·のろし
中 fēng

*형성. 뜻을 나타내는 부수 '火(불 화)'와 음을 나타내는 '夆(받들 봉)'을 합친 글자.

풀이 봉화. ¶烽火
烽燧軍(봉수군) 봉화를 올리는 일을 맡아보는 군사.
烽火(봉화) 옛날에 신호용으로 사용했던 햇불.

비 峰(봉우리 봉)

焉 ⑦ 11획
어찌 언
日 エン·いずくんぞ
中 yān

一丁下正正焉焉焉焉焉

*상형. 새 모양을 본뜬 글자. 가차되어 어조사로 씌임.

풀이 1. 어찌. 의문이나 반어를 나타냄. ¶焉敢 2. 어조사. ㉠의문이나 반어를 나타냄. ㉡단정을 나타냄. ㉢어조를 고름. ¶焉哉乎也 3. 이. 여기.

焉敢生心(언감생심) 어찌 감히 그런 마음을 먹을 수 있으랴의 뜻.
於焉(어언) 벌써. 어느새.
忽焉(홀언) 뜻하지 않은 사이에 갑자기.

焌 ⑦ 11획
태울 준
日 ジュン
中 jùn, qū

풀이 1. 태우다. 2. 점치기 위하여 거북의 등딱지를 굽다.

비 俊(준걸 준)

烹 ⑦ 11획
삶을 팽
日 ホウ·にる
中 pēng

*회의. 솥(亨)을 불(火) 위에 올려놓은 모습에서 '삶다'의 뜻을 나타냄.

풀이 삶다. 삶아지다. ¶烹魚
烹卵(팽란) 삶은 달걀.
兔死狗烹(토사구팽) 토끼를 잡고 나면 사냥개는 삶아 먹는다는 뜻으로, 필요할 때 요긴하게 써 먹고 쓸모가 없어지면 가혹하게 버림을 이르는 말.

焖 ⑦ 11획
焖(p448)의 俗字

君 ⑦ 11획 ❷クン
냄새 훈   ⊕hūn, xūn

풀이 1. 냄새. 향기. 2. 연기에 그을리다. 3. 김이 오르다.

焞 ⑧ 12획
❶ 어스레할 돈 ❷トン
❷ 성할 퇴   ⊕shún, tūn

풀이 ❶ 1. 어스레하다. ❷ 2. 성하다. 기세가 성한 모양.

焞焞(1.돈돈/2.퇴퇴) 1)빛이 어스레한 모양. 2)세력이 왕성한 모양.

無 ⑧ 12획 ❷ム・ブ・ない
없을 무   ⊕mó, wú

ノ 一 二 仁 无 冊 缶 無 無 無 無

*상형. 춤추는 사람을 본뜬 글자. 원래의 뜻은 '춤추'였는데, 가차되어 '없다'의 뜻으로 쓰임.

풀이 1. 없다. ¶無力 2. 아니다. 부정의 뜻. 3. 말다. 말라. 금지의 뜻.

無窮(무궁) 1)한이 없음. 2)끝없이 영원히 계속함.
無能(무능) 1)재능이 없음. 2)무엇을 할 능력이 없음.
無斷(무단) 미리 연락을 하거나 승낙을 받지 않고 함부로 행동함.
無禮(무례) 예의가 없음.
無名(무명) 1)이름을 모름. 2)세상에 이름이 알려져 있지 않음. 유명하지 않음.
無妨(무방) 방해될 것이 없음.
無事(무사) 1)아무 일이 없음. 2)아무 탈이 없음.
無顔(무안) 부끄러워 볼 낯이 없음.
無敵(무적) 강하여 대적할 사람이 없음. 또는 그 사람.
無知(무지) 1)지혜가 없음. 2)분별이 없음. 지각이 없음.
無責任(무책임) 책임이 없음.
無限(무한) 한이 없음. 끝이 없음.
無效(무효) 1)효력이 없음. 2)법률상 행위의 효과가 없음.
有無(유무) 있음과 없음.
虛無(허무) 1)텅 비어 아무것도 없음. 2)무의미하게 느껴져 몹시 쓸쓸하고 허전함. 3)어이없거나 한심함.

맨 存(있을 존) 有(있을 유)
비 舞(춤출 무)

焙 ⑧ 12획 ❷ハイ・あぶる
불에 쬘 배   ⊕bèi

풀이 불에 쬐다. 불에 쬐어 말리다.

焙籠(배롱) 화로에 씌워 놓고 그 위에 기저귀나 옷을 얹어 말리는 기구.

焚 ⑧ 12획 ❷フン・やく
불사를 분   ⊕fén, fèn

*회의. 숲(林)에 불(火)을 놓음을 나타내어, '불사르다'의 뜻으로 쓰임.

풀이 불사르다. 불에 타다.

焚書坑儒(분서갱유) 책을 불사르고 선비를 묻는다는 뜻으로, 진시황의 문화 말살 정책을 이르는 말.
焚身(분신) 자기 몸을 불태움.
焚蕩(분탕) 불에 타 흔적도 없어짐. 마구 불대워 없애 버림.
焚香(분향) 향을 피움.

비 楚(모형 초)

焼 ⑧ 12획
燒(p456)의 俗字

焠 ⑧ 12획 ❷サイ・にらぐ
담금질할 쉬   ⊕cuì

풀이 1. 담금질하다. 쇠를 달구었다가 찬물에 담그는 일. 2. 태우다.

焠掌(쉬장) 공자의 제자 유약(有若)이 졸음을 쫓기 위하여 손바닥을 지졌다는 고사에서 온 말로, 괴로움을 참아 가며 공부에 힘씀을 이르는 말.

然 ⑧ 12획
그럴 연
日ゼン・ネン・しかり
中rán

ノクタタ 夕 夕 夕 妖 妖 然 然 然

* 회의. 개[犬] 고기[月]를 불[火]에 굽는다는 뜻에서 '태우다'의 뜻을 나타냄.

풀이 1. 그러하다. ¶然否 2. 그러나. 3. 그러면, 그러하면. 4. 불사르다. 태우다. 5. 접미사. 형용사·명사 뒤에 붙어 상태를 나타냄. ¶毅然

然否(연부) 그러함과 그러하지 않음.
然則(연즉) 그러면. 그런즉.
然後(연후) 그런 뒤에.
當然(당연) 이치로 보아 마땅히 그러할 것임.
未然(미연) 일이 아직 벌어지기 전. 미리.

焰 ⑧ 12획
燄(p457)과 同字

焦 ⑧ 12획
그을릴 초
日ショウ・こげる・あせる
中jiāo, qiáo

* 형성. 뜻을 나타내는 부수 '灬(火:불 화)'와 음을 나타내는 '隹(새 추)'를 합친 글자. 새[隹]를 불[火]에 굽는 모습에서 '타다'의 뜻을 나타냄.

풀이 1. 그을리다. 2. 타다. 3. 애가 타다. 초조하다. ¶焦思

焦眉之急(초미지급) 눈썹이 타는 듯한 절박하고 급박한 상황.
焦熱(초열) 1)타는 듯한 심한 더위. 2)초열지옥(焦熱地獄).
焦土(초토) 1)까맣게 탄 흙. 2)불탄 자리.

勞心焦思(노심초사) 애를 써서 속을 태움.

煢 ⑨ 13획
외로울 경
日ケイ
中qióng

풀이 1. 외롭다. 의지할 데가 없다. ¶煢獨 2. 근심하다. ¶煢煢

煢獨(경독) 형제 또는 아내가 없어 외로운 모양.

煖 ⑨ 13획
따뜻할 난·훤
日ダン・ナン・あたたか
中nuǎn, xuān

* 형성. 뜻을 나타내는 부수 '火(불 화)'와 음을 나타내는 '爰(이에 원)'을 합친 글자.

풀이 따뜻하다. 따뜻하게 하다.

煖爐(난로) 땔감을 때거나 전기 같은 것으로 열을 내어서 방 안을 덥게 하는 기구나 장치.
煖房(난방) 방을 따뜻하게 하는 것.
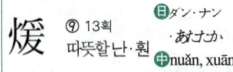 溫(따뜻할 온) 비 嬡(미인 원)

煉 ⑨ 13획
불릴 련(연)
日レン
中liàn

풀이 1. 불리다. 불에 달구다. 2.🅑 굽다. 고다. ¶煉藥

煉藥(연약) 1)꿀이나 물엿에 개어서 만든 약. 2)약을 곰. 도는 고아서 만든 약.
煉乳(연유) 진하게 달여 놓은 우유.
煉炭(연탄) 구멍탄·조개탄 등의 통칭.

煤 ⑨ 13획
그을음 매
日バイ・すす
中méi

풀이 1. 그을음. ¶煤煙 2. 먹. 3. 석탄. ¶煤炭

煤氣(매기) 1)그을음이 섞인 연기. 2)석탄 가스.
煤煙(매연) 연료를 태웠을 때 생기는

[火 9획] 煩煞煬煙煐煜煒煮

그을음이 섞인 연기.
煤炭(매탄) 석탄.
🔗 焦(그을릴 초)

煩 ⑨ 13획
괴로워할 번
🇯 ハン·ボン·わずらう
🇨 fán

丶丶⺼⺼⺼⺼煩煩煩
煩煩煩

*회의. 머리(頁)에 열(火)이 있어 아프다는 뜻이었는데, 바뀌어 '괴로워하다'의 뜻으로 쓰임.

풀이 1. 괴로워하다. 번민하다. ¶煩惑 2. 번거롭다. ¶煩劇

煩惱(번뇌) 마음이 시달려서 괴로움.
煩多(번다) 번거롭게 많음.
煩悶(번민) 마음이 번거롭고 답답하여 괴로워함.
煩憂(번우) 괴로워서 근심스러움.
煩雜(번잡) 번거롭게 섞여서 어수선함.
🔗 慇(괴로워할 은) 惱(괴로워할 뇌)

煞 ⑨ 13획
❶ 죽일 살 🇯 サツ
❷ 빠를 쇄 🇨 shā, shà

풀이 ❶ 1. 죽이다. 2.(통) 殺. 흉신. ❷ 3. 빠르다. 4. 덜다.

煬 ⑨ 13획
쬘 양 🇯 ヨウ
🇨 yáng

풀이 1. 쬐다. 2. 불을 때다. 밥을 짓다.
煬火(양화) 불을 땜. 불을 지핌.

煙 ⑨ 13획
연기 연 🇯 エン·けむり
🇨 yān

丶丶⺼⺼⺼煙煙煙煙
煙煙

*형성. 뜻을 나타내는 부수 '火(불 화)'와 음을 나타내는 '垔(막을 인)'을 합친 글자.

풀이 1. 연기. 기운. 먼지. ¶煙氣 2. 안개. 3. 담배. ¶煙竹

煙氣(연기) 물건이 불에 탈 때 일어나는 흐릿한 기체나 기운.
煙幕(연막) 1)사격의 목표가 될 물건을 가리기 위하여 연막탄(煙幕彈)을 터뜨려 내는 진한 연기. 2)자기의 잘못이나 범행을 호지부지하게 덮는 일을 비유하는 말.
煙霧(연무) 연기와 안개.
煙草(연초) 담배.
煙火(연화) 1)밥 짓는 연기. 인연(人煙). 2)연기와 불.

煐 ⑨ 13획
빛날 영 🇯 エイ
🇨 yīng

풀이 1. 빛나다. 2. 사람 이름.

煜 ⑨ 13획
빛날 욱 🇯 イク·かがやく
🇨 yù

풀이 1. 빛나다. ¶煜灼 2. 불꽃.
煜煜(욱욱) 빛나서 환한 모양.

煒 ⑨ 13획
❶ 빨갈 위 🇯 イ·あきらか
❷ 빛날 휘 🇨 wěi

*형성. 뜻을 나타내는 부수 '灬(火:불 화)'와 음을 나타내는 '韋(가죽 위)'를 합친 글자.

풀이 ❶ 1. 빨갛다. 붉은빛. ❷ 2. 빛나다. 빛. ¶煒燁

煒燁(1.위엽/2.휘엽) 1)왕성한 모양. 2)빛나는 모양.

煮 ⑨ 13획
삶을 자 🇯 シャ·にる
🇨 zhǔ

*형성. 뜻을 나타내는 부수 '灬(火:불 화)'와 음을 나타내는 '者(놈 자)'를 합친 글자. 불에 음식 등을 '삶다', '익히다'라는 뜻을 나타냄.

[火 9획] 煮煎照煥煌煦煊煇熙

풀이 삶다. 익히다.
煮沸(자비) 물 등이 펄펄 끓음. 또는 펄펄 끓임.
煮鹽(자염) 바닷물을 졸여서 소금을 만듦.

煮 ⑨ 13획

煮(p452)와 同字

煎 ⑨ 13획　日セン・いる　中jiān, jiàn
달일 전

풀이 1. 달이다. 졸이다. ¶煎茶 2. 애태우다. 3. 전. 기름에 지진 음식.
煎茶(전다) 차를 달임.
煎餠(전병) 찹쌀가루·밀가루 등을 반죽하여 번철에 지진 떡.

照 ⑨ 13획　日ショウ・てる　中zhào
비출 조

丨 冂 日 日⁻ 日刀 日刀 昭 昭 照 照

*형성. 뜻을 나타내는 부수 '灬(火:불 화)'와 음을 나타내는 '昭(밝을 소)'를 합친 글자. 불(火)로 밝게(昭) 함을 의미하여 '비추다'의 뜻을 나타냄.

풀이 1. 비추다. ¶照明 2. 비치다. 3. 햇빛. 4. 대조하다.
照度(조도) 일정한 면이 일정한 시간에 받는 빛의 양.
照明(조명) 1)밝게 비춤. 2)무대나 촬영의 효과 등을 높이려고 광선을 비추는 일. 또는 그 광선.
照應(조응) 1)서로 비추어 틀림이 없이 맞음. 2)원인에 따라 결과가 생김.
照準(조준) 발사하는 탄환이 목표에 명중하도록 총이나 화포의 방향과 사각(射角)을 겨냥하는 일.
照會(조회) 문서로써 사실을 통고함.
落照(낙조) 저녁 해. 석양.

煥 ⑨ 13획　日カン・あきらか　中huàn
불꽃 환

*형성. 뜻을 나타내는 부수 '火(불 화)'와 음을 나타내는 '奐(빛날 환)'을 합친 글자.

풀이 1. 불꽃. 불빛. 2. 밝다. 빛나다. ¶煥爛
煥爛(환란) 번쩍번쩍 빛나는 모양.
煥然(환연) 환하게 밝은 모양.
🔁 焱(불꽃 염) 焰(불꽃 염)

煌 ⑨ 13획　日コウ・かがやく　中huáng
빛날 황

풀이 빛나다. 반짝반짝 빛나는 모양.
煌煌(황황) 번쩍번쩍 빛나는 모양. 눈부신 모양.

煦 ⑨ 13획　日ク・あたためる　中xù
따뜻하게할 후

풀이 1. 따뜻하게 하다. ¶煦育 2. 은혜를 베풂. ¶煦煦
煦育(후육) 따뜻하게 하여 기름. 양육(養育)함.

煊 ⑨ 13획　日ケン　中xuān
따뜻할 훤

풀이 따뜻하다.

煇 ⑨ 13획　日キ・コン ひかり　中huī
빛날 휘

풀이 빛나다. 빛. ¶煇光
煇光(휘광) 빛나는 광채. 광휘(光輝).
煇煌(휘황) 빛이 찬란한 모양.
🔁 煜(빛날 욱) 炯(빛날 형) 奐(빛날 환)

熙 ⑨ 13획　日キ・ひかる　中xī
빛날 희

*형성. 뜻을 나타내는 '灬(火:불 화)'와 음을 나타내는 부수 이외의 글자를 합친 글자.

[풀이] 1. 빛나다. 빛. 2. 넓다. 광대하다. ¶熙隆. 3. 화락하다. 화목하게 즐기다. 4. 기뻐하다.

熙隆(희륭) 넓고 성함.
熙朝(희조) 잘 다스려진 왕조(王朝). 성대(盛代).
熙熙壤壤(희희양양) 여러 사람이 여기저기 빈번히 왕래하는 모양.

[비] 照(비출 조)

煽
⑩ 14획　[日] セン・あおる
부칠 선　[中] shān

*형성. 뜻을 나타내는 부수 '火(불 화)'와 음을 나타내는 '扇(부채 선)'을 합친 글자. 부채[扇]가 더 세차게 타도록 부채[扇]로 부치는 것을 나타내어, '부채질하다'의 뜻으로 쓰임.

[풀이] 1. 부치다. 부채질하다. 2. 부추기다. 꼬드기다. ¶煽動

煽動(선동) 남을 꾀어내거나 여러 사람을 부추겨 일을 일으킴.

熄
⑩ 14획　[日] ソク・きえる
꺼질 식　[中] xī

[풀이] 1. 꺼지다. 2. 없어지다. 사라지다.

熄滅(식멸) 1)불이 꺼져 없어짐. 2)없애 버림.

熔
⑩ 14획
鎔(p777)과 同字

熕
⑩ 14획　[日] ウン
노란빛 운　[中] yún

[풀이] 노란빛.

熊
⑩ 14획　[日] ユウ・くま
곰 웅　[中] xióng

*회의. '能'은 곰을 본뜬 상형자로서, 원래의 뜻은 '곰'. 후에 '能'이 '능하다'의 뜻으로 바뀌자, '火'를 덧붙여 '곰'의 뜻으로 쓰이게 됨.

[풀이] 1. 곰. ¶熊膽. 2. 빛나다.

熊女(웅녀) 전설상에 나타난 단군의 어머니.
熊膽(웅담) 곰의 쓸개.

[비] 態(태도 태)

熒
⑩ 14획　[日] コウ
등불 형　[中] yíng

*상형. 두 개의 횃불을 X자처럼 교차시킨 모양을 본뜬 글자.

[풀이] 1. 등불. 2. 빛나다. 3. 아찔하다.

熒熒(형형) 1)얼굴에 윤기가 있는 모양. 2)환히 빛나는 모양. 3)조그만 불빛이 반짝반짝하는 모양.

熀
⑩ 14획
불빛
이글거릴 황　[中] huǎng, yè

[풀이] 1. 불빛이 이글거리다. 2. 환히 비치다.

熏
⑩ 14획　[日] クン・くすぶる
연기 낄 훈　[中] xūn, xùn

[풀이] 1. 연기가 끼다. 2. 타다. 태우다. 3. 그을리다. 4. 움직이다. 감동하다. ¶熏天 5. 황혼. 땅거미.

熏煙(훈연) 연기를 쐼. 또는 그 연기.
熏劑(훈제) 피워 놓고 그 연기를 쐬는 약제.
熏熏(훈훈) 1)화락한 모양. 훈훈(醺醺). 2)왕래가 잦은 모양. 사람이 많은 모양.

熲
⑪ 15획　[日] ケイ・ひかる
빛날 경　[中] jiǒng

[풀이] 1. 빛나다. 2. 불빛.

[비] 頗(자못 파)

[火 11~12획] 燧熟熱熬慰燉燈

燧 ⑪ 15획
烽(p449)과 同字

熟 ⑪ 15획
- 日 ジュク・ズク
- うれる
- 中 shóu, shú

`` ` ㅗ ㅛ 享 享 享 孰 孰 孰 孰
熟 熟 熟

*형성. 뜻을 나타내는 부수 灬(火:불 화)와 음을 나타내는 孰(누구 숙)을 합친 글자.

[풀이] 1. 익다. 과일·곡식 등이 익다. 2. 익숙하다. 3. 익히다. ¶熟菜 4. 자세히. 곰곰이. ¶熟考

熟考(숙고) 곰곰이 잘 생각함. 깊이 생각함.
熟達(숙달) 익숙하고 통달함.
熟練(숙련) 1)능숙하게 익힘. 2)익숙함.
熟眠(숙면) 단잠.
熟成(숙성) 1)충분하게 익어서 이루어짐. 2)발효 등을 충분히 시켜서 만드는 일.
熟知(숙지) 익숙하게 앎.
未熟(미숙) 1)아직 익지 않음. 2)서투름.
[비] 塾(글방 숙)

熱 ⑪ 15획
- 日 ネツ・あつい
- 中 rè

`` + + + 去 坴 坴 출 출 埶 埶 埶
熱 熱

*형성. 뜻을 나타내는 부수 灬(火:불 화)와 음을 나타내는 埶(심을 예)을 합친 글자.

[풀이] 1. 덥다. 2. 더위. ¶熱客 3. 열. ㉠더운 기운. ㉡체온. ㉢병으로 높아진 체온. ¶熱量 4. 흥분하다. 물이 달다.

熱氣(열기) 1)뜨거운 기운. 2)높은 신열. 3)뜨겁게 가열된 기체. 4)흥분한 분위기.
熱帶(열대) 적도에서 남북 회귀선까지의 기후대.
熱量(열량) 물질의 온도를 높이는 데 필요한 열의 분량.
熱心(열심) 골똘히 힘씀. 또는 그런 마음.
熱演(열연) 연기 등을 열심히 함.
熱意(열의) 열성을 다하는 마음.
熱中(열중) 1)정신을 한곳으로 집중함. 2)마음이 조급하여 어쩔 줄 몰라 함.
熱唱(열창) 열을 다하여 노래를 부름.
熱血(열혈) 1)몸에서 끓어오르는 더운 피. 2)격렬한 정열.
[비] 勢(기세 세)

熬 ⑪ 15획
- 日 ゴウ・いる
- 中 āo, áo

[풀이] 1. 볶다. ¶熬煎 2. 근심하는 소리. 수심에 잠긴 소리.

熬煎(오전) 볶음.

慰 ⑪ 15획
- ❶ 눌러 덥게 할 위
- 日 イ・ウツ・のし
- 中 wèi, yù
- ❷ 다릴 울
- yùn

[풀이] ❶ 1. 눌러서 덥게 하다. ❷ 2. 다리다. ¶慰衣 3. 다리미.

慰斗(울두) 다리미.

燉 ⑫ 16획
- 日 トン
- 中 dùn

[풀이] 1. 이글거리다. 불빛.

燈 ⑫ 16획
- 日 トウ・ひ
- 中 dēng

`` ` ㅗ ㅛ 火 火 ㅆ 炒 灼 烂 烂 烃 烃
燈 燈 燈 燈

*형성. 뜻을 나타내는 부수 火(불 화)와 음을 나타내는 登(오를 등)을 합친 글자.

[풀이] 1. 등잔. 등. ¶燈盞 2. 등불.

燈架(등가) 등잔걸이.
燈臺(등대) 1)바닷가나 섬 같은 곳에 높이 세워 밤에 다니는 배에 목표·뱃길·위험한 곳 등을 알려 주려고 불을 켜 비추어 주는 곳. 2)나아가야 할 길을 밝혀주는 것을 비유하는 말.
燈油(등유) 등불을 켜거나 난로를 피우는 데 쓰는 기름.
燈盞(등잔) 1)기름을 담아 등불을 켜는 그릇. 2)등(燈).

燎 ⑫ 16획 日リョウ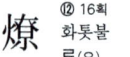
화톳불
료(요) 中liáo, liǎo, liào

[풀이] 1. 화톳불. ¶燎火 2. 불을 놓다. 불을 지르다.
燎原之火(요원지화) 맹렬한 기세로 타 번지는 벌판의 불이란 뜻으로, 난리나 시위 등이 막을 수 없이 무섭게 번져 나가는 기세를 비유하는 말.
燎火(요화) 화톳불.

燐 ⑫ 16획 日リン
도깨비불 린(인) 中lín

[풀이] 1. 도깨비불. 2. 인. 비금속 원소의 하나.
燐光(인광) 어떠한 물질에 빛을 비추다가 그만둔 다음에도 계속하여 나는 빛. 2)황린(黃燐)을 공기 가운데 놓아둘 때 나는 빛.
燐燐(인린) 도깨비불·반딧불 등이 번쩍번쩍함.
[비] 潾(맑을 린) 隣(이웃 린)

燔 ⑫ 16획 日ハン·やく
구울 번 中fán

*형성. 뜻을 나타내는 부수 '火(불 화)'와 음을 나타내는 '番(갈마들 번)'을 합친 글자.
[풀이] 1. 굽다. ¶燔肉 2. 제사에 쓰는 고기. 제육(祭肉). 3. 불사르다.
燔肉(번육) 1)구운 고기. 2)제사에 쓰

는 고기.
燔灼(번작) 불에 구움.
燔鐵(번철) 지짐질에 쓰는 무쇠 그릇.

燒 ⑫ 16획 日ソウ
불사를 소 中shāo

*형성. 뜻을 나타내는 부수 '火(불 화)'와 음을 나타내는 '堯(요임금 요)'를 합친 글자.
[풀이] 1. 불사르다. 불태우다. ¶燒夷 2. 타다. 불타다.
燒却(소각) 불에 살라 버림.
燒失(소실) 불에 타서 잃어버림.
燒盡(소진) 모조리 타 없어짐.
全燒(전소) 모조리 불탐.
[유] 燃(사를 연)

燃 ⑫ 16획 日ネン·もえる
사를 연 中rán

*형성. 뜻을 나타내는 부수 '火(불 화)'와 음을 나타내는 '然(그러할 연)'을 합친 글자. 원래 '타다'라는 뜻인데 후에 '그러하다'의 뜻으로 바뀌자, '火'를 붙여 '타다'의 뜻을 나타내게 함.
[풀이] 사르다. 태우다. 타다.
燃料(연료) 열을 이용하기 위하여 태우는 재료. 숯·석탄·석유 등.
燃燒(연소) 1)타는 일. 2)물질이 공기 중 혹은 산소 중에서 산화되어 열과 빛을 내는 화학 변화.
[유] 燒(사를 소) [然](그럴 연)

燕 ⑫ 16획 日エン·つばめ
제비 연 中yān, yàn

[火 12~13획] 燕燁熾熹熺爕燧營　457

*상형. 제비가 나는 모양을 본뜬 글자.

풀이 1. 제비. ¶燕雀 2. 편안하다. 편히 쉬다. ¶燕息 3. 연나라. ㉠주대(周代)의 제후국인 남연(南燕). ㉡춘추 전국 시대 칠웅(七雄)의 하나인 후연(後燕). 4. 잔치. 주연(酒宴).

燕居(연거) 한가하게 집에 있는 동안.
燕麥(연맥) 귀리.
燕尾服(연미복) 저고리 뒤가 길게 내려오고 두 갈래로 째져서 제비 꼬리처럼 되어 있는 남자의 예복.
燕雀(연작) 1)제비와 참새. 2)도량이 좁은 사람. 소인(小人).

燄 ⑫ 16획　🇯🇵エン・ひ　불꽃 염　🇨🇳yàn

풀이 불꽃. ¶燄火

燄火(염화) 1)불꽃. 2)불꽃처럼 붉은 꽃. 3)헐뜯는 말이 격렬함을 이르는 말.

燁 ⑫ 16획　🇯🇵ヨウ・かがやく　빛날 엽　🇨🇳yè

풀이 빛나다. 반짝이다.
燁燁(엽엽) 번쩍번쩍 빛나는 모양.
참고 曜(빛날 요) 炯(빛날 형) 奐(빛날 환)

熾 ⑫ 16획　🇯🇵シ・さかん　성할 치　🇨🇳chì

*형성. 뜻을 나타내는 부수 '火(불 화)'와 음을 나타내는 부수 이외의 글자.

풀이 성하다. 불길이 세다. ¶熾盛
熾烈(치열) 1)세력이 불길처럼 맹렬함. 2)불길이나 햇볕이 매우 성함.
비 識(알 식)

熹 ⑫ 16획　🇯🇵キ　성할 희　🇨🇳xī

풀이 1. 성하다. 왕성하다. 2. 밝다. 3. 아름답다.

熹微(희미) 햇빛이 흐릿함.
비 憙(기뻐할 희)

熺 ⑫ 16획
熹(p457)와 同字

爕 ⑬ 17획　🇯🇵ショウ・やわらぐ　불꽃 섭　🇨🇳xiè

풀이 1. 불꽃. 2. 조화하다.
爕理(섭리) 화합하여 다스림. 음양을 고르게 다스림.
비 變(변할 변)

燧 ⑬ 17획　🇯🇵スイ・ひうち　부싯돌 수　🇨🇳suì

풀이 1. 부싯돌. ¶燧石 2. 봉화. ¶燧烟
燧石(수석) 부싯돌.
燧火(수화) 1)부싯돌로 일으킨 불. 2)햇불.

營 ⑬ 17획　🇯🇵エイ・いとなむ　경영할 영　🇨🇳yíng

`⺌⺌⺌⺌⺌⺌ 𭤆 𭤆 𭤆 𭤆 𭤆 營 營 營 營`

*형성. 뜻을 나타내는 '宮(대궐 궁)'과 음을 나타내는 熒(등불 형)의 생략형을 합친 글자. 화톳불(火)로 둘러싸인 건물(宮)을 나타내어 진영의 뜻으로 쓰임.

풀이 1. 경영하다. 2. 다스리다. 3. 짓다. ¶營建 4. 진영. ¶營壘
營農(영농) 농사짓기.
營利(영리) 이득이나 이익을 목적으로 하는 것.
營業(영업) 영리를 목적으로 하는 사업.
營倉(영창) 군대에서 규율을 어긴 자를 가두는 건물. 또는 거기에 가두는 처벌.
[비] 螢(반딧불 형)

燠 ⑬ 17획 따뜻할 욱 [日]イク·オウ [中]do, yù

[풀이] 따뜻하다. 온난하다. ¶燠寒
燠寒(욱한) 따뜻함과 추움.

燥 ⑬ 17획 마를 조 [日]ソウ·かわく [中]zào

* 형성. 뜻을 나타내는 부수 '火(불 화)'와 음을 나타내는 '喿(새 떼 지어 울 소)'를 합친 글자.

[풀이] 1. 마르다. 2. 말리다.
燥渴(조갈) 목이 몹시 마름.
燥濕(조습) 바싹 마름과 축축히 젖음.
燥熱(조열) 1)바싹 마르고 더움. 2)마음이 답답하고 몸에 열이 남.
乾燥(건조) 습기가 물기가 없이 마른 상태.

燦 ⑬ 17획 빛날 찬 [日]サン·あきらか [中]càn

[풀이] 빛나다.
燦爛(찬란) 광채가 번쩍번쩍하고 환함. 영롱하고 현란함.
燦然(찬연) 눈부시게 빛나는 모양.

燭 ⑬ 17획 촛불 촉 [日]ショク·ソク·ともしび [中]zhú

* 형성. 뜻을 나타내는 부수 '火(불 화)'와 음을 나타내는 '蜀(나라 이름 촉)'을 합친 글자.

[풀이] 1. 촛불. 등불. ¶燭光 2. 화톳불. 3. 비추다. 비치다. ¶燭夜
燭光(촉광) 1)촛불의 빛. 2)빛의 세기를 나타내는 단위.
燭臺(촉대) 촛대.
燭淚(촉루) 촛농.
燭火(촉화) 촛불.
華燭(화촉) 1)색을 들인 밀초. 화려한 등화(燈火). 2)혼례 의식에서의 등화. 혼례.
[비] 獨(홀로 독) 濁(흐릴 탁)

燾 ⑭ 18획 비출 도 [日]トウ·てらす [中]dào, tāo

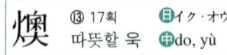

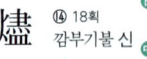

[풀이] 1. 비추다. 2. 덮다. ¶燾育
燾育(도육) 덮어 잘 보호하여 기름.
[비] 壽(목숨 수)

燼 ⑭ 18획 깜부기불 신 [日]ジン·もえのこり [中]lǎn

[풀이] 1. 깜부기불. 불꽃이 거의 없어 꺼져 가는 불. 2. 나머지. ¶燼餘
燼滅(신멸) 1)불타 없어짐. 2)멸망하여 몽땅 없어짐.

燿 ⑭ 18획 빛날 요 [日]ヨウ·かがやく [中]shào, shuò, yào

[풀이] 빛나다. 비추다. ¶燿德
燿德(요덕) 덕(德)을 빛나게 함. 덕을 밝게 함.
[유] 耀(빛날 요)

爀 ⑭ 18획 붉을 혁 [日]カク [中]hè

[풀이] 붉다. 불빛이 붉다.
[유] 赫(붉을 혁)

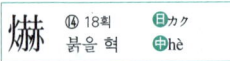

燻 ⑭ 18획
연기 낄 훈
日 クン
中 xūn

풀이 1. 연기가 끼다. 2. 불길이 치솟다. 불이 성한 모양.

동 薰(연기 낄 훈)

爆 ⑮ 19획
터질 폭
日 ハク・ホウ・さける
中 bào

火火炉炉焊焊焊爆爆爆爆

* 형성. 뜻을 나타내는 부수 '火(불 화)'와 음을 나타내는 '暴(사나울 폭)'을 합친 글자.

풀이 터지다. 폭발하다. ¶爆擊

爆擊(폭격) 항공기가 폭탄을 떨어뜨려 어떤 목표물을 쳐부숨.
爆笑(폭소) 갑자기 터져 나오는 웃음.
爆藥(폭약) 화학적 변화로 인해 높은 온도의 가스를 내며 폭발하는 물질.
爆彈(폭탄) 폭약을 장치한 탄환.
爆破(폭파) 폭발시켜 부숨.
自爆(자폭) 자기가 지닌 폭발물을 스스로 폭발시킴.

비 瀑(폭포 폭)

爐 ⑯ 20획
화로 로(노)
日 ロウ
中 lú

火炉炉炉炉炉炉炉炉炉炉爐爐爐

* 형성. 뜻을 나타내는 부수 '火(불 화)'와 음을 나타내는 '盧(검을 로)'를 합친 글자.

풀이 화로. 난로. ¶爐灰

爐口(노구) 1)돌과 흙으로 쌓은 부뚜막의 아궁이. 2)용광로 등의 아가리.
爐邊(노변) 화롯가.

爔 ⑯ 20획
불 희
日 キ・ギ
中 xī

풀이 1. 불. 2. 햇빛. 일광.

동 火(불 화)

爛 ⑰ 21획
문드러질 란(난)
日 ただれる
中 làn

* 형성. 뜻을 나타내는 부수 '火(불 화)'와 음을 나타내는 '闌(가로막을 란)'을 합친 글자.

풀이 1. 문드러지다. 2. 무르익다. 3. 빛나다. 번쩍번쩍하다. ¶爛爛

爛漫(난만) 1)꽃이 만발하여 화려함. 2)화려한 광채가 넘쳐 흐르는 모양. 3)땀이 흩어져 성함.
爛發(난발) 꽃이 한창 흐드러지게 핌.
爛熟(난숙) 1)과실 등이 무르익음. 2)충분히 그 일에 통달함. 3)더할 나위 없이 발전하거나 성숙함.
絢爛(현란) 눈이 부시도록 빛나고 아름다움.

爨 ㉕ 29획
불 땔 찬
日 サン・かまど
中 cuàn

풀이 1. 불을 때다. 밥을 짓다. ¶爨炊
2. 부뚜막.

爨炊(찬취) 밥을 지음.

爪부

爪(爫) 손톱 조 部

'爪'자는 손가락이 아래를 향해 무엇인가를 잡으려는 모양에서 '손톱'을 나타낸 글자로, '爭'이나 '爲'자에서처럼 글자의 위에 쓰일 때는 '손톱조머리'라는 부수 명칭으로 쓰인다. '爪'자는 손톱 외에 짐승의 '발톱' 또는 '잡다', '긁다'의 뜻으로도 쓰인다. 이 글자를 부수로 갖는 글자는 대부분 손을 이용한 활동과 관련이 있다.

爪	⓪ 4획 손톱 조	🇯🇵 ソウ・つめ 🇨🇳 zhǎo, zhuǎ

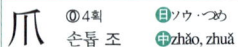

*상형. 손바닥을 아래로 하여 물건을 집어 올리는 모양을 본뜬 글자.

풀이 1. 손톱. ¶指爪 2. 할퀴다.

爪甲(조갑) 손톱 또는 발톱.
爪痕(조흔) 손톱이나 발톱으로 할퀸 흔적.

비 瓜(오이 과)

爭	④ 8획 다툴 쟁	🇯🇵 ソウ・あらそう 🇨🇳 zhēng

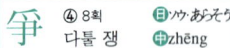

*회의. 손爪과 손又이 어떤 물건(丨)을 서로 빼앗으려고 하는 모습을 나타내어, '다투다'의 뜻으로 쓰임.

풀이 1. 다투다. 싸우다. 다투게 하다. ¶爭權 2. 간하다. ¶爭子

爭論(쟁론) 서로 다투어 토론함. 또는 그 토론.
爭議(쟁의) 1)서로 제 의견을 주장하여 다툼. 2)지주와 소작인, 사용자와 노동자 등의 사이에 생기는 분쟁.
爭點(쟁점) 쟁송(爭訟)의 중심이 되는 점.
爭取(쟁취) 겨루어 싸워서 얻음.
爭奪(쟁탈) 서로 다투어 빼앗음.
競爭(경쟁) 서로 앞서거나 이기려고 다툼.
戰爭(전쟁) 국가 또는 교전 단체 사이에 무력을 써서 행하는 싸움.

동 戰(싸울 전) **반** 和(화할 화)

爬	④ 8획 긁을 파	🇯🇵 ハ・かく 🇨🇳 pá

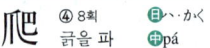

풀이 1. 긁다. ¶爬搔 2. 기다. 기어가다. ¶爬行 3. 잡다.

爬蟲(파충) 파충류에 속하는 동물.
爬行(파행) 벌레·뱀 등이 땅에 몸을 대고 기어다님.

爰	⑤ 9획 이에 원	🇯🇵 エン・ここに 🇨🇳 yuán

풀이 1. 이에. 이에 있어서. 2. 바꾸다. 교환하다. 3. 느긋하다. 느슨하다.

爲	⑧ 12획 할 위	🇯🇵 イ・ためす・なす 🇨🇳 wéi, wèi

*상형. 손으로 코끼리를 끄는 모습을 본뜬 글자. 코끼리를 부려 일을 시키는 데서 '일하다'의 뜻으로 쓰임.

풀이 1. 하다. 행하다. ¶爲政 2. 만들다. 제작하다. 3. 생각하다. 4. 행위. 5. 되다. 성취하다. 6. 위하다. …을 위하여. ¶爲民 7. 하여금. …하게 하다.

爲始(위시) 여럿 중에서 어떤 대상을 첫째로 삼음.
爲人(위인) 1)사람됨. 2)됨됨이로 본 그 사람.
爲政(위정) 정치를 함.
爲主(위주) 1)주인이 됨. 2)주로 함. 으뜸으로 삼음.
當爲(당위) 마땅히 있어야 하는 것. 혹은 마땅히 행하여야 하는 것.

爵	⑭ 18획 벼슬 작	🇯🇵 シャク・サク ・さかずき 🇨🇳 jué, què

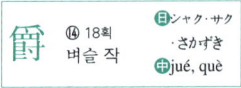

*상형. 새 형상의 술잔을 본뜬 글자. 천자(天子)가 제후를 봉할 때 이 잔을 하사했기 때문에 '작위'의 뜻으로 쓰임.

풀이 1. 벼슬. 작위. ¶爵位 2. 술잔. 참새 부리 모양의 잔.

爵祿(작록) 관작과 봉록.
爵位(작위) 벼슬과 지위.

동 官(벼슬 관)

父부

父 아비 부 部

'父'자는 도끼와 같은 도구를 손에 쥐고 사냥 등의 생산 활동을 통해 가족을 부양하는 남자라는 의미에서 '아비', 또는 '남자'를 뜻한다. 그리고 부친(父親)이나 친족 어른, 나이가 많은 사람을 높일 때도 쓰인다.

⓪ 4획
❶ 아비 부 日 フ·ホ·ちち
❷ 자 보 ⊕ fǔ, fù

ノ ハ グ 父

* 상형. 손에 돌도끼를 든 형상을 본뜬 글자. 이에 돌도끼를 가지고 사냥이나 전투를 하는 '성인 남자'를 가리키다가, 바뀌어 '아비'의 뜻으로 쓰임.

풀이 ❶ 1. 아비. 아버지. ¶父親 2. 어르신. 연로한 사람의 경칭. ¶父老 ❷ 3. 자(字). 남자의 미칭(美稱)

父女 (부녀) 아버지와 그 딸.
父母 (부모) 아버지와 어머니. 어버이.
父王 (부왕) 아버지인 임금.
父子 (부자) 아버지와 아들.
父傳子傳 (부전자전) 대대로 아버지가 아들에게 전함.
父親 (부친) 아버지.
師父 (사부) 1)스승의 높임말. 2)스승과 아버지.
동 夫 (지아비 부)
반 母 (어미 모) 子 (아들 자)

⑨ 13획
아비 야 日 ヤ·ちち
⊕ yé

풀이 1. 아비. 아버지. ¶爺爺 2. 어르신네. 웃어른. ¶好好爺

爺爺 (야야) 1)아버지의 존칭. 2)연장자에 대한 존칭. 대인(大人). 3)할아버지의 속칭.

爻부

爻 효 효 部

'爻'자는 가로와 세로로 교차된 모양이 길흉을 점쳤을 때 나온 괘(卦)의 모양과 비슷하여 '점괘'를 뜻한다. 따라서 교차된 무늬라는 의미에서 '섞이다'나 교차된 물건을 나타내기도 한다.

⓪ 4획
효 효 日 コウ·まじわる
⊕ xiáo, yáo

* 지사. 점괘의 괘가 서로 겹쳐서 '교차하다'의 뜻을 나타냄.

풀이 효. 육효(易)의 괘(卦)를 이룬 여섯 개의 가로 그은 획으로 '━'는 양(陽), '╌'는 음(陰)을 뜻함. ¶爻象

爻象 (효상) 1)주역(周易)의 효사(爻辭)와 상사(象辭)를 풀어 놓은 말. 괘상(卦象). 2)좋지 못한 물꼴.
數爻 (수효) 사물의 낱낱의 수.

⑤ 9획
俎(p37)의 譌字

⑦ 11획
시원할 상 日 ソウ·さわやか
⊕ shuǎng

풀이 1. 시원하다. ¶爽明 2. 밝다. 날이 밝다. 3. 굳세다.

爽涼 (상량) 산뜻하고 시원함. 기후가 서늘함.
爽快 (상쾌) 마음이 아주 시원하고 거뜬함.

爾

爾 ⑩ 14획
너 이
🇯 ジ・ニ・なんじ, しかり
🇨 ěr

* 상형. 꽃이 만발한 꽃가지가 아래로 늘어진 모양을 본뜬 글자. 가차하여 '너'의 뜻으로 쓰임.

【풀이】 1. 너. 2인칭 대명사. ¶爾汝 2. 그. 그것. 3. 어조사. ㉠의문문을 나타냄. ㉡어조(語調)를 고름.

爾來(이래) 요사이. 근래.
爾汝(이여) 너. 친한 사이의 이인칭(二人稱). 또는 남을 낮추어 부르는 말.

爿 부

爿 장수장변 部

'爿'자는 나무의 중간 부분을 나눈 왼쪽 조각을 나타내어 '나뭇조각'을 뜻한다. 將(장수 장)자의 옆에 쓰인 모양과 비슷하여 '장수장변'이라는 부수 명칭으로 쓰인다. '爿'자는 '평상'의 뜻으로도 쓰였으나 단독의 문자로 사용되지 않고 부수(部首)로서의 역할만 한다.

爿 ⓪ 4획
나뭇조각 장
🇯 ヵ
🇨 pán, qiǎng

【풀이】 1. 나무 조각. 2. 평상.

牀 ④ 8획
평상 상
🇯 ショウ・ジョウ・とこ
🇨 chuáng

* 형성. 음과 뜻을 함께 나타내는 부수 '爿'(나뭇조각 장)과 '木'(나무 목)을 합친 글자. 나무(木)로 만든 평상(爿)을 나타낸다.

【풀이】 평상. 침상.

牀頭(상두) 침대의 언저리. 침상의 근처.

牀榻(상탑) 깔고 앉거나 눕거나 하는 데 쓰는 제구(諸具). 걸상·침대 등.
寢牀(침상) 1)누워 자게 만든 평상. 2)침대.
平牀(평상) 좁은 나무오리나 널빤지로 바닥을 만든 침상.

牆 ⑬ 17획
墙(p153)의 本字

片 부

片 조각 편 部

'片'자는 나무의 중간 부분을 나눈 오른쪽 조각이라 하여 '조각'이라는 뜻을 지닌다. 또한 편도(片道)에서처럼 '한 편'이나, 편린(片鱗)처럼 '미세한 것'을 나타내기도 한다. 이 글자를 부수로 갖는 글자는 주로 평평한 나무 조각이나 그러한 사물과 관련이 있다.

片 ⓪ 4획
조각 편
🇯 ヘン・かた
🇨 piàn, piàn

丿 丿' 片 片

* 지사. 나무를 둘로 쪼개었을 때의 오른쪽 조각을 나타낸 글자로, '조각'의 뜻으로 쓰임.

【풀이】 1. 조각. ㉠나뭇조각. ㉡얇고 납작한 조각. ¶片雲 2. 쪽. 한쪽. 한 부분. ¶片道 3. 짧은 간단한.

片刻(편각) 짧은 시간. 잠시.
片道(편도) 가고 올 때의 한쪽 길.
片鱗(편린) 1)한 조각의 비늘. 2)극히 작은 부분.
片肉(편육) 얇게 저민 수육.
片紙(편지) 소식을 전하기 위해 남에게 보내는 글.

[片 4~15획] 版牉牋牌牒牔牓牖牘

版 ④ 8획
널 판
日ハン・ふだ
中bǎn

丿丿丿丬丬版版版

*형성. 뜻을 나타내는 부수 '片(조각 편)'과 음을 나타내는 '反(뒤집을 반)'을 합친 글자.

[풀이] 1. 널. 널빤지. 2. 판목(版木). ¶版木 3. 호적. ¶版尹

版局(판국) 1)어느 사건이 벌어진 판. 2)집푯 또는 산소 자리의 위치와 형국.

版權(판권) 1)책이나 문서 출판에 관한 이익을 독점하도록 인정하는 재산상의 권리. 2)판권장.

版圖(판도) 1)한 나라의 영지(領地). 영토(領土). 2)어떤 세력이 미치는 범위나 영역.

版勢(판세) 판국의 형세.

版畫(판화) 목판·석판·동판 등으로 찍어낸 그림.

牉 ⑤ 9획
나눌 반
日ハン・わける
中pàn

[풀이] 1. 나누다. 2. 절반. 반쪽.

牉合(반합) 반쪽이 합하여 하나가 되는 일. 곧, 부부(夫婦)가 되는 일.

참고 分(나눌 분) 割(나눌 할)

牋 ⑧ 12획
장계 전
日セン・ふだ
中jiān

[풀이] 1. 장계. 관리가 글로 써서 올리던 보고서. ¶牋奏 2. 편지. 서신. 3. 종이.

牋奏(전주) 임금에게 올리는 글.

牌 ⑧ 12획
패 패
日ハイ・ふだ
中pái

*형성. 뜻을 나타내는 부수 '片(조각 편)'과 음을 나타내는 '卑(낮을 비)'를 합친 글자.

[풀이] 1. 패. 2. 간판. ¶牌牓 3. 위패. 4. 방패.

牌木(패목) 팻말.

牌子(패자) 조선 시대에, 높은 사람이 낮은 사람에게 권한을 위임하던 공식 문서.

門牌(문패) 주소나 성명을 적어 대문에 다는 패.

牒 ⑨ 13획
편지 첩
日チョウ・ふだ
中dié

[풀이] 1. 편지. 서찰. 2. 계보. 3. 공문서. ¶牒案 4. 명부. 장부.

牒報(첩보) 서면으로 상관에게 보고함. 또는 그 보고.

牔 ⑩ 14획
박공 박
日ハク・のきいた
中bó

[풀이] 박공(牔栱). 맞배지붕 양쪽에 '八'자 모양으로 붙인 두꺼운 널빤지.

牓 ⑩ 14획
패 방
日ホウ・ボウ・かけふだ
中bǎng

[풀이] 1. 패. 게시판. 2. 방을 붙이다.

牓子(방자) 1)천자를 알현(謁見)하기 위하여 사유와 이름을 적어 내는 서찰(書札). 2)명함.

牖 ⑪ 15획
창 유
日ユウ・まど
中yǒu

[풀이] 1. 창. 2. 인도하다. ¶牖民

牖戶(유호) 들창과 문. 창문과 입구.

牘 ⑮ 19획
편지 독
日トク・ふだ
中dú

*형성. 뜻을 나타내는 부수 '片(조각 편)'과 음을 나타내는 '賣(행상할 육)'을 합친 글자.

[풀이] 1. 서찰. 편지. 2. 책. 문서. 3. 서판(書板). 글씨를 쓰는 나뭇조각.

簡牘(간독) 옛날 글씨를 쓰는 데 사용

하던 대쪽과 얇은 나무쪽.
비 讀(읽을 독)

牙부

牙 어금니 아 部

'牙'자는 '어금니'를 뜻하는 글자로, 의미가 확대되어 '이'를 나타낸다. 또한 '상아(象牙)'나 대장기를 나타내기도 한다. '牙'를 부수로 하는 글자는 이와 관련된 뜻을 갖는다.

牙 ⓪4획 日 ガ
어금니 아 中 yá

\` 二 壬 牙

*상형. 어금니가 위아래로 맞물린 모양을 본뜬 글자.

풀이 1. 어금니. ¶牙齒 2. 대장기. 천자나 대장이 세우는 기.

牙器(아기) 상아로 만든 그릇.
牙輪(아륜) 톱니바퀴.
牙箏(아쟁) 대쟁(大箏)과 비슷하나 그보다 작은 7현 악기.
牙齒(아치) 어금니.

牛부

牛(牜) 소 우 部

'牛'자는 소의 뿔과 머리 모양을 나타내어 '소'를 뜻하는 글자로, 모든 소의 통칭으로도 사용되지만 제사를 지낼 때 소가 최고의 희생물이었기에 '희생'을 뜻하기도 한다. 이 글자를 부수로 갖는 글자는 소나 가축과 관련된 뜻을 지닌다.

牛 ⓪4획 日 ギュウ·ゴ·うし
소 우 中 niú

 牛

*상형. 뿔이 달린 소의 머리 모양을 본뜬 글자.

풀이 1. 소. ¶牛舌 2. 별 이름. ¶牛女
牛角(우각) 쇠뿔.
牛馬(우마) 소와 말.
牛市場(우시장) 소를 팔고 사는 곳.
牛乳(우유) 암소에서 짜낸 젖.
牛耳讀經(우이독경) 쇠귀에 경 읽기.
비 午(낮 오)

牟 ②6획 日 ボウ·ム
소우는소리 모 中 móu, mù

*회의. 소(牛)의 입에서 기운이 나오는(厶) 것을 나타내어, '소가 우는 소리'의 뜻으로 쓰임.

풀이 1. 소가 우는 소리. ¶牟然 2. 보리. 3. 탐내다. 탐하다. ¶牟利
牟利(모리) 도덕과 의리는 생각지 않고 이익만을 꾀함.
牟麥(모맥) 밀과 보리.

牝 ②6획 日 ヒン·めす
암컷 빈 中 pìn

풀이 암컷. ¶牝鹿
牝鷄(빈계) 암탉.
牝牡(빈모) 길짐승의 암놈과 수놈.
반 牡(수컷 모) **비** 牧(칠 목)

牢 ③7획 日 ロウ·ひとや
우리 뢰(뇌) 中 láo

*회의. 소(牛)가 갇혀 있는 집(宀)을 나타내어 '우리'의 뜻으로 쓰임.

풀이 1. 우리. 짐승을 가두어 기르는 곳. ¶亡羊補牢 2. 감옥. 3. 굳다. 견고하다. ¶牢約
牢固(뇌고) 단단하고 굳음. 아주 튼튼함.
牢死(뇌사) 옥중에서 죽음. 옥사(獄死).

牡 ③ 7획 수컷 모
日ボウ·ボ·おす
中mǔ

*회의. 수컷의 성기(土)가 있는 소(牛), 즉 '수소'를 나타낸 글자. 의미가 확대되어 '수컷'의 뜻으로 쓰임.

풀이 수컷. ¶牡牛

牡丹(모란) 작약과에 속하는 낙엽 활엽 관목.

牡牛(모우) 소의 수컷. 수소.

비 牝(암컷 빈)

牣 ③ 7획 찰 인
日ジン·みちる
中rèn

풀이 1. 차다. 가득하다. 2. 더하다. 3. 질기다.

牧 ④ 8획 칠 목
日ボク·まき
中mù

丿一十牛 牜 牛' 牧 牧

*회의. 소(牛)를 매로 치는(攵) 것을 나타내어, 가축을 기르다, '치다'의 뜻으로 쓰임.

풀이 1. 치다. 기르다. 2. 다스리다. 3. 벼슬 이름. ¶牧伯

牧童(목동) 말·소를 먹이는 아이. 목장에서 일하는 아이.

牧民官(목민관) 지방 장관.

牧師(목사) 1)목장을 맡아보던 벼슬. 2)기독교에서 교회의 관리 및 신도의 지도 등 교역(敎役)에 종사하는 사람.

牧場(목장) 소나 말 등의 가축을 기르는 곳.

牧畜(목축) 소·양·말 등을 기름.

放牧(방목) 가축을 놓아기름.

物 ④ 8획 만물 물
日ブツ·モツ·もの
中wù

丿一十牛 牜 牛'物 物

*형성. 뜻을 나타내는 부수 '牛(소 우)'와 음을 나타내는 '勿(없을 물)'을 합친 글자.

풀이 1. 만물. 물건. 천지 사이에 존재하는 온갖 물건. ¶物件 2. 일. 3. 보다. 살펴보다.

物件(물건) 1)일정한 형태를 갖추고 있는 모든 물질적 존재. 2)사고파는 물품.

物理(물리) 1)만물의 이치. 2)물리학의 준말.

物色(물색) 1)물건의 빛깔. 2)어떤 표준이 되는 만할 만한 사람이나 물건을 찾아 고름. 3)까닭이나 형편.

物慾(물욕) 금전이나 재산 등의 물건에 대한 욕심.

物資(물자) 1)물건을 만드는 자료. 2)물품. 물건.

物體(물체) 1)물질이 모여서 이루는 공간적인 형체. 2)감각·정신이 없는 유형의 물질.

物品(물품) 사용의 가치가 있는 물건.

萬物(만물) 1)온갖 물건. 2)세상에 존재하는 모든 것.

牲 ⑤ 9획 희생 생
日セイ·いけにえ
中shēng

풀이 희생(犧牲). 제사에 쓰는 짐승의 통칭.

牲幣(생폐) 희생(犧牲)과 폐백(幣帛).

비 姓(성 성)

牴 ⑤ 9획 닿을 저
日テイ·ふれる
中dǐ

풀이 닿다. 부딪치다. ¶牴觸

牴觸(저촉) 1)서로 부딪힘. 2)법을 침범하여 걸려듦.

特 ⑥ 10획 특별할 특
日トク·ドク· ひとり·ことに
中tè

丿一十牛 牜 牛'牜牛 牛丰 特 特

*형성. 뜻을 나타내는 부수 '牛(소 우)'와 음

을 나타내는 '寺(절 사)'를 합친 글자.

[풀이] 1. 특별하다. ¶特別 2. 홀로. 혼자. ¶特操 3. 수소.

特權(특권) 일부의 사람만 특별히 누리는 권리나 이익.

特例(특례) 특별한 예.

特命(특명) 1)특별한 명령. 2)특별한 임명.

特別(특별) 일반과 다름. 보통이 아님.

特性(특성) 특별히 다른 성질. 특질.

特異(특이) 보통 것보다는 특별히 다름.

特徵(특징) 1)특별히 눈에 띄는 점. 2)특별히 불러내어 우대하는 것.

特出(특출) 남보다 특별히 뛰어남.

特惠(특혜) 특별히 베푸는 은혜.

牽	⑦ 11획 끌 견	[日]ケン·ひく [中]qiān

丶 亠 ナ 玄 玄 丞 來 夾 奎 牽 牽

* 형성. 뜻을 나타내는 부수 '牛(소 우)'와 '冖(덮을 멱)' 및 음을 나타내는 '玄(검을 현)'을 합친 글자. 소(牛)의 코뚜레(冖)에 맨 줄(玄)을 잡아 끄는 것을 나타내어, '끌다'의 뜻을 나타냄.

[풀이] 1. 끌다. 이끌다. 2. 강제하다. 억지로 시키다.

牽強附會(견강부회) 이치에 맞지 않는 말을 억지로 끌어 붙여 자기 주장의 조건이나 조리에 맞도록 함.

牽引(견인) 끌어당김.

牽制(견제) 끌어당기어 자유로운 행동을 하지 못하게 함.

犁	⑦ 11획 犂(p466)와 同字

犂	⑧ 12획 ❶ 쟁기 려(여) [日]レイ·リ·すき ❷ 얼룩소 리(이) [中]lí

[풀이] [1] 1. 쟁기. 2. 밭 갈다. 쟁기질하다. [2] 3. 얼룩소. ¶犂牛之子

犂牛之子(이우지자) 1)얼룩소의 새끼. 2)아버지가 나쁘다 할지라도 자식이 현명하면 등용됨을 이르는 말.

犇	⑧ 12획 달아날 분	[日]ホン·はしる [中]bēn

[풀이] 1. 달아나다. 2. 소가 놀라다.

犇潰(분궤) 달아나 헤어짐. 흩어져 없어짐.

[유] 奔(달릴 분)

犀	⑧ 12획 무소 서	[日]セイ·サイ [中]xī

[풀이] 무소. 코뿔소. ¶犀利

犀角(서각) 1)무소의 뿔. 2)이의 윗부분이 튀어나온 귀인의 상(相).

犀利(서리) 견고하고 날카로움.

犖	⑩ 14획 얼룩소 락(낙)	[日]ラク [中]luò

[풀이] 1. 얼룩소. 2. 뛰어나다. 훌륭하다. ¶犖然

犖然(낙연) 탁월한 모양. 뛰어난 모양.

犒	⑩ 14획 호궤할 호	[日]コウ·ねぎらう [中]kào

[풀이] 호궤하다. 음식을 보내어 군사를 위로함. ¶犒饋

犒饋(호궤) 군사에게 음식을 주어 위로함.

犛	⑪ 15획 검정소 리·모	[日]リ·ミウ [中]lí

[풀이] 검정소. 야크(yak).

犛牛(이우/모우) 소의 한 가지. 야크.

犠 ⑬ 17획
犧(p467)의 俗字

犢 ⑮ 19획
🇯 トク・こうし
🇨 dú
송아지 독

풀이 송아지.
犢車 (독거) 송아지가 끄는 수레
犢牛 (독우) 송아지.
🔗 犝(송아지 동)

犧 ⑯ 20획
🇯 キ・ギ・いけにえ
🇨 suō, xī
희생 희

풀이 희생. 종묘(宗廟) 등의 제사에 쓰는 짐승. ¶犧牲
犧牲 (희생) 1)제물로 쓰는 소·양·돼지 등의 짐승. 2)남을 위하여 목숨·재물·권리 등을 버리거나 빼앗김. 3)뜻밖의 재난 등으로 헛되이 목숨을 잃음.
犧牷 (희전) 온전한 희생.
🔗 牷(희생 전) 牲(희생 생)

犬부

犬(犭) 개 견부

'犬'자는 개의 모양을 나타내어 '개'를 뜻하는 글자로, 독(獨)처럼 글자 좌측 모양(犭)으로 쓰여 '개사슴록변'이라는 부수 명칭으로 쓰인다. '犬'자는 충직하고 인간 생활과 관계 깊은 동물의 의미로도 사용되지만, 하찮은 것을 비유할 때에도 사용되어 경멸의 뜻을 나타내기도 한다. 이 글자를 부수로 갖는 글자는 일반적으로 개를 비롯한 동물의 특성과 관련이 있다.

犬 ⓪ 4획
🇯 ケン・いぬ
🇨 quǎn
개 견

一ナ大犬

*상형. 개의 옆모습을 본뜬 글자.

풀이 개. ¶犬猿

犬馬之勞 (견마지로) 1)임금이나 나라에 정성껏 충성을 함. 2)윗사람에게 대하여 자기의 노력을 겸손하게 표현하는 말.
犬猿 (견원) 1)개와 원숭이. 2)서로 사이가 나쁜 두 사람.
犬齒 (견치) 송곳니.
🔗 狗(개 구) 🔀 大(큰 대) 太(클 태)

犯 ② 5획
🇯 ハン・おかす
🇨 fàn
범할 범

ノ ㇒ 犭 犭 犯

*형성. 뜻을 나타내는 부수 '犭(犬:개 견)'과 음을 나타내는 '㔾(범)'을 합친 글자.

풀이 1. 범하다. 죄를 저지르다. 2. 거스르다. 거역하다. 3. 범죄. 죄. ¶犯罪 4. 범인. 죄인. ¶殺人犯

犯法 (범법) 법을 범함.
犯接 (범접) 가까이 범하여 접촉함.
犯罪 (범죄) 죄를 저지름. 또는 그 죄.
犯行 (범행) 범죄 행위를 함. 또는 그런 행위.
防犯 (방범) 범죄를 방지함.
🔀 氾(넘칠 범)

狀 ③ 7획
狀(p468)의 俗字

狂 ④ 7획
🇯 キョウ・くるう
🇨 kuáng
미칠 광

ノ ㇒ 犭 犭 犭 犴 狂

*형성. 뜻을 나타내는 부수 '犭(犬:개 견)'과

음을 나타내는 '王(임금 왕)'을 합친 글자.

[풀이] 1. 미치다. ¶狂氣 2. 사납다. 기세가 맹렬하다. ¶狂奔 3. 미치광이.

狂氣(광기) 1)미친 증세. 2)사소한 일에 화내고 소리치는 사람의 기질.
狂亂(광란) 미친 듯이 날뜀.
狂奔(광분) 1)어떤 일을 꾀하여 미친 듯이 날뜀. 2)미친 듯이 달아남.
狂風(광풍) 미친 듯이 사납게 부는 바람.
熱狂(열광) 너무 좋아서 미친 듯이 날뜀.

狃 ④ 7획 日ジュウ·なれる 中niǔ, nù
익을 뉴

[풀이] 1. 익다. 익숙하다. 2. 익히다.

狀 ④ 8획 日ジョウ·かたち 中zhuàng
❶ 형상 상
❷ 문서 장

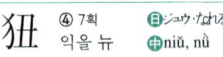

* 형성. 뜻을 나타내는 부수 '犬(개 견)'과 음을 나타내는 '爿(나뭇조각 장)'을 합친 글자.

[풀이] ❶ 1. 모습, 모양, 형태. ¶狀態 2. 문서. ¶狀元 3. 편지.
狀態(상태) 현재의 모양이나 형편.
狀況(상황) 형편과 모양.
狀啓(장계) 감사(監司)나 임금의 명을 받고 지방에 나간 벼슬아치가 임금에게 글로 하는 보고.
狀元(장원) 1)과거의 갑과(甲科)에서 수석으로 급제한 사람. 2)시험 성적이 첫째로 뽑힌 사람.

狄 ④ 7획 日テキ·えびす 中dí
오랑캐 적

[풀이] 오랑캐. 중국 북방의 이민족.

狗 ⑤ 8획 日コウ·ク·いぬ 中gǒu
개 구

* 형성. 뜻을 나타내는 부수 '犭(犬:개 견)'과 음을 나타내는 '句(구절 구)'를 합친 글자.

[풀이] 개. 강아지.

狗尾續貂(구미속초) 담비 꼬리가 모자라 개 꼬리로 이음. 훌륭한 것 뒤에 보잘것없는 것이 뒤따름, 또는 관작을 함부로 줌을 이르는 말.
狗肉(구육) 개고기.
狗皮(구피) 개의 가죽.
유 犬(개 견)

狎 ⑤ 8획 日コウ·なれる 中xiá
익숙할 압

[풀이] 1. 익숙하다. 2. 무람하다. 친하다. ¶親狎 3. 업신여기다. ¶狎侮

狎近(압근) 무람없이 남에게 다가붙음. 또는 가까이하여 귀여워함.
狎褻(압설) 너무 사이가 가까워 예의가 없음.
親狎(친압) 버릇없이 너무 지나치게 친한 것.

狙 ⑤ 8획 日ソ·ショねらう 中jū
긴팔원숭이 저

[풀이] 1. 긴팔원숭이. 2. 노리다. 기회를 엿보다. ¶狙擊
狙擊(저격) 노리고 겨냥하여 냅다 치거나 쏘거나 함.
狙公(저공) 원숭이를 기르는 사람.
[비] 狚(짐승 이름 단)

狐 ⑤ 8획 日コ·きつね 中hú
여우 호

[풀이] 여우.
狐假虎威(호가호위) 여우가 호랑이의 위세를 가장한다는 뜻으로, 소인배가 권력을 등에 지고 멋대로 굶을 이르는 말.

[犬 6~7획] 独 狡 狩 狠 狷 狼 狸 狻 狽 狹

狐疑(호의) 의심하여 결정하지 못함.
九尾狐(구미호) 1)오래 묵어서 꼬리가 아홉 개 달렸다는 여우. 2)교활한 사람.
비 孤(외로울 고)

独 ⑥ 9획
獨(p472)의 俗字

狡 ⑥ 9획 日コウ ⊕jiǎo
간교할 교

*형성. 뜻을 나타내는 부수 '犭(犬:개 견)'과 음을 나타내는 '交(사귈 교)'를 합친 글자.
풀이 간교하다. 교활하다. ¶狡猾
狡童(교동) 1)교활한 아이. 2)얼굴은 예쁘나 마음이 비뚤어진 아이.
狡猾(교활) 1)약은 꾀를 쓰는 것이 능함. 2)술수나 행동 등이 간사하고 음흉함.

狩 ⑥ 9획 日シュ·かり·かる ⊕shòu
사냥 수

풀이 1. 사냥. 사냥하다. 2. 순행(巡幸). 임금의 순시.
狩獵(수렵) 사냥.
유 獵(사냥 렵) 비 守(지킬 수)

狠 ⑥ 9획
❶ 개 싸우는 소리 한 日ガン·コン ⊕hěn
❷ 사나울 흔

풀이 ❶ 1. 개가 싸우는 소리. ❷ 2. 사납다. 패려궂다.
狠戾(흔려) 말이나 행동이 비뚤어지고 사나움.

狷 ⑦ 10획 日ケン ⊕juàn
성급할 견

풀이 1. 성급하다. 2. 견개하다. 지조가 굳어 뜻을 굽히지 않다.
狷介(견개) 고집이 세고 절개가 굳어 굴종(屈從)하지 않음.
유 急(급할 급)

狼 ⑦ 10획 日ロウ·おおかみ ⊕láng
이리 랑(낭)

풀이 1. 이리. ¶狼猛 2. 어지럽다. 어지러워지다.
狼心(낭심) 이리 같은 탐욕된 마음.
狼藉(낭자) 여기저기 흩어져 어지러운 모양. 산란(散亂)한 모양.
狼狽(낭패) 뜻하거나 바라던 일이 실패되거나 어그러져 딱하게 된 형편.
유 狽(이리 패) 비 浪(물결 랑)

狸 ⑦ 10획
狸(p707)와 同字

狻 ⑦ 10획 日サン ⊕suān
사자 산

풀이 사자.
狻猊(산예) 1)사자의 다른 이름. 2)사자의 탈을 쓰고 춤을 추는 가면극.
유 猊(사자 예) 獅(사자 사)

狽 ⑦ 10획 日バイ·おおかみ ⊕bèi
이리 패

풀이 이리.
유 狼(이리 랑)

狹 ⑦ 10획 日キョウ·せまい ⊕xiá
좁을 협

*형성. 뜻을 나타내는 부수 '犭(犬:개 견)'과 음을 나타내는 '夾(낄 협)'을 합친 글자.
풀이 좁다. 협소하다. ¶狹巷
狹軌(협궤) 철도에서, 너비가 1.435m

[犬 8~9획] 猎 猛 猜 猊 猗 猙 猝 猖 猫

보다 좁은 궤간.
狹小(협소) 좁고 작음.
狹心症(협심증) 심장부에 갑자기 일어나는 매우 심한 통증과 발작의 증세.
狹義(협의) 좁은 뜻.
狹窄(협착) 자리 등이 매우 좁음.
🔵 俠(호협할 협) 浹(두루 미칠 협)

猎 ⑧ 11획
獵(p473)의 俗字

猛 ⑧ 11획 🇯 モウ·たけし 🇨 měng
사나울 맹

丿 丬 犭 犭 犭 犭 猛 猛 猛 猛

* 형성. 뜻을 나타내는 부수 犭(犬:개 견)과 음을 나타내는 孟(우두머리 맹)을 합친 글자. '힘센 개'의 뜻에서 바뀌어, '사납다'를 나타냄.

풀이 1. 사납다. 맹렬하다. ¶猛烈 2. 날래다. 용맹하다. ¶猛將 3. 엄하다.

猛犬(맹견) 사나운 개.
猛烈(맹렬) 기세가 사납고 세참.
猛獸(맹수) 사나운 육식류의 짐승.
猛威(맹위) 맹렬한 위세.
猛將(맹장) 용맹한 장수.
猛活躍(맹활약) 눈부신 활약.
勇猛(용맹) 용감하고 사나움.
🔵 暴(사나울 포)

猜 ⑧ 11획 🇯 サイ·ねたむ 🇨 cāi
시기할 시

풀이 1. 시기하다. 시기. ¶猜忌 2. 의심하다. 의심. ¶猜阻

猜忌(시기) 샘하여 미워하는 것.
猜疑(시의) 시기하고 의심함.

猊 ⑧ 11획 🇯 ゲイ·しし 🇨 ní
사자 예

풀이 사자.
🔵 狻(사자 산) 獅(사자 사)

猗 ⑧ 11획 🇯 イ·ああ 🇨 yī
아름다울 의

풀이 1. 아름답다. ¶猗猗 2. 아아! 감탄하는 소리. 3. 온순한 모양. ¶猗移

猗猗(의의) 1)아름답고 무성한 모양. 2)긴 모양.

猙 ⑧ 11획 🇯 ソウ 🇨 zhēng
짐승 이름 쟁

풀이 1. 짐승 이름. 표범과 비슷하며 뿔 하나에 꼬리가 5개인 상상의 동물. 2. 사납다. 포악하다.

猝 ⑧ 11획 🇯 ソツ·にわか 🇨 cù
갑자기 졸

풀이 갑자기. 순간.
猝富(졸부) 벼락부자.
猝然(졸연) 갑작스럽게.

猖 ⑧ 11획 🇯 ショウ 🇨 chāng
미쳐 날뛸 창

* 형성. 뜻을 나타내는 부수 犭(犬:개 견)과 음을 나타내는 昌(창성할 창)을 합친 글자.

풀이 미쳐 날뛰다. ¶猖狂

猖獗(창궐) 몹쓸 병이나 세력이 걷잡을 수 없이 강성해져 제어하기 힘듦.
猖披(창피) 1)옷을 입고 띠는 안 맴. 2)체면이나 마음에 대한 부끄러움.

猫 ⑨ 12획 🇯 ミョウ·ねこ 🇨 māo
고양이 묘

풀이 고양이.
猫眼石(묘안석) 고양이 눈과 같은 빛을 내는 보석.

猩 ⑨ 12획 ㊐ セイ
성성이 성 ㊥ xīng

풀이 1. 성성이. ¶猩猩 2. 붉은빛.

猩猩(성성) 오랑우탄.
猩紅熱(성홍열) 열이 높고 온몸에 빨간 반점이 생기는 병.

猥 ⑨ 12획 ㊐ ワイ・みだり
함부로 외 ㊥ wěi

* 형성. 뜻을 나타내는 부수 '犭(犬:개 견)'과 음을 나타내는 '畏(두려워할 외)'를 합친 글자.

풀이 1. 함부로. 2. 외람되다. 3. 더럽다. 추접하다. ¶猥름

猥濫(외람) 분수에 맞지 않고 넘치는 일을 하여 죄송함.
猥褻(외설) 1)남녀간의 음란한 행위. 2)색정(色情)을 돋우려는 추행(醜行).

猨 ⑨ 12획
猿(p472)과 同字

猶 ⑨ 12획 ㊐ ユウ
오히려 유 ㊥ yóu

ノ丿犭犭犷犷狞猶猶猶猶

* 형성. 뜻을 나타내는 부수 '犭(犬:개 견)'과 음을 나타내는 '酋(우두머리 추)'를 합친 글자.

풀이 1. 오히려. 도리어. 2. 망설이다. 주저하다. ¶猶豫 3. 원숭이. 4. 같다. 유사하다.

猶不足(유부족) 오히려 모자람.
猶豫(유예) 1)망설임. 2)일이나 날짜를 미루어 감.
過猶不及(과유불급) 정도에 지나치는 것은 정도에 미치지 못함과 같음.

猷 ⑨ 13획 ㊐ ケン
꾀 유 ㊥ yóu

풀이 꾀. 계책.

猪 ⑨ 12획 ㊐ チョ・いのしし
돼지 저 ㊥ zhū

풀이 돼지. ¶猪突

猪突(저돌) 멧돼지처럼 앞뒤를 생각하지 않고 앞으로 일직선으로 돌진함.
猪肉(저육) 돼지의 고기.
유 亥(돼지 해) 豚(돼지 돈)

猴 ⑨ 12획 ㊐ コウ・さる
원숭이 후 ㊥ hóu

풀이 원숭이.

猴兒(후아) 원숭이.
유 猿(원숭이 원) 猶(원숭이 유)

獅 ⑩ 13획 ㊐ シ
사자 사 ㊥ shī

풀이 사자. ¶獅子吼

獅子(사자) 고양이과의 사나운 짐승. 몸집이 크고 기운이 세어 짐승의 왕으로 불림.
獅子吼(사자후) 1)사자의 으르렁거림. 2)권위와 위엄이 있는 소리. 즉 부처님의 설법을 이르는 말.
유 猊(사자 예) 狻(사자 산)

獄 ⑩ 14획 ㊐ ゴク・ひとや
옥 옥 ㊥ yù

ノ丿犭犭犭犷犷犷狺獄獄獄

* 회의. 말(言)로써 다투는(犾) 것을 나타내어 '송사'의 뜻으로 쓰임.

풀이 1. 옥. 감옥. ¶投獄 2. 송사. 소송.

獄苦(옥고) 옥살이 고생.
獄死(옥사) 옥에 갇혀 있는 동안에 죽음.
出獄(출옥) 감옥에서 나옴.

[犬 10~13획] 猺猿猾獏獒獐獗獠獸獨

脫獄(탈옥) 감옥에서 도망쳐 달아남.

猺 ⑩ 13획 日ヨウ
종족 이름 요 ⊕yáo

풀이 종족 이름. 중국 서남부에 살던 이민족.

猿 ⑩ 13획 日エン·さる
원숭이 원 ⊕yuán

풀이 원숭이.

猿人(원인) 가장 원시적이고 오래된 화석 인류.
犬猿之間(견원지간) 개와 원숭이 사이처럼 사이가 매우 나쁜 관계.
동 猴(원숭이 후)

猾 ⑩ 13획 日カツ
교활할 활 ⊕huá

풀이 1. 교활하다. 교활한 사람. ¶猾惡
2. 어지럽히다.

猾吏(활리) 교활한 아전이나 관리.
동 狡(교활할 교)

獏 ⑪ 14획 日バク
짐승 이름 모·맥 ⊕mò

풀이 짐승 이름.

獏猺(모요) 중국 남부 지방에 사는 종족.

獒 ⑪ 15획 日ゴウ
개 오 ⊕áo

풀이 개. 맹견.

獐 ⑪ 14획 日ショウ
노루 장 ⊕zhāng

풀이 노루.

獐茸(장용) 돋아 나와서 아직 다 굳지 않은 노루의 뿔. 보약으로 씀.

獗 ⑫ 15획 日ケツ
날뛸 궐 ⊕jué

풀이 날뛰다. 사납게 날뛰다. ¶猖獗

獠 ⑫ 15획 日リョウ·ロウ
밤사냥 료 ⊕liáo

풀이 밤사냥. 밤사냥하다.
동 狩(사냥 수) 비 遼(멀 료)

獸 ⑫ 16획
獸(p473)의 俗字

獨 ⑬ 16획 日トク·ひとり
홀로 독 ⊕dú

丿ㄱ犭犭犭犭犭犭狕狕
狆狆猸猸獨獨

* 형성. 뜻을 나타내는 부수 '犭(犬:개 견)'과 음을 나타내는 蜀(나라 이름 촉)을 합친 글자.

풀이 1. 홀로. 혼자. ¶獨居 2. 외롭다. 3. 독일.

獨居(독거) 혼자 살고 있음.
獨斷(독단) 1)혼자서 결단함. 2)근본적인 연구로서가 아니고 주관적인 편견으로서의 판단. 또는 그런 명제.
獨立(독립) 1)남에게 의존하거나 속박당하지 않음. 2)나라가 완전한 자주권을 가짐.
獨步(독보) 1)혼자서 걸음. 2)남이 감히 따를 수 없이 뛰어남.
獨身(독신) 1)형제자매가 없는 사람. 2)배우자가 없는 사람.
獨占(독점) 1)독차지. 2)어떤 특정한 자본이 생산과 시장을 지배하고 있는 상태.
獨創(독창) 혼자의 힘으로 새롭고 독특한 것을 처음으로 만들어 내거나

[犬 13~16획] 獩 獪 獰 獲 獯 獷 獵 獸 獺

고안해 냄.

獩 ⑬ 16획 🇯ワイ
민족 이름 예 ⓒhuì

[풀이] 민족 이름. 종족 이름.

獩貊(예맥) 한민족의 조상이 되는 민족.

獪 ⑬ 16획 🇯カイ
교활할 회 ⓒkuài

[풀이] 교활하다. 간교하다. ¶狡獪
老獪(노회) 경험이 많고 교활함.

獰 ⑭ 17획 🇯ドウ・わるい
모질 녕(영) ⓒníng

[풀이] 모질다. 용모와 성질이 흉악하다. ¶獰惡
獰惡(영악) 모질고 사나움.

獲 ⑭ 17획 🇯カク・える
얻을 획 ⓒhuò

* 형성. 뜻을 나타내는 부수 '犭(犬:개 견)'과 음을 나타내는 부수 이외의 글자를 합친 글자.

[풀이] 1. 얻다. 잡다. 손에 넣다. 2. 종. 계집종.

獲得(획득) 얻어 내거나 얻어 가짐.
虜獲(노획) 전쟁 중에 적을 사로잡음.

🔁 穫(거둘 확) 護(보호할 호)

獯 ⑭ 17획 🇯クン
종족 이름 훈 ⓒxūn

[풀이] 종족 이름. 흉노의 다른 이름.

獷 ⑮ 18획 🇯コウ
사나울 광 ⓒguǎng

[풀이] 1. 사납다. 난폭하다. ¶獷俗 2. (轉) 족제비.

獷戾(광려) 거칠고 도리에 어긋남. 또는 그 행위.

🔁 暴(사나울 폭)

獵 ⑮ 18획 🇯リョウ・かり
사냥 렵(엽) ⓒliè

* 형성. 뜻을 나타내는 부수 '犭(犬:개 견)'과 음을 나타내는 부수 이외의 글자를 합친 글자. 개(犬)를 써서 갈기(巤)가 있는 짐승을 사냥한다는 뜻을 나타내어, '사냥'의 뜻으로 쓰임.

[풀이] 1. 사냥. 사냥하다. ¶獵犬 2. 찾다. ¶涉獵

獵奇(엽기) 기이한 사물에 호기심을 품고 즐겨 쫓아다님.
獵銃(엽총) 사냥총.
涉獵(섭렵) 여러 가지 책을 많이 읽음.
狩獵(수렵) 사냥.

🔁 狩(사냥 수) 臘(납향 랍)

獸 ⑮ 19획 🇯ジュウ・けもの
짐승 수 ⓒshòu

[풀이] 짐승. 길짐승.

獸醫師(수의사) 짐승의 병을 고치는 의사.
猛獸(맹수) 사나운 짐승.
野獸(야수) 1)산이나 들에서 저절로 자라 사람에게 길들지 않은 짐승. 2) 매우 거칠고 사나운 사람.

🔁 禽(날짐승 금)

獺 ⑯ 19획 🇯タツ・ダツ
수달 달 ⓒtǎ

[풀이] 수달.
水獺(수달) 족제비과의 동물.

[犬 16~17획] 獻 獼

비 瀨(여울 뢰)

獻 ⑯ 20획 日ケン・コン
바칠 헌 中suǒ, xiàn

丨 ｜ ｆ ｆ ｆ ｆ ｆ ｆ ｆ ｆ ｆ
虍 虐 虞 虞 虞- 獻 獻 獻

*형성. 뜻을 나타내는 부수 '犬(개 견)'과 '鬳(솥 권)'을 합친 글자. 솥(鬳)에 개고기(犬)를 담아서 신에게 바침을 나타내어, '바치다'의 뜻으로 쓰임.

풀이 1. 바치다. 드리다. 헌상하다. ¶獻金 2. 현자. 어진 이.

獻金(헌금) 1)돈을 바침. 2)주일(週日)이나 어떤 축일을 맞이하여 교회에 바치는 돈.

獻納(헌납) 1)임금에게 충언(忠言)을 올림. 모책(謀策)을 바침. 2)금품(金品)을 바침.

獻身(헌신) 몸을 바쳐 있는 힘을 다함.

獻血(헌혈) 수혈이 필요한 환자를 위하여 건강한 사람이 피를 뽑아 제공하는 일.

貢獻(공헌) 1)공물(貢物)을 나라에 바침 2)이바지함.

유 供(이바지할 공)

獼 ⑰ 20획 日ビ
원숭이 미 中mí

풀이 원숭이.

獼猴(미후) 큰 원숭이. 목후(沐猴).

玄부

玄 검을 현部

'玄'자는 '검다'라는 뜻을 나타내는 글자로, 어두운 것이라고 하여 '북쪽'이나 '하늘의 빛'을 나타내기도 한다. 그리고 현학(玄學)에서처럼 '오묘하다', '그윽하다'의 뜻으로도 사용된다.

玄 ⓪ 5획
검을 현 日ゲン・くらい ⊕xuán

丶 亠 亡 玄 玄

*회의. 작은 것(幺) 덮어 놓은 〔亠〕모양에서 '검다', '깊다' 등의 뜻을 나타냄.

[풀이] 1. 검다. ¶玄髮 2. 하늘. ¶玄天 3. 오묘하다. 4. 깊다. ¶玄德 5. 현손. 증손의 아들. ¶玄孫

玄關(현관) 1) 건물 출입구에 나 있는 문간. 2) 선학(禪學)의 관문.
玄德(현덕) 1) 깊숙히 간직하여 밖으로 드러나지 않는 덕. 2) 심오하여 그 뜻을 측량할 수 없는 이치.
玄米(현미) 벼의 껍질만 벗겨서 누르스름한 쌀. 매조미쌀.
玄髮(현발) 검은 머리란 뜻으로, 젊은 시절을 비유하는 말.
玄孫(현손) 증손(曾孫)의 아들. 고손.
玄黃(현황) 1) 검은 하늘의 빛과 누른 땅의 빛. 2) 천지. 우주.
幽玄(유현) 사물의 이치가 대단히 깊고 오묘함.

[비] 黑(검을 흑)

茲 ⑤ 10획
검을 자 日ジ・ここに ⊕zī

丶 亠 亡 玄 玄¹ 玄² 兹 兹 兹 茲

*회의. '玄(검을 현)'을 두 번 써서 '검다'는 뜻을 나타낸 글자.

[풀이] 1. 검다. 2. 이. 이에.

[비] 茲(무성할 자)

率 ⑥ 11획
❶ 거느릴 솔 ·ひきいる
❷ 비율 률(율) ⊕lǜ, shuài

丶 亠 亡 玄¹ 玄² 宓 玄八 率 率 率

*상형. 밧줄 여러 개를 꼬아 놓은 모양을 본뜬 글자.

[풀이] **❶** 1. 거느리다. ¶率家 2. 앞장서다. 이끌다. 3. 대강. 4. 경솔하다. ¶率輕 5. 소탈하다. **❷** 6. 비율. 비례. ¶能率

率家(솔가) 온 집안 식구를 거느림.
率先(솔선) 남보다 앞장서서 함.
率由(솔유) 따름. 좇음.
率直(솔직) 꾸밈이나 숨김없이 바르고 정직함.
輕率(경솔) 언행이 조심성 없이 가벼움.
能率(능률) 어떤 일을 함에 있어서 거기에 소비한 힘과 시간에 대한 효율의 비율.

玉부

玉(王) 구슬 옥部

'玉'자는 몇 개의 구슬을 꿰어 놓은 장식물의 모양으로 '옥'을 뜻한다. 또한 옥은 귀한 물건이기에 '귀하게 여기다', '칭찬하다'라는 뜻으로도 사용된다. 부수로 쓰일 때는 '球(공 구)'에서처럼 점이 없는 '王'자 모양으로 쓰이므로 '임금왕변'이라고도 하였으나, 뜻이 임금과 관계가 없기 때문에 주로 '구슬옥변'이라는 부수 명칭으로 쓰인다. 이 글자를 부수로 갖는 글자는 옥이나 옥으로 만들어진 물건과 관계가 있다.

[玉 0~3획] 玉 王 玎 玕 玖 玘 玗 玔

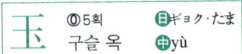
구슬 옥

一 = 千 王 玉

*상형. 세 개의 구슬을 꿴 모양을 본뜬 글자.

풀이 1. 구슬. 옥. ¶玉匣 2. 옥같이 여기다. 소중히 하다. 3. 미칭(美稱). 임금과 관련된 사물, 또는 아름답고 훌륭한 사물이나 언행에 붙이는 말.

玉匣(옥갑) 1)옥으로 만든 상자. 2)경대(鏡臺).
玉童子(옥동자) 옥같이 귀여운 어린 아들. 몹시 소중한 아들.
玉門(옥문) 옥으로 꾸민 문이란 뜻으로, 궁궐(宮闕)을 비유하는 말.
玉璽(옥새) 임금의 도장.
玉手(옥수) 1)임금의 손. 2)여성의 아름다운 손.
玉體(옥체) 1)임금의 몸의 존칭. 2)남의 몸을 높여 이르는 말.
金枝玉葉(금지옥엽) 금 가지에 옥 잎 사귀란 뜻으로, 임금의 자손이나 매우 귀한 집의 자손, 또는 귀중한 물건을 이르는 말.

비 王(임금 왕) 壬(아홉째 천간 임)

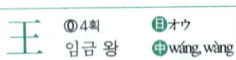
임금 왕

一 = 千 王

*상형. 큰 도끼를 닮은 고대의 병기를 본뜬 글자. 장수가 군대를 지휘할 때 쓰였기 때문에 훗날 임금의 권력을 상징하게 됨.

풀이 1. 임금. 군주. ¶帝王 2. 으뜸. 우두머리. 3. 왕 노릇을 하다.

王家(왕가) 임금의 집안. 왕실(王室)
王道(왕도) 1)군왕이 된 자로서 행하여야 할 도리. 2)인덕(仁德)에 바탕을 두고 정치를 행해야 한다는 사상.
王世子(왕세자) 왕위를 계승할 왕자.
王室(왕실) 1)임금의 집안. 2)국가.
王朝(왕조) 1)왕이 직접 다스리는 나라. 2)같은 왕가에 딸린 통치자의 계열이나 혈통.
王后(왕후) 임금의 아내. 왕비.
國王(국왕) 나라의 임금.
女王(여왕) 여자 임금.

비 后(임금 후) 帝(임금 제)
비 玉(구슬 옥)

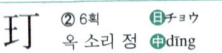
옥 소리 정

풀이 옥 소리.
玎玲(정령) 옥 소리.
유 玲(옥 소리 령)

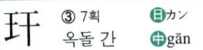
옥돌 간

풀이 옥돌.
비 玗(옥돌 우)

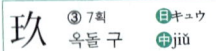
옥돌 구

풀이 1. 옥돌. 옥과 비슷한 검은 빛깔의 돌. 2. 아홉. '九(아홉 구)'의 갖은자.

패옥 기

풀이 패옥(佩玉). 노리개.

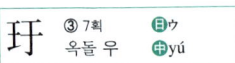
옥돌 우

풀이 옥돌.
비 玕(옥돌 간)

珋
③7획
옥고리 천 中chuān

玠 ④ 8획
큰 홀 개
🅙カイ　🄲jiè

풀이 큰 홀. 제후를 봉할 때 신표(信標)로 쓰던 큰 홀.

玦 ④ 8획
패옥 결
🅙ケツ　🄲jué

풀이 패옥(佩玉). 허리에 차는 옥.

玦環(결환) 반달 모양의 패옥(佩玉).
🔗 玘(패옥 기)

玫 ④ 8획
매괴 매
🅙マイ　🄲méi

풀이 1. 매괴(玫瑰). ㉠붉은 빛깔의 옥. ㉡장미과에 속하는 나무. 2. 아름다운 돌.
🔗 致(보낼 치)

玟 ④ 8획
옥돌 민
🅙ビン, あやいし　🄲mín

풀이 옥돌.

玟瑰(민괴) 남쪽에서 나는 붉은 구슬.
🔗 珉(옥돌 민)

玭 ④ 8획
옥 이름 빈
🅙ヒン　🄲pín

풀이 옥 이름.

玩 ④ 8획
희롱할 완
🅙ワン　🄲wán

풀이 1. 희롱하다. 장난하다. ¶玩弄 2. 사랑하다. ¶愛玩 3. 감상하다. 즐기다.

玩具(완구) 장난감.
玩弄(완롱) 장난감이나 놀림감으로 삼음.
玩賞(완상) 즐겨 구경함.
愛玩(애완) 사랑하고 귀여워하여 가까이 두고 즐김.
🔗 戲(희롱할 희) 弄(희롱할 롱)

玧 ④ 8획
귀막이 옥 윤
🅙イン　🄲yǔn, mén

풀이 귀막이 옥. 면류관 양옆에 드리우는 구슬.

珂 ⑤ 9획
옥 이름 가
🅙カ, しろめのう　🄲kē

풀이 옥 이름. 흰빛의 옥 또는 마노.

珂里(가리) 남의 고향이나 마을에 대한 미칭.

珏 ⑤ 9획
쌍옥 각
🅙コク　🄲jué

* 회의. '玉(구슬 옥)'자를 두 개 겹쳐 '쌍옥'의 뜻을 나타냄.

풀이 쌍옥. 한 쌍의 옥.

玳 ⑤ 9획
대모 대
🅙ダイ　🄲dài

풀이 대모(玳瑁).

玳瑁(대모) 바다거북과에 딸린 거북의 한 종류. 등딱지는 공예품 등을 만드는 데 쓰임.

玲 ⑤ 9획
옥 소리 령(영)
🅙レイ　🄲líng

* 형성. 뜻을 나타내는 부수 '玉(구슬 옥)'과 음을 나타내는 '令(하여금 령)'을 합친 글자.

풀이 1. 옥 소리. ¶玲玲 2. 투명하다. 맑고 곱다.

玲琅(영랑) 옥의 맑고 고운 소리.
玲瓏(영롱) 1) 옥빛이 맑고 산뜻함. 2) 옥을 굴리는 것처럼 소리가 맑고 아름다움.
🔗 玎(옥 소리 정)

珉 ⑤ 9획 🗾 ミン
옥돌 민 🇨🇳 mín

풀이 옥돌.
유 玟(옥돌 민)

珀 ⑤ 9획 🗾 ハク
호박 박 🇨🇳 pò

풀이 호박(琥珀). 노란빛을 띤 광물.

珊 ⑤ 9획 🗾 サン・さんご
산호 산 🇨🇳 shān

풀이 1. 산호. 2. 패옥(佩玉) 소리.
珊瑚(산호) 산호과의 강장동물을 통틀어 일컫는 말.

玿 ⑤ 9획 🗾 ショウ
아름다운옥 소 🇨🇳 sháo

풀이 아름다운 옥.

珍 ⑤ 9획 🗾 ジン・めずらしい
보배 진 🇨🇳 zhēn

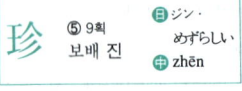

* 형성. 뜻을 나타내는 부수 '玉(구슬 옥)'과 음을 나타내는 '㐱(진)'을 합친 글자.

풀이 1. 보배. 보물. 2. 맛있는 음식. ¶珍羞盛饌 3. 진귀하다. 희귀하다. ¶珍貴
珍景(진경) 빼어난 경치나 풍경.
珍羞盛饌(진수성찬) 푸짐하게 잘 차린 맛있는 음식.
珍愛(진애) 보배롭게 여겨 아낌.
珍珠(진주) 진주조개 등의 살 속에 생기는 구슬.
山海珍味(산해진미) 산과 바다의 진귀한 맛이라는 뜻으로, 잘 차린 진귀한 음식을 이르는 말.

유 寶(보배 보)

玻 ⑤ 9획 🗾 ハ
유리 파 🇨🇳 bō

풀이 유리. 파리(玻璃).
玻璃(파리) 1)유리. 2)불교에서 이르는 칠보(七寶)의 하나.
유 璃(유리 리)

珌 ⑤ 9획 🗾 ヒツ
칼집장식옥 필 🇨🇳 bì

풀이 칼집 장식 옥.

玹 ⑤ 9획 🗾 ケン
옥돌 현 🇨🇳 xuán

풀이 1. 옥돌. 2. 옥빛.
유 玟(옥돌 민) 珉(옥돌 민)

珙 ⑤ 10획 🗾 コウ
큰 옥 공 🇨🇳 gǒng

풀이 큰 옥.

珖 ⑥ 10획 🗾 コウ
옥피리 광 🇨🇳 guāng

풀이 1. 옥피리. 2. 옥 이름.

珪 ⑥ 10획
圭(p138)의 古字

珞 ⑥ 10획 🗾 ラク
구슬목걸이락 🇨🇳 luò

풀이 구슬 목걸이.

班 ⑥ 10획 🗾 ハン
나눌 반 🇨🇳 bān

[玉 6획] 珤珗珣珢珥珠珫珮珦珩珝

班
一 T ヲ 王 玎 玎 玎 班 班 班

*회의. 두 개의 옥(珏)과 그 사이에 놓인 칼〔刂〕로 '옥을 반으로 나누다'라는 뜻을 나타낸 글자. 바꾸어 '나누다'의 뜻으로 쓰임.

풀이 1. 나누다. 분배하다. ¶班給 2. 헤어지다. 이별하다. 3. 줄. 대열. 4. ⑧ 양반.

班家(반가) 양반의 집안.
班白(반백) 검은 털과 흰 털이 섞여 희끗희끗한 머리.
班常(반상) 양반과 상인(常人).
班列(반열) 신분이나 품계의 차례.
分班(분반) 몇 반으로 나눔. 또는 나뉜 반.

珤
⑥ 10획
寶(p194)의 古字

珗
⑥ 10획 ⓙセン
옥돌 선 ⓒxiān

풀이 옥돌.

珣
⑥ 10획 ⓙジュン
옥 이름 순 ⓒxún

풀이 옥 이름.

珢
⑥ 10획 ⓙイン
옥돌 은 ⓒyín

풀이 옥돌.

同 玟(옥돌 민) 珉(옥돌 민)

珥
⑥ 10획 ⓙイ
귀고리 이 ⓒěr

*형성. 뜻을 나타내는 부수 '玉(구슬 옥)'과 음을 나타내는 '耳(귀 이)'를 합친 글자. 이에 귀에 거는 구슬, 즉 '귀고리'를 나타냄.

풀이 귀고리.

珥璫(이당) 귀고리.

珠
⑥ 10획 ⓙシュウ・たま
구슬 주 ⓒzhū

一 T ヲ 王 玎 玎 玎 珠 珠 珠

*형성. 뜻을 나타내는 부수 '玉(구슬 옥)'과 음을 나타내는 '朱(붉을 주)'를 합친 글자.

풀이 구슬. ⓐ둥근 옥. ⓑ진주. ⓒ작고 둥근 물건.

珠簾(주렴) 구슬을 꿰어 만든 발.
珠算(주산) 주판으로 셈을 함.
珠玉(주옥) 1)구슬과 옥. 2)아름답고 값진 물건.
珠珥(주이) 진주 귀고리.
默珠(묵주) 천주교에서 기도를 드릴 때 사용하는, 구슬을 꿰어 만든 염주.
眞珠(진주) 조개류의 체내에서 형성되는 구슬 모양의 분비물 덩어리.
同 玉(구슬 옥)

珫
⑥ 10획 ⓙチュウ
귀고리 옥 충 ⓒchōng

풀이 귀고리 옥.

珮
⑥ 10획
佩(p35)와 同字

珦
⑥ 10획 ⓙキョウ
옥 이름 향 ⓒxiàng

풀이 옥 이름.

珩
⑥ 10획 ⓙコウ
노리개 형 ⓒhéng

풀이 1. 노리개. 패옥(佩玉). 2. 갓끈.

珝
⑥ 10획 ⓙク
옥 이름 후 ⓒxǔ

풀이 옥 이름.

[玉 7획] 球 琅 琉 理 琋 琁 琇 珸 琓

球 ⑦ 11획 日キュウ
공 구 中qiú

一 = + 丁 J 玝 玝 玝 玝 球 球

*형성. 뜻을 나타내는 부수 '玉(구슬 옥)'과 음을 나타내는 '求(구할 구)'를 합친 글자.

풀이 1. 공. 2. 구슬.

球技(구기) 공으로 하는 운동 경기. 또는 그 기술.
球速(구속) 공의 속도.
球形(구형) 공처럼 둥근 모양.
地球(지구) 인류가 살고 있는 천체.

琅 ⑦ 11획 日リョウ
옥돌 랑(낭) 中láng, làng

풀이 1. 옥돌. 2. 금옥 소리. 쇠나 옥이 서로 부딪치는 소리.

琅琅(낭랑) 쇠나 옥이 서로 부딪쳐 나는 맑은 소리.

琉 ⑦ 11획 日リュウ
유리 류(유) 中liú

*형성. 뜻을 나타내는 부수 '玉(구슬 옥)'과 음을 나타내는 부수 이외의 글자를 합친 글자.

풀이 유리.

琉璃(유리) 규사·소다회 등을 섞어서 녹였다가 냉각시켜 만든 물질.
유 璃(유리 리) 玻(유리 파)

理 ⑦ 11획 日リ・ことわり
다스릴 리(이) 中lǐ

一 = + 丁 丁 丁 珇 珇 理 理

*형성. 뜻을 나타내는 부수 '玉(구슬 옥)'과 음을 나타내는 '里(이치 리)'를 합친 글자.

풀이 1. 다스리다. ¶管理 2. 사리. 도리. 이치. ¶理念 3. 나무의 결. 4. 깨닫다. ¶理解

理科(이과) 자연 과학의 이론과 현상을 연구하는 학과.
理論(이론) 사물이나 현상을 통일적으로 설명할 수 있는 보편적인 지식 체계.
理髮(이발) 머리털을 정돈하고 깎음.
理想(이상) 실현될 수 있다고 생각되는 최고의 상태.
理性(이성) 1) 사물의 이치를 생각하는 능력. 2) 사람이 본디 타고난 지적(知的) 능력.
理由(이유) 까닭. 사유.
理致(이치) 사물의 정당한 조리. 도리에 맞는 취지.
理解(이해) 1) 사리를 분별하여 앎. 2) 깨달아 알아들음.
理會(이회) 깨달음.
管理(관리) 어떤 일을 맡아 관할하고 처리함.
天理(천리) 천지 자연의 이치.
유 治(다스릴 치) 비 埋(묻을 매)

珷 ⑦ 11획 日ム
옥돌 무 中wǔ

풀이 옥돌.

琁 ⑦ 11획
璇(p485)과 同字

琇 ⑦ 11획 日スウ
옥돌 수 中xiù

풀이 1. 옥돌. 2. 아름답다.

珸 ⑦ 11획 日ゴ
옥돌 오 中wú

풀이 옥돌. ¶琨珸

琓 ⑦ 11획
옥돌 완 (인)

풀이 옥돌.

珵 ⑦ 11획 ㊐テイ
옥 이름 정 ㊥chéng

풀이 1. 옥 이름. 2. 옥으로 만든 홀(笏).

珽 ⑦ 11획 ㊐テイ
옥 이름 정 ㊥tǐng

풀이 1. 옥 이름. 2. 옥으로 만든 큰 홀(笏).

現 ⑦ 11획 ㊐ゲン・あらわれる
나타날 현 ㊥xiàn

` ̄ = F 王 玐 玑 玑 玥 玥 現 現`

*형성. 뜻을 나타내는 부수 玉(구슬 옥)과 음을 나타내며 '나타내다'라는 뜻을 가진 見(볼 견)을 합친 글자.

풀이 1. 나타나다. 출현하다. ¶出現 2. 현재. 지금. ¶現金

現金(현금) 1)현재 가지고 있는 돈. 2)현재 통용되는 돈.
現代(현대) 지금의 시대.
現象(현상) 지각할 수 있는 사물의 모양이나 상태.
現實(현실) 1)현재의 사실. 2)현재적 존재.
現場(현장) 1)사물이 현존하여 있는 곳. 2)사건이 발생한 곳.
現在(현재) 1)이제. 지금. 2)이 세상.
現存(현존) 현재 눈앞에 존재함.
現行(현행) 현재 행하고 있음.
出現(출현) 나타남.
⇨ 表(나타날 표)

琨 ⑧ 12획 ㊐コン
옥돌 곤 ㊥kūn

풀이 옥돌.
琨玉秋霜(곤옥추상) 옥돌과 가을 서리라는 뜻으로, 고상하고도 엄숙한 인품을 비유하는 말.

琯 ⑧ 12획 ㊐カン
옥피리 관 ㊥guǎn

풀이 옥피리.

琴 ⑧ 12획 ㊐キン
거문고 금 ㊥qín

` ̄ = F 王 玉 玉 珡 珡 琴 琴 琴`

*상형. 거문고의 단면을 본뜬 글자.

풀이 거문고.
琴瑟(금슬) 1)거문고와 큰 거문고. 2)부부 사이의 다정하고 화목한 즐거움. 금슬지락(琴瑟之樂).
心琴(심금) 어떠한 자극을 받아 울리는 마음을 거문고에 비유하는 말.
風琴(풍금) 오르간.

琦 ⑧ 12획 ㊐キ
옥 기 ㊥qí

풀이 1. 옥. 2. 아름답다. 3. 기이하다.
琦行(기행) 기이한 행동.

琪 ⑧ 12획 ㊐キ
옥 이름 기 ㊥qí

풀이 옥 이름.
琪花瑤草(기화요초) 선경(仙境)에 있다고 하는 화려하고 아름다운 꽃과 풀.

琳 ⑧ 12획 ㊐リン
옥 림(임) ㊥lín

풀이 1. 옥. 2. 옥이 부딪쳐 울리는 소리.
琳璆(임구) 1)옥이 울리는 소리. 2)물이 흐르는 소리.
琳琅(임랑) 1)아름다운 옥의 일종. 2)옥이 서로 부딪치며 울리는 소리.

[玉 8획] 琺 琫 琵 琡 琰 琬 琤 琠 琮 琛 琢 琸

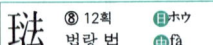
琺 ⑧ 12획 ㊐ホウ 법랑 법 ㊥fà

풀이 법랑.

琺瑯(법랑) 금속이나 도자기에 광택을 내고 표면을 매끄럽게 처리하기 위하여 입히는 유약.

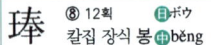
琫 ⑧ 12획 ㊐ボウ 칼집 장식 봉 ㊥běng

풀이 칼집 장식.

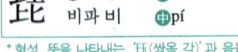
琵 ⑧ 12획 ㊐ヒ 비파 비 ㊥pí

* 형성. 뜻을 나타내는 '玨(쌍옥 각)'과 음을 나타내는 '比(견줄 비)'를 합친 글자.

풀이 비파.

琵琶(비파) 서양의 기타처럼 안고 연주하는 4줄로 된 동양의 현악기.

🔁 琶(비파 파)

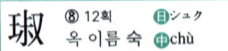
琡 ⑧ 12획 ㊐シュク 옥 이름 숙 ㊥chù

풀이 1. 옥 이름. 2. 홀(笏). 길이가 8인치인 홀.

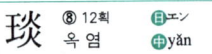
琰 ⑧ 12획 ㊐エン 옥 염 ㊥yǎn

풀이 1. 옥. ¶琰琰 2. 홀(笏).
琰圭(염규) 위쪽이 뾰족한 홀.

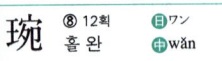
琬 ⑧ 12획 ㊐ワン 홀 완 ㊥wǎn

풀이 1. 홀(笏). 2. 아름다운 옥.
琬象(완상) 옥과 상아.
琬圭(완규) 끝이 뾰족하지 않은 홀.
琬琰(완염) 아름다운 옥.

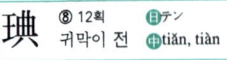
琤 ⑧ 12획 ㊐ソウ 옥 소리 쟁 ㊥chēng

풀이 1. 옥 소리. 2. 거문고 소리.
琤琤(쟁쟁) 1) 옥 같은 것이 부딪치는 소리. 2) 거문고를 타는 소리.

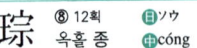
琠 ⑧ 12획 ㊐テン 귀막이 전 ㊥tiǎn, tiàn

풀이 1. 귀막이. 2. 구슬 이름.
🔁 瑱(귀막이 진)

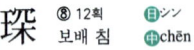
琮 ⑧ 12획 ㊐ソウ 옥홀 종 ㊥cóng

풀이 옥홀.
琮琤(종쟁) 옥이나 돌이 서로 부딪쳐 나는 소리.

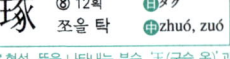
琛 ⑧ 12획 ㊐シン 보배 침 ㊥chēn

풀이 보배.
琛贄(침신) 공물(貢物)로 바치는 보물.
🔁 珍(보배 진)

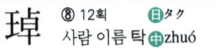
琢 ⑧ 12획 ㊐タク 쪼을 탁 ㊥zhuó, zuó

* 형성. 뜻을 나타내는 부수 '玉(구슬 옥)'과 음을 나타내는 '豖(발 얽은 돼지 걸음 축)'을 합친 글자.

풀이 1. 쪼다. 옥을 쪼다. 2. 닦다. 연마하다.
琢磨(탁마) 1) 옥과 돌을 쪼고 갊. 2) 학문이나 덕행을 갈고 닦는 일.

琸 ⑧ 12획 ㊐タク 사람 이름 탁 ㊥zhuó

풀이 사람 이름.

琵 ⑧ 12획 [日]ハ
비파 파 [中]pá

[풀이] 비파(琵琶). 현악기의 한 가지.
[유] 琶(비파 비)

琥 ⑧ 12획 [日]ホ
호박 호 [中]hǔ

[풀이] 1. 호박(琥珀). 2. 옥 그릇.
琥珀(호박) 투명한 황색의 화석. 투명하여 장식용 등으로 씀.
[유] 珀(호박 박)

瑙 ⑨ 13획 [日]ノウ
마노 노 [中]nǎo

[풀이] 마노(瑪瑙). 석영의 한 가지. 장식품을 만드는 데 쓰임.

瑁 ⑨ 13획 [日]ボウ・モウ
대모 모 [中]mào

[풀이] 대모(瑇瑁). 바다거북의 한 가지.
[유] 瑇(대모 대)

瑞 ⑨ 13획 [日]ズイ・めでたい
상서 서 [中]ruì

* 형성. 뜻을 나타내는 부수 '玉(구슬 옥)'과 음을 나타내는 '耑(끝 단)'을 합친 글자.
[풀이] 1. 상서. 길조. ¶瑞光 2. 홀(笏). 천자가 제후를 봉할 때 증표로 주던 홀.
瑞光(서광) 1)상서로운 빛. 2)좋은 일이 있을 조짐.
瑞氣(서기) 상서로운 기운.
瑞雪(서설) 풍년이 들게 하는 상서로운 눈.
瑞日(서일) 상서로운 날.
瑞徵(서징) 상서로운 징조.
祥瑞(상서) 복스럽고 길한 징조.
[비] 端(바를 단)

瑄 ⑨ 13획 [日]セン
도리옥 선 [中]xuān

[풀이] 도리옥. 길이가 6치인 큰 옥.

瑆 ⑨ 13획 [日]セイ
옥빛 성 [中]xīng

[풀이] 옥빛. 옥의 광채.

瑟 ⑨ 13획 [日]シツ
큰 거문고 슬 [中]sè

* 형성. 뜻을 나타내는 '玨(쌍옥 각)'과 음을 나타내는 '必(반드시 필)'을 합친 글자.
[풀이] 1. 큰 거문고. 2. 쓸쓸하다. ¶瑟居
瑟居(슬거) 쓸쓸한 살림.
瑟瑟(슬슬) 1)바람이 차고 사납게 부는 소리. 2)악기의 줄을 팽팽히 조이는 모양.
[유] 琴(거문고 금)

瑛 ⑨ 13획 [日]エイ
옥빛 영 [中]yīng

[풀이] 1. 옥빛. 2. 투명한 옥.
瑛瑤(영요) 1)아름다운 옥. 2)아름다운 덕을 갖춘 사람.

5획

瑀 ⑨ 13획 [日]ウ
패옥 우 [中]yǔ

[풀이] 패옥(佩玉). 허리에 차는 옥.

瑗 ⑨ 13획 [日]エン
도리옥 원 [中]yuàn

[풀이] 도리옥. 구멍이 큰, 고리 모양의 옥.

瑋 ⑨ 13획 [日]イ
옥 이름 위 [中]wěi

옥 이름 유 ⊕yú

풀이 1. 옥 이름. 2. 옥빛.
瑜然(유연) 아름다운 모양.
瑜瑕(유하) 1)옥의 아름다운 빛과 흠. 2)장점과 결점.

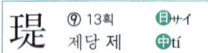
제당 제 ⊕tí

풀이 제당(瑅瑭). 옥의 이름.
비 堤(둑 제)

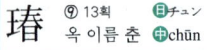
옥 이름 춘 ⊕chūn

풀이 옥 이름. 춘옥(瑃玉).

티 하 ⊕xiá

* 형성. 뜻을 나타내는 부수 '玉(구슬 옥)'과 음을 나타내는 '叚(빌릴 가)'를 합친 글자.

풀이 1. 티. 흠. 옥의 티. ¶瑕疵 2. 허물. 잘못. ¶瑕惡
瑕疵(하자) 1)옥의 티. 2)흠. 결점.
瑕痕(하흔) 흠집. 상처.
비 蝦(새우 하) 暇(겨를 가)

산호 호 ⊕hú

* 형성. 뜻을 나타내는 부수 '玉(구슬 옥)'과 음을 나타내는 '胡(오랑캐 호)'를 합친 글자.

풀이 1. 산호(珊瑚). 2. 제기 이름.
瑚璉(호련) 1)오곡을 담아 신에게 지내는 제사에 쓰는 제기(祭器). 2)사람의 본받을 만한 인품.
유 珊(산호 산)

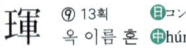
옥 이름 혼 ⊕hún

풀이 옥 이름.

⑩ 14획 日カイ
瑰 구슬 괴 ⊕guī

* 형성. 뜻을 나타내는 부수 '玉(구슬 옥)'과 음을 나타내는 '鬼(귀신 귀)'를 합친 글자.

풀이 1. 구슬. 2. 진귀하다.
瑰麗(괴려) 뛰어나게 아름다움.

⑩ 14획
瑯 琅(p480)의 俗字

⑩ 14획
瑠 琉(p480)와 同字

⑩ 14획 日バ
瑪 마노 마 ⊕mǎ

풀이 마노(瑪瑙).
瑪瑙(마노) 석영의 한 가지.

⑩ 14획 日サ
瑣 잘 쇄 ⊕suǒ

* 형성. 뜻을 나타내는 부수 '玉(구슬 옥)'과 음을 나타내는 '貨(조개 소리 쇄)'를 합친 글자.

풀이 잘다. 자질구레하다. ¶瑣談
瑣談(쇄담) 자질구레한 이야기.
瑣微(쇄미) 자질구레하고 하찮음.
비 鎖(쇠사슬 쇄)

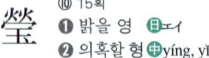
❶ 밝을 영 日エイ
❷ 의혹할 형 ⊕yíng, yǐng

풀이 ❶ 1. 밝다. 흰하다. ¶瑩澤 2. 맑

[玉 10~11획] 瑥瑤瑢瑱瑨瑳瑾瑻璉璃璇璋

다. 투명하다. ❷3. 의혹하다.
瑩澤(영택) 밝고 윤택함.
瑩澈(영철) 환하게 맑음.
비 瑩(꽃 영)

瑥 ⑩ 14획 日オン
사람 이름 온 中wēn

풀이 사람 이름.
비 搵(잠길 온) 溫(따뜻할 온)

瑤 ⑩ 14획 日ヨウ
아름다운옥 요 中yáo

풀이 아름다운 옥.
瑤池鏡(요지경) 1)확대기 장치가 되어 있는 통 안에 있는 그림을 볼 수 있는 장난감. 2)묘하게 돌아가는 세상일.

瑢 ⑩ 14획 日ヨウ
패옥 소리 용 中róng

풀이 패옥(佩玉) 소리.

瑱 ⑩ 14획 日テン
귀막이 옥 진 中tián, zhèn

풀이 1. 귀막이 옥. 2. 아름다운 옥.
瑱圭(진규) 임금이 가지는 상서로운 옥의 이름.
유 瑱(귀막이 전)

瑨 ⑩ 14획 日シン·ジン
아름다운돌 진 中jìn

풀이 아름다운 돌.

瑳 ⑩ 14획 日サ
깨끗할 차 中cuō

* 형성. 뜻을 나타내는 부수 '玉(구슬 옥)'과 음을 나타내는 '差(다를 차)'를 합친 글자.

풀이 1. 깨끗하다. 선명하다. 2. 방긋 웃다.
瑳瑳(차차) 1)옥 같은 것의 빛이 곱고 선명한 모양. 2)이가 가지런하고 흰 모양.

瑾 ⑪ 15획 日キン
아름다운옥근 中jǐn

풀이 아름다운 옥.

瑻 ⑪ 15획 日キ
고깔장식옥기 中qí

풀이 고깔 장식 옥. 가죽으로 된 고깔의 양쪽 슬기에 오색빛으로 장식한 것.

璉 ⑪ 15획 日レン
호련 련 中liǎn

풀이 호련(瑚璉). 제사에 쓰이는 곡식을 담는 종묘 제기.

璃 ⑪ 15획 日リ
유리 리 中lí

풀이 유리. ¶玻璃
유 琉(유리 류) 玻(유리 파)

璇 ⑪ 15획 日セン
아름다운옥선 中xuán

* 형성. 뜻을 나타내는 부수 '玉(구슬 옥)'과 음을 나타내는 '旋(돌 선)'을 합친 글자.

풀이 1. 아름다운 옥. ¶璇宮 2. 별 이름. 북두칠성의 둘째 별.
璇碧(선벽) 푸른빛이 아름다운 옥.
璇室(선실) 옥으로 꾸민 방.

璋 ⑪ 15획 日ショウ·しるしたま
반쪽 홀 장 中zhāng

풀이 반쪽 홀(笏).

璁 ⑪ 15획 日ソウ・ジョウ
패옥 소리 종 中cōng

풀이 패옥(佩玉) 소리.

璄 ⑫ 16획 日ケイ
옥빛 경 中jǐng

풀이 옥빛.

璣 ⑫ 16획 日キ
구슬 기 中jǐ

풀이 1. 구슬. 2. 선기(璿璣). 천문 관측 기구의 이름.
璣衡(기형) 천문을 관측하는 기계.

璘 ⑫ 16획 日リン
옥빛 린(인) 中lín

풀이 옥의 빛. 옥의 광채.
璘彬(인빈) 옥빛이 교차하는 모양.

璞 ⑫ 16획 日ハク
옥돌 박 中pú

풀이 옥돌. 아직 다듬지 않은 옥돌.
璞玉(박옥) 아직 쪼거나 갈지 않은 옥 덩어리.

璡 ⑫ 16획 日シン
옥돌 진 中jīn

풀이 옥돌.

璜 ⑫ 16획 日コウ
서옥 황 中huáng

*형성. 뜻을 나타내는 부수 '玉(구슬 옥)'과 음을 나타내는 '黃(누를 황)'을 합친 글자.

풀이 1. 서옥(瑞玉). 2. 패옥(佩玉).
璜珩(황형) 패옥(佩玉).

璟 ⑬ 17획 日ケイ
경옥 경 中jǐng

풀이 경옥(璟玉). 옥의 이름.

璧 ⑬ 18획 日ヘキ
둥근 옥 벽 中bì

*형성. 뜻을 나타내는 부수 '玉(구슬 옥)'과 음을 나타내는 '辟(피할 벽)'을 합친 글자.

풀이 둥근 옥. 둥글납작하고 가운데에 구멍이 있는 옥.
璧玉(벽옥) 납작한 옥과 둥근 옥.
完璧(완벽) 1)흠이 없는 구슬. 2)흠이 없이 완전함.
비 壁(벽 벽)

璲 ⑬ 17획 日スイ
패옥 수 中suì

풀이 패옥(佩玉). 허리띠에 차는 옥.

璱 ⑬ 17획 日シツ・あお いしんじゅ
푸른 구슬 슬 中sè

풀이 푸른 구슬.

璪 ⑬ 17획 日ソウ
면류관 드림 옥 조 中zǎo

풀이 면류관 드림 옥. 면류관에 장식으로 드리우는 옥.

璨 ⑬ 17획 日サン
빛날 찬 中càn

풀이 빛나다. 찬란하다.

璨璨(찬찬) 밝게 빛나는 모양.

環 ⑬ 17획 日カン·りん 고리 환 中huán, huàn

丅丅王王₸₸₸₸₸₸₸₸₸₸
環環環環環

*형성. 뜻을 나타내는 부수 '玉(구슬 옥)'과 음을 나타내는 '睘(놀라서 볼 경)'을 합친 글자.

풀이 1. 고리. ¶花環 2. 고리 모양의 옥. 3. 두르다. 4. 돌다. ¶循環

環境(환경) 1)생물에게 영향을 끼치는 자연 및 사회적인 여러 조건이나 상태. 2)생활하는 주위의 상태.
環視(환시) 1)많은 사람이 둘러서서 봄. 2)사방을 둘러봄.
環繞(환요) 빙 둘러 에워쌈.
環海(환해) 사방을 둘러싸고 있는 바다.
花環(화환) 꽃을 모아서 고리 모양으로 만든 것.

璸 ⑭ 18획 日ヒン·ビン 구슬 이름 빈 中bīn

풀이 구슬 이름.

비 濱(물가 빈)

璽 ⑭ 19획 日ジ 도장 새 中xǐ

풀이 1. 도장. 2. 옥새(玉璽). 천자가 사용하는 도장.
璽書(새서) 임금의 옥새가 찍혀 있는 문서.
玉璽(옥새) 옥으로 새긴 천자의 도장.
유 印(도장 인)

璿 ⑭ 18획 日セン 아름다운옥선 中xuán

*형성. 뜻을 나타내는 부수 '玉(구슬 옥)'과 음을 나타내는 '睿(밝을 예)'를 합친 글자.

풀이 1. 아름다운 옥. 2. 천문을 관측하는 기계.
璿璣(선기) 천문을 관측하는 데 쓰던 옥으로 만든 기계.

璵 ⑭ 18획 日ヨ 옥 여 中yú

풀이 옥.
璵璠(여번) 춘추시대 노(魯)나라의 보옥 이름.

瓊 ⑮ 19획 日ケイ 옥 경 中qióng

풀이 옥. 아름다운 붉은 옥. ¶瓊瑤
瓊瑤(경요) 1)아름다운 옥. 2)훌륭한 선물.

瓆 ⑮ 19획 日シツ 사람 이름 질 中zhí

풀이 사람 이름.

瓏 ⑯ 20획 日ロウ 옥 소리 롱(농) 中lóng

풀이 1. 옥 소리. ¶玲瓏 2. 환한 모양.
玲瓏(영롱) 1)옥을 굴리는 것처럼 소리가 맑고 아름다움. 2)구슬의 반짝이는 빛처럼 맑고 아름다움.
비 朧(흐릿할 롱)

瓓 ⑰ 21획 日ラン 옥 광채 란 中làn

풀이 옥의 광채. 옥의 무늬.

瓔 ⑰ 21획 日エイ·ヨウ 구슬목걸이 영 中yīng

풀이 1. 구슬 목걸이. 2. 옥돌.

瓔珞(영락) 구슬이나 귀금속을 꿰어서 머리·목 등에 두르는 장신구.

瓘 ⑱ 22획 日カン 옥 이름 관 中guàn

[풀이] 옥 이름.

瓚 ⑲ 23획 日サン 술잔 찬 中zàn

[풀이] 술잔. 제사에 쓰는, 옥으로 만든 술잔.

瓜부

瓜 오이 과 部

'瓜'자는 오이 덩굴에 열매가 매달려 있는 모양으로 '오이'나 '참외', '수박' 등을 뜻한다. 또한 목과(木瓜)에서처럼 오이 모양을 닮은 열매를 나타내기도 하고, 과년(瓜年)에서처럼 혼기가 꽉 찬 여자를 나타내기도 한다.

瓜 ⓪ 5획 日カ·きゅうり 오이 과 中guā

*상형. 오이 덩굴에 열매가 달려 있는 모양을 본뜬 글자.

[풀이] 오이. 박과에 속하는 오이·참외·수박 등을 이름.

瓜期(과기) 1)여자의 나이 15~16살 무렵. 2)벼슬의 임기가 끝나는 시기.
瓜年(과년) 결혼하기에 적당한 여자의 나이.

[비] 爪(손톱 조)

瓠 ⑥ 11획 日コ·ひさご 표주박 호 中hù, hú, huò

*형성. 뜻을 나타내는 부수 '瓜(오이 과)'와 음을 나타내는 '夸(자랑할 과)'를 합친 글자.

[풀이] 1. 표주박. 박. 2. 병. 항아리.

瓠犀(호서) 1)박의 씨. 2)미인의 희고 아름다운 치아를 비유하는 말.

[유] 蠡 (표주박 려)

瓢 ⑪ 16획 日ヒョウ 박 표 中piáo

[풀이] 1. 박. 2. 표주박. 바가지.

瓢飮(표음) 1)바가지에 담은 물. 2)소박한 생활.
簞瓢陋巷(단표누항) 대그릇과 표주박에 누추한 마을이라는 뜻으로, 소박한 살림이나 청빈한 선비의 살림을 이르는 말.

[유] 瓠 (표주박 호)

瓣 ⑭ 19획 日ベン 오이씨 판 中bàn

[풀이] 1. 오이씨. 2. 꽃잎.

瓣膜(판막) 심장이나 혈관 속에 있어 혈액의 역류를 방지하는 막.
花瓣(화판) 꽃잎. 꽃판.

瓦부

瓦 기와 와 部

'瓦'자는 지붕을 이은 기와가 겹쳐 있는 모양을 나타낸 것으로 '기와'나 흙으로 빚어 구운 모든 '토기'를 뜻한다. 이 글자를 부수로 갖는 글자는 일반적으로 토기와 관련이 있다.

瓦 ⓪ 5획 日ワ·かわら 기와 와 中wǎ

[瓦 4~13획] 瓮瓶瓷瓶瓿甄甌甍甎甑甓

一丁丌瓦瓦

*상형. 기와가 겹쳐 있는 모양을 본뜬 글자.

풀이 1. 기와. ¶瓦解 2. 질그릇. ¶瓦器 3. 실패. 실을 감는 물건.

瓦解(와해) 기와가 산산조각 나듯이 사물이 깨어져 산산이 흩어짐.

弄瓦之慶(농와지경) 실패를 갖고 노는 경사라는 뜻으로, 딸을 낳은 기쁨을 이르는 말.

비 瓦(서로 호)

瓮 ④ 9획 日オウ
독 옹   中wèng

풀이 독. 항아리.
유 甕(독 옹) **비** 翁(늙은이 옹)

甁 ⑥ 11획
瓶(p489)의 俗字

瓷 ⑥ 11획 日ジ
오지그릇 자 中cí

*형성. 뜻을 나타내는 부수 瓦(기와 와)와 음을 나타내는 次(버금 차)를 합친 글자.

풀이 오지그릇. 사기그릇.
瓷器(자기) 사기그릇.
靑瓷(청자) 청록색의 유약을 입힌 자기.

瓶 ⑧ 13획 日ヘイ・びん
병 병   中píng

*형성. 뜻을 나타내는 부수 瓦(기와 와)와 음을 나타내는 幷(아우를 병)을 합친 글자.

풀이 병. 단지. 항아리. ¶花瓶
瓶壺(병호) 병과 단지.
花瓶(화병) 꽃을 꽂아 두는 병.

瓿 ⑧ 13획 日ホウ
단지 부 中bù

甄 ⑨ 14획 日ケン・シン
질그릇 견 中zhēn

풀이 1. 질그릇. 2. 밝히다. 드러내다. ¶甄明 3. 교화하다.
甄陶(견도) 1)질그릇을 만듦. 2)임금이 백성을 교화(敎化)하는 일.
甄表(견표) 명백히 나누어 나타냄.

甌 ⑪ 16획 日ク
사발 구 中ōu

풀이 1. 사발. 2. 단지.
甌臾(구유) 토기. 질그릇.

甍 ⑪ 16획 日モウ
용마루 맹 中méng

풀이 용마루. 용마루 기와.
甍棟(맹동) 용마루 기와와 마룻대.
甍宇(맹우) 기와집의 총칭.

甎 ⑪ 16획 日セン
벽돌 전 中zhuān

풀이 벽돌.
甎茶(전다) 차 가루를 눌러 붙여서 벽돌 모양으로 만든 것.
유 甓(벽돌 벽)

甑 ⑫ 17획 日ソウ・こしき
시루 증 中zèng

풀이 시루. 떡이나 쌀 등을 찌는 데 쓰는 둥근 질그릇.
甑餠(증병) 시루떡.

甓 ⑬ 18획 日ヘキ
벽돌 벽 中pì

[瓦 13획] 甕 [甘 0~8획] 甘 甚 甜 甛 嘗

풀이 1. 벽돌. 2. 기와.
동 甎(벽돌 전) 甋(벽돌 전)

甕 ⑬ 18획
독 옹 / オウ / wèng

* 형성. 뜻을 나타내는 부수 '瓦(기와 와)'와 음을 나타내는 '雝(화목할 옹)'을 합친 글자.

풀이 독. 단지. ¶甕器

甕器(옹기) 질그릇. 오지그릇.
鐵甕城(철옹성) 무쇠로 만든 독처럼 튼튼히 쌓은 산성이라는 뜻으로, 아주 튼튼하게 둘러싼 것이나 그러한 상태를 비유하는 말.

동 瓮(독 옹)

甘부

甘 달 감 部

'甘'자는 단맛을 나타낸 글자로 '달다'를 뜻한다. 또한 단 것은 좋은 맛이라 하여 '맛이 좋다', '달게 여기다'라는 뜻으로도 사용된다.

甘 ⓪ 5획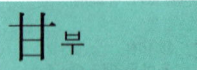
달 감 / カン・あまい / gān

一 十 廾 甘 甘

* 지사. 입[口] 속에 음식[一]을 물고 있음을 나타내어 '맛있다', '달다'의 뜻으로 쓰임.

풀이 1. 달다. ¶甘苦 2. 달게 여기다. 만족하다. 3. 맛이 좋다.

甘味(감미) 단맛.
甘受(감수) 질책·고통·모욕 등을 군말 없이 달게 받음.
甘言利說(감언이설) 남의 비위에 맞도록 꾸민 달콤한 말과 이로운 조건으로 남을 꾀하는 말.
甘草(감초) 콩과에 속하는 다년생 약용 식물로 단맛이 남.

비 卄(스물 입)

甚 ④ 9획
심할 심 / ジン・はなはだしい / shèn, shén

一 十 廾 廿 井 其 甚 甚 甚

* 상형. 부뚜막 위에 물을 담은 그릇을 놓고 아래에서 불을 때는 모양을 본뜬 글자로 '화덕'을 나타낸 후에 '심하다'의 뜻으로 바뀜.

풀이 1. 심하다. 지나치다. 2. 심히. 매우 대단히. ¶甚大

甚大(심대) 매우 큼.
甚至於(심지어) 심하게는.

비 基(터 기)

甜 ⑥ 11획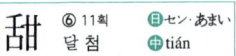
달 첨 / セン・あまい / tián

풀이 1. 달다. 2. 푹 자다.

甛 ⑥ 11획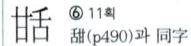
甜(p490)과 同字

嘗 ⑧ 13획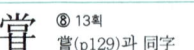
嘗(p129)과 同字

生부

生 날 생 部

'生'자는 초목이 땅 위로 나오는 모양을 본뜬 글자로 '나다'의 뜻을 나타내며, 의미가 확대되어 '낳다', 또는 '살다'라는 뜻으로도 사용된다. 또한 익은 것이 아닌 날것이라는 의미에서 '설다'의 뜻으로 쓰이기도 한다.

[生 0~7획] 生產甥甦 [用 0획] 用

生

◎ 5획
날 생

日 セイ・いきる・なま
中 shēng

丿 ㅏ 누 生 生

*상형. 초목이 싹트는 모양을 본뜬 글자. 이에 '생기다', '태어나다'의 뜻을 나타냄.

풀이 1. 나다. 출생하다. ¶生男 2. 살다. 살리다. ¶生計 3. 날것. 4. 일어나다. 5. 자라다. 생장하다. 6. 낯설다. 서투르다. 7. 백성. 8. 사람.

生計(생계) 살아 나갈 방도. 생활의 방법.
生面不知(생면부지) 이전에 서로 만난 적이 없어 알지 못하는 사람.
生命(생명) 1)목숨. 2)사물의 중요한 존재 요건. 3)사물을 유지하는 기한.
生產(생산) 자연물에 인력을 가하여 생활하는 데 필요한 재화(財貨)를 만들어 내거나 증가시키는 일.
生疏(생소) 1)서투름. 2)낯섦.
生涯(생애) 살아 있는 동안. 살아가는 동안.
生存(생존) 죽지 않고 살아 있음.
生活(생활) 1)생명을 가지고 활동함. 2)생계를 유지하여 살아감.
更生(갱생) 1)죽을 지경에서 다시 살아남. 2)못 쓰게 된 것을 손질하여 다시 쓸 수 있게 함.

日 產(낳을 산) 반 死(죽을 사)

產

⑥ 11획
낳을 산

日 サン・うむ
中 chǎn

丶 亠 产 产 产 产 產 產 產

*형성. 뜻을 나타내는 부수 '生(날 생)'과 음을 나타내는 彥(선비 언)의 생략형을 합친 글자.

풀이 1. 낳다. ¶產苦 2. 만들어 내다. 3. 생업. 4. 재산. 5. 산물. ¶國產

產苦(산고) 아이를 낳을 때의 고통.
產卵(산란) 알을 낳음.
產物(산물) 그 지방에서 생산되는 물건.
產地(산지) 1)생산되어 나온 곳. 산출지(產出地). 2)사람이 태어난 땅.
產婆(산파) 아이를 낳을 때 산모의 출산을 돕는 여자. 조산원(助產員).

日 生(날 생)

甥

⑦ 12획
생질 생

日 セイ・おい
中 shēng

풀이 1. 생질. 2. 사위.

甥姪(생질) 누이의 아들.
外甥(외생) 사위가 장인이나 장모에 대하여 스스로를 일컫는 말.

甦

⑦ 12획
穌(p541)의 俗字

用 부

用 쓸 용 部

'用'자는 '쓰다'를 뜻하는 글자로, 무엇을 사용함을 나타낸다. 물건의 사용 외에 등용(登用)이나 불용(不用)에서처럼 인재를 '부리다'라는 의미도 있고, 피동의 형태로 '쓰이다'라는 뜻으로도 사용된다. 또한 '쓰임'이나 '작용', '용도'와 같은 뜻을 나타내기도 한다.

用

◎ 5획
쓸 용

日 ヨウ・もちいる
中 yòng

丿 冂 月 用 用

*상형. 물 등을 담는 나무통의 모양을 본뜬 글자. 원래는 '통'의 뜻이었으나, 바뀌어 '쓰다'의 뜻으로 쓰임.

풀이 1. 쓰다. 부리다. 사용하다. ¶雇用

2. 쓰이다. 3. 용도. ¶無用 4. 써. '以(써 이)'와 같은 뜻으로 쓰임.
用件(용건) 볼일.
用途(용도) 쓰이는 곳.
用量(용량) 쓰는 분량.
用役(용역) 재화의 형태를 취하지 않고 생산과 소비에 필요한 노무를 제공하는 일.
雇用(고용) 품삯을 주고 사람을 부림.
🔵 使(부릴 사)

甫 ②7획 🟩 ホ・おおきい
클 보　🟠 fǔ, pǔ

[풀이] 1. 크다. 2. 비로소. 처음으로. 3. 씨. 남자의 미칭.
甫甫(보보) 크고 많은 모양.
🔵 俌(도울 보) 浦(개 포)

甬 ②7획 🟩 ヨウ・みち
길 용　🟠 yǒng

[풀이] 1. 길. 담을 양쪽으로 쌓아 놓은 길. 2. 섬. 용량의 단위.
甬道(용도) 양쪽으로 담을 쌓아 놓은 길.

甯 ⑦12획
寧(p191)과 同字

田 부

田 밭 전 部

'田'자는 경계가 분명한 땅을 나타내어 '밭' 또는 '논'을 뜻한다. 이 의미가 확대되어 밭에 무엇을 '심다', '밭 갈다', '생업' 또는 '농업'의 뜻으로도 사용되며, '사냥'의 뜻을 나타내기도 한다. 이 글자를 부수로 갖는 글자는 대부분 농사와 관련이 있다.

田 ⓪5획 🟩 デン・たはた
밭 전　🟠 tián

丨 冂 日 田 田

*상형. 경작지 주위의 경계와 논두렁길을 본뜬 글자.

[풀이] 1. 밭. 논. ¶田畓 2. 밭을 갈다. 경작하다. 3. 사냥. ¶田獵
田畓(전답) 밭과 논. 농토.
田夫(전부) 농부. 전부(佃夫).
田園(전원) 1)논밭과 동산. 2)시골.
耕田(경전) 논밭을 갊.
火田(화전) 산이나 들에 불을 지른 후 일구어 농사를 짓는 밭.
🔵 甲(첫째 천간 갑) 申(펼 신) 由(말미암을 유)

甲 ⓪5획 🟩 コウ
첫째 천간 갑 🟠 jiǎ

丨 冂 日 田 甲

*상형. 갑옷에 달린 납작한 금속 조각을 본떠 '갑옷'의 뜻을 나타냄.

[풀이] 1. 첫째 천간(天干). 2. 껍질. 갑옷. ¶甲冑 4. 아무개. 5. 첫째. ¶甲富
甲殼(갑각) 게·새우 등의 피부를 감싸고 있는 딱딱한 외골격.
甲鎧(갑개) 갑옷.
甲男乙女(갑남을녀) 보통의 평범한 사람들.
甲論乙駁(갑론을박) 서로 자신의 주장을 내세우고 다른 사람의 주장을 반박함.
甲富(갑부) 첫째가는 부자.
甲胄(갑주) 갑옷과 투구.
甲板(갑판) 배 위의 나무판자 또는 철판을 깐 넓고 평평한 바닥.
🔵 申(펼 신) 由(말미암을 유)

申 ⓪5획 🟩 シン
펼 신　🟠 shēn

[田 0~4획] 由男甸町画畎界   493

ㅣㄇㄇㅁ申

*상형. 번갯불의 모양을 본뜬 글자로, 번개가 치듯이 '뻗다', '펴다'의 뜻으로 쓰임.

[풀이] 1. 펴다. 2. 아홉째 지지(地支). 3. 이야기하다. 말하다. ¶申報

申告(신고) 국민이 법령에 따라 행정 관청에 일정한 사실을 보고하는 것.

申聞鼓(신문고) 조선 태종(太宗) 때부터 백성의 원통한 일을 호소할 때 치게 하던, 대궐 앞에 달아 놓은 북.

申請(신청) 신고하여 청구함.

上申(상신) 관청이나 윗사람에게 일에 대한 의견 또는 사정을 보고함.

[비] 由(말미암을 유) 甲(첫째 천간 갑)

| 由 | ⓪5획 말미암을 유 | 日 ユ・よし 中 yóu |

ㅣㄇㄇ由由

*상형. 바닥이 깊은 술독의 모양을 본뜬 글자. 가차하여, '말미암다'의 뜻으로 쓰임.

[풀이] 1. 말미암다. 인하다. ¶由來 2. 지내다. 3. …에서부터. 4. 이유. 까닭. ¶事由

由來(유래) 어떤 사물이나 사실의 내력.

由緖(유서) 까닭. 유래.

經由(경유) 거쳐 지나감.

事由(사유) 일의 까닭. 연고.

自由(자유) 남에게 구속을 받거나 얽매이지 않고 자기 의지대로 행동함.

[비] 申(펼 신) 甲(첫째 천간 갑) 田(밭 전)

| 男 | ②7획 사내 남 | 日 ダン・ナン ・おとこ 中 nán |

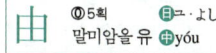

*회의. 논밭(田)에서 쟁기(力)로 일하는 사람. 즉 남자 를 나타냄.

[풀이] 1. 사내. 남자. ¶男女 2. 젊은이. 3. 작위 이름. ¶男爵

男女(남녀) 남자와 여자.

男子(남자) 1) 사나이. 남성인 사람. 2) 사내다운 사내.

男爵(남작) 작위(爵位)의 하나. 오등작(五等爵)의 최하급.

[대] 女(계집 녀)

| 甸 | ②7획 경기 전 | 日 セン・イン 中 diàn |

[풀이] 1. 경기(京畿). 왕성 주위 500리 이내의 땅. 2. 교외(郊外).

甸畿(전기) 수도를 중심으로 사방으로 뻗어 나간 가까운 주위의 땅.

[동] 畿(경기 기)

| 町 | ②7획 밭두둑 정 | 日 チョウ・まち 中 dīng, tǐng |

[풀이] 1. 밭두둑. 2. 경계. 구역. 3. 정. 지적(地積)의 단위. 3,000평(坪).

町步(정보) 땅의 넓이가 한 정(町)으로 끝나고 우수리가 없을 때 쓰는 말.

町畦(정휴) 1) 밭이랑. 밭두둑. 2) 경계.

| 画 | ③8획 畫(p496)의 俗字 |

| 畎 | ④9획 밭도랑 견 | 日 ケン 中 quǎn |

*형성. 뜻을 나타내는 부수 '田(밭 전)'과 음을 나타내는 '犬(개 견)'을 합친 글자.

[풀이] 밭도랑.

畎畝(견묘) 밭도랑과 밭이랑.

| 界 | ④9획 지경 계 | 日 カイ・さかい 中 jiè |

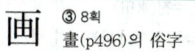

*형성. 뜻을 나타내는 부수 '田(밭 전)'과 음

[田 4~5획] 畇畓畏畋留畮畔

을 나타내는 〈介(끼일 개)〉를 합친 글자.

풀이 1. 지경. 경계. 한계. ¶境界 2. 범위. 세계.

界線(계선) 경계나 한계를 나타내는 선.
境界(경계) 1)지역·영역이 구분되는 한계. 2)인식이나 가치 판단의 기준이 되는 한계.
世界(세계) 1)지구상에 있는 모든 나라. 2)사물이나 현상의 일정한 범위나 분야.
限界(한계) 1)한정된 경계. 2)한정된 범위.

유 境(지경 경)

畇
④ 9획 日キン・イン
밭일굴균·윤 中yún

풀이 밭을 일구다.

畓
④ 9획
논 답

丨ナオ水水杏杏杏畓

*회의. 〈田(밭 전)〉과 〈水(물 수)〉를 합친 글자. 물이 있는 밭, 즉 '논'을 나타냄.

풀이 논. 수전(水田).

畓穀(답곡) 논에서 나는 곡식. 벼.
畓主(답주) 논의 주인.
薄畓(박답) 메마른 논.
田畓(전답) 논과 밭.

비 畬(향기 향)

畏
④ 9획 日イ・おそれる
두려워할 외 中wèi

丨口田田田甲甲畏畏

*회의. 귀신(鬼)이 채찍(卜)을 들고 있는 모양에서 '두려워하다'의 뜻을 나타냄.

풀이 1. 두려워하다. 두려움. 2. 꺼리다.

畏敬(외경) 어려워하며 공경함.
畏懼(외구) 삼가고 두려워함.

畏友(외우) 마음을 다해 존경하는 벗.
可畏(가외) 두려워할 만함.
敬畏(경외) 공경하고 두려워함.

유 怖(두려워할 포) 懼(두려워할 구)

畋
④ 9획 日テン
밭 갈 전 中tián

풀이 1. 밭을 갈다. 2. 사냥하다.

畋獵(전렵) 사냥. 전렵(田獵).
畋食(전식) 농사를 지어 생활함.

留
⑤ 10획 日リュウ・とまる
머무를 류(유) 中liú, liù

 留留留

*형성. 뜻을 나타내는 부수 〈田(밭 전)〉과 음을 나타내는 부수 이외의 글자를 합친 글자.

풀이 1. 머무르다. 묵다. ¶留宿 2. 뒤지다. 지체하다. ¶留滯

留級(유급) 학교 등에서 진급하지 못함.
留念(유념) 마음에 기억하여 둠.
留宿(유숙) 남의 집에 머물러 묵음.
留意(유의) 마음에 둠. 주의함.
留置(유치) 1)사람이나 물건을 일정한 지배 아래 둠. 2)범죄의 의심이 있는 사람을 일시적으로 가둠.
留學(유학) 외국에 머물러 공부함.

유 泊(머무를 박)

畮
⑤ 10획 日ミョウ
이랑 묘·무 中mǔ

풀이 1. 이랑. 밭두둑. 2. 지적(地積)의 단위. 논밭 30평의 넓이에 해당됨.

畔
⑤ 10획 日ハン
두둑 반 中pàn

*형성. 뜻을 나타내는 부수 〈田(밭 전)〉과 음을 나타내는 〈半(반 반)〉을 합친 글자.

풀이 1. 두둑. ¶畔疇 2. 물가. ¶湖畔

[田 5~6획] 畚畛畜略畧異

畔疇(반주) 밭과 밭 사이에 길을 내려고 흙을 쌓아 올린 언덕. 두둑.
湖畔(호반) 호숫가.

畚 ⑤ 10획
삼태기 분 日ブン 中běn

[풀이] 삼태기. 대나 짚으로 만들어 곡식·채소·흙 등을 담아 나르는 그릇.

畚挶(분국) 삼태기.

畛 ⑤ 10획
밭두둑 진 日ジン 中zhěn

[풀이] 1. 밭두둑. 2. 경계.

畛崖(진애) 경계. 가장자리.

畜 ⑤ 10획
❶ 쌓을 축 日チク·つむ
❷ 기를 휵 中xù, chù

丶亠玄玄育育育畜畜

*회의. 田(밭 전)과 玆(불을 자)의 생략자를 합친 글자. 이에 농사일(田)을 하여 저축을 불린다는(玆) 뜻에서 '쌓다', '저축'의 뜻을 나타냄.

[풀이] ❶ 1. 쌓다. 비축하다. 2. 가축. 짐승. ¶畜產 ❷ 3. 기르다. 먹이다. ¶畜牛

畜產(축산) 가축을 기르고 쳐서 인간 생활에 유용한 물질을 생산하는 일.
畜生(축생) 1)온갖 짐승. 금수(禽獸). 2)사람을 욕하는 말. 짐승 같은 놈.
家畜(가축) 집에서 기르는 짐승.
비 蓄(쌓을 축)

略 ⑥ 11획
간략할 략(약) 日リャク·おさめる 中lüè

丨口日田田田町畋畋略略

*형성. 뜻을 나타내는 부수 田(밭 전)과 음을 나타내는 '各(각각 각)'을 합친 글자.

[풀이] 1. 간략하다. ¶略少 2. 다스리다. 3. 생략하다. ¶省略 4. 약탈하다. 노략질하다. ¶略取 5. 대강. 대략. 거의. ¶大略 6. 꾀. 계책.

略圖(약도) 중요한 곳만 간략하게 그린 지도.
略歷(약력) 간단히 적은 이력(履歷).
略少(약소) 간략하고 적음.
略言(약언) 1)생략한 말. 2)대강의 줄거리를 말함.
略字(약자) 글씨의 획을 줄여 간단하게 쓴 글씨.
略稱(약칭) 생략하여 부르는 명칭.
大略(대략) 1)큰 계략. 2)대체적인 개요. 3)대체로.

畧 ⑥ 11획
略(p495)과 同字

異 ⑥ 11획
다를 이 日イ·ことなる 中yì

丨口曰田田甲里累異異

*상형. 큰 귀신탈을 쓰고 춤추는 사람을 본뜬 글자. 그 괴상한 모습이 보통 사람과는 다르므로 '다르다'의 뜻으로 쓰임.

[풀이] 1. 다르다. 상이하다. ¶異見 2. 괴이하다. 괴상하다.

異見(이견) 다른 견해.
異口同聲(이구동성) 여러 사람의 말이 한결같음.
異例(이례) 전례가 없는 특별한 일.
異變(이변) 괴이한 변고. 예상할 수 없었던 사태나 변고.
異常(이상) 정상이 아닌 상태나 현상.
異性(이성) 1)성질이 다름. 2)남성과 여성.
異議(이의) 남과 다른 의견이나 주장.
異彩(이채) 1)이상하고 특이한 색깔. 2)남보다 월등한 특색. 남다름.

[반] 同(같을 동)

畢 ⑥ 11획 마칠 필 [日]ヒツ·すみ [中]bì

*상형. 자루가 달린 그물의 모양을 본뜬 글자. 가차하여, '마치다'의 뜻으로 쓰임.

[풀이] 1. 마치다. 끝내다. ¶未畢 2. 다. 모두. ¶畢擧 3. 다하다. 남기지 않다.

畢竟(필경) 마침내. 결국.

畢生(필생) 목숨이 다할 때까지.

未畢(미필) 아직 다 끝내지 못함.

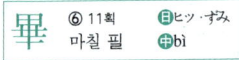

畦 ⑥ 11획 밭두둑 휴 [日]ケイ [中]qí

[풀이] 1. 밭두둑. 2. 지경. 경계.

畦町(휴정) 1)밭두둑. 2)경계.

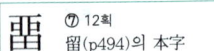

畱 ⑦ 12획 留(p494)의 本字

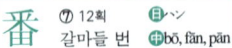

番 ⑦ 12획 갈마들 번 [日]ハン [中]bō, fān, pān

*회의. 논밭(田)에 남아 있는 짐승의 발자국〔釆〕을 나타낸 글자. 가차하여 '차례'를 뜻함.

[풀이] 1. 갈마들다. 번갈아 들다. 2. 차례. ¶番號 3. 번. 횟수.

番號(번호) 차례를 나타내는 숫자.

非番(비번) 번을 설 차례가 아님.

[비] 審(살필 심)

畬 ⑦ 12획 새밭 여 [日]ヨ·シャ [中]yú, shē

[풀이] 1. 새밭. 새로 개간한 지 두 해 된 밭. 2. 밭을 갈다.

畬丁(여정) 새로 논밭을 개간하여 농사짓는 사람.

畯 ⑦ 12획 농부 준 [日]ジュン [中]jùn

[풀이] 1. 농부. 2. 권농관. 밭을 순찰하며 농사를 권하던 벼슬아치.

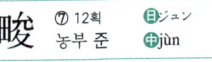

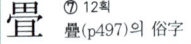

畳 ⑦ 12획 疊(p497)의 俗字

畫 ⑦ 12획 ❶ 그림 화 ❷ 그을 획 [日]カク·ガ·え·えがく [中]huà

[풀이] [1] 1. 그림. 2. 그리다. ¶畫具 [2] 3. 긋다. 구분하다. 4. 획. 획수. ¶畫數

畫家(화가) 그림을 전문적으로 그리거나 그 일을 업으로 하는 사람.

畫龍點睛(화룡점정) 용을 다 그리고 마지막으로 눈동자를 찍어 완성한다는 뜻으로, 사물의 가장 긴요한 곳을 완성시킴을 이르는 말.

畫燭(화촉) 1)빛깔을 물들인 양초. 2)혼례를 달리 이르는 말.

畫一(획일) 1)가지런하고 바름. 2)한결같음.

畫策(획책) 계획. 또는 계획을 세움.

[비] 晝(낮 주) 書(글 서)

畺 ⑧ 13획 지경 강 [日]キョウ [中]jiāng, jiàng

[풀이] 지경.

[유] 境(지경 경) 界(지경 계) 疆(지경 강)

畸 ⑧ 13획 뙈기밭 기 [日]キ [中]jī

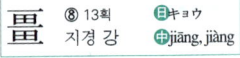

[田 8~17획] 當畫畿疆疇疊

풀이 1. 때기밭. 2. 기이하다. 3. 불구. 병신. ¶畸形

畸人(기인) 1)성질이나 언행이 보통 사람과는 다르게 기이한 사람. 2)병신.
畸形(기형) 사물의 구조·생김새 등이 비정상적으로 된 모양.

當 ⑧ 13획 日トウ
당할 당 中dāng, dàng

⺌⺌⺌⺌⺌⺌⺌⺌
當當

*형성. 뜻을 나타내는 부수 '田(밭 전)'과 음을 나타내는 '尙(오히려 상)'을 합친 글자.

풀이 1. 당하다. 마주 대하다. ¶當面 2. 마땅히. 3. 맡다. 주관하다. ¶當番 4. 전당 잡히다. 5. 이. 그. 저.

當局(당국) 어떤 일을 직접 맡아보고 있음. 또는 그 기관·정부.
當落(당락) 붙고 떨어짐.
當面(당면) 1)일이 눈앞에 닥침. 2)얼굴을 마주 보고 대함. 대면(對面).
當番(당번) 번을 드는 차례에 당함.
當事(당사) 1)일에 직접 관계함. 2)어떤 일에 부닥침.
當選(당선) 선거에서 뽑힘.
當時(당시) 그때.
當然(당연) 마땅히 그러함.
當惑(당혹) 갑자기 당해 정신이 어리둥절하고 어쩔 줄을 몰라 함.

畫 ⑧ 13획
畫(p496)의 俗字

畿 ⑩ 15획 日キ
경기 기 中jī

⺌⺌⺌⺌⺌⺌⺌⺌⺌⺌⺌⺌
畿畿畿

*형성. 뜻을 나타내는 부수 '田(밭 전)'과

을 나타내며 가깝다는 의미를 지닌 '幾(몇 기)'를 합친 글자. 이에 서울 가까이(幾)에 있는 땅(田)인 '경기'를 뜻함.

풀이 경기. 기내(畿內). 서울을 중심으로 하여 500리 이내의 땅.

畿輔(기보) 서울과 가까운 곳.
京畿(경기) 서울을 중심으로 한 가까운 주위의 지방.

疆 ⑭ 19획 日キョウ
지경 강 中jiāng

풀이 1. 지경. 경계. 2. 경계 짓다. 3. 끝. 한계.

疆域(강역) 나라 안의 땅.
유 畺(지경 강)

疇 ⑭ 19획 日チュウ
밭두둑 주 中chóu

*형성. 뜻을 나타내는 부수 '田(밭 전)'과 음을 나타내는 '壽(목숨 수)'를 합친 글자.

풀이 1. 밭두둑. 2. 밭. 3. 경계. 지경. 4. 무리. ¶疇類 5. 접때. 이전.

疇曩(주낭) 지난번. 이전에.
疇類(주류) 같은 무리.
範疇(범주) 1)같은 종류나 부류. 2)가장 기본적이고 보편적인 개념. 카테고리.
비 鑄(쇠 부어 만들 주)

疊 ⑰ 22획 日ジョウ
겹쳐질 첩 中dié

*회의. 재판관이 사건의 판결을 3일 동안 {品} 하고 그 마땅함(宜)에 따라 죄를 내림을 나타낸 글자. 후에 '겹치다'의 뜻으로 쓰임.

풀이 1. 겹쳐지다. 포개지다. 2. 쌓다. 포개다.

疊浪(첩랑) 겹겹이 일어나는 물결.
疊次(첩차) 거듭. 재차.
疊疊山中(첩첩산중) 여러 산이 겹치고 겹친 산속.

重疊(중첩) 거듭 겹쳐짐.

疋 부

疋 짝 필 部

'疋'자는 무릎 아래의 모양을 나타내어 '발'을 뜻하는 글자로, 원래 '疋(짝 필)'과 통용되어 사용되었기 때문에 '짝 필'이라고도 한다. 또한 '正(바를 정)'과 모양이 비슷하여 '바르다'라는 뜻으로 쓰이기도 한다.

疋 ⓪5획
1. 짝 필 🇯ソ·ヒキ
2. 발 소 🇨pǐ, shū

* 상형. 무릎 아래의 모양을 본뜬 글자.

풀이 1. 짝. 2. 필. 옷감의 길이 단위. 2. 3. 발.

疋緞(필단) 필로 된 비단.
疋帛(필백) 비단 피륙. 명주.

疏 ⑦12획
트일 소 🇯ソ 🇨shū

フマヌ돛돛呑呇疏疏

* 형성. 뜻과 음을 나타내는 부수 '疋(짝 필)'과 부수 이외의 글자를 합친 글자.

풀이 1. 트이다. 통하다. ¶疏通 2. 드물다. 성기다. 3. 나누다. 갈라지다. 4. 소원하다. 멀다. 5. 거칠다. 6. 상소하다. ¶上疏

疏略(소략) 꼼꼼하지 못하고 엉성함.
疏薄(소박) 1)소홀히 함. 멀리함. 2) 박대하거나 내쫓음.
疏野(소야) 무례하고 야비함.
疏外(소외) 따돌리거나 멀리함.
疏徹(소철) 밝게 통함.

疏通(소통) 1)막히지 않고 잘 통함. 2)뜻이 서로 통해서 오해가 없음.
疏忽(소홀) 데면데면함. 허술함.

疎 ⑦12획
疏(p498)와 同字

疑 ⑨14획
의심할 의 🇯ギ 🇨yí

レヒヒ足乒疑寐寐疑疑

* 상형. 지팡이를 짚고 서서 두리번거리는 사람의 모양을 본뜬 글자. 어느 길로 갈지 머뭇거림을 나타내어 '의심하다'의 뜻으로 쓰임.

풀이 1. 의심하다. 2. 의심스럽다. ¶疑問

疑懼(의구) 의심하고 두려워함.
疑問(의문) 의심스러운 문제.
疑心(의심) 믿지 못하여 의아하게 생각함. 또는 그러한 마음.
疑訝(의아) 의심스럽고 이상하게 생각함.
疑惑(의혹) 의심하여 수상하게 여김. 또는 그런 생각.

回 信(믿을 신) 回 凝(엉길 응)

疒 부

疒 병질엄 部

'疒'자는 침상 위에 아파 누워 있는 모습을 본뜬 글자로, '병들어 기대다'라는 뜻을 갖는다. 부수 명칭으로는 '병질엄'이라 하며, 이 글자를 부수로 갖는 글자는 주로 질병이나 신체의 이상(異常)과 관련이 있다.

疒 ⓪5획
병들어기댈녁 🇯ダク·ショウ 🇨nè

[疒 2~5획] 疕 疔 疚 疝 疥 疫 痂 疳 疸 疼 病

풀이 병들어 기대다. 병들어 눕다.

疕 ② 7획　🇯 ヒ
두창 비　🇨 bǐ

풀이 두창(頭瘡). 머리에 나는 부스럼.

疔 ② 7획　🇯 テイ・チョウ
정 정　🇨 dīng

풀이 정. 부스럼.
疔毒(정독) 부스럼.

疚 ③ 8획　🇯 キュウ
오랜 병 구　🇨 jiù

풀이 1. 오랜 병. 병이 오래되다. 2. 마음이 괴롭다. 가책을 느끼다.
疚懷(구회) 친척의 죽음을 슬퍼함.

疝 ③ 8획　🇯 サン・セン
산증 산　🇨 shàn

풀이 산증. 허리나 배가 아픈 병.
疝症(산증) 허리 또는 아랫배가 몹시 아픈 병.

疥 ④ 9획　🇯 カイ
옴 개　🇨 jiè

풀이 옴. 전염성 피부병의 한 가지.
疥癬(개선) 옴.

疫 ④ 9획　🇯 エキ・ヤワ
돌림병 역　🇨 bì

丶亠广广疒疒疒疫疫

* 형성. 뜻을 나타내는 부수 疒(병들어 기댈 녁)과 음을 나타내는 '役(부릴 역)'의 생략형을 합친 글자.

풀이 돌림병. 역병. ¶疫病
疫病(역병) 악성의 전염병.

免疫(면역) 병원균에 대한 몸의 저항력이 생겨 다음에는 그 병에 걸리지 않는 상태. 또는 그 작용.
防疫(방역) 전염병의 발생과 유행을 미리 막는 활동.

痂 ⑤ 10획　🇯 カ・かさぶた
딱지 가　🇨 jiā

풀이 딱지. 다친 곳이 아물었을 때 생기는 껍질.

疳 ⑤ 10획　🇯 カン
감질 감　🇨 gān

풀이 감질. 감병.
疳疾(감질) 1)어린아이가 걸리는 영양 장애·소화 불량 등의 병. 2)몹시 먹고 싶거나 가지고 싶어 애타는 마음.

疸 ⑤ 10획　🇯 タン
황달 달　🇨 dǎn

* 형성. 뜻을 나타내는 부수 疒(병들어 기댈 녁)과 음을 나타내는 '旦(아침 단)'을 합친 글자.

풀이 황달.
黃疸(황달) 간장에 탈이 나서 피부와 오줌이 누렇게 되는 병. 달병(疸病).

疼 ⑤ 10획　🇯 トウ
아플 동　🇨 téng

풀이 아프다.
疼痛(동통) 신경의 자극으로 몸이 쑤시고 아픔. 또는 그 통증.
🔁 痛(아플 통)

病 ⑤ 10획　🇯 ビョウ・やまい
병 병　🇨 bìng

丶亠广广疒疒疔病病

* 형성. 뜻을 나타내는 부수 疒(병들어 기댈

너)'과 음을 나타내는 '丙(남녘 병)'을 합친 글자.

[풀이] 1. 병. 병이 나다. ¶病暇 2. 괴로워하다. 근심하다. 3. 결점.

病暇(병가) 병으로 인하여 얻은 휴가.
病苦(병고) 병으로 인한 고통.
病菌(병균) 병의 원인이 되는 세균.
病魔(병마) 병을 악마에 비유한 말.
病院(병원) 질병을 진찰·진료하는 곳으로서 일정한 수의 환자를 수용할 수 있는 설비를 한 곳.
病弊(병폐) 병통(病痛)과 폐단(弊端).
🔁 疾(병 질)

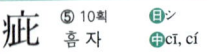

* 형성. 뜻을 나타내는 부수 'ナ(병들어 기댈 녀)'과 음을 나타내는 '此(이 차)'를 합친 글자.

[풀이] 1. 흠. 결점. 흉터. ¶疵痕 2. 병. 앓다. ¶疵厲

疵痕(자흔) 흠이나 흠이 진 자리. 흉터.

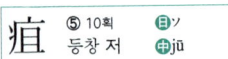

[풀이] 등창. 악성 종기.
疽腫(저종) 악성 종기.

` 宀 广 疒 疒 疒 疒 疖 症

* 형성. 뜻을 나타내는 부수 'ナ(병들어 기댈 녀)'과 음을 나타내는 '正(바를 정)'을 합친 글자.

[풀이] 증세.
症狀(증상) 병이나 상처 때문에 나타나는 현상이나 상태. 증세(症勢).
渴症(갈증) 목이 말라 물을 마시고 싶은 느낌.
厭症(염증) 싫증.

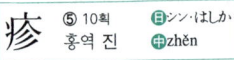

[풀이] 1. 홍역. 2. 열꽃. 열병.
發疹(발진) 열이 몹시 나서 피부에 작은 종기가 돋음. 또는 그 종기.
濕疹(습진) 피부에 생기는, 진물이 나는 염증.

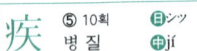

` 宀 广 疒 疒 疒 疒 疾 疾

* 형성. 뜻을 나타내는 부수 'ナ(병들어 기댈 녀)'과 음을 나타내는 '矢(화살 시)'를 합친 글자. 사람이 화살에 맞아 다치는 것을 나타내어, '병'의 뜻으로 쓰임.

[풀이] 1. 병. 질병. ¶疾病 2. 괴로워하다. 3. 미워하다. 원망하다. 4. 빠르다. 빨리. ¶疾走

疾病(질병) 온갖 병. 질환(疾患).
疾視(질시) 흘겨봄.
疾走(질주) 빨리 달림. 빠르게 달림.
痼疾(고질) 1)오래도록 낫지 않아 고치기 어려운 병. 2)오래된 나쁜 버릇이나 폐단.
🔁 病(병 병)

疱 ⑤ 10획 日ホウ
천연두 포 中pào

[풀이] 천연두.
疱瘡(포창) 천연두.
🔁 痘(천연두 두)

疲 ⑤ 10획 日ヒ·つかれる
지칠 피 中pí

` 宀 广 疒 疒 疒 疒 疲 疲

* 형성. 뜻을 나타내는 부수 'ナ(병들어 기댈 녀)'과 음을 나타내는 '皮(가죽 피)'를 합친 글자.

[疒 6~8획] 痒痍痔痕痙痘痢痞痛痼

痒
⑥ 11획 日ヨウ
앓을 양 中yǎng

풀이 1. 앓다. 병. 2. 가렵다.
동 疷(앓을 저)

痍
⑥ 11획 日イ
상처 이 中yí

풀이 1. 상처. 2. 다치다.
痍傷(이상) 상처.

痔
⑥ 11획 日ジ
치질 치 中zhì

풀이 치질.
痔疾(치질) 항문의 안팎에 나는 병의 총칭.

痕
⑥ 11획 日コン
흉터 흔 中hén

풀이 1. 흉터. 2. 흔적. 자취.
痕跡(흔적) 어떤 것이 지나간 뒤에 남은 자국이나 자취. 흔적(痕迹).
傷痕(상흔) 상처로 생긴 자국.
동 疤(흉 파)

痙
⑦ 12획 日ケイ
심줄 땅길 경 中jìng

풀이 심줄이 땅기다. 경련이 일다.
痙攣(경련) 근육이 발작적으로 수축하는 증세.

痘
⑦ 12획 日トウ
천연두 두 中dòu

풀이 천연두. 마마.
痘瘡(두창) 마마. 천연두(天然痘).

痢
⑦ 12획 日リ・げり
설사 리(이) 中lì

풀이 설사.
痢疾(이질) 변에 곱이 섞여 나오는 전염병.

痞
⑦ 12획 日ヒ
뱃속 결릴 비 中pǐ

풀이 뱃속이 결리다.
痞結(비결) 먹은 음식이 체하여 가슴에 걸려 내려가지 않음. 체증(滯症).

痛
⑦ 12획 日ツウ・いたい
아플 통 中tòng

丶亠广疒疒疒疖疖痛痛痛

*형성. 뜻을 나타내는 부수 疒(병들어 기댈 녁)과 음을 나타내는 甬(길 용)을 합친 글자.
풀이 1. 아프다. ¶痛症 2. 마음이 아프다. 슬퍼하다. 3. 몹시. 매우. ¶痛快
痛感(통감) 마음에 사무치게 느낌.
痛哭(통곡) 소리를 높여 슬피 옮.
痛症(통증) 몹시 아픈 증세.
痛快(통쾌) 아주 마음이 시원함. 마음이 몹시 후련함.
痛歎(통탄) 몹시 탄식함.
동 疼(아플 동)

痼
⑧ 13획 日コウ
고질 고 中gù

풀이 고질(痼疾). 고질병.
痼疾(고질) 1)오래되어 고치기 어려운

병. 2)오래되어 몸에 밴 나쁜 습관.

痰	⑧ 13획 가래 담	[日]タン [中]tán

[풀이] 가래.

痰咳(담해) 1)가래와 기침. 2)가래가 섞여 나오는 기침.

痳	⑧ 13획 임질 림(임)	[日]リン [中]lín, lìn, má

[풀이] 임질.

痳疾(임질) 임균(痳菌)의 감염으로 요도나 생식기 등에 일어나는 성병.

[비] 痲(저릴 마)

痲	⑧ 13획 저릴 마	[日]バ [中]má

[풀이] 1. 저리다. 마비되다. 2. 홍역.

痲痹(마비) 신경이나 근육에 감각이 없어지는 상태.

痲子(마자) 천연두 자국이 있는 사람.

痲醉(마취) 약물로 인해 감각이나 정신을 일시적으로 마비시키는 것.

[비] 麻(삼 마) 痳(임질 임)

痹	⑧ 13획 저릴 비	[日]ヒ·しびれる [中]bì

[풀이] 저리다. 마비되다. ¶痲痹

[유] 痲(저릴 마)

瘀	⑧ 13획 어혈 어	[日]オ [中]yū

[풀이] 어혈. 한곳에 피가 맺혀 있는 증세.

瘁	⑧ 13획 병들 췌	[日]スイ [中]cuì

[풀이] 1. 병들다. 2. 여위다. 파리하다.

瘁瘁(췌췌) 오래 앓는 모양.

痴	⑧ 13획 癡(p504)의 俗字

瘍	⑨ 14획 종기 양	[日]ヨウ [中]yáng

[풀이] 종기. 헌데 · 부스럼 등의 총칭.

瘐	⑨ 14획 병들 유	[日]ユ [中]yǔ

[풀이] 1. 병들다. 2. 옥사(獄死)하다.

瘐死(유사) 옥중에서 병이나 고문으로 인해 병사함.

瘖	⑨ 14획 벙어리 음	[日]イン [中]yīn

[풀이] 벙어리.

瘖聾(음롱) 벙어리와 귀머거리.

[유] 瘂(벙어리 아)

瘋	⑨ 14획 두통 풍	[日]フウ [中]fēng

[풀이] 1. 두통. 2. 미치다.

瘤	⑩ 15획 혹 류(유)	[日]リュウ [中]liú

[풀이] 혹. 돌기.

瘤腫(유종) 혹.

瘢	⑩ 15획 흉터 반	[日]ハン [中]bān

* 형성. 뜻을 나타내는 부수 '疒(병들어 기댈 녁)'과 음을 나타내는 '般(옮길 반)'을 합친

글자.

풀이 1. 흉터. 상처 자국. 2. 흔적.
瘢痕(반흔) 흉터. 상처의 흔적.

瘙 ⑩ 15획 日ソウ 종기 소 ⊕sào

풀이 종기. 부스럼.

瘦 ⑩ 15획 日ソウ 파리할 수 ⊕shòu

풀이 파리하다. 여위다. 마르다.
瘦瘠(수척) 몸이 여위고 파리함.
➡ 瘠(병들 췌) 憔(수척할 초)

瘞 ⑩ 15획 日エイ 묻을 예 ⊕yì

풀이 1. 묻다. 매장하다. 2. 무덤.
瘞埋(예매) 땅에 묻음. 장사 지냄.

瘟 ⑩ 15획 日オン 염병 온 ⊕wēn

풀이 염병. 돌림병.
瘟疫(온역) 돌림병. 전염병.

瘡 ⑩ 15획 日ソウ 부스럼 창 ⊕chuāng

* 형성. 뜻을 나타내는 부수 疒(병들어 기댈 녘)과 음을 나타내는 '倉(곳집 창)'을 합친 글자.
풀이 1. 부스럼. 종기. 瘡 2. 상처. 흉터.
瘡瘍(창양) 종기. 부스럼. 창종(瘡腫)
➡ 瘻(부스럼 루)

瘠 ⑩ 15획 日セキ 파리할 척 ⊕jí

풀이 1. 파리하다. 여위다. 2. 메마르다.

瘠薄(척박) 땅이 몹시 메마르고 황폐함.
瘠土(척토) 몹시 메마른 땅.
➡ 瘦(파리할 수) 憔(수척할 초)

瘻 ⑪ 16획 日ル 부스럼 루(누) ⊕lòu

풀이 1. 부스럼. 2. 곱사등이.
瘻痀(누구) 곱사등이.
➡ 瘡(부스럼 창)

瘼 ⑪ 16획 日マツ 병들 막 ⊕mò

풀이 병들다. 병.

瘴 ⑪ 16획 日ショウ 장기 장 ⊕zhàng

풀이 장기(瘴氣). 풍토병.
瘴氣(장기) 습하고 더운 땅에서 생기는 나쁜 기운.
瘴毒(장독) 축축하고 더운 지방에서 생기는 독기. 장기(瘴氣).

癇 ⑫ 17획 日カン 경풍 간 ⊕xián

풀이 1. 경풍. 경기. 2. 간질. 지랄병.
癇疾(간질) 갑자기 몸을 뒤틀거나 까무라치는 병.

療 ⑫ 17획 日リョウ 병 고칠 료(요) ⊕liáo

풀이 병을 고치다. 치료하다.
療飢(요기) 음식을 조금 먹어 시장기를 면함.
療養(요양) 쉬면서 병을 치료함.
醫療(의료) 의술로 병을 고치는 일.
治療(치료) 병 · 상처를 다스려 낫게 함.

유 治(다스릴 치)

癃 ⑫ 17획 日リュウ 느른할 륭(융) 中lóng

풀이 1. 느른하다. 2. 곱사등이. 3. 늙다.
癃疾(융질) 허리가 굽고 등이 높아지는 병. 곱사등이.

癌 ⑫ 17획 日ガン 암 암 中ái

풀이 암. 치료하기 힘든 악성 종양.
癌細胞(암세포) 암을 이루는 세포.

癈 ⑫ 17획 日ヘイ 고질 폐 中fèi

풀이 고질. 오래되어 고치기 어려운 병.

癘 ⑬ 18획
❶ 문둥병 라 日ラ
❷ 창병 려(여) 中lì

풀이 ❶ 1. 문둥병. ❷ 2. 창병(瘡病). 3. 염병. 전염병.
癘疫(여역) 1)피부 전염병. 창병(瘡病). 2)유행성 열병.
유 癩(문둥병 라)

癖 ⑬ 18획 日ヘキ・くせ 적취 벽 中pǐ

풀이 1. 적취. 소화불량. 오랜 체증으로 뱃속에 덩어리가 생기는 병. 2. 버릇. 습관.
癖痼(벽고) 고질병.
癖病(벽병) 나쁜 버릇.
盜癖(도벽) 물건을 훔치는 버릇.

癕 ⑬ 18획
癰(p505)과 同字

癒 ⑬ 18획 日ユ 병 나을 유 中yù

풀이 병이 낫다.
治癒(치유) 병을 치료하여 낫게 함.

癡 ⑭ 19획 日チ 어리석을 치 中chī

* 형성. 뜻을 나타내는 부수 '疒'(병들어 기댈 녁)과 음을 나타내는 '疑'(의심할 의)를 합친 글자.

풀이 어리석다. 미련하다.
癡呆(치매) 정상적인 정신 능력을 잃어버린 상태. 노망(老妄).
癡情(치정) 이성을 잃은 남녀 사이의 애정.
유 愚(어리석을 우)

癢 ⑮ 20획 日ヨウ 가려울 양 中yǎng

풀이 가렵다. 근질거리다.

癤 ⑮ 20획 日テツ 부스럼 절 中jiē

풀이 부스럼.
유 瘡(부스럼 창)

癨 ⑯ 21획 日カク 곽란 곽 中huò

풀이 곽란. 토하고 설사를 하는 급성 위장병.
癨亂(곽란) 급성 위장병.

癩 ⑯ 21획 日ライ 문둥병 라(나) 中lài

풀이 문둥병.
癩病(나병) 문둥병.
유 癘(문둥병 라)

[疒 17~19획] 癬癰癲 [癶 0~7획] 癶癸発登發

癬
⑰ 22획 日セン
옴 선 中xuǎn

풀이 1. 옴. 피부병의 일종. 2. 버짐.

癰
⑱ 23획 日ヨウ
악창 옹 中yōng

풀이 악창(惡瘡). 종기. 부스럼.
癰疽(옹저) 악성 종기의 통칭.

癲
⑲ 24획 日テン
미칠 전 中diān

풀이 1. 미치다. 2. 지랄병.
癲癎(전간) 지랄병. 간질(癎疾).

癶부

癶 필발머리 部

'癶' 자는 밖이나 위를 향해 발이 움직이는 모양을 나타낸 글자로, '걷다' 라는 뜻을 가진다. '發(필 발)'의 머리 부분에 해당하기 때문에 부수 명칭으로는 '필발머리' 라고 한다. '걷다' 외에 '벌리다', '등지다'의 뜻을 나타내기도 하나, 단독의 문자로는 사용하지 않는다.

癶
⑤ 5획 日ハツ・ハチ
등질 발 中bō

풀이 1. 등지다. 사이가 틀어지다. 2. 걷다.

癸
④ 9획 日キ・みずのと
열째 천간 계 中guǐ

ノ ㇀ ㇀ ㇇ 癶 癶 癶 癶 癶 癸

*상형. 일종의 물레를 본뜬 글자. 가차되어 '열째 천간'의 뜻으로 쓰임.

풀이 1. 열째 천간(天干). 2. 월경(月經). ¶癸水
癸水(계수) 여자의 월경.

発
④ 9획
發(p505)의 俗字

登
⑦ 12획 日トウ・のぼる
오를 등 中dēng, dé

ノ ㇀ ㇀ ㇇ 癶 癶 癶 癶 癶 登 登 登

*상형. 두 손으로 제기(祭器)를 들어 바치는 모습을 본뜬 글자. 이에 '드리다'의 뜻을 나타내며, 바뀌어 '오르다'의 뜻으로도 쓰임.

풀이 1. 오르다. ㉠산에 오름. ㉡지위에 오름. ¶登山 2. 올리다. 드리다. 3. 익다. 여물다.
登校(등교) 학교에 출석함.
登壇(등단) 문단(文壇)에 처음으로 등장함.
登錄(등록) 문서나 장부에 올림.
登攀(등반) 험한 산이나 절벽을 기어 올라감.
登山(등산) 산에 오름.
登用(등용) 인재를 골라 뽑아 씀.
登程(등정) 길을 떠남.
비슷 昇(오를 승) 반대 降(내릴 강)

發
⑦ 12획 日ハツ・はなつ・おこる
쏠 발 中fā

ノ ㇀ ㇀ ㇇ 癶 癶 癶 癶 發 發 發 發

*형성. 뜻을 나타내는 '弓(활 궁)'과 음을 나타내는 '癹(짓밟을 발)'을 합친 글자.

풀이 1. 쏘다. ¶發射 2. 꽃이 피다. 3.

[白 0~2획] 白 百 皁

일어나다. 4. 일으키다. 5. 드러나다. 나타나다. ¶發揮 6. 떠나다. 7. 열다. 8. 들추다.

發見(1.발견/2.발현) 1)미처 찾아내지 못했거나 알려지지 않은 것을 찾아냄. 2)나타남.

發達(발달) 1)발육하여 자람. 2)학문 또는 사회 등이 진보함.

發明(발명) 아직까지 없던 어떠한 물건이나 방법을 새로 만들어 냄.

發生(발생) 1)어떤 현상이 생겨남. 2)일이 비롯하여 일어남.

發作(발작) 1)어떤 감정이 갑자기 일어남. 2)어떠한 병이나 증세가 갑자기 일어남.

發表(발표) 어떤 사실이나 내용 등을 사회에 널리 드러내어 알림.

發行(발행) 1)서적·신문 등을 인쇄하여 세상에 내놓음. 2)화폐·증권·증명서 등을 만들어 통용시킴.

發揮(발휘) 재능이나 힘 등을 드러냄.

白 부

白 흰 백 部

'白'자는 '흰빛'을 나타낸다. 또한 그 색깔이 상징하듯이 '아무것도 없다'라는 뜻을 나타내기도 하고, 결백(潔白)에서처럼 '깨끗하다', 또는 '밝다'라는 뜻을 지니기도 하며, 고백(告白)에서처럼 '말하다', '여쭈다'의 의미로도 쓰인다.

白 ①5획 흰 백   日 ハク・しろい 中 bái, bó

丿 亻 甪 白 白

* 상형. 햇빛이 위를 향하여 비추는 모양을 본떠 '희다', '밝다'의 뜻을 나타냄.

풀이 1. 희다. 흰빛. ¶白眉 2. 깨끗하다. 3. 밝다. 4. 명백하다. 5. 여쭈다. 아뢰다. ¶獨白 6. 비다.

白骨(백골) 송장의 살이 썩어 없어지고 남은 흰 뼈. 죽은 이의 뼈.

白眉(백미) 1)흰 눈썹. 2)여럿 가운데서 가장 뛰어남.

白髮(백발) 하얗게 센 머리털.

白眼視(백안시) 업신여기거나 냉대하여 흘겨봄.

白人(백인) 1)보통 사람. 2)백색 인종.

白晝(백주) 밝은 대낮.

白痴(백치) 지능이 몹시 열등한 사람.

潔白(결백) 죄가 없음. 공명정대함.

獨白(독백) 1)혼자서 중얼거림. 2)연극에서 배우가 상대자 없이 혼자 말하는 대사. 모놀로그.

비 百(일백 백) 伯(맏 백)

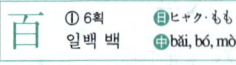

百 ①6획 일백 백   日 ヒャク・もも 中 bǎi, bó, mò

一 丆 丆 百 百 百

* 형성. 뜻을 나타내는 一(한 일)과 음을 나타내는 '白(흰 백)'을 합친 글자.

풀이 1. 일백. 백 개. 2. 많은. 모든.

百穀(백곡) 여러 가지 곡식. 많은 곡식.

百年偕老(백년해로) 부부가 행복하고 즐겁게 함께 늙음.

百方(백방) 1)온갖 방법. 여러 가지 방법. 2)여러 방면. 여기저기.

百戰百勝(백전백승) 백 번 싸워 백 번 이김. 싸움마다 다 이김.

百害無益(백해무익) 해롭기만 하고 조금도 이로울 것이 없음.

비 白(흰 백) 佰(일백 백)

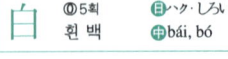

皁 ②7획 하인 조   日 ソウ・くろい 中 zào

풀이 1. 하인. 2. 마구간. 3. 검다.

[白 3~10획] 的皆皇皋皇皎皓皚

皁櫪(조력) 1)마구간. 2)구유.
유 早(일찍 조)

的 ③ 8획
日 テキ・まと
中 de, dí, dì
과녁 적

丿 丶 亻 白 白 白 的 的

*형성. 뜻을 나타내는 부수 '白(흰 백)'과 음을 나타내는 '勺(구기 작)'을 합친 글자.

풀이 1. 과녁. 활을 쏘는 표적. ¶的中 2. 표준. 목표. 3. 확실하다. 틀림없다. ¶的確 4. …의. …한. 소유·종속·수식 등의 관계를 나타내는 조사.

的中(적중) 1)화살이나 총 등이 목표물에 정확히 맞음. 2)예측이 들어맞음.
的確(적확) 틀림없음.
目的(목적) 이룩하거나 도달하려고 하는 목표.

皆 ④ 9획
日 カイ・みな
中 jiē
다 개

一 𠂉 比 比 毕 毕 皆 皆 皆

*회의. 사람들이 늘어서서(比) 말한다는(白) 의미에서 '다', '모두'의 뜻으로 쓰임.

풀이 1. 다. 모두. 함께. 2. 두루 미치다.
皆勤(개근) 일정한 기간 동안 하루도 빠지지 않고 출근함.
皆兵(개병) 모든 국민이 다 병역의 의무를 가지는 일.

皇 ④ 9획
日 コウ・きみ
中 huáng
임금 황

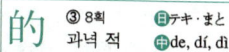

*형성. 뜻을 나타내는 부수 '白(흰 백)'과 음을 나타내는 '王(임금 왕)'을 합친 글자. 머리에 큰 관(白)을 쓴 임금(王)을 나타내어, 황제의 뜻으로 쓰임.

풀이 1. 임금. 황제. ¶皇帝 2. 크다. 3. 훌륭하다.
皇家(황가) 황제의 집안. 황실(皇室).
皇宮(황궁) 황제의 궁궐.
皇室(황실) 황제의 집안.
皇帝(황제) 천자. 제국(諸國)의 군주.
敎皇(교황) 천주교의 최고 지도자.
유 后(임금 후) 王(임금 왕) 帝(임금 제)

皋 ⑤ 10획
日 コウ・おか
中 gāo
못 고

풀이 1. 못. 늪. 2. 음력 5월의 다른 이름. 3. 높다.
皋鼓(고고) 큰 북.
皋月(고월) 음력 5월의 다른 이름.

皐 ⑥ 11획
皋(p507)와 同字

皎 ⑪ 11획
日 キョウ・あきらか
中 jiǎo
월 교

*형성. 뜻을 나타내는 부수 '白(흰 백)'과 음을 나타내는 '交(사귈 교)'를 합친 글자.

풀이 1. 희다. 깨끗하다. 2. 밝다.
皎皎(교교) 1)달이 매우 맑고 밝음. 2)매우 희고 깨끗함.

皓 ⑦ 12획
日 コウ・しろい
中 hào
월 호

*형성. 뜻을 나타내는 부수 '白(흰 백)'과 음을 나타내는 '告(알릴 고)'를 합친 글자.

풀이 희다. 깨끗하다.
皓然(호연) 1)아주 흰 모양. 2)아주 명백한 모양.
皓齒(호치) 희고 깨끗한 이. 미인을 이르는 말.

皚 ⑩ 15획
日 ガイ・しろい
中 ái
월 애

[白 10~13획] 皞皞皤皦 [皮 0~10획] 皮皴皷皺

풀이 1. 희다. 2. 눈빛이 깨끗하다.
皚皚(애애) 서리나 눈이 내려 온통 흰 빛을 띤 모양.

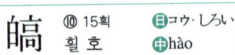
皞 ⑩ 15획 日 コウ・しろい 中 hào

풀이 희다. 흰 모양.
皞然(호연) 희고 밝은 모양.

皞 ⑩ 15획 日 コウ・あきらか 中 hào

풀이 1. 밝다. 환하다. 2. 희다.
皞天(호천) 밝고 넓은 하늘.

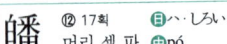
皤 ⑫ 17획 日 ハ・しろい 中 pó

풀이 1. 머리가 세다. 노인의 머리가 하얗게 센 모양. 2. 희다.
皤翁(파옹) 머리가 하얗게 센 노인.

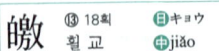
皦 ⑬ 18획 日 キョウ 中 jiǎo

풀이 1. 희다. 2. 밝다. 명백하다.
皦如(교여) 밝고 또렷한 모양.
皦日(교일) 밝게 빛나는 태양.

皮부

皮 가죽 피 部

'皮'자는 의복을 만들기 위해 가죽을 손으로 벗겨 내는 모양을 나타낸 글자로, 털이 있는 '가죽'을 나타낸다. 그 밖에 '껍질'의 뜻으로도 사용되며, 피상적(皮相的)에서처럼 '겉'의 뜻으로도 쓰인다.

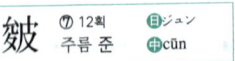
皮 ⓪ 5획 日 ヒ・かわ 中 pí
가죽 피

丿ナ广皮皮

*상형. 손으로 짐승의 가죽을 벗겨 내는 모습을 본뜬 글자.

풀이 1. 가죽. 털이 있는 동물의 가죽. ¶皮骨 2. 껍질. 식물의 표피. ¶去皮 3. 겉.
皮冠(피관) 사냥을 할 때 쓰던 가죽으로 만든 관.
皮骨(피골) 살가죽과 뼈.
皮膚(피부) 살갗. 동물의 온몸을 싸고 있는 피막.
皮相(피상) 1)표면. 2)일이나 현상이 겉으로 드러나 보이는 모습.
皮肉(피육) 1)가죽과 살. 2)겉. 표면.
皮革(피혁) 제품의 원료가 되는 가죽을 통틀어 이르는 말.
內皮(내피) 1)속가죽. 속껍질. 2)몸속 기관의 안쪽을 싸고 있는 조직.
毛皮(모피) 털가죽.
참 革(가죽 혁) 비 彼(저 피) 疲(지칠 피)

皴 ⑦ 12획 日 ジュン 中 cūn
주름 준

풀이 1. 주름. 2. 살갗이 트다.
동 皺(주름 추)

皷 ⑦ 14획
鼓(p.855)의 俗字

皺 ⑩ 15획 日 シュウ・しわ 中 zhòu
주름 추

풀이 주름. 주름이 잡히다.
皺面(추면) 주름이 잡힌 얼굴.
皺紋(추문) 주름살 모양의 무늬.
皺眉(추미) 눈썹을 찌푸림.
동 皴(주름 준)

皿부

皿 그릇 명 部

皿자는 바닥이 둥글고 낮은 발이 있는 그릇 모양을 나타낸 글자로, '그릇'의 뜻을 갖는다. 또한 그릇의 덮개를 나타내기도 하는데, 단독의 문자보다는 주로 부수로서의 역할을 한다. 이 글자를 부수로 갖는 글자는 일반적으로 물건을 담기 위한 그릇이나 잔의 종류와 관련이 있다.

皿 ⓪ 5획 日サラ 그릇 명 中mǐn

* 상형. 낮고 둥근 다리가 달린 그릇의 모양을 본뜬 글자.

풀이 그릇.

유 器(그릇 기) **비** 血(피 혈)

盂 ③ 8획 日ウ 사발 우 中yú

풀이 사발, 밥그릇.

盂鉢(우발) 밥그릇.

비 盂(소반 간)

盃 ④ 9획

杯(p349)의 俗字

盆 ④ 9획 日ボン 동이 분 中pén

* 형성. 뜻을 나타내는 부수 皿(그릇 명)과 음을 나타내는 '分(나눌 분)'을 합친 글자.

풀이 1. 동이, 물이나 술을 담는 그릇. ¶花盆. 2. 물이 솟다.

盆栽(분재) 줄기나 가지를 보기 좋게 가꾸어 감상하는 초목.

盆地(분지) 산으로 둘러싸인 평지.
花盆(화분) 화초를 심어 가꾸는 그릇.

비 益(더할 익)

盈 ④ 9획 日エン·みちる 찰 영 中yíng

풀이 차다. 가득 차다. ¶盈溢

盈溢(영일) 가득 차서 넘침.
盈虧(영휴) 1)번성함과 쇠락함. 2)가득 참과 이지러짐.

유 滿(찰 만)

盎 ⑤ 10획 日オウ 동이 앙 中àng

* 형성. 뜻을 나타내는 皿(그릇 명)과 음을 나타내는 '央(가운데 앙)'을 합친 글자.

풀이 1. 동이, 술이나 물을 담는 그릇. 2. 넘치다, 넘쳐흐르다.

盎盎(앙앙) 넘쳐흐르는 모양.

盌 ⑤ 10획 日ワン 주발 완 中wǎn

풀이 주발.

益 ⑤ 10획 日エキ·ヤク·ます
❶ 더할 익 中yì
❷ 넘칠 일

丶ソ八丷益益益益益益

* 상형. 그릇 위로 물이 넘치고 있는 모양을 본뜬 글자로, '넘치다', '더하다'의 뜻으로 쓰임.

풀이 ❶ 1. 더하다. 2. 더욱. 3. 이롭다, 이익. **❷** 4. 넘치다.

益者三友(익자삼우) 사귀어서 자기에게 유익한 세 종류의 벗. 즉, 정직한 사람, 친구의 도리를 지키는 사람, 지식이 있는 사람.

益蟲(익충) 사람에게 유익한 곤충. 누에·꿀벌 등.

[皿 6~9획] 盖盛盒盔盜盟盞監

有益(유익) 이익이 있음. 이로움.
유 加(더할 가) 반 損(덜 손)

盖 ⑥ 11획
蓋(p638)의 俗字

盛 ⑥ 11획 日セイ・さかえる
성할 성 中chéng

丿厂厅成成成盛盛盛

* 형성. 뜻을 나타내는 부수 皿(그릇 명)과 음을 나타내는 成(이룰 성)을 합친 글자.

[풀이] 1. 성하다. 번성하다. 무성하다. ¶盛大 2. 담다.
盛大(성대) 성하고 큼.
盛衰(성쇠) 성하고 쇠함.
盛業(성업) 1)성대한 사업. 2)사업이 번창함.
盛裝(성장) 옷을 아름답게 차려 입음.
盛饌(성찬) 풍성하게 잘 차린 음식.
盛況(성황) 많은 사람이 모여 활기찬 모양.

盒 ⑥ 11획 日コウ
합 합 中hé

[풀이] 합. 찬합. 뚜껑이 달린 작은 그릇.
비 益(더할 익)

盔 ⑥ 11획 日カイ
주발 회 中kuī

[풀이] 1. 주발. 바리. 2. 투구.

盜 ⑦ 12획 日トウ・ぬすむ
훔칠 도 中dào

丶丷冫次次次盗盗盗盗

* 회의. 그릇(皿) 속의 음식을 먹고 싶어 군침을 흘리는(次) 것을 나타내며, 바뀌어 '훔치다'의 뜻으로 쓰임.

[풀이] 1. 훔치다. 2. 도둑. ¶盜賊 3. 몰래. ¶盜聽
盜掘(도굴) 몰래 광물을 캐내거나 고분을 파헤침.
盜難(도난) 물건을 도둑맞는 재난.
盜癖(도벽) 남의 것을 훔치는 나쁜 버릇.
盜賊(도적) 도둑.
盜聽(도청) 몰래 엿들음.

盟 ⑧ 13획 日メイ・モウ
맹세할 맹 中méng

丨丨月日日明明明明明明明明盟

* 형성. 뜻을 나타내는 부수 皿(그릇 명)과 음을 나타내는 明(밝을 명)을 합친 글자.

[풀이] 맹세하다. 맹세. ¶盟約
盟誓(맹서) 약속 또는 목표를 달성하겠다는 굳은 다짐. 또는 다짐을 하는 일. 맹세.
盟約(맹약) 굳게 맺은 약속.
盟主(맹주) 맹약을 맺은 개인이나 단체의 우두머리.
同盟(동맹) 둘 이상의 개인이나 단체가 동일한 목적을 이루고 이해를 함께하기 위하여 하는 맹세.
유 誓(맹세할 서)

盞 ⑧ 13획 日サン・さかずき
잔 잔 中zhǎn

[풀이] 잔. 작은 술잔.
유 盃(잔 배)

監 ⑨ 14획 日カン
볼 감 中jiàn, jiān

丨丨丨丨臣臣臣臣贮贮贮監監

* 회의. 사람(人)이 물이 담겨진 그릇(皿)을 들여다보는(臥) 것을 나타내어, 비추어 보다'의 뜻으로 쓰임.

[皿 9~12획] 盡盤盥盧盪

풀이 1. 보다. 2. 살피다. 감독하다. ¶監督 3. 거울삼다. 본보기로 삼다. 4. 감옥. 5. 벼슬 이름.

監禁(감금) 자유를 구속하여 가둠.
監督(감독) 1)보살펴 단속함. 2)영화·무대·운동 경기 등을 지휘하는 책임자.
監視(감시) 주의 깊게 지켜봄.
監獄(감옥) 죄인을 가두어 두는 곳. 교도소.
舍監(사감) 기숙사에서 기숙생들의 생활을 감독하는 사람.

유 見(볼 견) 鹽(소금 염)

盡
⑨ 14획 日ジン
다할 진 中jìn

フコヨヰ肀肀聿聿津津
津津津盡

*상형. 사람 손이 대나무 가지를 쥐고 그릇 속을 저으며 씻는 모양을 본뜬 글자. 그릇이 비었음을 나타내어, '다하다'의 뜻으로 쓰임.

풀이 1. 다하다. 다 없어지다. ¶盡力 2. 다 없애다. 3. 지극하다. 4. 다. 모두.

盡力(진력) 있는 힘을 다함.
盡心(진심) 마음을 다함. 정성을 쏟음.
盡忠(진충) 충성을 다함.
蕩盡(탕진) 재물을 다 써서 없앰.

盤
⑩ 15획 日バン
소반 반 中pán

ノ丿丬爿爿舟舟舟般般
般盤盤盤

*형성. 뜻을 나타내는 부수 '皿(그릇 명)'과 음을 나타내는 '般(돌 반)'을 합친 글자.

풀이 1. 소반. 쟁반. ¶盤盞 2. 밑받침. 3. 반석. 너럭바위. ¶盤石 4. 굽이지다. 5. 서리다.

盤根(반근) 1)얽혀 있는 나무의 뿌리. 2)처리하기 곤란함.

盤石(반석) 1)너럭바위. 2)아주 굳어서 든든한 사물이나 사상의 기초.
基盤(기반) 기초가 되는 지반.

盥
⑪ 16획 日カン
씻을 관 中guàn

풀이 1. 씻다. 손을 씻다. 2. 대야.

盥漱(관수) 세수와 양치질.

盧
⑪ 16획 日ロ
밥그릇 로(노) 中lú

풀이 1. 밥그릇. 2. 화로. 3. 검다.

盧生之夢(노생지몽) 인생과 부귀영화의 덧없음.

盪
⑫ 17획 日トウ
씻을 탕 中dàng

*형성. 뜻을 나타내는 부수 '皿(그릇 명)'과 음을 나타내는 '湯(끓일 탕)'을 합친 글자.

풀이 1. 씻다. 흔들어서 씻다. ¶盪滅 2. 움직이다. 동요하다.

盪滅(탕멸) 1)씻어 없앰. 2)적을 쳐서 없앰.
振盪(진탕) 몹시 흔들려 울림.

유 盥(씻을 관)

目 부

目(皿) 눈 목 部

'目'자는 사람의 눈 모양을 간략하게 나타낸 것으로, '눈'을 뜻한다. 그 밖에 의미가 확장되어 '중요하다', 또는 두목(頭目)에서처럼 '우두머리'라는 뜻을 나타내기도 하고, 목하(目下)에서처럼 '지금'의 뜻으로 쓰이기도 한다. 이 글자를 부수로 갖는 글자는 주로 눈과 관련된 기관이나 눈의 역할과 관계가 있다.

目 ⓪5획
눈 목 　　日 モク·ボク / め·みる 　　中 mù

丨 冂 冃 目 目

*상형. 사람의 눈 모양을 본뜬 글자.

풀이 1. 눈. ¶目前 2. 보다. ¶目擊 3. 이름. 제목. 4. 조항. 세목(細目). 5. 요점. 6. 우두머리.

目擊(목격) 눈으로 직접 봄.
目的(목적) 실현하거나 또는 도달하려는 목표.
目前(목전) 눈앞. 당장.
目標(목표) 목적으로 삼는 것.
題目(제목) 작품·공연·글 등의 대표가 되는 이름.

盲 ③8획
소경 맹 　　日 モウ 　　中 máng

亠 亡 盲 盲 盲 盲

*형성. 뜻을 나타내는 부수 '目(눈 목)'과 음을 나타내는 '亡(잃을 망)'을 합친 글자. 이에 시력을 잃는 것을 나타내어, '소경'의 뜻으로 쓰임.

풀이 1. 소경. 장님. ¶盲人 2. 눈이 어둡다. ¶盲目 3. 어리석다. ¶盲從

盲目(맹목) 1)눈이 멂. 2)맹인(盲人).
盲信(맹신) 옳고 그름을 가리지 않고 덮어놓고 믿음.
盲啞(맹아) 장님과 벙어리.
盲點(맹점) 1)시세포가 없어서 빛을 느끼지 못하는 망막의 부위. 2)주의가 미치지 않아 미처 알아차리지 못하는 점.
盲從(맹종) 옳고 그름을 가리지 않고 덮어놓고 남을 따름.

直 ③8획
❶ 곧을 직 　　日 チョク·チ
❷ 값 치 　　中 zhí

一 十 十 古 古 盲 直 直

*회의. 열(十) 개의 눈(目)으로 보면 아무리 숨겨도(ㄴ) 드러나지 않을 수 없다 하여 '곧다, 바르다'의 뜻으로 쓰임.

풀이 **❶** 1. 곧다. 바르다. 2. 번들다. 번. 3. 바로. 바로. ¶直通 4. 바로잡다. **❷** 5. 값. 가격.

直感(직감) 설명이나 사색 없이 사물의 진상을 곧 마음으로 느껴 앎.
直立(직립) 1)똑바로 섬. 2)높이 솟아 오름. 또는 그 높이.
直面(직면) 1)직접 어떤 일이나 사물에 접함. 2)직접 대면함.
直視(직시) 똑바로 쳐다봄. 정면으로 주시함.
直言(직언) 바르다고 생각하는 바를 기탄(忌憚)없이 말함. 또는 그런 말.
直接(직접) 중간에 소개나 다른 물건을 놓지 않고 마주 대함.
直通(직통) 1)어떤 지점에서 목적지까지 아무런 장애 없이 곧장 통함. 2)교통수단이 곧장 목적지에 도달함.
直千金(치천금) 천금(千金)의 가치가 있다는 뜻으로, 매우 고귀함을 이르는 말.

반 曲(굽을 곡) **비** 値(값 치)

看 ④9획
볼 간 　　日 カン·みる 　　中 kàn

一 二 三 手 手 看 看 看 看

*회의. 눈(目) 위에 손(手) 대고 멀리 바라본다는 의미에서 '보다'의 뜻을 나타냄.

풀이 1. 보다. 바라보다. 2. 보살피다. ¶看護 3. 지키다. 감시하다.

看過(간과) 그냥 보기만 하고 내버려 둠. 눈감아 줌.
看守(간수) 1)보살피고 지킴. 2)교도소에서 죄수를 감독하는 관리.
看做(간주) 1)그러한 것으로 여김. 2)그렇다고 침.

[目 4획] 眄眊眇眉盼相省

看破(간파) 사물의 진상을 앎. 보아서 속을 확실히 알아냄.
看護(간호) 병상자(病傷者)나 약한 늙은이 또는 어린아이를 보살핌.
🔁 見(볼 견)

眄 ④ 9획 ⓘメン 애꾸눈 면 ⓒmiàn

[풀이] 1. 애꾸눈. 2. 곁눈질하다. ¶眄視
眄視(면시) 곁눈질함.
🔁 眇(애꾸눈 묘)

眊 ④ 9획 ⓘモ 눈 흐릴 모 ⓒmào

[풀이] 눈이 흐리다.
眊眩(모현) 눈이 침침해짐.

眇 ④ 9획 ⓘミョウ 애꾸눈 묘 ⓒmiǎo

* 회의. 눈[目]이 하나 적음[少]을 나타내어, '애꾸눈'의 뜻으로 쓰임.

[풀이] 1. 애꾸눈. 한쪽 눈이 보이지 않거나 작은 눈. 2. 희미하다. 3. 작다. ¶眇然 4. 멀다. 아득하다.
眇目(묘목) 애꾸눈.
眇然(묘연) 1)작은 모양. 2) 먼 모양.
🔁 眄(애꾸눈 면)

眉 ④ 9획 ⓘビ·まゆ 눈썹 미 ⓒméi

丿 丆 丆 尸 尸 眉 眉 眉

* 상형. 눈과 그 위의 눈썹을 본뜬 글자
[풀이] 1. 눈썹. 2. 가. 곁.
眉間(미간) 양미간. 두 눈썹 사이.
眉壽(미수) 눈썹이 세도록 오래 삶.
眉行(미행) 몰래 남의 뒤를 좇음.
迫眉(박미) 가까이 닥침.

盼 ④ 9획 ⓘハン 눈 예쁠 반 ⓒpàn

[풀이] 1. 눈이 예쁘다. 눈자위가 선명하고 예쁜 모양. 2. 돌아보다.
盼刀(반도) 눈을 부릅뜨고 쳐다봄.
盼望(반망) 희망함.

相 ④ 9획 ⓘソウ·あい 서로 상 ⓒxiāng, xiàng

一 十 才 木 木 相 相 相 相

* 회의. 나무[木]의 외형을 자세히 살펴보는 [目] 것을 나타낸 글자. 원래는 사물의 겉모습을 관찰하여 좋고 나쁨을 판단한다는 뜻이었으나, 바뀌어 '서로'의 뜻으로 쓰임.

[풀이] 1. 서로. 함께. ¶相互 2. 보다. 관찰하다. 3. 정승. 4. 돕다. 5. 모양.
相關(상관) 1)서로 관련을 가짐. 2)남의 일에 간섭함.
相對(상대) 1)서로 마주 대함. 2)서로 맞섬. 3)다른 사물에 대하여 존재함.
相續(상속) 1)이어받음. 또는 이어 줌. 2)재산이나 호주의 권리와 의무를 물려받음.
相應(상응) 서로 응하여 어울림. 서로 꼭 맞음.
相助(상조) 서로 도움.
相知(상지) 서로 아는 사이.
相通(상통) 1)서로 막힘없이 통함. 2) 서로가 어떤 일에 공통되는 바가 있음.
相互(상호) 피차(彼此)가 서로.
首相(수상) 내각의 우두머리.
🔁 互(서로 호)

省 ④ 9획 ❶ 살필 성 ⓘショウ·セイ ❷ 덜 생 ⓒxǐng, shěng

丿 小 少 少 省 省 省 省

* 회의. 작은[少] 것까지 자세히 보는[目] 것을 나타내어, '살피다'의 뜻으로 쓰임.

풀이 ■ 1. 살피다. 살펴보다. ¶省察 2. 깨닫다. ¶省悟 ■ 3. 덜다. 감하다. ¶省略

省略(생략) 간단히 덜어서 줄임. 뺌.
省察(성찰) 1)살펴봄. 2)자기의 언행을 반성하여 봄.
反省(반성) 잘못된 것을 돌이켜서 살펴봄.
省墓(성묘) 조상의 산소를 살피는 일.

盾 ④ 9획 日ジュン・たて 방패 순 中dùn, yǔn

*상형. 방패의 모양을 본뜬 글자.

풀이 방패.

矛盾(모순) 1)창과 방패. 2)말이나 행동의 앞뒤가 서로 맞지 않음.

眈 ④ 9획 日タン 노려볼 탐 中dān

풀이 노려보다. 노리다.

虎視眈眈(호시탐탐) 범이 먹이를 노려보듯 기회를 노림을 이르는 말.

비 耽(즐길 탐)

県 ④ 9획
縣(p580)의 俗字

盻 ④ 9획 日ケイ 흘겨볼 혜 中xì

풀이 흘겨보다. 눈을 흘기다.

眛 ⑤ 10획 日メイ・くらい 어두울 매 中mèi

풀이 어둡다.

眠 ⑤ 10획 日ミン 잠잘 면 中mián

丨 冂 冂 冃 冃 肑 肑 眠 眠 眠

*형성. 뜻을 나타내는 부수 '目(눈 목)'과 음을 나타내는 '民(백성 민)'을 합친 글자.

풀이 잠자다. 잠. ¶不眠

不眠(불면) 1)잠을 자지 않음. 2)잠을 자지 못함.
冬眠(동면) 동물이 겨울 동안 활동을 멈추고 수면 상태에 있는 현상.

유 寢(잠잘 침) 비 眼(눈 안)

眥 ⑤ 10획 日シ
❶ 눈초리 제 日シ
❷ 눈 흘길 자 中zì

풀이 ■ 1. 눈초리. ■ 2. 눈을 흘기다.

비 皆(모두 개)

眞 ⑤ 10획 日シン・ま 참 진 中zhēn

一 ヒ 匕 肖 肖 肖 直 直 眞 眞

풀이 1. 참. 진짜. ¶眞價 2. 옳다. 3. 순수하다. 4. 사진. 초상(肖像). 5. 진실로.

眞價(진가) 참된 값어치.
眞理(진리) 1)참된 도리. 참된 이치. 2)논리적으로 모순이 없는 올바른 판단.
眞面目(진면목) 참모습.
眞率(진솔) 진실하고 솔직함.
眞實(진실) 1)바르고 참됨. 2)거짓이 아님.
眞正(진정) 정말. 참으로.

真 ⑤ 10획
眞(p514)의 俗字

眩 ⑤ 10획 日ケン 아찔할 현 中xuàn

*형성. 뜻을 나타내는 부수 '目(눈 목)'과 음을 나타내는 '玄(검을 현)'을 합친 글자.

[目 6~7획] 眷眸眼眺睇着睍

풀이 1. 아찔하다. 현기증이 나다. 2. 홀리다. 현혹하다.

眩亂 (현란) 정신이 어수선함.
眩惑 (현혹) 정신을 빼앗겨 혼란스러움.

眷 ⑥ 11획 돌아볼 권 ⓓ ケン ⓒ juàn

풀이 1. 돌아보다. 뒤를 보다. 2. 돌보다. 3. 겨레붙이.

眷顧 (권고) 1)돌봄. 2)뒤돌아봄.
眷戀 (권련) 간절히 생각하여 사모함.
眷屬 (권속) 식구. 가족.

眸 ⑥ 11획 눈동자 모 ⓓ ボウ ⓒ móu

풀이 눈동자.

眸子 (모자) 눈동자.
明眸 (명모) 1)밝고 아름다운 눈동자. 2)아름다운 눈을 가진 미인.

眼 ⑥ 11획 눈 안 ⓓ カン·ゲン·め ⓒ yǎn

丨 冂 冂 ｢ ｢ ｢ ｢ ｢ ｢ ｢ ｢ 眼 眼 眼

* 형성. 뜻을 나타내는 부수 '目(눈 목)'과 음을 나타내는 '艮(괘 이름 간)'을 합친 글자.

풀이 1. 눈. ㉠눈매. ㉡눈동자. 2. 요점. 가장 중요한 점. **主眼** 3. 식견.

眼科 (안과) 눈병의 예방과 치료를 다루는 의학과의 한 분과.
眼光 (안광) 1)눈의 빛. 2)만물의 진상(眞相)을 분간하는 힘.
眼球 (안구) 눈알. 눈망울.
眼力 (안력) 1)보는 힘. 2)사물의 요긴한 곳이나 시비·선악을 분간하는 힘.
眼目 (안목) 사물을 분별하는 식견.
眼中 (안중) 눈 속. 마음속.
眼下無人 (안하무인) 자신 이외에는 사람이 없는 것처럼 구는 것. 즉, 거만하여 남을 업신여김.
主眼 (주안) 주된 목표. 중요한 점.
同 眠 (쉴 면)

眺 ⑥ 11획 바라볼 조 ⓓ チョウ·ながめる ⓒ tiào

풀이 바라보다. 조망하다.

眺望 (조망) 1)먼 데를 봄. 2)멀리 보이는 경치.
同 觀 (볼 관)

睇 ⑦ 12획 흘끗 볼 제 ⓓ テイ ⓒ dì

풀이 흘끗 보다. 곁눈질하다.

睇眄 (제면) 곁눈질함.

着 ⑦ 12획 붙을 착 ⓓ チャク·つく ⓒ zhāo, zháo, zhe, zhuó

丷 丷 丷 ⺷ ⺷ ⺷ 着 着 着

풀이 1. 붙다. 2. 옷을 입다. 신을 신다. ¶着用 3. 다다르다. 4. 손을 대다. 착수하다. ¶着手

着工 (착공) 공사를 시작함.
着陸 (착륙) 비행 물체가 땅에 내려앉음.
着手 (착수) 일을 시작함.
着信 (착신) 신호나 통신 등이 도달함.
着用 (착용) 의복·신발·모자 등을 몸에 걸침.
着地 (착지) 공중에 떠 있다가 땅에 내려섬.

睍 ⑦ 12획 불거진 눈 현 ⓓ ケン ⓒ xiàn

풀이 1. 불거진 눈. 2. 힐끔 보다.

睍睍 (현현) 힐끔 보는 모양.

督	⑧ 13획 살펴볼 독	[日]トク [中]dū

* 형성. 뜻을 나타내는 부수 '目(눈 목)'과 음을 나타내는 '叔(아재비 숙)'을 합친 글자.

[풀이] 1. 살펴보다. 자세히 보다. 2. 감독하다 3. 재촉하다.

督勵(독려) 감독하여 격려함.
督察(독찰) 감독하여 살핌.
督促(독촉) 서둘러 하도록 재촉함.
監督(감독) 보살피고 지도하고 단속함. 또는 그 사람.
[유] 察(살필 찰)

睦	⑧ 13획 화목할 목	[日]ボク [中]mù

* 형성. 뜻을 나타내는 부수 '目(눈 목)'과 음을 나타내는 '坴(언덕 륙)'을 합친 글자.

[풀이] 화목하다. ¶和睦

睦友(목우) 형제간의 우애가 있음.
親睦(친목) 서로 친하여 화목함.
和睦(화목) 뜻이 맞고 정다움.
[유] 和(화할 화) [비] 睖(응시할 릉)

睥	⑧ 13획 흘겨볼 비	[日]ヘイ [中]bì, pì

[풀이] 1. 흘겨보다. 2. 엿보다.

睥睨(비예) 눈을 흘겨봄.

睡	⑧ 13획 잘 수	[日]スイ [中]shuì

* 형성. 뜻을 나타내는 부수 '目(눈 목)'과 음을 나타내는 '垂(드리울 수)'를 합친 글자. 눈꺼풀(目)이 내려와(垂) 감기는 것을 나타내어 '자다'의 뜻으로 쓰임.

[풀이] 1. 자다. 2. 졸다. 3. 잠. 수면.

睡眠(수면) 1)잠자는 일. 2)활동을 쉬고 있는 상태의 비유.
午睡(오수) 낮잠. 오침(午寢).
[유] 眠(잠잘 면)

睚	⑧ 13획 눈초리 애	[日]ガイ [中]yá

[풀이] 1. 눈초리. 2. 노려보다. 흘겨보다.

睚眦(애자) 흘겨봄.

睨	⑧ 13획 흘겨볼 예	[日]ゲイ [中]nì

[풀이] 1. 흘겨보다. 곁눈질하다. 2. 엿보다.

睛	⑧ 13획 눈동자 정	[日]セイ [中]jīng

[풀이] 눈동자.

眼睛(안정) 눈동자.
[비] 晴(갤 청)

睜	⑧ 13획 부릅뜰 정	[日]セイ [中]zhēng

[풀이] 부릅뜨다. 눈을 크게 뜨다.

睫	⑧ 13획 속눈썹 첩	[日]ショウ [中]jié

[풀이] 속눈썹.

睾	⑨ 14획 불알 고	[日]コウ·ゴ [中]gāo

[풀이] 불알.

睾丸(고환) 포유동물의 수컷의 생식

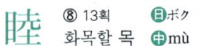

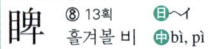

[目 9~12획] 睽睹睿瞑瞋瞎瞠瞞瞢瞰

기관의 일부. 불알.

睽 ⑨ 14획 日ケイ 사팔눈 규 中kuí

풀이 1. 사팔눈. 2. 등지다. 배반하다. 3. 부릅뜨다. 노려보다.

睽離(규리) 서로 등져 떨어짐.
睽合(규합) 헤어짐과 만남.

睹 ⑨ 14획 日ト 볼 도 中dǔ

* 형성. 뜻을 나타내는 부수 '目(눈 목)'과 음을 나타내는 '者(사람 자)'를 합친 글자.

풀이 보다. 눈으로 보다.
睹聞(도문) 보고 듣는 일.
目睹(목도) 눈으로 직접 봄.
🔁 觀(볼 관)

睿 ⑨ 14획 日ケイ・アイ 슬기로울 예 中ruì

풀이 1. 슬기롭다. 사리에 밝고 총명하다. ¶聰睿 2. 임금. 성인. 임금·성인에 관한 사물에 붙이는 높임말.

睿智(예지) 사물의 이치를 통달하는 총명함.
聰睿(총예) 총명하고 지혜로움.

瞑 ⑩ 15획 日メイ・メン 눈 감을 명 中míng, mián

* 형성. 뜻을 나타내는 부수 '目(눈 목)'과 음을 나타내는 '冥(어두울 명)'을 합친 글자. 눈[目]을 감아 앞이 캄캄하[冥]을 나타내어, '눈을 감다'의 뜻으로 쓰임.

풀이 1. 눈을 감다. ¶瞑想 2. 눈이 어둡다.
瞑瞑(명명) 사물이 또렷하지 않고 흐릿하게 보이는 모양.
瞑想(명상) 눈을 감고 깊이 생각함.

瞋 ⑩ 15획 日シン 부릅뜰 진 中chēn

풀이 1. 부릅뜨다. 눈을 크게 뜨다. 2. 화내다.
瞋怒(진노) 성냄. 노여워함.

瞎 ⑩ 15획 日カツ 애꾸눈 할 中xiā

풀이 1. 애꾸눈. 2. 소경.
瞎兒(할아) 애꾸눈이.
🔁 割(나눌 할)

瞠 ⑪ 16획 日ドウ 똑바로 볼 당 中chēng

풀이 1. 똑바로 보다. 2. 놀라서 눈을 크게 뜨다.
瞠目(당목) 놀라서 눈을 휘둥그렇게 뜨고 바라봄.

瞞 ⑪ 16획 日マン
❶ 속일 만 中mán
❷ 부끄러워 할 문

풀이 ❶ 1. 속이다. 2. 흐리다. ❷ 3. 부끄러워하는 모양.
瞞然(문연) 부끄러워하는 모양.
欺瞞(기만) 속임. 속여 넘김.
🔁 詐(속일 사) 欺(속일 기)

瞢 ⑪ 16획 日ドウ 어두울 몽 中měng

풀이 어둡다. 눈이 어둡다. ¶瞢闇
瞢闇(몽암) 어두움.

瞰 ⑫ 17획 日カン 볼 감 中kàn

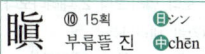

[目 12~15획] 瞳 瞭 瞥 瞬 瞼 瞽 瞿 瞻 矇 矍

풀이 1. 보다. 멀리 보다. 2. 내려다보다.
瞰臨(감림) 내려다봄.
俯瞰(부감) 높은 곳에서 내려다봄.
유 觀(볼 관) 見(볼 견) 敢(감히 감)

瞳 ⑫ 17획 日ドウ 中tóng
눈동자 동

풀이 눈동자.
瞳孔(동공) 눈동자.
비 憧(그리워할 동)

瞭 ⑫ 17획 日リョウ 中liǎo, liào
밝을 료(요)

풀이 1. 밝다. 눈이 밝다. 2. 또렷하다. 3. 멀다. 아득하다.
瞭眊(요모) 또렷함과 흐릿함.
明瞭(명료) 분명하고 똑똑함.
비 僚(동료 료)

瞥 ⑫ 17획 日ベツ 中piē
언뜻 볼 별

풀이 언뜻 보다. 잠깐 보다.
瞥觀(별관) 슬쩍 봄.
瞥眼(별안) 흘깃 봄.
一瞥(일별) 한 번 흘끗 봄.

瞬 ⑫ 17획 日シュン 中shùn
눈 깜작일 순

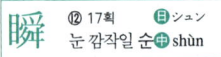

*형성. 뜻을 나타내는 부수 '目(눈 목)'과 음을 나타내는 '㝮(순임금 순)'을 합친 글자.
풀이 1. 눈을 깜작이다. 2. 잠깐. 순간.
瞬間(순간) 삽시간.
瞬發力(순발력) 순간적으로 빨리 움직일 수 있는 능력.
瞬息間(순식간) 눈을 한 번 깜작이거

나 숨 한번 쉴 사이. 매우 짧은 동안.

瞼 ⑬ 18획 日ケン 中jiǎn
눈꺼풀 검

풀이 눈꺼풀.

瞽 ⑬ 18획 日コ 中gǔ
소경 고

*형성. 뜻을 나타내는 부수 '目(눈 목)'과 음을 나타내는 '鼓(북 고)'를 합친 글자.
풀이 1. 소경. ¶瞽言 2. 사리에 어둡다.
瞽言(고언) 소경이 본 적도 없는 것에 대해서 하는 말. 쓸모없는 말.
瞽議(고의) 전혀 쓸모없는 의논.

瞿 ⑬ 18획 日ク 中jù, qú
놀라서 볼 구

풀이 놀라서 보다.
瞿視(구시) 놀라며 봄.

瞻 ⑬ 18획 日セン 中zhān
볼 첨

*형성. 뜻을 나타내는 부수 '目(눈 목)'과 음을 나타내는 '詹(이를 첨)'을 합친 글자.
풀이 보다. 쳐다보다.
瞻仰(첨앙) 1)우러러봄. 2)사모함.
비 噡(말 많을 첨)

矇 ⑭ 19획 日モウ 中mēng, méng
청맹과니 몽

풀이 1. 청맹과니. 2. 눈이 어둡다. 어리석다. ¶矇昧
矇昧(몽매) 1)소경. 2)어리석음.

矍 ⑮ 20획 日カク 中jué
두리번거릴 확

풀이 1. 두리번거리다. 2. 힘이 솟는 모양.

[目 19획] 矗 [矛 0~4획] 矛矜 [矢 0~3획] 矢矣知

矍踢(확척) 놀라 두리번거리는 모양.

矗 ⑲ 24획 日チク
우뚝 솟을 촉 中chù

풀이 우뚝 솟은 모양.
矗立(촉립) 우뚝 솟음.

矛부

矛 창 모 部

'矛'자는 창의 모양을 본뜬 글자로, 주로 창의 찌르는 부분을 나타냈으나 후에 창을 총칭하는 뜻이 되었다.

矛 ⓪ 5획 日ム・ほこ
창 모 中máo

* 상형. 자루가 긴 창을 본뜬 글자.
풀이 창. 옛날 무기의 하나.
矛戟(모극) 창.
矛盾(모순) 1)창과 방패. 2)말이나 행동의 앞뒤가 서로 맞지 않음.
비 予(나 여)

矜 ④ 9획 日キョウ
불쌍히 여길 긍 中guān, jīn, qín

* 형성. 뜻을 나타내는 부수 '矛(창 모)'와 음을 나타내는 '今(이제 금)'을 합친 글자.
풀이 1. 불쌍히 여기다. ¶矜恤 2. 자랑하다. ¶自矜
矜誇(긍과) 자랑하며 뽐냄.
矜持(긍지) 자신의 능력이나 재능을 믿고 가지는 자부심.
矜恤(긍휼) 딱하게 여겨 도와줌.
自矜(자긍) 스스로 하는 자랑. 스스로 가지는 자부심.

矢부

矢 화살 시 部

'矢'자는 화살의 모양을 본뜬 글자로, '화살'을 뜻한다. 주로 부수자로 사용되지만, 다른 글자의 뜻에 큰 영향을 주지 않는다.

矢 ⓪ 5획 日ヤ
화살 시 中shǐ

丿 一 二 午 矢

* 상형. 화살촉과 깃이 달린 화살의 모양을 본뜬 글자.
풀이 1. 화살. 2. 맹세하다. ¶矢言
矢言(시언) 맹세하는 말.
矢詩(시시) 시를 읊음.
嚆矢(효시) 1)우는 화살. 2)사물이 비롯된 맨 처음.
비 失(잃을 실)

矣 ② 7획 日イ・や
어조사 의 中yǐ

풀이 어조사. 과거·미래·단정·강조·도구의 뜻을 나타내는 조사.
矣乎(의호) 감탄을 나타내는 조사.

知 ③ 8획 日シ・しる
알 지 中zhī, zhì

丿 一 二 午 矢 知 知

* 회의. 많이 알고 있으면 화살(矢)처럼 말(口)이 빨리 나온다 하여 '알다'의 뜻을 나타냄.
풀이 1. 알다. 깨닫다. ¶知覺 2. 분별하다. 3. 알리다. 4. 맡다.
知覺(지각) 1)앎. 깨달음. 2)감각 기관에 의하여 외부의 사물을 인식하

[矢 4~12획] 矧矩短矮矯

는 기능.
知能(지능) 슬기와 재주. 사물을 이해하고 판단·적응하는 능력.
知名(지명) 1)이름이 널리 알려져 있음. 2)이름을 앎.
知識(지식) 1)알고 있는 내용. 2)인식에 의해 얻어진 성과.
知音(지음) 1)음악의 곡조를 잘 앎. 2)악기의 연주 소리만으로도 자기의 마음을 알아주는 절친한 벗.
知足(지족) 분수를 지켜 너무 탐내지 않음.
知彼知己百戰不殆(지피지기백전불태) 적을 알고 나를 알면 백 번 싸워도 위태롭지 않음.
知慧(지혜) 슬기.
동 識(알 식)

矧 ④ 9획 日シン 하물며 신 中shěn

풀이 1. 하물며. 2. 잇몸.

矩 ⑤ 10획 日ク 곱자 구 中jǔ

* 형성. 뜻을 나타내는 '矢(화살 시)'와 음을 나타내는 '巨(클 거)'를 합친 글자.
풀이 1. 곱자. 나무나 쇠로 만든 'ㄱ'자 모양의 자. ¶矩尺 2. 법. 법도.
矩度(구도) 법도. 법칙.
矩墨(구묵) 1)곱자와 먹줄. 2)법칙과 규율.
矩尺(구척) 곱자.

短 ⑦ 12획 日タン·ミじかい 짧을 단 中duǎn

ノ ト ト 仁 仁 矢 矢 知 知 短 短

* 회의. 예전에 짧은 것의 치수를 잴 때에 화살[矢]과 콩[豆]으로 쟀다는 데서 '짧다'의 뜻으로 쓰임.

풀이 1. 짧다. ¶短刀 2. 키가 작다. 3. 모자라다. 4. 결점. ¶短點
短距離(단거리) 아주 짧은 거리.
短刀(단도) 짧은 칼.
短命(단명) 수명이 짧은 것.
短文(단문) 1)짧은 글. 2)글을 아는 것이 넉넉지 못함.
短點(단점) 흠. 결점.
短縮(단축) 짧게 줄임.
短篇(단편) 1)짧은 시문(詩文), 짤막하게 끝을 낸 글. 2)단편 소설(短篇小說)의 준말.
반 長(길 장) 永(길 영)

矮 ⑧ 13획 日ワイ 키 작을 왜 中ǎi

* 형성. 뜻을 나타내는 부수 '矢(화살 시)'와 음을 나타내는 '委(맡길 위)'를 합친 글자.
풀이 1. 키가 작다. 2. 난쟁이. ¶矮人
矮小(왜소) 몸집이나 키가 보통의 사람들과 비교하여 작음.
矮人(왜인) 난쟁이.

矯 ⑫ 17획 日キョウ·ためる 바로잡을 교 中jiǎo

ノ ト ト 仁 仁 矢 矢 矯 矯 矯 矯 矯

* 형성. 뜻을 나타내는 부수 '矢(화살 시)'와 음을 나타내는 '喬(높을 교)'를 합친 글자. 화살[矢]을 곧게 펴는 것을 나타내어 '바로잡다'의 뜻으로 쓰임.

풀이 1. 바로잡다. 고치다. 곧게 펴다. ¶矯正 2. 속이다. 3. 굳세다.
矯角殺牛(교각살우) 뿔을 바로잡으려다 소를 죽인다는 뜻으로, 작은 결점이나 흠을 고치려다가 도리어 일을 그르침을 비유하는 말.
矯導(교도) 바로잡아 이끎.
矯正(교정) 바로잡음.
비 橋(다리 교) 僑(높을 교)

[矢 12획] 矰 [石 0~5획] 石 砒 砂 砕 研 砌 砬

矰 ⑫ 17획 🇯ソウ 🇨zēng
주살 증

풀이 주살. 오늬에 줄을 매어 쏘는 화살.

矰矢(증시) 주살.

石부

石 돌 석 部

'石'자는 언덕 밑에 뒹굴고 있는 돌멩이, 즉 '돌'을 뜻한다. 이 글자를 부수로 갖는 글자는 돌의 종류나 돌로 만들어진 물건과 관련이 있으며, 화학 물질을 나타내는 글자에도 많이 쓰인다.

石 ⓪ 5획 🇯セキ・いし 🇨dàn, shí
돌 석

一ナァ石石

*상형. 언덕 아래 뒹굴고 있는 돌의 모양을 본뜬 글자.

풀이 1. 돌. ¶石器 2. 섬. 용량의 단위. 10말.

石階(석계) 돌계단.
石器(석기) 원시인이 쓰던 돌로 만든 도구.
石綿(석면) 솜과 같이 부드러운, 전기·열의 부도체(不導體)인 광물.
石材(석재) 건축 등의 재료로 쓰는 돌.
石造(석조) 돌로 물건을 만드는 일. 또는 그 물건.
石炭(석탄) 식물이 땅속에 묻혀 오랜 시간에 걸쳐 퇴적되고 탄화된 흑색의 돌.
鑛石(광석) 광상(鑛床)을 구성하는 유용한 광물.

뜻 巖(바위 암) 岩(바위 암)
비 右(오른 우)

砒 ④ 9획 🇯ヒ 🇨pī
비소 비

*형성. 뜻을 나타내는 부수 '石(돌 석)'과 음을 나타내는 '比(견줄 비)'를 합친 글자.

풀이 비소, 비금속 원소의 하나.

砒霜(비상) 비석(砒石)을 승화(昇華)시켜 얻은 결정체. 독약으로 사용됨.
砒素(비소) 비금속 원소의 하나로 금속 광택이 나는 결정성의 무른 고체.

砂 ④ 9획 🇯サ・すな 🇨shā
모래 사

풀이 1. 모래. 2. 약 이름. 주사(朱砂)·단사(丹砂) 등.

砂漠(사막) 모래로 덮여 있어 식물이 거의 없는 넓은 땅.
砂糖(사탕) 1)사탕수수나 사탕무를 원료로 하는 대표적인 감미료. 2)설탕 등을 끓여서 만든 단맛의 과자.
土砂(토사) 흙과 모래.
黃砂(황사) 1)봄이나 초여름에 중국 황토 지대로부터 불어오는 모래 바람. 황사(黃沙).

동 沙(모래 사)

砕 ④ 9획
碎(p524)의 俗字

研 ④ 9획
硏(p522)의 俗字

砌 ④ 9획 🇯セイ 🇨qì, qiè
섬돌 체

풀이 섬돌.

砬 ⑤ 10획 🇯リツ 🇨lá
돌 소리 립

[石 5~6획] 砥砦砧破砑砲硅硏

풀이 돌 소리.

砥 ⑤ 10획 日シ
숫돌 지 中dí

* 형성. 뜻을 나타내는 부수 '石(돌 석)'과 음을 나타내는 '氐(근본 저)'를 합친 글자.

풀이 1. 숫돌. ¶砥石 2. 갈다. 닦다.
砥礪(지려) 1)숫돌. 2)힘써 닦음.

砦 ⑤ 10획 日サイ・かき
울타리 채 中zhài

풀이 1. 울타리. 2. 작은 성채. 적을 막기 위해 쌓은 성.
砦柵(채책) 적을 막기 위해 만든 울타리.

砧 ⑤ 10획 日チン
다듬잇돌 침 中zhēn

풀이 다듬잇돌.
砧聲(침성) 다듬이질하는 소리.

破 ⑤ 10획 日は・やぶれる
깨뜨릴 파 中pò

一丆歹石石石矿砂破破

* 형성. 뜻을 나타내는 부수 '石(돌 석)'과 음을 나타내는 '皮(가죽 피)'를 합친 글자.

풀이 1. 깨뜨리다. 깨다. ¶破壞 2. 가르다. 쪼개다. 3. 다하다.
破格(파격) 격식을 깨뜨림.
破鏡(파경) 깨진 거울이라는 뜻으로, 부부가 갈라서는 것을 가리키는 말.
破壞(파괴) 깨뜨림. 무너뜨림.
破廉恥(파렴치) 염치를 모름. 뻔뻔스러움.
破滅(파멸) 깨어져 망함. 파괴되어 멸망함.
破損(파손) 깨어져 못 쓰게 됨. 깨뜨려 못 쓰게 함.
破裂(파열) 깨어져 갈라짐. 깨어지고 찢어짐.
破竹之勢(파죽지세) 대나무를 결을 따라 조금만 갈라도 전체가 쪼개지듯이, 거칠 것 없는 기세를 이르는 말.
破片(파편) 깨진 조각.
破婚(파혼) 약혼을 깸.
🔁 壞(무너질 괴)

砑 ⑤ 10획 日ホウ
물결 소리 팽 中pēng

풀이 1. 물결 소리. 2. 돌 구르는 소리.
砑磕(팽개) 돌이 서로 부딪히는 소리.

砭 ⑤ 10획 日ヘン
돌침 폄 中biān

풀이 1. 돌침. 2. 돌침을 놓다.
砭灸(폄구) 1)돌침과 뜸. 2)돌침을 놓고 뜸질을 함.

砲 ⑤ 10획 日ホウ
돌 쇠뇌 포 中pào

* 형성. 뜻을 나타내는 '石(돌 석)'과 음을 나타내는 '包(쌀 포)'를 합친 글자.

풀이 1. 돌 쇠뇌. 2. 대포. ¶砲兵
砲擊(포격) 대포로 쏨.
砲手(포수) 1)대포를 쏘는 군사. 2)총으로 짐승을 잡는 사냥꾼.
砲火(포화) 1)대포를 쏠 때 일어나는 불. 2)전쟁. 전화(戰火).
砲丸(포환) 포탄. 탄알.

硅 ⑥ 11획 日ケイ
규소 규 中guī

풀이 규소. 비금속 원소의 하나.

硏 ⑥ 11획 日ケン
갈 연 中yán, yàn

[石 6~8획] 硃硬硫硯硨硝碁碓

丆 T 丆 石 石 石 石 研 研 研

*형성. 뜻을 나타내는 '石(돌 석)'과 음을 나타내는 '幵(견)'을 합친 글자. 이에 돌(石)을 반듯하게 갈고 닦는(幵) 데에서 '갈다', '연구하다'의 뜻을 나타낸다.

풀이 1. 갈다. ¶研磨 2. 연구하다. ¶研究 3. 벼루.

研究(연구) 어떤 일에 대하여 깊이 생각하고 관찰하여 이치 또는 사실을 밝혀냄.
研磨(연마) 1)갈고 닦아서 표면을 반질반질하게 함. 2)정신이나 기술을 닦음.
研修(연수) 한 분야에 필요한 지식과 기능을 익히기 위해 특별히 하는 공부.
유 摩(갈 마)

| 硃 | ⑥ 11획 日シュ 주사 주 ⊕zhū |

풀이 주사(朱砂). 물감·한약의 원료로 쓰이는 붉은빛의 광물.

| 硬 | ⑦ 12획 日コウ・かたい 굳을 경 ⊕yìng |

丆 T 丆 石 石 石 石 硒 硒 硬
硬硬

*형성. 뜻을 나타내는 '石(돌 석)'과 음을 나타내는 '更(고칠 경)'을 합친 글자.
풀이 1. 굳다. 단단하다. ¶硬化 2. 억세다. 강하다.
硬骨(경골) 1)남에게 좀처럼 굽히지 않는 기질을 지닌 사람. 2)척추동물의 골격을 이루는 단단한 뼈.
硬直(경직) 굳어서 빳빳해짐.
硬化(경화) 단단히 굳어짐.
유 確(굳을 확)

| 硫 | ⑦ 12획 日リュウ 유황 류(유) ⊕liú |

풀이 유황(硫黃).
유 磺(유황 황)

| 硯 | ⑦ 12획 日ケン・すずり 벼루 연 ⊕yàn |

*형성. 뜻을 나타내는 '石(돌 석)'과 음을 나타내는 '見(볼견)'을 합친 글자.
풀이 벼루.
硯水(연수) 벼룻물.
硯滴(연적) 벼루에 쓸 물을 담아 두는 그릇.
硯池(연지) 먹물이 고이는 벼루 앞쪽의 오목한 부분.

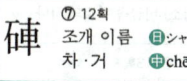

| 硨 | ⑦ 12획 日シャ 조개 이름 차·거 ⊕chē |

풀이 1. 조개 이름. 2. 옥돌.

| 硝 | ⑦ 12획 日ショウ 초석 초 ⊕xiāo |

풀이 초석(硝石). 무색의 결정체로 폭발성이 있음.
硝石(초석) 무색의 광택이 있는 결정체의 광물로 산화제(酸化劑)·의약·화약·비료 등의 제조에 사용되는 돌.
硝煙(초연) 화약이 폭발할 때 생기는 연기.

| 碁 | ⑧ 13획 棋(p362)와 同字 |

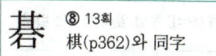

| 碓 | ⑧ 13획 日タイ 방아 대 ⊕duì |

풀이 방아. 디딜방아.
碓聲(대성) 방아 찧는 소리.

[石 8~9획] 碌 硼 碑 碎 碍 碗 碇 磂 碣 碧

비 唯(오직 유) 確(굳을 확)

碌
⑧ 13획 ㊐ロク
돌 모양 록(녹) ㊥lù, liù

풀이 1. 돌 모양. 2. 돌의 푸른빛. ¶碌青 3. 무능하다. 용렬하다. ¶碌碌

碌碌(녹록) 1)보잘것없음. 2)만만하고 호락호락함.

硼
⑧ 13획
❶ 붕사 붕 ㊐ケツ
❷ 돌 이름 평 ㊥jié

풀이 ❶ 1. 붕사. ❷ 2. 돌 이름.
硼素(붕소) 비금속 원소의 하나.

碑
⑧ 13획 ㊐ヒ
비석 비 ㊥bēi

一ノナ丆石石石'矿矿矿碑碑

* 형성. 뜻을 나타내는 부수 '石(돌 석)'과 음을 나타내는 '卑(낮을 비)'를 합친 글자.

풀이 비석. ¶墓碑
碑刻(비각) 비석에 새긴 글. 비문(碑文).
碑碣(비갈) 비(碑)와 갈(碣).
碑銘(비명) 비석에 새긴 글. 성명·본관·경력 등을 적음.
碑文(비문) 비에 새긴 글.
碑帖(비첩) 비석에 새긴 글자를 그대로 종이에 탁본한 것. 또는 그것을 첩(帖)으로 만든 것.
墓碑(묘비) 무덤 앞에 세우는 비석.

碎
⑧ 13획 ㊐サイ
부술 쇄 ㊥suì

풀이 1. 부수다. 부서지다. ¶碎鑛 2. 잘다. 번거롭다.
碎身(쇄신) 몸이 가루가 될 정도로 힘써 노력함.

粉碎(분쇄) 1)가루가 되도록 부스러뜨림. 2)상대편을 확실히 물리침.
비 粹(순수할 수)

碍
⑧ 13획
礙(p527)의 俗字

碗
⑧ 13획
盌(p509)의 俗字

碇
⑧ 13획 ㊐テイ
닻 정 ㊥dìng

풀이 1. 닻. 2. 닻을 내리다.
碇泊(정박) 배가 닻을 내리고 머무름.

磂
⑨ 14획
瑠(p483)와 同字

碣
⑨ 14획 ㊐ケツ
비석 갈 ㊥jié

풀이 비석. 둥근 비석.
碑碣(비갈) 네모진 비석과 둥근 비석.
비 喝(꾸짖을 갈)

碧
⑨ 14획 ㊐ヘキ
푸를 벽 ㊥bì

一丁チ王王'王'珀珀珀碧碧碧

* 형성. 뜻을 나타내는 부수 '石(돌 석)'에 '玉(옥 옥)'과 '白(흰 백)'을 합친 글자. 이에 밝게 빛나는(白) 옥돌(玉石)을 나타냄. 바뀌어, '푸르다'의 뜻으로 쓰임.

풀이 1. 푸르다. 푸른빛. ¶碧空 2. 푸른 옥돌. ¶碧環
碧溪(벽계) 푸르게 보일 정도로 맑은 시내.

[石 9~10획] 碩 磁 磎 碾 磊 碼 磐 磅 磑 磈 磁

碧空(벽공) 푸른 하늘.
碧眼(벽안) 1)눈동자가 푸른 눈. 2)서양 사람.
碧昌牛(벽창우) 1)평안북도의 벽동·창성에서 나는 큰 소. 2)고집이 세고 무뚝뚝한 사람.
유 青(푸를 청)

碩 ⑨ 14획 日セキ 큰 석 中shuò

*형성. 뜻을 나타내는 부수 '石(돌 석)'과 음을 나타내는 頁(머리 혈)을 합친 글자.

풀이 1. 크다. ¶碩大 2. 학문과 덕행이 높다. ¶碩學

碩士(석사) 1)덕이 높은 선비. 2)학사(學士)의 학위를 가진 사람으로서 대학원에서 소정의 과정을 마치고 논문이 확인된 사람에게 수여하는 학위. 또는 그 학위를 받은 사람.
碩學(석학) 대학자.
비 硯(벼루 연)

磁 ⑨ 14획
磁(p525)의 俗字

磎 ⑩ 15획
溪(p425)와 同字

碾 ⑩ 15획 日テン 맷돌 년(연) 中niǎn

풀이 1. 맷돌. ¶碾子 2. 맷돌질하다.
碾子(연자) 1)롤러. 2)연자방아.

磊 ⑩ 15획 日ライ 돌무더기 뢰(뇌) 中lěi

*회의. '石(돌 석)'을 셋을 겹쳐 많은 돌이 쌓여 있다는 뜻을 나타냄.

풀이 돌무더기. 돌이 쌓인 모양.
磊落(뇌락) 1)뜻이 커서 작은 일에 휘둘리지 않는 모양. 2)과실이 주렁주렁 많이 열린 모양.

碼 ⑩ 15획 日マ 마노 마 中mǎ

풀이 마노(碼瑙).
碼瑙(마노) 회거나 붉은빛이 나는 석영의 한 가지.

磐 ⑩ 15획 日バン 너럭바위 반 中pán

풀이 너럭바위. 반석.
磐石(반석) 1)너럭바위. 2)아주 굳어서 든든한 사물이나 사상의 기초.
비 盤(소반 반)

磅 ⑩ 15획 日ホウ 돌 떨어지는 소리 방 中pāng

풀이 1. 돌 떨어지는 소리. 2. 파운드.
㉠무게의 단위. ㉡영국의 화폐 단위.

磑 ⑩ 15획 日ガイ 맷돌 애 中wèi

풀이 맷돌. ¶磑茶
磑茶(애다) 차를 맷돌로 갊.

磈 ⑩ 15획 높고 험한 모양 외 日イ 中wěi

풀이 1. 높고 험한 모양. 2. 돌이 많이 쌓인 모양.
磈磊(외뢰) 돌이 많이 쌓인 모양.

磁 ⑩ 15획 日ジ 자석 자 中cí

*형성. 뜻을 나타내는 부수 '石(돌 석)'과 음

을 나타내는 '玆(이 자)'를 합친 글자.

풀이 1. 자석. ¶磁極 2. 사기. ¶磁器

磁力(자력) 자기(磁氣)의 서로 끌고 밀치는 힘.

磁石(자석) 철을 끌어당기는 성질이 있는 물체.

🔵 滋(불을 자)

磋 ⑩ 15획 日サ 갈 차 中cuō

풀이 갈다. 옥 또는 상아(象牙)를 갊.

切磋琢磨(절차탁마) 옥이나 돌을 갈고 닦아 빛을 낸다는 뜻으로, 학문과 덕행을 닦음을 비유하는 말.

🔵 摩(갈 마) 研(갈 연)

磔 ⑩ 15획 日サク 책형 책 中zhé

풀이 1. 책형. 사지를 찢어 죽이는 형벌. 찢다. 가르다.

磔刑(책형) 사지를 수레에 매어 찢어 죽이는 형벌.

確 ⑩ 15획 日カク 굳을 확 中què

丆丆石石石石矿矿矿碎碎
碎碎確

* 형성. 뜻을 나타내는 '石(돌 석)'과 음을 나타내는 '隺(새 높이 날 각)'을 합친 글자.

풀이 1. 굳다. ¶確信 2. 틀림없다. 확실하다. ¶確保

確固(확고) 확실하고 견고함.
確答(확답) 확실한 대답.
確率(확률) 어떤 일이 일어날 확실성의 정도를 나타내는 수치.
確保(확보) 1) 확실한 보증(保證). 2) 확실하게 지님.
確信(확신) 굳게 믿음. 또는 그런 믿음.
確定(확정) 확실하게 정함.
正確(정확) 바르고 확실함.

🔵 固(굳을 고)

磬 ⑪ 16획 日ケイ 경쇠 경 中qìng

풀이 경쇠. 옥이나 돌로 만든 악기. ¶磬石

磬鐘(경종) 편경(編磬)과 편종(編鐘).
石磬(석경) 돌로 만든 경쇠.

磨 ⑪ 16획 日マ・みがく 갈 마 中mó, mò

丆广广广广庐庐庐麻
麻麻磨磨磨磨

* 형성. 뜻을 나타내는 부수 '石(돌 석)'과 음을 나타내는 '麻(삼 마)'를 합친 글자.

풀이 1. 갈다. ¶磨琢 2. 문지르다. 3. 닳아 없어지다. ¶磨滅 4. 학문을 닦다. ¶鍊磨

磨鍊(마련) 미리 준비하거나 계획함.
磨耗(마모) 닳아 작아짐.
磨擦(마찰) 서로 닳아서 비빔.
鍊磨(연마) 1) 어떤 분야를 깊이 연구함. 2) 학문이나 기술을 갈고 닦음.

🔵 摩(갈 마) 研(갈 연)

磧 ⑪ 16획 日セキ 서덜 적 中qì

풀이 서덜. 냇가나 강가의 돌이 많은 곳.

磧礫(적력) 물가에 있는 자갈.

磚 ⑪ 16획

甎(p489)의 俗字

磵 ⑫ 17획

澗(p434)과 同字

碒 ⑫ 17획 日キョウ 옥돌 거 ⊕qú

풀이 1. 옥돌. 2. 조개 이름.

磯 ⑫ 17획 日キ 물가 기 ⊕jī

풀이 1. 물가. 2. 물살이 돌에 부딪치다.
유 涯(물가 애) **비** 幾(기미 기)

磻 ⑫ 17획 日ハン 강 이름 반 ⊕pán

풀이 강 이름. 중국 섬서성(陝西省)에 있는 강.

礁 ⑫ 17획 日ショウ 암초 초 ⊕jiāo

풀이 암초(暗礁). 물에 잠긴 바위.

磺 ⑫ 17획 日コウ
❶ 유황 황
❷ 광석 광 ⊕huáng

풀이 ❶ 1. 유황(硫黃). ❷ 2. 광석.

礎 ⑬ 18획 日ソ・いしずえ 주춧돌 초 ⊕chǔ

一丆石石石 矿 砕 砕 砕 砕 砕 砕 礎 礎 礎

*형성. 뜻을 나타내는 부수 '石(돌 석)'과 음을 나타내는 '楚(회초리 초)'를 합친 글자.

풀이 주춧돌.
礎石(초석) 1)주춧돌. 2)어떤 사물의 기초.
礎業(초업) 근본이 되는 사업.
礎材(초재) 주추에 쓰이는 목재.
基礎(기초) 1)건축물의 토대. 2)사물이 이루어지는 바탕.
비 楚(모형 초)

礙 ⑭ 19획 日ガイ 거리낄 애 ⊕ài

풀이 1. 거리끼다. 방해되다. ¶礙眼 2. 막다. 저지하다.
礙眼(애안) 눈에 거슬림.
비 擬(헤아릴 의)

礖 ⑭ 19획 돌 이름 여(韓)

풀이 돌 이름.

礪 ⑮ 20획 日レイ 거친 숫돌 려(여) ⊕lì

*형성. 뜻을 나타내는 부수 '石(돌 석)'과 음을 나타내는 厲(갈 려)를 합친 글자. 물건을 가는(厲)데 쓰는 돌(石), 즉 '숫돌'을 나타냄.
풀이 1. 거친 숫돌. 2. 갈다.
礪石(여석) 숫돌.

礫 ⑮ 20획 日レキ 조약돌 력(역) ⊕lì

풀이 조약돌. 자갈.
礫石(역석) 자갈. 조약돌.

礬 ⑮ 20획 日バン 백반 반 ⊕fán

*형성. 뜻을 나타내는 부수 '石(돌 석)'과 음을 나타내는 樊(잡을 반)'의 생략형을 합친 글자.
풀이 백반(白礬). 무색의 결정으로 매염제(媒染劑)나 의약품으로 쓰임.
白礬(백반) 황산알루미늄 수용액에 황산칼륨 수용액을 넣었을 때 석출되는 무색의 결정. 명반(明礬).

礱 ⑯ 21획 日ロウ 갈 롱(농) ⊕lóng

[풀이] 1. 갈다. 2. 숫돌. 맷돌.
礱磨(농마) 1)맷돌. 2)갊.

示부

示(礻) 보일 시 部

'示'자는 제사상을 본뜬 글자로, 제사를 통해 신(神)이 좋은 일이나 나쁜 일을 사람들에게 보여 주기를 바라던 것에서 '보이다'라는 뜻을 갖게 되었다. 또한 명시(明示)에서처럼 '알리다' 라는 뜻을 나타내기도 한다. 이 글자를 부수로 갖는 글자는 대체로 '신(神)'이나 '화복(禍福)' 등과 관련이 많다.

示 ⓪ 5획 日 ジ・しめす 中 shì, qí
보일 시

一 ニ テ 亓 示

*상형. 신에게 제물을 바치는 제사상을 본뜬 글자.

[풀이] 1. 보이다. 나타내다. ¶示範 2. 알리다. ¶告示

示達(시달) 상부에서 하부로 명령・통지 등을 문서로써 전하여 알림.
示範(시범) 모범을 보임.
揭示(게시) 사람들에게 알리기 위해 써서 붙임. 또는 그글.
明示(명시) 분명히 드러내 보이거나 가리킴.
유 見(볼 견) 비 禾(벼 화)

礼 ① 5획
禮(p533)의 俗字

礼 ① 6획
禮(p533)의 古字

祁 ③ 8획 日 キ 中 qí
성할 기

[풀이] 1. 성하다. 크다. 2. 많다.
祁寒(기한) 심한 추위.

祀 ③ 8획 日 サ 中 sì
제사 사

一 ニ テ 亓 示 祀 祀

*형성. 뜻을 나타내는 부수 '示(보일 시)'와 음을 나타내는 '巳(뱀 사)'를 합친 글자.

[풀이] 1. 제사. ¶祀典 2. 제사 지내다.
祀典(사전) 제사의 의식. 제전(祭典).
유 祭(제사 제) 비 社(모일 사)

社 ③ 8획 日 シャ・やしろ 中 shè
모일 사

一 ニ テ 亓 示 社 社

*회의. 토지(土)의 신(示)을 나타낸 글자.

[풀이] 1. 모이다. 2. 토지의 신. ¶社祠 3. 회사. 단체. ¶社告

社家(사가) 여러 가구가 모여 사는 집.
社交(사교) 여러 사람이 모여 서로 교제함.
社團(사단) 특정한 목적을 위하여 여러 사람을 기초로 하여 결합된 단체.
社員(사원) 1)회사에 근무하는 사람. 2)사단 법인의 구성원.
社長(사장) 회사의 대표자.
社稷(사직) 1)토지신과 곡신(穀神). 2)국가 또는 조정.
社會(사회) 공동 생활을 하는 인류의 집단.
비 祀(제사 사)

祈 ④ 9획 日 キ・いのる 中 qí
빌 기

一 ニ テ 亓 示 祁 祈 祈

* 형성. 뜻을 나타내는 부수 '示(보일 시)'와 음을 나타내는 '斤(도끼 근)'을 합친 글자.

풀이 1. 빌다. 기도하다. ¶祈求 2. 고하다.

祈求(기구) 빌며 구함. 간절한 바람.

祈禱(기도) 원하는 것이 이루어지도록 신에게 간절히 빎.

祈雨(기우) 가뭄 때에 비가 오기를 빎.

祈願(기원) 원하는 것이 이루어지도록 빎.

🔗 禱(빌 도)

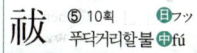
토지의 신 기 ㊥zhī

풀이 1. 토지의 신. 2. 크다. ¶祇悔

祇悔(기회) 크게 후회함.

🔗 社(토지의 신 사)

祅 ④ 9획 ㊐ヨウ
재앙 요 ㊥ǎo, yāo

풀이 재앙.

祉 ④ 9획 ㊐シ
복 지 ㊥zhǐ

풀이 복. 행복.

福祉(복지) 편안하고 좋은 환경들이 이루어져 행복을 누릴 수 있는 상태.

祛 ⑤ 10획 ㊐キョ
떨어 없앨 거 ㊥qū

* 형성. 뜻을 나타내는 부수 '示(보일 시)'와 음을 나타내는 '去(갈 거)'을 합친 글자. 신에게 빌어서 [示] 재앙을 제거함[去]을 나타냄.

풀이 1. 떨어 없애다. 2. 굳세다.

祛祛(거거) 세고 강한 모양.

祔 ⑤ 10획 ㊐フ
합장할 부 ㊥fù

풀이 1. 합장(合葬)하다. 2. 합사(合祀)하다.

祔右(부우) 부부를 합장할 때 아내를 남편의 오른쪽에 묻는 일.

祓 ⑤ 10획 ㊐フツ
푸닥거릴할불 ㊥fú

풀이 푸닥거리하다. 액을 떨치다.

祓禊(불계) 신에게 빌어 재액(災厄)을 떨침. 또는 그 제사.

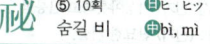
숨길 비 ㊥bì, mì

一 亍 亓 示 示' 祁 秘 秘 秘

* 형성. 뜻을 나타내는 부수 '示(보일 시)'와 음을 나타내는 '必(반드시 필)'을 합친 글자.

풀이 1. 숨기다. 감추다. ¶秘事 2. 심오하다. 헤아리기 어렵다.

祕訣(비결) 세상에 알려져 있지 않은 자기만의 특별한 방법.

祕密(비밀) 밝혀지거나 알려지지 않는 속내.

祕藏(비장) 아무도 모르게 감추어 소중히 간직함.

祕策(비책) 아무도 몰래 숨긴 방법이나 계책.

祕話(비화) 세상에 알려지지 않은 이야기.

🔗 隱(숨길 은)

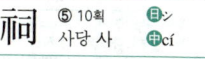
사당 사 ㊥cí

풀이 1. 사당. 2. 제사 지내다.

祠壇(사단) 제단(祭壇).

祠堂(사당) 1)조상의 신주를 모시는 집. 2)사원(寺院).

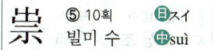
빌미 수 ㊥suì

[示 5획] 神祐祖祚祗祝

[풀이] 빌미. 귀신의 재앙.
[비] 崇(높을 숭)

神 ⑤ 10획 ㊐シン·かみ
귀신 신 ㊥shén

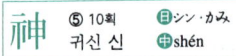

*형성. 뜻을 나타내는 부수 '示(보일 시)'와 음을 나타내는 '申(펼 신)'을 합친 글자.

[풀이] 1. 귀신. 신령. ¶神力 2. 넋. 정신. ¶神功 3. 신기하다. 영묘하다.

神奇(신기) 이상야릇하고 신통함.
神技(신기) 신묘한 기술.
神童(신동) 재주와 지혜가 남달리 뛰어난 아이.
神靈(신령) 1)죽은 사람의 혼. 2)신기하고 영묘한 신.
神秘(신비) 인지(人知)로서는 알 수 없는 신묘한 비밀.
神聖(신성) 매우 존엄하고 권위가 있음.
神殿(신전) 신을 모신 전각(殿閣).
神託(신탁) 신이 사람을 통해 그의 명령이나 뜻을 나타냄.
神通(신통) 1)온갖 일에 헤아릴 수 없이 신기하게 통달함. 2)이상하고도 묘함.
[유] 鬼(귀신 귀)

祐 ⑤ 10획 ㊐ユウ
도울 우 ㊥yòu

*형성. 뜻을 나타내는 부수 '示(보일 시)'와 음을 나타내며 돕는다는 의미를 지닌 '右(오른 우)'를 합친 글자. 이에 신(示)의 도움(右)을 뜻함.

[풀이] 1. 돕다. 2. 신의 도움. ¶神助
祐助(우조) 하늘의 도움과 신의 도움.
[유] 佐(도울 좌)

祖 ⑤ 10획 ㊐ソ
조상 조 ㊥zǔ

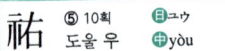

*형성. 뜻을 나타내는 부수 '示(보일 시)'와 음을 나타내는 '且(또 차)'를 합친 글자. 제사상(示)에 놓인 위패(且)를 나타내어, '조상'의 뜻으로 쓰임.

[풀이] 1. 조상. ¶祖上 2. 할아비. ¶祖父母 3. 시조(始祖).

祖國(조국) 조상 때부터 살던 나라.
祖父母(조부모) 할아버지와 할머니.
祖上(조상) 돌아간 어버이 위로 대대의 어른.
祖業(조업) 조상 때부터 전해 오는 가업(家業).
祖訓(조훈) 조상이 남겨 놓은 훈계(訓戒).

祚 ⑤ 10획 ㊐ソ
복 조 ㊥zuò

[풀이] 1. 복. 2. 임금의 자리.
祚胤(조윤) 1)복을 자손에게 전함. 2)훌륭한 자손(子孫).
[유] 福(복 복)

祗 ⑤ 10획 ㊐シ
공경할 지 ㊥zhī

[풀이] 공경하다. 삼가다.
祗敬(지경) 공경함.
祗服(지복) 공경하여 따름.
祗順(지순) 공경하여 따름.
[유] 敬(공경할 경)

祝 ⑤ 10획 ㊐シュク·しゅう
빌 축 ㊥zhù

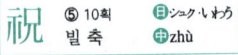

*회의. 제사상(示) 앞에서 빌고 있는 사람(兄)의 모습을 나타내어 '신에게 빌다', 기도하다'의 뜻으로 쓰임.

[풀이] 1. 빌다. 기원하다. ¶祝願 2. 하례하다. 축하하다. ¶祝客 3. 축문. ¶祝官

[示 5~8획] 祜祥祭祧票禁

4. 끊다.
祝歌(축가) 축하의 뜻으로 부르는 노래.
祝杯(축배) 축하하는 술잔. 또는 그 술.
祝福(축복) 앞날의 행복을 빎.
祝詞(축사) 축하의 말이나 글.
祝宴(축연) 축하 잔치.
祝願(축원) 잘 되기를 빎.
祝祭(축제) 축하하고 제사 지냄.
㈜ 禱(빌 도) 祈(빌 기)

祜 ⑤ 10획 日コ
복 호 ⊕hù

풀이 복. 행복.
祜休(호휴) 하늘이 주는 복.

祥 ⑥ 11획 日ショウ・さいわい
상서로울 상 ⊕xiáng

一 二 亍 亓 芓 齐 齐 祥 祥 祥

*형성. 뜻을 나타내는 부수 '示(보일 시)'와 음을 나타내는 '羊(양 양)'을 합친 글자.

풀이 1. 상서롭다. ¶祥光 2. 조짐. ¶祥符 3. 제사. ¶大祥 4. 복.
祥氣(상기) 좋은 조짐이 되는 기운.
祥符(상부) 좋은 징조. 길조(吉兆).
祥瑞(상서) 길한 일이 있을 조짐.
發祥(발상) 1)상서로운 조짐이 나타남. 2)어떤 일이 처음으로 나타남.
㈜ 瑞(상서 서)

祭 ⑥ 11획 日サイ・まつり
제사 제 ⊕zhài

' ク タ 欠 奴 奴 怒 祭 祭

*회의. 손(又)으로 제사상(示)에 고기(肉)를 바친다는 데에서 '제사'의 뜻을 나타냄.

풀이 제사. 제사 지내다. ¶祭祀
祭器(제기) 제사 때 쓰는 그릇.

祭壇(제단) 제사를 지내는 단.
祭物(제물) 제사에 쓰이는 음식.
祭祀(제사) 신령에게 음식을 올리고 정성을 표하는 예절.
祭天(제천) 제왕이 하늘에 제사 지내는 일.
㈜ 際(사이 제)

祧 ⑥ 11획 日チョウ
조묘 조 ⊕tiāo

풀이 조묘(祧廟). 먼 조상을 합사(合祀)하는 사당.

票 ⑥ 11획 日ヒョウ
쪽지 표 ⊕piào, piāo

一 戸 币 西 西 西 严 票 票 票

*회의. 높이 날아 오르는 불꽃을 나타낸 '覈'가 변형된 글자. 이에 '불똥이 튀다'의 뜻을 나타내며, 바뀌어 '쪽지'의 뜻으로 쓰임.

풀이 쪽지. 표. ¶賣票
票決(표결) 투표로 결정함.
賣票(매표) 표를 팖.
投票(투표) 선거 또는 가부(可否)를 결정할 때에 투표용지에 의사를 표시하여 투표함에 넣는 일.
㈜ 標(우듬지 표)

禁 ⑧ 13획 日キン
금할 금 ⊕jìn, jīn

一 十 才 木 木 杜 林 林 埜 埜 禁 禁 禁

*형성. 뜻을 나타내는 부수 '示(보일 시)'와 음을 나타내는 '林(수풀 림)'을 합친 글자. 제단(示) 주위의 숲(林)에 부정한 것이 들어오지 못하도록 '금하는' 것을 나타냄.

풀이 1. 금하다. ¶禁止 2. 대궐. ¶禁內 3. 금옥. ¶禁鋼 4. 누르다. 억제하다. ¶禁
禁戒(금계) 나쁜 일을 금하는 계율.
禁斷(금단) 어떤 행동을 금하여 못하

게 함.
禁令(금령) 못하게 말리는 명령.
禁物(금물) 1)함부로 사고팔거나 쓰지 못하게 하는 물건. 2)해서는 안될 일.
禁慾(금욕) 욕구나 욕망을 억제하고 금함.
禁止(금지) 못하게 함.
監禁(감금) 가두어 속박함.
🔁 忌(꺼릴 기)

| 祺 | ⑧ 13획 | 日キ |
| | 복 기 | 中qí |

풀이 1. 복. 행복. 2. 길조. 3. 편안하다.
祺祥(기상) 행복. 상서(祥瑞).

| 祿 | ⑧ 13획 | 日ロク |
| | 복 록(녹) | 中lù |

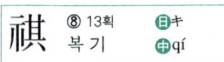

* 형성. 뜻을 나타내는 부수 '示(보일 시)'와 음을 나타내는 '彔(새길 록)'을 합친 글자.
풀이 1. 복. 행복. ¶天祿 2. 녹봉. 급료. ¶祿米
祿俸(녹봉) 벼슬아치에게 일 년 단위나 계절 단위로 주던 급료.
祿邑(녹읍) 신라 때 관리들에게 직전(職田)으로 주던 논밭.
貫祿(관록) 몸에 갖추어진 위엄이나 무게.
🔁 福(복 복)   비 綠(초록빛 록)

| 稟 | ⑧ 13획 |
| | 稟(p539)의 俗字 | |

| 禊 | ⑨ 14획 | 日ケイ |
| | 계제 계 | 中xì |

* 형성. 뜻을 나타내는 부수 '示(보일 시)'와 음을 나타내는 '契(맺을 계)'를 합친 글자.
풀이 계제(禊祭). 부정(不淨)을 씻기 위한 목욕재계의 행사.
禊事(계사) 물가에서 행하는 요사(妖邪)를 떨어 버리는 제사.
비 契(맺을 계)

| 福 | ⑨ 14획 | 日フク |
| | 복 복 | 中fú |

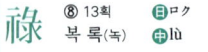

* 형성. 뜻을 나타내는 부수 '示(보일 시)'와 음을 나타내며 술동이 모양을 본뜬 '畐(폭)'을 합친 글자. 술로 제사를 지내 하늘로부터 복을 받는다 하여 '복'의 뜻을 나타냄.
풀이 1. 복. 행복. ¶幸福 2. 복을 내리다. 돕다. ¶福祐 3. 제물(祭物).
福券(복권) 제비를 뽑아서 당첨되면 상금이 따르는 표찰.
福祿(복록) 타고난 복과 나라에서 주는 벼슬아치의 녹봉(祿俸). 복되고 영화로운 삶.
福祉(복지) 좋은 건강·윤택한 생활·안락한 환경들이 이루어져 행복을 누릴 수 있는 상태.
幸福(행복) 마음에 모자라는 것이 없이 기쁘고 넉넉하고 푸근함.
🔁 祿(복 록)

| 禔 | ⑨ 14획 | 日ツ·テイ |
| | 복 우·오 | 中tí |

풀이 복(福).

| 禎 | ⑨ 14획 | 日テイ |
| | 상서 정 | 中zhēn |

* 형성. 뜻을 나타내는 부수 '示(보일 시)'와 음을 나타내며 '점치다'의 뜻을 지닌 貞(곧을 정)'을 합친 글자.
풀이 1. 상서(祥瑞). 2. 복. 행복.
禎祺(정기) 행복(幸福). 길상(吉祥).

禔 ⑨ 14획 日シ·テイ 中zhī
복 지

풀이 1. 복. 행복. 2. 다만.

禔福(지복) 복. 지복(祉福).

禍 ⑨ 14획 日カ 中huò
재앙 화

`丆 オ ネ ネ' ネ<sup>'</sup> 秆 祸 祸 祸 禍 禍`

* 형성. 뜻을 나타내는 부수 '示(보일 시)'와 음을 나타내는 '咼(입 비뚤어질 와)'를 합친 글자.

풀이 재앙. 재난. 근심. ¶禍難

禍根(화근) 재앙의 근원.

禍機(화기) 재앙이 일어날 조짐.

凶禍(흉화) 흉악한 재화.

뮤 殃(재앙 앙) 災(재앙 재)

禛 ⑩ 15획 日シン·ジン 中zhēn
복 받을 진

풀이 복을 받다.

禦 ⑪ 16획 日ギョ 中yù
막을 어

* 형성. 뜻을 나타내는 부수 '示(보일 시)'와 음을 나타내는 '御(어거할 어)'를 합친 글자.

풀이 1. 막다. 지키다. 2. 맞서다. 대항하다. ¶防禦 3. 갖추다. 대비하다. ¶禦冬

禦敵(어적) 외적을 막음.

禦戰(어전) 방어하여 싸움.

防禦(방어) 상대편의 공격을 막음.

뮤 御(어거할 어)

禫 ⑫ 17획 日タン·ダン 中dàn
담제 담

풀이 담제(禫祭). 대상(大祥)을 지낸 그 다음 달에 지내는 제사.

禪 ⑫ 17획 日ゼン 中shàn, chán
봉선 선

`丆 ⺍ ネ ネ ネ<sup>'</sup> 衶 衶 禪 禪 禪 禪`

* 형성. 뜻을 나타내는 부수 '示(보일 시)'와 음을 나타내는 '單(홑 단)'을 합친 글자.

풀이 1. 봉선. 산천의 신에게 지내는 제사. 2. 선종. 불교의 한 파. ¶禪家 3. 임금의 자리를 물려주다. ¶禪位 4. 참선. 좌선.

禪師(선사) 1)승려. 2)지덕(智德)이 높은 선승(禪僧)에게 내리는 칭호.

禪讓(선양) 왕이 그 자리를 어질고 덕이 있는 사람에게 넘겨 주는 일.

禪位(선위) 임금의 자리를 물려줌. 양위(讓位).

禪宗(선종) 설법(說法)과 경문에 의지하지 않고 참선을 통해 마음으로 진리를 직관하려는 불교의 한 종파.

封禪(봉선) 고대 중국의 임금이 태산(泰山)에서 흙으로 단을 만들어 하늘에 제사 지내던 일.

參禪(참선) 좌선(坐禪)하여 수행함.

禧 ⑫ 17획 日キ 中xǐ
복 희

* 형성. 뜻을 나타내는 부수 '示(보일 시)'와 음을 나타내는 '喜(기쁠 희)'를 합친 글자. 이에 신이 주시는 기쁨, 즉 '복'의 뜻으로 쓰임.

풀이 1. 복. 2. 길하다.

뮤 福(복 복) 祿(복 록)

禮 ⑬ 18획 日レイ 中lǐ
예도 례(예)

`丆 ⺍ ネ ネ ネ<sup>'</sup> 衶 禮 禮 禮 禮 禮 禮`

* 형성. 뜻을 나타내는 부수 '示(보일 시)'와 음을 나타내는 '豊(굽 높은 그릇 례)'를 합친 글자. 신(示)에게 제물을 담은 그릇(豊)을 바쳐 예를 다하였다는 데서 '예도'의 뜻을 나

[示 14~17획] 禰禱禳 [内 0~8획] 内禹禺离禽

타냄.
[풀이] 1. 예도. 예절. ¶禮節 2. 인사. 절. 3. 예물.
禮緞(예단) 예폐(禮幣)로 주는 비단.
禮度(예도) 의예와 법도. 예절.
禮物(예물) 1)사례의 뜻으로 주는 물건. 2)결혼식에서 신랑 신부가 서로 주고 받는 물건.
禮拜(예배) 1)배례. 2)신도가 기도하는 의식.
禮式(예식) 1)예법에 다른 의식. 2)결혼식.
禮遇(예우) 예로써 정중히 대우함.
禮節(예절) 예의에 관한 범절.
禮讚(예찬) 존경하고 찬미함.
目禮(목례) 눈짓으로 가볍게 하는 인사. 눈인사.

⑭ 19획
아버지
사당 녜(예)
日 デイ
中 nǐ, mí

[풀이] 아버지 사당.
禰廟(예묘) 아버지의 신주를 모신 사당.

禱
⑭ 19획
빌 도
日 トウ
中 dǎo

*형성. 뜻을 나타내는 부수 '示(보일 시)'와 음을 나타내는 '壽(목숨 수)'를 합친 글자.

[풀이] 빌다. 기도하다.
禱福(도복) 복이 내리기를 기도함.
祈禱(기도) 원하는 것이 이루어지도록 신불에게 빎. 기구(祈求).
[유] 禱(빌 도) 祈(빌기 기) 祝(빌 축)

禳
⑰ 22획
물리칠 양
日 ジョウ
中 ráng

[풀이] 물리치다. 푸닥거리하다.
禳繪(양회) 재앙을 물리치는 굿. 푸닥거리.

内 부

内 발자국 유 部

'内'자는 짐승의 발자국 모양을 본뜬 글자로 '짐승 발자국'을 뜻하며, 단독으로 쓰이기보다는 주로 다른 글자의 부수 역할을 한다.

内
⑰ 5획
발자국 유
日 ジュウ・あしあた
中 róu

[풀이] 발자국. 짐승의 발자국.
[비] 内(안 내)

禹
④ 9획
우임금 우
日 ウ・ゆるむ
中 yǔ

[풀이] 우임금. 하(夏)나라의 시조.
禹步(우보) 한쪽 다리를 끌면서 걸음.
夏禹氏(하우씨) 중국 하나라의 시조인 우(禹)임금을 이르는 말.

④ 9획
긴꼬리
원숭이 우
日 グ・グウ・おながざる
中 yù, yú

[풀이] 1. 긴꼬리원숭이. 2. 구역. 구별.

离
⑥ 11획
산신 리
日 リ・チ・ちりさる
中 lí

[풀이] 1. 산신(山神). 짐승의 모습을 한 산신(山神). 2. 떠나다.

⑧ 13획
날짐승 금
日 キン・とり
中 qín

[禾 0~2획] 禾 禿 私 秀

ノ人人今今余余倉禽
禽禽禽

*형성. 뜻을 나타내는 '内(마칠 필)'과 음을 나타내는 '今(이제 금)'을 합친 글자.

[풀이] 1. 날짐승. 새. ¶禽鳥 2. 사로잡다.

禽獸(금수) 1)날짐승과 길짐승. 2)행실이 아주 나쁜 사람의 비유.

家禽(가금) 닭·오리·거위 등과 같이 집에서 기르는 날짐승.

유 獸(짐승 수)

禾 부

禾 벼 화 部

'禾' 자는 벼이삭이 늘어진 모양을 본뜬 글자로, '벼'를 나타낸다. 그 밖에 '곡물'을 나타내기도 하고, '벼농사를 짓다'는 뜻으로도 사용된다. 이 글자를 부수로 갖는 글자는 곡류의 종류나 곡물의 성질과 관계되는 뜻을 지닌다.

禾 ⓪5획 일 カ·いね 중 hé
벼 화

ノ ニ 千 禾 禾

*상형. 곡물의 이삭이 축 늘어진 모양을 본뜬 글자.

[풀이] 1. 벼. ¶禾穀 2. 곡물.

禾穀(화곡) 벼 종류의 곡식의 총칭.

禾黍(화서) 벼와 기장.

麥禾(맥화) 보리와 벼.

禿 ②7획 일 トク·はげあたま 중 tū
대머리 독

[풀이] 1. 대머리. 머리가 벗어지다. 2. 민둥산. 3. 모지라지다. 끝이 닳다.

禿頭(독두) 대머리.

禿山(독산) 나무가 없는 민둥산.

禿筆(독필) 1)끝이 닳은 붓. 2)자기 문장(文章)을 겸손하게 이르는 말.

비 (빼어날 수)

私 ②7획 일 シャ·わたくし 중 sī
사사 사

ノ ニ 千 禾 禾 私 私

*형성. 뜻을 나타내는 부수 '禾(벼 화)'와 음을 나타내는 '厶(사사 사)'를 합친 글자.

[풀이] 1. 사사(私事). 개인의 일. 2. 사사롭게 하다. 자기 마음대로 하다. ¶私家 3. 몰래.

私感(사감) 사사로운 감정.

私談(사담) 사사로이 하는 말.

私立(사립) 개인이 공익 사업을 설립하여 유지하는 일.

私費(사비) 개인이 부담하는 비용.

私設(사설) 개인의 시설.

私心(사심) 자기 욕심을 채우려는 마음.

私慾(사욕) 개인의 이익을 차리는 욕심.

私有(사유) 개인의 소유.

私宅(사택) 개인의 저택.

私通(사통) 남녀가 몰래 정을 통하는 것.

반 (공변될 공)

秀 ②7획 일 シュウ·ひいでる 중 xiù
빼어날 수

ノ ニ 千 禾 禾 秀 秀

*회의. 벼(禾)의 이삭이 무거워져 아래로 드리워진(乃) 것을 표현한 것으로, '여물다', '빼어나다' 등의 뜻으로 쓰임.

[풀이] 1. 빼어나다. 뛰어나다. ¶秀麗 2. 여물다. 이삭이 패다.

秀麗(수려) 빼어나게 아름다움.

秀靈(수령) 재주가 뛰어나고 신묘함.

秀穎(수영) 1)벼·수수 등의 이삭이 잘 여묾. 2)남보다 재능이 빼어남.

秀才(수재) 학문·재능이 뛰어난 사람.
秀絶(수절) 뛰어나고 훌륭함.

③ 8획
年(p221)의 古字

秉 ③ 8획 日ヒョウ
잡을 병 中bǐng

*회의. 벼(禾)를 손(又)으로 쥐는 것을 나타내어, '잡다'의 뜻으로 쓰임.

풀이 잡다. 손에 쥐다. ¶秉燭
秉權(병권) 권력을 잡음.
秉彝(병이) 인간의 떳떳한 도리를 굳게 지킴.
秉燭(병촉) 촛불을 밝힘.
유 執(잡을 집)

秔 ④ 9획 日コウ
메벼 갱 中jīng

풀이 메벼. 끈기가 적은 벼.
秔稻(갱도) 메벼.

科 ④ 9획 日カ
과목 과 中kē

一二千千千禾禾禾科

*회의. 곡식(禾)을 말(斗)로 헤아리는 것을 나타내어, '품등', '과목' 등의 뜻으로 쓰임.

풀이 1. 과목. 조목. 사물의 분류 명목. ¶科落 2. 품등. 사물의 등급. 3. 법. 법규. 4. 죄. 5. 과거(科擧).
科擧(과거) 옛날 중국과 우리나라에서 관리를 채용하기 위해 치르던 시험.
科禁(과금) 규칙이나 법도.
科目(과목) 학문의 구분. 분류한 조목.
科程(과정) 1)학과 과정(課程). 2)과업의 순서나 정도.
科學(과학) 객관적인 방법으로 특수한 현상의 법칙과 원리를 연구하는 활동. 또는 그 내용.

教科(교과) 가르치는 과목.
비 料(헤아릴 료)

秕 ④ 9획 日ヒ
쭉정이 비 中bǐ

풀이 1. 쭉정이. 결실이 안 된 벼·보리. 2. 더럽히다.
秕糠(비강) 1)쭉정이와 겨. 2)남은 찌꺼기.

秒 ④ 9획
❶ 초 초 日ビョウ
❷ 까끄라기 묘 中miǎo

一二千千千禾禾利利利秒秒

*형성. 뜻을 나타내는 부수 '禾(벼 화)'와 음을 나타내는 '少(적을 소)'를 합친 글자.

풀이 ❶ 1. 초. 시간·각도·온도의 단위.
❷ 2. 까끄라기. 3. 미묘하다.
秒忽(묘홀) 극히 작음.
秒速(초속) 1초 동안에 나아가는 속도.
비 抄(노략질할 초)

秋 ④ 9획 日シュウ·あき
가을 추 中qiū

一二千千千禾禾秒秋

*회의. 추수를 끝내고 볏짚(禾)을 거두어 말리는(火) 것을 나타내며, 바꾸어 그 일을 하는 계절인 '가을'의 뜻으로 쓰임.

풀이 1. 가을. ¶秋期 2. 때. 시기. 3. 해. 세월.
秋穀(추곡) 가을에 거두어들이는 곡식.
秋霜(추상) 1)가을의 찬 서리. 2)위엄과 굳은 절개.
秋夕(추석) 음력 8월 15일. 한가위.
秋收(추수) 가을에 익은 곡식을 거두어 들이는 일. 가을걷이.
秋波(추파) 1)가을철의 잔잔하고 아름다운 물결. 2)미인의 은근한 눈매.
秋毫(추호) 가을철 짐승의 털이 썩 가

[禾 5획] 秣秘秳秧秞租秦秩秤

늘다는 뜻으로, 아주 조금의 뜻을 나타내는 말.
晩秋(만추) 늦가을.

秣
⑤ 10획　日マツ　꼴 말　中mò

풀이 1. 꼴. 말이 먹는 풀. 2. 말을 먹이다.
秣馬利兵(말마이병) 말을 먹이고 도검(刀劍)을 간다는 뜻으로, 전쟁에 나갈 준비를 함을 이르는 말.

秘
⑤ 10획
祕(p529)의 俗字

秳
⑤ 10획　日セキ　섬 석　中shí

풀이 섬. 10말.

秧
⑤ 10획　日オウ　모 앙　中yāng

풀이 1. 모. 볏모. 2. 심다. 재배하다.
秧苗(앙묘) 볏모.
移秧(이앙) 모내기.
비 殃(재앙 앙)

秞
⑤ 10획　日ユ　무성할 유　中yóu

풀이 무성하다. 곡식이 무성한 모양.
동 茂(우거질 무)

租
⑤ 10획　日ソ　구실 조　中zū

丿 二 千 千 禾 禾 和 租 租 租

*형성. 뜻을 나타내는 부수 '禾(벼 화)'와 음을 나타내는 '且(또 차)'를 합친 글자.
풀이 1. 구실. 세금. ¶租賦 2. 쌓다. 3. 빌리다. 세들다. ¶租借
租稅(조세) 국가 또는 자치 단체가 필요한 경비를 쓰기 위하여 국민으로부터 받아들이는 돈.
租入(조입) 공물·조세 등을 받아들임.
租借(조차) 한 나라가 다른 나라의 땅의 일부를 세내어 일정 기간 사용권과 통치권을 행하는 일.
비 祖(조상 조)

秦
⑤ 10획　日シン　진나라 진　中qín

풀이 진나라. 주나라의 제후국으로 중국 최초로 통일을 완성한 나라.
비 泰(클 태)

秩
⑤ 10획　日チツ　차례 질　中zhì

丿 二 千 千 禾 禾 秆 秩 秩

*형성. 뜻을 나타내는 부수 '禾(벼 화)'와 음을 나타내는 '失(잃을 실)'을 합친 글자.
풀이 1. 차례. 질서. ¶秩序 2. 쌓다. 3. 녹봉. ¶秩祿 4. 벼슬.
秩祿(질록) 녹봉(祿俸).
秩米(질미) 녹봉으로 주는 쌀.
秩序(질서) 사물의 조리나 순서.
秩次(질차) 차례. 순서.
동 序(차례 서)

秤
⑤ 10획　日ヒョウ·ビン·はかり　저울 칭　中chèng

*형성. 뜻을 나타내는 부수 '禾(벼 화)'와 음을 나타내는 '平(평평할 평)'을 합친 글자.
풀이 저울. 무게를 다는 기구.
秤量(칭량) 저울로 무게를 닮.
秤錘(칭추) 저울추.
동 衡(저울대 형)

移 ⑥ 11획 ⓙ イ・うつす ⓒ yí
옮길 이

〃 二 千 禾 禾 禾' 矛' 移 移 移

* 형성. 뜻을 나타내는 부수 '禾(벼 화)'와 음을 나타내는 '多(많을 다)'를 합친 글자.

풀이 1. 옮기다. 이동하다. ¶移動 2. 변하다. 3. 옮겨 심다. 모내기하다.

移管(이관) 관할을 바꿈.
移動(이동) 물체가 옮기어 움직임.
移民(이민) 자기 나라를 떠나 외국 영토에 이주함. 또는 이주하는 사람.
移徙(이사) 살림하는 곳을 다른 데로 옮김. 이가(移家). 이전(移轉).
移植(이식) 옮겨 심음.
移越(이월) 한 회계 연도의 순 손익금 및 잔금을 다음 기(期)로 옮겨 넘김.
移葬(이장) 무덤을 옮김.
移住(이주) 사는 곳을 옮김.
移替(이체) 서로 갈리고 바뀜.
移行(이행) 다른 상태로 옮아감.
🔗 動(움직일 동)

稈 ⑦ 12획 ⓙ カン・わら ⓒ gǎn
짚 간

풀이 짚. 볏짚.

稂 ⑦ 12획 ⓙ ロウ ⓒ láng
강아지풀 랑(낭)

풀이 강아지풀.

稂莠(낭유) 논에 자라나서 벼에 해가 되는 잡초. 가라지.

稅 ⑦ 12획 ⓙ ゼイ・みつぎ ⓒ shuì
❶ 세금 세
❷ 벗을 탈

〃 二 千 禾 禾 禾' 利' 秆 税 稅

* 형성. 뜻을 나타내는 부수 '禾(벼 화)'와 음을 나타내는 '兌(바꿀 태)'를 합친 글자.

풀이 ❶ 1. 세금. 구실. ¶稅金 2. 징수하다. 거두다. ¶稅斂 3. 풀다. ❷ 4. 벗다.

稅金(세금) 조세로 바치는 돈.
稅率(세율) 과세의 비율.
稅務(세무) 세금을 부과하고 징수하는 데에 대한 사무.
稅法(세법) 세금의 부과·징수에 관한 법률.
稅入(세입) 세금으로 받아들인 돈.
稅冕(탈면) 관(冠)을 벗음.
🔗 帨(수건 세)

程 ⑦ 12획 ⓙ テイ・ほど ⓒ chéng
단위 정

〃 二 千 禾 禾 禾' 秆 秤 程 程

* 형성. 뜻을 나타내는 부수 '禾(벼 화)'와 음을 나타내는 '呈(드릴 정)'을 합친 글자.

풀이 1. 단위. 길이의 단위. ¶程里 2. 정도. 한도. ¶程度 3. 법. 4. 길.

程度(정도) 1)알맞은 한도. 2)얼마의 분량. 3)우열(優劣)의 수준.
程限(정한) 한도. 정도(程度).
過程(과정) 일이 되어 가는 경로.

稍 ⑦ 12획 ⓙ ショウ ⓒ shāo, shào
점점 초

* 형성. 뜻을 나타내는 부수 '禾(벼 화)'와 음을 나타내는 '肖(닮을 초)'를 합친 글자.

풀이 1. 점점. 2. 작다. 적다. ¶稍稍 3. 녹봉.

稍事(초사) 일상에 늘 있는 사소한 일.
稍蠶食之(초잠식지) 누에가 뽕잎을 먹듯이 점차적으로 조금씩 먹어 들어가거나 침략해 감.

稀 ⑦ 12획 ⓙ キ ⓒ xī
드물 희

〃 二 千 禾 禾 禾' 矛' 秤 稀 稀 稀

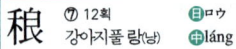

*형성. 뜻을 나타내는 부수 '禾(벼 화)'와 음을 나타내며 적다는 의미를 지닌 '希(바랄 희)'를 합친 글자. 이에 벼가 적다는 데에서 '드물다'의 뜻으로 쓰임.

풀이 드물다. 성기다.

稀覯(희구) 희귀함.
稀貴(희귀) 매우 드묾.
稀代(희대) 세상에 드묾. 희세(稀世).
稀微(희미) 어렴풋함. 아리송함.
稀薄(희박) 일이 될 가망이 적음.
稀釋(희석) 용액에 물이나 용매를 타서 농도를 묽게 함.
稀罕(희한) 흔하지 않고 썩 드묾.

비 希(바랄 희) 晞(마를 희)

稜 ⑧ 13획 日リョウ 모 릉(능) 中léng, líng

풀이 1. 모. 모서리. 2. 서슬. 위엄.

稜角(능각) 면과 면이 만나는 뾰족한 모서리.
稜線(능선) 산이나 언덕 등이 길게 이어진 마루. 또는 그 선.

稔 ⑧ 13획 日ネン・ジン 익을 임 中rěn

*형성. 뜻을 나타내는 부수 '禾(벼 화)'와 음을 나타내는 '念(생각 념)'을 합친 글자.

풀이 1. 익다. 곡식이 여물다. ¶稔聞 2. 쌓다. 쌓이다. ¶稔惡

稔年(임년) 곡식이 잘 익어 풍성한 해.
稔知(임지) 충분히 이해하여 앎. 숙지(熟知).

稠 ⑧ 13획 日チュウ 빽빽할 조 中chóu

*형성. 뜻을 나타내는 부수 '禾(벼 화)'와 음을 나타내는 '周(두루 주)'를 합친 글자.

풀이 빽빽하다. 많다. ¶稠密
稠密(조밀) 빽빽하게 모여 많음.
稠雜(조잡) 빽빽하고 복잡함.

유 密(빽빽할 밀)

稙 ⑧ 13획 日チョク 올벼 직 中zhī

풀이 올벼. 일찍 심은 벼.
稙禾(직화) 일찍 심은 벼.

비 植(심을 식)

稚 ⑧ 13획 日チ 어릴 치 中zhì

*회의. 작은(隹) 벼(禾)라는 의미에서 '어리다'의 뜻으로 쓰임.

풀이 어리다. 유치하다. ¶稚木
稚氣(치기) 어리고 유치한 기분이나 감정.
稚魚(치어) 알에서 나온 지 얼마 안 되는 어린 물고기.

비 維(바유)

稗 ⑧ 13획 日ハイ 피 패 中bài

*형성. 뜻을 나타내는 부수 '禾(벼 화)'와 음을 나타내는 '卑(낮을 비)'를 합친 글자.

풀이 1. 피. 화본과에 속하는 일년초. 2. 잘다. 작다.

稗官(패관) 옛날에 임금이 민간의 풍속이나 정서를 알려고 떠도는 이야기들을 모아 기록하게 한 벼슬아치.
稗說(패설) 민간에 떠도는 전설적ㆍ교훈적ㆍ세속적인 이야기들.

稟 ⑧ 13획 ❶ 아뢸 품 日ヒン・リン ❷ 곳집 름 中bǐng

풀이 ❶ 1. 아뢰다. 여쭈다. ¶稟議 2. 받다. 명령 등을 받다. 3. 타고난 성품. ❷ 4. 곳집. 5. 녹. 녹미.

稟命(품명) 1) 상관의 명령을 받음. 2) 타고난 성품. 천성(天性).

[禾 9~10획] 稻種稱稼稽稿

稟性(품성) 타고난 성품. 품부(稟賦).
稟議(품의) 웃어른이나 상관에게 여쭈어 의논함.
性稟(성품) 사람의 타고난 성질.

稻 ⑨ 14획
稻(p541)의 俗字

種 ⑨ 14획
씨 종
日 シュ・たね
中 zhǒng, zhòng

`一 二 千 禾 禾 禾 秆 秆 種 種 種`
種種種

* 형성. 뜻을 나타내는 부수 '禾(벼 화)'와 음을 나타내는 '重(무거울 중)'을 합친 글자.

풀이 1. 씨. ¶種子 2. 혈통. 3. 종류. ¶種目 4. 심다. ¶種樹

種類(종류) 물건의 각각 부분을 따라서 나눌 수가 있는 갈래.
種目(종목) 여러 종류의 항목.
種苗(종묘) 씨나 싹을 심어서 모종이나 묘목 등을 가꿈.
種子(종자) 1)씨 또는 씨앗. 2)사람의 혈통이나 자손을 낮추어 이르는 말.
種族(종족) 같은 조상·언어·문화 등을 가지는 사회 집단.

🔁 重(무거울 중)

稱 ⑨ 14획
일컬을 칭
日 ショウ
中 chèn, chēng

`一 二 千 禾 禾 禾 秆 秆 稻`
稻稱稱

* 형성. 뜻을 나타내는 부수 '禾(벼 화)'와 음을 나타내는 부수 이외의 글자를 합친 글자.

풀이 1. 일컫다. 부르다. ¶稱辭 2. 칭찬하다. ¶稱讚 3. 저울질하다. ¶稱量 4. 알맞다. 어울리다. ¶稱意.

稱擧(칭거) 등용함.

稱頌(칭송) 공덕을 칭찬하여 기림. 또는 그 말.
稱讚(칭찬) 좋은 점을 들어 추켜세워 주는 것. 또는 그러한 말.
稱嘆(칭탄) 칭찬하고 감탄함.
稱號(칭호) 사회적으로 부르는 이름.
名稱(명칭) 이름.

🔁 謂(이를 위)

稼 ⑩ 15획
심을 가
日 カ・かせぐ
中 jià

* 형성. 뜻을 나타내는 부수 '禾(벼 화)'와 음을 나타내는 '家(집 가)'를 합친 글자.

풀이 1. 심다. 농사. ¶稼穡
稼動(가동) 사람이나 기계 등이 움직여 일하는 것.
稼穡(가색) 농사.

🔁 植(심을 식) 嫁(시집갈 가)

稽 ⑩ 15획
상고할 계
日 ケイ
中 jī, qǐ

풀이 1. 상고하다. 사물을 탐구하다. ¶稽考. 2. 헤아리다. 셈하다. 3. 머무르다. 4. 머리를 조아리다.

稽留(계류) 머무름. 체류(滯留).
稽顙(계상) 이마가 땅에 닿도록 절함.
稽滯(계체) 머뭇거려 늦어짐.

稿 ⑩ 15획
볏짚 고
日 コウ
中 gǎo

`一 二 千 禾 禾 禾 秆 秆 秆`
稿稿稿稿

* 형성. 뜻을 나타내는 부수 '禾(벼 화)'와 음을 나타내는 '高(높을 고)'를 합친 글자.

풀이 1. 볏짚. 2. 초고. 원고. ¶改稿
寄稿(기고) 신문·잡지 등에 싣기 위하여 원고를 보냄. 또는 그 원고.
原稿(원고) 출판하기 위해 쓴 글.

🔁 槁(마를 고)

槀 ⑩ 15획
稿(p540)와 同字

穀 ⑩ 15획 日コク 中gǔ
곡식 곡

一十十士产声声ቐ穀穀穀

*형성. 뜻을 나타내는 부수 '禾(벼 화)'와 음을 나타내는 부수 이외의 글자를 합친 글자.

풀이 1. 곡식. 곡물. ¶穀價 2. 행복. 복.

穀類(곡류) 쌀·보리·밀 등의 곡식.
穀物(곡물) 곡식.
穀倉(곡창) 1)곡식을 넣어 두는 창고. 2)곡식이 많이 생산되는 곳.
穀土(곡토) 논밭. 곡식이 자라는 땅.
米穀(미곡) 1)쌀. 2)쌀과 갖가지 곡식.
비 殼(껍질 각)

稻 ⑩ 15획 日トウ 中dào
벼 도

一二千禾禾 稻稻稻稻稻

*형성. 뜻을 나타내는 부수 '禾(벼 화)'와 음을 나타내는 '舀(퍼낼 요)'를 합친 글자.

풀이 벼.

稻熱病(도열병) 잎에 암갈색의 반점이 생겨 말라 죽는 병.
동 禾(벼 화)

稶 ⑩ 15획 日イク 中yù
서직무성할욱

풀이 서직(黍稷)이 무성한 모양.

稷 ⑩ 15획 日ショク 中jì
기장 직

풀이 1. 기장. 오곡의 하나. 2. 오곡의 신.
稷神(직신) 곡식의 생장을 관장하는 신.

社稷(사직) 1)토지신과 곡신(穀神). 2)국가 또는 조정.
동 黍(기장 서)

穆 ⑪ 16획 日ボク 中mù
화목할 목

풀이 1. 화목하다. ¶和穆 2. 온화하다. 3. 삼가다. 공경하다. 4. 아름답다.

穆然(목연) 1)고요히 생각하는 모양. 2)삼가고 공경하는 모양.
동 和(화할 화) 睦(화목할 목)

穌 ⑪ 16획 日ソウ 中sū
소생할 소

풀이 소생하다. 살아나다.

穎 ⑪ 16획 日エイ 中yīng
이삭 영

풀이 1. 이삭. 벼이삭. ¶穎果 2. 뾰족한 끝. 3. 빼어나다. 훌륭하다.

穎才(영재) 뛰어난 재주. 또는 그런 재주를 지닌 사람.
비 疑(의심할 의)

積 ⑪ 16획 日セキ・シ 中jī
쌓을 적

一二千禾禾 秆秆秳秳 積積積積

*형성. 뜻을 나타내는 부수 '禾(벼 화)'와 음을 나타내는 '責(꾸짖을 책)'를 합친 글자.

풀이 1. 쌓다. 축적하다. ¶積穀 2. 모으다. 모이다. ¶積金 3. 적. 곱하여 얻은 수.

積極(적극) 사물에 대하여 긍정적으로 생각하여 능동적으로 행함.
積金(적금) 일정 기간 동안 일정 금액을 적립한 다음 정한 만기가 되면 찾기로 약속한 저금.
積善(적선) 선행을 쌓음.

積載(적재) 물건을 쌓아서 실음.
積滯(적체) 쌓인 것이 통로를 막아 잘 통하지 못함.
유 築(쌓을 축) 畜(쌓을 축)

穗 ⑫ 17획 日 スイ
이삭 수 中 suì

풀이 이삭. 벼이삭.
穗狀(수상) 곡식의 이삭과 같은 모양.

穉 ⑫ 17획
稚(p539)와 同字

穡 ⑬ 18획 日 ショク
거둘 색 中 sè

* 형성. 뜻을 나타내는 부수 '禾(벼 화)'와 음을 나타내는 '嗇(아낄 색)'을 합친 글자.

풀이 1. 거두다. 수확하다. 2. 농사. ¶穡事
穡事(색사) 농사.
유 收(거둘 수) 비 牆(담 장)

穢 ⑬ 18획 日 ワイ·アイ·エ
더러울 예 中 huì

풀이 1. 더럽다. 더럽히다. ¶穢氣 2. 거칠다. 거친 땅.
穢氣(예기) 더러운 냄새.
穢慾(예욕) 더러운 욕심.
유 汚(더러울 오)

穩 ⑭ 19획 日 オン
평온할 온 中 wěn

* 형성. 뜻을 나타내는 부수 '禾(벼 화)'와 음을 나타내는 부수 이외의 글자를 합친 글자.

풀이 평온하다. 안온하다. ¶穩健
穩健(온건) 생각이나 행동이 이치에 맞고 건실함.
穩當(온당) 사리에 벗어나지 않고 알맞음.

비 隱(숨길 은)

穫 ⑭ 19획 日 カク
벼 벨 확 中 huò, hù

二 十 禾 穫

* 형성. 뜻을 나타내는 부수 '禾(벼 화)'와 음을 나타내며 '새를 잡아들이다'의 의미를 지닌 '蒦(확)' 합친 글자. 이에 벼를 거두어들인다'의 뜻으로 쓰임.

풀이 1. 벼를 베다. ¶穫刈 2. 곡식을 거두어들이다. ¶收穫

收穫(수확) 1)익은 농작물을 거두어들임. 또는 거둔 것. 2)어떤 일을 해서 얻은 성과.

비 獲(얻을 획) 護(보호할 호)

穰 ⑰ 22획 日 ジョウ
볏대 양 中 ráng

* 형성. 뜻을 나타내는 부수 '禾(벼 화)'와 음을 나타내는 '襄(도울 양)'을 합친 글자.

풀이 1. 볏대. 수숫대. 2. 풍년. ¶穰歲 3. 풍요한 모양.
穰歲(양세) 곡식이 잘 익은 해. 풍년.
비 讓(물리칠 양)

穴부

穴 구멍 혈 部

'穴'자는 움집의 모양을 나타내어, '구멍'을 뜻하고 그 의미가 확대되어 구멍이 있는 모든 굴을 나타내기도 한다. 이 글자를 부수로 갖는 글자는 일반적으로 구멍이나 굴과 관련된 뜻을 가진다.

穴 ⓪ 5획 日 ケツ·あな
구멍 혈 中 xué

[穴 2~4획] 究 空 穹 穸 突

丶丶宀宀宍

*상형. 구덩이를 파고 그 위에 풀로 지붕을 덮은 움집의 모양을 본뜬 글자.

풀이 1. 구멍. 굴. 2. 구덩이. 움. ¶穴居
穴窺(혈규) 구멍 또는 동굴.
墓穴(묘혈) 무덤의 구덩이.

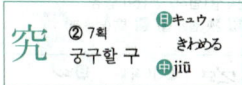

究 ② 7획
궁구할 구
日 キュウ／きわめる
中 jiū

丶丶宀宀宂究究

*형성. 뜻을 나타내는 부수 '穴(구멍 혈)'과 음을 나타내는 '九(아홉 구)'를 합친 글자.

풀이 1. 궁구하다. 연구하다. ¶究明 2. 다하다. 끝나다. ¶究極
究極(구극) 극도에 달함.
究明(구명) 원인이나 사리를 연구하여 따져 밝힘.
講究(강구) 좋은 방책을 찾도록 연구하거나 대책을 세움.
研究(연구) 1)어떤 사물을 과학적으로 분석·관찰하는 일. 2)어떤 일에 대하여 깊이 생각하고 사리를 따져 보는 일.
探究(탐구) 진리나 학문 등을 깊이 연구함.

空 ③ 8획
빌 공
日 クウ・あく・そら・から
中 kōng, kòng

丶丶宀宀宁空空

*형성. 뜻을 나타내는 부수 '穴(구멍 혈)'과 음을 나타내는 '工(장인 공)'을 합친 글자.

풀이 1. 비다. 아무것도 없다. ¶空席 2. 하늘. 공간. ¶空間 3. 헛되다. 쓸데없다.
空間(공간) 아무것도 없는 빈 곳.
空氣(공기) 지구 표면을 둘러싼 무색투명한 기체.
空論(공론) 근거가 없는 헛된 의론
空腹(공복) 빈속.
空想(공상) 이루어질 수 없는 헛된 생각.
空席(공석) 비어 있는 자리.
空前絶後(공전절후) 뛰어나거나 독특하여 비교할 만한 것이 이전에도 없고 이후에도 없음.
空中(공중) 하늘.
空致辭(공치사) 빈말로 하는 칭찬.
空虛(공허) 속이 텅 빔. 아무것도 없음.
图 虛(빌 허)

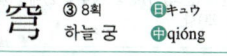

穹 ③ 8획
하늘 궁
日 キュウ
中 qióng

*형성. 뜻을 나타내는 부수 '穴(구멍 혈)'과 음을 나타내는 '弓(활 궁)'을 합친 글자.

풀이 1. 하늘. 2. 활꼴. 궁륭(穹窿). 3. 높다.
穹谷(궁곡) 1)깊은 골짜기. 2)인적이 드문 텅 빈 골짜기.
穹窿(궁륭) 활이나 무지개같이 높고 길게 굽은 형상.
穹蒼(궁창) 푸른 하늘.

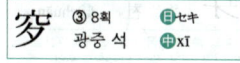

穸 ③ 8획
광중 석
日 セキ
中 xī

풀이 광중. 무덤의 구덩이.

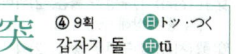

突 ④ 9획
갑자기 돌
日 トツ・つく
中 tū

丶丶宀宀宂宍突突

*회의. 개(犬)가 구멍(穴)에서 뛰어나오는 것을 나타내어, '갑자기'의 뜻으로 쓰임.

풀이 1. 갑자기. 갑작스럽다. ¶突變 2. 부딪치다. 3. 튀어나오다. 내밀다. 4. 굴뚝.
突擊(돌격) 1)돌진하여 공격함. 2)불시에 습격함.
突變(돌변) 갑작스럽게 달라짐.
突然(돌연) 갑자기. 별안간.

5획

544 [穴 4~6획] 窀窃窉穿窈窄窆窕窒窓

突戰(돌전) 돌진하여 싸움.
突進(돌진) 거침없이 나아감.
突出(돌출) 1)갑자기 불쑥 나옴. 2)쑥 불거져 나온 모양.
突破(돌파) 1)뚫고 나감. 2)어떤 표준 정도를 깨뜨려 넘음.

窀 ④ 9획 日トン
광중 둔 中zhūn

풀이 광중. 무덤의 구덩이.
窀穸(둔석) 1)광중(壙中). 2)매장(埋葬)함.

窃 ④ 9획
竊(p546)의 俗字

窉 ④ 9획 日テイ
허방다리 정 中jǐng

풀이 허방다리. 함정.

穿 ④ 9획 日セン
뚫을 천 中chuān

* 회의. 쥐가 어금니(牙)로 구멍(穴)을 뚫는 것을 나타내어, '뚫다'의 뜻으로 쓰임.

풀이 뚫다. 꿰뚫다. ¶穿孔
穿孔(천공) 1)구멍을 뚫음. 2)위벽·복막 등이 상해 구멍이 남.
穿鑿(천착) 1)구멍을 뚫음. 2)학문을 깊이 연구함.
貫穿(관천) 학문에 널리 통함.

窈 ⑤ 10획 日ヨウ
그윽할 요 中yǎo

풀이 1. 그윽하다. 깊고 고요하다. ¶窈冥 2. 얌전하다. 정숙하다. ¶窈窕
窈然(요연) 깊고 그윽한 모양.
窈窕淑女(요조숙녀) 품위 있고 얌전한 여자.

窄 ⑤ 10획 日サク
좁을 착 中zhǎi

* 형성. 뜻을 나타내는 '穴(구멍 혈)'과 음을 나타내는 '乍(언뜻 사)'를 합친 글자.

풀이 좁다. ¶狹窄
窄小(착소) 좁고 작음.
狹窄(협착) 공간이 좁음.
유 狹(좁을 협) 廣(넓을 광)

窆 ⑤ 10획 日ヒン
하관할 폄 中biǎn

풀이 하관(下棺)하다.

窕 ⑥ 11획 日チョウ·ヨ
정숙할 조 中tiǎo

* 형성. 뜻을 나타내는 '穴(구멍 혈)'과 음을 나타내는 '兆(조 조)'를 합친 글자.

풀이 1. 정숙하다. 아리땁다. ¶窈窕 2. 그윽하다. 깊다.
窕窕(조조) 심오(深奧)한 모양.

窒 ⑥ 11획 日チツ
막을 질 中zhì

풀이 1. 막다. 막히다. 통하지 않다. ¶窒塞 2. ᄇ 질소.
窒塞(질색) 싫어하거나 몹시 꺼림.
窒素(질소) 비금속 원소의 한 가지.
窒息(질식) 산소가 부족하거나 숨통이 막혀 숨을 쉴 수 없게 됨.
유 塞(막을 색) 滯(막힐 체)

窓 ⑥ 11획 日ソウ·まど
창 창 中chuāng

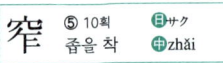

* 형성. 뜻을 나타내는 부수 '穴(구멍 혈)'과 음을 나타내는 '悤(바쁠 총)'의 생략형을 합친 글자.

풀이 창. 창문. ¶窓門

[穴 7~10획] 窖窘窓窟窪窩窬窮窯

窓口(창구) 사무실에서 바깥 손님을 상대하여 문서나 돈 등을 받거나 내주기 위해 만든 작은 창문.
窓門(창문) 공기나 빛이 통하도록 벽이나 지붕에 만들어 놓은 작은 문.
同窓(동창) 같은 학교에서 공부를 한 사이.

窖 ⑦ 12획 日 コウ 움 교 中 jiào

풀이 움. 땅속에 있는 광.
窖藏(교장) 움에 저장함.

窘 ⑦ 12획 日 クン・グン 막힐 군 中 jiǒng

*형성. 뜻을 나타내는 부수 穴(구멍 혈)과 음을 나타내는 君(임금 군)을 합친 글자.
풀이 1. 막히다. ¶窘束 2. 가난하다. 곤궁하다. ¶窘塞
窘塞(군색) 1)생활의 형편이 넉넉치 못하여 어려움. 2)일이 뜻대로 되지 않아 힘들고 답답함.

窓 ⑦ 12획
窗(p544)의 本字

窟 ⑧ 13획 日 クツ 굴 굴 中 kū

*형성. 뜻을 나타내는 부수 穴(구멍 혈)과 음을 나타내는 屈(굽을 굴)을 합친 글자.
풀이 1. 굴. 동굴. ¶窟穴 2. 움. 움집.
窟穴(굴혈) 1)굴속. 2)도적. 악인 등의 소굴.
洞窟(동굴) 깊고 넓은 굴.
비 屈(굽을 굴)

窪 ⑨ 14획 日 ワ 웅덩이 와 中 wā

풀이 1. 웅덩이. ¶窪地 2. 우묵하다.
窪地(와지) 움푹 패여 웅덩이가 된 땅.

窩 ⑨ 14획 日 ワ 움집 와 中 wō

*형성. 뜻을 나타내는 부수 穴(구멍 혈)과 음을 나타내는 咼(입 비뚤어질 와)를 합친 글자.
풀이 1. 움집. 2. 굴.
窩窟(와굴) 도둑의 소굴.
窩中(와중) 굴 속.

窬 ⑨ 14획 日 그 협문 유·두 中 yú

풀이 협문. 정문 옆으로 나 있는 작은 문.

窮 ⑩ 15획 日 キュウ 다할 궁 中 qióng

丶宀宀宀宀宁穸穸
窮窮窮窮

*형성. 뜻을 나타내는 부수 穴(구멍 혈)과 음을 나타내는 躬(몸 궁)을 합친 글자.
풀이 1. 다하다. 끝나다. ¶窮心 2. 막히다. 궁지에 빠지다. 3. 궁구하다.
窮究(궁구) 깊이 연구함.
窮極(궁극) 어떤 과정의 마지막이나 끝.
窮理(궁리) 이리저리 따져 깊이 생각하거나 연구함.
窮僻(궁벽) 후미지고 으슥함.
窮餘之策(궁여지책) 곤궁한 나머지 생각해낸 꾀.
窮地(궁지) 어떤 일에 있어 어찌할 수 없는 곤란한 지경.
窮乏(궁핍) 몹시 가난하고 궁함.
유 極(다할 극)

窯 ⑩ 15획 日 ヨウ・かま 가마 요 中 yáo

[穴 11~17획] 窺寠窓窿窾竄竆竇竈竊

풀이 1. 가마. 기와 또는 그릇을 굽는 가마. 2. 오지그릇. 질흙을 빚어 만든 그릇.

窯業(요업) 가마에서 찰흙 등을 구워 사기·벽돌·기와 등을 만드는 공업.

窺 ⑪ 16획
- 日 キ
- 엿볼 규
- 中 kuī

* 형성. 뜻을 나타내는 부수 '穴(구멍 혈)'과 음을 나타내는 '規(법규 규)'를 합친 글자.

풀이 엿보다. 보다.

窺見(규견) 엿봄.
窺伺(규사) 기회를 엿봄.

유 偵(정탐할 정)

寠 ⑪ 16획
- 日 ク·ロウ
- ❶ 높고 좁은 땅 루(누)
- 中 lóu, jù
- ❷ 가난할 구

풀이 ❶ 1. 높고 좁은 땅. ❷ 2. 가난하다. ¶寠困

寠困(구곤) 가난하여 곤란해함.
寠藪(수수) 짐을 일 때에 머리 위에 얹어 짐을 받치는 고리 모양의 물건.

窓 ⑪ 16획
窗(p544)과 同字

窿 ⑫ 17획
- 日 リュウ
- 활꼴 륭
- 中 lóng

풀이 활꼴. 하늘이 활 모양으로 둥글게 휘어진 모양.

비 隆(클 륭)

窾 ⑬ 18획
- 日 キョウ
- 구멍 규
- 中 qiào

풀이 1. 구멍. 2. 구멍을 뚫다.

窾如七星(규여칠성) 집 여기저기가 낡아 구멍이 뚫려서 빛이 그곳으로부터 들어오는 모양을 이르는 말.

竄 ⑬ 18획
- 日 ザン
- 숨을 찬
- 中 cuàn

* 회의. 쥐(鼠)가 구멍(穴)으로 달아난다는 데에서 숨다, 달아나다 뜻으로 쓰임.

풀이 1. 숨다. ¶竄匿 2. 달아나다. 도망하다. ¶竄入 3. 숨기다. 4. 내치다. 귀양 보내다. 5. 고치다.

竄匿(찬닉) 도망하여 숨음.
竄配(찬배) 죄인을 섬이나 지방으로 귀양 보내고 감시하던 형벌.
竄黜(찬출) 죄인의 벼슬을 빼앗고 멀리 귀양 보냄.

비 鼠(쥐 서)

竆 ⑭ 19획
窮(p545)의 本字

竇 ⑮ 20획
- 日 トウ
- 구멍 두
- 中 dòu

풀이 1. 구멍. 2. 움. 땅을 파서 만든 광. 3. 협문. 담을 뚫어 만든 입구.

竇窖(두교) 움. 굴.

竈 ⑯ 21획
- 日 ソウ
- 부엌 조
- 中 zào

풀이 1. 부엌. 2. 조왕. 부엌을 맡은 신.

竈王神(조왕신) 부엌을 맡은 신.

유 廚(부엌 주) 庖(부엌 포)

竊 ⑰ 22획
- 日 セツ
- 훔칠 절
- 中 qiè

丶宀宀宀宀宀宀宀宀宀
竊竊竊竊竊竊竊竊竊

* 회의. 짐승(禼)이 창고 구멍(穴)에서 곡식(米)을 훔쳐 먹는 모양을 나타내어, '훔치다'의 뜻으로 쓰임.

[立 0~5획] 立妙竜竝竚站   547

풀이 1. 훔치다. ¶竊取 **2.** 몰래. ¶竊笑
竊盜(절도) 다른 사람의 재물을 훔침.
剽竊(표절) 남의 작품이나 학설을 몰래 따다 씀.
🔄 盜(훔칠 도)

立부

立 설 립部

'立'자는 사람이 서 있는 모습을 본뜬 글자로 '서다'의 뜻을 나타내며, 입지(立志)에서처럼 '세우다'라는 뜻을 나타내기도 한다. 또한 서 있는 자세가 어떤 행동이든 곧바로 할 수 있는 것을 나타내기 때문에 '곧', '즉시'라는 뜻을 지니기도 한다. 이 글자를 부수로 갖는 글자는 대체로 사람이 서 있거나 물체가 세워져 있는 것과 관련이 있다.

立 ⓪ 5획   🇯 リツ・たつ
설 립(입)   🇨 lì

*상형. 사람이 땅 위에 서 있는 모습을 본뜬 글자.

풀이 1. 서다. 똑바로 서다. ¶立席 **2.** 세우다. 건립하다. **3.** 바로. 곧.
立脚(입각) 근거를 두어 그 입장에 섬.
立法(입법) 법을 제정함.
立席(입석) 서는 자리.
立身(입신) 사회적으로 인정을 받아 제 구실을 할 수 있게 됨. 출세함.
立案(입안) 1)안(案)을 세움. 2)초안을 잡음.
立場(입장) 처한 상황. 처지(處地).
立體(입체) 길이·두께·넓이를 갖춘 물체.
立憲(입헌) 헌법을 제정함.
獨立(독립) 다른 것에 부속하거나 기대지 않음.

成立(성립) 이루어짐.
🔄 坐(앉을 좌)

妙 ④ 9획
妙(p167)와 同字

竜 ⑤ 10획
龍(p859)의 古字

竝 ⑤ 10획   🇯 ヘイ・ならべる
아우를 병   🇨 bìng, bàng, bàn

丶 亠 ナ ナ 立 立 竝 竝 竝

*회의. '立(설 립)'을 두 개 겹쳐 써서 나란히 서다'의 의미를 나타냄.

풀이 1. 아우르다. 합하다. ¶竝記 **2.** 나란히 하다. 가지런하다.
竝擧(병거) 어떤 사실이나 보기를 들어 말할 때 두 가지 이상을 아울러 듦.
竝列(병렬) 줄을 섬. 나란히 늘어섬.
竝立(병립) 나란히 섬.
竝呑(병탄) 1)함께 삼킴. 2)남의 나라를 병합하여 제 나라로 삼음.
竝行(병행) 1)나란히 감. 2)두 가지 일을 한꺼번에 행함.
🔄 併(아우를 병) 幷(아우를 병)

竚 ⑤ 10획
佇(p29)와 同字

站 ⑤ 10획   🇯 セン
우두커니설참   🇨 zhàn

풀이 1. 우두커니 서다. ¶站立 **2.** 역마을. ¶站路
站立(참립) 우두커니 한참을 서 있음.
驛站(역참) 조선 시대에 역마를 갈아

타던 곳.

竟 ⑥ 11획 [日]キョウ·さかい
다할 경 [中]jìng

* 회의. 사람[儿]이 음악[音]을 연주하다가 그 곡을 끝마쳤음을 나타내어, '다하다', '끝나다'라는 뜻으로 쓰임.

[풀이] 1. 다하다. 끝나다. 2. 마침내. ¶畢竟

竟夜(경야) 밤새도록.

畢竟(필경) 마침내. 결국에는.

[유] 境(지경 경) [비] 章(글 장)

章 ⑥ 11획 [日]ショウ
글 장 [中]zhāng

[풀이] 1. 글. 문장. ¶章句 2. 장. 악곡이나 시가의 단락. 3. 도장. ¶圖章 4. 법. 규칙.

章句(장구) 글의 장과 구. 문장의 단락.

章牘(장독) 문서·책·편지 등의 총칭.

章程(장정) 여럿 조목으로 나누어 정한 규정.

文章(문장) 구절을 모아서 한 문제를 논술한 글의 한 편.

腕章(완장) 팔에 차는 띠.

指章(지장) 손도장.

[비] 竟(지경 경)

童 ⑦ 12획 [日]ドウ
아이 동 [中]tóng

* 형성. 뜻을 나타내는 부수 '立(설 립)'과 음을 나타내는 '重(무거울 중)'의 생략형을 합친 글자.

[풀이] 1. 아이. ¶童男 2. 어리석다. ¶童昏 3. 벗겨지다. ㉠민둥민둥함. ㉡머리털이 없음.

童心(동심) 어린이의 마음이나 어린이와 같은 순진한 마음.

童顔(동안) 나이든 사람의 어려 보이는 얼굴.

童謠(동요) 아이들을 위하여 동심(童心)에 어울리는 말로 표현한 노래.

童貞(동정) 이성과 한 번도 접촉을 하지 않는 일. 또는 그 사람.

童話(동화) 어린이를 위하여 지은 재미있고 교훈적인 이야기.

[유] 兒(아이 아)

竢 ⑦ 12획
俟(p36)와 同字

竦 ⑦ 12획 [日]ソウ
공경할 송 [中]sǒng

* 형성. 뜻을 나타내는 부수 '立(설 립)'과 음을 나타내는 '束(묶을 속)'을 합친 글자.

[풀이] 1. 공경하다. 2. 두려워하다.

竦慕(송모) 공경하고 사모함.

竦然(송연) 무서워서 몸을 움츠리는 모양.

竣 ⑦ 12획 [日]シュン
마칠 준 [中]jùn

[풀이] 마치다. 끝내다.

竣工(준공) 공역을 다 마침.

竣役(준역) 소임을 마침.

[비] 埈(가파를 준)

竪 ⑧ 13획
豎(p705)의 俗字

竭 ⑨ 14획 [日]ケツ
다할 갈 [中]jié

* 형성. 뜻을 나타내는 부수 '立(설 립)'과 음을 나타내는 '曷(어찌 갈)'을 합친 글자.

[풀이] 1. 다하다. 다 쓰다. ¶竭力 2. 물이 마르다.

竭盡(갈진) 다하여 모두 없어짐.
竭澤而魚(갈택이어) 연못을 말려 고기를 얻는다는 뜻으로, 눈앞의 이익만을 추구하여 먼 장래는 생각하지 않음을 이르는 말.
비 曷(어찌 갈)

端 ⑨ 14획 日タン 바를 단 ⊕duān

` ` ` ` ` ` ` ` ` ` ` ` ` 端 端 端

* 형성. 뜻을 나타내는 부수 '立(설 립)'과 음을 나타내는 '耑(끝 단)'을 합친 글자.

풀이 1. 바르다. ¶端正 2. 실마리. ¶端緖 3. 끝. 끄트머리. 4. 근본.
端緖(단서) 실마리.
端雅(단아) 단정하고 온아(溫雅)함.
端午(단오) 음력 5월 5일. 수릿날.
端正(단정) 얌전하고 바름.
端志(단지) 바른 뜻.
末端(말단) 끝.

유 正(바를 정) 비 瑞(상서로울 서)

競 ⑮ 20획 日キョウ・ケイ 다툴 경 ⊕jìng

` ` ` ` ` ` ` ` ` ` 竞 竞 竞 竞 競 競 競

* 상형. 두 사람이 나란히 달리는 모습을 본떠 '겨루다', '다투다'의 뜻을 나타낸 글자.

풀이 다투다. 겨루다. 경쟁하다. ¶競技
競技(경기) 운동으로 승부를 겨루거나 기술의 우열을 겨루는 일.
競馬(경마) 말을 타고 경주하는 일.
競演(경연) 예술이나 기능 등을 발표하여 실력을 겨루는 일.
競爭(경쟁) 서로 이기거나 앞서려고 다툼.
競走(경주) 빨리 달리기를 겨루는 일.
競津(경진) 앞을 다투어 달리는 곳.
비 兢(삼갈 긍)

竹부

竹(⺮) 대 죽 部

'竹' 자는 양 가지를 아래로 늘어뜨린 대나무의 모양을 나타낸 것으로 '대나무'를 뜻한다. 이 글자가 다른 글자와 합쳐질 때 항상 글자의 위에 사용되기 때문에 '대죽머리'라는 부수 명칭으로 불리기도 한다. 이 글자를 부수로 갖는 글자는 대체로 대나무나 대나무로 만들어진 물건과 관련이 있다.

竹
⓪6획 대 죽 [日]チク·たけ [中]zhú

ノ 𠂉 ⺈ 𥫗 竹

* 상형. 대나무 가지와 잎이 늘어진 모양을 본뜬 글자.

[풀이] 1. 대. 대나무. ¶竹刀 2. 피리.

竹簡(죽간) 옛날 종이를 사용하기 전에 글을 쓰던 대쪽.

竹刀(죽도) 대로 만든 칼. 대칼.

竹林(죽림) 대나무 숲.

竹馬故友(죽마고우) 어릴 때부터 죽마를 타고 같이 놀며 자란 오랜 벗.

竹夫人(죽부인) 대오리를 길고 둥글게 엮어서, 여름에 끼고 자는 것.

竹筍(죽순) 대의 어린 싹.

竹杖(죽장) 대로 만든 지팡이.

竹筒(죽통) 굵은 대나무로 만들어 술이나 물을 담는 통.

竺
②8획 나라 이름 축 [日]ジク [中]zhú

[풀이] 나라 이름. 천축(天竺). 인도의 옛 이름.

竺經(축경) 불경(佛經)의 다른 이름.

天竺(천축) 중국에서 부르던 인도의 옛 이름.

竿
③9획 장대 간 [日]カン [中]gān

* 형성. 뜻을 나타내는 부수 '竹(대 죽)'과 음을 나타내는 '干(방패 간)'을 합친 글자. 대나무(竹)의 줄기(干)로 만든 '장대'를 나타냄.

[풀이] 장대. ¶竿頭

竿頭(간두) 장대나 막대 등의 끝.

[비] 竽(피리 우)

竽
③9획 피리 우 [日]ウ·ふえ [中]yú

[풀이] 피리.

竽籟(우뢰) 피리.

[유] 笛(피리 적) [비] 竿(장대 간)

笈
④10획 책 상자 급 [日]キュウ [中]jí

[풀이] 책 상자. 대로 엮어 짊어지고 다니는 책 상자.

笑
④10획 웃을 소 [日]ショウ·わらう [中]xiào

ノ 𠂉 ⺈ 𥫗 ⺮ 竺 笑

* 형성. 뜻을 나타내는 '竹(대 죽)'과 음을 나타내는 '夭(어릴 요)'를 합친 글자.

[풀이] 웃다. 웃음. ¶笑談

笑談(소담) 웃으며 이야기함.

笑言(소언) 웃으면서 말을 함.

笑中之刀(소중지도) 웃음 속에 칼이 있다는 뜻으로, 온화한 표정 속에 음흉한 생각을 갖고 있음을 이르는 말.

嘲笑(조소) 비웃음.

笆
④10획 가시대 파 [日]ハ [中]bā

[풀이] 1. 가시대. 가시가 난 대나무. 2. 대울타리.

笆籬(파리) 대나무 울타리.
비 芭(파초 파)

笏 ④ 10획 日コツ・シャク 홀 홀 中hù

* 형성. 뜻을 나타내는 부수 '竹(대 죽)'과 음을 나타내는 '勿(말 물)'을 합친 글자.

풀이 홀. 관리들이 임금을 만날 때 손에 쥐던 패.

笏記(홀기) 의식(儀式)의 절차를 적은 글.
비 勿(말 물)

笒 ⑤ 11획 日レイ 종다래끼 령(영) 中líng

풀이 종다래끼. 작은 대바구니.

笒筥(영성) 대바구니.

笠 ⑤ 11획 日リュウ・かさ 삿갓 립(입) 中lì

* 형성. 뜻을 나타내는 부수 '竹(대 죽)'과 음을 나타내는 '立(설 립)'을 합친 글자.

풀이 삿갓.

笠上頂笠(입상정립) 삿갓 위에 또 삿갓을 쓴다는 뜻으로, 불필요한 물건을 비유하는 말.

笠纓(입영) 갓끈.
참 簦(삿갓 대)

符 ⑤ 11획 日フ 부신 부 中fú

丿 亠 ㅗ ㅗ ㅗ 竹 竹 竺 符 符 符

* 형성. 뜻을 나타내는 부수 '竹(대 죽)'과 음을 나타내는 '付(줄 부)'를 합친 글자.

풀이 1. 부신(符信). ¶符節 2. 증거. 3. 예언서. 4. 부적. 5. 들어맞다. ¶符合

符信(부신) 글을 적고 도장을 찍은 나뭇조각을 둘로 나누어 각자 지니고 있다가 뒷날에 서로 맞춰서 증거로 삼는 물건.

符籍(부적) 악귀나 잡신을 쫓고 재앙을 물리치기 위해 붉은 글씨로 그려서 몸에 지니거나 벽에 붙이는 종이.

符合(부합) 꼭 들어맞음.

符號(부호) 1)기호(記號). 2)양수 또는 음수임을 표시하는 기호.

相符(상부) 서로 들어맞음.
비 付(줄 부)

笨 ⑤ 11획 日ホン 거칠 분 中bèn

풀이 칠다. 조잡하다.

笨俗(분속) 거칠고 속됨.

笙 ⑤ 11획 日ショウ 생황 생 中shēng

풀이 생황(笙簧). 관악기의 한 가지.

笙簧(생황) 아악 연주에 쓰이는 관악기의 하나.

笹 ⑤ 11획 가는 대 세

풀이 가는 대.

笛 ⑤ 11획 日テキ・ふえ 피리 적 中dí

* 형성. 뜻을 나타내는 부수 '竹(대 죽)'과 음을 나타내는 '由(말미암을 유)'를 합친 글자.

풀이 피리.

笛伶(적령) 피리를 부는 악사(樂士).

笛聲(적성) 피리 소리.
동 簫(피리 약)

第 ⑤ 11획 日ダイ 차례 제 中dì

丿 亠 ㅗ ㅗ ㅗ 竹 竹 竺 笃 第 第

* 형성. 뜻을 나타내는 부수 '竹(대 죽)'과 음

을 나타내는 '弟(아우 제)'를 합친 글자.
풀이 1. 차례. 순서. ¶第一 2. 집. ¶居第 3. 과거(科擧). ¶落第
第三者(제삼자) 당사자 이외의 사람.
第一(제일) 첫째. 으뜸.
第次(제차) 차례. 순서.
及第(급제) 1)과거(科擧)에 합격함. 2)시험·검사에 합격함.
비 秩(차례 질) 序(차례 서)

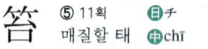

풀이 매질하다. 볼기를 치다.
笞責(태책) 매질하면서 꾸짖음.
笞刑(태형) 볼기를 치는 형벌.
비 答(대답할 답)

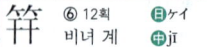

풀이 비녀. 비녀를 꽂다.
笄年(계년) 여자가 비녀를 꽂는 나이. 곧, 15세.

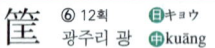

풀이 광주리. ¶筐筥
筐籠(광롱) 대바구니.
筐篋(광협) 직사각형의 넓고 평평한 상자.

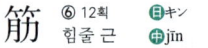

* 회의. 대나무(竹)에 특히 많은, 살(肉) 속의 힘줄(力)을 나타내어, 몸의 '근육', '힘줄'의 뜻으로 쓰임.
풀이 1. 힘줄. 근육. 2. 힘. 체력.
筋骨(근골) 1)힘줄과 뼈. 2)체력. 신체.
筋力(근력) 근육의 힘. 체력.
筋肉(근육) 몸의 연한 부분을 이루고 있는 힘줄과 살.

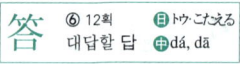

* 형성. 뜻을 나타내는 부수 '竹(대 죽)'과 음을 나타내는 '合(합할 합)'을 합친 글자.
풀이 1. 대답하다. ¶答信 2. 갚다. 보답하다. ¶答禮 3. 답. 대답.
答禮(답례) 남에게 받은 예를 다시 갚는 일.
答信(답신) 답장.
答案(답안) 문제에 대한 대답.
問答(문답) 묻고 답함.
반 問(물을 문)

等 ⑥ 12획 日トウ・など 등급 등 中děng

' ' ' ⺮ ⺮ ⺮ ⺮ 竺 竺 笌 笌 笌 等 等

* 회의. 관청(寺)에서 쓰는 서류를 대쪽(竹)에 가지런히 정리하는 것을 나타내어 가지런하다의 뜻으로 쓰임.
풀이 1. 등급. ¶等級 2. 같다. 가지런하다. ¶等高 3. 무리. 4. 기다리다. 5. 들. 등. 접미사.
等級(등급) 계급.
等等(등등) 여럿을 말할 때 그 끝에 같은 것이 여러 가지임을 나타내는 말.
等分(등분) 똑같은 분량으로 나눔. 또는 그 분량.
等數(등수) 차례를 매긴 번호.
等外(등외) 등급 밖의 차례.
等閒(등한) 소홀함. 마음에 두지 않음.
等號(등호) 수(數)나 식(式)이 서로 같음을 나타내는 부호.

筏 ⑥ 12획 日バツ 뗏목 벌 中fá

[竹 6~7획] 筏筬筍筌策筑筒筆筧筠

筏 ⑥ 12획 日セイ 中chéng

풀이 떼. 뗏목.

筏舫(벌방) 뗏목.
🔲 符(부신 부)

筬 ⑥ 12획 日セイ 中chéng

풀이 바디. 베틀에 딸려 있는 기구.

筍 ⑥ 12획 日ジュン 中sǔn

풀이 죽순. ¶筍席

竹筍(죽순) 대의 땅속 줄기에서 나오는 연한 싹.

筌 ⑥ 12획 日セン 中quán

풀이 통발. 물고기를 잡는 기구.

筌蹄(전제) 1)통발과 올가미. 2)목적을 이루기 위한 방법.

策 ⑥ 12획 日サク 中cè, jiā

╱ ╲ ⺮ ⺮ ⺮ ⺮ 竹 竺 竿 笑 筟 筞 策 策

*형성. 뜻을 나타내는 부수 '竹(대 죽)'과 음을 나타내는 '朿(가시 자)'를 합친 글자. 대나무(竹)나 가시나무(朿)로 만든 '채찍'을 나타냄.

풀이 1. 꾀. 계략. ¶策略 2. 채찍. 채찍질하다. ¶策勵 3. 대쪽. 4. 지팡이.

策動(책동) 1)꾀를 부려 몰래 행동함. 2)남으로 하여금 움직이게 부추김.
策略(책략) 어떤 일을 처리하는 꾀와 방법.
策問(책문) 과거 시험에서, 정치에 대한 계책을 물어서 서술하게 하던 과목. 策試(책시).
策定(책정) 계획을 세워 정함.
妙策(묘책) 절묘한 계책.
🔲 鞭(채찍 편)

筑 ⑥ 12획 日チク 中zhú, zhù

풀이 악기 이름. 거문고와 비슷한 현악기.
🔲 築(쌓을 축)

筒 ⑥ 12획 日トウ・つつ 中tǒng

풀이 대통. 쪼개지 않은 대나무로 만든 통.

筆筒(필통) 붓이나 연필을 넣을 수 있는 물건.
🔲 箱(상자 상)

筆 ⑥ 12획 日ヒツ・ふで 中bǐ

╱ ╲ ⺮ ⺮ ⺮ ⺮ 竹 竺 竿 筆 筆 筆

*회의. 대나무(竹) 자루가 달린 붓(聿)을 나타내어, '붓'의 뜻으로 쓰임.

풀이 1. 붓. 2. 쓰다. 3. 필적(筆跡).

筆記(필기) 글씨를 씀.
筆頭(필두) 맨 처음 차례.
筆寫(필사) 복사기 등의 힘을 빌리지 않고 직접 베껴 씀.
筆者(필자) 글이나 글씨를 쓴 사람.
筆致(필치) 1)글씨를 쓰는 솜씨. 2)글의 운치.
筆畫(필획) 글자의 획.

筧 ⑦ 13획 日ケン 中jiǎn

풀이 대 홈통.

筧水(견수) 대 홈통의 물.

筠 ⑦ 13획 日キン 中yún

풀이 1. 대나무. 2. 대나무의 푸른 껍질.

筠籃(균람) 대나무로 만든 바구니.

[비] 均(고를 균)

筮	⑦ 13획 점대 서	[日]ゼイ [中]shì

* 회의. 점치는(巫) 데 쓰이는 대나무(竹)를 나타내어 '점대'의 뜻으로 쓰임.

[풀이] 점대. 점대로 점을 치다.

筮卜(서복) 점대로 점치는 일과 거북의 등껍데기를 불태워서 점치는 일.

筵	⑦ 13획 대자리 연	[日]エン [中]yán

[풀이] 1. 대자리. 대를 엮어 만든 자리. 2. 자리. 좌석.

筵席(연석) 1)대자리. 2)연회석.

[비] 莛(들보 정)

筽	⑦ 13획 버들고리 오[韓]

[풀이] 버들고리. 고리버들의 가지를 결어서 만든 옷상자.

筷	⑦ 13획 젓가락 쾌	[日]カイ [中]kuài

[풀이] 젓가락.

[유] 筯(젓가락 저) 箸(젓가락 저)

箇	⑧ 14획 낱 개	[日]カ·コ [中]gè

* 형성. 뜻을 나타내는 부수 '竹(대 죽)'과 음을 나타내는 '固(굳을 고)'를 합친 글자.

[풀이] 낱. 개. 물건을 세는 단위.

[유] 個(낱 개)

箝	⑧ 14획 끼울 겸	[日]カン [中]qián

[풀이] 1. 끼우다. 2. 재갈을 물리다.

箝口(겸구) 1)입에 재갈을 물림. 함구(緘口). 2)언론의 자유를 빼앗음.

箜	⑧ 14획 공후 공	[日]ク·コウ [中]kōng

[풀이] 공후(箜篌). 현악기의 한 가지.

管	⑧ 14획 피리 관	[日]カン·くだ [中]guǎn

* 형성. 뜻을 나타내는 부수 '竹(대 죽)'과 음을 나타내는 '官(벼슬 관)'을 합친 글자.

[풀이] 1. 피리. 관악기의 총칭. ¶管響 2. 대롱관. ¶管蠡 3. 맡다. 관리하다.

管鍵(관건) 열쇠.

管見(관견) 대롱을 통해 본다는 뜻으로, 식견이 좁음을 이르는 말.

管理(관리) 일을 맡아 처리함. 또는 그러한 사람.

管鮑之交(관포지교) 관중(管仲)과 포숙아(鮑叔牙) 같은 사귐이라는 뜻으로, 절친한 친구 사이의 사귐을 이르는 말.

管轄(관할) 권한을 가지고 지배함. 또는 그 지배가 미치는 범위.

[유] 笛(피리 적) 筦(피리 관)

箕	⑧ 14획 키 기	[日]キ [中]jī

* 형성. 뜻을 나타내는 부수 '竹(대 죽)'과 음을 나타내는 '其(그 기)'를 합친 글자. '其'는 키의 모양을 본뜬 상형자이므로, 대나무(竹)를 엮어 만든 키(其)를 나타냄.

[풀이] 1. 키. 곡식을 까부르는 데 쓰는 기구. ¶箕裘 2. 쓰레받기.

箕子(기자) 고조선 시대에 기자 조선의 시조.

箕帚(기추) 1)쓰레받기와 비. 2)아내가 되어 남편을 섬김.

[비] 其(그 기)

箔 ⑧ 14획 ❘ 日ハク ❘ 中bó
발 박

풀이 1. 발. 대오리로 엮어 만든 발. 2. 잠박(蠶箔). 누에 채반. 3. 얇은 금속 조각.

金箔(금박) 금을 두들겨 아주 얇게 늘인 것.

箙 ⑧ 14획 ❘ 日フク ❘ 中fú
전동 복

풀이 전동. 화살을 넣는 통.

算 ⑧ 14획 ❘ 日サン ❘ 中suàn
셀 산

⺮⺮⺮⺮笁笁箕筲算算算

* 회의. 대나무(竹)로 된 산가지를 갖추어(具) 헤아려 세는 것을 나타내어, '세다'의 뜻으로 쓰임.

풀이 1. 세다. 계산하다. 2. 산가지. 옛날, 셈을 할 때 쓰던 물건. ¶算子 3. 슬기, 지혜. 4. 셈. 계산. ¶算術

算數(산수) 수나 도형의 기초 원리 및 법칙을 가르치는 수학.
暗算(암산) 연필이나 주판 등을 쓰지 않고 마음속으로 하는 셈.
豫算(예산) 국가나 단체에서 수입과 지출을 미리 셈하여 정한 계획.
打算(타산) 이해관계를 따져 봄.
🔁 數(셀 수)

箏 ⑧ 14획 ❘ 日ソウ ❘ 中zhēng
쟁 쟁

풀이 쟁. 거문고와 비슷한 현악기.
🔁 爭(다툴 쟁)

箋 ⑧ 14획 ❘ 日セン ❘ 中jiān
주해 전

풀이 1. 주해. 주석. 2. 글. 문서. 3. 쪽지. 쪽지.

箋注(전주) 본문을 풀이한 글.
處方箋(처방전) 의사가 환자에게 주는, 약 이름과 조제 방법 등의 내용을 적은 종이.

箚 ⑧ 14획 ❘ 日サ ❘ 中zhā, zhá
차자 차

풀이 1. 차자(箚子). 상소문. ¶箚子 2. 찌르다.

箚子(차자) 1) 간단한 서식의 상소문. 2) 상관이 아랫사람에게 보내는 공문서.

箠 ⑧ 14획 ❘ 日スイ ❘ 中chuí
채찍 추

풀이 채찍. 채찍질하다.

箠策(추책) 채찍.
🔁 策(채찍 책)

範 ⑨ 15획 ❘ 日ハン ❘ 中fàn
법 범

⺮⺮⺮⺮笁笁箯箯範範

* 형성. 뜻을 나타내는 '車(수레 거)'와 음을 나타내는 '氾(법 범)'의 생략형을 합친 글자.

풀이 1. 법. 본보기. ¶規範 2. 한계. 구획.
範軌(범궤) 규범. 규칙.
範圍(범위) 한정된 구역의 언저리. 테두리.
範疇(범주) 같은 성질을 가진 부류나 범위.
規範(규범) 법. 법칙.
🔁 度(법도 도) 典(법 전) 法(법 법)

箱 ⑨ 15획 ❘ 日ソウ·はこ ❘ 中xiāng
상자 상

* 형성. 뜻을 나타내는 부수 '竹(대 죽)'과 음을 나타내는 '相(서로 상)'을 합친 글자.

556 [竹 9획] 箋箴箸篆箭節篇

풀이 상자.
箱子(상자) 대나무나 종이 등으로 만든 네모난 그릇.
참 函(함 함)

箋 ⑨ 15획 사람 이름 식 ⓗ

풀이 사람 이름.

箴 ⑨ 15획 바늘 잠 ⑪zhēn 日サン・ザン

* 형성. 뜻을 나타내는 부수 '竹(대 죽)'과 음을 나타내는 '咸(다 함)'을 합친 글자.

풀이 1. 바늘. 침(針). 2. 잠. 3. 경계하는 뜻의 글. 4. 경계하다.
箴石(잠석) 돌로 만든 침. 옛날 의료 기구의 한 가지.
箴言(잠언) 교훈적인 내용의 짧은 말.

箸 ⑨ 15획 젓가락 저 ⑪zhù 日チョ

풀이 젓가락.
匙箸(시저) 숟가락과 젓가락.
참 筋(젓가락 저) 筴(젓가락 저) 비 著(분명할 저)

篆 ⑨ 15획 전자 전 ⑪zhuàn 日シン

풀이 전자(篆字). 고대 한자의 한 체(體).
篆刻(전각) 1)전자(篆字)로 새김. 또는 그 글자. 2)돌·나무·옥 등에 인장을 새김.
篆書(전서) 한자 서예에서 획이 가장 복잡하고 곡선이 많은 서체.

箭 ⑨ 15획 화살 전 ⑪jiàn 日テン

* 형성. 뜻을 나타내는 부수 '竹(대 죽)'과 음을 나타내는 '前(앞 전)'을 합친 글자.

풀이 화살. ¶箭羽
箭幹(전간) 화살대.
箭書(전서) 화살대에 매어 전하는 글.
箭馳(전치) 화살같이 달림.

節 ⑨ 15획 마디 절 ⑪jiē, jié 日セツ

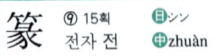

* 형성. 뜻을 나타내는 부수 '竹(대 죽)'과 음을 나타내는 '卽(곧 즉)'을 합친 글자.

풀이 1. 마디. ㉠초목의 마디. ㉡뼈마디. ¶關節. 2. 단락. 3. 음악의 곡조. 가락. 4. 절개. 지조. ¶節槪. 5. 때. 시기. 6. 계절(季節). 7. 부신. 병부. 8. 알맞다. 알맞게 하다. 9. 예절. 10. 명절.
節槪(절개) 의를 지키고 신념 등을 굽히지 않는 충실한 태도. 지조.
節度(절도) 말이나 행동 등의 적당한 정도.
節約(절약) 아껴 씀.
節義(절의) 사람으로서 마땅히 지켜야 할 바른 도리를 지키는 굳은 뜻.
節制(절제) 1)알맞게 조절함. 2)절도와 규율이 있음.
節次(절차) 순서.
季節(계절) 한 해를 날씨에 따라 나눈 그 한 철.
참 寸(마디 촌)

篇 ⑨ 15획 책 편 ⑪piān 日ヘン

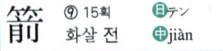

* 형성. 뜻을 나타내는 부수 '竹(대 죽)'과 음을 나타내는 '扁(넓적할 편)'을 합친 글자.

풀이 1. 책. 서적. ¶篇卷 2. 편. 시문(詩文)을 세는 단위.

[竹 9~10획] 篋篁篌篙篝篤篚篦篩簑篪篡

玉篇(옥편) 한자 하나하나에 대하여 그 음과 뜻을 차례로 모아 놓은 책.
유 册(책 책) 비 編(엮을 편)

篋 ⑨ 15획 日キョウ 中qiè
상자 협

풀이 상자.
篋衍(협연) 대나무로 만든 상자.
유 箱(상자 상)

篁 ⑨ 15획 日コウ 中huáng
대숲 황

풀이 1. 대숲. 대나무 숲. 2. 대나무.
篁竹(황죽) 대나무 숲.

篌 ⑨ 15획 日ゴ 中hóu
공후 후

풀이 공후(箜篌). 현악기의 한 가지.

篙 ⑩ 16획 日コウ 中gāo
상앗대 고

풀이 상앗대. 얕은 물에서 배를 몰 때 쓰는 장대.
篙工(고공) 뱃사공.

篝 ⑩ 16획 日コウ 中gōu
대그릇 구

풀이 1. 대그릇. 2. 모닥불. ¶篝火 3. 배롱. 화로 위에 얹어 옷을 말리는 기구.
篝火(구화) 모닥불.

篤 ⑩ 16획 日トク・あつい 中dǔ
도타울 독

竹竹竺笠笃笃笃篤篤
篤篤篤篤篤

* 형성. 뜻과 음을 나타내는 '竹(대 죽)'과 篤(말 마)를 합친 글자.

풀이 1. 도탑다. 뜻이 깊다. 2. 인정이 많다. ¶篤亮 3. 병이 중하다.
篤信(독신) 신앙이나 신념 등을 깊게 믿음.
篤實(독실) 인정이 두텁고 성실함.
敦篤(돈독) 성실하고 인정이 두터움.
危篤(위독) 병세가 매우 중함.
유 敦(도타울 돈)

篚 ⑩ 16획 日ヒ 中fěi
대광주리 비

풀이 대광주리.

篦 ⑩ 16획 日ヘイ 中pí, bì
참빗 비

풀이 1. 참빗. 2. 빗치개. 3. 통발. 고기를 잡을 때 쓰는 제구.
篦子(비자) 참빗.

篩 ⑩ 16획 日シ 中shāi
체 사

풀이 1. 체. 치거나 거르거나 하는 데 쓰는 기구. 2. 체로 치다.
篩土(사토) 흙을 체로 거름.

簑 ⑩ 16획
蓑(p639)와 同字

篪 ⑩ 16획 日シ 中chí
저 이름 지

풀이 저(笛) 이름. 관악기의 한 가지.

篡 ⑩ 16획 日サン 中cuàn
빼앗을 찬

풀이 빼앗다. 강탈하다. ¶篡奪

簒逆(찬역) 왕위를 빼앗으려고 반역을 일으킴.
簒奪(찬탈) 임금의 자리를 빼앗음.
🔄 奪(빼앗을 탈)

築 ⑩ 16획 日チク·きずく 쌓을 축 中zhù

築築築

*형성. 뜻을 나타내는 '木(나무 목)'과 음을 나타내는 '筑(악기 이름 축)'을 합친 글자.

풀이 1. 쌓다. 성을 쌓다. ¶築臺 2. 집을 짓다. 3. 다지다.
築臺(축대) 쌓아 올린 대.
築造(축조) 제방이나 담을 쌓아 만듦.
構築(구축) 쌓아 올려 만듦.
建築(건축) 흙이나 돌을 이용해 집·다리 등의 건조물을 지음.
增築(증축) 집 등을 더 늘려 지음.

簋 ⑪ 17획 日カイ 궤 궤 中guǐ

풀이 궤. 제기 이름.
簋簠(궤보) 곡식을 담는 제기.

篷 ⑪ 17획 日ホウ 뜸 봉 中péng

풀이 1. 뜸. 대를 엮어 배·수레 등을 덮는 물건. 2. 거룻배. 작은 배.
篷舟(봉주) 1)뜸으로 배를 가림. 또는 그 배. 2)거룻배.
🔄 蓬(쑥 봉)

篠 ⑪ 17획 日ショウ 조릿대 소 中xiǎo

풀이 조릿대. 화살을 만드는 데 쓰이는, 가는 대.

簇 ⑪ 17획 日ソク 무리 족 中cù

풀이 1. 무리. 떼. 2. 모이다.
簇簇(족족) 빽빽히 많이 모인 모양.

簀 ⑪ 17획 日サク 살평상 책 中zé, zhài

풀이 1. 살평상. 대나무 조각으로 바닥을 깐 마루. 2. 대자리. 3. 쌓다.
簀牀(책상) 살평상.

篳 ⑪ 17획 日ヒツ 울타리 필 中bì

풀이 1. 울타리. 2. 사립문. ¶篳門 3. 악기 이름.
篳篥(필률) 피리와 비슷한 악기.
篳門(필문) 사립문. 가난한 집을 이르는 말.
🔄 筆(붓 필)

簡 ⑫ 18획 日カン·ふだ 대쪽 간 中jiǎn

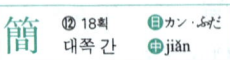
简简简简

*형성. 뜻을 나타내는 부수 '竹(대 죽)'과 음을 나타내는 '間(사이 간)'을 합친 글자.

풀이 1. 대쪽. 2. 글. 책. 문서. ¶簡記 3. 편지. ¶簡書 4. 가리다. 고르다. 5. 간단하다. ¶簡便
簡潔(간결) 간단하고 요령이 있음.
簡單(간단) 간략하고 단출함.
簡略(간략) 불필요한 것을 간추림.
簡易(간이) 간단하고 쉬움. 간편함.
簡擇(간택) 골라 뽑음. 여럿 중에서 뽑음.
簡便(간편) 용법이 간단하고 편리함.
書簡(서간) 편지.
🔄 笘(대쪽 첩) 🔁 間(틈 간)

簣 ⑫ 18획 🇯キ 삼태기 궤 🇨kuì

풀이 삼태기.

簞 ⑫ 18획 🇯タン 대광주리 단 🇨dān

*형성. 뜻을 나타내는 부수 '竹(대 죽)'과 음을 나타내는 '單(홑 단)'을 합친 글자.

풀이 1. 대광주리. 2. 밥그릇. 도시락. ¶簞食

簞食瓢飮(단사표음) 대그릇의 밥과 표주박의 물이란 뜻으로, 청빈한 생활을 이르는 말.

비 單(홑 단)

簠 ⑫ 18획 🇯ホ 제기 이름 보 🇨fǔ

풀이 제기 이름. 벼·기장 등을 담는, 대로 만든 그릇.

簠簋(보궤) 제사 때 벼·기장 등을 담는 그릇.

簪 ⑫ 18획 🇯シン 비녀 잠 🇨zān

풀이 비녀.

簪笏(잠홀) 1)관에 꽂는 비녀와 홀. 2)예복을 입은 벼슬아치.

유 鑱(비녀 비) 笄(비녀 계)

簧 ⑫ 18획 🇯コウ 피리 황 🇨huáng

풀이 피리.

笙簧(생황) 아악에 쓰는 관악기 중의 하나.

簾 ⑬ 19획 🇯レン·すだれ 발 렴(염) 🇨lián

*형성. 뜻을 나타내는 부수 '竹(대 죽)'과 음을 나타내는 '廉(청렴할 렴)'을 합친 글자.

풀이 발. 대·갈대 등으로 엮어 햇빛을 가리는 물건.

簾政(염정) 임금이 어린 나이로 왕위에 오를 때 황태후나 왕비가 임금을 대신하여 정사를 보던 일. 수렴청정(垂簾聽政).

簿 ⑬ 19획 🇯ボ·ハク 장부 부 🇨bù

*형성. 뜻을 나타내는 부수 '竹(대 죽)'과 음을 나타내는 '溥(넓을 부)'를 합친 글자.

풀이 장부. ¶簿錄

簿記(부기) 1)장부에 기록함. 2)자산상의 변동을 적는 방법.

帳簿(장부) 금품의 수입·지출 등을 기록하는 책.

비 薄(엷을 박)

簫 ⑬ 19획 🇯ショウ 퉁소 소 🇨xiāo

풀이 퉁소. 관악기의 한 가지.

簫管(소관) 퉁소와 피리.

비 肅(엄숙할 숙)

簽 ⑬ 19획 🇯セン 쪽지 첨 🇨qiān

풀이 1. 쪽지. ¶簽揭 2. 죽롱(竹籠). 대바구니. 3. 서명하다.

簽揭(첨게) 쪽지를 붙여 표시함.
簽名(첨명) 서명함.

비 僉(다 첨)

簸 ⑬ 19획 🇯ハ 까부를 파 🇨bǒ, bò

[竹 14～17획] 籃籍籌籒籙籠籟籥籤

풀이 까부르다. 키질하다.

簸弄(파롱) 1)희롱하여 장난침. 2)가지고 놂.

籃 ⑭ 20획 日ラン 中lán
바구니 람(남)

풀이 바구니. 대광주리.

籃輿(남여) 대를 엮어 만든 가마.
유 筤(바구니 랑) 筹(바구니 방)

籍 ⑳ 20획 日セキ 中jí
서적 적

ノ ノ ト ト゛ ト゛ト ト゛ト ト゛ト゛ 竹 竹 竹' 竹' 竹'' 竹'' 竹''' 竻
籍 籍 籍 籍 籍 籍

* 형성. 뜻을 나타내는 부수 '竹(대 죽)'과 음을 나타내는 '耤(깔개 적)'을 합친 글자. 깔개처럼 엮은 것을 나타내어 '서적 적'의 뜻으로 쓰임.

풀이 1. 서적. 책. ¶書籍 2. 문서. 장부. 3. 적다. 기록하다.

籍記(적기) 문서로 적음.
國籍(국적) 한 나라의 구성원으로서 가지는 법률상의 자격.
戶籍(호적) 한 집안의 호주와 그 가족들의 본적·성명·생년월일 등을 적은 문서.
비 藉(빙자할 자)

籌 ⑭ 20획 日チュウ 中chóu
산가지 주

풀이 1. 산가지. 2. 세다. 헤아리다. ¶籌商 3. 꾀. 계책.

籌決(주결) 헤아려 정함.
籌算(주산) 주판으로 셈을 함.
籌板(주판) 셈을 하도록 만든 기구.
비 壽(목숨 수)

籒 ⑮ 21획 日ジュウ 中zhòu
주문 주

풀이 주문(籒文). 한자 서체 중의 하나.

籙 ⑯ 22획 日ロク 中lù
비기 록(녹)

풀이 1. 비기(秘記). 2. 책. 3. 예언서.

籙圖(녹도) 1)역사에 관한 책. 2)예언서.

籠 ⑯ 22획 日ロウ 中lóng, lǒng
대그릇 롱(농)

* 형성. 뜻을 나타내는 '竹(대 죽)'과 음을 나타내는 '龍(용 룡)'을 합친 글자.

풀이 1. 대그릇. ¶籠檻 2. 새장. 3. 싸다. 포괄하다. 4. 들어 박히다.

籠括(농괄) 포괄함.
籠絡(농락) 남을 교묘한 방법으로 속여 제 마음대로 이용함.
籠檻(농함) 대로 만든 우리.
유 筲(대그릇 소) 비 龍(가파를 롱)

籟 ⑯ 22획 日ライ 中lài
퉁소 뢰

풀이 1. 퉁소. 구멍이 세 개인 퉁소. 2. 소리. 울림.

籥 ⑰ 23획 日ヤク 中yuè
피리 약

풀이 1. 피리. 2. 열쇠. 3. 잠그다. 자물쇠를 채우다. ¶籥口

籥口(약구) 입을 닫음. 말하지 않음.
유 龠(피리 약)

籤 ⑰ 23획 日セン 中qiān
제비 첨

풀이 1. 제비. 대오리 등으로 만들어 길흉을 점치거나 당첨을 결정하는 심지. 2. 꼬챙이. 3. 찌. 책갈피에 꽂는 쪽지.

抽籤(추첨) 제비를 뽑음.

[竹 19획] 籬籩 [米 0~5획] 米粉粃粋粒

籬 ⑰ 25획 ⑪リ
울타리 리(이) 中lí

* 형성. 뜻을 나타내는 부수 '竹(대 죽)'과 음을 나타내는 '離(떠날 리)'를 합친 글자.

풀이 울타리.

籬門(이문) 울타리의 문.

비 離(떨어질 리)

籩 ⑰ 25획 ⑪ヘン
제기 이름 변 中biān

풀이 제기 이름.

籩豆(변두) 옛날 제사 때 쓰던 그릇.

米부

米 쌀 미 部

'米'자는 벼 열매의 껍질을 벗긴 알맹이인 '쌀'을 뜻하는 글자로, '낟알'을 나타내기도 한다. 또한 길이를 표현하는 단위로도 쓰이며, 미수(米壽)처럼 '여든여덟'을 뜻하기도 한다. 이 글자를 부수로 갖는 글자는 일반적으로 쌀과 같은 곡류나 식물과 관련이 있다.

米 ⑥ 6획 ⑪ベイ・マイ・こめ
쌀 미 中mǐ

* 상형. 쌀알이 흩어져 있는 모양을 본뜬 글자.

풀이 1. 쌀. 미곡. ¶米價 2. 미터. 길이의 단위.

米穀(미곡) 1)쌀. 2)쌀 등의 곡식.
米粉(미분) 쌀가루.
米壽(미수) 여든여덟 살.
米飮(미음) 환자가 먹는 쌀죽.
米包(미포) 쌀 부대. 쌀 가마니.

玄米(현미) 왕겨만 벗긴 쌀.
비 禾(벼 화)

粉 ④ 10획 ⑪フン・こ・こな
가루 분 中fēn

丶 丷 ソ 并 米 米 米¹ 米² 粉

* 형성. 뜻을 나타내는 부수 '米(쌀 미)'와 음을 나타내는 '分(나눌 분)'을 합친 글자. 이에 쌀을 잘게 나눈 '가루'의 뜻을 나타냄.

풀이 1. 가루. ¶粉末 2. 가루를 빻다. 3. 분. 흰 가루. 4. 분을 바르다. ¶粉面

粉骨碎身(분골쇄신) 뼈가 가루가 되고 몸이 부숴진다는 뜻으로, 각고의 노력으로 회생하며 애씀을 이르는 말.
粉末(분말) 가루.
粉碎(분쇄) 가루가 되게 부스러뜨림.
粉食(분식) 밀가루・메밀가루 등을 재료로 하여 만든 음식.
粉乳(분유) 가루 우유.
粉筆(분필) 칠판에 글씨를 쓰는 물건.
粉紅(분홍) 엷게 붉은 고운 빛.

유 屑(가루 설)

④ 10획 ⑪ヒ
쭉정이 비 中bǐ

풀이 쭉정이.

粃穅(비강) 쭉정이와 쌀겨라는 뜻으로, 보잘것없는 것을 이르는 말.

粋 ④ 10획
粹(p563)의 俗字

粒 ⑤ 11획 ⑪リュウ・こめ
낟알 립(입) 中lì

* 형성. 뜻을 나타내는 부수 '米(쌀 미)'와 음을 나타내는 '立(설 립)'을 합친 글자.

풀이 낟알. 쌀알.

粒子(입자) 1)알맹이. 2)물질을 구성

하는 가장 미세한 알맹이.

粕 ⑤ 11획 日ハク
지게미 박 中pò

풀이 지게미. 술을 짜낸 찌꺼기.

비 泊(배 댈 박)

粘 ⑤ 11획 日ネン·ねばる
끈끈할 점 中nián, zhān

풀이 끈끈하다. 차지다.

粘液(점액) 끈끈한 액체.
粘土(점토) 끈끈한 흙. 진흙.

粗 ⑤ 11획 日ソ·あらい
거칠 조 中cū

풀이 1. 거칠다. 조잡하다. ¶粗惡 2. 크다. ¶粗功 3. 대강. 대략. ¶粗略

粗雜(조잡) 거칠고 난잡함.
粗餐(조찬) 변변치 못한 식사.

유 荒(거칠 황) **비** 租(조상 조)

粟 ⑥ 12획 日ゾク·あわ
조 속 中sù

一厂丙丙丙西西粟粟粟

* 회의. 뜻을 나타내는 부수 '米(쌀 미)'와 초목의 열매를 본뜬 부수 이외의 글자를 합친 글자다. 오곡의 하나인 '조', 또는 껍질을 벗기지 않은 곡식의 뜻으로 쓰임.

풀이 1. 조. ¶粟豆 2. 오곡. 곡식. 3. 벼.

粟文(속문) 좁쌀 무늬.
粟米(속미) 1)조와 쌀. 2)좁쌀.
粟帛(속백) 조와 비단.

비 栗(밤 률)

粤 ⑥ 12획 日ケツ
어조사 월 中yuè

풀이 1. 어조사. 2. 월나라. 주나라의 제후국. 3. 땅 이름. 중국 광동성(廣東省)·광서성(廣西省) 일대.

粢 ⑥ 12획 日シ
기장 자 中cī, zī

* 형성. 뜻을 나타내는 부수 '米(쌀 미)'와 음을 나타내는 '次(버금 차)'를 합친 글자.

풀이 1. 기장. 2. 곡식의 총칭.

粢盛(자성) 제물(祭物)로 바친 곡물.

유 黍(기장 서)

粧 ⑥ 12획 日ショウ
단장할 장 中zhuāng

丶丷ソ丬半米米'米'粘粧粧

* 형성. 뜻을 나타내는 부수 '米(쌀 미)'와 음을 나타내는 '庄(전장 장)'을 합친 글자. 쌀가루(米) 같은 분으로 얼굴을 치장하는(庄) 것을 나타내어 '단장하다', '화장하다'의 뜻으로 쓰임.

풀이 단장하다. 화장하다.

粧飾(장식) 예쁘게 꾸밈. 멋을 부림.
丹粧(단장) 얼굴 또는 사물 등을 곱게 꾸밈.

유 裝(꾸밀 장)

粥 ⑥ 12획 日シュク·イク·かゆ
❶ 죽 죽
❷ 팔 육 中yù, zhōu

풀이 ❶ 1. 죽. ¶粥藥 2. 팔다. ¶粥米

粥米(육미) 쌀을 팖.

유 糜(죽 미)

粳 ⑦ 13획
秔(p536)의 俗字

粱 ⑦ 13획 日リョウ
기장 량(양) 中liáng

[米 7~10획] 粮 粲 粹 精 糊 穀 糗 糖

풀이 기장. 조의 일종으로 낟알이 굵음.
粱肉(양육) 1)좋은 쌀과 좋은 고기. 2)부유한 사람의 좋은 음식.
유 粢(기장 자) 黍(기장 서)

粮 ⑦ 13획
糧(p564)과 同字

粲 ⑦ 13획 日サン
정미 찬 中càn

풀이 1. 정미. 곱게 찧은 쌀. 2. 밝다. 환하다. ¶粲如
粲如(찬여) 환한 모양. 밝은 모양.

粹 ⑧ 14획 日スイ
순수할 수 中cuì

풀이 1. 순수하다. ¶粹美 2. 정화(精華).
純粹(순수) 1)잡된 것이 섞이지 않음. 2)사욕이나 사념이 없음.
유 純(순수할 순) 비 碎(부술 쇄)

精 ⑧ 14획 日セイ·ショウ
자세할 정 中jīng

⸺⸺⸺⸻ 米 米 米 米 米 米 精 精 精

* 형성. 뜻을 나타내는 부수 '米(쌀 미)'와 음을 나타내는 '青(푸를 청)'을 합친 글자. 쌀(米)을 깨끗이 한(青) 쌀의 뜻으로 쓰임.

풀이 1. 자세하다. 면밀하다. ¶精密 2. 찧다. 3. 정성스럽다. 4. 날카롭다. ¶精刀 5. 밝다. 6. 깨끗하다. 7. 정기. 원기. 8. 넋. 정신. 9. 신령.

精氣(정기) 만물에 갖추어져 있는 순수한 기운.
精鍊(정련) 잘 단련함.
精靈(정령) 죽은 사람의 넋.
精美(정미) 정교하고 아름다움.
精密(정밀) 자세하여 빈틈이 없음.
精髓(정수) 1)뼛속에 있는 골. 2)사물의 본질을 이룬 가장 뛰어난 부분.
精神(정신) 육체에 깃들어 있는 영혼이나 마음.
精進(정진) 온 힘을 다하여 노력함.
精通(정통) 자세하고 깊게 앎.
精華(정화) 다른 것이 섞이지 않은 깨끗하고 순수한 부분.
비 靖(편안할 정)

糊 ⑨ 15획 日コ
풀 호 中hū, hú, hù

* 형성. 뜻을 나타내는 부수 '米(쌀 미)'와 음을 나타내는 '胡(오랑캐 호)'를 합친 글자.

풀이 1. 풀. 2. 풀칠하다. ¶糊口 3. 흐리다. 모호하다.
糊口(호구) 입에 풀칠을 한다는 뜻으로, 궁핍한 살림을 이르는 말.
糊口之策(호구지책) 겨우 먹고 살아가는 방책.
비 湖(호수 호)

穀 ⑩ 16획
穀(p541)의 俗字

糗 ⑩ 16획 日キュウ
볶은 쌀 구 中qiǔ

풀이 1. 볶은 쌀. 건량. ¶糗糧 2. 미숫가루.
糗糧(구량) 볶아 말린 식량.

糖 ⑩ 16획 日トウ
사탕 당 中táng

⸺⸺⸺⸻ 米 米 米 米 米 粁 粁 粁
粧 糖 糖 糖 糖

* 형성. 뜻을 나타내는 부수 '米(쌀 미)'와 음을 나타내는 '唐(당나라 당)'을 합친 글자.
풀이 1. 사탕. 2. 엿.

6획

糖尿(당뇨) 당분이 많이 섞여 나오는 오줌. 당뇨병.
糖分(당분) 단맛의 성분.

糠 ⑪ 17획 日コウ
겨 강 中kāng

* 형성. 뜻을 나타내는 부수 '米(쌀 미)'와 음을 나타내는 '康(편안할 강)'을 합친 글자.

풀이 겨. 쌀겨. 보잘것없는 사물의 비유로 쓰임.

糠粃(강비) 겨와 쭉정이란 뜻으로, 거친 음식을 이르는 말.

麋 ⑪ 17획 日ビ
죽 미 中méi, mí

풀이 1. 죽. ¶麋沸 2. 싸라기. 부서진 쌀알. 3. 문드러지다.

麋粥(미죽) 죽. 미음.
참 粥(죽 죽)

糞 ⑪ 17획 日フン
똥 분 中fèn

* 회의. 두 손(廾)으로 쓸레받기(畀)를 잡고 쓰레기(米)를 쓸어 담는 것을 나타낸 글자. 이에 '쓸다', 또는 '더러운 것', '똥'의 뜻을 나타냄.

풀이 1. 똥. 대변. ¶糞溷 2. 거름. 3. 더러운 것. ¶糞壤

糞壤(분양) 1)더러운 토양. 썩은 흙. 2)토양에 거름을 줌.
糞除(분제) 1)더러운 것을 없앰. 2)몸을 닦아 깨끗이 함.
糞溷(분혼) 변소. 뒷간.
人糞(인분) 사람의 똥.

糟 ⑪ 17획 日ソウ
술지게미 조 中zāo

* 형성. 뜻을 나타내는 부수 '米(쌀 미)'와 음을 나타내는 '曹(마을 조)'를 합친 글자.

풀이 술지게미. 술을 거른 찌꺼기. ¶糟糠

糟糠之妻(조강지처) 가난할 때 고생을 같이 한 아내.
糟粕(조박) 1)지게미. 2)하찮은 사물을 비유하는 말.

糧 ⑫ 18획 日リョウ・ロウ
양식 량(양) ・かて 中liáng

丶 丷 ヱ 半 米 米¹ 米² 米³ 粐 粐 粐 糧 糧 糧

* 형성. 뜻을 나타내는 부수 '米(쌀 미)'와 음을 나타내는 '量(헤아릴 량)'을 합친 글자.

풀이 1. 양식. 식량. ¶糧米 2. 구실. 조세.

糧米(양미) 군량미.
糧穀(양곡) 양식으로 쓰는 곡식.
糧食(양식) 1)먹을거리. 식량(食糧). 2)지식·사상 등의 원천이 되는 것.

糯 ⑭ 20획 日ダ
찰벼 나·난 中nuò

풀이 찰벼. 찹쌀.

糯米(나미) 찹쌀.
糯粟(나속) 차조.

糴 ⑯ 22획 日テキ
쌀 살 적 中dí

* 형성. 뜻을 나타내는 부수 '米(쌀 미)'와 '入(들 입)'과 음을 나타내는 '翟(꿩 적)'을 합친 글자.

풀이 쌀을 사다. ¶糴價

糴米(적미) 쌀을 삼. 또는 그 쌀.

糶 ⑲ 25획 日チョウ
쌀 팔 조 中tiào

* 형성. 뜻을 나타내는 부수 '米(쌀 미)'와 '出(날 출)'과 음을 나타내는 '翟(꿩 적)'을 합친 글자.

풀이 쌀을 팔다.

糶米(조미) 쌀을 팖.

糸부

糸 실 사 部

'糸'자는 의식주 가운데 하나인 옷을 만드는 데 필요한 물건, 즉 '실'을 나타내는 글자로, 가느다란 실이 타래 묶인 모양을 본뜬 것이다. '絲(실 사)'자의 속자(俗字)로 주로 사용되며, 그 의미가 변하여 '작다', '세밀하다'의 뜻으로 쓰인다. 이 글자를 부수로 갖는 글자는 실의 종류나 성질 및 직물과 관련이 있다.

糸
- ⓪6획
- 日 ベキ・シ
- ❶ 실 사
- ❷ 가는실 멱 ⊕ mì, sī
- ほそい

풀이 1. 실. 2. 가는 실. 3. 적다.
동 絲(실 사) **비** 系(이을 계)

系
- ①7획
- 日 ケイ・つながる
- 이을 계 ⊕ jì, xì

〔자원〕 상형. 실을 감아 놓은 명주실의 타래와 실의 끝 모양을 본뜬 글자. 이에 '잇다'의 뜻으로 쓰임.

풀이 1. 잇다. ¶系統 2. 매다. 3. 실마리. 4. 혈통. 계통.

系譜(계보) 집안의 혈족 관계나 사제 관계, 계통 등을 도표로 나타낸 책.
系統(계통) 1)차례를 따라 이어져 있는 것. 2)같은 핏줄에서 파생되어 나온 갈래.

비 糸(실 사)

糾
- ②8획
- 日 キュウ・あざなう
- 맺힐 규 ⊕ jiū

* 형성. 뜻을 나타내는 부수 '糸(실 사)'와 음을 나타내는 丩(규)'를 합친 글자.

풀이 1. 맺히다. 맺다. 2. 얽히다. 꼬다. ¶糾錯 3. 끌어 모으다. 4. 살피다. 5. 들추어내다.

糾明(규명) 자세히 조사하여 사실을 밝힘.
糾攝(규섭) 죄를 엄하게 따져 다스림.
糾繩(규승) 1)실이나 노끈 등을 꼼. 2)잘못된 점을 바로잡음.
糾錯(규착) 얽히고 섥힘.

紀
- ③9획
- 日 キ・しるす・もとい
- 벼리 기 ⊕ mǐ, jì

* 형성. 뜻을 나타내는 부수 '糸(실 사)'와 음을 나타내는 己(몸 기)'를 합친 글자.

풀이 1. 벼리. ¶紀綱 2. 실마리. 단서. 3. 법. 규율. 4. 해. 세월. ¶紀元

紀綱(기강) 1)으뜸이 되는 중요한 규율과 질서. 2)나라를 다스림.
紀念(기념) 사적(事蹟)을 상기하여 잊지 않음.
紀元(기원) 1)나라를 세운 첫 해. 2)연대를 세는 기초가 되는 해.
紀傳(기전) 인물의 전기를 중심으로 쓴 역사.

동 綱(벼리 강) **동** 記(기록할 기)

紃
- ③9획
- 日 ジュン
- 끈 순 ⊕ xún

풀이 1. 끈. 2. 법. 3. 좇다.

約
- ③9획
- 日 ヤク・ちぎり・むすぶ
- 묶을 약 ⊕ dì, yāo

[糸 3~4획] 紆紂紅紈紇紘

約 約

*형성. 뜻을 나타내는 부수 '糸(실 사)'와 음을 나타내는 '勺(구기 작)'을 합친 글자. 실[糸]로 써서[勺] 단단히 묶은 것을 나타내어 '묶다'의 뜻으로 쓰임.

풀이 1. 묶다. 맺다. 2. 약속하다. 약속. ¶約款 3. 검소하다. ¶節約 4. 대략. 간략.

約款(약관) 약속하고 정한 조목.
約束(약속) 서로 언약하여 정함.
約定(약정) 약속하여 정함.
約條(약조) 조건을 붙여 약속함.
約婚(약혼) 남녀가 결혼하기로 약속함.
佳約(가약) 부부가 되자는 약속.
契約(계약) 두 사람 이상이 법률상의 효과를 목적으로 권리와 의무에 대해 하는 약속.

🔁 束(묶을 속)

紆 ③ 9획 ㊐ウ・めぐる ㊥yū
굽을 우

*형성. 뜻을 나타내는 부수 '糸(실 사)'와 음을 나타내는 '于(어조사 우)'를 합친 글자.

풀이 1. 굽다. 2. 얽히다. 3. 돌다.

紆餘曲折(우여곡절) 1)이리저리 얽혀 있음. 2)일이 뒤얽혀 복잡함.
紆回(우회) 멀리 돌아서 감. 우회(迂廻).

紂 ③ 9획 ㊐チュウ・しりがい ㊥zhòu
껑거리끈 주

풀이 껑거리끈. 말이나 소의 안장 아래에 걸어 매는 끈.

紅 ③ 9획 ㊐コウ・ク・くれない ㊥gōng, hóng
붉을 홍

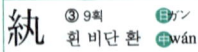 紅 紅

*형성. 뜻을 나타내는 부수 '糸(실 사)'와 음을 나타내는 '工(장인 공)'을 합친 글자.

풀이 1. 붉다. 붉은빛. ¶紅葉 2. 연지.

紅蔘(홍삼) 수삼(水蔘)을 쪄서 말린 붉은 빛깔의 인삼.
紅裳(홍상) 붉은 치마. 다홍치마.
紅顔(홍안) 젊고 혈색이 좋은 얼굴.
紅疫(홍역) 몸에 열이 오르며 온몸에 좁쌀 같은 열꽃이 돋고 기침이 나는 전염병.
紅一點(홍일점) 1)푸른 잎 가운데 한 송이의 붉은 꽃. 2)많은 남성 중의 한 명의 여성.
紅潮(홍조) 1)아침 햇살에 붉게 보이는 바다 물결. 2)뺨에 드러나는 붉은빛.
紅塵(홍진) 1)붉은 티끌. 2)세상의 번잡한 일.
同價紅裳(동가홍상) 같은 값이면 다홍치마라는 뜻으로, 같은 조건이면 좋고 편리한 것을 택함을 이르는 말.

🔁 朱(붉을 주) 赤(붉을 적)

紈 ③ 9획 ㊐ガン ㊥wán
흰 비단 환

*형성. 뜻을 나타내는 부수 '糸(실 사)'와 음을 나타내는 '丸(알 환)'을 합친 글자.

풀이 1. 흰 비단. ¶紈素 2. 겹치다.

紈素(환소) 흰 비단.

紇 ③ 9획 ㊐コツ ㊥hé, gē
질 낮은 명주실 흘

풀이 1. 질이 낮은 명주실. 생사. 2. 종족 이름. 회흘(回紇). 몽골에서 활약하던 터키계의 종족.

紘 ④ 10획 ㊐コウ ㊥hóng
갓끈 굉

풀이 1. 갓끈. 2. 밧줄. 끈. 3. 넓다. 크다.

紘覆(굉부) 넓게 펴서 덮음.

[糸 4획] 級納紐紋紊紡紛紗   567

級
④ 10획
등급 급
🈐 キュウ
🈺 jí

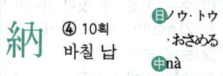

* 형성. 뜻을 나타내는 부수 '糸(실 사)'와 음을 나타내는 '及(미칠 급)'을 합친 글자.

풀이 1. 등급. 계급. 2. 수급(首級). 전쟁에서 적의 목을 벤 수에 의해 등급이 올랐기 때문에 나온 말임. ¶級頭

級數(급수) 우열에 따라 일정한 차례로 매기는 등급.

級友(급우) 같은 학급에서 배우는 벗.

納
④ 10획
바칠 납
🈐 ノウ・トウ
・おさめる
🈺 nà

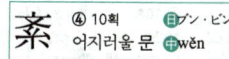

* 형성. 뜻을 나타내는 부수 '糸(실 사)'와 음을 나타내는 '內(안 내)'을 합친 글자.

풀이 1. 바치다. ¶納貢 2. 들이다. 수확하다.

納得(납득) 남의 말이나 행동을 잘 이해함.

納稅(납세) 세금을 바침.

納入(납입) 관공서 등에 물건이나 돈을 납부함.

受納(수납) 받아들임. 납수(納受).

🔁 貢(바칠 공) 獻(바칠 헌)

紐
④ 10획
끈 뉴(유)
🈐 チュウ・ひも
🈺 niǔ

풀이 1. 끈. 2. 묶다. 매다. 3. 매듭.

紐帶(유대) 결합시키는 기능이나 조건. 또는 상호 관계.

紋
④ 10획
무늬 문
🈐 モン
🈺 wén, wèn

* 형성. 뜻을 나타내는 부수 '糸(실 사)'와 음을 나타내는 '文(글월 문)'을 합친 글자.

풀이 1. 무늬. ¶紋樣 2. 주름.

紋樣(문양) 무늬.

紋章(문장) 국가・단체・집안 등을 표시하는 상징적인 도안(圖案).

🔁 文(무늬 문)

紊
④ 10획
어지러울 문
🈐 ブン・ビン
🈺 wěn

풀이 어지럽다. 어지러워지다.

紊亂(문란) 도덕・질서 등을 어지럽게 함.

🔁 亂(어지러울 란)

紡
④ 10획
자을 방
🈐 ホウ・つむぐ
🈺 fǎng

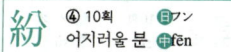

* 형성. 뜻을 나타내는 부수 '糸(실 사)'와 음을 나타내는 '方(모 방)'을 합친 글자.

풀이 1. 잣다. 실을 만들다. ¶紡織 2. 실. ¶紡毛

紡績(방적) 섬유를 가공하여 실을 만드는 일.

紡織(방직) 실을 뽑는 일과 직물을 짜는 일.

紛
④ 10획
어지러울 분
🈐 フン
🈺 fēn

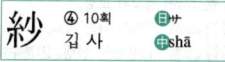

* 형성. 뜻을 나타내는 부수 '糸(실 사)'와 음을 나타내는 '分(나눌 분)'을 합친 글자.

풀이 1. 어지럽다. 산란하다. 2. 섞이다. 엉키다. ¶紛競

紛糾(분규) 일이 얽히고 시끄러워짐.

紛亂(분란) 엉클어져 어지러움.

紛失(분실) 물건을 잃음.

紛爭(분쟁) 다툼. 분쟁.

🔁 紊(어지러울 문) 亂(어지러울 란)

紗
④ 10획
깁 사
🈐 サ
🈺 shā

*형성. 뜻을 나타내는 부수 '糸(실 사)'와 음을 나타내는 '少(적을 소)'를 합친 글자.

풀이 깁. 얇고 가벼운 견직물. ¶紗羅

紗帷(사유) 얇은 비단으로 만든 휘장.
紗窓(사창) 얇은 비단을 바른 창.

索

④ 10획 日サク·なわ つな
① 노 삭
② 찾을 색 中suǒ

一十十古古安索索索索

*회의. 집(宀) 안에서, 두 손(廾)으로 새끼(糸)를 꼬는 모습을 나타낸 글자. 이에 굵은 '새끼', '노'의 뜻으로 쓰임.

풀이 **①** 1. 노. 노끈. 2. 꼬다. ¶索綯 3. 고르다. **②** 4. 찾다. 취하다. ¶索求

索莫(삭막) 1)황폐하여 적막한 모양. 2)잃어버려 생각이 아득함.
索引(색인) 책에 있는 글자·낱말·사항을 손쉽게 찾아볼 수 있도록 일정한 차례로 만든 목록.
索出(색출) 찾아냄.
摸索(모색) 더듬어 찾음.

비 (훨 소)

素

④ 10획 日ソ·ス
흴 소 中sù

一二三本圭丰素素素素

*회의. 갓 뽑아낸 명주실(糸)이 늘어져(垂) 있는 것을 나타내어, '흰 비단', '희다'의 뜻으로 쓰임.

풀이 1. 희다. 흰빛. ¶素雪 2. 생명주. 3. 본디. 원래. 4. 바탕. 5. 평소. ¶素行 6. 성질.

素描(소묘) 형태와 명암을 위주로 하여 단색으로 그린 그림. 데생.
素朴(소박) 꾸밈없이 그대로임.
素服(소복) 흰 옷.
素養(소양) 평소의 교양.
素材(소재) 기초가 되는 재료.
素行(소행) 1)평소의 실행. 2)분수에 맞는 올바른 행동.

유 白(흰 백) 비 索(동아줄 삭)

純

④ 10획 日ジュン
순수할 순 中chún

' ⺌ 纟 纟 纟 糸 紀 紀 純 純

*형성. 뜻을 나타내는 부수 '糸(실 사)'와 음을 나타내는 '屯(진칠 둔)'을 합친 글자.

풀이 1. 순수하다. ¶純粹 2. 순색(純色)의 비단. 3. 천진하다. 4. 꾸밈이 없다.

純白(순백) 1)순수하게 흰 빛. 2)티 없이 깨끗함.
純粹(순수) 1)잡다한 것이 섞이지 않음. 2)욕심이나 악한 마음이 없음.
純愛(순애) 순수한 사랑.
純眞(순진) 1)마음이 꾸밈이 없고 참됨. 2)세속에 섞이지 않고 깨끗함.
淸純(청순) 맑고 깨끗함. 순수함.

紜

④ 10획 日ウン
어지러울 운 中yún

풀이 1. 어지럽다. 2. 많고 성하다.

紜紜(운운) 번잡하고 어지러운 모양.

유 (어지러워질 분)

紝

④ 10획 日イン
짤 임 中rèn

*형성. 뜻을 나타내는 부수 '糸(실 사)'와 음을 나타내는 '壬(아홉째 천간 임)'을 합친 글자.

풀이 1. 짜다. ¶紝織 2. 실. 3. 명주.

紝織(임직) 베를 짬.

紙

④ 10획 日シ·かみ
종이 지 中zhǐ

' ⺌ 纟 纟 纟 糸 糸 紅 紙 紙

*형성. 뜻을 나타내는 부수 '糸(실 사)'와 음을 나타내는 '氏(성씨 씨)'를 합친 글자.

풀이 1. 종이. 2. 종이의 매수·장수.

[糸 5획] 紺絅経累絆紲細紹

紙匣(지갑) 1)종이로 만든 갑. 2)가죽이나 헝겊 등으로 쌈지같이 만든 물건.
紙物鋪(지물포) 여러 가지 종이를 파는 점포.
紙幣(지폐) 종이를 재료로 하여 만든 돈.
紙筆硯墨(지필연묵) 종이·붓·벼루·먹을 함께 이르는 말.
便紙(편지) 상대방에게 전하고 싶은 말 등을 적어 보내는 글.

紺
⑤ 11획
日 コン
감색 감
中 gàn

풀이 감색. 검푸른빛.
紺瞳(감동) 감색의 눈동자.

絅
⑤ 11획
日 ケイ
바짝 죌 경
中 jiǒng

풀이 바짝 죄다.

経
⑤ 11획
經(p573)의 俗字

累
⑤ 11획
日 ルイ
거듭할 루(누)
中 léi, lěi, lèi

丿 口 田 甲 甲 甲 累 累 累

* 형성. 뜻을 나타내는 부수 '糸(실 사)'와 음을 나타내는 '畾(발갈피 뢰)'의 생략형을 합친 글자. 여러 덩어리[畾]를 糸로 여러 번 묶는 것을 나타내어, '거듭하다', '묶다' 등의 뜻으로 쓰임.

풀이 1. 거듭하다. ¶累加 2. 묶다. 3. 포개다. ¶積累 4. 누를 끼치다. 5. 더럽히다. 6. 연좌. 연루.
累代(누대) 여러 대. 누세(累世).
累卵之危(누란지위) 알을 포개어 쌓아 놓은 것처럼 매우 위태함.
累積(누적) 포개어 쌓음.
累進(누진) 가격·수량 등이 더하여 감에 따라 그에 대한 비율이 올라감.
連累(연루) 남이 일으킨 일에 관계되어 죄를 덮어씀.
🔲 束(묶을 속) 構(얽을 구)

絆
⑤ 11획
日 ハン·バン
줄 반
中 bàn

풀이 1. 줄. 2. 얽어매다. 구속하다.
絆繫(반계) 얽어맴.
脚絆(각반) 여행할 때 다리에 감는 행전.

紲
⑤ 11획
日 セツ
고삐 설
中 xiè

풀이 1. 고삐. 2. 매다.

細
⑤ 11획
日 サイ·ほそい·こまかい
가늘 세
中 xì

〃 纟 纟 纟 糸 糸 糽 細 細 細

* 형성. 뜻을 나타내는 부수 '糸(실 사)'와 음을 나타내는 '囟(정수리 신)'의 변형을 합친 글자. 아이 숨구멍[囟] 가는 실[糸]을 나타내어, '가늘다', '세밀하다'의 뜻으로 쓰임.

풀이 1. 가늘다. ¶細毛 2. 자세하다. ¶細目 3. 잘다. 작다. ¶細胞
細工(세공) 작은 물건을 만드는 것.
細菌(세균) 생물 중에서 가장 작으며 다른 생물에 기생하여 병원(病源)이 되는 균. 박테리아.
細密(세밀) 잘고 자세함.
細部(세부) 자세한 부분.
細分(세분) 잘게 나눔.
細心(세심) 주의 깊게 마음을 씀.
細胞(세포) 생물체를 이루는 최소 단위.
🔲 纖(가늘 섬)

紹
⑤ 11획
日 ショウ
이을 소
中 shào

[糸 5획] 紳紫紵組終紬

*형성. 뜻을 나타내는 부수 糸(실 사)와 음을 나타내는 召(부를 소)를 합친 글자.
풀이 1. 잇다. ¶紹承 2. 소개하다. ¶紹介
紹介(소개) 1)모르는 두 사람을 잘 알도록 관계를 맺어 줌. 2)모르는 내용을 해설하여 사람들에게 알리는 일.
紹興(소흥) 계승하여 흥하게 함.
🔗 屬(이을 속) 系(이을 계)

紳 ⑤ 11획 日シン・オビ
큰 띠 신 中 shēn

*형성. 뜻을 나타내는 부수 糸(실 사)와 음을 나타내는 申(펼 신)을 합친 글자.
풀이 1. 큰 띠. ¶紳笏 2. 묶다. 3. 지위나 신분이 고귀한 사람. 벼슬아치.
紳士(신사) 점잖고 예의 바르며 교양 있는 사람.
紳笏(신홀) 큰 띠와 홀. 문관들의 의복.

紫 ⑤ 11획 日シ・むらさき
자줏빛 자 中 zǐ

*형성. 뜻을 나타내는 부수 糸(실 사)와 음을 나타내는 此(이 차)를 합친 글자.
풀이 자줏빛.
紫微(자미) 1)북두(北斗)의 북쪽에 있는 별 이름. 천제(天帝)가 있는 곳이라 함. 2)왕궁(王宮)
紫色(자색) 자줏빛.
紫外線(자외선) 스펙트럼을 통해 볼 때 자색(紫色) 밖에 있는 복사선.

紵 ⑤ 11획 日チョ
모시 저 中 zhù

풀이 모시. 모시풀.
紵麻(저마) 모시.

組 ⑤ 11획 日ソ・オビ
짤 조 中 zǔ

*형성. 뜻을 나타내는 부수 糸(실 사)와 음을 나타내며 물건을 겹쳐 쌓는다는 의미를 지닌 且(또 차)를 합친 글자. 이에 실을 땋아서 만든 '끈'의 뜻으로 쓰임.
풀이 1. 짜다. 구성하다. ¶組織 2. 끈.
組立(조립) 각 부속품을 용도에 맞게 짜 맞추는 일.
組成(조성) 여러 개의 요소 또는 성분으로 짜서 만듦.
組織(조직) 단체 또는 사회를 구성하는 각 요소가 결합하여 일정한 질서를 가진 통일체가 됨.
組合(조합) 두 사람 이상이 출자하여 공동으로 경영하는 단체.

終 ⑤ 11획 日シュウ・おわる
끝날 종 中 zhōng

*형성. 뜻을 나타내는 부수 糸(실 사)와 음을 나타내는 冬(겨울 동)을 합친 글자.
풀이 1. 끝내다. 마치다. 2. 마지막. 끝. ¶終末 3. 죽다. ¶考終命 4. 마침내. ¶終乃
終結(종결) 끝을 냄. 일을 마침.
終了(종료) 일을 마침. 끝남.
終末(종말) 계속되어 온 일의 끝판. 맨 나중의 끝.
終身(종신) 한평생. 죽을 때까지.
終日(종일) 아침부터 저녁까지.
終點(종점) 기차·전차·버스 등의 마지막 도착점.
終着(종착) 마지막으로 도착함.
始終如一(시종여일) 처음부터 끝까지 한결같이 변함없음.
🔗 末(끝 말) 🔄 始(처음 시) 初(처음 초)

紬 ⑤ 11획 日チュウ・つむぎ
명주 주 中 chōu, chóu

풀이 1. 명주. ¶紬衣 2. 모으다. 철하

다. 3. 뽑다. 실을 뽑아 내다. ¶紬績

紬緞(주단) 명주와 비단 등을 모두 이르는 말.

紮 ⑤ 11획
日 サツ
中 zā, zhā
감을 찰

풀이 1. 감다. 묶다. 2. 머무르다.

紮營(찰영) 군대를 머무르게 함.

紿 ⑤ 11획
日 タイ
中 dài
속일 태

풀이 1. 속이다. 2. 게을리하다.

유 詐(속일 사) 欺(속일 기)

絃 ⑤ 11획
日 ゲン・いと
中 xián
악기 줄 현

` 纟 纟 纟 纟 纟 纟 絃 絃 絃`

* 형성. 뜻을 나타내는 부수 '糸(실 사)'와 음을 나타내는 '玄(검을 현)'을 합친 글자.

풀이 1. 악기 줄. ¶無絃琴 2. 현악기. 3. 연주하다.

絃樂(현악) 현악기로 연주하는 음악.
無絃琴(무현금) 줄이 없어도 마음속으로는 울린다는 거문고.

絳 ⑥ 12획
日 コウ
中 jiàng
진홍 강

* 형성. 뜻을 나타내는 부수 '糸(실 사)'와 음을 나타내는 '夅(내릴 강)'을 합친 글자.

풀이 진홍. 진한 붉은색. ¶絳裙

絳氣(강기) 붉은 기운.
絳虹(강홍) 비가 그칠 무렵의 붉은 무지개.

結 ⑥ 12획
日 ケツ・むすぶ
中 jiē, jié
맺을 결

` 纟 纟 纟 纟 纟 纟 針 結 結 結`

* 형성. 뜻을 나타내는 부수 '糸(실 사)'와 음을 나타내는 '吉(길할 길)'을 합친 글자.

풀이 1. 맺다. 맺히다. ¶結交 2. 마치다. 끝내다. 3. 모으다. ¶結集 4. 매듭.

結果(결과) 어떤 행위로 이루어진 결말의 상태. 2)열매를 맺음.
結論(결론) 설명하는 말이나 글의 끝맺는 부분.
結末(결말) 끝맺음. 끝.
結實(결실) 1)식물이 열매를 맺음. 2)결과가 나타남.
結晶(결정) 물질이 몇 개의 평면으로 둘러싸여 규칙적 형태를 이룬 고체.
結草報恩(결초보은) 풀잎을 엮어서 은혜를 갚는다는 뜻으로, 은혜를 잊지 않음을 이르는 말.
結合(결합) 관계를 맺고 합쳐서 하나로 됨.

유 契(맺을 계) 締(맺을 체)

絞 ⑥ 12획
❶ 목맬 교   日 ギョ・しめる
❷ 초록빛 효   中 jiǎo

* 형성. 뜻을 나타내는 부수 '糸(실 사)'와 음을 나타내는 '交(사귈 교)'를 합친 글자.

풀이 ❶ 1. 목을 매다. ¶絞頸 2. 묶다. ¶絞縛 ❷ 3. 초록빛. ¶絞衣 4. 염(殮)에 쓰는 헝겊.

絞死(교사) 목매어 죽음. 또는 목을 졸라 죽임.
絞殺(교살) 목을 졸라 죽임.
絞帶(효대) 상복에 두르는 띠.

유 縊(목맬 액)

給 ⑥ 12획
日 キュウ
中 gěi, jī
넉넉할 급

` 纟 纟 纟 纟 纟 纟 纶 給 給 給`

* 형성. 뜻을 나타내는 부수 '糸(실 사)'와 음을 나타내는 '合(합할 합)'을 합친 글자.

풀이 1. 넉넉하다. ¶給富 2. 주다. 공급

[糸 6획] 絡絲絮絨絪紝絶

하다. ¶給水 3. 보태다.
給料(급료) 노동자의 근로에 대하여 고용주가 지불하는 보수.
給水(급수) 물을 줌.
給食(급식) 식사를 제공함.
給與(급여) 돈이나 물건을 줌. 또는 그 돈과 물건.
유 裕(넉넉할 유)

絡 ⑥ 12획 日ラク 얽힐 락(낙) 中lào, luò

ㅣㄴㄠㄠㄠ糸糸紗紋終絡絡

*형성. 뜻을 나타내는 부수 '糸(실 사)'와 음을 나타내는 '各(각각 각)'을 합친 글자.

풀이 1. 얽히다. 2. 잇다. 연결하다. 3. 헌 솜. 4. 묶다. ¶絡車 5. 명주.
絡車(낙거) 실을 묶는 데 쓰는 얼레.
絡束(낙속) 묶음.
絡繹(낙역) 사람이나 수레의 왕래가 끊이지 않는 모양.
連絡(연락) 1)서로 인연을 맺음. 2)정보를 알려 줌.

絲 ⑥ 12획 日シ・いと 실 사 中sī

ㅣㄴㄠㄠㄠ糸糸紗紗絲絲

*회의. '糸(실 사)'를 두 번 겹쳐 생사끼리 꼬아 만든 '실'의 뜻을 나타낸다.

풀이 1. 실. 명주실. ¶絲路 2. 실을 뽑아내다. 3. 명주. 4. 현악기.
絲繭(사견) 명주실과 고치.
絲路(사로) 좁은 길.
絲柳(사류) 수양버들.
絲竹(사죽) 현악기와 관악기.

絮 ⑥ 12획 日セイ・わた 솜 서 中chù, nà, xù

*형성. 뜻을 나타내는 부수 '糸(실 사)'와 음을 나타내는 '如(같을 여)'를 합친 글자.

풀이 1. 솜. ¶絮繢 2. 솜옷. 3. 막히다. 4. 버들개지. ¶絮雪
絮縷(서루) 솜과 실.
絮縣(서면) 솜.
絮雪(서설) 버들개지.

縋 ⑥ 12획

縋(p569)과 同字

絨 ⑥ 12획 日ジュウ 융 융 中róng

풀이 융. 두툼하고 고운 모직물.

絪 ⑥ 12획 日イン 천지 기운 인 中yīn

풀이 1. 천지의 기운. 2. 자리.
絪縕(인온) 천지의 기운이 합하여 왕성한 모양.

紝 ⑥ 12획

紅(p568)과 同字

絶 ⑥ 12획 日ゼツ 끊을 절 中jué

ㅣㄴㄠㄠㄠ糸糸紗紹絶絶

*회의. 사람[巴]이 실[糸]을 자른다[刀] 하여 '끊다'의 뜻을 나타낸다.

풀이 1. 끊다. 끊어지다. ¶絶命 2. 건너다. 3. 지나가다. 통과하다. 4. 뛰어나다. ¶絶景
絶景(절경) 훌륭한 경치.
絶斷(절단) 끊어 냄. 단절(斷絶).
絶妙(절묘) 매우 뛰어남. 매우 기묘함.
絶壁(절벽) 험한 낭떠러지.
絶頂(절정) 1)산의 맨 꼭대기. 2)사물의 정점.

[糸 6~7획] 経 統 絢 絜 絵 絹 經　573

絕讚(절찬) 더할 나위 없이 칭찬함.
絕好(절호) 더할 나위 없이 좋음. 매우 좋음.
伯牙絕絃(백아절현) 백아가 거문고 줄을 끊어 버렸다는 뜻으로, 자신을 알아주는 절친한 벗의 죽음을 이르는 말.
동 切(끊을 절)
반 結(맺을 결) 屬(엮을 속)

経 ⑥ 12획　일 テツ　질 질　중 dié

풀이 질. 상복을 입을 때 머리에 쓰는 것과 허리에 감는 것.

統 ⑥ 12획　일 トウ　거느릴 통　중 tǒng

丿 ㄥ ㄠ 幺 糸 糸 糸¯ 紆 紵 統 統

* 형성. 뜻을 나타내는 부수 '糸(실 사)'와 음을 나타내는 '充(찰 충)'을 합친 글자.

풀이 1. 거느리다. 통솔하다. ¶統帥 2. 혈통. 계통. ¶血統 3. 근본. 4. 모두. 전체.
統督(통독) 통괄하여 감독함.
統計(통계) 같은 범위에 속한 개개의 현상을 모아, 숫자 계산에 의하여 그 상태나 형세를 나타내는 것.
統率(통솔) 어떤 조직체를 온통 몰아서 거느림.
統一(통일) 모아 합쳐서 하나로 만듦.
統制(통제) 일정한 계획과 방침에 따라 제한을 가함.
統治(통치) 한 나라의 지배자가 주권으로 국토·국민을 지배하는 것.
統合(통합) 모두 합쳐서 하나로 모음.

絢 ⑥ 12획　일 ジュン　무늬 현　중 xuàn

풀이 1. 무늬. 2. 곱다.
絢爛(현란) 눈부시게 빛나고 아름다움.

絜 ⑥ 12획
❶ 깨끗할 결　일 ケツ
❷ 헤아릴 혈　중 xié, jié

풀이 ❶ 1. 깨끗하다. 정결하다 2. 희다. ❷ 3. 헤아리다.
絜粢(결자) 제물로 바치는 깨끗한 곡식.
絜齊(결제) 깨끗하고 가지런함.
絜矩(혈구) 자로 헤아림. 자로 잼.
동 潔(깨끗할 결)　반 汚(더러울 오)
비 契(맺을 계)

絵 ⑥ 12획
繪(p584)의 俗字

絹 ⑦ 13획　일 ケン·きぬ　명주 견　중 juàn

丿 ㄥ ㄠ 幺 糸 糸¯ 糸¹ 絈 絈 絹 絹

* 형성. 뜻을 나타내는 부수 '糸(실 사)'와 음을 나타내는 '肙(작은 물줄기 연)'을 합친 글자. 작은 물줄기(肙)가 흐르는 모양의 실(糸)을 나타내어, 명주의 뜻으로 쓰임.

풀이 명주. 비단. ¶絹帛
絹絲(견사) 누에고치에서 뽑은 실. 비단을 짜는 명주실.
絹織(견직) 명주실로 짠 천. 비단.
동 紬(명주 주)

經 ⑦ 13획　일 ケイ　날 경　중 jīng, jìng

丿 ㄥ ㄠ 幺 糸 糸 糸¯ 紉 絚 經 經 經

* 형성. 뜻을 나타내는 부수 '糸(실 사)'와 음을 나타내는 '巠(물줄기 경)'을 합친 글자. '巠'은 베틀에 세로로 걸린 세가닥의 실을 본뜬 상형자로 '糸'와 합치어 '날실'의 뜻으로 쓰임.

풀이 1. 날. 날실. 2. 지나다. 지내다. 3. 길. 법. 4. 경서. ¶經典 5. 의리. 6. 다

스리다. ¶經紀 7. 세로.

經過(경과) 1)통과함. 거쳐 지나감. 2)시일이나 시간이 지나감.

經國(경국) 나라를 다스리는 일.

經歷(경력) 이제까지 거쳐온 학업·직업·지위 등의 내력. 이력(履歷)

經綸(경륜) 국가를 통치하는 일. 또는 그 방책.

經世濟民(경세제민) 세상을 다스리고 백성을 구제함.

經典(경전) 1)성현의 말이나 행적을 적은 책. 2)종교의 교리를 적은 책.

經濟(경제) 재화와 용역을 생산·소비·분배하는 모든 활동.

經穴(경혈) 경락 중의 중요한 곳. 침을 놓거나 뜸을 뜰 때 반응이 일어나는 자리.

継 ⑦ 13획
繼(p584)의 俗字

絿 ⑦ 13획
급할 구 日キュウ 中qiú

풀이 급하다. 서두르다.

続 ⑦ 13획
續(p585)의 俗字

綏 ⑦ 13획
❶ 편안할 수 日スイ·タ
❷ 기 장식유 中suí
❸ 드리울 타

* 형성. 뜻을 나타내는 부수 糸(실 사)와 음을 나타내는 妥(온당할 타)를 합친 글자.

풀이 ❶ 1. 편안하다. ¶綏撫 2. 기 장식. ❷ 3. 드리우다. 내리다.

綏御(수어) 편안하게 다스림.
綏旌(수정) 드리워진 기.
綏懷(수회) 편안하게 하여 따르게 함.

㉕ 寧(편안할 령) 安(편안할 안)

綎 ⑦ 13획
인끈 정 日テイ 中tīng

풀이 인끈. 패옥 등을 띠에 매어 차는 끈.

絛 ⑦ 13획
끈 조 日トウ 中tāo

풀이 끈. 실로 꼰 것.

絺 ⑦ 13획
수놓을 치 日チ 中chī

풀이 1. 수놓다. 바느질하다. 2. 칡베.

絺綌(치격) 갈포.

綱 ⑧ 14획
벼리 강 日コウ 中gāng

纟 纟 纟 糸 糸 糽 糽 䋃 網 網 綱 綱 綱

* 형성. 뜻을 나타내는 부수 糸(실 사)와 음을 나타내는 岡(언덕 강)을 합친 글자.

풀이 1. 벼리. ¶綱領 2. 다스리다. 3. 근본. ¶綱要 4. 대강.

綱擧目張(강거목장) 원칙을 들면 아래의 조목은 저절로 밝혀짐.

綱領(강령) 1)일의 으뜸이 되는 큰 대강. 2)정당·단체의 기본 목표·정책 등을 정한 것.

綱目(강목) 대강의 줄거리와 자세한 조목.

㉕ 紀(벼리 기) 비 網(그물 망)

綮 ⑧ 14획
❶ 창집 계 日ケイ
❷ 힘줄 경 中qǐ, qìng

풀이 ❶ 1. 창집. 창을 넣어 두는 자루. 2.

[糸 8획] 綣綺緊綠緄綾網

발이 고운 비단. ❷ 3. 힘줌. 힘줄이 붙은 곳. 즉, 사물의 가장 중요한 곳을 가리킴.

綣 ⑧ 14획
정다울 권 日ケン ⊕quǎn

풀이 정답다. 간곡하다.

綺 ⑧ 14획
비단 기 日キ ⊕qǐ

*형성. 뜻을 나타내는 부수 糸(실 사)와 음을 나타내는 奇(기이할 기)를 합친 글자.

풀이 1. 비단. 무늬가 있는 비단. ¶綺縠 2. 무늬. 3. 곱다. 아름답다.

綺羅(기라) 1)무늬를 놓은 비단과 얇은 비단. 2)아름답고 화려한 옷. 또는 그 옷을 입은 미인.
綺麗(기려) 눈에 띄게 곱고 아름다움.
綺藻(기조) 아름다운 시문.

緊 ⑧ 14획
팽팽할 긴 日キン ⊕jǐn

一丨丨丨丨丨臣臣臣野野緊緊

*형성. 뜻을 나타내는 부수 糸(실 사)와 음을 나타내는 臤(견)을 합친 글자.

풀이 1. 팽팽하다. ¶緊密 2. 급하다. 요긴하다. 3. 줄어들다. 줄다.

緊急(긴급) 매우 급하고 긴요한 일.
緊密(긴밀) 1)매우 사이가 가깝고 빈틈이 없음. 2)매우 밀접함.
緊迫(긴박) 매우 급하고 중요한 일.
緊要(긴요) 매우 필요함. 매우 중요함.
緊張(긴장) 1)근육이나 신경 중추가 수축하거나 흥분 상태를 지속하는 일. 2)마음을 졸이며 정신을 바짝 차림.

綠 ⑧ 14획
초록빛 록(녹) 日リョク・ロク ⊕lù

纟纟纟纟纟纟纟纤纤纤绿绿绿

*형성. 뜻을 나타내는 부수 糸(실 사)와 음을 나타내는 彔(새길 록)을 합친 글자.

풀이 1. 초록빛. 초록빛 비단. 2. 조개풀. 초록빛의 물감으로 쓰임.

綠豆(녹두) 팥의 변종으로, 열매가 작고 푸른빛이 남.
綠林(녹림) 1)푸른 숲. 2)도둑의 소굴.
綠水(녹수) 푸른 물. 벽수(碧水).
綠玉(녹옥) 1)푸른 옥. 에메랄드. 2)대나무.
綠衣紅裳(녹의홍상) 연두 저고리와 다홍치마. 젊은 여자의 아름다운 옷차림을 이르는 말.
綠茶(녹차) 푸른빛의 찻잎. 또는 그것을 끓인 차.

비 綠(인연 연)

緄 ⑧ 14획
낚싯줄 륜(윤) 日リン ⊕lún, guān

*형성. 뜻을 나타내는 부수 糸(실 사)와 음을 나타내는 侖(둥글 륜)을 합친 글자.

풀이 1. 낚싯줄. 2. 인끈. 3. 굵은 실. 4. 다스리다. ¶緄命 5. 따르다.

緄綿(윤면) 굵은 실과 솜.
緄言(윤언) 임금의 내리는 명령.
經緄(경륜) 일을 체계적으로 잘 계획함.

綾 ⑧ 14획
비단 릉(능) 日リョウ・あや ⊕líng

풀이 비단. 무늬가 있는 비단.

綾羅(능라) 두꺼운 비단과 얇은 비단.
綾紋(능문) 날줄과 씨줄을 비스듬한 방향으로 두껍게 짠 비단.

동 綺(비단 기) 비 陵(큰언덕 릉)

網 ⑧ 14획
그물 망 日モウ ⊕wǎng

[糸 8획] 綿緋綬維綽綜綢

* 형성. 뜻을 나타내는 부수 糸(실 사)와 음을 나타내며 그물을 의미하는 罔(없을 망)을 합친 글자.

풀이 1. 그물. ¶網罟 2. 그물질하다.

網羅(망라) 1)온갖 종류의 그물. 2)빠짐없이 모음.

網紗(망사) 그물처럼 만든 비단.

網中(망중) 1)그물 속. 2)남의 계책 속.

비 綱(벼리 강) 鋼(굳셀 강)

綿 ⑧ 14획 ⑪ メン·わた 솜 면 ⑳ mián

* 회의. 원래는 비단[帛] 짜는 실[糸]을 나타냈으나, 바뀌어 실을 만드는 '솜'의 뜻으로 쓰임.

풀이 1. 솜. 목화 솜. ¶綿毛 2. 명주. 3. 연속하다. 4. 감다. 얽히다.

綿連(면련) 연이음. 잇달아 연속된 모양.

綿綿(면면) 오래 계속하여 이어진 모양.

綿絲(면사) 무명실.

綿織(면직) 목화 솜으로 만든 천.

綿布(면포) 무명실로 만든 천.

綿花(면화) 목화(木花).

비 棉(목화 면)

緋 ⑧ 14획 ⑪ ヒ 붉은빛 비 ⑳ fēi

풀이 붉은빛. 붉은빛의 비단.

緋甲(비갑) 붉은빛의 갑옷.

緋緞(비단) 명주실로 광택이 나게 짠 피륙.

綬 ⑧ 14획 ⑪ ジュ 인끈 수 ⑳ shòu

풀이 인끈. 조선 시대에 관원이 차던 사슴 가죽으로 된 끈.

綬帶(수대) 인끈을 매는 띠.

維 ⑧ 14획 ⑪ ユイ 바 유 ⑳ wéi

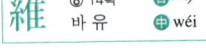

* 형성. 뜻을 나타내는 부수 糸(실 사)와 음을 나타내는 隹(새 추)를 합친 글자.

풀이 1. 바. 끈. 벼리. ¶維網 2. 매다. 묶다. ¶維繫 3. 지탱하다. 유지하다. 4. 오직.

維新(유신) 1)모든 일을 고쳐 새롭게 함. 2)묶은 제도를 혁신함.

維日不足(유일부족) 종일 힘써도 부족함.

維持(유지) 지탱하여 보존함.

維翰(유한) 의지할 수 있는 사람.

비 稚(어릴 치)

綽 ⑧ 14획 ⑪ シャク 너그러울 작 ⑳ chāo, chuò

풀이 1. 너그럽다. ¶綽然 2. 얌전하다. 유순하다.

綽約(작약) 몸이 가냘프고 아리따움.

綽然(작연) 너그럽고 여유가 있는 모양.

綽號(작호) 별명.

綜 ⑧ 14획 ⑪ ソウ 모을 종 ⑳ zèng, zōng

* 형성. 뜻을 나타내는 부수 糸(실 사)와 음을 나타내는 宗(마루 종)을 합친 글자.

풀이 모으다. 모아 정리하다.

綜輯(종집) 모두 모음.

綜合(종합) 관련된 모든 것들을 모아 하나로 합함.

비 統(바람개비 환)

綢 ⑧ 14획 ⑪ チュウ 얽을 주 ⑳ chóu

풀이 1. 얽다. 얽히다. 2. 잡아매다. 3.

빽빽하다.

綢繆(주무) 미리 꼼꼼하게 챙겨 갖춤.

綵 ⑧ 14획 日サイ
비단 채 ⊕cǎi

* 형성. 뜻을 나타내는 부수 '糸(실 사)'와 음을 나타내는 '采(캘 채)'를 합친 글자.

풀이 1. 비단. 2. 무늬. 채색.

綵緞(채단) 온갖 종류의 비단.
綵袖(채수) 무늬를 수놓은 소매.
綵雲(채운) 오색 구름.

綴 ⑧ 14획 日テイ·テツ
꿰맬 철 ⊕zhuì

* 형성. 뜻을 나타내는 부수 '糸(실 사)'와 음을 나타내는 '叕'라는 뜻을 지닌 '叕(철)'을 합친 글자. 이에 실로 이어 하나로 '꿰매다'의 뜻으로 쓰임.

풀이 1. 꿰매다. 2. 글을 짓다. ¶綴文 3. 맺다. 4. 잇다.

綴文(철문) 글을 지음. 또는 그 글.
綴輯(철집) 여러 가지를 모아 책을 지음. 편집함.
綴行(철행) 행렬.
유 縫(꿰맬 봉)

総 ⑧ 14획
總(p582)의 俗字

緇 ⑧ 14획 日シ
검은 비단 치 ⊕zī

풀이 1. 검은비단. 2. 검은 옷. 3. 승려. 중.

緇褐(치갈) 검은 비단의 거친 베옷이란 뜻으로 중을 이르는 말.
緇布(치포) 검은 천. 검은 베.

綻 ⑧ 14획 日タン
터질 탄 ⊕zhàn

풀이 1. 터지다. 2. 피다. 봉오리가 벌어지다. 3. 솔기가 터지다.

綻裂(탄열) 옷이 터지고 찢어짐.
綻破(탄파) 터지고 찢어짐.
비 綜(모을 종)

緞 ⑨ 15획 日タン
비단 단 ⊕duàn

풀이 비단.

練 ⑨ 15획 日レン·ねる
익힐 련(연) ⊕liàn

' ′ ㄠ 幺 幺 糸 糸 紵 紵 紳 綀 練 練

* 형성. 뜻을 나타내는 부수 '糸(실 사)'와 음을 나타내는 '柬(가릴 간)'을 합친 글자.

풀이 1. 익히다. ¶練悉 2. 누이다. 모시 등을 잿물에 삶아 물에 빨아 말림. 3. 단련하다. ¶練磨 4. 가리다. 선택하다.

練磨(연마) 심신이나 지식·기능 등을 닦음.
練兵(연병) 1)병사를 단련시킴. 2)잘 손질된 무기(武器).
練習(연습) 익숙해지도록 되풀이하여 익힘.
練染(연염) 누임과 물들임.
練擇(연택) 고름. 가림.
유 習(익힐 습) 비 鍊(불릴 련)

緬 ⑨ 15획 日メン
가는 실 면 ⊕miǎn

풀이 1. 가는 실. 2. 멀다.

緬想(면상) 먼 곳에 있는 사람을 생각함.
緬然(면연) 1)아득한 모양. 2)생각하는 모양. 사색하는 모양.

緜 ⑨ 15획
綿(p576)과 同字

緡 ⑨ 15획
❶ 낚싯줄 민 ㉝ビン
❷ 새 우는 소리 면 ㊥mín

풀이 ❶ 1. 낚싯줄. ¶緡綸 ❷ 2. 새 우는 소리.

緡蠻(면만) 새가 우는 소리.
緡綸(민륜) 낚싯줄.

비 婚(혼인할 혼)

緖 ⑨ 15획 ㉝ショ ㊥xù
실마리 서

`ㄴ ㄴ ㄠ 幺 幺 糸 糹 紂 紗`
`紗 紣 緒 緒 緒`

* 형성. 뜻을 나타내는 부수 '糸(실 사)'와 음을 나타내는 '者(놈 자)'를 합친 글자.

풀이 1. 실마리. ¶緖論 2. 비롯하다. 시초. ¶緖業 3. 나머지. 4. 차례. 순서.

緖論(서론) 본론에 들어가기 전에 간략하게 논지(論旨)를 밝히는 머리말. 서언(緖言).
緖信(서신) 따르고 믿음.
緖餘(서여) 나머지. 잔여.

線 ⑨ 15획 ㉝セン・いと ㊥xiàn
줄 선

`ㄴ ㄴ ㄠ 幺 幺 糸 糹 紅 紵 紵`
`線 線`

* 형성. 뜻을 나타내는 부수 '糸(실 사)'와 음을 나타내는 '泉(샘 천)'을 합친 글자. 샘(泉)이 흘러서 실(糸)처럼 내려가는 '줄'을 나타냄.

풀이 줄. 실. 선.

線路(선로) 기차나 전차가 다니는 길. 철로.
光線(광선) 빛의 줄기.
電線(전선) 전기를 통하는 도체로 쓰는 금속선.

緦 ⑨ 15획 ㉝シ ㊥sī
시마 시

풀이 1. 시마. 3개월 동안 입는 상복. 2. 베.

緦麻(시마) 시마복.

緣 ⑨ 15획 ㉝エン・ふち ㊥yuán
인연 연

`ㄴ ㄴ ㄠ 幺 幺 糸 糹 紵 紵 紵`
`紵 緣 緣`

풀이 1. 인연. 연분. ¶緣法 2. 가장자리. 가선. 옷 가장자리를 싸두른 선. 3. 두르다.

緣故(연고) 1)까닭. 이유. 2)혈연 관계나 정분으로 이어진 관계.
緣木求魚(연목구어) 나무에 올라 물고기를 구한다는 뜻으로, 불가능하거나 사리에 맞지 않는 일을 이르는 말.
緣分(연분) 1)하늘이 정해준 인연. 2)부부의 인연.
緣坐(연좌) 남의 죄에 연루되어 죄를 받음.

비 綠(초록빛 록)

緩 ⑨ 15획 ㉝カン・ゆるい ㊥huǎn
느릴 완

`ㄴ ㄴ ㄠ 幺 幺 糸 糹 紵 紵 紵`
`紵 緩 緩`

* 형성. 뜻을 나타내는 부수 '糸(실 사)'와 음을 나타내는 '爰(이에 원)'을 합친 글자.

풀이 1. 느리다. 더디다. ¶緩帶 2. 늦추다. 3. 느슨하다. 풀어지다. 4. 관대하다.

緩急(완급) 1)느림과 빠름. 2)중요한 일과 덜 중요한 일.
緩慢(완만) 1)느슨하고 급하지 않음. 2)행동이 느리고 태만함.
緩衝地帶(완충 지대) 이해가 다른 나라 사이끼리 충돌을 줄이기 위해 설치한 중간 지대.
🔁 徐 (천천할 서)

緯 ⑨ 15획 🔤 씨 위 🇯ㅕ 🇨ㄴwěi

` ㄴ ㅇ ㅎ ㅎ ㅎ ㅎ ㅎ ㅎ ㅎ ㅎ 緯緯緯緯`

* 형성. 뜻을 나타내는 부수 '糸(실 사)'와 음을 나타내는 '韋(다룸가죽 위)'를 합친 글자.

풀이 1. 씨. 씨실. ¶緯經 2. 가로.

緯度(위도) 적도와 평행하게 지구 표면을 측정하는 좌표.
經緯(경위) 1)피륙의 날과 씨. 2)일이 전개되어 온 내력. 3)경도와 위도.
凡 經(날 경)

緝 ⑨ 15획 🇯ㅕ 🇨ㄴ모을 집 🇨ㄴjī, qī

풀이 1. 모으다. 모이다. ¶緝績 2. 계속하다. 잇다. 3. 실을 낳다.

緝睦(집목) 화목하게 함.
緝績(집적) 길쌈을 함.
緝綴(집철) 책 등을 모아서 엮음.

締 ⑨ 15획 🇯ㅕ テイ・しまる 맺을 체 🇨ㄴdì

* 형성. 뜻을 나타내는 부수 '糸(실 사)'와 음을 나타내는 '帝(임금 제)'를 합친 글자.

풀이 맺다. 맺히다. 연결하다.

締結(체결) 조약 · 약속 등을 맺음.
締交(체교) 교분을 맺음.
凡 結(맺을 결)

編 ⑨ 15획 🇯ㅕ ヘン・あむ 엮을 편 🇨ㄴbiān

` ㄴ ㅇ ㅎ ㅎ ㅎ ㅎ ㅎ ㅎ ㅎ 綿綿編編`

* 형성. 뜻을 나타내는 부수 '糸(실 사)'와 음

을 나타내는 '扁(넓적할 편)'을 합친 글자.

풀이 1. 엮다. 맞추다. ¶編修 2. 매다. 3. 얽다. 4. 짜다. 5. 책. ¶編帙

編物(편물) 실로 떠서 만든 옷이나 제품.
編成(편성) 1)엮어 만듦. 2)조직함.
編入(편입) 다른 조직이나 부류에 끼어듦.
編著(편저) 편집하여 저술함.
凡 偏(치우칠 편) 遍(두루 편)

緘 ⑨ 15획 🇯ㅕ カン 봉할 함 🇨ㄴjiān

풀이 1. 봉하다. 봉한 것. 2. 끈. 3. 묶다.

緘口(함구) 입을 다묾.
封緘(봉함) 편지 또는 문서 등을 봉투에 넣고 봉하는 일.
凡 封(봉할 봉)

縛 ⑩ 16획 🇯ㅕ バク 묶을 박 🇨ㄴfù

* 형성. 뜻을 나타내는 부수 '糸(실 사)'와 음을 나타내는 '尃(펼 부)'를 합친 글자.

풀이 1. 묶다. 감다. 매다. ¶縛格 2. 얽다.

縛格(박격) 묶어 놓고 침.
縛擒(박금) 사로잡음.
束縛(속박) 행동의 자유를 빼앗음.
凡 束(묶을 속)

縊 ⑩ 16획 🇯ㅕ ヨキ 목맬 액 🇨ㄴyì

풀이 목매다. 목을 졸라 죽이다.

縊刑(액형) 목을 매달아 죽이는 형벌. 교수형.
凡 絞(목맬 교)

縕 ⑩ 16획 🇯ㅕ ウン 헌솜 온 🇨ㄴyùn, wēn

풀이 1. 헌솜. ¶縕絮 2. 솜옷.

縕袍(온포) 가난한 사람들이 입는 거친 옷. 온서(縕絮).

縟 ⑩ 16획 日ジョク
채색할 욕 中rù

[풀이] 1. 채색하다. 채색. 무늬. 2. 복잡하다.
縟禮(욕례) 복잡하고 까다로운 예절.

縡 ⑩ 16획 日サイ
일 재 中zài

[풀이] 일. 사정.

縝 ⑩ 16획 日シン
삼실 진 中zhěn

[풀이] 1. 삼실. 삼 껍질로 만든 실. 2. 맺다. 3. 촘촘하다. 곱다.
縝密(진밀) 꼼꼼하고 주의 깊음.

縉 ⑩ 16획 日シン
꽂을 진 中jìn

[풀이] 1. 꽂다. 2. 분홍빛. 3. 붉은 비단.
縉紳(진신) 띠를 맬 때 홀(笏)을 큰 띠에 꽂는다는 뜻으로, 지위가 높은 벼슬아치를 이르는 말.

緻 ⑩ 16획 日チ
촘촘할 치 中zhì

[풀이] 촘촘하다. 꼼꼼하다.
緻密(치밀) 정교하고 꼼꼼함.

縣 ⑩ 16획 日ケン・かける
매달 현 中xiàn

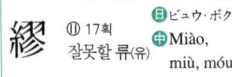

* 회의. 肯(머리 수)를 거꾸로 뒤집은 글자와 系(맬 계)를 합친 글자. 죄인의 목을 거꾸로 나무에 건 모양을 나타내어, '매달다'의 뜻으로 쓰임.

[풀이] 1. 매달다. ¶縣旌 2. 고을. 마을. ¶縣吏 3. 높이 걸다. 걸리다.
縣官(현관) 현의 관리.
縣令(현령) 지방 행정 구역의 하나로 고을의 우두머리 벼슬.
縣廷(현정) 현의 관아.
[동] 懸(매달 현)

縞 ⑩ 16획 日コウ・しま
명주 호 中gǎo

[풀이] 1. 명주. 발이 고운 명주. ¶縞巾 2. 회다. 흰빛.
縞服(호복) 흰 명주로 지은 옷. 흰 상복.

縷 ⑪ 17획 日ル
실 루(누) 中lǚ

* 형성. 뜻을 나타내는 부수 糸(실 사)와 음을 나타내는 婁(빌 루)를 합친 글자.

[풀이] 1. 실. 실의 가닥. ¶縷縷 2. 자세히 하다.
縷析(누석) 자세하게 분석함.
縷述(누술) 자세하게 말함.
縷切(누절) 잘게 자름.
[비] 樓(다락 루)

縲 ⑪ 17획 日ルイ・ラ
포승 루(누) 中léi

[풀이] 포승. 죄인을 묶는 검은 줄.
縲絏(누설) 죄인을 묶는 검은 줄.
[비] 縷(실 루)

繆 ⑪ 17획 日ビュウ・ボク
잘못할 류(유) 中Miào, miù, móu

[풀이] 1. 잘못하다. 2. 어긋나다. 어그러

[糸 11획] 縻繁縫繃繰繗繇績

지다.
繆戾(유려) 서로 어그러짐. 도리에 위배됨.

縻 ⑪ 17획
묶을 미 日ビ 中mí

풀이 1. 묶다. 매다. 2. 고삐. 3. 줄.
縻綆(미경) 줄. 밧줄.
비 摩(갈 마)

繁 ⑪ 17획
많을 번 日ハン 中fán, pó

` ノ 亠 ㅠ 甘 台 毎 毎 敏 敏
敏 繁 繁 繁 繁

* 형성. 뜻을 나타내는 부수 '糸(실 사)'와 음을 나타내는 '敏(재빠를 민)'을 합친 글자.

풀이 1. 많다. 무성하다. ¶繁盛 2. 자주. 빈번하다. 3. 번거롭다. ¶繁禮 4. 번영하다.
繁多(번다) 번거롭고 많음.
繁盛(번성) 한창 잘 되어 성함.
繁昌(번창) 번영하고 창성함.
繁華(번화) 번영하고 화려함.
유 多(많을 다) 盛(성할 성)

縫 ⑪ 17획
꿰맬 봉 日ホウ 中féng, fèng

* 형성. 뜻을 나타내는 부수 '糸(실 사)'와 음을 나타내는 '逢(만날 봉)'을 합친 글자.

풀이 1. 꿰매다. 2. 깁다. 수리하다.
縫製(봉제) 미싱 등으로 박아서 만듦.
縫合(봉합) 갈라진 자리나 수술한 자리를 꿰맴.
비 逢(만날 봉)

繃 ⑪ 17획
묶을 붕 日ホウ 中bēng, běng, bèng

풀이 1. 묶다. 감다. 2. 포대기. 띠.
繃帶(붕대) 상처 등에 약을 바르고 감는 소독한 면포.

繰 ⑪ 17획
❶ 켤 소 日ソウ
❷ 문채 조 中sāo

풀이 ❶ 1. 켜다. 고치에서 실을 뽑다. ¶繰繭 ❷ 2. 문채.
繰繭(소견) 고치에서 실을 뽑음.
繰絲(소사) 고치에서 실을 뽑음.

繗 ⑪ 17획
❶ 길 연 日エン・イン
❷ 당길 인 中yǎn

풀이 ❶ 1. 길다. ❷ 2. 당기다. 잡아당기다.
비 演(멀리 흐를 연)

繇 ⑪ 17획
日ヨウ 中yáo, yóu, zhòu

* 형성. 뜻을 나타내는 부수 '糸(실 사)'과 음을 나타내는 부수 이외의 글자를 합침.

풀이 1. 역사. 부역. ¶繇役 2. 따르다. 3. 노래.
繇役(요역) 부역. 또는 그 부역에 징발됨.

績 ⑪ 17획
길쌈할 적 日セキ 中jī

` ㄴ ㄠ 幺 쓰 系 糸 糸 紆 紆
紆 結 結 績 績

* 형성. 뜻을 나타내는 부수 '糸(실 사)'와 음을 나타내는 '責(꾸짖을 책)'을 합친 글자.

풀이 1. 길쌈하다. 실을 잣다. ¶績女 2. 잇다. 3. 공. 공적.
績女(적녀) 길쌈하는 여자.

🔳 積(쌓을 적)

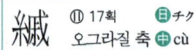
縱 ⑪ 17획 🇯ソウ·ジョウ
늘어질 종 🇨zòng

`纟纟幺乡乡糸糸糸糸糸糸糸糸糸糸糸糸糸糸糸糸糸縱`

* 형성. 뜻을 나타내는 부수 '糸(실 사)'와 음을 나타내는 '從(따를 종)'을 합친 글자.

풀이 1. 늘어지다. 느슨해지다. 2. 세로. ¶縱橫 3. 놓다. 놓아주다. 4. 내버리다. 5. 제멋대로 하다. ¶縱任 6. 가령, 설령.

縱歌(종가) 마음대로 노래를 부름.
縱擊(종격) 1)군대를 풀어서 침. 2)북 등을 제 기분대로 마구 침.
縱令(종령) 가령.
縱心(종심) 1)멋대로 생각함. 2)일흔살의 다른 이름.
縱欲(종욕) 마음대로 욕심을 부림.
縱橫(종횡) 1)가로와 세로. 2)거침없이 이리저리 다님.

🔳 橫(가로 횡)

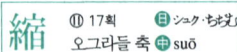
總 ⑪ 17획 🇯ソウ
거느릴 총 🇨zǒng

`纟纟幺乡乡糸糸糸糸糸糸糸 紳紳總總總`

* 형성. 뜻을 나타내는 부수 '糸(실 사)'와 음을 나타내는 '悤(바쁠 총)'을 합친 글자.

풀이 1. 거느리다. 통치하다. ¶總領 2. 합치다. 하나로 묶다. 3. 모두. 4. 모이다.

總括(총괄) 1)통틀어 종합함. 2)여러 개념을 모아 외연이 큰 하나의 개념으로 포괄함.
總務(총무) 전체 사무. 또는 그런 일을 맡은 사람.
總帥(총수) 1)모두 거느림. 또는 그런 사람. 2)군대를 지휘하는 사람.
總集(총집) 여러 사람의 문장을 모은 서적.
總會(총회) 1)모두 모임. 또는 전원이 모임. 2)전원이 모여 하는 회의.

織 ⑪ 17획 🇯チク
오그라질 축 🇨cù

풀이 오그라지다. 수축되다.

縮 ⑪ 17획 🇯シュク·ちぢむ
오그라들 축 🇨suō

`纟纟幺乡乡糸糸糸糸糸糸 糸糸糸宿縮縮縮`

* 형성. 뜻을 나타내는 부수 '糸(실 사)'와 음을 나타내는 '宿(잠잘 숙)'을 합친 글자.

풀이 1. 오그라들다. 줄다. 2. 곧게 하다. 바르다. 3. 모자라다.

縮地法(축지법) 술법에 의하여 땅을 축소하여 먼 거리를 가깝게 간다는 도술.
縮尺(축척) 실제 거리를 지도에 옮기기 위해 줄인 비율.
減縮(감축) 덜어서 줄임.
收縮(수축) 어떤 사물이 오그라듦.

縹 ⑪ 17획 🇯ヒョウ
옥색 표 🇨piāo, piǎo

풀이 옥색.

縹帙(표질) 1)옥색의 책갑. 2)책.
🔳 標(우듬지 표)

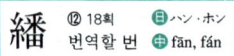
繙 ⑫ 18획 🇯ハン·ホン
번역할 번 🇨fān, fán

풀이 1. 번역하다. 2. 풀다. 끈을 풀다. 3. 찾다.

繙繹(번역) 책을 읽고 그 뜻을 캐냄.

繖 ⑫ 18획 🇯サン
일산 산 🇨sǎn

풀이 일산. 우산.

繖蓋(산개) 햇볕을 가리기 위해 만든 큰 양산. 일산(日傘).

繕 ⑫ 18획
기울 선
日 セン, つくろう
中 shàn

* 형성. 뜻을 나타내는 부수 '糸(실 사)'와 음을 나타내며 '좋게 하다'의 의미를 지닌 '善(착할 선)'을 합친 글자. 이에 찢어진 곳을 '수리하다'의 뜻으로 쓰임.

풀이 깁다. 수선하다. ¶繕補

繕寫(선사) 1)잘못을 바로잡아 깨끗하게 씀. 2)문서를 수집하여 기록함.
修繕(수선) 고장난 것이나 낡은 것을 고침.

繞 ⑫ 18획
두를 요
日 ヨウ
中 rào

풀이 1. 두르다. 돌다. ¶繞帶 2. 둘러싸다. ¶繞繚 3. 감기다. 얽히다.

繞帶(요대) 띠 등을 두름.
繞繚(요료) 둘러쌈.

繒 ⑫ 18획
비단 증
日 ソウ
中 zēng, zèng

풀이 비단. 명주. ¶繒纊

繒絮(증서) 비단과 솜.
繒綵(증채) 고운 비단.
유 絹(명주 견) 비 增(불을 증)

織 ⑫ 18획
짤 직
日 ショク
中 zhī

糹糹糹絅絅絅絺絺絺絺絺織織織織

* 형성. 뜻을 나타내는 부수 '糸(실 사)'와 음을 나타내는 '戠(진흙 시)'를 합친 글자.

풀이 1. 짜다. 베를 짜다. ¶織耕 2. 베틀. 3. 직물.

織女(직녀) 1)피륙을 짜는 아낙네. 2)직녀성(織女星).
織物(직물) 씨줄과 날줄을 엮어서 짠 물건.
織造(직조) 기계로 베나 직물을 짬.
비 職(맡을 직) 識(알 식)

繭 ⑬ 19획
고치 견
日 ケン
中 jiǎn

* 회의. 고치 모양(艹)속에 들어 있는 벌레(虫)와 실(糸)을 나타내어, '누에고치'의 뜻으로 쓰임.

풀이 고치. 누에고치. ¶繭絲

繭絲(견사) 누에고치에서 뽑은 명주실.

繫 ⑬ 19획
맬 계
日 ケイ
中 jì, xì

一 丆 亓 亓 亓 車 車 軎 軎 軗 軗 軗 軗 軗 軗 繫 繫 繫 繫

풀이 1. 매다. 매달다. ¶繫屬 2. 이어지다. 연결되다. 3. 구속하다. ¶繫縻

繫累(계루) 1)딸린 식구로 말미암아 얽매이는 누(累). 2)어떤 사물에 얽매이어 누(累)가 됨.
繫辭(계사) 본문의 이해를 돕기 위해 붙이는 설명하는 말.
繫匏(계포) 매달려 있는 바가지라는 뜻으로, 허송세월함을 이르는 말.

繰 ⑬ 19획
고치 켤 소
日 ソウ
中 qiāo, sāo, zǎo

풀이 1. 고치를 켜다. ¶繰繭 2. 무늬. 문채.

繰繭(소견) 고치를 켬.
비 燥(마를 조)

繡 ⑬ 19획
수 수
日 シュウ
中 xiù

[풀이] 1. 수. 수놓다. 2. 비단.

繡工(수공) 수놓는 일. 또는 그 일을 하는 직공.
繡囊(수낭) 수놓은 주머니란 뜻으로, 아는 것이 많은 사람을 비유하는 말.
繡衣(수의) 1)오색의 수를 놓은 옷. 2)암행어사를 아름답게 이르는 말.
繡帳(수장) 수놓은 휘장.

繩 ⑬ 19획 日ショウ 줄 승 中mǐn, shéng

* 형성. 뜻을 나타내는 부수 '糸(실 사)'와 음을 나타내는 '黽(파리 승)'의 생략형을 합친 글자.

[풀이] 1. 줄. 새끼. ¶繩梯 2. 먹줄. ¶繩墨 3. 법도. ¶繩度 4. 본받다.

繩糾(승규) 잘못을 바로잡음.
繩索(승삭) 밧줄. 새끼.
繩枉(승왕) 잘못된 것을 바로잡음.
繩準(승준) 법. 규칙.
繩察(승찰) 헤아려 조사함.
捕繩(포승) 죄인을 묶는 줄.
[유] 纆(줄 승)

繹 ⑬ 19획 日シャク 풀 역 中yì, shì

* 형성. 뜻을 나타내는 부수 '糸(실 사)'와 음을 나타내는 '睪(엿볼 역)'을 합친 글자.

[풀이] 1. 풀다. 풀어내다. 2. 찾다. 추구하다. 3. 벌여 놓다. 4. 실마리.

繹騷(역소) 끊이지 않고 떠들썩함. 소란함.
[유] 解(풀 해) [비] 譯(통변할 역)

繪 ⑬ 19획 日カイ·え 그림 회 中huì

* 형성. 뜻을 나타내는 부수 '糸(실 사)'와 음을 나타내는 '會(모일 회)'를 합친 글자.

[풀이] 1. 그림. ¶繪事 2. 그림 그리다.

繪事後素(회사후소) 그림은 바탕이 있은 후에 그린다는 뜻으로, 먼저 바탕을 확립한 후 형식이나 외양을 갖춤을 이르는 말.
繪畫(회화) 그림.

繾 ⑬ 20획 日ケン 간곡할 견 中qiǎn

[풀이] 간곡하다.

繾綣(견권) 살뜰한 정의(情誼)로 간곡하여 못내 잊혀지지 않음.

繼 ⑬ 20획 日ケイ 이을 계 中jì

* 형성. 뜻을 나타내는 부수 '糸(실 사)'와 음을 나타내며 '잇다'라는 뜻을 지닌 부수 이외의 글자를 합친 글자. 끊어진 실을 잇는 것을 나타내며, '잇다'의 뜻으로 쓰임.

[풀이] 잇다. 이어가다. 계통을 잇다. ¶繼受
繼母(계모) 의붓어머니.
繼父(계부) 의붓아버지.
繼嗣(계사) 대를 잇는 아들.
繼承(계승) 선임자의 업적 또는 대로 전해오는 물건 등을 물려 받아 이어나감.
繼體(계체) 임금의 자리를 이음.
引繼(인계) 어떤 일이나 물건을 넘겨 줌. 또는 이어받음.
[유] 屬(엮을 속) 系(이을 계) [비] 斷(끊을 단)

辮 ⑭ 20획 日ベン 땋을 변 中biàn

[풀이] 땋다. 땋은 머리.

辮髮(변발) 머리를 땋아 늘임. 또는 그 머리.
[비] 辯(말잘할 변)

[糸 14~19획] 繽纂續纏織纓纔蠹

繽 ⑭ 20획 日ヒン
어지러울 빈 中bīn

풀이 1. 어지럽다. 2. 성한 모양.

繽紛(빈분) 1)많은 것이 뒤섞여 있음. 2)수많은 꽃잎 등이 뒤섞여 떨어지는 모양.

纂 ⑭ 20획 日サン
모을 찬 中zuǎn

풀이 1. 모으다. 편집하다. ¶纂修 2. 잇다. 계승하다. ¶纂承

纂承(찬승) 계승함.

編纂(편찬) 많은 종류의 자료를 모아 책을 꾸며 냄.

🔗 輯(모을 집) 會(모일 회) 集(모일 집)

續 ⑮ 21획 日ゾク
이을 속 中xù

*형성. 뜻을 나타내는 부수 '糸(실 사)'와 음을 나타내는 '賣(팔 매)'를 합친 글자.

풀이 잇다. 연잇다. 계승하다. ¶續出

續斷(속단) 이어졌다 끊어졌다 함.
續出(속출) 연달아 나옴.
續行(속행) 계속하여 행함.
連續(연속) 연이어 계속함.

🔗 屬(엮을 속)

纏 ⑮ 21획 日テン
얽힐 전 中chán

풀이 1. 얽히다. ¶纏結 2. 묶다. 3. 감다. 감기다.

纏結(전결) 얽어 맺음. 매어 묶음.
纏綿(전면) 얽혀 달라 붙음.
纏縛(전박) 1)동여맴. 2)행동을 제약함.

🔗 構(얽을 구)

纉 ⑮ 21획
續(p586)의 俗字

纖 ⑰ 23획 日セン
가늘 섬 中xiān

*형성. 뜻을 나타내는 부수 '糸(실 사)'와 음을 나타내는 '韱(가늘 섬)'을 합친 글자. 가늘고(韱) 긴 실오리(糸)를 나타내어, 실오리처럼 가늘다'의 뜻으로 쓰임.

풀이 1. 가늘다. ¶纖麗 2. 고운 비단. 3. 잘다. 작다. 4. 자세하다.

纖眉(섬미) 가느다란 눈썹. 미인의 눈썹을 이르는 말.
纖魄(섬백) 초승달의 다른 이름.
纖纖玉手(섬섬옥수) 가냘프고 아름다운 여자의 손. 미인의 손.
纖維(섬유) 1)가는 실 모양의 고분자 물질. 2)동식물의 세포가 분화하여 된 가는 실 모양의 물질.

🔗 細(가늘 세) 📛 織(짤 직)

纓 ⑰ 23획 日エイ
갓끈 영 中yīng

풀이 1. 갓끈. 2. 끈. 새끼.

纓絡(영락) 구슬이나 귀금속을 꿰어 만든 목걸이.
纓紳(영신) 갓끈과 큰 띠를 한 사람 즉, 관직이 높은 사람을 이르는 말.

纔 ⑰ 23획 日サイ
겨우 재 中cái

풀이 겨우. 조금.

纔方(재방) 겨우.
纔至(재지) 겨우 도착함.

蠹 ⑲ 25획 日トウ
둑 독 中dào

[糸 19~21획] 纘纜 [缶 0~11획] 缶缸缺缻缾罅

纛旗(독기) 장수의 대기(大旗).

纘 ⑲ 25획
이을 찬 ⓗサン ⓒzuǎn

풀이 잇다. 계승하다.
纘緖(찬서) 선대의 사업을 이어받음.
纘承(찬승) 이어받음.
비 讚(기릴 찬) 纘(끝 찬)

纜 ㉑ 27획
닻줄 람(남) ⓗラン ⓒlǎn

풀이 닻줄.
纜絅(남가) 배를 닻줄로 맴.

缶부

缶 장군 부部

'缶'자는 술이나 간장 등의 액체를 담아 옮길 때 쓰는 장군이라는 질그릇의 모양을 본뜬 글자이다. 이 그릇은 노래의 장단을 맞추는 악기로도 사용되었기 때문에 '질장구'를 뜻하기도 한다. 이 글자를 부수로 갖는 글자는 일반적으로 도기(陶器)와 관련이 있다.

缶 ⓪ 6획
장군 부 ⓗフ·ほとぎ ⓒfǒu

풀이 1. 장군. 술·간장 등을 담는 질그릇.
2. 질장구. 장단을 맞추는 악기.
비 缸(항아리 항)

缸 ③ 9획
항아리 항 ⓗコウ·かめ ⓒgāng

풀이 항아리.
缸硯(항연) 항아리의 조각으로 만든 벼루.
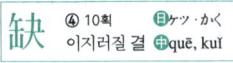
垌(항아리 동) 瓨(항아리 강) 甀(항아리 추)

缺 ④ 10획
이지러질 결 ⓗケツ·かく ⓒquē, kuī

* 형성. 뜻을 나타내는 부수 '缶(장군 부)'와 음을 나타내는 '夬(깍지 결)'을 합친 글자, 흙으로 만든 그릇(缶)의 한 귀가 떨어진(夬) 것을 나타내어, '이지러지다'의 뜻으로 쓰임.

풀이 1. 이지러지다. 일부가 떨어져 나가다. 2. 틈. 흠. ¶缺漏
缺勤(결근) 출근하지 않음.
缺禮(결례) 실례.
缺席(결석) 출석하지 않음.
缺如(결여) 빠져서 없거나 모자람.
缺點(결점) 단점(短點).
缺乏(결핍) 있어야 할 것이 없거나 부족함.
缺陷(결함) 흠이 있어 완전하지 못함.
유 陷(빠질 함) 滿(찰 만)

缻 ⑤ 11획
缶(p586)와 同字

缾 ⑧ 14획
두레박 병 ⓗㇸイ ⓒpíng

풀이 두레박. 단지.
缾罌(병앵) 단지. 항아리.

罅 ⑪ 17획
틈 하 ⓗカ ⓒxià

풀이 1. 틈. 2. 갈라지다. 벌어지다.
罅隙(하극) 갈라진 틈.
罅裂(하열) 갈라짐.

[缶 12~18획] 罇罌罐 [网 0~8획] 网罔罕罟罠罫罪

동 暇(겨를 가)

罇 ⑫ 18획
日 ソン
그물 술그릇 준 中 zūn

풀이 술그릇.

罇罍(준뢰) 제사를 지낼 때 술을 담는 그릇.

罌 ⑭ 20획
日 オウ
항아리 앵 中 yīng

풀이 항아리.

罌缶(앵부) 항아리.

罐 ㉔ 24획
日 カン
두레박 관 中 guàn

풀이 1. 두레박. 2. 가마.

罐子(관자) 물을 푸는 기구. 두레박.

网부

网(四·冈·罒) 그물 망 部

'网'자는 '그물'의 모양을 본뜬 글자로, 겉은 그물의 줄, 속은 그물코를 나타낸다. 그물은 짐승을 통제하거나 구속하는 도구이므로, 지켜야 할 '규율'을 뜻하기도 한다. 지금은 '网'에 '亡(망할 망)'을 덧붙여 만든 '罔(그물 망)'을 주로 사용하며, '网'은 단독의 문자로 사용되기보다 부수의 역할만을 한다.

网 ⓪ 6획
日 ボウ·モウ·アミ
그물 망 中 wǎng

풀이 그물.

비 肉(고기 육)

罔 ③ 8획
日 モウ·ム·あみ
그물 망 中 wǎng, wàng

丨 冂 冂 冂 冈 冈 罔 罔

* 형성. 뜻을 나타내는 부수 '网(그물 망)'과 음을 나타내는 '亡(망할 망)'을 합친 글자.

풀이 1. 그물. 2. 없다. 3. 속이다.

罔極(망극) 은혜가 커서 갚을 길이 없음.
罔民(망민) 백성을 속여 법에 걸리게 하는 일.

동 網(그물 망)

罕 ③ 7획
日 カン
드물 한 中 hǎn, hàn

* 형성. 뜻을 나타내는 부수 '网(网:그물 망)'과 음을 나타내는 '干(방패 간)'을 합친 글자.

풀이 1. 드물다. 2. 그물.

稀罕(희한) 좀처럼 대하기 어려울 만큼 특이하거나 기묘함.

罟 ⑤ 10획
日 コ·あみ
그물 고 中 gǔ

풀이 1. 그물. 2. 그물질하다.

罟網(고망) 그물.

罠 ⑤ 10획
日 ビン
낚싯줄 민 中 mín

풀이 1. 낚싯줄. 2. 그물.

罠蹄(민제) 고라니나 사슴을 잡는 그물.

罫 ⑧ 13획
日 ケイ
줄 괘 中 guǎi, huà

풀이 줄.

罫中(괘중) 바둑판 안.

罪 ⑧ 13획
日 ザイ·つみ
허물 죄 中 zuì

罪

丿 丿 丿 罒 罒 罒 罪 罪 罪 罪 罪

* 형성. 뜻을 나타내는 부수 罒(网:그물 망)과 음을 나타내는 非(아닐 비)를 합친 글자.

풀이 1. 허물. 범죄. 실수. ¶罪過 2. 벌을 주다.

罪過(죄과) 죄가 될 만한 허물.
罪囚(죄수) 죄를 지어 감옥에 갇힌 사람.
罪案(죄안) 범죄 사실을 적은 기록.
罪質(죄질) 죄의 성질.
비 罰(벌줄 벌)

置 ⑧ 13획 日チ・おく 둘 치 中zhì

丿 丿 丿 罒 罒 罒 罒 罓 罟 置 置 置

* 형성. 뜻을 나타내는 부수 罒(网:그물 망)과 음을 나타내는 直(곧을 직)을 합친 글자. 그물[网]을 세우는[直] 것을 나타내어, '두다', '설치하다'의 뜻으로 쓰임.

풀이 1. 두다. 2. 역말.

置重(치중) 어떠한 일에 중점을 둠.
放置(방치) 그대로 버려 둠.

罰 ⑨ 14획 日バツ・バチ 벌할 벌 中fá

罰 罰 罰

* 회의. 칼[刂]을 가지고 꾸짖는[罵] 것을 나타내어, '형벌'의 뜻으로 쓰임.

풀이 1. 벌하다. ¶罰杯 2. 형벌. 죄. 벌.

罰金(벌금) 벌로 내는 돈.
罰則(벌칙) 법규의 위반에 대해 처벌하는 규칙.
懲罰(징벌) 벌을 주어 징벌함.
處罰(처벌) 형벌에 처함.
유 刑(형벌 형)

署 ⑨ 14획 日ショ 관청 서 中shǔ

丿 丿 丿 罒 罒 罒 罒 罒 罘 署 署 署

풀이 1. 관청. ¶署府 2. 베풀다. 3. 맡다. 4. 부서(部署). 5. 나누다. 6. 적다. 날인하다. ¶署押

署名(서명) 서류 등에 이름을 적음.
署置(서치) 관직에 임명함.
유 廳(관청 청) 비 暑(더울 서)

罵 ⑩ 15획 日バ 욕할 매 中mà

풀이 욕하다. 꾸짖다.

罵倒(매도) 몹시 욕하며 몰아 세움.
罵辱(매욕) 욕을 하여 창피를 줌.

罷 ⑩ 15획
❶ 그만둘 파 日ヒ・やめる
❷ 지칠 피 中bà, ba, pí

罒 罒 罒 罢 罢 罷 罷

* 회의. 현명하고 능력이 있는 사람(能)은 잡히더라도[罒] 곧 풀려나기 때문에 '놓아주다'라는 뜻을 나타냄. 바뀌어, '그만두다'의 뜻으로 쓰임.

풀이 ❶ 1. 그만두다. 파하다. ¶罷兵. 끝내다. 3. 놓아주다. 4. 물리치다. ❷ 5. 고달프다. ¶罷馬 6. 앓다.

罷兵(파병) 전쟁을 그만둠.
罷業(파업) 1)동맹 파업의 준말. 2)업을 그만둠.
罷職(파직) 관직에서 물러남.
罷倦(피권) 지침. 피로함.

罹 ⑪ 16획 日リ 근심 리(이) 中lí

풀이 1. 근심. 근심하다. 2. 병에 걸리다.

罹病(이병) 병에 걸림.
罹災(이재) 재앙을 입음.

罽 ⑫ 17획 🇯ケイ 🇨jì
그물 계

풀이 1. 물고기 그물. 2. 융단(絨緞).

罽毯(계담) 털로 짠 담요.

羅 ⑭ 19획 🇯ラ・あみ 🇨luó
그물 라(나)

*회의. 새(隹)를 잡는 데 쓰는, 실(糸)로 짠 그물(罒)을 나타내어, '그물'의 뜻으로 쓰임.

풀이 1. 그물. 새를 잡는 그물. ¶羅罟 2. 벌리다. 3. 비단. ¶羅綺

羅綺(나기) 1)얇은 비단 혹은 무늬있는 비단. 2)잘 차려입은 미녀.

羅立(나립) 줄을 지어 벌려 섬.

羅拜(나배) 여러 사람이 죽 늘어서서 절하는 일.

羅列(나열) 죽 늘어놓음.

羅針盤(나침반) 방위를 알 수 있도록 만든 기구.

網羅(망라) 빠짐없이 모아 놓음.

羈 ⑰ 22획 🇯キ 🇨jī
나그네 기

풀이 1. 나그네. 2. 타향살이하다.

羈客(기객) 나그네.

羈留(기류) 여행을 하며 묵음.

羈愁(기수) 나그네의 쓸쓸한 근심. 여수(旅愁).

🇾 旅(나그네려) 客(손객)

羇 ⑰ 24획 🇯キ 🇨jī
굴레 기

*회의. 가죽 끈(革)으로 말(馬)을 잡아매는(罒) 것을 나타내어, '굴레'의 뜻으로 쓰임.

풀이 1. 굴레. ¶羇縋 2. 매다. ¶羇束 3. 타향살이하다. ¶羇客

羇絆(기반) 1)굴레. 2)굴레를 씌우듯 자유를 얽맴.

羇束(기속) 1)얽어 매어 묶음. 2)자유를 속박함.

🇧 覊(으뜸 때) 羇(나그네 기)

羊부

羊(羊) 양 양 部

'羊'자는 뿔이 아래로 굽은 양의 머리 모양을 본떠 '양'을 나타내었다. 양이 제물로 쓰인 동물의 하나였기 때문에 '상서롭다'는 뜻을 갖기도 하고, 양 창자의 가늘고 꼬불꼬불한 모양을 나타내기도 한다. 이 글자를 부수로 갖는 글자는 일반적으로 양과 관련이 있지만, 양이 중요한 음식물이 되었기 때문에 음식물과 관련된 뜻을 나타내기도 하고, 또 상서로운 동물이라는 뜻에서 '좋다'는 의미와 관련된다.

羊 ⓪ 6획 🇯ヨウ・ひつじ 🇨yáng
양 양

*상형. 양의 머리를 본뜬 글자.

풀이 양.

羊頭狗肉(양두구육) 양의 머리를 내걸고 개고기를 판다는 뜻으로, 겉으로는 훌륭한 체하고 실상은 형편없음을 이르는 말.

羊毛(양모) 면양(綿羊)・산양(山羊) 등의 털.

羊皮紙(양피지) 양의 생가죽을 씻고 펴서 석회(石灰)로 처리하여 건조 표백한 서사(書寫)의 재료.

羌 ② 8획 🇯キョウ・えびす 🇨qiāng
종족 이름 강

* 회의. 양털(¥) 모자를 쓴 사람(儿)을 나타내어, 유목민족을 나타냄.

[풀이] 1. 종족 이름. 티베트족을 말함. 2. 굳세다. 강하다.

羌笛(강적) 중국의 강족(羌族)이 불던 피리.

[비] 姜(성 강)

美 ③ 9획 [日]ビ・ケワくしい
아름다울 미 [中]měi

`  ソ ハ ゛ ビ ギ ギ 美 美 美`

* 회의. 양(羊)의 뿔이나 털로 된 장식을 머리에 쓴 사람(大)을 나타내어, '아름답다'의 뜻을 나타냄.

[풀이] 1. 아름답다. ¶美感 2. 맛나다. ¶美肴 3. 훌륭하다. 좋다.

美感(미감) 사물의 아름다움에 대한 감각.
美觀(미관) 아름다워 볼 만한 경치.
美女(미녀) 아름다운 여자.
美談(미담) 칭찬할 만한 이야기.
美德(미덕) 아름다운 덕행.
美貌(미모) 아름다운 얼굴.
美食(미식) 좋은 음식을 먹음. 또는 그 음식.
美容(미용) 1)아름다운 얼굴. 2)용모를 아름답게 가꿈.
美醜(미추) 아름다움과 추함.
美學(미학) 자연과 인생, 예술에 나타나는 미의 현상·가치 등을 연구하는 학문.

[유] 善(착할 선) [반] 醜(추할 추)

羌 ④ 10획
羌(p589)과 同字

羔 ④ 10획 [日]コウ・こひつじ
새끼양 고 [中]gāo

[풀이] 1. 새끼양. 2. 검은 양.

羔裘(고구) 새끼양의 가죽으로 지은 갖옷.

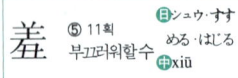
羚 ⑤ 11획 [日]レイ・かもしか
영양 령(영) [中]líng

[풀이] 영양. 소과에 속하는 동물.

羞 ⑤ 11획 [日]シュウ・すすめる・はじる
부끄러워할 수 [中]xiū

[풀이] 1. 부끄러워하다. ¶羞恥. 2. 나아가다. 3. 드리다. 받치다. 4. 음식.

羞惡之心(수오지심) 자기의 옳지 못함을 부끄러워하고, 남의 옳지 못함을 미워하는 마음.
羞恥(수치) 부끄러움.
珍羞盛饌(진수성찬) 성대하게 차린 진귀하고 맛좋은 음식.

[비] 差(어긋날 차)

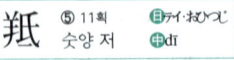
羝 ⑤ 11획 [日]テイ・おひつじ
숫양 저 [中]dī

[풀이] 숫양.

羝乳(저유) 숫양이 새끼를 낳아 젖을 먹인다는 뜻으로, 절대 있을 수 없는 일을 비유하는 말.

羣 ⑦ 13획
群(p590)의 本字

群 ⑦ 13획 [日]グン
무리 군 [中]qún

`フ ヲ ㅋ ヲ 尹 尹 君 君 君' 君゛群 群`

[풀이] 1. 무리. 떼. 여럿. ¶君뭔. 2. 많다. 3. 친족. 가족.

群鷄一鶴(군계일학) 많은 닭 가운데

한 마리의 학이란 뜻으로, 많은 사람 가운데 빼어남을 이르는 말.
群落(군락) 동일한 자연 환경에서 떼를 지어 자라는 식물군(植物群).
群小(군소) 1)많은 자잘한 것. 2)많은 소인들.
群雄割據(군웅할거) 많은 영웅이 여러 곳에 자리잡고 다툼.
群衆(군중) 한곳에 모여 있는 많은 사람.
群集(군집) 1)떼를 지어 모여 집단을 이룸. 2)생물 개체의 종에 따른 분류의 한 단위.
🔄 徒(무리 도) 衆(무리 중)

⑦ 13획   🔘セン、うらやむ
❶ 부러워할 선
❷ 묘도 연   ⊕xiàn

* 형성. 뜻을 나타내는 부수 '羊(양 양)'과 음을 나타내는 次(침 연)을 합친 글자. 양고기[羊]를 보고 침[次]나는 것을 나타내어, '부러워하다'의 뜻으로 쓰임.

풀이 ❶ 1. 부러워하다. ¶羨望 2. 나머지. 남다. ¶羨溢 ❷ 3. 묘도.

羨望(선망) 부러워함.
羨道(연도) 옛 무덤의 입구에서 관이 있는 곳에 이르는 길. 묘도(墓道).

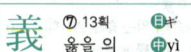
⑦ 13획   🔘ギ
옳을 의   ⊕yì

` ` ` ` ` ` ` ` ` 놀 놀 羔 義 義 義

* 회의. 나(我)의 마음을 양(羊)처럼 착하게 가지는 것을 나타내어, '옳다'의 뜻으로 쓰임.

풀이 1. 옳다. 의롭다. ¶義擧 2. 바르다. 3. 뜻. 의미. 5. 법도. 도리.

義擧(의거) 옳은 일을 위하여 일으킴. 또는 그 일.
義理(의리) 1)사람으로서 지켜야 할 올바른 도리. 2)서로 사귀는 도리.
義兵(의병) 나라를 위해 스스로 일어난 군사.
義賊(의적) 옳지 않은 재물을 빼앗아 다른 사람들에게 나누어 주는 의로운 도둑.
義俠(의협) 자기를 희생하더라도 정의 편에 서서 싸우려는 기질.
🔄 可(옳을 가)
⚡ 儀(거동 의) 議(의논할 의)

⑨ 15획   🔘カツ
오랑캐 갈   ⊕jié

풀이 1. 오랑캐. 2. 불깐 양. 거세한 양.

羯兒(갈아) 오랑캐.

羲
⑩ 16획   🔘ギ
숨 희   ⊕xī

풀이 1. 숨. 내 쉬는 숨. 2. 사람 이름. 중국의 삼황(三皇)의 하나인 복희(伏羲)의 약칭.

羲農(희농) 고대 중국 신화에 나오는 복희씨(伏羲氏)와 신농씨(神農氏).
🔄 息(숨쉴 식) ⚡ 義(옳을 의)

⑬ 19획   🔘コウ
국 갱   ⊕gēng

풀이 1. 국. 2. 끓이다.

羹粥(갱죽) 시래기 등의 채소류를 넣고 끓인 죽.

羸
⑬ 19획   🔘ルイ
여윌 리(이)   ⊕léi

풀이 1. 여위다. 수척하다. 2. 고달프다.

羸瘦(이수) 지쳐서 약해짐. 수척해짐.
⚡ 贏(찰 영)

⑬ 19획   🔘セン
누린내 전   ⊕shān

풀이 1. 누린내. 2. 비린내.

羶血(전혈) 누린내 나는 피.

羽부

羽 깃 우 部

'羽'자는 긴 깃털이 달린 두 날개의 모양을 본뜬 글자로, '날개', '깃'을 뜻한다. 여기서 의미가 확대되어 모든 깃털을 나타내며, 새에 깃털이 있기 때문에 '새'를 의미하기도 한다. 또한 '깃털 장식'이나 '신선'을 나타내기도 하고, 우익(羽翼)에서처럼 '돕다'의 뜻으로 쓰이기도 한다. 이 글자를 부수로 갖는 글자는 새의 깃털과 관련이 있다.

羽 ⓪6획 日ウ・は・はね
깃 우 中yǔ

丨 丨 丨 汋 羽 羽

*상형. 새의 두 날개 모양을 본뜬 글자.

풀이 1. 깃. 깃털. ¶羽旗 2. 날개. 3. 새. 4. 오음(五音)의 하나.

羽鱗(우린) 새와 물고기.
羽翼(우익) 1)새의 날개. 2)새의 날개처럼 좌우에서 보좌하는 것. 또는 보좌하는 사람.
羽化登仙(우화등선) 사람의 몸에 날개가 돋아 신선이 되어 하늘로 날아감. 우화(羽化).

翅 ④10획 日シ
날개 시 中chì

풀이 1. 날개. 2. 지느러미.

翅翅(시시) 나는 모양.
유 翰(날개 한)

翁 ④10획 日オウ・おきな
늙은이 옹 中wēng

ノ 八 公 公 公 公 翁 翁 翁 翁

*형성. 뜻을 나타내는 부수 '羽(깃 우)'와 음을 나타내는 '公(공변될 공)'을 합친 글자.

풀이 늙은이. ¶翁姐
翁姑(옹고) 시아버지와 시어머니.
翁主(옹주) 임금의 후궁에게서 태어난 왕녀.
유 老(늙은이 로) **비** 翕(합할 흡)

翎 ⑤11획 日レイ
깃 령(영) 中líng

풀이 깃.

習 ⑤11획 日シュウ・ならう
익힐 습 中xí

丨 丨 丨 丬 汋 羽 羽 羽 習 習 習

*회의. 새가 새[羽]가 햇빛[白] 아래에서 날개짓을 익힘을 나타내어, '익히다'의 뜻으로 쓰임.

풀이 1. 익히다. 배워서 익히다. ¶習得 2. 버릇. 습관. ¶習慣 3. 익숙하다.

習慣(습관) 버릇.
習得(습득) 익혀 터득함.
習性(습성) 1)버릇이 되어버린 성질. 2)습관과 성질.
見習(견습) 남의 일을 보고 배워서 실제로 연습하는 것.
慣習(관습) 1)익은 습관. 2)사회의 습관.
유 練(익힐 련) 學(배울 학)
비 翌(다음날 익)

翌 ⑤11획 日ヨク
다음날 익 中yì

풀이 다음날. ¶翌夜
翌日(익일) 다음날.
비 習(익힐 습)

翊 ⑤11획 日ヨク
도울 익 中yì

[풀이] 돕다. 보좌하다.

翊戴(익대) 받들어 정성스럽게 모심.

翊成(익성) 도와주어 이루게 함.

[유] 助(도울 조)

翔	⑥ 12획 날 상	[日]ショウ·かける [中]xiáng

[풀이] 날다. 빙빙 돌며 날다. ¶翔翱

翔翱(상고) 빙빙 돌며 남.

飛翔(비상) 날아다님.

翕	⑥ 12획 합할 흡	[日]キュウ [中]xī

* 형성. 뜻을 나타내는 부수 '羽(깃 우)'와 음을 나타내는 '合(합할 합)'을 합친 글자.

[풀이] 1. 합하다. 2. 모으다. 모이다.

翕受(흡수) 합하여 받음.

翕然(흡연) 인심이 한곳으로 심하게 쏠리는 모양.

[비] 翁(늙은이 옹)

翡	⑧ 14획 물총새 비	[日]ヒ [中]fěi

[풀이] 1. 물총새. 2. 비취옥.

翡翠(비취) 1)물총새. 2)푸르고 빛이 나는 아름다운 보석. 비취옥.

翟	⑧ 14획 꿩 적	[日]テキ·きじ [中]dí, zhái

* 회의. 긴 꼬리깃[羽]을 가진 새[隹], 즉 '꿩'의 뜻을 나타냄.

[풀이] 1. 꿩. ¶翟羽 2. 꿩의 깃.

翟車(적거) 임금이 타고 다니는 수레.

翟羽(적우) 꿩의 깃.

[유] 雉(꿩 치)

翠	⑧ 14획 물총새 취	[日]スイ [中]cuì

* 형성. 뜻을 나타내는 부수 '羽(깃 우)'와 음을 나타내는 '卒(마칠 졸)'을 합친 글자.

[풀이] 1. 물총새. 2. 비취색.

翠簾(취렴) 푸른 대오리로 엮어 만든 발.

翠雨(취우) 푸른 나뭇잎에 내리는 빗방울.

翠帳(취장) 물총새의 깃으로 꾸민 휘장.

翫	⑨ 15획 가지고 놀 완	[日]ガン·もてあそぶ [中]wán

[풀이] 1. 가지고 놀다. 2. 즐기다. 3. 탐하다.

翫弄(완롱) 장난감이나 놀림감으로 삼음.

翫味(완미) 글의 뜻을 잘 음미함.

[유] 玩(희롱할 완)

翦	⑨ 15획 자를 전	[日]セン [中]jiǎn

* 형성. 뜻을 나타내는 부수 '羽(깃 우)'와 음을 나타내는 '前(앞 전)'을 합친 글자.

[풀이] 1. 자르다. 2. 가위. ¶翦刀

翦刀(전도) 가위.

翦草除根(전초제근) 풀을 자르고 뿌리를 제거한다는 뜻으로, 나쁜 근본을 제거함을 이르는 말.

翩	⑨ 15획 빨리 날 편	[日]ヘン [中]piān

[풀이] 1. 빨리 날다. 2. 펄럭이다.

翩翩(편편) 1)새가 훨훨 나는 모양. 2)깃발 등이 잇달아 펄럭이는 모양.

翬	⑨ 15획 훨훨 날 휘	[日]キ [中]huī

[풀이] 1. 훨훨 날다. 2. 꿩.

翬飛(휘비) 꿩이 훨훨 난다는 뜻으로,

궁궐의 화려함을 이르는 말.

翯	⑩ 16획 함치르르할 학	[日]カク [中]hè, hào

[풀이] 1. 새가 함치르르한 모양. 2. 깃이 깨끗하고 흰 모양.

翯翯(학학) 1)깨끗하고 흰 모양. 2)새가 살진 모양.

翰	⑩ 16획 글 한	[日]カン [中]hàn

[풀이] 1. 글. 편지. ¶翰札 2. 날개. 3. 붓. ¶翰墨 4. 깃.

翰札(한찰) 편지.

[유] 羽(깃 우) 翼(날개 익)

翳	⑪ 17획 일산 예	[日]エイ [中]yì

[풀이] 1. 일산. 해를 가리는 우산. 2. 가리다. 3. 덮다. 숨다.

翳翳(예예) 그늘이 생겨 어둑한 모양.

翳日(예일) 빛을 가림.

翼	⑪ 17획 날개 익	[日]ヨク [中]yì

* 형성. 뜻을 나타내는 부수 '羽(깃 우)'와 음을 나타내는 '異(다를 이)'를 합친 글자.

[풀이] 1. 날개. ¶翼然 2. 돕다. ¶翼佐 3. 받들다. 4. 이튿날.

翼輔(익보) 도움.

翼贊(익찬) 받들어 정성스럽게 모심.

羽翼(우익) 1)날개. 2)옆에서 도와줌.

翹	⑫ 18획 긴 꼬리 교	[日]ギョウ [中]qiáo, qiào

[풀이] 1. 새의 긴 꼬리. 2. 재능이 뛰어나다. 3. 날개. 4. 들다.

翹企(교기) 몹시 기다림.

翹材(교재) 뛰어난 재능.

翻	⑫ 18획 날 번	[日]ホン・ひるがえる [中]fān

* 형성. 뜻을 나타내는 부수 '羽(깃 우)'와 음을 나타내는 '番(차례 번)'을 합친 글자.

[풀이] 1. 날다. 2. 뒤집다. ¶翻倒 3. 번역하다. 4. 나부끼다.

翻覆(번복) 뒤집음.

翻譯(번역) 한 나라의 언어로 된 글을 다른 나라의 언어로 옮기는 일.

[비] 飜(뒤칠 번)

耀	⑭ 20획 빛날 요	[日]ヨウ [中]yào

* 형성. 뜻을 나타내는 '光(빛 광)'과 음을 나타내는 '翟(꿩 적)'를 합친 글자. 빛[光]이 꿩의 깃[翟]처럼 '빛나는' 것을 나타냄.

[풀이] 빛나다. 빛.

耀耀(요요) 빛나는 모양.

[유] 昱(빛날 욱) 光(빛 광) 昡(빛날 현)

老부

老(耂) 늙을 로 部

'老' 자는 늙은이의 머리털을 강조하여 '늙다'는 뜻을 나타낸 글자로, 아래 '匕'의 형태가 생략되어 '耂'로 쓰이기도 하고, 이는 '늙을로엄'이라는 부수 명칭을 갖는다. 모두 '늙다', '늙은이'와 관련된 뜻을 나타내고, 어른을 높여 이르는 말이나 늙은 사람이 자기 자신을 낮춰 이를 때에도 쓰인다. 또한 '익숙하다'는 뜻을 나타내기도 한다.

老

老 ⑥6획
늙을 로(노)
🇯 ロウ・おいる・ふける
🇨 lǎo

一 十 土 耂 老 老

*상형. 머리카락이 길고 허리가 굽은 노인이 지팡이를 짚고 서 있는 모양을 본뜬 글자.

풀이 1. 늙다. 늙은이. ¶老熟 2. 어른. 연장자. 3. 익숙하다. 노련하다.

老軀(노구) 늙은 몸.
老年(노년) 늙은 나이.
老鈍(노둔) 늙어 언행이 둔함.
老鍊(노련) 오랫동안 경험을 쌓아 익숙하고 숙련됨.
老妄(노망) 늙어 망령을 부림.
老衰(노쇠) 늙어 쇠함.
老人(노인) 늙은이.
老婆(노파) 늙은 여자. 할머니.
老婆心(노파심) 1)남의 일에 필요 이상의 친절한 마음으로 걱정해 줌. 또는 그런 마음.
老患(노환) 노병(老病).

비 翁(늙은이 옹) 耆(늙은이 기)

考 ②6획
생각할 고
🇯 コウ・かんがえる
🇨 kǎo

一 十 土 耂 考 考

*형성. 뜻을 나타내는 부수 '耂(늙을 로)'와 음을 나타내는 부수 이외의 글자를 합친 글자.

풀이 1. 생각하다. ¶考檢 2. 헤아리다. 3. 이루다. 4. 오래 살다. 5. 죽은 아버지.

考古學(고고학) 유물·유적에 의하여 옛 일을 연구·고찰하는 학문.
考慮(고려) 생각하고 헤아림. 깊이 생각함.
考査(고사) 학교에서 학생의 학업 성적을 시험함. 또는 그 시험.
考閱(고열) 상고하여 열람함.
考案(고안) 어떠한 안을 생각하여 냄.
考證(고증) 옛 문헌을 상고(詳考)하여 증거를 찾아 밝힘.
考察(고찰) 깊이 생각하여 살핌.

유 念(생각할 념) 想(생각할 상)
비 孝(효도 효)

耆 ④10획
늙은이 기
🇯 キ・シ
🇨 qí, shì, zhǐ

*형성. 뜻을 나타내는 부수 '耂(늙을 로)'와 음을 나타내는 旨(뜻 지)를 합친 글자.

풀이 1. 늙은이. ¶耆舊 2. 즐기다.

耆老(기로) 예순 살이 넘은 노인.
耆蒙(기몽) 노인과 아이.

유 老(늙은이 로)

者 ⑤9획
놈 자
🇯 シャ・もの
🇨 zhě

一 十 土 耂 耂 并 者 者

풀이 1. 놈. 2. 사람. ¶者類 3. 것.

亡者(망자) 죽은 사람.

耋 ⑥12획
늙은이 질
🇯 テツ
🇨 dié

풀이 늙은이.

耋艾(질애) 늙은이와 젊은이.

而 부

 而 말 이을 이 部

'而' 자는 사람 얼굴의 수염을 본뜬 글자로, 접속사로서 흔히 단어나 문장을 잇는 구실을 한다. 따라서 그 뜻은 '그리고', '그러나', 또는 2인칭 대명사인 '너'를 나타내며, '…일 따름이다'라는 뜻으로도 사용된다.

而 [而 0~3획]

而 ⓪6획 　日 ジ・ニ
말 이을 이　しかして
　　　　　　　中 ér

一 ｒ ｒ 币 而 而

*상형. 턱수염의 모양을 본뜬 글자.

[풀이] 1. 말을 잇다. 접속사. 2. 너, 자네. ¶而公 3. 써. 4. 잘. 5. 뿐. ¶而已

而今(이금) 이제 와서.
而已(이이) 그것뿐. 그뿐임.

耐 ③9획 　日 ダイ・ナイ
견딜 내　たえる
　　　　　中 nài

一 ｒ ｒ ｒ ｒ 而 耐 耐

*회의. 손(寸)으로 수염(而)을 깎는 형벌을 나타낸 글자. 가차하여 '견디다'의 뜻으로 쓰임.

[풀이] 견디다. 참다. 인내. ¶耐久

耐久(내구) 오래 견뎌 냄.
耐性(내성) 약물이나 환경 등에 적응하여 견뎌내는 능력을 갖게 된 성질.
忍耐(인내) 참고 견딤.
[유] 忍(참을 인)

耑 ③9획 　日 タン
❶ 시초 단
❷ 오로지 전　中 duān

[풀이] ❶ 1. 시초, 실마리. ❷ 2. 오로지.

耒부

耒 쟁기 뢰 部

'耒'자는 구부러진 쟁기를 손에 잡고 있는 모양을 나타내어 '쟁기'를 뜻하며, 주로 부수자로서의 역할을 한다. 이 글자를 부수로 갖는 글자는 일반적으로 경작 등의 농사와 관련이 있다.

[耒 0~4획]

耒 ⓪6획
來(p32)의 俗字

耒 ⓪6획 　日 テイ・すき
쟁기 뢰(뇌)　中 lěi

*상형. 밭을 갈 때 쓰는 쟁기를 본뜬 글자.

[풀이] 쟁기. 농기구의 한 가지.
耒耜(뇌사) 쟁기.

耕 ④10획 　日 コウ・たがやす
밭갈 경　中 gēng

一 ｒ ｒ ｒ 丰 丰 耒 耒 耕 耕

*형성. 뜻을 나타내는 부수 '耒(쟁기 뢰)'와 음을 나타내는 '井(우물 정)'을 합친 글자. 정전(井田)을 쟁기(耒)로 가는 일을 나타내어 '밭을 갈다'의 뜻으로 쓰임.

[풀이] 1. 밭을 갈다. ¶耕田 2. 농사. ¶耕地 3. 부지런히 일하다.
耕耘(경운) 논밭을 갈고 김을 맴.
耕作(경작) 땅을 갈아 농사를 지음.
耕地(경지) 논·밭 등 농사를 짓는 땅.
[유] 耬(밭갈 루)

耗 ④10획 　日 モウ・コウ・へる
줄 모　中 hào, máo, mào

*형성. 뜻을 나타내는 부수 '耒(쟁기 뢰)'와 음을 나타내는 '毛(털 모)'를 합친 글자.

[풀이] 1. 줄다. ¶耗竭 2. 다하다. 3. 어지럽다.
耗竭(모갈) 줄어 없어짐.
耗損(모손) 닳거나 줄거나 하여 없어짐.
消耗(소모) 써서 없어짐.

耘 ④10획 　日 ウン・くさぎる
김맬 운　中 yún

[풀이] 김매다.

[耒 4~12획] 耙耜耦耭 [耳 0~4획] 耳耵耶耿

耘鉏(운서) 1)가래로 김을 맴. 2)국토를 평안하게 함.
耘耘(운운) 농사가 성(盛)한 모양.
耘耔(운자) 김매고 북돋움.

耙 ④ 10획
써레 파　日ハ・まぐわ　中bà

풀이 써레. 논밭을 고르는 데 쓰임.

耜 ⑤ 11획
보습 사　日シ　中sì

풀이 보습. 쟁기날.

耦 ⑨ 15획
짝 우　日グウ　中ǒu

풀이 1. 짝. 2. 나란히 서서 갈다. ¶耦耕
耦耕(우경) 나란히 서서 밭을 갊.
🔄 偶(짝 우)

耭 ⑫ 18획
밭 갈 기　日キ　中jī

풀이 밭을 갈다.
🔄 耬(밭갈 루) 耕(밭갈 경)

耳 부

耳 귀 이 部

'耳' 자는 귀의 모양을 본뜬 글자로 '귀'를 의미하며, '귀처럼 생긴 물건'을 나타내기도 한다. 또 귀가 머리 양쪽에 달려 있기 때문에 물건의 양쪽에 달려 있는 것을 뜻하기도 하고, '…뿐', '…따름'이라는 한정의 뜻을 나타내기도 한다. 이 글자를 부수로 갖는 글자는 듣는 것과 관련이 있다.

耳 ⓪ 6획
귀 이　日ジ・みみ　中ěr

一丁丆丐耳耳

* 상형. 귀의 모양을 본뜬 글자.

풀이 1. 귀. ¶耳力　2. …뿐이다. …따름이다.
耳璫(이당) 귀고리.
耳鳴(이명) 귀의 질환이나 정신적 흥분 등으로 어떤 소리가 잇달아 울리는 것처럼 느껴지는 일. 귀울음.
耳目(이목) 1)귀와 눈. 2)여러 사람의 주의·주목.
耳順(이순) 나이 60세. 공자(孔子)가 60세가 되어 천지 만물의 이치에 통달하여, 듣는 것을 모두 이해할 수 있게 되었다는 데서 유래한 말.
耳矣(이의) 뿐. 오직 그것뿐.

耵 ② 8획
귀지 정　日テイ　中dīng

풀이 귀지.
耵聹(정녕) 귀지.

耶 ③ 9획
❶ 어조사 야 日ヤ・や・か
❷ 간사할 사 中yé

一丁丆丐耳耳'耶耶

* 형성. 본자는 '邪'로 뜻을 나타내는 阝(邑: 고을 읍)과 음을 나타내는 '牙(어금니 아)'를 합친 글자.

풀이 ❶ 1. 어조사. 2. 아버지를 부르는 말. **❷** 3. 간사하다.
耶枉(사왕) 간사함.

耿 ④ 10획
빛날 경　日コウ　中gěng

풀이 1. 빛나다. 빛. ¶耿光　2. 굳다.

[耳 4~7획] 冊 耻 耽 聃 聆 聊 联 聘 聖

¶耿 3. 맑다.
耿介(경개) 1)덕(德)이 빛나고 큰 모양. 2)지조를 굳게 지킴.
耿潔(경결) 맑고 깨끗함.

| 冊 | ④ 10획   日 タン
굿바퀴없을담 中 dān |

[풀이] 굿바퀴가 없다.

| 耻 | ④ 10획
恥(p254)의 俗字 |

| 耽 | ④ 10획   日 タン・たのしむ
즐길 탐 中 dān |

[풀이] 1. 즐기다. ¶耽溺 2. 빠지다. 집중하다.
耽溺(탐닉) 어떤 일을 지나치게 즐겨서 거기에 빠짐.
耽讀(탐독) 다른 일을 잊어버릴 정도로 글 읽기에 빠짐.
耽美(탐미) 아름다움에 깊이 빠져 즐김.
[동] 樂(즐길 락) 嬉(즐길 희)

| 聃 | ⑤ 11획
冊(p598)의 俗字 |

| 聆 | ⑤ 11획   日 レイ
들을 령(영) 中 líng |

[풀이] 1. 듣다. 2. 깨닫다.
聆聆(영령) 깨닫는 모양.
聆音(영음) 소리를 들음.

| 聊 | ⑤ 11획   日 リョウ
귀울 료(요) 中 liáo |

[풀이] 1. 귀울다. 이명(耳鳴). 2. 애오라지. 부족하거나마 겨우. 3. 힘입다. 4. 편안하다. 5. 즐기다.
聊爾(요이) 구차한 모양.
無聊(무료) 1)지루하고 심심함. 2)탐탁하게 어울리는 맛이 없음.

| 联 | ⑥ 12획
聯(p599)의 俗字 |

| 聘 | ⑦ 13획   日 ヘイ
찾을 빙 中 pìn |

一 丅 丆 丆 耳 耳 耵 耵 耵 聘 聘 聘

* 형성. 뜻을 나타내는 부수 '耳(귀 이)'와 음을 나타내는 '甹(말이 잘 병)'을 합친 글자.

[풀이] 1. 찾다. 방문하여 안부를 묻다. ¶聘物 2. 부르다. 예를 갖춰 부르다. 초빙하다.
聘禮(빙례) 혼례(婚禮).
聘問(빙문) 예를 갖추어 방문함.
聘父(빙부) 아내의 친정 아버지. 장인.
招聘(초빙) 예로 남을 모셔옴.
[동] 訪(찾을 방)

| 聖 | ⑦ 13획   日 セイ・ショウ
성스러울 성 中 shèng |

一 丅 丆 丆 耳 耵 耵 耵 聖 聖 聖

* 회의. 귀(耳)가 큰 사람(壬)이 남의 말(口)을 잘 듣는다 하여 '귀가 밝다'의 뜻을 나타냄. 바뀌어, '성스럽다'의 뜻으로 쓰임.

[풀이] 1. 성스럽다. ¶聖潔 2. 성인(聖人). 임금. 3. 어느 방면에 대하여 뛰어나다.
聖潔(성결) 성스럽고 깨끗함.
聖君(성군) 덕이 많은 임금.
聖德(성덕) 임금의 덕. 성인(聖人)의 덕.
聖世(성세) 어진 임금이 다스리는 세상.
聖域(성역) 성스러운 곳. 특히 종교상

[耳 8~11획] 聞聡聚聯聯聲聱   599

신성하여 범해서는 안 되는 지역.

聖人 (성인) 스승이 될 지혜와 덕망이 뛰어나고 자비로운 사람.

聖賢 (성현) 성인(聖人)과 현인(賢人).

🔁 俗(풍속 속)

聞 ⑧ 14획
🇯🇵 モン·きく·きこえる
🇨🇳 wén, wèn

丨 丨' 丨'' 丨'' 门 門 門 門 門 門 聞 聞

*형성. 뜻을 나타내는 부수 '耳(귀 이)'와 음을 나타내는 '門(문 문)'을 합친 글자.

풀이 1. 듣다. 들리다. ¶聞見 2. 평판. 명성. ¶聞達

聞見 (문견) 보고 들어서 얻은 지식.

聞人 (문인) 1)세상에 알려진 사람. 2)평판이 좋은 사람.

聞一知十 (문일지십) 하나를 들으면 열을 안다는 뜻으로, 머리가 매우 좋은 사람을 이르는 말.

見聞 (견문) 보고 들은 지식.

🔁 聽(들을 청) 🔁 問(물을 문) 聞(틈 한)

聰 ⑧ 14획
聽(p600)과 同字

聚 ⑧ 14획
🇯🇵 シュウ
🇨🇳 jù

풀이 1. 모이다. 화합하다. 2. 모으다. ¶聚斂 3. 무리. 4. 마을.

聚斂 (취렴) 1)모임. 거두어들임. 2)세금을 가혹하게 거두는 일.

聚議 (취의) 여러 사람이 모여 논의함.

🔁 衆(무리 중) 集(모일 집) 會(모일 회)

聯 ⑦ 15획
聯(p599)의 俗字

聯 ⑪ 17획
🇯🇵 レン
🇨🇳 lián

丨 丨' 丨'' 丨'' F F' E E' 耳' 耳' 耳'
聯 聯 聯 聯 聯 聯 聯 聯

풀이 1. 연잇다. 연결하다. ¶聯立 2. 나란히 하다. 3. 합치다.

聯絡 (연락) 1)일의 경향을 알림. 2)서로 관계를 맺음.

聯立 (연립) 1)연이어 섬. 또는 이어 세움. 2)둘 이상의 것이 어울려 성립함.

聯合 (연합) 두 가지 이상의 사물을 서로 합침.

🔁 連(잇달 련)

聲 ⑪ 17획
🇯🇵 セイ
🇨🇳 shēng

一 + + 士 吉 吉 吉 声 声' 殸 殸 殸
殸 聲 聲 聲

*형성. 뜻을 나타내는 부수 '耳(귀 이)'와 음을 나타내는 '殸(경쇠 경)'의 생략형을 합친 글자. 귀에 들리는 경쇠 소리를 나타내어, '소리'의 뜻으로 쓰임.

풀이 1. 소리. 소리를 내다. 2. 음악. 노래. ¶聲音 3. 울리다. 4. 소문. 평판.

聲價 (성가) 좋은 평판.

聲量 (성량) 목소리의 크기와 양의 정도.

聲明 (성명) 일정한 사항에 관한 자기의 의견·주장 등을 여러 사람에게 발표하는 일.

聲問 (성문) 소식.

聲勢 (성세) 명성(名聲)과 위세(威勢).

肉聲 (육성) 기계음이 아닌 사람의 목소리.

🔁 音(소리 음)

聱 ⑪ 17획
🇯🇵 ゴウ
🇨🇳 áo

풀이 1. 말을 듣지 않다. 2. 어렵다.

[耳 11~16획] 聳 聰 職 聾 聽

聱牙(오아) 1)다른 사람의 말을 듣지 않음. 2)자구(字句)나 문장이 이해하기 어려움.

聳 ⑪ 17획 日ショウ・そびえる
❶ 솟을 용
❷ 두려워할송 ⊕sǒng

풀이 **1** 1. 솟다. 솟게 하다. **2** 2. 두려워하다. ¶聳懼

聳懼(송구) 두려워함.
聳然(용연) 1)높이 솟은 모양. 2)두려워하는 모양.

聰 ⑪ 17획 日ノウ
귀 밝을 총 ⊕cōng

一厂FFEE耳耶耶聃聪聪聰聰聰

* 형성. 뜻을 나타내는 부수 '耳(귀 이)'와 음을 나타내는 '悤(바쁠 총)'을 합친 글자.

풀이 1. 귀가 밝다. ¶聰明 2. 총명하다.

聰氣(총기) 총명한 기질.
聰明(총명) 1)귀가 밝고 눈이 밝음. 2)영리하고 민첩함.

비 總(거느릴 총)

職 ⑫ 18획 日ショク
직분 직 ⊕zhí, tè, yì, zhì

一厂FFE耳耳耳耳耳耳聆聆職職職

* 형성. 뜻을 나타내는 부수 '耳(귀 이)'와 음을 나타내는 '戠(진흙 시)'을 합친 글자.

풀이 1. 직분. 임무. ¶職事 2. 직업. 일. 3. 벼슬. 관직. ¶前職 4. 맡다. 주관하다.

職分(직분) 맡은 바 해야 할 일.
職業(직업) 생계 수단. 또는 자신의 발전을 위해 하는 일.
前職(전직) 전에 가졌던 직업.

동 吏(벼슬아치 리) 官(벼슬 관) 爵(벼슬 작)
비 織(짤 직) 識(알 식)

聾 ⑯ 22획 日ロウ
귀머거리 롱 ⊕lóng

* 형성. 뜻을 나타내는 부수 '耳(귀 이)'와 음을 나타내는 '龍(용 룡)'을 합친 글자.

풀이 1. 귀머거리. 2. 사물에 어둡다.

聾昧(농매) 사물에 어두움.
聾啞(농아) 귀머거리와 벙어리.

聽 ⑯ 22획 日チョウ・きく
들을 청 ⊕tīng

一厂FFE耳耳耳耳耳耳耵耵耵睡睡聽聽聽

* 형성. 뜻을 나타내는 부수 '耳(귀 이)'와 '悳(덕 덕)', 음을 나타내는 '壬(정)'을 합친 글자.

풀이 1. 듣다. 청취하다. ¶聽決 2. 엿보다. 살피다. 3. 받다. 4. 판단하다. 5. 염탐. 간첩.

聽覺(청각) 소리를 듣는 감각.
聽講(청강) 강의를 들음.
聽衆(청중) 강연·음악 등을 듣기 위해 모여 있는 군중.
聽取(청취) 방송 등을 자세히 들음.
盜聽(도청) 몰래 엿들음.

비 廳(관청 청)

聿 부

聿 붓 율 部

'聿' 자는 한 손으로 붓을 잡고 있는 모양에서 '붓'을 나타낸다. 그러나 단독의 문자보다는 '오직'이나 '이에'와 같은 발어사로 많이 쓰이고, 이 글자를 부수로 갖는 글자는 주로 붓을 사용하는 일과 관련이 있다.

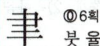

聿 ⓪6획　❙イツ・ふで
붓 율　㊥yù

* 상형. 손에 붓을 쥔 모양을 본뜬 글자.

풀이 1. 붓. 2. 드디어. 마침내.

聿遵(율준) 따르며 좇음. 준수함.
유 筆(붓 필)

甫 ②8획
肅(p601)의 俗字

肅 ⑥11획
肅(p601)의 俗字

肆 ⑦13획　❙シ
방자할 사　㊥sì

풀이 1. 방자하다. 멋대로 하다. ¶肆惰 2. 늘어놓다. 진열하다. 3. 가게. 점포. ¶肆廛

肆氣(사기) 기분대로 행동함.
肆奢(사사) 방자하고 사치스러움.
肆欲(사욕) 자신의 마음대로 욕심을 부림.
肆廛(사전) 가게.

肅 ⑦13획　❙シュク
엄숙할 숙　㊥sù, xiāo

丨ヨヨ肀肀肀肀肀肃肅肅肅

풀이 1. 엄숙하다. 엄하다. ¶肅靜 2. 삼가하다. 3. 공경하다. ¶肅敬 3. 경계하다.

肅然(숙연) 1)삼가고 두려워하는 모양. 2)고요하면서 엄숙함.
肅正(숙정) 엄격하게 다스려 바로잡음.
肅淸(숙청) 엄하게 다스려 잘못된 것을 모두 치워 없앰.
嚴肅(엄숙) 위엄 있고 정숙함.

靜肅(정숙) 고요하고 엄숙함.

肄 ⑦13획　❙イ
익힐 이　㊥yì

풀이 1. 익히다. 연습하다. ¶肄武 2. 노력. 수고.

肄武(이무) 무예를 익힘.
肄習(이습) 익힘. 연습함.
비 疑(의심할 의)

肇 ⑧14획　❙チョウ
비롯할 조　㊥zhào

풀이 1. 비롯하다. 시작하다. ¶肇基 2. 꾀하다. 3. 치다.

肇國(조국) 나라를 세움. 건국.
肇基(조기) 토대를 닦음. 기초를 마련함.

肉부

肉(月)　고기 육 部

'肉'자는 동물의 살을 나타내는 글자로 '고기'를 나타낸다. 부수로 쓰일 때는 '月' 모양으로 쓰는데, '月(달 월)'과 비슷하여 '육달월'이라는 부수 명칭을 갖기도 한다. 또한 의미가 확대되어 인체(人體)를 구성하는 부분을 총칭하기도 한다. 이 글자를 부수로 갖는 글자는 신체 조직과 관련된 의미를 갖는다.

肉 ⓪6획　❙ニク・にく
고기 육　㊥ròu

丨冂内内内肉

* 상형. 갈빗대가 붙은 고깃덩어리를 본뜬 글자.

[肉 2~3획] 肌 肋 肝 肚 肘 肖 肛

풀이 1. 고기. 2. 피부. 3. 살. 4. 몸.
肉感(육감) 신체상의 감각.
肉類(육류) 먹을 수 있는 짐승의 고기.
肉身(육신) 사람의 몸.
肉眼(육안) 안경 등을 쓰지 않는 본래의 눈. 또는 그 시력(視力).
肉重(육중) 몸이 크고 매우 무거움.
肉親(육친) 부모형제와 같이 혈연 관계에 있는 사람.
肉筆(육필) 본인이 직접 쓴 글씨.
血肉(혈육) 1)피와 살. 2)자기 소생의 자녀. 3)부모·자식·형제·자매.
骨肉相爭(골육상쟁) 뼈와 살이 서로 다툰다는 뜻으로, 형제나 같은 민족끼리 서로 다툼을 이르는 말.
비 內(안 내)

肌	② 6획	**일** はだ
	살 기	**중** jī

풀이 1. 살. ¶肌膚 2. 피부.
肌骨(기골) 살과 뼈.
肌膚(기부) 피부.
肌液(기액) 땀.

肋	② 6획	**일** ロク
	갈비 륵(늑)	**중** lē, lèi

풀이 갈비. 갈비뼈. 늑골.
肋骨(늑골) 갈빗대.
鷄肋(계륵) 닭의 갈비. 적지만 버리기에는 아까운 것을 이르는 말.

肝	③ 7획	**일** カン·きも
	간 간	**중** gān

丿 𠂉 月 月 肝 肝 肝

* 형성. 뜻을 나타내는 부수 '月(肉:고기 육)'과 음을 나타내는 '干(방패 간)'을 합친 글자.

풀이 1. 간. ¶肝腦 2. 진심. 마음. 3. 요긴하다. ¶肝要

肝膽(간담) 1)간과 쓸개. 2)속마음. 심중(心中).
肝膽相照(간담상조) 간과 쓸개를 꺼내어 서로 내보인다는 뜻으로, 격의 없이 사귀는 친구 사이를 이르는 말.
肝腸(간장) 1)간과 창자. 2)마음.
忠肝(충간) 충성스러운 마음.
비 肛(똥구멍 항)

肚	③ 7획	**일** ト·はら
	배 두	**중** dù, dǔ

풀이 1. 배. 2. 밥통.

肘	③ 7획	**일** チュウ·ひじ
	팔꿈치 주	**중** zhǒu

풀이 1. 팔꿈치. 끌다. 잡아당기다.

肖	③ 7획	**일** ショウ·にる
	닮을 초	**중** xiào, xiāo

丨 丷 亅 小 肖 肖 肖

* 형성. 뜻을 나타내는 부수 '月(肉:고기 육)'과 음을 나타내는 '小(작을 소)'를 합친 글자.

풀이 1. 닮다. 비슷하다. ¶肖似 2. 본받다. 3. 작다.
肖像(초상) 그림으로 그려진 어떤 사람의 얼굴이나 모습.
不肖(불초) 1)못나고 어리석은 사람. 2)부모의 덕망이나 일을 이을 만한 자질이 없는 사람.
유 似(같을 사) **비** 宵(밤 소)

肛	③ 7획	**일** コウ·はれる
	똥구멍 항	**중** gāng

* 형성. 뜻을 나타내는 부수 '月(肉:고기 육)'과 음을 나타내는 '工(장인 공)'을 합친 글자.

풀이 똥구멍.
肛門(항문) 똥구멍. 소화기의 말단.
비 肝(간 간)

肓	③ 7획 명치 황	[日]コウ [中]huāng

[풀이] 명치. 심장 밑에 있는 횡경막 윗부분.

[비] 盲(소경 맹)

肩	④ 8획 어깨 견	[日]ケン·かた [中]jiān

丶 厂 户 户 户 肩 肩 肩

* 회의. 어깨 모양을 본뜬 '戶(지게 호)'와 '月(肉;고기 육)'을 합친 글자.

[풀이] 1. 어깨. ¶肩章 2. 견디다. 이겨 내다.

肩胛骨(견갑골) 어깨 위쪽에 있는 역삼각형의 뼈. 어깨뼈.

肩章(견장) 제복 어깨에 붙여서 계급을 나타내는 표장.

比肩(비견) 어깨를 나란히 함.

股	④ 8획 넓적다리 고	[日]コ·もも [中]gǔ

[풀이] 1. 넓적다리. ¶股肱 2. 정강이.

股間(고간) 두 넓적다리 사이. 사타구니.

股肱之臣(고굉지신) 임금의 손과 발이 되어 도와주는 가장 신뢰하는 신하.

肱	④ 8획 팔뚝 굉	[日]コウ·ひじ [中]gōng

[풀이] 팔뚝.

肱膂(굉려) 팔뚝과 등뼈란 뜻으로, 중심이 되는 것을 이르는 말.

[유] 腕(팔 완)

肯	④ 8획 즐길 긍	[日]コウ [中]kěn

丨 卜 止 屮 肯 肯 肯 肯

* 회의. 본래 뼈(止)에 붙어 있는 살(月)을 나타내었으나, 바뀌어 '즐기다'의 뜻으로 쓰임.

[풀이] 1. 즐기다. ¶肯從 2. 뼈 사이에 붙은 살.

肯綮(긍경) 사물의 가장 중요한 곳을 이르는 말.

肯定(긍정) 1)그러하다고 동의함. 2) 좋다고 승인함.

[비] 背(등 배)

肪	④ 8획 기름 방	[日]ボウ [中]fáng

[풀이] 1. 기름. 비계. 2. 살찌다.

肪脆(방취) 기름기가 많고 부드러운 것.

脂肪(지방) 기름.

[유] 油(기름 유)

肥	④ 8획 살찔 비	[日]ヒ·こえる [中]féi

丿 刀 月 月 月⁷ 肌 肌 肥

* 회의. 살(肉)이 많은 사람(卩)을 나타낸 글자로 '살찌다'의 뜻으로 쓰임.

[풀이] 1. 살찌다. ¶肥大 2. 거름. ¶肥料 3. 땅이 기름지다.

肥大(비대) 살쪄 크고 뚱뚱함.

肥料(비료) 식물의 생장을 촉진하기 위하여 땅에 주는 영양 물질. 거름.

肥滿(비만) 살쪄서 뚱뚱해짐.

肥沃(비옥) 땅이 기름져 농작물이 잘 됨.

肥肉(비육) 살쪄 기름진 고기.

育	④ 8획 기를 육	[日]イク·そだてる [中]yù

丶 亠 云 云 产 育 育 育

* 회의. '月(肉;고기 육)'과 거꾸로 된 '子(아들 자)''를 합친 글자. 원래는 아이를 낳는 것을 의미했으나, 뜻이 확대되어 '기르다'의 뜻으로 쓰임.

[풀이] 1. 기르다. 양육하다. ¶育兒 2. 자라다. ¶育養

育成(육성) 길러서 자라게 함.
育兒(육아) 어린아이를 기름.
育種(육종) 현재의 품종을 개량하거나 또는 개량종을 만드는 일.
養育(양육) 길러 자라게 함.
동 飼(먹일 사)

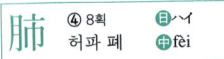
사지 지

* 형성. 뜻을 나타내는 부수 '月(肉;고기 육)'과 음을 나타내는 '支(지탱할 지)'를 합친 글자.
풀이 사지. 팔다리.
肢解(지해) 팔다리를 자르던 형벌.
비 枝(가지 지) 岐(갈림길 기)

허파 폐

* 형성. 뜻을 나타내는 부수 '月(肉;고기 육)'과 음을 나타내는 '市(슬갑 불)'를 합친 글자.
풀이 1. 허파. 2. 마음. 마음속. 3. 붉다.
肺炎(폐렴) 폐에 생기는 염증.
肺腑(폐부) 1)폐장(肺臟). 2)마음속.
肺活量(폐활량) 폐에 최대한의 공기가 들어가게 숨을 들이마셨다가 내쉬는 공기의 양.

肴 ④8획 日ヒョウ・おつまみ
안주 효 中yáo

풀이 안주. 술안주.
嘉肴(가효) 맛좋은 안주.
비 希(바랄 희)

胛 ⑤9획 日コウ
어깨뼈 갑 中jiǎ

풀이 어깨뼈.
肩胛(견갑) 어깨뼈가 있는 곳.

胆 ⑤9획 日タン
어깨 벗을 단 中dǎn

풀이 1. 어깨 벗을. 2. 쓸개. 膽(쓸개 담)의 속자.
비 明(밝을 명)

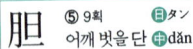
脈(p606)의 俗字

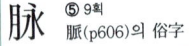
희생 반 中pán, pàng

풀이 1. 희생. 2. 살찌다.

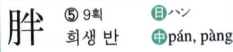
등 배

* 형성. 뜻을 나타내는 부수 '月(肉;고기 육)'과 음을 나타내는 '北(북녘 북/달아날 배)'를 합친 글자. 신체(肉)의 북쪽(北), 즉 뒤쪽에 있는 '등'의 뜻으로 쓰임.
풀이 1. 등. ¶背面 2. 뒤. 3. 등지다. 배반하다. ¶背反
背景(배경) 무대 뒤쪽 벽에 그린 경치 및 무대 위의 장치.
背叛(배반) 신의를 저버리고 등지고 돌아섬.
背水陣(배수진) 1)강을 등 뒤에 두고 진을 침. 2)온 힘을 다하여 성패(成敗)를 겨룸을 비유하는 말.
背信(배신) 신용을 저버림. 신의에 배반함.
背後(배후) 1)뒤쪽. 뒤. 2)표면에 드러나지 않는 세력.
비 肯(즐길 긍)

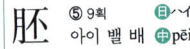
아이 밸 배 中pēi

[肉 5획] 胥胃胤胄胎胞胡

605

풀이 1. 아이를 배다. 잉태하다. 2. 시초. 기원.

胚胎(배태) 1)아이나 새끼를 뱀. 2)사물의 시초.
日 坯(아이밸 배)

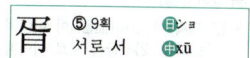
胥 ⑤ 9획 日ショ
서로 서 中xū

풀이 1. 서로. 2. 다. 모두. 3. 아전.

胥吏(서리) 행정기관에서 말단의 실무에 종사하는 하급의 관리.

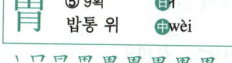
胃 ⑤ 9획 日イ
밥통 위 中wèi

丨 丨 口 田 田 円 胃 胃 胃

*회의. 위장 안에 음식이 들어있는 모양을 나타낸 띕(밭 전)'과 '月(肉:고기 육)'을 합친 글자.

풀이 1. 밥통. 위. ¶胃腸 2. 별 이름.

胃痙攣(위경련) 위가 오그라지며 통증이 일어나는 증세.
胃酸(위산) 위액에 섞여 소화 작용을 하는 산(酸).
胃癌(위암) 위 안에 생기는 악성의 종기.
胃腸(위장) 위와 장.
비 謂(이를 위)

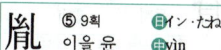
胤 ⑤ 9획 日イン・たね
이을 윤 中yìn

풀이 1. 잇다. 2. 자손. 대를 잇는 맏아들. ¶胤子 3. 핏줄. 혈통. ¶胤文

胤玉(윤옥) 남의 아들을 높여 부르는 말.
胤子(윤자) 맏아들. 또는 자손.

胄 ⑤ 9획 日チュウ
맏아들 주 中zhòu

풀이 1. 맏아들. ¶胄胤 2. 자손. 핏줄.
胄裔(주예) 핏줄. 자손.

胄胤(주윤) 맏아들.
비 冑(밥통 위)

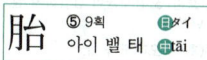
胎 ⑤ 9획 日タイ
아이 밸 태 中tāi

*형성. 뜻을 나타내는 부수 '月(肉:고기 육)'과 음을 나타내는 '台(별 태)'를 합친 글자.

풀이 1. 아이를 배다. 잉태하다. 2. 태아. 3. 처음, 시초.

胎敎(태교) 태아를 위한 교육.
胎動(태동) 1)모태 안에서 태아가 움직이는 일. 2)어떤 사물이나 현상이 생기려고 싹트기 시작하는 것.
胎生(태생) 1)사람이 어떠한 곳에 태어남. 2)뱃속에서 일정 기간 발달한 후 태어남.
胎兒(태아) 모체 안에서 자라고 있는 아이.
孕胎(잉태) 아이를 뱀.
日 孕(아이 밸 잉)

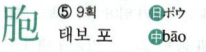
胞 ⑤ 9획 日ホウ
태보 포 中bāo

丨 丨 月 月 肝 肝 朐 朐 胞

*형성. 뜻을 나타내는 부수 '月(肉:고기 육)'과 음을 나타내는 '包(안을 포)'를 합친 글자. 뱃속의 아이를 싸고 있는 막(膜)을 나타냄.

풀이 1. 태보. ¶胞胎 2. 세포.

胞宮(포궁) 아기집.
胞衣(포의) 태아를 싸고 있는 막과 태반.
胞子(포자) 식물이 번식하기 위하여 생기는 특별한 세포.
비 抱(안을 포)

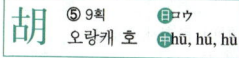
胡 ⑤ 9획 日コウ
오랑캐 호 中hū, hú, hù

一 十 十 古 古 古 胡 胡 胡

*형성. 뜻을 나타내는 부수 '月(肉:고기 육)'과 음을 나타내는 '古(옛 고)'를 합친 글자.

풀이 1. 오랑캐. ¶胡亂 2. 어찌. 3. 턱

밀삼. 4. 오래 살다.
胡考(호고) 오래 삶. 또는 그런 사람.
胡亂(호란) 오랑캐들이 침입하여 일으킨 난리.
胡壽(호수) 오래도록 삶.
胡人(호인) 1)만주사람. 2)야만인.
비 湖(호수 호)

胱 ⑥ 10획 日 コウ 中 guāng
오줌통 광

풀이 오줌통.
膀胱(방광) 오줌을 저장하는 기관.

能 ⑥ 10획 日 ノウ・あたう 中 néng
능할 능

⺝ ⺝ ⺝ 育 育 育 能 能 能

* 상형. 곰의 모양을 본뜬 글자. 곰이 힘이 센 것에서 '능하다'는 뜻을 나타냄.

풀이 1. 능하다. 할 수 있다. ¶能當 2. 잘하다. 재주가 뛰어나다. 재능. ¶能人

能動(능동) 스스로 마음에 내켜 작용하는 것.
能率(능률) 일정한 시간에 할 수 있는 일의 비율.
能事(능사) 1)능히 할 수 있는 일. 2)쓸모 있는 일.
能通(능통) 어떤 일에 환히 통함.
才能(재능) 재주와 능력.
비 態(모양 태)

胴 ⑥ 10획 日 ドウ 中 dòng
큰창자 동

풀이 1. 큰 창자. 2. 몸통.
비 洞(골 동)

脈 ⑥ 10획 日 ミャク・すじ 中 mài, mò
맥 맥

⺝ ⺝ ⺝ 胪 胪 胪 脈 脈

* 회의. '⺝(⾁:고기 육)'과 삼수변에 생략된 '派(물갈래 파)'를 합친 글자. 몸 안에 퍼져 있는 물갈래, 즉 '혈관'을 나타냄.

풀이 1. 맥. 혈관. ¶脈絡 2. 줄기. 3. 계속 끊이지 않는 모양.

脈絡(맥락) 1)혈맥(血脈)이 이어져 있는 모양. 2)사물이 서로 이어져 있는 관계.
脈搏(맥박) 심장의 박동에 따라 일어나는 혈관 벽의 주기적인 움직임.
一脈相通(일맥상통) 생각이나 상태 등이 한 줄기로 통함.
비 眽(홀겨볼 맥)

脂 ⑥ 10획 日 シ 中 zhī
기름 지

* 형성. 뜻을 나타내는 부수 '⺝(⾁:고기 육)'과 음을 나타내는 '旨(뜻 지)'를 합친 글자.

풀이 1. 기름. 비계. ¶脂膏 2. 기름을 바르다. 3. 연지. ¶脂粉

脂肪(지방) 유지(油脂)가 상온에서 고체로 된 것.
脂粉(지분) 연지와 흰 가루.
脂肉(지육) 기름진 고기.
유 肪(기름 방) 油(기름 유)

脊 ⑥ 10획 日 セキ 中 jǐ
등뼈 척

* 회의. 등뼈를 본뜬 부수 이외의 글자와 '⺝(⾁:고기 육)'을 합친 글자. 이에 '등'의 뜻으로 쓰임.

풀이 1. 등뼈. ¶脊骨 2. 등성마루. ¶脊椎
脊骨(척골) 등뼈.
脊椎(척추) 등뼈로 이루어진 등성마루.
비 背(등 배)

脆 ⑥ 10획 日 ゼイ 中 cuì
무를 취

풀이 1. 무르다. 연하다. ¶脆弱 2. 가볍다.

脆弱(취약) 무르고 약함.
脆軟(취연) 무르고 연함.
비 危(위태할 위)

脅 ⑥ 10획
일 キョウ・おびやかす
중 xié
옆구리 협

フ ク ク ク ク ク 肖 脅 脅 脅

*형성. 뜻을 나타내는 부수 '月(肉:고기 육)'과 음을 나타내는 '劦(힘 합할 협)'을 합친 글자.

풀이 1. 옆구리. 2. 옆. 곁. 3. 협박하다. 으르다. ¶脅喝

脅迫(협박) 으르고 핍박하여 남에게 겁을 주는 일.
脅奪(협탈) 협박하여 빼앗음.
동 脇(옆구리 협)

脇 ⑥ 10획
脅(p607)과 同字

胸 ⑥ 10획
일 キョウ・むね
중 xiōng
가슴 흉

丿 ノ 月 月 月' 肑 肑 胸 胸

*형성. 뜻을 나타내는 부수 '月(肉:고기 육)'과 음을 나타내는 '匈(오랑캐 흉)'을 합친 글자.

풀이 1. 가슴. 마음. ¶胸中 2. 중요하다. 중요한 곳.
胸膈(흉격) 1)가슴과 배의 사이. 2)마음속. 심중.
胸襟(흉금) 가슴속. 마음속.
胸中(흉중) 가슴속. 마음속.
胸懷(흉회) 마음에 품은 생각.
동 胸(가슴 흉)

脚 ⑦ 11획
일 キャク・あし
중 jiǎo, jué
다리 각

丿 ノ 月 月 月' 肝 肚 肚 肤 ¹脚

*형성. 뜻을 나타내는 부수 '月(肉:고기 육)'과 음을 나타내는 '却(물리칠 각)'을 합친 글자.

풀이 1. 다리. ¶脚線美 2. 물건의 하부.

脚光(각광) 무대 전면의 아래쪽에서 배우를 비추어 주는 광선.
脚本(각본) 연극의 대사나 무대 장치에 관한 것들을 적은 글.
脚註(각주) 본문 밑에 적은 풀이. 주석.
脚下(각하) 1)발 밑. 2)현재. 지금.
동 足(발 족)

脛 ⑦ 11획
일 ケイ・すね
중 jìng
정강이 경

풀이 정강이.

腦 ⑦ 11획
腦(p609)의 俗字

脩 ⑦ 11획
일 シュウ
중 xiū
포 수

풀이 1. 포. 건육. ¶脩脯 2. 닦다. 3. 길다. ¶脩短

脩短(수단) 길고 짧음.
脩脯(수포) 포. 건육.
비 修(닦을 수)

脣 ⑦ 11획
일 シュン・くちびる
중 chún
입술 순

丿 厂 厂 戸 戸 后 辰 辰 脣 脣

*형성. 뜻을 나타내는 부수 '月(肉:고기 육)'과 음을 나타내는 '辰(별 신)'을 합친 글자.

풀이 1. 입술. ¶脣音 2. 가장자리.

脣亡齒寒(순망치한) 입술이 없어지면 이가 시리다는 뜻으로, 한쪽이 망하면 다른 한 쪽도 망함, 곧 매우 밀접한 관계를 비유하는 말.

上脣(상순) 1)윗입술. 2)입술 모양으로 된 꽃잎이나 꽃받침의 윗부분.
📎 吻(입술 문)

脘 ⑦ 11획 🗾ワン·ガン
밥통 완　中wăn

풀이 1. 밥통. 위(胃). 2. 말린 고기.

脫 ⑦ 11획
❶ 벗을 탈　🗾ダツ·ぬぐ
❷ 기뻐할 태　中tuō

丿 几 月 刖 肸 胪 胪 脱 脱 脱

* 형성. 뜻을 나타내는 부수 月(肉:고기 육)과 음을 나타내는 兌(바꿀 태)를 합친 글자.

풀이 ❶ 1. 벗다. 2. 벗어나다. 면제하다. ¶脫俗 3. 빠지다. 빠뜨리다. ¶脫毛 ❷ 4. 기뻐하다.
脫稿(탈고) 원고를 다 써서 마침.
脫落(탈락) 함께 같이 나가던 일에서 빠져나감.
脫色(탈색) 섬유 등에 들어 있는 색깔을 빼어 버림.
脫線(탈선) 1)기차나 전차 등의 수레바퀴가 궤도에서 벗어져 나감. 2)상식이나 목적에서 벗어난 행동을 함.
脫稅(탈세) 세금의 전부 또는 일부를 납부하지 않음.
脫營(탈영) 군인이 병영에서 도망침.
脫盡(탈진) 기력이 다 빠져 없어짐.
脫出(탈출) 빠져나감.
脫退(탈퇴) 1)관계하고 있는 일로부터 벗어남. 2)가입한 단체에서 나옴.
脫皮(탈피) 낡은 것을 벗고 새로워짐.
📎 著(입을 착)

脯 ⑦ 11획 🗾ホ
포 포　中fŭ, pú

풀이 포. 포를 뜨다.
📎 浦(개 포)

腔 ⑧ 12획 🗾コウ
빈 속 강　中qiāng

풀이 1. 속이 비다. 2. 가락. 곡조.
腔腸(강장) 해파리류 및 히드라류의 체내 빈 곳에서 영양과 소화를 돕는 기관.

腐 ⑧ 14획 🗾フ·くさる
썩을 부　中fŭ

亠广 广 广 广 庐 府 府 府 腐 腐 腐

* 형성. 뜻을 나타내는 부수 肉(고기 육)과 음을 나타내는 府(곳집 부)를 합친 글자.

풀이 1. 썩다. ¶腐爛 2. 썩히다. 3. 궁형. 남자의 생식기를 제거하던 형벌.
腐蝕(부식) 썩어 없어짐.
腐刑(부형) 옛날, 남자의 생식기를 자르던 형벌. 궁형(宮刑).
📎 朽(썩을 후)

腑 ⑧ 12획 🗾フ
장부 부　中fŭ

풀이 장부(臟腑). 위장·대장·소장 등.
腑臟(부장) 오장육부.

脾 ⑧ 12획 🗾ヒ
지라 비　中pí

풀이 지라. 오장의 하나. ¶脾胃
脾胃(비위) 1) 비장과 위. 2)역겨운 것을 잘 참는 힘.

腎 ⑧ 12획 🗾ジン
콩팥 신　中shèn

풀이 1. 콩팥. 신장. ¶腎腸 2. 굳다.
腎氣(신기) 콩팥의 기능.
腎臟(신장) 소변으로 배설하는 기관.

[肉 8~9획] 腋腕腆脹腳腱腦腹腺腥

콩팥.

腋 ⑧ 12획 ⓙエキ・わき
겨드랑이 액 ⓒyè

* 형성. 뜻을 나타내는 부수 '月(肉;고기 육)'과 음을 나타내는 '夜(밤 야)'를 합친 글자.

[풀이] 겨드랑이.

腋間(액간) 겨드랑이.
腋氣(액기) 겨드랑이에서 나는 고약한 냄새. 액취증(腋臭症).
腋芽(액아) 식물의 잎과 줄기 사이에서 나는 새싹.
腋汗(액한) 곁땀.

腕 ⑧ 12획 ⓙワン・うで
팔 완 ⓒwàn

[풀이] 1. 팔. 팔뚝. ¶腕力 2. 팔목. 손목. 3. 솜씨. 재주.

腕骨(완골) 손목뼈.
腕力(완력) 1)주먹심. 2)육체적으로 상대방을 누르는 힘.

腆 ⑧ 12획 ⓙテン
두터울 전 ⓒtiǎn

[풀이] 1. 두텁다. 후하다. ¶腆冒 2. 옳다.

腆冒(전모) 두터운 모양.
腆贈(전증) 후한 예물.

脹 ⑧ 12획 ⓙチョウ
부를 창 ⓒzhàng

[풀이] 배가 부르다. ¶脹滿

脹滿(창만) 배에 물이 괴어 팽창하는 상태. 또는 그러한 증세.
膨脹(팽창) 물체의 부피가 늘어남.

腳 ⑨ 13획
脚(p607)의 本字

腱 ⑨ 13획 ⓙケン
힘줄 건 ⓒjiàn

[풀이] 힘줄. 힘줄의 끝부분.

腦 ⑨ 13획 ⓙノウ
뇌 뇌 ⓒnǎo

丿 丨 刀 月 月' 月'' 月''' 月''' 肑 腦 腦 腦

* 회의. '月(肉;고기 육)'과 뇌의 모양을 본뜬 '囟(정수리 신)'과 머리카락을 나타내는 '巛(내천)'을 합친 글자.

[풀이] 1. 뇌. 뇌수. ¶腦漿 2. 머리.

腦震蕩(뇌진탕) 머리를 세게 부딪혀 의식을 잃거나 혹은 죽음.

腹 ⑨ 13획 ⓙフク
배 복 ⓒfù

丿 丨 刀 月 月' 月'' 肑 肑 腹 腹 腹

* 형성. 뜻을 나타내는 부수 '月(肉;고기 육)'과 음을 나타내는 '复(갈 복)'을 합친 글자.

[풀이] 1. 배. ¶腹背 2. 두텁다. 3. 마음.

腹部(복부) 배 부분.
腹案(복안) 마음에 품고 있는 생각이나 계획.
腹痛(복통) 배가 아픈 증세.
ⓑ 服(옷 복)

腺 ⑨ 13획 ⓙセン
샘 선 ⓒxiàn

[풀이] 샘. 분비 작용을 하는 기관.

ⓓ 泉(샘 천) ⓑ 線(줄 선)

腥 ⑨ 13획 ⓙセイ
비릴 성 ⓒxīng

* 형성. 뜻을 나타내는 부수 '月(肉;고기 육)'과 음을 나타내는 '星(별 성)'을 합친 글자.

[풀이] 1. 비리다. ¶腥血 2. 날고기. ¶腥生

腥羶(성전) 1)비린내가 남. 2)외국인을 낮추어 이르는 말.

腥臭(성취) 비린내.

腰	⑨ 13획 허리 요	[日]ヨウ·こし [中]yāo

丿 刀 月 月 月' 月'' 月'' 月'' 月'' 月'' 腰 腰 腰

* 형성. 뜻을 나타내는 부수 '月(肉:고기 육)'과 음을 나타내는 '要(요긴할 요)'를 합친 글자.

[풀이] 1. 허리. ¶腰斬 2. 중요하다.

腰間(요간) 허리 둘레.

腰斬(요참) 죄인의 허리를 잘라 죽이던 형벌.

腰痛(요통) 허리에 통증이 오는 병.

腸	⑨ 13획 창자 장	[日]チョウ [中]cháng

丿 刀 月 月 月' 月'' 月'' 月'' 月'' 月'' 腸 腸 腸

* 형성. 뜻을 나타내는 부수 '月(肉:고기 육)'과 음을 나타내는 '昜(양기 양)'을 합친 글자.

[풀이] 1. 창자. 2. 마음.

腸肚(장두) 배. 마음속.

腸胃(장위) 1)창자와 위. 2)중요한 곳.

斷腸(단장) 창자가 끊어지는 듯한 고통.

[비] 陽(볕 양)

腫	⑨ 13획 부스럼 종	[日]ショウ·シュ ·はれ [中]zhǒng

[풀이] 1. 부스럼. 종기. 2. 붓다. ¶腫病

腫病(종병) 붓는 병.

腫瘡(종창) 종기.

腠	⑨ 13획 살결 주	[日]ソウ [中]còu

[풀이] 살결. 피부.

腠理(주리) 살갗에 생긴 결.

[비] 奏(아뢸 주)

膈	⑩ 14획 흉격 격	[日]カク [中]gé

[풀이] 흉격. 가슴.

胸膈(흉격) 심장과 지라 사이의 가슴.

[비] 隔(사이뜰 격)

膏	⑩ 14획 기름 고	[日]コウ [中]gāo, gào

* 형성. 뜻을 나타내는 부수 '月(肉:고기 육)'과 음을 나타내는 '高(높을 고)'를 합친 글자.

[풀이] 1. 기름. 기름지다. 2. 살찌다. ¶膏粱 3. 기름진 땅. ¶膏腴 4. 명치 끝. 5. 연지. 화장할 때 쓰는 기름.

膏粱(고량) 기름진 고기와 곡식으로 만든 맛있는 음식.

膏壤(고양) 기름진 토양.

膏血(고혈) 1)사람의 기름과 피. 2)피땀을 흘려 이룬 백성의 수익과 재산.

膏肓(고황) 1)명치 끝. 2)고치기 어려운 습관.

[유] 肥(살찔 비) [비] 高(높을 고)

膂	⑩ 14획 등골뼈 려	[日]リョウ [中]lǚ

[풀이] 1. 등골뼈. 2. 힘. 체력.

膊	⑩ 14획 포 박	[日]ハク [中]bó

[풀이] 1. 포. 건육. 2. 어깨. 3. 팔.

膀	⑩ 14획 오줌통 방	[日]ボウ [中]bǎng, bàng, pāng, páng

[肉 10~12획] 腿膠膜膚膝腸膣膩膳膵

腿 ⑩ 14획 ⑪タイ ⊕tuǐ
넓적다리 퇴

풀이 1. 넓적다리. 2. 정강이.
유 股(넓적다리 고)

膠 ⑪ 15획 ⑪キョウ ⊕jiāo
아교 교

*형성. 뜻을 나타내는 부수 '月(肉:고기 육)'과 음을 나타내는 翏(높이 날 료)'를 합친 글자.

풀이 1. 아교, 접착제로 쓰이는 갖풀. ¶膠匣 2. 끈끈하다. 3. 굳다.
膠加(교가) 혼란스러움.
膠匣(교갑) 아교로 만든 작은 갑.
膠柱鼓瑟(교주고슬) 비파나 거문고의 줄을 괴는 부분을 아교풀로 붙여 버리면 한 가지 소리 밖에 나지 않는다는 뜻으로, 고지식하여 융통성이 없음을 이르는 말.
膠着(교착) 정밀함.
비 嗃(큰소리 효)

膜 ⑪ 15획 ⑪マク ⊕mó
막 막

풀이 1. 막(膜). 꺼풀. 2. 어루만지다.
角膜(각막) 눈동자 앞쪽 가운데에 있는 얇은 막.

膚 ⑪ 15획 ⑪フ ⊕fū
살갗 부

*형성. 뜻을 나타내는 부수 '月(肉:고기 육)'과 음을 나타내는 '盧(검을 로)'의 생략형을 합친 글자.

풀이 1. 살갗. ¶膚肌 2. 껍질. 3. 얕다.
膚肌(부기) 피부, 살갗.
膚合(부합) 조각조각이 모여서 합함.
皮膚(피부) 살갗.

膝 ⑪ 15획 ⑪シツ・ひざ ⊕xī
무릎 슬

풀이 1. 무릎. 2. 무릎을 꿇다.
膝下(슬하) 무릎 아래라는 뜻으로, 부모의 따뜻한 사랑 아래를 이르는 말
膝行(슬행) 1)무릎을 바닥에 대고 걸음. 2)매우 두려워함.
비 勝(이길 승) 騰(오를 등)

腸 ⑪ 15획
腸(p610)의 俗字

膣 ⑪ 15획 ⑪チツ ⊕zhì
새살 날 질

풀이 1. 새살이 나다. 2. 여자의 생식기.

膩 ⑫ 16획 ⑪ジ ⊕nì
기름질 니(이)

*형성. 뜻을 나타내는 부수 '月(肉:고기 육)'과 음을 나타내는 '貳(두 이)'를 합친 글자.

풀이 1. 기름지다. 기름기가 흐르다. ¶膩滑 2. 매끄럽다. 윤이 나다.
膩理(이리) 살결이 부드럽고 윤이 나며 고움.
膩粉(이분) 기름기가 흐르고 윤이 나는 가루.

膳 ⑫ 16획 ⑪ゼン ⊕shàn
반찬 선

풀이 1. 반찬. 2. 드리다. 올리다.
膳羞(선수) 제사를 지낼 때 바치는 고기와 음식.

膵 ⑫ 16획 ⑪スイ ⊕cuì
췌장 췌

풀이 췌장, 이자, 소화액을 분비하는 기관.

膨 ⑫ 16획 | 日ホウ·ふくらむ
부풀 팽 | 中pēng, péng

풀이 부풀다. 불룩해지다.
膨大(팽대) 부풀어 올라 커짐.
膨脹(팽창) 1)부풀어 땡땡함. 2)발전하여 커짐.

吊 脹(배부를 창)

膿 ⑬ 17획 | 日ノウ
고름 농 | 中nóng

풀이 1. 고름. ¶膿汁. 2. 썩다. 짓무르다.
膿團(농단) 1)고름 덩어리. 2)쓸모없는 사람.
膿血(농혈) 피고름.

膽 ⑬ 17획 | 日タン
쓸개 담 | 中dǎn

풀이 쓸개. ¶膽石. 2.담력. 용기. ¶膽氣
膽囊(담낭) 간에서 분비하는 쓸개즙을 모으는 주머니. 쓸개.
膽大於身(담대어신) 쓸개가 몸보다 크다는 뜻으로, 담력이 큼을 이르는 말.
膽力(담력) 겁이 없고 용감한 기력(氣力).
大膽(대담) 담력이 큼.

臀 ⑬ 17획 | 日デン
볼기 둔 | 中tún

풀이 볼기. 엉덩이.
臀部(둔부) 엉덩이. 볼기.
臀肉(둔육) 볼깃살.

臂 ⑬ 17획 | 日ヒ
팔 비 | 中bì

풀이 팔. 팔뚝. ¶臂力
臂膊(비박) 팔과 어깨.
臂使(비사) 팔을 부리듯이 사람을 제마음대로 부림.

臆 ⑬ 17획 | 日オク
가슴 억 | 中yì

* 형성. 뜻을 나타내는 부수 '月(肉;고기 육)'과 음을 나타내는 '意(뜻 의)'를 합친 글자.

풀이 1. 가슴. 2. 마음. 생각. ¶臆見
臆斷(억단) 억측하여 판단함.
臆塞(억색) 원통하여 가슴이 답답함.
臆測(억측) 근거 없이 하는 추측.

비 憶(생각할 억)

膺 ⑬ 17획 | 日ヨウ
가슴 응 | 中yīng

* 형성. 뜻을 나타내는 부수 '月(肉;고기 육)'과 음을 나타내는 부수 이외의 글자를 합친 글자.

풀이 1. 가슴. 2. 치다. 3. 받다. ¶膺受
膺懲(응징) 1)적을 공격하여 징계함. 2)잘못을 반성하도록 징계함.

吊 胸(가슴 흉)

膾 ⑬ 17획 | 日カイ
회 회 | 中kuài

풀이 회. 회치다.
膾炙(회자) 1)날고기와 구운 고기. 2)널리 사람들의 입에 오르내림.

臏 ⑭ 18획 | 日ヒン
종지뼈 빈 | 中bìn

풀이 1. 종지뼈. 무릎에 있는 뼈. 2. 정강이뼈. 3. 빈형. 정강이를 자르는 형벌.
臏脚(빈각) 정강이를 자르는 형벌.

臍 ⑭ 18획 | 日セイ
배꼽 제 | 中qí

풀이 배꼽.
臍帶(제대) 태아의 배꼽과 태반을 잇고 있는 줄. 태반.

臘 ⑮ 19획 日ロウ 납향 랍(납) 中là

풀이 1. 납향. 섣달 초여드렛날에 지내는 제사. 2. 섣달. 음력 12월.
臘日(납일) 동지(冬至) 뒤의 셋째 술일(戌日).
臘祭(납제) 음력 섣달 초여드렛날 신(神)에게 지내는 제사.

臙 ⑯ 20획 日エン 연지 연 中yān

풀이 연지.

臟 ⑱ 22획 日ゾウ 오장 장 中zàng

* 형성. 뜻을 나타내는 부수 '月(肉:고기 육)'과 음을 나타내는 '藏(감출 장)'을 합친 글자.

풀이 오장. 내장 기관의 총칭.
臟器(장기) 내장 기관.
臟腑(장부) 내장을 통틀어 이르는 말. 오장육부(五臟六腑).
臟汚(장오) 뇌물 등을 받는 부정한 행위.
비 藏(감출 장)

臣부

臣 신하 신 部

'臣' 자는 위로 치켜 뜬 한 쪽 눈의 모양을 나타낸 글자로, 신하는 낮은 곳에서 머리를 들어 높은 곳에 있는 임금을 바라보기 때문에 '신하'라는 뜻을 나타내게 되었다. 또한 '백성'이라는 뜻으로도 사용되고, 소신(小臣)에서처럼 자기를 칭하는 말로도 사용된다.

臣 ⓪ 6획 日シン・ケらい 신하 신 中chén

* 상형. 위로 치켜 뜬 눈을 본뜬 글자. 낮은 곳에서 임금을 올려다 보는 사람의 '신하'의 뜻으로 쓰임.

풀이 1. 신하. ¶君臣 2. 섬기다. ¶臣從 3. 신하로 삼다. 4. 자기를 낮추는 말. ¶臣
臣僚(신료) 많은 신하.
臣事(신사) 신하의 예로 섬김. 신하로서 임금을 섬김.
臣妾(신첩) 여자가 임금에게 자신을 낮추어 일컫던 말.
臣下(신하) 임금을 섬기는 벼슬아치.
관 王(임금 왕) 帝(임금 제)

臥 ② 8획 日ガ・ふす 누울 와 中wò

* 회의. 사람(人)이 엎드려 눈을 치켜 뜨고 臣내려다보는 모습을 나타내어 '눕다'의 뜻으로 쓰임.

풀이 1. 눕다. 엎드리다. ¶臥病 2. 쉬다.
臥龍(와룡) 1)누워 있는 용. 2)초야에 묻혀 때를 만나지 못한 큰 인물.
臥病(와병) 병으로 누움.
臥薪嘗膽(와신상담) 섶에 누워 쓸개의 맛을 본다는 뜻으로, 원수를 갚거나 목적을 이루기 위해 온갖 괴로움을 참으면서 기다림을 이르는 말.

臧 ⑧ 14획 日ゾウ 착할 장 中zāng

풀이 1. 착하다. 2. 감추다. 숨다. ¶臧去 3. 종. 노예. ¶臧獲
臧否(장부) 1)좋음과 나쁨. 2)선인과 악인.
臧獲(장획) 종. 노예.

🔁 善(착할 선)

臨 ① 17획 ㊐リン·のぞむ
임할 림(임) ㊥lín

｜ ｜ ｜ ｜ 丨 丨 臣 臣 臣' 臣' 臣' 臣'
臣'「臣'「臨 臨 臨

* 형성. 뜻을 나타내는 臥(누울 와)와 음을 나타내는 '品(물건 품)'을 합친 글자. 여러 가지 물건[品]을 내려다보는 사람[臥]의 모습을 나타내어, '임하다', '내려다보다'의 뜻으로 쓰임.

[풀이] 1. 임하다. 내려다보다. ¶臨事 2. 대하다.

臨迫(임박) 어떤 사건이 가까이 닥쳐옴.
臨時(임시) 1)일정하지 않은 때. 2)잠시.
臨終(임종) 1)죽을 때에 임박함. 2)부모님이 돌아가실 때 곁에 있음.
君臨(군림) 1)임금으로서 나라를 다스림. 2)최고 권위를 누림.

自 부

自 스스로 자 部

'自'자는 본래 코의 모양을 본뜬 글자였으나, 원래 뜻을 잃고 '스스로 자'로 사용되는 글자이다. '저절로'나 '제멋대로'라는 뜻으로도 쓰이고, 출처·이유·기점 등을 나타내는 어조사인 '…로부터'라는 뜻을 나타내기도 한다.

自 ⓪ 6획 ㊐シ·ジ·みずから
스스로 자 ㊥zì

' 丨 冂 冂 自 自

* 상형. 사람의 코 모양을 본뜬 글자. 사람은 코를 가리켜 자기를 나타내므로 '스스로'라는 뜻으로 쓰임.

[풀이] 1. 스스로. ¶自戒 2. 몸. 자기. 3. …부터. ¶自來 4. 저절로. 5. 따르다.

自覺(자각) 스스로 자기의 상태·지위·가치 등을 깨달음.
自立(자립) 남에게 얽매이지 않고 스스로의 힘으로 생활함.
自明(자명) 증명하지 않아도 저절로 명백한 것.
自然(자연) 1)저절로 그렇게 되어 있는 상태. 2)우주.
自制(자제) 자기의 감정과 욕망을 스스로 억누름.
自責(자책) 자기 잘못을 스스로 꾸짖음.
自初至終(자초지종) 처음부터 끝까지의 동안.
自暴自棄(자포자기) 절망상태에 빠져서, 자신을 버리고 돌보지 않음.
自畫像(자화상) 자기 자신을 그린 초상화.

[비] 目(눈 목) 白(흰 백)

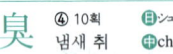
냄새 취 ㊥chòu

' 丿 冂 冂 自 自 臭 臭 臭

* 회의. 개(犬)가 코(自)로 냄새를 맡는 것을 나타내어, '냄새'의 뜻으로 쓰임.

[풀이] 1. 냄새. 냄새나다. ¶惡臭 2. 소문.

臭氣(취기) 비위를 상하게 하는 나쁜 냄새. 악취.
臭惡(취악) 1)냄새가 나쁨. 2)보기 흉함.

至 부

至 이를 지 部

'至'자는 화살이 어떤 지점에 이르러 꽂힌 모양으로, '이르다'는 뜻을 나타낸다. 또한 '지극하다'는 뜻으로도 쓰이며, 동지(冬至)나 하지(夏至)처럼 '절기'를 나타내기도 한다.

至	⓪6획 이를 지	[日]シ·いたる [中]zhì, dié

* 상형. 화살이 이르러 땅에 꽂힌 모양을 본뜬 글자로, '이르다'의 뜻을 나타냄.

[풀이] 1. 이르다. 도착하다. ¶至於此 2. 지극하다. 지극히. ¶至誠 3. 동지. 하지.

至極(지극) 매우 극진함.

至當(지당) 사리에 꼭 맞음. 더 없이 마땅함.

至毒(지독) 더할 나위 없이 독하거나 심함.

至誠感天(지성감천) 지극한 정성에 하늘도 감동함.

至嚴(지엄) 지극히 엄함.

至尊(지존) 1)더 없이 존귀함. 2)임금을 높이어 이르는 말.

[반] 行(갈 행) 去(갈 거) [비] 致(보낼 치)

致	③ 9획 致(p615)의 本字

致	④ 10획 이를 치	[日]チ·いたす [中]zhì

* 외의. '至(이를 지)'와 사람의 발 모양을 나타낸 '夊(뒤져 올 치)'를 합친 글자. 이에 '이르다'의 뜻으로 쓰임.

[풀이] 1. 이르다. ¶致命 2. 보내다. 3. 부르다. 4. 이루다. 5. 전달하다. 6. 치밀하다. 7. 풍치. ¶勝致

致富(치부) 부자가 됨. 부를 이룸.

致死(치사) 죽게 함. 죽임.

致誠(치성) 1)정성을 다함. 2)신이나 부처에게 정성을 드림.

致賀(치하) 남의 경사에 하례함. 기쁨을 표함.

極致(극치) 더할 수 없는 극단에 이름. 극도에 이르는 풍치나 운치.

韻致(운치) 고매한 풍격의 멋.

[비] 至(이를 지)

臺	⑧ 14획 돈대 대	[日]ダイ [中]tái, tài

* 회의. 사방을 바라보기 위해 높은 곳(高)에 가서(之) 이르는(至)곳을 나타내어 '돈대', '조망대'의 뜻으로 쓰임.

[풀이] 1. 돈대. 대. 조망대. ¶臺閣 2. 관청. 조정. 3. 누각. 정자. 4. 마을.

臺閣(대각) 1)돈대와 누각. 2)정사를 행하는 관청. 내각(內閣).

臺府(대부) 마을.

臺榭(대사) 높고 큰 누각이나 정자.

臺臣(대신) 사헌부의 대사헌·집의·장령·지평 등의 관리를 통틀어 이르는 말.

[비] 壹(한 일)

臻	⑩ 16획 이를 진	[日]シン [中]zhēn

[풀이] 1. 이르다. 미치다. 2. 모이다.

臻赴(진부) 이름. 도달함.

臼 부

臼(臼) 절구 구 部

'臼'자는 곡식 등을 넣고 절굿공이로 빻거나 찧게 되어 있는, 속이 오목한 기구인 '절구'를 뜻한다. '절구질하다'는 뜻으로도 사용되지만, 그 모양이 '臼(깍지 낄 국)'자와 매우 닮아 좌우 두 손을 함께 들어 올린다는 뜻을 지니기도 한다. 이 글자를 부수로 갖는 글자는 손과 관련된 뜻을 나타낸다.

①6획 절구 구 ㊐キュウ・うす ㊥jiù, jú

풀이 절구. 절구질하다. ¶臼杵
臼杵(구저) 절구와 절굿공이.
臼齒(구치) 어금니.
비 兒(아이 아)

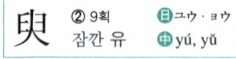
②9획 잠깐 유 ㊐ユウ・ヨウ ㊥yú, yǔ

풀이 잠깐. 잠시.
비 兜(투구 두)

⑤11획 찧을 용 ㊐ショウ ㊥chōng

풀이 찧다. 절구질하다. ¶舂歌
舂歌(용가) 절구질하면서 부르는 노래.
舂堂(용당) 큰 나무로 만든 절구.
비 春(봄 춘)

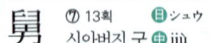
⑦13획 시아버지 구 ㊐シュウ ㊥jiù

* 형성. 뜻과 음을 나타내는 부수 臼(절구구)와 '男(사내 남)'을 합친 글자.

풀이 1. 시아버지. ¶舅姑 2. 외숙(外叔). 외삼촌. ¶舅父 3. 장인.
舅姑(구고) 1)시아버지와 시어머니.
2)장인과 장모.
舅父(구부) 외삼촌. 외숙.

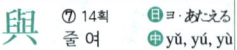
⑦14획 줄 여 ㊐ヨ・あたえる ㊥yǔ, yú, yù

ノ ſ ſ ŕ ŕ ŕ 向 向 向 血 與 與

* 회의. 상아 같이 귀한 물건(与)을 두 사람이 마주 드는(舁) 것을 나타내어, '더불다', 주다'의 뜻으로 쓰임.

풀이 1. 주다. 베풀다. ¶受與 2. 더불어. 함께. ¶與議 3. 동아리. 무리. 4. …와. …과. 5. 참여하다. ¶參與 6. …보다는. 비교를 나타내는 조사.
與民同樂(여민동락) 백성과 더불어 함께 즐김.
與知(여지) 그 일에 관계하여 앎.
關與(관여) 관계하여 참여함.
贈與(증여) 남에게 금품을 줌.
비 興(일 흥)

⑦16획 일 흥 ㊐コウ・キョウ ㊥xīng, xìng

ſ ŕ ſ ŕ ŕ ŕ ŕ 向 向 向 血 與 與

* 회의. 여럿이 힘을 합쳐(同) 물건을 들어 올리는(舁) 것을 나타내어, '일으키다', '일어나다'의 뜻으로 쓰임.

풀이 1. 일다. 일어나다. 일으키다. ¶興師 2. 왕성하다. 3. 흥. 흥겹다. ¶興感
興亡盛衰(흥망성쇠) 흥함과 망함. 성하고 쇠함.
興奮(흥분) 마음에 충격을 받아 감정이 북받침.
興盡悲來(흥진비래) 흥겨운 일이 다하면 슬픈 일이 온다는 뜻으로, 인생에는 좋음과 나쁨이 순환함을 이르는 말.
興行(흥행) 연극·영화 등이 성황리에 일어남.
비 與(줄 여)

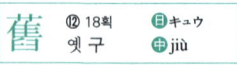
⑫18획 옛 구 ㊐キュウ ㊥jiù

ı ı ıト ı ト ナ ナ ナ 芢 芢 芢 荏 荏 荏 荏 荏 舊 舊 舊 舊

풀이 1. 옛. 옛날. ¶舊記 2. 오래되다. 낡다. 오래 묵다. ¶舊道 3. 친구. ¶舊故
舊觀(구관) 원래의 모양. 전날의 형편.
舊面(구면) 예전부터 알던 사람.
舊習(구습) 옛날 풍습.

[舌 0~10획] 舌舍舐舒鋪舘

舊式(구식) 1)옛 격식. 2)시대의 흐름에 뒤떨어짐.
舊正(구정) 정월. 음력 설.
舊製(구제) 옛날에 만들어진 모든 것.
親舊(친구) 오래 두고 가깝게 사귄 벗.
🔁 昔(예 석) 🔄 新(새 신)

舌부

舌 혀 설 部

'舌'자는 혀의 모양을 나타낸 글자로, '혀'의 뜻 외에 혀와 같은 모양을 하고 있거나 혀의 기능을 하는 것을 뜻하기도 한다. 또한 설전(舌戰)에서처럼 의미가 확대되어 '말'이나 '언어'를 나타내기도 한다.

舌 ⓪6획 🇯セツ·した 혀 설 🇨shé

ノ 二 千 千 舌 舌

*상형. 입 밖으로 내민 혀의 모양을 본뜬 글자.

풀이 1. 혀. ¶舌根 2. 말. 말하다. ¶舌戰
舌根(설근) 혀 뿌리.
舌戰(설전) 말다툼.
毒舌(독설) 독살스러운 말.
🔃 舍(집 사)

舍 ②8획 🇯シャ 집 사 🇨shè, shě

ノ 人 へ 스 合 合 舍 舍

*상형. 지붕과 들보, 벽이 있는 집의 옆모습을 본뜬 글자.

풀이 1. 집. 거처. ¶舍屋 2. 머무르다. 여관. ¶舍館 3. 쉬다. 휴식하다. 4. 버리다. 제거하다.

舍監(사감) 기숙사에서 기숙생을 감독하는 사람.
舍廊(사랑) 바깥 주인이 거처하며 손님을 접대하는 방.
🔃 家(집 가) 屋(집 옥) 堂(집 당) 宅(집 택)

舐 ④10획 🇯し 핥을 지 🇨shì

풀이 핥다.

舐糠及米(지강급미) 겨를 핥고 쌀까지 핥는다는 뜻으로, 피해가 점점 커짐을 이르는 말.
舐痔(지치) 치질을 핥는다는 뜻으로, 아첨이 심함을 비유하는 말.

舒 ⑥12획 🇯ジョ 펼 서 🇨shū

풀이 1. 펴다. ¶舒卷 2. 펴지다. 3. 느긋하다. ¶舒緩
舒緩(서완) 1)조용하고 느긋함. 2)긴장이 풀림.
舒遲(서지) 느긋하고 침착함.
🔃 伸(펼 신) 展(펼 전)

鋪 ⑦15획

鋪(p772)의 俗字

舘 ⑩16획

館(p823)의 俗字

舛부

舛 어그러질 천 部

'舛'자는 발이 서로 엇갈린 모양에서 '어그러지다'를 나타내며, '어지럽다'나 '어수선하다'는 뜻으로도 사용된다.

舛 ⓪6획 [日]セン
어그러질 천 [中]chuǎn

[풀이]1. 어그러지다. ¶舛逆 2. 어수선하다. 어지럽다. ¶舛駁

舛駁(천박) 어수선하고 바르지 못함. 또는 잡되어 순수하지 못한 모양.

舛訛(천와) 말이나 글이 그릇됨. 잘못.

舜 ⑥ 12획 [日]シュン·むくげ
순임금 순 [中]shùn

[풀이]1. 순임금. ¶舜禹 2. 무궁화.

舜禹(순우) 순임금과 우임금.

舞 ⑧ 14획 [日]ブ·まう
춤출 무 [中]wǔ

* 상형. 장식이 붙은 소맷자락을 나풀거리며 춤추고 있는 사람을 본뜬 글자.

[풀이]1. 춤추다. 춤추게 하다. 2. 춤. ¶舞曲 3. 희롱하다. ¶舞文

舞臺(무대) 1)노래 · 춤 · 연극 등을 하는 단상. 2)이야기의 배경이 장소.

舞蹈(무도) 1)춤을 춤. 2)서양식의 춤.

舞踊(무용) 음악에 따라 율동을 취하여 감정을 표현하는 예술.

歌舞(가무) 노래와 춤.

[유] 僊(춤출 선) 儛(춤출 무) [비] 無(없을 무)

舟부

舟 배 주 部

'舟' 자는 '배'의 모양을 나타내나, 쟁반이나 술을 받치는 데 사용하는 '예기(禮器)'를 뜻하기도 한다. 이 글자를 부수로 갖는 글자는 주로 배와 관련이 있다.

舟 ⓪6획 [日]シュウ·ふね
배 주 [中]zhōu

* 상형. 통나무로 만든 배 모양을 본뜬 글자.

[풀이]1. 배. ¶舟車 2. 술통을 받치는 쟁반.

舟遊(주유) 뱃놀이. 배를 타고 하는 놀이.

舟艦(주함) 전투용의 배. 전함(戰艦).

方舟(방주) 네모지게 만든 배.

一葉片舟(일엽편주) 한 조각의 작은 배.

[유] 船(배 선) [비] 丹(붉을 단)

舡 ③ 9획 [日]コウ·ふね
배 강·선 [中]chuán

[풀이] 배. 선박.

舡人(강인) 뱃사공. 선부(船夫).

般 ④ 10획 [日]ハン
옮길 반 [中]pán, bān, bō

* 회의. 장대(殳)로 배(舟)를 밀어 돌게 한다는 데서 '돌다'를 의미했으나, 바뀌어 '옮기다'의 뜻으로 쓰임.

[풀이]1. 옮기다. 운반하다. 2. 돌다. 돌리다. ¶般旋 3. 일반. 4. 즐기다. ¶般樂

般樂(반락) 마음껏 놀면서 즐김.

般旋(반선) 빙 돎. 빙빙 돌아다님.

般若(반야) 모든 사물의 본질을 이해하고 불법(佛法)의 참다운 이치를 깨닫는 지혜.

萬般(만반) 갖출 수 있는 모든 것.

[비] 船(배 선)

舫 ④ 10획 [日]ホウ·もやいぶね
배 방 [中]fǎng

[풀이]1. 배. 선박. ¶舫樓 2. 뗏목.

舫船(방선) 둘을 매어 나란히 가게 한 배.

[舟 4~7획] 航 舸 舶 船 舳 舵 舷 艀 艅 艇

🔁 航(배 항)

航 ④ 10획
배 항 ㊐コウ·わたる ㊥háng

丿 丿 丹 丹 舟 舟 舟 舮 航 航

*형성. 뜻을 나타내는 부수 舟(배 주)와 음을 나타내며는 亢(목 항)을 합친 글자.

풀이 1. 배. ¶航運 2. 건너다. 항해하다. ¶航空 3. 날다.

航空(항공) 비행기를 타고 공중을 비행함.
航路(항로) 배나 항공기가 다니는 길.
航海(항해) 배를 타고 바다를 다님.
密航(밀항) 법을 어기고 몰래 배를 타고 해외로 나가는 일.

🔁 舫(배 방)

舸 ⑤ 11획
큰 배 가 ㊐カ·おおきなね ㊥gě

풀이 큰 배.
舸船(가선) 배.
舸艦(가함) 큰 군함(軍艦).

舶 ⑤ 11획
큰 배 박 ㊐ハク·おおきなね ㊥bó

풀이 큰 배. 바다에서 타는 장삿배.
舶來品(박래품) 외국에서 수입해 온 물품.

船 ⑤ 11획
배 선 ㊐セン·ふね ㊥chuán

丿 丿 丹 丹 舟 舟 舮 舮 船 船

*형성. 뜻을 나타내는 부수 舟(배 주)와 음을 나타내는 부수 이외의 글자를 합친 글자.

풀이 배. 선박. ¶船車
船路(선로) 뱃길.
船舶(선박) 규모가 큰 배의 통칭.
船上(선상) 배의 위.
船員(선원) 선박에서 일을 하는 사람.

🔁 舟(배 주) 🔁 般(돌 반)

舳 ⑤ 11획
고물 축 ㊐ジク ㊥zhú

풀이 고물. 배의 뒷부분. ¶舳艫
舳艫相銜(축로상함) 고물과 이물이 서로 잇닿음. 즉, 배가 많은 것을 이르는 말.

舵 ⑤ 11획
키 타 ㊐ダ·かじ ㊥duò

풀이 키. 배의 방향을 잡는 도구.

舷 ⑤ 11획
뱃전 현 ㊐ゲン·ふなばた ㊥xián

풀이 뱃전. 배의 가.
舷燈(현등) 양쪽 뱃전을 밝히는 등.
舷窓(현창) 뱃전에 낸 창문.

艀 ⑦ 13획
거룻배 부 ㊐フ·はしけ ㊥fú

풀이 거룻배. 작은 배.
艀艇(부정) 거룻배.

艅 ⑦ 13획
배 이름 여 ㊐ヨ ㊥yú

풀이 배 이름. 오(吳)나라 왕이 타던 배.
艅艎(여황) 아름답게 장식한 배.

艇 ⑦ 13획
거룻배 정 ㊐テイ ㊥tǐng

풀이 거룻배. 보트.
艇子(정자) 뱃사공.

艘

⑩ 16획 日ソウ
배 소 中sōu

풀이 1. 배. 배의 총칭. 2. 척. 배를 세는 단위.
艘楫(소즙) 배를 젓는 노.

艙

⑩ 16획 日ソウ
선창 창 中cāng

풀이 선창. 배에 짐이나 화물을 쌓아 두는 곳.

艤

⑬ 19획 日ギ
배 댈 의 中yǐ

풀이 배를 대다. 배가 떠날 차비를 하다.
艤裝(의장) 배가 출항할 수 있도록 모든 장비를 갖춤. 또는 그 일.

艦

⑭ 20획 日カン
싸움배 함 中jiàn

* 형성. 뜻을 나타내는 부수 '舟(배 주)'와 음을 나타내는 '監(볼 감)'을 합친 글자.

풀이 싸움배. 병선(兵船). 군함.
艦船(함선) 군함과 선박의 총칭.
艦艇(함정) 전투력을 가진 군함의 총칭.

艫

⑯ 22획 日ロ
이물 로(노) 中lú

풀이 이물. 뱃머리.
舳艫(축로) 배의 고물과 이물.

艮 부

艮 괘 이름 간 部

'艮'자는 눈을 사람의 뒤에 두어 외면한다는 의미를 나타내는 글자이다. 즉, 타인과의 관계를 그만두게 하는 일이 되므로 '그치다'는 뜻을 지니게 되었다.

艮

① 6획 日コン・とどまる
괘 이름 간 中gèn, hén

* 상형. 고개를 돌려 뒤쪽을 바라보는 모양을 본뜬 글자.

풀이 1. 괘 이름. ¶艮卦 2. 어긋나다.
3. 그치다.
艮卦(간괘) 팔괘(八卦)의 하나.
유 差(어긋날 차) 비 良(어질 량)

良

① 7획 日リョウ・よい
어질 량(양) 中liáng

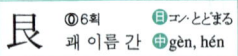

* 상형. 곡식 중에서 특히 좋은 것만을 골라내기 위한 기구를 나타낸 모양으로, '어질다', '좋다'의 뜻으로 쓰임.

풀이 1. 어질다. ¶良順 2. 좋다. ¶良友
3. 바르다. 4. 남편. 5. 진실로. 참으로.
良家(양가) 지체가 있는 집안.
良民(양민) 국법을 지키는 선량한 백성.
良書(양서) 가치 있고 좋은 책.
良手(양수) 좋은 솜씨.
良心(양심) 사람으로서 마땅히 가져야 할 바르고 착한 마음.
良藥苦口(양약고구) 좋은 약은 입에 씀.
良友(양우) 좋은 벗. 착한 친구.
良質(양질) 좋은 바탕. 좋은 질.
良好(양호) 매우 좋음.
不良(불량) 상태가 좋지 않음.
유 仁(어질 인) 善(착할 선)
비 艮(어긋날 간)

艱

⑪ 17획 日カン
어려울 간 中jiān

풀이 1. 어렵다. 어려워하다. ¶艱窘 2. 괴로워하다. ¶艱急 3. 부모의 상(喪).
艱苟(간구) 구차함. 가난함.
艱辛(간신) 힘들고 고생스러움.
艱易(간이) 어려움과 쉬움.

色부

色 빛 색 部

'色'자는 사람이 무릎 꿇은 모양이 변하여 이루어진 글자이다. 사람의 감정은 얼굴빛으로 드러난다 하여 '빛'을 뜻하게 되었다. '빛'의 주맥(酒色)에서처럼 '여색'을 뜻하기도 하며, 각양각색(各樣各色)에서처럼 '갈래'를 나타내기도 한다.

色 ⓪6획 日ショク·シキ·いろ 中sè, shǎi, shè
빛 색

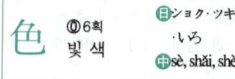

풀이 1. 빛. 빛깔. 색채. ¶色盲 2. 용모. 낯. 3. 경치. 4. 안색. 얼굴빛. 5. 여색. ¶色骨

色盲(색맹) 색각(色覺)이 결여 또는 불완전하여 색의 구별이 되지 않는 상태. 또는 그런 사람.

色素(색소) 물체의 색의 본질.

色調(색조) 1)색채의 강약·농담(濃淡) 등의 정도. 2)빛깔의 조화.

色彩(색채) 빛깔.

艴 ⑤ 11획 日フツ·ボツ 中bó, fú
발끈할 불

풀이 발끈하다. 화를 내다.

艴然(불연) 화를 내는 모양.

艷 ⑬ 19획
艷(p621)의 俗字

艶 ⑱ 24획 日エン 中yàn
고울 염

*회의. 풍부한(豐) 빛깔(色)을 나타내어, '곱다'의 뜻으로 쓰임.

풀이 1. 곱다. 예쁘다. 아름답다. ¶艶麗 2. 아름다운 문장. ¶艶體

艶歌(염가) 아름다운 노래.

艶文(염문) 연애 편지.

艶語(염어) 아름다운 말. 고운 말.

妖艶(요염) 사람의 혼을 빼놓을 만큼 아리따움.

🔁 鮮(고울 선) 揄(고울 유)

艸부

艸(⺿) 풀 초 部

'艸'자는 새싹이 돋아나는 모양을 나타내어 '풀'이라는 뜻으로 쓰인다. 다른 글자와 합쳐질 때는 주로 글자의 위에 쓰여 '⺿'의 형태가 되니 이를 '초두머리'라는 부수 명칭으로 부른다. 이 글자를 부수로 갖는 글자는 식물의 상태·명칭 등과 관련이 있다.

艸 ⓪6획 日ソウ·くさ 中cǎo
풀 초

풀이 풀.

🔁 草(풀 초)

艽 ②6획 日キュウ 中qiú, jiāo
❶ 변방 구
❷ 오독도기교

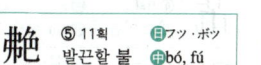

풀이 ❶ 1. 변방. 나라 끝. ❷ 2. 오독도기. 약초의 한 가지.

艽野(구야) 서울에서 멀리 떨어진 황폐한 곳. 두메. 벽촌.

艾 ② 6획
❶ 쑥 애 ❷ 벨 예
日 ガイ・よもぎ
中 ài, yì

* 형성. 뜻을 나타내는 부수 '艹(艸;풀 초)'와 음을 나타내는 '乂(벨 예)'를 합친 글자.

[풀이] **1** 1. 쑥. 엉거싯과에 속하는 다년초. 2. 늙은이. 노인. ¶艾老 3. 아름답다. ¶艾色 **2** 4. 베다. 5. 다스리다. ¶艾安
艾灸(애구) 쑥으로 뜸을 뜸.
艾年(애년) 50세의 다른 이름.
艾安(예안) 잘 다스려져 편안함.

芎 ③ 7획
궁궁이 궁
日 キュウ
中 xiōng

[풀이] 궁궁이. 천궁(川芎). 미나릿과의 다년초.
芎藭(궁궁) 궁궁이. 잎은 식용, 뿌리는 약재로 사용.

芒 ③ 7획
까끄라기 망
日 ボウ
中 máng

* 형성. 뜻을 나타내는 부수 '艹(풀 초)'와 음을 나타내는 '亡(망할 망)'을 합친 글자.

[풀이] 1. 까끄라기. 벼나 보리의 껍질에 붙어 있는 수염. 2. 털끝. 3. 빛살 끝. 4. 창날.
芒刃(망인) 창날.
芒種(망종) 1)24절기의 하나. 양력 6월 5일경. 2)까끄라기가 있는 곡식. 벼·보리 등.
[비] 茫(아득할 망)

芋 ③ 7획
토란 우
日 ウ
中 yù

[풀이] 1. 토란. 2. 큰 모양.

芍 ③ 7획
함박꽃 작
日 シャク
中 sháo

* 형성. 뜻을 나타내는 부수 '艹(艸;풀 초)'와 음을 나타내는 '勺(구기 작)'을 합친 글자.

[풀이] 함박꽃. 작약과에 속하는 다년초.

芥 ④ 8획
겨자 개
日 カイ・からしあく
中 gài, jiè

* 형성. 뜻을 나타내는 부수 '艹(艸;풀 초)'와 음을 나타내는 '介(끼일 개)'를 합친 글자.

[풀이] 1. 겨자. ¶芥子 2. 먼지. 티끌. ¶芥屑
芥子(개자) 1)겨자. 겨자 씨. 2)매우 작은 것.
[비] 介(끼일 개)

芡 ④ 8획
가시연 검
日 ケン
中 qiàn

[풀이] 가시연. 수련과의 일년초.
芡實(감실←검실) 가시연밥의 약명(藥名).

芹 ④ 8획
미나리 근
日 キン
中 qín

[풀이] 미나리.
芹菜(근채) 미나리.

芩 ④ 8획
풀 이름 금
日 キン
中 qín

[풀이] 풀 이름. 만초(蔓草)의 일종.

芚 ④ 8획
채소 이름 둔
日 トン
中 tún

[풀이] 1. 채소 이름. 2. 싹이 나다.
芚愚(둔우) 어리석은 모양.

芼 ④ 8획
풀 모
日 モウ
中 máo, mào

[풀이] 풀. 풀이 무성한 모양. ¶芼斂

[艸 4획] 芳芙芬苄芋芯芽芮

芼斂(모렴) 풀을 거둠.

芳 ④ 8획
꽃다울 방 日ホウ 中fāng

* 형성. 뜻을 나타내는 부수 '艹(艸;풀 초)'와 음을 나타내는 '方(모 방)'을 합친 글자.

풀이 1. 꽃답다. 명예가 높다. ¶芳姿 2. 향기 나다. ¶芳郊 3. 아름다움. ¶芳顔 4. 명예.

芳年(방년) 꽃다운 나이. 젊은 여자의 나이.
芳心(방심) 1)미인의 마음. 2)남의 친절한 마음.
芳顔(방안) 아름다운 얼굴.
芳草(방초) 향기로운 풀.
芳香(방향) 꽃다운 향기.

芙 ④ 8획
부용 부 日フ 中fú

* 형성. 뜻을 나타내는 부수 '艹(艸;풀 초)'와 음을 나타내는 '夫(지아비 부)'를 합친 글자.

풀이 부용. 연꽃.
芙蓉(부용) 1)연꽃. 2)미인.

芬 ④ 8획
향기로울 분 日フン 中fēn

* 형성. 뜻을 나타내는 부수 '艹(艸;풀 초)'와 음을 나타내는 '分(나눌 분)'을 합친 글자.

풀이 1. 향기롭다. 향기. ¶芬香 2. 명성. 이름. 3. 어지럽다.

芬芳(분방) 1)좋은 향기. 2)훌륭한 공적이나 명예.
芬華(분화) 화려함. 아름다움.
同 香(향기 향)

苄 ④ 8획
벨 삼 日サン·セン 中shān

* 형성. 뜻을 나타내는 부수 '艹(艸;풀 초)'와 음을 나타내는 '산(창 수)'를 합친 글자.

풀이 1. 베다. 2. 제거하다.
苄除(삼제) 1)풀을 베어 없앰. 2)적을 쳐서 나라를 평정함.
苄討(삼토) 적을 토벌함.

芋 ④ 8획
① 도토리 서·여 日ジョ 中xù, zhù
② 매자기 저

풀이 ① 1. 도토리. 상수리나무 열매. ② 2. 매자기. 방동사닛과에 속하는 다년초.
芋栗(여율) 1)도토리. 2)산밤.
同 茅(띠 모)

芯 ④ 8획
등심초 심 日シン 中xīn, xìn

풀이 1. 등심초. 2. 물건의 중심.

芽 ④ 8획
싹 아 日ガ·め 中yá

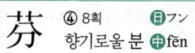

* 형성. 뜻을 나타내는 부수 '艹(艸;풀 초)'와 음을 나타내는 '牙(어금니 아)'를 합친 글자.

풀이 1. 싹. 새싹. 2. 싹이 돋다. ¶芽生
芽生(아생) 싹이 돋아남.
萌芽(맹아) 새싹.
同 萌(싹 맹)

芮 ④ 8획
풀 뾰족뾰족 날 예 日ゼイ 中ruì

* 형성. 뜻을 나타내는 부수 '艹(艸;풀 초)'와 음을 나타내는 '内(안 내)'를 합친 글자.

풀이 1. 풀이 뾰족뾰족 나다. 2. 물가. 3. 솜. 솜옷.
芮戈(예과) 짧은 창.

芸

④ 8획 日ウン 中yún
운향 운

*형성. 뜻을 나타내는 부수 '艹(艸=풀 초)'와 음을 나타내는 '云(이를 운)'을 합친 글자.

[풀이] **1.** 운향(芸黃). 향초. ¶芸黃 **2.** 궁궁이. 채소 이름.

芸夫(운부) 김 매는 남자. 농부.
芸香(운향) 향초. 좀벌레를 없앨 때 씀.

芿

④ 8획 日イン 中rèng
새 풀싹 잉

[풀이] 새 풀싹. 묵은 풀을 베고 난 후에 돋아난 싹.

芝

④ 8획 日シ・しば 中zhī
지초 지

*형성. 뜻을 나타내는 부수 '艹(艸=풀 초)'와 음을 나타내는 '之(갈 지)'를 합친 글자.

[풀이] **1.** 지초(芝草). ¶芝蘭 **2.** 일산(日傘). 햇볕을 가리는 양산.

芝蘭(지란) 1)지초(芝草)와 난초(蘭草). 2)선인(善人). 군자(君子).
芝草(지초) 지칫과의 다년초.

芷

④ 8획 日シ 中zhǐ
어수리 지

[풀이] 어수리. 미나릿과의 다년초. ¶芷蘭

芻

④ 10획 日スウ 中chú
꼴 추

*상형. 풀 두 포기를 손에 쥐고 있는 모양을 본뜬 글자.

[풀이] **1.** 꼴. 마소의 먹이로 사용하는 풀. ¶芻米 **2.** 꼴을 먹이다. **3.** 기르다.

芻米(추미) 가축의 사료와 사람의 양식. 꼴과 쌀.
芻言(추언) 천한 사람의 무식한 말.
芻豢(추환) 초식하는 짐승인 소·양 등과 곡식을 먹는 짐승인 개·돼지 등 집짐승의 총칭.

芭

④ 8획 日ハ 中bā
파초 파

[풀이] 파초.

芭蕉(파초) 파초과에 속하는 열대성 다년초.

[딴] 蕉(파초 초) [비] 琶(비파 파)

芦

④ 8획 日ロ・カ 中hù, xià
지황 호

[풀이] 지황(地黃). 약초의 한 가지.

花

④ 8획 日カ・はな 中huā
꽃 화

丿 ノ ナ ヤ ヤ 花 花

*형성. 뜻을 나타내는 부수 '艹(艸=풀 초)'와 음을 나타내는 '化(화할 화)'를 합친 글자.

[풀이] **1.** 꽃. ¶花壇 **2.** 꽃이 피다. **3.** 아름답다. ¶花顔

花壇(화단) 꽃밭.
花瓶(화병) 꽃병.
花盆(화분) 화초를 심는 그릇.
花容月態(화용월태) 아름다운 여자의 고운 자태.
花園(화원) 화초를 심은 동산.
花草(화초) 1)꽃과 풀. 2)실용적이지 않고 노리개나 장식품에 불과함.
花燭(화촉) 결혼의 다른 이름.
花環(화환) 조화(造花) 또는 생화(生花)로 고리 모양으로 만든 것.
花卉(화훼) 1)꽃이 피는 풀. 화초(花草). 2)화초를 주제로 그린 그림.

[딴] 華(꽃 화) [비] 化(될 화)

苛

⑤ 9획 日カ・きびしい 中kē
매울 가

* 형성. 뜻을 나타내는 부수 '艹(艸;풀 초)'와 음을 나타내는 '可(옳을 가)'를 합친 글자.

풀이 1. 맵다. 독하다. ¶苛酷 2. 까다롭다. 번거롭다. ¶苛細

苛斂誅求(가렴주구) 가혹하게 세금을 거두거나 백성의 재물을 억지로 빼앗음.

苛政猛於虎(가정맹어호) 가혹한 정치는 호랑이보다 더 사납다는 뜻으로, 가혹한 정치의 폐해를 비유하는 말.

苛責(가책) 가혹한 꾸지람.

苛酷(가혹) 매우 혹독함.

동 辛(매울 신)

茄
⑤ 9획 日カ
가지 가 中jiā, qié

풀이 가지.

苣
⑤ 9획 日キョ
상추 거 中jù, jǔ

풀이 상추.

菰
⑤ 9획 日コ
줄 고 中gū

풀이 1. 줄. 진고(眞菰). 2. 산수국(山水菊). 볏과의 다년초.

苦
⑤ 9획 日ク・くるしい
쓸 고 中kǔ

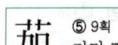

* 형성. 뜻을 나타내는 부수 '艹(艸;풀 초)'와 음을 나타내는 '古(옛 고)'를 합친 글자. 쓴 풀(艸)을 나타내어, '쓰다', '괴롭다'의 뜻으로 쓰임.

풀이 1. 쓰다. 2. 괴롭다. 고통스럽다. ¶苦痛

苦難(고난) 괴로움과 어려움.

苦惱(고뇌) 몸과 마음이 괴로움.

苦悶(고민) 괴로워하여 속을 태움.

苦杯(고배) 쓴 술잔. 억울한 실패나 패배를 비유하는 말.

苦心(고심) 애씀. 걱정함.

苦盡甘來(고진감래) 쓴 것이 다하면 단 것이 옴. 즉, 고생 뒤에 즐거움이 온다는 뜻.

苦衷(고충) 딱하고 괴로운 심정.

苦痛(고통) 1)괴롭고 아픔. 2)마음의 불만족으로 인해 생기는 감정.

반 樂(즐길 락) 快(쾌할 쾌)

비 若(만약 약)

苟
⑤ 9획 日コウ
진실로 구 中gǒu

艹 艹 苎 苎 苟 苟 苟

* 형성. 뜻을 나타내는 부수 '艹(艸;풀 초)'와 음을 나타내는 '句(글귀 구)'를 합친 글자.

풀이 1. 진실로. 참으로. 2. 겨우. 간신히. 3. 구차하다. ¶苟且 4. 단지. 다만.

苟命(구명) 구차한 목숨.

苟安(구안) 일시적인 편안함.

苟且(구차) 1)몹시 가난하고 궁색함. 2)말이나 행동이 떳떳하지 못함.

苓
⑤ 9획 日レイ
도꼬마리 령 中líng

풀이 1. 도꼬마리. 국화과의 일년초. 2. 복령. 소나무의 뿌리에 붙어 기생하는 버섯.

茉
⑤ 9획 日マツ
말리 말 中mò

풀이 말리(茉莉).

茉莉(말리) 물푸레나뭇과에 속하는 상록 관목.

苺
⑤ 9획 日モ・いちご
딸기 매 中méi

[艸 5획] 茅苜苗茆茂范苻若

茅 ⑤ 9획 日ボウ・バイ
띠 모 中máo

* 형성. 뜻을 나타내는 부수 '艹(艸:풀 초)'와 음을 나타내는 '矛(창 모)'를 합친 글자.

풀이 띠. 볏과의 다년초.
茅塞(모색) 1)띠가 생겨서 막힘. 2)욕심 때문에 마음이 닫힘.
茅屋(모옥) 띠로 지붕을 인 집. 초가집.
비 芧(도토리 서)

苜 ⑤ 9획 日モク
거여목 목 中mù

풀이 거여목. 마소의 사료나 비료로 쓰이는 나물의 한 종류.

苗 ⑤ 9획 日ビョウ・なえ ・なわ
모 묘 中miáo

* 회의. 밭(田)에 심은 작은 풀(艸)을 나타내어, '모'의 뜻으로 쓰임.

풀이 1. 모. 모종. ¶苗根 2. 곡식. 곡물. 3. 핏줄. 혈통. 자손. ¶苗族 4. 종족 이름. 중국 운남성(雲南省)·귀주성(貴州省) 일대에 사는 종족.
苗木(묘목) 옮겨심기 전의 어린 나무.
苗族(묘족) 1)먼 자손. 2)종족 이름.
苗板(묘판) 벼 종자를 뿌려서 모를 기르는 곳. 못자리.

茆 ⑤ 9획 日ボウ
순채 묘 中máo, mǎo

풀이 순채. 띠.

茂 ⑤ 9획 日モ・しげる
우거질 무 中mào

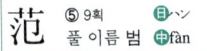

* 형성. 뜻을 나타내는 부수 '艹(艸:풀 초)'와 음을 나타내는 '戊(무성할 무)'를 합친 글자. 이에 '무성하다'의 뜻을 나타냄.

풀이 1. 우거지다. 무성하다. ¶茂盛 2. 뛰어나다. 훌륭하다. 3. 힘쓰다. ¶茂學
茂盛(무성) 풀이나 나무 등이 우거져 잘 자람.
茂蔭(무음) 무성한 나무의 그늘.
茂才(무재) 재능이 뛰어난 사람.
유 莽(우거질 망) 蕃(우거질 번)

范 ⑤ 9획 日ハン
풀 이름 범 中fàn

* 형성. 뜻을 나타내는 부수 '艹(艸:풀 초)'와 음을 나타내는 '氾(넘칠 범)'을 합친 글자.

풀이 1. 풀 이름. 2. 거푸집. ¶范鎔
비 茫(아득할 망)

苻 ⑤ 9획 日フ
껍질 부 中fú

풀이 껍질. 갈대의 얇은 속껍질.

若 ⑤ 9획 日ジャク・ニャク
❶ 같을 약 ・もしくは
❷ 반야 반 中rě, ruò

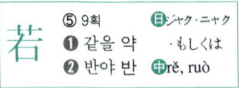

풀이 ❶ 1. 같다. ¶若此 2. 만약. ¶萬若 3. 어조사. 4. 및. 와. 과. 5. 너. 2인칭 대명사. ❷ 6. 반야. 지혜로움.
若干(약간) 1)얼마 안 됨. 2)얼마쯤.
若若(약약) 길에 늘어진 모양.
若曹(약조) 너희들. 약배(若輩).
若此(약차) 이렇게.
萬若(만약) 만일. 혹시.
自若(자약) 험한 일을 당해도 아무렇지 않게 태연함.
비 苦(괴로울 고)

[艸 5획] 茸英苑苡苧苴苫茁苕苔

茸 ⑤ 9획 日ゼン 풀 무성할 염 中rǎn

풀이 풀이 무성한 모양. ¶茸弱
茸若(염약) 풀이 무성한 모양.

英 ⑤ 9획 日エイ・はな 꽃부리 영 中yīng

* 형성. 뜻을 나타내는 부수 艹(艸:풀 초)와 음을 나타내는 '빛나다'의 뜻을 가진 '央(가운데 앙)'을 합친 글자.

1. 꽃. 꽃부리. 꽃잎 전체를 이름. ¶群英
2. 아름답다. 뛰어나다. 훌륭하다. ¶英氣
3. 명예.

英達(영달) 영민하고 총명함.
英妙(영묘) 재능이 뛰어난 젊은이.
英敏(영민) 영리하고 민첩함.
英雄(영웅) 재능과 지혜가 뛰어나 모든 사람들로부터 칭송받는 사람.
英偉(영위) 영민하고 위대함.
英才(영재) 뛰어난 재주가 있는 사람.
英特(영특) 영리하고 특별함.

苑 ⑤ 9획 日エン 동산 원 中yuàn

* 형성. 뜻을 나타내는 부수 艹(艸:풀 초)와 음을 나타내고 '동산'의 의미를 지닌 '夗(동굴 원)'을 합친 글자.

풀이 1. 동산. ¶苑囿 2. 나무가 무성한 모양.
苑囿(원유) 울타리를 치고 동물을 기르는 동산.
苑池(원지) 동산과 연못.
🔁 園(동산 원)

苡 ⑤ 9획 日イ 질경이 이 中yǐ

풀이 1. 질경이. 2. 율무.

苧 ⑤ 9획 日チョ・からむし 모시 저 中zhù

풀이 모시. 쐐기풀과에 속하는 다년초.
苧麻(저마) 모시풀.

苴 ⑤ 9획 日ショ 신 깔창 저 中chá, jū

풀이 1. 신 깔창. 2. 삼. 열매가 여는 삼.
苴麻(저마) 열매가 여는 삼.
苴布(저포) 거친 삼베.

苫 ⑤ 9획 日セン 이엉 점 中shàn, shān

* 형성. 뜻을 나타내는 부수 艹(艸:풀 초)와 음을 나타내는 '占(점칠 점)'을 합친 글자.

풀이 1. 이엉. 지붕이나 담을 덮기 위해서 엮는 짚. 2. 거적. 3. 덮다.
苫塊(점괴) 거적 자리와 흙덩이가 베개라는 뜻으로, 상제(喪制)가 거처하는 곳을 이르는 말.
苫席(점석) 상제(喪制)가 깔고 앉는 거적.

茁 ⑤ 9획 日サツ 싹틀 촬 中zhuó

풀이 1. 싹이 트다. 풀이 처음 나는 모양. 2. 자라다.
茁茁(촬촬) 풀이 싹트는 모양.

苕 ⑤ 9획 日チョウ 능소화 초 中tiáo, sháo

풀이 1. 능소화. ¶苕華 2. 완두.
苕嶢(초요) 산이 우뚝 솟은 모양.

苔 ⑤ 9획 日タイ・こけ 이끼 태 中tāi, tái

*형성. 뜻을 나타내는 부수 艹(풀 초)와 음을 나타내는 台(별 태)를 합친 글자.

[풀이] 이끼.

苔衣(태의) 이끼.
苔泉(태천) 이끼 낀 샘.
[비] 答(볼기칠 태)

萍 ⑤ 9획 日ヘイ·ヒョウ
개구리밥 평 中píng

*형성. 뜻을 나타내는 부수 艹(艸:풀 초)와 음을 나타내는 平(평평할 평)을 합친 글자.

[풀이] 1. 개구리밥. 2. 돌다. 선회하다.

苞 ⑤ 9획 日ホウ
그령 포 中bāo

[풀이] 1. 그령. 볏과의 다년초. 2. 싸다. 싸개. 3. 꾸러미. 4. 우거지다.

苞裹(포과) 물건을 쌈. 꾸림.
苞苴(포저) 1)선물. 예물. 2)뇌물.

苾 ⑤ 9획 ❶ 향기로울 필 日ヒツ
❷ 연뿌리 밀 中bì, bié, mì

[풀이] ❶1. 향기롭다. ¶苾芬 ❷2. 연뿌리.

苾芬(필분) 향기가 남. 분필(芬苾).
[비] 芯(등심초 심)

茶 ⑥ 10획 日チャ·サ
차 다·차 中chá

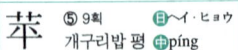

[풀이] 차. 차를 넣은 음료. ¶茶果

茶菓(다과) 차와 과자.
茶器(다기) 차를 마실 때 쓰이는 도구.
茶道(다도) 차에 관한 예의(禮儀). 차 만드는 법.
茶飯事(다반사) 차를 마시고 밥을 먹듯 일상적으로 하는 일. 늘 있는 일.
茶室(다실/차실) 차를 끓이는 방. 다방(茶房).
綠茶(녹차) 푸른빛의 말린 찻잎으로 끓인 차.

茫 ⑥ 10획 日ボウ
아득할 망 中máng

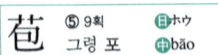

*형성. 뜻을 나타내는 부수 艹(艸:풀 초)와 음을 나타내는 汒(바쁠 망)을 합친 글자.

[풀이] 아득하다. 한없이 넓은 모양. ¶茫漠

茫漠(망막) 끝없이 넓은 모양.
茫茫(망망) 1)넓고 아득한 모양. 2)끝이 없는 모양.
茫然自失(망연자실) 넋이 나가 제 정신을 잃고 있는 모양.

[유] 藐(아득할 막) [비] 芒(까끄라기 망)

茗 ⑥ 10획 日ミョウ
차 싹 명 中míng

*형성. 뜻을 나타내는 부수 艹(艸:풀 초)와 음을 나타내는 名(이름 명)을 합친 글자.

[풀이] 1. 차의 싹. ¶茗旗 2. 차나무. ¶茗園

茗坊(명방) 찻집. 다방(茶房).
茗宴(명연) 차를 마시는 모임.

茯 ⑥ 10획 日ブク
복령 복 中fú

[풀이] 복령. 한약재로 쓰임.

茯苓(복령) 소나무의 뿌리에 기생하는 버섯.

茱 ⑥ 10획 日シュ
수유 수 中zhū

[풀이] 수유. 수유나무의 열매.

荀 ⑥ 10획 日ジュン
풀 이름 순 中xún

[艸 6획] 茹茸茵荏茲茨莊荃荑荐

풀이 풀 이름.
비 筍(죽순 순)

茹 ⑥ 10획 ⑪ ジョ ⊕ rú
먹을 여

풀이 1. 먹다. ¶茹藿 2. 연하다. 3. 채소. 4. 썩다.
茹藿(여곽) 1)콩잎을 먹음. 2)검소하고 소박한 음식을 먹음.
茹魚(여어) 썩은 생선. 취어(臭魚).

茸 ⑥ 10획 ⑪ ジョウ ⊕ róng
무성할 용

* 형성. 뜻을 나타내는 부수 '艹(艸;풀 초)'와 음을 나타내는 '耳(귀 이)'를 합친 글자.

풀이 1. 무성하다. ¶茸茸 2. 흐트러지다. 3. 녹용. 4. 미련하다.
茸茸(용용) 풀이 무성한 모양.
茸闒(용탑) 둔하고 어리석음.
品 茂(우거질 무)

茵 ⑥ 10획 ⑪ イン ⊕ yīn
자리 인

* 형성. 뜻을 나타내는 부수 '艹(艸;풀 초)'와 음을 나타내는 '因(인할 인)'을 합친 글자.

풀이 1. 자리. 관(棺)에 까는 자리. ¶茵席 2. 풀 이름.
茵毯(인담) 담요.
茵席(인석) 자리. 깔개.

荏 ⑥ 10획 ⑪ ジン ⊕ rěn
들깨 임

* 형성. 뜻을 나타내는 부수 '艹(艸;풀 초)'와 음을 나타내는 '任(자리 임)'을 합친 글자.

풀이 1. 들깨. ¶荏子 2. 유순하다. 3. 시간을 끄는 모양.
荏弱(임약) 1)유연함. 2)나약함.
荏苒(임염) 시간을 자꾸 끎.
荏子(임자) 들깨.

茲 ⑥ 10획 ⑪ シ ⊕ cí, zī
무성할 자

풀이 1. 무성하다. 무성해지다. ¶茲茲 2. 붇다. 3. 지금. 이때.
茲茲(자자) 불어나는 모양.
品 茸(무성할 용) 비 玆(이 자)

茨 ⑥ 10획 ⑪ シ ⊕ cí
가시나무 자

* 형성. 뜻을 나타내는 부수 '艹(艸;풀 초)'와 음을 나타내는 '次(다음 차)'를 합친 글자.

풀이 1. 가시나무. ¶茨棘 2. 지붕이다. 덮다. 3. 남가새. 남가샛과의 일년초.
茨棘(자극) 1)가시나무. 2)풀이 우거진 깊은 산골.

莊 ⑥ 10획
莊(p631)의 俗字

荃 ⑥ 10획 ⑪ セン ⊕ quán
향초 전

풀이 1. 향초. 3. 통발. ¶荃宰

荑 ⑥ 10획
❶ 띠 어린 싹 제 ⑪ イ ⊕ tí, yí
❷ 흰비름 이

풀이 ❶ 1. 띠의 어린 싹. 갓 나온 띠. 2. 싹. 싹트다. ❷ 3. 흰비름. 비름과에 속하는 일년초.
荑指(제지) 고운 손가락.

荐 ⑥ 10획 ⑪ セン ⊕ jiàn
거듭할 천

* 형성. 뜻을 나타내는 부수 '艹(艸;풀 초)'와 음을 나타내는 '存(있을 존)'을 합친 글자.

풀이 1. 거듭하다. 중첩하다. ¶荐及 2.

荐(천) 자주. 3. 모이다.
荐饑(천기) 1)자주 굶주림. 2)흉년이 계속됨.
荐問(천문) 자주 방문함.

| 茜 | ⑥ 10획 | 日 セン |
| | 꼭두서니 천 | 中 qiàn, xī |

풀이 꼭두서니. 꼭두서닛과에 속하는 다년초.

| 草 | ⑥ 10획 | 日 ソウ・くさ |
| | 풀 초 | 中 cǎo |

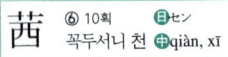

풀이 1. 풀. ¶草家 2. 초원. 풀숲. ¶草原 3. 풀을 베다. 4. 촌스럽다. 5. 거칠다. 6. 시초. 시작.
草家(초가) 초가집.
草芥(초개) 1)지푸라기. 2)하찮은 사물. 소용없는 물건.
草稿(초고) 시문(詩文)의 초벌 원고.
草木(초목) 풀과 나무. 식물.
草食(초식) 푸성귀만 먹음.
草野(초야) 1)풀이 우거진 들판. 2)시골.
草原(초원) 풀이 난 벌판. 초야(草野).
동 艸(풀 초)

| 荇 | ⑥ 10획 | 日 コウ |
| | 마름 행 | 中 xìng |

풀이 마름. 마름과에 속하는 일년초.
荇菜(행채) 마름과에 속하는 다년생 수초(水草).

| 荊 | ⑥ 10획 | 日 ケイ |
| | 가시나무 형 | 中 jīng |

* 형성. 뜻을 나타내는 부수 '艹(艸;풀 초)'와 음을 나타내는 '刑(형벌 형)'을 합친 글자.

풀이 1. 가시나무. 2. 모형(牡荊)나무. 마편초과에 속하는 낙엽 관목. 3. 땅 이름. 옛날 구주(九州)의 하나.

荊棘(형극) 1)가시 있는 나무의 총칭. 고난을 비유하는 말. 2)나쁜 마음.
荊妻(형처) 자기 아내의 겸칭.
荊布(형포) 거친 옷. 허술한 옷.
비 刑(형벌 형)

| 荒 | ⑥ 10획 | 日 コウ・あらい |
| | 거칠 황 | 中 huāng |

* 형성. 뜻을 나타내는 부수 '艹(艸;풀 초)'와 음을 나타내는 부수 이외의 글자를 합친 글자.

풀이 1. 거칠다. ¶荒涼 2. 흉년이 들다. 3. 거칠게 하다. 4. 거짓되다. 5. 어둡다. 어리석다.
荒唐無稽(황당무계) 하는 말이 어이 없고 믿을 수 없음.
荒涼(황량) 황폐하여 처량함.
荒野(황야) 황원(荒原). 벽촌(僻村).
荒廢(황폐) 버려 두어 못쓰게 되고 거칠어짐.
虛荒(허황) 거짓됨. 근거가 없음.
동 粗(거칠 조)

| 茴 | ⑥ 10획 | 日 カイ・ウイ |
| | 회향 회 | 中 huí |

풀이 회향. 미나릿과에 속하는 이년초.

| 莖 | ⑦ 11획 | 日 ケイ |
| | 줄기 경 | 中 jīng |

* 형성. 뜻을 나타내는 부수 '艹(艸;풀 초)'와 음을 나타내는 '巠(물줄기 경)'을 합친 글자. 물줄기처럼 곧게 뻗은 풀의 '줄기'를 나타냄.

풀이 1. 줄기. ¶莖柯 2. 버팀목
莖柯(경가) 줄기와 가지.

| 荳 | ⑦ 11획 | 日 トウ |
| | 콩 두 | 中 dòu |

풀이 콩.

[艸 7획] 莉莫莩莎莘莪莞莠莊

荳餠(두병) 콩기름을 짜고 난 찌꺼기.

莉 ⑦ 11획 ⒡リ ⒞lì
말리 리

풀이 말리(茉莉). 목서과에 속하는 늘푸른 떨기나무.

莫 ⑦ 11획 ⒡ボ·バク ⒞mò
❶ 없을 막
❷ 저물 모

一十廿廿廿苎苜草莫莫

* 회의. 심림 혹은 초원(艸+艸)에 해(日)가 지는 모양을 나타낸 글자. 원래는 해질녘(暮)을 나타내었으나, 후에 해가 져서 아무것도 보이지 않는다는 의미에서 '없다', '말다'의 뜻으로 쓰임.

풀이 ❶ 1. 없다. ¶莫大 2. 말다. 금지의 의미. 3. 허무하다. 4. 어둡다. ❷ 5. 저물다. 6. 꾀하다.

莫大(막대) 말할 수 없이 큼. 더할 수 없이 큼.
莫甚(막심) 대단히 심함. 아주 대단함.
莫逆(막역) 서로 뜻이 맞아 거스르지 않고 매우 친함.
莫逆之友(막역지우) 서로 거슬림이 없는 사이. 매우 가까운 친구.
莫重(막중) 아주 중요함.

🔗 無(없을 무) 🔁 漠(사막 막)

莩 ⑦ 11획 ⒡フ·ヒョウ ⒞fú, piǎo
❶ 풀 이름 부
❷ 굶어죽을 표

풀이 ❶ 1. 풀 이름. 2. 갈대청. 갈대 줄기의 속에 있는 얇은 막. ❷ 3. 굶어 죽다.

莎 ⑦ 11획 ⒡シャ ⒞suō
향부자 사

풀이 1. 향부자. 사초과에 속하는 다년초.
2. 베짱이.

🔁 沙(모래 사)

莘 ⑦ 11획 ⒡シン ⒞shēn
긴 모양 신

풀이 1. 긴 모양. 2. 족두리풀. 세신과(細辛科)에 속하는 다년초로, 약재로 많이 쓰임.

🔁 幸(다행 행) 辛(매울 신) 帝(임금 제)

莪 ⑦ 11획 ⒡ガ ⒞é
지칭개 아

풀이 지칭개. 국화과에 속하는 이년초.

莞 ⑦ 11획 ⒡カン ⒞guān, guǎn, wǎn
왕골 완

* 형성. 뜻을 나타내는 부수 艹(艸:풀 초)와 음을 나타내는 完(끝날 완)를 합친 글자.

풀이 1. 왕골. 방동사닛과에 속하는 일년초. ¶莞蓆 2. 웃는 모양.
莞爾(완이) 빙그레 웃는 모양.
莞簟(완점) 왕골자리와 대자리.

莠 ⑦ 11획 ⒡ユウ·スウ ⒞yǒu
❶ 강아지풀 유
❷ 고들빼기 수

* 형성. 뜻을 나타내는 부수 艹(艸:풀 초)와 음을 나타내는 秀(빼어날 수)를 합친 글자.

풀이 ❶ 1. 강아지풀. 겉보기에는 착해 보이나 내면은 추악함을 비유함. ¶莠草 ❷ 2. 고들빼기. 국화과의 이년초.

莠草(유초) 강아지풀.

莊 ⑦ 11획 ⒡ソウ ⒞zhuāng
성할 장

一十廿廿廿芇芇莊莊莊

* 형성. 뜻을 나타내는 부수 艹(艸:풀 초)와 음을 나타내며 '성하다'의 뜻을 가진 爿(씩씩

할 장)'을 합친 글자. 풀(艸)이 무성함(壯)을 나타내어, '성하다'의 뜻으로 쓰임.

풀이 1. 성하다. 2. 풀이 무성하다. 3. 바르다. 단정하다. ¶莊士 4. 꾸미다. 5. 엄숙하다. ¶莊嚴 6. 별장.

莊嚴(장엄) 고상하고 엄숙함.
莊園(장원) 1)별장. 2)봉건 제하의 토지 소유의 한 형태.
莊重(장중) 장엄하고 정중함.
老莊(노장) 노자와 장자.

荻　⑦ 11획　日テキ
물억새 적　中 dí

풀이 물억새. 볏과에 속하는 다년초.

荷　⑦ 11획　日カ
연꽃 하　中 hé, hè

艹 艹 艹 艹 艹 荷 荷 荷

* 형성. 뜻을 나타내는 부수 '艹(艸; 풀 초)'와 음을 나타내는 '何(어찌 하)'를 합친 글자.
풀이 1. 연꽃. ¶荷花 2. 짐. 3. 일을 떠맡다.
荷擔(하담) 어깨에 멤. 짐을 짐.
荷物(하물) 1)짐. 2)부담이 되는 책임.
荷役(하역) 짐을 싣고 부리는 일. 또는 그 일을 하는 사람.
荷重(하중) 1)짐의 무게. 2)맡은 임무가 중하고 힘에 겨움.
비 苛(매울 가)

莢　⑦ 11획　日キョウ
콩꼬투리 협　中 jiá

풀이 콩꼬투리. 콩이 들어 있는 깍지.

菰　⑧ 12획　日コ
줄 고　中 gū

풀이 줄. 볏과에 속하는 다년생 수초(水草).
菰蘆(고로) 줄과 같대.

菰米(고미) 줄의 열매.

菓　⑧ 12획　日カ
과일 과　中 guǒ

* 형성. 뜻을 나타내는 부수 '艹(艸; 풀 초)'와 음을 나타내는 '果(열매 과)'를 합친 글자.
풀이 1. 과일. 2. ❸ 과자(菓子).
菓子(과자) 밀가루나 쌀가루 등으로 반죽하여 굽거나 튀겨서 만든 음식.
동 果(실과 과)

菅　⑧ 12획　日カン
골풀 관　中 jiān

풀이 1. 골풀. 왕골. ¶菅草 2. 거적. 골풀로 엮은 자리.

菊　⑧ 12획　日キク
국화 국　中 jú

艹 艹 艹 艿 茆 茆 荺 菊
菊 菊

풀이 국화.
菊月(국월) 음력 9월의 다른 이름.
菊花(국화) 국화꽃.

菌　⑧ 12획　日キン
버섯 균　中 jūn, jùn

艹 艹 艹 艿 荺 荺 荺 菌
菌 菌

풀이 1. 버섯. ¶菌類 2. 세균. ¶細菌
菌類(균류) 버섯·곰팡이류의 총칭.
菌傘(균산) 버섯의 갓.
비 箘(이대 균)

菫　⑧ 12획　日キン
제비꽃 근　中 jǐn

풀이 1. 제비꽃. 2. 바꽃. 오두(烏頭)

[艸 8획] 萁萄萊菉菱莽萌菩菔

독초. 약재로도 쓰임.

堇荼(근도) 바꽃과 씀바귀.

萁 ⑧ 12획 ⓓキ 콩깍지 기 ㊥jī, qí

풀이 콩깍지. 콩대. ¶萁稈

萁稈(기간) 콩줄기. 콩대.

萄 ⑧ 12획 ⓓドウ 포도 도 ㊥táo

* 형성. 뜻을 나타내는 부수 ++(艸:풀 초)와 음을 나타내는 '匋(질그릇 도)'를 합친 글자.

풀이 포도.

葡萄(포도) 포도나무의 열매.

🔁 葡(포도 포)

萊 ⑧ 12획 ⓓライ 명아주 래(내) ㊥lái

* 형성. 뜻을 나타내는 부수 ++(艸:풀 초)와 음을 나타내는 '來(올 래)'를 합친 글자.

풀이 1. 명아주. 명아줏과에 속하는 일년초. ¶萊蕪 2. 묵정밭. 경작하지 않는 밭.

萊蕪(내무) 잡초가 무성한 땅.

萊蒸(내증) 1)명아주 잎을 찐 것. 2)소박하고 검소한 식사.

菉 ⑧ 12획 ⓓロク 조개풀 록(녹) ㊥lù, lǜ

풀이 1. 조개풀. 포아풀과에 속하는 일년초. 2. 적다. 기록하다. 3. 푸르다.

菉竹(녹죽) 푸른 대나무. 녹죽(綠竹).

菱 ⑧ 12획 ⓓリョウ 마름 릉(능) ㊥líng

* 형성. 뜻을 나타내는 부수 ++(艸:풀 초)와 음을 나타내는 '夌(넘을 릉)'을 합친 글자.

풀이 1. 마름. 마름과에 속하는 일년초. ¶菱歌 2. 물풀 이름.

菱歌(능가) 마름을 따면서 부르는 노래.

🔁 䕠(언덕 릉)

莽 ⑧ 12획 ⓓモウ・ム 우거질 망 ㊥mǎng

풀이 1. 우거지다. ¶莽莽 2. 풀. 잡초. 3. 거칠다.

莽莽(망망) 풀이 우거진 모양.

莽蒼(망창) 푸른 빛깔. 교외(郊外)의 경치.

🔁 薔(우거질 번) 茂(우거질 무)

萌 ⑧ 12획 ⓓホウ 싹 맹 ㊥méng

* 형성. 뜻을 나타내는 부수 ++(艸:풀 초)와 음을 나타내는 '明(밝을 명)'을 합친 글자. 초목[艸]의 싹이 밝은[明] 세계로 나오는 것을 나타내어, '싹'의 뜻으로 쓰임.

풀이 1. 싹. ¶萌生 2. 싹트다. 3. 조짐. 시초. ¶萌兆 4. 백성.

萌動(맹동) 1)초목이 싹틈. 2)사물의 시작.

萌黎(맹려) 서민(庶民). 평민(平民).

萌芽(맹아) 싹이 남. 싹이 틈.

🔁 芽(싹 아)

菩 ⑧ 12획 ⓓホ 보살 보 ㊥pú

풀이 보살(菩薩).

菩薩(보살) 1)부처의 다음가는 성인(聖人). 2)나이 많은 여자 신도에 대한 높임말.

菩提(보리→보제) 세속적 번뇌로부터 불과(佛果)를 얻어 깨달음의 경지에 들어섬.

🔁 薩(보살 살)

菔 ⑧ 12획 ⓓホク 무 복 ㊥fú

[艸 8획] 菲菽菴菀萎菹菁菖菜

풀이 1. 무. 2. 칼집.

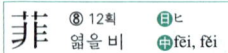

풀이 1. 엷다. 변변치 못하다. ¶菲食 2. 채소 이름. 3. 풀이 무성한 모양. 4. 향초.
菲德(비덕) 덕이 부족함.
菲薄(비박) 물건이 적어 변변치 못함.
菲儀(비의) 변변치 못한 의례. 변변치 못한 선물.

풀이 1. 콩. 2. 대두(大豆).
菽麥(숙맥) 1)콩과 보리. 2)콩인지 보리인지를 구별하지 못한다는 뜻으로, 어리석은 사람을 비유하는말.
비 叔(아재비 숙)

菴 ⑧ 12획 日アン
풀 이름 암 中ān

풀이 1. 풀 이름. 2. 암자.
菴觀(암관) 절과 도교(道敎)의 사원.
비 庵(암자 암)

菀 ⑧ 12획 日エン·オン·ウツ
자완 완 中wǎn, yù

풀이 자완. 엉거싯과에 속하는 다년초.

萎 ⑧ 12획 日イ
마를 위 中wěi

* 형성. 뜻을 나타내는 부수 艹(艸;풀 초)와 음을 나타내는 '委(맡길 위)'를 합친 글자.
풀이 1. 마르다. 시들다. ¶萎落 2. 병들다. 3. 약하다. 쇠약하다. ¶萎腰
萎落(위락) 시들어 떨어짐.

萎縮(위축) 1)시들어 오그라듦. 2)기를 펴지 못함.

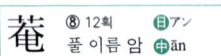

풀이 1. 채소 절임. 소금에 절인 야채. 2. 젓갈.
菹醢(저해) 1)소금에 절인 야채와 고기. 2)사람을 죽여 그 뼈와 살을 소금에 절이던 형벌.
비 茫(아득할 망)

菁 ⑧ 12획
❶ 부추꽃 정 日セイ
❷ 꽃 무성한 中jīng
모양 청

풀이 ❶ 1. 부추꽃. 2. 아름답다. 3. 순무. 겨자과에 속하는 일이년초. ❷ 4. 꽃이 무성한 모양. ¶菁菁
菁華(정화) 사물의 아름답고 순수한 부분.
菁菁(청청) 초목이 무성한 모양.
비 靑(푸를 청)

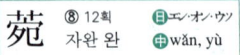

* 형성. 뜻을 나타내는 부수 艹(艸;풀 초)와 음을 나타내는 '昌(창성할 창)'을 합친 글자.
풀이 창포.
유 蒲(창포 포)

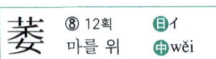

* 형성. 뜻을 나타내는 부수 艹(艸;풀 초)와 음을 나타내는 '采(모을 채)'를 합친 글자.
풀이 1. 나물. 채소. ¶菜根 2. 캐다.
菜根(채근) 1)채소의 뿌리. 2)나물 반찬의 밥. 변변치 못한 음식.

[艸 8~9획] 婇萃菟菠萍華葭葛葵

菜食(채식) 채소로 만든 반찬을 주로 먹음.
菜畦(채휴) 채소밭.

婇 ⑧ 12획 ㊐セイ 풀 우거진 모양 처 ㊥qī

풀이 1. 풀이 우거진 모양. 2. 아름다운 모양.

婇斐(처비) 문채(紋彩)가 아름다운 모양.

萃 ⑧ 12획 ㊐スイ 모일 췌 ㊥cuì

풀이 1. 모이다. ¶萃止 2. 이르다.

拔萃(발췌) 많은 것 중에서 중요한 것을 뽑아 모음.
유 集(모일 집) 비 卒(군사 졸)

菟 ⑧ 12획 ㊐ト 새삼 토 ㊥tù, tú

풀이 새삼. 새삼과에 속하는 일년초.

菠 ⑧ 12획 ㊐ハ 시금치 파 ㊥bō

풀이 시금치.

菠薐(파릉) 시금치.

萍 ⑧ 12획 ㊐ヘイ 부평초 평 ㊥píng

*형성. 뜻을 나타내는 부수 艹(艸:풀 초)와 음을 나타내는 平(평평할 평)을 합친 글자.

풀이 부평초. 개구리밥.

萍泊(평박) 물 위의 부평초처럼 여기저기 떠돌아다님.

華 ⑧ 12획 ㊐カ・はな 꽃 화 ㊥huā, huá, huà

*상형. 가지마다 꽃들이 활짝 피어 있는 나무의 모양을 본뜬 글자.

풀이 1. 꽃. 2. 꽃이 피다. ¶華叢 3. 번성하다. 창성하다. 4. 곱다. 아름답다. 화려하다. ¶華麗 5. 중화. 중국 사람이 자국(自國)을 부르는 이름.

華僑(화교) 외국에 이주한 중국 사람.
華麗(화려) 빛나고 아름다움.
華奢(화사) 화려하고 사치스러움.
華月(화월) 1)아름다운 달. 2)한창 때.
華燭(화촉) 1)그림 그리는 데 쓰는 밀초. 화초. 2)결혼. 화촉(花燭).
華婚(화혼) '혼인'의 다른 이름.
繁華(번화) 번성하고 화려함.
유 花(꽃 화) 비 畢(마칠 필)

葭 ⑨ 13획 ㊐カ ❶ 갈대 가 ❷ 밀 하 ㊥jiā

풀이 ❶ 1. 갈대. 어린 갈대. ¶葭墻 2. 멀다.

葭莩(가부) 1)갈대 줄기 속의 엷은 막. 2)가볍고 얇은 것을 비유하는 말.
비 暇(겨를 가)

葛 ⑨ 13획 ㊐カツ 칡 갈 ㊥gé, gě

풀이 1. 칡. ¶葛藤 2. 갈포(葛布). 거친 베. ¶葛巾

葛藤(갈등) 1)칡덩굴과 등나무 덩굴. 2)복잡하게 뒤얽힘. 3)분란. 불화.
葛衣(갈의) 갈포로 만든 옷.
葛布(갈포) 칡의 섬유로 짠 베.
비 曷(어찌 갈)

葵 ⑨ 13획 ㊐キ 해바라기 규 ㊥kuí

[풀이] 1. 해바라기. ¶葵傾 2. 헤아리다.
葵傾(규경) 해바라기가 해를 향하여 기운다는 뜻으로, 백성이 임금의 덕을 우러러 보는 것을 비유하는 말.
蜀葵花(촉규화) 접시꽃.
[비] 癸(열째천간 계)

董
⑨ 13획 日トウ
감독할 동 中dǒng

* 형성. 뜻을 나타내는 부수 艹(艸:풀 초)와 음을 나타내는 '重(무거울 중)'을 합친 글자.

[풀이] 1. 감독하다. ¶董督 2. 바로잡다. 3. 굳다. 견고하다. 4. 연뿌리. 연근.
董督(동독) 감독하여 단속함.
董狐之筆(동호지필) 위세(威勢)를 두려워하지 않고, 있는 그대로를 써서 역사에 남기는 일.
[비] 童(아이 동)

落
⑨ 13획 日ラク・おちる
떨어질 락(낙) 中là, lào, luō, luò

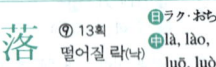

* 형성. 뜻을 나타내는 부수 艹(艸:풀 초)와 음을 나타내며 '이르다'의 의미를 지닌 洛(낙수 락)을 합친 글자. 이에 풀잎(艹)이 땅에 떨어지다의 뜻으로 쓰임.

[풀이] 1. 떨어지다. ¶落花 2. 감소하다. 3. 흩어지다. 4. 죽다. ¶落年 5. 마을. ¶村落 6. 버리다.
落膽(낙담) 실망하여 맥이 풀림.
落伍(낙오) 1)대오(隊伍)에서 떨어짐. 2)시대에 뒤떨어짐.
落選(낙선) 선거에서 떨어짐.
落日(낙일) 지는 해. 저무는 해.
落潮(낙조) 1)썰물. 2)점차 쇠퇴하는 기미.
落花流水(낙화유수) 떨어지는 꽃과 흐르는 물이라는 뜻으로, 서로 사모하는 남녀의 관계를 비유하는 말.

落後(낙후) 경제 또는 문화가 어떠한 기준에서 떨어짐.
[비] 墜(떨어질 추)

萬
⑨ 13획 日マン
일만 만 中wàn

艹 艹 芍 芍 苔 芮 芮 萬 萬 萬

* 상형. 꼬리를 번쩍 든 전갈의 모양을 본뜬 글자. 전갈이 알을 많이 낳는다고 하여 '일만'을 뜻하게 됨.

[풀이] 1. 일만. 10,000. 2. 많은 수. 다수(多數). 3. 크다.
萬劫(만겁) 한없이 긴 세월. 무한한 시간. 영겁(永劫).
萬頃蒼波(만경창파) 한없이 넓은 바다.
萬能(만능) 모든 일에 능통함.
萬事(만사) 모든 일.
萬歲(만세) 1)영구한 세월. 2)축하나 축복의 표시로 외치는 말.
萬壽無疆(만수무강) 오래오래 삶. 오래 살기를 비는 말.
萬一(만일) 1)만의 하나. 2)혹시라도.
萬全之計(만전지계) 조금도 실수가 없는 계책.

葚
⑨ 13획 日ジン
오디 심 中shèn

[풀이] 오디. 뽕나무의 열매.
[비] 甚(심할 심)

萼
⑨ 13획 日ガク
꽃받침 악 中è

[풀이] 꽃받침.
萼珠(악주) 꽃받침.

葯
⑨ 13획 日ヤク
구릿대 약 中yào

* 형성. 뜻을 나타내는 부수 艹(艸:풀 초)와를

을 나타내는 '約(묶을 약)'을 합친 글자. 이에 '동여메다'를 나타냄.

[풀이] 1. 구릿대. 백지(白芷). 산형과의 다년초. 2. 꽃밥.

葯胞(약포) 꽃밥. 수술 끝에 꽃가루를 가지고 있는 부분.

葉

⑨ 13획
❶ 잎 엽 [日]ヨウ·は
❷ 땅 이름 섭 [中]yè, shè

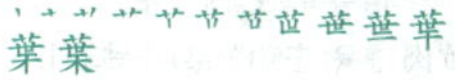

[풀이] [1] 1. 잎. 초목의 잎. ¶葉散 2. 세대. ¶葉語 3. 떨어지다. 4. 장. 종이 등을 세는 단위. [2] 5. 땅 이름. 춘추 시대 초(楚)나라의 섭읍(葉邑).

葉柄(엽병) 잎자루. 잎이 줄기에 붙어 있는 부분.

葉散(엽산) 1)잎이 흩어짐. 2)자손이 많음.

葉草(엽초) 잎담배.

落葉(낙엽) 떨어진 나뭇잎.

[비] 棄(버릴 기)

萵

⑨ 13획 [日]ワ
상추 와 [中]wō

[풀이] 상추.

萵苣(와거) 상추.

[비] 窩(움집 와)

葳

⑨ 13획
초목 무성한 [日]イ
모양 위 [中]wēi

[풀이] 1. 초목이 무성한 모양. 2. 둥굴레. 백합과에 속하는 다년초.

葳蕤(위유) 1)둥굴레. 2)꽃이 아름다운 모양.

[비] 茂(우거질 무)

葦

⑨ 13획 [日]イ
갈대 위 [中]wěi

* 형성. 뜻을 나타내는 부수 '艹(艸:풀 초)'와 음을 나타내는 '韋(가죽 위)'를 합친 글자.

[풀이] 갈대. ¶葦橋

葦笮(위작) 갈대로 꼰 밧줄.

葦蒲(위포) 1)갈대와 부들. 2)부드러우면서도 강한 것을 비유하는 말.

[유] 葭(갈대 가) 蘆(갈대 로)

萸

⑨ 13획 [日]ユ
수유 유 [中]yú

[풀이] 수유.

葬

⑨ 13획 [日]ソウ
장사 지낼 장 [中]zàng

* 회의. '茻(잡풀 우거질 망)'과 '死(죽을 사)'를 합친 글자. 시체를 들고 나가 풀 속에서 '장사 지낸다'는 뜻을 나타냄.

[풀이] 1. 장사 지내다. 2. 장사.

葬事(장사) 시체를 매장하거나 화장하는 일.

葬式(장식) 장례.

葬儀(장의) 장례(葬禮).

葬地(장지) 매장하는 땅. 장사 지내는 곳.

合葬(합장) 부부의 시신을 한 무덤 안에 묻는 일.

[유] 喪(죽을 상)

著

⑨ 13획 [日]チョ·
❶ 분명할 저 いちじるしい
❷ 붙일 착 [中]zhuó

* 형성. 뜻을 나타내는 부수 '艹(艸:풀 초)'와 음을 나타내는 '者(놈 자)'를 합친 글자.

6획

[艸 9~10획] 葺葱萩葡胡葷萱蓋

풀이 ❶ 1. 분명하다. 분명함. ¶著名 2. 나타내다. 드러나다. 3. 책을 짓다. 기록하다. ¶著錄 ❷ 4. 붙이다. 붙다. ¶著火

著名(저명) 뚜렷함. 이름이 드러남. 명성이 높음.
著者(저자) 책을 지은 사람.
著眼(착안) 어떤 일을 눈여겨보고 그 일에 대한 기틀을 깨달아 잡음.
著足(착족) 발을 붙이고 섬.
顯著(현저) 뚜렷하여 분명함.

葺 ⑨ 13획 ⓙ シュウ
지붕 일 집 ⓒqì

풀이 1. 지붕을 이다. ¶葺茨 2. 수선하다. 깁다. ¶葺繕 3. 덮다.

葺繕(집선) 수선(修繕). 낡거나 고장난 물건을 고침.
비 葺(갈대 위)

葱 ⑨ 13획
蒽(p643)의 俗字

萩 ⑨ 13획 ⓙ シュウ
사철쑥 추 ⓒqiū

풀이 1. 사철쑥. 국화과에 속하는 다년초. 2. 가래나무. 추목(萩木).

葡 ⑨ 13획 ⓙ ブ・ヒ
포도 포 ⓒpú

* 형성. 뜻을 나타내는 부수 艹(艸; 풀 초)와 음을 나타내는 '匍(갈 포)'를 합친 글자.

풀이 포도. ¶葡萄
葡萄酒(포도주) 포도를 원료로 빚은 술.
유 萄(포도 도)

胡 ⑨ 13획 ⓙ コウ
마늘 호 ⓒhú

* 형성. 뜻을 나타내는 부수 艹(艸; 풀 초)와 음을 나타내는 '胡(오랑캐 호)'를 합친 글자.

풀이 1. 마늘. 백합과에 속하는 다년초. 2. 호리병박. 조롱박.
葫蘆(호로) 호리병박.
葫蒜(호산) 마늘.

葷 ⑨ 13획 ⓙ クン
매운 채소 훈 ⓒhūn, xūn

풀이 매운 채소. 훈채(葷菜). 생강·파·부추·마늘 등 독특한 냄새가 나는 채소. ¶葷菜
葷肉(훈육) 훈채(葷菜)와 날고기.
葷菜(훈채) 파·마늘 등 냄새가 독특한 채소.

萱 ⑨ 13획 ⓙ ケン
원추리 훤 ⓒxuān

풀이 원추리. 망우초(忘憂草). 백합과에 속하는 다년초.
萱堂(훤당) 남의 어머니에 대한 높임말.
萱菜(훤채) 원추리 나물.

蓋 ⑩ 14획
❶ 덮을 개 ⓙカイ
❷ 어찌않을합 ⓒgài, gě

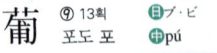

* 형성. 뜻을 나타내는 부수 艹(艸; 풀 초)와 음을 나타내는 덮는다는 의미를 지닌 '盍(어찌 아니할 합)'을 합친 글자. 풀로 덮어씌우는 것을 나타내어, 덮개 의 뜻으로 쓰임.

풀이 ❶ 1. 덮다. 덮어씌우다. 2. 덮개. 뚜껑. ¶蓋棺 3. 일산(日傘). 4. 대개. ❷ 5. 어찌 …하지 않겠는가?

蓋棺事定(개관사정) 죽은 뒤에 비로소 그 사람의 가치가 결정됨.
蓋世(개세) 온 세상을 뒤엎을 만큼 큰 기세(氣勢).

[艸 10획] 兼蒟蓏莫蒙蒡蓑蒴蒜蓆

蓋然(개연) 확실하지는 않지만 그럴 것이라고 추측됨.

🔠 蔽(덮을 폐) 冪(덮을 멱) 奄(가릴 엄)

兼 ⑩ 14획 日ケン
갈대 겸 ⊕jiān

풀이 갈대.

🔠 葭(갈대 가) 蘆(갈대 로) 葦(갈대 위)

蒟 ⑩ 14획 日ク
구장 구 ⊕jǔ

풀이 1. 구장(蒟醬). 2. 구약(蒟蒻). 천남성과에 속하는 다년초.

蓏 ⑩ 14획 日ラ
열매 라(나) ⊕luǒ

풀이 열매.

蓏蔬(나소) 풀의 열매와 채소.

莫 ⑩ 14획 日メイ
명협 명 ⊕míng

풀이 명협(莫莢). 요임금 때 조정의 뜰에 났다는 상서로운 풀.

莫曆(명력) 태음력(太陰曆).

🔠 冥(어두울 명)

蒙 ⑩ 14획 日モウ
어두울 몽 ⊕měng, méng, měng

蒙蒙蒙

* 형성. 뜻을 나타내는 부수 艹(艸;풀 초)와 음을 나타내며 덮는다는 의미를 지닌 冡(덮을 몽)을 합친 글자. 이에 '어둡다', '덮다'의 뜻을 나타냄.

풀이 1. 어둡다. 캄캄하다. 2. 무지하다. 어리석다. ¶蒙固 3. 어리다. 4. 입다.

입히다. ¶蒙惠 5. 무릅쓰다. 견뎌 내다.

蒙固(몽고) 어리석고 고집이 셈.
蒙昧(몽매) 어리석고 사리에 어두움.
蒙恩(몽은) 은혜를 입음.
蒙塵(몽진) 1)임금이 난리를 만나 피신하는 일. 2)머리에 먼지를 쓰는 수치를 당함.
啓蒙(계몽) 무지한 사람을 일깨워 줌.

🔠 懜(어두울 몽) 🔄 覺(깨달을 각)

蒡 ⑩ 14획 日ホウ
인동덩굴 방 ⊕bàng, páng

풀이 1. 인동(忍冬)덩굴. 2. 우엉. 미나릿과에 속하는 이년초. 3. 흰 쑥.

蓑 ⑩ 14획 日サ
도롱이 사·쇠 ⊕suō

풀이 1. 도롱이. 짚을 엮어 만든 비옷. ¶蓑笠 2. 덮다. 가리다.

蓑笠(사립) 도롱이와 삿갓.

蒴 ⑩ 14획 日サク
말오줌대 삭 ⊕shuò

풀이 말오줌대. 접골목(接骨木). 약초의 한 가지.

蒴果(삭과) 나팔꽃·백합 등과 같이 복자방(複子房)으로 된 열매.

蒜 ⑩ 14획 日サン
달래 산 ⊕suàn

풀이 달래. 작은 마늘.

蓆 ⑩ 14획 日セキ
자리 석 ⊕xí

* 형성. 뜻을 나타내는 부수 艹(艸;풀 초)와 음을 나타내는 席(자리 석)을 합친 글자.

[艸 10획] 蓀蒐蓚蓍蒔蒻蓉蒸蓁蒼

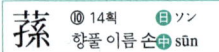
풀이 1. 자리. ¶席藁 2. 크다. 광대하다.
蓆藁(석고) 거적자리.
蓆薦(석천) 1)깔개. 자리. 2)남의 밑에 있음.
동 席(자리 석)

蓀 ⑩ 14획 日 ソン
향풀 이름 손 中 sūn

풀이 1. 향풀의 이름. 2. 창포.

蒐 ⑩ 14획 日 シュウ
모을 수 中 sōu

풀이 1. 모으다. 수집하다. 2. 꼭두서니. 꼭두서닛과에 속하는 다년생 만초(蔓草).
蒐獵(수렵) 1)사냥. 2)모아들임.
蒐集(수집) 취미나 연구의 목적으로 여러 가지 자료를 찾아 모음.
동 輯(모을 집) 비 鬼(귀신 귀)

蓚 ⑩ 14획 日 ジュウ
수산 수 中 sōu

풀이 수산.
蓚酸(수산) 이염기성 유기산의 한 가지.

蓍 ⑩ 14획 日 シ
시초 시 中 shī

풀이 시초(蓍草). 톱풀.
蓍草(시초) 국화과에 속하는 다년초로, 점을 치는 데 사용했음.
비 著(분명할 저)

蒔 ⑩ 14획 日 シ
모종할 시 中 shì, shí

풀이 모종하다. 옮겨 심다.
蒔樹(시수) 나무를 옮겨 심음.
蒔植(시식) 채소 등의 모종을 옮겨 심음.

蒻 ⑩ 14획 日 ニャク
부들 약 中 ruò

풀이 1. 부들. 2. 구약나물.
蒻席(약석) 부들로 만든 자리.

蓉 ⑩ 14획 日 ヨウ
연꽃 용 中 róng

* 형성. 뜻을 나타내는 부수 艹(艸:풀 초)와 음을 나타내는 '容(얼굴 용)'을 합친 글자.
풀이 연꽃. 부용(芙蓉).

蒸 ⑩ 14획 日 ジョウ
찔 증 中 zhēng

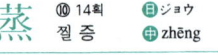
* 형성. 뜻을 나타내는 부수 艹(艸:풀 초)와 음을 나타내는 '烝(김 오를 증)'을 합친 글자.
풀이 1. 찌다. ¶蒸溜 2. 덥다. 무덥다. ¶蒸暑 3. 많다.
蒸溜(증류) 물을 끓여 생긴 수증기를 냉각기(冷却機)로 식혀 순수한 물이 되도록 정제하는 일.
蒸發(증발) 액체 또는 고체가 기화(氣化)함.
동 烹(삶을 팽)

蓁 ⑩ 14획 日 シン
우거질 진 中 qīn, zhēn

* 형성. 뜻을 나타내는 부수 艹(艸:풀 초)와 음을 나타내는 '秦(진나라 진)'을 합친 글자.
풀이 우거지다. 초목이 무성한 모양.
蓁莽(진망) 초목이 우거진 모양.

蒼 ⑩ 14획 日 ソウ
푸를 창 中 cāng

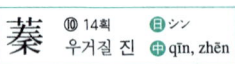

[艸 10~11획] 蓄蒲蓖蒿蓮蓼

* 형성. 뜻을 나타내는 부수 艹(艸;풀 초)와 음을 나타내는 '倉(곳집 창)'을 합친 글자.

蒼 1. 푸르다. ¶蒼莽 2. 우거지다. 무성하게 자라다. 3. 허둥지둥하다. 당황하는 모양.

蒼浪(창랑) 푸르고 넓은 모양.
蒼莽(창망) 1)푸른 하늘. 2)초목이 푸르게 우거진 모양.
蒼生(창생) 1)초목이 무성함. 2)모든 백성. 만민(萬民).
蒼卒(창졸) 당황해하는 모양.
蒼天(창천) 푸른 하늘. 창공(蒼空).
🔁 靑(푸를 청)

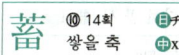
⑩ 14획　日チク
쌓을 축　中xù

艹艹艹艹艹艹艹艹艹艹蓄蓄蓄

* 형성. 뜻을 나타내는 부수 艹(艸;풀 초)와 음을 나타내는 '畜(쌓을 축)'을 합친 글자.

풀이 1. 쌓다. 쌓아 두다. 2. 저축. 3. 모으다.

蓄怨(축원) 원한을 쌓음.
蓄積(축적) 1)많이 모아서 쌓음. 2)저축(貯蓄).
含蓄(함축) 내면에 들어 있는 깊은 뜻.
🔁 築(쌓을 축) 積(쌓을 적) 畜
🆚 畜(기를 축)

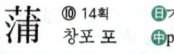
⑩ 14획　日フ
창포 포　中pú

* 형성. 뜻을 나타내는 부수 艹(艸;풀 초)와 음을 나타내는 '浦(물가 포)'를 합친 글자.

풀이 1. 창포(菖蒲). 2. 부들. 부들과에 속하는 다년초. ¶蒲席
蒲團(포단) 부들로 만든 방석.
蒲席(포석) 부들로 짠 자리.
蒲衣(포의) 부들로 엮어 만든 옷. 허접한 옷.
🔁 菖(창포 창)

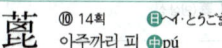
⑩ 14획　日ヘイ・とうごま
아주까리 피　中pú

풀이 아주까리. 피마자.

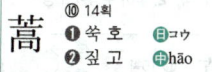
⑩ 14획　日コウ
❶ 쑥 호
❷ 짚 고　中hāo

풀이 ❶ 1. 쑥. 국화과에 속하는 다년초. ¶蒿艾 2. 향기가 나다. ❷ 3. 짚. 볏짚.

蒿廬(호려) 1)쑥으로 지붕을 인 조그마한 암자. 2)자기 집을 겸손하게 이르는 말.
蒿矢(호시) 쑥대로 만든 화살.
蒿艾(호애) 쑥.

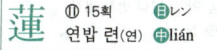
⑪ 15획　日レン
연밥 련(연)　中lián

艹艹艹艹艹艹艹艹菂菂蓮蓮蓮

풀이 1. 연밥. 연방(蓮房). 연꽃의 열매. 2. 연꽃.
蓮根(연근) 연뿌리.
蓮塘(연당) 연꽃을 심은 연못.
蓮步(연보) 미인의 아름다운 걸음걸이.
蓮葉(연엽) 연잎.
蓮菂(연적) 연밥.
蓮花(연화) 연꽃. 연화(蓮華).
🆚 連(이을 련)

⑪ 15획
蓼
❶ 여뀌 료(요)　日リョウ
❷ 장성할　中lǎo, liáo, lù
　　　　　 륙(육)

풀이 ❶ 1. 여뀌. 마디풀과에 속하는 일년초. ❷ 2. 장성하다. 크다.
蓼蟲(요충) 여뀌 잎을 갉아먹는 벌레.
蓼蓼(육륙) 풀이 장대한 모양.

비 蔘(인삼 삼)

蔞 ① 15획 ㊐ロウ
쑥 루 ㊥lóu

풀이 1. 쑥. 2. 풀이 무성한 모양.

蔓 ① 15획 ㊐マン
덩굴 만 ㊥màn, mán, wàn

* 형성. 뜻을 나타내는 부수 ⺿(艸:풀 초)와 음을 나타내며 '길게 자라다'라는 의미를 지닌 '曼(끌 만)'을 합친 글자. 이에 '덩굴'을 뜻함.

풀이 1. 덩굴. 길게 뻗는 식물의 줄기. 2. 덩굴지다. 3. 자라다. 4. 널리 퍼지다.

蔓生(만생) 덩굴이 뻗으며 자람.
蔓延(만연) 널리 번져 퍼짐.

비 曼(끌 만)

蔑 ① 15획 ㊐ベツ
업신여길 멸 ㊥miè

풀이 1. 업신여기다. 멸시하다. ¶蔑視 2. 버리다. 내버리다. 3. 잘다. 미세하다.

蔑德(멸덕) 1)고상하고 아름다운 덕. 묘덕(妙德). 2)덕이 없음.
蔑視(멸시) 업신여겨 깔봄.
凌蔑(능멸) 업신여겨 깔봄.

유 侮(업신여길 모)

菔 ① 15획 ㊐フク
무 복 ㊥bo

풀이 1. 무. 치자(梔子)꽃.

菔匏(복포) 1)무와 박. 2)변변치 못한 음식이나 검소한 음식을 이르는 말.

비 葡(포도 포)

蓬 ① 15획 ㊐ホウ
쑥 봉 ㊥péng

* 형성. 뜻을 나타내는 부수 ⺿(艸:풀 초)와 음을 나타내는 '逢(만날 봉)'을 합친 글자.

풀이 1. 쑥. 2. ¶蓬蒿 2. 구부러지다. 3. 흐트러져 산만한 모양.

蓬頭垢面(봉두구면) 흐트러진 머리털과 때묻은 얼굴. 외모에 무관심함을 이르는 말.
蓬廬(봉려) 1)쑥대로 지붕을 인 집. 가난한 집. 2)은자(隱者)의 집.
蓬蒿(봉호) 1)쑥. 또는 쑥이 무성한 숲. 2)쑥갓.

유 艾(쑥 애) 비 逢(만날 봉)

蓰 ① 15획 ㊐シ
다섯 곱 사 ㊥xǐ

풀이 다섯 곱. 5배.

蔘 ① 15획 ㊐シン
인삼 삼 ㊥sān, shēn

* 형성. 뜻을 나타내는 부수 ⺿(艸:풀 초)와 음을 나타내는 '參(석 삼)'을 합친 글자.

풀이 인삼(人蔘). ¶山蔘

蔘圃(삼포) 삼밭. 인삼을 재배하는 밭.
山蔘(산삼) 산속에서 저절로 난 인삼.

비 參(참여할 참)

蔬 ① 15획 ㊐ソ
푸성귀 소 ㊥shū, shǔ

* 형성. 뜻을 나타내는 부수 ⺿(艸:풀 초)와 음을 나타내는 '疏(트일 소)'를 합친 글자.

풀이 1. 푸성귀. 채소류의 총칭. 2. 나물. 3. 버섯.

蔬果(소과) 채소와 과일.
蔬飯(소반) 변변치 못한 음식.
蔬壤(소양) 채소밭.
蔬菜(소채) 푸성귀.

비 疏(트일 소)

[艸 11획] 蓿蓴蔚蔭蔗蔣蔯蔡蔕蔥

蓿
- ① 15획
- 거여목 숙
- ⓙ シュク
- ⓒ xù

풀이 거여목. 콩과에 속하는 이년초.

蓴
- ① 15획
- 순채 순
- ⓙ ジュン
- ⓒ chún

풀이 순채. 수련과에 속하는 다년초.

蓴羹鱸膾(순갱노회) 순나물국과 농어회란 뜻으로, 고향을 그리워하는 마음을 비유하는 말.

蔚
- ① 15획
- ❶ 풀 이름 울 ⓙ オツ·イ
- ❷ 제비쑥 위 ⓒ wèi, yù

풀이 ❶ 1. 풀 이름. 2. 초목이 무성한 모양. ¶蔚然 ❷ 3. 제비쑥. 국화과에 속하는 다년초. 4. 초목이 빽빽한 모양. 5. 아름답다.

蔚藍(울람) 짙은 쪽빛.
蔚興(위흥) 성하게 일어남.
ⓑ 尉(벼슬 위)

蔭
- ① 15획
- 그늘 음
- ⓙ イン
- ⓒ yìn

* 형성. 뜻을 나타내는 부수 艹(艸:풀 초)와 음을 나타내는 陰(그늘 음)을 합친 글자.

풀이 1. 그늘. 2. 도움. 은덕(隱德). 3. 그림자. 4. 가리다.

蔭官(음관) 선조(先祖)의 공덕으로 얻은 벼슬. 음사(蔭仕).
蔭德(음덕) 1)조상의 덕. 2)남몰래 하는 선행(善行). 음덕(陰德).
ⓤ 陰(응달 음) ⓡ 陽(볕 양)

蔗
- ① 15획
- 사탕수수 자·저
- ⓙ シャ
- ⓒ zhè

풀이 사탕수수.

蔗糖(자당) 사탕수수로 만든 설탕.
蔗霜(자상) 흰 설탕. 백당(白糖).
ⓑ 庶(여러 서)

蔣
- ① 15획
- 줄 장
- ⓙ ショウ
- ⓒ jiǎng

풀이 1. 줄. 볏과에 속하는 다년초. ¶蔣席 2. 깔개.

蔣席(장석) 줄로 엮은 자리. 줄로 짠 깔개.
ⓑ 將(장차 장)

蔯
- ① 15획
- 사철쑥 진
- ⓙ ジン
- ⓒ chén

풀이 사철쑥. 더위지기.

蔡
- ① 15획
- 거북 채
- ⓙ サイ
- ⓒ cài, sà

풀이 1. 거북. 점치는 데 쓰는 거북. 2. 나라 이름.

蔕
- ① 15획
- ❶ 꼭지 체 ⓙ テイ
- ❷ 뿌리 대 ⓒ dì

풀이 ❶ 1. 꼭지. 2. 꽃받침. 3. 작은 가시. ❷ 4. 뿌리. 초목의 뿌리.

蔕芥(체개) 1)작은 가시와 티끌. 2)사소한 장애를 이르는 말.
ⓑ 帶(띠 대)

蔥
- ① 15획
- 파 총
- ⓙ ソウ
- ⓒ cōng

* 형성. 뜻을 나타내는 부수 艹(艸:풀 초)와 음을 나타내는 悤(다 총)을 합친 글자.

풀이 1. 파. ¶蔥根 2. 푸르다.

蔥根(총근) 1)파의 흰 뿌리. 2)흰 손

[艹 11～12획] 蓽蕎蕨薚蕪蕃蕡蕣蕊

가락을 비유하는 말.
蔥蔥(총총) 초목이 푸릇푸릇한 모양.
비 悤(바쁠 총)

蓽 ⑪ 15획 日シツ 콩 필 中bì

풀이 1. 콩. 대두. 2. 사립문.
蓽門(필문) 가시나무로 만든 사립문이라는 뜻으로, 가난한 사람의 집을 이르는 말. 필문(篳門).
비 畢(마칠 필) 華(꽃 화)

蕎 ⑫ 16획 日キョウ 메밀 교 中qiáo

풀이 메밀. 마디풀과에 속하는 일년초.
蕎麥(교맥) 메밀.

蕨 ⑫ 16획 日ケツ 고사리 궐 中jué

풀이 1. 고사리. ¶蕨薇 2. 고비. 고사리과에 속하는 다년초.
蕨薇(궐미) 고사리와 고비.
비 厥(그 궐)

薚 ⑫ 16획
❶ 지모 담 日タン・ジン
❷ 쐐기풀 심 中tán, qián

풀이 **1** 1. 지모(知母). 지모과에 속하는 다년초. **2** 2. 쐐기풀.

蕪 ⑫ 16획 日ブ 거칠어질 무 中wú

* 형성. 뜻을 나타내는 부수 艹(艸;풀 초)와 음을 나타내는 '無(없을 무)'를 합친 글자.

풀이 1. 거칠어지다. ¶蕪然 2. 잡초가 많이 돋아난 모양. ¶蕪蕪 3. 순무.
蕪穢(무예) 1)땅이 거칠고 잡초가 무성함. 2)천하고 용렬함. 황무(荒蕪).
蕪雜(무잡) 잡초가 어지럽게 우거짐. 사물이 복잡하고 순서가 없는 일.
蕪舛(무천) 거칠고 도리에 어긋남.

蕃 ⑫ 16획 日バン 우거질 번 中fān, fán, pí

* 형성. 뜻을 나타내는 부수 艹(艸;풀 초)와 음을 나타내는 '番(차례 번)'을 합친 글자.

풀이 1. 우거지다. 2. 늘다. 3. 많다. ¶蕃庶 4. 울타리. 5. 오랑캐.
蕃境(번경) 오랑캐가 살고 있는 곳.
蕃國(번국) 오랑캐 나라. 만국(蠻國).
蕃茂(번무) 초목이 무성함. 번무(繁茂).
蕃盛(번성) 왕성함. 풍부함.
蕃息(번식) 늘어서 많이 퍼짐.
蕃華(번화) 한창 피는 꽃이라는 뜻으로, 젊고 왕성할 때를 비유하는 말.
유 葬(우거질 망) 茂(우거질 무)

蕡 ⑫ 16획 日フン・ヒン 들깨 분 中fén

풀이 1. 들깨. 2. 열매를 많이 맺은 모양. ¶蕡實
蕡實(분실) 잘 익은 초목의 열매.
蕡香(분향) 향기가 짙음. 분향(噴香).

蕣 ⑫ 16획 日シュン 무궁화 순 中shùn

풀이 무궁화.
蕣英(순영) 무궁화. 순화(蕣華).
유 槿(무궁화나무 근)

蕊 ⑫ 16획 日カイ・テン 꽃술 예 中ruǐ

* 형성. 뜻을 나타내는 부수 艹(艸;풀 초)와 음을 나타내는 '蕊(꽃술 예)'를 합친 글자.

풀이 1. 꽃술. 암꽃술과 수꽃술의 총칭. 2. 열매. 3. 꽃.

蕊蕊(예예) 초목이 무성한 풀숲.
花蕊(화예) 꽃술.

蕓 ⑫ 16획 日ウン 平지 운 中yún

[풀이] 평지. 겨잣과에 속하는 이년초.

蔿 ⑫ 16획 日キ·カ·キョウ 애기풀 위 中wěi

[풀이] 1. 애기풀. 산이나 들에 저절로 나는 풀. 2. 고을 이름.
蔿子(위자) 가시연밥의 다른 이름.

蕤 ⑫ 16획 日スイ 드리워질 유 中ruí

[풀이] 1. 드리워지다. 2. 꽃. 3. 둥굴레.
葳蕤(위유) 둥굴레.

蕉 ⑫ 16획 日ショウ 파초 초 中jiāo

*형성. 뜻을 나타내는 부수 艹(艸:풀 초)와 음을 나타내는 焦(그을릴 초)를 합친 글자.

[풀이] 1. 파초(芭蕉). ¶蕉葉 2. 생마(生麻). 바래지 않은 마. 3. 야위다. ¶蕉萃
蕉葉(초엽) 1)파초의 잎. 2)납작하고 작은 술잔.
蕉萃(초췌) 마르고 수척한 모양.
🔁 芭(파초 파) ◯ 焦(그을릴 초)

蕩 ⑫ 16획 日トウ 쓸어버릴 탕 中dàng

*형성. 뜻을 나타내는 부수 艹(艸:풀 초)와 음을 나타내는 湯(끓일 탕)을 합친 글자.

[풀이] 1. 쓸어버리다. 쓸어 없애다. ¶掃蕩 2. 방탕하다. 3. 움직이다. 동요하다. 4. 크다. 넓고 크다.
蕩漭(탕망) 아득히 넓은 모양.
蕩心(탕심) 방탕한 마음.

蕩盡(탕진) 물건을 다 써 없앰.
掃蕩(소탕) 휩쓸어 없앰.
浩蕩(호탕) 넓고 큰 모양.
🔁 湯(끓일 탕)

蔽 ⑫ 16획 日ヘイ 덮을 폐 中bì

艹 艹 艹 艹 艹 艹 艹 艹 艹
萨 萨 萨 蔽 蔽

[풀이] 1. 덮다. ¶蔽匿 2. 가리다. 숨기다. ¶蔽蒙 3. 사리에 어둡다.
蔽蒙(폐몽) 가리어 캄캄함. 어리석음.
蔽塞(폐색) 가려 막음.
蔽雍(폐옹) 덮어서 가림. 폐색(蔽塞)
蔽護(폐호) 감싸고 보호함.
掩蔽(엄폐) 보이지 않게 가림.
🔁 蓋(덮을 개)

蕙 ⑫ 16획 日ケイ 혜초 혜 中huì

[풀이] 1. 혜초(蕙草). 2. 향기롭다.
蕙氣(혜기) 향초(香草)의 향기.
蕙質(혜질) 1)좋은 체질. 2)아름다운 본바탕. 미질(美質)

薑 ⑬ 17획 日キョウ 생강 강 中jiāng

*형성. 뜻을 나타내는 부수 艹(艸:풀 초)와 음을 나타내는 畺(지경 강)을 합친 글자.

[풀이] 생강.
薑桂之性(강계지성) 나이가 들수록 더욱 강직한 사람을 비유하는 말. 노익장(老益壯).

蕾 ⑬ 17획 日ライ 꽃봉오리 뢰 中lěi

[풀이] 꽃봉오리.

蓤 ⑬ 17획 ⓛリク ⓒléng
시금치 릉

풀이 시금치.

薇 ⑬ 17획 ⓛミ ⓒwēi
고비 미

* 형성. 뜻을 나타내는 부수 `艹`(艸;풀 초)와 음을 나타내는 `微`(작을 미)'를 합친 글자.

풀이 1. 고비. 고빗과에 속하는 다년초. ¶薇蕨 2. 장미꽃.

薇蕨(미궐) 고비와 고사리.
薔薇(장미) 장미과의 낙엽 관목.

비 微(작을 미)

薄 ⑬ 17획 ⓛハク ⓒbáo, bó, bò
엷을 박

艹 艹 艹 薄 薄 薄 薄 薄 薄
薄 薄 薄 薄 薄 薄

* 형성. 뜻을 나타내는 부수 `艹`(艸;풀 초)와 음을 나타내는 `溥`(넓을 부)'를 합친 글자.

풀이 1. 엷다. ¶薄學 2. 깔보다. 3. 야박하다. 4. 이르다. 5. 싱겁다. 6. 적다. 7. 메마르다. ¶薄畓 8. 가까이하다. 9. 모이다. 10. 변천치 못하다.

薄畓(박답) 메마른 논.
薄命(박명) 1)기구한 운명. 2)목숨이 짧음. 단명(短命).
薄福(박복) 복이 적음.
薄色(박색) 못생긴 얼굴.
薄情(박정) 1)답답한 마음. 2)인정이 없음. 무정(無情).
輕薄(경박) 경솔하고 천박함.
肉薄(육박) 가까이 다가감.

유 淺(얕을 천) **만** 濃(질을 농) 厚(두터울 후) **비** 薄(장부 부)

薛 ⑬ 17획 ⓛセツ ⓒxuē
맑은대쑥 설

풀이 1. 맑은대쑥. 국화과에 속하는 다년초.
2. 나라 이름. 주나라의 제후국.

유 蕭(맑은대쑥 소) **비** 薜(줄사철나무 벽)

蕭 ⑬ 17획 ⓛショウ ⓒxiāo
맑은대쑥 소

풀이 1. 맑은대쑥. 국화과에 속하는 다년초.
2. 비뚤어지다. 3. 쓸쓸하다.

蕭冷(소랭) 쓸쓸하고 차가움.
蕭灑(소쇄) 맑고 깨끗한 모양.
蕭瑟(소슬) 가을바람이 쓸쓸하게 부는 소리.

薪 ⑬ 17획 ⓛシン・たきぎ ⓒxīn
섶나무 신

* 형성. 뜻을 나타내는 부수 `艹`(艸;풀 초)와 음을 나타내는 `新`(새 신)'을 합친 글자.

풀이 1. 섶나무. 땔나무. ¶薪木 2. 나무하다.

薪燎(신료) 화톳불. 또는 그 땔나무.
薪木(신목) 섶나무. 땔나무.
薪柴(신시) 땔나무. 섶나무.
薪炭(신탄) 땔나무와 숯.

薏 ⑬ 17획 ⓛイ
율무 억・의 ⓒyì

풀이 1. 율무. 볏과에 속하는 일년초. 2. 연밥.

薏苡仁(의이인) 율무 열매의 껍질을 벗긴 알맹이. 율무쌀.

蕷 ⑬ 17획 ⓛケイ・ケイ
참마 여 ⓒyù

풀이 참마. 마과에 속하는 만초(蔓草).

蘊 ⑬ 17획 ⓛウン
붕어마름 온 ⓒwēn, yùn

* 형성. 뜻을 나타내는 부수 `艹`(艸;풀 초)와 음을 나타내는 `溫`(따뜻할 온)'을 합친 글자.

[艸 13~14획] 薔 薦 薙 薤 薨 藁 藍 藐

蘊 (continued)

풀이 1. 붕어마름. 붕어마름과에 속하는 수초. 2. 쌓다. ¶蘊蓄

蘊藏(온장) 쌓아 둠. 간직함.
蘊蓄(온축) 쌓아 둠.

薔 ⑬ 17획 ⑪ソウ·ショウ ⑭qiáng
장미 장

풀이 장미(薔薇).

薦 ⑬ 17획 ⑪セン ⑭jiàn
천거할 천

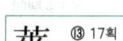

* 회의. 艹(艸;풀 초)와 廌(해태 치)를 합친 글자. 원래는 해태가 먹는 물풀을 뜻했으나, 바뀌어 '천거하다' 등의 뜻으로 쓰임.

풀이 1. 천거하다. 추천하다. ¶薦擧 2. 물건을 바치다. 3. 거적. 깔개.

薦擧(천거) 어떤 일을 맡길 만한 사람을 추천하거나 소개함.
薦拔(천발) 관(官)에 추천하여 등용하게 함.
薦新(천신) 햇곡식이나 햇과실을 먼저 신(神)에게 올리는 일.
薦引(천인) 인재를 추천함. 천거함.
유 擧(들 거)

薙 ⑬ 17획 ⑪テイ·チ ⑭tì
풀 벨 체·치

풀이 1. 풀을 베다. 2. 수염을 깎다.

薙髮(체발) 삭발함. 체발(剃髮).

薤 ⑬ 17획 ⑪カイ ⑭xiè
염교 해

풀이 염교. 백합과에 속하는 다년초.

薤露歌(해로가) 인생은 염교 잎에 맺힌 이슬처럼 덧없다는 의미를 담은 만가(輓歌).

薨 ⑬ 17획 ❶죽을 훙 ❷빠를 횡 ⑪コウ ⑭hōng

풀이 ❶ 1. 죽다. ¶薨落 ❷ 2. 빠르다. 3. 많다. 4. 날다.

薨落(훙락) 죽음. 사망(死亡).
薨隕(훙운) 죽음.
유 死(죽을 사)

藁 ⑭ 18획 ⑪コウ ⑭gǎo
마를 고

풀이 1. 마르다. 나무가 마르다. 2. 마른나무.

藍 ⑭ 18획 ⑪ラン ⑭lán
쪽 람(남)

* 형성. 뜻을 나타내는 부수 艹(艸;풀 초)와 음을 나타내는 監(볼 감→람)을 합친 글자.

풀이 1. 쪽. 마디풀과에 속하는 일년초. 남빛을 물들이는 염료로 쓰임. 2. 남색. 3. 누더기. ¶藍縷

藍縷(남루) 누더기. 남루(襤褸).
藍面(남면) 파란 얼굴.
藍碧(남벽) 짙은 푸른빛.
藍輿(남여) 남색의 가마.
藍色(남색) 파란색과 보라색의 중간색.
비 籃(바구니 람)

藐 ⑭ 18획 ❶아득할 막 ❷멀 묘 ⑪バク·ビョウ ⑭miǎo

풀이 ❶ 1. 아득하다. ¶藐然 ❷ 2. 멀다. 3. 작다. 4. 업신여기다.

藐藐(막막) 넓고 먼 모양.
藐然(막연) 1)멀고 아득한 모양. 2)고독한 모양.
藐視(묘시) 업신여김.
유 茫(아득할 망) 비 貌(모양 모)

薩 ⑭ 18획 日サツ
보살 살 中sà

[풀이] 보살. 불도를 닦아 보리를 구하고 중생을 교화하는, 부처의 다음가는 위치에 있는 성인. ¶菩薩

[유] 菩(보살 보)

薯 ⑭ 18획 日セイ
참마 서 中shǔ

*형성. 뜻을 나타내는 부수 '⺿(艸;풀 초)'와 음을 나타내는 '署(베풀 서)'를 합친 글자.

[풀이] 참마. 마과에 속하는 다년생 만초(蔓草).

薯蕷(서여) 마. 참마.

薁 ⑭ 18획 日ショ
아름다울 서·여 中xu

[풀이] 아름답다.

藎 ⑭ 18획 日ジン
조개풀 신·진 中jìn

[풀이] 1. 조개풀. 포아풀과에 속하는 일년초. 2. 나머지.

藎臣(신신) 충신(忠臣).

[비] 盡(다할 진)

藉 ⑭ 18획 日セキ·シャ
깔개 자·적 中jí, jiè

[풀이] 1. 깔개. 자리. 2. 빌다. 3. 빙자하다. ¶藉託 4. 의지하다. 5. 어지럽다. 6. 밟다. 7. 업신여기다.

藉藉(자자/적적) 1)이리저리 흩어진 모양. 2)여러 사람의 입에 오르내려 왁자한 모양.

藉託(자탁) 핑계함.

藉田(적전) 임금이 조상의 제사에 쓸 곡식을 마련하기 위해 손수 경작(耕作)하는 논밭.

[비] 籍(서적 적)

藏 ⑭ 18획 日ゾウ
감출 장 中cáng, zàng

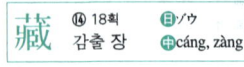

[풀이] 1. 감추다. 숨기다. ¶藏跡 2. 잠재하다. 3. 저장하다. 4. 곳집. ¶藏監 5. 내장.

藏氣(장기) 축적되어 있는 기운.

藏跡(장적) 흔적을 감춤.

藏拙(장졸) 졸렬함을 감추어 남에게 나타내지 않음. 자기의 단점을 숨김.

所藏(소장) 값어치 있는 물건을 자신의 소유로 간직함.

[유] 隱(숨길 은) [비] 臟(오장 장)

薺 ⑭ 18획 日セイ
냉이 제 中jì

[풀이] 냉이. 겨잣과에 속하는 이년초.

[비] 齊(가지런할 제)

薰 ⑭ 18획 日クン
향품 훈 中xūn

*형성. 뜻을 나타내는 부수 '⺿(艸;풀 초)'와 음을 나타내는 '熏(연기 훈)'을 합친 글자. 향내(熏)를 내게 하는 풀(艸)을 나타내어 '향풀'의 뜻으로 쓰임.

[풀이] 1. 향풀(香草). ¶薰草 2. 향기. ¶薰菜 3. 교훈. 4. 태우다. 5. 공훈. 6. 온화하다. ¶薰氣

薰氣(훈기) 1)훈훈한 기운. 2)권력자의 세력.

薰陶(훈도) 교화(教化)·훈육(訓育)하는 일.

薰育(훈육) 1)덕으로써 교육함. 2)흉노(匈奴).

薰菜(훈채) 특이한 향이 나는 풀.

[艸 15~16획] 藤藜藩藪藥藝藕藿

비 薰(연기 훈)

藤 ⑮ 19획 ❶トウ 등나무 등 ㊥téng

* 형성. 뜻을 나타내는 부수 '艹(艸:풀 초)'와 음을 나타내는 '滕(물 솟을 등)'을 합친 글자.

풀이 등나무.
藤架(등가) 등나무 시렁.
藤蘿(등라) 등나무.
藤纏(등전) 등넝쿨이 얽힘.

藜 ⑮ 19획 ❶レイ 명아주 려(여) ㊥lí

* 형성. 뜻을 나타내는 부수 '艹(艸:풀 초)'와 음을 나타내는 '黎(검을 려)'를 합친 글자.

풀이 1. 명아주. ¶藜藿 2. 흩어지다.
藜藿(여곽) 명아주 잎과 콩 잎. 변변치 못한 음식을 이르는 말.

藩 ⑮ 19획 ❶ハン 덮을 번 ㊥fān

* 형성. 뜻을 나타내는 부수 '艹(艸:풀 초)'와 음을 나타내는 '潘(덮을 번)'을 합친 글자.

풀이 1. 덮다. 2. 울타리. ¶藩籬 3. 제후의 영토. ¶藩國
藩國(번국) 제후(諸侯)의 나라.
藩籬(번리) 1)울타리. 2)덮개. 3)입구.

비 蕃(우거질 번)

藪 ⑮ 19획 ❶スウ 늪 수 ㊥sǒu

* 형성. 뜻을 나타내는 부수 '艹(艸:풀 초)'와 음을 나타내는 '數(셀 수)'를 합친 글자.

풀이 1. 늪. ¶藪幽 2. 초목이 무성한 곳. 3. 수풀.
藪幽(수유) 큰 못의 그윽한 곳.

藥 ⑮ 19획 ❶ヤク 약 약 ㊥yào

* 형성. 뜻을 나타내는 부수 '艹(艸:풀 초)'와 음을 나타내는 '樂(음악 악)'을 합친 글자.

풀이 1. 약. 약초. ¶藥酒 2. 병을 고치다. ¶藥傷
藥局(약국) 약을 파는 곳.
藥方文(약방문) 약을 짓기 위한 처방전.
藥箋(약전) 처방전(處方箋).
藥酒(약주) 약으로 쓰는 술.

비 樂(즐길 락)

藝 ⑮ 19획 ❶ゲイ 재주 예 ㊥yì

* 형성. 뜻을 나타내는 부수 '艹(艸:풀 초)'와 음을 나타내는 부수 이외의 글자를 합친 글자.

풀이 1. 재주. 기예. ¶藝能 2. 심다.
藝能(예능) 재주와 기능.
藝術(예술) 1)기예와 학술. 2)특정한 재료나 기교에 의한 미(美)의 창작과 표현.
文藝(문예) 학문과 예술.

藕 ⑮ 19획 ❶ウ 연뿌리 우 ㊥ǒu

풀이 연뿌리.
藕根(우근) 연근(蓮根).
藕絲(우사) 연줄기나 연뿌리에 있는 섬유. 연사(蓮絲).

藿 ⑯ 20획 ❶カク 콩잎 곽 ㊥huò

* 형성. 뜻을 나타내는 부수 '艹(艸:풀 초)'와 음을 나타내는 '靃(빠를 곽)'을 합친 글자.

풀이 1. 콩잎. ¶藿食者 2. 콩. 3. 향초의 이름.

藿食者(곽식자) 콩잎을 먹는 사람이란 뜻으로, 일반 백성을 이르는 말.

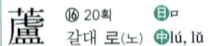
蘆 ⑯ 20획 　🇯ロ
갈대 로(노) 🇨🇳lú, lǔ

* 형성. 뜻을 나타내는 부수 艹(艸:풀 초)와 음을 나타내는 盧(검을 로)를 합친 글자.

[풀이] 1. 갈대. ¶蘆田 2. 무.
蘆笠(노립) 갈대로 만든 삿갓.
蘆荻(노적) 갈대와 물억새.
蘆田(노전) 갈대밭.
🔗 葭(갈대 가) 葦(갈대 위)

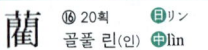
蘭 ⑯ 20획 　🇯リン
골풀 린(인) 🇨🇳lìn

[풀이] 골풀. 골풀과에 속하는 다년초.
藺石(인석) 성 위에서 적에게 던지던 돌. 팔맷돌.

蘋 ⑯ 20획 　🇯ヒン
네가래 빈 🇨🇳pín

[풀이] 1. 네가래. 네가랫과에 속하는 다년생 수초(水草). 2. 개구리밥. 부평초.
蘋藻(빈조) 물 위에 떠 있는 수초와 물 속에 있는 수초.

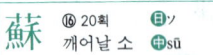
蘇 ⑯ 20획 　🇯ソ
깨어날 소 🇨🇳sū

* 형성. 뜻을 나타내는 부수 艹(艸:풀 초)와 음을 나타내는 穌(소생할 소)를 합친 글자.

[풀이] 1. 깨어나다. 소생하다. ¶蘇生 2. 차조기. 꿀풀과에 속하는 일년초. 3. 쉬다.
蘇生(소생) 다시 살아남.
蘇醒(소성) 잃었던 의식을 다시 회복함.
蘇活(소활) 소생(蘇生).
🔁 甦(푸성귀 소)

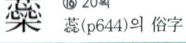
藹 ⑯ 20획 　🇯アイ・アツ
우거질 애 🇨🇳ǎi

[풀이] 1. 우거지다. 2. 열매가 많이 열리다. 3. 윤택하다.
藹然(애연) 1)무성한 모양. 2)열매가 많이 열리는 모양.
藹蔚(애울) 초목이 무성함. 울애(蔚藹).

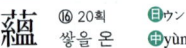
藥 ⑯ 20획
葯(p644)의 俗字

蘊 ⑯ 20획 　🇯ウン
쌓을 온 🇨🇳yùn

[풀이] 1. 쌓다. 축적하다. ¶蘊蓄 2. 저축하다. 모으다. 3. 심오하다.
蘊奧(온오) 학문・기예(技藝) 등의 심오한 이치.
蘊藏(온장) 깊숙이 간직하여 둠.
蘊蓄(온축) 1)물건을 모아서 쌓음. 2)학문・기예 등의 소양이 깊음.
蘊含(온함) 포함함.
🔗 築(쌓을 축) 積(쌓을 적) 畜(쌓을 축)

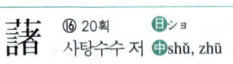
藷 ⑯ 20획 　🇯ショ
사탕수수 저 🇨🇳shǔ, zhū

[풀이] 1. 사탕수수. 2. 고구마.
藷芋(저우) 고구마.
藷蔗(저자) 사탕수수.
🔁 蔗(사탕수수 자)

藻 ⑯ 20획 　🇯ソウ・も
말 조 🇨🇳zǎo

[풀이] 1. 말. 수초. 물속에 나는 민꽃식물의 총칭. ¶海藻 2. 아름다운 문장. 3. 무늬. 채색.
藻麗(조려) 아름답게 꾸밈.

藻思(조사) 시문을 잘 짓는 재능.
藻飾(조식) 1)몸단장을 함. 2)문장을 수식함.
海藻(해조) 바닷말.

蘧 ⑰ 21획 ㊐キョ 패랭이꽃 거 ㊥qú

풀이 1. 패랭이꽃. 2. 연꽃. 3. 놀라다.
蘧然(거연) 1)놀라고 즐거워하는 모양. 2)사물이 움직이는 모양.

蘭 ⑰ 21획 ㊐ラン 난초 란(난) ㊥lán

* 형성. 뜻을 나타내는 부수 艹(艸;풀 초)와 음을 나타내며 '향기'라는 의미를 지닌 闌(가로막을 란)을 합친 글자. 향기(闌) 나는 풀(艸)을 나타내어, 난초 의 뜻으로 쓰임.

풀이 1. 난초. ¶蘭房 2. 아름답다. 훌륭하다. ¶蘭章
蘭交(난교) 절친한 벗과의 사귐. 금란지교(金蘭之交).
蘭玉(난옥) 1)남의 자제(子弟). 2)여자의 절개.
蘭草(난초) 난초과의 다년초.
蘭蕙(난혜) 향기로운 풀.

蘗 ⑰ 21획 ㊐ヘ 황경피나무벽 ㊥bò

풀이 황경피나무.
黃蘗(황벽) 운향과의 낙엽 활엽 교목.

蘚 ⑰ 21획 ㊐セン 이끼 선 ㊥xiǎn

풀이 이끼.
蘚崖(선애) 이끼 낀 절벽.
蘚苔(선태) 이끼.

蘖 ⑰ 21획 ㊐ゲツ 그루터기 얼 ㊥bò, niè

풀이 1. 그루터기. 나무를 베어 낸 뒤에 남은 밑동. 2. 움. 그루터기에서 돋은 움.
蘖芽(얼아) 그루터기에서 돋아난 움.

蘿 ⑲ 23획 ㊐ラ 무 라(나) ㊥luó

* 형성. 뜻을 나타내는 부수 艹(艸;풀 초)와 음을 나타내는 羅(비단라)를 합친 글자.

풀이 1. 무. 2. 담쟁이덩굴. ¶蘿蔓
蘿蔓(나만) 담쟁이덩굴.
蘿蔔(나복) 무.

蘺 ⑲ 23획 ㊐リ 천궁 리 ㊥lí

풀이 1. 천궁. 2. 돌피. 볏과에 속하는 일년초. 3. 궁궁이.

虍 부

虍 범호엄 部

'虍'자는 범 가죽의 무늬를 본뜬 글자로 '호피 무늬'를 뜻하고, 부수 명칭으로는 '범호엄'이라고 한다. 따라서 이 글자를 부수로 갖는 글자는 일반적으로 범과 관련이 있는 의미를 지닌다.

6획

虍 ⓪ 6획 ㊐コ·とら 호피 무늬 호 ㊥hū

풀이 호피 무늬. 호랑이 가죽 무늬.

虎 ② 8획 ㊐コ·とら 범 호 ㊥hǔ

[虍 3~6획] 虐虔處虛虜虛

丨 ㄏ ㅏ 匸 庐 卢 虎 虎
*상형. 호랑이 모양을 본뜬 글자.
풀이 범. 호랑이. ¶虎口

虎口(호구) 범의 입이란 뜻으로, 매우 위험한 지경이나 경우를 비유하는 말.
虎視眈眈(호시탐탐) 1)범이 먹이를 노리며 눈을 부릅뜨고 지켜보는 모양. 2)기회를 노리고 있는 모양.
虎叱(호질) 호되게 꾸짖음.
虎穴(호혈) 1)범의 굴. 2)매우 위험한 곳을 비유하는 말.
비 處(곳 처)

虐 ③ 9획 日ギャク いたげる 中nüè
사나울 학

*회의. 범[虍]이 손톱[爪]으로 사람[人]을 해치다 하여 '사납다' '잔인하다'의 뜻으로 쓰임.
풀이 1. 사납다. 모질다. 2. 가혹하다. 잔인하다. ¶虐政 3. 해치다. 상하다.
虐待(학대) 몹시 괴롭히거나 가혹하게 부림.
虐殺(학살) 참혹하게 죽임.
虐政(학정) 가혹한 정치.
유 暴(사나울 포)

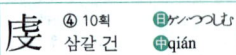
虔 ④ 10획 日ケン・つつしむ 中qián
삼갈 건

풀이 1. 삼가다. 삼가 조심하다. ¶虔恪 2. 정성스럽다.
虔虔(건건) 조심하고 삼가는 모양.
敬虔(경건) 공경하여 삼감.
유 慇(정성 간) 誠(정성 성) 款(정성 관)

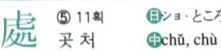
處 ⑤ 11획 日ショ・ところ 中chǔ, chù
곳 처

丨 ㄏ ㅏ 匸 庐 卢 虍 虐 處 處

풀이 1. 곳. 장소. ¶處所 2. 거처. 주거. 3. 살다. 두다. 머무르다. 4. 처리하다. 다스리다.
處斷(처단) 결단하여 처치함.
處理(처리) 일을 다스림. 일을 끝냄.
處分(처분) 일을 처리함.
處所(처소) 사람이 살거나 머물러 있는 곳.
處身(처신) 세상을 살아감에 있어서의 몸가짐.
處地(처지) 자기가 처해 있는 경우. 또는 환경.
處刑(처형) 형벌에 처하는 것.
居處(거처) 정해 두고 항상 있는 곳.
유 所(바 소) **비** 虎(범 호)

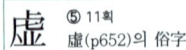
虛 ⑤ 11획
虛(p652)의 俗字

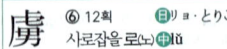
虜 ⑥ 12획 日リョ・とりこ 中lǔ
사로잡을 로(노)

풀이 1. 사로잡다. 구속하다. 2. 포로. ¶虜囚 3. 종. 노복(奴僕). 4. 적(敵).
虜掠(노략) 떼를 지어 돌아다니면서 사람을 사로잡고 재물을 약탈함.
虜獲(노획) 적을 생포하거나 적의 목을 베는 일.
비 慮(생각할 려)

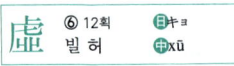
虛 ⑥ 12획 日キョ 中xū
빌 허

丨 ㄏ ㅏ 匸 庐 卢 虍 虐 虛 虛 虛

*형성. 뜻을 나타내는 부수 '虍(호피 무늬 호)'와 음을 나타내는 부수 이외의 글자가 친 글자.
풀이 1. 비다. 비워 두다. ¶虛無 2. 적다. 드물다. 3. 쓸모없다. 4. 약하다. 쇠하다. 5. 공허하다. 6. 별 이름. 28수(宿)의 하나.

虛空(허공) 1)텅 빈 하늘. 2)사람이 없는 한적한 곳.
虛構(허구) 없는 일을 사실처럼 조작함.
虛飢(허기) 굶주려 배가 고픔.
虛無(허무) 아무 것도 없고 텅 빔.
虛費(허비) 쓸데없는 비용을 씀.
虛事(허사) 헛된 일. 헛일.
虛想(허상) 쓸데없는 생각.
虛送(허송) 헛되이 보냄.
虛榮(허영) 1)실속이 없는 헛된 영화(榮華). 2)자기 정도에 넘치는 외관상의 영화.
虛僞(허위) 거짓. 허망(虛妄).
虛風(허풍) 신빙성이 없는 과장된 언행.
虛荒(허황) 마음이 들떠서 황당함.
[유] 空(빌 공)

虞 ⑦ 13획 [日] グ
생각할 우 [中] yú

* 형성. 뜻을 나타내는 부수 '虍(호피 무늬 호)'와 음을 나타내는 '吳(오나라 오)'를 합친 글자.

[풀이] 1. 생각하다. 헤아리다. 2. 염려하다. 근심하다. 3. 우제. 부모의 장례 후 3일 동안 지내는 제사. 4. 순(舜)임금의 성(姓).
虞舜(우순) 순(舜)임금.
虞祭(우제) 부모의 장례 후 3일 동안 지내는 제사. 초우(初虞)·재우(再虞)·삼우(三虞)를 통틀어 이르는 말.
[유] 量(헤아릴 량)

號 ⑦ 13획 [日] ゴウ
부를 호 [中] háo, hào

丨 口 口 旦 号 号' 号⁺ 号⁻ 号⁼ 号⁼ 號 號

* 형성. 뜻을 나타내는 '号(부르짖을 호)'와 음을 나타내는 '虎(범 호)'를 합친 글자.

[풀이] 1. 부르다. 일컫다. ¶號名 2. 부르짖다. 외치다. 3. 이름. 명칭. 4. 명령하다. 명령. 5. 상호. 상점의 이름. 6. 번호.
號令(호령) 1)큰 소리로 꾸짖음. 2)지휘하고 명령함. 또는 그 명령.
號召(호소) 불러냄. 불러옴.
記號(기호) 어떠한 뜻을 보여 주기 위해 정한 문자나 부호.
[유] 呼(부를 호)

虧 ⑪ 17획 [日] キ
이지러질 휴 [中] kuī

[풀이] 1. 이지러지다. 2. 덜다. 줄이다.
虧缺(휴결) 한 부분이 떨어져 나감. 완전하지 않음.
虧損(휴손) 이지러짐.
虧失(휴실) 이지러져 없어짐.
[유] 缺(이지러질 결)

虫부

虫 벌레 훼 部

'虫' 자는 뱀의 모양을 본뜬 글자로, 뱀을 벌레 중에 가장 대표적인 동물로 생각하여 '벌레'를 뜻하게 되었고, '蟲(벌레 충)'의 약자(略字)로 많이 쓰인다. 이 글자를 부수로 갖는 글자는 미소한 하등동물과 관련이 있고, 개구리나 양서류·조개와 같은 패류와도 관련이 있다.

虫 ⓪ 6획 [日] チュウ·むし
벌레 훼·충 [中] chóng

[풀이] 1. 벌레. 2. 살무사.
[유] 蟲(벌레 충)

虱 ② 8획
蝨(p657)의 俗字

6획

虹 ③ 9획
ㄱウ·にじ
무지개 홍
hóng, jiàng

* 형성. 뜻을 나타내는 부수 '虫(벌레 충)'과 음을 나타내며 꿰뚫는다는 의미를 지닌 '工(장인 공)'을 합친 글자. 이에 하늘을 꿰뚫는(工) 벌레(虫)라 하여 '무지개'의 뜻으로 쓰임.

풀이 1. 무지개. ¶虹橋 2. 무지개 다리.

虹橋(홍교) 무지개 모양으로 된 다리.
虹彩(홍채) 안구(眼球)의 각막과 수정체 사이에서 빛의 양을 조절하는 기능을 하는 고리 모양의 얇은 막.

蚣 ④ 10획
コウ·ショウ
❶ 지네 공
❷ 여치 송
gōng

풀이 ❶ 1. 지네. ❷ 2. 여치.

蚣蝑(송서) 여치·메뚜기·베짱이 등의 통칭.

蚪 ④ 10획
トウ
올챙이 두
dǒu

풀이 올챙이.

蚊 ④ 10획
モン·カ
모기 문
wén

* 형성. 뜻을 나타내는 부수 '虫(벌레 충)'과 음을 나타내는 '文(글월 문)'을 합친 글자.

풀이 모기.

蚊脚(문각) 1)모기의 다리. 2)획이 가는 글씨.
蚊幮(문주) 모기장.
見蚊拔劍(견문발검) 모기를 보고 칼을 뽑는다는 뜻으로, 사소한 일에 함부로 날뜀을 이르는 말.

蚌 ④ 10획
ボウ
방합 방
bàng, bèng

풀이 방합. 대합조개.

蚌蛤(방합) 검정 바탕에 갈색 무늬가 들어 있는 민물조개.
蚌鷸之勢(방휼지세) 방합과 도요새가 싸우는 형세. 서로 다투다가 결국 제삼자에게 이득을 주는 형세를 이르는 말.

蚓 ④ 10획
イン·みみず
지렁이 인
yǐn

풀이 지렁이.

蚕 ④ 10획
蠶(p662)의 俗字

蚤 ④ 10획
ノウ·のみ
벼룩 조
zǎo

풀이 1. 벼룩. 2. 손톱. ¶蚤甲 3. 일찍. ¶蚤起

蚤蝨(조슬) 벼룩과 이.
蚤夭(조요) 젊어서 죽음. 요사(夭死).
비 蚤(지렁이 전)

蚩 ④ 10획
チ
어리석을 치
chī

풀이 1. 어리석다. 우둔하다. ¶蚩笑 2. 얕보다. 업신여기다.

蚩笑(치소) 비웃음. 치소(嗤笑).

蛄 ⑤ 11획
コ
땅강아지 고
gū, gǔ

풀이 1. 땅강아지. 2. 쓰르라미.

蛋 ⑤ 11획
タン
새알 단
dàn

* 형성. 뜻을 나타내는 부수 '虫(벌레 충)'과 음을 나타내는 '延(끌 연)'의 생략형을 합친 글자.

[虫 5~6획] 蛉 蛇 蛆 螢 蛟 蠻 蛙 蛛 蛭 蛤 蚵

풀이 1. 새알. ¶蛋殼 2. 종족 이름. 중국 남방에 사는 종족으로, 수상(水上) 생활을 함.

蛋白質(단백질) 아미노산으로 된 고분자 화합물.

蛋黃(단황) 알의 노른자. 난황(卵黃).

비 蚤(벼룩 조)

蛉 ⑤ 11획
- 日 レイ
- 잠자리 령
- 中 líng

풀이 1. 잠자리. 2. 씽씽매미.

蛇 ⑤ 11획
- 日 ジャ・ダ・ヘビ
- 뱀 사
- 中 shé, yí

丿乙口中虫虫虫虫蚊蛇蛇

*형성. 뜻을 나타내는 부수 '虫(벌레 충)'과 음을 나타내는 '它(다를 타)'를 합친 글자.

풀이 1. 뱀. 2. 별 이름. 북상의 성수(星宿) 이름.

蛇蝎(사갈) 1)뱀과 전갈. 2)가장 두렵고 혐오스러운 사람 또는 몹시 징그러운 물건을 비유하는 말.

蛇足(사족) 뱀의 발이란 뜻으로, 군더더기를 덧붙임을 이르는 말. 화사첨족(畫蛇添足).

長蛇陣(장사진) 많은 사람들이 줄지어 늘어선 모양.

동 它(뱀 사) 陀(비탈질 타)

蛆 ⑤ 11획
- 日 ショ
- 구더기 저
- 中 qū

풀이 1. 구더기. 2. 지네.

螢 ⑤ 11획
螢(p659)의 俗字

蛟 ⑥ 12획
- 日 コウ
- 교룡 교
- 中 jiāo

풀이 1. 교룡(蛟龍). 뿔 없는 전설상의 용. 2. 상어.

蛟龍(교룡) 이무기와 용.

蠻 ⑥ 12획
蠻(p662)의 俗字

蛙 ⑥ 12획
- 日 ワ・かえる
- 개구리 와·왜
- 中 wā

풀이 1. 개구리. ¶蛙聲 2. 음란하다.

蛙聲(와성) 1)개구리가 우는 소리. 2)음란한 음악 소리. 정음(正音)이 아닌 음악 소리.

蛛 ⑥ 12획
- 日 シュ・チュ・くも
- 거미 주
- 中 zhū

풀이 거미.

蛛絲(주사) 거미줄.

蛭 ⑥ 12획
- 日 シツ
- 거머리 질
- 中 zhì

풀이 1. 거머리. 2. 개밋둑. 개미집을 짓기 위해 날라 놓은 흙이 쌓인 것.

蛭蜒(질인) 1)거머리와 지렁이. 2)쓸모없는 것을 비유하는 말.

동 蝚(거머리 유)

蛤 ⑥ 12획
- 日 コウ
- 대합조개 합
- 中 gé, há

*형성. 뜻을 나타내는 부수 '虫(벌레 충)'과 음을 나타내는 '合(합할 합)'을 합친 글자.

풀이 대합조개. 무명조개. ¶紅蛤

紅蛤(홍합) 홍합과의 바닷조개.

蚵 ⑥ 12획
- 日 カイ
- 거위 회
- 中 huí

[虫 7~8획] 蜂 蜉 蜃 蛾 蜈 蛹 蜀 蝀 蜜

풀이 거위. 사람 몸에 기생하는 기생충.

蜂 ⑦ 13획 🇯 ホウ·はち 벌 봉 🇨 fēng

丶 ㄧ ㅁ ㅂ 虫 虫 虻 蛇 蜂 蜂 蜂

* 형성. 뜻을 나타내는 부수 '虫(벌레 충)'과 음을 나타내며 '창'의 의미를 지닌 夆(가릴 봉)'을 합친 글자. 이에 날카로운 침을 가진 벌레를 나타내어, '벌'의 뜻으로 쓰임.

풀이 1. 벌. 2. 창날. 칼끝.

蜂起(봉기) 벌떼같이 일어난다는 뜻으로, 반란 등이 곳곳에서 한꺼번에 일어남을 이르는 말.

蜂準長目(봉준장목) 1)벌과 같은 높은 콧마루와 가늘고 긴 눈. 2)영민하고 사려 깊은 인상.

蜂蝶(봉접) 벌과 나비.

蜂聚(봉취) 벌떼처럼 무리 지어 모여듦.

비 峰(봉우리 봉)

蜉 ⑦ 13획 🇯 フ 하루살이 부 🇨 fú

풀이 1. 하루살이. 2. 왕개미.

蜉蝣(부유) 1)하루살이. 2)인생의 덧없음을 비유하는 말.

蜃 ⑦ 13획 🇯 シン 무명조개 신 🇨 shèn

풀이 1. 무명조개. 대합조개. 2. 이무기. 교룡(蛟龍)의 일종.

蜃蛤(신합) 대합조개.

蛾 ⑦ 13획 🇯 ガ 나방 아 🇨 é, yǐ

* 형성. 뜻을 나타내는 부수 '虫(벌레 충)'과 음을 나타내는 '我(나 아)'를 합친 글자.

풀이 1. 나방. 2. 눈썹. 나방의 촉수처럼 가늘게 휜 눈썹.

蛾眉(아미) 1)나방의 촉수처럼 털이 짧고 초승달 모양으로 굽은 아름다운 눈썹. 2)미인.

蜈 ⑦ 13획 🇯 ゴ 지네 오 🇨 wú

풀이 지네.

蜈蚣(오공) 지네.

蛹 ⑦ 13획 🇯 ヨウ 번데기 용 🇨 yǒng

풀이 번데기. 유충이 성충으로 변하기 이전의 형태.

蛹臥(용와) 번데기가 고치 속에 가만히 드러누워 있다는 뜻으로, 은자(隱者)가 칩거(蟄居)함을 비유하는 말.

蜀 ⑦ 13획 🇯 ソク 나라 이름 촉 🇨 shǔ

풀이 나라 이름. 촉한(蜀漢). 삼국 시대에 유비(劉備)가 세운 나라.

蜀犬吠日(촉견폐일) 촉(蜀) 지방의 개는 해를 자주 볼 수 없기 때문에 해만 보면 짖는다는 뜻으로, 식견이 좁은 사람이 어질고 선한 사람을 오히려 의심하여 비난함을 비유하는 말.

蝀 ⑧ 14획 🇯 トウ 무지개 동 🇨 dōng

풀이 무지개.

유 螮(무지개 체) 虹(무지개 홍)

蜜 ⑧ 14획 🇯 ミツ 꿀 밀 🇨 mì

丶 宀 宀 宀 宓 宓 宓 宓 蜜 蜜 蜜 蜜

* 형성. 뜻을 나타내는 부수 '虫(벌레 충)'와

[虫 8~9획] 蜜 蜥 蚣 蜺 蜘 蜴 蜻 蝌 蝨 蝕

음을 나타내는 必(꽉찰 밀)를 합친 글자. 이에 벌이 집을 꽉 채워놓은 꿀을 나타냄.

풀이 꿀. 벌꿀.

蜜蠟(밀랍) 꿀벌의 집을 구성하는 물질.
蜜月(밀월) 결혼 초의 즐겁고 달콤한 한두 달 동안을 이르는 말.

비 密(빽빽할 밀)

蜚 ⑧ 14획 日ヒ 바퀴 비 中fèi, fěi

* 형성. 뜻을 나타내는 부수 '虫(벌레 충)'와 음을 나타내는 '非(아닐 비)'를 합친 글자.

풀이 1. 바퀴. 바퀴벌레. ¶蜚蠊 2. 날다. ¶蜚禽 3. 쐐기. 볏잎을 갉아먹는 해충.
蜚騰(비등) 날아오름. 비등(飛騰).
蜚語(비어) 근거 없이 떠도는 말.

유 輪(바퀴 륜) 비 輩(무리 배)

蜥 ⑧ 14획 日セキ 도마뱀 석 中xī

풀이 도마뱀.
蜥蜴(석척) 도마뱀.

蚣 ⑧ 14획 日ソウ 베짱이 송 中sōng

풀이 1. 배짱이. 메뚜기. 2. 지네.
蚣蝑(송서) 베짱이. 종사(蚣斯).

蜺 ⑧ 14획 日ゲイ 무지개 예 中ní

풀이 1. 무지개. 2. 쓰르라미. 매미의 일종.
蜺旌(예정) 무지개 형상을 그린 깃발.

유 虹(무지개 홍)

蜘 ⑧ 14획 日チ 거미 지 中zhī

풀이 거미.

蜘蛛(지주) 거미.

蜴 ⑧ 14획 日エキ 도마뱀 척 中yì

풀이 도마뱀.

蜻 ⑧ 14획 日セイ 귀뚜라미 청 中qīng

풀이 1. 귀뚜라미. 실솔(蟋蟀). ¶蜻蛚 2. 잠자리.
蜻蛚(청렬) 귀뚜라미.
蜻蜓(청정) 잠자리.

유 蛬(귀뚜라미 공) 蛚(귀뚜라미 렬)

蝌 ⑨ 15획 日カ 올챙이 과 中kē

풀이 올챙이.
蝌蚪(과두) 올챙이.
蝌蚪文字(과두문자) 글자의 획이 올챙이처럼 생긴 중국 고대 문자.

蝨 ⑨ 15획 日シツ 이 슬 中shī

풀이 이. 사람·동물의 몸에 기생하는 곤충.
蝨官(슬관) 나라를 좀먹고 민폐(民弊)를 일삼는 관리.

蝕 ⑨ 15획 日ショク 좀먹을 식 中shí

* 형성. 뜻을 나타내는 부수 '虫(벌레 충)'와 음을 나타내는 '食(먹을 식)'을 합친 글자. 이에 벌레가 물건을 먹어들어가는 것을 나타내어, '좀먹다'의 뜻으로 쓰임.

풀이 1. 좀먹다. 2. 일식(日蝕). 월식(月蝕).
蝕旣(식기) 일식·월식 등의 개기식(皆旣蝕).

유 食(밥 식) 비 飾(꾸밀 식)

[虫 9~10획] 蝸 蝟 蝣 蝶 蝦 蝎 蝴 蝗 螂 螟

蝸 ⑨ 15획 ⑪カ·ラ
달팽이 와 ⑨wō

[풀이] 달팽이. ¶蝸角

蝸角(와각) 달팽이의 뿔이란 뜻으로, 매우 작은 것을 비유하는 말.

蝸牛(와우) 달팽이.

蝟 ⑨ 15획 ⑪イ
고슴도치 위 ⑨wèi

* 형성. 뜻을 나타내는 부수 '虫(벌레 충)'과 음을 나타내는 '胃(밥통 위)'를 합친 글자.

[풀이] 1. 고슴도치. ¶蝟起 2. 운집하다.

蝟起(위기) 고슴도치의 털이 곤두선다는 뜻으로, 일이 잘 풀리지 않아 일이 번거롭게 됨을 비유하는 말.

蝟縮(위축) 고슴도치가 몸을 움츠리듯이 두려워서 움츠리는 모양.

蝣 ⑨ 15획 ⑪ユウ
하루살이 유 ⑨yóu

[풀이] 하루살이.

蝶 ⑨ 15획 ⑪チョウ
나비 접 ⑨dié

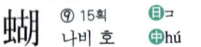

* 형성. 뜻을 나타내는 부수 '虫(벌레 충)'과 음을 나타내는 부수 이외의 글자를 합친 글자.

[풀이] 나비.

蝶夢(접몽) 1)나비에 관한 꿈. 2)덧없는 인생을 비유하는 말. 호접몽(蝴蝶蒙).

[참고] 蝶(나비 접) 蝴(나비 호) 蛺(나비 협)

蝦 ⑨ 15획 ⑪カ
새우 하 ⑨xiā, há

[풀이] 1. 새우. 2. 두꺼비.

蝦蟆(하마) 두꺼비.

[참고] 鰕(새우 하)

蝎 ⑨ 15획 ⑪カツ·コウ
나무좀 할 ⑨xiē

[풀이] 1. 나무좀. 2. 전갈. ¶蝎螢

蝎蠹(할두) 나무좀이 나무를 속에서부터 파먹듯이 남을 해치는 참소(讒訴)를 이르는 말.

蝴 ⑨ 15획 ⑪コ
나비 호 ⑨hú

[풀이] 나비.

蝴蝶(호접) 나비.

蝴蝶夢(호접몽) 1)나비가 된 꿈. 2)인생이 덧없음을 비유하는 말.

[참고] 蝶(나비 접) 蝴(나비 호) 蛺(나비 협)

蝗 ⑨ 15획 ⑪コウ
누리 황 ⑨huáng

[풀이] 누리. 떼를 지어 다니며 곡식에 피해를 주는 메뚜깃과에 속하는 곤충.

蝗災(황재) 벼농사를 해치는 메뚜기로 인한 재앙.

蝗蟲(황충) 누리. 벼메뚜기.

螂 ⑩ 16획 ⑪ロウ
사마귀 랑 ⑨láng

[풀이] 사마귀.

螟 ⑩ 16획 ⑪メイ
마디충 명 ⑨míng

* 형성. 뜻을 나타내는 부수 '虫(벌레 충)'과 음을 나타내는 '冥(어두울 명)'을 합친 글자.

[풀이] 1. 마디충. 식물의 줄기 속을 파먹는 해충. 2. 모기. ¶螟蛉 3. 배추벌레.

螟蛉(명령) 1)나비와 나방의 유충. 배추벌레. 2)양자(養子).

螟螣(명특) 명충(螟蟲)과 벼메뚜기.

[虫 10~12획] 融螢螳螺蟆蟀蟋螽蟄蟠

融
⑩ 16획 　日 ユウ
화할 융 　中 róng

풀이 1. 화하다. 융합하다. ¶融合 2. 녹다. 녹이다. 3. 길다. 4. 융통하다.

融資(융자) 자금을 융통함.
融解(융해) 녹음. 녹임.
融化(융화) 1)융합함. 2)서로 화합함.
비 和(화할 화)

螢
⑩ 16획 　日 ケイ・ほたる
개똥벌레 형 　中 yíng

⺌ ⺌⺌ ⺌⺌ ⺌⺌ ⺌⺌ ⺌⺌ 螢 螢 螢

풀이 개똥벌레.

螢石(형석) 투명 또는 반투명하여 열을 가하면 형광빛을 발하는 광석.
螢雪之功(형설지공) 반딧불과 눈의 빛이라는 뜻으로, 시독한 가난 속에서도 열심히 공부함을 이르는 말.
비 瑩(경영할 영)

螳
⑪ 17획 　日 トウ
사마귀 당 　中 táng

풀이 사마귀.

螳螂(당랑) 사마귀. 버마재비.
螳螂拒轍(당랑거철) 사마귀가 앞발을 들어 수레를 가로막아 대항한다는 뜻으로, 제 힘을 헤아리지 않고 무모하게 덤벼듦을 이르는 말.

螺
⑪ 17획 　日 ラ
소라 라(나) 　中 luó

* 형성. 뜻을 나타내는 부수 '虫(벌레 충)'과 음을 나타내는 '累(포갤 루)'를 합친 글자.

풀이 1. 소라. ¶螺角 2. 술잔. 소라 껍데기로 만든 술잔.

螺角(나각) 소라고둥의 껍데기로 만든 악기. 소라.
螺旋(나선) 나사처럼 빙빙 비틀려 돌아간 모양.

蟆
⑪ 17획 　日 マ
두꺼비 마 　中 má

풀이 두꺼비.

蟀
⑪ 17획 　日 シュツ
귀뚜라미 솔 　中 shuài

풀이 귀뚜라미.

蟋
⑪ 17획 　日 シツ
귀뚜라미 실 　中 xī

풀이 귀뚜라미.

蟋蟀(실솔) 귀뚜라미.

螽
⑪ 17획 　日 シュウ
누리 종 　中 zhōng

풀이 1. 누리. 메뚜깃과에 속하는 곤충. ¶螽斯 2. 베짱이.

螽斯(종사) 1)여치과의 곤충. 베짱이 또는 방깨비. 2)자손이 번성할 징조.

蟄
⑪ 17획 　日 チツ
숨을 칩 　中 zhé

* 형성. 뜻을 나타내는 부수 '虫(벌레 충)'과 음을 나타내는 '執(잡을 집)'을 합친 글자.

풀이 1. 숨다. 은거하다. ¶蟄伏 2. 겨울 잠을 자다. ¶蟄居 3. 고요하다.

蟄居(칩거) 1)나가서 활동하지 않고 집에 틀어박혀 있음. 2)벌레가 땅 속에서 동면(冬眠)함.
비 執(잡을 집)

蟠
⑫ 18획 　日 ハン
서릴 반 　中 pán

풀이 1. 서리다. 몸을 감고 엎드려 있다.

¶蟠屈 2. 두르다. 감다.
蟠踞(반거) 뿌리를 박고 서린다는 뜻으로, 한 지방을 차지하고 세력을 떨침을 이르는 말.
蟠龍(반룡) 땅 위에 서려 있어 아직 하늘에 오르지 못하고 있는 용. 반룡(盤龍).

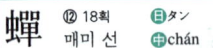
蟬 ⑫ 18획 日タン
매미 선 中chán

풀이 1. 매미. ¶蟬紗 2. 잇다. ¶蟬連
蟬連(선련) 잇닿음. 연속함. 선련(蟬聯).
蟬語(선어) 매미 우는 소리.
蟬脫(선탈) 1)매미가 허물을 벗음. 2)구습(舊習)을 벗음을 비유하는 말.
유 蜩(매미 조)

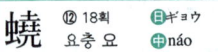
蟯 ⑫ 18획 日ギョウ
요충 요 中náo

풀이 요하(蟯瘕). 선충류(線蟲類)의 기생충.

蟲 ⑫ 18획 日チュウ
벌레 충 中chóng

丨 口 中 虫 虫 虫 虫 虫 虫 虫 虫
蟲 蟲 蟲 蟲 蟲

*회의. '虫(벌레 충)' 세 개가 겹쳐 모든 벌레를 총칭함.
풀이 1. 벌레. 곤충의 총칭. ¶蟲魚 2. 충해. 벌레로 인한 피해.
蟲蝕(충식) 벌레먹음. 좀먹음.
蟲齒(충치) 벌레 먹은 이.
昆蟲(곤충) 벌레.
害蟲(해충) 해로운 벌레.
유 虫(벌레 충)

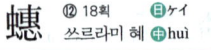
蟪 ⑫ 18획 日ケイ
쓰르라미 혜 中huì

풀이 쓰르라미.

蟪蛄(혜고) 쓰르라미.

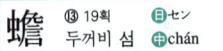
蠍 ⑬ 19획 日カツ
전갈 갈 中xiē

풀이 전갈.
蠍梢(갈초) 전갈의 독침(毒針).
全蠍(전갈) 가재와 비슷하게 생기고 꼬리 부분에 독침이 있는 동물.

蟾 ⑬ 19획 日セン
두꺼비 섬 中chán

풀이 1. 두꺼비. ¶蟾蜍 2. 달. 달 속에 두꺼비가 있다는 전설에서 온 말.
蟾光(섬광) 달빛. 월광(月光).
蟾魄(섬백) 달의 다른 이름.
蟾彩(섬채) 달빛. 섬광(蟾光).
蟾兎(섬토) 달의 다른 이름. 달 속에 두꺼비와 토끼가 산다는 전설에서 온 말.
유 蠩(두꺼비 저)

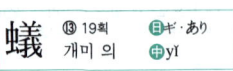
蠅 ⑬ 19획 日ヨウ
파리 승 中yíng

풀이 파리.
蠅頭(승두) 1)파리의 머리. 2)매우 작은 것. 얼마 안 되는 적은 이익.
蒼蠅(창승) 왕파리.
비 繩(줄 승)

蟻 ⑬ 19획 日ギ・あり
개미 의 中yǐ

*형성. 뜻을 나타내는 부수 '虫(벌레 충)'과 음을 나타내는 '義(옳을 의)'를 합친 글자.
풀이 1. 개미. ¶蟻蜂 2. 검다.
蟻動(의동) 개미떼처럼 많이 모여서 움직임.
蟻蜂(의봉) 개미와 벌.
蟻穴(의혈) 1)개미집. 2)작고 세밀한 것을 비유하는 말.

蠆 ⑬ 19획 ❸サイ
전갈 채 ❸chài

풀이 전갈.

蠆尾(채미) 1)전갈의 꼬리. 전갈의 독침(毒針). 2)남을 해치는 사람.

蠋 ⑬ 19획 ❸ショク
애벌레 촉 ❸zhú

풀이 애벌레. 나비 애벌레.

蟹 ⑬ 19획 ❸カイ・かに
게 해 ❸xiè

풀이 게. 갑각류(甲殼類) 중 단미류(短尾類)에 속하는 동물의 총칭.

蟹眼(해안) 1)게의 눈. 2)물이나 차 등을 끓일 때 끓어오르는 거품.

蠕 ⑭ 20획 ❸ゼン
꿈틀거릴 연 ❸rú

풀이 꿈틀거리다. 벌레가 꿈틀거리며 움직이다.

蠕動(연동) 벌레가 꿈틀거리며 감. 또는 그 모양.

蠟 ⑮ 21획 ❸ロウ
밀 랍(납) ❸là

풀이 1. 밀. 밀랍. 꿀벌의 집을 끓여서 짜낸 기름. 2. 밀초. 밀로 만든 초. ¶蠟燭

蠟書(납서) 기밀의 누설이나 습기로 상하는 것을 방지하기 위하여 서류를 밀랍으로 봉한 문서.

蠟燭(납촉) 밀랍으로 만든 초. 밀초.

🔲 臘(납향 랍)

蠣 ⑮ 21획 ❸レイ
굴조개 려(여) ❸lì

풀이 굴조개. 굴과에 속하는 조개의 일종.

蠣房(여방) 굴 껍데기.

蠣黃(여황) 굴젓.

蠡 ⑮ 21획 ❸レイ
❶ 좀먹을 려(여)
❷ 옴 라(나) ❸lí, lǐ

풀이 ❶ 1. 좀먹다. 2. 나무좀. ❷ 3. 옴. 개선(疥癬).

蠡測(여측) 소라 껍데기로 바닷물을 떠서 양을 헤아린다는 뜻으로, 좁은 식견으로 큰일을 헤아림을 비유하는 말.

蠢 ⑮ 21획 ❸シュン
꿈틀거릴 준 ❸chǔn

풀이 1. 꿈틀거리다. ¶蠢動 2. 어리석다. 무지하다. ¶蠢愚

蠢動(준동) 1)벌레가 꿈틀거림. 2)무지한 사람들이 비밀리에 어떠한 일을 벌임.

蠢愚(준우) 아주 어리석음.

🔲 蠡(좀먹을 려)

蠲 ⑰ 23획 ❸ケン
밝을 견 ❸juān

풀이 1. 밝다. 밝히다. 2. 덜다. 제거하다. 3. 깨끗하다. ¶蠲吉

蠲苛(견가) 가혹한 정치를 없앰. 까다로운 법령을 제거함.

蠲潔(견결) 조촐하고 깨끗함.

蠱 ⑰ 23획 ❸コ
독 고 ❸gǔ

풀이 1. 독(毒). 사람을 해치는 것. ¶蠱毒 2. 곡식 벌레. 3. 나쁜 기운. 4. 의심하다.

蠱毒(고독) 독약으로 남을 해침. 해독(害毒).

蠱疾(고질) 정신착란을 유발하는 병.
蠱惑(고혹) 남의 마음을 미혹하게 함.
🔗 毒(독독)

蠭 ⑰ 23획
蜂(p656)의 古字

蠹 ⑱ 24획
🔵 トウ
좀 두
🔴 dù

풀이 1. 좀. ¶蠹毒 2. 좀먹다. 벌레 먹다. 3. 벌을 쐬다.

蠹簡(두간) 좀먹은 서류나 책.
蠹書蟲(두서충) 1)책을 좀먹는 벌레. 2)평생을 헛되이 독서만 하고 활용할 줄 모르는 사람.

蠶 ⑱ 24획
🔵 サン
누에 잠
🔴 cán

* 형성. 뜻을 나타내는 부수 '虫(벌레 충)'과 음을 나타내며 깊이 먹어 들어간다는 의미를 지닌 부수 이외의 글자를 합친 글자. 이에 잎을 깊이 먹어 들어가는 벌레를 나타내어, '누에'의 뜻으로 쓰임.

풀이 누에. 누에치다.

蠶繭(잠견) 누에고치.
蠶箔(잠박) 누에를 담아 기르는 채반.
蠶絲(잠사) 누에고치에서 뽑아낸 실. 명주실.
蠶食(잠식) 1)누에가 뽕잎을 갉아먹음. 2)차츰차츰 남의 나라를 침략해 들어감.
蠶室(잠실) 1)누에를 치는 집이나 방. 2)누에고치.

蠻 ⑲ 25획
🔵 マン
오랑캐 만
🔴 mán

풀이 1. 오랑캐. ¶蠻荒 2. 미개 민족. ¶蠻語 3. 멸시하다. 깔보다.

蠻貊(만맥) 1)미개인(未開人). 2)미

개한 나라.
蠻族(만족) 야만 민족. 야만인. 미개족 (未開族).
蠻行(만행) 야만스러운 행실.
野蠻(야만) 문화가 미개함.

血 부

血 피혈部

'血'자는 그릇에 희생물의 피가 담긴 모양을 본뜬 글자로, 제사에 바치는 가축의 피를 나타내었으나 점차 그것이 사람의 피를 뜻하게 되었다. 또한 혈육(血肉)에서처럼 피를 나눈 관계인 '친척', '친족', '가족'의 뜻을 나타내기도 한다.

 ⓪ 6획
피 혈
🔵 ケツ·ち
🔴 xiě, xuè

ノ ′ ㄇ ㄉ 血 血

* 상형. 제사에 희생된 짐승의 피를 그릇에 가득 담아 바친 모양을 본뜬 글자.

풀이 1. 피. 혈액. ¶血管 2. 물들이다. 3. 상처. 흠.

血管(혈관) 혈액을 순환시키는 핏줄.
血氣(혈기) 1)생명을 유지하는 체력. 힘. 2)피가 끓는 듯 격동하는 기상.
血淚(혈루) 피눈물.
血盟(혈맹) 피로써 굳게 맹세함. 확고한 동맹관계.
血書(혈서) 자기의 피로 쓴 글씨.
血眼(혈안) 핏발이 선 눈.
血緣(혈연) 같은 핏줄로 이어진 인연.
血肉(혈육) 1)자기가 낳은 아들딸. 2)부모·자식·형제·자매들.
血痕(혈흔) 핏자국.
비 皿(그릇 명)

衆 ⑥ 12획 무리 중
日 シュウ・シュ／おおい
中 zhòng

丿 亻 亻 血 血 血 血 𣶒 𣶒 衆 衆

*회의. 태양[日] 아래에서 많은 노예들이 [乑] 땀을 흘리며 일을 하는 모습을 나타내어 '많은 사람', '많다'의 뜻으로 쓰임.

풀이 1. 무리. 많은 사람. 군중. ¶衆口 2. 백성. 민심. ¶衆庶

衆苦(중고) 많은 고통.
衆寡不敵(중과부적) 적은 인원으로 많은 인원을 대적할 수 없음.
衆多(중다) 많음.
衆論(중론) 많은 사람의 의논.
衆生(중생) 1)모든 생명 있는 것. 많은 사람들. 2)부처의 구제를 받는 인간 및 그 밖의 감정을 가진 일체의 생물.
衆怨(중원) 많은 사람에게 받는 원망.
衆知(중지) 1)많은 사람이 알고 있는 것. 2)여러 사람의 지혜.
衆評(중평) 여러 사람의 비평.
聽衆(청중) 강연이나 설교 등을 듣는 사람들.

유 徒(무리 도) 群(무리 군)

行부

行 갈 행 部

'行'자는 길 모양을 바탕으로 만들어진 글자로, 길이 사람들을 편리하게 다니게 해 준다는 뜻에서 '다니다'라는 뜻을 나타낸다. 그리고 다니는 것이 행동을 하는 것이기 때문에 '행하다', '행실'의 뜻으로도 쓰인다. 또한 길을 다니거나 행동을 함에는 순서가 있으므로 항렬(行列)의 '항'을 나타내기도 한다.

行 ⓪ 6획 ❶ 갈 행 ❷ 항렬 항
日 コウ・ギョウ／いく・おこなう
中 xíng, háng, hàng, héng

丿 ㇀ 彳 彳 行 行

*회의. 사거리를 뜻하여 '길', '가다'의 뜻을 나타내며, 또한 '항렬', '같은 또래'라는 뜻을 나타내기도 함.

풀이 ❶ 1. 가다. 걷다. ¶行軍 2. 떠나다. 3. 나아가다. 전진하다. 4. 지나다. 거치다. 5. 순시하다. 6. 행하다. 행하여지다. 7. 길. 통로. 8. 여행. 여정. 9. 행서(行書). 서체(書體)의 한 가지. ❷ 10. 항렬. 11. 줄. 대열

行列(1.항렬/2.행렬) 1)혈족 방계에 대한 차례. 2)여럿이 줄을 지어 감. 또는 그 줄.
行軍(행군) 1)군대의 행진(行進). 2)많은 인원이 줄지어 감.
行路(행로) 1)통행하는 길. 2)세상에서 살아가는 과정.
行商(행상) 돌아다니며 물건을 파는 일. 또는 그 장사.
行爲(행위) 1)행하는 짓. 2)사람의 의사 작용에 따른 적극적인 동작.
行進(행진) 줄을 지어 앞으로 걸어 나아감.

만 來(올 래) 至(이를 지) **비** 去(갈 거)

衎 ③ 9획 즐길 간
日 カン／たのしむ
中 kàn

풀이 즐기다. 기뻐하는 모양.
衎然(간연) 1)즐기며 기뻐하는 모양. 2)마음이 안정된 모양.

비 衍(넘칠 연)

衍 ③ 9획 넘칠 연
日 エン／あふれる
中 yǎn

*회의. '氵(水:물 수)'와 '行(갈 행)'을 합친 글자. 이에 물이 '흘러넘치다'의 뜻으로 쓰임.

[行 5~9획] 術術街衙衛衝

풀이 1. 넘치다. 넘쳐 흐르다. ¶衍溢 2. 퍼지다. 만연하다. 3. 펴다. 넓히다. ¶衍沃 4. 남다.
衍文(연문) 글 가운데 쓸데없이 끼인 글.
衍繹(연역) 뜻을 널리 해석하여 밝힘.
蔓衍(만연) 널리 퍼짐.
비 衍(즐길 간)

術 ⑤ 11획 日ジュツ・わざ
꾀 술 中shù

丶亍彳彳彳ഺ術術術術

* 형성. 뜻을 나타내는 부수 '行(갈 행)'과 음을 나타내는 '朮(삼주 술)'을 합친 글자.

풀이 1. 꾀. 계략. ¶術計 2. 재주. 기술. ¶技術 3. 방도. 방법.
術法(술법) 음양과 복술 등에 관한 실현 방법.
術數(술수) 1)술계(術計). 2)법제(法制)로서 나라를 다스리는 방법.
術策(술책) 모략(謀略).
劍術(검술) 칼을 잘 쓰는 수법.
醫術(의술) 병을 치료하는 기술.
동 計(꾀 계) 謨(꾀 모)

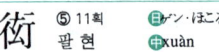
衒 ⑤ 11획 日ゲン・ほこる
팔 현 中xuàn

* 형성. 뜻을 나타내는 부수 '行(갈 행)'과 음을 나타내는 '玄(검을 현)'을 합친 글자.

풀이 1. 팔다. 돌아다니면서 팔다. 2. 자랑하다. ¶衒耀 3. 선전하다.
衒氣(현기) 자만하는 마음. 뽐내는 모양.
衒學(현학) 학식이나 지식을 드러내어 뽐냄.
비 衍(넘칠 연)

街 ⑥ 12획 日ガイ・まち
거리 가 中jiē

丶亍彳彳彳彴彴街街街街

풀이 1. 거리. 시가. 2. 대로. 3. 네거리.

街談巷語(가담항어) 시중의 하찮은 소문. 가담항설(街談巷說).
街道(가도) 곧고 넓은 큰 도로.
街頭(가두) 길거리. 가상(街上).
街路(가로) 길. 길거리.
동 巷(거리 항)

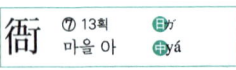
衙 ⑦ 13획 日ガ
마을 아 中yá

풀이 1. 마을. 관청. ¶衙客 2. 대궐. 궁전.
衙官(아관) 1)마을. 관아. 2)벼슬아치.
衙門(아문) 1)병영(兵營)의 문. 또는 관청의 문. 2)관청.
衙前(아전) 지방 관청에 딸린 낮은 벼슬아치. 이서(吏胥).
동 里(마을 리) 村(마을 촌)

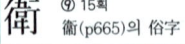
衞 ⑨ 15획
衛(p665)의 俗字

衝 ⑨ 15획 日チュウ
찌를 충 中chōng, chòng

丶亍彳彳彳彳衍衍衝衝衝衝衝衝

* 형성. 뜻을 나타내는 부수 '行(갈 행)'과 음을 나타내는 '重(무거울 중)'을 합친 글자.

풀이 1. 찌르다. ¶衝天 2. 치다. 공격하다. 3. 부딪치다. ¶衝撞 4. 요처(要處), 부딪치는 곳.
衝擊(충격) 1)갑자기 부딪쳤을 때의 자극. 2)외적인 자극이나 심한 정신적인 격동에 의한 마음의 동요.
衝突(충돌) 1)부딪힘. 2)의견이 맞지 않아 다툼.
衝天(충천) 높이 솟아 하늘을 찌름. 기세(氣勢)가 드높은 모양.
비 衝(저울 형)

[行 10~18획] 衛衡衢 [衣 0~3획] 衣衫

衛 ⑩ 16획 日エイ
지킬 위 ⊕wèi

丿彳彳彳샋샋샋샋샋샋샋衞衞

*형성. 뜻을 나타내는 부수 '行(다닐 행)'과 음을 나타내며 '순회하다'의 의미를 지닌 '韋(다룸가죽 위)'를 합친 글자. 이에 '주위를 순회하며 지키다'의 뜻을 나타냄.

풀이 1. 지키다. ¶衛士 방위하다. 막다. 2. 영위하다. 경영하다. 3. 아름답다. 좋다. 4. 의심하다. 5. 나라 이름. 주대(周代)의 제후국 중 하나.

衛星(위성) 행성의 주위를 도는 별.
衛送(위송) 호위하여 보냄.
衛戍(위수) 1)군대가 일정한 지역에 오래 주둔하여 그 지역을 경비하는 일. 2)수자리를 사는 일.

동 守(지킬 수) 비 御(어거할 어)

衡 ⑩ 16획
❶ 저울 형 日コウ
❷ 가로 횡 ⊕héng

丿彳彳彳샋샋샋샋샋샋샋衡衡衡衡

풀이 ❶ 1. 저울. 저울대. ¶衡鑑 2. 달다. 무게를 달다. 3. 평평하다. 평형을 이루다. ❷ 4. 가로.

衡平(형평) 균형이 잡혀 있음.
衡縮(횡축) 가로와 세로.
度量衡(도량형) 부피·무게·길이 등을 재는 자나 저울의 총칭.

비 衝(찌를 충)

衢 ⑱ 24획 日ク
네거리 구 ⊕qú

풀이 1. 네거리. 2. 길.
衢街(구가) 큰 길거리.
衢巷(구항) 거리.

衣부

衣(衤) 옷 의 部

'衣'자는 위에 입는 짧은 저고리 모양을 본뜬 글자로, '옷'을 뜻한다. 이 글자가 '衫(삼)'자에서처럼 '衤'의 형태로 쓰일 때는 '옷의변'이라는 부수 명칭으로 부른다. 원래 윗옷만 나타내다가 모든 옷의 총칭으로 쓰이게 되었다. 이 글자를 부수로 갖는 글자는 옷과 관련된 의미를 가진다.

衣 ⑩ 6획 日イ・ころも
옷 의 ⊕yī, yì

丶一ナ쓰쓰衣

*상형. 저고리의 깃을 본뜬 글자.

풀이 1. 옷. 의복. ¶衣服 2. 옷을 입다. 옷을 입히다. 3. 상의. 윗도리.

衣冠(의관) 옷과 갓. 바꾸어, 예모(禮貌).
衣領(의령) 옷깃.
衣類(의류) 의복. 옷의 총칭.
衣服(의복) 옷.
衣裳(의상) 의복의 총칭.
衣食住(의식주) 옷과 양식과 집. 인간 생활에 필요한 것.

비 服(옷 복)

衫 ③ 8획 日サン
적삼 삼 ⊕shān

*형성. 뜻을 나타내는 부수 '衤(옷 의)'와 음을 나타내는 '彡(터럭 삼)'을 합친 글자.

풀이 1. 적삼. 저고리. 2. 내의. 3. 옷.
衫子(삼자) 여자의 옷으로, 저고리와 치마의 구별이 없이 이어진 것.

666 [衣 3~4획] 表 袞 衿 衾 衲 袂 衰

表 ③ 8획
걸 표
日ヒョウ
あらわす
中biǎo

一 = + 士 쿨 쿨 表 表

*회의. 털(毛)이 있는 옷(衣)을 겉에 입는다 하여 '겉, 바깥'의 뜻으로 쓰임.

풀이 1. 겉. 표면. ¶表述 2. 나타내다. 나타나다. ¶表意 3. 모범. 본보기. ¶表則 4. 표시하다. ¶表明 5. 명백히 하다. 6. 바깥. 밖.

表裏不同(표리부동) 표면과 내심이 같지 않음. 겉 다르고 속 다름.
表面(표면) 겉. 가죽.
表明(표명) 명백히 함.
表象(표상) 나타난 형상. 드러난 조짐.
表彰(표창) 선행(善行)을 기려 널리 세상에 드러내는 일. 표장(表章).
表顯(표현) 드러남. 나타냄.

반 裏(속리)

袞 ④ 10획
곤룡포 곤
日コン
中gǔn

풀이 1. 곤룡포. 용 무늬가 있는 천자의 예복. 2. 삼공(三公). 3. 예복. ¶袞裳
袞龍袍(곤룡포) 천자의 예복.

衿 ④ 9획
옷깃 금
日キン
中jīn

*형성. 뜻을 나타내는 부수 'ネ(옷 의)'와 음을 나타내는 '今(이제 금)'을 합친 글자.

풀이 1. 옷깃. ¶衿喉 2. 옷고름.
衿甲(금갑) 갑옷을 입음.
衿契(금계) 마음을 서로 허락한 벗.

비 衯(옷 치렁치렁할 분)

衾 ④ 10획
이불 금
日キン
中qīn

풀이 1. 이불. 2. 수의(壽衣).

衾褥(금욕) 이불과 요. 곧 침구.
衾枕(금침) 이불과 베개. 침구.

비 禽(날짐승 금)

衲 ④ 9획
기울 납
日ノウ
中nà

*형성. 뜻을 나타내는 부수 'ネ(옷 의)'와 음을 나타내는 '内(안 내)'를 합친 글자.

풀이 1. 깁다. 수선하다. ¶衲被 2. 승복. 3. 중. 승려.
衲衣(납의) 1)중이 입는 검정 옷. 장삼. 2)중. 승려.
衲子(납자) 중. 납승(衲僧).

비 納(바칠 납)

袂 ④ 9획
소매 메
日ベイ・たもと
中mèi

풀이 소매.

유 袖(소매 수)

衰 ④ 10획
❶ 쇠할 쇠
❷ 줄 최
❸ 도롱이 사
日スイ・サ
中cuī, shuāi

一 + 土 + 丰 쿨 쿨 쿨 衰 衰

*상형. 비 올 때 쓰는, 풀로 엮은 도롱이의 모양을 본뜬 글자. 바꾸어, '쇠하다'의 뜻으로 쓰임.

풀이 ❶ 1. 쇠하다. 기운이 없다. ¶衰滅 2. 늙다. 나이 먹다. ❷ 3. 줄다. 차감하다. 4. 상복(喪服). ❸ 5. 도롱이.
衰亡(쇠망) 쇠퇴하여 멸망함.
衰弱(쇠약) 몸이 쇠하여 약해짐.
衰運(쇠운) 쇠하는 운수.
衰殘(쇠잔) 1)힘이 빠져 거의 죽게 됨. 2)쇠하여 없어짐.
衰退(쇠퇴) 쇠하여 무너짐.

반 盛(성할 성) 興(일어날 흥)

비 衷(속마음 충) 哀(슬플 애)

[衣 4~5획] 袁衽衷袈衾袒袢袖袗

袁
④ 10획
옷 길 원
日エン・なかいころも
中yuán

풀이 옷이 긴 모양.

衽
④ 9획
옷섶 임
日ジン
中rèn

풀이 1. 옷섶. 옷깃. 2. 소매. 3. 요. 까는 침구.
衽褐(임갈) 1)거친 베로 깃을 만든 옷. 2)천한 사람이 입는 옷.
衽席(임석) 1)요. 까는 요. 2)침실.

衷
④ 10획
속마음 충
日チュウ
中zhōng

*형성. 뜻을 나타내는 부수 '衣(옷 의)'와 음을 나타내는 '中(가운데 중)'을 합친 글자.

풀이 1. 속마음. 진심. ¶衷心 2. 정성스럽다. 3. 적당하다. 알맞다.
衷心(충심) 속에서 진정으로 우러나는 마음.
衷情(충정) 진심에서 우러나는 참된 정.
苦衷(고충) 괴로운 마음.
비 哀(슬플 애) 袞(쇠할 쇠) 表(드러날 표)

袈
⑤ 11획
가사 가
日ケ
中jiā

풀이 가사. 범어의 'Kaṣāya'의 음역. 장삼 위에 걸쳐 입는 승려의 옷.
비 架(시렁 가)

衾
⑤ 11획
衾(p666)의 俗字

袒
⑤ 10획
옷통 벗을 단 中tǎn

풀이 웃통을 벗다. 양 어깨를 모두 드러내거나 한쪽 어깨만 드러냄. ¶袒肩
袒肩(단견) 웃통을 벗음.
袒左(단좌) 왼쪽 어깨의 옷을 벗음. 그 사람의 편을 든다는 의사 표시의 방식.

袋
⑤ 11획
자루 대
日タイ・ふくろ
中dài

*형성. 뜻을 나타내는 부수 '衣(옷 의)'와 음을 나타내며 '싸다'의 의미를 지닌 '代(대신할 대)'를 합친 글자. 물건을 싸서 넣는 '자루'의 뜻으로 쓰임.

풀이 자루. 부대.
麻袋(마대) 삼실로 짠 자루.

袢
⑤ 10획
속옷 번
日ハン
中pàn

풀이 1. 속옷. 2. 차려 입다.
袢暑(번서) 옷에 배는 더위.
袢延(번연) 1)헐렁하게 입는 옷. 2)더운 기운.

袖
⑤ 10획
소매 수
日シュウ・そで
中xiù

*형성. 뜻을 나타내는 부수 '衤(옷 의)'와 음을 나타내는 '由(말미암을 유)'를 합친 글자.

풀이 1. 소매. 2. 소매에 넣다.
袖手傍觀(수수방관) 팔짱을 끼고 곁에서 보고만 있음. 도와주지 않고 옆에서 구경만 하고 있음.
袖珍(수진) 소매 속에 넣어 가지고 다닐 만한 작은 책.

袗
⑤ 10획
홑옷 진
日シン
中zhēn, zhěn

풀이 1. 홑옷. ¶袗衣 2. 수놓은 옷. ¶袗絺綌
袗衣(진의) 수놓은 옷. 자수를 한 옷.
비 袷(겹옷 겹)

袍 ⑤ 10획 [日]ホウ
웃옷 포 [中]páo

[풀이] 1. 웃옷. 두루마리. 2. 솜옷.

袍笏(포홀) 도포와 홀. 조복(朝服).

被 ⑤ 10획 [日]ヒ
이불 피 [中]bèi, pī

* 형성. 뜻을 나타내는 부수 '衤(옷 의)'와 음을 나타내는 '皮(가죽 피)'를 합친 글자. 모피(皮)처럼 잘 때 덮는 옷(衣)이라 하여, '이불', '덮다'의 뜻으로 쓰임.

[풀이] 1. 이불. 침구. ¶被覆 2. 입다. 받다. ¶被告 3. 덮다. 4. 옷을 입다.

被告(피고) 민사 · 형사 소송에 있어서 법원에 소송을 당한 사람.

被動(피동) 남에게서 동작을 입게 됨. 수동(受動).

被寫體(피사체) 사진을 찍는 데에 그 대상이 되는 물건.

被殺(피살) 살해를 당함.

被襲(피습) 습격을 당함.

被奪(피탈) 빼앗김.

被害(피해) 손해를 당함. 해를 입음.

[비] 披(나눌 피) 彼(저 피)

袷 ⑥ 11획 [日]ケツ
겹옷 겹 [中]jiá

[풀이] 1. 겹옷. 2. 겹치다.

袷衣(겹의) 겹옷.

[반] 袗(홑옷 진)

袴 ⑥ 11획 [日]コ
바지 고 [中]kù

[풀이] 바지. ¶袴韡

袴褶(고습) 사마치. 기마복.

[유] 袑(바지 소)

裂 ⑥ 12획 [日]レツ
찢을 렬(열) [中]liě, liè

* 형성. 뜻을 나타내는 부수 '衣(옷 의)'와 음을 나타내는 '列(벌일 렬)'을 합친 글자.

[풀이] 1. 찢다. 찢어지다. ¶裂開 2. 해지다. 터지다. ¶裂蔽

烈膚(열부) 1)살을 찢음. 2)추위가 몹시 심함.

裂眥(열자) 찢어진 눈초리라는 뜻으로, 노하여 흘겨 보는 눈초리를 이르는 말.

龜裂(균열) 거북 등처럼갈라져 터짐.

[비] 烈(세찰 렬)

袱 ⑥ 11획 [日]フク
보 복 [中]fú

[풀이] 보. 보자기.

袱紙(복지) 약첩을 싸는 종이. 약봉지.

裀 ⑥ 11획 [日]イン
요 인 [中]yīn

[풀이] 1. 요. 까는 침구. 2. 겹옷.

裀褥(인욕) 요. 자리.

袵 ⑥ 11획
衽(p667)과 同字

裁 ⑥ 12획 [日]サイ
마를 재 [中]cái

* 형성. 뜻을 나타내는 부수 '衣(옷 의)'와 음을 나타내며 자른다는 의미를 지닌 부수 이외의 글자를 합친 글자. 이에 옷을 만들기 위해 비단이나 베를 자른다 하여, '마르다'의 뜻으로 쓰임.

[풀이] 1. 마르다. 재단하다. ¶裁斷 2. 자

[衣 7획] 裘 裙 裊 裏 裡 補 裒

르다. 3. 헤아리다. 4. 결단하다. 결정하다. ¶裁決 5. 억제하다.
裁斷(재단) 1)옷감 등을 본에 맞추어 마름. 2)사물의 옳고 그름과 착하고 악함을 가름.
裁量(재량) 짐작하여 헤아림.
裁縫(재봉) 천 등을 마름질하여 옷을 만듦.
裁判(재판) 1)옳고 그름을 살펴서 심판함. 2)법원이 행하는 판결·결정·명령등의 총칭.
🔁 載(실을 재) 栽(심을 재)

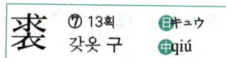

풀이 갖옷. 가죽옷. 겨울옷.
裘葛(구갈) 1)갖옷과 갈포옷. 겨울옷과 여름옷. 2)겨울과 여름.

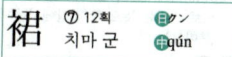

* 형성. 뜻을 나타내는 부수 衤(옷 의)와 음을 나타내는 '君(임금 군)'을 합친 글자.

풀이 1. 치마. 2. 속옷.
裙帶(군대) 치마와 허리띠.

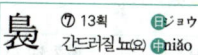

풀이 간드러지다.
裊娜(요나) 간드러진 모양. 날씬하고 가냘픈 모양.

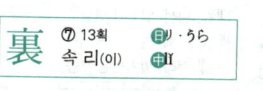

* 형성. 뜻을 나타내는 부수 衣(옷 의)와 음을 나타내는 '里(마을 리)'을 합친 글자.

풀이 1. 속. 내부. ¶裏海 2. 안. 안쪽. ¶裏甲 3. 속마음.
裏面(이면) 1)안. 내부. 속. 2)겉에 드러나지 않는 부분.
表裏(표리) 겉과 속.
🔁 囊(주머니 낭) 寡(적을 과)

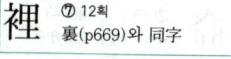

裏(p669)와 同字

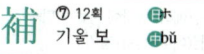

` ㇀ ㇇ ㇏ 衤 衤 衤 衤 袇 袻 補 補

* 형성. 뜻을 나타내는 부수 衤(옷 의)와 음을 나타내는 '甫(클 보)'를 합친 글자.

풀이 1. 깁다. 수선하다. ¶補遺 2. 보충하다. 3. 돕다. 4. 맡기다.
補強(보강) 모자라는 곳을 보태어 더 튼튼하게 함.
補闕(보궐) 빈자리를 채움.
補給(보급) 물품을 계속 공급함.
補償(보상) 남의 손해를 채워 줌.
補修(보수) 낡은 것을 보충하여 수선하는 것.
補藥(보약) 몸의 정력을 보충하는 약.
補整(보정) 보충하고 정돈함.
補助(보조) 1)모자람을 도와 줌. 2)백성의 궁핍을 구제하고 도움.
補充(보충) 모자람을 보태서 채움.
🔁 充(찰 충) 🔁 捕(사로잡을 포)

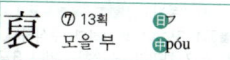

풀이 1. 모으다. 모이다. 2. 많다. 3. 줄. 덜다.
裒斂(부렴) 세금을 과다하게 거둠.
裒集(부집) 모음. 수집(蒐集).

袈 ⑦ 13획 ⑪ サ
가사 사　⊕ shā

[풀이] 가사. 장삼 위에 왼쪽 어깨에서 오른쪽 겨드랑이 밑으로 걸쳐 입는 승려의 옷.

비 袈(가사 가)

裔 ⑦ 13획 ⑪ エイ
후손 예　⊕ yì

[풀이] 1. 후손. 후예. 2. 옷자락. 3. 가. 끝.

裔夷(예이) 변방에 사는 이민족.
裔土(예토) 변방(邊方).

비 商(헤아릴 상)

裕 ⑦ 12획 ⑪ ユウ
넉넉할 유　⊕ yù

* 형성. 뜻을 나타내는 부수 '衤(옷 의)'와 음을 나타내는 동시에 풍부하다는 의미를 지닌 '谷(골 곡)'을 합친 글자.

[풀이] 1. 넉넉하다. 여유 있다. ¶裕福 2. 너그럽다. 관대하다. ¶裕寬 4. 느긋하다.

裕寬(유관) 너그러움.
裕福(유복) 살림이 넉넉함.

유 優(넉넉할 우)　비 俗(속될 속)

裝 ⑦ 13획 ⑪ ソウ・ショウ・よそおう
꾸밀 장　⊕ zhuāng

* 형성. 뜻을 나타내는 부수 '衣(옷 의)'와 음을 나타내는 '壯(왕성할 장)'을 합친 글자.

[풀이] 1. 꾸미다. 화장하다. 수식하다. ¶裝束 2. 차리다. 옷을 차려 입다. 3. 정돈하다. 4. 차림. 옷차림.

裝飾(장식) 아름답게 꾸밈.
裝身具(장신구) 몸치장에 쓰이는 물건들.
裝塡(장전) 총포(銃砲)에 탄약을 잼.
裝幀(장정) 1)책을 매어 꾸밈. 2)책의 뚜껑 모양이나 싸개 상자 등에 대한 의장(意匠)을 함.

유 粧(단장할 장) 飾(꾸밀 식)
비 獎(권면할 장)

裾 ⑧ 13획 ⑪ キョ・すそ
옷자락 거　⊕ jū

* 형성. 뜻을 나타내는 부수 '衤(옷 의)'와 음을 나타내는 '居(살 거)'를 합친 글자.

[풀이] 1. 옷자락. ¶裾香 2. 옷깃. 3. 의거하다. 의지하다.

裾香(거향) 옷자락의 향기.

裹 ⑧ 14획 ⑪ カ・つつむ
쌀 과　⊕ guǒ

[풀이] 1. 싸다. 포장하다. ¶裹頭 2. 꾸러미.

裹屍馬革(과시마혁) 시체를 말가죽으로 싼다는 뜻으로, 전장에서 죽음을 이르는 말.

비 裏(속 리)

褂 ⑧ 13획 ⑪ カイ
웃옷 괘　⊕ guà

[풀이] 웃옷. 마고자.

裸 ⑧ 13획 ⑪ ラ・はだか
벌거숭이 라　⊕ luǒ

[풀이] 1. 벌거숭이. 나체. ¶裸形 2. 벌거벗다.

裸跣(나선) 알몸과 맨발.
裸體(나체) 알몸.
全裸(전라) 벌거벗은 모습.

裴 ⑧ 14획 ⑪ ハイ
옷 치렁치렁할 배　⊕ péi

[衣 8~9획] 裵裶裨裳製裱褐褌   671

[풀이] 1. 옷이 치렁치렁하다. 2. 서성거리다. 배회하다.

裵裵(배배) 옷이 긴 모양.

裵 ⑧ 14획

裴(p670)의 本字

裶 ⑧ 13획 日ヒ 中fēi
옷 치렁치렁할 비

[풀이] 옷이 치렁치렁한 모양. 옷자락이 끌리는 모양.

裨 ⑧ 13획 日ヒ·たすける 中bì, pí
도울 비

* 형성. 뜻을 나타내는 부수 衤(옷 의)와 음을 나타내는 卑(낮을 비)를 합친 글자.

[풀이] 1. 돕다. 보좌하다. ¶裨補 2. 보태다. 3. 주다.

裨益(비익) 1)보태어 더함. 2)유익함.
裨將(비장) 1)부장군(副將軍). 2)감사(監司)·유수(留守)·병사(兵使)·수사(水使)·견외사신(遣外使臣)들을 따라다니며 돕던 관원.

비 佐(도울 좌) 助(도울 조)

裳 ⑧ 14획 日ショウ 中cháng, shang
치마 상

裳裳裳

* 형성. 뜻을 나타내는 부수 衣(옷 의)와 음을 나타내는 尙(숭상할 상)을 합친 글자.

[풀이] 1. 치마. 아랫도리. ¶裳衣 2. 옷.

裳裳(상상) 아름다운 모양.
裳繡(상수) 치마에 수를 놓음.
裳衣(상의) 1)치마와 저고리. 2)옷.

비 常(항상 상)

製 ⑧ 14획 日セイ 中zhì
지을 제

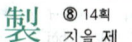
製製

* 형성. 뜻을 나타내는 부수 衣(옷 의)와 음을 나타내는 制(정할 제)를 합친 글자.

[풀이] 1. 짓다. 옷을 만들다. ¶製裁 2. 만들다. ¶製圖 3. 시문(詩文)을 짓다.

製圖(제도) 기계·건축물 등의 설계 도면을 그려 만듦.
製藥(제약) 약을 만듦.
製材(제재) 원목(原木)을 깎아서 재목을 만듦.
製品(제품) 만들어 낸 물품.
手製(수제) 손으로 만듦.

비 作(지을 작) 造(지을 조)

裱 ⑧ 13획 日ヒョウ 中biǎo
목도리 표

[풀이] 1. 목도리. 2. 소매끝. 3. 표구. ¶裱手

裱背匠(표배장) 병풍이나 족자 같은 것을 꾸미는 일을 업으로 하는 사람. 표구사(表具師).

褐 ⑦ 14획 日カツ 中hè
털옷 갈

[풀이] 1. 털옷. 2. 베옷. ¶褐衣 3. 갈색.

褐巾(갈건) 엉성한 베로 만든 두건.
褐夫(갈부) 허름한 옷을 입은 사람. 갈부(褐父).
褐衣(갈의) 1)거친 모직물로 만든 옷. 2)천한 사람이 입는 옷.

褌 ⑦ 14획 日コン 中kūn
잠방이 곤

[풀이] 잠방이. 가랑이가 짧은 홑바지. 흔히 여름철에 농부들이 입음.

褌袴(곤과) 잠방이.

[衣 9~10획] 褙褓複褊褒褘褰褥褫

褙 ⑨ 14획
속적삼 배
日ハイ 中bèi

[풀이] 1. 속적삼. 2. 배접하다. 종이·헝겊 등을 여러 겹 포개어 붙임.

褙子(배자) 1)소매가 긴 여자의 웃옷. 2) 소매가 없는 덧저고리.
褙接(배접) 종이나 헝겊 등을 여러 겹 포개어 붙임.

褓 ⑨ 14획
포대기 보
日ホウ·ホ 中bǎo

[풀이] 포대기. 어린아이를 업을 때 대는 보.

褓負商(보부상) 봇짐장수와 등짐장수.
褓乳(보유) 젖먹이. 유소(幼少).

複 ⑨ 14획
겹칠 복
日フク 中fù

丶亠衤衤衤衤`衤`衤衤複複複

* 형성. 뜻을 나타내는 부수 '衤(옷 의)'와 음을 나타내는 '复(갈 복)'을 합친 글자. 옷(衤)을 또 다시(复) 입는다 하여 '겹치다'의 뜻으로 쓰임.

[풀이] 1.겹치다. 중복하다.¶重複 2. 겹옷.¶複衣 3. 거듭. 재차.

複道(복도) 건물 안에 다니게 된 긴 통로.
複數(복수) 어떤 단위의 갑절 이상의 수(數).
複衣(복의) 1)겹옷. 2)옷을 겹쳐 입음.
複製(복제) 본떠서 다시 만듦.
複合(복합) 둘 이상을 합쳐 하나를 만듦.
重複(중복) 겹침. 거듭함.

[편] 袳(홑옷 접) [비] 復(돌아올 복)

褊 ⑨ 14획
좁을 편
日ヘン 中biǎn, piān, pián

* 형성. 뜻을 나타내는 부수 '衤(옷 의)'와 음을 나타내는 '扁(납작할 편)'을 합친 글자.

[풀이] 1. 좁다. ¶褊急 2. 도량이 좁다. 3. 성급하다. ¶褊心

褊隘(편애) 마음이 좁음.
褊狹(편협) 1)땅이 궁벽하고 좁음. 2) 도량이 좁음.

[유] 狹(좁을 협) [편] 編(엮을 편)

褒 ⑨ 15획
기릴 포
日ホウ 中bāo

* 형성. 뜻을 나타내는 부수 '衣(옷 의)'와 음을 나타내는 '保(도울 보)'를 합친 글자.

[풀이] 기리다. 칭찬하다. ¶褒賞

褒賞(포상) 칭찬하고 기림. 또는 기려 물품을 줌.
褒貶(포폄) 1)칭찬과 나무람. 2)시비와 선악을 판단하여 결정함.

褘 ⑨ 14획
❶ 폐슬 휘
❷ 향낭 위
日イ 中huī

[풀이] ❶ 1. 폐슬. 조복(朝服)이나 제복(祭服) 앞에 늘어뜨리는 헝겊. ❷ 2. 향낭(香囊). 향주머니. 3. 아름답다.

褘衣(휘의) 꿩 모양을 그린 왕후의 제복(祭服).

褰 ⑩ 16획
걸을 건
日ケン 中qiān

[풀이] 1. 걷다. 걸어올리다. 2. 바지.

褰裳(건상) 옷자락 또는 치마를 추어 올림.

褥 ⑩ 15획
요 욕
日ジョク 中rù, nù

[풀이] 요. 까는 요.

褫 ⑩ 15획
옷 빼앗을 치
日チ 中chī

[衣 10~13획] 褪襁褸褻褶襄禪襟襚

풀이 1. 옷을 벗겨 빼앗다. ¶褫奪 2. 빼앗다. 3. 벗다.

褫職(치직) 관직을 빼앗음.
褫奪(치탈) 벗겨 빼앗음.

褪 ⑩ 15획 日タイ
바랠 퇴 ⊕tuì, tùn

* 형성. 뜻을 나타내는 부수 '衣(옷 의)'와 음을 나타내는 '退(물러날 퇴)'를 합친 글자. 이에 '옷을 벗다'의 뜻으로 쓰임.

풀이 1. 바래다. 퇴색하다. 2. 옷을 벗다. 3. 물러나다.

褪色(퇴색) 빛이 바램.

襁 ⑪ 16획 日キョウ
포대기 강 ⊕qiǎng

풀이 1. 포대기. 어린아이를 업을 때 두르는 띠. ¶襁褓 2. 업다.

襁褓(강보) 1)포대기. 2)어린 시절. 강보(襁褓).

褸 ⑪ 16획 日ル
남루할 루 ⊕lǚ

풀이 1. 남루하다. 2. 깁다.

비 樓(다락 루)

褻 ⑪ 17획 日セツ
더러울 설 ⊕xiè

풀이 1. 더럽다. 더럽히다. 2. 속옷. ¶褻服 3. 업신여기다. 경멸하다.

褻慢(설만) 무례하고 방자함.
褻翫(설완) 가까이 하여 늘 가지고 즐김. 또는 그 물건.
褻衣(설의) 1)평상복. 2)속옷.
유 汚(더러울 오) **비** 藝(심을 예)

褶 ⑪ 16획 日シュウ
주름 습 ⊕xí, dié

풀이 1. 주름. 옷의 주름. ¶褶曲 2. 사마치. 말 탈 때 입는 바지.

褶曲(습곡) 1)주름이 잡혀 굽음. 2)옷의 주름처럼 생긴 지층(地層)의 주름.

襄 ⑪ 17획 日ジョウ
도울 양 ⊕xiāng, xiáng

풀이 1. 돕다. 조력하다. 2. 오르다.

襄禮(양례) 장사를 지내는 예절. 장례(葬禮).
襄事(양사) 1)일을 성취함. 2)장례를 마침.
유 助(도울 조) **비** 壤(흙 양)

禪 ⑫ 17획 日タン
홑옷 단 ⊕dān

풀이 1. 홑옷. ¶禪衣 2. 겹옷.

禪衣(단의) 홑옷. 단의(單衣).
반 複(겹옷 복)

襟 ⑬ 18획 日キン
옷깃 금 ⊕jīn

* 형성. 뜻을 나타내는 부수 '衣(옷 의)'와 음을 나타내는 '禁(금할 금)'을 합친 글자.

풀이 1. 옷깃. ¶襟裾 2. 가슴. 마음. ¶襟曲

襟曲(금곡) 마음속. 심곡(心曲).
襟帶(금대) 1)옷깃과 띠. 의복. 2)산이나 강에 둘러싸인 요해지(要害地).
襟素(금소) 마음 속
襟章(금장) 군인이나 학생의 옷깃에 다는 휘장.
襟懷(금회) 마음에 품은 생각.
유 衿(옷깃 금)

襚 ⑬ 18획 日スイ
수의 수 ⊕suì

풀이 수의. 죽은 사람에 입히는 옷.

襚衣(수의) 염할 때 시체에 입히는 옷.

[衣 14~16획] 襤襦襪襲襯 [襾 0획] 襾西

襤 ⑭ 19획 ⓙラン ⓒlán
누더기 람(남)

풀이 누더기. 해진 옷.

襤褸(남루) 해어져 너덜너덜한 옷.
襤衣(남의) 해진 옷. 누더기.

襦 ⑭ 19획 ⓙジュ ⓒrú
저고리 유

*형성. 뜻을 나타내는 부수 衤(옷 의)와 음을 나타내는 需(구할 수)를 합친 글자.

풀이 1. 저고리. 겹 혹은 핫으로 겨울에 추위를 막는 옷. ¶襦衣 2. 속옷.

襦袴(유고) 속옷과 바지.
襦衣(유의) 저고리. 동옷.

맨 裳(치마 상) **비** 楡(느릅나무 유)

襪 ⑮ 20획 ⓙベツ ⓒwà
버선 말

풀이 버선. 양말.

洋襪(양말) 맨발 위에 신는 것으로 실 또는 섬유로 만든 물건.

襲 ⑯ 22획 ⓙシュウ ⓒxí
엄습할 습

龍 龍 龍 龍 襲 襲 襲 襲

풀이 1. 엄습하다. 습격하다. ¶襲取 2. 잇다. 계승하다. 물려받다. ¶襲爵 3. 맞다. 합치하다. 4. 겹치다. 껴입다. 5. 벌. 옷 한 벌.

襲擊(습격) 갑자기 덮침.
襲衣(습의) 염습(殮襲)할 때 시체에 입히는 옷.
踏襲(답습) 옛부터 내려온 것들을 그대로 이어 나감.
被襲(피습) 습격을 당함.

비 聾(귀머거리 롱)

襯 ⑯ 21획 ⓙシン ⓒchèn
속옷 츤

풀이 1. 속옷. ¶襯衣 2. 가까이하다. 접근하다. 3. 땀받이.

襯衫(츤삼) 속옷. 내복.
襯衣(츤의) 속옷. 땀받이.

襾부

襾 덮을 아 (西) 部

'襾'자는 무엇인가 위에서 덮는 모양을 본뜬 글자로, '덮다'는 뜻을 갖는다. 위아래를 서로 덮는 형태를 나타내는데, 부수로도 잘 쓰이지 않고 그 의미도 잘 나타내지 않는다.

襾 ⓞ 6획 ⓙア ⓒyà
덮을 아

풀이 덮다. 덮어서 가리다.

西 ⓞ 6획 ⓙセイ サイ ⓒxī
서녘 서

一 一 一 一 西 西

*상형. 새가 둥지에 있는 모양을 본뜬 글자. 후에 가차하여 '해가 지는 방향', '서쪽'의 뜻으로 쓰임.

풀이 1. 서녘. 서쪽. ¶西方 2. 서쪽으로 향하다. 3. 서양(西洋).

西歐(서구) 1)유럽 서부의 여러 나라. 2)서양.
西方(서방) 1)서쪽. 2)서쪽 지방.
西洋(서양) 유럽과 아메리카의 여러 나라를 일컫는 말.
西風(서풍) 1)서쪽에서 불어오는 바람. 2)가을 바람.

[両 3~19획] 要覃覆覇覈覊羈

비 酉(닭 유) 四(넉 사)

要 ③ 9획 日ヨウ・いる
중요할 요 中yào

* 상형. 여자가 손을 허리에 대고 서 있는 모양을 본뜬 글자. 사람의 몸에서 허리가 중요한 부분이라는 데서 중요하다의 뜻으로 쓰임.

풀이 1. 중요하다. 요긴하다. ¶要緊 2. 사북. 근본. 3. 요구하다. 4. 요약하다. 5. 요컨대. 6. 반드시. 꼭

要綱(요강) 중요한 강령.
要求(요구) 필요한 것을 청구함.
要緊(요긴) 중요하고도 긴(緊)함.
要領(요령) 사물의 요긴한 점.
要塞(요새) 국경 같은 데에 있는 전략상의 중요한 곳에 쌓은 성.
要所(요소) 사물의 성립에 필요한 없어서는 안 될 조건.
要旨(요지) 중요한 취지. 말의 긴요한 내용.
要請(요청) 요긴하게 청함. 또는 요긴한 청구.
強要(강요) 강제로 요구함.
必要(필요) 반드시 소용이 있음.

覃 ⑥ 12획 日タン・エン
미칠 담 中qín, tán

풀이 1. 미치다. ¶覃及 뻗다. 퍼지다. 2. 깊다. 깊고 넓다. ¶覃思
覃及(담급) 뻗어 미침.
覃思(담사) 깊이 생각함.
覃恩(담은) 1)은혜를 널리 베품. 2)임금이 베푸는 은덕.

비 潭(깊을 담)

覆 ⑫ 18획 日フク・おおう
❶ 엎어질 복 くつがえる
❷ 덮을 부 中fù

풀이 ❶ 1. 엎어지다. 넘어지다. 2. 뒤집히다. 전도되다. ¶覆翻 3. 도리어. 반대로. 4. 되풀이하다. 다시 하다. ❷ 5. 덮다. 덮어 씌우다. ¶覆蓋 6. 덮개.
覆考(복고) 다시 반복하여 조사함.
覆面(복면) 얼굴을 가림. 또는 그 물건.
覆翻(복번) 뒤집음.
覆按(복안) 되풀이하여 조사함.
覆蓋(부개/복개) 1)덮음. 덮어 가림. 2)뚜껑.
反覆(반복) 생각이나 말을 자꾸 고침. 이랬다저랬다 함.

유 轉(구를 전)

覇 ⑬ 19획
霸(p805)의 俗字

覈 ⑬ 19획 日カク
핵실할 핵 中hé

풀이 1. 핵실하다. 실상을 조사하다. ¶覈論 2. 씨.
覈論(핵론) 일의 실상을 조사하여 논박함. 또는 엄하게 논함.
覈實(핵실) 일의 실상을 조사함.

覊 ⑰ 23획
羈(p589)의 俗字

羈 ⑲ 25획
羈(p589)의 俗字

見부

見 불견部

'見'자는 '儿(어진 사람 인)'과 '目(눈 목)'이 합쳐진 형태로, 사람의 형상 위에 눈을 덧붙여 강조함으로써 '보다'라는 뜻을 나타낸다. 또한 의미가 확대되어 '보이다'라는 뜻으로도 쓰이고, 고견(高見)이나 견식(見識)에서처럼 '견해'의 뜻으로 쓰이기도 하며 '당하다'라는 피동의 의미로도 쓰인다. 그 밖에 '나타나다'나 '뵙다'라는 뜻으로도 쓰이는데, 이때는 '현'으로 읽는다. 이 글자를 부수로 갖는 글자는 '보다'라는 눈의 활동과 관련이 있다.

見 ⓪ 7획
❶ 볼 견 🇯 ケン・みる
❷ 나타날 현 🇨 jiàn, xiàn

丨冂冂闩闩見見

* 회의. 사람이 눈[目]으로 '보는' 것을 나타냄.

풀이 ❶ 1. 보다. 보이다. ¶見聞 2. 견해. ¶見解 3. 당하다. 피동을 나타냄. ¶見黜 ❷ 4. 나타나다. 드러나다. 5. 나타내다. ¶見齒 6. 현재.

見聞(견문) 1)보고 들음. 2)보고 듣고 깨달아서 얻은 지식.
見物生心(견물생심) 물건을 보면 욕심이 생김.
見習(견습) 남이 하는 일을 보고 배움.
見識(견식) 1)견문과 학식. 2)사물을 식별하고 관찰하는 능력. 식견(識見).
見積(견적) 어림잡아 물건의 값을 계산함.
見解(견해) 자신의 의견과 해석.
謁見(알현) 웃어른을 뵘.
卓見(탁견) 뛰어난 생각이나 견해.

🇯 觀(볼 관) 視(볼 시) 🇨 貝(조개 패)

規 ④ 11획 법 규
🇯 キ・のり・ただす
🇨 guī

一 二 丰 夫 扫 抈 抈 規 規 規

풀이 1. 법. 법칙. ¶規則 2. 꾀하다. 책략. 3. 그림쇠. 컴퍼스. 원을 그리는 도구. 4. 바로잡다.

規格(규격) 1)법과 격식. 2)공업 생산품의 품질·형상·치수·수량 등의 일정한 표준.
規模(규모) 1)본보기가 될 만한 제도. 2)물건의 크기나 짜임새. 3)일정한 예산의 범위.
規範(규범) 1)본보기가 될 만한 제도. 규모(規模). 2)판단의 기준이 되는 것.
規切(규절) 경계하여 바로잡음.
規定(규정) 규칙으로정함. 또는 그규칙.
規制(규제) 규칙을 세워 제한함. 또는 그 규칙.
規則(규칙) 여러 사람이 다같이 지키고자 작정한 법칙.
過失相規(과실상규) 서로의 잘못을 고쳐 줌.

🇯 式(법 식) 典(법 전) 法(법 법)

覓 ④ 11획
覓(p676)의 俗字

覓 ④ 11획 찾을 멱
🇯 ベキ・もとめる
🇨 mì

* 회의. 사람이 눈가에 손[爪]을 대고 보는 [見] 모양을 나타내어 '찾다'의 뜻으로 쓰임.

풀이 1. 찾다. 구하다. ¶覓去 2. 곁눈질.
覓去(멱거) 찾아감.
覓來(멱래) 찾아옴.
覓索(멱색) 찾음.

🇯 尋(찾을 심)

[見 5~10획] 覺覗視覘覡覩覽親覬

覺 ⑤ 12획
覺(p678)의 俗字

覗 ⑤ 12획
🇯 シ・うかがう　🇨 sì
엿볼 사

풀이 엿보다.

🔗 偵(정탐할 정)

視 ⑤ 12획
🇯 シ・みる　🇨 shì
볼 시

` ̄ ㄱ 亍 礻 衤 衤 衤 衤 衤 祖 視 視

* 형성. 뜻을 나타내는 부수 '見(볼 견)'과 음을 나타내는 '示(보일 시)'를 합친 글자. 이에 '보다'의 뜻으로 쓰임.

풀이 1. 보다. ¶視覺　2. 보이다.　3. 엿보다. 훔쳐보다.　4. 살펴보다.

視界(시계) 1)눈에 비치는 세계. 2)시력이 미치는 범위.
視力(시력) 물체의 형태를 분간하는 눈의 능력.
視線(시선) 1)물건을 향해 눈이 가는 길. 2)주의. 관심.
視野(시야) 1)시력이 미치는 범위. 2)사물을 관찰하여 판단할 수 있는 범위.
視點(시점) 1)눈에서 물체에 시력의 중심이 가 닿는 점. 2)소설에서, 작가가 이야기를 서술하는 관점·방식.
凝視(응시) 한곳을 집중하여 바라봄.

🔗 觀(볼 관) 見(볼 견)

覘 ⑤ 12획
🇯 テン・うかがう　🇨 chān, zhān
엿볼 점

풀이 1. 엿보다. ¶覘候　2. 보다. 살펴보다.
覘望(점망) 살펴서 몰래 바라봄. 엿봄.
覘敵(점적) 적의 형세를 몰래 살핌.
覘候(점후) 1)남몰래 살핌. 2)몰래 적의 형편을 살핌. 정사(偵伺).

覡 ⑦ 14획
🇯 ゲキ　🇨 xí
박수 격

풀이 박수. 남자 무당.

覩 ⑦ 16획
睹(p517)의 古字

覽 ⑦ 16획
覽(p678)의 俗字

親 ⑦ 16획
🇯 シン・おや・したしい　🇨 qīn, qìng
친할 친

` ̄ ㄱ 늑 立 辛 辛 亲 亲 新 親 親

* 형성. 뜻을 나타내는 부수 '見(볼 견)'과 음을 나타내는 '亲(친할 친)'을 합친 글자.

풀이 1. 친하다. 사이가 가깝다. ¶親密　2. 사랑하다. ¶親愛　3. 가까이하다.　4. 친히. 몸소. 몸소 행하다.　5. 부모. ¶母親　6. 친척. 일가. ¶親戚
親眷(친권) 1)아주 가까운 친척. 2)친밀하게 돌보아 줌.
親睦(친목) 서로 친하여 화목함.
親密(친밀) 1)친근함. 2)임금에 친근함.
親分(친분) 친밀한 정분.
親喪(친상) 부모상(父母喪).
親書(친서) 직접 써 준 서신.
親戚(친척) 친족이나 외척.
親患(친환) 부모의 병환.
切親(절친) 매우 친함.

🔗 新(새 신)

覬 ⑩ 17획
🇯 キ　🇨 jì
바랄 기

풀이 바라다.

覬望(기망) 바람. 소망.
覬幸(기행) 행운을 바람.

観 ⑪ 18획
觀(p678)의 俗字

覲 ⑪ 18획
日 キン
뵐 근 **中** jìn

풀이 1. 뵙다. ¶覲見 2. 보다. 만나다.

覲參(근참) 찾아가서 알현함.
覲親(근친) 1)시집간 여자가 친정 부모를 뵙는 일. 2)중이 속세에 있는 어버이를 뵈러 감.
覲見(근현) 뵘. 알현(謁見)함.

覺 ⑬ 20획
❶ 깨달을 각 **日** カク・さとる
❷ 깰 교 **中** jiào, jué

"" " "" """ """ """ """ """ """ """

* 형성. 뜻을 나타내는 부수 '見(볼 견)'과 음을 나타내는 '學(배울 학)'의 생략형을 합친 글자. 배워서(學) 보이는(見) 것을 나타내어 '깨닫다'의 뜻으로 쓰임.

풀이 ❶ 1. 깨닫다. 깨닫게 하다. ¶覺知
2. 깨닫음. 3. 느끼다. 4. 나타나다. 나타내다. ❷ 5. 깨다. 잠에서 깨다.

覺醒(각성) 1)잘못을 깨달음. 2)깨달아 정신을 차림.
覺悟(각오) 1)깨달음. 이전의 잘못을 깨달아 앎. 2)앞으로 닥쳐올 일에 대한 마음의 준비.
覺知(각지) 깨달아 앎.
發覺(발각) 숨겨져 있던 사실이 드러남.
쯤 悟(깨달을 오) 惺(깨달을 성)

覽 ⑭ 21획
日 ラン
볼 람(남) **中** lǎn

" " " " " " "" "" "" "" "" """ """ """

* 형성. 뜻을 나타내는 부수 '見(볼 견)'과 음을 나타내는 '監(볼 감)'을 합친 글자.

풀이 1. 보다. 살펴보다. 바라보다. ¶覽觀 2. 경치. 전망.

覽古(남고) 옛 유적을 돌아보고 옛일을 회상함. 회고(懷古).
覽究(남구) 보고 연구함.
覽讀(남독) 훑어 읽음.
觀覽(관람) 구경함. 봄.
閱覽(열람) 책을 보거나 자료를 조사하여 봄.
回覽(회람) 여러 사람이 돌아가면서 봄.

觀 ⑱ 25획
日 カン・みる
볼 관 **中** guān, guàn

" " " " " " " " """ """ """ """ """ """ """

* 형성. 뜻을 나타내는 부수 '見(볼 견)'과 음을 나타내는 '雚(풀 이름 관)'을 합친 글자.

풀이 1. 보다. 관찰하다. 구경하다. ¶觀光 2. 모양. 외관. 용모. 3. 경치. ¶景觀 4. 관점. 견해. 생각.

觀客(관객) 구경꾼.
觀光(관광) 지방이나 다른 나라의 경치・명소 등을 구경함.
觀相(관상) 얼굴이나 손을 보고 그 사람의 운명을 점치는 일.
觀示(관시) 보임.
觀戰(관전) 싸움을 바라봄.
觀點(관점) 어떤 사물을 볼 때 그 사람이 보는 처지.
觀察(관찰) 주의 깊게 봄.
觀行(관행) 1)다른 사람의 행동을 봄. 2)스스로의 행동을 살핌.
觀示(관시) 보임.
外觀(외관) 겉모양.
쯤 見(볼 견) 察(살필 찰)

角부

角 뿔 각部

'角'자는 동물의 뿔 모양으로 '뿔'이라는 뜻을 갖는다. 이 뿔은 술잔으로도 사용되었기 때문에 '술잔'의 뜻을 나타내기도 하고, 예각(兒角)에서처럼 돌출된 것이나 모가 난 것을 나타내기도 한다. 또한 '다투다', '견주다'라는 뜻을 갖기도 하는데, 이는 뿔이 공격하는 무기로 사용되었기 때문이다.

角 ⓪ 7획
뿔 각 ⽇ カク・つの ⊕jiǎo, jué

ノ ハ ク 冂 角 角 角

*상형. 짐승의 뿔 모양을 본뜬 글자.

풀이 1. 뿔. 동물의 뿔이나 촉각. 또는 사람의 이마뼈를 지칭하기도 함. ¶角牛 2. 뿔피리. 3. 되. 용량을 재는 도구. 4. 모. 각. ¶角度 5. 모퉁이. 6. 견주다. ¶角逐 7. 음계 이름. 오음(五音)의 하나. 8. 별 이름. 28수(宿)의 하나.

角度(각도) 1)각의 크기. 2)사물을 보는 관점.
角膜(각막) 안구(眼球)의 백색 외벽의 앞쪽에 있는 투명한 막(膜).
角質(각질) 동물의 몸을 보호하는 비늘·뿔·털·부리 등을 형성하는 물질.
角逐(각축) 서로 이기려고 경쟁함.
頭角(두각) 여러 사람 가운데 특히 뛰어난 재능이나 학식.
🔟 挌(뿔 격)

觚 ⑤ 12획
술잔 고 ⽇ コ・さかずき ⊕gū

풀이 1. 술잔. 의식 때 쓰던 나팔 모양의 술잔. ¶觚不觚 2. 모. 모서리.
觚稜(고릉) 전각(殿閣) 등의 가장 높고 뾰족한 모서리.
觚不觚(고불고) 본래 모난 술잔이었던 고(觚)가 지금은 모가 없어지고 이름만 그대로 쓰인다는 데서, 유명무실(有名無實)함을 비유하는 말.

觜 ⑤ 12획
❶ 별 이름 자 ⽇ シ・くちばし
❷ 부리 취 ⊕zī, zuǐ

풀이 ❶ 1. 별 이름. 28수(宿)의 하나. 2. 털뿔. 부엉이 머리의 뿔처럼 생긴 털. **❷ 3**. 부리.
觜翅(취시) 부리와 날개.

触 ⑥ 13획
觸(p680)의 俗字

解 ⑥ 13획
풀 해 ⽇ カイ・とく ⊕jiě, jiè, xiè

ノ ハ ク 冂 角 角 角 角 解 解 解 解

*회의. 소(牛)의 살과 뼈(角)를 각각 나누는 [刀]에서 '물건을 풀어 헤치다', '가르다'의 뜻을 나타냄.

풀이 1. 풀다. 얽히거나 매인 것을 품. 2. 가르다. 쪼개다. 3. 풀이하다. ¶解釋 4. 해결하다. ¶解決 5. 깨닫다. 이해하다.

解雇(해고) 고용했던 사람을 내보냄.
解答(해답) 문제를 풀어 답함. 또는그 답.
解凍(해동) 얼었던 것이 녹아서 풀림.
解夢(해몽) 꿈을 풀이함.
解放(해방) 구속·억압·속박 등을 풀어 자유롭게 함.
解釋(해석) 알기 쉽게 풀어 설명함. 해의(解義).
解語花(해어화) 말을 이해하는 꽃이라는 뜻으로, 아름다운 미인을 이르는 말.
解脫(해탈) 1)구속에서 벗어남. 2)의

혹이나 고민에서 벗어나 깨달음을 얻음. 열반(涅槃).
🔖 釋(풀 석)

悚 ⑦ 14획
🇯 ソク・おそれる
🇨🇳 sù
놀라 움츠릴 속

풀이 놀라서 움츠리다.

觳 ⑩ 17획
🇯 コク・カク
🇨🇳 hú, què
빨간 곡

* 형성. 뜻을 나타내는 부수 '角(뿔 각)'과 음을 나타내는 '殼(껍질 각)'을 합친 글자.

풀이 1. 빨잔. 2. 놀라서 움츠리다. 죽음을 두려워하는 모양.

觳觫(곡속) 죽음을 두려워하는 모양.
🔖 穀(곡식 곡)

觴 ⑪ 18획
🇯 ショウ
🇨🇳 shāng
잔 상

풀이 1. 잔. 술잔. ¶觴肴 2. 잔질하다. 잔에 술을 따라 돌리다.

觴詠(상영) 술을 마시며 시가를 읊조림.
觴肴(상효) 술잔과 안주.
🔖 傷(상처 상)

觸 ⑬ 20획
🇯 ショク
🇨🇳 chù
닿을 촉

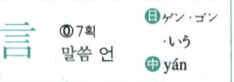

* 형성. 뜻을 나타내는 부수 '角(뿔 각)'과 음을 나타내는 '蜀(나라 이름 촉)'을 합친 글자.

풀이 1. 닿다. 부딪치다. ¶觸覺 2. 범하다. 저촉하다. ¶觸冒

觸覺(촉각) 무언가 몸에 닿았을 때 느끼는 감각.
觸發(촉발) 1)어떤 일을 당하여 감정이나 충동이 일어남. 2)무엇에 닿아 폭발함.

觸手(촉수) 하등 동물의 촉관(觸官).
一觸卽發(일촉즉발) 살짝 닿아도 곧 폭발한다는 뜻으로, 막 일이 벌어질 것 같은 위급한 상태를 이르는 말.
🔖 燭(촛불 촉)

言부

言 말씀 언 部

'言'자는 입과 혀의 모양이 변화되어 이루어진 글자로, '말씀'이라는 뜻을 나타내며, 그 외에 '말하다'라는 뜻으로도 많이 사용된다. 이 글자를 부수로 갖는 글자는 언어의 활동이나 인간의 사교적 활동과 관련이 있다.

言 ⑦ 7획
🇯 ゲン・ゴン・いう
🇨🇳 yán
말씀 언

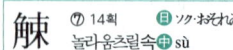

* 상형. 입과 혀의 모양을 본뜬 형태에 지시부호인 짧은 가로선을 그어 만든 글자. 이에 사람이 입을 열고 혀를 눌러 말하고 있음을 나타내어 '말하다'의 뜻으로 쓰임.

풀이 1. 말씀. 말. 언어. ¶言行 2. 말하다. 이야기하다.

言及(언급) 어떤 일에 대하여 말함.
言論(언론) 말이나 글로 자신의 생각을 표현하는 일. 또는 그 이론(理論).
言辯(언변) 말솜씨. 말재주.
言約(언약) 말로써 약속함.
言語(언어) 사람이 음성으로써 사상이나 감정 등을 나타내어 전달하는 것. 말.
言爭(언쟁) 말싸움.
言行(언행) 말과 행동.
遺言(유언) 죽음에 이르러 남기는 말.

[言 2~3획] 計訃訂記訕訊

虛言(허언) 거짓말.
유 說(말씀 설) 詞(말씀 사)

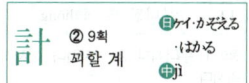
計 ② 9획
꾀할 계
日ケイ·かぞえる
·はかる
中jì

`` ニ ㅋ ㅋ ㅋ ㅌ ㅌ ㅌ 言 計

*회의. 말(言)로 열(十) 묶음씩 헤아려 센다는 뜻이 합쳐져 '계산하다'의 뜻을 나타냄.
풀이 1. 꾀하다. 계획하다. 2. 세다. 계산하다. ¶會計 3. 셈. 산술.
計器(계기) 여러 가지 양의 크기를 재는 데 쓰이는 기구. 계량기.
計略(계략) 계책과 모략. 꾀.
計算(계산) 수를 헤아림.
計策(계책) 꾀와 방책.
計劃(계획) 일을 하기에 앞서 미리 방법이나 차례 등을 세움.
總計(총계) 한꺼번에 통틀어서 계산함. 또는 그 계산.
비 計(부고 부)

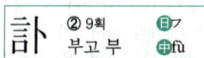
訃 ② 9획
부고 부
日フ
中fù

풀이 부고. 죽음을 알리는 통지. ¶訃告
訃告(부고) 사람이 죽었음을 알리는 통지. 부문(訃聞). 부음(訃音).
비 計(셈할 계)

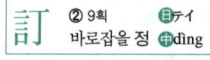
訂 ② 9획
바로잡을 정
日テイ
中dìng

`` ニ ㅋ ㅋ ㅋ ㅌ ㅌ ㅌ 言 訂

*형성. 뜻을 나타내는 부수 '言(말씀 언)'과 음을 나타내는 '丁(넷째 천간 정)'을 합친 글자.
풀이 1. 바로잡다. 교정하다. ¶校訂 2. 의논하다. 3. 약속을 맺다.
訂約(정약) 조약을 의논하여 정함.
訂正(정정) 잘못을 바로잡음. 잘못을 교정함.
改訂(개정) 다시 고침.
유 矯(바로잡을 교)

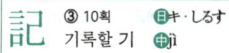
記 ③ 10획
기록할 기
日キ·しるす
中jì

`` ニ ㅋ ㅋ ㅋ ㅌ ㅌ ㅌ 言 訂 記

*형성. 뜻을 나타내는 부수 '言(말씀 언)'과 음을 나타내는 '己(몸 기)'를 합친 글자.
풀이 1. 기록하다. 적다. ¶記錄 2. 문서. 기록. ¶日記 3. 외우다. 기억하다. ¶暗記
記念(기념) 1)기억하여 잊지 않음. 2)물건 등을 남겨 두어 훗날 회상으로 삼음.
記錄(기록) 1)적음. 2)어떠한 일을 적은 서류.
記事(기사) 신문·잡지 등에 기록된 주로 보도의 내용을 가진 사실.
記述(기술) 1)기록하며 논술함. 2)사물의 특징을 있는 그대로 설명함.
記憶(기억) 마음속에 간직하여 잊지 않음. 또는 그 내용.
記載(기재) 기록하여 실음. 또는 그 문서.
記號(기호) 무슨 뜻을 나타내거나 적어 보이는 표·부호 등의 총칭.
暗記(암기) 기억할 수 있게 외움.
유 誌(기록할 지)

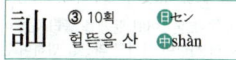
訕 ③ 10획
헐뜯을 산
日セン
中shàn

풀이 헐뜯다. 비방하다.
訕謗(산방) 비웃고 헐뜯음. 비방함.
訕笑(산소) 헐뜯고 비웃음.

訊 ③ 10획
물을 신
日ジン·たずねる
中xùn

[言 3획] 託 討 訌 訓 訖

풀이 1. 묻다. 조사하다. ¶訊問 2. 알리다.

訊檢(신검) 신문하고 검사함.
訊鞫(신국) 죄인을 취조함. 국문(鞫問)함.
訊問(신문) 조사하여 물음. 죄를 따져 물음.

참고 問(물을 문) **반** 答(대답할 답)

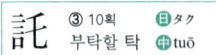
託 ③ 10획 **일** タク
부탁할 탁 **중** tuō

* 형성. 뜻을 나타내는 부수 '言(말씀 언)'과 음을 나타내는 '乇(부탁할 탁)'을 합친 글자.

풀이 1. 부탁하다. 맡기다. ¶託辭 2. 의지하다. ¶託身 3. 핑계하다.

託辭(탁사) 1)핑계하는 말. 2)부탁하는 말.
託身(탁신) 몸을 다른 사람에게 의탁함.
寄託(기탁) 부탁하여 맡겨 둠.
付託(부탁) 일을 당부하여 맡김. 또는 그 일.

참고 請(청할 청)

討 ③ 10획 **일** トウ・う つ
칠 토 **중** tǎo

` 亠 亠 言 言 言 言 訂 討 討

* 회의. 법도(寸) 있는 말(言)로 옳지 못한 상대방의 행실을 꾸짖는다는 데서 '치다', '토론하다'의 뜻을 나타냄.

풀이 1. 치다. 정벌하다. ¶討伐 2. 찾다. 연구하다. ¶討議 3. 죄를 다스리다. ¶討罪 4. 찾다. 요구하다. ¶討尋

討論(토론) 어떤 문제를 둘러싸고 여러 사람이 각자의 의견을 말하며 논의함.
討伐(토벌) 군대를 보내어 침. 정벌(征伐)함.
討議(토의) 어떤 사물에 대하여 각자의 의견을 말하며 검토하고 협의하는 일.
檢討(검토) 내용을 자세히 살펴봄.

참고 攻(칠 공) 征(칠 정)

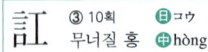
訌 ③ 10획 **일** コウ
무너질 홍 **중** hòng

풀이 1. 무너지다. 2. 어지럽다. 어지러워지다.

訌阻(홍조) 그 일에 따르지 않고 떠들어 댐.
內訌(내홍) 내부에서 일어난 분쟁.

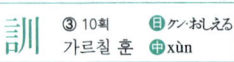
訓 ③ 10획 **일** クン・おしえる
가르칠 훈 **중** xùn

` 亠 亠 言 言 言 言 訂 訓 訓

* 형성. 뜻을 나타내는 부수 '言(말씀 언)'과 음을 나타내는 '川(내 천)'을 합친 글자.

풀이 1. 가르치다. ¶訓導 2. 훈계하다. ¶訓戒 3. 풀이하다. 해석하다.

訓戒(훈계) 타이름. 경계함.
訓讀(훈독) 한자의 뜻을 새겨 읽음.
訓練(훈련) 1)무술을 단련함. 2)가르쳐 익히게 함. 훈련(訓鍊).
訓示(훈시) 1)가르쳐 보임. 2)상관이 하관에게 내리는 집무상의 주의.
訓育(훈육) 1)훈계하여 기름. 교육함. 2)교육을 받는 자의 도덕적 품성의 연마를 위하여 교육하는 것.
訓長(훈장) 글방의 선생.
訓話(훈화) 교훈하는 말. 훈시(訓示)하는 말.
音訓(음훈) 한자의 음과 뜻.

참고 敎(가르칠 교)

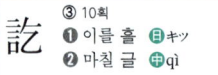
訖 ③ 10획
❶ 이를 흘 **일** キツ
❷ 마칠 글 **중** qì

풀이 ❶ 1. 이르다. ¶訖今 ❷ 2. 마치다. 3. 다하다.

訖今(흘금) 지금까지.

참고 至(이를 지)

訣 ④ 11획 ㊐ケツ
헤어질 결 ㊥jué

풀이 1. 헤어지다. 작별하다. ¶訣別 2. 비결. ¶秘訣

訣別(결별) 1)작별. 헤어짐. 2)관계를 완전히 끊음.
口訣(구결) 한문의 구절 끝이나 사이에 다는 토.
秘訣(비결) 어떤 일을 할 때 남이 모르는 효과적인 방법.

㊠ 離(떨어질 리)

訥 ④ 11획 ㊐ドツ
말 더듬을 눌 ㊥nà, nè

* 회의. 말(言)이 안에(內) 있어 나오기 어려움을 나타내어, '말을 더듬다'의 뜻을 나타냄.

풀이 말을 더듬다. 말을 못하다.

訥辯(눌변) 1)더듬거리며 서툰 말재주. 2)말주변이 없음.
訥言(눌언) 말더듬이. 더듬거리는 말.

㊠ 訒(말 더듬을 인)

訪 ④ 11획 ㊐ホウ·おとずれる
찾을 방 ㊥fǎng

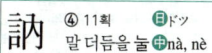

* 형성. 뜻을 나타내는 부수 '言(말씀 언)'과 음을 나타내는 '方(모 방)'을 합친 글자.

풀이 1. 찾다. 구하다. 2. 방문하다. ¶訪問 3. 묻다. ¶訪議

訪問(방문) 남을 찾아봄.
訪議(방의) 묻고 논의함. 상의함.
來訪(내방) 만나러 찾아옴.
巡訪(순방) 차례로 방문함.

㊠ 尋(찾을 심)

設 ④ 11획 ㊐セツ·もうける
베풀 설 ㊥shè

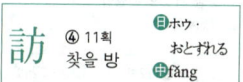

* 회의. 말(言)로 남을 부려서(殳) 무언가를 세우거나 진열함을 나타내어, '세우다', '베풀다'의 뜻을 나타냄.

풀이 1. 베풀다. 설치하다. ¶附設 2. 세우다. 건설하다. ¶設計 3. 설령. ¶設令

設計(설계) 계획을 세움. 또는 그 계획.
設令(설령) 1)명령을 냄. 2)가령. 설사(設使). 설혹(設或).
設立(설립) 베풀어 세움.
設備(설비) 베풀어 갖춤. 또는 그 갖춘 것.
設置(설치) 베풀어 놓음.
建設(건설) 1)건물 등을 새로 만들어 세움. 2)단체·조직 등을 새로 이룩함.
附設(부설) 어떤 곳에 부속시켜 설치하는 것.

㊝ 說(말씀 설)

訟 ④ 11획 ㊐ショウ
송사할 송 ㊥sòng

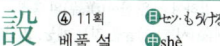

* 형성. 뜻을 나타내는 부수 '言(말씀 언)'과 음을 나타내는 '다툰다'는 뜻을 지닌 '公(공변될 공)'을 합친 글자. 말로 옳고 그름을 다툰다는 의미에서 '송사하다'의 뜻을 나타냄.

풀이 1. 송사하다. 소송하다. ¶訟事 2. 드러내다.

訟事(송사) 1)사람들 사이의 분쟁을 관청에 호소하여 그 판결을 구하는 일. 2)소송.
訴訟(소송) 법률적인 일로 법원에 청구하는 일.

訝 ④ 11획 ㊐ガ
맞을 아 ㊥yà

풀이 1. 맞다. 영접하다. 2. 의심하다. 의아해하다. ¶疑訝

訳 ④ 11획
譯(p701)의 俗字

訛 ④ 11획 日カ 中é
그릇될 와

*형성. 뜻을 나타내는 부수 '言(말씀 언)'과 음을 나타내는 '化(화할 화)'를 합친 글자.

풀이 1. 그릇되다. 잘못되다. 말이나 글자, 발음이 잘못됨. ¶訛傳 2. 속이다. 3. 거짓말.

訛言(와언) 1)거짓말. 유언(流言). 2) 잘못 전해진 말. 와설(訛說).
訛音(와음) 잘못 전달된 글자의 음(音). 틀린 음.
訛傳(와전) 본래의 뜻이나 내용이 바뀌어 전달됨. 잘못 전함.
⊞ 誤(그릇될 오) 謬(그릇될 류)

許 ④ 11획 日キョ・ゆるす 中xǔ
허락할 허

*형성. 뜻을 나타내는 부수 '言(말씀 언)'과 음을 나타내는 '午(일곱째 지지 오)'를 합친 글자.

풀이 1. 허락하다. 승낙하다. ¶許可 2. 바라다. 기대하다. 3. 매우. ¶許多 4. 쯤. 가량.

許可(허가) 들어줌. 허락함.
許多(허다) 몹시 많음. 수두룩함.
許諾(허락←허낙) 소청을 들어줌.
許容(허용) 허락함.
允許(윤허) 임금이 신하의 청을 허락함.
特許(특허) 특별히 허락함.
⊞ 諾(허락할 낙)

訶 ⑤ 12획 日カ・しかる 中hē
꾸짖을 가

*형성. 뜻을 나타내는 부수 '言(말씀 언)'과 음을 나타내는 '可(옳을 가)'를 합친 글자.

풀이 꾸짖다. 질책하다. ¶訶詰
訶辱(가욕) 꾸짖어 욕보임.
訶詰(가힐) 꾸짖어 힐문함.
⊞ 責(꾸짖을 책)

詁 ⑤ 12획 日コ 中gǔ
주석 달 고

풀이 주석을 달다. 주내다. 고어의 뜻을 풀이하다.

訓詁學(훈고학) 경서의 어려운 낱말이나 어구를 연구하는 학문

詐 ⑤ 12획 日サ 中zhà
속일 사

*형성. 뜻을 나타내는 부수 '言(말씀 언)'과 음을 나타내며 '어긋나다'라는 의미를 지닌 '乍(잠깐 사)'를 합친 글자. 사실과 어긋나는 것을 말한다는 데서, '속이다'의 뜻으로 쓰임.

풀이 속이다. 사기를 치다. ¶詐欺
詐欺(사기) 고의로 사실을 속여서 남에게 손해를 입히거나 이익을 얻는 행위.
詐術(사술) 남을 속이는 재주.
詐取(사취) 남을 속여서 물건을 빼앗음.
詐稱(사칭) 주소·성명·직업·나이 등을 거짓으로 말함.
⊞ 欺(속일 기)

詞 ⑤ 12획 日シ・ことば 中cí
말씀 사

*형성. 뜻을 나타내는 부수 '言(말씀 언)'과 음을 나타내는 '司(말을 사)'를 합친 글자.

풀이 1. 말씀. 말. 2. 글. 문장. ¶詞章 3. 알리다. 4. 문체 이름. 송대(宋代)에 성행한 운문체의 하나.

詞林(사림) 1)문장을 모은 책. 2)시인·문인들의 모임. 문단(文壇)
詞賦(사부) 1)사(詞)와 부(賦). 2)운자(韻字)를 달아 평측(平仄)을 구별하여 지은 한시(漢詩)의 총칭.
詞藻(사조) 1)글을 짓는 재능. 2)말의 수식.

[言 5획] 訴詠詛証詔註診

歌詞(가사) 노랫말.
品詞(품사) 단어를 문법상 의미·형태·기능으로 분류한 갈래.
유 言(말씀 언) 說(말씀 설)

訴 ⑤ 12획
일 ソ·うったえる
하소연할 소 中sù

` ⺊ ⺊ ⺋ 言 言 言 訂 訢 訴 訴

*형성. 뜻을 나타내는 부수 '言(말씀 언)'과 음을 나타내는 '斥(물리칠 척)'을 합친 글자.

풀이 1. 하소연하다. ¶訴請 2. 아뢰다. 고하다. 3. 소송을 걸다. 송사하다. ¶訴訟

訴訟(소송) 재판을 걺. 법원에 신청하여 법률의 적용을 요구하는 것.
訴願(소원) 어떤 행정 행위가 위법하거나 부당할 때, 그 상급 관청에 취소 또는 변경을 요구하는 일.
訴狀(소장) 소송을 제기하는 글을 써서 법원에 내는 서류. 소첩(訴牒).
訴請(소청) 하소연하여 청함.
勝訴(승소) 소송에서 이김.

詠 ⑤ 12획
일 エイ·よむ
읊을 영 中yǒng

` ⺊ ⺊ ⺋ 言 言 言 訢 詠 詠 詠

*형성. 뜻을 나타내는 부수 '言(말씀 언)'과 음을 나타내는 '永(길 영)'을 합친 글자.

풀이 1. 읊다. 시가를 노래하다. ¶詠歌 2. 시가를 짓다. 3. 시가(詩歌)

詠歌(영가) 시가(詩歌)를 읊조림. 또는 그 시가(詩歌).
詠歎(영탄) 1) 소리를 길게 뽑아 노래함. 2) 감탄함.
詠懷(영회) 회포를 시가로 지어 읊음.
吟詠(음영) 시가를 읊조림.
유 吟(읊을 음)

詛 ⑤ 12획
일 ソ
저주할 저 中zǔ

풀이 1. 저주하다. ¶詛呪 2. 비방하다.
詛呪(저주) 남이 잘못되기를 바라고 빎.
유 呪(저주할 주)

証 ⑤ 12획
일 ショウ
❶ 간할 정 中zhèng
❷ 증거 증

풀이 ❶ 1. 간하다. 임금·어른께 잘못을 고치도록 아룀. ❷ 2. 증거. 澄(증거 증)의 속자.

詔 ⑤ 12획
일 ショウ·みことのり
❶ 조서 조
❷ 소개할 소 中zhào

*형성. 뜻을 나타내는 부수 '言(말씀 언)'과 음을 나타내는 '召(부를 소)'를 합친 글자.

풀이 ❶ 1. 조서(詔書). 임금의 명령. 2. 고하다. 알리다. ¶詔告 ❷ 3. 소개하다.
詔告(조고) 고함.
詔書(조서) 임금의 명령을 백성에게 알리고자 적은 문서. 조명(詔命).
詔勅(조칙) 천자가 내리는 명령.
유 紹(소개할 소)

註 ⑤ 12획
일 チュウ
주석 달 주 中zhù

풀이 1. 주석을 달다. 주내다. 낱말이나 문장의 뜻을 쉽게 풀이함. ¶註釋 2. 주. 주석. ¶脚註
註釋(주석) 낱말이나 문장의 뜻을 쉽게 풀이함. 또는 그 글.
脚註(각주) 본문의 부연 설명을 위해 본문 밑에 적은 주해(註解).

診 ⑤ 12획
일 シン
볼 진 中zhěn

*형성. 뜻을 나타내는 부수 '言(말씀 언)'과 음을 나타내는 부수 외의 글자를 합친 글자.

풀이 1. 보다. 진찰하다. ¶檢診 2.

점치다. ¶診夢
診脈(진맥) 맥을 짚어 병을 진찰함.
診夢(진몽) 꿈을 점침.
診察(진찰) 의사가 병의 유무·상태·원인 등을 살핌.
檢診(검진) 병에 걸렸는지 아닌지를 검사하기 위하여 진찰함.
聽診器(청진기) 몸속의 소리를 듣고 병이 있는지 없는지를 진찰하는 기구.
🔁 察(살필 찰)

評 ⑤ 12획 日ヒョウ 평할 평 中píng

*형성. 뜻을 나타내는 부수 '言(말씀 언)'과 음을 나타내는 '平(평평할 평)'을 합친 글자. 이에 '공평하게 논하다'의 뜻을 나타냄.

풀이 1. 평하다. ¶評價 2. 품평. 평론.
評價(평가) 사람이나 사물의 가치를 판단함.
評論(평론) 사물의 좋고 나쁨, 옳고 그름을 비평하여 논하는 것. 또는 그 논문.
評判(평판) 1)평론하여 판정함. 2)세상 사람들의 평가.
批評(비평) 사물의 옳고 그름이나 좋고 나쁨 등을 평가함.
好評(호평) 좋게 평판함. 좋은 평판.

詖 ⑤ 12획 日ヒ·かたよる 치우칠 피 中bì

풀이 1. 치우치다. 편파적이다. ¶詖辭 2. 교활하다.
詖辭(피사) 편파적인 말.
詖行(피행) 편파적인 행동. 비뚤어진 행동.

誇 ⑥ 13획 日コ·ほこる 자랑할 과 中kuā

*형성. 뜻을 나타내는 부수 '言(말씀 언)'과 음을 나타내는 '夸(자랑할 과)'를 합친 글자. 뽐내어(夸) 하는 말(言), 즉 '자랑하다'의 뜻을 나타냄.

풀이 자랑하다. 자랑. ¶誇大
誇大(과대) 1)작은 것을 크게 과장해서 말함. 2)자만하며 자랑함.
誇張(과장) 실제보다 더욱 떠벌려 나타냄.
🔁 侉(자랑할 과)

詭 ⑥ 13획 日キ 속일 궤 中guǐ

풀이 1. 속이다. ¶詭辭 2. 꾸짖다. 3. 괴이하다. 기이하다.
詭計(궤계) 교묘한 꾀. 간사하게 남을 속이는 꾀. 궤책(詭策).
詭辯(궤변) 이치에 맞지 않는 내용으로 속이는 말.
詭辭(궤사) 1)거짓말. 2)교묘하게 꾸미는 말.
詭誕(궤탄) 거짓된 말. 허황된 말.
🔁 誑(속일 광)

誄 ⑥ 13획 日ライ 뇌사 뢰(뇌) 中lěi

풀이 뇌사, 조문(弔文). ¶誄詞
誄詞(뇌사) 죽은 사람의 명복을 비는 말이나 글. 뇌문(誄文). 조문(弔文).

詳 ⑥ 13획 日ショウ·くわしい 자세할 상 中xiáng

*형성. 뜻을 나타내는 부수 '言(말씀 언)'과 음을 나타내는 '羊(양 양)'을 합친 글자.

[言 6획] 詳誠詢詩試

풀이 1. 자세하다. 자세히 하다. ¶詳考 2. 자세한 내용.

詳考(상고) 자세히 참고함. 상세히 검토함.

詳細(상세) 자세하고 세밀함.

詳正(상정) 1)공평무사함. 2)마음을 두루 써서 바르게 함.

昭詳(소상) 자세하고 분명함.

유 仔(자세할 자)

詵 ⑥ 13획 日シン 많을 선 ⊕shēn

풀이 1. 많다. 수가 많은 모양. ¶詵詵 2. 묻다. 3. 화목하게 모이는 모양.

詵詵(선선) 1)수가 많은 모양. 2)많이 모이는 모양.

誠 ⑥ 13획 日セイ·まこと 정성 성 ⊕chéng

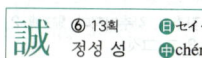

* 형성. 뜻을 나타내는 부수 '言(말씀 언)'과 음을 나타내는 '成(이룰 성)'을 합친 글자.

풀이 1. 정성. 진심. 순수한 마음. ¶誠忠 2. 참. 진실. 3. 참으로. 진실로.

誠金(성금) 정성스럽게 내는 돈.

誠服(성복) 진실로 복종함.

誠正(성정) 진실되고 바름.

誠忠(성충) 1)진심에서 우러나온 충성. 2)정성어린 친절.

至誠(지성) 지극한 정성.

유 懇(정성 간) 款(정성 관) 恂(정성 순)

詢 ⑥ 13획 日ジュン 물을 순 ⊕xún

풀이 1. 묻다. 의견을 구하다. ¶詢問 2. 꾀하다.

詢問(순문) 의견을 물음. 자문(咨問).

詢訪(순방) 방문하여 자문을 구함.

詢察(순찰) 찾아가 실정(實情)을 살피고 조사함.

詩 ⑥ 13획 日シ·からうた 시 시 ⊕shī

* 형성. 뜻을 나타내는 부수 '言(말씀 언)'과 음을 나타내는 '寺(절 시)'를 합친 글자.

풀이 1. 시. ¶詩歌 2. 《시경(詩經)》. 고대 중국의 책으로, 오경(五經)의 하나.

詩歌(시가) 시와 노래. 시영(詩詠).

詩經(시경) 중국에서 가장 오래된 시집으로, 오경(五經)의 하나임.

詩想(시상) 1)시를 짓게 만드는 시인의 생각이나 영감. 시정(詩情). 2)시에 나타난 시인의 사상이나 감정.

詩仙(시선) 당(唐)나라 시인 이백(李白)을 지칭하는 말.

詩題(시제) 시의 제목. 시의 제재(題材).

詩集(시집) 시를 모아서 엮은 책.

詩抄(시초) 시를 추려 모아 엮은 책. 시의 발췌(拔萃).

詩話(시화) 시의 평론이나 그 시에 대한 시인의 일화를 기록한 책.

비 時(때 시)

試 ⑥ 13획 日シ·こころみる·ためす 시험할 시 ⊕shì

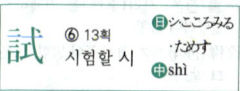

* 형성. 뜻을 나타내는 부수 '言(말씀 언)'과 음을 나타내는 '式(법 식)'을 합친 글자.

풀이 1. 시험하다. 시험 삼아 해 보다. ¶試驗 2. 시험. 3. 조사하다.

試金石(시금석) 1)금의 품질을 시험하는 돌. 2)가치나 재주를 알아보는 기회나 사물.

試鍊(시련) 1)겪기 힘든 고난이나 단련. 2)신앙이나 결심의 정도를 시험하는 일.

[言 6획] 詣 誉 詮 誅 詹 該 話 詼

試乘(시승) 시험 삼아 타 봄.
試驗(시험) 문제를 내거나 또는 실제로 시켜서 지식을 알아봄.
🔄 騐(증험할 험)

詣 ⑥ 13획 日ゲイ
이를 예 ⊕yì

풀이 1. 이르다. 도달하다. 2. 가다. 출두하다. ¶詣闕
詣闕(예궐) 대궐에 들어감.
造詣(조예) 어떤 분야에 대한 깊은 지식이나 이해.

誉 ⑥ 13획
譽(p702)의 俗字

詮 ⑥ 13획 日セン
설명할 전 ⊕quán

*형성. 뜻을 나타내는 부수 '言(말씀 언)'과 음을 나타내는 '全(온전할 전)'을 합친 글자. 말(言)을 온전하게(全) 한다는 데에서 '설명하다'의 뜻을 나타낸다.

풀이 1. 설명하다. ¶詮論 2. 사리를 설명한 말. 3. 진리. 이치.
詮論(전론) 사리(事理)를 자세하게 설명하여 밝힘.
詮釋(전석) 알기 쉽게 풀어 밝힘. 또는 그 말.

誅 ⑥ 13획 日チュウ
벨 주 ⊕zhū

풀이 1. 베다. 풀을 베다. ¶誅鋤 2. 죄인을 죽이다. ¶誅竄 3. 꾸짖다. 벌주다.
誅屠(주도) 1)죄를 다스려 죽임. 2)성(城)이나 도시를 공격하여 함락시킴.
誅罰(주벌) 죄를 꾸짖어 처벌함.
誅殺(주살) 죄인을 죽임.
誅討(주토) 죄 있는 자를 토벌함.

詹 ⑥ 13획
❶ 이를 첨 日セン
❷ 넉넉할 담 ⊕zhān

풀이 ❶ 1. 이르다. 다다르다. 2. 수다스럽다. ¶詹詹 3. 보다. 4. 두꺼비. ¶詹諸 ❷ 5. 넉넉하다. 충분하다.
詹諸(첨저) 1)두꺼비. 2)달의 다른 이름. 섬여(蟾蜍).
詹詹(첨첨) 말이 많아 수다스러운 모양.
🔄 瞻(볼 첨)

該 ⑥ 13획 日カイ
갖출 해 ⊕gāi

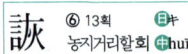

*형성. 뜻을 나타내는 부수 '言(말씀 언)'과 음을 나타내는 '亥(돼지 해)'를 합친 글자.

풀이 1. 갖추다. 갖추어지다. ¶該博 2. 겸하다. 3. 그. 그것.
該當(해당) 1)바로 들어맞음. 2)어떤 것과 관련 있는 바로 그것.
該博(해박) 여러 방면에 아는 것이 많음.
🔄 核(씨 핵) 刻(새길 각)

話 ⑥ 13획 日ワ・はなす
이야기 화 ⊕huà

*형성. 뜻을 나타내는 부수 '言(말씀 언)'과 음을 나타내는 '舌(혀 설)'을 합친 글자.

풀이 1. 이야기. 말. 2. 말하다. 이야기하다.
話頭(화두) 1)이야기의 첫머리. 말의 서두. 2)승려가 참선할 때 도를 깨치기 위해 내는 문제. 공안(公案).
話次(화차) 이야기하는 김에.
🔄 語(말씀 어)

詼 ⑥ 13획 日カイ
농지거리할 회 ⊕huī

[言 6~7획] 詡詰誩誙諴詴誥誑読誣

풀이 1. 농지거리하다. 익살을 부리다. ¶詼笑 2. 조롱하다. 희롱하다.

詼笑(회소) 익살을 부리며 웃음.

詼諧(회해) 익살스럽고도 품위 있는 농담.

詡 ⑥ 13획 日フ
자랑할 후 ⊕xǔ

풀이 1. 자랑하다. 큰소리치다. ¶詡詡 2. 화목하다.

詡詡(후후) 1)큰소리치는 모양. 호언장담(豪言壯談)하는 모양. 2)화합하여 모이는 모양.

詰 ⑥ 13획 日キツ・つめる・つまる・ぜむ
물을 힐 ⊕jí, jié

풀이 1. 묻다. 캐묻다. ¶詰究 2. 꾸짖다. 따지다. ¶詰責

詰難(힐난) 잘못을 따져 비난함.
詰責(힐책) 잘못을 따져 꾸짖음.
유 問(물을 문)

誩 ⑦ 14획 日ケイ・タン
다투어 말할 경·탕 ⊕jìng

풀이 다투어 말하다.

誙 ⑦ 14획 日ケイ
확실히 말할 경 ⊕kēng

풀이 확실히 말하다.

誙誙(경경) 1)죽음에 다다르는 모양. 2)옳은 것을 틀리다 하고 틀린 것을 옳다고 함.

誡 ⑦ 14획 日カイ・ましめる
경계할 계 ⊕jiè

* 형성. 뜻을 나타내는 부수 '言(말씀 언)'과 음을 나타내는 '戒(경계할 계)'를 합친 글자. 말(言)로 항상 경계(戒)를 삼는다는 뜻에서 '경계하다'의 뜻을 나타냄.

풀이 1. 경계하다. 훈계하다. ¶訓誡 2. 교훈.

誡命(계명) 1)도덕상·종교상 지켜야 할 규율. 2)훈계나 경계의 명령.
誡嚴(계엄) 비상 사태 때 경계를 엄하게 함.
訓誡(훈계) 타일러 경계함.
유 警(경계할 경)

誥 ⑦ 14획 日コウ
고할 고 ⊕gào

* 형성. 뜻을 나타내는 부수 '言(말씀 언)'과 음을 나타내는 '告(알릴 고)'를 합친 글자. 말(言)로써 사실을 알린다는(告) 뜻에서 '고하다, 말하다'의 뜻을 나타냄.

풀이 1. 고하다. 아랫사람에게 알리다. ¶誥誡 2. 가르치다. 훈계하다.

誥誡(고계) 경계하여 말함.
유 告(알릴 고)

誑 ⑦ 14획 日キョウ
속일 광 ⊕kuáng

풀이 1. 속이다. ¶誑惑 2. 유혹하다.

誑誘(광유) 남을 속여 꾐.
誑惑(광혹) 거짓말로 미혹하게 함.

読 ⑦ 14획
讀(p702)의 俗字

誣 ⑦ 14획 日ブ・フ
무고할 무 ⊕wū

풀이 1. 무고하다. 없는 사실을 거짓으로 꾸밈. ¶誣告 2. 깔보다. 3. 거짓말하다. ¶誣淫

誣告(무고) 없는 죄를 거짓으로 꾸며서 고발함.

誣陷(무함) 죄 없는 사람을 모함함.

誓 ⑦ 14획 🇯🇵セイ·ちかう 🇨🇳shì
맹세할 서

`一十土耂耂折折折折誓誓誓`

*형성. 뜻을 나타내는 부수 '言(말씀 언)'과 음을 나타내며 '정하다'의 의미를 지닌 '折(꺾을 절)'을 합친 글자. 말로 약속을 정하는 것을 나타내어 '맹세'의 뜻을 나타낸다.

풀이 1. 맹세하다. 맹세. ¶誓約 2. 임명되다. 벼슬을 받다.

誓約(서약) 맹세함.

誓願(서원) 1)신불(神佛)에게 맹세하고 기원함. 2)부처가 중생을 제도(濟度)하려는 소원이 달성되도록 기원하는 일.

盟誓(맹세·맹서) 굳게 약속함.

🔗 盟(맹세할 맹)　🔗 誓(경계할 경)

說 ⑦ 14획 🇯🇵セツ·ゼイ·とく
❶ 말씀 설
❷ 기쁠 열　🇨🇳shuì,
❸ 달랠 세　shuō, yuè

`一十主主言言言言言 診診診說說`

*형성. 뜻을 나타내는 부수 '言(말씀 언)'과 음을 나타내는 '兌(바꿀 태)'를 합친 글자.

풀이 ❶ 1. 말씀. 말. 2. 생각. 의견. 3. 학설. 4. 말하다. 설명하다. ❷ 5. 기쁘다. 기쁨. ¶說樂 ❸ 6. 달래다.

說得(설득) 이해할 수 있도록 설명하여 납득시킴.

說往說來(설왕설래) 서로 번갈아 변론하며 옥신각신하며 하는 말.

說破(설파) 1)사물의 내용을 밝혀 말함. 2)상대방의 이론을 뒤엎어 깨뜨림.

說話(설화) 신화·전설 등의 옛 이야기.

說客(세객) 유세(遊說)하러 다니는 사람.

說樂(열락) 기쁘고 즐거움. 또는 기쁘게 하고 즐겁게 함. 열락(悅樂).

解說(해설) 풀어 설명함.

🔗 語(말씀 어) 言(말씀 언) 詞(말씀 사)

誦 ⑦ 14획 🇯🇵ショウ·となえる 🇨🇳sòng
읽을 송

`一十主言言言言言訂訂誦誦誦`

*형성. 뜻을 나타내는 부수 '言(말씀 언)'과 음을 나타내는 '甬(길 용)'을 합친 글자.

풀이 1. 읽다. 읊다. 낭독하다. ¶誦說 2. 외다. 암기하다. ¶暗誦 3. 말하다.

誦經(송경) 1)경서(經書)를 낭독함. 2)불경을 읽음. 독경(讀經).

誦說(송설) 1)읽는 일과 설명하는 일. 2)읽고 해설함.

誦詠(송영) 시가를 읊조림.

暗誦(암송) 글을 보지 않고 욈.

🔗 諳(욀 암)

語 ⑦ 14획 🇯🇵ゴ·かたる 🇨🇳yǔ, yù
말씀 어

`一十主言言言言訂訂訐訐語語`

*형성. 뜻을 나타내는 부수 '言(말씀 언)'과 음을 나타내는 '吾(나 오)'를 합친 글자.

풀이 1. 말씀. 말. 이야기. ¶語錄 2. 어구. 문구. ¶語句 3. 말하다. 이야기하다. 4. 알리다.

語訥(어눌) 말을 더듬거림. 말솜씨가 유창하지 못함.

語錄(어록) 뛰어난 선비·고승(高僧)·유명인의 말을 모아 엮은 책.

語不成說(어불성설) 말이 조금도 사리에 맞지 않음.

語塞(어색) 1)말이 막힘. 2)겸연쩍어 서먹함.

語弊(어폐) 적절치 않은 말로 일어나는 폐단이나 병폐.

語彙(어휘) 일정한 범위 안에서 쓰이는 낱말의 총체.
🔠 言(말씀 언) 詞(말씀 사) 說(말씀 설)

誤 ⑦ 14획 日ゴ・あやまる
그릇할 오 中wù

`一 亠 亡 言 言 言 訁 誤 誤 誤 誤`

풀이 1. 그릇하다. 실수하다. 잘못하다. ¶誤字 2. 실수. 잘못.
誤謬(오류) 잘못됨. 틀림. 그릇되어 도리에 어긋남. 유의(誤謬).
誤認(오인) 잘못 봄. 잘못 인정함.
誤字(오자) 잘못 쓰거나 인쇄된 글자.
錯誤(착오) 착각으로 말미암은 잘못. 착류(錯謬).
🔠 謬(그릇될 류)

誘 ⑦ 14획 日ユウ・さそう
꾈 유 中yòu

`一 亠 亡 言 言 言 訁 訫 誘 誘`

* 형성. 뜻을 나타내는 부수 '言(말씀 언)'과 음을 나타내는 '秀(빼어날 수)'를 합친 글자.

풀이 1. 꾀다. 유혹하다. ¶誘說 2. 유인하다. 달래다. 권유하다. ¶勸誘
誘發(유발) 어떤 일에 기인하여 다른 일이 일어남.
誘說(유세) 달콤한 말로 달래어 꾐.
誘因(유인) 어떤 일을 일으킨 원인. 유발(誘發)시킨 원인.
誘惑(유혹) 유인하여 마음을 현혹시킴.
🔠 拐(속일 괴)

認 ⑦ 14획 日ニン・みとめる
알 인 中rèn

`一 亠 亡 言 言 言 訁 訒 認 認`

* 형성. 뜻을 나타내는 부수 '言(말씀 언)'과 음을 나타내는 '忍(참을 인)'을 합친 글자.

풀이 1. 알다. 인식하다. ¶認識 2. 인정하다. ¶認定 3. 허가하다. ¶認許
認得(인득) 승인함. 인정함.
認識(인식) 사물을 분별하고 판단하여 아는 일. 또는 그 작용.
認知(인지) 인정하여 앎.
認許(인허) 인정하여 허락함.
承認(승인) 옳음을 인정하여 허락함.
🔠 識(알 식)

誌 ⑦ 14획 日シ
기록할 지 中zhì

`一 亠 亡 言 言 言 訁 訁 誌 誌`

* 형성. 뜻을 나타내는 부수 '言(말씀 언)'과 음을 나타내는 '志(뜻 지)'를 합친 글자. 말을 써서 글로 남기는 것을 나타내어, '기록하다', '기록'의 뜻을 나타냄.

풀이 1. 기록하다. 적다. ¶誌銘 2. 기억하다. ¶誌心 3. 기록.
誌銘(지명) 묘지명(墓誌銘).
誌心(지심) 마음속에 기억해 둠.
雜誌(잡지) 여러 가지 내용을 담고 있는 정기 간행물.
🔠 記(기록할 기)

誕 ⑦ 14획 日タン
태어날 탄 中dàn

`一 亠 亡 言 言 言 訁 訶 誕 誕`

* 형성. 뜻을 나타내는 부수 '言(말씀 언)'과 음을 나타내는 '延(끌 연)'을 합친 글자.

풀이 1. 태어나다. ¶誕降 2. 속이다. ¶誕謾 3. 헛되다. 허황되다. ¶誕辭 4. 거짓말.
誕降(탄강) 하늘에서 내려온다는 뜻으로, 성인(聖人)이나 황제가 세상에 태어남을 이르는 말. 탄생(誕生).
誕謾(탄만) 헛된 말을 하여 남을 속임.

誕辭(탄사) 허황되어 믿을 수 없는 말. 허풍. 탄언(誕言).

誕辰(탄신) 귀한 사람이 태어난 날.

[유] 生(날 생) [반] 死(죽을 사)

誨	⑦ 14획 가르칠 회	[日]カイ [中]huì

[풀이] 1. 가르치다. 일깨우다. 가르침. ¶誨諭 2. 윗사람에게 간하는 말.

誨言(회언) 가르치는 말. 훈언(訓言).

誨諭(회유) 가르쳐 깨우침. 타이름.

[유] 敎(가르칠 교) [비] 悔(뉘우칠 회)

課	⑧ 15획 부과할 과	[日]カ·はかる [中]kè

* 형성. 뜻을 나타내는 부수 '言(말씀 언)'과 음을 나타내는 '果(열매 과)'를 합친 글자.

[풀이] 1. 부과하다. 매기다. ¶課程 2. 헤아리다. 3. 조세. ¶課役 4. 일과. 5. 부서.

課稅(과세) 세금을 매김.

課役(과역) 1)조세와 부역. 2)일을 부과함. 또는 그 일.

課程(과정) 1)부과된 일의 정도. 2)일정 기간에 할당된 학습·작업의 범위.

課題(과제) 문제를 내어 줌. 또는 그 문제.

日課(일과) 매일 규칙적으로 하는 일.

談	⑧ 15획 말씀 담	[日]ダン·かたる·はなし [中]tán

* 형성. 뜻을 나타내는 부수 '言(말씀 언)'과 음을 나타내는 '炎(탈 염)'을 합친 글자.

[풀이] 1. 말씀. 담화. 이야기. 2. 말하다. 이야기하다. ¶談笑

談客(담객) 이야기 상대. 이야기 손님.

談笑(담소) 웃으며 이야기를 나눔.

談判(담판) 서로 의논하여 옳고 그름을 판단함.

談話(담화) 어떤 일에 대한 자신의 생각을 이야기함.

會談(회담) 여러 사람이 모여 의논함.

[유] 話(말할 화) 言(말씀 언) 詞(말씀 사)

諒	⑧ 15획 믿을 량(양)	[日]リョウ [中]liàng

* 형성. 뜻을 나타내는 부수 '言(말씀 언)'과 음을 나타내는 '京(서울 경)'을 합친 글자.

[풀이] 1. 믿다. 2. 살피다. 헤아리다. ¶諒解 3. 진실. 4. 참으로.

諒知(양지) 살펴서 앎.

諒察(양찰) 사정을 살펴 앎.

諒解(양해) 사정을 이해함.

[유] 信(믿을 신)

論	⑧ 15획 말할 론(논)	[日]ロン·リン [中]lún, lùn

* 형성. 뜻을 나타내는 부수 '言(말씀 언)'과 음을 나타내는 '侖(둥글 륜)'을 합친 글자.

[풀이] 1. 말하다. 논하다. 이치를 따져 말하다. ¶論說 2. 주장. 견해. 학설. ¶論據 3. 문체 이름. 자기 의견을 주장하는 글.

論據(논거) 논설이나 이론의 근거가 되는 증거. 논의의 근거.

論功行賞(논공행상) 공을 조사하여 상을 줌.

論難(논란←논난) 여럿이 서로 다른 주장을 하며 다툼.

[言 8획] 誹誰諄誾誼諍調

論說(논설) 1)사물을 논평하고 설명하는 일. 또는 그 글. 2)신문의 사설(社說).

論證(논증) 1)논의하여 증명함. 2)주어진 판단의 확실성·개연성(蓋然性)의 근거를 제시하는 일.

論旨(논지) 논의의 취지. 논설의 주지(主旨).

論評(논평) 진술하여 비판함.

反論(반론) 남의 의견에 대해 반대 의견을 펌.

議論(의논) 어떤 일에 대해 의견을 주고받음.

유 話(말할 화)

誹 ⑧ 15획 日ヒ 中 fěi
헐뜯을 비

풀이 헐뜯다. ¶誹謗

誹謗(비방) 헐뜯음. 욕함.
誹笑(비소) 비방하여 웃음. 비웃음.
誹章(비장) 남을 헐뜯는 글.

유 謗(헐뜯을 방)

誰 ⑧ 15획 日スイ·だれ 中 shéi, shuí
누구 수

誰誰

풀이 1. 누구. ¶誰何 2. 옛날. 예전.

誰何(수하) 1)누구. 아무개. 2)누구냐. 성명을 밝히도록 묻는 말.

유 孰(누구 숙)

諄 ⑧ 15획 日ジュン 中 zhūn
타이를 순

풀이 1. 타이르다. 2. 정성스럽다. 3. 돕다.

諄諄(순순) 1)간곡히 타이르는 모양. 2)성실한 모양.
諄誨(순회) 정성스럽게 가르침.

誾 ⑧ 15획 日ギン 中 yín
온화할 은

풀이 1. 온화하다. ¶誾誾 2. 향기가 강한 모양.

誾誾(은은) 1)온화한 기색을 띠면서 시비를 논하는 모양. 2)온화한 모양.

비 聞(들을 문) 問(물을 문)

誼 ⑧ 15획 日ギ·よしみ 中 yì
옳을 의

*형성. 뜻을 나타내는 부수 '言(말씀 언)'과 음을 나타내는 宜(마땅할 의)'를 합친 글자. 사람들이 모두 마땅하다고[宜] 말하는[言] 것을 나타내어, '옳다'의 뜻을 나타냄.

풀이 1. 옳다. 2. 의논하다. 3. 정의. 정분.

誼理(의리) 옳은 도리.
友誼(우의) 친구 사이의 정분.
情誼(정의) 서로 사귀어 친해진 정.

諍 ⑧ 15획 日ソウ·いさめる 中 zhèng
간할 쟁

풀이 1. 간하다. 간하는 말이나 글. ¶諍臣 2. 다투다. 3. 송사하다. ¶諍訟

諍訟(쟁송) 송사를 일으켜 다툼.
諍臣(쟁신) 임금의 잘못을 충심으로 간언하는 충신.

유 爭(다툴 쟁)

調 ⑧ 15획 日チョウ 中 diào, tiáo
고를 조

調調

*형성. 뜻을 나타내는 부수 '言(말씀 언)'과 음을 나타내는 周(두루 주)'를 합친 글자.

풀이 1. 고르다. 균형이 잡히다. 어울리다. ¶調和 2. 조절하다. 3. 알맞다. 적합하다. 4. 뽑히다. 선발되다. 5. 살피다. 헤아리다. 6. 가락. 운율.

調理(조리) 1)몸을 보살피고 병을 치료함. 2)음식을 요리함.
調書(조서) 조사한 항목을 기록한 문서.
調攝(조섭) 알맞게 조절함. 또는 몸을 보양(保養)함.
調劑(조제) 여러 가지 재료를 알맞게 배합하여 약을 지음.
調合(조합) 두 가지 이상을 한데 섞음.
調和(조화) 1)서로 잘 맞음. 2)음악의 가락이 잘 어울림.

諂 ⑧ 15획 日テン 아첨할 첨 中chǎn

풀이 아첨하다. 아양을 떨다. ¶阿諂
阿諂(아첨) 남에게 잘 보이기 위해 아양을 떪.
同 佞(아첨할 녕) 媚(아첨할 미)

請 ⑧ 15획 日セイ・シン・こう・うける 청할 청 中jǐng, qǐng

`一 二 亖 亖 言 言 言 言 言 訁 訁 請 請 請`

* 형성. 뜻을 나타내는 부수 '言(말씀 언)'과 음을 나타내는 '青(푸를 청)'을 합친 글자.

풀이 1. 청하다. 요구하다. 2. 바라다. 3. 빌다. 4. 초대하다. 부르다.
請求(청구) 1)돈이나 물건을 달라고 요구함. 2)법률상으로, 상대에게 일정한 행위나 급부를 요구하는 일.
請負(청부) 어떤 일을 책임지고 완성하기로 하고 맡음.
請願(청원) 일이 이루어지기를 청하고 원함.
請牒(청첩) 경사가 있을 때, 남을 청하는 글발. 청첩장.
請託(청탁) 청하여 부탁함. 또는 그 부탁.
請婚(청혼) 결혼하기를 청함.
懇請(간청) 간곡히 청함.
要請(요청) 요긴하게 청함. 또는 그 부탁.
同 託(부탁할 탁)

諏 ⑧ 15획 日シュ 물을 추 中zōu

풀이 1. 묻다. ¶諏訪 2. 꾀하다. 의논하다.
諏謀(추모) 일을 의논하여 꾀함.
諏訪(추방) 물어서 의논함.
同 問(물을 문)

諫 ⑧ 16획 日カン 간할 간 中jiàn

* 형성. 뜻을 나타내는 부수 '言(말씀 언)'과 음을 나타내는 '柬(가릴 간)'을 합친 글자.

풀이 1. 간하다. 윗사람에게 충고하다. ¶諫臣 2. 간언. 간하는 말. ¶忠諫
諫臣(간신) 임금에게 간언하는 신하.
諫言(간언) 간하는 말.
忠諫(충간) 충성으로 간함. 또는 그 말.

諾 ⑨ 16획 日ダク 대답할 낙 中nuò

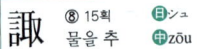

* 형성. 뜻을 나타내는 부수 '言(말씀 언)'과 음을 나타내는 '若(같을 약)'을 합친 글자.

풀이 1. 대답하다. 예 하고 대답하는 소리. 2. 승낙하다. 허락하다.
諾諾(낙낙) 남의 말만 따르는 모양.
承諾(승낙) 청을 들어줌.
同 答(대답할 답)

謀 ⑨ 16획 日ボウ・ム・はかる 꾀할 모 中móu

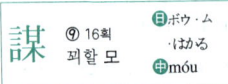

[言 9획] 謀諡諶謁謂謂 695

*형성. 뜻을 나타내는 부수 '言(말씀 언)'과 음을 나타내는 '某(아무 모)'를 합친 글자.

풀이 1. 꾀하다. 꾸미다. 책략을 세우다. 2. 의논하다. 묻다. 3. 꾀. 책략. 정책. ¶謀計

謀計(모계) 꾀. 계략. 모략(謀略).
謀利(모리) 자신의 이익만을 꾀함.
謀免(모면) 꾀를 써서 어떤 일이나 책임에서 벗어남.
謀反(모반) 국가를 전복할 것을 꾀함. 또는 그 죄.
謀殺(모살) 계획하여 사람을 죽이는 일.
謀逆(모역) 반역(叛逆)을 꾀함.
謀議(모의) 꾀함. 서로 계책을 의논함.
謀陷(모함) 꾀를 써서 남을 어려운 처지에 빠뜨림.
陰謀(음모) 몰래 나쁜 일을 꾸밈.

비 計(꾀 계)

諝 ⑨ 16획 日セイ 슬기 서 中xū

풀이 1. 슬기. 2. 거짓. 속임수.

諡 ⑨ 16획 日シ 시호 시 中shì

풀이 1. 시호. 생전의 공덕을 기리어 임금이 내려 주는 칭호. ¶諡號 2. 시호를 내리다.

諡號(시호) 제왕·공경(公卿)·유현(儒賢) 등의 생전의 공적을 기리어 사후(死後)에 임금이 내리는 칭호.

諶 ⑨ 16획 日シン 참 심 中chén

풀이 1. 참. 진실. 2. 참으로. 진실로.

비 甚(심할 심)

謁 ⑨ 16획 日エツ 뵐 알 中yè

*형성. 뜻을 나타내는 부수 '言(말씀 언)'과 음을 나타내는 '曷(어찌 갈)'을 합친 글자.

풀이 1. 뵈다. 높은 사람을 만나다. ¶謁見 2. 아뢰다. 여쭈다. 고하다. 3. 요구하다. 청하다.

謁舍(알사) 손님을 접대하는 곳.
謁聖(알성) 조선 시대 때, 임금이 문묘(文廟)에 참배함.
謁見(알현) 신분이 높은 사람을 뵙는 일.

비 揭(들 게)

諳 ⑨ 16획 日アン 욀 암 中ān

풀이 1. 외다. 암송하다. ¶諳記 2. 기억하다. 잊지 않다. 3. 잘 알다. ¶諳練

諳記(암기) 외어서 기억함. 암기(暗記).
諳算(암산) 마음속으로 계산함.
諳誦(암송) 보지 않고 욈. 외어서 읽음. 암송(暗誦).

동 誦(욀 송)

諺 ⑨ 16획 日ゲン·ことわざ 상말 언 中yàn

풀이 1. 상말. 거칠고 속된 말. ¶諺文 2. 속담. ¶諺語 3. 조문(弔問)하다.

諺文(언문) 한글을 낮추어 이르던 말.
諺語(언어) 속담(俗談).
諺解(언해) 한문을 한글로 풀이함. 또는 그 책. 언역(諺譯).

謂 ⑨ 16획 日イ·いう 이를 위 中wèi

*형성. 뜻을 나타내는 부수 '言(말씀 언)'과 음을 나타내는 '胃(밥통 위)'를 합친 글자.

[言 9획] 諭諛諸諪諸諜諦

풀이 **1**. 이르다. 말하다. **2**. 고하다. 알리다. **3**. 설명하다.
所謂(소위) 이른바.
🔗 云(이를 운)

諭 ⑨ 16획 日ユ・さとす
깨우칠 유 ⊕yù

*형성. 뜻을 나타내는 부수 '言(말씀 언)'과 음을 나타내는 '兪(그러할 유)'를 합친 글자.

풀이 **1**. 깨우치다. 타이르다. ¶諭敎 **2**. 깨닫다. **3**. 비유하다. 견주다.
諭敎(유교) 타일러 가르침.
諭示(유시) 타일러 보임. 또는 그 말이나 문서.
🔗 覺(깨달을 각) 悟(깨달을 오)
맨 懵(어두울 몽)

諛 ⑨ 16획 日ユ・へつらう
아첨할 유 ⊕yú

풀이 **1**. 아첨하다. ¶諛佞 **2**. 아첨하는 말.
諛佞(유녕) 남에게 아첨함.
諛媚(유미) 아첨함. 아미(阿媚).
🔗 諂(아첨할 첨) 佞(아첨할 녕) 媚(아첨할 미)

諮 ⑨ 16획 日シ
물을 자 ⊕zī

풀이 **1**. 묻다. 의논하다. ¶諮問 **2**. 아뢰다.
諮決(자결) 의논하여 결정함.
諮問(자문) 의견을 물음. 자순(諮詢).
🔗 問(물을 문)

諪 ⑨ 16획 日テイ
조정할 정 ⊕tíng

풀이 **1**. 조정하다. **2**. 고르다.

諸 ⑨ 16획 日ショ・もろ
모든 제 ⊕zhū

*형성. 뜻을 나타내는 부수 '言(말씀 언)'과 음을 나타내는 '者(놈 자)'를 합친 글자.

풀이 **1**. 모든, 여러. ¶諸位 **2**. 이. 그. 대명사. **3**. 어조사. ㉠이를 …에. '之於'와 같음. ㉡'을 …하겠는 가, '之乎'와 같음. ㉢…에게. …에서. '於'와 같음.
諸位(제위) 여러분.
諸子百家(제자백가) 중국 춘추(春秋) 시대의 여러 학자·학파. 또는 그 학자들의 저서(著書).
諸賢(제현) 1)여러 뛰어난 현자들. 군현(群賢). 2)여러분.
諸侯(제후) 봉건 시대에 영토를 가지고 그 영토 안의 백성을 다스리던 사람.
🔗 庶(여러 서)

諜 ⑨ 16획 日チョウ
염탐할 첩 ⊕dié

풀이 **1**. 염탐하다. **2**. 첩자. 염탐꾼. ¶諜者
諜報(첩보) 적정(敵情)을 염탐하여 알리는 일. 또는 그 보고.
諜者(첩자) 염탐의 임무를 띠고 몰래 활동하는 사람. 간첩(間諜).
🔗 偵(정탐할 정) 俔(염탐할 현)

諦 ⑨ 16획
❶ 살필 체 日テイ
❷ 울 제 ⊕dì

*형성. 뜻을 나타내는 부수 '言(말씀 언)'과 음을 나타내는 '帝(임금 제)'를 합친 글자.

풀이 ❶**1**. 살피다. ¶諦視 **2**. 자세히 알다. **3**. 진리. 깨달음. ❷**4**. 울다.
諦觀(체관) 1)고려 때, 출가(出家)한 중을 이르던 말. 2)체시(諦視).
諦念(체념) 1)도를 깨닫는 마음. 2)희망을 버리고 단념함.
諦味(체미) 자세히 맛봄. 음미(吟味)함.

諦視(체시) 주의하여 자세히 봄.
유 察(살필 찰)

諷
월 풍 ⑨ 16획 ⑪フウ ⊕fēng

* 형성. 뜻을 나타내는 부수 '言(말씀 언)'과 음을 나타내는 '風(바람 풍)'을 합친 글자.

풀이 1. 외다. 2. 풍자하다. 사물에 빗대어 꼬집다. ¶諷意
諷誦(풍송) 소리를 내어 글을 욈.
諷諭(풍유) 넌지시 말하여 타이름.
諷刺(풍자) 다른 것에 빗대어 꼬집으며 폭로함.

謔
해롱거릴 학 ⑨ 16획 ⑪ギャ ⊕xuè

풀이 1. 해롱거리다. 농지거리하다. 2. 농담. 익살.
謔笑(학소) 익살맞은 웃음.
諧謔(해학) 익살스럽고 풍자적인 말이나 유머.

諧
화할 해 ⑨ 16획 ⑪カイ ⊕xié

* 형성. 뜻을 나타내는 부수 '言(말씀 언)'과 음을 나타내는 '皆(모두 개)'를 합친 글자.

풀이 1. 화(和)하다. 조화되다. ¶諧和 2. 농담하다. ¶諧文
諧文(해문) 익살스러운 글.
諧易(해이) 부드럽고 너그러움. 성질이 유순함.
諧和(해화) 1)서로 화합함. 2)음악의 가락이 잘 어울림. 조화(調和).
유 和(화할 화)

諱
꺼릴 휘 ⑨ 16획 ⑪キ ⊕huì

풀이 1. 꺼리다. 싫어하다. 피하다. ¶諱忌. 2. 숨기다. 3. 4. 휘. 높은 사람이 죽

은 사람의 이름.
諱談(휘담) 세상이 두려워서 드러내 놓고 하기 어려운 말.
諱言(휘언) 1)꺼려 삼가해야 할 말. 또는 말하는 것을 꺼림. 2)간언(諫言)이나 충고하는 것을 꺼림.
諱隱(휘은) 꺼리어 숨김. 은휘(隱諱).

講
⑩ 17획
❶ 익힐 강 ⑪コウ
❷ 화해할 구 ⊕jiǎng

* 형성. 뜻을 나타내는 부수 '言(말씀 언)'과 음을 나타내는 '冓(짤 구)'를 합친 글자.

풀이 ❶ 1. 익히다. 연습하다. ¶講武 2. 풀이하다. 강의하다. ¶講座 ❷ 3. 연구하다. 검토하다. ¶講究 4. 화해하다.
講究(강구) 좋은 방법을 연구함.
講明(강명) 사리를 연구하여 분명하게 함. 해석하여 밝힘.
講習(강습) 학문이나 예술 등을 연구하여 학습하는 일.
講筵(강연) 1)강의하는 자리. 강석(講席). 2)임금 앞에서 경전을 강의하던 일.
講座(강좌) 대학에서 교수가 강의하는 과목.
受講(수강) 강의를 받음.
유 習(익힐 습)

謙
겸손할 겸 ⑩ 17획 ⑪ケン ⊕qiān

* 형성. 뜻을 나타내는 부수 '言(말씀 언)'과 음을 나타내는 '兼(겸할 겸)'을 합친 글자.

풀이 1. 겸손하다. 2. 양보하다 3. 족하다.
謙遜(겸손) 남을 높이고 자기를 낮춤.

[言 10획] 謙謎謐謗謝謖謠

謙讓(겸양) 겸손하게 사양함.
謙語(겸어) 겸손한 말. 겸사(謙辭).
謙稱(겸칭) 겸손하게 가리켜 말함.
謙虛(겸허) 잘난 체하지 않고 자신을 낮추며 삼가는 태도.
🔗 遜(겸손할 손)

謄 ⑩ 17획 ㊐トウ 베낄 등 ㊥téng

*형성. 뜻을 나타내는 부수 '言(말씀 언)'과 음을 나타내는 朕(나 짐)을 합친 글자.
풀이 베끼다.
謄本(등본) 원본을 베껴 적은 서류. 원본의 사본(寫本).
謄寫(등사) 1)베껴 씀. 2)등사판으로 박음.
謄抄(등초) 원본에서 필요한 것만 골라서 베낌.
🔗 寫(베낄 사)

謎 ⑩ 17획 ㊐メイ 수수께끼 미 ㊥mèi, mí

*형성. 뜻을 나타내는 부수 '言(말씀 언)'과 음을 나타내는 迷(미혹할 미)를 합친 글자.
풀이 수수께끼. ¶謎語
謎語(미어) 수수께끼. 또는 수수께끼와 같은 이야기.
謎題(미제) 수수께끼같이 어려운 문제.

謐 ⑩ 17획 ㊐ミツ 조용할 밀 ㊥mì

풀이 1. 조용하다. 고요하다. ¶謐然 2. 편안하다. 평온하다.
謐然(밀연) 조용한 모양.
🔗 禪(고요할 선) 靜(고요할 정) 寂(고요할 적)

謗 ⑩ 17획 ㊐ボウ 헐뜯을 방 ㊥bàng

풀이 1. 헐뜯다. 비방하다. ¶謗罵 2. 헐

뜯는 말.
謗罵(방매) 헐뜯고 꾸짖음.
謗嘲(방조) 헐뜯고 비웃음.
誹謗(비방) 남을 헐뜯고 욕함.
🔗 誹(헐뜯을 비)

謝 ⑩ 17획 ㊐シャ・あやまる 사례할 사 ㊥xiè

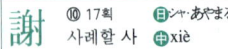
謝 謝

*형성. 뜻을 나타내는 부수 '言(말씀 언)'과 음을 나타내는 射(쏠 사)를 합친 글자.
풀이 1. 사례하다. ¶謝禮 2. 사과하다. 사죄하다. 3. 물러나다. ¶謝老 4. 사양하다. 물리치다. ¶謝却
謝禮(사례) 말이나 금품으로 상대방에게 고마운 뜻을 나타냄.
謝老(사로) 연로함을 이유로 관직에서 물러날 것을 원함. 고로(告老).
謝恩(사은) 은혜에 감사함.
謝意(사의) 1)감사하는 마음. 2)사과하는 마음.
感謝(감사) 1)고마움. 2)고마움을 느껴 사의를 표함.
厚謝(후사) 후한 사례를 함.

謖 ⑩ 17획 ㊐ショク 일어날 속 ㊥sù

풀이 1. 일어나다. 2. 우뚝 솟은 모양. ¶謖謖

謠 ⑩ 17획 ㊐ヨウ 노래 요 ㊥yáo

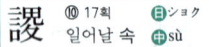
謠 謠

*형성. 뜻을 나타내는 부수 '言(말씀 언)'과 음을 나타내는 부수 이외의 글자를 합친 글자.
풀이 1. 노래. 가요. ¶謠歌 2. 노래하다. 3. 헛소문. ¶謠言

[言 10~12획] 謠謚謳謹謬謨謫譏譚

謠歌(요가) 노래. 가요.
謠俗(요속) 1)세상 풍속. 요속(繇俗). 2)풍속을 노래함.
謠言(요언) 떠도는 헛소문.
童謠(동요) 어린이를 위해 만든 노래.
🔗 歌(노래 가)

謚 ⑩ 17획 日シ・イク
❶ 웃을 익
❷ 시호 시 中shì

[풀이] **❶** 1. 웃는 모양. **❷** 2. 시호. 죽은 후, 생전의 공덕을 기려 임금이 내려 주는 칭호.
🔗 笑(웃을 소) 비 謐(더할 익)

謳 ⑪ 18획 日オウ
노래할 구 中ōu, xú

[풀이] 1. 노래하다. ¶謳歌 2. 노래. 민요.
謳歌(구가) 1)여러 사람이 함께 노래함. 2)임금의 공덕(功德)을 칭송함. 구음(謳吟).

謹 ⑪ 18획 日キン
삼갈 근 中jǐn

` ` 宀 宀 吉 吉 吉 吉 吉 吉 吉 吉
吉 吉 吉 吉 吉 吉 吉 吉 吉 吉 吉 吉

[풀이] 1. 삼가다. 조심하다. 엄격히 하다. ¶謹愼 2. 금지하다.
謹篤(근독) 근엄하고 돈독함.
謹愼(근신) 언행을 삼가고 조심함.
謹嚴(근엄) 신중하고 엄격함.
謹厚(근후) 신중하고 중후(重厚)함.
🔗 愼(삼갈 신)

謬 ⑪ 18획 日ビュウ
그릇될 류(유) 中miù

[풀이] 1. 그릇되다. ¶誤謬 2. 어긋나다. 3. 속이다. ¶謬巧

謬巧(유교) 남을 속이는 꾀.
謬習(유습) 그릇된 습관. 못된 버릇.
謬誤(오류) 그릇되어 이치에 어긋남.
🔗 誤(그릇될 오)

謨 ⑪ 18획 日ボ
꾀 모 中mó

[풀이] 1. 꾀. 계책. ¶謨訓 2. 꾀하다.
謨慮(모려) 계획. 꾀.
謨訓(모훈) 1)국가의 큰 계책. 2)후왕(後王)에게 모범이 될 교훈.
🔗 術(꾀 술)

謫 ⑪ 18획 日タク
귀양 갈 적 中zhé

[풀이] 1. 귀양 가다. 좌천당하다. ¶謫居 2. 벌하다. 3. 꾸짖다.
謫居(적거) 귀양살이하고 있음.
謫仙(적선) 1)인간 세상으로 귀양 온 신선. 2)당나라 시인 이백(李白)의 미칭.
謫所(적소) 귀양살이하는 곳.
貶謫(폄적) 벼슬을 낮추고 멀리 귀양 보냄.
비 摘(딸 적)

譏 ⑫ 19획 日キ
나무랄 기 中jī

[풀이] 1. 나무라다. 비난하다. ¶譏謗 2. 간(諫)하다. 3. 조사하다. 살피다.
譏謗(기방) 헐뜯음. 비방(誹謗).
譏笑(기소) 비웃음.

譚 ⑫ 19획 日タン
이야기 담 中tán

[풀이] 1. 이야기. 이야기하다. ¶譚論 2. 깊다. ¶譚思
譚論(담론) 이야기하며 논의함.

譚思(담사) 깊이 생각함.

識 ⑫ 19획 ❶シキ・しる
❶ 알 식
❷ 기록할 지 中shí, zhì

識識識識識

* 형성. 뜻을 나타내는 부수 '言(말씀 언)'과 음을 나타내는 㦽(진흙 시)를 합친 글자.

풀이 ❶ 1. 알다. 깨닫다. 알아보다. 2. 지식. 아는 것. 3. 식견. ¶識者 ❷ 5. 기록하다. 기재하다. ¶識文 6. 표지. 기호.

識見(식견) 사물을 관찰하고 식별하는 능력.
識拔(식발) 인재를 식별하여 뽑음.
識別(식별) 잘 알고 분별함.
識者(식자) 사물의 이치를 깨달은 사람. 견식이 있는 사람.
博識(박식) 아는 것이 많음.

유 知(알 지) **비** 織(짤 직) 職(말을 직)

譌 ⑫ 19획
訛(p684)의 同字

證 ⑫ 19획 日ショウ
증명할 증 中zhèng

證證證證證

* 형성. 뜻을 나타내는 부수 '言(말씀 언)'과 음을 나타내는 登(오를 등)을 합친 글자.

풀이 1. 증명하다. 2. 증거. 증명. ¶證驗
證據(증거) 어떤 사실을 증명해 보일 근거.
證明(증명) 증거를 가지고 밝힘.
證憑(증빙) 진실을 증명할 근거.
證驗(증험) 증거. 또는 증거를 세움.
立證(입증) 증거를 세워 증명함.

譖 ⑫ 19획 日シン
참소할 참 中zèn

풀이 1. 참소하다. 헐뜯다. ¶譖言 2. 어긋나다. 3. 속이다.
譖訴(참소) 남을 헐뜯어 윗사람에게 거짓으로 꾸며 바침.
譖言(참언) 헐뜯는 말. 참소하는 말.

譁 ⑫ 19획 日カ・ワ
시끄러울 화 中huá

* 형성. 뜻을 나타내는 부수 '言(말씀 언)'과 음을 나타내는 '華(빛날 화)'를 합친 글자.

풀이 시끄럽다. 왁자지껄하다. ¶譁笑
譁笑(화소) 크게 소리 내어 웃음.
譁譟(화조) 시끄럽게 떠듦.

유 譁(시끄러울 환) 嘈(시끄러울 조)

譎 ⑫ 19획 日ケツ
속일 휼 中jué

풀이 1. 속이다. 2. 속임수. ¶譎計 3. 다르다.
譎計(휼계) 속임수. 남을 속이는 계략.
譎謀(휼모) 남을 속이는 꾀. 휼계(譎計).
譎詐(휼사) 남을 속이기 위해 간사한 꾀를 부림. 또는 그 꾀.

警 ⑬ 20획 日ケイ
경계할 경 中jǐng

警警警警警警警

* 형성. 뜻을 나타내는 부수 '言(말씀 언)'과 음을 나타내는 敬(공경할 경)을 합친 글자.

풀이 1. 경계하다. 경계. ¶警句 2. 깨다. 깨우다. ¶警世
警告(경고) 조심하라고 경계하여 알림.
警句(경구) 진리나 교훈을 위해 짧게 표현한, 경계하는 신랄한 문구.
警備(경비) 경계하고 방비함.

[言 13~14획] 譜譬譫譯議譟譴

警世(경세) 세상을 깨우침. 세상 사람들을 깨우치게 함.
警枕(경침) 잠이 들지 못하게, 자면 넘어져 깨도록 만든 등근 베개.
警護(경호) 경계하여 보호함.
[비] 誡(경계할 계)

譜 ⑬ 20획 🇯ㄱ ⊕pǔ
계보 보

`言言言言言言言`
`計計詳詳詳譜譜譜譜`

* 형성. 뜻을 나타내는 부수 '言(말씀 언)'과 음을 나타내는 '普(넓을 보)'를 합친 글자.

[풀이] 1. 계보, 계도(系圖), 계통을 따라 순서 있게 기록한 것. ¶系譜 2. 악보(樂譜). ¶譜曲

譜曲(보곡) 악보에 적힌 곡조. 악보(樂譜).
系譜(계보) 혈통이나 학문·사상 등의 계통 또는 순서의 내용을 나타낸 기록.
族譜(족보) 친족의 계통과 혈통 관계를 적어 놓은 서적.

譬 ⑬ 20획 🇯ㅂ ⊕pì
비유할 비

* 형성. 뜻을 나타내는 부수 '言(말씀 언)'과 음을 나타내는 '辟(견줄 비)'를 합친 글자. 말[言]을 견주는(辟) 것을 나타내어 비유하다의 뜻으로 쓰임.

[풀이] 1. 비유하다. 비유. 2. 깨우치다. 3. 깨닫다.

譬喩(비유) 어떤 물건의 모양을 설명하기 위해 그와 비슷한 다른 물건을 빗대어 설명함. 또는 그런 설명 방법.

譫 ⑬ 20획 🇯センン ⊕zhān
헛소리 섬

[풀이] 1. 헛소리. 앓는 사람이 중얼거리는 소리. 2. 말이 많은 모양.

譫言(섬언) 헛소리. 터무니없는 말.

譯 ⑬ 20획 🇯ヤク ⊕yì
번역할 역

`言言言言言言言言言`
`訳訳訳訳訳訳譯譯`

* 형성. 뜻을 나타내는 부수 '言(말씀 언)'과 음을 나타내며 '바꾸다'의 뜻을 가진 '睪(엿볼 역)'을 합친 글자. 어떤 말을 다른 말로 바꾸는 것을 나타내어 '번역하다'의 뜻으로 쓰임.

[풀이] 1. 번역하다. 통역하다. ¶飜譯 2. 풀이하다. 해석하다.

譯經(역경) 경전을 번역하는 일.
飜譯(번역) 어떤 언어의 글을 다른 언어의 글로 바꾸어 놓음.

議 ⑬ 20획 🇯ギ ⊕yì
의논할 의

`言言言言言言言`
`詳詳詳議議議`

* 형성. 뜻을 나타내는 부수 '言(말씀 언)'과 음을 나타내는 '義(옳을 의)'를 합친 글자.

[풀이] 1. 의논하다. 2. 논하다. 따져 말하다. 3. 의견. 주장.

議事(의사) 1)일을 의논함. 2)의회에서 의안(議案)을 논의함.
議案(의안) 의논해야 할 안건.
議度(의탁) 헤아림.
物議(물의) 많은 사람들의 평이나 세상의 평판.
異議(이의) 남과 다른 의견이나 주장.
[비] 儀(거동 의) 義(옳을 의)

譟 ⑬ 20획 🇯ソウ ⊕zào
떠들 조

[풀이] 1. 떠들다. 2. 시끄럽다. 떠들썩하다.

譴 ⑭ 21획 🇯ケン ⊕qiǎn
꾸짖을 견

[言 14~16획] 譽護讀讟譓變

풀이 꾸짖다. 책망하다. 책망. ¶譴責
譴責(견책) 잘못을 꾸짖고 나무람.

譽 ⑭ 21획 日ヨ
기릴 예 中yù

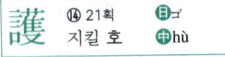

*형성. 뜻을 나타내는 부수 '言(말씀 언)'과 음을 나타내는 '與(줄 여)'을 합친 글자.

풀이 1. 기리다. 칭찬하다. ¶讚歎 2. 명성. 영예. ¶名譽
名譽(명예) 많은 사람들로부터 받는 높은 평가와 명망.
榮譽(영예) 영화로운 명예.
유 讚(기릴 찬) 비 擧(들 거)

護 ⑭ 21획 日ゴ
지킬 호 中hù

*형성. 뜻을 나타내는 부수 '言(말씀 언)'과 음을 나타내는 '蒦(얻을 획)'을 합친 글자.

풀이 1. 지키다. 보호하다. ¶護國 2. 돕다.
護國(호국) 나라를 외적(外敵)으로부터 보호하여 지킴.
護喪(호상) 장례에 관한 일을 주관함. 또는 그 사람.
護身(호신) 자신의 몸을 재액(災厄)으로부터 지킴.
保護(보호) 잘 지킴.
守護(수호) 지키어 보호함.
비 穫(거둘 확) 獲(얻을 획)

讀 ⑮ 22획
❶ 읽을 독 日ドク・よむ
❷ 구두 두 中dòu, dú

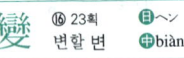

*형성. 뜻을 나타내는 부수 '言(말씀 언)'과 음을 나타내는 '賣(행상할 육)'을 합친 글자.

풀이 ❶ 1. 읽다. ¶讀書 2. 풀다. 해독하다. ❷ 3. 구두. 단어나 구절 사이에 점이나 부호로 표시하는 것. ¶句讀點 4.⑩ 이두(吏讀·吏頭). 신라 때부터 한자의 음이나 뜻을 빌려 우리말을 적던 문자.
讀書三到(독서삼도) 송(宋)나라의 주희(朱熹)가 주창한 독서의 세 가지 방법. 마음과 눈과 입을 오로지 독서하는 데에만 집중해야 한다는 말.
讀習(독습) 책을 읽고 익힘.
讀破(독파) 끝까지 다 읽음.
句讀點(구두점) 1)글에 찍는 쉼표와 마침표. 2)문장 부호의 총칭.
비 讀(꾸짖을 책)

讀 ⑮ 22획
讚(p703)의 俗字

讟 ⑮ 22획 日ケイ
슬기로울 혜 中huì

풀이 1. 슬기롭다. 2. 재주와 지혜.
유 慧(슬기로울 혜)

變 ⑯ 23획 日ヘン
변할 변 中biàn

*형성. 뜻을 나타내는 '攵(칠 복)'과 음을 나타내는 '䜌(련)'을 합친 글자.

풀이 1. 변하다. 변화하다. 변화. ¶變貌 2. 바꾸다. 고치다. ¶變革 3. 변고. 재앙.
變故(변고) 갑작스런 사건. 재변(災變)과 사고(事故).
變貌(변모) 모양이 달라짐.
變死(변사) 불의의 사고로 죽는 일.
變聲(변성) 성장기에 목소리가 변함.

[言 16~20획] 雔讐讌讓讒讖讚讜

變異(변이) 1)이상한 일. 2)같은 종류의 동식물이 그 모습과 성질이 달라짐.
變節(변절) 1)절개를 지키지 못함. 2)종래의 주장을 바꿈.
變種(변종) 원래 종자에서 변한 종자.
變革(변혁) 바꾸어 새롭게 함. 또는 바꾸어 새로워짐.
🔗 化(될 화) 改(고칠 개) 🔗 燮(화할 섭)

雔 ⑯ 23획 🇯シュウ
원수 수 🇨chóu

풀이 1.원수. 원수로삼다.¶雔仇 2. 갚다.
雔仇(수구) 원수.
雔怨(수원) 원한(怨恨).
復雔(복수) 원수를 갚음.
🔗 仇(원수 구)

讐 ⑯ 23획
雔(p703)와 同字

讌 ⑯ 23획 🇯エン
잔치 연 🇨yàn

풀이 1. 잔치. 잔치를 벌이다.¶讌席 2. 모여 이야기하다.¶讌語
讌席(연석) 잔치의 자리.
讌戲(연희) 술자리를 즐김.

讓 ⑰ 24획 🇯ジョウ
사양할 양 🇨ràng

丶 亠 扌 扌 扌 扌 扌 讓 讓 讓 讓 讓 讓 讓 讓 讓

*형성. 뜻을 나타내는 부수 '言(말씀 언)'과 음을 나타내는 '襄(도울 양)'을 합친 글자.

풀이 1. 사양하다. 응하지 않다. 2. 양보하다. 넘겨주다.¶讓位
讓渡(양도) 권리 등을 남에게 넘겨줌.
讓位(양위) 1)자리를 양보함. 2)임금의 자리를 물려줌. 양선(讓禪).
讓退(양퇴) 남에게 양보하고 자신은 물러남.
辭讓(사양) 겸손하여 응하지 않음.

讒 ⑰ 24획 🇯ザン
참소할 참 🇨chán

풀이 1. 참소(讒訴)하다. 헐뜯다.¶讒言 2. 간사하다. 사특하다.
讒訴(참소) 남을 모함하여 윗사람에게 고해 바침.
讒言(참언) 남을 헐뜯는 말. 참소하는 말.
讒毁(참훼) 참소하여 헐뜯음.
🔗 譖(참소할 참)

讖 ⑰ 24획 🇯シン
조짐 참 🇨chèn

풀이 1. 조짐. 예언.¶讖言 2. 참서(讖書). 앞일에 대한 예언을 모아 놓은 책.
讖言(참언) 앞날의 길흉(吉凶)에 대하여 예언하는 말.

讚 ⑰ 26획 🇯サン
기릴 찬 🇨zàn

丶 亠 扌 扌 扌 扌 扌 扌 扌 扌 扌 讚 讚 讚 讚 讚 讚 讚 讚 讚 讚 讚 讚 讚

*형성. 뜻을 나타내는 부수 '言(말씀 언)'과 음을 나타내는 '贊(기릴 찬)'을 합친 글자.

풀이 기리다. 칭송하다.¶讚頌
讚美(찬미) 덕을 칭송함.
讚辭(찬사) 칭송하는 말이나 글.
讚頌(찬송) 덕을 기림.
讚揚(찬양) 칭찬하여 드날림.
讚歎(찬탄) 매우 칭송하여 감탄함.
🔗 譽(기릴 예)

讜 ⑳ 27획 🇯トウ
곧은 말 당 🇨dǎng

[풀이] 1. 곧은 말. 바른말. 2. 정직하다.
讜論(당론) 바른 논의. 당의(讜議).
讜直(당직) 정직함.

谷부

谷 골 곡 部

'谷'자는 두 산 사이에 끼인 골짜기의 모습을 나타낸 글자로, '골짜기'라는 뜻을 갖는다. 또는 '좁은 길'을 나타내기도 하는데 골짜기에 있는 길이 대개 폭이 좁았기 때문이다.

谷
- ⓒ 7획
- 골 곡
- 日 コク・たに
- 中 gǔ, yù

ノ 八 𠆢 父 谷 谷 谷

* 회의. 물이 흐르는 모양을 나타내는 윗부분과 골짜기 입구를 의미하는 '口(입 구)'를 합친 글자. 이에 '골짜기'의 뜻을 나타냄.

[풀이] 골. 골짜기. ¶溪谷
谷澗(곡간) 골짜기에 흐르는 개울.
谷水(곡수) 골짜기에 흐르는 물.
溪谷(계곡) 물이 흐르는 골짜기.
峽谷(협곡) 좁고 험한 골짜기.

谿
- ⓒ 17획
- 溪(p425)와 同字

豁
- ⓒ 17획
- 골짜기 활
- 日 カツ
- 中 huō, huò

[풀이] 1. 골짜기. 2. 열리다. 확 트이다. ¶豁達 3. 크다. 넓다. ¶空豁
豁達(활달) 활짝 트인 모양. 사방이 시원하게 트인 모양.
空豁(공활) 텅 비고 넓음.

豆부

豆 콩 두 部

'豆'자는 굽이 높은 그릇의 모양을 본뜬 글자로, 후에 제물을 담는 그릇으로 사용되었기 때문에 '제기 이름'을 뜻한다. 또한 두유(豆乳)에서처럼 그릇과 관계없이 '콩'이라는 뜻으로 자주 쓰이기도 한다.

豆
- ⓒ 7획
- 콩 두
- 日 トウ・ズ・まめ
- 中 dòu

一 丆 㠯 甘 豆 豆 豆

* 상형. 뚜껑(一)과 그릇(口)과 발(㐅)을 합쳐서, 고기를 담는 식기의 모양을 본뜬 글자. 바뀌어, '콩'의 뜻으로 쓰임.

[풀이] 1. 콩. 팥. ¶豆乳 2. 제기(祭器) 이름. 굽이 높은 나무 그릇. 3. 제수(祭需). 제사에 쓰이는 음식.

豆腐(두부) 콩을 갈아서 익힌 후, 베자루에 걸러서 간수를 쳐서 만든 음식.
豆乳(두유) 간 콩에 물을 더하여 진하게 끓인 액체. 콩국.
豆油(두유) 콩기름.
綠豆(녹두) 콩과에 속한 일년초.

豈
- ⓒ 10획
- ❶ 어찌 기　日 ガイ・キ・あに
- ❷ 즐거울 개　中 kǎi, qǐ

一 丨 屮 屮 屮 岩 岩 岩 岂 豈

* 형성. 뜻을 나타내는 부수 '豆(콩 두)'와 음을 나타내는 '微(작을 미)'의 생략형을 합친 글자.

[풀이] ❶ 1. 어찌. 반어문(反語文)에 쓰임. ❷ 2. 즐겁다. ¶豈樂 3. 화락하다.
豈樂(1.개락/2.개악) 1)기뻐함. 즐거

[豆 6~21획] 豐豎豌豐豔 [豕 0~4획] 豕豚

위함. 2)개선(凱旋)할 때 연주하는 음악.
豈可(기가) 어찌 …할 수 있는가? 금지의 뜻.
豈唯(기유) 어찌 다만 그것뿐이랴. 그것만이 아니라는 뜻.
유 何(어찌 하)

豐 ⑥ 13획
❶ 禮(p533)의 古字
❷ 豊(p705)의 俗字

豎 ⑧ 15획 日ジュ
세울 수 中shù

풀이 1. 세우다. 서다. ¶豎立 2. 더벅머리. 3. 아이. 관례를 치르지 않은 아이. ¶豎子
豎立(수립) 똑바로 섬. 또는 똑바로 세움.
豎臣(수신) 지위가 낮은 벼슬아치.
豎儒(수유) 1)못난 학자. 유학자(儒學者)를 낮추어 하는 말. 2)유학자의 겸칭.
비 堅(굳을 견)

豌 ⑧ 15획 日エン
완두 완 中wān

풀이 완두.
豌豆(완두) 콩과의 일년초.

豐 ⑪ 18획 日ホウ·ゆたか
풍년 풍 中fēng

丨丨丩丰丰丯丰丰豐豐豐豐豐豐豐豐豐豐

*상형. 그릇(豆) 위에 음식을 담아 올린 모양을 본뜬 글자. 음식이 가득 들어 있는 데에서 '풍년'이 들다', '넉넉하다'의 뜻을 나타냄.
풀이 1. 풍년. 풍년이 들다. ¶豐年 2. 넉넉하다. 많다. ¶豐盛
豐年(풍년) 곡식이 잘 익은 해. 농사가 잘된 해.
豐麗(풍려) 풍족하고 아름다움.
豐盛(풍성) 넉넉하고 성함.
豐饒(풍요) 넉넉함.
豐足(풍족) 넉넉하고 충분함.
반 凶(흉할 흉)

豔 ㉑ 28획
艶(p621)과 同字

豕 부

豕 돼지 시 部

'豕' 자는 돼지의 모양을 본뜬 글자로, '돼지'를 뜻한다. 이 글자를 부수로 하는 글자는 돼지나 그와 닮은 동물과 관계가 있다.

豕 ⓪ 7획 日シ·いのこ
돼지 시 中shǐ

풀이 돼지. ¶豕心
豕牢(시뢰) 돼지우리. 뒷간.
豕心(시심) 돼지처럼 염치없고 욕심이 많은 마음.
유 亥(돼지 해) 豚(돼지 돈) 猪(돼지 저)

豚 ④ 11획 日トン·ぶた
돼지 돈 中tún

丿几月月厂肟肟肟豚豚豚

*회의. '豕(돼지 시)'와 '月(고기 육)'을 합친 글자.
풀이 1. 돼지. 새끼 돼지. ¶豚犬 2. 흙을 넣은 자루.
豚犬(돈견) 1)돼지와 개. 2)미련하고 못난 사람.

豚兒(돈아) 돼지처럼 미련한 철없는 아이. 곧, 남에게 자기의 아들을 낮추어 일컫는 말.
豚肉(돈육) 돼지고기.
養豚(양돈) 돼지를 먹여 기름.
⊟ 亥(돼지 해) 猪(돼지 저)

象 ⑤ 12획 ⓙゾウ・ショウ 코끼리 상 ⓒxiàng

*상형. 코끼리 모양을 본뜬 글자.

풀이 1. 코끼리. ¶象牙 2. 모양. 생김새. 3. 조짐. 징조. 4. 본뜨다. 본받다. ¶象形

象石(상석) 능(陵)·동산에 세우는 사람이나 짐승 모양의 조각.
象牙(상아) 코끼리의 윗대에 길게 뻗은 두 개의 앞니.
象徵(상징) 직접 보이지 않는 사물을 그것과 어떤 유사성을 가진 것에 의하여 연상하는 과정.
象形(상형) 1)형상을 본뜸. 2)한자 육서(六書)의 하나.
表象(표상) 대표적인 상징.
⊟ 衆(무리 중) 像(형상 상)

豢 ⑥ 13획 ⓙカン 기를 환 ⓒhuàn

풀이 1. 기르다. 가축을 기르다. ¶豢養 2. 곡식을 먹여 기른 가축.

豢養(환양) 가축을 기름.
豢圉(환어) 외양간. 마구간.
⊟ 飼(먹일 사)

豪 ⑦ 14획 ⓙゴウ 호걸 호 ⓒháo

*형성. 뜻을 나타내는 부수 '豕(돼지 시)'와 음을 나타내는 '高(높을 고)'의 생략형을 합친 글자.

풀이 1. 호걸. 뛰어난 인물. ¶豪傑 2. 호협(豪俠)하다. 호방하고 의협심이 있다. 3. 사치하다.

豪傑(호걸) 1)재주와 덕이 뛰어난 인물. 2)무술이 뛰어나고 용감한 사람.
豪邁(호매) 지혜와 용기가 비범함.
豪放(호방) 의기(意氣)가 넘쳐 작은 일에 구애받지 않음.
豪爽(호상) 호방하고 시원시원함.
豪雄(호웅) 뛰어나게 훌륭한 사람. 영웅호걸.
豪族(호족) 한 지방에서 세력이 강한 일족.
豪快(호쾌) 호탕하고 쾌활함.
豪宕(호탕) 기풍이 호걸스럽고 방종함.
豪華(호화) 사치스럽고 화려함.
⊟ 俊(준걸 준) 傑(뛰어날 걸)

豫 ⑨ 16획 ⓙヨ 미리 예 ⓒyù

*형성. 뜻을 나타내는 '象(코끼리 상)'과 음을 나타내는 '予(나 여)'를 합친 글자.

풀이 1. 미리. 미리 하다. ¶豫知 2. 즐거워하다. 즐거움. 3. 망설이다. 주저하다.

豫感(예감) 어떤 일을 미리 감지함.
豫斷(예단) 미리 앞서 판단함.
豫防(예방) 미리 막음.
豫程(예정) 미리 정해진 일정.
豫知(예지) 미리 앎.
豫測(예측) 미리 헤아림.
⊟ 預(미리 예)

猪 ⑨ 16획

猪(p471)와 同字

豸부

豸 갖은돼지시변 部

'豸'자는 짐승 모양에서 비롯된 글자로 지렁이 같은 발 없는 벌레를 총칭한다. 그러나 자형(字形)이 '豕(돼지 시)'자와 비슷하다 하여 '갖은돼지시변'이라는 부수 명칭으로 불린다. 이 글자를 부수로 갖는 글자는 주로 육식을 하는 날쌘 동물의 명칭과 관련이 있다.

豸 ⓞ 7획 日シ 中zhì
❶ 발 없는 벌레 치
❷ 해태 태

* 상형. 등이 길고 꼬리가 있는 짐승이 입을 크게 벌리고 있는 옆모습을 본뜬 글자.

[풀이] **❶** 1. 발 없는 벌레. 2. 늦추다. 풀다. **❷** 3. 해태(獬豸). 옳고 그름을 판단하여 안다는 상상의 동물.

豺 ③ 10획 日シ・ヤマイヌ 中chái
승냥이 시

[풀이] 승냥이. 갯과에 속하는 맹수. ¶豺狼

豺狼(시랑) 1)승냥이와 이리. 2)욕심이 많고 무자비한 사람.
豺虎(시호) 1)승냥이와 호랑이. 2)사납고 흉악한 사람.

豹 ③ 10획 日ヒョウ 中bào
표범 표

[풀이] 표범. ¶豹胖

豹文(표문) 표범의 털 무늬.
豹變(표변) 1)표범이 가을이 되면 아름다워진다는 뜻으로, 성품과 행동이 갑자기 착해져 개과천선함을 비유하는 말. 2)태도가 갑자기 변함.
豹隱(표은) 세상을 피하여 숨어 삶.

貂 ⑤ 12획 日ショウ 中diāo
담비 초

[풀이] 담비. 족제빗과의 동물.

貂蟬(초선) 1)담비 꼬리와 매미 날개. 고관의 관(冠)에 다는 장식. 2)고관(高官).
비 紹(이을 소)

貊 ⑥ 13획 日ミャク 中mò
종족 이름 맥

[풀이] 1. 종족 이름. 예맥(濊貊). 중국 동북쪽에 살던 종족. 2. 나라 이름.

貉 ⑥ 13획 日カク・バク 中háo, hé
❶ 오소리 학
❷ 종족이름맥

[풀이] **❶** 1. 오소리. 2. 2. 종족 이름. '貊(종족 이름 맥)'과 동자.

貍 ⑦ 14획 日リ・バイ 中lí, mái
너구리 리
・ためぬき

[풀이] 1. 너구리. 2. 삵. 살쾡이.

貌 ⑦ 14획 日ボウ・かお 中mào
❶ 모양 모
❷ 본뜰 막

丶丶丷豸豸豸豸豸豸豸豸豸豸
豹 貌

[풀이] **❶** 1. 모양. 용모. 얼굴. ¶容貌 **❷** 2. 본뜨다. 모사하다.

貌樣(모양) 생김새.
美貌(미모) 아름다운 얼굴 모습.

容貌(용모) 얼굴 모습.

貓 ⑨ 16획
猫(p470)와 同字

貝부

貝 조개 패部

'貝'자는 조개의 모양을 본뜬 글자로, '조개'를 나타낸다. 또한 조개가 화폐로 많이 사용되었기 때문에 '화폐', '돈'이라는 의미로도 쓰이며, 패물(貝物)에서처럼 '장신구'를 뜻하기도 한다. 이 글자를 부수로 갖는 글자는 일반적으로 화폐나 값진 재물과 관련이 있다.

貝 ⓪ 7획
조개 패
日 カイ
中 bèi

丨 冂 冂 月 目 貝 貝

* 상형. 조개류의 모양을 본뜬 글자.

풀이 1. 조개. ¶貝類 2. 돈. 고대에 화폐 역할을 하던 조개. ¶貝貨

貝殼(패각) 조개의 껍데기. 조가비.
貝物(패물) 산호(珊瑚)·호박(琥珀)·수정(水晶)·대모(玳瑁) 등으로 만든 물건의 총칭.
貝玉(패옥) 돈과 보배.
貝貨(패화) 고대 조가비로 유통되던 화폐.

비 見(볼 견)

負 ② 9획
질 부
日 フ・まける
中 fù

⺈ ⺈ ⺈ ⺈ 宀 宀 负 負 負

* 회의. 사람(人)이 금품(貝)을 메어 나르는 것을 나타내어, '등에 지다'의 뜻으로 쓰임.

풀이 1. 지다. 업다. 짊어지다. ¶負擔 2. 떠맡다. 책임을 지다. 3. 지다. 패하다. ¶勝負 4. 짐. 책임. 부담.

負擔(부담) 1)짐을 등에 지고 어깨에 멤. 또는 그 짐. 2)할 일을 책임짐.
負傷(부상) 몸에 상처를 입음. 또는 그 상처.
負債(부채) 남에게 진 빚.
負荷(부하) 1)짐을 짐. 또는 그 짐. 2)일을 맡김.

貞 ② 9획
곧을 정
日 テイ
中 zhēn

丶 ㅏ ㅏ 占 占 卢 卣 貞 貞

* 회의. 신에게 재물(貝)을 바쳐 길흉을 점친다(卜)에서 '점치다'의 뜻을 나타냄. 바뀌어, '곧다', '정조' 등의 뜻으로 쓰임.

풀이 1. 곧다. 바르다. 2. 정조. 절개. 절개를 지키다. ¶貞節

貞潔(정결) 절개가 곧고 깨끗함.
貞靈(정령) 지조가 굳은 사람의 영혼.
貞淑(정숙) 지조가 굳고 마음이 맑음.
貞節(정절) 여자의 굳은 마음과 변하지 않는 절개.
貞操(정조) 여자의 깨끗한 절개.
貞確(정확) 바르고 굳음.

동 直(곧을 직)

貢 ③ 10획
바칠 공
日 コウ・ク・みつぐ
中 gòng

一 丅 下 王 干 乕 盯 青 青 貢

* 형성. 뜻을 나타내는 부수 '貝(조개 패)'와 음을 나타내는 '工(장인 공)'을 합친 글자.

풀이 1. 바치다. 공물을 바치다. ¶貢物 2. 공물.

貢納(공납) 공물을 바침.
貢物(공물) 조정에 바치는 물건.

[貝 3~4획] 財貫貧責

貢稅(공세) 세금. 조세(租稅).
貢案(공안) 공물을 기록한 문서.
貢獻(공헌) 1)공물을 바침. 2)이바지함.
朝貢(조공) 속국이 종주국에 예물로 물건을 바치던 일. 또는 그 예물.
㊌ 獻(바칠 헌)

財 ④ 10획 재물 재
日 ザイ・サイ ・たから
中 cái

ㅣㄇㄇ月月月貝貝 財 財

* 형성. 뜻을 나타내는 부수 '貝(조개 패)'와 음을 나타내는 '才(재주 재)'를 합친 글자.

풀이 1. 재물. ¶財物 2. 녹(祿). 벼슬아치에게 연봉으로 주는 곡식이나 돈.

財界(재계) 실업계 및 금융계 인사의 사회.
財團(재단) 일정한 목적을 달성하기 위하여 조직된 재산의 집단체.
財物(재물) 돈이나 그 밖의 값나가는 물건.
財閥(재벌) 경제계에 큰 세력을 가진 자본가의 파벌.
財産(재산) 개인이나 집단이 소유하는 재물.
財貨(재화) 1)재물. 2)사람의 욕망을 채워 주는 물질적 대상의 총칭.
㊌ 貨(재화 화)

貫 ④ 11획 꿸 관
日 カン・つらぬく
中 guàn

ㄥㅁ四毋毋貫貫貫貫

* 형성. 뜻을 나타내는 부수 '貝(조개 패)'와 음을 나타내는 '毌(꿰뚫을 관)'을 합친 글자. 끈으로 꿴 돈을 나타내어, 금전이나 무게의 '단위' 또는 '꿰뚫다'의 뜻을 나타냄.

풀이 1. 꿰다. 뚫다. 통과하다. ¶貫流 2. 돈꿰미. 엽전을 꿰는 노끈. 3. 본적. ¶貫鄕 4. 겹치다. 거듭하다. 5.㋐관. ㉠무게의 단위. 10냥쭝. ㉡돈. 엽전 10꾸러미.

貫流(관류) 꿰뚫어 흐름. 어떤 지역을 흘러 통과함.
貫徹(관철) 자신의 주장을 끝까지 밀고 나가 이루어 냄.
貫通(관통) 1)꿰뚫어 통함. 2)조리가 분명함.
貫鄕(관향) 시조(始祖)의 고향. 본(本). 본향(本鄕).
一貫(일관) 처음부터 끝까지 한결같이 꿰뚫음.
㊌ 徹(통할 철)

貧 ④ 11획 가난할 빈
日 ヒン・ビン まずしい
中 pín

ㄱ八分分分貧貧貧貧貧

* 형성. 뜻을 나타내는 부수 '貝(조개 패)'와 음을 나타내는 '分(나눌 분)'을 합친 글자.

풀이 1. 가난하다. 가난. ¶貧困 2. 가난한 사람. 3. 모자라다.

貧困(빈곤) 가난하고 곤궁하여 살기 어려움.
貧窮(빈궁) 가난하고 생활이 곤궁함.
貧民(빈민) 가난한 백성.
貧富(빈부) 가난과 넉넉함.
貧弱(빈약) 1)가난하고 약함. 또는 그 사람. 2)내용이 충실하지 못함.
貧寒(빈한) 가난하고 쓸쓸함.
貧血(빈혈) 혈액 가운데의 적혈구나 혈색소가 줄어들어 생기는 현상.
極貧(극빈) 몹시 가난함.
淸貧(청빈) 청렴하고 가난함.
㊉ 富(부자 부) 優(넉넉할 우)
㊎ 貪(탐할 탐)

責 ④ 11획
日 セキ・サク しかれる
中 zé

❶ 꾸짖을 책
❷ 빚 채

一+主丰青青青青責責

[貝 4~5획] 貪販貨貴

* 형성. 뜻을 나타내는 부수 '貝(조개 패)'와 음을 나타내는 '朿(가시 자)'의 변형자를 합친 글자.

[풀이] **1.** 꾸짖다. 책망하다. ¶責望 **2.** 책임. 임무. **2 3.** 빚. 채무.
責望(책망) 1)허물을 꾸짖음. 2)요구하고 바람.
責務(책무) 책임지고 해야 할 일.
責問(책문) 책망하여 물음.
責言(책언) 꾸짖는 말.
責任(책임) 맡아서 해야 할 임무나 의무.
免責(면책) 책망이나 책임을 면함.
質責(질책) 꾸짖어 바로잡음.
[비] 貴(귀할 귀) 靑(푸를 청)

貪 ④ 11획 탐할 탐 [日] タン・ドン・むさぼる [中] tān

ノ 八 へ 今 今 含 含 含 貪 貪

* 형성. 뜻을 나타내는 부수 '貝(조개 패)'와 음을 나타내는 '今(이제 금)'을 합친 글자.

[풀이] 탐하다. 욕심을 부리다. ¶貪心
貪官汚吏(탐관오리) 부정을 저지르는 벼슬아치.
貪讀(탐독) 욕심내어 읽음.
貪心(탐심) 1)물건을 탐내는 마음. 2)부당한 욕심.
貪慾(탐욕) 사물을 지나치게 탐하는 마음.
貪虐(탐학) 탐욕(貪慾)이 많고 포악함.
小貪大失(소탐대실) 작은 것을 탐하다가 오히려 큰 것을 잃음.
食貪(식탐) 음식을 탐내는 일.
[비] 貧(가난할 빈)

販 ④ 11획 팔 판 [日] ハン・うる [中] fàn

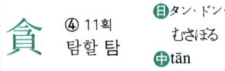

* 형성. 뜻을 나타내는 부수 '貝(조개 패)'와 음을 나타내는 '反(되돌릴 반)'을 합친 글자.

[풀이] **1.** 팔다. 장사하다. ¶販賣 **2.** 장사. 상업.
販路(판로) 상품이 팔리는 방면이나 길.
販賣(판매) 상품을 팖.
[유] 賣(팔 매) [비] 買(살 매)

貨 ④ 11획 재화 화 [日] カ・たから [中] huò

* 형성. 뜻을 나타내는 부수 '貝(조개 패)'와 음을 나타내는 '化(될 화)'를 합친 글자.

[풀이] **1.** 재화. 재물. 돈. **2.** 화물. 물품. ¶貨物
貨物(화물) 기차·비행기·배 등의 수송 수단으로 옮기는 짐.
貨幣(화폐) 돈.
財貨(재화) 돈이나 값어치 있는 물건.
[유] 財(재물 재)

貴 ⑤ 12획 귀할 귀 [日] キ・たっとい・とうとい [中] guì

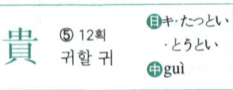

[풀이] **1.** 귀하다. 신분이 높다. ¶貴族 **2.** 귀중하다. 중요하다. **3.** 귀하게 여기다. 숭상하다.
貴金屬(귀금속) 생산이 적고 화학 변화가 적은, 백금·황금 등의 금속.
貴賓(귀빈) 귀한 손님.
貴人(귀인) 지위가 높은 사람.
貴族(귀족) 1)신분이 높고 가문이 좋은 사람의 가계(家系). 2)상류 사회에서 특권을 가진 지배 계급.
貴重(귀중) 1)신분이 높고 권세가 있음. 2)귀하고 중요함.
貴賤(귀천) 존귀함과 미천함.
貴下(귀하) 상대방에 대한 존칭.
尊貴(존귀) 지위가 높고 귀함.
[반] 賤(천할 천) [비] 責(꾸짖을 책)

貸

- ⑤ 12획
- 日 タイ・かす
- 빌릴 대
- 中 dài, tè

丿 亻 亻 代 代 代 俗 貸 貸 貸

*형성. 뜻을 나타내는 부수 '貝(조개 패)'와 음을 나타내는 '代(대신할 대)'를 합친 글자.

풀이 1. 빌리다. 대여하다. ¶貸與 2. 주다. 베풀다. 3. 용서하다.

貸假(대가) 빌림. 빌려 줌.
貸付(대부) 변리와 기간을 정하고 돈이나 물건 등을 빌려 줌.
貸與(대여) 빌려 줌.
貸借(대차) 빌려 줌과 빌려 옴.
貸出(대출) 돈을 빌려 지출함.
비 貨(품삯 임)

買

- ⑤ 12획
- 日 バイ・マイ・かう
- 살 매
- 中 mǎi

丨 冂 冖 罒 罒 罒 買 買 買 買

*회의. '貝(조개 패)'와 '网(그물 망)'을 합친 글자. 그물로 떠내듯이 물건을 사 모으는 것을 나타내어, '사다'의 뜻을 나타냄.

풀이 사다. ¶買入

買賣(매매) 사는 일과 파는 일. 사고 팖.
買收(매수) 1)물건을 사서 거두어들임. 2)금품 등으로 남을 꾀어 자기 편으로 끌어들임.
買入(매입) 사들임.
買占(매점) 장차 그 물건이 달릴 것을 예상하고 휩쓸어 사 둠.
買辦(매판) 외국 자본에 붙어 개인의 이익만을 취하며 제 나라의 이해를 돌보지 않는 일. 또는 그 사람.
반 賣(팔 매)

貿

- ⑤ 12획
- 日 ボウ
- 바꿀 무
- 中 mào

丿 丆 丣 卯 卯 智 智 貿 貿 貿

*형성. 뜻을 나타내는 부수 '貝(조개 패)'와 음을 나타내는 '卯(넷째 지지 묘)'를 합친 글자.

풀이 1. 바꾸다. 교역하다. ¶貿易 2. 사다.

貿易(무역) 외국과 상품을 수출입하는 교역(交易).
유 易(바꿀 역)

賁

- ⑤ 12획
- 日 ヒ・フン
- ❶ 클 분
- ❷ 꾸밀 비
- 中 fén, bì

풀이 ❶ 1. 크다. 2. 성내다. **❷** 3. 꾸미다.

費

- ⑤ 12획
- 日 ヒ
- 쓸 비
- 中 fèi

一 ニ 弓 弗 弗 弗 帶 費 費 費 費

*형성. 뜻을 나타내는 부수 '貝(조개 패)'와 음을 나타내는 '弗(아닐 불)'을 합친 글자.

풀이 1. 쓰다. 소비하다. ¶消費 2. 비용. ¶費目

費用(비용) 쓰이는 돈.
浪費(낭비) 돈이나 물건을 헛되이 씀.
消費(소비) 돈이나 물건을 씀.
유 用(쓸 용)

貰

- ⑤ 12획
- 日 セイ・かりる
- 세낼 세
- 中 shì

*형성. 뜻을 나타내는 부수 '貝(조개 패)'과 음을 나타내는 '世(대 세)'를 합친 글자.

풀이 1. 세내다. 빌리다. ¶傳貰 2. 용서하다. 놓아주다.

貰貸(세대) 세를 내고 빌려 줌.
貰赦(세사) 죄를 용서함.
傳貰(전세) 부동산 소유자에게 돈을 맡기고 정한 기간까지 부동산을 빌려 쓰는 일.
유 借(빌 차) 貸(빌릴 대)

貳

- ⑤ 12획
- 日 ニ
- 두 이
- 中 èr

[풀이] 1. 둘. '二(두 이)'의 갖은자. 2. 두 마음. 두 마음을 품다. ¶貳心 3. 거듭하다. 반복하다. ¶貳過

貳車(이거) 바꿔 타기 위해 여벌로 따르는 수레.

貳過(이과) 잘못을 거듭하여 저지름.

貳心(이심) 두 마음. 배반을 품은 생각. 이심(二心).

貽 ⑤ 12획 줄 이 [日]イ [中]yí

[풀이] 1. 주다. 2. 물려주다. 남기다. ¶貽訓

貽厥(이궐) 자손에게 물려준 계책.

貽訓(이훈) 조상이 자손을 위하여 남긴 교훈.

貲 ⑤ 12획 재물 자 [日]シ [中]zī

[풀이] 1. 재물. ¶貲產 2. 재물을 바쳐 죄를 면제받다. ¶貲郎

貲郎(자랑) 재물을 내고 된 낭관(郎官). 곧, 돈으로 벼슬을 산 사람.

貲產(자산) 재산(財產).

[유] 貨(재화 화)

貯 ⑤ 12획 쌓을 저 [日]チョ [中]zhù

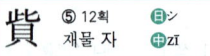

* 형성. 뜻을 나타내는 부수 '貝(조개 패)'와 음을 나타내는 '宁(쌓을 저)'를 합친 글자. 이에 재물[貝]을 모아 두는[宁] 일이라는 데서, '쌓다'의 뜻을 나타냄.

[풀이] 쌓다. 모으다. ¶貯金

貯金(저금) 돈을 모음. 또는 그 돈.

貯水池(저수지) 상수도나 관개용으로 둑을 쌓고 물을 모아 두는 곳.

貯藏(저장) 물건을 모아서 간수함.

貯蓄(저축) 절약하여 모아 둠.

[유] 築(쌓을 축) 積(쌓을 적) 畜(쌓을 축)

貼 ⑤ 12획 붙을 첩 [日]チョウ·テン ·はる [中]tiē

[풀이] 1. 붙다. 붙이다. ¶貼付 2. 알맞게 하다. 3.[韓] 첩. 약봉지에 싼 약의 뭉치를 세는 단위. ¶貼藥

貼付(첩부) 착 들러붙게 붙임.

貼藥(첩약) 여러 가지 약재를 섞어 약봉지에 싼 약.

貶 ⑤ 12획 떨어뜨릴 폄 [日]ヘン·けなす ·おとす [中]biǎn

[풀이] 1. 떨어뜨리다. 벼슬을 낮추다. ¶貶降 2. 헐뜯다. 깎아내리다. ¶貶下 3. 내치다. 물리치다.

貶降(폄강) 벼슬의 등급을 떨어뜨림.

貶論(폄론) 남을 헐뜯어 하는 말.

貶下(폄하) 1)가치를 깎아내림. 2)실적이 나쁜 관리의 벼슬을 떨어뜨림.

[유] 下(아래 하)

賀 ⑤ 12획 하례할 하 [日]ガ·いわう [中]hè

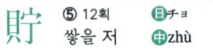

* 형성. 뜻을 나타내는 부수 '貝(조개 패)'와 음을 나타내는 '加(더할 가)'를 합친 글자.

[풀이] 1. 하례하다. 축하하다. ¶賀客 2. 하례. 경축.

賀客(하객) 축하하러 온 손님.

賀禮(하례) 축하하는 예식(禮式). 하의(賀儀).

祝賀(축하) 경사에 기쁘다는 뜻으로 인사함. 또는 그 인사.

賈 ⑥ 13획 ❶ 장사 고 ❷ 값 가 [日]コウ·カ ·あきなう [中]gǔ, jiǎ

[貝 6~7획] 賈賃資賊賄賓

*형성. 뜻을 나타내는 부수 '貝(조개 패)'와 음을 나타내는 '两(덮을 아)'를 합친 글자.

[풀이] **❶** 1. 장사, 장사하다. ¶賈人 2. 팔다. 3. 사다. **❷** 6. 값.

賈客(고객) 상인(商人).
賈人(고인) 상인. 장사하는 사람.
賈胡(고호) 서역(西域)의 상인. 외국 상인.

[유] 商(장사 상) [비] 買(살 매) 賣(팔 매)

賂 ⑥ 13획 日ロ 뇌물 뢰(뇌) 中lù

[풀이] 1. 뇌물. ¶賂物 2. 뇌물을 주다.
賂物(뇌물) 목적을 이루기 위하여 힘이 있는 관계자에게 부탁과 함께 몰래 주는 부정한 재물.

賃 ⑥ 13획 日チン・やとう 품팔이 임 中lìn

丿亻仁仟任侢侢侢賃賃賃

*형성. 뜻을 나타내는 부수 '貝(조개 패)'와 음을 나타내는 '任(맡길 임)'을 합친 글자.

[풀이] 1. 품팔이. 품팔이꾼. 2. 품을 팔다. 고용되다. ¶賃作 3. 품삯. 4. 세내다. 빌리다. ¶賃借

賃貸(임대) 품삯을 받고 빌려 줌.
賃作(임작) 품삯을 받고 일을 함.
賃借(임차) 품삯을 주고 빌림.

[반] 雇(품팔 고) [비] 貸(빌릴 대)

資 ⑥ 13획 日シ 재물 자 中zī

丶丶冫次次咨咨咨資資

*형성. 뜻을 나타내는 부수 '貝(조개 패)'와 음을 나타내는 부수 이외의 글자로 이루어짐.

[풀이] 1. 재물. ¶資產 2. 밑천. ¶資本 3. 비용. 4. 바탕, 자질. ¶資格

資格(자격) 1)신분과 지위. 2)어떤 일을 하는 데 필요한 조건.
資給(자급) 공급함.
資本(자본) 사업의 설립·존속에 필요한 자금. 밑천.
資產(자산) 땅·건물·돈 등의 재산.
資質(자질) 타고난 성질. 천성(天性).
投資(투자) 사업에 밑천을 댐.

[유] 財(재물 재) 貨(재화 화)

賊 ⑥ 13획 日ゾク・ぬすむ 도둑 적 中zéi

丨刂刂贝贝贝肜肜賊賊賊

*회의. 무기(戎)를 들고 재물(貝)을 훔치는 무리를 나타내어, '도둑'의 뜻으로 쓰임.

[풀이] 1. 도둑. ¶盜賊 2. 역적. ¶賊臣 3. 해치다. ¶賊害 4. 훔치다.

賊反荷杖(적반하장) 잘못된 사람이 도리어 아무 잘못이 없는 사람에게 성질을 냄.
賊臣(적신) 반역을 꾀하는 신하.
賊心(적심) 1)남을 해치려는 마음. 2)모반(謀叛)을 꾀하는 마음.
盜賊(도적) 도둑.

[유] 寇(도둑 구)

賄 ⑥ 13획 日ワイ・まかなう 뇌물 회 中huì

[풀이] 1. 뇌물. ¶賄賂 2. 선물. 3. 재물. 재보(財寶).

賄交(회교) 뇌물을 주며 하는 교제.
賄賂(회뢰) 1)뇌물. 2)뇌물을 줌.

賓 ⑦ 14획 日ヒン 손 빈 中bīn

丶宀宀宁宁宁宇宇宿賓賓賓

*형성. 뜻을 나타내는 부수 '貝(조개 패)'와 음을 나타내는 부수 이외의 글자로 이루어짐.

풀이 1. 손. 손님. ¶賓客 2. 인도하다. 3. 따르다. 복종하다. ¶賓從

賓客(빈객) 귀한 손님. 점잖은 손님.
賓旅(빈려) 다른 나라에서 온 사람.
賓從(빈종) 진심으로 복종함.
賓天(빈천) 하늘의 빈객(賓客)이 된다는 뜻으로, 천자의 죽음을 이르는 말.
貴賓(귀빈) 신분이 귀한 손님.

賑 ⑦ 14획 日シン 구휼할 진 中zhèn

풀이 1. 구휼하다. 물자를 베풀어 구제하다. ¶賑恤 2. 넉넉하다. 부유하다.

賑贍(진섬) 어려운 사람에게 널리 물자를 나누어 줌.
賑恤(진휼) 어려운 사람에게 베풀어 줌. 불쌍히 여겨 구제함. 구휼(救恤).
유 恤(구휼할 휼) **비** 振(떨칠 진)

賚 ⑧ 15획 日ライ 줄 뢰(뇌) 中lài

* 형성. 뜻을 나타내는 부수 '貝(조개 패)'과 음을 나타내는 '來(올 래)'를 합친 글자.

풀이 1. 주다. 하사하다. ¶賚賞 2. 하사품.

賚賜(뇌사) 하사(下賜)하는 물품.
賚賞(뇌상) 상(賞)을 줌.

賣 ⑧ 15획 日バイ 팔 매 中mài

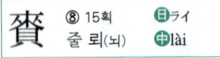

* 회의. '出(날 출)'의 생략형과 '買(살 매)'를 더해 물건을 팔려고 내놓는 것을 나타냄.

풀이 1. 팔다. ¶賣國 2. 배신하다. 팔아 넘기다. 3. 속이다.

賣却(매각) 팔아 치움.
賣國(매국) 나라를 팖.
賣買(매매) 물건을 사고 팖.
賣我(매아) 1) 남이 자신을 속임. 2) 자기 자신을 속임.
賣出(매출) 물건을 팖.
賣筆(매필) 글씨를 써 주고 돈을 받음.
販賣(판매) 상품을 팖.
반 買(살 매)

賠 ⑧ 15획 日バイ 물어 줄 배 中péi

풀이 물어 주다. 변상하다. ¶賠償

賠償(배상) 남에게 손해를 끼치고 물어 줌.

賦 ⑧ 15획 日フ 구실 부 中fù

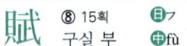

* 형성. 뜻을 나타내는 부수 '貝(조개 패)'와 음을 나타내는 '武(굳셀 무)'를 합친 글자.

풀이 1. 구실. 세금. 2. 요역(徭役). 병역(兵役). 3. 주다. 4. 매기다. 징수하다. ¶賦稅 5. 문체 이름.

賦課(부과) 세금을 결정하여 매김.
賦稅(부세) 조세를 부과함. 또는 그 조세.
賦粟(부속) 세금으로 거두어들이는 곡식.
賦役(부역) 국가나 공공 단체가 국민에게 부과하는 노역.
割賦(할부) 여러 번으로 나누어 지불함.

賜 ⑧ 15획 日シ・たまわる 줄 사 中cì

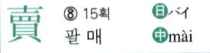

풀이 주다. 베풀다. 하사하다. ¶下賜

賜給(사급) 물건을 하사함.
賜額(사액) 임금이 사원(祠院) 등에 이름을 지어 그것을 새긴 액자를 내리던 일.

賜藥(사약) 임금이 독약을 내림.
下賜(하사) 임금이 아랫사람에게 금품을 내려 줌.

🔄 授(줄 수) 🔀 收(거둘 수)

賞 ⑧ 15획 🇯🇵ショウ
상 줄 상 🇨🇳shǎng

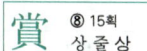
賞賞賞

* 형성. 뜻을 나타내는 부수 '貝(조개 패)'와 음을 나타내는 '尙(오히려 상)'을 합친 글자.

[풀이] 1. 상을 주다. 상. ¶賞金 2. 기리다. 칭찬하다. ¶賞動 3. 즐기다. 감상하다. ¶翫賞

賞金(상금) 상으로 주는 돈.
賞杯(상배) 상으로 주는 잔.
賞春(상춘) 봄의 경치를 감상하며 즐김.
賞勳(상훈) 공로를 찬양함.
翫賞(완상) 즐기며 감상함.

質 ⑧ 15획 🇯🇵シツ・シチ・チ
바탕 질 🇨🇳zhì

質質質

* 형성. 뜻을 나타내는 부수 '貝(조개 패)'와 음을 나타내는 '斦(모탕 은)'을 합친 글자.

[풀이] 1. 바탕. 본질. ¶資質 2. 품성. 품질. 3. 진실. 사실. 4. 볼모. 저당물. 5. 순박하다. ¶質朴 6. 바르다. 바르게 하다. 7. 묻다. ¶質問

質問(질문) 모르거나 의심나는 점을 캐어물음.
質朴(질박) 꾸밈없이 순수함.
質野(질야) 꾸밈이 없음.
質疑(질의) 의심나는 것을 질문함. 문의(問議).
質責(질책) 잘잘못을 밝혀 꾸짖음.
資質(자질) 타고난 소질.

🔄 本(근본 본)

贊 ⑧ 15획
贊(p717)의 俗字

賤 ⑧ 15획 🇯🇵セン・いやしい
천할 천 🇨🇳jiàn

丨丨冂冃冃貝貝貝賎賎賎
賎賎賎

* 형성. 뜻을 나타내는 부수 '貝(조개 패)'와 음을 나타내는 '戔(적을 천)'을 합친 글자. 화폐 가치가 적은 (戔) 조개(貝)를 나타내어, '싸다', '천하다'의 뜻으로 쓰임.

[풀이] 1. 천하다. 신분이 낮다. ¶賤民 2. 값이 싸다. 3. 얕보다. 천히 여기다. ¶賤視

賤待(천대) 업신여겨 푸대접함.
賤民(천민) 신분이 매우 낮은 백성.
賤視(천시) 업신여김. 천히 여김.
賤妾(천첩) 1)천한 계집종. 하녀(下女). 2)아내가 자신을 낮추어 이르는 말.
微賤(미천) 보잘것없고 천함.

賢 ⑧ 15획 🇯🇵ケン・かしこい
어질 현 🇨🇳xián

賢賢

* 형성. 뜻을 나타내는 부수 '貝(조개 패)'와 음을 나타내는 부수 이외의 글자를 합친 글자.

[풀이] 1. 어질다. 재주와 덕행이 높다. ¶賢明 2. 어진 사람. 재주와 덕행이 높은 사람. 3. 착하다.

賢達(현달) 현명하고 이치에 통달함. 또는 그런 사람.
賢明(현명) 어질고 사리에 밝음.
賢母良妻(현모양처) 어진 어머니이면서 또한 착한 아내.
賢淑(현숙) 여자가 현명하고 덕이 있음.
賢人(현인) 1)어진 사람. 현명한 사

[貝 9~11획] 賭賴暉賰購賻賽贄贅

람. 현자(賢者). 2)재주와 덕을 갖춘, 성인(聖人)의 다음 가는 사람.
賢哲(현철) 지혜가 깊고 사리에 밝음. 또는 그 사람.
聖賢(성현) 성인(聖人)과 현인(賢人).
🔁 仁(어질 인)

賭 ⑨ 16획 日ト 걸 도 中dǔ

풀이 1. 걸다. 노름이나 내기에 재물을 걸다. 2. 노름. 내기. ¶賭博
賭博(도박) 돈·재물을 걸고 서로 차지하려고 다투는 짓. 노름.

賴 ⑨ 16획 日ライ 힘입을 뢰(뇌) 中lài

丆 丅 亓 亘 束 東 東 軟 軔 軔
軔 軔 軔 軔 軔

* 형성. 뜻을 나타내는 부수 '貝(조개 패)'와 음을 나타내는 '剌(어그러질 랄)'을 합친 글자.

풀이 힘입다. 의지하다. ¶依賴
賴天(뇌천) 하늘의 도움을 입음.
依賴(의뢰) 1)남에게 의지함. 2)남에게 부탁함.

暉 ⑨ 16획 日ウン 넉넉할 운 中yǔn

풀이 넉넉하다. 부유하다.
🔁 暉(빛 휘)

賰 ⑨ 16획 日シュン 넉넉할 춘 中chǔn

풀이 넉넉하다. 부유하다.

購 ⑩ 17획 日コウ 살 구 中gòu

풀이 1. 사다. ¶購買 2. 상(賞)을 걸고

구하다. 3. 화해하다.
購讀(구독) 책·신문 등을 사서 읽음.
購買(구매) 물건을 사들임. 구입(購入).
購入(구입) 물건을 사들임.
🔁 買(살 매)

賻 ⑩ 17획 日フ 부의 부 中fù

풀이 부의. 부의를 보내다. ¶賻助
賻儀(부의) 초상집에 부조로 보내는 돈이나 물건.
賻助(부조) 상가에 부의를 보내어 장사(葬事)를 도움.

賽 ⑩ 17획 日サイ 굿할 새 中sài

풀이 1. 굿하다. 굿. ¶賽錢 2. 내기.
賽錢(새전) 신불에게 참배하며 돈을 바침. 또는 그 돈.

贄 ⑪ 18획 日シ 폐백 지 中zhì

* 형성. 뜻을 나타내는 부수 '貝(조개 패)'과 음을 나타내는 '執(잡을 집)'을 합친 글자.

풀이 폐백. 윗사람을 찾아갈 때 가지고 가는 예물. ¶贄幣
贄幣(지폐) 사례나 기념의 뜻으로 주는 물건. 예물(禮物).
贄見(지현) 제자가 재물을 가지고 스승을 알현함.

贅 ⑪ 18획 日ゼイ 혹 췌 中zhuì

풀이 1. 혹. 2. 군더더기. 쓸데없는 것. 3. 저당 잡히다. 4. 데릴사위. ¶贅壻
贅客(췌객) 사위. 데릴사위.
贅論(췌론) 쓸데없는 의론.
贅壻(췌서) 데릴사위.

贅說(췌설) 쓸데없는 말. 군더더기 말.

贇 ⑫ 19획 日イン
예쁠 빈·윤 ⊕yūn

풀이 예쁘다.

贈 ⑫ 19획 日ソウ·ゾウ·おくる
줄 증 ⊕zèng

丨 冂 冂 月 目 貝 貝 貝 貯 貯 貯 貯 貯 贈 贈 贈

* 형성. 뜻을 나타내는 부수 '貝(조개 패)'와 음을 나타내며 '보내다'의 의미를 지닌 '曾(일찍 증)'을 합친 글자. 남에게 재물(貝)을 보낸다(曾) 하여, '주다'의 뜻을 나타냄.

풀이 1. 주다. 보내다. 선물하다. ¶贈與 2. 선물.

贈與(증여) 선물을 주거나 또는 자신의 재산을 아무런 조건 없이 남에게 물려줌.
贈遺(증유) 유품을 줌. 또는 그 물품.
贈呈(증정) 남에게 물건을 줌.
寄贈(기증) 물품을 선물로 줌.
유 送(보낼 송)

贊 ⑫ 19획 日サン
도울 찬 ⊕zàn

丿 ｸ 夫 夫 扶 扶 扶 扶 扶 扶 扶 扶 扶 扶 扶 扶 扶 贊 贊 贊 贊

* 형성. 뜻을 나타내는 부수 '貝(조개 패)'와 음을 나타내며 '兟(나아갈 신)'을 합친 글자. 선물(貝)을 들고 만나러 가는(兟) 것을 나타내며, 남을 만날 때 선물을 주는 것이 도움이 된다 하여 '돕다'의 뜻으로 쓰임.

풀이 1. 돕다. ¶協贊 2. 기리다. 칭찬하다. ¶贊頌 3. 동의하다. 찬성하다. ¶贊成

贊導(찬도) 도와서 이끎.
贊成(찬성) 좋다고 인정하여 지지함.
贊佑(찬우) 도움. 찬조(贊助).

贊助(찬조) 뜻을 함께하여 서로 도움.
協贊(협찬) 힘을 모아 도와줌.
유 助(도울 조) 佈(도울 보) 비 讚(기릴 찬)

贍 ⑬ 20획 日セン
넉넉할 섬 ⊕shàn

풀이 1. 넉넉하다. 풍부하다. ¶贍給 2. 돕다. 구휼하다. ¶贍賑

贍賑(섬진) 재물을 베풀어 도와줌.
贍恤(섬휼) 어려운 사람을 구휼(救恤)함.

贏 ⑬ 20획 日エイ
남을 영 ⊕yíng

풀이 1. 남다. 나머지. ¶贏財 2. 이익을 보다. ¶贏得 3. 이기다.

贏得(영득) 남겨서 얻음. 이익을 봄.
贏財(영재) 남은 재산. 남은 돈.
贏縮(영축) 1)넘침과 모자람. 2)나아감과 물러섬.

贓 ⑭ 21획 日ゾウ
장물 장 ⊕zāng

* 형성. 뜻을 나타내는 부수 '貝(조개 패)'과 음을 나타내며 숨긴다는 의미를 지닌 '臧(감출 장)'을 합친 글자. 물건(貝)을 숨기는(臧) 것을 나타내어, '장물'의 뜻을 나타냄.

풀이 1. 장물(臟物). 범죄 행위로 취득한 물품. ¶贓品 2. 뇌물을 받다. ¶贓私

贓物(장물) 도둑질로 얻은 재물.
贓罪(장죄) 부정한 재물을 취한 죄.
비 臟(오장 장)

贖 ⑮ 22획 日ショク
속 바칠 속 ⊕shú

풀이 1. 속 바치다. 재물을 바쳐 죄를 면하다. ¶贖罪 2. 바꾸다. 물물 교환하다.

贖良(속량) 노예를 양민(良民)이 되게 풀어 줌.

贖錢(속전) 죄를 면하려고 돈을 바침.
贖罪(속죄) 돈을 내고 죄를 면함.

| 贋 | ⑮ 22획 日ガン 거짓 안 中yàn |

풀이 거짓. 가짜. 위조품. ¶贋書

贋金(안금) 가짜 돈.
贋書(안서) 가짜 책.
贋造(안조) 위조(僞造). 또는 위조품.

赤부

赤 붉을 적부

'赤'자는 팔과 다리를 크게 벌리고 있는 사람의 모양을 나타내는 '大(큰대)'와 타고 있는 불 모양을 나타내는 '火(불 화)'를 합쳐 만든 글자로, 붉다 라는 뜻을 나타낸다. 불에 타서 아무것도 없다는 뜻에서 '없다'는 뜻으로도 쓰이고, 아무것도 걸치지 않은 '벌거숭이'를 나타내기도 한다.

| 赤 | ⓪7획 日セキ・シャク・あかい 붉을 적 中chì |

一+土寸赤赤赤

*회의. 큰[大] 불[火]을 나타낸 글자로, 불꽃의 빛깔이 붉은 데서 '붉다'의 뜻으로 쓰임.

풀이 1. 붉다. 붉은빛. ¶赤字 2. 비다. 아무것도 없다. 3. 벌거벗다. ¶赤手

赤旗(적기) 1)붉은 기. 2)위험을 알리는 기.
赤裸裸(적나라) 1)발가벗은 상태. 2)숨김없이 있는 그대로 다 드러냄.
赤道(적도) 지심(地心)에 있어서 지축에 수직되는 면이 지표와 맞닿는 가상의 선.
赤手(적수) 맨손.
赤信號(적신호) 1)교통 기관의 정지 신호. 2)위험 신호.
赤字(적자) 1)붉은 잉크로 쓴 교정(校正)의 글씨. 2)수지 결산(收支決算)에서 지출이 수입보다 많은 것.
참 丹(붉을 단) 朱(붉을 주)

| 赦 | ④ 11획 日シャ・ゆるす 용서할 사 中cè, shè |

풀이 1. 용서하다. 놓아주다. ¶赦免 2. 사면. ¶特赦

赦免(사면) 죄나 허물을 용서하여 놓아줌.
赦罪(사죄) 죄를 용서하여 죄인을 놓아 주는 것.
特赦(특사) 특별 사면.
참 恕(용서할 서)

| 赧 | ⑤ 12획 日タン 얼굴 붉힐 난 中nǎn |

풀이 얼굴을 붉히다. 무안해하다. ¶赧愧

赧愧(난괴) 부끄러워 얼굴을 붉힘.

| 赫 | ⑦ 14획 日カク 붉을 혁 中hè |

*회의. 커다랗 불을 뜻하는 '赤(붉을 적)' 두개를 나란히 놓아, '붉다' 또는 '빛나는 모양'의 뜻을 나타냄.

풀이 1. 붉다. 붉은빛. ¶赫赫 2. 빛나는 모양. 밝은 모양.

赫赫(혁혁) 1)빛나는 모양. 2)왕성한 모양. 또는 위명(威名)을 떨치는 모양.
赫戲(혁희) 빛나는 모양.
참 赤(붉을 적)

| 赭 | ⑨ 16획 日シャ 붉은 흙 자 中zhě |

*형성. 뜻을 나타내는 부수 '赤(붉을 적)'과 음을 나타내는 '者(놈 자)'를 합친 글자.

[走 0~3획] 走 赳 赴 起

풀이 1. 붉은 흙. 2. 붉은빛. 붉다. ¶赭面 3. 붉게 물들이다.
赭面(자면) 1)붉은 얼굴. 2)얼굴을 붉게 칠함.
赭山(자산) 나무가 없는 붉은 산. 민둥산.

走부

走 달릴 주 部

'走'자는 사람이 달리는 모양을 나타내어 '달아나다', '달리다'라는 뜻으로 쓰인다. 또한 발을 가까이 자주 떼며 급히 걷는 걸음인 '종종걸음'을 나타내기도 하고, 자기를 낮추거나 남을 낮추어 말할 때에도 사용된다. 이 글자를 부수로 갖는 글자는 달리는 동작과 관련이 있다.

| 走 | ⓪ 7획 | 🗾 ソウ・はしる |
| | 달릴 주 部 | 中 zǒu |

一十土 キ キ 夫 走

*회의. 사람이 두 팔을 휘두르며 뛰는 모습을 나타낸 '夭(어릴 요)'와 발을 의미하는 '止(그칠 지)'를 합친 글자. 이에 '달리다'라는 뜻을 나타내며, 후에 '걷다'의 뜻으로도 쓰임.

풀이 1. 달리다. 뛰어가다. 2. 달아나다. ¶逃走 3. 나아가다.
走狗(주구) 1)사냥개. 2)남의 앞잡이가 되어 일하는 사람.
走馬看山(주마간산) 말을 타고 가며 산을 본다는 뜻으로, 대충 보고 지남을 이르는 말.
走馬燈(주마등) 돌리는 대로 그림의 장면이 다르게 보이는 등. 사물이 빨리 변화하는 것을 비유하는 말.
競走(경주) 일정한 거리를 달려서 빠르기를 다툼. 또는 그 경기.
逃走(도주) 피하여 달아남.

🔁 止(멈출 지)

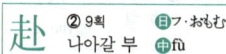

풀이 헌걸차다. 굳세고 용감한 모양.

| 赴 | ② 9획 | 🗾 フ・おもむく |
| | 나아갈 부 | 中 fù |

一十土キキ夫走赴赴

*형성. 뜻을 나타내는 부수 '走(달릴 주)'와 음을 나타내며 '서두르다'의 의미를 지닌 '卜(점 복)'을 합친 글자. 이에 '서둘러 가다'의 뜻을 나타냄.

풀이 1. 나아가다. 달려가다. ¶赴任 2. 다다르다. 3. 알리다. 부고(訃告)하다. ¶赴告
赴告(부고) 사람이 죽은 것을 알리는 통지. 부고(訃告).
赴任(부임) 임무를 맡게 되어 근무할 곳으로 감. 임명을 받아 새로 맡겨진 자리에 감.
🔁 進(나아갈 진)

| 起 | ③ 10획 | 🗾 キ・おきる |
| | 일어설 기 | 中 qǐ |

一十土キキ夫走起起

*형성. 뜻을 나타내는 부수 '走(달릴 주)'와 음을 나타내는 '己(몸 기)'를 합친 글자.

풀이 1. 일어서다. 2. 일어나다. 잠을 깨다. 3. 발생하다. 비롯하다. 4. 일을 시작하다. ¶起動 5. 일으키다.
起動(기동) 몸을 일으켜 움직임.
起立(기립) 앉은 자리에서 일어섬.
起伏(기복) 높아졌다 낮아졌다 하는 모양.
起死回生(기사회생) 죽어 가는 목숨을 다시 소생시킴.
起床(기상) 잠이 깨어 일어남.
起用(기용) 인재를 벼슬에 등용함.

起源(기원) 사물이 생긴 본바탕.
起點(기점) 기준이 되는 점.
惹起(야기) 어떤 일이나 사건을 일으킴.
🔁 坐(앉을 좌)

| 越 | ⑤ 12획
넘을 월 | 日エツ・こす
・こえる
中yuè |

一 十 土 𠆢 耂 耂 走 走 走 越
越 越

* 형성. 뜻을 나타내는 부수 '走(달릴 주)'와 음을 나타내는 '戉(도끼 월)'을 합친 글자.
[풀이] 1. 넘다. 건너다. ¶越江 2. 순서를 건너뛰다. 3. 경과하다. 4. 초과하다. 5. 뛰어나다.
越境(월경) 1)국경을 넘음. 2)경계를 넘어서 이웃을 침범함.
越權(월권) 자기 권한 밖의 행위.
越冬(월동) 겨울을 넘김. 겨울을 남.
越等(월등) 정도의 차이가 대단함. 훨씬 나음.
越墻(월장) 1)담을 넘음. 2)올바르지 못한 남녀의 교제.
超越(초월) 어떤 한계를 뛰어넘음.
🔁 超(넘을 초)

| 趁 | ⑤ 12획
좇을 진 | 日チン
中chèn |

[풀이] 1. 좇다. 따르다. 뒤쫓다. 2. 나아가다. 3. 달리다. 4. 타다. 편승하다.
趁期(진기) 기한이 다함. 진한(趁限).
趁무(진조) 진작. 빠른 시일에.

| 超 | ⑤ 12획
넘을 초 | 日チョウ・
こえる・こす
中chāo |

一 十 土 𠆢 耂 耂 走 起 起
超 超

* 형성. 뜻을 나타내는 부수 '走(달릴 주)'와 음을 나타내는 '召(부를 소)'을 합친 글자.
[풀이] 1. 넘다. 뛰어넘다. ¶超過 2. 지나가다. 3. 뛰어나다. ¶超人
超過(초과) 1)사물의 한도를 넘어섬. 2)일정한 수를 넘음.
超滿員(초만원) 정원(定員) 이상으로 사람이 꽉 참.
超然(초연) 1)높이 뛰어난 모양. 2)세속을 초월한 모양.
超越(초월) 1)보통보다 뛰어남. 2)경험 가능한 범위를 넘어섬.
超人(초인) 보통 사람보다 훨씬 뛰어난 사람. 비상한 능력을 가진 사람.
超脫(초탈) 세속에서 벗어남. 기품이 높아 세속에 관여하지 않는 것.
🔁 越(넘을 월)

| 趙 | ⑦ 14획
조나라 조 | 日チョウ
中zhào |

* 형성. 뜻을 나타내는 부수 '走(달릴 주)'와 음을 나타내는 '肖(닮을 초)'를 합친 글자.
[풀이] 1. 조나라. 주나라의 제후국으로 전국칠웅(戰國七雄)의 하나. 2. 빠르다.
趙行(조행) 빨리 감.

| 趣 | ⑧ 15획
❶ 뜻 취
❷ 재촉할 촉 | 日シュ・おもむき
中cù, qù |

一 十 土 𠆢 耂 耂 走 起 起 起
趣 趣 趣

* 형성. 뜻을 나타내는 부수 '走(달릴 주)'와 음을 나타내는 '取(취할 취)'를 합친 글자.
[풀이] ❶ 1. 뜻. 의미. 2. 달리다. 달려가다. ¶趣舍 3. 향하다. ❷ 4. 재촉하다. 독촉하다. ¶趣治
趣舍(취사) 1)취함과 버림. 2)나아감과 멈춤.
趣旨(취지) 어떤 일에 대한 기본적인 목적이나 의도.

[走 10획] 趣 [足 0~4획] 足 趴 趺 趾

趣向(취향) 하고 싶은 마음이 쏠리는 방향. 의향.

趣治(촉치) 재촉함. 급히 준비함.

유 走(달릴 주)

趨 ⑩ 17획
❶ 달릴 추 日スウ
❷ 재촉할 촉 中qū

풀이 ❶ 1. 달리다. 빨리 가다. ¶趨步 2. 뒤쫓다. ❷ 3. 재촉하다. 4. 빠르다. 급하다. ¶趨趨

趨步(추보) 종종걸음으로 빨리 나아감.

趨勢(추세) 1)세력이 있는 곳에 붙음. 2)세상의 돌아가는 형편.

趨時(추시) 세상의 풍속을 따름.

趨進(추진) 추창(趨蹌)하여 나아감. 빨리 나아감.

趨向(추향) 1)나아가는 방향. 2)대세가 지향하는 바.

趨織(촉직) 귀뚜라미의 다른 이름.

비 趣(달릴 취)

足 부

足(⻊) 발 족 部

'足'자는 무릎 아래의 종아리 모양에, 발가락과 발뒤꿈치를 모두 갖춘 발의 형태가 합쳐져 '발'을 뜻하게 된 글자다. '⻊'의 형태로 다른 글자의 왼쪽에 사용될 때는 '발족변'이라는 부수 명칭을 갖기도 한다. 이 글자는 '발'이라는 뜻 이외에도 부족(不足)이나 충족(充足)에서처럼 '만족하다'나, '더하다', '지나치다'의 뜻으로도 사용된다. '발'과 '만족하다'의 뜻일 때는 '족'으로 읽고, 그 이외의 뜻으로 쓰일 때에는 '주'라는 음으로 읽는다. 이 글자를 부수로 하는 글자는 일반적으로 발의 활동과 관련이 있다.

足 ⑦ 7획
❶ 발 족 日ソク・あし
❷ 지나칠 주 中zú

丨 口 口 푸 무 足 足

*상형. 무릎에서 발끝까지의 모양을 본뜬 글자. 발의 뜻을 나타냄.

풀이 ❶ 1. 발. ¶足跡 2. 뿌리. 3. 넉넉하다. 족하다. ¶滿足 4. 채우다. 충족시키다. ❷ 5. 지나치다.

足鎖(족쇄) 죄인의 발에 채우던 쇠사슬.

足跡(족적) 1)발자국. 2)옛날의 업적. 옛 자취.

過不足(과부족) 남음과 모자람.

滿足(만족) 마음에 모자람이 없어 흐뭇함.

長足(장족) 1)긴 다리. 2)진보가 매우 빠름.

유 脚(다리 각) 반 手(손 수)

趴 ④ 11획
日キ・むつゆび
중qí, qì

육발이 기

풀이 1. 육발이. 발가락이 여섯인 사람. 2. 발돋움하다. ¶趴望 3. 나아가다.

趴望(기망) 1)발돋움하여 먼 곳을 바라봄. 2)매우 기다리는 모양.

趴足(기족) 발돋움함.

趺 ④ 11획
日フ・あぐら
中fū

책상다리할 부

풀이 1. 책상다리하다. ¶趺坐 2. 발등. 3. 받침. 받침돌.

趺坐(부좌) 책상다리로 앉음. 양쪽 발등을 각각 반대편 넓적다리 위에 얹어 책상다리하여 앉는 법.

趾 ④ 11획
日シ
中zhǐ

발 지

풀이 1. 발. 2. 발가락. 3. 터. 기초.

趾甲(지갑) 발톱.

跏 ⑤ 12획 [日]カ
책상다리할가 [中]jiā

[풀이] 책상다리하다. 책상다리하여 앉다. ¶跏趺

跏趺(가부) 양쪽 발등을 각각 반대편 넓적다리 위에 얹어 책상다리하고 앉는 법.

距 ⑤ 12획 [日]キョ
떨어질 거 [中]jù

* 형성. 뜻을 나타내는 부수 '足(발 족)'과 음을 나타내는 '巨(클 거)'를 합친 글자.

[풀이] 1. 떨어지다. 사이가 뜨다. ¶距離 2. 며느리발톱. 3. 막다. 겨루다.

距今(거금) 지금으로부터.

距跳(거도) 뛰어오름.

距離(거리) 두 곳 사이의 떨어진 길이.

距塞(거색) 차단하여 막음.

[유] 離(떨어질 리)

跋 ⑤ 12획 [日]バツ
밟을 발 [中]bá

* 형성. 뜻을 나타내는 부수 '足(발 족)'과 음을 나타내는 '犮(달릴 발)'을 합친 글자.

[풀이] 1. 밟다. 2. 넘다. 3. 사납다. 거칠다. 4. 발문(跋文). 책 끝에 본문 내용의 대강이나 관련 사항을 간단히 적은 글.

跋涉(발섭) 산을 넘고 물을 건넘. 여러 지방을 두루 돌아다니는 일.

跋扈(발호) 분수를 모르고 멋대로 권세를 휘두름.

跌 ⑤ 12획 [日]テツ
넘어질 질 [中]diē

[풀이] 1. 넘어지다. ¶跌失 2. 지나치다. 방종하다.

跌倒(질도) 발을 헛디뎌 넘어짐.

跌失(질실) 발을 헛디딤. 실족함. 차질(蹉跌).

跌宕(질탕) 한껏 흐드러져 방탕에 가깝게 흥겨움. 또는 그렇게 노는 일.

[유] 倒(넘어질 도)

跖 ⑤ 12획 [日]セキ
발바닥 척 [中]zhí

[풀이] 1. 발바닥. 2. 밟다.

跖蹻(척교) 중국의 큰 도적인 도척(盜跖)과 장교(莊蹻).

跖之徒(척지도) 도척의 무리.

跆 ⑤ 12획 [日]タイ
밟을 태 [中]tái

[풀이] 밟다. 짓밟다.

跆拳(태권) 우리나라 고유의 무예.

跛 ⑤ 12획
❶ 절뚝발이 파 [日]ハ・ヒ
❷ 기울게설 피 [中]bǒ

[풀이] [1] 1. 절뚝발이. ¶跛蹇 2. 절뚝거리다. [2] 2. 기울게 서다. 한 발로 기우뚱하게 기대 서다.

跛蹇(파건) 절뚝발이. 절름발이.

跛行(파행) 1)절뚝거리며 걸음. 2)일이 순조롭게 진행되지 않음.

跑 ⑤ 12획 [日]ホウ
후빌 포 [中]páo, pǎo

[풀이] 후비다. 발톱으로 긁어 파다.

跫 ⑥ 13획 [日]キョウ
발자국소리공 [中]qióng

[풀이] 발자국 소리.

跫跫(공공) 땅을 밟는 발자국 소리.

跨 ⑥ 13획
❶ 넘을 과 [日]コ·またぐ
❷ 걸터앉을 고 [中]kuà

[풀이] [1] 1. 넘다. 건너가다. ¶跨越 2. 사타구니. ¶跨年 [2] 3. 걸터앉다. 4. 양쪽에 걸치다.

跨年(고년) 연말부터 이듬해 연초에 걸침.
跨越(과월) 뛰어넘음.

跪 ⑥ 13획 [日]キ
꿇어앉을 궤 [中]guì

[풀이] 1. 꿇어앉다. ¶跪坐 2. 발.

跪拜(궤배) 무릎을 꿇고 앉아 절함.
跪坐(궤좌) 무릎을 꿇고 앉음.
[유] 跽(꿇어앉을 기)

跟 ⑥ 13획 [日]コン·くびす
발꿈치 근 [中]gēn

[풀이] 1. 발꿈치. 2. 뒤따르다. 수행하다.

跟隨(근수) 수행함. 또는 수행하는 사람.

跳 ⑥ 13획 [日]チョウ·はねる·とぶ
뛸 도 [中]tiào

丨 𠃍 口 ⻊ ⻊ ⻊ 𧾷 跀 跃 跃 跳 跳 跳

*형성. 뜻을 나타내는 부수 '足(발 족)'과 음을 나타내는 '兆(조짐 조)'를 합친 글자.

[풀이] 1. 뛰다. 뛰어오르다. ¶跳躍 2. 달아나다.

跳躍(도약) 뛰어오름.
[유] 走(달릴 주) 躍(뛸 약)

路 ⑥ 13획 [日]ロ·じ
길 로(노) [中]lù

丨 𠃍 口 ⻊ ⻊ ⻊ 𧾷 𧾷 𧿹 跂 路 路 路

*회의. 저마다 각각(各) 발(足)로 걸어다니는 곳을 나타내어, '길'의 뜻을 나타냄.

[풀이] 1. 길. 도로. ¶行路 2. 벼슬. 요직. 3. 경로. 방법.

路岐(노기) 갈림길. 기로(岐路).
路毒(노독) 여행에서 오는 피로.
路資(노자) 길을 오가는 데 드는 비용.
路程(노정) 여행의 경로. 행정(行程).
經路(경로) 1)오가는 길. 2)지나는 길.
行路(행로) 1)삶의 과정. 2)걸어다니는 길.
[유] 道(길 도) 途(길 도)

跣 ⑥ 13획 [日]セン
맨발 선 [中]xiǎn

[풀이] 맨발.

跡 ⑥ 13획 [日]セキ·あと
자취 적 [中]jì

丨 𠃍 口 ⻊ ⻊ ⻊ 𧾷 𧾷` 𧾷亠 跅 跡 跡 跡

*형성. 뜻을 나타내는 부수 '足(발 족)'과 음을 나타내는 '亦(또 역)'을 합친 글자.

[풀이] 1. 자취. 발자취. ¶足跡 2. 뒤를 밟다.

足跡(족적) 발자취.
痕跡(흔적) 남은 자취.
[유] 蹟(자취 적)

践 ⑥ 13획
踐(p724)의 俗字

跼 ⑦ 14획 [日]キョク
구부릴 국 [中]jú

*형성. 뜻을 나타내는 부수 '足(발 족)'과 음을 나타내는 '局(판 국)'을 합친 글자.

[풀이] 1. 구부리다. ¶跼步 2. 한 발을 들다.

7획

跼步(국보) 몸을 구부리고 느릿느릿 걸음.
跼蹐(국척) 두려워 몸을 웅크림.

踊 ⑦ 14획 ㊐ヨウ・おどる 뛸 용 ㊥yǒng

* 형성. 뜻을 나타내는 부수 '足(발 족)'과 음을 나타내는 '甬(길 용)'을 합친 글자.

풀이 1. 뛰다. 솟구치다. ¶踊出 2. 춤추다.
踊躍(용약) 벌떡 일어나 기세 좋게 나아감. 춤추듯이 뛰어나감.
踊出(용출) 높이 솟아남.

踞 ⑧ 15획 ㊐キョ 웅크릴 거 ㊥jù

풀이 1. 웅크리다. 쪼그려 앉다. 2. 걸터앉다. ¶踞坐
踞坐(거좌) 걸터앉음.

踏 ⑧ 15획 ㊐トウ・ふむ 밟을 답 ㊥tā, tà

* 형성. 뜻을 나타내는 부수 '足(발 족)'과 음을 나타내는 '沓(유창할 답)'을 합친 글자.

풀이 1. 밟다. 디디다. ¶踏步 2. 답판.
踏歌(답가) 두 발로 장단을 맞추며 노래를 부름.
踏步(답보) 1)제자리걸음. 2)일에 진전이 없음.
踏査(답사) 직접 가서 보고 조사함.
비 蹈(밟을 도)

踪 ⑧ 15획
蹤(p726)과 同字

踟 ⑧ 15획 ㊐チ 머뭇거릴 지 ㊥chí

풀이 머뭇거리다. 망설이다. ¶踟躕
踟躕(지주) 망설임. 머뭇거림.

踐 ⑧ 15획 ㊐セン 밟을 천 ㊥jiàn

* 형성. 뜻을 나타내는 부수 '足(발 족)'과 음을 나타내는 '戔(해칠 잔)'을 합친 글자.

풀이 1. 밟다. 짓밟다. ¶踐踏 2. 실행하다. 3. 좇다. 따르다.
踐踏(천답) 짓밟음.
踐約(천약) 약속대로 행함.
踐言(천언) 말한 것을 실천함.
踐阼(천조) 임금의 자리에 오름. 임금의 자리를 계승함.
實踐(실천) 실제로 행함.
비 賤(천할천) 淺(얕을 천)

踰 ⑦ 16획 ㊐ユ 넘을 유 ㊥yú

* 형성. 뜻을 나타내는 부수 '足(발 족)'과 음을 나타내는 '兪(그러할 유)'를 합친 글자.

풀이 1. 넘다. 건너다. 뛰어넘다. ¶踰限 2. 뛰어오르다. 도약하다. 3. 더욱. 한층 더.
踰越(유월) 1)본분(本分)을 넘어섬. 분수를 벗어남. 2)넘어섬. 극복함.
踰侈(유치) 사치의 정도가 지나침.
踰限(유한) 기한을 넘김.
유 越(넘을 월) 超(넘을 초)

蹂 ⑦ 16획 ㊐ジュウ 밟을 유 ㊥róu

풀이 밟다. 짓밟다. ¶蹂踐
蹂躙(유린) 1)짓밟음. 2)폭력으로 남의 권리나 인격을 누르고 침해함.
蹂踐(유천) 짓밟음.
비 柔(부드러울 유)

蹄 ⑦ 16획 ㈰テイ
굽 제 ㊥dì, tí

*형성. 뜻을 나타내는 부수 '足(발 족)'과 음을 나타내는 '帝(임금 제)'를 합친 글자.

[풀이] 1. 굽. 발굽. ¶蹄鐵 2. 올무. 토끼를 잡는 올가미. 3. 차다. 뒷발질하다.

蹄齧(제설) 짐승이 차고 물고 함.
蹄鐵(제철) 말굽에 박는 쇠. 편자.

踵 ⑦ 16획 ㈰ショウ
발꿈치 종 ㊥zhǒng

[풀이] 1. 발꿈치. ¶踵接 2. 뒤쫓다. 추적하다. 3. 잇다. 계승하다. ¶踵武 4. 찾다. 이르다. 다다르다.

踵古(종고) 옛일을 계승함.
踵武(종무) 뒤를 이음. 전인(前人)의 사업을 계속함.
踵接(종접) 1)발꿈치가 잇닿음. 2)많은 사람이 잇달아 가거나 옴.
踵踐(종천) 짓밟음.
⊞ 跟(발꿈치 근) 踵(발꿈치 단)

蹇 ⑩ 17획 ㈰ケン
절뚝거릴 건 ㊥jiǎn

[풀이] 1. 절뚝거리다. 다리를 절다. ¶蹇脚 2. 고생하다. ¶蹇連 3. 충직하다. 4. 옷을 걷다. 5. 굼뜨다.

蹇脚(건각) 절뚝발이. 절름발이.
蹇連(건련) 길이 험난하여 고생하는 모양.
蹇士(건사) 충직(忠直)한 선비.
蹇劣(건열) 어리석고 용렬함. 또는 그런 사람.

蹈 ⑩ 17획 ㈰トウ
밟을 도 ㊥dǎo

[풀이] 1. 밟다. ¶蹈踐 2. 가다. 걷다. 3. 따르다. 실천하다.

蹈義(도의) 올바른 도리를 실천함.
蹈節死義(도절사의) 절조를 지키고 의를 위하여 죽음.
蹈踐(도천) 짓밟음.
舞蹈(무도) 춤을 춤.
⊞ 踏(밟을 답)

蹉 ⑩ 17획 ㈰サ
넘어질 차 ㊥cuō

*형성. 뜻을 나타내는 부수 '足(발 족)'과 음을 나타내는 '差(어긋날 차)'를 합친 글자.

[풀이] 1. 넘어지다. ¶蹉跌 2. 실패하다. 때를 놓치다. ¶蹉跎 3. 어긋나다.

蹉跌(차질) 1)발을 헛디뎌 걸려 넘어짐. 2)일에 실패함. 또는 진행하는 일이 난관에 부딪침.
⊞ 蹎(넘어질 전)

蹐 ⑩ 17획 ㈰セキ
살살 걸을 척 ㊥jí

[풀이] 살살 걷다. 발소리를 죽이고 걷다.

蹐地(척지) 발소리가 나지 않게 살금살금 걸음.

蹊 ⑩ 17획 ㈰ケイ
지름길 혜 ㊥qī, xī

[풀이] 1. 지름길. 좁은 길. ¶蹊徑 2. 건너가다. 질러가다. 3. 기다리다.

蹊徑(혜경) 좁은 길. 지름길.
蹊路(혜로) 좁은 길. 지름길.

蹟 ⑪ 18획 ㈰セキ
자취 적 ㊥jī

` ⺊ ⺊ ⺊ ⺊ ⺊ ⺊ ⺊ ⺊ ⺊ ⺊`
蹟蹟蹟蹟蹟蹟

*형성. 뜻을 나타내는 부수 '足(발 족)'과 음을 나타내며 자취를 위미하는 '責(꾸짖을 책)'을 합친 글자. 이에 발자취의 뜻으로 쓰임.

[풀이] 1. 자취. 2. 좇다. 따르다. ¶蹟蹈

[足 11~14획] 蹤蹠蹙蹶蹴躇躁躅躍

蹟 ⑪ 18획 日ショウ 자취 종 中zōng

풀이 1. 자취. ¶蹤跡 2. 쫓다. 뒤따르다.

蹤跡(종적) 1)발자국. 족적(足跡). 2) 사람이 지나간 뒤의 행방.
失蹤(실종) 종적(蹤跡)을 잃음.
유 蹟(자취 적) 跡(자취 적)

蹠 ⑪ 18획 日セキ 밟을 척 中zhí

풀이 1. 밟다. 2. 가다. 3. 발바닥.

蹠之徒(척지도) 도척(盜跖)의 무리. 자신의 이익만을 생각하는 사람을 이르는 말.

蹙 ⑪ 18획
❶ 닥칠 축 日シュク
❷ 줄어들 척 中cù

* 형성. 뜻을 나타내는 부수 '足(발 족)'과 음을 나타내는 戚(겨레 척)을 합친 글자.

풀이 ❶ 1. 닥치다. 대들다. 2. 뒤쫓다. 3. 재촉하다. 4. 찌푸리다. 찡그리다. ¶蹙頞 ❷ 5. 줄어들다. 오그라들다.

蹙蹙(축축) 오그라들어 펴지지 않은 모양.
蹙頞(축알) 콧잔등을 찡그림.
顰蹙(빈축) 눈살을 찌푸림.

蹶 ⑫ 19획 日ケツ 넘어질 궐 中jué, juě

풀이 1. 넘어지다. ¶蹶失 2. 넘어뜨리다. 꺾다. 3. 다하다. 4. 뛰쳐 일어나다. ¶蹶起

蹶起(궐기) 발분(發奮)하여 일어남.
蹶失(궐실) 발을 헛디딤. 실족(失足)함.

蹴 ⑫ 19획 日シュク・シュウ 찰 축 中cù

풀이 1. 차다. 걷어차다. ¶蹴球 2. 밟다. ¶蹴踏 3. 뒤쫓다.

蹴球(축구) 각각 11명인 두 편이 발이나 머리로서 로의 끝 안에 공을 넣어 승부를 겨루는 경기.
蹴爾(축이) 발로 차는 모양.

躇 ⑬ 20획 日チョ 머뭇거릴 저 中chú, chuò

풀이 머뭇거리다. 망설이다.

躊躇(주저) 머뭇거림.
유 躊(머뭇거릴 주)

躁 ⑬ 20획 日ソウ 성급할 조 中zào

* 형성. 뜻을 나타내는 부수 '足(발 족)'과 음을 나타내는 喿(울 소)를 합친 글자.

풀이 1. 성급하다. 급하다. ¶躁急 2. 시끄럽다. 소란스럽다.

躁急(조급) 참지 못하여 마음이 급함.
躁忿(조분) 마음이 초조하여 성을 냄.
躁鬱(조울) 초조하고 답답함.
유 趮(조급할 조)

躅 ⑬ 20획 日チョク 머뭇거릴 촉 中zhú

풀이 1. 머뭇거리다. 서성거리다. 2. 밟다. 3. 진달래. 철쭉.
비 觸(닿을 촉)

躍 ⑭ 21획 日ヤク 뛸 약 中yuè

丶丨丨丨卩甲甲早吊异异罕
躍躍躍躍躍躍躍

* 형성. 뜻을 나타내는 부수 '足(발 족)'과 음

[足 14~20획] 躍 躊 躔 躑 [身 0~3획] 身 躬

을 나타내는 '翟(꿩 적)'을 합친 글자.

[풀이] 1. 뛰다. 뛰어오르다. ¶跳躍 2. 가슴이 뛰다. 마음이 들뜨다. 3. 활동하다.

躍動(약동) 생기 있고 힘차게 움직임. 생기 있게 활동함.
躍進(약진) 힘차게 앞으로 나아감.
跳躍(도약) 뛰어오름.
活躍(활약) 힘차게 활동함.
참고 跳(뛸 도)

躊 ⑭ 21획 日チュウ 머뭇거릴 주 中chóu

[풀이] 머뭇거리다. 망설이다. ¶躊躇
躊躇(주저) 머뭇거림. 망설임.
躊躕(주주) 1)주저(躊躇). 2)마음 아파함.
참고 躇(머뭇거릴 저)

躔 ⑮ 22획 日テン 궤도 전 中chán

[풀이] 1. 궤도. 천체가 운행하는 길. ¶躔度 2. 밟다. 3. 자취. 궤적.
躔度(전도) 천체 운행(天體運行)의 도수(度數).

躑 ⑮ 22획 日テキ 머뭇거릴 척 中zhí

[풀이] 1. 머뭇거리다. 서성거리다. ¶躑躅 2. 뛰어오르다. 3. 철쭉. 진달래.
躑躅(척촉) 1)머뭇거림. 배회함. 2)뛰어오름. 3)철쭉. 진달래.

躙 ⑳ 27획 日リン 짓밟을 린 中lìn

[풀이] 짓밟다. 유린하다. ¶躙踩
躙踩(유린) 남의 인격을 함부로 짓밟음.
참고 躙(짓밟을 린) 躪(짓밟을 린)

身부

身 몸 신 部

'身'자는 아이를 갖고 있는 부녀자의 모습을 본뜬 글자로, '몸'이라는 뜻으로 쓰인다. 또한 물체의 주축을 이루는 부분을 나타내기도 한다. 이 글자를 부수로 갖는 글자는 대부분 신체와 관련이 있다.

身 ⓪ 7획 日シン・み 몸 신 中shēn

*상형. 아기를 가진 여자의 모습을 본뜬 글자로, '몸'의 뜻으로 쓰임.

[풀이] 1. 몸. 신체. ¶身體 2. 자기. 나.
身命(신명) 몸과 목숨.
身邊(신변) 몸의 주위. 몸.
身分(신분) 개인의 사회적 지위.
身上(신상) 1)한 몸에 관한 일. 2)몸.
身世(신세) 사람이 처해 있는 처지나 형편.
身元(신원) 출생·신분·성행(性行) 등의 일체.
身長(신장) 몸의 길이. 키.
身體(신체) 몸.
全身(전신) 온몸.
참고 軀(몸 구) 體(몸 체)

躬 ③ 10획 日キュウ 몸 궁 中gōng

*형성. 뜻을 나타내는 부수 '身(몸 신)'과 음을 나타내는 '弓(활 궁)'을 합친 글자.

[풀이] 1. 몸. 2. 몸소. 몸소 행하다. ¶躬行
躬率(궁솔) 1)몸소 이끎. 2)몸소 지킴.

躬行(궁행) 몸소 행함.
유 竆(다할 궁)

軀 ⑪ 18획 日ク
몸 구 中qū

풀이 몸. 신체. ¶軀命

軀殼(구각) 몸. 육체.
軀幹(구간) 1)몸의 골격. 2)몸통.
軀命(구명) 몸과 목숨.
유 身(몸 신) 體(몸 체)

軆 ⑬ 20획
體(p832)의 俗字

車부

車 수레 거部

'車'자는 '수레'의 모양을 본뜬 글자로, 위에서 아래로 그어진 선은 수레의 축이고 양쪽 선은 수레의 바퀴를 뜻한다. 처음에는 바퀴가 달린 수레를 나타내다가, 후에는 풍차(風車)처럼 바퀴를 이용하여 회전하는 모든 기구를 나타내게 되었다. 이 글자를 부수로 갖는 글자는 수레와 관련된 의미를 갖는다.

車 ⓪7획 日シャ·くるま
수레 거·차 中chē, jū

丆亓丙亘車

* 상형. 수레의 모양을 본뜬 글자.

풀이 1. 수레. ¶車馬 2. 수레바퀴.

車馬(거마) 1)수레와 말. 또는 수레에 맨 말. 2)탈것의 총칭.
車庫(차고) 기차·전차·자동차 등을 넣어 두는 곳집.
車道(차도) 차가 다닐 수 있게 만든 길.
車輛(차량) 1)수레의 총칭. 2)연결된 기차의 한 칸.
車費(차비) 차를 타고 치르는 삯.
車便(차편) 차가 오고 가는 편.
乘車(승차) 차를 탐.

軋 ①8획 日アツ
삐걱거릴 알 中yà

풀이 1. 삐걱거리다. ¶軋轢 2. 다투다.

軋轢(알력) 1)수레가 매끄럽게 나아가지 못하고 삐걱거리는 일. 2)의견이 맞지 않아 서로 충돌함. 불화(不和).

軍 ②9획 日グン
군사 군 中jūn

冖冖冝宣宣軍

* 회의. 전차(車) 주위를 둘러싸고(冖) 싸우는 것을 나타내어, '군사', '진치다'의 뜻으로 쓰임.

풀이 1. 군사. 군인. 군대. ¶軍隊 2. 군사(軍事). 전투. 3. 진치다. 주둔하다.

軍紀(군기) 군대의 규율·풍기. 군율(軍律).
軍隊(군대) 일정한 규율 아래 조직 편제된 장병(將兵)의 집단.
軍事(군사) 군비(軍備) 군대·전쟁에 관한 일.
軍律(군율) 군대의 규율. 군인의 형벌에 관한 엄한 법률.
軍人(군인) 1)병사. 2)육·해·공군의 장병의 총칭.
軍政(군정) 군사에 관한 행정적인 일.
軍艦(군함) 바다 싸움에 쓰는 큰 배. 전투함·항공모함·잠수함 등.
敵軍(적군) 적의 군대 또는 군사.
行軍(행군) 군대나 많은 인원이 줄을 지어 걸어감.
유 卒(군사 졸)兵(군사 병)

[車 2~5획] 軌軒軟転軻軽軼軫

軌 ② 9획 일ki 길 궤 ⊕guǐ

`` 亠 亣 亣 亘 車 軌 軌

*형성. 뜻을 나타내는 부수 '車(수레 거)'와 음을 나타내는 '九(아홉 구)'를 합친 글자.

[풀이] 1. 길. 궤도. ¶軌道 2. 바퀴 자국. ¶軌迹 3. 법. 규범. 4. 굴대. 차축.

軌道(궤도) 1)차가 지나다니는 길. 2)물체가 일정한 힘에 의해 움직이는 경로.

軌迹(궤적) 1)수레바퀴가 지나간 자국. 2)선인의 자취 또는 흔적.

常軌(상궤) 떳떳하고 바른 규범.

🔁 道(길 도)

軒 ③ 10획 일ケン·のき 초헌 헌 ⊕xuān

`` 亠 亣 亘 亘 車 軒 軒 軒

*형성. 뜻을 나타내는 부수 '車(수레 거)'와 음을 나타내는 '干(방패 간)'을 합친 글자.

[풀이] 1. 초헌. 대부(大夫) 이상이 타던 수레. 2. 수레. 3. 추녀. 처마. ¶軒頭 4. 집. 5. 난간. 6. 높이 오르다.

軒頭(헌두) 처마 끝.

軒昂(헌앙) 1)교만한 모양. 2)높이 솟은 모양. 3)기세가 왕성한 모양.

軒檻(헌함) 난간(欄干).

軒軒丈夫(헌헌장부) 외모가 준수하고 쾌활한 남자.

🔁 幹(줄기 간)

軟 ④ 11획 일ゼン·やわらかい 부드러울 연 ⊕ruǎn

`` 亠 亣 亘 亘 車 車 軟 軟 軟

*형성. 뜻을 나타내는 부수 '車(수레 거)'와 음을 나타내는 '欠(부드러울 연)'을 합친 글자.

[풀이] 1. 부드럽다. 연하다. 무르다. 2. 약하다. 여리다.

軟骨(연골) 1)연한 뼈. 물렁뼈. 2)의지나 태도 등이 연약함. 또는 그런 사람.

軟禁(연금) 외부와의 접촉이나 외출은 허가하지 않으나, 신체의 자유를 속박하지 않는 감금. 정도가 가벼운 감금.

軟性(연성) 무른 성질. 유연한 성질.

軟弱(연약) 1)무르고 약함. 2)성질이 부드럽고 의지가 굳지 못함.

柔軟(유연) 부드럽고 연함.

転 ④ 11획 轉(p734)의 俗字

軻 ⑤ 12획 일カ 굴대 가 ⊕kē, kě

[풀이] 1. 굴대. 2. 수레. 굴대가 이어진 수레. 3. 불우하다.

🔁 軸(굴대 축)

軽 ⑤ 12획 輕(p730)의 俗字

軼 ⑤ 12획 일イツ·シツ 앞지를 일 ⊕yì

[풀이] 1. 앞지르다. 지나가다. 2. 침범하다. 3. 뛰어나다. ¶軼才 4. 흩어져 없어지다.

軼倫(일륜) 보통보다 뛰어남.

軼才(일재) 뛰어난 재능.

軫 ⑤ 12획 일シン 수레 뒤턱 나무 진 ⊕zhěn

[풀이] 1. 수레 뒤턱의 가로나무. 2. 기러기발. 3. 마음 아파하다. 슬퍼하다. ¶軫憂 4. 별 이름. 28수(宿)의 하나.

軫憂(진우) 마음 아파하며 근심함.

畛恤(진휼) 가엾이 여겨 베풀어 줌.

軺 ⑤ 12획 日チョウ·くるま
수레 초 中yáo

[풀이] 수레. 작은 수레. ¶軺車

軺車(초거) 옛날 군대에서 쓰던 수레.
軺軒(초헌) 1)가벼운 수레. 2)고관이 타는 수레. 헌초(軒軺).

軸 ⑤ 12획 日ジク
굴대 축 中zhóu

*형성. 뜻을 나타내는 부수 '車(수레 거)'와 음을 나타내는 '由(말미암을 유)'를 합친 글자.
[풀이] 1. 굴대. 바퀴 가운데 구멍에 끼우는 긴 쇠나 나무. ¶主軸 2. 북. 베틀에 딸린 기구. 3. 두루마리.

軸簾(축렴) 발을 말아 올림. 발을 걷음.
主軸(주축) 주가 되는 축.
地軸(지축) 지구가 자전할 때의 회전축.
[비] 軻(굴대 가)

較 ⑥ 13획 日カク
견줄 교 中jiào

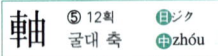

*형성. 뜻을 나타내는 부수 '車(수레 거)'와 음을 나타내는 '交(사귈 교)'를 합친 글자.
[풀이] 1. 견주다. 비교하다. ¶比較 2. 드러내다. 3. 대강. 대략. ¶較略

較略(교략) 개략. 대개. 대강의 줄거리.
較量(교량) 1)비교함. 2)저항함.
較明(교명) 분명함. 명확함.
比較(비교) 서로 견줌.
[비] 比(견줄 비)

輅 ⑥ 13획 日ロ
수레 로(노) 中hé, lù, yà

[풀이] 1. 수레. 임금이 타던 큰 수레. ¶輅

馬 2. 크다.
輅馬(노마) 임금의 수레를 끄는 말.
輅木(노목) 꾸밈이 없는 소박한 수레.

軾 ⑥ 13획 日ショク
수레 앞턱 가로나무 식 中shì

[풀이] 1. 수레 앞턱의 가로나무. 2. 절하다. 수레의 앞턱 가로나무를 붙잡고 몸을 굽혀 경의를 표하는 것.

載 ⑥ 13획 日サイ·のせる
❶ 실을 재 ·のる
❷ 일 대 中zǎi, zài

一十土士吉吉查查查載載

*형성. 뜻을 나타내는 부수 '車(수레 거)'와 음을 나타내는 부수 이외의 글자를 합친 글자.
[풀이] ❶ 1. 싣다. 실어 나르다. ¶積載 2. 적다. 기재하다. 3. 해. 일 년. ❷ 4. 이다. 머리로 떠받들다.

揭載(게재) 신문에 글을 실음.
記載(기재) 적어 올림.
連載(연재) 신문 또는 잡지 등에 소설이나 만화를 연속해서 실음.
積載(적재) 짐을 실음.
[비] 戴(일 대)

輕 ⑦ 14획 日ケイ
가벼울 경 中qīng

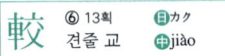

*형성. 뜻을 나타내는 부수 '車(수레 거)'와 음을 나타내는 '巠(물줄기 경)'을 합친 글자.
[풀이] 1. 가볍다. ¶輕軻 2. 쉽다. 간편하다. 3. 경솔하다. ¶輕薄 4. 천하다. 5. 적다. 모자라다.

輕矯(경교) 자유롭게 행동함.
輕蔑(경멸) 업신여김.

輕薄(경박) 침착하지 못함. 경솔하고 천박함.
輕視(경시) 가볍게 봄.
輕軟(경연) 가볍고 부드러움.
輕佻浮薄(경조부박) 언행이 경솔하고 천박함.
輕快(경쾌) 가볍고 유쾌함.
輕霞(경하) 엷은 노을.
回 重(무거울 중)

輓 ⑦ 14획 日バン
끌 만 中wǎn

풀이 1. 끌다. 수레를 끌다. ¶輓馬 2. 만사(輓詞). 죽은 이를 애도하는 시가.
輓歌(만가) 상여를 메고 갈 때 죽은 이를 애도하며 부르는 노래. 장송곡(葬送曲).
輓詞(만사) 죽은 사람을 애도하는 글. 만장(輓章).

輔 ⑦ 14획 日ホ
도울 보 中fǔ

* 형성. 뜻을 나타내는 부수 '車(수레 거)'와 음을 나타내는 동시에 돕는 것을 의미하는 '甫(클 보)'를 합친 글자. 수레바퀴(車)의 힘을 돕는 〔甫〕 덧방나무를 나타내며, 바꾸어 '돕다'의 뜻으로도 쓰임.

풀이 1. 돕다. 보좌하다. ¶輔國安民 2. 도움. 조력. 3. 바퀴 덧방나무. 무거운 짐을 실을 때 수레바퀴에 덧대어 바퀴살의 힘을 돕는 나무.
輔車相依(보거상의) 수레바퀴와 수레의 덧방나무처럼 서로 돕고 의지하는 밀접한 관계를 이르는 말.
輔國安民(보국안민) 국정(國政)을 보필하여 백성을 편안하게 함.
輔佐(보좌) 윗사람 곁에서 도움.

輒 ⑦ 14획 日チョウ
문득 첩 中zhé

풀이 1. 문득. 갑자기. ¶輒盡 2. 쉽게. 3. 번번이. 매양.
輒盡(첩진) 순식간에 모두 씀.
輒悔(첩회) 마음이 변하여 이미 약속한 일을 변경하는 일.

輛 ⑧ 15획 日リョウ
수레 량 中liàng

풀이 1. 수레. 2. 수레를 세는 단위.
回 車(수레 거)

輦 ⑧ 15획 日レン
손수레 련(연) 中niǎn

* 회의. 두 사내(夫)가 끄는 수레(車)인 '손수레'를 나타냄.

풀이 1. 손수레. ¶輦車 2. 임금이 타는 수레.
輦車(연거) 손수레.
輦轂(연곡) 임금이 타는 수레.
輦下(연하) 임금이 타는 수레 밑이라는 뜻으로, 임금이 있는 서울을 이르는 말.

輪 ⑧ 15획 日リン·わ
바퀴 륜(윤) 中lún

一 厂 币 币 百 車 車 軒 軒 軨 輪 輪

* 형성. 뜻을 나타내는 부수 '車(수레 거)'와 음을 나타내는 가지런히 정리된 것을 의미하는 '侖(둥글 륜)'을 합친 글자. 이에 바퀴살이 가지런히 모인 모양을 나타내어, '바퀴'의 뜻으로 쓰임.

풀이 1. 바퀴. 수레바퀴. 2. 차례로 돌다. ¶輪廻 3. 둘레. 외곽. ¶輪廓
輪廓(윤곽) 1)둘레. 테두리. 2)어떤 사물의 대략.
輪舞(윤무) 여럿이 둥글게 서서 추는 춤. 원무(圓舞).
輪作(윤작) 같은 토지에 매년 종류를 바꾸어 경작하는 일.

輪廻(윤회) 1)차례로 돌아감. 윤운(輪運). 2)중생이 해탈을 얻을 때까지 업(業)에 따라 그 영혼이 끊임없이 생사를 반복함. 전생(轉生).
車輪(차륜) 수레바퀴.
비 輪(보낼 수)

輞 ⑧ 15획 日トウ
바퀴테 망 ⊕wǎng

풀이 바퀴테. 수레바퀴 가장자리의 테.

輩 ⑧ 15획 日ハイ
무리 배 ⊕bèi

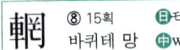

*형성. 뜻을 나타내는 부수 '車(수레 거)'와 음을 나타내는 '非(아닐 비)'를 합친 글자.
풀이 1. 무리. 동아리. 같은 또래. ¶輩流 2. 짝. 상대. 3. 번. 횟수를 세는 단위.
輩出(배출) 뛰어난 인물이 많이 남.
輩行(배행) 같은 또래의 친구.
先輩(선배) 나이나 학식이 자기보다 많거나 높은 사람.
유 徒(무리 도) 衆(무리 중) 屬(무리 속)

軿 ⑧ 15획 日ヘイ
수레 병 ⊕píng

풀이 1. 수레. 휘장을 친 부인용 수레. ¶軿車 2. 거마(車馬) 소리.
軿車(병거) 부인용 수레.

輟 ⑧ 15획 日テツ
그칠 철 ⊕chuò

풀이 1. 그치다. 중단하다. ¶輟耕 2. 깁다. 수선하다.
輟耕(철경) 밭 가는 일을 중단함.
輟業(철업) 일을 중단함.
비 綴(꿰맬 철)

輜 ⑧ 15획 日シ
짐수레 치 ⊕zī

풀이 1. 짐수레. ¶輜車 2. 바퀴살 끝.
輜車(치차) 짐수레. 군량 등 군수 물자를 나르는 수레.

輝 ⑧ 15획 日キ
빛날 휘 ⊕huī

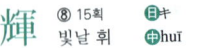

*형성. 뜻을 나타내는 '光(빛 광)'과 음을 나타내며 '에워싸다'라는 의미를 지닌 '軍(군사 군)'을 합친 글자. 주위를 에워싼 빛을 나타내어, 빛나다의 뜻으로 쓰임.
풀이 1. 빛나다. 환하게 비추다. ¶輝煌 2. 빛. 광채.
輝映(휘영) 환하게 비침. 영휘(映輝).
輝煌(휘황) 광채가 눈부심.
유 炯(빛날 형) 奐(빛날 환) 眩(빛날 현)

輻 ⑧ 16획 日フク
바퀴살 복·부 ⊕fú

풀이 1. 바퀴살. ¶輻射 2. 모여들다. 한 곳으로 집중하다.
輻射(복사) 빛이나 열이 수레바퀴살 모양처럼 사방으로 뻗어 나가는 현상.
輻輳(복주) 바퀴살이 한곳으로 모이듯이 사물이 한곳으로 모임.

輸 ⑨ 16획 日ユ
보낼 수 ⊕shū, shù

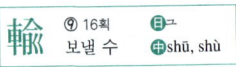

풀이 1. 보내다. 운송하다. ¶輸送 2. 알리다. 3. 다하다. 4. 지다. ¶輸贏
輸送(수송) 교통수단을 통해 사람이나 물자 등을 실어 옮김.
輸贏(수영) 패배와 승리. 승부(勝負).

輸入(수입) 다른 나라로부터 물품을 사들임.
輸出(수출) 외국으로 물건을 팔아 실어 냄.
비 輪(바퀴 륜)

輭 ⑨ 16획
軟(p729)의 本字

輮 ⑨ 16획 日ジュウ 中róu
바퀴테 유
풀이 1. 바퀴테. 2. 짓밟다. 깔아 뭉개다. 3. 휘다. 구부리다.

輳 ⑨ 16획 日ソウ 中còu
모일 주
풀이 모이다. 바퀴통에 바퀴살이 모이다. ¶輳合
輳合(주합) 모여서 합침.

輯 ⑨ 16획 日シュウ 中jí
모을 집
* 형성. 뜻을 나타내는 부수 '車(수레 거)'와 음을 나타내는 '咠(참소할 집)'을 합친 글자.
풀이 1. 모으다. 모이다. 거두다. ¶輯敍 2. 화목하다. ¶輯睦 3. 온화하다.
輯敍(집서) 모아서 서술함.
輯要(집요) 중요한 것만을 모음.
吾 集(모일 집) 散(흩을 산)

輿 ⑩ 17획 日ヨ·こし 中yú
수레 여

′ ′ ′ ′ ′′ ″ ″ ″ 伯 伯 伯 伯 車
輿 輿 輿 輿

* 형성. 뜻을 나타내는 부수 '車(수레 거)'와 음을 나타내는 '舁(마주 들 여)'를 합친 글자. 이에 여러 사람이 맞드는 수레인 '가마'를 나타내며, '차체'나 '수레'의 뜻으로도 쓰임.

풀이 1. 수레. 가마. ¶輿駕 2. 싣다. 3. 많다. 4. 등에 지다. 5. 땅.
輿駕(여가) 임금이 타는 수레.
輿論(여론) 대중의 공통된 의견.
輿情(여정) 민중의 마음. 백성들의 심정.
輿地(여지) 수레처럼 물건을 싣고 있는 땅. 대지(大地).
喪輿(상여) 시신을 묘지가 있는 곳까지 운반하는 제구.
吾 車(수레 거) 輛(수레 량)

轅 ⑩ 17획 日エン 中yuán
끌채 원
* 형성. 뜻을 나타내는 부수 '車(수레 거)'와 음을 나타내는 '袁(성 원)'을 합친 글자.
풀이 끌채. 수레의 양쪽 앞에 나와 있는 두 개의 긴 채.
轅門(원문) 1)수레의 끌채를 마주 세워서 문처럼 만든 것. 2)병영(兵營).
轅下(원하) 수레의 끌채 밑이라는 뜻으로, 부하를 이르는 말. 문하(門下).

輾 ⑩ 17획 日テン 中zhǎn
구를 전
풀이 1. 구르다. 돈다. ¶輾轉反側 2.(轉)타작하다.
輾轉反側(전전반측) 몸을 엎치락뒤치락하며 잠을 이루지 못하는 모양.
吾 轉(구를 전)

轄 ⑩ 17획 日カツ 中xiá
비녀장 할
* 형성. 뜻을 나타내는 부수 '車(수레 거)'와 음을 나타내는 '害(해칠 해)'를 합친 글자.
풀이 1. 비녀장. 바퀴가 빠지지 않도록 굴대 끝에 박는 못. ¶轄擊 2. 다스리다. 지배하다. ¶轄統
轄擊(할격) 수레의 비녀장이 서로 부딪친다는 뜻으로, 거리에 오가는 수레가 많음을 이르는 말.
轄統(할통) 지배함.

轆 ⑪ 18획 ㊐ ロク
도르래 록(녹) ㊥ lù

[풀이] 1. 도르래. 고패. ¶轆轤 2. ㊀ 녹로. 오지그릇을 만드는 데 쓰는 물건.

轆轤(녹로) 1)도르래. 2)도자기를 만들 때 발로 돌리며 형태를 잡는 물레.

轉 ⑪ 18획 ㊐ テン
구를 전 ㊥ zhuǎi, zhuǎn, zhuàn

一厂厂万万百百亘車 車車-斬斬斬轉轉

* 형성. 뜻을 나타내는 부수 '車(수레 거)'와 음을 나타내는 '둥글다'의 의미를 지닌 '專(오로지 전)'을 합친 글자. 이에 둥근(專) 수레바퀴(車)가 구르는 것을 나타내어, '구르다'의 뜻으로 쓰임.

[풀이] 1. 구르다. 돌다. 2. 굴리다. 돌리다. 3. 옮기다. 이동하다. ¶轉移 4. 바꾸다. ¶轉向

轉嫁(전가) 자기의 잘못을 남에게 덮어 씌움.
轉賣(전매) 산 물건을 다시 팖.
轉送(전송) 어떤 곳에서 온 물건을 다시 다른 곳으로 보냄.
轉移(전이) 1)처소를 옮김. 2)병의 부위가 다른 곳으로 옮아 가는 일.
轉轉(전전) 이리저리 떠돌아다니거나 옮겨 다님.
轉向(전향) 1)방향을 바꿈. 2)종래의 사상에서 다른 사상으로 바꿈.
轉禍爲福(전화위복) 재앙이 바뀌어 오히려 복이 됨.
反轉(반전) 일의 형세가 뒤바뀜.

㊌ 輾(구를 전)

轎 ⑫ 19획 ㊐ キョウ
가마 교 ㊥ jiào

[풀이] 가마. 교자. ¶轎軍

轎軍(교군) 가마를 메는 사람.
轎子(교자) 앞뒤에서 사람들이 떠메는, 나무로 된 네모난 가마.

㊌ 舁(가마 여)

轍 ⑫ 19획 ㊐ テツ
바퀴 자국 철 ㊥ zhé

* 형성. 뜻을 나타내는 부수 '車(수레 거)'와 음을 나타내는 '徹(통할 철)'의 생략형을 합친 글자.

[풀이] 1. 바퀴 자국. 2. 흔적. 자취.

轍鮒之急(철부지급) 수레바퀴 자국의 고인 물에 있는 붕어의 위급함. 곤궁한 처지나 다급한 위기를 비유하는 말.
轍迹(철적) 1)수레바퀴 자국. 2)사물의 자취. 흔적.

轗 ⑬ 20획 ㊐ カン
가기 힘들 감 ㊥ kǎn

[풀이] 1. 가기 힘들다. 길이 험하다. ¶轗軻 2. 불우하다. 뜻을 이루지 못하다.

轗軻(감가) 1)길이 험해 수레가 나아가지 못하고 고생하는 모양. 2)때를 얻지 못하여 불우한 모양.

轟 ⑭ 21획 ㊐ ゴウ
울릴 굉 ㊥ hōng

* 회의. '車(수레 거)'를 세 개 겹쳐 많은 수레가 지나갈 때의 소리를 나타냄.

[풀이] 1. 울리다. 수레 소리, 우레 소리, 총소리 등의 아주 큰 소리를 형용함. 2. 무너지다. 무너뜨리다.

轟笑(굉소) 큰 소리로 웃음. 홍소(哄笑).
轟音(굉음) 크게 울리는 소리.

轝 ⑭ 21획 ㊐ ヨ
가마 여 ㊥ yú

[풀이] 1. 가마. 2. 임금의 수레. ¶轝駕

[車 14~16획] 檻轢轡轤 [辛 0~6획] 辛辜辟

轝駕(여가) 1)임금의 수레. 거가(車駕). 2)임금.
轝隷(여례) 가마를 메고 가는 하인.
비 **轎**(가마 교) **輿**(수레 여) 비 **擧**(들 거)

檻 ⑭ 21획 日カン 中jiàn
함거 함

풀이 1. 함거. 널빤지로 사방을 막은, 죄인을 호송하는 수레. ¶檻車 2. 수레 소리.
비 **艦**(싸움배 함)

轢 ⑮ 22획 日レキ 中lì
삐걱거릴 력(역)

풀이 1. 삐걱거리다. 치이다. 깔아뭉개다. ¶轢死
轢脚(역각) 수레에 치여 다리가 깔림.

轡 ⑮ 22획 日ヒ 中pèi
고삐 비

풀이 고삐. ¶轡銜
轡銜(비함) 고삐와 재갈. 제어하는 것을 비유하는 말.

轤 ⑯ 23획 日ロ 中lú
도르래 로

풀이 1. 도르래. 고패. 2. 물레.

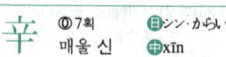

辛 매울 신 部

'辛' 자는 천신만고(千辛萬苦)에서처럼 '고생하다', '혹독하다'라는 뜻으로 자주 사용된다. 매운 맛 역시 참기가 쉽지 않다는 뜻에서 '맵다'라는 뜻으로도 쓰인다.

辛 ⓞ 7획 日シン·からい 中xīn
매울 신

`、 ー ㅗ 立 卉 辛 辛`

*상형. 죄인의 얼굴에 문신을 새길 때 쓰는, 손잡이 달린 큰 침의 모양을 본든 글자.

풀이 1. 맵다. ¶辛味 2. 괴롭다. 고생하다. ¶辛勞 3. 슬프다. 4. 여덟째 천간(天干).
辛苦(신고) 1)매운맛과 쓴맛. 2)어려움에 처해 몹시 애씀. 또는 그 고생.
辛烈(신렬) 대단히 가혹하고 매서움.
辛酸(신산) 1)매운맛과 신맛. 2)피로움과 쓰라림. 심한 고생.
辛勝(신승) 경기 등에서 간신히 이김.
辛時(신시) 오후 6시 반부터 7시 반까지의 시간.
비 **幸**(다행할 행) **帝**(임금 제)

辜 ⑤ 12획 日コ 中gū
허물 고

풀이 1. 허물. 죄. ¶無辜 2. 연고. 까닭. 3. 저버리다. 배반하다.
辜負(고부) 배반함. 상대의 뜻을 저버림. 고부(孤負).
辜人(고인) 중죄인. 사형수.
無辜(무고) 죄가 없음.

辟 ⑥ 13획
❶ 임금 벽 日へキ
❷ 피할 피 中bì, pì
❸ 비유할 비

풀이 ❶ 1. 임금. 군주. ¶辟公 2. 법. 법률. 3. 허물. 죄. 4. 물리치다. 치우다. ¶辟邪 ❷ 5. 피하다. 몸을 숨기다. ❸ 6. 비유하다.
辟穀(벽곡) 1)곡신 대신 솔잎·대추·밤 등을 먹고 삶. 2)화식(火食)을 피하고 생식(生食)만 함.
辟公(벽공) 제후(諸侯).

辟邪(벽사) 사귀(邪鬼)를 물리치는 일.
辟引(벽인) 벼슬을 시키려고 불러내어 천거함.
辟除(벽제) 높은 사람의 행차 때 사람들의 거리 통행을 금하던 일.
辟暑(피서) 더위를 피함. 피서(避暑).
비 避(피할 피)

辣 ⑦ 14획 日ラツ 매울 랄 中là

풀이 1. 맵다. 2. 언행이 아주 매섭다. ¶惡辣

惡辣(악랄) 하는 짓이 매섭고 표독스러움.

유 辛(매울 신)

辞 ⑥ 13획
辭(p736)의 俗字

辨 ⑦ 16획 日ベン 분별할 변 中biàn

辨辨辨

* 형성. 뜻을 나타내는 '刂(刀:칼 도)'와 음을 나타내는 㝸(죄인 서로 송사할 변)을 합친 글자. 이에 맞다툼하여(㝸) 옳은지 그른지를 나누는(刂) 것을 나타내어, '판별하다'의 뜻으로 쓰임.

풀이 1. 분별하다. 판별하다. ¶辨理 2. 밝히다. 분명히 하다. ¶辨解 3. 가리다.

辨校(변교) 분별하여 생각함. 따져 비교함.
辨理(변리) 분별하여 다스림.
辨明(변명) 자신의 입장을 남이 납득할 수 있게 설명함.
辨別(변별) 서로 다른 점을 구별함.
辨釋(변석) 사리를 명백하게 풀어 밝힘.
辨訟(변송) 송사(訟事)를 가려서 밝힘.
辨解(변해) 말로 자세히 밝힘.

유 辦(힘쓸 판)

辦 ⑦ 16획 日ハン·つとむ 힘쓸 판 中bàn

풀이 1. 힘쓰다. 주관하다. 처리하다. ¶辦事 2. 갖추다. 구비하다. 3. 처벌하다.

辦公(판공) 공무에 힘씀. 공사(公事)를 처리함. 집무(執務)함.
辦納(판납) 금전이나 물품을 구하여 바침.
辦事(판사) 일을 주관함. 사무를 봄.

비 辨(분별할 변)

辭 ⑫ 19획 日ジ·ことば 말 사 中cí

辭辭辭辭

* 회의. 어지러운 죄(辛)를 다스리기 위해 말한다는 데에서, '말'의 뜻으로 쓰임.

풀이 1. 말. 말씀. ¶辭說 2. 떠나다. 물러나다. ¶辭職 3. 사양하다. ¶辭讓 4. 문체 이름. 한문의 한 체. 흔히 운어(韻語)를 씀.

辭賦(사부) 1)시가와 문장. 시문(詩文). 2)문체(文體)의 하나.
辭色(사색) 말과 얼굴빛.
辭說(사설) 1)말. 또는 말함. 2)잔소리로 늘어놓는 말.
辭讓(사양) 겸손하여 받지 않거나 남에게 양보함.
辭絶(사절) 사양하고 거절함.
辭藻(사조) 1)시문의 아름다운 문채(文采). 2)문장의 수식. 사조(詞藻).
辭職(사직) 맡은 직책을 내놓고 물러남.
辭退(사퇴) 1)일을 그만두고 물러남. 2)겸손하게 거절하여 물리침.
辭表(사표) 직장에서 물러나겠다는 뜻을 적어 올리는 문서.
祝辭(축사) 축하의 뜻으로 하는 말이나 글.

辯 ⑭ 21획　🔘ヘン・いる　㊥biàn
말 잘할 변

辛 辛 辛 辛 辛 辛 辛 辛 辛 辯 辯 辯

* 형성. 뜻을 나타내는 '言(말씀 언)'과 음을 나타내는 '辡(죄인 서로 송사할 변)'으로 이루어진 글자.

풀이 1. 말을 잘하다. ¶辯士 2. 다스리다. 처리하다. 3. 말다툼하다. 논쟁하다. 4. 문체 이름. 한문의 한 체. 언행의 시비를 설명하는 글.

辯告(변고) 널리 고함. 널리 알림.
辯論(변론) 옳고 그름을 따져 논함.
辯士(변사) 1)말솜씨가 좋은 사람. 2)무성 영화를 상영할 때 화면에 맞추어 줄거리를 설명하던 사람.
辯護(변호) 1)남의 이익을 위해서 해명하고 도와줌. 2)법정에서 다른 사람을 위하여 변론하는 일.
抗辯(항변) 상대의 주장에 항거하여 변론함.

辰 부

辰 별 신 部

'辰'자는 본래 조개 모양을 본뜬 글자였지만, 풀이나 이삭을 자르는 데 적합한 농기구를 나타내는 뜻으로 쓰이게 되었다. 또한 간지(干支)에 사용되어 '별'이나 '때'를 의미하기도 하고, '새벽'을 나타내기도 한다. 부수로서 쓰일 때는 그 뜻이 잘 드러나지 않는 글자다.

辰 ⓪ 7획　🔘シン・たつ　㊥chén
❶ 별 신　・ほし
❷ 지지 진

一 厂 厂 厂 辰 辰 辰

* 상형. 조개 껍데기와 그 안의 살이 나와 있는 모양을 본뜬 글자. 십이지(十二支)의 다섯째 글자로 쓰임.

풀이 ❶ 1. 별. ¶星辰 2. 때, 시각. ¶辰刻 ❷ 3. 지지(地支). 십이지의 총칭. 4. 다섯째 지지. 동물로는 용(龍), 방위로는 동남쪽, 시각으로는 오전 7시~9시, 달로는 음력 3월에 해당함. 5. 별 이름.

辰宿(진수) 온갖 별자리의 별들.
辰時(진시) 오전 7시부터 9시까지의 시간.
生辰(생신) 생일의 높임말.
星辰(성신) 별.

辱 ③ 10획　🔘ジョク・はず　かしめる　㊥rǔ
욕보일 욕

一 厂 厂 厂 辰 辰 辰 辱 辱

* 회의. 농경에 좋은 시기를 뜻하는 '辰(별 신)'과 법도를 뜻하는 '寸(마디 촌)'을 합친 글자. 옛날 농사의 때를 어긴 자를 죽이거나 욕보인 일로부터 '욕보이다'의 뜻으로 쓰임.

풀이 1. 욕보이다. 더럽히다. ¶侮辱 2. 욕되다. 수치스럽다.

辱臨(욕림) 상대편이 찾아옴을 높여 이르는 말. 비림(賁臨).
辱說(욕설) 남을 욕하는 말.
侮辱(모욕) 깔보고 욕보임.
雪辱(설욕) 과거의 수치를 씻어 내고 명예를 되찾음.
비 尋(찾을 심)

農 ⑥ 13획　🔘ノウ　㊥nóng
농사 농

一 冂 冂 巾 曲 曲 芇 芇 農 農 農 農

* 회의. '田(밭 전)'의 변형인 '㽎'과 토지를 경작하는 데 쓰는 기구를 나타내는 '辰(별 신)'을 합친 글자. 이에 밭을 경작한다는 의미에서, '농업'의 뜻으로 쓰임.

풀이 1. 농사. 농사를 짓다. ¶農耕 2. 농부. 농민. ¶農奴

農耕(농경) 논밭을 경작함. 농사.
農奴(농노) 봉건 시대에 영주(領主)에게 소속되어 종처럼 매인 농민.
農事(농사) 논이나 밭에 농작물을 심고 가꾸는 일.
農場(농장) 농사짓는 편의를 위하여 농토 근처에 모든 설비를 갖추어 놓은 집.
農閑期(농한기) 농사일이 바쁘지 않은 시기.
富農(부농) 형편이 넉넉한 농가 또는 농민.

辵부

辵(辶) 쉬엄쉬엄 갈 착 部

'辵'자는 사람의 발 모양과 길 위에 사람이 서 있는 모양을 합친 글자로, '쉬엄쉬엄 가다'라는 뜻을 나타낸다. 부수로 쓰일 때는 '遠(멀 원)'에서처럼 '辶'의 형태로 쓰이며 '책받침'이라는 부수 명칭으로 불리는데, 그것은 이 글자가 받침의 역할을 하기 때문이다. 이 글자를 부수로 갖는 글자는 일반적으로 걷는 활동과 관련이 있다.

| 辵 | ⓪ 7획
쉬엄쉬엄 갈착 | 🇯🇵 チャク
🇨🇳 chuò |

풀이 1. 쉬엄쉬엄 가다. 2. 달리다.

| 辺 | ② 6획
邊(p753)의 俗字 | |

| 迅 | ③ 7획
빠를 신 | 🇯🇵 ジン・はやい
🇨🇳 xùn |

* 형성. 뜻을 나타내는 부수 '辶(辵:쉬엄쉬엄 갈 착)'과 음을 나타내는 부수 이외의 글자를 합속한 글자.

풀이 빠르다. 신속하다.
迅速(신속) 날쌔고 빠름.
迅趨(신추) 재빨리 달림.
🇰🇷 速(빠를 속)

| 迂 | ③ 7획
멀 우 | 🇯🇵 ウ・まがる
🇨🇳 yū, yù |

풀이 1. 멀다. 2. 굽다. 굽히다. ¶迂曲
迂餘曲折(우여곡절) 1)여러 가지로 뒤얽힌 복잡한 상황. 2)이리저리 굽음.
迂廻(우회) 곧바로 가지 않고 돌아감.
🇰🇷 遠(멀 원) 近(가까울 근)

| 迆 | ③ 7획
迤(p739)와 同字 | |

| 近 | ④ 8획
가까울 근 | 🇯🇵 キン・ちかい
🇨🇳 jìn |

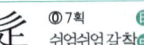

풀이 1. 가깝다. ¶近郊 2. 가까이하다. 3. 근처. 곁. 4. 요즘. ¶近來
近郊(근교) 도시에 가까운 주변.
近代(근대) 1)가까운 지난 시대. 2)중고(中古)와 현대 사이의 시대.
近來(근래) 요사이. 요즈음.
近傍(근방) 아주 가까운 곳.
近視(근시) 가까운 데 것은 잘 보아도 먼 데의 것을 잘 못 보는 시력.
近接(근접) 가까움.
近處(근처) 가까운 곳.
近況(근황) 요즘의 형편.
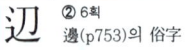 遠(멀 원)

| 返 | ④ 8획
돌아올 반 | 🇯🇵 ヘン・かえる
・かえす
🇨🇳 fǎn |

[辵 4~5획] 迎迦法迫述迤迪

返 ④ 8획
돌아올 반 ❘ ヘン·かえる ❘ ⊕fǎn

`一 厂 厂 反 反 返 返 返`

*형성. 뜻을 나타내는 부수 辶(辵;쉬엄쉬엄 갈 착)과 음을 나타내는 反(되돌릴 반)을 합친 글자. 이에 길을 돌아가다의 뜻으로 쓰임.

풀이 1. 돌아오다. 돌이키다. 2. 돌려주다. ¶返還

返納(반납) 남에게 빌린 것을 되돌려 줌.
返戾(반려) 받거나 빌린 것을 돌려줌. 반환(返還).
返送(반송) 되돌려 줌.
返還(반환) 돌려보냄.
❘ **동** ❘ 歸(돌아갈 귀)

迎 ④ 8획
맞이할 영 ❘ ゲイ·ゴウ·むかえる ❘ ⊕yíng

`' 亻 亻 卬 卬 沪 泖 迎`

*형성. 뜻을 나타내는 부수 辶(辵;쉬엄쉬엄 갈 착)과 음을 나타내는 卬(나 앙)을 합친 글자.

풀이 1. 맞이하다. ¶迎新 2. 마중하다. 3. 마음으로 따르다.

迎賓(영빈) 손님을 맞음.
迎新(영신) 1)새로운 것을 맞아들임. 2)새해를 맞음.
迎入(영입) 맞아들임.
迎接(영접) 손님을 맞아 접대함.
迎合(영합) 상대방의 마음에 들도록 비위를 맞춤. 영의(迎意).
❘ **동** ❘ 迓(마중할 아) ❘ **반** ❘ 送(보낼 송)

迦 ⑤ 9획
부처 이름 가 ❘ ❘ カ ❘ ⊕jiā

풀이 부처 이름. 석가모니(釋迦牟尼).
❘ **비** ❘ 伽(절 가)

法 ⑤ 9획
자래 겁

풀이 자래. 나뭇단을 세는 단위.

迫 ⑤ 9획
닥칠 박 ❘ ハク·せまる ❘ ⊕pǎi, pò

`' 亻 亻 白 白 泊 泊 迫`

*형성. 뜻을 나타내는 부수 辶(辵;쉬엄쉬엄 갈 착)과 음을 나타내는 白(흰 백)을 합친 글자.

풀이 1. 닥치다. ¶急迫 2. 가까이하다. 3. 핍박하다. ¶迫害 4. 곤궁하다.

迫頭(박두) 절박하게 닥쳐옴.
迫力(박력) 일을 힘차게 밀고 나가는 힘.
迫眞(박진) 표현 등이 진실감을 느끼게 함.
迫害(박해) 핍박하여 해롭게 함.
急迫(급박) 일의 형세가 매우 급함.
脅迫(협박) 으르고 겁을 줌.
❘ **비** ❘ 追(쫓을 추)

述 ⑤ 9획
지을 술 ❘ ジュツ·のべる ❘ ⊕shù

`一 十 才 木 朮 朮 沭 沭 述`

풀이 1. 짓다. 글을 짓다. 2. 말하다.

述語(술어) 주어에 대하여 그 동작·상태·성질 등을 설명하는 말. 문장 성분의 하나.
述懷(술회) 마음속에 있는 여러 가지 평소의 생각을 말함. 또는 그 말.
記述(기술) 기록하여 진술함.
陳述(진술) 자세하게 말함.
❘ **동** ❘ 作(지을 작)

迤 ⑤ 9획
❶ 비스듬히 이 ❘ イ ❘
❷ 가는모양 타 ❘ ⊕tuō, yǐ, yí

풀이 ❶ 1. 비스듬하다. 2. 연이은 모양. ❷ 3. 가는 모양.

迪 ⑤ 9획
나아갈 적 ❘ テキ ❘ ⊕dí

풀이 1. 나아가다. 2. 길. 도덕(道德).

迭 ⑤ 9획 ㊐テツ
갈마들 질 ㊥dié

풀이 1. 갈마들다. 번갈아 교대하다. 2. 지나치다.

更迭(경질) 어떤 직위의 사람을 교체하여 다른 사람을 임명함.

윤 番(갈마들 번) 送(보낼 송)

迢 ⑤ 9획 ㊐チョウ
멀 초 ㊥tiáo

풀이 1. 멀다. 2. 높은 모양.

迢遙(초요) 아득히 멂.
迢遞(초체) 1)멀리 있는 모양. 2)높은 모양.

迨 ⑤ 9획 ㊐タイ
미칠 태 ㊥dài

풀이 미치다. 이르다.

비 治(다스릴 치)

迥 ⑤ 9획 ㊐ケイ
멀 형 ㊥jiǒng

풀이 1. 멀다. 아득하다. 2. 빛나다.

迥空(형공) 먼 하늘.
迥寥(형료) 아득하게 멂. 형원(迥遠).
비 逈(돌 회)

适 ⑥ 10획 ㊐カツ
빠를 괄 ㊥dí, kuò, shì

풀이 빠르다. 신속하다.

윤 速(빠를 속) 迅(빠를 신) 비 活(살 활)

酒 ⑥ 10획
乃(p7)의 同字

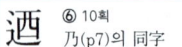

逃 ⑥ 10획 ㊐トウ・にげる
달아날 도 ㊥táo

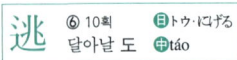

* 형성. 뜻을 나타내는 부수 辶(辵:쉬엄쉬엄 갈 착)과 음을 나타내는 '兆(조짐 조)'를 합친 글자.

풀이 1. 달아나다. 도망하다. ¶逃亡 2. 피하다. 숨다.

逃亡(도망) 1)몰래 피해 달아남. 2)쫓겨 달아남.
逃隱(도은) 피해 숨음.
逃走(도주) 도망침. 피해 달아남.
逃避(도피) 도망하여 피함.
윤 走(달아날 주) 逬(달아날 병)

迷 ⑥ 10획 ㊐メイ・まよう
미혹할 미 ㊥mí

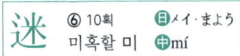

* 형성. 뜻을 나타내는 부수 辶(辵:쉬엄쉬엄 갈 착)과 음을 나타내는 '米(쌀미)'를 합친 글자.

풀이 1. 미혹하다. 홀리다. ¶迷惑 2. 헤매다. 길을 잃다.

迷宮(미궁) 사건이 복잡하게 얽혀 해결의 실마리를 찾기 어려움의 비유.
迷路(미로) 방향을 알 수 없는 길.
迷夢(미몽) 흐릿한 꿈. 무엇에 미혹되어 흐릿해진 정신 상태를 이르는 말.
迷信(미신) 불합리하고 이치에 어긋나는 신앙.
迷兒(미아) 길을 잃은 아이.
迷藏(미장) 숨바꼭질.
迷惑(미혹) 1)정신이 흐려 무엇에 홀림. 2)남의 마음을 헷갈리게 함.
윤 惑(미혹할 혹)

逄 ⑥ 10획 ㊐ボウ
막을 방 ㊥páng

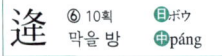

풀이 막다.

비 逢(만날 봉)

迸 ⑥ 10획
迸(p745)의 俗字

送 ⑥ 10획 ❸ソウ・おくる ⊕sòng
보낼 송

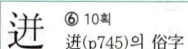

풀이 1. 보내다. ¶送金 2. 전송하다.

送舊迎新(송구영신) 묵은 해를 보내고 새해를 맞음.
送金(송금) 돈을 보냄.
送別(송별) 떠나는 사람을 이별하여 보냄.
送信(송신) 다른 곳에 소식을 보냄.
送電(송전) 전기를 보냄.
歡送(환송) 기쁜 마음으로 전송함.
반 迎(맞이할 영) 비 送(바꿀 질)

送 ⑥ 10획
送(p741)과 同字

逆 ⑥ 10획 ❸ギャク・ゲキ ⊕nì
거스를 역

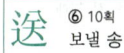

* 형성. 뜻을 나타내는 부수 ⻌(辵:쉬엄쉬엄 갈 착)과 음을 나타내는 부수 이외의 글자를 합친 글자.

풀이 1. 거스르다. ¶逆流 2. 배반하다. 3. 맞이하다. 4. 거절하다.

逆境(역경) 일이 마음대로 되지 않는 불행한 경우.
逆流(역류) 물이 거슬러 흐름. 또는 그 물.
逆謀(역모) 반역을 꾀함.
逆說(역설) 모순된 것처럼 보이지만, 사실은 그 속에 일종의 진리를 품고 있는 말.
逆襲(역습) 쳐들어오는 적을 맞아 도리어 불의에 습격함.
逆賊(역적) 반역하는 사람.
逆轉(역전) 형세가 뒤바뀜.
逆效果(역효과) 예상하고 있던 효과와 반대되는 효과.
비 朔(초하루 삭)

迹 ⑥ 10획 ❸セキ・ジャク ⊕jī
자취 적

풀이 1. 자취. 흔적. 2. 좇다.

踪迹(종적) 발자취.
痕迹(흔적) 남은 자취.
동 蹟(자취 적)

追 ⑥ 10획 ❸ツイ・おう ⊕zhuī
쫓을 추

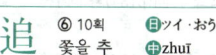

풀이 1. 쫓다. 따라가다. ¶追跡 2. 따르다. 추종하다. 3. 내쫓다.

追擊(추격) 쫓아가서 몰아침.
追求(추구) 1)뒤쫓아 구함. 2)지나간 것을 뒤쫓아 생각함.
追悼(추도) 죽은 사람을 회상하며 슬퍼함.
追慕(추모) 죽은 사람이나 이별한 사람을 그리워함.
追放(추방) 쫓아냄. 몰아냄.
追憶(추억) 지난 일을 돌이켜 생각함.
追跡(추적) 뒤를 밟아 따라감.
追後(추후) 일이 지나간 얼마 뒤.
비 迫(핍박할 박) 退(물러갈 퇴)

退 ⑥ 10획 ❸タイ・しりぞく ⊕tuì
물러날 퇴

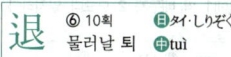

풀이 1. 물러나다. ¶退場 2. 물리치다. 3. 쇠하다. 약해지다.

退却(퇴각) 뒤로 물러남. 또는 물리침.
退物(퇴물) 1)윗사람이 쓰던 물건을

退步 (퇴보) 뒤로 물러섬. 기세가 점점 줄어듦.
退色 (퇴색) 빛이 바램.
退場 (퇴장) 회의 장소에서 참여하지 않고 먼저 물러남.
退出 (퇴출) 물러나서 나감.
退治 (퇴치) 물리쳐 없앰.
退行 (퇴행) 발전 이전의 상태로 되돌아감.

迴 ⑥ 10획
回(p134)와 同字

逅 ⑥ 10획 日コウ
우연히 만날 후 中hòu

풀이 우연히 만나다.
邂逅 (해후) 우연히 만남.
묶 邂 (만날 해)

逕 ⑦ 11획 日ケイ
소로 경 中jìng

풀이 1. 소로. 좁은 길. 2. 지름길. 3. 지나다. 통과하다.
逕路 (경로) 1)좁은 길. 2)지름길.

逑 ⑦ 11획 日キュウ
짝 구 中qiú

풀이 1. 짝. 배우자. 2. 모으다. 일치하다.

途 ⑦ 11획 日ト
길 도 中tú

* 형성. 뜻을 나타내는 부수 (辵:쉬엄쉬엄 갈 착)'과 음을 나타내는 '余(나 여)'를 합친 글자.

풀이 길. 도로.
途中 (도중) 1)길을 가고 있을 때. 2)일하는 중에.
方途 (방도) 일을 해 나가는 방법.
前途 (전도) 앞으로의 길. 장래.
묶 道 (길 도)

逗 ⑦ 11획 日トウ
머무를 두 中dòu

풀이 머무르다. 체류하다. ¶逗留
逗留 (두류) 한곳에 머무름. 타지에 잠시 머무름. 체재(滯在).

連 ⑦ 11획 日レン
이을 련 中lián

一 ㄷ ㅁ ㅁ 亘 車 車 連 連 連

* 회의. '辵(辵:쉬엄쉬엄 갈 착)'과 '車(수레 차)'를 합친 글자. 수레가 굴러가듯이 끊임없이 이어지는 모양을 나타낸다.

풀이 1. 잇다. 맺다. ¶連結 2. 이어지다. 연속하다. ¶連續
連結 (연결) 서로 이어서 맺음.
連帶 (연대) 1)서로 연결함. 2)어떤 일에 대하여 공동으로 책임을 짐.
連絡 (연락) 서로의 사정을 알림.
連續 (연속) 끊이지 않고 죽 이음.
連日 (연일) 날마다. 매일.
連載 (연재) 신문·잡지 등에 원고 등을 매회에 나누어 싣는 것.
連坐 (연좌) 1)죄를 저지른 사람과 관련되어 처벌됨. 2)나라히 앉음.
連敗 (연패) 계속하여 짐.
關連 (관련) 서로 관계됨.

逞 ⑦ 11획 日レイ
굳셀 령 中chěng

풀이 1. 굳세다. 2. 상쾌하다. 3. 마음대로 하다. 4. 다하다.

[辵 7획] 逢逝逍速這逖造

逢
⑦ 11획 日ホウ·あう
만날 봉 中féng, péng

ノク夂冬冬夆夆逢逢逢

*형성. 뜻을 나타내는 부수 ⻌(辵:쉬엄쉬엄 갈 착)과 음을 나타내며 '만나다'의 뜻을 지닌 夆(끌 봉)을 합친 글자. 이에 길에서 우연히 만나다의 뜻으로 쓰임.

풀이 1. 만나다. ¶逢着 2. 맞다. 영합하다.

逢變(봉변) 1)뜻밖에 변을 당함. 2)남에게 치욕을 당함.
逢遇(봉우) 우연히 만남.
逢着(봉착) 만나서 부닥침. 만남.
相逢(상봉) 서로 만남.
비 縫(꿰맬 봉)

逝
⑦ 11획 日セイ·ゆく
갈 서 中shì

一十才才扩折折折逝逝

풀이 1. 가다. 떠나가다. 2. 죽다. ¶逝去
逝去(서거) 남의 죽음을 높여 이르는 말.

逍
⑦ 11획 日ショウ
거닐 소 中xiāo

풀이 거닐다. 이리저리 노닐다.
逍遙(소요) 이리저리 거닒.
비 消(사라질 소)

速
⑦ 11획 日ソク·はやい
빠를 속 中sù

一 一 一 一 束 束 束 涑 涑 速

*형성. 뜻을 나타내는 부수 ⻌(辵:쉬엄쉬엄 갈 착)과 음을 나타내는 '束(빠를 속)'을 합친 글자.

풀이 1. 빠르다. 신속하다. ¶速成 2. 부르다. 초래하다.

速決(속결) 빠르게 결정함. 얼른 결단함.

速記(속기) 1)빨리 적음. 2)속기법으로 적음.
速斷(속단) 짐작으로 잘못 판단하거나 결정함.
速力(속력) 속도를 이루는 힘. 빠르기.
速報(속보) 빨리 알림.
速成(속성) 빨리 이룸. 빨리 됨.
速戰(속전) 빨리 싸움.
유 迅(빠를 신)

這
⑦ 11획 日ゲン·シャ これ·この
이 저 中zhè, zhèi

풀이 이. '此(이 차)'와 같음. ¶這回
這回(저회) 이번에.
반 彼(저 피)

逖
⑦ 11획 日テキ
멀 적 中tì

풀이 1. 멀다. 2. 멀리하다.

造
⑦ 11획 日ゾウ·つくる
지을 조 中zào

ノ 㐄 丱 坐 生 告 告 造 造 造

풀이 1. 짓다. 만들다. 제작하다. ¶造作 2. 이루다. 3. 시작하다. 4. 때. 시대. 5. 이르다. 다다르다. ¶造詣

造林(조림) 나무를 심어 숲을 만듦.
造物主(조물주) 천지 자연을 만들고 주재하는 신.
造船(조선) 배를 설계하여 만듦.
造成(조성) 물건을 만들어서 이루어 냄.
造詣(조예) 1)학문이나 기예가 깊은 경지에 다다름. 2)남의 집을 찾아감. 방문함.
造作(조작) 무슨 일을 꾸며냄.
造花(조화) 생화가 아닌 종이나 헝겊으로 만든 꽃.
유 作(지을 작) 製(지을 제)

逡

⑦ 11획 日シュン
뒷걸음질칠 준 中qūn

풀이 1. 뒷걸음질치다. 조금씩 뒤로 물러나다. ¶逡巡 2. 머뭇거리다. ¶逡次

逡巡(준순) 슬금슬금 뒤로 물러섬. 꽁무니를 뺌.

逡次(준차) 머뭇거림.

참 浚(깊을 준)

逐

⑦ 11획 日チク·ドゥおふ
쫓을 축 中zhú

풀이 1. 쫓다. 내쫓다. ¶逐出 2. 따르다. 뒤쫓다. 3. 다투다. 경쟁하다.

逐鹿(축록) 1)사슴을 쫓음. 2)지위나 권력 등을 얻기 위하여 다툼.

逐一(축일) 하나하나. 일일이. 빼놓지 않고.

逐條(축조) 어떤 문장이나 법조문 같은 것을 차례차례 보아 가는 것.

逐出(축출) 쫓아냄. 몰아냄.

斥逐(척축) 물리쳐 쫓음.

참 追(따를 추) 從(쫓을 종)

비 遂(이룰 수)

通

⑦ 11획 日ツウ·とおる ·かよう
통할 통 中tōng, tòng

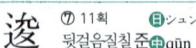

* 형성. 뜻을 나타내는 부수 辶(辵;쉬엄쉬엄 갈 착)과 음을 나타내는 甬(길 용)을 합친 글자.

풀이 1. 통하다. ¶通路 2. 꿰뚫다. 3. 지나다. ¶通過 4. 의사를 전달하다. 5. 왕래하다. 6. 알리다. ¶通告 7. 알다. 8. 정을 통하다. 9. 전하다. 10. 모두. 11. 통 편지 등을 세는 단위.

通過(통과) 1)지나감. 2)회의에서 의안(議案)이 가결(可決)됨.

通念(통념) 일반적으로 공통된 생각.

通達(통달) 1)막힘이 없이 환히 통함. 2)사물의 이치를 터득함.

通例(통례) 일반적으로 공통되게 쓰이는 전례.

通報(통보) 통지하여 알림.

通俗(통속) 1)세상 누구라도 알 수 있는 일반적인 풍속. 2)세상 일반.

通信(통신) 우편 등으로 소식이나 의사를 알리는 것.

通譯(통역) 말이 달라서 서로 통하지 않는 양쪽의 말을 번역하여 전함.

通稱(통칭) 1)공통으로 쓰이는 이름. 2)널리 통하는 이름.

通風(통풍) 바람을 통하게 함. 바람이 통함.

通貨(통화) 유통 수단이나 지불 수단의 기능을 하는 화폐.

共通(공통) 여러 곳에 두루 통용되거나 관계됨.

神通力(신통력) 무슨 일이든 해낼 수 있는 신묘한 힘.

참 透(통할 투)

透

⑦ 11획 日トウ·すく
통할 투 中tòu

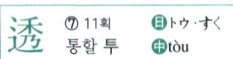

* 형성. 뜻을 나타내는 부수 辶(辵;쉬엄쉬엄 갈 착)과 음을 나타내는 秀(빼어날 수)를 합친 글자.

풀이 1. 통하다. 트이다. ¶透明 2. 꿰뚫다. ¶透過 3. 새다. 스미다. 4. 극도에 달하다.

透過(투과) 1)통과함. 2)뚫고 지나감.

透明(투명) 1)환하여 밝음. 2)훤히 트여 속이 다 보임.

透寫(투사) 그림이나 글씨 등을 얇은 종이 밑에 받쳐 놓고 그대로 베낌.

透視(투시) 내부에 있는 일을 특수한 감각에 의하여 감지하는 현상. 또는 그 능력.

透映 (투영) 환하게 통하여 비침.
유 通(통할 통)

逋 ⑦ 11획 日ホウ 달아날 포 中bū

풀이 1. 달아나다. 도망가다. ¶逋亡 2. 체납하다. ¶逋租 3. 체납한 조세. 4. 체포하다.

逋亡 (포망) 달아남. 도망침.
逋脫 (포탈) 1)달아나 벗어남. 2)불법적으로 조세를 피하여 면함.
비 浦(개 포)

逵 ⑧ 12획 日キ 길 규 中kuí

풀이 길. 아홉 갈래진 길. 아홉 군데로 통하는 길.
逵路 (규로) 사방으로 통하는 큰 길.
비 遠(멀 원)

逬 ⑧ 12획 日ホウ 달아날 병 中bèng, bǐng

풀이 1. 달아나다. 도주하다. 2. 솟아 나오다. 3. 물리치다.
逬水 (병수) 세차게 흐르는 물.
逬涕 (병체) 자꾸 흘러 나오는 눈물.

逶 ⑧ 12획 日イ 구불구불갈위 中wēi

풀이 구불구불 가다. 비스듬히 가다. ¶逶迤
逶迤 (위이) 1)길이 구불구불한 모양. 2)비스듬히 가는 모양.
비 透(통할 투)

逸 ⑧ 12획 日イツ 달아날 일 中yì

ク ク タ 召 名 兔 兔 逸 逸

풀이 1. 달아나다. ¶逸去 2. 잃다. 없어지다. 3. 편안하다. ¶安逸 4. 숨다. 5. 풀어놓다. 멋대로 내려려 두다. 6. 뛰어나다. 우수하다.

逸德 (일덕) 1)그릇된 행동. 실덕(失德). 2)큰 덕.
逸民 (일민) 학문과 덕이 뛰어나며 세상을 피해 숨어 지내는 사람.
逸脫 (일탈) 어떤 조직이나 규범에서 벗어남.
逸品 (일품) 뛰어난 물건.
逸話 (일화) 세상에 알려지지 않은 이야기.
安逸 (안일) 편안함.

週 ⑧ 12획 日シュウ 두를 주 中zhōu

* 형성. 뜻을 나타내는 부수 辶(辵:쉬엄쉬엄 갈 착)과 음을 나타내며 '주위를 둘러싸다'의 뜻을 지닌 周(두루 주)를 합친 글자.

풀이 1. 두르다. 돌다. 회전하다. 2. 일주일. ¶週刊
週刊 (주간) 한 주마다 하는 간행.
週年 (주년) 1년을 단위로 돌아오는 해. 주년(周年).
一週日 (일주일) 7일 동안.
비 周(두루 주)

進 ⑧ 12획 日シン・すすめる 나아갈 진 中jìn

ノ イ 彳 彳 隹 隹 隹 進 進 進

풀이 1. 나아가다. ¶進擊 2. 출사(出仕)하다. 3. 추천하다. 4. 다하다. 5. 오르다. ¶進級 6. 올리다. 드리다.
進擊 (진격) 앞으로 나아가 침. 진공(進攻).
進級 (진급) 등급·계급 또는 학급이 올라감.

進度(진도) 나아가는 정도. 진행되는 속도.
進路(진로) 나아가는 길. 나아갈 길.
進步(진보) 차차 발달하여 나아감.
進入(진입) 들어감.
進出(진출) 1)앞으로 나아감. 2)어떤 방면으로 나아감.
進就(진취) 점차적으로 일을 이루어 나감.
進退兩難(진퇴양난) 나아가기도 물러나기도 어려움. 이러지도 저러지도 못함을 비유하는 말.
進化(진화) 진보하여 점차로 더 나은 것이 됨.
進獻(진헌) 바침. 드림.
凰 退(물러날 퇴)

逮 ⑧ 12획　日タイ
미칠 체·태　中 dǎi, dài

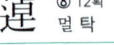

풀이 1. 미치다. 이르다. 도달하다. ¶逮夜 2. 쫓다. 잡다. ¶逮捕 3. 보내다.
逮捕(체포) 죄가 있는 사람을 잡음.
逮夜(체야) 1)밤이 됨. 2)기일(忌日)의 전날 밤.

逴 ⑧ 12획　日タク
멀 탁　中 chuō

풀이 1. 멀다. 2. 넘다. 초월하다.
逴犖(탁락) 뛰어남. 탁월함.
逴行(탁행) 먼 곳에 감.
凰 遠(멀 원)

逭 ⑧ 12획　日カン
피할 환　中 huàn

풀이 피하다. 도망하다.
逭暑(환서) 더위를 피함. 피서(避暑).

過 ⑨ 13획　日カ·すぎる·あやまつ
지날 과　中 guò, guo

一冂冋冎咼咼咼渦渦過

* 형성. 뜻을 나타내는 부수 辶(辵;쉬엄쉬엄 갈 착)과 음을 나타내는 咼(입 비뚤어질 와)를 합친 글자.

풀이 1. 지나다. ¶過雨 2. 한도를 넘다. 지나치다. ¶過剩 3. 허물, 실수. ¶過誤 4. 꾸짖다. 나무라다.
過渡(과도) 1)물을 건넘. 2)구시대에서 새로운 시대로 옮기는 과정.
過誤(과오) 잘못.
過猶不及(과유불급) 지나치는 것은 미치지 못한 것과 같음. 사물의 중용(中庸)이 귀중함을 이르는 말.
過剩(과잉) 필요 이상으로 많음.
過程(과정) 일이 되어 가는 형편.
改過遷善(개과천선) 잘못을 고쳐 착하게 됨.

達 ⑨ 13획　日タツ·とおる
통할 달　中 dá

一十土幸幸幸幸幸幸達達達

풀이 1. 통하다. 2. 정통하다. ¶達人 3. 이르다. ¶到達 4. 입신 출세하다. 5. 좋다. 적당하다. 6. 갖추어지다.
達觀(달관) 1)사물을 널리 내다봄. 전체를 내다봄. 2)속세를 벗어난 뛰어난 식견.
達人(달인) 1)사물에 널리 통달한 사람. 2)예술에 통달하여 그 재능이 남달리 뛰어난 사람.
到達(도달) 목적한 곳에 다다름.
榮達(영달) 고매하고 존귀하게 됨.
凰 透(통할 투) 通(통할 통)

道 ⑨ 13획　日トウ·トウみち
길 도　中 dào

[辵 9획] 遁遂遏遇運

ゝ ゝ ゞ 产 产 首 首 首 渞 道 道

道 *형성. 뜻을 나타내는 부수 辶(辵: 쉬엄쉬엄 갈 착)과 음을 나타내는 '首(머리 수)'를 합친 글자.

풀이 1. 길. 2. 도리. ¶道德 3. 방법. 4. 사상. 학문. 5. 가다. 6. 말하다. ¶道說 7. 도교(道敎). 8.(특) 지방 행정 구역의 단위.

道家(도가) 중국 선진 시대(先秦時代) 제자백가의 하나.
道敎(도교) 무위자연설을 근간으로 하는 중국의 토착 종교.
道德(도덕) 사람이 마땅히 행해야 할 바른 길.
道義(도의) 사람이 마땅히 행해야 할 도리.
道聽塗說(도청도설) 길에서 듣고 바로 말한다는 뜻으로, 좋은 말을 듣고도 이를 깊이 간직하지 못함을 비유하는 말.
步道(보도) 사람이 다니는 길.
昆 途(길 도)

遁 ⑨ 13획
❶ 달아날 둔 日トン
❷ 뒷걸음질 中dùn
칠 준

풀이 ❶ 1. 달아나다. 도망치다. ¶遁兵 2. 피하다. 숨다. ❷ 3. 뒷걸음질치다. ¶遁巡
遁甲(둔갑) 술법을 써서 다른 것으로 변하거나 몸을 숨김.
遁世(둔세) 세상을 피하여 은거함.
遁巡(준순) 뒷걸음질침. 망설임.

遂 ⑨ 13획 日スイ・とげる
이룰 수 中suí, suì

ノ 八 ソ ソ 乡 孛 孛 家 涿 遂 遂

풀이 1. 이루다. 성취하다. ¶遂願 2. 드디어. 3. 끝내다. 마치다. 4. 따르다. 순응하다.
遂事(수사) 이미 달성한 일.
遂願(수원) 소원을 성취함. 뜻대로 됨.
未遂(미수) 아직 이루지 못함.
昆 逐(쫓을 축)

遏 ⑨ 13획 日アツ
막을 알 中è

풀이 1. 막다. 저지하다. ¶遏塞 2. 중지하다. 3. 누르다. 억누르다.
遏塞(알색) 막음. 차단함.
遏情(알정) 정을 끊음.

遇 ⑨ 13획 日グウ
만날 우 中yù

丨 ワ ワ 日 日 무 禺 禺 渴 遇 遇

*형성. 뜻을 나타내는 부수 辶(辵: 쉬엄쉬엄 갈 착)과 음을 나타내며 가끔 이란 뜻을 가진 '禺(긴꼬리원숭이 우)'를 합친 글자. 이에 가끔 길에서 만나다'의 뜻을 나타냄.

풀이 1. 만나다. 우연히 만나다. 2. 대접하다. ¶遇待 3. 당하다. ¶遇害 4. 때마침. 5. 우연히.
遇待(우대) 신분에 맞게 대접함.
遇害(우해) 죽임을 당함.
禮遇(예우) 예를 갖추어 대접함.
昆 邂(만날 해)
비 愚(어리석을 우) 偶(짝 우)

運 ⑨ 13획 日ウン・はこぶ
돌 운 中yùn

´ ↗ ㅋ ㅋ 冟 冟 쿋 軍 軍 渾 運

*형성. 뜻을 나타내는 부수 辶(辵: 쉬엄쉬엄 갈 착)과 음을 나타내는 '軍(둘러쌀 군)'을 합친 글자.

풀이 1. 돌다. 2. 돌리다. 회전시키다. 3. 옮기다. 나르다. 운반하다. 4. 운수. ¶運命 5. 움직이다.
運命(운명) 사람에게 닥쳐오는 천명에

관한 것. 운세(運勢).
運身(운신) 몸을 움직임.
運轉(운전) 기계를 움직여 부림.
運漕(운조) 배로 짐을 실어 나름.
幸運(행운) 좋은 운수.
🔵 廻(돌 회) 巡(돌 순)

違 ⑨ 13획 🟦 イ・ちがう 어길 위 🔴 wéi

、、⺌⺌⺌⺌⺌⺌⺌⺌⺌⺌韋韋違違

* 형성. 뜻을 나타내는 부수 辶(辵:쉬엄쉬엄 갈 착)과 음을 나타내는 '韋(다룸가죽 위)'를 합친 글자.

풀이 1. 어기다. 위반하다. ¶違法 2. 다르다. 3. 떠나다. 떨어지다. 4. 피하다. 5. 옳지 않다. 6. 잘못. 과실.
違法(위법) 법을 어김.
違約(위약) 약속을 어김.
違程(위정) 규정을 어김.
違限(위한) 기한을 어김.

遊 ⑨ 13획 🟦 ユウ・あそぶ 놀 유 🔴 yóu

、、⺌⺌⺌⺌⺌⺌⺌⺌遊遊遊

풀이 1. 놀다. 놀이. ¶遊戱 2. 돌아다니다. 정처 없이 떠돌다. ¶遊客 3. 방탕하다. 4. 사귀다. 교제하다.
遊覽(유람) 떠돌아다니며 구경함.
遊說(유세) 여러 곳을 두루 방문하여 자기의 의견을 선전함.
遊學(유학) 타향에 가서 공부함.
遊戱(유희) 장난을 치며 즐겁게 즐김.
外遊(외유) 공부나 유람을 위해 외국에 여행함.
🔵 戱(놀 희)

逾 ⑨ 13획 🟦 ユ・こえる 넘을 유 🔴 yú

풀이 1. 넘다. ¶逾月 2. 건너다. 3. 더욱. 4. 멀다. 아득하다.
逾月(유월) 달을 넘김. 유월(踰月).
逾越(유월) 한도를 넘음.
🔵 超(넘을 초)

遒 ⑨ 13획 🟦 シュウ 다가설 주 🔴 qiú

풀이 1. 다가서다. 가까이 가다. 2. 굳세다. 씩씩하다. ¶遒麗
遒麗(주려) 필세(筆勢)·문장 등이 굳세고 아름다움.
遒拔(주발) 문장이 뛰어남.
遒豔(주염) 문장이 빼어나게 아름다움. 주려(遒麗).

遍 ⑨ 13획 🟦 ヘン 두루 편 🔴 biàn

、丶广广户户启扁扁扁扁遍遍

* 형성. 뜻을 나타내는 부수 辶(辵:쉬엄쉬엄 갈 착)과 음을 나타내는 '扁(넓적할 편)'을 합친 글자.

풀이 두루. 두루 미치다. ¶遍歷
遍歷(편력) 두루 곳곳을 돌아다님.
遍散(편산) 곳곳에 널리 흩어져 있음.
遍在(편재) 널리 퍼져어 있음.
普遍(보편) 모든 사물에 공통이 되는 성질.
🔵 周(두루 주) 🔺 偏(치우칠 편)

逼 ⑨ 13획 🟦 ヒョク・ヒツ 닥칠 핍 🔴 bī

풀이 1. 닥치다. ¶逼迫 2. 급박하다. 3. 핍박하다.
逼迫(핍박) 1)닥쳐 옴. 절박(切迫). 2)바짝 죄어서 괴롭힘.
逼眞(핍진) 실제와 같이 아주 비슷함.

遐 ⑨ 13획 日カ
멀 하 中xiá

[풀이] 1. 멀다. ¶遐被 2. 멀어지다. 3. 가다. 4. 오래다. ¶遐祚

遐緬(하면) 까마득히 먼 일.
遐域(하역) 먼땅. 외국을 이르는 말.
遐祚(하조) 오래 지속되는 복.
遐被(하피) 먼 곳까지 미침.
📎 遠(멀 원)

遑 ⑨ 13획 日コウ
서두를 황 中huáng

[풀이] 1. 서두르다. 2. 겨를.
遑急(황급) 몹시 바쁘고 급박함.
📎 惶(두려워할 황)

遣 ⑩ 14획 日ケン・つかう
보낼 견 中qiǎn

丨口中虫虫虫串串貴貴遣
遣遣

[풀이] 1. 보내다. 놓아주다. ¶遣歸 2. 풀다. 달래다. 3. 선물.
遣歸(견귀) 돌려보냄.
遣憤(견분) 억울한 마음을 품. 울분을 씻음.
📎 送(보낼 송) 📎 遺(남길 유)

遝 ⑩ 14획 日トウ
몰릴 답 中tà

[풀이] 1. 몰리다. 2. 뒤섞이다.
遝至(답지) 한군데로 몰림.

遛 ⑩ 14획 日リュウ・とどまる
머무를 류 中liú

[풀이] 머무르다. 정지하다.

遡 ⑩ 14획 日ソ
거슬러 올라갈 소 中sù

* 형성. 뜻을 나타내는 부수 辶(=辵;쉬엄쉬엄 갈 착)과 음을 나타내는 朔(초하루 삭)을 합친 글자.

[풀이] 1. 거슬러 올라가다. ¶遡源 2. 따라 내려가다.
遡源(소원) 1)물길을 거슬러 올라감. 2)학문의 근원을 밝힘.
遡洄(소회) 물을 거슬러 올라감.
📎 逆(거스를 역)

遜 ⑩ 14획 日ソン
겸손할 손 中xùn

[풀이] 1. 겸손하다. ¶遜讓 2. 달아나다. 3. 따르다. 순종하다. 4. 사양하다. ¶遜職 5. 못하다. 뒤떨어지다.
遜色(손색) 비교하여 못한 점. 빠지는 모양.
遜讓(손양) 겸손하여 사양함.
遜職(손직) 관직을 사양함.
謙遜(겸손) 자신을 낮추는 태도.
📎 謙(겸손할 겸)

遙 ⑩ 14획 日ヨウ
멀 요 中yáo

ノク夕夕夕夕争争争争爭遙
遙遙

[풀이] 1. 멀다. 아득하다. ¶遙昔 2. 길다. 3. 거닐다. 노닐다.
遙望(요망) 멀리서 바라봄.
遙昔(요석) 먼 옛날.
遙然(요연) 아득한 모양.
📎 遠(멀 원)

遠 ⑩ 14획 日エン・とおい
멀 원 中yuǎn

遠

`一十土土牛告 查 袁 袁 遠`
袁 遠

*형성. 뜻을 나타내는 부수 辶(辵:쉬엄쉬엄 갈 착)과 음을 나타내며 "멀어지다"의 뜻을 가진 袁(옷 길 원)을 합친 글자.

풀이 1. 멀다. ¶遠物 2. 깊다. 심오하여 알기 어렵다. 3. 멀리하다.

遠隔(원격) 멀리 떨어짐. 현격(懸隔).
遠配(원배) 먼 곳으로 귀양 보냄.
遠視(원시) 먼 것은 잘 보이나 가까운 것은 잘 보이지 않는 시력.
遠征(원정) 1)먼 곳을 정벌함. 2)운동 경기를 하러 먼 곳으로 감.
永遠(영원) 끝이 없음.

🔁 邇(멀 요) ↔ 近(가까울 근)

遞 ⑩ 14획 日テイ 갈마들 체 中dì

`亻厂厂厂厂庐 庐 庐 庶 庶 遞`
遞 遞

*형성. 뜻을 나타내는 부수 辶(辵:쉬엄쉬엄 갈 착)과 음을 나타내며 虒(뿔범 사)를 합친 글자.

풀이 1. 갈마들다. 번갈아 들다. ¶遞加 2. 교대로. ¶遞代 3. 두르다. 에워싸다. 4. 전하다. 5. 역참(驛站).

遞減(체감) 차례대로 감하여 감.
遞代(체대) 서로 바꿈. 서로 번갈아 가며 대신함.

🔁 番(갈마들 번)

遡 ⑪ 15획
遡(p747)과 同字

遨 ⑪ 15획 日ゴウ 놀 오 中áo

풀이 놀다. 즐겁게 놀다.
遨遊(오유) 놂.
🔁 遊(놀 유)

適 ⑪ 15획 日テキ 갈 적 中shì, dí

`亠ㅗ广产产产商商商商 適`
適 適

*형성. 뜻을 나타내는 부수 辶(辵:쉬엄쉬엄 갈 착)과 음을 나타내는 啇(밑동 적)을 합친 글자.

풀이 1. 가다. ¶適歸 2. 때마침. 3. 만나다. 4. 당연하다. 5. 맞다. ¶適正

適格(적격) 격에 맞음.
適歸(적귀) 가서 의탁함.
適藥(적약) 병에 알맞는 약.
適宜(적의) 알맞고 마땅함. 적당(適當).
適者生存(적자생존) 환경의 상태에 맞는 생물만이 생존함.
適材適所(적재적소) 적당한 인재를 적당한 자리에 씀.
適正(적정) 알맞고 바름.
適合(적합) 꼭 들어맞음. 합당함.
🔁 行(갈 행) ↔ 滴(물방울 적)

遭 ⑪ 15획 日ソウ 만날 조 中zāo

*형성. 뜻을 나타내는 부수 辶(辵:쉬엄쉬엄 갈 착)과 음을 나타내며 '마주 대하다'의 뜻을 가진 曹(마을 조)를 합친 글자. 이에 만나다, '해후(邂逅)하다'의 뜻을 나타냄.

풀이 1. 만나다. ¶遭遇 2. 당하다.
遭遇(조우) 1)우연히 만남. 2)어지러운 세상을 만남.
遭旱(조한) 가뭄으로 재해를 입음.
🔁 遇(만날 우)

遮 ⑪ 15획 日シャ・さえぎる 막을 차 中zhē

풀이 1. 막다. 가로막다. ¶遮路 2. 덮다. ¶遮迾 3. 차단하다.
遮路(차로) 길을 막음.
遮迾(차열) 덮어 가림.

[辵 11~12획] 遮遼遛遴選遺遵

遮蔽(차폐) 1)가려서 덮음. 2)막아서 지켜 냄. 보호함.
[비] 庶(여러 서)

遰 ⑪ 15획 ⑧テイ・セイ
떠날 체 ⊕dì

[풀이] 1. 떠나다. 2. 멀다.
[비] 滯(막힐 체)

遼 ⑫ 16획 ⑧リョウ
멀 료(요) ⊕liáo

[풀이] 1. 멀다. ¶遼隔 2. 강 이름. 만주를 통해 발해(渤海)로 들어가는 강. 3. 요나라. 거란(契丹)이 세운 왕조.

遼隔(요격) 멀리 떨어짐.
遼東家(요동시) 식견이 좁은 사람이 잘난 체 하다가 도리어 무식이 드러남을 비유하는 말.
遼遠(요원) 아득히 멂.
[동] 邈(멀 막) 迥(멀 요) [비] 僚(동료 료)

遛 ⑫ 16획
遛(p749)의 本字

遴 ⑫ 16획 ⑧リン
어려워할 린(인) ⊕lín

[풀이] 1. 어려워하다. 2. 탐하다. 3. 가리다. 선택하다.

遴選(인선) 인재를 고름.
[비] 隣(이웃 린)

選 ⑫ 16획 ⑧セン・えらぶ
가릴 선 ⊕xuǎn

ᅟᅟᅟᅟ巴巴甲巴巴罒罒罓罖罱巽選
選選

*형성. 뜻을 나타내는 부수 辶(辵;쉬엄쉬엄 갈 착)과 음을 나타내는 巽(손괘 손)을 합친 글자.

[풀이] 1. 가리다. 선택하다. ¶選揀 뽑다. ¶選擇 2. 뛰어나다. 3. 잠깐.

選官(선관) 1)관리를 뽑음. 2)관리를 뽑는 일을 맡은 벼슬. 선사(選事).
選用(선용) 골라서 씀.
選任(선임) 많은 사람 가운데서 뽑아 임명함.
選集(선집) 1)골라 모음. 2)모든 작품 중에서 몇 편의 작품만 추려 만든 책.
選擇(선택) 골라서 뽑음.
[동] 擇(가릴 택)

遺 ⑫ 16획 ⑧イ・ユイ
남길 유 ⊕wèi, yí

ᅟᅟᅟ丨ㅁ巾虫虫串串貴貴遺遺
遺遺

*형성. 뜻을 나타내는 부수 辶(辵;쉬엄쉬엄 갈 착)과 음을 나타내는 貴(귀할 귀)를 합친 글자.

[풀이] 1. 남기다. 남다. ¶遺産 2. 끼치다. 후세에 전하다. ¶遺傳 3. 버리다. 4. 잃다.

遺棄(유기) 돌보지 않고 내버림.
遺物(유물) 선조들이 남긴 물건.
遺腹(유복) 태어났을 때 그 아버지가 죽은 사람.
遺産(유산) 죽은 사람이 남긴 재산.
遺書(유서) 유언을 적은 글.
遺言(유언) 죽음에 이르러 남긴 말.
遺蹟(유적) 남아 있는 자취.
遺傳(유전) 1)후세(後世)에 전함. 2)조상이나 부모의 체질 또는 성질 등이 후손들에게 전하여지는 일.
遺脫(유탈) 빠짐. 누락(漏落)됨.
遺訓(유훈) 옛 사람이 남긴 교훈.
[비] 遣(보낼 견)

遵 ⑫ 16획 ⑧ジュン
따를 준 ⊕zūn

` ′ ハ ガ ガ ガ ガ ガ 炸 猫 堷 尊`
`尊 違 違 遵`

* 형성. 뜻을 나타내는 부수 辶(辵:쉬엄쉬엄 갈 착)과 음을 나타내며 '따르다'의 뜻을 지닌 尊(높을 존)을 합친 글자.

[풀이] 따르다. 좇다. ¶遵守
遵據 (준거) 의거하여 좇음.
遵守 (준수) 좇아 지킴.
遵行 (준행) 좇아 행함.

🔁 從 (좇을 종)

| 遲 | ⑫ 16획 | 日チ |
| | 늦을 지 | 中chí, zhí, zhì |

`丿 尸 尸 尸 尸 尸 屋 屋 屋`
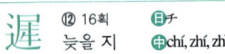

* 형성. 뜻을 나타내는 부수 辶(辵:쉬엄쉬엄 갈 착)과 음을 나타내며 '느릿한 모양'의 뜻을 가진 犀(무소 서)를 합친 글자. 이에 '늦어지다'의 뜻을 나타냄.

[풀이] 1. 늦다. 지각하다. ¶遲刻 2. 게을리 하다. 3. 더디다. 굼뜨다. ¶遲久 4. 무렵. 그때쯤.
遲刻 (지각) 정해져 있는 시간에 늦음.
遲明 (지명) 동틀 무렵. 날이 샐 무렵.
遲延 (지연) 늦어짐.

| 遷 | ⑫ 16획 | 日セン · うつる |
| | 옮길 천 | 中qiān |

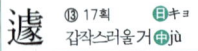
`遷 遷 遷 遷`

[풀이] 1. 옮기다. ¶遷職 2. 바꾸다. 3. 천도(遷都)하다.
遷改 (천개) 바꾸어 달라지게 함.
遷都 (천도) 도읍을 옮김.
遷善 (천선) 선하게 바꿈.
遷移 (천이) 옮김.
遷職 (천직) 직업을 옮김.
左遷 (좌천) 높은 직급에서 낮은 직급으로 떨어짐.

🔁 移 (옮길 이)

| 遽 | ⑬ 17획 | 日キョ |
| | 갑작스러울 거 | 中jù |

[풀이] 1. 갑작스럽다. 갑자기. 2. 역말. 3. 당황하다. ¶遽色 4. 두려워하다.
遽色 (거색) 당황한 기색.
遽人 (거인) 1)역참(驛站)에서 일하는 사람. 2)명령을 전달하는 일을 하는 사람.

🔁 據 (의거할 거)

| 邁 | ⑬ 17획 | 日マイ |
| | 갈 매 | 中mài |

[풀이] 1. 가다. 2. 초과하다. 뛰어나다. ¶邁達 3. 힘쓰다. 노력하다.
邁績 (매적) 뛰어난 공적.
邁進 (매진) 씩씩하게 나아감.

| 邀 | ⑬ 17획 | 日ヨウ |
| | 맞이할 요 | 中yāo |

[풀이] 1. 맞이하다. 초대하다. ¶邀迓 2. 요구하다.
邀迓 (요아) 초대하여 맞이함.
邀請 (요청) 초대함.

| 避 | ⑬ 17획 | 日ヒ · さける |
| | 피할 피 | 中bì |

`′ ″ ″ ″ ″ ″ ″ ″ ″ ″`

* 형성. 뜻을 나타내는 부수 辶(辵:쉬엄쉬엄 갈 착)과 음을 나타내는 辟(임금 벽)을 합친 글자.

[풀이] 1. 피하다. 회피하다. ¶避不 2. 벗어나다. 면하다. 3. 꺼리다.
避難 (피난) 전쟁이나 재난으로 인하여 다른 곳으로 옮겨감.
避暑 (피서) 더위를 피함.

避妊 (피임) 임신을 피하는 방법을 씀.
避諱 (피휘) 1)꺼려 피함. 2)부모나 임금의 이름을 피하여 쓰지 않음.
忌避 (기피) 꺼리어 피함.
🔁 逃 (달아날 도)

邂 ⑬ 17획 日カイ·あう 만날 해 中xiè

풀이 1. 만나다. 2. 기뻐하는 모양.
邂逅 (해후) 1)우연히 만남. 2)기뻐하는 모양.

還 ⑬ 17획 日カン 돌아올 환 中hái, huán

丨冂冂罒罒罘累睘還還還

*형성. 뜻을 나타내는 부수 '辵(쉬엄쉬엄 갈 착)'과 음을 나타내며 '돌아오다'의 뜻을 가진 부수 이외의 글자를 합친 글자.

풀이 1. 돌아오다. ¶還來 2. 돌려보내다. 돌려주다. 갚다. ¶還給 3. 또. 재차.

還去 (환거) 돌아감.
還給 (환급) 물건을 주인에게 돌려줌.
還忌 (환기) 뒤돌아보아 꺼림. 두려워함.
還來 (환래) 돌아옴.
還付 (환부) 되돌려 줌.
還俗 (환속) 중이 다시 속세로 돌아옴.
還鄕 (환향) 고향으로 돌아감.

邈 ⑭ 18획 日バク 멀 막 中miǎo

풀이 1. 멀다. 아득하다. ¶邈然 2. 업신여기다. 경멸하다. 3. 근심하다.
邈邈 (막막) 1)아득히 먼 모양. 2)근심하는 모양.
邈視 (막시) 깔봄. 업신여김.
邈然 (막연) 아득한 모양. 어렴풋한 모양.

邃 ⑭ 18획 日スイ 깊을 수 中suì

풀이 1. 깊다. 깊숙하다. ¶邃深 2. 멀다.
邃古 (수고) 옛날. 태고(太古).
邃深 (수심) 매우 깊숙함.
邃淸 (수청) 깊고 맑음.

邇 ⑭ 18획 日ジ 가까울 이 中ěr

풀이 1. 가깝다. 거리·관계가 가깝다. ¶邇遐 2. 가까이하다.
邇來 (이래) 1)요사이. 근래(近來) 그 후. 그때 이래(以來).
🔁 近 (가까울 근) 🔁 爾 (너 이)

邊 ⑮ 19획 日ヘン 가 변 中biān

丶宀宀宀皀皀皀皀皀臱臱
邊邊邊邊

풀이 1. 가. 가장자리. ¶江邊 2. 변방. 국경. ¶邊防 3. 근처. 부근. 4. 구석. 모퉁이. 5. 圖 이자.
邊警 (변경) 1)나라의 경계. 2)외적(外敵)이 국경에 침입했다는 경보.
邊防 (변방) 국경을 지킴.
邊塞 (변새) 변경의 요새(要塞).
邊役 (변역) 국경을 지키는 부역.
邊坐 (변좌) 곁에 앉음.
江邊 (강변) 강가.

邏 ⑲ 23획 日ラ 돌 라(나) 中luó

풀이 1. 돌다. 2. 순찰하는 사람.
邏卒 (나졸) 순찰하는 병졸(兵卒).
巡邏 (순라) 조선 시대 때 밤에 치안을 위해 사람의 통행을 금하고 순찰을 돌던 병졸.

邑부

邑(阝) 고을 읍部

'邑'자의 윗부분은 일정하게 구획된 구역을 나타내고, 아랫부분은 사람이 앉아 있는 모양을 나타내어 '고을'의 뜻으로 쓰인다. 부수로 쓰일 때는 글자 오른쪽에 '阝'의 형태로 쓰여 '우부방'이라는 부수 명칭으로 불린다. 이 글자를 부수로 갖는 글자는 대체로 나라나 고을 이름에 관련된 명칭이나 일정한 구역에 관련된 명칭의 뜻을 나타낸다.

邑 ①7획 日ユウ 고을 읍 ⊕yì

풀이 1. 고을. 마을. 2. 도읍. 3. 식읍(食邑). 4.⑩ 행정 구역 이름. ¶邑內
邑內(읍내) 읍청이 있는 고을 안.
邑長(읍장) 읍의 우두머리.
食邑(식읍) 옛날에, 국가에서 공신(功臣)에게 내려 조세(租稅)를 개인이 받아 쓰게 한 고을.
⊞ 州(고을 주) 郡(고을 군)

邙 ③6획 日ボウ 산 이름 망 ⊕máng

풀이 산 이름. 중국 낙양(洛陽)의 북쪽에 있는 산.
北邙山(북망산) 묘지가 있는 곳. 사람이 죽어서 가는 곳.

邕 ③10획 日ヨウ·ふさがる 화할 옹 ⊕yōng

* 회의. 주위가 물(巛)로 둘러싸인 고을(邑)을 나타낸 글자. 바꾸어 '화목하다'의 뜻으로 쓰임.

풀이 화하다. 화목하다. ¶邕穆
邕穆(옹목) 화목(和睦)함. 화락함.

那 ④7획 日ナ 어찌 나 ⊕nā, nǎ, na, nuó, nuò

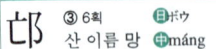

* 형성. 뜻을 나타내는 부수 阝(邑:고을 읍)과 음을 나타내는 冄(나아갈 염)을 합친 글자.

풀이 1. 어찌. 어찌하여. 2. 어찌하랴. 3. 어느. 어떤. ¶那裏 4. 저. 저것. 5. 무엇.
那落(나락) 지옥. 구원할 수 없는 마음의 구렁텅이.
那裏(나리) 1)어느 곳. 2)저 곳.
那中(나중) 그 속. 그곳.
⊞ 何(어찌 하)

邦 ④7획 日ホウ·くに 나라 방 ⊕bāng

* 형성. 뜻을 나타내는 부수 阝(邑:고을 읍)과 음을 나타내며 '경계'를 뜻하는 丰(어여쁠 봉)을 합친 글자. 경계가 정해진 영토를 나타내어, '나라'의 뜻으로 쓰임.

풀이 1. 나라. 영토. ¶邦國 2. 서울. 수도(首都).
邦國(방국) 1)나라. 국가. 2)대국(大國)과 소국(小國).
邦紀(방기) 나라를 다스리는 법.
邦域(방역) 1)나라의 경계. 2)나라의 통치권이 미치는 범위.
邦土(방토) 나라. 국토(國土).
邦畫(방화) 자기 나라에서 만든 영화.
友邦(우방) 서로 친교가 있는 나라.
⊞ 國(나라 국)

邠 ④7획 日ヒン 나라 이름 빈 ⊕bīn

[음 4~5획] 邪邨邢邱邛邵邸邰邯

풀이 1. 나라 이름. 지금의 중국 섬서성(陝西省) 순읍현(栒邑縣). **2.** 빛나다.

邪
④ 7획
❶ 간사할 사 🇯🇵 ジャ·よこしま
❷ 고을 이름 야 🇨🇳 xié, yé

一 ㄷ ㅛ ㅛ ㅛ 邪 邪

* 형성. 뜻을 나타내는 부수 '阝(邑:고을 읍)'과 음을 나타내는 '牙(어금니 아)'를 합친 글자.

풀이 1 **1.** 간사하다. 사특하다. ¶邪見 **2** **2.** 고을 이름. **3.** 어조사.

邪見(사견) 1)간사한 생각. 바르지 않은 마음. 2)인간의 도리를 무시하는 망견(妄見).

邪計(사계) 간사한 계략.

邪道(사도) 올바르지 않은 길. 사람으로서 해서는 안 될 부정한 길. 부정한 도(道).

邪心(사심) 간사한 마음. 도리에 어긋난 잘못된 마음.

邪慝(사특) 간사하고 못됨.

妖邪(요사) 요망하고 간사함.

邨
④ 7획
村(p347)의 本字

邢
④ 7획 🇯🇵 ケイ
나라 이름 형 🇨🇳 xíng

풀이 나라 이름. 주나라의 제후국으로, 지금의 중국 하북성(河北省) 형대현(邢臺縣).

邱
⑤ 8획 🇯🇵 キュウ
땅 이름 구 🇨🇳 qiū

풀이 1. 땅 이름. **2.** 언덕.

邛
⑤ 8획 🇯🇵 ヒ
클 비 🇨🇳 pī

풀이 1. 크다. ¶邛張 **2.** 땅 이름. 지금의 중국 산동성(山東省) 등현(滕縣).

邛張(비장) 크게 뻗음.

🔁 조(클비)

邵
⑤ 8획 🇯🇵 ショウ
고을 이름 소 🇨🇳 shào

* 형성. 뜻을 나타내는 부수 '阝(邑:고을 읍)'과 음을 나타내는 '召(부를 소)'를 합친 글자.

풀이 고을 이름.

邸
⑤ 8획 🇯🇵 テイ·やしき
집 저 🇨🇳 dǐ

* 형성. 뜻을 나타내는 부수 '阝(고을 읍)'과 음을 나타내는 '氐(근본 저)'를 합친 글자.

풀이 1. 집. ¶邸館 **2.** 묵다. **3.** 종친.

邸館(저관) 집. 저택.

邸舍(저사) 1)시중의 상점. 2)집. 3)여관.

邸下(저하) 왕세자의 존칭.

🔁 家(집 가) 宅(집 택)

邰
⑤ 8획 🇯🇵 タイ
나라 이름 태 🇨🇳 tái

풀이 나라 이름. 지금의 중국 섬서성(陝西省) 무공현(武功縣).

邯
⑤ 8획
❶ 땅 이름 한 🇯🇵 カン
❷ 현 이름 감 🇨🇳 hán, hàn

풀이 1 **1.** 땅 이름. 전국 시대 조(趙)나라의 서울. 지금의 중국 하북성(河北省) 한단현(邯鄲縣). **2** **2.** 현 이름.

邯鄲之夢(한단지몽) 한단에서의 꿈이라는 뜻으로, 한바탕 꿈처럼 인생이 덧없음을 이르는 말.

邯鄲之步(한단지보) 한단의 걸음걸이라는 뜻으로, 자기 분수를 모르고 남을 흉내 내는 것을 빗대서 하는 말.

[邑 6~8획] 郊郎郁邢郡郎郢郭

郊 ⑥ 9획 ㉠コウ
성 밖 교 ㉢jiāo

` 亠 亣 交 交 交ʳ 郊ʳ 郊

* 형성. 뜻을 나타내는 부수 阝(邑:고을 읍)과 음을 나타내는 '交(사귈 교)'를 합친 글자.

풀이 1. 성 밖. ¶郊外 2. 들. 시골. 3. 국경.

郊外(교외) 시가(市街) 밖. 성문 밖.

郊村(교촌) 큰 도시 근처에서 근교 농업을 하는 농촌.

近郊農業(근교농업) 도시에 내다 팔기 위하여 도시 가까운 들에서 이루어지는 농업.

 外(밖 외)

郎 ⑥ 9획
郎(p756)의 俗字

郁 ⑥ 9획 ㉠イク・かぐわしい
성할 욱 ㉢yù

* 형성. 뜻을 나타내는 부수 阝(邑:고을 읍)과 음을 나타내는 '有(있을 유)'를 합친 글자.

풀이 1. 성하다. 2. 향기가 강한 모양. ¶郁郁

郁郁(욱욱) 1)문물(文物)이 성대한 모양. 2)향기가 매우 강한 모양.

馥郁(복욱) 향기가 그윽함.

 盛(성할 성)

邢 ⑥ 9획
邢(p755)의 本字

郡 ⑥ 10획 ㉠グン
고을 군 ㉢jùn

フ ㅋ ㅋ 尹 尹 君 君 君ʳ 郡

풀이 1. 고을. 지방. 행정 구획의 하나. ¶郡守 2. 관청.

郡守(군수) 군의 행정을 맡아보던 군의 장관.

郡王(군왕) 봉작(封爵)의 이름. 친왕의 다음가는 지위.

 州(고을 주) 邑(고을 읍)

郎 ⑦ 10획 ㉠ロウ
사나이 랑(낭) ㉢láng, làng

` ㄱ ㄱ 甶 甶 良 良 良ʳ 郎ʳ 郎

* 형성. 뜻을 나타내는 부수 阝(邑:고을 읍)과 음을 나타내는 '良(어질 량)'을 합친 글자.

풀이 1. 사나이. 2. 낭군. 남편. ¶郎君 3. 땅 이름. 지금의 중국 산동성(山東省) 비현(費縣) 근처. 4. 벼슬 이름.

郎官(낭관) 중국 한대(漢代)의 시랑(侍郎)·낭중(郎中)의 총칭.

郎君(낭군) 1)젊은 남자를 높여 부르는 말. 귀공자(貴公子). 2)아내가 남편을 부르는 말.

 男(사내 남) 朗(밝을 랑)

郢 ⑦ 10획 ㉠エイ
땅 이름 영 ㉢yǐng

풀이 땅 이름. 춘추 시대 초(楚)나라의 서울. 지금의 중국 호북성(湖北省) 강릉현(江陵縣) 근처.

郭 ⑧ 11획 ㉠カク
성곽 곽 ㉢guō

` 亠 亠 亠 卉 亨 亨 享 郭ʳ 郭

* 형성. 뜻을 나타내는 부수 阝(邑:고을 읍)과 음을 나타내며 성루가 있는 성벽의 모양을 본뜬 '享(누릴 향)'을 합친 글자. 이에 성을 둘러싼 '성곽'의 뜻으로 쓰임.

풀이 1. 성곽. 도읍을 둘러싼 성벽. ¶郭外 2. 둘레. 바깥의 둘레.

郭外(곽외) 성곽(城郭) 밖.

[邑 8~9획] 都 郯 部 郵 郰 鄕 都 鄂

城郭(성곽) 내성(內城)과 외성(外城)을 아울러 일컫는 말.
外郭(외곽) 1)성 밖에 겹으로 쌓은 성. 2)바깥 언저리.
回 城(성 성)

郯 ⑧ 11획 日 タン
나라 이름 담 中 tán

풀이 나라 이름. 춘추 시대의 나라 이름.

都 ⑧ 11획
都(p757)의 俗字

部 ⑧ 11획 日 フ
떼 부 中 bù

` 一 亠 ㅛ ㅛ 쿠 쿡 쿱 쿱' 씸 部

풀이 1. 떼. 촌락. 2. 거느리다. 지배하다. 3. 나누다. 4. 분류. 구분. ¶部分
部隊(부대) 한 단위의 군대. 일부의 군대.
部類(부류) 종류에 따라 나눈 갈래.
部門(부문) 전체를 갈라 분류한 부분.
部分(부분) 전체를 몇 개로 나눈 것의 하나.
部署(부서) 어떤 조직에서 사무의 성격에 따라 갈라진 부문.
部首(부수) 한문 자전(字典)에서 한 자를 구별한 각 부류의 길잡이가 되는 글자의 한 부분.
部下(부하) 남의 명령에 따라 움직이는 사람.
回 剖(쪼갤 부)

郵 ⑧ 11획 日 ユウ
역말 우 中 yóu

` 一 一 ㅜ ㅜ 乕 乕 垂 垂' 乕3 郵

* 형성. 뜻을 나타내는 부수 阝(邑:고을 읍)과 음을 나타내는 垂(늘어질 수)를 합친 글자.

풀이 1. 역말. 각 역참에 갖추어 둔 말. 2.

역참. 3. 우편.
郵政局(우정국) 우편 행정에 관한 사무를 맡아 보던 옛 체신부(遞信部)의 한 국(局).
郵遞局(우체국) 우편·우편금·우편 저금·전기 통신 등의 사무를 맡아 보는 지방 체신 관청.
郵票(우표) 우편 요금을 낸 표시로 우편물에 붙이는 증표(證票).

郰 ⑧ 11획 日 シュウ
고을 이름 추 中 zōu

풀이 고을 이름. 공자의 고향으로, 지금의 중국 산동성(山東省) 곡부현(曲阜縣).

鄕 ⑧ 11획
鄕(p758)의 俗字

都 ⑨ 12획 日 ト・みやこ
도읍 도 中 dū, dōu

` 一 十 土 耂 耂 者 者 者 者' 都3 都

* 형성. 뜻을 나타내는 부수 阝(邑:고을 읍)과 음을 나타내는 者(놈 자)를 합친 글자.

풀이 1. 도읍. 서울. ¶都邑 2. 도시. ¶都市 3. 모두. 다. 4. 거느리다.
都賣(도매) 물건을 모아 파는 일.
都城(도성) 서울. 도읍.
都市(도시) 도회(都會).
都邑(도읍) 서울. 수도(首都).
都合(도합) 모두.
都會(도회) 사람이 많이 모여 살고 번화한 곳. 도회지(都會地).
回 部(나눌 부)

鄂 ⑨ 12획 日 ガク
고을 이름 악 中 è

풀이 1. 고을 이름. 춘추 시대 초나라의 읍으로 지금의 호북성(湖北省) 무창현(武昌縣).

2. 경계, 한계. 3. 놀라다. ¶鄂驚
鄂驚(악경) 놀람. 경악(驚愕).

鄒 ⑩ 13획 日スウ
나라 이름 추 中zōu

[풀이] 나라 이름. 주나라의 제후국. 지금의 중국 산동성(山東省) 추현(鄒縣) 근처.
鄒孟(추맹) 추나라의 맹자(孟子).

鄕 ⑩ 13획 日キョウ
시골 향 中xiāng

필순: 丿ㄠㄠ乡乡 乡' 乡" 乡# 乡$ 乡%鄕 鄕

[풀이] 1. 시골. 2. 마을. 3. 고향. 4. 곳, 장소. 5. 행정 구역 이름.
鄕歌(향가) 신라 중엽부터 고려 초기에 널리 유행하였던 우리나라 고유의 시가(詩歌).
鄕吏(향리) 향(鄕)의 벼슬아치.
鄕書(향서) 고향에서 보낸 편지.
鄕札(향찰) 신라 시대에, 우리말을 한자의 음을 빌려 나타내던 글.
故鄕(고향) 1)자신이 태어나서 자란 곳. 2)마음이나 영혼의 안식처.
[비] 卿(벼슬 경) 響(울릴 향)

鄙 ⑪ 14획 日ヒ
더러울 비 中bǐ

[풀이] 1. 더럽다. ¶鄙劣 2. 천하다. 낮추다. ¶鄙見. 3. 마을. 4. 시골.
鄙見(비견) 천한 견해. 자신의 의견을 낮추어 이르는 말.
鄙陋(비루) 품성이 속되고 하는 짓이 더러움.
鄙俚(비리) 풍속·언어 등이 거칠고 촌스러움.
鄙夫(비부) 어리석고 비루한 남자.
鄙笑(비소) 비웃음. 냉소(冷笑).
鄙劣(비열) 성품과 행동이 더럽고 야비함.
鄙愚(비우) 비열하고 어리석음.
鄙賤(비천) 1)천박함. 신분이 낮고 천함. 2)깔봄. 경시함.
野鄙(야비) 성질이나 행동이 상스럽고 천함.

鄲 ⑫ 15획 日タン
고을 이름 단 中dān

[풀이] 고을 이름. 한단(邯鄲). 전국 시대 조(趙)나라의 서울.

鄧 ⑫ 15획 日トウ
나라 이름 등 中dèng

[풀이] 나라 이름. 춘추 시대에 지금의 중국 호북성(湖北省) 양양현(襄陽縣)에 있던 나라.
[비] 鄭(나라 이름 정)

鄰 ⑫ 15획
隣(p795)과 同字

鄭 ⑫ 15획 日テイ
나라 이름 정 中zhèng

*형성. 뜻을 나타내는 부수 阝(=邑:고을 읍)과 음을 나타내는 奠(울릴 전)을 합친 글자.
[풀이] 나라 이름. 주나라의 제후국으로, 지금의 중국 섬서성(陝西省) 화현(華縣).
鄭聲(정성) 춘추 시대 정(鄭)나라의 음악. 음란한 음악을 이르는 말.
鄭重(정중) 1)자주. 빈번하게. 2)점잖고 중후함이 있음.

鄴 ⑬ 16획 日ギョウ
땅 이름 업 中yè

[풀이] 땅 이름. 춘추 시대 제(齊)나라의 읍(邑). 지금의 중국 하남성(河南省) 임장현(臨漳縣) 근처.

酉부

酉 닭유部

'酉'자는 술단지의 모양을 본뜬 글자로서 원래는 '술'을 뜻하였는데, 바뀌어 '닭'을 뜻하게 되었다. 이 글자를 부수로 갖는 글자는 술 외에 화학 작용에 의해 만들어지는 물질과 관련이 있다.

酉 ⑦7획 🇯ユウ・とり 닭 유 🇨yǒu

一丅丆丙丙西酉

* 상형. 술을 빚는 술단지의 모양을 본뜬 글자.

풀이 1. 닭. 2. 술. 3. 열째 지지. 동물로는 닭, 방위로는 서쪽, 시각으로는 오후 5~7시, 달로는 음력 8월에 해당함. ¶酉時

酉時(유시) 십이시의 열째 시. 오후 5~7시.

유 鷄(닭 계) **비** 西(서녘 서)

酊 ②9획 🇯テイ・よう 술 취할 정 🇨dǐng, ding

풀이 술에 취하다. 만취(滿醉)하다.

유 酶(술 취할 도)

酋 ②9획 🇯シュウ 두목 추 🇨qiú

* 상형. 술단지[酉]에 술이 넘치는 모양[八]을 본뜬 글자.

풀이 1. 우두머리. ¶酋長 2. 묵은 술.

酋長(추장) 1)야만인의 우두머리. 2) 도적 등의 두목.

비 酉(닭 유)

配 ③10획 🇯ハイ・くばる 아내 배 🇨pèi

一丅丆丙丙酉酉酉配

* 회의. 술단지를 본뜬 '酉(닭 유)'와 쪼그리고 앉아 술을 배합하는 사람의 옆모습을 본뜬 '己(몸 기)'를 합친 글자.

풀이 1. 아내. 짝. ¶配匹 2. 짝지어 주다. 3. 걸맞다. 4. 분배하다. ¶配給 5. 귀양 보내다. ¶流配

配給(배급) 분배하여 공급함.

配當(배당) 1)적당하게 나누어 줌. 2) 재산을 분배함.

配慮(배려) 남을 위하여 마음을 씀.

配役(배역) 연극・영화 등에서 배우에게 어떤 역할을 맡기는 것. 또는 그 역할.

配定(배정) 몫을 나누어 정함.

配置(배치) 사람이나 물건을 적당한 자리에 둠.

配匹(배필) 부부가 되는 짝.

配合(배합) 이것저것 알맞게 섞어 한데 합침.

酏 ③10획 🇯イ 단술 이 🇨yí

풀이 1. 단술. 2. 죽.

酏醴(이례) 죽과 단술.

酌 ③10획 🇯シャク・くむ 따를 작 🇨zhuó

一丅丆丙丙西酉酉酌

* 형성. 뜻을 나타내는 부수 '酉(닭 유)'와 음을 나타내는 '勺(국자 작)'을 합친 글자. 술단지[酉]에서 국자[勺]로 술을 퍼내는 것을 나타내어 '따르다'의 뜻으로 쓰임.

풀이 1. 따르다. 술을 따르다. ¶酌酒 2. 퍼내다. 떠내다. 3. 참작하다. 헤아리다. ¶斟酌

酌婦(작부) 연회나 술집에서 손님을 대접하고 술을 따라 주는 여자.

酌定(작정) 일을 그렇게 할 것으로 짐작하여 결정함.

[酉 3~7획] 酒酎醉酣酢酪酩酬酸

酌酒(작주) 술을 따름.
斟酌(짐작) 어림잡아 헤아림.

酒 ③ 10획
술 주　日 シュ・さけ　中 jiǔ

丶丶氵氵沂沂洒洒酒酒

*회의. '酉(닭 유)'와 '水(물 수)'를 합친 글자. 술단지(酉)에 담긴 액체(水)를 나타내어, '술'의 뜻으로 쓰임.

풀이 1. 술. ¶酒店 2. 잔치.

酒黨(주당) 술꾼.
酒類(주류) 술의 종류.
酒幕(주막) 시골의 길목에서 술과 밥을 팔거나 나그네를 재우는 집.
酒色(주색) 술과 여색(女色).
酒宴(주연) 술잔치.
酒店(주점) 술집. 술을 파는 집.
酒酊(주정) 술에 취하여 정신을 잃고 행동을 난잡하게 하는 짓.
酒池肉林(주지육림) 술은 연못을 이루고 고기는 숲처럼 많다는 뜻으로, 사치스럽게 마시고 놂을 이르는 말.

酎 ③ 10획
진한 술 주　日 チュウ　中 zhòu

풀이 1. 진한 술. 2. 술을 빚다.

醉 ④ 11획
醉(p761)의 俗字

酣 ⑤ 12획
즐길 감　日 カン　中 hān

풀이 1. 즐기다. ¶酣娛 2. 한창이다. 술자리 등이 무르익다. ¶酣春

酣宴(감연) 성대하고 호사한 잔치를 벌임.
酣暢(감창) 술에 취하여 마음이 화창함.
酣春(감춘) 봄이 한창인 때.

酣興(감흥) 술을 마신 뒤의 흥겨운 기분. 주흥(酒興).

酢 ⑤ 12획
❶ 초 초　日 ス・サク
❷ 잔돌릴 작　中 cù, zuò

풀이 ❶ 1. 초. 식초. 2. 신맛. ¶酢敗 ❷ 3. 잔을 돌리다.

酢爵(작작) 손님이 주인에게 받은 술잔을 되돌림.
酢敗(초패) 술이 변하여 맛이 심.
유 酸(초산)

酪 ⑥ 13획
진한 유즙　日 ラク
락(낙)　中 lào

풀이 1. 진한 유즙. 달여서 진하게 만든, 소나 양의 젖. 2. 술. 3. 과즙(果汁).

酪母(낙모) 술지게미.

酩 ⑥ 13획
술 취할 명　日 メイ　中 mǐng

풀이 술에 취하다. 만취하다.

酩酊(명정) 몸을 가눌 수 없을 정도로 술에 몹시 취함.

酬 ⑥ 13획
갚을 수　日 シュウ　中 chóu

풀이 1. 갚다. 2. 잔을 돌리다. ¶酬酢
酬報(수보) 은혜를 갚음. 보수(報酬).
酬酢(수작) 1)응대함. 말을 서로 주고받음. 2)주객(主客)이 서로 술잔을 주고받음.
유 償(갚을 상) 報(갚을 보)

酸 ⑦ 14획
초 산　日 サン・すい
　　　　中 suān

[酉 7~9획] 酸酵醇醋醉醒醍醯　761

풀이 1. 초. 식초. 2. 신맛. ¶酸味 3. 괴롭다. 고되다. 4. 슬퍼하다. ¶酸鼻 5. 산소(酸素).

酸味(산미) 신맛.
酸鼻(산비) 코가 시큰시큰하다는 뜻으로, 몹시 슬퍼함을 이르는 말.
酸素(산소) 공기의 주성분인 원소.
유 酢(초 초)

酷 ⑦ 14획　日コク
독할 혹　中kù

풀이 1. 독하다. 잔인하다. ¶酷毒 2. 심하다. ¶酷使

酷毒(혹독) 1)성격이 모질고 독함. 2) 어떤 정도가 심함.
酷使(혹사) 심하게 부림.
酷評(혹평) 가혹한 비평.
苛酷(가혹) 매우 흑독함.

酵 ⑦ 14획　日コウ
술밑 효　中jiào

풀이 1. 술밑. 주모(酒母). 2. 술이 괴다. 발효하다. 3. 술지게미.

酵母(효모) 술밑. 발효(醱酵)를 일으키는 원료.

醇 ⑧ 15획　日ジュン
진한 술 순　中chún

풀이 1. 진한 술. ¶醇醴 2. 순수하다. ¶醇美

醇醴(순례) 진한 술과 단술.
醇美(순미) 순수하고 아름다움.
醇朴(순박) 순수하고 소박함.
醇厚(순후) 순수하고 인정이 두터움.

醋 ⑧ 15획
❶ 술권할 작　日サク
❷ 초 초　中cù

풀이 ❶ 1. 술을 권하다. 술잔을 돌리다. ❷ 2. 초. 식초.

醋酸(초산) 자극성의 냄새가 나는 무색 투명한 액체.

醉 ⑧ 15획　日スイ
취할 취　中zuì

一厂厂丙丙西酉酉酉酉酉酉酉酉醉醉醉

* 형성. 뜻을 나타내는 부수 '酉(닭 유)'와 음을 나타내는 '卒(마칠 졸)'을 합친 글자.

풀이 1. 취하다. ¶醉中 2. 취하게 하다. 3. 정신을 빼앗기다. ¶陶醉

醉生夢死(취생몽사) 술에 취하여 살다가 꿈꾸듯이 죽음. 곧, 아무 의미 없이 평생을 흐리멍덩하게 살아감.
醉吟(취음) 취중에 노래나 시 같은 것을 읊조림.
醉中(취중) 술에 취해 있는 동안.
醉漢(취한) 술에 취한 사람.
滿醉(만취) 술에 잔뜩 취함.
유 酶(술 취할 도)

醒 ⑨ 16획　日セイ
깰 성　中xǐng

풀이 1. 깨다. 술이나 잠에서 깨다. ¶醒然 2. 각성하다. 깨우치다.

醒然(성연) 술이나 잠에서 깬 모양.
醒寤(성오) 1)잠에서 깸. 2)깨달음.
비 覺(깨달을 각)

醍 ⑨ 16획　日ダイ
맑은 술 제　中tí

풀이 1. 맑은 술. 2. 정제한 우락(牛酪).
유 醨(맑은 술 표)

醯 ⑨ 16획
醯(p762)의 俗字

7획

醐 ⑨ 16획 日ゴ
제호 호 中hú

풀이 제호(醍醐). 정제한 우락(牛酪).

醜 ⑩ 17획 日スウ
추할 추 中chǒu

풀이 1. 추하다. ㉠못생김. ㉡더러움. ㉢추잡함. ¶醜物 2. 부끄러워하다.

醜怪(추괴) 용모가 못생기고 괴상함.

醜物(추물) 1)더럽고 지저분한 물건. 2)행실이 추잡한 사람을 낮추어 이르는 말.

醜美(추미) 못생김과 잘생김. 추악함과 아름다움.

醜惡(추악) 보기 흉하거나 못생김.

醜雜(추잡) 언행이 잡스럽고 더러움.

반 美(아름다울 미)

醢 ⑩ 17획 日カイ
젓갈 해 中hǎi

풀이 젓갈.

醫 ⑪ 18획 日イ
의원 의 中yī

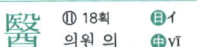

풀이 1. 의원. 의사. 2. 병을 고치다. 치료하다. ¶醫療

醫療(의료) 병을 치료함.

醫師(의사) 병 치료를 직업으로 삼는 사람.

名醫(명의) 이름난 의사.

獸醫師(수의사) 가축의 병을 치료하는 의사.

醬 ⑪ 18획 日ショウ
젓갈 장 中jiàng

풀이 1. 젓갈. 2. 된장.

醬瓿(장부) 장을 담는 항아리. 장독.

醬太(장태) 메주콩.

醱 ⑫ 19획 日ハツ
거듭 빚을 발 中fā, pō

풀이 1. 술을 거듭 빚다. 2. 발효하다.

醱醅(발배) 술을 거듭 빚어 진하게 함.

醮 ⑫ 19획 日ショウ
초례 초 中jiào

풀이 1. 초례. 옛날 관혼(冠婚)의 의식에서 술을 따르고 되돌려 받지 않음. 2. 제사 지내다.

醮禮(초례) 결혼식. 혼례(婚禮).

醮婦(초부) 시집간 부인.

醯 ⑫ 19획 日ケイ
초 혜 中xī

풀이 초. 식초.

食醯(식혜) 엿기름 가루로 만든 식혜 음료.

醵 ⑬ 20획 日キョ·ゴ
술잔치 갹·거 中jù

풀이 1. 술잔치. 2. 추렴하다. 거두다. ¶醵出

醵金(갹금/거금) 돈을 거두어 냄. 또는 그 돈.

醵出(갹출/거출) 돈이나 물건을 거두어 냄.

醴 ⑬ 20획 日レイ
단술 례(예) 中lǐ

풀이 1. 단술. ¶醴酒 2. 달다.

[酉 17~18획] 釀釁 [釆 0~13획] 采采釉釈釋

醴酒(예주) 단술. 감주(甘酒).

釀 ⑰ 24획 日ジョウ
빚을 양 中niáng, niàng

[풀이] 1. 빚다. 술을 빚다. 2. 술.

釀費(양비) 술을 빚을 때 드는 비용.
釀成(양성) 1)술·장 등을 빚어 만듦. 2)어떤 사건이나 소동 등이 일어나는 원인을 만듦.

釁 ⑱ 25획 日キン
피 바를 흔 中xìn

[풀이] 1. 피를 바르다. 희생(犧牲)의 피를 제기에 바르고 신에게 제사를 지냄. ¶釁廐 2. 틈. ¶釁隙 3. 허물. 죄.

釁廐(흔구) 마구(馬廐)를 거룩하게 하기 위하여 피를 바름.
釁隙(흔극) 벌어진 틈. 사이가 벌어짐.

釆부

釆 분별할 변부

'釆'자는 땅에 적힌 짐승의 발자국을 본뜬 글자로, 발자국을 보고 사냥한 짐승을 분별하기 때문에 '분별하다'라는 뜻을 갖게 되었다.

釆 ⓪ 7획 日ヘン
분별할 변 中biàn

[풀이] 분별하다. 나누다.

 辨(분별할 변) 禾(벼 화)

采 ⓪ 8획 日サイ
캘 채 中cǎi, cài

* 회의. '爪(손톱 조)'와 '木(나무 목)'을 합

친 글자. 이에 손(爪)으로 나무(木)의 열매를 따는 것을 나타내어, '캐다'의 뜻으로 쓰임.

[풀이] 1. 캐다. 채취하다. 2. 가리다. 선택하다. 채색하다. 3. 채색. 무늬. ¶采色 4. 모습. 용모.

采色(채색) 1)여러 가지의 고운 빛깔. 2)얼굴빛.
采色不定(채색부정) 감정이 수시로 변하여 안색이 일정하지 않음.
采地(채지) 식읍(食邑). 채읍(采邑).
采戲(채희) 주사위 놀이.
風采(풍채) 사람의 드러나 보이는 겉 모습.

釉 ⑤ 12획 日ユウ
윤 유 中yòu

[풀이] 윤. 광택.

釉藥(유약) 도자기를 굽기 전에 겉에 발라 광택이 나게 하는 재료.

釈 ④ 11획
釋(p763)의 俗字

釋 ⑬ 20획 日シャク
풀 석 中shì, yì

釋釋釋釋釋釋釋釋釋
釋釋釋釋釋釋釋釋

[풀이] 1. 풀다. 풀리다. 2. 풀어 주다. 석방하다. 3. 해석하다. 4. 추측하다. 5. 부처.

釋迦(석가) 불교의 개조(開祖)인 석가모니(釋迦牟尼).
釋慮(석려) 마음을 놓음. 안심함.
釋放(석방) 잡혀 있던 사람을 풀어 줌.
釋言(석언) 변명(辨明). 또는 변명함.
釋然(석연) 1)의심이 확 풀린 모양. 2)마음이 편하고 기쁜 모양.
釋奠(석전) 문묘(文廟)에서 공자(孔子)에게 제사 지내는 의식.

里부

里 마을 리 部

'里'자는 田(밭 전)과 土(흙 토)를 합친 글자로, 사람이 살 수 있는 곳은 경작지와 가까운 거리에 있기 때문에 '마을'이라는 뜻으로 쓰인다. 또한 오늘날에는 지방 행정 구역의 기본 단위로 쓰이며, 오리무중(五里霧中)에서처럼 '리'라는 거리의 단위로도 사용되고 있다.

里 ⓪ 7획 日リ·さと 中lǐ
마을 리

丨 口 日 甲 里 里 里

*회의. 田(밭 전)과 土(흙 토)를 합친 글자. 밭(田)이 있고 토지(土)가 있는 곳, 즉 '마을'의 뜻으로 쓰임.

[풀이] 1. 마을. ¶里民 2. 행정 구역의 명칭. 3. 리. 거리를 재는 단위. 4. 살다. 거주하다.

里民(이민) 동리 사람.

里數(이수) 거리를 리(里)의 단위로 헤아린 수.

里諺(이언) 마을에서 쓰는 속담.

里程標(이정표) 육로의 거리를 기록한 표지.

윤 村(마을 촌) 비 理(다스릴 리)

重 ② 9획 日チョウ·おもい 中chóng, zhòng
무거울 중

一 二 千 千 亩 亩 重 重 重

*회의. 사람(壬)이 무거운 짐(東)을 짊어지고 힘들어하는 모습을 나타내어, '무겁다'의 뜻으로 쓰임.

[풀이] 1. 무겁다. ¶過重 2. 중하다. 귀중하다. 소중하다. ¶重大 3. 거듭하다. ¶重複 4. 심히. 대단히. 5. 무게. ¶重量

重大(중대) 매우 중요함.

重量(중량) 무게.

重複(중복) 거듭함.

重傷(중상) 심하게 다침. 심한 상처.

重要(중요) 없어서는 안 될 정도로 귀중함.

重症(중증) 위중한 병증(病症).

重責(중책) 1)엄격하고 정중하게 책망함. 2)중대한 책임.

重厚(중후) 태도가 점잖고 침착함.

過重(과중) 몹시 무거움. 힘에 겨움.

貴重(귀중) 귀하고 소중함.

민 輕(가벼울 경) 동 動(움직일 동)

野 ④ 11획 日ヤ·の 中yě
들 야

丨 口 日 日 旦 甲 里 里' 野 野 野

*형성. 뜻을 나타내는 부수 '里(마을 리)'와 음을 나타내는 '予(나 여)'를 합친 글자.

[풀이] 1. 들. ¶野景 2. 민간. 3. 거칠다. 미개하다. ¶野蠻 4. 질박하다. 촌스럽다. 5. 길들지 않다. 자연 그대로다.

野談(야담) 야사(野史)를 바탕으로 하여 재미를 더해 흥미롭게 꾸민 이야기.

野黨(야당) 정당 정치에서 현재 정권을 잡지 못한 정당.

野蠻(야만) 문화가 미개함. 또는 그런 종족.

野卑(야비) 성질이나 행동이 속되고 천함.

野生(야생) 동식물이 산이나 들에서 저절로 생장함. 또는 그런 동식물.

野慾(야욕) 자기의 이익만 채우려는 야비한 욕심이나 욕망.

野人(야인) 1)시골 사람. 2)벼슬하지 않은 사람.
野話(야화) 항간에 떠도는 이야기. 또는 그것을 적은 책.
分野(분야) 어떤 갈래에 달린 범위나 부문.

量 ⑤ 12획 日リョウ
헤아릴 량(양) ⊕liáng, liàng

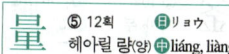

* 상형. 곡물을 넣는 주머니 위에 곡식이 올려져 있는 모양을 본뜬 글자.

[풀이] 1. 헤아리다. ¶量檢 2. 가득 차다. 3. 되. 분량을 재는 단위나 기구. 4. 분량. 5. 기량. 역량. 6. 정도. 7. 달다. 재다.

量檢(양검) 헤아려 검사함.

量子(양자) 더 이상 나눌 수 없는 물질의 최소량의 단위.
器量(기량) 사람의 재능이나 도량.
分量(분량) 무게나 부피 등의 많고 적음. 또는 크고 작은 정도.
容量(용량) 어떤 그릇에 담을 수 있는 물건의 분량.

🔁 料(헤아릴 료)測(헤아릴 측)

釐 ⑪ 18획 日リ・キ・ライ
다스릴 리(이) ⊕lí, xī, xī

[풀이] 1. 다스리다. ¶釐正 2. 고치다. ¶釐改

釐改(이개) 고침. 개혁함.
釐正(이정) 문서나 글을 정리하여 바로잡음.

🔁 理(다스릴 리)

金부

金 쇠 금 部

'金' 자는 원래 '쇠'를 뜻하는 글자다. 처음에 주로 구리(銅)를 가리켰으나 점차 금속을 총칭하게 되었으며, 금속으로 만든 악기나 무기·그릇 등을 나타낼 때에도 쓰인다. 그 밖에 '황금'이나 '화폐'의 뜻으로도 자주 사용되며, 금언(金言)에서처럼 '귀중하다', 금석지교(金石之交)에서처럼 '견고하다'라는 뜻을 나타내기도 한다. 이 글자를 부수로 갖는 글자는 일반적으로 금속의 종류나 성질, 금속으로 만든 기물과 관련이 있다.

金

⓪8획 ❶ 쇠 금 ❷ 성 김[韓] [日]キン·コン·かね [中]jīn

丿 人 亼 亼 仐 伞 余 金

* 형성. 뜻을 나타내는 '土(흙 토)'와 음을 나타내며 '반짝이다'의 의미를 지닌 '今(이제 금)'의 생략형을 합친 글자. 흙 속에서 반짝이는 것, 곧 '금'의 뜻을 나타냄.

[풀이] [1] 1. 쇠. 금속. ¶金屬 2. 금. 황금. 3. 돈. 금전. 4. 귀하다. 5. 금나라. 여진족이 세운 나라. [2] 6. 성(姓).

金剛石(금강석) 순수한 탄소로 된 정팔면체의 결정물. 다이아몬드.

金庫(금고) 돈 등의 중요 물품을 넣어 두는 창고.

金箔(금박) 금을 두들겨 종이처럼 얇게 늘인 조각.

金石之言(금석지언) 쇠와 돌같이 굳은 언약. 확고한 말.

金屬(금속) 쇠붙이.

金融(금융) 1)돈의 융통. 2)영리를 목적으로 하는 경제 사회의 자금의 대차(貸借) 및 수요 공급의 관계.

金子塔(금자탑) 1)피라미드. 2)후세에 길이 전해질 저작이나 사업.

金品(금품) 돈과 물품.

金貨(금화) 금으로 만든 돈.

[유] 鐵(쇠 철)

釜

② 10획 가마 부 [日]フ·ホ·かま [中]fǔ

[풀이] 가마. 가마솥.

釜鬲(부력) 가마솥과 다리가 굽은 솥. 솥의 총칭.

釜中生魚(부중생어) 오래 밥을 짓지 못하여 솥 안에 물고기가 생긴다는 뜻으로, 매우 가난함을 비유하는 말.

[유] 窯(가마 요)

釗

② 10획 ❶ 힘쓸 소 ❷ 사람 이름 쇠[韓] [日]ショウ·キョウ [中]zhāo

[풀이] [1] 1. 힘쓰다. 2. 깎다. [2] 3. 사람 이름.

釘

② 10획 못 정 [日]テイ·チョウ·くぎ [中]dīng, dìng

[풀이] 1. 못. ¶釘頭 2. 못을 박다.

釘頭(정두) 못대가리.

[비] 釪(창고달 우)

針

② 10획 바늘 침 [日]シン·はり [中]zhēn

丿 𠂉 𠂊 𠂎 乍 牟 牟 金 金 針

* 형성. 뜻을 나타내는 부수 '金(쇠 금)'과 음을 나타내는 '十(열 십)'을 합친 글자.

[풀이] 1. 바늘. 침. 2. 바느질하다. ¶針工 3. 침을 놓다.

針工(침공) 1)바느질. 2)바느질을 잘 하는 사람.

針炙(침구) 침과 뜸.
針線(침선) 1)바늘과 실. 2)바느질.
針才(침재) 바느질하는 재주.
[유] 箴(바늘 잠)

釪 ③ 11획 창고달 우 [日]カン・ガン [中]yú

[풀이] 1. 창고달. 창 끝에 끼우는 원추형의 물미. 2. 악기의 이름. 3. 바리때. 승려의 밥그릇.
[비] 釘(못 정)

釣 ③ 11획 낚시 조 [日]チョウ・つる [中]diào

[풀이] 낚시. 낚시질하다. ¶釣竿
釣竿(조간) 낚싯대.
釣臺(조대) 낚시터.
[비] 約(묶을 약)

釵 ③ 11획 비녀 차・채 [日]サ・サイ・かんざし [中]chāi

[풀이] 비녀.
釵釧(차천) 비녀와 팔찌.

釧 ③ 11획 팔찌 천 [日]セン・うでわ [中]chuàn

[풀이] 팔찌.
釧臂(천비) 팔찌를 낀 팔.

鈐 ④ 12획 비녀장 검 [日]ケン・ゲン・くさび [中]qián

[풀이] 1. 비녀장. 수레 앞부분에 끼우는 큰 못. 2. 자물쇠. 열쇠. ¶鈐鍵
鈐鍵(검건) 1)자물쇠. 열쇠. 2)매우 중요한 일.
[유] 錧(비녀장 관)

鈞 ④ 12획 녹로 균 [日]キン・ひとしい [中]jūn

[풀이] 1. 녹로. 오지그릇을 만드는 데 쓰이는 바퀴 모양의 기구. 2. 서른 근(斤). 3. 고르다. 고르게 하다. ¶鈞敵
鈞陶(균도) 녹로(轆轤)를 써서 오지그릇을 만든다는 뜻으로, 인재를 양성함을 이르는 말.
鈞敵(균적) 힘이 비슷하여 우열이 없음.
[비] 均(고를 균)

鈕 ④ 12획 인꼭지 뉴 [日]ジュウ・つまみ [中]niǔ

[풀이] 1. 인(印)꼭지. 2. 손잡이.

鈍 ④ 12획 무딜 둔 [日]ドン・にぶい [中]dùn

[풀이] 1. 무디다. 둔하다. ¶鈍感 2. 어리석다. 미련하다. 3. 느리다.
鈍感(둔감) 감각이 둔함. 느낌이 무딤.
鈍器(둔기) 무딘 칼 등의 연장.
鈍才(둔재) 재주가 우둔함. 또는 그런 사람.
鈍濁(둔탁) 둔하고 흐리멍텅함.
[반] 尖(뾰족할 첨)

鈇 ④ 12획 도끼 부 [日]フ・おの [中]fū

[풀이] 1. 도끼. ¶鈇鉞 2. 작두. 마소에게 먹일 풀 등을 써는 도구.
鈇鉞(부월) 제후나 대장에게 천자가 내리던 작은 도끼와 큰 도끼.
[유] 斤(도끼 근)

鈒 ④ 12획 창 삽 [日]ソウ・ほこ [中]sà

[풀이] 1. 창. 2. 새기다. ¶鈒鏤

鈒鏤(삽루) 가느다란 선으로 새김.

鈗	④ 12획 창 윤·예	[日]イン·エイ [中]yǔn

[풀이] 창(槍). 시신(侍臣)이 지니는 창.

鈔	④ 12획 노략질할 초	[日]ショウ [中]chāo

[풀이] 1. 노략질하다. 약탈하다. ¶鈔劫 2. 베끼다. 3. 끝.

鈔劫(초겁) 노략질함. 약탈함.

鈔略(초략) 노략질함. 초략(鈔掠).

[유] 掠(노략질할 략)

鈑	④ 12획 금박 판	[日]ハン [中]bǎn

[풀이] 금박(金箔). 얇고 넓은 금 조각.

鉀	⑤ 13획 갑옷 갑	[日]コウ [中]jiǎ

[풀이] 갑옷.

[유] 鎧(갑옷 개)

鉅	⑤ 13획 클 거	[日]キョ·はがね [中]jù

[풀이] 1. 크다. 거대하다. ¶鉅材 2. 강하다. 단단하다.

鉅萬(거만) 수가 매우 많음. 거만(巨萬).

鉅纖(거섬) 큼과 작음. 거대함과 섬세함.

鉅鐵(거철) 강철(鋼鐵). 단단한 철.

[유] 巨(클 거)

鉗	⑤ 13획 칼 겸	[日]ケン·ゲン·くびかせ [中]qián

[풀이] 1. 칼. 형구(刑具)의 하나. 2. 다물다. ¶鉗口 3. 시기하다. 꺼리다.

鉗口(겸구) 입을 다물고 말을 하지 않음.

鉗子(겸자) 1)목에 칼을 쓴 죄인. 2)못뽑이. 족집게.

鉗制(겸제) 남을 억압하여 자유를 구속함.

鉱	⑤ 13획 鑛(p780)의 俗字

鉤	⑤ 13획 갈고리 구	[日]コウ·ク·かぎ [中]gōu

[풀이] 1. 갈고리. 2. 낫. 3. 낚싯바늘. ¶鉤曲 4. 걸다. 갈고리로 걸어 낚아채다. ¶鉤斷

鉤鎌(구겸) 낫.

鉤曲(구곡) 1)낚싯바늘처럼 구부러짐. 2)마음이 비뚤어짐.

鉤斷(구단) 갈고리로 걸어 당겨 절단함.

鉤黨(구당) 서로 끌어당겨 무리를 만듦.

鉤餌(구이) 낚싯밥.

鉤玄(구현) 현묘한 이치를 찾아내어 깨달음.

鈴	⑤ 13획 방울 령(영)	[日]レイ·リン·すず [中]líng

[풀이] 방울.

鈴鈴(영령) 1)땅이 흔들리는 모양. 2)방울 등이 울리는 소리.

[유] 鐸(방울 탁)

鉑	⑤ 13획 금박 박	[日]ハク·バク [中]bó

[풀이] 금박(金箔). 금을 얇은 종이 모양으로 만든 것.

[유] 鈑(금박 판)

[金 5획] 鉢鉏鉐鉥鉛鈺鉞鈿鉦鉄鉋

鉢 ⑤ 13획
바리때 발　日ハツ・ハチ　中bō

풀이 바리때. 중의 밥그릇.

鉢盂(발우) 승려의 식기. 바리때.

鉏 ⑤ 13획
호미 서　日ソ・ショ・ソ　中chú

풀이 1. 호미. ¶鉏鉤 2. 김매다. 3. 어긋나다. ¶鉏鋙

鉏鉤(서구) 호미와 낫.
鉏鋙(서어) 1)위아래가 어긋남. 2)일이 서로 어긋남.
鉏耘(서운) 1)김을 맴. 2)악당을 제거함.
유 鎡(호미 기) 銚(호미 자) 耡(호미 서)

鉐 ⑤ 13획
놋쇠 석　日セキ　中shí

풀이 놋쇠.

鉥 ⑤ 13획
돗바늘 술　日シュツ　中shù

풀이 돗바늘. 길고 굵은 바늘.

鉛 ⑤ 13획
납 연　日エン・なまり　中qiān, yán

丿丶卜丘乍牟糸糸爫鉛鉛鉛

*형성. 뜻을 나타내는 부수 '金(쇠 금)'과 음을 나타내며 '검푸르다'라는 의미를 지닌 부수 이외의 글자를 합친 글자. 이에 검푸른 금속을 나타내어, '납'의 뜻으로 쓰임.

풀이 1. 납. 2. 분. 백분(白粉). 산화한 납으로 만든 화장품. ¶鉛黛

鉛黛(연대) 분과 눈썹 그리는 먹. 화장을 이르는 말. 분대(粉黛).
鉛毒(연독) 납에 들어 있는 독.
鉛粉(연분) 화장할 때 얼굴에 바르는 흰 가루. 백분(白粉). 연화(鉛華).
鉛華(연화) 1)백분(白粉). 2)화장을 한 아름다운 얼굴빛.

鈺 ⑤ 13획
보배 옥　日オク　中yù

*형성. 뜻을 나타내는 부수 '金(쇠 금)'과 음을 나타내는 '玉(구슬 옥)'을 합친 글자.

풀이 1. 보배. 보화(寶貨). 2. 단단한 쇠.
유 珍(보배 진)

鉞 ⑤ 13획
도끼 월　日エツ・まさかり　中yuè

풀이 도끼. 옛날에 대장이 출정할 때, 임금이 권위의 상징으로 하사하던 것.

鉞下(월하) 도끼를 하사받은 장군의 휘하(麾下).
유 斤(도끼 근)

鈿 ⑤ 13획
비녀 전　日テン・デン・かんざし　中tián, diàn

풀이 1. 비녀. 2. 나전(螺鈿) 세공.

鈿帶(전대) 금을 박아 장식한 띠.
螺鈿(나전) 자개 조각을 칠기 등에 붙인 장식.

鉦 ⑤ 13획
징 정　日ショウ　中zhēng

풀이 징. 꽹과리. 군대에서 쓰던 금속 악기.

鉄 ⑤ 13획

鐵(p779)의 俗字

鉋 ⑤ 13획
대패 포　日ホウ・かんな　中bào

풀이 대패.

鉋屑(포설) 대팻밥.

鉍 ⑤ 13획 日ヒツ
창 자루 필 中bì

풀이 창의 자루.

鉉 ⑤ 13획 日ゲン
솥귀 고리 현 中xuàn

* 형성. 뜻을 나타내는 부수 '金(쇠 금)'과 음을 나타내는 '玄(검을 현)'을 합친 글자.

풀이 1. 솥귀의 고리. 2. 재상. 삼공(三公)의 지위. ¶鉉席

鉉席(현석) 삼공(三公)의 지위. 또는 삼공.

鉸 ⑥ 14획 日キョウ
가위 교 中jiǎo

풀이 1. 가위. 2. 가위로 재단하다.

銅 ⑥ 14획 日トウ·あかがね
구리 동 中tóng

* 형성. 뜻을 나타내는 부수 '金(쇠 금)'과 음을 나타내는 '同(한가지 동)'을 합친 글자.

풀이 1. 구리. ¶銅鉢 2. 돈. 동전. 구리로 만든 화폐.

銅鉢(동발) 1)놋쇠로 만든 주발. 2)구리로 만든 바을.
銅錢(동전) 구리로 만든 돈.
銅臭(동취) 1)동전에서 나는 냄새. 돈 냄새. 2)돈에 탐욕이 많은 사람.
靑銅(청동) 구리와 주석의 합금.

銘 ⑥ 14획 日メイ·ミョウ ·しるす
새길 명 中míng

* 형성. 뜻을 나타내는 부수 '金(쇠 금)'과 음을 나타내며 '글자'를 의미하는 '名(이름 명)'을 합친 글자. 이에 '금속에 새긴 글자'의 뜻으로 쓰임.

풀이 1. 새기다. 조각하다. ¶銘刻 2. 명문. 금석(金石)에 새긴 글자 3. 문체의 이름. 금속(金屬)에 새겨 스스로 경계하거나 묘비에 새겨 죽은 사람의 공덕을 기리던 글.

銘刻(명각) 1)쇠나 돌에 글자를 새기는 일. 또는 그 글자. 각명(刻銘). 2)마음에 깊이 새겨 잊지 않음.
銘文(명문) 1)금석에 새긴 문장. 2)마음속에 깊이 간직해야 할 문장.
銘旌(명정) 죽은 사람의 관직과 성명 등을 쓴 기. 명기(銘旗).
銘佩(명패) 마음에 새겨 잊지 않음.
碑銘(비명) 비석에 새긴 글.
座右銘(좌우명) 늘 가까운 곳에 적어두고, 경계로 삼는 말이나 글.

📚 彫(새길 조) 刻(새길 각)

鉼 ⑥ 14획
鉼(p774)의 俗字

銑 ⑥ 14획 日セン·ずく
끌 선 中xiǎn

* 형성. 뜻을 나타내는 부수 '金(쇠 금)'과 음을 나타내는 '先(먼저 선)'을 합친 글자.

풀이 1. 끌. 2. 무쇠. ¶銑鐵 3. 윤이 나는 쇠.

銑鐵(선철) 무쇠.
銑鉉(선현) 적을 향하여 손으로 던질 수 있게 만든 작은 창.

銖 ⑥ 14획 日シュ·ジュ
무게 단위 수 中zhū

풀이 1. 무게의 단위. 냥(兩)의 24분의 1. 2. 소량. 적은 양. ¶銖兩

[金 6~7획] 銀銓錢銃銜鈜銶

銖兩(수량) 소량. 근소함. 적은 양.
銖積寸累(수적촌루) 적은 것을 조금씩 쌓아 올림. 적은 것도 쌓이고 쌓이면 큰 것이 됨을 비유하는 말.
비 珠(구슬 주)

銀 ⑥ 14획
은 은
日 ギン・ゴン・しろがね
中 yín

丿 丿 𠂉 𠂉 牟 牟 全 金 金 鈩 鈩 鉜 銀 銀

*형성. 뜻을 나타내는 부수 '金(쇠 금)'과 음을 나타내는 '艮(괘 이름 간)'을 합친 글자.

풀이 1. 은. ¶純銀 2. 금전. 화폐. ¶銀子
銀浪(은랑) 은빛으로 빛나는 물결.
銀髮(은발) 1)흰 머리. 2)은빛 머리털.
銀蟾(은섬) 달의 다른 이름.
銀子(은자) 돈. 은전(銀錢). 은화(銀貨).
銀粧刀(은장도) 칼집과 칼자루가 은으로 된 것.
銀河(은하) 청명한 날 밤에 하늘에 길게 보이는 흰 구름 같은 별의 무리.
銀貨(은화) 은으로 만든 화폐.
純銀(순은) 순수한 백 퍼센트의 은.

銓 ⑥ 14획
저울질할 전
日 セン・はかり
中 quán

풀이 1. 저울질하다. 2. 저울. ¶銓衡 3. 가려서 뽑다. 전형하다. ¶銓次
銓引(전인) 인재를 헤아려 등용함.
銓次(전차) 인물을 전형하여 차례를 정함.
銓衡(전형) 1)저울. 2)사람을 저울질하여 뽑음.
동 衡(저울대 형)

錢 ⑥ 14획
錢(p774)의 俗字

銃 ⑥ 14획
총 총
日 ジュウ・こづつ
中 chòng

丿 丿 𠂉 𠂉 牟 牟 全 金 金 釒 鈩 銃 銃

*형성. 뜻을 나타내는 부수 '金(쇠 금)'과 음을 나타내는 '充(가득 찰 충)'을 합친 글자.

풀이 총. ¶銃劍
銃劍(총검) 1)총과 칼. 2)총 끝에 꽂는 칼.
銃擊(총격) 총으로 사격함.
拳銃(권총) 한 손으로 다룰 수 있는 작은 총.
동 統(거느릴 통)

銜 ⑥ 14획
재갈 함
日 カン・ゲン・くつわ
中 xián

*회의. '金(쇠 금)'과 '行(다닐 행)'을 합친 글자. 말을 가게(行) 하기 위해 입에 물리는 쇠(金)를 나타내어, '재갈'의 뜻으로 쓰임.

풀이 1. 재갈. ¶銜勒 2. 물다. 머금다. 3. 직함. 관리의 위계(位階).
銜勒(함륵) 말의 입에 물리는, 쇠로 만든 물건. 재갈.
銜命(함명) 명령을 받듦.
銜杯(함배) 술잔을 입에 묾. 즉, 술을 마심.
名銜(명함) 성명·주소·직업 등을 적은 종이.
비 衝(저울대 형)

鈜 ⑥ 14획
쇠뇌 고동 홍
日 コウ
中 hóng

풀이 쇠뇌 고동. 쇠뇌에서 살을 발사하는 부분.

銶 ⑦ 15획
끌 구
日 キュウ
中 qiú

풀이 끌. 나무에 구멍을 파는 연장.

鋒
⑦ 15획 [日]ホウ·フ
끝 봉 [中]fēng

* 형성. 뜻을 나타내는 부수 '金(쇠 금)'과 음을 나타내며 '뾰족한 끝'을 의미하는 '夆(끌 봉)'을 합친 글자.

[풀이] 1. 끝. 첨단. 물건의 뾰족한 끝. ¶鋒芒 2. 날이 있는 무기. 3. 날카롭다. 예리하다.

鋒起(봉기) 창끝처럼 날카롭게 일어남. 또는 성대하게 일어남.

鋒芒(봉망) 칼끝. 창끝.

鋒刃(봉인) 창과 칼 등의 날카로운 날.

[비] 烽(봉화 봉)

鋤
⑦ 15획 [日]ジョ·すき
호미 서 [中]chú

[풀이] 1. 호미. ¶鋤犁 2. 김을 매다. ¶鋤除

鋤犁(서려) 호미와 쟁기.

鋤耰(서우) 1)호미. 2)호미로 흙을 고름.

鋤除(서제) 1)김을 맴. 2)악한 사람을 제거함.

[유] 鉏(호미 서) 鎡(호미 자) 耡(호미 서)

銷
⑦ 15획 [日]ショウ·とかす
녹일 소 [中]xiāo

[풀이] 1. 녹이다. 녹다. 용해하다. ¶銷金 2. 다하다. 3. 사라지다. 없어지다.

銷刻(소각) 깎아 없앰.

銷金(소금) 1)금을 녹임. 또는 녹여 낸 금. 2)황금을 뿌림.

銷鑠(소삭) 쇠붙이가 녹아서 없어짐.

銷憂(소우) 근심을 제거함. 소우(消憂).

銷毁(소훼) 1)금속을 녹여서 없앰. 2)소멸시킴.

[유] 鑠(녹일 삭)

銹
⑦ 15획
鏽(p779)의 俗字

銳
⑦ 15획 [日]エイ·タイ·するどい
날카로울 예 [中]ruì

* 형성. 뜻을 나타내는 부수 '金(쇠 금)'과 음을 나타내는 '兌(바꿀 태)'를 합친 글자.

[풀이] 1. 날카롭다. 예리하다. ¶銳鈍 2. 날래다. 민첩하다.

銳氣(예기) 날카로운 기세. 힘찬 기상.

銳鈍(예둔) 1)날카로움과 둔함. 2)영리함과 우둔함.

銳利(예리) 날카로움.

銳鋒(예봉) 날카로운 창끝.

[유] 利(날카로울 리) [반] 鈍(무딜 둔)

鋥
⑦ 15획 [日]テイ
칼 갈 정 [中]zèng

[풀이] 칼을 갈다.

鋌
⑦ 15획 [日]テイ
쇳덩이 정 [中]dìng, tǐng

[풀이] 쇳덩이. ¶鋌矛

鋌矛(정모) 쇠로 만든 창.

鋳
⑦ 15획
鑄(p780)의 俗字

鋕
⑦ 15획 [日]シ·ジ
새길 지 [中]zhì

[풀이] 새기다. 아로새기다.

[비] 誌(기록할 지)

鋪
⑦ 15획 [日]ホウ
펼 포 [中]pū, pù

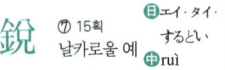

[金 7~8획] 鋏 鋼 鋸 錮 錕 錧 錦 錡

鋪

풀이 1. 펴다. 늘어놓다. ¶鋪張 2. 베풀다. 3. 가게. 점포.

鋪張(포장) 1)널리 펼침. 2)과장하여 말함.
鋪陳(포진) 부연 설명함. 상세하게 진술함.
店鋪(점포) 가게. 상점.

鋏 ⑦ 15획 日キョウ 中jiá
집게 협

풀이 1. 집게. 2. 가위. ¶鋏刀 3. 칼. 도검(刀劍).

鋏刀(협도) 가위.

鋼 ⑧ 16획 日コウ・はがね 中gāng, gàng
강철 강

／ ／ ／ ／ ／ ／ ／ ／ ／ 釘 釗
釘 鋼 鋼 鋼 鋼

* 형성. 뜻을 나타내는 부수 '金(쇠 금)'과 음을 나타내며 '강하다'라는 의미를 지닌 '岡(언덕 강)'을 합친 글자. 이에 강한[岡] 금속[金], 즉 '강철'의 뜻으로 쓰임.

풀이 강철.

鋼鐵(강철) 불려서 강도를 높인 쇠.
[유] 鐵(쇠 철) [비] 綱(벼리 강) 網(그물 망)

鋸 ⑧ 16획 日キョ 中jū, jù
톱 거

풀이 1. 톱. ¶鋸齒 2. 톱질하다. ¶鋸匠
鋸匠(거장) 톱질을 업으로 하는 사람.
鋸齒(거치) 1)톱니. 2)험한 곳.

錮 ⑧ 16획 日コ・ふさぐ 中gù
땜질할 고

풀이 1. 땜질하다. 2. 가두다. 감금하다. 3. 고질병. ¶錮疾
錮疾(고질) 오래 낫지 않는 병.

錮弊(고폐) 오래되어 고치기 힘든 버릇.

錕 ⑧ 16획 日コン 中kūn
곤오 곤

풀이 곤오(錕鋙). 명검(名劍)을 만드는 쇠가 난다는 산.

錕刀(곤도) 곤오(錕鋙)의 쇠로 만든 칼. 훌륭한 검을 이르는 말.
[비] 琨(옥돌 곤)

錧 ⑧ 16획 日カン・くさび 中guǎn
비녀장 관

풀이 비녀장.
錧鎋(관할) 수레의 비녀장. 사물의 중요한 부분을 비유하는 말.
[유] 鈐(비녀장 검)

錦 ⑧ 16획 日キン・にしき 中jīn
비단 금

／ ／ ／ ／ ／ ／ ／ ／ 釒 釒 釒
鈤 鈤 錦 錦

* 형성. 뜻을 나타내는 '帛(비단 백)'과 음을 나타내는 '金(쇠 금)'을 합친 글자.

풀이 1. 비단. ¶錦囊 2. 비단 옷. 3. 아름답다.

錦囊(금낭) 1)비단 주머니. 2)아름다운 시(詩).
錦上添花(금상첨화) 비단 위에 꽃을 더함. 좋은 일 위에 다시 좋은 일이 더해짐을 이르는 말.
錦衣還鄕(금의환향) 비단 옷을 입고 고향으로 돌아옴. 출세하여 고향에 돌아옴을 이르는 말.
錦虹(금홍) 비단처럼 아름다운 무지개.
[유] 帛(비단 백) 幣(비단 폐)

錡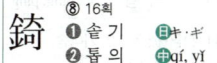
❶ 솥 기
❷ 톱 의

⑧ 16획 日キ・ギ 中qí, yǐ

[金 8획] 錤錟錄鉼錫錞錚錢錠

錤 ⑧ 16획 ⑪キ
호미 기 ⑪jī

풀이 호미.
㈜ 鋤(호미 서)

錟 ⑧ 16획 ⑪タン·セン
❶ 창 담
❷ 날카로울섬 ⑪tán, xiān

풀이 ❶ 1. 창(槍). ❷ 2. 날카롭다. 예리하다.
錟戈(섬과) 날카로운 창.

錄 ⑧ 16획 ⑪ロク·リョク
기록할 ·しるす
록(녹) ⑪lù

ノ ハ 人 스 牟 숃 숃 쇠 쇞 鉅 鉅 鉅 錄 錄

* 형성. 뜻을 나타내는 부수 '金(쇠 금)'과 음을 나타내는 '彔(새길 록)'을 합친 글자.

풀이 1. 적다. 기록하다. 기재하다. ¶錄問 2. 마음속에 간직하다. 3. 베끼다.
錄問(녹문) 죄상(罪狀)을 기록하면서 신문(訊問)함.
錄音(녹음) 소리를 기록함.
錄奏(녹주) 글로 나타내어 임금에게 아룀.
㈜ 記(기록할 기) 誌(기록할 지)
비 綠(초록빛 록)

鉼 ⑧ 16획 ⑪ヘイ
판금 병 ⑪bǐng, píng

풀이 1. 판금(板金). 2. 가마솥.
鉼盂(병우) 가마솥과 바리.

錫 ⑧ 16획 ⑪セキ·すず
주석 석 ⑪xī

* 형성. 뜻을 나타내는 부수 '金(쇠 금)'과 음을 나타내는 '易(바꿀 역)'을 합친 글자.

풀이 1. 주석. 은백색 광택이 나고 녹이 슬지 않는 금속. 2. 석장(錫杖) 승려의 지팡이.
錫杖(석장) 승려나 도사들이 사용하는 지팡이.
㈜ 鑞(주석 랍) 鉛(주석 연)

錞 ⑧ 16획 ⑪ジュン·タイ
악기 이름 순 ⑪chún, duì

풀이 악기 이름.
錞釪(순우) 북과 어울려 울리는 동이 모양의 금속 악기.

錚 ⑧ 16획 ⑪ソウ·どら
쇳소리 쟁 ⑪zhēng

풀이 1. 쇳소리. 2. 징.
錚盤(쟁반) 바닥이 넓은 그릇.
錚錚(쟁쟁) 1)금속의 소리. 2)여럿 가운데서 아주 빼어남.

錢 ⑧ 16획 ⑪セン·かね
돈 전 ⑪qián

ノ ハ 人 스 牟 숃 숃 쇠 쇞 鈛 鈛 鈬 錢 錢

풀이 1. 돈. 금전. ¶金錢 2. 무게의 단위. 냥(兩)의 10분의 1. 3.㉿ 화폐 단위. 원(圓)의 100분의 1.
錢癖(전벽) 돈을 지나치게 아껴 모음. 구두쇠.
金錢(금전) 돈.
비 錢(전별할 전)

錠 ⑧ 16획 ⑪テイ·ジョウ
제기 이름 정 ⑪dìng

錯 ⑧ 16획
❶ 섞일 착 🇯サク・ソ
❷ 둘 조 🇨cuò

丿ㄥㅌ乍乍钅钅钅钅钅钅
鉟鉟錯錯錯

*형성. 뜻을 나타내는 부수 '金(쇠 금)'과 음을 나타내는 '昔(옛 석)'을 합친 글자.

풀이 ❶ 1. 섞이다. 섞다. ¶錯雜 2. 복잡하다. 3. 어긋나다. 어그러지다. 4. 잘못하다. ¶錯視 ❷ 5. 두다. 6. 간직하다.

錯覺(착각) 잘못 앎.
錯視(착시) 착각하여 잘못 봄.
錯誤(착오) 1)착각으로 인한 잘못. 2) 실제와 다름. 착류(錯謬).
錯雜(착잡) 뒤섞이어 복잡함.
錯節(착절) 1)뒤엉킨 나무의 마디. 2) 복잡하게 뒤엉킨 일. 곤란한 사건.

錘 ⑧ 16획
❶ 저울추 추 🇯スイ・ツイ
❷ 드리울 수 🇨chuí

*형성. 뜻을 나타내는 부수 '金(쇠 금)'과 음을 나타내는 '垂(늘어질 수)'을 합친 글자. 늘어진(垂) 쇠(金)를 나타내어, '저울추'의 뜻으로 쓰임.

풀이 ❶ 1. 저울추. 2. 무게 단위. 8수(銖)에 해당함. ❷ 3. 드리우다.

錘鐘(추종) 추가 달린 패종(佩鐘).

錐 ⑧ 16획
송곳 추 🇯スイ・きり 🇨zhuī

*형성. 뜻을 나타내는 부수 '金(쇠 금)'과 음을 나타내는 '隹(새 추)'을 합친 글자.

풀이 1. 송곳. ¶錐股 2. 바늘.
錐刀(추도) 끝이 송곳처럼 뾰족한 칼.
錐處囊中(추처낭중) 송곳이 자루 속에 있으면 저절로 그 끝이 밖으로 나온다는 말로, 재능이 있는 사람이 그 재능을 나타낼 만한 위치에 있음을 비유하는 말. 낭중지추(囊中之錐).

錙 ⑧ 16획
무게 단위 치 🇯シ 🇨zī

풀이 1. 무게 단위. 6수(銖)에 해당함. 2. 적은 양. 근소.
錙銖(치수) 1)얼마 되지 않는 무게. 2)하찮은 물건.

鍵 ⑨ 17획
열쇠 건 🇯ケン・かぎ 🇨jiàn

*형성. 뜻을 나타내는 부수 '金(쇠 금)'과 음을 나타내는 '建(세울 건)'을 합친 글자.

풀이 열쇠.
鍵盤(건반) 피아노・풍금 등의 앞부분에 건(鍵)을 늘어놓은 바닥.
鍵鑰(건약) 자물쇠.
반 鑰 (자물쇠 약)

鍋 ⑨ 17획
노구솥 과 🇯カ・なべ 🇨guō

풀이 노구솥. 냄비. ¶鍋蓋
鍋底飯(과저반) 솥 밑의 밥. 눌은밥.

鍛 ⑨ 17획
쇠 불릴 단 🇯タン・きたえる 🇨duàn

*형성. 뜻을 나타내는 부수 '金(쇠 금)'과 음을 나타내는 '段(조각 단)'을 합친 글자.

풀이 1. 쇠를 불리다. 단련하다. ¶鍛鍊 2. 대장일. 쇠를 불려 두드리는 일.
鍛鍊(단련) 1)쇠를 불림. 쇠를 불에 달구어 두드림. 2)몸과 마음을 단련함.
鍛冶(단야) 쇠붙이를 두드려 기물을

만듦. 또는 그 공인(工人).
비 冶(불릴 야)

鍍 ⑨ 17획 日 ト・めっき
도금할 도 中dù

풀이 도금(鍍金)하다.

鍊 ⑨ 17획 日 レン・ねる
불릴 련(연) 中liàn

ノ ㅅ ㅌ 仝 仐 숲 金 釘 釘
釘 釦 鍊 鍊 鍊 鍊

*형성. 뜻을 나타내는 부수 '金(쇠 금)'과 음을 나타내는 東(가릴 간)를 합친 글자. 금속 [金]을 열로 녹여서 부드럽게 하는[東] 것을 나타내어, '불리다'의 뜻으로 쓰임.

풀이 1. 불리다. 불에 달구다. ¶鍊鋼 2. 익히다. 익숙하다. 3. 불린 쇠. 4. 수련하다.

鍊磨(연마) 갈고 닦음. 도(道)를 깊이 닦음.
鍊武(연무) 무예를 단련함.
鍊鐵(연철) 단련한 쇠. 정련한 철.
修鍊(수련) 정신 또는 학문을 닦고 단련함.

비 練(익힐 련) 煉(불릴 련)

錨 ⑨ 17획 日 ビョウ・いかり
닻 묘 中máo

풀이 닻.
유 碇(닻 정)

鍑 ⑨ 17획 日 フウ・フク
솥 복 中fù

풀이 솥. 아가리가 큰 솥.
유 鼎(솥 정) 腹(배 복)

鍔 ⑨ 17획 日 ガク・つば
칼날 악 中è

풀이 1. 칼날. 2. 칼끝. 3. 칼등.
鍔鍔(악악) 높은 모양.
비 鰐(악어 악)

鍈 ⑨ 17획 日 エイ
방울소리 영 中yīng

풀이 방울소리.

鍮 ⑨ 17획 日 チュウ・トウ
놋쇠 유 中tōu

풀이 놋쇠. 구리와 아연의 합금.
鍮器(유기) 놋그릇.

鍾 ⑨ 17획 日 ショウ・あつめる
쇠북 종 中zhōng

풀이 1. 쇠북. 2. 술잔. 술병. 3. 모이다. 모으다. ¶鍾愛 4. 되 이름. 6곡(斛) 4두(斗), 8곡, 또는 10곡 등 여러 설이 있음.
鍾愛(종애) 사랑을 모음.
鍾乳洞(종유동) 석회암이 지하수에 침식되어 이루어진 동굴.
비 鐘(종 종)

鍬 ⑨ 17획 日 ショウ・シュウ・すき
가래 초 中qiāo

풀이 가래. 땅을 팔 때 쓰는 농기구.
鍬钁(초궐) 가래.

鍼 ⑨ 17획 日 シン・ケン・はり
침 침 中zhēn

풀이 1. 침. 바늘. ¶鍼灸 2. 찌르다.
鍼灸(침구) 침과 뜸. 침구(針灸).
鍼縷(침루) 바늘과 실.
鍼術(침술) 침을 놓아 병을 고치는 의술.

[金 10획] 鎧鎌鎛鎖鏁鎔鎰鎭

鍼砭(침폄) 1)쇠로 만든 침과 돌로 만든 침. 또는 침술(鍼術). 2)남을 꾸짖어 잘못을 바로잡음. 교훈(教訓).

鎧 ⑩ 18획
갑옷 개
日ガイ・カイ
よろい
中kǎi

풀이 1. 갑옷.¶鎧甲 2. 갑옷을 입다.

鎧甲(개갑) 갑옷.
鎧冑(개주) 갑옷과 투구.
유 鉀(갑옷 갑)

鎌 ⑩ 18획
낫 겸
日レン・かま
中lián

풀이 낫.

鎌利(겸리) 낫처럼 날카로움.
비 謙(겸손할 겸)

鎛 ⑩ 18획
종 박
日ハク・すき
中bó

풀이 1. 종. 작은 종.¶鎛磬 2. 괭이. 호미.

鎛磬(박경) 종과 경쇠.
鎛鐘(박종) 작은 종과 큰 종.
유 鐘(종 종)

鎖 ⑩ 18획
쇠사슬 쇄
日サ・くさり
中suǒ

丿 亻 亻 仨 乍 年 争 金 金 釒 釒
釒 釒 銷 銷 鎖 鎖 鎖

*형성. 뜻을 나타내는 부수 '金(쇠 금)'과 음을 나타내는 '貨(조개 소리 쇄)' 글자를 합친 글자.

풀이 1. 쇠사슬. 2. 자물쇠.¶鎖金 3. 잠그다. 봉하다.¶鎖國

鎖國(쇄국) 나라의 문호를 굳게 닫고 외국과의 교제를 트지 않음.
鎖金(쇄금) 자물쇠.
封鎖(봉쇄) 1)봉하여 잠금. 2)외부의 연락을 차단함.

비 銷(녹일 소)

鏁 ⑩ 18획
鎖(p777)의 俗字

鎔 ⑩ 18획
녹일 용
日ヨウ・いがた
中róng

*형성. 뜻을 나타내는 부수 '金(쇠 금)'과 음을 나타내는 '容(받아들일 용)'을 합친 글자.

풀이 1. 녹다. 녹이다.¶鎔鑛 2. 거푸집. 3. 주조하다.

鎔鑛爐(용광로) 광석·금속 등을 녹여 내는 화로.
鎔鑠(용삭) 쇠붙이를 녹임.
鎔巖(용암) 화산에서 분출한 마그마가 굳어서 된 암석.
鎔解(용해) 금속을 녹임. 또는 금속이 녹음.
유 鑄(쇠 부어 만들 주)

鎰 ⑩ 18획
일 일
日イツ
中yì

풀이 일. 중량 단위. 24냥(兩) 또는 20냥에 해당함.

鎭 ⑩ 18획
진압할 진
日チン・テン
しずめる
中zhèn

丿 亻 亻 仨 乍 年 争 金 金 釒 釒
釒 釒 鋍 錆 鎭 鎭 鎭

*형성. 뜻을 나타내는 부수 '金(쇠 금)'과 음을 나타내는 '眞(참 진)'을 합친 글자.

풀이 1. 진압하다.¶鎭壓 2. 누르다. 무거운 것으로 누르다. 3. 진영. 군사 요지에 설치한 둔영(屯營).

鎭撫(진무) 난을 평정하고 백성을 어루만짐. 민심을 진정시켜 위로함.
鎭守(진수) 군대를 주둔시켜 요충지를 엄중히 지킴.

鎚

⑩ 18획 日ツイ・タイ
❶ 쇠망치 추 かなづち
❷ 옥 갈 퇴 中chuí

풀이 ❶ 1. 쇠망치. 철추. ❷ 2. 옥을 갈다.

鎚鍛(추단) 금속을 망치질하여 단련함.

鎣

⑩ 18획 日キョウ・エン
❶ 줄 형
❷ 그릇 영 中yīng

풀이 ❶ 1. 줄. 쇠붙이를 갈아 윤을 내는 연장. 2. 꾸미다. 장식하다. 3. 갈다. 문지르다. ❷ 4. 그릇.

비 榮(꽃 영)

鎬

⑩ 18획 日コ・ゴ
냄비 호 中hào, gǎo

풀이 1. 냄비. 2. 호경(鎬京). 주(周)나라 무왕(武王)이 도읍한 곳으로, 지금의 중국 섬서성(陝西省)에 위치함.

鏗

⑪ 19획 日コウ
금옥 소리 갱 中kēng

풀이 1. 금옥(金玉) 소리. 2. 거문고를 타는 소리.

鏗鏘(갱장) 금옥(金玉) 소리. 또는 악기의 소리.

鏡

⑪ 19획 日キョウ・ケイ
거울 경 ・かがみ
中jìng

/ ノ ヒ ヒ 午 牟 余 金 金 釒 釒
釒 釤 釤 鋅 鏡 鏡

*형성. 뜻을 나타내는 부수 '金(쇠 금)'과 음을 나타내는 '竟(다할 경)'을 합친 글자.

풀이 1. 거울. ¶鏡鑑 2. 비추다. 3. 모범. 본보기.

鏡鑑(경감) 1)거울. 2)본보기. 모범(模範). 귀감(龜鑑).

鏡考(경고) 거울삼아 생각함.

鏡臺(경대) 거울이 달려 있는 화장대.

明鏡(명경) 맑은 거울.

破鏡(파경) 1)깨진 거울. 2)이혼.

비 鑑(거울 감)

鏤

⑪ 19획 日ロウ・ル
새길 루(누) 中lòu

풀이 새기다. 아로새기다. ¶鏤刻

鏤刻(누각) 1)새김. 조각함. 2)문장(文章)을 꾸밈.

鏤板(누판) 나무판자에 새김.

비 彫(새길 조) **비** 樓(다락 루) 數(셀 수)

鏋

⑪ 19획 日マン
금 만 中mǎn

풀이 금.

비 滿(찰 만)

鏖

⑪ 19획 日オウ
무찌를 오 中áo

풀이 1. 무찌르다. 모조리 죽이다. ¶鏖殺 2. 떠들썩하다. 시끄럽다.

鏖殺(오살) 무찔러 죽임.

비 塵(티끌 진)

鏞

⑪ 19획 日ヨウ
쇠북 용 中yōng

풀이 쇠북. 큰 종. 악기의 하나.

鏘 ⑪ 19획 日ショウ·ソウ 金옥 소리 장 ⊕qiāng

풀이 금옥(金玉) 소리. 옥·금속이 울리는 소리.

鏘金(장금) 옥이나 금속 등이 울리는 소리.

鏑 ⑪ 19획 日テキ·やじり 살촉 적 ⊕dī, dí

풀이 1. 살촉. 2. 우는살. 소리를 내며 날아가는 화살.

鏃 ⑪ 19획 日ゾク 살촉 촉·적 ⊕zú

풀이 살촉. 화살촉.

鐥 ⑫ 20획 복자 선 ⊕

풀이 복자. 술·기름 등을 담는 작은 접시 모양의 쇠그릇.

鏽 ⑫ 20획 日シュウ·さび 녹슬 수 ⊕xiù

풀이 녹슬다. 녹.

鏽澁(수삽) 녹슴.
비 繡(수수)

鐘 ⑫ 20획 日ショウ·かね 종 종 ⊕zhōng

丿 丿 ㄣ 乍 乍 金 金 金 金 鈩 鈩
鈩 鐘 鐘 鐘 鐘 鐘

풀이 1. 종. 쇠북. 2. 시계(時計).

鐘鼓(종고) 종과 북.
鐘鳴(종명) 종이 울림. 시각을 알리는 종이 울림.

鐘鏄(종박) 큰 종과 작은 종.
自鳴鐘(자명종) 맞추어 놓은 시간이 되면 스스로 울려 시간을 알려 주는 기계.
유 鍾(쇠북 종) 鏄(종 박)

鏶 ⑫ 20획 日ショウ 쇳조각 집 ⊕jí

풀이 쇳조각. 금속판. 금속 조각.

鐄 ⑫ 20획 日コウ 종 횡 ⊕huáng

풀이 1. 종. 쇠북. 2. 종소리.
유 鐘(종 종) 비 橫(가로 횡)

鐺 ⑬ 21획 日トウ·ソウ ❶ 쇠사슬 당 ❷ 솥 쟁 ⊕chēng, dāng

풀이 ❶ 1. 쇠사슬. 2. 종고(鐘鼓) 소리. ❷ 3. 솥. 세 발 달린 솥.
유 鎖(쇠사슬 쇄)

鐫 ⑬ 21획 日セン·ほる 새길 전 ⊕juān

풀이 1. 새기다. 조각하다. ¶鐫刻 2. 내치다. 3. 끌. 나무에 구멍을 내는 연장.

鐫刻(전각) 쇠붙이에 조각함.
鐫切(전절) 1)갈고 깎음. 2)깊이 선(善)을 권함.

鐵 ⑬ 21획 日テツ 쇠 철 ⊕tiě

丿 丿 ㄣ 乍 乍 金 金 金 釒 釒 釒
釒 鈩 鈩 鐵 鐵 鐵

*형성. 뜻을 나타내는 부수 '金(쇠 금)'과 음을 나타내는 의미를 지닌 부수 이외의 글자를 합친 글자.

[金 13~15획] 鐸鐶鑑鑒鑄鑂鑛

풀이 1. 쇠. ¶鐵石 2. 무기. 병기. 3. 철물. 쇠로 만든 기물. 4. 단단하다. 굳세다. 5. 검은빛.

鐵騎(철기) 1)무장한 군마(軍馬). 또는 철갑을 입은 기병(騎兵). 2)정예 기병.

鐵面皮(철면피) 철판을 깐 얼굴이란 뜻으로, 부끄러움을 모르는 뻔뻔한 사람을 이르는 말.

鐵壁(철벽) 쇠로 만든 성벽(城壁). 견고한 장벽이나 수비를 이르는 말.

鐵石(철석) 1)철이 들어 있는 광석(鑛石). 철광석. 2)의지가 단단하여 변하지 않음.

鐵窓(철창) 1)쇠창살이 있는 창문. 2) 감방(監房). 감옥(監獄).

鐵則(철칙) 엄격한 규칙.

🔁 鋼(강철 강)

鐸 ⑬ 21획 日タク・すず 방울 탁 中duó

풀이 1. 방울. 2. 풍경(風磬).

鐸鐃(탁뇨) 방울과 동라(銅鑼).

🔁 鈴(방울 령)

鐶 ⑬ 21획 日カン・わ 고리 환 中huán

풀이 1. 고리. 2. 귀고리. 3. 가락지.

鐶鈕(환뉴) 손잡이.

🔁 環(고리 환)

鑑 ⑭ 22획 日カン・ガン・かがみ 거울 감 中jiàn

* 형성. 뜻을 나타내는 부수 '金(쇠 금)'과 음을 나타내는 '監(볼 감)'을 합친 글자. 이에 무언가를 비추어 보는[監] 금속[金]을 나타내어, '거울'의 뜻으로 쓰임.

풀이 1. 거울. ¶鏡鑑 2. 본보기. ¶龜鑑 3. 비추어 보다. 4. 살펴보다. 5. 안목. 식견. 6. 비추어 보다.

鑑別(감별) 감정하여 분별해 냄.
鑑賞(감상) 예술 작품을 음미함.
鑑悟(감오) 깨달음.
鏡鑑(경감) 1)거울. 2)본보기.
龜鑑(귀감) 본보기.

🔁 鏡(거울 경) 🔁 監(볼 감)

鑒 ⑭ 22획
鑑(p780)과 同字

鑄 ⑭ 22획 日チュウ・シュ・いる 쇠 부어 만들 주 中zhù

* 형성. 뜻을 나타내는 부수 '金(쇠 금)'과 음을 나타내는 '壽(목숨 수)'를 합친 글자.

풀이 쇠를 부어 만들다. ¶鑄造

鑄造(주조) 쇠를 녹여 물건을 만듦.
鑄型(주형) 1)쇠를 녹인 것을 부어 그릇을 만들어 내는 틀. 거푸집. 2)활자(活字)를 주조하는 틀.

🔁 鎔(녹일 용)

鑂 ⑭ 22획 日クン・グン 빛 바랠 훈 中xùn

풀이 빛이 바래다. 퇴색하다.

🔁 纁(분홍빛 훈)

鑛 ⑮ 23획 日コウ・あらがね 쇳돌 광 中kuàng

풀이 쇳돌. 광석.

[金 15~20획] 鑢鑠鑰鑾鑽鑿 [長 0획] 長

鑛夫(광부) 광물을 파내는 인부.
鑛山(광산) 광물을 채굴하는 산.
鑛石(광석) 금속을 포함한 광물. 쇳돌.
鑛泉(광천) 광물질을 다량 함유한 샘.
炭鑛(탄광) 석탄이 있는 광산.

鑢 ⑮ 23획
🇯🇵 リョ・ロ・やすり
줄 려
🇨🇳 lǜ

풀이 1. 줄. 쓸거나 깎는 도구. 2. 줄로 쓸다. 3. 다스리다. 수양하다.

鑠 ⑮ 23획
🇯🇵 シャク・とかす
녹일 삭
🇨🇳 shuò

풀이 1. 녹이다. 녹다. 2. 달구다. ¶鑠金 3. 빛나다. 사라지다.

鑠金(삭금) 1)달구어진 금. 또는 아름다운 황금. 2)쇠를 녹임.

鑰 ⑰ 25획
🇯🇵 ヤク・かぎ
자물쇠 약
🇨🇳 yào, yuè

풀이 자물쇠. 열쇠. ¶鑰牡

鑰牡(약모) 열쇠.

鑾 ⑰ 27획
🇯🇵 ラン・すず
방울 란(난)
🇨🇳 luán

풀이 1. 방울. 2. 천자가 타는 수레.

鑾駕(난가) 천자가 타는 수레.
鑾鈴(난령) 천자가 타는 수레에 달린 방울.

鑽 ⑰ 27획
🇯🇵 サン・きり
끌 찬
🇨🇳 zuān, zuàn

풀이 1. 끌. 2. 송곳. 3. 뚫다. 구멍 내다. ¶鑽堅

鑽堅(찬견) 1)견고한 것을 뚫음. 2)열심히 학문을 닦음.

鑽味(찬미) 깊이 연구하고 음미함.
鑽燧(찬수) 나무나 돌 등에 송곳 같은 것을 비벼서 불을 얻는 일.

鑿 ⑳ 28획
🇯🇵 サク・ソウ・のみ
❶ 뚫을 착
❷ 구멍 조
🇨🇳 záo, zuò

풀이 **❶** 1. 뚫다. 구멍 내다. ¶鑿掘. 끌. 구멍을 내는 연장. 3. 파내다. **❷** 4. 구멍.

鑿掘(착굴) 구멍을 뚫어 파냄.
鑿井(착정) 우물을 팜.
穿鑿(천착) 구멍을 뚫음.

長부

長(镸) 길 장 部

「長」자는 머리털을 길게 풀어 헤친 사람이 지팡이를 짚고 있는 모습을 본뜬 글자로, '길다'라는 뜻을 나타낸다. 또한 길이만이 아니라 시간이 '오래다', 거리가 '멀다'의 뜻을 나타내기도 하고, 일장일단(一長一短)에서처럼 '잘하다', '낫다'의 뜻이나, '어른', '우두머리' 등의 뜻으로 쓰이기도 한다. 부수로 쓰일 때는 '镸'의 형태로 쓰여 '길장변'이라는 부수 명칭으로 불린다.

長 ⓪ 8획
🇯🇵 チョウ・ジョウ・ながい
길 장
🇨🇳 cháng, zhǎng

丨 丆 F E 丆 툱 長 長

*상형. 머리털이 긴 노인이 지팡이를 짚고 서 있는 모양을 본뜬 글자.

풀이 1. 길다. ¶長短 2. 멀다. 3. 크다.

거대하다. 4. 오래다. 오래도록. 5. 어른. 성인. 6. 맏. 첫째. ¶長子 7. 우두머리. 수장. 8. 자라다. 성장하다. 9. 낫다. 우수하다.

長久(장구) 길고 오램. 길게 계속함.

長技(장기) 특히 뛰어난 재주. 특기(特技).

長短(장단) 1)긺과 짧음. 2)길이. 3)나음과 못함. 우열.

長老(장로) 나이 먹은 사람을 높여 부르는 말.

長蛇陣(장사진) 많은 사람이 줄을 지어 늘어서 있음의 형용.

長成(장성) 어른이 됨. 성장함.

長壽(장수) 목숨이 긴 것. 오래 사는 것.

長子(장자) 제일 큰 아들.

長點(장점) 좋은 점.

長足(장족) 1)긴 다리. 2)발전이 빠른 모양.

長篇(장편) 편장(篇章)이 긴 시가(詩歌)·문장·소설 등.

🔁 永(길 영) 短(짧을 단)

門부

門 문 문 部

'門'자는 마주 선 기둥에 문이 각기 한 짝씩 달려 있는 모양을 본뜬 글자로 '문'을 나타낸다. 또한 문을 나는 모든 '통로'를 나타내기도 하고, 문호개방(門戶開放)에서처럼 '가문', '국가'를 상징하기도 하고, 하나의 '분야'를 나타내기도 한다. 이 글자를 부수로 갖는 글자는 대체로 문의 종류나 문의 상태와 관련이 있다.

門 ⓪8획 🇯モン·かど
문 문 🇨mén

丨丨丨丨丨丨丨丨

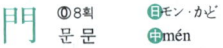

*상형. 두 개의 문짝을 달아 놓은 모양을 본뜬 글자.

풀이 1. 문. 출입문. ¶門戶 2. 집안. 가문. ¶門風 3. 구별. 유별. 4. 배움터. 5. 직업·학술의 분야.

門外漢(문외한) 그 일에 관련되지 않은 사람. 또는 그 분야에 전문이 아닌 사람.

門前成市(문전성시) 대문 앞이 저자와 같음. 사람이 많이 모여듦을 이르는 말.

門風(문풍) 한집안의 고유한 풍속. 가풍.

門下(문하) 같은 스승 아래에서 배우는 사람.

門戶(문호) 1)문(門)과 호(戶). 대문과 지게문. 2)외부와 교류하기 위한 통로나 수단.

閃 ② 10획 🇯ヒン·ひらめく
번쩍일 섬 🇨shǎn

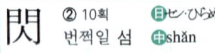

*회의. '門(문 문)'과 '人(사람 인)'을 합친 글자. 문(門) 속에 있는 사람(人)을 흘끗 본다 하여, '번쩍이다'의 뜻으로 쓰임.

풀이 1. 번쩍이다. ¶閃光 2. 언뜻 보이다.

閃光(섬광) 번쩍이는 빛.

閃電(섬전) 번쩍하는 번개. 신속함을 이르는 말.

閉 ③ 11획 🇯ヘイ·とじる
닫을 폐 ·しめる
🇨bì

丨丨丨丨丨丨丨丨丨丨丨

*회의. '門(문 문)'과 빗장을 거는 것을 의미하는 '才(재주 재)'를 합친 글자. 이에 문을 닫음을 나타내어 '닫다'의 뜻으로 쓰임.

풀이 1. 닫다. 닫히다. ¶閉店 2. 막다. 막히다. 3. 가리다. 엄폐하다. 4. 마치다. 끝내다. ¶閉講

閉講(폐강) 강의·강습을 폐지함.

閉門(폐문) 문을 닫음.
閉塞(폐색) 1)닫아 막음. 2)겨울에 천지가 얼어붙어 생기가 막힘.
閉鎖(폐쇄) 문을 굳게 닫음.
閉店(폐점) 장사를 마치고 가게를 닫음.
自閉症(자폐증) 대인 교섭을 싫어하며 자기만의 의식 속에 들어박혀 사는 병적인 상태.
유 廢(폐할 폐) 반 開(열 개)
비 閑(한가할 한)

| 閒 | ④ 12획
❶ 間(p783)의 本字
❷ 閑(p784)의 本字 |

| 間 | ④ 12획
사이 간 | 日 カン・ひま
あいだ
中 jiān, jiàn |

丨丨丨丨門門門門問問間間

*회의. 본자는 閒으로 門(문 문)과 月(달 월)을 합친 글자. 두 문짝 사이로 달빛이 비쳐 드는 것을 나타내어, '사이', '틈'의 뜻으로 쓰임.

풀이 1. 사이. 틈. ¶間隙 2. 때. 동안. 3. 떨어진 정도. 거리. 4. 장소. 곳. 5. 염탐꾼. ¶間者 6. 이간하다. 이간질. 7. 번갈다. 갈마들다. 8. 섞다. 섞이다.

間介(간개) 좁은 길.
間隔(간격) 떨어진 거리. 사이. 틈.
間道(간도) 샛길.
間言(간언) 비난하는 말.
間者(간자) 1)간첩(間諜). 2)요사이.
間歇(간헐) 일정한 시간을 두고 주기적으로 일어났다 쉬었다 함.
瞬間(순간) 눈 깜짝할 사이.
비 閑(틈 한) 問(물을 문)

| 開 | ④ 12획
열 개 | 日 カイ・ひらく
中 kāi |

丨丨丨丨丨門門門門問開開

*회의. 門(문 문)과 두 손으로 문을 밀어 여는 모습을 본뜬 开(열 개)를 합친 글자. 이에 '문을 열다'의 뜻으로 쓰임.

풀이 1. 열다. 열리다. ¶開放 2. 시작하다. ¶開講 3. 꽃이 피다. 4. 펴다, 펼치다. 5. 개척하다. ¶開墾 6. 깨우치다.

開墾(개간) 산야(山野)・황무지를 개척함. 버려 두어 거칠어진 땅을 일구어서 논밭을 만듦.
開講(개강) 강의나 강습을 시작함.
開幕(개막) 무대의 막이 올라감.
開發(개발) 새로운 것을 생각하거나 만들어 내어 널리 폄.
開放(개방) 1)활짝 열어 놓음. 2)금지하던 것을 풀고 엶.
開始(개시) 처음 시작함.
開業(개업) 1)일을 시작함. 2)영업을 시작함.
開廷(개정) 재판을 위하여 법정을 여는 것.
開拓(개척) 1)황무지를 개간하여 논밭을 만듦. 2)영토 등을 넓힘. 3)새로운 방면・진로 등을 엶.
開閉(개폐) 열고 닫음.
開化(개화) 문화를 엶. 세상이 열리고 문화가 진보하는 일.
반 閉(닫을 폐)

| 閔 | ④ 12획
근심할 민 | 日 ビン・ミン
あわれむ
中 mǐn |

*형성. 뜻을 나타내는 부수 門(문 문)과 음을 나타내는 文(글월 문)을 합친 글자.

풀이 1. 근심하다. 걱정하다. ¶閔然 2. 근심. 우환. 3. 가엾게 여기다. 애처롭게 여기다. ¶閔傷

閔傷(민상) 가엾이 여겨 마음 아파함.
閔然(민연) 근심하는 모양.
유 憂(근심할 우)

閏 ④ 12획 ⑪ジュン・うるう ⊕rùn
윤달 윤

ｌ Ｐ Ｐ Ｐ Ｐ 門 門 門 閏 閏

[풀이] 1. 윤달. 윤년. ¶閏年 2. 정통(正統)이 아닌 임금.
閏年(윤년) 윤달이 든 해.
閏位(윤위) 정통이 아닌 왕위(王位).

閑 ④ 12획 ⑪カン・しずか・しきり ⊕xián
한가할 한

ｌ Ｐ Ｐ Ｐ Ｐ 門 門 門 閑 閑

* 회의. 문(門) 사이에 나무(木)가 있다는 뜻에서, '칸을 막다'의 뜻을 나타냄. 바꾸어, '한가하다'의 뜻으로 쓰임.

[풀이] 1. 한가하다. 느긋하다. ¶閑散 2. 등한시하다. 소홀히 하다. 3. 막다. 방어하다.
閑暇(한가) 바쁜 일이 없어 겨를이 많음.
閑散(한산) 1)조용하고 한가함. 2)일이 없어 놀고 있음.
閑夜(한야) 조용한 밤.
閑寂(한적) 한가롭고 고요함. 한가롭고 쓸쓸함.
等閑(등한) 마음에 두지 않고 소홀히 대함.

[유] 休(쉴 휴) [비] 閉(닫을 폐)

閘 ⑤ 13획 ⑪コウ・オウ ⊕zhá
물문 갑

[풀이] 1. 물문. 수문(水門). 2. 문을 닫다.
閘官(갑관) 수문(水門)의 감독을 맡은 관리.

閣 ⑥ 14획 ⑪カク ⊕gāo, gē, gé
누각 각

ｌ Ｐ Ｐ Ｐ Ｐ 門 門 門 閁 閣 閣 閣

* 형성. 뜻을 나타내는 부수 門(문)과 음을 나타내는 '各(각각 각)'을 합친 글자.

[풀이] 1. 누각. 2. 마을. 관청. ¶閣僚 3. 대궐. 궁전. 4. 선반. 시렁. 물건을 올려 놓는 곳. 5. 가교(假橋). 잔교(棧道).
閣道(각도) 1)다락집의 복도. 2)잔도(棧道).
閣僚(각료) 내각(內閣)을 조직하는 부의 장관.
閣下(각하) 1)전각(殿閣)의 아래. 2)신분이 높은 사람에 대한 경칭(敬稱)의 한 가지.

[비] 閤(쪽문 합)

関 ⑥ 14획
關(p787)의 俗字

閨 ⑥ 14획 ⑪ケイ・ねや ⊕guī
규방 규

[풀이] 1. 규방. 안방. 도장방. 부녀자가 거처하는 방. ¶閨閤 2. 침실.
閨秀(규수) 1)재주와 학식이 빼어난 부녀자. 2)남의 집의 처녀를 높여 이르는 말.
閨怨(규원) 남편과의 이별에 대한 원한. 또는 그 한을 노래한 시가.

閩 ⑥ 14획 ⑪ビン ⊕mǐn
종족 이름 민

[풀이] 1. 종족의 이름. 중국 복건성(福建省) 일대에 살던 종족. 2. 나라 이름. 오대십국(五代十國)의 하나로, 왕조(王潮)・왕심지(王審知) 형제가 세운 나라.

閥 ⑥ 14획 ⑪バツ・いえがら ⊕fá
공훈 벌

* 형성. 뜻을 나타내는 부수 門(문 문)과 음을 나타내는 '伐(칠 벌)'을 합친 글자.

[門 6~8획] 閣閨閣閱闋閹閾閻

풀이 1. 공훈. 공로. 2. 가문. 문벌. 지체.

閥閱(벌열) 1)공적(功績)과 경력. 2) 공적이 있는 가문.
門閥(문벌) 대대로 이어 내려온 집안의 지체.

유 勳(공훈) 반 罰(죄 벌)

閤 ⑥ 14획 日コウ・くぐりど 中gé, hé
쪽문 합

풀이 1. 쪽문. 협문. 대문 옆에 달린 작은 문. 2. 대궐. 궁전. 3. 침실. 규방.

閤門(합문) 1)대궐의 앞문. 2)고려 때 조회(朝會)의 의례를 맡은 관아.
閤下(합하) 지위가 높은 사람에 대한 존칭.

비 閣(누각 각)

閫 ⑦ 15획 日コン・しきい 中kǔn
문지방 곤

풀이 1. 문지방. ¶閫外 2. 성문. 3. 규방. 내실.

閫德(곤덕) 여자로서 반드시 지켜야 할 도리.
閫範(곤범) 여자의 모범. 곤칙(閫則).
閫外(곤외) 문지방의 바깥. 문 밖. 또는 성(城) 밖.

閭 ⑦ 15획 日リョ・ロ・さと 中lú
마을 려(여)

풀이 1. 마을. ¶閭里 2. 이문(里門). 마을의 문.

閭里(여리) 마을. 또는 마을 사람.
閭門(여문) 마을의 문.
閭閻(여염) 서민들이 모여 사는 마을.

유 里(마을 리)

閱 ⑦ 15획 日エツ・けみす 中yuè
검열할 열

* 형성. 뜻을 나타내는 부수 門(문 문)과 음을 나타내는 '兌(바꿀 태)'를 합친 글자.

풀이 1. 검열하다. 점검하다. 살펴보다. ¶閱覽 2. 가리다. 선택하다. 3. 지내다. 겪다. 4. 공로. 공적.

閱覽(열람) 조사해 봄.
閱世(열세) 세상의 많은 일을 몸소 경험함.
檢閱(검열) 검사하여 살핌.

유 檢(단속할 검)

閼 ⑧ 16획 日アツ・エツ・ふさぐ 中è, yù
가로막을 알

풀이 1. 가로막다. 막다. 2. 막히다. ¶閼塞

閼塞(알색) 막힘.

閹 ⑧ 16획 日エン・もんばん 中yān
내시 엄

풀이 1. 내시. 환관(宦官). ¶閹尹 2. 고자. 거세한 남자.

閹然(엄연) 자신의 의견을 숨기고 세속에 타협하거나 아첨하는 모양.
閹尹(엄윤) 환관(宦官)의 우두머리.
閹人(엄인) 1)거세한 사람. 2)환관.

閾 ⑧ 16획 日キョク・ヨク・しきい 中yù
문지방 역·혁

풀이 1. 문지방. 2. 한정하다. 안팎을 구별 짓다.

閻 ⑧ 16획 日エン 中yán, yǎn, yàn
이문 염

풀이 1. 이문(里門). 마을의 문. 2. 마을. 촌락.

閻羅大王(염라대왕) 죽은 사람의 죄를 가려 처리하는 지옥의 임금.

閽 ⑧ 16획 日コン·もんばん 中hūn
문지기 혼

풀이 1. 문지기. 특히 대궐의 문을 지키는 사람. 2. 궁문. 대궐의 문.
閽吏(혼리) 대궐의 문지기.
閽人(혼인) 1)문지기. 2)궁문(宮門)의 문지기.

闌 ⑨ 17획 日ラン·てすり 中lán
가로막을 란(난)

풀이 1. 가로막다. 차단하다. 2. 늦다. 저물다. 3. 쇠퇴하다. 4. 드물다. 5. 함부로, 마구. 6. 난간.
闌珊(난산) 1)점차 쇠하여 가는 모양. 2)어지럽게 흩어지는 모양.
闌暑(난서) 늦더위.
闌入(난입) 함부로 들어감.
闌殘(난잔) 쇠퇴하여 가는 모양.
비 蘭(난초 란)

闇 ⑨ 17획 日アン·オン·くらい 中ān, àn
어두울 암

풀이 1. 어둡다. 어둡게 하다. 2. 어리석다. 우매하다. ¶闇鈍 3. 해질 무렵.
闇鈍(암둔) 어리석고 둔함.
闇昧(암매) 1)어두컴컴함. 2)사리에 어둡고 어리석음.
비 (사이 간)

闈 ⑨ 17획 日イ·こもん 中wéi
대궐작은문위

풀이 1. 대궐의 작은 문. ¶闈門 2. 명당(明堂)의 문.
闈門(위문) 궁궐을 통행하는 문. 협문.

비 (성시 바깥문 궤)

闊 ⑨ 17획 日カツ·ひろし 中kuò
넓을 활

*형성. 뜻을 나타내는 부수 ⾨(문 문)과 음을 나타내는 活(살 활)을 합친 글자.

풀이 1. 넓다. 광활하다. ¶闊漫 2. 멀다. 3. 소원하다. 오래 만나지 않다. 4. 물정에 어둡다.
闊達(활달) 마음이 넓고 트여 작은 일에 구애받지 않음.
闊漫(활만) 끝없이 넓은 모양.

闕 ⑩ 18획 日ケツ·もん 中quē
대궐 궐

풀이 1. 대궐, 궁성. ¶闕下 2. 빠지다. 모자라다. ¶闕誤. 결석하다. 4. 결원(缺員).
闕閣(궐각) 대궐 문의 누각(樓閣).
闕損(궐손) 손실(損失).
闕誤(궐오) 빠져 잘못이 있음.
闕下(궐하) 대궐 아래라는 뜻으로, 조정(朝廷)을 이르는 말.
入闕(입궐) 대궐에 들어감.

闖 ⑩ 18획 日チン·うかがう 中chuǎng
엿볼 틈

풀이 1. 엿보다. 2. 갑자기 들어가다.
闖闖(틈틈) 엿보는 모양.

闔 ⑩ 18획 日コウ·とびら 中hé, hē
문짝 합

풀이 1. 문짝. 닫다. 문을 닫다. ¶闔 3. 온. 모두. ¶闔國
闔國(합국) 온 나라.
闔廬(합려) 집. 가옥(家屋).
闔門(합문) 1)문을 닫음. 2)제사 때, 문을 닫거나 병풍으로 가려 막는 일.

關 ⑪ 19획
빗장 관
日 カン・せき
⊕ guān

｜ ｜' ｜'' ｜'' ｜'' 門 門 門 門 閂 閂 閂 關 關

*형성. 뜻을 나타내는 부수 門(문 문)과 음을 나타내는 부수 이외의 글자를 합친 글자.

풀이 1. 빗장. 문빗장. ¶關鍵 2. 관문. 3. 잠그다. 빗장을 걸어 닫다. 4. 관계하다. 관여하다. 5. 기관(機關).

關鍵(관건) 1)빗장과 자물쇠. 2)사물의 가장 중요한 부분.
關係(관계) 서로 관련이 있음.
關涉(관섭) 간섭함.
關心(관심) 어떤 일에 마음이 끌려 주의를 기울이는 것.
關礙(관애) 1)막음. 저지함. 2)거리낌. 방해가 됨.
關鑰(관약) 빗장과 자물쇠.
關與(관여) 어떤 일에 관계함.
關穿(관천) 꿰뚫음.

闡 ⑫ 20획
열 천
日 セン・ひらく
⊕ chǎn

풀이 1. 열다. 2. 분명하다. 분명히 하다. ¶闡明 3. 넓히다. 확충하다.
闡究(천구) 연구하여 분명히 함.
闡明(천명) 분명히 밝힘.
闡揚(천양) 명백하게 드러내어 널리 떨치게 함.

闢 ⑬ 21획
열 벽
日 ヘキ・ビャク・ひらく
⊕ pì

풀이 1. 열다. ¶闢戶 2. 개척하다. 개간하다. 3. 피하다.
闢墾(벽간) 논밭을 일굼.
闢戶(벽호) 문을 엶. 개폐(開閉).
유 開(열 개) 闡(열 천)

阜 부

阜(阝) 언덕 부 部

'阜' 자는 험한 산비탈이 계단처럼 층진 측면의 모양을 본뜬 글자로, '언덕'의 뜻을 나타낸다. 그 밖에 '높고 큰 토지'를 나타내기도 하고, 의미가 확대되어 '크다', '번성하다'라는 뜻으로도 사용되는데, 단독의 문자보다는 부수로서의 역할을 더 많이 한다. 부수로 쓰일 때에는 '阝'의 형태로 쓰이고, '좌부방'이라는 부수 명칭으로 불린다. 이 글자를 부수로 갖는 글자는 일반적으로 높은 언덕이나 낮높이에 관계가 있는 땅의 상태를 나타내는 의미를 갖는다.

阜 ⓪ 8획
언덕 부
日 フ・フウ・おか
⊕ fù

*상형. 층이 진 산의 측면 단층의 모양을 본뜬 글자.

풀이 1. 언덕. 2. 크다. 3. 성하다. 성하게 하다. 4. 많다. 풍성하다. ¶阜康
阜康(부강) 풍족하고 편안함.
阜陵(부릉) 큰 언덕.
유 岸(언덕 안) 丘(언덕 구)

阡 ③ 6획
두렁 천
日 セン・みち
⊕ qiān

풀이 1. 두렁. 두렁길. ¶阡陌 2. 길. 3. 일천. 千(일천 천)의 갖은자.
阡陌(천맥) 두렁. 논이나 밭 등에 낸 길.

阬 ④ 7획
구덩이 갱
日 コウ・あな
⊕ kēng

풀이 1. 구덩이. 2. 문이 높은 모양. 3. 구덩이에 파묻다. ¶阬儒

阬儒(갱유) 유학자나 유생 등을 구덩이에 파묻어 죽임.
[유] 坑(구덩이 갱) [비] 抗(막을 항)

防 ④ 7획 막을 방 [日]ボウ·ふせぐ [中]fáng

丶 阝 阝 阝' 阝亠 阝方 防

* 형성. 뜻을 나타내는 부수 '阝(阜:언덕 부)'와 음을 나타내는 '方(모 방)'을 합친 글자.

[풀이] 1. 막다. 방어하다. 방지하다. ¶防備 2. 둑. 제방.

防犯(방범) 범죄가 일어나지 않게 막음.
防備(방비) 적을 막기 위한 준비.
防禦(방어) 침입을 막아 냄. 또는 그 설비.
防疫(방역) 전염병이 퍼지지 않게 미리 예방하는 것.
防衛(방위) 적의 공격을 막음.
防音(방음) 소음이 실내에 들어오거나 밖으로 나가지 못하게 막음.
防寒(방한) 추위를 막음.
[유] 壅(막을 옹) 遮(막을 차) 禦(막을 어)

阨 ④ 7획 ❶ 좁을 애 ❷ 막힐 액 [日]アイ·ヤク·けわしい [中]ài, è

[풀이] [1] 1. 좁다. 협소하다. [2] 2. 막히다. 통로가 막히다.
[유] 陋(좁을 루)

阮 ④ 7획 나라 이름 완 [日]ゲン [中]yuǎn

[풀이] 1. 나라 이름. 은나라의 제후국. 2. 관문(關門)의 이름. 지금의 중국 하북성(河北省) 울현(蔚縣) 근처.

阮咸(완함) 악기 이름.

阭 ④ 7획 높을 윤 [日]イン·たかい [中]yǎn, yǔn

[풀이] 1. 높다. 2. 돌. 암석.
[유] 高(높을 고)

阪 ④ 7획 비탈 판 [日]ハン·さか [中]bǎn

[풀이] 1. 비탈. 경사진 곳. 2. 둑. 제방.

阪路(판로) 비탈진 길.
[유] 阺(비탈 저) 坂(비탈 판)

附 ⑤ 8획 붙을 부 [日]フ·ブ [中]fù

丶 阝 阝 阝' 阝亻 阝什 附 附

* 형성. 뜻을 나타내는 부수 '阝(阜:언덕 부)'와 음을 나타내는 '付(붙일 부)'를 합친 글자.

[풀이] 1. 붙다. 달라붙다. ¶附着 2. 가까이 하다. 3. 붙이다. 부착하다. ¶附加 4. 붙좇다. 따르다.

附加(부가) 있던 것에 덧붙임.
附近(부근) 가까운 언저리.
附錄(부록) 신문·잡지 등의 본지 외에 덧붙이는 지면이나 책자.
附屬(부속) 주가 되는 일이나 물건에 딸려서 붙음.
附着(부착) 달라붙어 떨어지지 않음.
添附(첨부) 추가로 보태거나 덧붙임.
[비] 付(줄 부) 府(곳집 부) [유] 着(붙을 착)

阿 ⑤ 8획 ❶ 언덕 아 ❷ 호칭 옥 [日]ア·オ·くま [中]ā, à, ē

* 형성. 뜻을 나타내는 부수 '阝(阜:언덕 부)'와 음을 나타내는 '可(옳을 가)'를 합친 글자.

[풀이] [1] 1. 언덕. 구릉. 2. 아름답다. 3. 아첨하다. ¶阿附 [2] 4. 호칭. 남을 친근하게 부를 때 성·이름·항렬 앞에 붙이는 말.

阿膠(아교) 동물의 가죽·뼈 등을 고아 굳힌 황갈색의 접착제.
阿附(아부) 남의 비위를 맞추고 아첨하는 말.

[阜 5〜6획] 陒阻陀陂降陋陌限

阿諂(아첨) 남의 마음에 들려고 비위를 맞추고 알랑거림.
- 岸(언덕 안) 丘(언덕 구)
- 何(어찌 하)

陒 ⑤ 8획
陀(p788)과 同字

阻 ⑤ 8획
험할 조

⊕zǔ

풀이 1. 험하다. 험준하다. ¶阻險 2. 막다. 저지하다. 3. 고생하다.
阻礙(조애) 장애가 생김. 방해.
阻險(조험) 험난함. 또는 그런 곳.
- 險(험할 험) 且(또 차)

陀 ⑤ 8획
비탈질 타
日タ・ダ・けわしい
⊕tuó

풀이 1. 비탈지다. 경사지다. 2. 불타.
陀羅尼(다라니·타라니) 범문(梵文)을 그대로 읊으면 무변(無邊)의 의미를 품고 있어 각종 장애를 제거하고 공덕을 받는 일.
- 咤(꾸짖을 타) 蛇(뱀 사)

陂 ⑤ 8획
방죽 피
日ヒ・ハ・さか
⊕bēi, pí, pō

풀이 1. 방죽. 제방. 둑. ¶陂塘 2. 못. 저수지. 3. 기울다.
陂塘(피당) 둑. 제방.
陂僻(피벽) 비뚤어짐. 바르지 않음.
- 彼(저 피)

降 ⑥ 9획
日コウ・ふる・おりる
❶ 내릴 강
❷ 항복할 항
⊕xiáng, jiàng

' 了 阝 阝\` 阝欠 降 降 降

*회의. 뜻을 나타내는 부수 阝(阜:언덕 부)와 음을 나타내는 夅(내릴 강)을 합친 글자. 높은 곳(阜)에서 걸어 내려오는(夅) 것을 나타내어, '내리다'의 뜻으로 쓰임.

풀이 ❶ 1. 내리다. 떨어지다. ¶降等 2. 내려주다. 하사하다. ❷ 3. 항복하다. 굴복하다. ¶降伏
降等(강등) 등급을 내림.
降臨(강림) 신 등이 세상에 내려옴. 또는 신분이 귀한 사람이 왕림함.
降雨(강우) 비가 내림.
降伏(항복) 자신이 진 것을 인정하고 상대편에게 굴복(屈伏)함.
投降(투항) 적에게 항복함.
- 昇(오를 승)

陋 ⑥ 9획
좁을 루(누)
日ロウ・せまい

⊕lòu

풀이 1. 좁다. 협소하다. ¶陋屋 2. 견문이 좁다. 도량이 좁다. 3. 더럽다. ¶陋名
陋名(누명) 더러운 평판에 오르내리는 이름.
陋屋(누옥) 1)좁고 더러운 집. 2)자기 집을 겸손하게 이르는 말.
陋巷(누항) 좁고 더러운 거리.
孤陋(고루) 견문이 적어서 세상 물정에 어둡고 고집이 셈.
鄙陋(비루) 마음이 고상하지 못하고, 하는 짓이 천함.

陌 ⑥ 9획
길 맥
日ハク・バク
⊕mò

풀이 1. 길. 거리. 2. 밭두둑길.
阡陌(천맥) 밭 사이의 길. 남북으로 난 것을 천(阡), 동서로 난 것을 맥(陌)이라 함.

限 ⑥ 9획
한계 한
日ゲン・かぎる
⊕xiàn

[阜 7획] 陝 陞 院 除 陣 陟

`¯ ² ³ ⁴ ⁵ ⁶ ⁷ ⁸ ⁹ 限`

*형성. 뜻을 나타내는 부수 '阝(언덕 부)'와 음을 나타내는 '艮(괘 이름 간)'을 합친 글자. 뒤를 돌아보는 사람(艮)의 시선이 높은 언덕(阝)에 가로막힘을 나타낸 글자이며, 바뀌어 '한계', '제한' 등의 뜻으로 쓰임.

풀이 1. 한정. 정도. ¶限度 2. 기한.
限界(한계) 사물의 정해 놓은 범위.
限度(한도) 일정하게 정해진 정도.
限量(한량) 일정한 분량.
制限(제한) 한도를 정함. 또는 그 정한 한도.
비 恨(한탄할 한)

陝 ⑦ 10획 日セン
고을 이름 섬 中 shǎn

풀이 고을 이름. 중국 하남성(河南省)에 있는 현(縣).
비 陝(좁을 협)

陞 ⑦ 10획 日ショウ·のぼる
오를 승 中 shēng

풀이 1. 오르다. 높은 곳에 오르다. ¶陞敍 2. 승진하다. 지위가 오르다.
陞敍(승서) 관직을 올림.
陞進(승진) 지위가 오름.
유 昇(오를 승)

院 ⑦ 10획 日イン
담 원 中 yuàn

*형성. 뜻을 나타내는 부수 '阝(언덕 부)'와 음을 나타내는 '完(완전할 완)'을 합친 글자.

풀이 1. 담. 담장. 2. 집. 3. 관청.
院長(원장) 병원·학원 등의 '院' 자가 붙은 기관의 우두머리.
寺院(사원) 절. 사찰.
유 垣(담 원) **비** 完(완전할 완)

除 ⑦ 10획 日ジョ·ジ·のぞく
덜 제 中 chú

*형성. 뜻을 나타내는 부수 '阝(언덕 부)'과 음을 나타내는 '余(나 여)'를 합친 글자.

풀이 1. 덜다. 없애 버리다. ¶除去 2. 다스리다. 3. 벼슬을 주다. 임관하다. 4. 나누다. 나눗셈. 5. 섣달 그믐날 밤. ¶除夜
除去(제거) 덜어 버림. 떨어 버림.
除名(제명) 명부에서 이름을 빼 버림.
除法(제법) 나눗셈.
除夜(제야) 섣달 그믐날 밤.
除外(제외) 치워 버림. 어느 범위 밖으로 따로 뺌.
削除(삭제) 없애 버림.
유 減(덜 감) **만** 加(더할 가)
비 徐(천천할 서)

陣 ⑦ 10획 日ジン
줄 진 中 zhèn

`¯ ² ³ ⁴ ⁵ ⁶ ⁷ ⁸ ⁹ ¹⁰ 陣`

*형성. 뜻을 나타내는 부수 '阝(언덕 부)'와 음을 나타내는 '車(펼 신)'의 변형형을 합친 글자.

풀이 1. 줄. 대열. 2. 진을 치다. ¶陣營
陣營(진영) 군대가 진을 치고 있는 곳.
陣雲(진운) 1)병사들의 진영처럼 뭉게뭉게 일어나는 구름. 2)전쟁터에 도는 불길한 구름.
陣地(진지) 군대의 공격이나 방어를 위한 준비로 구축해 놓은 곳.
비 陳(늘어놓을 진)

陟 ⑦ 10획 日チョク·のぼる
오를 척 中 zhì

*회의. 언덕(阝)을 걸어서(步) 올라간다는 데서, '오르다'의 뜻을 나타냄.

풀이 1. 오르다. ¶陟降 2. 올리다. 추천하다. 3. 나아가다.

[阜 7~8획] 陟陷陜陶陸陵陪

陟降(척강) 오름과 내림.
陟升(척승) 높은 데에 오름.
비 涉(건널 섭)

陞 ⑦ 10획 섬돌 폐 日ヘイ・きざはし 中bì

풀이 1. 섬돌. 층계. 2. 계급. 품계.
陞列(폐열) 섬돌 아래에 서서 임금을 호위하는 사람의 줄.
陞下(폐하) 황제를 높여 일컫던 말.
비 階(섬돌 계)

陷 ⑦ 10획
陷(p792)의 俗字

陜 ⑦ 10획 좁을 협 日キョウ・せまい 中xiá

풀이 1. 좁다. 협소하다. 2. 산골짜기.
陜隘(협애) 좁음.
반 廣(넓을 광)
비 陝(고을 이름 섬) 峽(골짜기 협) 狹(좁을 협)

陶 ⑧ 11획
❶ 질그릇 도 日トウ・ヨウ
❷ 사람이름 요 中táo, yáo

`⁷ ³ ⻖ ⻖⁷ ⻖⁷ ⻖ఀ ⻖఍ 陶 陶

* 형성. 뜻을 나타내는 부수 '阜(언덕 부)'와 음을 나타내는 '匋(질그릇 도)'를 합친 글자. 이에 '질그릇'의 뜻을 나타냄.

풀이 ❶ 1. 질그릇. ¶陶器 2. 즐거워하다. 기뻐하다. ¶陶醉 3. 만들다. 제조하다. ❷ 4. 사람 이름. 고요(皐陶). 순(舜)임금의 신하 이름.

陶器(도기) 질그릇. 흙으로 초벌을 구워서 위에 잿물을 입혀 구운 것.
陶冶(도야) 1)질그릇을 굽고 쇠를 녹임. 2)심신을 닦아 기름.
陶瓷器(도자기) 질그릇·오지그릇·사기그릇의 총칭.
陶醉(도취) 즐기거나 좋아하는 것에 매료되어 취하다시피 열중함.
비 淘(일 도)

陸 ⑧ 11획 뭍 륙(육) 日ロク・おか 中liù, lù

`⁷ ³ ⻖ ⻖⁷ ⻖⁷ ⻖ఀ 陡 陸 陸 陸

풀이 1. 뭍. 육지. ¶陸上 2. 여섯. 六 (여섯 륙) 3. 언덕.
陸橋(육교) 구름다리.
陸軍(육군) 육상의 전투 및 방어를 맡은 군대.
陸上(육상) 뭍 위. 육지.
陸地(육지) 뭍.
離陸(이륙) 비행기가 날기 위해 땅에서 떠오름.
유 地(땅 지) 반 海(바다 해)
비 陵(큰언덕 릉)

陵 ⑧ 11획 큰언덕 릉(능) 日リョウ・みささぎ 中líng

`⁷ ³ ⻖ ⻖⁷ ⻖⁷ ⻖ఀ 陡 陟 陵 陵

* 형성. 뜻을 나타내는 부수 '阜(언덕 부)'와 음을 나타내는 '夌(언덕 릉)'을 합친 글자.

풀이 1. 큰 언덕. ¶丘陵 2. 능. 무덤. 임금의 무덤. 3. 모멸하다. 업신여기다. ¶陵蔑 4. 범하다. 침범하다. 5. 넘다. 한도를 지나치다.
陵蔑(능멸) 업신여겨 깔봄.
陵辱(능욕) 업신여겨 욕보임.
陵越(능월) 침범하여 넘음.
丘陵(구릉) 언덕. 나직한 산.
비 陸(뭍 륙)

陪 ⑧ 11획 모실 배 日バイ・ハイ 中péi

[阜 8획] 陪陴陲陰陳陬陷

풀이 1. 모시다. 시종(侍從)하다. ¶陪客 2. 돕다. 보좌하다. 3. 더하다. 보태다.

陪客(배객) 신분이 높은 사람을 수행하여 온 손.

陪席(배석) 신분이 높은 사람을 모시고 자리를 함께함.

陪審員(배심원) 일반 국민으로부터 선출되어 재판에 참여하는 사람.

陪行(배행) 윗사람을 모시고 감.

비 培(북돋을 배)

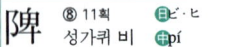

陴 ⑧ 11획 日ビ·ヒ
성가퀴 비 中pí

풀이 1. 성가퀴. 성 위에 낮게 쌓은 담. 2. 성을 지키다.

陲 ⑧ 11획 日スイ·ほとり
변방 수 中chuí

풀이 1. 변방. 변경. 2. 부근. 근처. 3. 위태롭다.

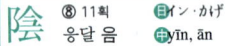

陰 ⑧ 11획 日イン·かげ
응달 음 中yīn, ān

˥ ㅏ ㅏ' ㅏ" ㅏ" 阶 险 陰 陰 陰

*형성. 뜻을 나타내는 부수 阝(阜:언덕 부)와 음을 나타내며 '어둡다'라는 뜻을 가진 부수 이외의 글자를 합친 글자. 산의 해가 비치지 않아 어두운 곳, '그늘'의 뜻을 나타냄.

풀이 1. 응달. 그늘. ¶陰地 2. 음기. 3. 어둠. 암흑. 4. 몰래. ¶陰謀 5. 어둡다. 6. 흐리다.

陰德(음덕) 알려지지 않은 덕.

陰曆(음력) 달이 지구를 일주하는 시간을 기본으로 하여 만든 달력.

陰謀(음모) 남모르게 꾸미는 사악한 계략.

陰影(음영) 1)그림자. 2)그늘.

陰沈(음침) 1)성질이 우울하고 명랑하지 못함. 2)날씨가 흐리고 컴컴함.

陰凶(음흉) 마음이 음침하고 흉악함.

반 陽(볕 양) **비** 蔭(그늘 음)

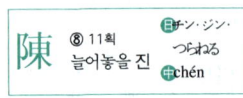

陳 ⑧ 11획 日チン·ジン
늘어놓을 진 つらねる
中chén

' ㅏ ㅏ' ㅏ" 阡 阡 陌 陣 陣 陳

*형성. 뜻을 나타내는 부수 阝(阜:언덕 부)와 음을 나타내는 '申(펄 신)'과 '木(나무목)'을 합친 글자.

풀이 1. 늘어놓다. 벌여 놓다. ¶陳列 2. 묵다. 오래되다. ¶陳腐 3. 말하다. 진술하다. ¶陳述 4. 나라 이름. 주대(周代)의 제국.

陳腐(진부) 1)오래되어 썩음. 2)새롭지 못함.

陳述(진술) 아뢰어 말함.

陳列(진열) 물건 등을 죽 벌여 놓음.

陳情(진정) 사정을 아뢰어 부탁함.

동 列(벌릴 렬) **비** 陣(줄 진)

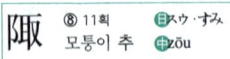

陬 ⑧ 11획 日スウ·すみ
모퉁이 추 中zōu

풀이 1. 모퉁이. 구석. ¶陬落 2. 정월(正月). 3. 마을. 촌락. 4. 땅 이름. 지금의 산둥성(山東省) 사수현(泗水縣)에 위치한 공자의 출생지.

陬落(추락) 모퉁이 마을. 변방의 마을.

陬月(추월) 정월(正月)의 다른 이름.

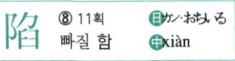

陷 ⑧ 11획 日カン·おちいる
빠질 함 中xiàn

' ㅏ ㅏ' ㅏ" 阶 阶 阶 陷 陷 陷

*형성. 뜻을 나타내는 부수 阝(阜:언덕 부)와 음을 나타내는 부수 이외의 글자를 합친 글자.

풀이 1. 빠지다. ¶陷沒 2. 빠뜨리다. 3. 무너지다. 무너뜨리다. 4. 함정.

陷落(함락) 적의 성(城)·진지 등을 공격하여 빼앗음.

陷沒(함몰) 1)떨어짐. 빠짐. 2)재난을 당해 멸망함.

陷穽(함정) 짐승 등을 잡기 위하여 판 구덩이.
缺陷(결함) 흠이 있어 완전하지 못함.
유 溺(빠질 닉)

險 ⑧ 11획
險(p796)의 俗字

階 ⑨ 12획 日カイ·きざはし
섬돌 계 中jiē

` 阝 阝'阝'阝''阝'' 阝'' 阝'' 阝'' 階 階

*형성. 뜻을 나타내는 부수 '阝(阜:언덕 부)'와 음을 나타내는 '皆(다 개)'를 합친 글자.
풀이 1. 섬돌. 층계. ¶階段 2. 품계(品階). 계급. 3. 이르다. 도달하다.
階級(계급) 지위·신분 등의 높고 낮음.
階段(계단) 1)층층대. 2)순서. 등급.
階梯(계제) 1)사다리. 2)실마리. 근원. 3)일이 되어 가는 순서.
유 陛(섬돌 폐)

隊 ⑨ 12획 日タイ·ツイ
떼 대 中duì

` 阝 阝 阝' 阝'' 阝''' 阝''' 阡 阡 隊 隊

풀이 1. 떼. 무리. 2. 대오. 군대의 항오(行伍). ¶隊員
隊列(대열) 대를 지어 늘어선 행렬.
隊伍(대오) 대열(隊列)의 조(組).
隊員(대원) 편제를 구성하고 있는 사람.

隆 ⑨ 12획 日リュウ·たかい
성할 륭(융) 中lóng, lóng

` 阝 阝'阝'阝' 阡' 陔 陔 降 隆 隆

풀이 1. 성하다. 성대하다. ¶隆盛 2. 높다. 높이다. 3. 크다. 풍부하다. 4. 두텁다. 후하다.
隆起(융기) 높이 일어남.
隆盛(융성) 번영함.
隆崇(융숭) 1)아주 정중하고 극진하게 대우함. 2)높음.
隆興(융흥) 성하게 일어남.
유 盛(성할 성)

隋 ⑨ 12획
❶ 수나라 수 日ズイ·ダ
❷ 떨어질 타 中suí

풀이 ❶ 1. 수나라. 문제(文帝) 양견(楊堅)이 북주(北周)의 선위(禪位)를 받아 세운 왕조. ❷ 2. 떨어지다. 3. 드리워지다. 4. 게으르다.
隋游(타유) 게으르고 놀기 좋아함.
비 隨(따를 수)

陽 ⑨ 12획 日ヨウ·ひ
볕 양 中yáng

` 阝 阝 阝' 阝'' 阝''' 阝''' 陽 陽 陽

*형성. 뜻을 나타내는 부수 '阝(阜:언덕 부)'와 음을 나타내는 '昜(양기 양)'을 합친 글자.
풀이 1. 볕. 햇볕. ¶陽地 2. 양기. 음양의 양(陽). 3. 태양. ¶陽光 4. 밝다. 5. 따뜻하다. 6. 드러내다.
陽刻(양각) 돋을새김.
陽光(양광) 1)햇빛. 태양. 2)양기(陽氣)의 빛.
陽氣(양기) 양(陽)의 기운. 만물이 생동하는 기운.
陽傘(양산) 볕을 가리기 위해 쓰는 우산처럼 만든 물건.
陽地(양지) 1)남쪽으로 향한 땅. 2)볕이 드는 따뜻한 곳.
반 陰(응달 음)
동 場(마당 장) 湯(넘어질 탕)

隰 ⑨ 12획
堰(p146)과 同字

[阜 9～10획] 陧隈隅隄隍隔隙隘隗

陧 ⑨ 12획 日ゲツ・ゲチ
위태로울 얼 中niè

풀이 위태롭다. 불안하다.

隈 ⑨ 12획 日ワイ・くま
굽이 외 中wēi

풀이 1. 굽이. 물가나 산이 굽어 들어간 곳. ¶隈曲 2. 모퉁이.

隈曲(외곡) 물가의 굽어 들어간 곳.
隈澳(외오) 물가의 모퉁이.

隅 ⑨ 12획 日グウ・グ・すみ
모퉁이 우 中yú

* 형성. 뜻을 나타내는 부수 阝(阜:언덕 부)와 음을 나타내는 禺(긴꼬리원숭이 우)를 합친 글자.

풀이 1. 모퉁이. 구석. ¶隅曲 2. 모서리.

隅曲(우곡) 구석. 모퉁이.
隅隈(우외) 구석과 후미진 곳.

비 偶(짝 우) 遇(만날 우)

隄 ⑨ 12획
堤(p147)의 俗字

隍 ⑨ 12획 日コウ
해자 황 中huáng

풀이 1. 해자. 성 둘레에 판, 물 없는 못. 2. 비다. 공허하다.

隍塹(황참) 성의 바깥쪽에 만든, 물이 없는 해자.

隔 ⑩ 13획 日カク・へだてる
사이 뜰 격 中gé

隔隔隔隔隔隔隔隔隔
隔隔

* 형성. 뜻을 나타내는 부수 阝(阜:언덕 부)와 음을 나타내는 鬲(막을 격)을 합친 글자.

풀이 1. 막다. 가로막다. ¶隔離 2. 틈. 간격. 3. 사이가 뜨다. 사이를 떼다. 4. 거르다. 건너뛰다. ¶隔月

隔離(격리) 1)막거나 또는 떼어 놓음. 2)전염병 환자를 옮겨 병의 전염을 방지함.
隔世之感(격세지감) 아주 바뀌어 딴 세상과 같은 느낌.
隔月(격월) 한 달씩 거름.
隔墻(격장) 담을 사이에 두고 이웃함.
隔阻(격조) 1)소식이 막힘. 2)서로 멀리 떨어져 있음.

비 融(화할 융)

隙 ⑩ 13획 日ゲキ・ケキ・すきま
틈 극 中xì

풀이 1. 틈. ¶隙孔 2. 겨를. 3. 흠. 결점.

隙孔(극공) 틈. 구멍.
隙駒(극구) 달리는 말을 틈으로 보는 것과 같다는 뜻으로, 세월이 매우 빠름을 이르는 말.

유 間(사이 간) 暇(겨를 가)

隘 ⑩ 13획 日アイ・ヤク・せまい
❶ 좁을 애
❷ 막을 액 中ài

풀이 ❶ 1. 좁다. ¶隘路 2. 도량이 좁다. 소견이 좁다. ❷ 3. 막다. 방해하다.

隘路(애로) 1)좁은 산의 길. 2)일의 진행을 가로막는 장애.
隘巷(애항) 좁고 더러운 거리.
隘陜(애협) 좁음.

隗 ⑩ 13획 日カイ・ガイ・けわしい
험할 외 中wěi

풀이 1. 험하다. 2. 높다.

隕 ⑩ 13획
떨어질 운
🇯 イン・ケン・おちる
🇨 yǔn

풀이 1. 떨어지다. 떨어뜨리다. 隕涕 2. 잃다. 상실하다.

隕命 (운명) 목숨을 잃음. 죽음.
隕石 (운석) 별똥별.
隕涕 (운체) 눈물을 떨어뜨림.

障 ⑪ 14획
가로막을 장
🇯 ショウ・さわる
🇨 zhàng

* 형성. 뜻을 나타내는 부수 阝(阜;언덕 부)와 음을 나타내는 '章(글 장)'을 합친 글자.

풀이 1. 가로막다. 막다. 2. 가리다. 3. 방해하다. 4. 지장. 장애.

障拒 (장거) 막음.
障碍 (장애) 방해가 되는 일.
障蔽 (장폐) 가려 덮음. 또는 그 덮개.
支障 (지장) 일을 하는 데 걸리적거림.
🇺 碍 (가로막을 애)

際 ⑪ 14획
사이 제
🇯 サイ・きわ
🇨 jì

* 형성. 뜻을 나타내는 부수 阝(阜;언덕 부)와 음을 나타내는 祭(제사지낼제)를 합친 글자.

풀이 1. 사이. 2. 기회. 시기. 3. 가. 변두리. 끝. 4. 사귀다. 교제하다.

際遇 (제우) 좋은 때를 만남. 임금과 신하가 서로 뜻이 맞아 만남.
際限 (제한) 끝이 닿는 곳.
交際 (교제) 사람과 사람이 서로 사귐.
實際 (실제) 있는 그대로의 상태나 형편.
🇧 祭 (제사 제)

隣 ⑫ 15획
이웃 린(인)
🇯 リン
🇨 lín, lìn

* 형성. 뜻을 나타내는 부수 阝(阜;언덕 부)와 음을 나타내는 '나란히 잇닿는다'는 뜻을 지닌 粦(인 린)을 합친 글자. 이에 나란히 잇닿아 있는 언덕이라는 뜻에서, '이웃'의 뜻을 나타낸다.

풀이 1. 이웃. ¶隣近 2. 이웃하다. 3. 친근하다. 친밀하다.

隣近 (인근) 이웃한 가까운 곳. 또는 이웃함.
隣舍 (인사) 이웃집.
隣接 (인접) 이웃함.
隣好 (인호) 이웃 간의 우호.

隤 ⑫ 15획
무너질 퇴
🇯 タイ・くずれる
🇨 tuí

풀이 1. 무너지다. 무너뜨리다. ¶隤舍 2. 내리다. 강하되다. 3. 넘어지다.

隤舍 (퇴사) 낡아 무너진 집. 퇴사(頹舍).
隤牆 (퇴장) 무너진 담장. 또는 담을 무너뜨림. 퇴원(隤垣).
隤陷 (퇴함) 함정에 빠짐.

隨 ⑬ 16획
따를 수
🇯 スイ・したがう
🇨 suí

풀이 1. 따르다. 따라가다. ¶隨行 2. 함께 가다. ¶隨伴

隨伴 (수반) 함께 감. 동반(同伴).
隨員 (수원) 수행하는 사람.
隨意 (수의) 1) 어찌 되었든지. 2) 생각대로. 마음대로.
隨行 (수행) 윗사람을 따라감.
🇺 從 (좇을 종) 沿 (따를 연)

隱 ⑬ 16획
① 길 수 日スイ・ツイ
② 떨어질 추 中suì

풀이 ① 1. 길. ㉠땅속의 길. ㉡관을 운반하기 위해 비슷듬하게 판 굴. ¶隧道 ② 2. 떨어지다. 떨어뜨리다.

隧道(수도) 1)터널(tunnel). 지하 통로. 2)무덤의 길.
隧路(수로) 땅속으로 낸 길.
비 遂(이룰 수)

險 ⑬ 16획
험할 험 日ケン·けわしい 中xiǎn

*형성. 뜻을 나타내는 부수 阝(阜:언덕 부)와 음을 나타내는 僉(모두 첨)을 합친 글자.

풀이 1. 험하다. 험준하다. ¶險峻 2. 위태롭다. 위험하다. ¶險難 3. 음흉하다. 4. 높다.
險難(험난) 위험하고 어려움.
險惡(험악) 1)험하고 사나움. 2)형세 (形勢)가 나쁨. 3)생김새나 태도가 험상스럽고 모짊.
險峻(험준) 험하고 높음.
險地(험지) 험한 땅.
險害(험해) 마음이 음흉하여 남을 해침.
危險(위험) 안전하지 못함.
비 檢(검사할 검) 儉(검소할 검)

隰 ⑭ 17획
진펄 습 日シツ·シュウ·さわ 中xí

풀이 1. 진펄. 2. 개간지. 3. 물가. 수애(水涯).
隰畔(습반) 늪 가. 늪 주변.
隰草(습초) 습지에 나는 풀.
비 濕(축축할 습)

隱 ⑭ 17획
숨길 은 日イン·かくれる 中yǐn

*형성. 뜻을 나타내는 부수 阝(阜:언덕 부)와 음을 나타내는 부수 이외의 글자를 합친 글자.

풀이 1. 숨다. 숨기다. ¶隱匿 2. 은거하다. 3. 불쌍히 여기다. ¶惻隱
隱居(은거) 벼슬을 하지 않고 세상을 피하여 삶.
隱匿(은닉) 숨겨 감춤.
隱遁(은둔) 1)세상을 피해 숨어 지냄. 2)모습을 숨김.
隱身(은신) 몸을 숨김.
隱語(은어) 자기들끼리만 알고 쓰는 말.
隱然(은연) 겉으로 드러나지는 않으나 얕볼 수 없는 힘이 있는 모양.
隱憂(은우) 1)측은히 여겨 걱정함. 2)남이 모르는 근심.
隱忍(은인) 고생을 참고 견뎌 밖에 드러내지 않음. 꾹 참음.
隱者(은자) 세상을 피해 숨은 사람.
隱竄(은찬) 달아나 숨음.
隱蔽(은폐) 가리어 숨김.
隱恤(은휼) 측은히 여겨 은혜를 베풂.
惻隱(측은) 가엾게 여김.
回 蔽(덮을 폐) 藏(감출 장)

隳 ⑮ 18획
무너뜨릴 휴 日キ·やぶれる 中huī

풀이 무너뜨리다. 무너지다.
隳脞(휴좌) 낡고 헐어 지저분함.
回 崩(무너질 붕)

隴 ⑯ 19획
고개이름 롱(농) 日ロウ·わか 中lǒng

풀이 1. 고개 이름. 한(漢)나라 천수군(天

水郡)의 고개 이름. **2.** 땅 이름. 지금의 감숙성(甘肅省) 공창부(鞏昌府).

隴斷(농단) 1)우뚝 솟은 언덕. 2)시장의 이익을 홀로 독차지하려고 함.
隴樹(농수) 1)언덕 위에 있는 나무. 2)묘지(墓地)에 있는 나무.

비 矓(흐릿할 롱)

隶 부

隶 미칠 이 部

'隶'자는 손으로 짐승 꼬리를 잡고 있는 모양에서 만들어진 글자로, '미치다'라는 뜻을 갖는다. 또한 음도 여러 가지가 있어, '미치다'의 뜻일 때는 '이', '대', '태'로 읽고, 다른 뜻으로 쓰일 때는 '계'나 '시'로 읽는다.

隶	⓪ 8획	🇯🇵 タイ・イ
	미칠이·대·태	🇨🇳 dài, yì

풀이 미치다. 이르다.

隸	⑧ 16획	🇯🇵 レイ・しもべ・したがう
	붙을 례(예)	🇨🇳 lì

一 ナ 士 圭 圭 寺 寺 壽 壽 隸 隸
隸 隸 隸 隸 隸

풀이 1. 붙다. 맞닿다. 2. 종. 하인. ¶奴隸 3. 예서(隸書), 한자 서체의 한 가지.

隸書(예서) 한자 서체의 하나.
隸屬(예속) 1)딸려서 매임. 2)부하.
奴隸(노예) 종.

隷	⑨ 17획
	隸(p797)와 同字

隹 부

隹 새 추 部

'隹'자는 꽁지가 짧은 새의 모양을 본뜬 글자로, '새'라는 뜻을 갖는다. 또한 새는 높게 날기 때문에 '높고 크다'라는 뜻을 갖기고 하고 이때의 음은 '최'로 읽는다. 이 글자를 부수로 갖는 글자는 흔히 새의 종류나 새와 관련된 의미를 갖는다.

隹	⓪ 8획	🇯🇵 スイ・サイ
	새 추	🇨🇳 cuī, zhuī

풀이 새. 꽁지가 짧은 새의 총칭.

隼	② 10획	🇯🇵 シュン・はやぶさ
	새매 준	🇨🇳 sǔn

풀이 새매. 송골매. 맹금(猛禽)의 총칭.
隼鷹(준응) 새매. 작요(雀鷂).
비 集(모일 집) 隹(새 추)

隻	② 10획	🇯🇵 かたわれ
	새 한 마리 척	🇨🇳 zhī

*회의. '又(손 우)'와 '隹(새 추)'를 합친 글자. 손(又)에 잡은 새(隹)를 나타내어, '새 한 마리'의 뜻으로 쓰임.

풀이 1. 새 한 마리. 2. 한 짝. 한 쌍을 이루는 것의 한쪽. 3. 척. 배·수레·동물 등을 세는 단위.

隻身(척신) 홀몸. 단신.
隻言(척언) 한 마디의 말.

雀	③ 11획	🇯🇵 ジャク・すずめ
	참새 작	🇨🇳 qiāo, qiǎo, què

* 회의. '小(작을 소)'와 '隹(새 추)'를 합친 글자. 이에 작은 새를 나타내어, '참새'의 뜻으로 쓰임.

[풀이] 참새. ¶雀躍

雀躍(작약) 참새가 춤추듯이 기뻐 소리치며 날뜀.

門前雀羅(문전작라) 대문 앞에 새 그물을 친다는 뜻으로, 찾아오는 사람이 없어 쓸쓸함을 이르는 말.

雇 ④ 12획
❶ 품 살 고 [日]コウ
❷ 새 이름 호 [中]gù

[풀이] [1] 1. 품을 사다. 고용하다. ¶雇用 [2] 2. 새 이름.

雇用(고용) 삯을 주고 사람을 부림.

雇直(고치) 품삯. 임금(賃金).

[비] 顧(돌아볼 고)

雅 ④ 12획 우아할 아 [日]ガ·みやびやか [中]yā, yǎ

* 형성. 뜻을 나타내는 부수 '隹(새 추)'와 음을 나타내는 '牙(어금니 아)'를 합친 글자.

[풀이] 1. 우아하다. 고상하다. ¶雅美 2. 바르다. ¶雅樂

雅談(아담) 고아(高雅)한 이야기.

雅美(아미) 우아하고 아름다움.

雅樂(아악) 1)옛날 종묘(宗廟)나 궁정(宮廷)에서 쓰던 고전 음악. 2)바른 음악.

雅正(아정) 아름답고 바름.

雅趣(아취) 고상한 취미.

雅號(아호) 문인·학자·서화가 등이 본명 이외에 가지는 이름. 호(號).

[비] 維(바 유) 稚(어릴 치)

雁 ④ 12획 기러기 안 [日]ガン·かり [中]yàn

[풀이] 기러기.

雁序(안서) 1)기러기에도 차례가 있음. 2)형제를 비유하는 말.

雁足(안족) 1)편지. 2)기러기발. 안주(雁柱).

雄 ④ 12획 수컷 웅 [日]ユウ·おす [中]xióng

* 형성. 뜻을 나타내는 부수 '隹(새 추)'와 음을 나타내는 '厷(팔뚝 굉)'을 합친 글자.

[풀이] 1. 수컷. 2. 뛰어나다. 우수하다. ¶英雄 3. 씩씩하다. 굳세다. ¶雄飛

雄飛(웅비) 씩씩하게 떨쳐 일어남.

雄心(웅심) 웅대한 마음.

雄偉(웅위) 웅장하고 위대함.

雄壯(웅장) 씩씩하고 장대함.

雄志(웅지) 웅대한 뜻. 장한 포부.

英雄(영웅) 재능이나 지혜 등이 특별이 뛰어난 사람.

[반] 雌(암컷 자)

集 ④ 12획 모일 집 [日]シュウ·あつまる [中]jí

* 회의. '隹(새 추)'와 '木(나무 목)'을 합친 글자. 나무[木] 위에 새[隹]가 모여서 앉아 있는 것을 나타내어, '모이다'의 뜻으로 쓰임.

[풀이] 1. 모으다. 모이다. ¶集結 2. 이르다. 도달하다. 3. 가지런히 하다. 4. 시문을 모아 엮은 책. ¶集錄

集結(집결) 한곳으로 모임. 또는 모음.

集團(집단) 여러 사람이나 동물, 물건 등이 모여 무리를 이룬 상태. 단체.

集大成(집대성) 훌륭한 것을 모아 완전한 작품을 만듦. 또는 그 물건.

集約(집약) 한데 모아서 요약함.
集中(집중) 한곳에 모임.
集會(집회) 많은 사람이 모인 모임.
[유] 輯(모일 집) 會(모일 회) 聚(모일 취)

雍 ⑤ 13획 화목할 옹 [日]ヨウ·やわらぐ [中]yōng

[풀이] 1. 화목하다. 화락하다. ¶雍和 2. 온화해지다. 3. 기뻐하다.

雍睦(옹목) 서로 뜻이 맞고 정다움.
雍和(옹화) 화목함. 안온함.
[유] 穆(화목할 목) [비] 擁(안을 옹)

雌 ⑤ 13획 암컷 자 [日]シ·めす·め [中]cí

* 형성. 뜻을 나타내는 부수 '隹(새 추)'와 음을 나타내는 '此(이 차)'를 합친 글자.

[풀이] 1. 암컷. 2. 지다. 3. 약하다.

雌伏(자복) 남에게 굴복하여 따름.
雌雄(자웅) 1)암컷과 수컷. 2)강약(強弱). 우열(優劣).
[반] 雄(수컷 웅)

雎 ⑤ 13획 물수리 저 [日]ショ [中]jū

[풀이] 물수리.

雋 ⑤ 13획 ❶ 새 살질 전 ❷ 우수할 준 [日]セン·シュン·すぐれる [中]juàn, jùn

[풀이] [1] 1. 새가 살지다. 2. 살진 고기. ¶雋永 [2] 3. 우수하다. 영특하다.

雋永(전영) 살지고 맛이 좋은 고기.
雋器(준기) 뛰어나고 재주가 있는 사람.
雋哲(준철) 현명한 사람.

雉 ⑤ 13획 꿩 치 [日]チ·ジ·きじ [中]zhì

[풀이] 1. 꿩. ¶雉媒 2. 담. 성의 담.

雉媒(치매) 길들인 꿩.
雉堞(치첩) 성에 쌓은 낮은 담. 성가퀴.

雜 ⑥ 14획 雜(p800)의 俗字

雕 ⑧ 16획 새길 조 [日]チョウ [中]diāo

[풀이] 1. 새기다. 아로새기다. ¶雕肝 2. 독수리.

雕肝(조간) 간에 새긴다는 뜻으로, 마음속에 잊지 않고 깊이 간직함을 이르는 말.
雕琢(조탁) 1)옥(玉)을 갈고 다듬음. 2)시문(詩文)의 자구(字句)를 교묘하게 꾸밈.

雖 ⑨ 17획 비록 수 [日]スイ·いえども [中]suī

[풀이] 비록. 아무리 …하여도. 양보·가정의 뜻을 나타냄.

雖然(수연) 비록 …라 하더라도.

雞 ⑩ 18획 鷄(p843)와 同字

雙 ⑩ 18획 쌍 쌍 [日]ソウ [中]shuāng

* 회의. 두 개의 '隹(새 추)'와 손을 의미하는 '又(또 우)'를 합친 글자. 이에 한 쌍의 새를 손에 잡고 있는 것을 나타내어, '둘'의 뜻으로 쓰임.

[풀이] 1. 쌍. 한 쌍. ¶雙璧 2. 짝이 되다.

雙肩(쌍견) 1)양쪽 어깨. 2)자신의 부담이나 책임.

雙璧(쌍벽) 1)두 개의 구슬. 2)두 사람의 뛰어난 영재(英才).

雙手(쌍수) 두 손.

[유] 匹(짝 필) 偶(짝 우)

雜 ⑩ 18획 섞일 잡
[日] ザツ・ゾウ・まじる
[中] zá

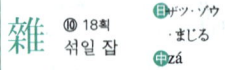

* 형성. 뜻을 나타내는 '衣(옷 의)'와 음을 나타내는 '集(모을 집)'을 합친 글자.

[풀이] 1. 섞이다. 섞다. ¶雜種 2. 뒤얽히다. 3. 어수선하다. 어지럽다. 4. 번거롭다.

雜技(잡기) 1)보잘것없는 재주. 2)각종 놀이의 기술.

雜說(잡설) 1)잡다한 일을 설명한 논설. 2)이론(議論)으로 서술(敍述)을 겸한 것.

雜音(잡음) 1)시끄러운 소리. 2)어떤 판단을 헷갈리게 하는 주변의 갖가지 말.

雜種(잡종) 1)여러 가지가 섞임. 2)품종이 다른 암수의 교배로 인해 생긴 생물체.

煩雜(번잡) 번거롭고 복잡함.

[유] 殽(섞일 효) 錯(섞일 착)

雛 ⑩ 18획 병아리 추
[日] スウ・シュ・ひな
[中] chú

[풀이] 1. 병아리. 2. 새 새끼. 3. 어린아이. 4. 어리다. ¶雛僧

雛孫(추손) 어린 손자.

雛僧(추승) 어린 중.

[비] 皺(주름 추)

難 ⑪ 19획 어려울 난
[日] ナン・かたい
[中] nán, nàn, nuó

* 형성. 뜻을 나타내는 부수 '隹(새 추)'와 음을 나타내며 '어렵다'라는 의미를 지닌 堇(진흙 근)의 변형을 합친 글자. 재난(革)을 당한 새(隹)가 빠져나오기 어렵다는 뜻에서 '어렵다'는 뜻으로 쓰임.

[풀이] 1. 어렵다. 어려워하다. ¶難關 2. 나무라다. 꾸짖다. 3. 난리. 재앙. 근심. 4. 괴롭히다.

難堪(난감) 견디기 어려움.

難關(난관) 1)통과하기 어려운 관문. 2)넘기기 어려운 일이나 고비.

難色(난색) 난처한 기색.

難解(난해) 까다로워 풀기 어려움. 이해하기 곤란함.

難兄難弟(난형난제) 누구를 형이라 하고 누구를 아우라 하기 어렵다는 뜻으로, 서로 우열을 가리기 어려움을 이르는 말.

[반] 易(쉬울 이)

離 ⑪ 19획 떠나갈 리(이)
[日] リ・はなれる
[中] lí

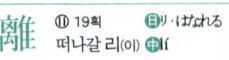

[풀이] 1. 떠나다. ¶離婚 2. 이별하다. 헤어지다. ¶離別 3. 떨어지다. 갈라지다. 4. 만나다. 5. 괘 이름. ㉠8괘의 하나. ㉡64괘의 하나.

離別(이별) 헤어짐.

離散(이산) 헤어져 흩어짐.

離緣(이연) 1)인연을 끊음. 2)부부 또는 자식과의 관계를 끊음.

離婚(이혼) 부부 관계를 끊음.

[유] 別(나눌 별) 難(어려울 난)

[雨 0~4획] 雨 雪 雩 雯 雰 雲

雨부

雨 비 우 部

'雨' 자는 하늘에서 빗방울이 떨어지는 모습을 본뜬 글자로, '비', '비가 오다'라는 뜻을 나타낸다. 또한 비가 내리면 그것이 땅의 만물을 적시기 때문에 '적시다'의 뜻으로도 쓰인다. 이 글자를 부수로 갖는 글자는 비에 관련된 의미 외에 기후나 날씨와 관계가 있다.

雨 ⓪8획 日ウ·あめ 中yǔ, yù
비 우

一丆丙丙币雨雨雨

*상형. 하늘에서 물방울이 떨어지고 있는 모양을 본뜬 글자.

풀이 1. 비. 2. 비가 오다. ¶雨期

雨期(우기) 일년 중 비가 가장 많이 오는 시기.

雨雹(우박) 봄이나 여름에 기상의 급변으로 내리는 얼음이나 얼음 덩어리.

雨傘(우산) 손에 들고 비가 올 때에 머리 위를 가리는 우비(雨備).

雨天(우천) 비가 오는 날씨.

雨後竹筍(우후죽순) 비 온 뒤에 돋아나는 대나무 순이란 뜻으로, 무성하게 많이 생겨남을 이르는 말.

雪 ③11획 日セツ·ゆき 中xuě
눈 설

一丆丙丙而雪雪雪雪雪

*회의. 비(雨)가 얼어서 하얀 눈이 되어 내리면 빗자루(彗)로 쓸 수 있음을 나타내어, '눈'의 뜻으로 쓰임.

풀이 1. 눈. ¶雪景 2. 눈이 오다. 3. 씻다. 4. 누명이나 치욕을 벗다. ¶雪辱

雪景(설경) 눈이 내리는 경치. 또는 눈이 쌓인 경치.

雪辱(설욕) 치욕을 씻음.

雪原(설원) 1)눈에 덮인 벌판. 2)극지대나 고산 지대 등에서 눈이 녹지 않고 늘 쌓여 있는 곳.

萬年雪(만년설) 추운 지방이나 높은 산에 녹지 않고 항상 쌓여 있는 눈.

🔵 雲(구름 운)

雩 ③11획 日ウ·あまごい 中yú
기우제 우

풀이 기우제. 비가 오기를 기원하는 제사.

雩祭(우제) 가뭄이 들었을 때 비가 오기를 기원하는 제사.

雯 ④12획 日ブン·くものあや 中wén
구름 무늬 문

풀이 구름 무늬.

雯華(문화) 구름 무늬.

🔵 雲(구름 운)

雰 ④12획 日ブン 中fēn
안개 분

풀이 1. 안개. 2. 비나 눈이 오는 모양.

雰雰(분분) 눈이나 비가 내리는 모양.

雰圍氣(분위기) 1)지구를 싸고 있는 대기(大氣). 2)주위로부터 느껴지는 기운.

🔵 雺(안개 몽) 霧(안개 무)

雲 ④12획 日ウン·くも 中yún
구름 운

一丆丙丙币币而雲雲雲雲

*형성. 뜻을 나타내는 부수 '雨(비 우)'와 음을 나타내는 '云(이를 운)'을 합친 글자.

풀이 1. 구름. ¶雲氣 2. 많다.

雲霧(운무) 구름과 안개.
雲山(운산) 구름에 잠겨 있는 산.
雲雨之情(운우지정) 남녀 간에 육체적으로 나누는 정분.
雲集(운집) 구름과 같이 많이 모임.
雲海(운해) 1)구름이 덮인 바다. 2)구름과 바다.
비 雪(눈 설)

零 ⑤ 13획 日レイ
떨어질 령(영) 中líng, lián

雨零零

*형성. 뜻을 나타내는 부수 '雨(비 우)'와 음을 나타내며 '떨어지다'라는 의미를 지닌 '令(명령 령)'을 합친 글자. 이에 비[雨]가 하늘에서 떨어지는[令] 것을 나타내어, '떨어지다'의 뜻으로 쓰임.

풀이 1. 떨어지다. 낙하하다. ¶零碎 2. 비가 오다. 3. 영. 0. 4. 시들어 떨어지다. ¶零凋

零落(영락) 1)초목이 시들어 떨어짐. 2)세력이나 살림이 보잘것없이 됨.
零碎(영쇄) 떨어져 부서짐.
零凋(영조) 꽃이 시들어 떨어짐.

雷 ⑤ 13획 日ライ
우레 뢰(뇌) 中léi, lèi

一厂戶币币雨雨雨
雷雷雷

*형성. 뜻을 나타내는 부수 '雨(비 우)'와 음을 나타내는 '畾(밭 사이 뢰)'의 생략형을 합친 글자.

풀이 1. 우레. 천둥. ¶雷電 2. 큰 소리의 형용.

雷同(뇌동) 사리의 분별 없이 함부로 남의 말에 좇음. 부화(附和).
雷雨(뇌우) 우레와 함께 내리는 비.
雷電(뇌전) 천둥과 번개.
유 震(벼락 진)

雹 ⑤ 13획 日バク・ハク
누리 박 中báo

풀이 누리. 우박.
雹散(박산) 우박처럼 흩어짐.
雹災(박재) 우박으로 인한 재해.

電 ⑤ 13획 日テン
번개 전 中diàn

一厂戶币币雨雨雨雨
雷電

*형성. 뜻을 나타내는 부수 '雨(비 우)'와 음을 나타내며 번갯불 모양을 본뜬 '申(펼 신)'을 합친 글자. 이에 '번개'의 뜻으로 쓰임.

풀이 1. 번개. ¶電擊 2. 번쩍이다. 3. 전기.

電光石火(전광석화) 번개의 빛과 돌을 맞부딪쳐 튀는 불이라는 뜻으로, 일이 매우 신속함을 이르는 말.
電力(전력) 전기의 힘.
電子(전자) 원자를 이루는 소립자의 하나.
停電(정전) 전기가 끊어짐.

需 ⑥ 14획 日ジュ・シュ もとめる
구할 수 中nuò, xū

一厂戶币币雨雨雨
雷雷需需需

풀이 1. 구하다. 바라다. ¶需要 2. 요구. 청구. 3. 기다리다.

需要(수요) 1)필요해서 구함. 2)재물에 대한 욕망.
必需(필수) 반드시 필요함.
유 求(구할 구) 비 儒(선비 유)

霄 ⑦ 15획
❶ 하늘 소 日ショウ・そら
❷ 닮을 초 中xiāo

[雨 7~9획] 霄震霈霍霖霎霓霑霜

풀이 ❶ 1. 하늘. ¶霄月 ❷ 2. 닮다. 비슷하다.

霄半(소반) 하늘의 한복판.
霄月(소월) 하늘 가운데 뜬 달.
비 宵(밤 소)

霆 ⑦ 15획 **日** テイ・いなずま
천둥 소리 정 **中** tíng

풀이 1. 천둥 소리. 2. 번개. 3. 떨다. 진동하다.
霆擊(정격) 번개처럼 단숨에 침.

震 ⑦ 15획 **日** シン・ふるう
벼락 진 **中** zhèn

一厂戶币币币雨雨震震震

* 형성. 뜻을 나타내는 부수 '雨(비 우)'와 음을 나타내며 '진동하다'의 의미를 지닌 辰(별 이름 진)을 합친 글자. 사물을 진동케 하는 천둥을 나타내어, '벼락'의 뜻으로 쓰임.

풀이 1. 벼락. 천둥. ¶地震 2. 벼락 치다. 3. 진동하다. 떨다. 4. 괘 이름.
震怒(진노) 1)하늘의 성냄. 2)천자의 노여움.
震盪(진탕) 흔들려 움직임.
地震(지진) 지각 내부의 급격한 변동으로 인해 지면이 흔들리는 현상
유 雷(우레 뢰)

霈 ⑦ 15획 **日** ハイ
비 쏟아질 패 **中** pèi

풀이 1. 비가 쏟아지다. 2. 흐르다. 물이 흐르는 모양.
霈然(패연) 비가 쏟아지는 모양.

霍 ⑧ 16획 **日** カク
빠를 곽 **中** huò

풀이 1. 빠르다. 신속하다. 2. 갑자기.

霍亂(곽란) 더위에 음식이 체해 구토와 설사가 심한 급성 위장병.
비 雷(우레 뢰)

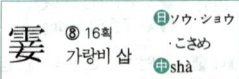

풀이 장마.
霖濕(임습) 장마 때의 습기.
霖雨(임우) 1)장마. 2)은택(恩澤).

霎 ⑧ 16획 **日** ソウ・ショウ・こさめ
가랑비 삽 **中** shà

풀이 1. 가랑비. 이슬비. 2. 잠시. ¶霎時
霎時(삽시) 잠깐 동안. 잠시.
霎雨(삽우) 가랑비.

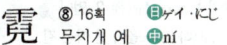

풀이 무지개.
霓裳(예상) 무지개처럼 아름다운 치마. 신선의 옷을 이르는 말.
유 虹(무지개 홍)

霑 ⑧ 16획 **日** テン・うるおう
젖을 점 **中** zhān

풀이 젖다. 적시다. ¶霑汗
霑汚(점오) 젖어 더러워짐.
霑汗(점한) 땀이 뱀.

霜 ⑧ 17획 **日** ソウ・しも
서리 상 **中** shuāng

一厂戶币币币雨雨雨霜霜霜霜霜

* 형성. 뜻을 나타내는 부수 '雨(비 우)'와 음을 나타내는 '相(서로 상)'을 합친 글자.
풀이 1. 서리. ¶霜降 2. 세월. 해.

霜降(상강) 1)서리가 내림. 2)24절기의 하나. 양력 10월 22~23일경.
霜雪(상설) 1)서리와 눈. 2)마음이 엄격하고 결백함.
霜月(상월) 1)서리 내리는 밤의 달. 2)음력 7월의 다른 이름.
霜節(상절) 서릿발 같은 절개. 굳은 절조
霜楓(상풍) 서리 맞은 단풍잎.

霙 ⑨ 17획
日エイ・ヨウ・みぞれ
❶ 흰 구름 앙 ㊥yīng

풀이 ❶ 1. 진눈깨비. 2. 싸라기눈. ❷ 3. 흰 구름.

霞 ⑨ 17획
日カ・ゲ・かすみ
노을 하 ㊥xiá

풀이 1. 노을. ¶霞徑 2. 멀다.
霞徑(하경) 노을이 낀 작은 길.
霞光(하광) 노을.

霧 ⑪ 19획
日ム・ブ・きり
안개 무 ㊥wù

霧霧霧霧霧霧霧霧霧
霧霧霧霧霧霧霧霧霧

*형성. 뜻을 나타내는 부수 '雨(비 우)'와 음을 나타내며 덮는다는 의미를 지닌 '務(힘쓸 무)'를 합친 글자. 이에 공중을 덮는[務] 수증기를 나타내어, '안개'의 뜻으로 쓰임.

풀이 1. 안개. ¶霧塞 2. 어둡다.
霧塞(무색) 안개가 끼어 어두움.
霧消(무소) 안개처럼 사라짐.
霧曉(무효) 안개 낀 새벽.
五里霧中(오리무중) 5리에 걸친 안개 속이라는 뜻으로, 막막하거나 갈피를 잡을 수 없는 상태를 이르는 말.
煙霧(연무) 1)연기와 안개. 2)티끌 등이 공기 중에 떠서 뿌옇게 보이는 현상.
㊅ 雺(안개 몽) 雰(안개 분)

霪 ⑪ 19획
日イン・ながあめ
장마 음 ㊥yín

풀이 장마.
霪雨(음우) 장마. 음우(淫雨).
㊅ 煙(장마 주) 霖(장마 림)

露 ⑫ 20획
日ロ・ロウ・つゆ
이슬 로(노) ㊥lòu, lù

*형성. 뜻을 나타내는 부수 '雨(비 우)'을 나타내며 '떨어짐'의 의미를 지닌 '路(길 로)'를 합친 글자. 떨어진 빗방울, 즉 '이슬'의 뜻으로 쓰임.

풀이 1. 이슬. 2. 적시다. 젖다. 3. 나타나다. 드러내다. ¶露骨 4.⑩ 러시아'(露西亞)의 준말.
露骨(노골) 1)전쟁에서 죽어 뼈를 싸움터에 드러냄. 2)가식 없이 진심을 드러냄.
露跣(노선) 맨발.
露臥(노와) 노숙(路宿).
露店(노점) 길가에 내는 가게.
露天(노천) 지붕이 없는 야외.
吐露(토로) 속마음을 드러내어 말함.

霰 ⑫ 20획
日サン・セン・あられ
싸라기눈 산 ㊥xiàn

풀이 싸라기눈.
霰雪(산설) 싸라기눈. 진눈깨비.

霹 ⑬ 21획
日ヘキ
벼락 벽 ㊥pī

풀이 1. 벼락. 천둥. 2. 벼락이 떨어지다.
霹靂(벽력) 1)벼락이 떨어짐. 2)천둥.
㊅ 雷(우레 뢰) 靂(벼락 력)

霸 ⑬ 21획
으뜸 패
🇯 はたかしら
🇨 bà

풀이 1. 으뜸. 우두머리. ¶霸者 2. 제일 가다. 뛰어나다.

霸氣(패기) 패자(霸者)가 되려는 기세. 또는 재패하고자 하는 기상.
制霸(제패) 1)패권을 잡음. 2)운동 경기에서 승리함.
🇾 元(으뜸 원) 最(가장 최)

霽 ⑭ 22획
갤 제
🇯 セイ・はれる
🇨 jì

풀이 1. 개다. 쾌청한 모양. 2. 풀다. 화가 풀리다.

霽月光風(제월광풍) 비가 갠 뒤의 밝은 달과 맑은 바람.
霽威(제위) 화가 풀림. 화가 가라앉음.
🇾 晴(갤 청)

靂 ⑯ 24획
벼락 력
🇯 レキ
🇨 lì

풀이 벼락. 천둥.
🇾 霹(벼락 벽)

靈 ⑯ 24획
신령 령
🇯 レイ・リョウ
・たま
🇨 líng

霊霊霊霊霊霊霊霊霊霊霊霊

풀이 1. 신령. 신명. 2. 영혼. 혼백. 3. 마음. 생각. 4. 신령스럽다. ¶靈妙
靈氣(영기) 신령스런 기운이나 효험.
靈堂(영당) 1)신을 모신 당. 2)사당.
靈媒(영매) 신이나 죽은 사람의 영혼과 의사를 통하게 한다는 사람. 곧, 박수·무당 등.
靈妙(영묘) 신령스럽고 기묘함.

靈驗(영험) 사람의 기원에 대한 신불의 반응이 영묘함. 또는 기원에 대한 효험.
🇾 神(귀신 신) 仙(신선 선)

靄 ⑯ 24획
구름 피어 오를 애
🇯 アイ・もや
🇨 ǎi

풀이 1. 구름이 피어오르다. 2. 눈이 오는 모양.

靄靄(애애) 1)구름이나 안개 등이 자욱한 모양. 2)눈이 많이 내리는 모양.

靑부

靑 푸를 청 部

'靑'자는 '生(날 생)'과 '丹(붉을 단)'을 합친 글자로, 초목의 싹(生)이 붉은 빛(丹)을 띠고 돋아나 푸른빛으로 변한다 하여 '푸르다'라는 뜻을 갖게 되었다. 이 외에도 청사(靑史)에서처럼 '대나무의 푸른 겉껍질'이나, 대나무로 만든 책인 '죽간(竹簡)'을 뜻하기도 하고, 이팔청춘(二八靑春)에서처럼 '젊음'을 상징하는 뜻으로도 사용된다.

靑 ⓪ 8획
푸를 청
🇯 セイ・ショウ
・あおい
🇨 qīng

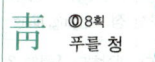

* 형성. 뜻을 나타내는 '丹(붉을 단)'과 음을 나타내는 '生(날 생)'을 합친 글자.

풀이 1. 푸르다. 푸른빛. ¶靑瓷 2. 대나무 겉껍질. 죽간(竹簡). 3. 젊다. ¶靑年
靑果(청과) 채소·과일 등을 이르는 말.
靑年(청년) 젊은 사람. 젊은이.

[青 0~8획] 青 靖 静 靚 靜 [非 0획] 非

青龍(청룡) 1)푸른 용. 2)사신(四神)의 하나로 동쪽을 지키는 신.
青山流水(청산유수) 푸른 산과 흐르는 물. 말을 막힘없이 잘함을 비유하는 말.
青瓷(청자) 고려(高麗) 때 만든 푸른 빛깔의 자기.
青天霹靂(청천벽력) 맑은 하늘에 내리는 벼락. 갑작스럽게 생긴 일.
青春(청춘) 1)봄. 2)청년.
비 責(꾸짖을 책)

靑 ⓪ 8획
靑(p805)의 俗字

靖 ⑤ 13획 편안할 정
日 セイ・ジョウ やすんじる
中 jìng

풀이 1. 편안하다. 안정하다. ¶靖國 2. 깨끗하다. 정결하다.
靖國(정국) 나라를 편안하게 다스림.
靖節(정절) 깨끗한 절개.
유 寧(편안할 녕) 安(편안할 안)

静 ⑥ 14획
靜(p806)의 俗字

靚 ⑦ 15획 단장할 정
日 セイ・ジョウ
中 jìng, liàng

풀이 1. 단장하다. 화장하다. ¶靚飾 2. 정숙하다. 3. 고요하다. 조용하다.
靚飾(정식) 아름답게 단장함.
유 粧(단장할 장)

靜 ⑧ 16획 고요할 정
日 セイ・ジョウ しずか
中 jìng

* 형성. 뜻을 나타내는 부수 '青(푸를 청)'과 음을 나타내는 '爭(다툴 쟁)'을 합친 글자.
풀이 1. 고요하다. 조용하다. ¶靜氣 2. 정숙하다. 얌전하다. 3. 깨끗하다. 맑다.
靜氣(정기) 1)조용한 기운. 2)기운을 가라앉힘.
靜物畵(정물화) 꽃·과일·물건 등을 소재로 하여 그린 그림.
靜肅(정숙) 고요하고 엄숙함.
靜然(정연) 조용한 모양. 고요한 모양.
鎭靜(진정) 마음을 가라앉힘.
유 禪(고요할 선) 寂(고요할 적)

非 부

非 아닐 비 部

'非'자는 새의 두 날개가 각기 다른 방향으로 펼쳐진 모양을 본뜬 글자로, 두 날개가 서로 등지고 있기 때문에 위배됨을 나타내어 '아니다'라는 부정의 뜻을 가진다. 또한 시비(是非)에서처럼 '그르다'라는 의미나, 비난(非難)에서처럼 '헐뜯다', '비방하다'라는 의미로도 쓰이는데, 부수로서의 역할은 거의 하지 않는다.

非 ⓪ 8획 아닐 비
日 ヒ・あらず
中 fēi

丿ノ刂刂刂非非非

* 상형. 새가 날개를 좌우로 벌린 모양을 본뜬 글자. '아니다', '어긋나다'의 뜻으로 쓰임.
풀이 1. 아니다. 부정의 뜻. ¶非凡 2. 어긋나다. 위배되다. 3. 헐뜯다. 비방하다. ¶非難 4. 나무라다. 책망하다. 5. 그르다. 옳지 않다.
非難(비난) 남의 잘못을 욕함. 비방함.

非但(비단) 다만. 부정의 경우에 쓰임.
非理(비리) 도리에 맞지 않음.
非命橫死(비명횡사) 뜻밖의 재변으로 죽음.
非凡(비범) 보통이 아님. 뛰어남. 또는 그런 사람.
非常(비상) 1)보통이 아님. 2)정상적인 상태가 아님.
유 不(아닐 부) 未(아닐 미)
반 是(옳을 시)

靡

⑪ 19획
日ビ·ミ·なびく
中mí, mǐ
쓰러질 미

풀이 1. 쓰러지다. 쓰러뜨리다. 2. 멸하다. 멸망하다. 3. 없다. 4. 아름답다. 화려하다. ¶靡麗

靡麗(미려) 화려함.
靡寧(미령→미녕) 병으로 편안하지 못함.
靡盡(미진) 모두 망함. 망하여 다함.
비 摩(갈 마)

面부

面 낯 면 部

'面'자는 얼굴 모양을 본뜬 글자로, '얼굴'이라는 뜻을 나타낸다. 얼굴은 겉으로 보이기 때문에 '표면'을 나타내기도 하고, 어디로 면해 있다는 의미에서 '향하다', '방향', '면면'의 뜻으로도 쓰인다.

| ⓒ 9획 | 日 メン |
| 낯 면 | 中 miàn |

一 ァ ァ 丙 而 而 面 面 面

* 상형. 사람의 얼굴을 본뜬 글자. 후에 물건의 겉, 얼굴을 향하다 등의 뜻을 나타냄.

풀이 1. 낯. 얼굴. 2. 對面 2. 앞. 전면. 3. 대하다. 만나다. 4. 겉. 표면. 5. 향하다. 6. 면. 지방 행정 구역의 하나.

面刀(면도) 얼굴의 잔털을 깎는 일.
面目(면목) 다른 사람을 대하는 체면.
面識(면식) 서로 대면한 적이 있어 얼굴을 알 정도의 관계.
面接(면접) 1)직접 만나 봄. 2)면접시험의 준말.
舊面(구면) 이전부터 알고 있는 사람.
對面(대면) 서로 얼굴을 마주 대함.

骨 顔(얼굴 안)

面 ⓒ 8획
面(p808)의 俗字

| ⑭ 23획 | 日 ヨウ・えくぼ |
| 보조개 엽 | 中 yè |

풀이 보조개. 볼우물. ¶靨輔
靨輔(엽보) 보조개.
靨笑(엽소) 보조개를 지으며 웃음.

革부

革 가죽 혁 部

'革'자는 털을 제거한 동물 가죽을 하는 글자로, '가죽'을 나타낸다. 또한 의미가 확대되어 개혁(改革)에서처럼 '고치다'라는 뜻을 나타내기도 한다. 이 글자를 부수로 갖는 글자는 가죽으로 만들어진 물건과 관련이 있다.

ⓒ 9획	日 カク・キョク
	・かわ
가죽 혁	中 gé, jí

一 + ++ 並 芦 英 革 革 革

* 상형. 가죽을 손으로 벗기고 있는 모양을 본뜬 글자. 이에 '가죽'을 나타내며, 바꾸어 '고치다', '새롭게 하다'의 뜻으로 쓰이기도 함.

풀이 1. 가죽. 털을 벗긴 짐승 가죽. ¶革帶 2. 고치다. ¶革新 3. 괘 이름.

革故(혁고) 옛것을 고침.
革囊(혁낭) 가죽 주머니.
革帶(혁대) 가죽으로 만든 띠.
革命(혁명) 1)이전의 왕위 계승을 뒤집고 전 왕통이 대신하여 통치자가 되는 일. 2)국가ㆍ정치 체제가 급격히 변하는 일. 3)급격한 변혁이 일어나는 일.
革新(혁신) 오래된 풍속ㆍ습관ㆍ조직ㆍ방법 등을 바꾸어 새롭게 하는 일.
變革(변혁) 사회ㆍ제도 등이 급격하게 바뀜.
皮革(피혁) 가죽. 날가죽과 무두질한 가죽의 총칭.

骨 皮(가죽 피)

---

③ 12획
靭(p810)과 同字

[革 4~9획] 靷靴靼韈鞏鞍鞋鞘鞠鞨鞫

靷 ④ 13획
가슴걸이 인
日イン・むながい
⊕yīn

풀이 가슴걸이. 마소의 가슴에 걸어 안장이나 멍에에 매는 가죽끈.
유 靳(가슴걸이 근)

靴 ④ 13획
신 화
日カ・くつ
⊕xuē

풀이 신. 가죽신. ¶長靴
靴工(화공) 구두를 만드는 직공.
長靴(장화) 비가 올 때나 말을 탈 때에 신는, 목이 길게 올라오는 신.
유 鞋(신 혜)

靼 ⑤ 14획
다룸가죽
단·달
日タン・タツ
⊕dá

풀이 1. 다룸가죽. 부드럽게 무두질한 가죽.
2. 종족 이름. 달단(韃靼). 몽고족의 한 갈래.

韈 ⑤ 14획
버선 말
日マツ
⊕mò

풀이 1. 버선. 2. 종족 이름. 말갈(韈鞨). 중국 북방에 살던 종족.
유 襪(버선 말)

鞏 ⑥ 15획
묶을 공
日キョウ・かたい
⊕gǒng

풀이 1. 묶다. 단단하게 가죽으로 묶다.
2. 단단하다. ¶鞏固
鞏固(공고) 의지가 흔들림 없이 굳고 단단함.
비 鞪(투구 무)

鞍 ⑥ 15획
안장 안
日アン・くら
⊕ān

*형성. 뜻을 나타내는 부수 '革(가죽 혁)'과 음을 나타내는 '安(편안할 안)'을 합친 글자.

풀이 안장.
鞍馬(안마) 1)안장을 얹은 말. 2)체조 경기의 한 종목.
鞍裝(안장) 말 등에 얹는, 가죽으로 만든 물건. 사람이 탈 때 깔고 앉음.
유 鞌(안장 안)

鞋 ⑥ 15획
신 혜
日アイ·カイ·ワイ·わらじ
⊕xié

풀이 신. ¶鞋痕
鞋痕(혜흔) 신발 자국.
芒鞋(망혜) 삼이나 모시로 지은 신.
유 靴(신 화)

鞘 ⑦ 16획
칼집 초
日ノウ·ショウ·さや
⊕qiào, shāo

풀이 칼집. ¶鞘尾
鞘尾(초미) 칼집 끝에 씌운 두겁.

鞠 ⑧ 17획
공 국
日キク·キュウ·まり
⊕jū

풀이 1. 공. 가죽공. ¶鞠戲 2. 기르다. ¶鞠養 3. 굽히다. ¶鞠躬
鞠躬(국궁) 존경의 뜻으로 몸을 굽힘.
鞠養(국양) 기름. 양육함.

鞨 ⑨ 18획
종족 이름 갈
日カツ
⊕hé

풀이 종족 이름. 말갈(韈鞨). 중국 북방에 살던 종족.

鞫 ⑨ 18획
국문할 국
日キク
⊕jū

풀이 국문하다. 심문하다. ¶鞫斷

鞫斷(국단) 죄인을 신문(訊問)하여 죄를 결정함.

鞫問(국문) 죄인을 신문함.

鞮 ⑨ 18획　日テイ　中dī
가죽신 제

풀이 가죽신. ¶鞮履

鞮履(제구) 장식이 없는 가죽신.

鞦 ⑨ 18획　日シュウ・しりがい　中qiū
그네 추

풀이 1. 그네. 2. 밀치끈. 밀치에 걸어 안장이나 길마에 잡아매는 끈.

鞦韆(추천) 그네.

유 韆(그네 천)

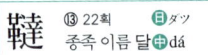

* 형성. 뜻을 나타내는 부수 '革(가죽 혁)'과 음을 나타내는 '便(편할 편)'을 합친 글자.

풀이 1. 채찍, 회초리. 2. 채찍질하다. ¶鞭擊

鞭擊(편격) 채찍질함.

鞭撻(편달) 1)채찍질을 함. 2)잘못을 일깨워 주고 격려함.

鞭殺(편살) 채찍질로 죽임.

走馬加鞭(주마가편) 달리는 말에 채찍질을 더한다는 뜻으로, 열심히 하는 사람을 더욱 부추기는 것을 이르는 말.

유 策(채찍 책)

韃 ⑬ 22획　日タツ　中dá
종족 이름 달

풀이 1. 종족 이름. 달단(韃靼). 몽고족의 한 갈래. 2. 치다. 매질하다.

韆 ⑮ 24획　日セン　中qiān
그네 천

풀이 그네. ¶鞦韆

유 鞦(그네 추)

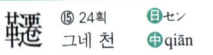

韋 다룸가죽 위 部

'韋' 자는 무두질하여 부드럽게 만든 '다룸가죽'을 뜻한다. 그 밖에, '에우다'나 '어기다'의 뜻을 나타내기도 한다. 이 글자를 부수로 갖는 글자는 가죽으로 만든 물건을 뜻하는 경우가 많으며, 나라 이름으로 쓰이기도 한다.

* 회의. 좌우 엇갈린 발자국(舛)을 내면서 둘레(囗)를 빙빙 도는 모양을 나타내어, '에워싸다'의 뜻을 나타낸다. 또한 좌우 발을 엇딛고 가죽을 다룬다는 뜻에서 '다룸가죽'의 뜻을 나타냄.

풀이 1. 다룸가죽. 무두질하여 부드럽게 만든 가죽. 2. 에워싸다. 두르다.

韋編三絶(위편삼절) 공자가 주역(周易)을 즐겨 읽어서 책을 맨 가죽끈이 세 번이나 끊어짐. 책을 열심히 읽음을 이르는 말.

동 皮(가죽 피) 革(가죽 혁)

비 偉(훌륭할 위)

풀이 질기다. 부드럽고 질기다.

韌帶(인대) 관절의 두 뼈 사이와 관절 주위에 있는, 탄력 있는 힘줄.

[韋 7~10획] 鞘韓韜 [韭 0획] 韭 [音 0~5획] 音韶

鞘 ⑦ 16획
🇯 鞘(p809)와 同字

韓 ⑧ 17획 🇯 カン・いげた
나라 이름 한 🇨 hán

一十十十古古卓卓
草草韓韓

*형성. 뜻을 나타내는 '韋(다룸가죽 위)'와 음을 나타내는 부수 이외의 글자를 합친 글자.

풀이 나라 이름. ㉠대한제국(大韓帝國)과 대한민국(大韓民國). ㉡주나라의 제후국으로 전국 시대 칠웅(七雄)의 하나.

韜 ⑩ 19획 🇯 トウ·ゆぶくろ
활집 도 🇨 tāo

풀이 1. 활집. 2. 감추다. 싸다. ¶韜光
韜光(도광) 1)빛을 감추어 밖으로 나타내지 않음. 2)재능이나 학식을 감추어 남에게 알리지 않음.
韜略(도략) 1)《육도(六韜)》와 《삼략(三略)》. 2)병서(兵書).
🔁 隱(숨길 은) 藏(감출 장)

韭부

韭 부추 구 部

'韭'자는 '부추'의 모양을 본뜬 글자로, 아래쪽의 '一'는 땅을, 위쪽의 '韭'는 그 위로 부추 줄기가 많이 나 있는 모양을 본뜬 것이다.

韭 ⓪ 9획 🇯 キュウ·にら
부추 구 🇨 jiǔ

풀이 부추. ¶韭菜
韭菜(구채) 부추.

音부

音 소리 음 部

'音'자는 모든 만물에서 나는 '소리'를 뜻하는 글자다. 그 밖에 복음(福音)에서처럼 '소식'이나, 음반(音盤)에서처럼 '음악'의 뜻을 나타내기도 한다. 이 글자를 부수로 갖는 글자는 음성이나 음악과 관련이 있다.

音 ⓪ 9획 🇯 オン·イン·おと
소리 음 🇨 yīn

` 亠 立 产 音 音 音

*지사. '言(말씀 언)'에 '一'을 더한 글자. 이에 입에서 나오는 '음성'을 나타내며, 나아가 모든 종류의 '소리'나 '음악'의 뜻으로 쓰임.

풀이 1. 소리. ¶騷音 2. 음악. 3. 가락. 음률. 음조. 4. 소식.

音階(음계) 일정한 음정(音程)의 순서로 음을 차례대로 배열한 것.
音律(음률) 1)소리나 음악의 가락. 2)음악.
音樂(음악) 소리의 고저·장단·강약을 일정한 순서로 조합·통합시켜 사상과 감정을 나타내는 시간적 예술.
音節(음절) 자음과 모음이 어울려 하나의 종합된 음을 이룬 소리마디.
騷音(소음) 시끄러운 소리.
和音(화음) 높이가 다른 음들이 함께 어울리는 소리.

韶 ⑤ 14획 🇯 ショウ·つぐ
풍류 이름 소 🇨 sháo

[풀이] 1. 풍류 이름. 순임금이 지었다는 음악. 2. 잇다. 3. 아름답다. 환하다. ¶韶光 韶光(소광) 봄날의 화창한 경치.

韻 ⑩ 19획
훈음: 운 운
일본: イン·ひびき
중국: yùn

ᅩ ᅩ ᅭ ᅭ ᅮ ᅯ ᅰ ᅱ 韵 韻 韻 韻 韻 韻 韻

*형성. 뜻을 나타내는 부수 '音(소리 음)'과 음을 나타내는 '員(인원 원)'을 합친 글자.

[풀이] 1. 운. 한자를 발음과 성조(聲調)에 따라 분류한 것. ¶韻脚 2. 울림. 여음(餘音). 3. 운문(韻文). 4. 운치. 풍치.
韻脚(운각) 시(詩)나 부(賦)의 구말(句末)에 붙이는 운자(韻字).
韻文(운문) 운율(韻律)을 갖춘 글. 시(詩)·부(賦) 등의 통칭.
韻字(운자) 운각(韻脚)에 쓰는 글자.

響 ⑬ 22획
훈음: 울림 향
일본: キョウ·ひびき
중국: xiǎng

ᅩ ᅩ ᅭ ᅭ 乡 乡 乡 乡 郷 郷 郷 響 響 響 響

*형성. 뜻을 나타내는 부수 '音(소리 음)'과 음을 나타내는 '鄕(시골 향)'이 합친 글자. 사방으로 전해지는 소리를 나타내어, '울림'의 뜻으로 쓰임.

[풀이] 1. 울림. 2. 울리다. ¶響應 3. 소리.
響叫(향규) 부르짖는 소리가 울려 퍼짐.
響應(향응) 1)메아리 등과 같이 소리와 마주쳐 울림. 2)남의 주장을 따라 그와 같은 동작을 마주 취함.
[비] 饗(잔치할 향)

護 ⑭ 23획
훈음: 풍류 이름 호
일본: ホ
중국: hù

[풀이] 풍류 이름. 은나라 탕(湯)임금이 지었다는 음악.
[비] 穫(벼 벨 확)

頁부

頁 머리 혈部

'頁' 자는 사람의 머리를 강조하여 만들어진 글자로 '머리'를 뜻한다. 그 밖에 '책장의 한쪽 면'을 가리키기도 하는데, 이때의 음은 '엽'이라 읽는다. 이 글자를 부수로 갖는 글자는 흔히 머리의 각 기관과 관련이 있다.

頁 ⓪ 9획

❶ 머리 혈 ケツ·かしら
❷ 쪽 엽 yè

[풀이] ❶ 1. 머리. 2. 2. 쪽. 책장의 한쪽 면.
頁岩(혈암) 수성암(水成岩)의 일종.
[유] 首(머리 수) 頭(머리 두)
[비] 貝(조개 패)

頃 ② 11획
훈음: ケイ·キョウ
❶ 잠깐 경 ころ
❷ 반걸음 규 qǐng

ᅳ ᅩ ᅩ 七 圹 圻 頃 頃 頃 頃 頃

*회의. 머리(頁)가 기울어진(匕) 모양을 나타내어, '기울다'의 뜻으로 쓰임.

[풀이] ❶ 1. 잠깐. 잠시. ¶頃刻 2. 땅 넓이를 세는 단위. 100묘(畝). ¶萬頃滄波 3. 요즈음. 근래에. ¶頃日 ❷ 4. 반걸음. ¶頃步
頃刻(경각) 극히 짧은 시각.
頃日(경일) 요즈음. 근래.
頃田(경전) 백 이랑의 전지(田地).
頃步(규보) 반걸음.
萬頃滄波(만경창파) 한없이 넓고 넓은 바다.
[비] 頂(정수리 정) 項(목덜미 항)

頂 ② 11획
정수리 정
🇯 テイ・チョウ いただき
🇨 dǐng

一丁丆丆疖疖頂頂頂頂

*형성. 뜻을 나타내는 부수 頁(머리 혈)과 음을 나타내는 丁(넷째천간 정)을 합친 글자.

풀이 1. 정수리. ¶頂門 2. 꼭대기. ¶頂上 3. 머리에 이다.

頂門(정문) 정수리.
頂上(정상) 1)산꼭대기. 2)그 이상 더 없는 것. 최상.
頂點(정점) 1)맨 꼭대기의 점. 2)사물의 절정(絕頂). 가장 왕성할 때. 클라이맥스.
絕頂(절정) 1)사물의 진행이나 발전이 최고 경지에 오른 상태. 2)극이나 소설의 전개 과정에서 갈등이 최고조에 이른 상태. 클라이맥스.
비 項(목덜미 항) 頃(잠깐 경)

須 ③ 12획
모름지기 수
🇯 シュ・ス
🇨 xū

丿彡彡彡彡彳須須須須須須

풀이 1. 모름지기. 2. 수염. 3. 쓰다. 필요하다. ¶須要 4. 잠깐. ¶須臾

須要(수요) 1)없어서는 안 될 일. 2)가장 필요한 것.
須臾(수유) 잠시. 잠깐.
須知(수지) 모름지기 알아야 함.
비 順(순할 순)

順 ③ 12획
순할 순
🇯 ジュン・したがう
🇨 shùn

丿丿川川川川順順順順順

풀이 1. 순하다. 온순하다. ¶順從 2. 순종하다. 따르다. ¶順理 3. 잇다. 4. 차례. ¶順番

順理(순리) 1)도리에 순종함. 2)마땅한 이치.
順番(순번) 차례대로 바뀌는 순서.
順序(순서) 정해져 있는 차례.
順應(순응) 변화에 적응하여 익숙해지거나 체계・명령 등에 적응하여 따름.
順從(순종) 순순히 복종함.
順行(순행) 1)차례를 밟아 나아감. 2)거스르지 않고 행함.
비 須(모름지기 수)

項 ③ 12획
목덜미 항
🇯 コウ・うなじ
🇨 xiàng

一丁丆丆丌丂項項項項項

*형성. 뜻을 나타내는 부수 頁(머리 혈)과 음을 나타내며 '뒤'를 의미하는 工(장인 공)을 합친 글자. 이에 머리 뒤쪽인 '목덜미'의 뜻으로 쓰임.

풀이 1. 목덜미. 목. 2. 항목. 조항. ¶項目 3. 크다.

項目(항목) 일을 구성하고 있는 낱낱의 부분이나 갈래. 조목(條目).
事項(사항) 일의 조항.
條項(조항) 항목(項目).
비 頂(정수리 정) 頃(잠깐 경)

頓 ④ 13획
❶ 조아릴 돈
❷ 둔할 둔
🇯 トン
🇨 dú, dùn

풀이 ❶ 1. 조아리다. 머리 숙여 절하다. ¶頓首 2. 정돈하다. 3. 갑자기. ¶頓悟 4. ❷ 2 5. 둔하다.

頓脚(돈각) 발을 동동 구름.
頓首(돈수) 머리가 땅에 닿을 정도로 숙여서 절함. 또는 그 절.
頓然(돈연) 갑자기. 별안간. 돌연(突然).

頓悟(돈오) 문득 깨달음.
査頓(사돈) 혼인으로 인한 인척 관계.

頒 ④ 13획 나눌 반 [日]ハン·フン·わける [中]bān

[풀이] 1. 나누다. 나누어 주다. 2. 구분하다. 3. 반포하다. 널리 알리다. 4. 머리·수염이 반쯤 세다.

頒賜(반사) 임금이 물건을 하사함.
頒布(반포) 널리 알림.
[비] 頌(칭송할 송) 領(거느릴 령)

頌 ④ 13획 기릴 송 [日]ショウ·ほめる [中]róng, sòng

ノ ハ 公 公 公 公 公 頌 頌 頌 頌 頌 頌

* 형성. 뜻을 나타내는 부수 '頁(머리 혈)'과 음을 나타내는 '公(공변될 공)'을 합친 글자.

[풀이] 1. 기리다. 칭송하다. ¶頌德 2. 문체 이름. 공덕을 칭송하는 글.

頌德(송덕) 공덕을 찬양함. 덕망을 기림.
頌祝(송축) 경사를 기리어 축하함.
[유] 讚(기릴 찬)
[비] 頒(나눌 반) 領(거느릴 령)

預 ④ 13획 미리 예 [日]ヨ·あずける [中]yù

[풀이] 1. 미리. 미리 준비하다. ¶預知 2. 참여하다. 3.[韓] 맡기다. ¶預金

預金(예금) 은행에 돈을 맡겨 놓음. 또는 맡겨 놓은 돈.
預知(예지) 미리 앎. 예지(豫知).

頑 ④ 13획 완고할 완 [日]ガン·かたくな [中]wán

* 형성. 뜻을 나타내는 부수 '頁(머리 혈)'과 음을 나타내는 '元(으뜸 원)'을 합친 글자.

[풀이] 1. 완고하다. 고집이 세다. ¶頑強 2. 무디다. 둔하다.

頑強(완강) 고집 세고 굳은 태도.
頑固(완고) 융통성이 없고 고집이 셈.
[유] 固(굳을 고) 堅(굳을 견)

頊 ④ 13획 멍할 욱 [日]ギョク [中]xū

[풀이] 멍하다. 정신이 나간 모양.

頊頊(욱욱) 얼이 빠진 모양.

領 ⑤ 14획 거느릴 령(영) [日]リョウ·レイ·えり [中]lǐng

ノ ㇒ 𠂉 今 令 令 令 令 領 領 領 領 領 領

[풀이] 1. 거느리다. 다스리다. 2. 옷깃. ¶領袖 3. 목. ¶引領 4. 요점. 요령. 5. 벌. 옷을 세는 단위. 6. 받다. 7. 깨닫다. ¶領解 8. 우두머리.

領袖(영수) 1)옷깃과 소매. 2)여러 사람의 모범이 되고 우두머리가 되는 사람.
領悟(영오) 깨달음.
領解(영해) 깨달음.
引領(인령) 목을 쭉 뺌.
[유] 率(거느릴 솔)
[비] 頒(나눌 반) 頌(칭송할 송)

頣 ⑤ 14획 강할 민 [日]ミン [中]mín

[풀이] 강하다.

頗 ⑤ 14획 자못 파 [日]ハ·かたよる [中]pō

丨 厂 广 皮 皮 皮 皮 皮 頗 頗 頗 頗 頗 頗

*형성. 뜻을 나타내는 부수 頁(머리 혈)과 음을 나타내는 皮(가죽 피)를 합친 글자.

[풀이] 1. 자못. 매우. 2. 치우치다. 한쪽으로 기울다. ¶偏頗

頗多 (파다) 아주 많음.
偏頗 (편파) 한쪽으로 치우쳐 공정치 못함.
[비] 頓 (조아릴 돈)

頞 ⑥ 15획
[日]アツ·はなすじ
[中]è
콧대 알

[풀이] 콧대. 콧마루.

頠 ⑥ 15획
[日]ガイ·ギ
[中]wěi
조용할 외·위

[풀이] 1. 조용하다. 2. 익히다.

頤 ⑥ 15획
[日]イ·おとかい
[中]yí
턱 이

[풀이] 1. 턱. 2. 턱짓으로 지시하다. ¶頤使 3. 키우다.

頤使 (이사) 턱으로써 부린다는 뜻으로, 사람을 제 마음대로 부리거나 거만하게 부림을 이르는 말.
頤神 (이신) 정신을 수양함.
[비] 頣 (눈 크게 뜨고 볼 신)

頡 ⑥ 15획
[日]ケツ·カツ
[中]jié, xié
날아오를 힐

[풀이] 1. 날아오르다. ¶頡頏 2. 크다. 3. 어긋나다. 어기다.

頸 ⑦ 16획
[日]ケイ·くび
[中]gěng, jǐng
목 경

[풀이] 1. 목. ¶頸椎 2. 사물의 목 부분.
頸脛 (경항) 목줄기.
頸椎 (경추) 목등뼈.
[비] 勁 (굳셀 경)

頭 ⑦ 16획
[日]トウ·ズ·あたま·かしら
[中]tóu
머리 두

*형성. 뜻을 나타내는 부수 頁(머리 혈)과 음을 나타내는 豆(콩 두)를 합친 글자.

[풀이] 1. 머리. 2. 가. 언저리. 3. 우두머리. 4. 처음. 시작. 5. 꼭대기. 6. 마리.

頭角 (두각) 많은 무리 가운데 특히 뛰어난 재능.
頭髮 (두발) 머리털.
頭緒 (두서) 1)일의 차례나 갈피. 2)조리.
頭痛 (두통) 머리가 아픈 병.
[유] 首 (머리 수) 頁 (머리 혈)

頻 ⑦ 16획
[日]ヒン·ビン·しきり
[中]pín
자주 빈

*회의. 물을 건널(涉) 때 생기는 물결처럼 얼굴[頁]에 주름을 짓는 것을 나타내어 '찡그리다'의 뜻을 나타냄.

[풀이] 1. 자주. 여러 번. ¶頻發 2. 물가. 3. 찡그리다. ¶頻蹙

頻發 (빈발) 일이 자주 생김.
頻蹙 (빈축) 얼굴을 찡그림. 못마땅해 하는 모양.
[유] 數 (자주 삭)

頹 ⑦ 16획
[日]タイ·くずれる
[中]tuí
무너질 퇴

[풀이] 1. 무너지다. 무너뜨리다. ¶頹齡 2. 쇠퇴하다. 기울다. ¶頹風 3. 질풍.

頹陽 (퇴양) 서쪽으로 기울어 가는 해. 석양(夕陽).
頹風 (퇴풍) 1)거친 바람. 2)퇴폐(頹

[頁 7~9획] 頷 頰 顆 顎 顔 額 顓

廢)한 풍조.
頽廢(퇴폐) 허물어지고 이지러짐.
🔁 坍(무너질 담) 崩(무너질 붕) 壞(무너질 괴)

頷
⑦ 16획 日カン·ガン
❶턱 함 ·あご
❷끄덕일 암 中hàn

*형성. 뜻을 나타내는 부수 '頁(머리 혈)'과 음을 나타내는 '含(머금 함)'을 합친 글자.

풀이 ❶ 1. 턱. ❷ 2. 끄덕이다. 고개를 끄덕여 승낙하다. ¶頷首

頷可(함가) 머리를 끄덕여 허락함.
頷首(함수) 1)머리를 끄덕임. 2)수긍하여 승낙함.
頷聯(함련) 한시의 율시(律詩)에서 셋째 구와 넷째 구를 이르는 말.
🔁 頷(턱 함)

頰
⑦ 16획 日キョウ·ほお
뺨 협 中jiá

풀이 뺨. ¶頰輔

頰輔(협보) 뺨. 양쪽 볼.
🔁 顋(뺨 시)

顆
⑧ 17획 日カ·つぶ
낱알 과 中kē

풀이 1. 낱알. 작고 둥근 알갱이. ¶顆粒 2. 흙덩이.

顆粒(과립) 둥글고 작은 알갱이.

顎
⑨ 18획 日ガク·あご
턱 악 中è

풀이 턱.
🔁 頷(턱 함) 🆚 鄂(땅 이름 악)

顔
⑨ 18획 日ガン·かお
얼굴 안 中yán

*형성. 뜻을 나타내는 부수 '頁(머리 혈)'과 음을 나타내는 '彥(선비 언)'을 합친 글자.

풀이 1. 얼굴. 안면. ¶顔面 2. 얼굴빛. 안색. 3. 색채.

顔甲(안갑) 뻔뻔스러움. 철면피.
顔料(안료) 1)그림물감. 2)염료(染料). 도료(塗料).
顔面(안면) 1)얼굴. 2)서로간의 친분.
顔色(안색) 얼굴빛.
無顔(무안) 창피하여 볼 낯이 없음.
🔁 面(낯 면)

額
⑨ 18획 日ガク·ひたい
이마 액 中é

*형성. 뜻을 나타내며 넓다는 의미를 지닌 '客(손님 객)'을 합친 글자. 얼굴에서 넓은 곳을 나타내어, '이마'의 뜻으로 쓰임.

풀이 1. 이마. ¶額面 2. 일정한 수량. 3. 편액(扁額). 액자.

額面(액면) 1)이마의 표면. 2)화폐·주식·채권 등의 권면(券面). 3)말·글로 표현된 그대로의 모습.
額數(액수) 금액.
總額(총액) 전체의 액수.
🔁 顙(이마 액) 顙(이마 정)

顓
⑨ 18획 日セン
오로지할 전 中zhuān

풀이 1. 오로지하다. 독점하다. 2. 마음대로 하다. ¶顓兵 3. 착하다.

顓兵(전병) 병권(兵權)을 마음대로 휘두름.
顓制(전제) 제 마음대로 일을 처리함.
🆚 端(바를 단)

題 ⑨ 18획 ― 日 ダイ·テイ ひたい ― 中 tí
제목 제

〕冂刀月日旦早무是是題題
題題題題題

* 형성. 뜻을 나타내는 부수 '頁(머리 혈)'과 음을 나타내는 '是(옳을 시)'를 합친 글자.

풀이 1. 제목. 표제(標題). ¶題目 2. 이마. 3. 문제. 4. 품평하다. ¶題品

題目(제목) 1)글·공연·작품을 대표하는 이름. 표제(標題). 2)글제. 시문(詩文)의 명제(命題).
題品(제품) 사물을 품평함.
問題(문제) 답을 요구하는 물음.

顕 ⑨ 18획
顯(p818)의 俗字

類 ⑩ 19획 ― 日 ルイ·たぐい ― 中 lèi
무리 류(유)

〕丶兯半米类类類類類類

* 회의. 얼굴을 나타내는 '頁(머리 혈)'과 쌀의 자잘함을 나타내는 '米(쌀 미)'와 '犬(개 견)'을 합친 글자. 개는 같은 종류끼리 매우 비슷하기 때문에 '무리, 종류'의 뜻을 나타냄.

풀이 1. 무리. 동아리. 동류. ¶類ления 2. 견주다. 비교하다. 3. 닮다. 비슷하다. ¶類似 4. 본뜨다.

類似(유사) 서로 비슷함.
類類相從(유유상종) 같은 무리끼리 서로 왕래하여 사귐.
類推(유추) 비슷한 점을 들어 미루어 짐작함.

🔗 衆(무리 중)

顙 ⑩ 19획 ― 日 ソウ·ひたい ― 中 sǎng
이마 상

풀이 1. 이마. ¶顙汗 2. 꼭대기.
顙汗(상한) 이마의 땀.

願 ⑩ 19획 ― 日 ガン·ねがう ― 中 yuàn
원할 원

一厂厂厂厂厂厂厂原原原原原
願願願願願

* 형성. 뜻을 나타내는 부수 '頁(머리 혈)'과 음을 나타내는 '原(근원 원)'을 합친 글자.

풀이 1. 원하다. 바라다. ¶願意 2. 빌다. 청원하다.

願意(원의) 바라는 뜻.
所願(소원) 바라는 바.
念願(염원) 항상 간절히 원하고 바라는 바.

🔗 望(바랄 망)

顛 ⑩ 19획 ― 日 テン·いただき たおれる ― 中 diān
머리 전

풀이 1. 머리. 이마. 2. 정수리. 꼭대기. 3. 근본. 시초. 4. 뒤집다. 거꾸로 하다. ¶顛倒 5. 넘어지다.

顛倒(전도) 1)넘어짐. 넘어뜨림. 2)위아래를 바꾸어 거꾸로 함.
顛覆(전복) 1)뒤집혀 엎어짐. 또는 뒤집어 엎음. 2)쳐부숨. 멸망시킴.
顛顛(전전) 근심하는 모양.

顧 ⑫ 21획 ― 日 コ·かえりみる ― 中 gù
돌아볼 고

ˋ ㇏ ㇏ ㇏ ㇏ ㇏ ㇏ ㇏ ㇏ 雇 雇
雇 雇 雇 顧 顧 顧 顧 顧

* 형성. 뜻을 나타내는 부수 '頁(머리 혈)'과 음을 나타내는 '雇(고용할 고)'를 합친 글자.

풀이 1. 돌아보다. 둘러보다. ¶回顧 2. 생각하다. 마음에 두다. 5. 돌보다. 보살피다. ¶顧問

[頁 12~18획] 顧顳顴顱顴 [風 0획] 風

顧問(고문) 1)의견을 물음. 상의함. 2)자문(諮問)에 응하여 의견을 말함. 또는 그 직책에 있는 사람.
顧思(고사) 지난 일을 돌이켜 생각함. 반성함.
回顧(회고) 지난 일을 돌이켜 생각함.
비 雇(품 살 고)

顥 ⑫ 21획 日コウ 클 호 中hào

풀이 1. 크다. 광대하다. ¶顥氣 2. 희고 빛나는 모양. ¶顥顥
顥氣(호기) 하늘의 밝고 성대한 기상.
유 巨(클 거)

顫 ⑬ 22획 日セン・ふるえる 떨릴 전 中chàn, zhàn

풀이 1. 떨리다. 떨다. ¶顫動 2. 놀라다. ¶顫恐
顫恐(전공) 놀라고 두려워함.
顫動(전동) 1)부들부들 떪. 2)흔들어 떨게 함.

顯 ⑭ 23획 日ケン・ケン・あきらか 밝을 현 中xiǎn

丨丨ㅓㅓ日日日旦旦昂昂昂
㬎㬎顯顯顯顯顯

* 형성. 뜻을 나타내는 부수 '頁(머리 혈)'과 음을 나타내며 '감다'의 의미를 지닌 부수 이외의 글자를 합친 글자. 이에 머리에 감은 '아름다운 장식물'을 나타내며, 바뀌어 '매우 밝다'의 뜻으로 쓰임.

풀이 1. 밝다. 빛나다. 2. 나타나다. 나타내다. 3. 뚜렷하다. 명백하다. ¶顯著
顯考(현고) 1)고조(高祖)의 높임말. 2)돌아가신 아버지.
顯達(현달) 1)현명하고 사물의 이치에 능통한 사람. 2)덕망이 높아서 세상에 이름이 드러남.
顯聞(현문) 똑똑히 들림. 분명하게 들림.
顯著(현저) 뚜렷하게 나타남.
유 現(나타날 현)

顳 ⑮ 24획
顳(p132)과 同字

顱 ⑯ 25획 日ロ・かしら 머리뼈 로 中lú

풀이 머리뼈. 두개골.

顴 ⑰ 27획 日ケン 광대뼈 관 中quán

풀이 광대뼈.
비 觀(볼 관)

風부

風 바람 풍部

'風'자는 눈에 보이지 않는 바람을 추상적으로 표현한 글자로, '바람', 바람이 불다 라는 뜻을 갖는다. 그 밖에 '교화(敎化)'의 의미로도 사용되며, 의미가 확대되어 '풍습', '풍속'을 나타내기도 한다. 또한 바람이 소식을 전하여 준다는 생각에서 '소식'을 뜻하거나, '경치'의 뜻으로도 쓰인다. 이 글자를 부수로 갖는 글자는 바람이나 바람의 성질과 관련이 있다.

風 ⓪ 9획 日フウ・かぜ 바람 풍 中fēng

丿几凡凡凨風風風風

* 형성. 뜻을 나타내는 '虫(벌레 훼)'와 음을 나타내는 '凡(무릇 범)'을 합친 글자.

풀이 1. 바람. ¶風霜 2. 풍속. 관습. ¶風俗 3. 소식. 4. 경치. ¶風景 5. 모습. 태도. 풍모. ¶風貌 6. 병 이름.

風景(풍경) 경치.

風流(풍류) 속된 일을 떠나서 풍치가 있고 멋지게 노는 일.

風貌(풍모) 풍채와 용모. 모습.

風霜(풍상) 1)바람과 서리. 2)세상의 고난을 많이 겪음.

風俗(풍속) 옛날부터 그 사회에서 행해져 온 생활 전반에 걸친 습관.

風采(풍채) 1)사람의 겉모양. 2)풍속과 사건.

風波(풍파) 1)바람과 물결. 2)세상에서 일어나는 괴로운 일.

突風(돌풍) 갑자기 세차게 부는 바람.

颯 ⑤ 14획
바람 소리 삽
日 サツ・ソウ
中 sà

풀이 1. 바람 소리. 2. 질풍. 3. 씩씩하다. 시원스럽다. ¶爽

颯爽(삽상) 1)씩씩하고 시원스러움. 2)기쁘하고 민첩함.

颯然(삽연) 바람이 불어 나뭇잎이 떨어지는 모양.

颱 ⑤ 14획
태풍 태
日 タイ
中 tái

풀이 태풍.

颺 ⑦ 18획
날릴 양
日 ヨウ
中 yáng

풀이 1. 날리다. 바람에 흩날리다. ¶颺颺 2. 날다. 3. 소리를 높이다.

颺颺(양양) 1)바람에 날려 올라가는 모양. 2)바람에 펄럭이는 모양.

颺下(양하) 집어던짐. 내버림.

飄 ⑪ 20획
나부낄 표
日 ヒョウ
つむじかぜ
中 piāo

* 형성. 뜻을 나타내는 부수 '風(바람 풍)'과 음을 나타내는 '票(표 표)'를 합친 글자.

풀이 1. 나부끼다. 2. 떠돌다. ¶飄泊 3. 회오리바람.

飄泊(표박) 정처 없이 떠돌아다님. 타향으로 떠돎. 표우(飄寓).

飄寓(표우) 정처 없이 떠돌아다님.

飄風(표풍) 회오리바람.

飆 ⑫ 21획
폭풍 표
日 ヒョウ
つむじかぜ
中 biāo

풀이 1. 폭풍. 2. 회오리바람.

飆風(표풍) 폭풍. 또는 회오리바람.

飇 ⑫ 21획
飆(p819)와 同字

飛부

飛 날 비 部

'飛'자는 새가 나는 모습을 본뜬 글자로, '날다'라는 뜻을 나타낸다. 그 밖에 새가 공중을 높이 날기 때문에 '높다'는 뜻을 지니거나, 높이 나는 새는 속도가 빠르므로 '빠르다'의 뜻을 나타내기도 한다.

飛 ⓪ 9획
날 비
日 ヒ・とぶ
中 fēi

乀 ᄀ 飞 飞 飛 飛 飛 飛

*상형. 새가 날개를 펼치고 나는 모양을 본뜬 글자. 이에 '날다', '날리다', '빠르다'의 뜻으로 쓰임.

[풀이] 1. 날다. 날아다니다. ¶飛行 2. 휘날리다. 3. 빠르다. ¶飛將 4. 높다. ¶飛躍 5. 근거 없는 말이 떠돌다. ¶飛語

飛騰(비등) 날아오름.

飛報(비보) 급한 통지.

飛語(비어) 근거 없는 말. 비언(飛言).

飛躍(비약) 높이 뛰어오름. 힘차게 활동함.

飛將(비장) 용맹스럽고 매우 날쌘 장수. 비장군(飛將軍).

飛行(비행) 공중으로 날아다님.

飜 ⑫ 21획 뒤집을 번 [日]ホン [中]fān

*형성. 뜻을 나타내는 부수 '飛(날 비)'와 음을 나타내는 '番(갈마들 번)'을 합친 글자.

[풀이] 1. 뒤집다. 엎어지다. 2. 날다. 3. 옮기다. 번역하다. ¶飜譯

飜譯(번역) 한 나라의 말이나 글을 다른 나라의 말이나 글로 옮김.

[유] 翻(뒤집을 번)

食 부

食(飠) 밥 식 部

'食'자는 뜨거운 김이 무럭무럭 올라가는 음식물을 담은 둥근 식기에 뚜껑이 덮여 있는 모양을 나타낸 글자로, 먹는 '밥'을 뜻하게 되었다. 그 밖에 '먹다', '먹히다'의 뜻을 나타내기도 하며, 옛날에는 나라에서 관리에게 녹봉으로 쌀, 콩과 같은 먹을 것을 주었기 때문에 '녹봉'을 나타내기도 한다. 이 글자를 부수로 갖는 글자는 먹는 행위나 음식물과 관련이 있다.

食 ⓪ 9획 ❶ 밥 식 ❷ 밥 사 [日]ショク·めし·くう [中]shí, sì, yì

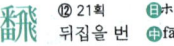

*상형. 뚜껑이 덮인 식기에 음식물이 가득 담겨 있는 모양을 본뜬 글자. 이에 '밥'의 뜻으로 쓰임.

[풀이] [1] 1. 밥. 음식. ¶食費 2. 먹다. ¶食糧 3. 녹봉. 4. 먹이다. 기르다. [2] 5. 밥.

食口(식구) 한 집에서 함께 살며 끼니를 함께하는 사람.

食堂(식당) 1)식사를 하는 곳. 2)간단한 음식물을 만들어 파는 가게.

食糧(식량) 먹을 양식.

食費(식비) 밥값. 음식비.

食事(식사) 밥을 먹는 일.

食率(식솔) 집안에 딸린 식구.

食言(식언) 앞서 한 약속이나 말과 다르게 말함.

食卓(식탁) 식사할 때에 음식물을 벌여 놓는 데 쓰이는 큰 탁자.

過食(과식) 지나치게 많이 먹음.

斷食(단식) 음식 먹는 것을 끊음.

[유] 飯(밥 반)

飢 ② 11획 주릴 기 [日]キ [中]jī

*형성. 뜻을 나타내는 부수 '食(밥 식)'과 음을 나타내며 부족하다는 의미를 지닌 '几(안석 궤)'를 합친 글자. 이에 먹을 것이 부족한 것을 나타내어, '주리다'의 뜻으로 쓰임.

[풀이] 1. 주리다. 굶다. 굶기다. ¶飢餓 2. 흉년. 흉년이 들다. ¶飢饉

飢饉(기근) 흉년이 듦.

飢餓(기아) 굶주림.

飢寒(기한) 1)배고프고 추움. 2)먹을 것과 입을 것이 없어 생활이 곤란함.

療飢(요기) 조금 먹어 시장기를 면함.

[食 2~5획] 飡飱飯殄飫飮飭飼飾

飡 ② 11획
① 飧(p821)의 俗字
② 餐(p823)과 同字

飧 ③ 12획
저녁밥 손
🇯 ソン・よるごはん
🇨 sūn

*회의. 저녁[夕]에 먹는 밥[食]이라는 의미에서 '저녁밥'의 뜻으로 쓰임.

풀이 1. 저녁밥. ¶飧饔 2. 익힌 음식.
飧饔(손옹) 저녁밥과 아침밥.

飯 ④ 13획
밥 반
🇯 ハン・めし
🇨 fàn

ノ 丿 𠂉 𠂉 𠂉 亽 仒 仒 仒 飠 飣 飯 飯

*형성. 뜻을 나타내는 부수 '食(밥 식)'과 음을 나타내는 '反(돌이킬 반)'을 합친 글자.

풀이 1. 밥. ¶朝飯 2. 먹다. ¶飯食
飯床(반상) 밥과 반찬을 차린 밥상.
朝飯(조반) 아침밥.
🇺 食(밥 식) 🇧 飮(마실 음)

殄 ④ 13획
飧(p821)의 俗字

飫 ④ 13획
실컷 먹을 어
🇯 ゴ
🇨 yù

*형성. 뜻을 나타내는 부수 '食(밥 식)'과 음을 나타내는 '夭(어릴 요)'를 합친 글자.

풀이 1. 실컷 먹다. ¶飫聞 2. 베풀다. ¶飫賜
飫聞(어문) 물리도록 많이 들음.
飫賜(어사) 충분한 술과 음식을 하사함.

飮 ④ 13획
마실 음
🇯 イン・のむ
🇨 yǐn, yìn

ノ 丿 𠂉 𠂉 𠂉 亽 仒 仒 仒 飠 飣 飮

*회의. 입을 벌리고[欠] 술을 마시는[食] 것을 나타내어, '마시다'의 뜻으로 쓰임.

풀이 1. 마시다. ¶飮酒 2. 먹이다. ¶飮馬 3. 마실 것. 음료.
飮料(음료) 마실거리.
飮馬(음마) 말에게 물을 먹임.
飮食(음식) 1)음식물. 2)먹고 마심.
飮酒(음주) 술을 마심.
試飮(시음) 시험 삼아 마셔 봄.
🇧 飯(밥 반)

飭 ④ 13획
신칙할 칙
🇯 チク
🇨 chì

풀이 1. 신칙하다. 타이르고 훈계하다. ¶飭勵 2. 삼가다. 근신하다. ¶飭身
飭勵(칙려) 타이르고 격려함.
飭身(칙신) 몸을 삼감.
🇧 飾(꾸밀 식)

飼 ⑤ 14획
먹일 사
🇯 シ・くう
🇨 sì

풀이 1. 먹이다. 기르다. 2. 먹이.
飼料(사료) 가축의 먹이.

飾 ⑤ 14획
꾸밀 식
🇯 ショク・かざる
🇨 shì

ノ 丿 𠂉 𠂉 𠂉 亽 仒 仒 仒 飠 飣 飾 飾

*형성. 뜻과 음을 나타내는 부수 '食(밥 식)'에 '人(사람 인)'과 '巾(수건 건)'을 합친 글자. 사람이 수건으로 닦아서 깨끗이 하는 것을 나타내어, '꾸미다'의 뜻으로 쓰임.

풀이 1. 꾸미다. 치장하다. ¶飾言 2. 치장. 장식.
飾言(식언) 거짓으로 꾸민 말.
假飾(가식) 거짓으로 꾸밈.
裝飾(장식) 꾸밈.

㈜ 粧(단장할 장) 裝(꾸밀 장)
㈏ 飭(삼갈 칙)

飴 ⑤ 14획
❶ 엿 이 ㊐イ・サ
❷ 먹일 사 ㊥yí

*형성. 뜻을 나타내는 부수 '食(먹을 식)'과 음을 나타내는 '台(나 이)'를 합친 글자.

[풀이] ❶ 1. 엿. 단 음식. ¶飴糖 2. 달다. 단맛. ❷ 3. 먹이다. 기르다.
飴糖(이당) 엿.

飽 ⑤ 14획
배부를 포 ㊐ホウ・あきる ㊥bǎo

ノ𠂉ㅅ𠂉亽亽亽食食飠飠飽飽

*형성. 뜻을 나타내는 부수 '食(밥 식)'과 음을 나타내며 커지다'를 의미하는 '包(쌀 포)'를 합친 글자. 이에 '배부르다'의 뜻으로 쓰임.

[풀이] 1. 배부르다. ¶飽暖 2. 실컷 먹다. 3. 만족하다. ¶飽足
飽暖(포난) 배불리 먹고 따뜻하게 입음.
飽食(포식) 배불리 먹음.
飽滿(포만) 배불리 먹어 만족스러워함.

餃 ⑥ 15획
경단 교 ㊐ギョウ ㊥jiāo

[풀이] 1. 경단. 2. 교자(餃子). 소를 넣은 찐만두의 일종.

餅 ⑥ 15획
餠(p823)의 俗字

養 ⑥ 15획
기를 양 ㊐ヨウ・そなう ㊥yǎng

丷丷兰丷羊丷养养养養養養

*형성. 뜻을 나타내는 부수 '食(밥 식)'과 음을 나타내는 '羊(양 양)'을 합친 글자. 이에 양에게 먹이를 먹여 기르는 것을 나타내어, '기르다', '양육하다'의 뜻으로 쓰임.

[풀이] 1. 기르다. 양육하다. 2. 봉양하다. 3. 다스리다. 병을 고치다.
養豚(양돈) 돼지를 기름.
養成(양성) 교육을 통해 인재를 기름.
養育(양육) 길러 자라게 함.
養子(양자) 데려다 키운 수양아들.

餌 ⑥ 15획
먹이 이 ㊐ジ・えさ ㊥ěr

*형성. 뜻을 나타내는 부수 '食(먹을 식)'과 음을 나타내는 '耳(귀 이)'를 합친 글자.

[풀이] 1. 먹이. 사료. 2. 음식. 3. 낚다. 미끼로 꾀다. ¶餌啗
餌啗(이담) 1)먹이를 먹임. 2)미끼를 주어 남을 꾀는 일.

餉 ⑥ 15획
건량 향 ㊐ギョウ ㊥xiǎng

*형성. 뜻을 나타내는 부수 '食(먹을 식)'과 음을 나타내는 '向(향할 향)'을 합친 글자.

[풀이] 1. 건량(乾糧). 말린 식량. 2. 군량. 군자금. ¶餉給
餉饋(향궤) 군량(軍糧). 군량미.
餉給(향급) 군량미를 줌.

餒 ⑦ 16획
주릴 뇌 ㊐ナイ ㊥něi

[풀이] 1. 주리다. 굶주리다. ¶餒饉 2. 굶기다.
餒饉(뇌근) 굶주림.

餓 ⑦ 16획
주릴 아 ㊐ア ㊥è

ノ𠂉ㅅ𠂉亽亽亽食食飠飠飠飢餓餓

餓

풀이 주리다. 굶주리다. ¶餓死
餓死(아사) 굶어 죽음.
飢餓(기아) 굶주림.

餘 ⑦ 16획 日ヨ 나머지 여 中yú

*형성. 뜻을 나타내는 부수 '食(밥 식)'과 음을 나타내는 '余(너 여)'를 합친 글자.

풀이 1. 나머지. 여분. 2. 남다. 넉넉하다. ¶餘生 3. 다른.
餘力(여력) 남은 힘.
餘生(여생) 1)남은 생애. 2)간신히 살아난 목숨.
餘裕(여유) 1)넉넉함. 2)조급하게 굴지 않고 사리를 찬찬히 판단함.
餘恨(여한) 풀리지 않고 남은 원한.

餐 ⑦ 16획 日サン・ザン 먹을 찬 中cān

풀이 1. 먹다. 마시다. ¶餐飯 2. 음식. ¶晩餐
餐飯(찬반) 밥을 먹음. 식사.
晩餐(만찬) 특별한 날 정성 들여 차린 저녁밥.

館 ⑧ 17획 日カン 객사 관 中guǎn

*형성. 뜻을 나타내는 부수 '食(밥 식)'과 음을 나타내는 '官(벼슬 관)'을 합친 글자. 공무로 여행 중인 관리에게 숙식(食)을 제공하는 관사(官)인 '역참'을 나타내며, 의미가 확대되어 '여관'의 뜻으로 쓰임.

풀이 1. 객사. 여관. 2. 묵다. 묵게 하다.
旅館(여관) 여행객을 숙박시키는 일을 업으로 하는 집.

餅 ⑧ 17획 日ビョウ・もち 떡 병 中bǐng

풀이 떡. ¶餅師
餅師(병사) 떡 장수.

餞 ⑧ 17획 日セン 전송할 전 中jiàn

*형성. 뜻을 나타내는 부수 '食(먹을 식)'과 음을 나타내는 '戔(작을 전)'을 합친 글자.

풀이 1. 전송하다. 잔치를 베풀어 송별하다. ¶餞送 2. 떠나보내다.
餞送(전송) 작별하여 보냄.

饉 ⑪ 20획 日キン 흉년 들 근 中jǐn

풀이 흉년이 들다. 흉년.
饑饉(기근) 흉년이 듦.

饅 ⑪ 20획 日マン・ぎょうざ 만두 만 中mán

풀이 만두.
饅頭(만두) 밀가루를 반죽하고 소를 넣어 삶거나 찐 음식의 한 가지.

饋 ⑫ 21획 日クイ 보낼 궤 中kuì

*형성. 뜻을 나타내는 부수 '食(먹을 식)'과 음을 나타내는 '貴(귀할 귀)'를 합친 글자.

풀이 보내다. 음식·물품을 보내다. ¶饋糧
饋糧(궤량) 식량을 보냄. 또는 그 식량.

饑 ⑫ 21획 日キ 주릴 기 中jī

[食 12~14획] 饉饒饌饔饗饜 [首 0획] 首

* 형성. 뜻을 나타내는 부수 '食(먹을 식)'과 음을 나타내는 '幾(기미 기)'를 합친 글자.

풀이 1. 주리다. 굶주리다. ¶饑寒 2. 흉년이 들다. 흉년. ¶饑饉

饑饉(기근) 흉년이 듦.
饑癘(기려) 기아와 질병.
饑寒(기한) 굶주리고 추위에 떪.

饍 ⑫ 21획
膳(p611)과 同字

饒 ⑫ 21획
日ヨウ ⊕ráo
넉넉할 요

* 형성. 뜻을 나타내는 부수 '食(먹을 식)'과 음을 나타내는 '堯(요임금 요)'를 합친 글자.

풀이 1. 넉넉하다. 풍족하다. ¶饒給 2. 여유. 여분. 3. 너그럽다.

饒給(요급) 넉넉함. 풍족함.
饒舌(요설) 수다스럽게 떪듦.
饒優(요우) 넉넉하게 많음.

饌 ⑫ 21획
日サン ⊕zhuàn
음식 찬

풀이 1. 음식. 반찬. 2. 음식을 차리다.

饌饋(찬궤) 음식을 차려서 대접함.
饌珍(찬진) 진귀한 음식.

饔 ⑬ 22획
日オウ ⊕yōng
아침밥 옹

* 형성. 뜻을 나타내는 부수 '食(먹을 식)'과 음을 나타내는 '雝(화목할 옹)'을 합친 글자.

풀이 1. 아침밥. 조반. ¶饔飧 2. 밥을 짓다. 조리하다.

饔膳(옹선) 잘 차린 음식.
饔飧(옹손) 아침밥과 저녁밥.

饗 ⑬ 22획
日キョウ ⊕xiǎng
대접할 향

* 형성. 뜻을 나타내는 부수 '食(먹을 식)'과 음을 나타내는 '鄕(시골 향)'을 합친 글자.

풀이 1. 대접하다. ¶饗宴 2. 잔치. 연회. 3. 누리다. 향유하다. 4. 제사 지내다.

饗宴(향연) 음식을 베풀어 대접함. 또는 그 자리. 향응(饗應).
饗奠(향전) 음식을 차려 놓고 제사 지냄.

饜 ⑭ 23획
日エン ⊕yàn
물릴 염

* 형성. 뜻을 나타내는 부수 '食(먹을 식)'과 음을 나타내는 '厭(싫을 염)'을 합친 글자. 이에 '물리다', '싫증나다'의 뜻으로 쓰임.

풀이 1. 물리다. 싫증나다. 2. 만족하다. ¶饜飽

饜飫(염어) 포식함.
饜飽(염포) 만족함.

首부

首 머리 수 部

'首'자는 눈과 머리털이 있는 머리 모양을 나타낸 글자로 '머리'를 뜻한다. 머리는 신체 가운데 가장 높은 곳에 있고 기억이나 생각을 하는 중심이 되기 때문에 '우두머리 나 임금'을 나타내기도 하고, 시간적으로 가장 이른 때를 가리켜 '시초'나 '먼저'의 뜻을 지니기도 한다. 또한, 수석(首席)에서처럼 '첫째 나, 수도(首都)에서처럼 '가장 중심이 되는 부분'을 나타내기도 한다. 그러나 부수로서의 역할은 크지 않다.

首 ⓞ 9획
日シュ·くび ⊕shǒu
머리 수

丶丷艹丷产首首首首

* 상형. 머리털이 나 있는 사람의 머리 모양을 본뜬 글자.

[首 2~8획] 馗䤈 [香 0~11획] 香䭽馥馨

풀이 1. 머리. ¶首尾 2. 우두머리. ¶首領 3. 으뜸. 첫째. 4. 시작. 서두 5. 수(首). 편(篇). 시문(詩文)을 세는 단위. 6. 자백하다. ¶自首

首肯(수긍) 고개를 끄덕임. 옳다고 인정함.
首腦(수뇌) 한 단체나 기관 등에서 가장 중요한 역할을 하는 자리. 또는 그 자리에 있는 사람.
首都(수도) 서울.
首領(수령) 한 당파나 무리의 우두머리.
首尾(수미) 머리와 꼬리.
首席(수석) 1)맨 윗자리. 2)1등.
首勳(수훈) 첫째가는 큰 공훈.
自首(자수) 죄를 지은 사람이 자진해서 범죄 사실을 신고함.

㈜ 頭(머리 두) 頁(머리 혈)

馗 ② 11획 日キ・キュウ 광대뼈 구・규 中kuí

풀이 광대뼈.

䤈 ⑧ 17획 日キク 벨 괵 中guó

풀이 베다. 전쟁에서 적의 목이나 귀를 자름. 또는 잘라 낸 목이나 귀.

䤈首(괵수) 목을 벰.

香부

香 향기 향部

'香'자는 추상적인 '향기'를 뜻하는 글자로, 향수(香水)에서처럼 '향기롭다'나 분향(焚香)에서처럼 불에 태우는 '향'의 뜻을 나타내기도 한다. 이 글자를 부수로 갖는 글자는 향기와 관련된 의미를 갖는다.

香 ⓪ 9획 日コウ・かおり 향기 향 中xiāng

* 회의. '黍(기장 서)'와 '甘(달 감)'을 합친 자. 이에 기장을 삶을 때 나는 맛있는 냄새를 나타내어, '향기'의 뜻으로 쓰임.

풀이 1. 향기. ¶墨香 2. 향. 향내를 풍기는 물건. ¶焚香 3. 향기롭다.

香氣(향기) 향기로운 냄새.
香料(향료) 향내를 풍기는 물품. 그윽한 향을 담고 있는 원료.
香水(향수) 1)향기 나는 물. 2)화장품의 한 가지.
墨香(묵향) 먹에서 나는 향기로운 냄새.
焚香(분향) 제사나 예불 의식에서 향을 피움.

㈜ 薰(향풀 훈)
㈑ 쫩(유창할 답) 杳(어두울 묘)

䭽 ⑤ 14획 日ヒツ 향기로울 필 中bì

* 형성. 뜻을 나타내는 부수 '香(향기 향)'과 음을 나타내는 '必(반드시 필)'을 합친 글자.

풀이 향기롭다. 향내가 나다.

䭽馞(필발) 매우 향기로운 모양.

馥 ⑨ 18획 日フク 향기 복 中fù

* 형성. 뜻을 나타내는 부수 '香(향기 향)'과 음을 나타내는 '复(갈 복)'을 합친 글자.

풀이 1. 향기. ¶馥郁 2. 향기롭다.

馥氣(복기) 좋은 냄새. 향기(香氣).
馥郁(복욱) 향기가 남.

馨 ⑪ 20획 日ギョウ 향기 형 中xīn

풀이 1. 향기. 2. 향기롭다.

馨逸(형일) 향기가 유달리 좋음.
馨香(형향) 향내.

馬부

馬 말 마 部

'馬'자는 몸집이 크고, 긴 갈기와 꼬리, 네 다리를 가진 짐승 모양을 나타낸 글자로, '말'을 뜻한다. 말은 옛날부터 교통의 수단이었기 때문에 교통수단을 나타내기도 하며, 전쟁과 관련된 어휘에서도 자주 사용되었다. 이 글자를 부수로 갖는 글자는 흔히 말의 종류나 동작과 관련이 있다.

馬 ⓪ 10획 / 말 마
- 日: バ・マ・うま
- 中: mǎ

丨 厂 ㄏ ㄐ 馬 馬 馬 馬 馬

* 상형. 말의 모습, 즉 말의 머리와 갈기, 꼬리와 네 다리를 본뜬 글자.

[풀이] 말. ¶馬夫

馬脚(마각) 1)말의 다리. 2)숨겨 두었던 본성.

馬力(마력) 말 1필의 힘. 746W의 전력에 해당하는 동력 단위.

馬夫(마부) 1)말구종. 2)말을 부리는 사람.

馬耳東風(마이동풍) 말의 귀를 스치는 동풍이라는 뜻으로, 남의 말이나 충고를 귀담아듣지 않고 흘려 버림을 이르는 말.

馬車(마차) 말이 끄는 수레.

馬匹(마필)

馮 ② 12획
❶ 업신여길 빙 日: ヒョウ・フウ
❷ 성 풍 中: féng, píng

[풀이] ❶ 1. 업신여기다. ¶馮陵 2. 믿다. 의지하다. 3. 오르다. 올라타다. 4. 건너다. ¶馮河 ❷ 5. 성(姓).

馮河(빙하) 걸어서 황하(黃河)를 건넌다는 뜻으로, 무모한 용기를 이르는 말.

馭 ② 12획 / 말 부릴 어
- 日: ギョ・ゴ / おさめる
- 中: yù

* 형성. 뜻을 나타내는 부수 '馬(말 마)'와 음을 나타내는 '又(또 우)'를 합친 글자. 손(又)으로 말(馬)을 끌고 간다는 데서 '말을 부리다'의 뜻으로 쓰임.

[풀이] 1. 말을 부리다. ¶馭馬 2. 마부(夫). 3. 다스리다. ¶馭下

馭馬(어마) 말을 몲. 말을 부림.

馭下(어하) 아랫사람 혹은 부하를 거느려 다스림.

馴 ③ 13획 / 길들 순
- 日: ジュン・クン / なれる
- 中: xùn

[풀이] 길들다. 길들이다. ¶馴服

馴服(순복) 잘 길들여 따름.

馴致(순치) 1)짐승을 길들임. 2)점차 변하여 목표로 하는 상태에 이르게 함.

□ 順(순할 순)

馳 ③ 13획 / 달릴 치
- 日: チ / はせる
- 中: chí

[풀이] 달리다. 질주하다.

馳到(치도) 달음질하여 이름.

馳騁(치빙) 1)말을 빨리 몲. 2)바삐 돌아다님.

□ 走(달릴 주)

駄 ③ 13획 / 실을 태
- 日: タ・ダ
- 中: duò, tuó

[풀이] 싣다. 마소의 등에 짐을 싣다.

駄馬(태마) 짐을 싣는 말.

驱

④ 14획

驅(p829)의 俗字

駁

④ 14획 ❙ ハク・バク・まだら
얼룩말 박 ⊕bó

풀이 1. 얼룩말. 2. 섞이다. 순수하지 못하다. ¶駁雜 3. 논박하다.

駁論(박론) 반박하는 의론.
駁雜(박잡) 뒤섞이어 어수선함.

駅

④ 14획

驛(p830)의 俗字

馹

④ 14획 ❙ ジツ・ニチ・つぎうま
역말 일 ⊕rì

풀이 역말. 역마(驛馬). 각 역참에 갖추어 둔 말.

駄

④ 14획

駄(p826)의 俗字

駕

⑤ 15획 ❙ カ
탈것 가 ⊕jià

*형성. 뜻을 나타내는 부수 '馬(말 마)'와 음을 나타내는 '加(더할 가)'를 합친 글자.

풀이 1. 탈것. 수레. 2. 멍에를 메우다. 3. 수레에 타고 말을 부리다. ¶駕御

駕御(가어) 말을 자유자재로 부림.
凌駕(능가) 1)수레를 넘음. 2)다른 것을 앞지름.

駒

⑤ 15획 ❙ ク
망아지 구 ⊕jū

*형성. 뜻을 나타내는 '馬(말 마)'와 음을 나타내는 '句(구절 구)'를 합친 글자.

풀이 1. 망아지. ¶駒馬 2. 소년. 젊은이.

駒隙(구극) 세월이 덧없이 빨리 지나감을 이르는 말.
駒齒(구치) 젖니를 아직 갈지 않음. 어린 나이를 이르는 말.

駑

⑤ 15획 ❙ ノウ
둔할 노 ⊕nú

*형성. 뜻을 나타내는 '馬(말 마)'와 음을 나타내는 '奴(종 노)'를 합친 글자.

풀이 1. 둔하다. 느리다. 2. 미련하다.

駑鈍(노둔) 어리석고 둔함. 아둔함.
駑馬(노마) 둔한 말.

駙

⑤ 15획 ❙ フ・そえうま
곁마 부 ⊕fù

*형성. 뜻을 나타내는 '馬(말 마)'와 음을 나타내는 '付(줄 부)'를 합친 글자.

풀이 곁마. 부마(副馬). 예비로 끌고 다니는 말.

駙馬(부마) 임금의 사위.

駟

⑤ 15획 ❙ シ
사마 사 ⊕sì

*형성. 뜻을 나타내는 부수 '馬(말 마)'와 음을 나타내는 '四(넉 사)'를 합친 글자. 네(四) 마리의 말(馬), 즉 '사마'의 뜻으로 쓰임.

풀이 사마. 한 수레를 함께 끄는 네 마리의 말. ¶駟馬

駟馬(사마) 네 마리의 말이 끄는 수레. 또는 그 네 마리의 말.

駐

⑤ 15획 ❙ チュウ・とどめる
머무를 주 ⊕zhù

*형성. 뜻을 나타내는 부수 '馬(말 마)'와 음을 나타내는 '主(주인 주)'를 합친 글자.

풀이 1. 머무르다. ¶駐屯 2. 멈추다.

駐屯(주둔) 군대가 어떤 곳에 오래 머무름.
駐在(주재) 1) 한곳에 머물러 있음. 2) 직무상 파견되어 그곳에 머물러 있음.
參 宿(묵을 숙) 留(머무를 류)

駝 ⑤ 15획 日タ・ダ 낙타 타 中tuó

풀이 1. 낙타. 2. 타조. ¶駝鷄
駝鷄(타계) 타조의 다른 이름.
參 駱(낙타 락)

駘 ⑤ 15획 日タイ 둔마 태 中dài, tái

풀이 1. 둔마(鈍馬). 2. 둔하다.
비 駔(준마 장)

駱 ⑥ 16획 日ラク 낙타 락(낙) 中luò

풀이 1. 낙타. 2. 가리온. 털이 희고 갈기는 검은 말.
駱駝(낙타) 낙타과의 포유동물.
參 駝(낙타 타)

駭 ⑥ 16획 日カイ・ガイ 놀랄 해 中hài

*형성. 뜻을 나타내는 부수 '馬(말 마)'와 음을 나타내는 '亥(돼지 해)'를 합친 글자.
駭怪(해괴) 매우 괴상함.
駭愕(해악) 몹시 놀람.

騁 ⑦ 17획 日テイ・はせる 달릴 빙 中chěng

풀이 1. 달리다. 질주하다. 2. 발휘하다. ¶騁能
騁能(빙능) 재능을 발휘함.

騁志(빙지) 뜻을 펼침.

騃 ⑦ 17획 日ガイ・サ ❶ 어리석을 애 ❷ 말 달릴 사 中ái

풀이 ❶ 1. 어리석다. 무지하다. ¶騃態
❷ 2. 말이 달리다.
騃態(애태) 어리석고 무지한 모양.
參 愚(어리석을 우) 비 駿(준마 준)

駿 ⑦ 17획 日シュン 준마 준 中jùn

*형성. 뜻을 나타내는 부수 '馬(말 마)'와 음을 나타내며 '뛰어나다'의 뜻을 지닌 부수 이외의 글자를 합친 글자. 이에 '뛰어난 말'의 뜻으로 쓰임.
풀이 1. 준마(駿馬). 2. 준걸. 뛰어난 사람. 3. 걸출하다. 빼어나다. ¶駿敏
駿馬(준마) 잘 달리는 훌륭한 말.
駿敏(준민) 뛰어나고 총명함.
參 鰲(준마 오) 비 俊(준걸 준)

騎 ⑧ 18획 日キ・ギ・のる 말 탈 기 中qí

丨 ㄷ ㄸ ㅌ ㅌ 馬 馬 馬 馬 馬 馬 馬 馬 馬 馬 馬 馬 騎 騎 騎

*형성. 뜻을 나타내는 부수 '馬(말 마)'와 음을 나타내는 '奇(기이할 기)'를 합친 글자.
풀이 1. 말을 타다. 2. 기병(騎兵). 기사(騎士).
騎虎之勢(기호지세) 범을 타고 달리는 사람이 도중에 내릴 수 없는 것처럼, 도중에서 그만두거나 물러설 수 없는 형세를 이르는 말.

騏 ⑧ 18획 日キ 털총이 기 中qí

풀이 1. 털총이. 검고 푸른 무늬가 줄진 말. 2. 준마. 천리마. ¶騏驥

騈

⑧ 18획 日ヘン・ベン
나란히 할 ·ならぶ
변·병 ⊕pián

[풀이] 1. 나란히 하다. 2. 늘어서다. 나열하다. ¶騈列 3. 줄. 열(列).
騈列(변열) 나란히 늘어섬.
騈田(변전) 1)나란히 늘어섬. 2)많은 모양.
동 倂(나란히 할 병) 竝(나란히 할 병)

騅

⑧ 18획 日スイ
오추마 추 ⊕zhuī

[풀이] 오추마. ㉠흰 털이 섞인 검은 말. ㉡항우(項羽)가 탔던 준마 이름.

騙

⑨ 19획 日ヘン
속일 편 ⊕piàn

[풀이] 1. 속이다. 2. 말에 올라타다.
騙馬(편마) 말을 타고 하는 곡예.
騙取(편취) 남의 물건을 속여서 빼앗음.
동 詐(속일 사) 비 徧(두루 편)

騫

⑩ 20획 日ケン
이지러질 건 ⊕jiǎn, qiān

[풀이] 1. 이지러지다. 손상되다. 2. 둔하다. 느리다.
騫馬(건마) 둔한 말.
騫汚(건오) 이지러지고 더러움.

騰

⑩ 20획 日トウ・ドウ
오를 등 あがる·のぼる
⊕téng

丿 丿 月 月 月 於 於 於 於 於 於
胖 胖 勝 騰 騰 騰 騰

* 형성. 뜻을 나타내는 부수 '馬(말 마)'와 음을 나타내는 '朕(나 짐)'을 합친 글자.

[풀이] 1. 오르다. 오르게 하다. ¶騰貴 2. 타다. 올라타다. ¶騰駕 3. 뛰다.
騰貴(등귀) 물품이 부족하여 값이 뛰어오름.
騰騰(등등) 부리는 기세가 상대의 기를 누를 만큼 높고 당창. 서슬이 푸름.
騰躍(등약) 뛰어오름. 뛰어넘음.
동 昇(오를 승)
비 勝(이길 승) 膝(무릎 슬)

騷

⑩ 20획 日ソウ・さわぐ
떠들 소 ⊕sāo

丨 厂 厂 厅 馬 馬 馬 馬 馬 馬 馬
馬 馬 騷 騷 騷 騷 騷 騷

* 형성. 뜻을 나타내는 부수 '馬(말 마)'와 음을 나타내는 '蚤(벼룩 조)'를 합친 글자.

[풀이] 1. 떠들다. 소동을 피우다. ¶騷騷 2. 근심. 근심하다. 3. 시부(詩賦). 풍류(風流). ¶騷客
騷客(소객) 시인(詩人).
騷騷(소소) 부산하고 시끄러움.
騷人墨客(소인묵객) 시문(詩文)·서화(書畫)를 하는 풍류객.
동 驥(떠들썩할 빈)

騶

⑩ 20획 日スウ・シュウ
마부 추 ⊕zōu

[풀이] 1. 마부. 2. 기사(騎士). ¶騶騎
騶騎(추기) 말을 타는 사람.
騶御(추어) 마부(馬夫).

驅

⑪ 21획 日ク・かける
몰 구 ⊕qū

丨 厂 厂 厅 厅 馬 馬 馬 馬 馬 馬馬 馬 馬 馬 騙 騙 驅

[풀이] 1. 몰다. 말을 달리게 하다. 2. 몰아내다. ¶驅逐 3. 부리다.
驅動(구동) 기계의 바퀴나 축에 동력

驅除(구제) 해충 등을 몰아내어 없앰.
驅逐(구축) 몰아냄.
驅蟲(구충) 약품 등을 사용하여 해충이나 기생충 등을 없앰.

騾 ⑪ 21획 日ラ 노새 라(나) 中luó

풀이 노새. 암말과 수나귀 사이에 난 잡종.

騾子軍(나자군) 노새를 탄 기병.
유 贏(노새 라)

驀 ⑪ 21획 日バク・ミャク 말 탈 맥 中mò

풀이 1. 말을 타다. 2. 뛰어넘다. 넘어서다. ¶驀越
驀越(맥월) 뛰어넘음. 초월(超越).
유 騎(말탈 기)

驃 ⑪ 21획 日ヒョウ 표절따 표 中biāo

풀이 1. 표절따. 흰빛이 섞인 누런 바탕에 갈기와 꼬리가 흰 말. 2. 말이 빠르게 달리는 모양. 3. 굳세다. 날래고 용감하다.

驕 ⑫ 22획 日キョウ・おごる 교만할 교 中jiāo

풀이 1. 교만하다. ¶驕態 2. 속이다. 3. 제멋대로 굴다.
驕肆(교사) 교만하고 방자함.
驕傲(교오) 교만하고 건방짐.
驕態(교태) 교만한 태도.
유 怚(교만할 저) 비 轎(가마 교)

驍 ⑫ 22획 日ギョウ・キョウ・つよい 날랠 효 中xiāo

풀이 1. 날래다. 용맹하다. ¶驍勇 2. 날랜 말. 준마.
驍名(효명) 용감하다는 명성.
驍勇(효용) 사납고 날쌤.
유 勇(날쌜 용)

驚 ⑬ 23획 日キョウ・ケイ・おどろく 놀랄 경 中jīng

* 형성. 뜻을 나타내는 부수 '馬(말 마)'와 음을 나타내는 '敬(공경할 경)'을 합친 글자.

풀이 1. 놀라다. 놀라게 하다. ¶驚愕 2. 빠르다. 3. 경기(驚氣).
驚覺(경각) 놀라서 잠을 깸.
驚愕(경악) 깜짝 놀람.
驚天動地(경천동지) 하늘이 놀라고 땅이 흔들린다는 뜻으로, 크게 세상을 놀라게 함을 이르는 말.
驚歎(경탄) 1)놀라 탄식함. 2)매우 감탄함.
驚惶(경황) 놀라고 두려워함.
유 駭(놀랄 해) 愕(놀랄 악)

驛 ⑬ 23획 日エキ 역참 역 中yì

丨丆丆丆丆馬馬馬馬馬駅駅駅駅駅駅駅駅駅駅駅

* 형성. 뜻을 나타내는 부수 '馬(말 마)'와 음을 나타내며 '바꾸다'의 뜻을 지닌 '睪(엿볼 역)'을 합친 글자. 이에 말을 갈아타는 곳을 나타내어, '역참'의 뜻으로 쓰임.

풀이 1. 역참. 역마를 갈아타던 곳. ¶驛館 2. 역마. 역말. 각 역참에 갖추어 둔 말. 3. 역.
驛館(역관) 역참(驛站)에서 공무로 여행하는 관원이 묵던 집.
驛馬(역마) 역참에 대기시켜 두고 관

용으로 쓰던 말.
驛舍 (역사) 역으로 쓰는 건물.
驛站 (역참) 역(驛)과 참(站). 역마(驛馬)를 바꿔 타던 곳.

驗 ⑬ 23획　日ケン　시험 험　中yàn

丨ｒＦＦ馬馬馬馬馬馬馬馬馬馬馬馬馬馬馬馬馬馬

[풀이] 1. 시험. 2. 증험하다. 시험하다. ¶試驗 3. 증거. 4. 효험. 보람. ¶效驗
驗證 (험증) 증거를 조사함.
經驗 (경험) 실제로 겪음.
試驗 (시험) 1)어떤 능력을 실제로 알아봄. 2)교과 성적의 우열을 알아봄.
效驗 (효험) 좋은 보람.
[비] 險 (험할 험)

驟 ⑭ 24획　日シュウ・はしる　달릴 취　中zhòu

[풀이] 1. 달리다. 2. 갑작스럽다. ¶驟雨 3. 여러 번. 자주.
驟暑 (취서) 갑자기 닥친 더위.

驥 ⑯ 26획　日キ　천리마 기　中jì

[풀이] 1. 천리마. 준마. ¶驥足 2. 뛰어난 인재.
驥足 (기족) 1)뛰어난 말의 발. 2)뛰어난 재능.

驢 ⑯ 26획　日リョ・ロ　당나귀 려(여)　中lú

[풀이] 당나귀. 나귀. ¶驢騾
驢車 (여거) 당나귀가 끄는 수레.
驢騾 (여라) 당나귀와 노새.
[비] 臚 (살갗 려)

驩 ⑱ 28획　日カン・よろこび　기뻐할 환　中huān

[풀이] 기뻐하다. 즐거워하다. ¶驩然
驩然 (환연) 기뻐하는 모양.
驩合 (환합) 기쁘게 화합함.

驪 ⑲ 29획　日リ・レイ　가라말 려(여)　中lí

[풀이] 가라말. 순흑색의 말. ¶驪驪
驪駒 (여구) 1)가라말. 2)헤어질 때에 부르는 노래.

骨부

骨 뼈 골 部

'骨'자는 살이 붙어 있는 뼈를 본뜬 글자로, '뼈'를 뜻한다. 뼈는 몸속에 단단히 굳어 있는 부분이므로 '사물의 중추'를 나타내거나, 골격의 중심이 된다고 하여 '골격'을 나타내기도 한다. 또한 귀골(貴骨)에서처럼 '풍채'나 '기골'의 뜻으로 쓰이거나, 성골(聖骨)·진골(眞骨)처럼 '계급'을 나타내기도 한다. 뼈와 관련된 글자는 대부분 이 글자를 부수로 삼고 있다.

骨 ⓪ 10획　日コツ・ほね　뼈 골　中gū, gǔ

丨口冎冎冎骨骨骨骨

[풀이] 1. 뼈. ¶骨折 2. 뼈대. 골격. 3. 사물의 중추. ¶骨子
骨格 (골격) 뼈의 조직. 뼈대.
骨髓 (골수) 1)뼈 내부에 차 있는 결체질(結締質)의 연한 조직. 2)요점.
骨肉相殘 (골육상잔) 1)부자·형제

사이에 서로 해침. 2)같은 민족끼리 서로 해치고 싸움.

骨子(골자) 1)뼈. 2)요점. 사물의 긴요한 부분.

骨折(골절) 뼈가 부러짐.

[유] 骼(뼈 격) 骸(뼈 해)

骸 ⑥ 16획 [日] カイ
뼈 해 [中] hái

[풀이] 뼈. 해골. ¶骸筋

骸筋(해근) 뼈와 살. 몸.

[유] 骨(뼈 골) 骼(뼈 격)

髀 ⑧ 18획 [日] ヒ・ビ
넓적다리 비 [中] bì

*형성. 뜻을 나타내는 부수 '骨(뼈 골)'과 음을 나타내는 '卑(낮을 비)'를 합친 글자.

[풀이] 1. 넓적다리. 대퇴부. ¶髀肉之嘆 2. 넓적다리뼈.

髀肉之嘆(비육지탄) 넓적다리에 살이 찐 것을 한탄한다는 뜻으로, 편안히 지내며 하염없이 세월만 보내고 있음을 한탄함을 이르는 말.

髓 ⑬ 23획 [日] スイ・ズイ
골수 수 [中] suǐ

[풀이] 1. 골수(骨髓). 뼛속에 차 있는 연한 물질. ¶髓腦 2. 핵심. 정수(精髓).

髓腦(수뇌) 1)골수와 뇌. 2)사물의 가장 중요한 부분.

體 ⑬ 23획 [日] タイ・からだ
몸 체 [中] tǐ, tī

丨 ㄱ 冂 冃 冎 冎 骨 骨 骨 骨 骨 骨 骨 骨 骨
骨 骨 骨 骨 骨 骨 骨 骨 骨
髀 髀 髀 髀 髀 髀 髀 髀 體

*형성. 뜻을 나타내는 부수 '骨(뼈 골)'과 음을 나타내는 '豊(예도 례)'를 합친 글자.

[풀이] 1. 몸. 신체. ¶體格 2. 근본. 본체. 3. 몸소. ¶體驗 4. 형상. 용모.

體感(체감) 몸에 어떤 감각을 느낌.

體格(체격) 1)몸의 골격. 2)근육·골격·영양 상태로 나타나는 몸의 겉모양.

體質(체질) 1)몸의 바탕. 2)단체나 조직의 성질.

體面(체면) 남을 대하는 면목.

體臭(체취) 1)몸에서 나는 냄새. 2)그 사람만의 독특한 개성이나 버릇. 즉, 가장 개성적인 것을 비유하는 말.

體統(체통) 지체나 신분에 알맞은 체면. 점잖은 체면.

體驗(체험) 몸소 경험함. 또는 그 경험.

[유] 身(몸 신)

髑 ⑬ 23획 [日] トク・ドク
해골 촉 [中] dú

[풀이] 해골. 죽은 사람의 머리뼈.

髑髏(촉루) 살이 썩고 남은 머리뼈. 해골(骸骨).

[유] 髐(해골 효) 髏(해골 루)
[비] 觸(닿을 촉)

高부
高 높을 고 部

'高'자는 높이 솟아 있는 성의 망루의 모양을 본뜬 글자로, 윗부분의 사각형은 먼 곳을 내다볼 수 있는 장소를 나타내고, 아랫부분의 사각형은 출입구를 나타낸다. 성의 망루는 높은 곳에 위치하고 있기 때문에 '높다'를 뜻하게 되었다. 높다는 뜻은 위치나 지형적인 것을 모두 포함하며, 고등(高等)에서처럼 등급이 높거나, 고결(高潔)에서처럼 사람의 품행이 남보다 뛰어남을 나타내기도 한다. 또한 고견(高見)에서처럼 경의(敬意)를 표하는 말로 쓰이기도 한다.

高

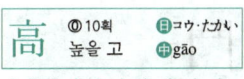
⑩ 10획 　日 コウ・たかい
높을 고　　中 gāo

`﹁ ﹢ ﹢ ﹢ ﹢ 产 产 卢 高 高 高 高`

*상형. 성의 망루의 모양을 본뜬 글자. 원래는 높은 건물을 뜻하다가, 나중에 '높다'의 뜻으로 쓰이게 됨.

[풀이] 1. 높다. ¶高低 2. 높이. 3. 비싸다. ¶高價 4. 뛰어나다. ¶高見

高價(고가) 1)가격이 비쌈. 또는 비싼 가격. 2)가치가 특히 뛰어남.

高貴(고귀) 1)신분이 높고 존귀함. 2)인품이 고상하여 품위가 높음.

高等(고등) 1)등급이 높음. 높은 등급. 2)뛰어나게 좋음.

高齡(고령) 나이가 많음.

高尙(고상) 품위가 높아 천하지 않음. 취미가 높음.

高手(고수) 어떤 분야에서 능력이 매우 뛰어남. 또는 그런 사람.

高枕安眠(고침안면) 베개를 높이 하여 편히 잘 잔다는 뜻으로, 근심 없이 편히 지냄을 비유하는 말.

[비] 崇(높을 숭) [반] 低(낮을 저)底(밑 저)

高
⑪ 11획
高(p833)의 俗字

髟 부

髟 터럭발 部

'髟'자는 '長(길 장)'에 '彡(터럭 삼)'을 더하여, 머리털이 긴 모양을 나타내어 '머리털 늘어질 표'라고 한다. 그러나 단독으로는 쓰이지 않고 주로 부수로 쓰이기 때문에, '터럭발'이라는 부수 명칭으로 많이 쓰인다. 이 글자를 부수로 갖는 글자는 머리털이나 수염과 관련된 의미를 갖는다.

髟
⑩ 10획　日 ホウ
머리털 늘어질 표　中 fāng

[풀이] 1. 머리털이 길게 늘어진 모양. 2. 갈기. 3. 희끗희끗한 머리털.

髡
③ 13획
머리 깎을 곤　中 kūn　日 コン・そる

[풀이] 1. 머리를 깎다. 2. 머리를 깎는 형벌. ¶髡刖

髡頭(곤두) 머리털을 깎음.

髡刖(곤월) 머리를 깎고 발을 자르는 형벌.

[동] 髢(머리 깎을 체)

髣
④ 14획　日 ホウ
비슷할 방　中 fǎng

[풀이] 비슷하다. 닮다. ¶髣髴

髣髴(방불) 매우 비슷하여 구별하기 힘든 모양. 거의 비슷함.

[동] 似(같을 사) 髴(비슷할 불)

髥
④ 14획　日 エン
구레나룻 염　中 rán

*형성. 뜻을 나타내는 부수 '髟(머리털 늘어질 표)'와 음을 나타내는 '冄(나아갈 염)'을 합친 글자.

[풀이] 구레나룻. ¶髥鬚

髥鬚(염수) 구레나룻과 턱수염.

髮
⑤ 15획　日 ハツ・かみ
터럭 발　中 fà

`﹁ ﹢ ﹢ ﹢ ﹢ F E 토 튯 튯 튯 髮`
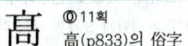

*형성. 뜻을 나타내는 부수 '髟(머리털 늘어질 표)'와 음을 나타내는 '犮(달릴 발)'을 합친 글자.

[풀이] 터럭. 머리털. ¶髮膚

髮膚(발부) 머리털과 피부.
髮指(발지) 매우 성내는 모양.
髮漂(발표) 조금. 겨우.
頭髮(두발) 머리털.
削髮(삭발) 머리를 박박 깎음.
昷 毛(털 모)

髴 ⑤ 15획 日フツ·ヒ
비슷할 불 ⊕fú

[풀이] 비슷하다. 방불하다. ¶髣髴

髯 ⑤ 15획
髥(p833)의 俗字

鬚 ⑫ 22획 日シュ·ス·ひげ
수염 수 ⊕xū

[풀이] 수염.
鬚髥(수염) 턱수염과 구레나룻.
昷 鬍(수염 호)

鬟 ⑬ 23획 日カン·わげ
쪽 환 ⊕huán

[풀이] 쪽. 틀어 올려 비녀를 꽂은 머리.

鬢 ⑭ 24획 日ヒン·ビン
살쩍 빈 ⊕bìn

[풀이] 살쩍. 귀밑머리.
鬢毛(빈모) 살쩍. 귀밑털.
鬢絲(빈사) 흰 살쩍. 곧, 노인의 백발.

鬣 ⑮ 25획 日リョウ·たてがみ
갈기 렵(엽) ⊕liè

[풀이] 1. 갈기. ¶鬣尾 2. 긴 수염.
鬣尾(엽미) 말갈기와 꼬리.

鬥부

鬥 싸울 투 部

鬥자는 두 사람이 손에 병장기를 들고 격투를 벌이는 모습을 나타낸 글자로, '싸우다'를 뜻한다. 싸우는 것이 다투는 것과 비슷하므로 다투다 라는 뜻으로도 쓰인다. 주로 부수자로서의 역할만 하고 단독의 문자로 사용되지 않는다.

鬥 ⓪ 10획 日トウ·カク
싸울 투·각 ⊕dòu

[풀이] 싸우다. 다투다.

鬧 ⑤ 15획 日ドウ
시끄러울 뇨(요) ⊕nào

*회의. 鬥(싸울 투)와 市(저자 시)를 합친 글자. 市(저자)에서 싸우는(鬥) 것을 나타내어, '시끄럽다'의 뜻으로 쓰임.

[풀이] 1. 시끄럽다. ¶鬧歌 2. 번성하다.
鬧歌(요가) 시끄럽게 노래함. 시끄러운 노래.

鬨 ⑥ 16획 日コウ·とき
싸울 홍·항 ⊕hòng

[풀이] 1. 싸우다. 전투하다. 2. 떠들다.
昷 戰(싸울 전)

鬪 ⑩ 20획 日トウ·たたかう
싸울 투 ⊕dòu

[풀이] 1. 싸우다. ¶鬪爭 2. 싸움. 전쟁.
鬪毆(투구) 서로 다투거나 싸우며 때림.

鬪病(투병) 병을 고치려고 적극적으로 병과 싸움.
鬪士(투사) 1)싸움터에 나가 싸우는 사람. 전사(戰士). 2)투지가 불타는 사람.
鬪爭(투쟁) 어떤 대상을 이기려고 다툼.
鬪志(투지) 싸우고자 하는 굳센 의지.
鬪魂(투혼) 끝까지 투쟁하려는 기백.
🔁 戰(싸울 전) 爭(다툴 쟁)

鬭 ⑭ 24획
鬪(p834)의 本字

鬯부

鬯 울창주 창 部

'鬯'자는 물건을 담는 그릇을 나타내는 'ㄴ'과 숟가락을 나타내는 'ㄴ'와 곡식의 낱알을 나타내는 점들을 합친 글자로, 곡식의 낱알이 그릇에 담겨 피어 액체가 된 것을 숟가락으로 뜸을 나타내어 '술'의 뜻으로 쓰인다. 또한 활을 넣어 두는 자루인 '활집'을 뜻하기도 하는데, 후에는 많이 쓰이지 않게 되었다.

鬯 ⑩ 10획
울창주 창
🇯チョウ・さけのな
🇨chàng

[풀이] 1. 울창주. 제사의 강신(降神)에 쓰는, 튤립을 넣어 빚은 술. 2. 자라다.
鬯鬯酒(울창주) 검은 기장으로 빚은 술. 또는 검은 기장에 튤립을 넣어 빚은 술. 향주(香酒).

 ⑲ 29획
막힐 울
🇯ウツ・しげる
🇨yù

[풀이] 1. 막히다. 통하지 않다. 2. 답답하다. 울적하다. ¶鬱症 3. 우거지다. 무성하다. ¶鬱茂 4. 성하다. 왕성한 모양. 5. 울금향(鬱金香).
鬱金香(울금향) 1)백합과의 다년초. 튤립. 2)튤립을 넣어 빚은 술.
鬱茂(울무) 초목이 무성한 모양.
鬱憤(울분) 답답하고 분함. 또는 그 분기(憤氣).
鬱症(울증) 가슴이 답답한 병증.
鬱蒼(울창) 주로 큰 나무들이 빽빽하게 들어서 매우 무성하게 푸름.
鬱火(울화) 마음속이 답답하여 일어나는 심화(心火).

鬲부

鬲 솥 력部

'鬲'자는 다리가 달린 질그릇의 모양을 본뜬 글자로, '솥 력'이라 한다. 이에 '다리가 굽은 솥'을 나타내기도 하고, '막다', '갈다'의 뜻으로도 쓰인다. 이 글자를 부수로 갖는 글자는 대체로 그릇과 관련된 의미를 지닌다.

鬲 ⑩ 10획
❶ 솥 력 🇯レキ・カク
❷ 막을 격 🇨gé, lì

[풀이] ❶ 1. 솥. 세 개의 구부러진 다리가 달린 솥. ❷ 2. 막다. 가로막다.
鬲塞(격색) 가로막힘.

鬻 ⑫ 22획
❶ 죽 죽 🇯イク・キク・かゆ
❷ 팔 육 🇨yù

[풀이] ❶ 1. 죽. ❷ 2. 팔다. ¶鬻賣
鬻賣(육매) 팖.

鬼부

鬼 귀신 귀 部

'鬼'자는 사람 몸동이에 크고 기이한 머리가 달려 있는 모양을 나타낸 글자로, '귀신'을 뜻한다. 그 밖에 죽은 사람의 '혼백'을 나타내기도 하고, 귀재(鬼才)에서처럼 '지혜롭다'의 뜻으로도 쓰인다. 이 글자를 부수로 갖는 글자는 주로 혼(魂)이나 사자(使者), 악신(惡神)과 관련이 있다.

鬼 ⓪ 10획
日 キ・おに
귀신 귀
中 guǐ

丿 丨 田 田 白 白 臾 鬼 鬼 鬼

풀이 1. 귀신. 혼령. 도깨비. ¶冤鬼 2. 별 이름. 28수(宿)의 하나.

鬼怪(귀괴) 이상함. 괴이함.
鬼神(귀신) 1)눈에 보이지 않는 무서운 신령. 2)죽은 사람의 영혼.
鬼才(귀재) 인간이 한 것이라고 생각되지 않을 만큼 뛰어난 재주. 또는 그런 재주를 가진 사람.
鬼火(귀화) 도깨비불.
冤鬼(원귀) 억울하게 죽은 사람의 귀신.
유 神(귀신 신) **비** 蒐(모을 수)

魁 ④ 14획
日 カイ・かしら
우두머리 괴
中 kuí

풀이 1. 우두머리. ¶魁首 2. 으뜸. 제일. 3. 크다. ¶魁傑 4. 근본. 뿌리.

魁傑(괴걸) 1)몸집이 크고 건장함. 2)걸출(傑出)한 인물.
魁奇(괴기) 진기하고 뛰어남.
魁首(괴수) 악당의 두목. 수괴(首魁).
魁岸(괴안) 슬기와 용맹이 뛰어남.

魂 ④ 14획
日 コン・たましい
넋 혼
中 hún

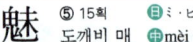
魂魂魂

* 형성. 뜻을 나타내는 부수 '鬼(귀신 귀)'와 음을 나타내는 '云(이를 운)'을 합친 글자.

풀이 1. 넋. 영혼. ¶魂魄 2. 정신.

魂魄(혼백) 넋. 영혼.
魂飛魄散(혼비백산) 몹시 놀라 어찌할 바를 모르는 지경.
유 魄(넋 백)

魅 ⑤ 15획
日 ミ・ビ
도깨비 매
中 mèi

풀이 1. 도깨비. 2. 홀리다. 현혹하다. ¶魅惑

魅了(매료) 남의 마음을 흘려 사로잡음.
魅惑(매혹) 매력으로 사람의 마음을 호림.
유 魃(도깨비 매)

魃 ⑤ 15획
日 バツ・ハツ
가물 귀신 발
中 bá

풀이 1. 가물 귀신. 가뭄을 담당하는 신(神). 2. 가물.

旱魃(한발) 1)가물. 가뭄을 맡은 2)귀신.

魄 ⑤ 15획
日 ハク・タク
たましい
넋 백
中 bó, pò, tuò

* 형성. 뜻을 나타내는 부수 '鬼(귀신 귀)'와 음을 나타내는 '白(흰 백)'을 합친 글자.

풀이 넋.

魄散(백산) 마음이 흩어져서 가라앉지 않음.
魂魄(혼백) 넋. 영혼.

魎 ⑧ 18획 ⑪リョウ ⑪liǎng
도깨비 량

[풀이] 도깨비. ¶魍魎
魍魎(망량) 도깨비.
🔗 魍(도깨비 망)

魍 ⑧ 18획 ⑪ボウ·モウ すだま ⑪wǎng
도깨비 망

[풀이] 도깨비.
魍魅(망매) 산도깨비.
🔗 魎(도깨비 량)

魏 ⑧ 18획 ⑪ギ·たかい ⑪wèi
나라 이름 위

[풀이] 1. 나라 이름. ㉠주나라의 제후국으로 전국 시대 칠웅(七雄)의 하나. ㉡한나라 말의 삼국(三國) 중 하나. 2. 높다. 높고 큰 모양. ¶魏魏
魏魏(위위) 높고 큰 모양.

魔 ⑪ 21획 ⑪マ ⑪mó
마귀 마

[풀이] 1. 마귀. ¶魔鬼 2. 마술(魔術).
魔鬼(마귀) 요사스러운 귀신.
魔術(마술) 사람의 눈을 속여 이상한 일을 하는 재주.

魚부

魚 물고기 어 部

'魚'자는 물고기의 머리, 꼬리 및 몸체에 지느러미와 비늘까지 표현되어 있는 모양을 나타내어, '물고기'를 뜻한다. 또한 의미가 확대되어 물속에 사는 동물을 모두 가리키기도 한다. 이 글자를 부수로 갖는 글자는 어류와 관련이 있고 대부분 물고기의 명칭으로 쓰인다.

魚 ⓪ 11획
- 日 ギョ・うお、さかな
- 中 yú

물고기 어

丿ク㔾召召角角角魚魚魚

*상형. 물고기 모양을 본뜬 글자.

풀이 물고기. ¶魚類

魚隊(어대) 고기 떼.
魚類(어류) 아가미로 호흡하고 보통 지느러미와 부레로 물속을 헤엄쳐 다니는 척추동물의 총칭.
魚物(어물) 1)물고기. 2)말린 해산물.
魚肥(어비) 어류를 말려서 만든 거름.
魚市場(어시장) 어물을 파는 시장.
魚缸(어항) 물고기를 기르는 데 쓰는 유리로 만든 항아리.

魯 ④ 15획
- 日 おろか
- 中 lǔ

둔할 로(노)

*회의. 그릇[口]에 담긴 맛있는 생선 요리[魚]를 나타내어, '좋다', '아름답다'의 뜻으로 쓰였으나, 후에 가차되어 '둔하다'의 뜻으로 쓰이게 됨.

풀이 1. 둔하다. 미련하다. ¶魯鈍 2. 노나라. 주나라의 제후국으로, 지금의 중국 산동성(山東省)에 위치함.

魯鈍(노둔) 어리석고 둔함. 미련함.

鮒 ⑤ 16획
- 日 ふな
- 中 fù

붕어 부

풀이 1. 붕어. 2. 두꺼비.

유 鯽(붕어 즉)

鮎 ⑤ 16획
- 日 なまず
- 中 nián

메기 점

풀이 메기.

鮑 ⑤ 16획
- 日 しおから
- 中 bào

절인 어물 포

풀이 1. 절인 어물. ¶鮑魚 2. 갖바치. 가죽을 다루는 사람. 3. 전복.

鮑魚(포어) 1)소금에 절인 생선. 자반. 2)전복.

鮫 ⑥ 17획
- 日 さめ
- 中 jiāo

상어 교

풀이 상어. ¶鮫函

鮫魚(교어) 상어.
鮫函(교함) 상어 가죽으로 만든 갑옷.

유 鰪(상어 작)

鮮 ⑥ 17획
- 日 セン、あざやか
- 中 xiān, xiǎn

고울 선

丿ク㔾召召角角角魚魚魚鮮鮮鮮

*회의. 맛있는 물고기[魚]와 부드러운 양고기[羊]는 싱싱하다는 뜻에서 '곱다', '신선하다'의 뜻으로 쓰임.

풀이 1. 곱다. 산뜻하다. 깨끗하다. ¶鮮色 2. 좋다. 3. 새롭다. 4. 싱싱하다. 날 것이다. ¶鮮魚 5. 적다. 드물다. ¶鮮希

鮮色(선색) 고운 빛.
鮮魚(선어) 신선한 물고기. 생선.
鮮血(선혈) 신선한 피. 선지피.

[魚 6~9획] 鮟 鯁 鯉 鯈 鯨 鯤 鯖 鰒 鰓 鰐 鰍

鮮希(선희) 적음. 드묾.
유 麗(고울 려)

鮟 ⑥ 17획 日あんこう・なまず 中ān
아귀 안

풀이 아귀. 아귓과에 속하는 바닷물고기.

鯁 ⑦ 18획 日コウ 中gěng
생선뼈 경

풀이 1. 생선뼈. 생선의 가시. 2. 곧다. 강직하다.
鯁骨(경골) 강직(剛直)한 사람. 경골(硬骨).
鯁論(경론) 강직(剛直)한 의론. 정론(正論).

鯉 ⑦ 18획 日リ・こい 中lǐ
잉어 리(이)

풀이 1. 잉어. ¶鯉魚 2. 편지. ¶鯉素
鯉素(이소) 편지.
鯉魚(이어) 잉어.

鯈 ⑦ 18획 日おやはららご 中chóu, tiáo
피라미 조

풀이 피라미.
鯈魚(조어) 작은 물고기. 피라미.
비 條(가지 조)

鯨 ⑦ 19획 日ゲイ・くじら 中jīng
고래 경

* 형성. 뜻을 나타내는 부수 '魚(물고기 어)'와 음을 나타내며 '크다'의 뜻을 가진 '京(서울 경)'을 합친 글자. 큰 물고기, 즉 '고래'의 뜻으로 쓰임.

풀이 고래. ¶鯨船
鯨船(경선) 고래잡이 배.
鯨油(경유) 고래의 지방에서 짜낸 기름.

鯤 ⑧ 19획 日はららご 中kūn
곤이 곤

풀이 1. 곤이(鯤鮞). 물고기의 뱃속에 있는 알. ¶鯤鮞 2. 물고기 이름. 화(化)하면 대붕(大鵬)이 된다는 전설상의 큰 물고기.
鯤鮞(곤이) 물고기 뱃속의 알.
유 鮞(곤이 이)

鯖 ⑧ 19획 日さば 中qīng, zhēng
❶ 고등어 청
❷ 오후정 정

풀이 ❶ 1. 고등어. 2. 2. 오후정(五侯鯖). 갖가지 고기와 생선을 섞어 끓인 요리.
鯖魚(청어) 고등어.

鰒 ⑨ 20획 日あわび 中fù
전복 복

풀이 전복.
鰒魚(복어) 1) 전복(全鰒). 2) 상어의 다른 이름.

鰓 ⑨ 20획 日サイ・シ・えら 中sāi
❶ 아가미 새
❷ 두려워할시

풀이 ❶ 1. 아가미. ¶鰓骨 ❷ 2. 두려워하다. ¶鰓鰓
鰓骨(새골) 아가미의 뼈.
鰓鰓(시시) 두려워하는 모양.

鰐 ⑨ 20획 日ガク・わに 中è
악어 악

풀이 악어.
鰐魚(악어) 악어.
유 鱷(악어 악)

鰍 ⑨ 20획 日どじょう 中qiū
미꾸라지 추

[魚 9~16획] 鰍鰕鰭鰥鰜鰻鱉鱗鼈鱷 [鳥 0획] 鳥

[풀이] 1. 미꾸라지. 2. 밟다. 짓밟다.
鰌魚(추어) 미꾸라지.

鰍 ⑨ 20획
鰌(p1614)와 同字

鰕 ⑨ 20획　日 カ・えび
새우 하　中 hā, xiā

[풀이] 새우.
유 蝦(새우 하)

鰭 ⑩ 21획　日 キ・ひれ
지느러미 기　中 qí

[풀이] 지느러미.
鰭狀(기상) 지느러미 같은 형상.

鰥 ⑩ 21획　日 カン・やもめ
물고기이름환　中 guān

[풀이] 1. 물고기 이름. 2. 홀아비. ¶鰥居
鰥居(환거) 늙어서 아내 없이 홀로 삶. 홀아비. 환처(鰥處).
鰥夫(환부) 홀아비.
鰥鰥(환환) 잠이 오지 않는 모양.

鰜 ⑪ 22획　日 カウ
아귀 강　中 kāng

[풀이] 아귀. 아귓과의 바닷물고기.

鰻 ⑪ 22획　日 マン・うなぎ
뱀장어 만　中 mán

[풀이] 뱀장어.
유 鱺(뱀장어 리)

鰲 ⑪ 22획
鼇(p1653)의 俗字

鱗 ⑫ 23획　日 リン・うろこ
비늘 린(인)　中 lín

[풀이] 1. 비늘. ¶鱗甲 2. 비늘이 있는 동물. ¶물고기.
鱗甲(인갑) 1)비늘과 껍데기. 2)비늘 모양의 굳은 껍질. 거북·악어 등의 각질(角質)의 껍데기.
鱗比(인비) 비늘처럼 정연히 늘어섬.

鼈 ⑫ 23획
鼇(p854)과 同字

鱷 ⑯ 27획　日 ガク
악어 악　中 è

[풀이] 악어.
鱷魚(악어) 악어과에 속하는 파충류.
유 鰐(악어 악)

鳥부

鳥 새 조 部

'鳥'자는 깃이 풍부한 새를 옆에서 본 모양으로 머리와 발, 꼬리 등을 나타내어, 하나의 '새'를 뜻한다. 또는 두 날개와 두 발을 지닌 동물을 총칭하기도 한다. 이 글자를 부수로 갖는 글자는 새와 관련이 있다.

鳥 ⑩ 11획　日 チョウ・とり
새 조　中 diǎo, niǎo

丿 丫 竹 向 甪 鳥 鳥 鳥 鳥

* 상형. 새의 모양을 본뜬 글자.
[풀이] 새. ¶鳥銃

鳥瞰圖(조감도) 높은 곳에서 아래를 내려다본 상태로 그린 지도 또는 풍경화.

鳥獸(조수) 새와 짐승. 금수(禽獸).

鳥銃(조총) 1)새를 쏘는 총. 새총. 2)소총. 엽총.

吉鳥(길조) 좋은 일이 생길 것을 미리 알려 준다는 새. ↔흉조(凶鳥).

비 烏(까마귀 오) 島(섬 도)

鳩
② 13획
日キュウ・くちばと
비둘기 구
中jiū

*형성. 뜻을 나타내는 부수 '鳥(새 조)'와 음을 나타내는 '九(아홉 구)'를 합친 글자.

풀이 1. 비둘기. ¶鳩杖 2. 모이다. ¶鳩首

鳩率(구솔) 규합(糾合)하여 거느림.

鳩首(구수) 서로 머리를 맞대고 모임. 여러 사람이 머리를 맞대고 의논함.

鳩杖(구장) 1)비둘기 모양을 머리에 새긴 노인의 지팡이. 2)머리에 비둘기 형상을 새긴, 노인이 쓰는 젓가락.

鳧
② 13획
日フ・かもけり
오리 부
中fú

풀이 오리.

鳧鴨(부압) 물오리와 집오리. 오리의 총칭.

鳴
③ 14획
日メイ・ミョウ・なく
울 명
中míng

ノ ロ ロ ロ' ロ' 吖 吖 咱 鸣 鳴 鳴 鳴 鳴

*회의. 수탉(鳥)이 입(口)으로 소리를 냄. 곧 수탉이 우는 것을 나타냄.

풀이 1. 울다. 새나 짐승이 울다. ¶鳴嚶 2. 울리다. ¶鳴鐘

鳴鼓(명고) 1)북. 2)북을 울림.

鳴籥(명약) 피리.

鳴鐘(명종) 종을 쳐서 울림. 또는 종소리.

悲鳴(비명) 매우 놀라거나 무서울 때 지르는 소리.

비 鳴(탄식할 오)

鳳
③ 14획
日ホウ・おおとり
봉황 봉
中fèng

丿 几 几 凡 凡 凤 凤 鳳 鳳 鳳 鳳 鳳 鳳

*형성. 뜻을 나타내는 부수 '鳥(새 조)'와 음을 나타내는 '凡(무릇 범)'을 합친 글자.

풀이 봉황새. 성인(聖人)이 세상에 나오면 나타난다고 하는 상서로운 새.

鳳德(봉덕) 성인군자의 거룩한 덕.

鳳鳴(봉명) 1)봉황의 울음소리. 2)훌륭한 말.

鳳雛(봉추) 1)봉황의 새끼. 2)뛰어나게 현명한 아이. 3)아직 세상에 알려지지 않은 영재(英才).

鳶
③ 14획
日エン・とび
솔개 연
中yuān

풀이 1. 솔개. 수릿과에 딸린 맹금(猛禽).
¶鳶肩豺目 2. 연. 공중에 날리는 장난감.

鳶肩豺目(연견시목) 솔개와 승냥이처럼 위세를 떨치는 간악한 무리.

鴃
④ 15획
日ケキ・ケツ・もず
때까치 격
中jué

풀이 때까치.

鴃舌(격설) 때까치 소리처럼 도무지 알아들을 수 없는 이민족의 말.

鴉
④ 15획
日ア・からす
갈까마귀 아
中yā

풀이 1. 갈까마귀. 2. 색이 검다. ¶鴉鬢

鴉鬢(아빈) 여자의 검은 머리의 형용.

鴉陣(아진) 날아가는 갈까마귀 떼.

鴈 ④ 15획
雁(p798)과 同字

鴆 ④ 15획 [日]チン
짐새 짐 [中]zhèn

[풀이]1. 짐새. 중국 광동성에 살며 독사를 잡아먹어 몸에 독을 가지고 있다는 새. 2. 독주(毒酒). 술에 짐새의 깃을 담근 것.

鴆毒(짐독) 1)짐새의 깃을 술에 담가서 우려낸 독. 2)해독(害毒)만을 끼치는 사람.

鴒 ⑤ 16획 [日]レイ·せきれい
할미새 령 [中]líng

[풀이] 할미새.

鶺鴒(척령) 할미새.

鴨 ⑤ 16획 [日]オウ·かも
오리 압 [中]yā

[풀이] 오리.

鴨黃(압황) 오리 새끼.

鴦 ⑤ 16획 [日]オウ·ヨウ·おしどり
원앙 앙 [中]yāng

[풀이] 원앙. 원앙새의 암컷. ¶鴛鴦

鴦錦(앙금) 아름다운 비단.

[유] 鴛(원앙 원)

鴛 ⑤ 16획 [日]エン·オン·おしどり
원앙 원 [中]yuān

[풀이] 원앙. 원앙새의 수컷. ¶鴛鴦

鴛鴦(원앙) 1)원앙새. 2)화목한 부부.

[유] 鴦(원앙 앙)

鴟 ⑤ 16획 [日]チ·とび
소리개 치 [中]chī

* 형성. 뜻을 나타내는 부수 '鳥(새 조)'와 음을 나타내는 '氐(근본 저)'를 합친 글자.

[풀이]1. 올빼미. 2. 솔개. 수릿과에 속하는 새. 3. 술 그릇. 술 부대.

鴟目虎吻(치목호문) 올빼미의 눈과 범의 입술이란 뜻으로, 탐욕스러운 용모를 비유하는 말.

鴕 ⑤ 16획 [日]タ·ダ·だちょう
타조 타 [中]tuó

[풀이] 타조.

鴻 ⑥ 17획 [日]コウ·おおとり·ひしくい
큰기러기 홍 [中]hóng, hòng

* 형성. 뜻을 나타내는 부수 '鳥(새 조)'와 음을 나타내는 '江(강 강)'을 합친 글자. 큰 물(江)의 새(鳥)라는 뜻으로, '큰기러기'를 나타냄.

[풀이]1. 큰기러기. ¶鴻鵠 2. 크다. 홍(興)하다. ¶鴻業 3. 굳세다.

鴻鵠(홍곡) 1)큰기러기와 고니. 큰 새. 2)큰 인물. 또는 영웅호걸.

鴻敎(홍교) 큰 가르침.

鴻業(홍업) 큰 사업. 임금의 통치의 대업.

鴻恩(홍은) 큰 은혜. 홍은(洪恩).

鵑 ⑦ 18획 [日]ケン·ほととぎす
두견이 견 [中]juān

[풀이]1. 두견이. 접동새. ¶杜鵑 2. 진달래.

鵑花(견화) 진달래꽃. 두견화(杜鵑花).

[鳥 7~10획] 鵠鵚鵡鵝鷄鵬鶉鵲鶩鷄

鵠 ⑦ 18획
고니 곡
日 コク・くぐい・はくちょう
中 hù, gǔ

* 형성. 뜻을 나타내는 부수 '鳥(새 조)'와 음을 나타내는 '告(알릴 고)'를 합친 글자.

풀이 1. 고니. 백조(白鳥). ¶鵠面 2. 과녁. ¶鵠的

鵠鵠(곡곡) 고니의 우는 소리의 형용.
鵠面(곡면) 1)고니와 같은 얼굴. 2)굶주려 수척해진 얼굴.
鵠的(곡적) 과녁. 정곡(正鵠).

鵚 ⑦ 18획
무수리 독
日 トク・はげたか
中 tū

풀이 무수리. 황샛과에 딸린 물새.

鵡 ⑦ 18획
앵무새 무
日 ム・おうむ
中 wǔ

풀이 앵무새.
鸚鵡(앵무) 사람의 말을 잘 따라 하는 새. 앵무새.

鵝 ⑦ 18획
거위 아
日 ガ・がちょう
中 é

풀이 거위. 오릿과에 속하는 가금(家禽)의 하나.
鵝毛(아모) 1)거위의 털. 2)눈(雪)의 비유. 3)가볍고 적은 것.
 鴽(거위 가)

鷄 ⑧ 19획
鷄(p843)의 俗字

鵬 ⑧ 19획
붕새 붕
日 ホウ・おおとり
中 péng, fēng

* 형성. 뜻을 나타내는 부수 '鳥(새 조)'와 음을 나타내는 '朋(벗 붕)'을 합친 글자.

풀이 붕새. 크기가 수천 리에 달하며, 한 번에 구만 리를 난다는 상상의 큰 새.
鵬翼(붕익) 1)붕새의 날개. 2)큰 사업을 이룩할 계획. 붕도(鵬圖).
鵬程(붕정) 1)붕새가 날아가는 먼 길. 2)먼 도정(道程).

鶉 ⑨ 19획
메추라기 순
日 ジュン・うずら
中 chún, tuán

풀이 1. 메추라기. 꽁지에 딸린 몸집이 작은 새. ¶鶉居 2. 아름답다.
鶉居(순거) 메추라기처럼 일정한 처거가 없음.

鵲 ⑧ 19획
까치 작
日 ジャク・かささぎ
中 què

풀이 까치.
鵲報(작보) 까치가 기쁜 소식을 전함. 또는 기쁜 소식.
鵲喜(작희) 까치가 지저귀어 알려 주는, 기쁜 일이 있을 징조.

鶩 ⑦ 20획
집오리 목
日 モク・あひる
中 wù

풀이 1. 집오리. 2. 마음이 한결같고 순수하다.
鶩舲(목령) 집오리를 그려서 장식한 거룻배.
鶩鶩(목목) 한결같은 모양.

鷄 ⑩ 21획
닭 계
日 ケイ・とり・にわとり
中 jī

* 형성. 뜻을 나타내는 부수 '鳥(새 조)'와 음을 나타내는 '奚(어찌 해)'를 합친 글자.

[鳥 10~12획] 鶻鶯鶺鶴鷗鷓鷙鷺

풀이 닭.
鷄口 (계구) 1)닭의 부리. 2)작은 단체의 우두머리.
鷄卵有骨 (계란유골) 계란에도 뼈가 있다는 뜻으로, 좋은 때를 만났으나 공교롭게 일이 꼬임을 이르는 말.
鷄肋 (계륵) 1)닭의 갈비. 2)가치는 적지만 버리기 어려움.
鷄鳴狗盜 (계명구도) 닭 소리를 내거나, 또는 개를 가장하여 남의 물건을 훔치는 천한 사람.
鷄鳴酒 (계명주) 하룻밤 사이에 빚은 술. 곧, 단술.
鷄皮鶴髮 (계피학발) 노인.
유 酉 (닭 유)

鶻 ⑩ 21획 日 カ・やまばと
❶ 송골매 골
❷ 나라이름홀 中hú

풀이 ❶ 1. 송골매. 2. 산비둘기. ❷ 3. 나라 이름. 회흘(回紇).
鶻突 (골돌) 분명하지 않음. 또는 사리(事理)를 깨닫지 못함.

鶯 ⑩ 21획 日 エン・ぶっぽうそう
꾀꼬리 앵 中yīng

풀이 1. 꾀꼬리. ¶鶯春 2. 깃이 아름다운 모양.
鶯谷 (앵곡) 1)꾀꼬리가 있는 깊은 골짜기. 2)아직 출세하지 못함.
鶯春 (앵춘) 꾀꼬리가 우는 봄.
유 鶊 (꾀꼬리 경) 鸝 (꾀꼬리 리)

鶺 ⑩ 21획 日 せき・れい
할미새 척 中jí

풀이 할미새.
鶺鴒 (척령) 물가에 사는 연작류(燕雀類)의 작은 새. 할미새.

鶴 ⑩ 21획 日 カク・つる
학 학 中hè

* 형성. 뜻을 나타내는 부수 '鳥(새 조)'와 음을 나타내는 隺(새 높이 날 각·확)'를 합친 글자.

풀이 1. 학. 두루미. 두루밋과에 딸린 새로 몸빛은 순백색. 이마에 붉은 볏이 있음. ¶鶴舞 2. 희다. 흰색. ¶鶴髮
鶴舞 (학무) 1)학이 춤을 춤. 또는 학의 춤. 2)아름다운 음악.
鶴髮 (학발) 흰머리. 백발(白髮).
鶴首苦待 (학수고대) 학처럼 목을 길게 늘여 몹시 기다림.

鷗 ⑪ 22획 日 オウ・かもめ
갈매기 구·우 中ōu

풀이 갈매기.
鷗汀 (구정) 갈매기가 노는 물가.

鷓 ⑪ 22획 日 しゃこ
자고 자 中zhè

풀이 자고(鷓鴣). 꿩과에 딸린 메추라기 비슷한 새.

鷙 ⑪ 22획 日 シ
맹금 지 中zhì

풀이 1. 맹금(猛禽). 매나 수리 등의 육식성 조류. 2. 공격하다. 3. 용감하다.
鷙禽 (지금) 매우 거칠고 사나운 새.
鷙戾 (지려) 거칠고 사나워 도리에 어긋남.
鷙勇 (지용) 사납고 억셈.

鷺 ⑫ 23획 日 ロ・さぎ
해오라기로 中lù

[鳥 12~19획] 鷲鷸鷹鸚鸛鸞鸝 [鹵 0획] 鹵

*형성. 뜻을 나타내는 부수 '鳥(새 조)'와 음을 나타내는 '路(길 로)'를 합친 글자.

풀이 해오라기. 백로(白鷺).

鷺鷗(노구) 해오라기와 갈매기.
白鷺(백로) 해오라기.
🔑 鷺(해오라기 사)

鷲 ⑫ 23획 日ジュ・シュウ　わし・はげたか 독수리 취 ⊕jiù

풀이 독수리.

鷸 ⑫ 23획 日イツ・しぎ・か　わせみ・すばしこい 도요새 휼 ⊕yù, shù

풀이 1. 도요새. ¶鷸蚌之爭 2. 물총새. 3. 새가 빨리 나는 모양.
鷸蚌之爭(휼방지쟁) 도요새와 조개의 다툼. 양자가 서로 다투다가 제삼자에게 이익을 빼앗김을 비유하는 말.

鷹 ⑬ 24획 日ヨウ・オウ・たか 매 응 ⊕yīng

풀이 매. 송골매. 맹과에 딸린 맹조(猛鳥)의 총칭.
鷹擊(응격) 1)매가 날개를 침. 2)백성을 혹독하게 다스림.
鷹犬(응견) 1)매와 개. 2)남의 부하가 되어 앞잡이 노릇을 하는 사람.

鸚 ⑰ 28획 日オウ・おうむ 앵무새 앵 ⊕yīng

풀이 앵무새. ¶鸚鵡
鸚鵡(앵무) 앵무새. 앵무(鸚䴉).

鸛 ⑱ 29획 日カン・こうのとり・こうづる 황새 관 ⊕guàn, quán

풀이 황새. 학(鶴)과 비슷하나 부리가 검고 이마에 붉은 빛이 없으며 온몸은 회백색이고 깃과 꼬리는 흑색인 새.

鸞 ⑲ 30획 日ラン 난새 란(난) ⊕luán

풀이 1. 난새. 봉황(鳳凰)의 일종. ¶鸞鳥 2. 천자의 수레. 또는 그 수레에 단 방울.
鸞駕(난가) 천자가 타는 수레.
鸞鈴(난령) 난기(鸞旗)에 단 방울.
鸞鳥(난조) 오색빛 깃털에 닭과 비슷한, 상상 속의 신령스러운 새.

鸝 ⑲ 30획 日ちょうせん　うぐいす 꾀꼬리 리 ⊕lí

풀이 꾀꼬리.
鸝黃(이황) 꾀꼬리. 황앵(黃鶯).
🔑 鶯(꾀꼬리 앵)

鹵부

鹵 소금 로 부

'鹵'자는 삼태기나 그릇에 소금이 담겨져 있는 모양으로, 자연적으로 만들어지는 '소금'을 나타낸다. 또한 소금기가 있어 경작에 좋지 않은 땅을 가리켜 '황무지'라는 뜻으로도 쓰이며, 소금은 귀한 것이므로 이를 뺏기 위해 서로 싸웠다고 하여 '노략질하다'라는 의미로도 사용된다. 이 글자를 부수로 갖는 글자는 염분과 관계가 있다.

鹵 ⑩ 11획 日ロ・しお 소금 로(노) ⊕lǔ

*상형. 소금이 담긴 그릇의 모양을 본뜬 글자.

[풀이] 1. 소금. 2. 소금기가 많은 땅. 척박한 땅. 3. 우둔하다. 4. 노략질하다.
鹵鈍(노둔) 우둔함.
鹵楯(노순) 화살을 막는 큰 방패.
鹵田(노전) 염분이 있는 땅.
[유] 鹽(소금 염) [비] 鹵(이치)

鹹 ⑨ 20획 ㉠カン・からい ㉡xián
짤 함

*형성. 뜻을 나타내는 부수 '鹵(소금 로)'과 음을 나타내는 '咸(다 함)'을 합친 글자.
[풀이] 짜다. 소금기.
鹹苦(함고) 1)짜고 씀. 2)괴로움.
鹹水(함수) 짠물. 바닷물.

鹽 ⑬ 24획 ㉠エン・しお ㉡yán
소금 염

*형성. 뜻을 나타내는 부수 '鹵(소금 로)'와 음을 나타내는 '監(볼 감)'을 합친 글자. 천연 소금인 암염과 달리 사람이 감독(監)하여 만든 소금(鹵)을 나타냄.
[풀이] 소금. ¶鹽田
鹽鹵(염로) 1)소금, 산염(山鹽). 2)염 전(鹽田).
鹽水(염수) 소금물, 소금기가 있는 물.
鹽田(염전) 소금밭.
[유] 鹵(소금 로) [비] 監(볼 감)

鹿 부

鹿 사슴 록 部

'鹿'자는 머리 위에 두 개의 긴 뿔을 가진 사슴의 모양으로, '사슴'을 나타낸다. 또한 사슴은 매우 귀한 동물이었기 때문에 가장 높은 위치에 있는 사람인 왕의 권좌에 비유하여 쓰기도 한다.

鹿 ⓞ 11획 ㉠ロク・しか ㉡lù
사슴 록(녹)   かしし

` 一 广 户 户 庐 唐 庐 鹿 鹿 鹿

*상형. 수사슴의 뿔, 머리, 네 발의 모양을 본뜬 글자.
[풀이] 1. 사슴. ¶鹿角 2. 제위. 권좌(權座)
鹿角(녹각) 사슴의 뿔.
鹿茸(녹용) 사슴의 새로 돋은 연한 뿔. 피를 돕고 심장을 강하게 하는 보약으로 씀.
鹿血(녹혈) 사슴의 피.
指鹿爲馬(지록위마) 사슴을 가리켜 말이라고 함. 사실이 아닌 것을 사실로 만들어 윗사람을 농락하고 권세를 휘두름.
逐鹿(축록) 사슴을 쫓는다는 뜻으로, 정권 또는 지위를 얻기 위해 다툼을 이르는 말.
[비] 慶(경사 경)

麁 ② 13획
麤(p847)의 俗字

麋 ⑥ 17획 ㉠ミ・おおじか ㉡mí
큰 사슴 미

[풀이] 1. 큰 사슴. ¶麋鹿 2. 눈썹. ¶麋壽
麋鹿(미록) 1)큰 사슴과 사슴. 2)비야(鄙野)의 비유.
麋壽(미수) 눈썹이 빼어나 장수(長壽)할 인상(人相).

麀 ⑦ 18획 ㉠ウ・じかのめす ㉡yǔ
수사슴 우

[풀이] 1. 수사슴. 2. 무리를 이루다.
麀麀(우우) 떼 지어 모이는 모양.
[유] 麀(수사슴 구)

[鹿 8~22획] 麒 麗 麓 麝 麟 麤

麒
⑧ 19획
日キ・きりん
기린 기
中qí

*형성. 뜻을 나타내는 부수 鹿(사슴 록)과 음을 나타내는 '其(그 기)'를 합친 글자.

풀이 1. 기린. 전설상의 동물. 쇠꼬리에 말발굽, 외піль에 오색의 털빛이며 수컷을 麒, 암컷을 麟이라 함. 2. 기린. 기린과에 딸린 야생동물.

麒麟兒(기린아) 재지(才智)가 특출한 아이.
🔁 麟(기린 린)

麗
⑧ 19획
日レイ・うるわし
① 고울 려(여) いら・うら
② 꾀꼬리 리 中lì, lí

*상형. 머리 위에 난 한 쌍의 아름다운 뿔이 두드러지는 사슴의 모습을 본뜬 글자. '아름답다', '화려하다'의 뜻으로 쓰임.

풀이 ❶ 1. 곱다. 아름답다. 2. 빛나다. 눈부시다. 3. 나라 이름. 고구려(高句麗). 고려(高麗). ❷ 4. 꾀꼬리.

麗句(여구) 아름다운 시문의 문구.
麗色(여색) 1)아름다운 빛깔. 2)아름다운 경치. 3)고운 안색(顔色).
麗艷(여염) 곱고 예쁨. 염려(艷麗).
秀麗(수려) 빼어나게 아름다움.
🔁 鮮(고울 선)

麓
⑧ 19획
日ロク・ふもと
산기슭 록
中lù

풀이 산기슭. 산의 아랫부분.

麝
⑩ 21획
日シャ・じゃこうじか
사향노루 사
中shè

*형성. 뜻을 나타내는 부수 鹿(사슴 록)과 음을 나타내는 '射(쏠 사)'를 합친 글자.

풀이 사향노루. 사향노루과의 짐승. 수컷의 복부에 향낭(香囊)이 있어 그 속에 사향(麝香)이 들어 있음.

麝香(사향) 사향노루의 복부의 사향선(麝香腺)에 있는 향낭(香囊)에서 취한 흑갈색의 분말. 향료 또는 약재로 쓰임.

麟
⑫ 23획
日リン・きりん
기린 린(인)
中lín

풀이 1. 기린. 전설상의 상서로운 동물. 수컷을 麒, 암컷을 麟이라 함. 2. 기린. 기린과에 속하는 동물. ¶麒麟

麟角(인각) 1)기린의 뿔. 2)대단히 희귀함.
麒麟(기린) 기린과에 속하는 동물.
🔁 麒(기린 기)

麤
㉒ 33획
日ソ
거칠 추
中cū

풀이 1. 거칠다. 조잡(粗雜)하다. ¶麤惡 2. 난폭하다. 3. 대략.

麤狂(추광) 거칠고 난폭하게 미침.
麤惡(추악) 거칠고 나쁨. 변변찮음.
麤暴(추포) 거칠고 사나움. 난폭함.

麥부

麥 보리 맥 部

'麥'자는 줄기가 곧고 잎이 아래로 숙여진 모양에 밑부분이 단단하게 고정되어 있는 것을 나타내어 '보리'를 뜻하게 된 글자이다. 그 밖에 밀이나 귀리 같은 '맥류(麥類)'를 총칭하기도 하기도 한다. 이 글자를 부수로 갖는 글자는 주로 보리로 만든 음식과 관련된 뜻을 갖는다.

[麥 0~9획] 麥 麩 麩 麴 麴 麵 麵 麵 [麻 0획] 麻

麥 ⓪11획 ㊐バク・むぎ 보리 맥 ㊥mài

一十十十十广夾夾麥麥

* 회의. 곡식의 이삭 모양을 본뜬 '夾(올 래)'와 단단히 뿌리를 내린 모습을 나타낸 '夊(뒤져 올 치)'를 합친 글자. 이에 '보리'의 뜻으로 쓰임.

풀이 보리. 보리·밀·귀리 등 맥류(麥類)의 총칭. ¶麥酒
麥穀(맥곡) 보리·밀·귀리 등 보리 종류의 곡식.
麥秀之歎(맥수지탄) 보리만 무성하게 자란 것을 탄식한다는 뜻으로, 고국의 멸망을 한탄함을 이르는 말.
麥芽(맥아) 보리에 물을 부어서 싹이 나게 한 다음에 말린 것. 엿기름.
麥酒(맥주) 보리를 원료로 하여 빚은 술.
小麥(소맥) 밀.
유 麵(보리 모)

麵 ④15획 ㊐メン 밀가루 면 ㊥miàn

풀이 1. 밀가루. ¶麵粉 2. 국수.
麵粉(면분) 밀가루.
유 麵(밀가루 면)

麩 ④15획 ㊐フ・ふすま 밀기울 부 ㊥fū

풀이 밀기울. 밀을 빻아 체로 가루를 치고 남은 찌꺼기.
麩醬(부장) 밀기울로 만든 된장.

麭 ⑤16획 ㊐ホウ 떡 포 ㊥pào

풀이 1. 떡. 경단. 2. 빵. ¶麵麭

麴 ⑥17획
麵(p848)과 同字

麰 ⑥17획 ㊐むぎ・こうじ 보리 모 ㊥móu

풀이 보리. ¶麰麥
麰麥(모맥) 보리.
유 麥(보리 맥)

麳 ⑦18획 ㊐ラ 조죽 라 ㊥luò

풀이 1. 조죽. 좁쌀 죽. 2. 보리죽.

麴 ⑧19획 ㊐キク・こうじ 누룩 국 ㊥qū

풀이 1. 누룩. ¶麴子 2. 술. ¶麴君
麴君(국군) 술의 다른 이름. 국생(麴生).
麴菌(국균) 누룩에 들어 있어 녹말을 당분으로 변화시키는 효모(酵母).
유 麴(누룩 국)

麵 ⑦20획
麵(p848)과 同字

麻 부

麻 삼 마 部

'麻'자는 두 사람이 집 안에서 삼의 껍질을 벗기고 있는 모습을 나타낸 글자로, '삼'을 뜻한다. 삼 줄기의 껍질은 주로 섬유의 원료로 사용되기 때문에 '삼베'나 '베옷'을 뜻하기도 한다. 또한 삼은 마취성이 강하기 때문에 '마비'의 뜻으로도 사용된다.

麻 ⓪11획 ㊐マ・あさ・お 삼 마 ㊥mā, má

丶广广广庁庁庂庂府麻麻

* 회의. 두 사람이 집(广) 안에서 삼 껍질을 벗기는 것을 나타내어, '삼'의 뜻으로 쓰임.

麻 ⓪ 11획

[뜻] 1. 삼. 2. 삼베. 삼베옷. ¶麻織 3. 마비되다. ¶麻醉 4. 조칙(詔勅). 임금이 백성에게 알릴 목적으로 적은 문서.

麻袋(마대) 거친 삼실로 엉성하게 짠 자루.

麻藥(마약) 마취 작용을 하고 중독성을 가진 약.

麻醉(마취) 약의 힘으로 전신 또는 몸 일부의 감각을 잃음.

大麻草(대마초) 환각제로 쓰이는 대마(大麻)의 이삭이나 잎.

麾 ④ 15획 **日** キ さしまねく
대장기 휘 **中** huī

麻(p848)의 俗字

[뜻] 1. 대장기. 대장이 지휘할 때 쓰던 기. ¶麾鉞 2. 지휘하다. ¶麾軍

麾軍(휘군) 군대를 지휘함.

麾鉞(휘월) 대장이 가지는 기(旗)와 도끼.

麾下(휘하) 대장 아래 딸린 부하.

비 摩(갈 마)

黃부

黃 누를 황 部

`黃`자는 `田(밭 전)`과 `光(빛 광)`이 합쳐져, 밭의 빛깔인 `누르다`, `노랗다`의 뜻을 나타낸다. 또한 오행(五行) 사상에서 노란색은 중앙을 나타내는 색으로 가장 귀한 색이므로 `황제`를 뜻하며, 황금의 색이 누렇다고 하여 `황금`을 뜻하기도 하고, 유황(硫黃)에서처럼 `노란빛의 물건`을 가리키기도 한다.

黃
- ⓪ 12획
- 日 コウ·オウ·き·こ
- 中 huáng
- 누를 황

*형성. 뜻을 나타내는 `川(밭 전)`과 음을 나타낸 `光(빛 광)`을 합친 글자. 이에 흙의 빛깔인 `황토색`, `노랑`의 뜻을 나타냄.

풀이 1. 누르다. 노란색. ¶黃疸 2. 어린아이. 3. 황금(黃金).

黃金(황금) 1) 금. 2) 돈. 재물.
黃疸(황달) 살빛이 누렇게 되며 대변은 회백색, 소변은 황색으로 변하는 병.
黃廬(황려) 오두막집.
黃砂(황사) 봄에 중국의 사막이나 황토 지역에 있는 모래가 바람을 타고 날아오는 현상.
黃磧(황적) 사막.
黃泉(황천) 1) 누런 먼지. 2) 속세의 일.
黃塵(황진) 1) 지하의 샘. 2) 저승.
黃土(황토) 1) 토지(土地). 대지(大地). 2) 누르고 거무스름한 흙.
黃昏(황혼) 해가 져서 어둑어둑할 무렵.

黍부

黍 기장 서 部

`黍`자는 술을 담그는 데 쓰이는 곡식을 나타낸 글자로, 오곡의 하나인 `기장`을 뜻한다.

黍
- ⓪ 12획
- 日 ショ·きび
- 中 shǔ
- 기장 서

*회의. `禾(벼 화)`와 `水(물 수)`를 합친 글자. 술(水)을 담그는 곡식(禾)을 나타내어 `기장`의 뜻을 나타냄.

풀이 기장. 메기장. 곡식의 한 가지. ¶黍稻

黍稻(서도) 기장과 벼.
黍離之歎(서리지탄) 나라가 멸망하여 궁터가 기장밭으로 변한 것을 탄식함. 곧, 세상의 영고성쇠(榮枯盛衰)가 무상함을 탄식한다는 말을 나타냄.
黍酒(서주) 1) 술 그릇. 2) 기장으로 빚은 술.
黍禾(서화) 기장.

黎
- ③ 15획
- 日 レイ·おおい·くろい
- 中 lí
- 검을 려(여)

풀이 1. 검다. 검은빛. ¶黎黑 2. 많은. 모든. ¶黎民 3. 무렵. ¶黎明

黎老(여로) 노인.
黎明(여명) 날이 샐 무렵. 밝은 새벽.
黎民(여민) 서민. 백성.
黎獻(여헌) 어진 백성.
 黑(검을 흑)

黏
- ⑤ 17획

粘(p562)과 同字

黑부

黑 검을 흑部

'黑'자는 굴뚝 모양과 불꽃 모양이 합쳐져 굴뚝 위로 불꽃이 타오를 때 그을린 색깔인 '검다'를 나타낸다. 따라서 '검은색'을 주로 나타내고, 흑심(黑心)에서처럼 '나쁜 마음'이나, 암흑(暗黑)에서처럼 '어둡다'라는 뜻으로도 사용된다.

黑 ⓪ 12획 검을 흑
日 コク·くろ·くろい
中 hēi

丨 冂 冂 曱 曱 里 里 黑 黑 黑

* 회의. 불(火)을 피워 굴뚝이 검게 그을린다는 뜻에서 '검다'의 뜻으로 쓰임.

[풀이] 1. 검다. 검은색. 검게 되다. ¶黑髮 2. 어둡다.

黑糖(흑당) 1)검은 엿. 2)흑설탕.
黑白(흑백) 1)검은빛과 흰빛. 2)옳은 것과 그른 것. 선악(善惡).
黑心(흑심) 검은 마음. 나쁜 마음.
暗黑(암흑) 어둡고 캄캄함.

[비슷] 黎(검을 려) 玄(검을 현) [비] 墨(먹 묵)

黔 ④ 16획 검을 검
日 キン·ケン·くろい
中 qián

* 형성. 뜻을 나타내는 부수 '黑(검을 흑)'과 음을 나타내는 '今(이제 금)'을 합친 글자.

[풀이] 검다. 검어지다. ¶黔突

黔突(검돌) 그을려 검어진 굴뚝.

默 ④ 16획 묵묵할 묵
日 モク·だまる·もだす
中 mò

丨 冂 冂 曱 曱 里 黑 黑 黑 黑 黙 默 默 默

[풀이] 1. 묵묵하다. 2. 조용하다. 잠잠하다. ¶默默

默契(묵계) 은연중에 뜻이 서로 통함. 또는 그렇게 하여 이루어진 약속.
默默(묵묵) 1)아무 말 없이 잠잠한 모양. 2)조용하고 적막한 모양.
寡默(과묵) 말이 없고 침착함.

黛 ⑤ 17획 눈썹먹 대
日 タイ·まゆずみ
中 dài

[풀이] 눈썹먹. ¶黛墨

黛綠(대록) 눈썹먹의 빛깔이 푸름. 미인(美人)을 달리 이르는 말.
黛墨(대묵) 눈썹 그리는 먹. 눈썹먹.

點 ⑤ 17획 점 점
日 テン·ともす·占す·たてる
中 diǎn

丨 冂 冂 曱 曱 里 黑 黑 黑 黑 點 點 點 點

* 형성. 뜻을 나타내는 부수 '黑(검을 흑)'과 음을 나타내는 '占(점 점)'을 합친 글자.

[풀이] 1. 점. 2. 결함. 흠. 3. 점수의 단위. ¶得點 4. 조사하다. 점검하다. ¶點檢 5. 불을 켜다.

點檢(점검) 하나씩 검사함.
點線(점선) 나란히 줄지어 찍은 점을 이은 선.
點火(점화) 불을 붙임.
缺點(결점) 모자란 점.
得點(득점) 점수를 얻음.
採點(채점) 점수를 매김.

黜 ⑤ 17획 물리칠 출
日 チュツ·しりぞける
中 chù

黑 6~15획 點 黥 黨 黯 黴 黷

黜

풀이 1. 물리치다. 물러나다. 내쫓다. ¶ 黜責 2. 없애다. 버리다.

黜棄(출기) 물리치고 내버림.
黜剝(출박) 관직을 박탈하고 물리침.
黜責(출책) 물리치고 견책함.

유 却(물리칠 각)

點 ⑥ 18획 일ヵツ 약을 할·힐 ⊕xiá

풀이 1. 약다. ¶點兒 2. 교활하다.

點兒(할아) 꾀 많은 아이. 영리한 아이.
點猾(할회) 교활함. 간교(奸巧)함.

黥 ⑧ 20획 일ヶイ·ヶイ· いれずみ 자자 경 ⊕qíng

풀이 자자(刺字). 묵형(墨刑). 얼굴에 죄명(罪名)을 문신하여 새기는 형벌. ¶黥面

黥面(경면) 얼굴에 입묵(人墨)함. 또는 그 얼굴.
黥罪(경죄) 이마에 입묵(人墨)하는 죄.

黨 ⑧ 20획 일トゥ·なかま 무리 당 ⊕dǎng

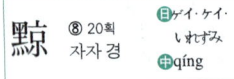

* 형성. 뜻을 나타내는 부수 '黑(검을 흑)'과 음을 나타내는 '尙(오히려 상)'을 합친 글자.

풀이 1. 무리. 동아리. ¶朋黨 2. 마을. ¶鄕黨 3. 일가. 친족.

黨論(당론) 그 당파가 주장하는 의론.
黨爭(당쟁) 당파를 만들어 서로 싸움.
黨派(당파) 1)붕당(朋黨)·정당의 나누인 갈래. 2)주의와 이해를 같이하는 사람들이 뭉친 단체.
朋黨(붕당) 같은 무리. 동료.
惡黨(악당) 나쁜 무리.

유 徒(무리 도) 衆(무리 중) 屬(무리 속)

黯 ⑨ 21획 일アン·くらい 어두울 암 ⊕àn

풀이 1. 어둡다. 검다. ¶黯淡 2. 슬퍼하다.

黯淡(암담) 어둑어둑함. 침침함.
黯黑(암흑) 1)어둠. 2)검음.

유 暗(어두울 암)

黴 ⑪ 23획 일ビかびかびる 곰팡이 미 ⊕méi

풀이 1. 곰팡이. ¶黴菌 2. 곰팡이가 생기다.

黴菌(미균) 사람 몸에 해를 끼치는 세균(細菌). 전염병의 원인이 됨. 박테리아.

비 微(작을 미) 徵(부를 징)

黷 ⑮ 27획 일トク·けがす·けがれる 더럽힐 독 ⊕dú

* 형성. 뜻을 나타내는 부수 '黑(검을 흑)'과 음을 나타내는 '賣(행상할 육)'을 합친 글자.

풀이 1. 더럽히다. 때를 묻히다. 2. 욕되게 하다. 3. 더럽다.

黷煩(독번) 남에게 폐를 끼침.
黷貨(독화) 부정한 재물을 취함.

유 汚(더러울 오)

黹 부

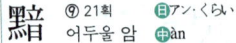

黹 바느질할 치 部

'黹'자는 바느질하여 수를 놓은 도안의 모양을 나타낸 글자로, '바느질하다'의 뜻을 나타내는데, 여기에는 '바느질하여 수놓은 옷'이라는 뜻도 포함된다. 이 글자를 부수로 갖는 글자는 바느질과 관계가 있다.

黹

◎ 12획
바느질할 치

🇯 チ・ぬい, とり
　　ぬう
🇨 zhǐ

*상형. 바느질하여 수놓은 도안을 본뜬 글자.

풀이 1. 바느질하다. 2. 수놓다.

🔁 縫(꿰맬 봉)

黻

⑤ 17획
수 불

🇯 フツ・あや
🇨 fú

풀이 1. 수(繡). 두 개의 '弓'자 또는 '己'자가 서로 등지고 있는 모양의 수. ¶黻衣 2. 슬갑(膝甲), 페슬(蔽膝). 고대의 예복 위에 껴입던 가죽 무릎 덮개.

黻衣(불의) 불문(黻文)을 수놓은 예복.

黼

⑦ 19획
수 보

🇯 フ・ホ・あや
🇨 fǔ

풀이 1. 수(繡). 도끼 모양의 수. ¶黼黻 2. 고대 천자의 예복. ¶黼衣

黼黻(보불) 옛날 천자의 예복(禮服)의 치마같이 만든 자락에 놓은 수(繡)의 이름. 불보(黻黼).

黼衣(보의) 자루 없는 도끼 모양의 수를 놓은 천자의 예복(禮服).

黽부

黽 맹꽁이 맹 部

'黽' 자는 맹꽁이를 나타내는데, 맹꽁이의 생김새는 개구리와 비슷하며 머리의 폭이 넓고 배가 뚱뚱하므로, 말이나 행동이 답답하거나 고집을 부리는 사람, 키가 작고 배가 뚱뚱한 사람을 이를 때 보통 맹꽁이에 비유하였다. 이 글자는 그러한 '맹꽁이'의 모양을 나타내는 것 외에 '힘쓰다' 라는 뜻으로 사용되기도 하는데, 이때의 음은 '민'으로 읽는다.

黽 ⓪ 13획 [日]ビン·ボウ·つとめる
❶ 맹꽁이 맹 ❷ 힘쓸 민 [中]miǎn, mǐn

* 상형. 맹꽁이 모양을 본뜬 글자.

[풀이] [1] 1. 맹꽁이. [2] 2. 힘쓰다. ¶黽勉

黽勉(민면) 부지런히 힘씀.

鼇 ⑪ 24획 [日]すっぽん
자라 오 [中]áo

[풀이] 자라. 바다에 사는 큰 자라. ¶鼇頭

鼇頭(오두) 1)큰 자라의 머리. 2)과거 시험에 장원(壯元)으로 급제한 사람.

鼇抃(오변) 기뻐하여 박수를 치며 춤을 춤.

鼈 ⑫ 25획 [日]すっぽん
자라 별 [中]biē

[풀이] 자라.

鼈甲(별갑) 자라의 등 껍데기. 주로 한약재로 쓰임.

鼎부

鼎 솥 정 部

'鼎' 자는 두 개의 솥귀와 세 개의 솥발이 달려 있는 둥근 솥의 모양에서 '솥'을 나타낸다. 이 솥은 왕실에서 제사를 지낼 때처럼 귀중한 일에 사용되었기 때문에 '귀하다' 라는 뜻을 나타내기도 하고, 정립(鼎立)에서처럼 '셋이 마주 대하고 있는 상태' 를 뜻하기도 한다.

鼎 ⓪ 13획 [日]テイ·かなえ
솥 정 [中]dǐng

* 상형. 발이 셋, 귀가 둘 달린 솥의 모양을 본뜬 글자.

[풀이] 솥. 세 발 솥. 발이 셋이고 손잡이가 둘인 용기. ¶鼎立

鼎鼐(정내) 1)솥과 가마솥. 2)재상(宰相)의 자리.

鼎談(정담) 세 사람이 둘러앉아 하는 이야기.

鼎立(정립) 솥의 발처럼 세 곳에 나누어 섬.

鼎坐(정좌) 세 사람이 솥의 발 모양으로 앉음.

鼓부

鼓 북 고 部

'鼓' 자는 손에 북채를 들고 북을 치는 모양으로, 손으로 치는 악기인 '북', 또는 '북을 치다' 라는 뜻을 나타낸다. 북은 주로 사기나 흥분을 부추기기 위해 사용되었기 때문에 '부추기다', '고무시키다' 를 나타내기도 하고, 사기가 올라가면 사람의 맥박이 뛰기 때문에 '맥박' 을 나타내기도 한다.

鼓 ⓪13획 북 고 [日]コ·つづみ [中]gǔ

一 十 士 吉 吉 吉 吉 吉 壴 壴 鼓 鼓 鼓

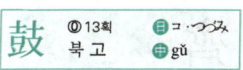

[풀이] 1. 북. 2. 북을 치다. ¶鼓手 3. 거문고를 타다. 연주하다. 4. 치다. 두드리다. ¶鼓腹擊壤

鼓動(고동) 1)북이 울리는 소리. 2)심장의 혈액순환 등으로 인하여 가슴에 울리는 소리.

鼓腹擊壤(고복격양) 배를 두드리고 땅을 친다는 뜻으로, 백성들이 태평성대를 즐기는 모양을 이르는 말.

鼓手(고수) 북을 치는 사람.

鼓吹(고취) 1)북을 치며 피리를 붊. 2)격려함. 고무함.

[비] 鼔(북 칠 고)

鼕 ⑤18획 북소리 동 [日]トウ [中]dōng

[풀이] 북소리. ¶鼕鼕

鼕鼕(동동) 북이 울리는 소리. 둥둥.

鼠 부

鼠 쥐 서 部

'鼠' 자의 윗부분은 쥐의 머리로 이빨이 강조된 모양이고, 아랫부분은 쥐의 발과 배, 꼬리를 나타내어 하나의 '쥐'를 뜻한다. 쥐는 사람에게 큰 피해를 준다고 하여 임금의 곁에서 해를 끼치는 '간신'을 비유할 때 쓰이기도 한다.

鼠 ⓪13획 쥐 서 [日]ソ·ショ·ねずみ [中]shǔ

* 상형. 쥐의 이빨과 몸을 본뜬 글자.

[풀이] 1. 쥐. 간신배나 좀도둑을 비유하기도 함. ¶鼠賊 2. 근심하다. ¶鼠思

鼠遁(서둔) 쥐처럼 살금살금 도망침.

鼠思(서사) 근심이나 걱정.

鼠賊(서적) 좀도둑.

鼯 ⑦20획 날다람쥐 오 [日]ゴ·むささび·ももんが [中]wú

[풀이] 날다람쥐.

鼯鼠(오서) 날다람쥐.

鼻부

鼻 코 비 部

'鼻'자는 '코' 라는 뜻 외에도 '코를 꿰다'나 '손잡이'의 뜻으로 쓰이기도 하고 비조(鼻祖)에서처럼 '시작', '시초'를 뜻하기도 한다. '鼻'를 부수로 삼는 글자는 코와 관련된 뜻을 가진다.

鼻 ⓒ 14획 日ビ・はな
코 비 中bí

*형성. 뜻을 나타내는 '自(스스로 자)'와 음을 나타내는 '畀(줄 비)'를 합친 글자. '自'는 원래 코 모양을 본뜬 글자로 '코'를 뜻했는데 후에 '스스로'라는 뜻으로 쓰이자, '畀'를 붙인 '鼻'가 코의 뜻으로 쓰이게 됨.

풀이 1. 코. ¶鼻孔 2. 시초. 최초. 시작. ¶鼻祖

鼻腔(비강) 코 안.
鼻骨(비골) 코뼈.
鼻孔(비공) 콧구멍.
鼻孔上(비공상) 바로 코앞.
鼻笑(비소) 코웃음. 비웃음.
鼻音(비음) 콧소리.
鼻祖(비조) 어떤 일을 처음으로 일으킨 사람. 창시자(創始者).
鼻鼾(비한) 코 고는 소리.
鼻血(비혈) 코피.

鼾 ③ 17획 日カン・いびき
코 고는 소리 한 中hān

풀이 코를 고는 소리.

鼾睡(한수) 코를 골며 잠.
鼾息(한식) 코 고는 소리.

齊부

齊 가지런할 제 部

'齊'자는 곡물의 이삭이 같은 높이로 가지런히 자란 모양을 나타낸 글자다. 이 글자는 여러 음으로 읽히는데, '제'로 읽을 때는 '가지런하다', '제'의 뜻을 나타내고, '재'로 읽을 때는 '재계하다', '상복'을 뜻한다. 또 '자'로 읽을 때는 '옷자락'을 나타낸다.

齊 ⓒ 14획
❶ 가지런할 제 日セイ
❷ 재계할 재   ひとしい
❸ 옷자락 자 中qí

*상형. 곡물의 이삭이 가지런히 자란 모양을 본뜬 글자.

풀이 ❶ 1. 가지런하다. 같다. 같게 하다. ¶齊家 2. 갖추다. 3. 엄숙하다. 삼가다. 4. 제나라. 주나라의 제후국으로, 전국칠웅(戰國七雄) 중 하나. ❷ 5. 재계하다. 6. 상복 ❸ 7. 옷자락.

齊戒(재계) 몸과 마음을 깨끗이 함.
齊家(제가) 집안을 잘 다스려 바로잡음. 치가(治家).
齊契(제계) 1)모두 서약함. 또는 그 사람. 2)마음을 같이하는 사람.
齊民(제민) 1)백성을 잘 다스림. 2)서민(庶民). 평민(平民).
齊嚴(제엄) 엄숙함.
齊列(제열) 가지런히 늘어섬.
齊唱(제창) 여러 사람이 일제히 노래를 부름.
齊限(제한) 한계(限界).
비 齋(재계할 재)

齋

③ 17획
재계할 재
日サイ・いわう・いつく
中zhāi

* 형성. 뜻과 음을 나타내는 부수 '齊(가지런할 제)'와 '신에게 제사 지내는 일'을 뜻하는 '示(보일 시)'를 합친 글자. 신에게 제사 지낼 때 '몸을 깨끗하게 하다'라는 뜻을 나타냄.

풀이 1. 재계(齋戒)하다. 몸과 마음을 깨끗이 하다. ¶齋戒 2. 엄숙하다. 3. 상복. 4. 집. 방. ¶書齋

齋戒(재계) 몸과 마음을 깨끗이 하여 부정(不淨)한 일을 멀리함.

齋宿(재숙) 재계하고 하룻밤을 지냄.
書齋(서재) 책을 갖추어 두고, 책을 읽거나 글을 쓰는 방.

비 齊(가지런할 제)

齎

⑦ 21획
❶ 가져올 재 日サイ
❷ 탄식할 자 中jī

풀이 ❶ 1. 가져오다. ❷ 2. 탄식하다. 아 하고 탄식하는 소리. ¶齎齎

齎齎(자자) 탄식하는 소리. 아아.
齎金(재금) 돈을 지참함.

齒부

齒 이 치 部

'齒'자는 이가 입 안의 위아래로 나란히 나 있는 모양으로, '이', '이빨'을 뜻한다. 또 의미가 확대되어 '연령'을 뜻하기도 한다. 이 글자를 부수로 갖는 글자는 주로 '이'와 관련이 있다.

  ⓪ 15획 　🇯 シ・は・よわい
이 치　　　　🇨 chī

丨 ㅏ ㅑ ㅑ ㅑ ㅑ ㅑ 齿 齿 齿 齿 齿 齒 齒

풀이 1. 이. 이빨. ¶齒牙 2. 나이. ¶年齒 3. 나란히 서다.
齒牙(치아) 이와 어금니. 이의 총칭.
齒槽(치조) 이가 박혀 있는 이틀의 구멍.
年齒(연치) 나이의 높임말.
蟲齒(충치) 벌레 먹어 썩은 이.

齡　⑤ 20획　🇯 レイ・とし・よわい
나이 령　🇨 líng

* 형성. 뜻을 나타내는 부수 '齒(이 치)'와 음을 나타내는 '令(명령할 령)'을 합친 글자.

풀이 나이. 연령.
年齡(연령) 나이.

齟　⑤ 20획　🇯 ショ・ソ・くいちがう
어긋날 저・서　🇨 jǔ

풀이 어긋나다. ㉠아래윗니가 서로 맞지 않음. ㉡사물이 서로 어긋남. ¶齟齬
齟齬(저어) 1)아래윗니가 어긋나 맞지 않음. 2)사물이 서로 어긋남.
🔁 齬(어긋날 어) 差(어긋날 차)

---

  ⑥ 21획 🇯 ゲツ・かじる・かむ
깨물 설　🇨 niè

풀이 깨물다. 씹다. 갉아 먹다. ¶齧殺
齧殺(설살) 물어 죽임.
齧齒類(설치류) 쥐・토끼 등과 같이 앞니가 발달하여 물건을 씹는 초식 동물.

齬　⑦ 22획　🇯 ゴ・くいちがう
어긋날 어　🇨 yǔ

풀이 어긋나다. 아래윗니가 서로 맞지 않다. ¶齟齬
🔁 差(어긋날 차) 齟(어긋날 저)

---

  ⑦ 22획 🇯 ソク
악착할 착　🇨 chuò

풀이 1. 악착하다. 끈기 있다. ¶齪齪 2. 삼가는 모양. 신중한 모양.
齪齪(착착) 삼가는 모양. 조심스러운 모양.
🔁 齷(악착할 악)

---

  ⑨ 24획 🇯 アク
악착할 악　🇨 wò

풀이 악착하다. 모질고 끈기 있다.
齷齪(악착) 일에 끈기가 있고 모짊.
🔁 齪(악착할 착)

龍부

龍 용 룡部

`龍`자는 상상의 동물인 '용'을 나타낸다. 예로부터 용은 신비한 동물로서 숭배물이나 토속적인 신앙의 대상이 되었다. 그리고 용상(龍床)이나 용안(龍顔)처럼 '천자'나 군주'를 상징하기도 하고 '뛰어난 인물'을 나타내기도 한다.

龍

⓪ 16획
용 룡(용)
🇯🇵 リョウ・リュウ・たつ
🇨🇳 lóng, máng

* 상형. 머리 부분에 뿔 모양의 장식이 있는 뱀의 형상을 본떠 '용'을 나타낸 글자.

풀이 1. 용. 큰 뱀 같은 몸에 비늘과 뿔이 있는 신령스러운 동물. 2. 임금. 뛰어난 인물. ¶龍顔

龍頭蛇尾(용두사미) 용의 머리에 뱀의 꼬리. 시작은 거창하지만 끝이 흐지부지함을 비유하는 말.

龍顔(용안) 임금의 얼굴. 천안(天顔).

臥龍(와룡) 1)누워 있는 용. 2)초야에 은둔하고 있는 큰 인물.

龐

③ 19획
❶ 클 방
❷ 충실할 롱(농)
🇯🇵 ロウ
🇨🇳 páng

풀이 ❶ 1. 크다. 크고 높다. ❷ 2. 충실하다. ¶龐龐

龐眉皓髮(방미호발) 눈썹이 짙고 머리가 흼. 노인을 이르는 말.

龐龐(농롱) 충실한 모양.

龕

⑥ 22획
감실 감
🇯🇵 ガン・ずし
🇨🇳 kān

풀이 감실(龕室) ㉠사당 안에 신주(神主)를 모셔 두는 장(欌). ㉡탑 속에 만든 작은 방. ¶龕室

龔

⑥ 22획
이바지할 공
🇯🇵 キョウ
🇨🇳 gōng

풀이 1. 이바지하다. 2. 공손하다.

龜부

龜 거북 귀部

`龜`자는 보통 천 년 동안을 산다는 장수(長壽)의 동물인 '거북'을 나타내는 글자인데, 그중 '귀'로 읽을 때는 '거북'이나 '거북 껍데기'를 나타내고, '구'로 읽을 때는 '나라 이름'이나 '지명'을 나타내며, '균'으로 읽을 때는 '갈라지다', '터지다'의 뜻으로 쓰인다.

龜

⓪ 16획
❶ 거북 귀
❷ 나라이름 구
❸ 터질 균
🇯🇵 キ・キン・かめ・ひび
🇨🇳 guī, jūn, qiū

풀이 ❶ 1. 거북. 2. 거북의 껍데기. 고대에는 화폐로도 사용됨. ❷ 3. 나라 이름. 고차(庫車) 부근에 있던 서역(西域)의 한 나라. ❸ 4. 터지다. 갈라지다. ¶龜裂

龜鑑(귀감) 거울로 삼아 본보기가 될 만한 것. 귀경(龜鏡).

龜卜(귀복) 거북의 껍데기를 불에 태

[龜 0획] 亀

위 갈라지는 모양을 보아 길흉을 판단하는 일.

龜貝(귀패) 거북 껍데기와 조개껍데기. 고대(古代)의 화폐.

龜裂(균열) 1)사물의 갈라진 금이나 틈. 2)친한 사이에 틈이 생김.

亀 ⓓ11획
龜(p859)의 俗字

龠 부

龠 피리 약 部

'龠'자는 대나무로 만든 중국 고대의 악기로, 단소 모양과 비슷하며 구멍이 3개에서 6개인 '피리'를 나타낸다. 피리라는 뜻 외에 한 홉의 10분의 1을 나타내는 용량의 단위로도 쓰인다.

龠	⓪ 17획 피리 약	日 ヤク・ふえ 中 yuè

풀이 1. 피리. 2. 용량(容量)의 단위. 1홉(合)의 10분의 1. ¶龠合

龠合(약흡) 약(龠)과 흡(合). 곡식 등의 양이 적음을 이르는 말.

유 笛(피리 적)

龡	④ 21획 불 취	日 スイ・ふく 中 chuī

풀이 1. 불다. 피리를 불다. 2. 바람이 불다.

龡龠(취약) 피리를 붊.

유 吹(불 취)

실용옥편 자음색인

넥서스사전편찬위원회 편

자음색인 가~강

가

仮	23
伽	26
佳	31
価	31
假	44
價	53
加	86
可	108
呵	116
咖	116
哥	120
嘉	128
嫁	175
家	187
暇	334
柯	351
枷	351
架	351
檟	376
歌	381
珂	477
痂	499
稼	540
舸	619
苛	624
茄	625
葭	635
街	664
袈	667
訶	684
賈	712
跏	722
軻	729
迦	739
駕	827

각

刻	78
却	101
卻	102
各	111
咯	119
垎	156
恪	252
愨	264
慤	266
攉	302
擱	309
格	355
権	368
殼	389
珏	477
脚	607
腳	609
覚	677
覺	678
角	679
閣	784
鬥	834

간

侃	31
刊	76
墾	152
奸	165
姦	170
干	220
幹	221
慳	266
懇	272
揀	299
旰	326
杆	346
柬	351
栞	355
桿	359
澗	434
潤	434
玕	476
癎	503
看	512
磵	526
秆	538
竿	550
簡	558
肝	602
艮	620
艱	620
衎	663
諫	694
間	783
間	783

갈

乫	10
喝	124
曷	340
渴	419
碣	524
竭	548
羯	591
葛	635
蠍	660
褐	671
鞨	809

감

减	71
凵	73
勘	89
坎	139
坩	140
堪	146
嵌	208
感	261
憨	270
憾	273
戡	278
撼	307
敢	316
柑	351
橄	373
歛	382
泔	401
減	419
甘	490
疳	499
監	510
瞰	517
紺	569
轗	734
邯	755
酣	760
鑑	780
鑒	780
龕	859

갑

匣	94
岬	204
甲	492
胛	604
鉀	768
閘	784

강

僵	54
剛	81
堈	143
姜	170
岡	205
崗	207
康	225
強	234
强	235

彊	235	塏	147	**각**		**건**		瞼	518
忼	247	愷	264	醵	762	乾	11	芡	622
慷	267	慨	264			件	23	鈐	767
杠	346	慨	267	**거**		健	45	黔	851
橿	376	改	313	佉	39	巾	214		
殭	388	概	365	去	104	建	230	**겁**	
江	396	槪	370	居	200	愆	261	刦	77
畺	496	漑	429	巨	212	搴	302	刧	77
疆	497	玠	477	拒	286	楗	365	劫	86
糠	564	疥	499	拠	286	腱	609	怯	249
絳	571	皆	507	挙	290	虔	652	法	739
綱	574	盖	510	据	294	褰	672		
羌	589	箇	554	據	307	蹇	725	**게**	
羗	590	芥	622	舉	309	鍵	775	偈	45
腔	608	蓋	638	柜	352	騫	829	憩	267
舡	618	豈	704	渠	420			憇	270
薑	645	鎧	777	炬	447	**걸**		揭	299
襁	673	開	783	砝	523	乞	10		
講	697			磔	527	傑	47	**격**	
鋼	773	**객**		祛	529	杰	348	挌	290
降	789	喀	124	苣	625	桀	355	擊	307
鱇	840	客	186	蘧	651	气	394	格	355
				裾	670			檄	376
개		**갱**		距	722	**검**		激	437
丐	3	坑	139	踞	724	儉	54	膈	610
个	5	更	339	車	728	劍	84	覡	677
介	18	粳	536	遽	752	劒	84	隔	794
价	23	粳	562	醵	762	劔	85	鬲	835
個	39	羹	591	鉅	768	撿	307	鴃	841
凱	72	鏗	778	鋸	773	檢	362		
剴	83	阬	787			檢	376	**견**	

자음색인 개~견 865

堅	143	薰	66	慶	267	諧	689	溪	425
牽	466	嗛	127	憬	270	證	689	炷	448
犬	467	慊	265	憼	273	警	700	界	493
狷	469	拑	286	局	281	輕	729	癸	505
甄	489	歉	381	擎	307	輕	730	磎	525
畎	493	箝	554	敬	316	逕	742	禊	532
筧	553	兼	639	景	333	鏡	778	稽	540
絹	573	謙	697	曔	337	頃	812	笄	552
繭	583	鉗	768	更	339	頸	815	系	565
繾	584	鎌	777	梗	359	驚	830	繁	574
肩	603			綮	376	鯁	839	継	574
蠲	661	**겹**		涇	410	鯨	839	繋	583
見	676	袷	668	炅	446	黥	852	繼	584
譴	701			熒	451			屬	589
遣	749	**경**		潁	454	**계**		計	681
鵑	842	京	16	環	486	係	35	誡	689
		侹	35	璥	486	啓	122	谿	704
결		倞	39	瓊	487	堺	146	階	793
契	162	傾	49	痙	501	契	162	雞	799
抉	283	儆	54	硬	523	季	180	鷄	843
決	397	冂	66	磬	526	屆	201	鶏	843
潔	434	冏	67	竟	548	届	201		
玦	477	勁	87	競	549	彐	236	**고**	
結	571	勍	88	絅	569	悸	257	估	26
絜	573	卿	102	経	569	戒	277	古	108
缺	586	哽	121	經	573	挈	291	叩	109
訣	683	坰	141	縶	574	桂	356	告	113
		境	149	耕	596	械	359	呱	116
겸		庚	223	耿	597	棨	362	固	135
傔	48	径	239	脛	607	洎	407	姑	168
兼	65	徑	241	莖	630	溪	414	孤	180

자음색인 곡~관

尻	200	袴	668	壺	156	孔	179	科	536
庫	224	觚	679	崑	207	工	211	菓	632
拷	290	詁	684	悃	255	廾	230	蝌	657
攷	313	誥	689	捆	292	恐	252	裹	670
故	314	賈	712	昆	326	恭	252	誇	686
敲	317	跨	723	崑	331	恭	252	課	692
枯	352	辜	735	梱	359	悾	257	跨	723
槁	368	錮	773	棍	362	拱	290	過	746
槀	368	雇	798	滾	429	控	294	鍋	775
沽	401	顧	817	琨	481	攻	313	顆	816
痼	501	高	833	袞	666	槓	368		
皐	507	高	833	衮	667	珙	478	**곽**	
皋	507	鼓	855	褌	671	空	543	廓	227
皷	508			錕	773	箜	554	椁	362
睾	516	**곡**		閫	785	蚣	654	槨	371
瞽	518	告	113	髡	833	貢	708	漷	442
稿	540	哭	121	鯤	839	跫	722	癨	504
稾	541	嚳	132			鞏	809	藿	649
篙	557	斛	320	**골**		龔	859	郭	756
罟	587	曲	339	汩	398			霍	803
羔	590	梏	359	泊	398	**곶**			
考	595	穀	541	滑	428	串	6	**관**	
股	603	縠	563	骨	831			串	6
膏	610	觳	680	鶻	844	**과**		冠	68
苽	625	谷	704			堝	146	官	184
苦	625	鵠	843	**공**		夥	158	寛	191
菰	632			供	31	夸	161	寬	193
蒿	641	**곤**		倥	39	寡	191	慣	267
藁	647	ᅵ	5	公	63	戈	276	梡	359
蛄	654	困	134	共	64	果	348	棺	362
蠱	661	坤	141	功	86	瓜	488	款	380

灌	444	壙	153	媿	175	敎	315	仇	19
琯	481	広	223	怪	249	教	315	佝	26
瓘	488	廣	227	恠	252	晈	330	俱	40
盥	511	恇	252	愧	265	校	356	倨	49
管	554	曠	338	拐	286	橋	373	具	65
罐	587	框	356	槐	368	橇	374	冦	68
舘	617	桄	356	瑰	484	狡	469	劬	87
菅	632	洸	407	魁	836	皎	507	勾	92
観	678	狂	467			皦	508	区	95
觀	678	獷	473	**괵**		矯	520	區	95
貫	709	珖	478	馘	825	窖	545	厩	103
舘	773	磺	527			絞	571	口	108
関	784	筐	552	**굉**		翹	594	句	109
關	787	胱	606	宏	184	膠	611	咎	117
顴	818	誆	689	紘	566	芁	621	嘔	129
館	823	鑛	768	肱	603	蕎	644	坸	141
鸛	845	鑛	780	轟	734	蛟	655	垢	142
						覚	677	媾	175
괄		**괘**		**교**		覺	678	嫗	176
刮	79	卦	99	交	16	較	730	寇	188
恝	252	挂	291	佼	32	轎	734	屨	203
括	290	掛	295	僑	52	郊	756	嶇	209
栝	356	罫	587	咬	119	鉸	770	廐	227
活	410	絓	670	喬	124	餃	822	廏	227
适	740			嘐	130	驕	830	懼	275
		괴		奟	156	鮫	838	扣	283
광		乖	8	姣	170			拘	286
侊	32	傀	48	嬌	177	**구**		構	302
光	58	塊	147	嶠	209	丘	4	摳	304
劻	87	壊	152	巧	212	久	8	救	315
匡	94	壞	154	攪	312	九	9	旧	325

자음색인 국~규   869

暠	333	蒟	639	鞠	809	**권**		櫃	377
枸	352	衢	665	麴	848	倦	40	潰	434
柩	352	裘	669	麯	848	券	79	簋	558
柾	352	講	697			勸	90	簣	559
構	368	謳	699	**군**		勸	91	詭	686
歐	380	購	716	君	114	卷	101	跪	723
歐	382	軀	728	捃	292	圈	136	軌	729
毆	388	述	742	窘	545	拳	291	饋	823
毆	390	邱	755	羣	590	捲	295		
毬	392	鉤	768	群	590	棬	362	**귀**	
求	395	銶	771	裙	669	權	371	歸	216
溝	425	韭	811	軍	728	權	379	歸	385
漚	429	廐	825	郡	756	港	414	貴	710
灸	445	駆	827			睠	515	鬼	836
狗	468	駒	827	**굴**		綣	575	龜	859
玖	476	驅	829	倔	40			龜	860
球	480	鳩	841	堀	144	**궐**			
甌	489	鷗	844	崛	207	亅	11	**규**	
疚	499	龜	859	掘	295	劂	84	叫	109
瞿	518	龜	860	淈	414	厥	103	圭	138
矩	520			窟	545	獗	472	奎	162
究	543	**국**				蕨	644	揆	299
竅	546	口	133	**궁**		蹶	726	樛	371
篝	557	国	135	宮	187	闕	786	槻	371
糗	563	国	135	弓	232			珪	478
綠	574	國	136	穹	543	**궤**		睽	517
臼	616	局	200	窮	545	几	72	硅	522
舅	616	掬	295	竆	546	匱	95	窺	546
舊	616	菊	632	芎	621	憒	270	竅	546
艽	621	跼	723	躬	727	机	345	糾	565
苟	625	鞫	809					葵	635

規	676	僅	49	琴	481	伎	23	枝	350
赳	719	劤	86	禁	531	其	65	棋	362
逵	745	勤	90	禽	534	冀	66	基	363
閨	784	墐	101	笒	622	剞	82	棄	363
頍	812	墐	149	衿	666	嗜	128	機	374
馗	825	憅	273	衾	666	器	129	欺	380
균		斤	320	襟	673	器	130	歧	384
匀	92	根	356	金	766	圻	140	气	394
均	139	槿	371	錦	773	埼	144	氣	394
昀	494	漌	429	급		基	144	氣	394
筠	553	瑾	485	伋	23	夔	157	汽	398
菌	632	筋	552	及	105	奇	161	沂	398
鈞	767	芹	622	岌	204	妓	167	洎	407
龜	859	菫	632	急	249	寄	189	淇	414
龜	860	觀	678	扱	283	岐	204	玘	476
귤		謹	699	汲	398	崎	207	琦	481
橘	374	跟	723	笈	550	己	213	琪	481
극		近	738	級	567	幾	222	瑊	485
亟	15	饉	823	給	571	忌	246	璣	486
克	60	글		긍		技	283	崎	496
剋	80	契	162	亘	14	掎	295	畿	497
劇	84	訖	682	亙	14	旂	323	碁	523
屐	201	금		兢	61	旗	324	磯	527
戟	278	今	19	矜	519	旡	324	祁	528
棘	362	噤	130	肯	603	既	324	祈	528
極	365	妗	167	기		既	324	祇	529
隙	794	擒	308	亟	15	曁	336	祺	532
근		吟	326	企	23	曁	337	箕	554
		檎	376			期	343	紀	565
						碁	343	綺	575
						杞	346	羈	589

긴~뇨									
羈	589	桔	356	**날**		**녀**		禰	534
耆	595			捏	293	女	165		
機	597	**김**		捺	295			**노**	
肌	602	金	766	揑	299	**녁**		努	87
萁	633					疒	498	呶	117
羇	675	**끗**		**남**				奴	165
羈	675	叾	121	南	98	**년**		孥	181
覬	677			枏	348	年	221	帑	216
記	681	**끽**		楠	366	撚	305	弩	233
譏	699	喫	125	湳	420	碾	525	怒	249
豈	704			男	493	秊	536	璐	483
起	719	**나**						磠	524
跂	721	儺	57	**납**		**녈**		駑	827
錡	773	奈	162	呐	114	涅	410		
錤	774	娜	172	納	567			**농**	
飢	820	懦	274	衲	666	**념**		濃	437
饑	823	拏	286			念	247	膿	612
騎	828	拿	291	**낭**		恬	253	農	737
騏	828	挪	293	囊	133	拈	286		
驥	831	糯	564	娘	172	捻	295	**뇌**	
鰭	840	那	754	曩	338			惱	255
麒	847					**녕**		悩	261
		낙		**내**		佞	26	腦	607
긴		諾	694	乃	7	嚀	131	腦	609
緊	575			內	19, 66	寗	191	餒	822
		난		内	62	寧	191		
길		暖	334	奈	162	濘	439	**뇨**	
佶	32	煖	451	柰	352	獰	473	嫋	175
吉	111	糯	564	耐	596	甯	492	尿	200
姞	170	赧	718	迺	740			撓	305
拮	291	難	800			**녜**		橈	374

자음색인 눈~대

淖	414	匿	95	胆	604	潭	434
溺	425	溺	425	蛋	654	澹	438
疊	669			袒	667	痰	502
鬧	834	**닐**		禪	673	禪	533
		昵	328	鄲	758	眈	598
눈				鍛	775	聃	598
嫩	176	**다**		粗	809	膽	612
		多	158			蕁	644
눌		夛	236	**달**		覃	675
吶	114	茶	628	妲	168	詹	688
訥	683			怛	249	談	692
		단		撻	308	譚	699
뉴		丹	6	澾	438	郯	757
杻	348	亶	17	獺	473	錟	774
狃	468	但	26	疸	499		
紐	567	單	125	達	746	**담**	
鈕	767	团	134	靻	809	沓	398
		團	137	韃	810	畓	494
뉵		壇	152			答	552
忸	248	象	236	**담**		踏	724
恧	253	断	321	儋	54	遝	749
		斷	321	啖	122		
능		旦	325	坍	140	**당**	
能	606	檀	376	墰	154	倘	40
		段	388	憺	273	儻	57
니		湍	420	担	286	党	61
尼	200	短	520	擔	308	唐	121
泥	401	端	549	曇	337	堂	144
膩	611	簞	559	檐	377	塘	148
		緞	577	淡	414	幢	219
닉		耑	596	湛	420	当	236

戀	276
撞	305
棠	363
糖	563
當	497
瞠	517
螳	659
讜	703
鏜	779
黨	852

대

代	20		
坮	141		
垈	141		
大	159		
対	195		
對	197		
岱	205		
帶	216		
帯	217		
待	240		
懟	274		
戴	279		
抬	289		
擡	309		
歹	385		
汏	396		
玳	477		
碓	523		
臺	615		

자음색인 댁~등

蕃 643	挑 291	陶 791	乭 10	旪 112
袋 667	掉 295	韜 811	咄 117	斗 319
貸 711	掏 295		突 543	杜 346
載 730	搗 302	**독**		枓 350
隊 793	擣 309	毒 391	**동**	痘 501
隶 797	桃 357	瀆 441	仝 20	竇 545
黛 851	棹 363	牘 463	佟 52	寶 546
	檮 377	犢 467	冬 69	肚 602
댁	櫂 377	独 469	凍 70	荳 630
宅 183	涂 410	獨 472	動 89	蚪 654
	淘 415	督 516	同 111	蠹 662
덕	渡 420	禿 535	垌 142	讀 689
德 244	滔 425	篤 557	彤 237	讀 702
悳 257	濤 439	纛 585	憧 271	豆 704
	燾 458	読 689	東 348	逗 742
도	盜 510	讀 702	桐 357	頭 815
倒 40	睹 517	鵚 843	棟 363	
刀 74	禱 534	黷 852	洞 407	**둔**
到 79	稻 540		潼 434	屯 203
図 135	稌 541	**돈**	疼 499	窀 544
圖 137	萄 633	墩 151	瞳 518	臀 612
堵 146	覩 677	惇 258	童 548	芚 622
塗 148	賭 716	敦 316	胴 606	遁 747
壔 153	跳 723	旽 326	董 636	遯 750
導 197	蹈 725	暾 337	棟 656	鈍 767
屠 202	逃 740	沌 398	銅 770	頓 813
島 206	途 742	燉 455	鼕 855	
嶋 209	道 746	豚 705		**득**
度 224	都 757	頓 813	**두**	得 242
徒 241	都 757		亠 15	
悼 258	鍍 776	**돌**	兜 61	**등**

자음색인 라~려

凳	73	樂	372	攬	312	來	32	量	765
嶝	209	洛	407	欖	379	峽	207	麵	837
橙	374	烙	448	濫	440	徠	242		
縢	425	举	466	籃	560	秣	596	**려**	
灯	445	珞	478	纜	586	萊	633	侶	35
燈	455	絡	572	藍	647			儷	57
登	505	落	636	檻	674	**랭**		励	87
等	552	酪	760	覽	677	冷	69	勵	91
藤	649	駱	828	覽	678			厲	104
謄	698					**략**		呂	114
鄧	758	**란**		**랍**		掠	295	唳	123
騰	829	乱	10	拉	287	略	495	盧	229
		亂	11	臘	613	畧	495	慮	267
라		卵	101	蠟	661			戾	280
喇	125	欄	378			**량**		旅	323
懒	275	孿	379	**랑**		両	5	梠	359
懶	275	瀾	443	廊	226	亮	17	櫚	378
瘰	504	爛	459	朗	342	倞	39	濾	442
癩	504	珊	487	榔	369	俩	40	犁	466
羅	589	蘭	651	浪	411	兩	62	犂	466
蘿	639	變	781	瀧	443	凉	70	癘	504
蘿	651	闌	786	狼	469	喨	125	礪	527
螺	659	鸞	845	琅	480	梁	359	管	610
蠡	661			瑯	484	樑	371	藜	649
裸	670	**랄**		稂	538	涼	415	蠣	661
邏	753	剌	80	螂	658	梁	562	蠡	661
騾	830	辣	736	郎	756	粮	563	鑢	781
孵	848			郞	756	糧	564	閭	785
		람				良	620	驢	831
락		婪	173	**래**		諒	692	驪	831
樂	366	嵐	208	来	26	輛	731	麗	847

자음색인 력~뢰

黎	850	**렬**		灵	236	**로**		轆	734
		冽	70	怜	250	劳	87	錄	774
력		列	76	昤	328	勞	89	鹿	846
力	85	劣	86	欞	378	撈	305	麓	847
曆	337	捩	296	泠	402	擄	308		
櫟	378	洌	407	玲	477	櫓	378	**론**	
櫪	378	烈	448	笭	551	檻	378	論	692
歷	384	裂	668	羚	590	濾	443		
瀝	442			翎	592	炉	446	**롱**	
礫	527	**렴**		聆	598	爐	459	壟	154
轢	735	帘	215	苓	625	盧	511	弄	230
靂	805	廉	226	蛉	655	老	595	朧	344
鬲	835	斂	318	逞	742	艪	620	瀧	443
		殮	388	鈴	768	蘆	650	瓏	487
련		濂	438	零	802	虜	652	礱	527
怜	250	瀲	444	靈	805	路	723	籠	560
恋	253	簾	559	領	814	輅	730	聾	600
憐	271			鴒	842	轤	735	隴	796
戀	276	**렵**		齡	858	露	804	龍	859
孌	311	猎	470			顱	818		
漣	429	獵	473	**레**		魯	838	**뢰**	
煉	451	蠟	834	例	32	鷺	844	儡	56
璉	485			澧	438	鹵	845	瀨	443
練	577	**령**		礼	528			牢	464
联	598	令	21	礼	528	**록**		磊	525
聯	599	伶	27	禮	533	漉	429	籟	560
聯	599	另	109	豊	705	碌	524	耒	596
蓮	641	囹	135	體	762	祿	532	蕾	645
輦	731	姈	168	隸	797	簶	560	誄	686
連	742	岺	205	隷	797	綠	575	賂	713
鍊	776	嶺	209			菉	633	賚	714

賴	716	淚	415	遛	749	勒	89	悧	255
雷	802	漏	429	遛	751	肋	602	李	346
		瘻	503	類	817			梨	360
료		寠	546			**름**		浬	411
了	12	累	569	**륙**		凜	71	漓	429
僚	52	縷	580	僇	50	凛	71	犁	466
寥	191	縲	580	六	64	廩	228	犂	466
寮	193	蔞	642	戮	279	懍	273	犛	466
廖	227	樓	673	蓼	641	稟	532	狸	469
料	319	鏤	778	陸	791	禀	539	理	480
潦	434	陋	789					璃	485
燎	456			**륜**		**릉**		痢	501
獠	472	**류**		侖	32	凌	70	离	534
療	503	刘	76	倫	40	棱	363	籬	561
瞭	518	劉	85	崙	207	楞	366	羅	588
聊	598	旒	324	淪	415	稜	539	贏	591
蓼	641	柳	352	綸	575	綾	575	莉	631
遼	751	榴	369	輪	731	菱	633	蘺	651
		橊	374			蔆	646	裏	669
룡		流	407	**률**		陵	791	裡	669
竜	547	流	411	律	240			貍	707
龍	859	溜	425	慄	265	**리**		里	764
		瀏	442	栗	357	俐	35	釐	765
루		琉	480	率	475	俚	35	離	800
僂	49	瑠	484			利	77	鯉	839
垒	146	留	494	**륭**		厘	102	鸝	845
壘	154	畱	496	癃	504	吏	112	麗	847
婁	173	瘤	502	窿	546	哩	121		
屢	202	硫	523	隆	793	唎	121	**린**	
楼	366	繆	580			嫠	177	吝	114
樓	371	謬	699	**륵**		履	202	潾	435

자음색인 림~면 877

燐	456	蟆	659	灣	420	望	343	**맥**	
璘	486	馬	826	滿	430	網	575	佰	33
蘭	650	魔	837	漫	430	网	587	獲	472
躪	727	麻	848	灣	445	罔	587	脈	604
遴	751	麻	849	瞞	517	芒	622	脈	606
鄰	758			萬	636	茫	628	貊	707
隣	795	**막**		蔓	642	莽	633	貉	707
鱗	840	寞	192	蠻	655	輞	732	陌	789
麟	847	幕	219	蠻	662	邙	754	驀	830
		漠	429	輓	731	魍	837	麥	848
림		瘼	503	鏋	778				
林	348	膜	611	饅	823	**매**		**맹**	
淋	415	莫	631	鰻	840	呆	114	孟	181
琳	481	藐	647			埋	143	氓	393
痳	502	貌	707	**말**		売	155	猛	470
臨	614	邈	753	抹	287	妹	168	甍	489
霖	803			末	344	媒	174	盟	510
		만		林	352	寐	190	盲	512
립		万	1	沫	402	昧	329	萌	633
砬	521	卍	97	秣	537	枚	349	黽	854
立	547	墁	150	茉	625	梅	360		
笠	551	娩	172	襪	674	每	391	**멱**	
粒	561	彎	210	靺	809	煤	451	冖	67
		弯	234			玫	477	冪	69
마		彎	235	**망**		眛	514	幎	219
媽	176	慢	268	亡	15	罵	588	汨	398
摩	304	懣	274	迌	62	苺	625	糸	565
瑪	484	挽	293	妄	166	買	711	覓	676
痲	502	晩	331	忙	246	賣	714	冥	676
碼	525	曼	340	忘	247	邁	752		
磨	526	滿	420	惘	258	魅	836	**면**	

俛	35	皿	509	獏	472	朦	343	巫	212
免	60	瞑	517	瑁	483	濛	440	廡	228
免	60	茗	628	眊	513	瞢	517	憮	271
冕	67	蓂	639	眸	515	矇	518	懋	273
勉	88	螟	658	矛	519	蒙	639	戊	276
宀	182	酩	760	耗	596			拇	287
棉	363	銘	770	芼	622	**묘**		撫	305
沔	398	鳴	841	茅	626	卯	100	无	324
眄	513			莫	631	墓	150	楙	366
眠	514	**메**		謀	694	妙	167	武	384
綿	576	袂	666	謨	699	廟	227	毋	390
緬	577			貌	707	描	299	無	450
緜	577	**모**		鉾	848	昴	329	珷	480
繆	578	侔	33			杳	349	畝	494
面	808	侮	36	**목**		淼	416	舞	618
靣	808	冒	67	木	344	渺	421	茂	626
麵	848	募	90	沐	398	猫	470	蕪	644
麪	848	姆	168	牧	465	畝	494	誣	689
		帽	218	目	512	眇	513	貿	711
멸		慕	268	睦	516	秒	536	霧	804
滅	426	摹	304	穆	541	纱	547	鵡	843
蔑	642	摸	304	苜	629	苗	626		
		旄	323	鶩	843	茆	626	**묵**	
명		暮	336			藐	647	墨	151
冥	68	某	352	**몰**		貓	708	默	851
名	112	模	371	歿	385	錨	776		
命	117	母	390	沒	399			**문**	
明	326	毛	392			**무**		亹	17
暝	336	牟	464	**몽**		亡	15	們	41
榠	363	牡	465	冡	68	廴	62	刎	76
溟	426	牦	466	夢	158	務	89	吻	114

자음색인 물~방

問	123	湄	421	珉	478	縛	579	磻	527
文	318	瀰	444	緡	578	膊	610	礬	527
汶	399	獼	474	罠	587	舶	619	絆	569
炆	446	眉	513	閔	783	薄	646	胖	604
瞞	517	米	561	閩	784	迫	739	般	618
紋	567	麋	564	頣	814	鉑	768	若	626
紊	567	靡	581	黽	854	鎛	777	蟠	659
聞	599	美	590			雹	802	返	738
蚊	654	薇	646	**밀**		駁	827	頒	814
門	782	謎	698	宓	184			飯	821
雯	801	迷	740	密	189	**반**			
		靡	807	汨	399	伴	27	**발**	
물		麋	846	苾	628	半	97	勃	88
勿	92	黴	852	蜜	656	反	105	哱	121
沕	399			謐	698	叛	107	拔	287
物	465	**민**				扳	237	撥	306
		岷	205	**박**		拌	287	浡	411
미		忞	248	剝	82	搬	302	渤	421
亹	17	悶	258	博	98	攀	310	潑	435
味	117	愍	261	拍	287	斑	319	炦	505
媄	175	慜	268	搏	302	柈	353	発	505
媚	175	憫	271	撲	306	槃	369	發	505
尾	200	敃	314	朴	345	泮	402	跋	722
嵋	208	敏	315	樸	374	潘	435	醱	762
弥	233	旼	327	樸	379	胖	463	鉢	769
彌	235	旻	327	泊	402	班	478	髮	833
微	243	暋	335	膊	463	畔	494	魃	836
未	344	民	393	珀	478	癍	502		
楣	360	泯	402	璞	486	盤	511	**방**	
楣	366	潣	435	箔	555	盼	513	仿	24
渼	421	玟	477	粕	562	磐	525	倣	41

傍	48	防	788	佰	33	几	72	**변**	
仁	94	髣	833	帛	215	帆	215	便	38
尨	103	龐	859	柏	353	机	346	卞	99
坊	140			栢	357	梵	360	変	156
妨	167	**배**		白	506	氾	396	弁	230
厖	199	倍	41	百	506	汎	396	抃	283
幇	218	俳	41	魄	836	泛	402	汴	399
幫	220	北	93			犯	467	邊	561
彭	238	坏	140	**번**		範	555	辯	584
彷	239	培	144	反	105	范	626	變	702
房	280	徘	242	幡	219			辨	736
放	313	拝	287	樊	372	**법**		辮	737
方	322	拜	287	煩	452	法	402	辺	738
旁	323	排	296	燔	456	琺	482	邊	753
昉	327	杯	349	番	496			釆	763
枋	349	梧	360	繁	581	**벽**		騈	829
榜	369	湃	421	繙	582	僻	54		
滂	426	焙	450	翻	594	劈	85	**별**	
膀	463	盃	509	蕃	644	壁	152	丿	7
磅	525	背	604	藩	649	擘	308	別	77
紡	567	胚	604	袢	667	擗	308	别	78
肪	603	裴	670	飜	820	椑	364	瞥	518
膀	610	裵	671			櫱	376	鱉	840
舫	618	褙	672	**벌**		璧	486	鱉	854
芳	623	賠	714	伐	24	甓	489		
蒡	639	輩	732	筏	552	癖	504	**병**	
蚌	654	配	759	罰	588	碧	524	丙	4
訪	683	陪	791	閥	784	蘗	651	並	5
謗	698					辟	735	倂	33
逢	740	**백**		**범**		闢	787	併	41
邦	754	伯	27	凡	72	霹	804	兵	64

屛	201	步	383	濮	440	琫	482	扶	283
屏	202	步	384	福	532	縫	581	抔	284
并	221	洑	407	箙	555	篷	558	拊	288
幷	221	湺	421	腹	609	蓬	642	掊	296
昞	329	僕	426	茯	628	蜂	656	敷	317
昺	329	濮	435	菔	633	蠭	662	斧	321
枋	353	父	461	葍	642	逢	743	枎	360
柄	363	珤	479	袱	668	鋒	772	浮	411
炳	447	甫	492	複	672	鳳	841	溥	426
瓶	489	簠	559	覆	675	**부**		父	461
甁	489	菩	633	輻	732	不	3	瓿	489
病	499	補	669	鍑	776	仆	19	祔	529
秉	536	褓	672	馥	825	付	21	符	551
竝	547	譜	701	鰒	839	俛	35	簿	559
餠	586	輔	731			俘	36	缶	586
絣	732	黼	853	**본**		俯	42	瓿	586
迸	741			本	345	傅	48	腐	608
逬	745	**복**				富	69	腑	608
鉼	770	仆	19	**볼**		剖	82	膚	611
鈵	774	伏	24	乶	10	副	82	胕	619
餠	822	僕	52			否	114	芙	623
餅	823	匐	93	**봉**		咐	117	苻	626
騈	829	卜	99	俸	41	垺	144	莩	631
		宓	184	奉	162	夫	159	蜉	656
보		蟇	219	封	195	婦	173	裒	669
保	36	復	243	峯	206	孚	180	覆	675
堡	146	扑	282	峰	206	孵	181	訃	681
報	146	攴	313	捧	296	富	190	負	708
宝	184	服	342	棒	363	府	223	賦	714
寶	194	樸	374	烽	449	復	243	賻	716
普	333	洑	407	燧	455			赴	719

趺	721	扮	284	髯	834	批	284	俳	671
輻	732	吩	327	黂	853	斐	319	裨	671
部	757	氛	394			枇	349	誹	693
釜	766	汾	399	**붕**		椑	364	譬	701
鈇	767	濆	435	崩	207	榧	369	賁	711
阜	787	潰	438	朋	342	比	391	費	711
附	788	焚	450	棚	363	毗	391	轡	735
駙	827	犇	466	硼	524	毘	392	辟	735
鮒	838	奮	495	繃	581	芘	392	邳	755
鳧	841	盆	509	鵬	843	泌	403	鄙	758
麩	848	笨	551			沸	403	陴	792
		粉	561	**비**		琵	482	非	806
북		糞	564	丕	4	疕	499	飛	819
北	93	紛	567	俾	42	痞	501	髀	832
		芬	623	備	48	療	502	鼻	856
분		賁	644	剕	82	脾	516		
份	24	賁	711	匕	93	砒	521	**빈**	
体	27	雰	801	匪	94	碑	524	份	24
分	75			卑	97	祕	529	儐	55
匪	94	**불**		否	114	秕	536	嚬	132
吩	115	不	3	嚭	131	秘	537	嬪	178
噴	129	仏	19	圮	138	篦	557	彬	237
噴	131	佛	27	妃	166	箆	557	擯	310
墳	151	弗	232	妣	167	粃	561	斌	319
墳	152	彿	239	婢	173	緋	576	檳	377
奔	162	怫	250	屁	200	翡	593	殯	388
奔	163	払	282	庇	223	肥	603	浜	411
奮	165	拂	288	俳	258	脾	608	濱	440
忿	248	沸	403	悲	258	臂	612	瀕	443
憤	271	祓	529	憊	271	菲	634	牝	464
憤	273	艴	621	扉	281	蜚	657	玭	477

瓆	487	僿	54	沙	399	赦	718	産	491
繽	585	写	68	泗	403	辞	736	疝	499
臏	612	寫	69	卸	101	辭	736	算	555
蘋	650	厶	104	渣	421	邪	755	繖	582
貧	709	司	109	瀉	442	食	820	蒜	639
賓	713	史	109	獅	471	飼	821	訕	681
贇	717	唆	121	砂	521	飴	822	酸	760
邠	754	嗣	128	祀	528	馴	827	霰	804
頻	815	四	133	社	528	駛	828		
顰	818	士	155	祠	529	麝	847	**살**	
鬢	834	奢	164	私	535			乷	10
		似	168	竢	548	**삭**		撒	306
빙		娑	172	簁	557	削	80	殺	389
冫	69	寫	193	簑	557	数	317	殺	389
冰	69	寺	195	糸	565	數	317	煞	452
凭	72	射	195	紗	567	朔	342	薩	648
憑	271	巳	213	絲	572	槊	369		
氷	395	師	216	耜	597	索	568	**삼**	
聘	598	徙	242	耶	597	蒴	639	三	2
馮	826	思	250	肆	601	鑠	781	參	104
騁	828	捨	296	舍	617			参	104
		斜	320	莎	631	**산**		叅	105
사		斯	321	蓑	639	傘	49	彡	237
乍	8	柶	353	莜	642	刪	78	杉	346
事	12	査	353	蛇	655	山	204	森	364
些	14	梭	360	衰	666	散	316	滲	430
仕	21	楂	366	裟	670	橵	374	芟	623
似	28	榭	369	覗	677	汕	396	蔘	642
伺	28	槎	370	詐	684	潸	435	衫	665
使	33	死	385	詞	684	潑	469		
俟	36			謝	698	珊	478	**삽**	

卅	96	桑	357	愬	265	杼	350	晳	333
插	299	橡	374	穡	542	栖	357	晰	333
揷	300	殤	387	索	568	棲	364	析	349
歃	381	湘	421	色	621	犀	466	汐	396
渋	416	爽	461			瑞	483	淅	416
澁	440	牀	462	**생**		筮	554	潟	435
潃	435	状	467	性	353	絮	572	石	521
鈒	767	狀	468	牲	465	緖	578	碩	525
霎	803	甞	490	生	491	署	588	祏	537
颯	819	相	513	甥	491	胥	605	籹	543
		祥	531	省	513	舒	617	蓆	639
상		箱	555	笙	551	芧	623	蜥	657
上	2	翔	593			薯	648	釈	763
倘	40	裳	671	**서**		藇	648	釋	763
傷	50	觴	680	叙	107	西	674	鉐	769
像	52	詳	686	噬	131	誓	690	錫	774
償	56	象	706	墅	150	謂	695		
向	113	賞	715	墡	155	逝	743	**선**	
商	123	霜	803	婿	175	鉏	769	亘	14
喪	125	顙	817	嶼	209	鋤	772	亙	14
甞	129			序	223	黍	850	仙	21
塽	150	**새**		庶	225	鼠	855	僊	50
孀	178	僿	54	徐	241	鼡	858	先	59
尙	198	塞	148	恕	253			單	125
峠	205	璽	487	惜	261	**석**		善	126
常	217	賽	716	抒	284	夕	157	墡	151
床	223	鰓	839	捿	296	奭	164	嬋	177
庠	224			敍	315	射	195	嬗	177
廂	226	**색**		暑	335	席	217	宣	186
徜	242	嗇	128	曙	338	惜	258	尠	198
想	261	塞	148	書	340	昔	327	尟	198

愃	264	鮮	838	瞻	717	筬	553	所	280
扇	281			銛	774	聖	598	掃	296
撰	306	**설**		閃	782	聲	599	搔	302
敾	318	偰	45	陝	790	腥	609	昭	329
旋	323	卨	100			誠	687	招	353
洒	408	契	162	**섭**		醒	761	梳	360
渲	421	屑	201	囁	132			沼	403
漩	430	挈	291	懾	275	**세**		泝	403
煽	454	枻	354	攝	302	世	4	消	412
珗	479	楔	366	攝	311	勢	90	溯	426
琁	480	泄	403	涉	411	古	97	瀟	444
瑄	483	洩	407	變	457	帨	217	炤	447
璇	485	渫	421	葉	637	歲	384	燒	450
璿	487	紲	569			洗	408	燧	456
癬	505	緤	572	**성**		洒	408	玿	478
禪	533	舌	617	城	142	稅	538	甦	491
線	578	薛	646	城	143	笹	551	疋	498
繕	583	褻	673	声	155	細	569	疏	498
羨	591	設	683	姓	169	說	690	疎	498
腺	609	說	690	娍	171	貰	711	瘙	503
膳	611	雪	801	宬	186			穌	541
舡	618	齧	858	性	250	**소**		笑	550
船	619			惺	262	卲	101	篠	558
蘚	651	**섬**		成	276	召	110	簫	559
蟬	660	剡	82	成	277	嘯	131	素	568
詵	687	暹	337	星	329	塑	148	紹	569
跣	723	殲	388	晟	330	宵	187	繅	581
選	751	澹	438	猩	471	小	197	繰	583
銑	770	纖	585	瑆	483	少	198	艘	620
鐥	779	蟾	660	盛	510	巢	211	蔬	642
饍	824	譜	701	省	513	愫	265	蕭	646

자음색인 속~수

漢字	쪽	漢字	쪽	漢字	쪽	漢字	쪽	漢字	쪽
蘇	650	遜	749	洒	408	岫	205	粹	563
訴	685	飧	821	灑	444	帥	216	綏	574
詔	685	飱	821	煞	452	愁	262	綬	576
逍	743	殞	821	璅	484	戍	277	繡	583
遡	749			碎	521	手	282	羞	590
邵	755	**솔**		碎	524	授	297	脩	607
釗	766	帥	216	鎖	777	搜	303	茱	628
銷	772	率	475	鎖	777	收	313	莠	631
霄	802	蟀	659			数	317	蒐	640
韶	811			**쇠**		數	317	蓚	640
騷	829	**송**		夂	157	晬	333	藪	649
		宋	184	簑	557	樹	375	袖	667
속		悚	255	羹	639	殊	386	襚	673
俗	36	松	349	衰	666	殳	388	誰	693
属	202	淞	416	釗	766	水	395	讎	703
屬	203	竦	548			洙	408	讐	703
束	347	聳	600	**수**		溲	426	豎	705
涑	412	蚣	654	修	42	漱	431	輸	732
粟	562	蜙	657	收	106	燧	457	遂	747
続	574	訟	683	受	106	狩	469	邃	753
續	585	誦	690	叟	107	獸	472	酬	760
觫	680	送	741	售	123	獣	473	銖	770
謖	698	送	741	嗽	129	琇	480	銹	772
贖	717	頌	814	嗾	129	璲	486	錘	775
速	743			囚	134	瘦	503	鏽	779
		쇄		垂	141	睡	516	陲	792
손		刷	79	壽	156	崇	529	隋	793
孫	181	晒	330	嫂	176	秀	535	隨	795
巽	214	曬	339	守	183	穗	542	隧	796
損	302	殺	389	宿	189	竪	548	雖	799
蓀	640	殺	389	夀	195	粋	561	需	802

자음색인 숙~식

須	813	楯	366	崧	207	升	96	猜	470
首	824	橓	375	崇	207	承	284	矢	519
髓	832	殉	386	嵩	208	昇	327	示	528
鬚	834	洵	408			繩	584	偲	578
		淳	416	**쉬**		蠅	660	翅	592
숙		珣	479	淬	416	陞	790	蓍	640
俶	42	盾	514	焠	450			蒔	640
儵	57	瞬	518			**시**		視	677
叔	106	筍	553	**슬**		侍	33	詩	687
塾	150	紃	565	瑟	483	匙	93	試	687
夙	158	純	568	璱	486	啻	126	諰	695
孰	181	脣	607	膝	611	嘶	130	諡	699
宿	189	舜	618	虱	653	塒	148	豕	705
橚	377	荀	628	蝨	657	始	169	豺	707
淑	416	蕁	643			媤	175	鰓	839
潚	438	蕣	644	**습**		寺	195		
熟	455	詢	687	慴	268	尸	199	**식**	
璹	482	諄	693	拾	291	屎	201	埴	145
甫	601	醇	761	湿	421	屍	201	媳	176
肅	601	錞	774	濕	440	市	214	寔	190
蕭	601	順	813	習	592	厮	228	式	231
菽	634	馴	826	褶	673	弑	232	息	253
蓿	643	鶉	843	襲	674	恃	253	拭	292
				隰	796	施	322	栻	357
순		**술**				是	329	植	364
巡	211	戌	277	**승**		時	331	殖	387
徇	240	術	664	丞	5	枾	353	湜	421
循	243	述	739	乘	9	柿	353	熄	454
恂	253	鉥	769	乗	9	枲	353	簽	556
旬	325			僧	52	柴	353	蝕	657
栒	357	**숭**		勝	90	澌	435	識	700

軾	730	**실**		雙	799	喔	126	顔	816
食	820	失	160			噩	131	鮟	839
飾	821	実	185	**씨**		堊	145	鴈	842
		室	186	氏	393	岳	205		
신		實	192			嶽	210	**알**	
伸	28	悉	255	**아**		幄	218	戛	278
侁	33	蟋	659	丫	5	悪	256	憂	278
信	37			亜	14	惡	258	握	300
呻	117	**심**		亞	14	愕	262	斡	320
娠	172	審	193	俄	37	握	300	謁	695
宸	187	尋	196	兒	60	楽	366	軋	728
愼	265	心	246	啞	123	樂	372	遏	747
慎	265	沁	399	妸	169	渥	422	閼	785
新	321	沈	400	娥	172	萼	636	頞	815
晨	332	沉	401	婀	174	鄂	757		
燼	458	深	416	峨	206	鍔	776	**암**	
申	492	潯	435	我	277	顎	816	俺	42
矧	520	瀋	442	牙	464	鰐	839	唵	123
神	530	甚	490	芽	623	鱷	840	岩	205
紳	570	芯	623	莪	631	鼯	858	巖	210
腎	608	甚	636	蛾	656			庵	225
臣	613	燖	644	衙	664	**안**		晻	333
莘	631	諶	695	亞	674	安	183	暗	335
薪	646			訝	683	岸	205	癌	504
盡	648	**십**		阿	788	按	292	菴	634
蜃	656	什	19	雅	798	晏	331	諳	695
訊	681	十	96	餓	822	案	357	闇	786
身	727	拾	291	鴉	841	眼	515	頷	816
辛	735			鵝	843	贋	718	黯	852
辰	737	**쌍**				雁	798		
迅	738	双	106	**악**		鞍	809	**압**	

压	138	碍	524	鸚	845	伴	34	圄	135
壓	153	礙	525			勸	91	圉	136
押	288	礙	527	**야**		壤	154	御	242
泡	413	艾	622	也	10	孃	178	於	322
狎	468	薆	650	倻	45	徉	240	淤	417
鴨	842	陌	788	冶	70	羕	253	漁	431
		隘	789	埜	145	揚	300	瘀	502
앙		隘	794	夜	158	攘	311	禦	533
仰	24	靄	805	射	195	敭	317	語	690
央	161	駿	828	惹	262	暘	335	飫	821
怏	250			揶	293	楊	366	馭	826
昂	327	**액**		揶	300	樣	369	魚	838
昻	329	厄	102	椰	366	樣	372	齬	858
殃	386	戹	280	爺	461	洋	408		
盎	509	扼	284	耶	597	漾	431	**억**	
秧	537	掖	297	邪	755	瀁	442	億	55
鴦	804	搤	303	野	764	煬	452	嶷	210
鴦	842	液	417			痒	501	憶	273
		縊	579	**약**		瘍	502	抑	284
애		腋	609	弱	234	癢	504	檍	377
厓	102	陌	788	篛	560	禳	534	臆	612
哀	119	隘	789	約	565	穰	542	薏	646
噯	131	隘	794	若	626	羊	589		
埃	143	額	816	葯	636	襄	673	**언**	
崖	207			蒻	640	讓	703	偃	45
愛	262	**앵**		藥	649	醸	763	堰	146
曖	338	嚶	132	躍	726	陽	793	嫣	177
毒	391	桜	358	鑰	781	颺	819	彦	237
涯	417	櫻	379	龠	861	養	822	焉	449
皚	507	罌	587					言	680
睚	516	鶯	844	**양**		**어**		諺	695

자음색인 얼~영

隉	793	如	166	驛	830	硯	523	焰	451
		帤	382			筵	554	燄	457
얼		汝	397	**연**		緣	578	琰	482
孼	182	璵	487	兗	61	縯	581	艶	621
蘖	182	畬	496	吮	115	羨	591	艷	621
糱	651	礇	527	嚥	132	臙	613	苒	627
陧	794	筎	629	埏	146	蠕	661	豔	705
		與	616	妍	167	衍	663	閻	785
엄		艅	619	姸	171	讌	703	壓	824
儼	57	芋	623	娫	173	軟	729	髥	833
嚴	132	蕷	646	娟	173	輭	733	髯	834
奄	162	蒢	648	宴	188	鉛	769	鹽	846
广	222	轝	733	延	229	鳶	841		
掩	297	轝	734	挺	293			**엽**	
揜	300	餘	823	捐	293	**열**		厭	104
淹	417	余	28	掾	300	咽	119	嘩	337
閹	785			櫞	367	噎	130	燁	457
		역		沇	400	悅	256	葉	637
업		亦	16	沿	403	熱	455	靨	808
業	209	域	145	涓	412	說	690	頁	812
業	366	射	195	淵	417	閱	785		
鄴	758	役	239	涎	412			**영**	
		易	327	淵	422	**염**		咏	117
에		暘	333	演	431	冄	66	營	126
恚	253	疫	499	烟	448	冉	66	塋	148
殪	387	繹	584	然	451	剡	82	嬴	177
		訳	683	煙	452	厭	104	贏	178
여		譯	701	燃	456	塩	148	嬰	178
与	2	逆	741	燕	456	染	354	嶸	210
予	12	閾	785	研	521	灔	445	影	238
伃	28	駅	827	研	522	炎	446	映	329

자음색인 예~와

暎	335	倪	42	銳	772	汙	397	溫	426
栄	354	刈	75	霓	803	洿	408	瑥	485
楹	367	叡	107	預	814	澳	438	瘟	503
榮	369	囈	133			烏	448	穩	542
永	395	掜	297	**오**		熬	455	縕	579
泳	404	曳	339	五	13	獒	472	薀	646
渶	422	柄	350	伍	24	珸	480	蘊	650
潁	431	枘	354	俉	37	襖	532		
瀛	443	汭	400	傲	50	筽	554	**올**	
濚	440	泄	403	午	97	聱	599	兀	57
濴	444	洩	407	吾	115	蜈	656	扤	283
煐	452	濊	438	吳	115	誤	691	杌	347
營	457	猊	470	嗚	128	遨	750		
瑛	483	獩	473	圬	138	鏊	778	**옹**	
瑩	484	瘗	503	塢	149	鰲	840	壅	153
瓔	487	睨	516	墺	152	鼇	854	擁	308
盈	509	睿	517	奧	164	鼯	855	瓮	489
穎	541	穢	542	娛	173			甕	490
纓	585	嚳	594	寤	192	**옥**		癰	504
英	627	艾	622	忤	248	屋	201	雍	505
詠	685	芮	623	惡	256	沃	400	翁	592
贏	717	蕊	644	悟	256	獄	471	邕	754
迎	739	藝	649	惡	258	玉	476	雍	799
郢	756	藥	650	懊	268	鈺	769	饔	824
鍈	776	蜺	657	懊	274	阿	788		
鎣	778	裔	670	敖	315			**와**	
隉	794	詣	688	於	322	**온**		卧	99
霙	804	譽	688	旿	328	媼	176	咼	135
			702	晤	332	慍	265	娃	171
예		豫	706	梧	360	氳	394	洼	408
乂	7	鈗	768	汚	397	溫	422	渦	422

瓦	488	阮	788	隗	794	窯	545	慂	265
窩	545	頑	814	頠	815	繇	581	慵	268
窪	545					繞	583	摥	304
臥	613	**왈**		**요**		耀	594	榕	307
萵	637	曰	339	僥	53	腰	610	涌	412
蛙	655			凹	73	蟯	660	湧	422
蝸	658	**왕**		堯	147	要	675	溶	427
訛	684	尢	199	坳	141	謠	698	熔	454
譌	700	往	239	夭	159	遙	749	瑢	485
		徃	239	妖	167	邀	752	用	491
완		旺	328	姚	171	陶	791	甬	492
刓	76	枉	350	嶢	209	饒	824	聳	600
垸	143	汪	400	幺	222			舂	616
婉	174	王	476	徭	244	**욕**		茸	629
完	184			徼	245	慾	268	蓉	640
宛	185	**왜**		拗	288	欲	380	蛹	656
惋	259	倭	43	搖	300	浴	412	踊	724
椀	364	娃	171	摇	303	縟	580	鎔	777
浣	412	歪	384	擾	310	褥	672	鏞	778
玩	477	矮	520	曜	338	辱	737		
琓	480	蛙	655	楽	366			**우**	
琬	482			樂	372	**용**		于	13
盌	509	**외**		橈	374	俑	37	佑	28
碗	524	外	157	妖	386	傭	50	偶	45
緩	578	嵬	208	澆	435	冗	68	優	56
翫	593	巍	210	燿	458	勇	88	又	105
脘	608	歪	384	猶	472	埇	143	友	106
腕	609	猥	471	猺	472	墉	150	右	110
莞	631	畏	494	瑤	485	宂	182	吁	112
菀	634	磈	525	祅	529	容	188	堣	147
豌	705	隈	794	窈	544	庸	226	宇	183

자음색인 욱~유

寓	190	**욱**		**울**		爰	460	尉	195
尤	199	勖	89	圡	10	猨	472	幃	218
嶼	208	墺	152	尉	455	猿	471	慰	269
愚	262	奧	164	蔚	643	瑗	483	暐	335
憂	269	彧	237	鬱	835	苑	627	渭	422
吁	326	旭	325			袁	667	煒	452
杅	347	昱	330	**웅**		轅	733	為	447
牛	464	澳	438	熊	454	遠	749	熨	455
玗	476	煜	452	雄	798	院	790	爲	460
瑀	483	燠	458			願	817	瑋	483
盂	509	稶	541	**원**		鴛	842	緯	579
祐	530	郁	756	元	58			胃	605
禑	532	頊	814	円	66	**월**		萎	634
禹	534			冤	68	刖	76	葳	637
禺	534	**운**		原	103	月	341	葦	637
竽	550	云	13	員	121	粤	562	蔚	643
紆	566	会	161	圓	136	越	720	蒍	645
羽	592	橒	375	圜	136	鉞	769	蝟	658
耦	597	殞	387	園	137			衛	664
芋	622	沄	400	圓	137	**위**		衞	665
藕	649	澐	436	垣	142	位	28	禕	672
虞	653	熉	454	媛	175	偉	46	謂	695
迂	738	紜	568	嫄	176	偽	46	逶	745
遇	747	耘	596	寃	189	僞	53	違	748
郵	757	芸	624	怨	251	危	100	闈	786
釪	767	蕓	645	愿	266	喟	126	韋	810
隅	794	暈	716	援	300	囗	133	頠	815
雨	801	運	747	沅	400	囲	135	魏	837
雩	801	隕	795	洹	409	圍	136		
鷗	844	雲	801	湲	422	委	169	**유**	
麋	846	韻	812	源	427	威	171	乳	10

侑	34	猷	471	堉	145	圻	140	浥	413
儒	55	瑜	484	毓	391	垠	142	邑	754
兪	63	由	493	粥	562	恩	254		
唯	123	瘐	502	肉	601	慇	266	**응**	
喩	126	癒	504	育	603	檃	377	凝	71
囿	135	內	534	鬻	835	殷	389	応	247
孺	182	袖	537			激	427	應	274
宥	186	窬	545	**윤**		垠	479	膺	612
帷	217	綏	574	允	58	闇	693	鷹	845
幼	222	維	576	玁	165	銀	771		
幽	222	莠	631	尹	199	隱	796	**의**	
庾	226	萸	637	潤	436			依	34
悠	256	蕤	645	玧	477	**을**		倚	43
惟	259	臾	616	昀	494	乙	9	儀	55
愉	263	蝣	658	胤	605			宜	68
愈	263	裕	670	贇	717	**음**		劓	85
懦	274	襦	674	鈗	768	吟	115	医	95
揄	301	誘	691	閏	784	廕	227	宜	185
揉	301	諛	696	阭	788	淫	417	疑	210
攸	313	諭	696			瘖	502	意	263
有	341	踰	724	**율**		蔭	643	懿	276
柔	354	蹂	724	汩	398	陰	792	擬	310
柚	354	輮	733	聿	601	霪	804	椅	364
楡	367	遊	748			音	811	毅	390
楢	367	逌	748	**융**		飮	821	漪	431
沈	400	遺	751	戎	277			猗	470
油	404	酉	759	瀜	443	**읍**		疑	498
游	422	釉	763	絨	572	悒	256	矣	519
濡	441	鍮	776	融	659	挹	293	衣	665
牖	463					揖	301	義	591
猶	471	**육**		**은**		泣	404	艤	620

자음색인 이~자

蕙	646	移	538	儿	60	壹	155	剩	83
蟻	660	耳	597	刃	75	日	325	賸	83
衣	665	肄	601	刄	75	泆	404	媵	176
誼	693	苡	627	印	100	溢	427	孕	179
議	701	羛	629	咽	119	益	509	芿	624
醫	762	貳	711	因	134	軼	729		
錡	773	胎	712	寅	159	逸	745	**자**	
		迤	738	姻	171	鎰	777	仔	22
이		迻	739	寅	190	馹	827	刺	79
二	13	邇	753	夂	229			咨	119
以	22	酏	759	引	232	**임**		姊	169
伊	25	隶	797	弛	233	任	25	姉	169
台	110	頤	815	忍	247	壬	155	姿	171
咿	119	飴	822	氤	394	妊	167	子	178
圯	138	餌	822	湮	423	姙	171	字	179
夷	161			牣	465	恁	254	孜	180
姨	171	**익**		絪	572	稔	539	孳	181
已	213	弋	231	縯	581	紝	568	恣	254
弍	231	瀷	444	茵	629	絍	572	慈	263
弛	233	益	509	蚓	654	荏	629	瓷	266
彛	236	翌	592	裀	668	衽	667	齊	319
彞	236	翊	592	認	691	袵	668	滋	423
怡	251	翼	594	靷	808	賃	713	滋	427
易	327	謚	699	鞇	809			炙	446
栯	367			鞼	810	**입**		煮	452
洟	409	**인**				入	61	眥	453
爾	462	人	18	**일**		廿	96	玆	475
而	596	仁	19	一	1	廿	230	瓷	489
珥	479	仞	22	佚	29			疵	500
異	495	似	22	佾	34	**잉**		眥	514
痍	501	儿	57	壱	155	仍	20	磁	525

粂	562	爵	460	雜	799	漿	432	宰	188
紫	570	綽	576	雜	800	爿	462	岾	205
者	595	芍	622	**장**		牆	462	才	282
自	614	酌	759	丈	2	狀	467	齊	319
茲	629	酢	760	仗	22	狀	468	齋	319
苾	629	醋	761	匠	94	獐	472	材	347
蔗	643	雀	797	場	147	璋	485	栽	358
藉	648	鵲	843	場	150	瘴	503	梓	360
觜	679	**잔**		墻	153	章	548	溨	423
諸	696	僝	181	壯	155	粧	562	滓	427
貲	712	棧	358	壯	163	腸	610	災	446
資	713	棧	364	奘	163	膓	611	縡	580
赭	718	殘	387	奬	164	臟	613	纔	585
雌	799	潺	436	獎	164	臧	613	裁	668
鷓	844	盞	510	妝	168	茬	629	財	709
齊	856	殘	387	将	195	莊	631	載	730
齋	857			將	196	葬	637	齊	856
				嶂	209	蔣	643	齋	857
작		**잠**		帳	218	薔	647	齎	857
作	29	岑	204	庄	223	藏	648	**쟁**	
勺	92	暫	336	張	234	裝	670	争	12
嚼	132	湛	420	戕	278	贓	717	崢	208
婥	174	潛	436	掌	297	醬	762	爭	460
怍	251	潜	436	暲	336	鏘	779	狰	470
斫	321	篓	556	杖	347	長	781	琤	482
昨	330	簪	559	樟	372	障	795	箏	555
柞	354	蠶	654	槳	372	**재**		諍	693
杓	348	蠶	662	檣	377	再	66	錚	774
淖	414			檥	379	哉	119	鎗	779
灼	446	**잡**		漳	431	在	139		
炸	447	匝	94						

자음색인 저~점   897

저

佇	29
低	29
儲	57
咀	118
姐	169
宁	182
底	224
抵	288
杵	350
杼	350
楮	367
樗	373
氐	393
沮	404
渚	423
瀦	443
牴	465
狙	468
猪	471
疽	500
竚	547
箸	556
紵	570
羝	590
芧	623
苧	627
菹	627
菹	634
著	637
蔗	643
藷	650
蛆	655
詛	685
豬	706
貯	712
躇	726
這	743
邸	755
雎	799
齟	858

적

勣	91
吊	112
嫡	177
寂	190
弔	232
摘	304
敵	317
滴	432
炙	446
狄	468
的	507
磧	526
積	541
笛	551
籍	560
糴	564
績	581
翟	593
荻	632
藉	648
謫	699
賊	713
赤	718
跡	723
蹟	725
迪	739
迹	741
逖	743
適	750
鏑	779
鏃	779

전

伝	25
佃	30
全	34
傳	50
全	62
典	65
前	81
剪	83
厘	102
囀	132
塡	149
塼	150
奠	164
專	196
展	202
嶄	210
廛	228
悛	256
戔	278
戰	279
旃	323
栓	358
栴	358
殿	389
甎	393
涏	413
湔	423
澱	438
煎	453
牋	463
琠	482
甎	489
田	492
甸	493
畋	494
癲	505
磚	526
筌	553
箋	555
篆	556
纏	585
羶	591
翦	593
耑	596
腆	609
荃	629
詮	688
躔	727
転	729
輾	733
轉	734
鈿	769
銓	771
錢	771
錢	774
鐫	779
雋	799
電	802
顓	816
顚	817
顫	818
餞	823

절

切	75
卩	100
截	279
折	285
晢	332
梲	361
浙	413
癤	504
窃	544
竊	546
節	556
絕	572

점

| 佔 | 30 |

占	99	呈	115	瀞	443	静	806	薺	648
坫	205	妊	169	綎	447	靚	806	製	671
店	224	婷	175	打	476	靜	806	諸	696
拈	286	定	185	珵	481	頂	813	諦	696
沾	405	幀	218	斑	481	鯖	839	蹄	725
漸	432	庭	225	町	493	鼎	854	醍	761
点	447	廷	229	疔	499			除	790
粘	562	征	239	睛	516	**제**		隄	794
苫	627	怔	251	睜	516	儕	56	際	795
覘	677	情	259	碇	524	制	80	霽	805
霑	803	情	259	禎	532	剤	82	鞮	810
鮎	838	挺	293	程	538	劑	85	題	817
黏	850	政	314	穽	544	啼	126	齊	856
點	851	政	314	精	563	堤	147		
		整	318	綎	574	娣	173	**조**	
접		旌	323	町	597	帝	216	佻	34
接	297	晶	333	艇	619	弟	233	俎	37
摺	305	最	334	菁	634	悌	256	兆	59
椄	364	梃	361	訂	681	提	301	凋	71
沾	405	桯	361	証	685	擠	310	刁	75
蝶	658	棖	365	諄	696	斉	319	助	87
		楨	367	貞	708	梯	361	召	110
정		檉	377	鄭	758	済	418	啁	123
丁	1	正	383	酊	759	濟	441	嘲	130
井	14	汀	396	釘	766	隄	484	噪	131
亭	17	浄	409	鉦	769	皆	514	弔	232
亭	17	涏	413	鋥	772	睇	515	彫	237
停	46	淨	417	鋌	772	祭	531	徂	240
偵	46	淀	417	錠	774	第	551	措	298
淸	70	渟	423	霆	803	臍	612	操	308
叮	110	湞	423	靖	806	薺	629	早	326

자음색인 족~주 899

晁	331	條	574	拙	288	坐	140	晝	330
曺	340	繰	581	猝	470	少	203	畫	332
曹	340	肇	601			左	212	朱	345
朝	343	藻	650	**종**		座	225	科	350
条	347	蚤	654	从	20	挫	293	柱	354
條	361	詔	685	倧	43	摧	305	株	358
棗	365	調	693	宗	185			注	404
槽	373	諫	701	従	242	**죄**		洲	409
俎	386	趙	720	從	242	罪	587	湊	423
漕	432	躁	726	悰	259			澍	437
潮	436	造	743	慫	269	**주**		炷	447
澡	439	遭	750	棕	365	丶	6	珠	479
炤	447	釣	767	樅	367	主	7	疇	497
照	453	錯	775	樅	373	住	30	硃	523
燥	458	鑿	781	淙	418	侏	34	籌	560
爪	460	阻	789	琮	482	做	46	籒	560
爼	461	雕	799	瑽	486	儔	56	紂	566
璪	486	儵	839	種	540	胄	67	紬	570
皁	506	鳥	840	終	570	厨	103	綢	576
眺	515			綜	576	呪	118	肘	602
祖	530	**족**		縱	582	周	118	冑	605
祚	530	族	324	腫	610	啁	123	腠	610
祧	531	簇	558	螽	659	啄	124	舟	618
租	537	足	721	踪	724	喉	129	蛛	655
稠	539			踵	725	奏	163	註	685
窕	544	**존**		蹤	726	妵	170	誅	688
竈	546	存	179	鍾	776	姝	172	走	719
粗	562	尊	196	鐘	779	宙	185	足	721
糟	564					州	211	跦	655
糶	564	**졸**		**좌**		廚	228	躊	727
組	570	卒	98	佐	30	拄	289	鑄	772

輚	733	畯	496	戩	279	指	292	踟	724
週	745	皴	508	楫	367	摯	305	遲	752
遒	748	竣	548	汁	396	支	312	鋕	772
酒	760	繜	587	濈	439	旨	326	鷙	844
酎	760	蠢	661			智	334		
鑄	780	逡	744	**증**		枝	350	**직**	
駐	827	逎	747	增	151	枳	355	直	512
		遯	750	憎	272	止	383	稙	539
죽		遵	751	拯	292	氏	393	稷	541
竹	550	隼	797	曾	340	池	397	織	583
粥	562	雋	799	烝	449	沚	400	職	600
鬻	835	駿	828	甑	489	漬	432		
				症	500	知	519	**진**	
준		**중**		繒	521	砥	522	儘	56
俊	37	中	5	繪	583	祉	529	唇	122
儁	55	仲	25	蒸	640	祇	530	嗔	128
准	71	衆	663	証	685	禔	533	塡	149
準	71	重	764	證	700	篪	557	塵	150
埈	143			贈	717	紙	568	盡	200
埻	145	**즉**		鄫	717	肢	604	挑	289
寯	193	則	81			脂	606	振	293
尊	196	即	101	**지**		至	615	搢	303
屯	203	卽	102	之	8	舐	617	晉	331
峻	206			只	110	芝	624	晋	331
撙	306	**즐**		呮	120	芷	624	桟	358
晙	332	櫛	378	地	139	蜘	657	榰	361
樽	375			址	140	誌	691	桭	364
浚	413	**즘**		坁	204	譈	700	榛	370
準	427	怎	251	志	247	質	716	殄	386
濬	441			噪	124	贄	721	津	409
焌	449	**즙**		持	292	趾	721	溱	428

珍	478	佚	29	葺	638	**착**		贊	717
瑱	485	侄	34	輯	733	捉	294	鑽	781
璡	485	叱	110	鏶	779	搾	303	飡	821
瓆	486	姪	172	集	798	斲	321	餐	823
眕	495	嫉	176			着	515	饌	824
疹	500	帙	215	**징**		窄	544		
盡	511	桎	358	徵	244	著	637	**찰**	
瞋	514	櫍	378	懲	274	辵	738	刹	80
真	514	璟	487	澄	437	錯	775	察	192
瞋	517	疾	500			鑿	781	擦	310
禛	533	秩	537	**차**		齪	858	札	345
秦	537	室	544	且	4			紮	571
縝	580	絰	573	侘	34	**찬**			
縉	580	臸	595	借	43	撰	306	**참**	
臻	615	膣	611	叉	105	攢	310	僭	53
蓁	640	蛭	655	嗟	128	欑	311	儳	53
蔯	643	質	715	嵯	209	欑	379	參	104
盡	648	跌	722	差	212	澯	439	叅	104
袗	667	迭	740	杈	347	燦	458	叄	105
診	685			槎	370	爨	459	塹	150
賑	714	**집**		次	380	璨	486	嶄	209
趁	720	斟	320	此	383	瓚	488	慘	259
軫	729	朕	342	瑳	485	竄	546	慙	269
辰	737	鴆	842	硨	523	篹	557	慚	269
進	745			磋	526	粲	563	憯	269
鎭	777	**집**		笗	555	纂	585	懺	275
陣	790	什	19	茶	628	纘	585	斬	321
陳	792	執	145	蹉	725	纉	586	站	547
震	803	楫	367	車	728	讃	702	譖	700
		潗	437	遮	750	讚	703	讒	703
질		緝	579	釵	767	贊	715	識	703

자음색인 창~첨

창

倉	43
倡	43
倀	49
刱	80
創	83
廠	104
唱	124
娼	174
廠	228
彰	238
悵	259
愴	266
搶	303
敞	316
昌	328
昶	330
暢	336
槍	370
氅	393
滄	428
漲	432
猖	470
瘡	503
窓	544
窗	545
窻	546
脹	609
艙	620
菖	634
蒼	640

鬯	835

채

債	51
埰	145
寀	190
寨	192
彩	237
採	298
砦	522
綵	577
菜	634
蔡	643
蠆	661
責	709
采	763
釵	767

책

册	66
冊	66
嘖	129
柵	354
栅	355
磔	526
策	553
簀	558
責	709

처

凄	71

処	72
妻	170
悽	260
淒	418
萋	635
處	652

척

倜	44
刺	79
剔	82
坧	141
尺	199
彳	239
惕	260
慽	270
戚	278
拓	289
擲	310
斥	320
滌	432
瘠	503
脊	606
蜴	657
跖	722
蹐	725
蹠	726
蹢	726
躑	727
陟	790
隻	797

鶺	844

천

串	6
仟	22
倩	44
千	96
喘	126
囅	133
天	160
川	211
擅	309
泉	405
浅	409
淺	418
濺	442
玔	476
穿	544
舛	618
荐	629
茜	630
薦	647
賤	715
踐	723
踡	724
遷	752
釧	767
闡	787
阡	787
韆	810

철

凸	73
哲	122
啜	124
喆	126
徹	244
掇	298
撤	306
歠	382
澈	437
綴	577
輟	732
轍	734
鉄	769
鐵	779

첨

佔	30
僉	51
尖	198
忝	248
檐	377
沾	405
添	418
甜	490
甛	490
瞻	518
簽	559
籤	560
詹	688
諂	694

첩		切	75	抄	285	鞘	811	叢	107
喋	126	剃	81	招	289	촉		塚	149
堞	147	毳	236	杪	350			寵	194
妾	170	掣	298	梢	361	促	38	怱	251
帖	215	替	340	椒	365	嘱	133	悤	257
捷	298	棣	365	楚	367	属	202	摠	305
牒	463	涕	409	樵	375	屬	203	総	577
疊	496	悌	413	湫	423	数	317	總	582
疉	497	滯	433	炒	447	數	317	聡	599
睫	516	砌	521	焦	451	燭	458	聰	600
諜	696	締	579	硝	523	矗	519	蔥	638
貼	712	蒂	643	礁	527	蜀	656	葱	643
輒	731	薙	647	礎	527	蠋	661	銃	771
		諦	696	秒	536	触	679	촬	
청		體	728	稍	538	觸	680		
倩	44	逮	746	肖	602	趣	720	撮	306
庁	223	遞	750	艸	621	趣	721	苗	627
廳	229	遰	751	苕	627	鏃	779	최	
晴	334	體	832	草	630	趨	721		
清	418			蕉	645	躅	726	催	51
淸	418	초		貂	707	囑	832	崔	208
聽	600	僬	53	超	720			摧	305
菁	634	初	78	軺	730	촌		最	341
蜻	657	劋	84	迢	740	吋	112	榱	370
請	694	勦	91	酢	760	寸	194	衰	666
靑	805	哨	122	醋	761	忖	247		
青	806	峭	206	醮	762	村	347	추	
鯖	839	怊	251	鈔	768	邨	755	啾	127
		悄	256	鍬	776			墜	151
체		愀	263	霄	802	총		帚	216
体	27	憔	272	鞘	809	冢	68	愀	263

惆	260	驫	829	出	74	毳	392	卮	100
抽	289	鰌	839	朮	345	炊	447	嗤	128
推	298	鰍	840	黜	851	翠	593	墀	145
捶	298	麁	846			聚	599	夂	156
枢	350	麤	847	**충**		脆	606	峙	205
椎	365			充	58	臭	614	差	212
楸	368	**축**		充	59	觜	679	卮	214
槌	370	丑	3	冲	69	趣	720	幟	219
樞	373	柚	354	忠	248	醉	760	徵	244
湫	423	滀	438	沖	400	醉	761	恥	254
皺	508	畜	495	珫	479	驟	831	梔	361
秋	536	祝	530	虫	653	鷲	845	齒	384
箠	555	竺	550	蟲	660	歙	861	治	405
芻	624	筑	553	衝	664			淄	419
掫	638	築	558	衷	667	**측**		熾	457
諏	694	縬	582			仄	20	痔	501
趨	721	縮	582	**췌**		側	46	痴	502
追	741	舳	619	悴	260	厠	103	癡	504
耶	757	蓄	641	惴	264	廁	226	直	512
鄒	758	蹙	726	瘁	502	惻	264	稚	539
酋	759	蹴	726	膵	611	測	423	程	542
醜	762	軸	730	萃	635			絺	574
錘	775	逐	744	贅	716	**츤**		緇	577
錐	775					襯	674	緻	580
鎚	778	**춘**		**취**				置	588
陲	792	春	330	取	106	**층**		耻	598
隧	796	椿	368	吹	115	層	203	致	615
隹	797	瑃	484	嘴	130			致	615
雛	800	賰	716	娶	174	**치**		薙	647
鞦	810			就	199	侈	35	蚩	654
騅	829	**출**		橇	374	值	44	袳	672

豸	707	湛	420	朶	345	濁	439	眈	514
輜	732	琛	482	朵	346	濯	441	耽	598
錙	775	砧	522	柁	355	琢	482	誕	689
雉	799	針	766	楕	368	琸	482	貪	710
馳	826	鍼	776	橢	375	託	682		
鴟	842			沱	405	逴	746	**탑**	
帯	853	**칩**		沲	405			塔	149
齒	858	蟄	659	綏	574	**탄**		搭	303
				舵	619	呑	116	揚	304
칙		**칭**		迤	738	嘆	129	榻	307
勅	88	秤	537	迢	739	坦	141		
敕	316	稱	540	陀	789	弾	235	**탕**	
飭	821			隋	793	彈	235	宕	186
則	81	**쾌**		駝	828	憚	272	湯	424
		儈	55	鴕	842	攤	312	盪	511
천		夬	160			歎	382	蕩	645
親	677	快	248	**탁**		殫	387		
		筷	554	倬	44	灘	444	**태**	
칠				卓	98	炭	447	兌	60
七	1	**타**		啄	124	綻	577	台	110
柒	355	他	22	坼	141	誕	691	大	159
漆	433	佗	30	度	224			太	160
		吒	112	托	283	**탈**		怠	251
침		咤	120	拓	289	奪	164	態	266
侵	38	唾	124	拆	289	敓	361	抬	289
寑	191	墮	151	擢	310	挩	361	棣	365
寢	192	妥	168	晫	334	稅	538	殆	386
枕	350	惰	264	柝	355	脫	608	汰	401
沈	400	打	282	桌	358			泰	405
沉	401	拖	289	棹	363	**탐**		笞	552
浸	413	拕	289	橐	375	探	299	紿	571

胎	605	兔	61	妬	170	破	522	斾	323
脫	608	吐	112	投	285	笆	550	沛	401
苔	627	土	138	渝	424	簸	559	浿	413
豸	707	菟	635	透	744	罷	588	牌	463
跆	722	討	682	鬥	834	耙	597	狽	469
迨	740			鬪	834	芭	624	珮	479
逮	746	**통**		鬭	835	菠	635	稗	539
邰	755	慟	270			跛	722	霸	675
隶	797	桶	361	**특**		頗	814	貝	708
颱	819	洞	407	忒	247			霈	803
駄	826	痛	501	慝	270	**판**		覇	805
駘	827	筒	553	特	465	判	78		
鮐	828	統	573			坂	140	**팽**	
		通	744	**틈**		板	351	彭	238
택				闖	786	版	463	澎	437
宅	183	**퇴**				瓣	488	烹	449
垞	142	堆	146	**파**		販	710	砰	522
擇	285	推	298	坡	142	辦	736	膨	612
擇	309	槌	370	婆	174	鈑	768		
沢	401	焞	450	巴	213	阪	788	**퍅**	
澤	439	腿	611	怕	251			愎	264
		褪	673	把	285	**팔**			
탱		退	741	播	307	八	63	**편**	
撑	307	鎚	778	擺	311	叭	111	便	38
撐	307	隤	795	杷	351	捌	294	偏	47
		頹	815	波	405			徧	243
터				派	409	**패**		扁	281
攄	311	**투**		爬	460	佩	35	片	462
		偸	47	玻	478	唄	122	篇	556
토		套	163	琶	483	悖	257	編	579
兎	60	妒	168	旛	508	敗	316	翩	593

編	672	蔽	645	鋪	617	瓢	488	披	290
遍	748	閉	782	苞	628	票	531	疲	500
鞭	810	陛	791	葡	638	縹	582	皮	508
騙	829			蒲	641	苧	631	罷	588
		포		袍	668	表	666	蓖	641
폄		佈	30	褒	672	裱	671	被	668
砭	522	勹	92	跑	722	豹	707	詖	686
窆	544	包	92	逋	745	飄	819	跛	722
貶	712	匍	93	鉋	769	飆	819	辟	735
		匏	93	鋪	772	飈	819	避	752
평		咆	118	鮑	822	驃	830	陂	789
坪	142	哺	122	鮑	838	髟	833		
平	220	圃	135	麭	848			**필**	
枰	355	布	215			**품**		必	31
泙	406	庖	224	**폭**		品	116	匹	95
砰	524	怖	252	幅	218	品	120	弻	235
苹	628	拋	285	暴	336	稟	532	必	246
萍	635	抱	290	曝	338	稟	539	払	282
評	686	抛	290	瀑	442			拂	288
		捕	294	爆	459	**풍**		泌	403
폐		晡	332			楓	368	珌	477
吠	116	暴	336	**표**		瘋	502	畢	496
嬖	177	泡	406	俵	44	諷	697	疋	498
幣	219	浦	413	僄	51	豊	705	筆	553
廢	226	瀑	442	剽	84	豐	705	篳	558
廢	228	炮	448	彪	238	風	818	苾	628
弊	231	炰	448	慓	270	馮	826	蓽	644
敝	316	疱	500	杓	348			鉍	770
斃	318	砲	522	標	373	**피**		袐	825
癈	504	胞	605	殍	387	僻	54		
肺	604	脯	608	漂	433	彼	240	**핍**	

자음색인 하~향

乏	8	貉	707	轄	733	**항**		懈	274
偪	47	謔	697	黠	852	亢	15	楷	368
逼	748	鶴	844			伉	25	海	409
				함		姮	172	海	413
하		**한**		函	74	嫦	177	瀣	443
下	3	厂	102	凾	74	巷	214	薤	647
何	31	寒	191	含	116	恒	254	蟹	661
厦	103	恨	254	咸	120	恆	255	解	679
嚇	131	悍	257	啣	124	抗	285	該	688
夏	157	扞	283	喊	127	杭	351	諧	697
廈	226	捍	294	檻	377	杬	358	邂	753
河	406	旱	326	涵	419	沆	401	醢	762
瑕	484	汗	397	緘	579	港	424	駭	828
罅	586	漢	433	艦	620	炕	447	骸	832
荷	632	澣	439	轞	735	缸	586		
蕸	635	瀚	443	銜	771	肛	602	**핵**	
蝦	658	狠	469	陷	791	航	619	劾	87
賀	712	罕	587	陷	792	行	663	核	358
遐	749	翰	594	領	816	降	789	覈	675
霞	804	邯	755	鹹	846	項	813		
鰕	840	閒	783			閧	834	**행**	
		閑	784	**합**				倖	44
학		限	789	合	113	**해**		幸	221
壑	153	韓	811	哈	120	亥	16	悻	260
夅	156	鼾	856	溘	428	偕	47	杏	348
斈	180			盖	510	咳	120	荇	630
学	181	**할**		盒	510	垓	142	行	663
學	182	割	83	蓋	638	奚	163		
涸	419	害	188	蛤	655	孩	181	**향**	
鶮	594	瞎	517	閤	785			亨	17
虐	652	蝎	658	闔	786	害	188	向	113

자음색인 허~호

嚮	132			衒	664	筴	632	**헤**
珦	479	**혁**		見	676	鋏	773	兮 64
鄕	757	嚇	131	賢	715	陝	791	匸 95
鄉	758	奕	163	鉉	770	頰	816	嵆 208
響	812	奭	164	顯	817			彗 236
餉	822	弈	231	顯	818	**형**		惠 260
饗	824	洫	409			亨	16	慧 270
香	825	焃	458	**헐**		兄	58	憓 272
		赫	718	孑	179	刑	76	暳 337
허		鬩	785	穴	542	刑	80	盻 514
噓	130	革	808	絜	573	型	143	蕙 645
墟	152			血	662	形	237	螇 660
歔	382	**현**		頁	812	桁	358	譿 702
虛	652	倪	38			泂	406	蹊 725
虛	652	呟	118	**혐**		滎	428	醓 761
許	684	峴	206	嫌	176	瀅	442	醢 762
		弦	233	慊	265	瀯	444	鞋 809
헌		懸	275			炯	448	
憲	272	昡	330	**협**		烱	449	**호**
櫶	378	晛	332	俠	39	熒	454	乎 8
獻	474	泫	406	匧	94	珩	479	互 14
軒	729	炫	448	協	98	瑩	484	冱 69
		玄	475	叶	111	荊	630	号 111
헐		玹	477	夾	161	螢	655	呼 118
歇	381	現	481	峽	206	螢	659	壕 153
		県	514	挾	294	衡	665	壺 156
험		眩	514	浹	414	逈	740	好 166
險	793	睍	515	狹	469	邢	755	岵 205
險	796	絃	571	篋	557	邢	756	弧 234
驗	831	絢	573	脅	607	鎣	778	戶 280
		縣	580	脇	607	馨	825	戽 281
		舷	619					

자음색인 혹~황

昊	328	號	653	**흡**		譁	700	洹	409
晧	332	蝴	658	合	113	貨	710	渙	424
晿	336	護	702			靴	809	煥	453
毫	392	豪	706	**흥**				環	487
沍	401	醐	762	哄	120	**확**		紈	566
浩	414	鎬	778	弘	233	廓	227	豢	706
淏	419	雇	798	汞	397	拡	290	逭	746
湖	424	頀	812	泓	406	擴	311	還	753
滸	434	顥	818	洪	409	攫	312	鐶	780
滬	434			烘	449	㞧	441	驩	831
澔	437	**혹**		紅	566	覺	518	鬟	834
濠	441	惑	260	虹	654	確	526	鰥	840
獲	441	或	278	訌	682	穫	542		
灝	444	酷	761	鉷	771			**활**	
犒	466			鬨	834	**환**		活	410
狐	468	**혼**		鴻	842	丸	6	滑	428
琥	483	圂	135			唤	127	濶	441
瑚	484	婚	174	**화**		圂	135	猾	472
瓠	488	惛	260	化	93	圜	137	豁	704
皓	507	昏	328	和	118	垸	143	闊	786
皜	508	混	419	嘩	177	奐	163		
皞	508	渾	424	樺	375	宦	187	**황**	
祜	531	溷	428	火	445	寰	193	况	70
糊	563	琿	484	画	493	幻	222	凰	72
縞	580	闇	786	畫	496	患	257	堭	147
胡	605	魂	836	畵	497	懽	276	媓	175
芦	624			禍	533	換	301	幌	219
葫	638	**홀**		禾	535	晥	332	徨	243
蒿	641	忽	249	花	624	桓	359	恍	252
虍	651	惚	261	華	635	歡	382	怳	255
虎	651	笏	551	話	688	驩	382	惶	264

자음색인 회~휘

慌	266	徊	240	橫	375	堠	143	欻	381
愰	266	恢	255	虋	647	垕	147		
晃	331	悔	257	衡	665	喉	218	**횽**	
眖	331	懷	274	鐄	779	後	240	薨	647
榥	370	懐	275			朽	346		
況	406	晦	332	**효**		栩	359	**훤**	
洸	407	會	341	効	87	煦	453	喧	127
湟	425	檜	377	哮	122	猴	471	愃	264
滉	428	淮	419	嚆	131	珝	479	暄	335
潢	437	澮	439	孝	180	篌	557	煖	451
煌	453	灰	445	效	314	詡	689	煊	453
熿	454	獪	473	殽	318	逅	742	萱	638
璜	486	盔	510	曉	337				
皇	507	繪	573	梟	362	**훈**		**훼**	
磺	527	繪	584	殽	389	勛	90	卉	97
篁	557	膾	612	涍	414	勳	91	卉	97
簧	559	茴	630	淆	419	勲	91	喙	127
肓	603	蛔	655	爻	461	塤	149	毀	390
荒	630	誨	688	絞	571	壎	153	毁	390
蝗	658	誨	692	肴	604	暈	335	虫	653
遑	749	賄	713	酵	761	曛	338		
隍	794	迴	742	驍	830	焄	450	**휘**	
黃	850					熏	454	彙	236
		획		**후**		燻	459	徽	245
회		劃	84	侯	39	獯	473	揮	301
会	25	獲	473	候	44	葷	638	暉	335
佪	35	画	493	厚	103	薫	648	煒	452
匯	95	畫	496	后	113	訓	682	煇	453
回	134	劃	497	吼	116	鑂	780	翬	593
囬	135			喉	127			褘	672
廻	230	**횡**		嗅	128	**훌**		諱	697

輝	732	**흔**		**희**		詰	689
麾	849	很	241	俙	39	頡	815
		掀	299	儶	53	黠	852
휴		昕	328	熙	72		
休	25	欣	380	喜	127		
携	304	炘	447	嘻	130		
攜	311	很	469	噫	131		
休	449	痕	501	囍	133		
畦	496	釁	763	姬	172		
虧	653			姫	172		
隳	796	**흘**		嬉	177		
		仡	23	希	215		
휵		吃	113	悕	264		
慉	495	屹	204	憙	272		
		紇	566	戱	279		
휼		訖	682	戲	279		
卹	101	鵠	844	晞	333		
恤	255			曦	338		
譎	700	**흠**		橲	376		
鷸	845	欠	380	欷	380		
		欽	381	熙	453		
흉		歆	381	熹	457		
兇	60			熺	457		
凶	73	**흡**		爔	459		
匈	92	吸	116	犧	467		
恟	255	恰	255	犧	467		
洶	410	洽	410	禧	533		
胸	607	翕	593	稀	538		
				羲	591		
흑		**흥**					
黑	851	興	616	**힐**			

실용옥편 부록

넥서스사전편찬위원회 편

교육용 한자 및 인명자 한자표

(호적법시행규칙 제37조)

① 기초 한자는 교육부에서 선정한 중·고등학교 한자 1800자를 실은 것이다.
② 인명용 한자는 기초 한자를 포함한 대법원 지정 한자로 2005년 1월에 추가된 한자를 포함한 것이다.
③ 기초 한자 밑의 숫자 표시는 본문의 페이지 번호이며, ( )안의 한자는 동자 또는 속자다.

한글	한문 교육용 기초 한자	인명용 추가 한자
가	家 佳 街 可 歌 加 價 假 架 187 31 664 108 381 86 53 44 351 暇 334	嘉 嫁 稼 賈 駕 伽 迦 柯 呵 哥 枷 珂 痂 苛 袈 訶 跏 軻 茄
각	各 角 脚 閣 却 覺 刻 111 679 607 784 101 678 78	珏 恪 殼 慤
간	干 間 看 刊 肝 幹 簡 姦 懇 220 783 512 76 602 221 558 170 272	艮 侃 杆 玕 竿 揀 諫 墾 栞 奸 柬 桿 澗 癎 磵 稈 赶
갈	渴 419	葛 乫 喝 曷 碣 竭 褐 蝎 鞨
감	甘 減 感 敢 監 鑑(鑒) 490 419 261 316 510 780 780	勘 堪 瞰 坎 嵌 憾 戡 柑 橄 疳 紺 邯 龕
갑	甲 492	鉀 匣 岬 胛 閘
강	江 降 講 强(強) 康 剛 鋼 綱 396 789 697 235 234 225 81 773 574	杠 堈 岡 崗 姜 橿 彊 慷 畺 糠 絳 羌 腔 舡 薑 襁 鱇
개	改 皆 個(箇) 開 介 慨 概 313 507 39 554 783 18 267 370 蓋(盖) 638 510	价 凱 愷 溉 塏 愾 疥 芥 豈 鎧 玠
객	客 186	
갱	更 339	坑 粳 羹
갹		醵

거	去 巨 居 車 擧 距 拒 據 104 212 200 728 309 722 286 307	渠 濾 鉅 炬 倨 据 祛 踞 鋸
건	建 乾 件 健 230 11 23 45	巾 虔 楗 鍵 愆 腱 搴 寋
걸	傑 乞 47 10	杰 桀
검	儉 劍(劒) 檢 54 84 85 376	瞼 鈐 黔
겁		劫 怯 法
게		揭 偈 憩
격	格 擊 激 隔 355 307 437 794	檄 膈 覡
견	犬 見 堅 肩 絹 遣 牽 467 676 143 603 573 749 466	鵑 甄 繭 譴
결	決 結 潔 缺 397 571 434 586	訣 抉
겸	兼 謙 65 697	鎌 慊 箝 鉗
경	京 景 經 庚 耕 敬 輕 驚 慶 16 333 573 223 596 316 730 830 267 競 竟 境 鏡 頃 傾 硬 警 徑 549 548 149 778 812 49 523 700 241 卿 102	倞 鯨 坰 耿 更 炅 梗 憬 暻 環 擎 瓊 儆 俓 涇 莖 勍 逕 穎 檠 冏 勐 烱 網 脛 頸 馨 痙 璥 囧 檠 鶊
계	癸 季 界 計 溪 鷄 系 係 戒 505 180 493 681 425 843 565 35 277 械 繼 契 桂 啓 階 繫 359 584 162 356 122 793 583	誡 烓 屆 堺 悸 棨 磎 稽 谿
고	古 故 固 苦 高 考 (攷) 告 108 314 135 625 833 595 313 113 枯 姑 庫 孤 鼓 稿 顧 352 168 224 180 855 540 817	叩 敲 皐 曩 呱 尻 拷 橋 沽 睾 羔 股 膏 苽 菰 藁 蠱 袴 袴 誥 賈 辜 鋼 雇 痼 杲
곡	谷 曲 穀 哭 704 339 541 121	斛 梏 鵠
곤	困 坤 134 141	昆 崑 琨 錕 梱 棍 滾 袞 鯤
골	骨 831	汨 滑

공	工 功 空 共 公 孔 供 恭 攻 211 86 543 64 63 179 31 252 313 恐 貢 252 708	珙 控 拱 蚣 鞏
곶		串
과	果 課 科 過 誇 寡 348 692 536 746 686 191	菓 鍋 顆 跨 戈 瓜
곽	郭 756	廓 槨 藿
관	官 觀 關 館 (舘) 管 貫 慣 冠 184 818 787 823 617 554 709 267 68 寬 193	款 琯 舘 灌 瓘 梡 串 棺 罐 菅
괄		括 刮 恝 适
광	光 廣 (広) 鑛 狂 58 227 223 780 467	侊 洸 珖 桄 匡 曠 眖 壙 筐 胱
괘	掛 295	卦 罫
괴	塊 愧 怪 壞 147 265 249 154	乖 傀 拐 槐 魁
굉		宏 紘 肱 轟
교	交 校 橋 教 (敎) 郊 較 巧 矯 16 356 373 315 315 756 730 212 520	僑 喬 嬌 膠 咬 蟜 攪 狡 皎 絞 翹 蕎 蛟 轎 鮫 驕 餃 姣
구	九 口 求 救 究 久 句 舊 具 9 108 395 315 543 8 109 616 65 俱 區 驅 苟 拘 狗 丘 懼 龜 40 95 829 625 286 468 4 275 859 構 球 368 480	坵 玖 矩 邱 銶 溝 購 鳩 鷗 耇 枸 仇 勾 咎 嘔 垢 嶇 廐 謳 歐 毆 毬 灸 瞿 絿 日 舅 衢 謳 逑 鉤 駒 鷗
국	國 (国) 菊 局 136 135 632 200	鞠 麴 鞫
군	君 郡 軍 群 114 756 728 590	窘 裙
굴	屈 201	窟 堀 掘
궁	弓 宮 窮 222 187 545	躬 穹 芎

권	券 權 勸 卷 拳 79 379 91 101 291	圈 眷 倦 捲 港
궐	厥 103	闕 獗 蕨 蹶
궤	軌 729	机 櫃 潰 詭 饋
귀	貴 歸 鬼 710 385 836	龜 句 晷 蛻
규	叫 規 糾 109 676 565	圭 奎 珪 揆 逵 窺 葵 槻 硅 瘦 赳 閨 糺
균	均 菌 139 632	昀 鈞 勻 筠 龜
굴		橘
극	極 克 劇 365 60 84	尅 隙 戟 棘
근	近 勤 根 斤 僅 謹 738 90 356 320 49 699	漌 墐 槿 筋 瑾 嫤 劤 慸 芹 葷 覲 饉
글		契
금	金 今 禁 錦 禽 琴 766 19 531 773 534 481	衾 襟 昑 妗 擒 檎 芩 衿
급	及 給 急 級 105 571 249 567	汲 伋 扱
긍	肯 603	亘(亙) 兢 矜
기	己 記 起 其 期 基 氣 技 幾 213 681 719 65 343 144 394 283 222 旣 紀 忌 旗 欺 奇 騎 寄 豈 324 565 246 324 161 828 189 704 棄 祈 企 畿 飢 器 機 363 528 23 497 820 130 374	淇 琪 瑅 棋 祺 錤 騏 麒 玘 杞 埼 崎 琦 綺 錡 箕 冀 岐 汽 沂 圻 夔 耆 璣 磯 譏 嘰 驥 嗜 瞰 伎 肌 譏 饑 妓 朞 畸 碁 祁 祇 羇 祺
긴	緊 575	
길	吉 111	佶 桔 姑 拮
김		金
끽		喫

나	那 754	奈 柰 娜 拏 喇 懦 拿 儺 挐
낙	諾 694	
난	暖 難 334 800	煖
날		捺 捏
남	南 男 98 493	楠 湳 枏
납	納 567	衲
낭	娘 172	囊
내	內 乃 奈 耐 62 7 352 596	柰
녀	女 165	
년	女 年(秊) 165 221 536	撚
념	念 247	恬 拈 捻
녕	寧 191	寗 嚀
노	怒 奴 努 249 165 87	弩 瑙 駑
농	農 737	膿 濃
뇨		尿 鬧 撓
눈		嫩
눌		訥
뇌	腦 惱 609 261	
뉴		紐 鈕 杻
능	能 606	

니	泥 401	尼 柅
닉		匿 溺
다	多 茶 158 628	爹
단	丹 但 單 短 端 旦 段 壇 檀 6 26 125 520 549 325 388 152 376 斷 團 321 137	緞 鍛 亶 彖 湍 簞 蛋 袒 鄲
달	達 746	撻 澾 獺 疸
담	談 淡 擔 692 414 308	譚 膽 澹 罩 啖 坍 憺 疊 湛 痰 聃 錟 蕁 潭
답	答 畓 踏 552 494 724	畓 遝
당	堂 當 唐 糖 黨 144 497 121 563 852	塘 鐺 撞 幢 戇 棠 螳
대	大 代 待 對 帶 臺 貸 隊 159 20 240 197 217 615 711 793	垈 玳 袋 戴 擡 旲 坮 岱 黛
댁		宅
덕	德(悳) 244 257	
도	刀 到 度 道 島 徒 圖 倒 都 74 79 224 746 206 241 137 40 757 桃 挑 跳 逃 渡 陶 途 稻 導 357 291 723 740 420 791 742 541 197 盜 塗 510 148	堵 棹 濤 燾 鍍 蹈 禱 屠 嶋 悼 掉 搗 櫂 洮 滔 睹 萄 覩 賭 韜
독	讀 獨 毒 督 篤 702 472 391 516 557	瀆 牘 犢 禿 纛
돈	豚 敦 705 316	墩 惇 暾 燉 頓 旽 沌 焞
돌	突 543	乭
동	同 洞 童 冬 東 動 銅 凍 111 407 548 69 348 89 770 70	棟 董 潼 垌 瞳 蝀 仝 憧 疼 胴 桐 朣 曈 彤 烔
두	斗 豆 頭 319 704 815	杜 枓 兜 痘 竇 荳 讀 逗 阧

둔	鈍 屯 767 203	遁 臀 芚 遯
득	得 242	
등	等 登 燈 騰 552 505 455 829	藤 謄 鄧 嶝 橙
라	羅 589	螺 喇 懶 癩 蘿 裸 邏 剆
락	落 樂 絡 636 372 572	珞 酪 烙 駱 洛
란	卵 亂 蘭 欄 101 11 651 378	瀾 珊 丹 欒 鸞 爛
랄		剌 辣
람	覽 濫 678 440	嵐 寧 攬 欖 籃 繿 襤 藍 婪
랍		拉 臘 蠟
랑	浪 郎 廊 411 756 226	琅 瑯 狼 螂 朗
래	來(来) 32 26	崍 萊 徠
랭	冷 69	
략	略 掠 495 295	
량	良 兩 量 涼 梁 糧 諒 620 62 765 70 359 564 692	亮 倆 樑 粱 粮 梁 輛
려	旅 麗 慮 勵 323 847 267 91	呂 侶 閭 黎 儷 廬 戾 櫚 濾 礪 藜 臚 驪 蠣
력	力 歷 曆 85 384 337	瀝 礫 轢 靂
련	連 練 鍊 憐 聯 戀 蓮 742 577 776 271 599 276 641	煉 璉 攣 漣 輦 變
렬	列 烈 裂 劣 76 448 668 86	洌 冽
렴	廉 226	濂 簾 斂 殮

렵	獵 473	
령	令 領 嶺 零 靈 21 814 209 802 805	伶 玲 姶 昤 鈴 齡 怜 囹 岺 答 羚 翎 聆 逞 泠
례	例 禮(礼) 隷 32 533 528 797	澧 醴
로	路 露 老 勞 爐 723 804 595 89 459	魯 盧 鷺 撈 擄 櫓 潞 瀘 蘆 虜 輅 鹵 壚
록	綠 祿 錄 鹿 575 532 774 846	彔 碌 菉 麓
론	論 692	
롱	弄 230	瀧 瓏 籠 壟 朧 聾
뢰	雷 賴 802 716	瀨 儡 牢 磊 賂 賚
료	料 了 僚 319 12 52	遼 寮 廖 燎 療 瞭 聊 蓼
룡	龍(竜) 859 547	
루	屢 樓 累 淚 漏 202 371 569 415 429	壘 婁 瘻 縷 蔞 褸 鏤 陋
류	柳 留 流 類 352 494 411 817	琉 劉 瑠 硫 瘤 旒 榴 溜 瀏 謬
륙	六 陸 64 791	戮
륜	倫 輪 40 731	侖 崙 綸 淪 錀
률	律 栗 率 240 357 475	慄
륭	隆 793	
륵		勒 肋
름		凜 廩
릉	陵 791	綾 菱 稜 凌 楞

리	里 理 利 梨 李 吏 離 裏(裡)	俚 莉 离 璃 悧 俐 厘 唎 浬 犁
	764 480 77 360 346 112 800 669 669	狸 痢 籬 罹 嬴 蠡 鯉 汭 敉
	履	
	202	
린	隣	潾 璘 麟 吝 燐 藺 躪 鱗 鄰 撛
	795	
림	林 臨	琳 霖 淋
	348 614	
립	立	笠 粒 砬
	547	
마	馬 麻 磨	瑪 摩 痲 碼 魔
	826 848 526	
막	莫 幕 漠	寞 膜 邈
	631 219 429	
만	萬 晚 滿 慢 漫	万 曼 蔓 鏋 卍 娩 樠 彎 挽 灣
	636 331 430 268 430	瞞 輓 饅 鰻 蠻
말	末	茉 冹 抹 沫 襪 靺
	344	
망	亡 忙 忘 望 茫 妄 罔	網 芒 莣 輞 邙
	15 246 247 343 628 166 587	
매	每 買 賣 妹 梅 埋 媒	寐 昧 枚 煤 罵 邁 魅
	391 711 714 168 360 143 174	
맥	麥 脈	貊 陌 驀
	848 606	
맹	孟 猛 盟 盲	萌 氓
	181 470 510 512	
멱		冪 覓
면	免 勉 面 眠 綿	冕 棉 沔 眄 緬 麵
	60 88 808 514 576	
멸	滅	蔑
	426	
명	名 命 明 鳴 銘 冥	溟 暝 榠 皿 瞑 茗 蓂 螟 酩 慏
	112 117 326 841 770 68	洺
몌		袂
모	母 毛 暮 某 謀 模 貌 募 慕	摸 车 謨 姆 帽 摹 牡 瑁 眸 耗
	390 392 336 352 694 371 707 90 268	

	冒 侮 67 36	芼 茅 矛
목	木 目 牧 睦 344 512 465 516	穆 鶩 沐
몰	沒 399	歿
몽	夢 蒙 158 639	朦
묘	卯 妙 苗 廟 墓 100 167 626 227 150	描 錨 畝 昴 杳 渺 猫 竗
무	戊 茂 武 務 無(无) 舞 貿 霧 276 626 384 89 450 324 618 711 804	拇 珷 畝 撫 懋 巫 憮 橅 母 繆 蕪 誣 鵡
묵	墨 默 151 851	
문	門 問 聞 文 782 123 599 318	汶 炆 紋 們 刎 吻 紊 蚊 雯
물	勿 物 92 465	沕
미	米 未 味 美 尾 迷 微 眉 561 344 117 590 200 740 243 513	渼 薇 彌(弥) 嵄 媄 媚 嵋 梶 楣 湄 謎 麋 黴 躾 嫩
민	民 敏 憫 393 315 271	玟 旻 旼 閔 珉 岷 忞 愍 敃 慜 潣 暋 顐 泯 砇 悶 緡
밀	密 蜜 189 656	謐
박	泊 拍 迫 朴 博 薄 402 287 739 345 98 646	珀 撲 璞 鉑 舶 剝 樸 箔 粕 縛 膊 雹 駁
반	反 飯 半 般 盤 班 返 叛 伴 105 821 97 618 511 478 738 107 27	畔 頒 潘 磐 拌 搬 攀 斑 槃 泮 爟 盼 磻 絆 蟠
발	發 拔 髮 505 287 833	潑 鉢 浡 勃 撥 跋 醱 魃
방	方 房 防 放 訪 芳 傍 妨 倣 322 280 788 313 683 48 167 41 邦 754	坊 彷 昉 龐 榜 尨 幇 旁 枋 滂 磅 紡 肪 膀 舫 蒡 蚌 謗
배	拜 杯(盃) 倍 培 配 排 輩 背 287 349 509 41 144 759 296 732 604	陪 裵(裴) 湃 俳 徘 焙 胚 褙 賠 北

부록

백	白 百 伯 506 506 27	佰 帛 魄 栢(柏)
번	番 煩 繁 飜(翻) 496 452 581 820 594	蕃 幡 樊 燔 磻 藩
벌	伐 罰 24 588	閥 筏
범	凡 犯 範 72 467 555	帆 氾 汎 范 梵 泛 汛
법	法 402	琺
벽	壁 碧 152 524	璧 闢 僻 劈 擘 檗 癖 蘗 霹
변	變 辯 辨 邊 702 737 736 753	卞 弁 便
별	別 77	瞥 繁 鼈 撤 鈴
병	丙 病 兵 並(並) 屛 4 499 64 547 5 202	幷(并) 倂 瓶 耕 鉼 炳 柄 晒(昺) 秉 棅 餅 騈
보	保 步 報 普 補 譜 寶(宝) 36 383 146 333 689 701 194 184	堡 甫 輔 菩 潽 洑 溥 珤 褓
복	福 伏 服 復 腹 複 卜 覆 532 24 342 243 609 672 99 675	馥 鍑 僕 匐 宓 茯 葡 輹 輻 鰒
본	本 345	
봌		叓
봉	奉 逢 峯(峰) 蜂 封 鳳 162 743 206 206 656 195 841	俸 捧 琒 烽 棒 蓬 鋒 熢 縫
부	夫 扶 父 富 部 婦 否 浮 付 159 283 461 190 757 173 114 411 21 符 附 府 腐 負 副 簿 赴 賦 551 788 223 608 708 82 559 719 714	孚 芙 傅 溥 敷 復 不 俯 剖 咐 埠 孵 斧 缶 腑 艀 訃 莩 賻 跗 釜 阜 駙 鳧 膚
북	北 93	
분	分 紛 粉 奔 墳 憤 奮 75 567 561 162 151 271 165	汾 芬 盆 吩 噴 忿 扮 盼 焚 糞 賁 雰

불	不 佛 拂 3 27 288	彿 弗
붕	朋 崩 342 207	鵬 棚 硼 繃
비	比 非 悲 飛 鼻 備 批 卑 婢 391 806 258 819 856 48 284 97 173 碑 妃 肥 祕(秘) 費 524 166 603 529 537 711	庀 枇 琵 扉 譬 丕 匕 匪 俾 斐 緋 翡 脾 臂 菲 蜚 裨 誹 鄙 棐
빈	貧 賓 頻 709 713 815	彬 斌 濱 嬪 穧 儐 璸 玭 檳 殯 浜 瀕 牝 邠 繽
빙	氷 聘 395 598	憑 騁
사	四 巳 士 仕 寺 史 使 舍 射 133 213 155 21 195 109 33 617 195 謝 師 死 私 絲 思 事 司 詞 698 216 385 535 572 250 12 109 684 蛇 捨 邪 賜 斜 詐 社 沙 似 655 296 755 714 320 684 528 399 28 査 寫 辭 斯 祀 353 193 736 321 528	泗 砂 渣 紗 娑 徙 奢 嗣 赦 乍 些 伺 侯 僿 唆 柶 梭 渣 瀉 獅 祠 肆 莎 蓑 裟 飼 駛 麝 簁
삭	削 朔 80 342	數 索
산	山 産 散 算 204 491 316 555	珊 傘 刪 汕 疝 蒜 霰 酸
살	殺 389	薩 煞 撒 煞
삼	三 2	參 蔘 杉 衫 滲 芟 森
삽		挿(插) 澁 鍤 颯
상	上 尙 常 賞 商 相 霜 想 傷 2 198 217 715 123 513 803 261 50 喪 嘗 裳 詳 祥 象 像 床(牀) 125 129 671 686 531 706 52 223 462 狀 償 桑 468 56 357	庠 湘 箱 翔 爽 塽 孀 峠 廂 橡 觴 樣
새	塞 148	璽 賽
색	色 索 621 568	嗇 穡 塞

생	生 491	牲甥省笙
서	西 序 書 署 敍(叙) 徐 庶 恕 674 223 340 588 315 107 241 225 253 署 緒 誓 逝 335 578 690 743	抒 舒 瑞 棲(栖) 曙 壻(婿) 惰 諝 墅 嶼 捿 犀 筮 絮 胥 鋤 黍 鼠 黄
석	石 夕 昔 惜 席 析 釋 521 157 327 258 217 349 763	碩 奭 汐 淅 晳 秙 鉐 錫 潟 蓆
선	先 仙 線 鮮 善 船 選 宣 旋 59 21 578 838 126 619 751 186 323 禪 533	扇 渲 瑄 愃 膳 墡 繕 琁 璿 璇 羨 嬋 銑 珗 嫙 僊 敾 煽 鮮 腺 蘚 詵 跣 鐥 饍 蟬
설	雪 說 設 舌 801 690 683 617	髙 薛 楔 屑 泄 洩 渫 褻 暬 殼 契
섬		纖 暹 蟾 剡 殲 瞻 閃 陝
섭	涉 攝 411 311	燮 葉
성	姓 性 成 城 誠 盛 省 聖 聲 169 250 276 142 687 510 513 598 599 星 329	晟(晠) 珹 娍 珵 惺 醒 宬 猩 筬 腥 聖 胜
세	世 洗 稅 細 勢 歲 4 408 538 569 90 384	貰 笹 說 忕
소	小 少 所 消 素 笑 召 昭 蘇 197 198 280 412 568 550 110 329 650 騷 燒 訴 掃 疏 蔬 829 456 685 296 498 642	沼 炤 紹 邵 韶 巢 遡 玿 嘯 塑 宵 搔 梳 溯 瀟 甦 瘙 篠 簫 逍 蕭 愫 穌 卲
속	俗 速 續 束 粟 屬 36 743 585 347 562 203	涑 謖 贖
손	孫 損 181 302	遜 巽 蓀 飧 率 帥
송	松 送 頌 訟 誦 349 741 814 683 690	宋 淞 悚
쇄	衰 666	釗
쇄	刷 鎖 79 777	殺 灑 碎

수	水 手 受 授 首 守 收 誰 須 395 282 106 297 824 183 313 693 813 雖 愁 樹 壽(寿) 數 修(脩) 秀 799 262 375 156 195 317 42 607 535 囚 需 帥 殊 隨 輸 獸 睡 遂 134 802 216 386 795 732 473 516 747 垂 搜 141 303	洙 琇 銖 粹 穗(穂) 繡 隋 髓 袖 嗽 嫂 岫 峀 戍 燧 漱 狩 璲 瘦 竪 綏 綬 羞 茱 蒐 蓚 藪 讐 邃 酬 銹 隧 鬚 鷫 睟
숙	叔 淑 宿 孰 熟 肅 106 416 189 181 455 601	塾 琡 璹 倏 夙 潚 菽
순	順 純 旬 殉 循 脣 瞬 巡 813 568 325 338 243 607 518 211	洵 珣 荀 筍 舜 錞 淳 諄 醇 焞 徇 恂 栒 楯 橓 蓴 蕣 詢 馴 盾
술	戌 述 術 277 739 664	銤
숭	崇 207	嵩 崧
슬		瑟 膝 璱 虱
습	習 拾 濕 襲 592 291 440 674	褶
승	乘 承 勝 昇 僧 9 284 90 327 52	丞 陞 繩 蠅 升 氶 塍
시	市 示 是 時 詩 施 試 始 矢 214 528 329 331 687 322 687 169 519 侍 視 33 677	柴 恃 匙 嘶 媤 尸 屎 屍 弑 柿 猜 翅 蒔 蓍 諡 豕 豺 偲
식	食 式 植 識 息 飾 820 231 145 700 253 821	栻 埴 殖 湜 軾 寔 拭 熄 簽 蝕
신	身 申 神 臣 信 辛 新 伸 晨 727 492 530 613 37 735 321 28 332 慎 265	紳 莘 薪 迅 侁 哂 娠 宸 燼 腎 藎 蜃 辰 璶
실	失 室 實(実) 160 186 192 185	悉
심	心 甚 深 尋 審 246 490 416 196 193	沁 沈 潯 芯 諶
십	十 96	什 拾
쌍	雙 799	

씨	氏 393	
아	兒(児) 我 牙 芽 雅 亞(亜) 餓 60 60 277 464 623 798 14 14 822	娥 峨 衙 婀 俄 啞 莪 蛾 訝 鴉 鵝 阿 婀
악	惡 岳 258 205	樂 堊 嶽 幄 愕 握 渥 鄂 鍔 顎 鱷 齷
안	安 案 顔 眼 岸 雁(鴈) 183 357 816 515 205 798 842	晏 按 鞍 鮟
알	謁 695	斡 軋 閼
암	暗 巖(岩) 335 210 205	庵 菴 唵 癌 闇
압	壓 押 153 288	鴨 狎
앙	仰 央 殃 24 161 386	昂 鴦 怏 秧
애	愛 哀 涯 262 119 417	厓 崖 艾 埃 曖 礙 隘 靄
액	厄 額 102 816	液 扼 掖 縊 腋
앵	鶯 844	櫻 罌 鸚
야	也 夜 野 耶 10 158 764 597	冶 倻 惹 揶 椰 爺 若
약	弱 若 約 藥 躍 234 626 565 649 726	葯 蒻
양	羊 洋 養 揚 陽 讓 壤 樣 楊 589 408 822 300 793 703 154 372 366	襄 孃 漾 佯 恙 攘 敭 暘 瀁 煬 痒 瘍 禳 穰 釀 驤 易
어	魚 漁 於 語 御 838 431 322 690 242	圄 瘀 禦 馭 齬 憶 臆
억	億 憶 抑 55 273 284	
언	言 焉 680 449	諺 彦 偃 堰 嫣
얼		孼 蘗
엄	嚴 132	奄 俺 掩 儼 淹

업	業 366	嶪
엔		円
여	余 餘 如 汝 與 予 輿 28 823 166 397 616 12 733	歟 璵 礖 艅 茹 轝 妤
역	亦 易 逆 譯 驛 役 疫 域 16 327 741 701 830 239 499 145	睗 繹
연	然 煙(烟) 研 延 燃 燕 沿 鉛 451 452 448 522 229 456 456 403 769 宴 軟 演 緣 188 729 431 578	衍 淵 姸 娟 涓 沇 筵 瑌 娫 嚥 趞 嚈 埏 捐 掾 渷 緛 鳶 硯 曣 燃 醼 兗
열	熱 悅 閱 455 256 785	說 咽
염	炎 染 鹽 446 354 846	琰 艶(艷) 厭 焰 苒 閻 髥
엽	葉 637	燁 曄 熀
영	永 英 迎 榮(栄) 泳 詠 營 影 395 627 739 369 354 404 685 457 238 映 329	渶 煐 瑛 暎 瑩 潆 盈 鍈 嬰 楹 穎 瓔 咏 坙 嵘 潁 濚 濴 嶸 纓
예	藝 豫 譽 銳 649 706 702 772	叡(睿) 預 芮 乂 倪 刈 曳 汭 濊 猊 穢 蘂 裔 詣 霓 埶 榮 琋
오	五 吾 悟 午 誤 烏 汚 嗚 娛 13 115 256 97 691 448 397 128 173 傲 50	伍 吳 旿 珸 晤 奥 俉 塢 墺 寤 惡 懊 敖 熬 獒 筽 蜈 鰲 鼇 澳 梧 浯
옥	玉 屋 獄 476 201 471	沃 鈺
온	溫 426	瑥 媼 穩 瘟 縕 蘊
올		兀
옹	翁 擁 592 308	雍 壅 瓮 甕 癰 邕 饔
와	瓦 臥 488 613	渦 窩 窪 蛙 蝸 訛
완	完 緩 184 578	玩 垸 浣 莞 琓 琬 婠 婉 宛 梡 椀 碗 翫 脘 腕 豌 阮 頑 妧 岏

왈	曰 339	
왕	王 往 476 239	旺 汪 枉
왜		倭 娃 歪 矮
외	外 畏 157 494	鬼 巍 猥
요	要 腰 搖 遙 謠 675 610 303 749 698	夭 堯 饒 曜 耀 瑤 樂 姚 僥 凹 妖 嶢 拗 橈 燿 窈 窯 繇 繞 蟯 邀 喓
욕	欲 浴 慾 辱 380 412 268 737	縟 褥
용	用 勇 容 庸 491 88 188 226	溶 鎔 瑢 榕 蓉 湧 涌 埇 踊 鏞 茸 墉 甬 俑 傭 冗 慂 熔 聳 俗
우	于 宇 右 牛 友 雨 憂 又 尤 13 183 110 464 106 801 269 105 199 遇 羽 郵 愚 偶 優 747 592 757 262 45 56	佑 祐 禹 瑀 寓 堣 隅 玗 釪 迂 吁 盂 禑 紆 芋 藕 虞 雩 扞
욱		旭 昱 煜 郁 項 彧 勖 栯 稶
운	云 雲 運 韻 13 801 747 812	沄 澐 耘 暈 夽 暈 橒 殞 熉 芸 蕓 隕
울		蔚 鬱 兲
웅	雄 798	熊
원	元 原 願 遠 園 怨 圓 員 源 58 103 817 749 137 251 136 121 427 援 院 300 790	袁 垣 洹 沅 瑗 媛 嫄 愿 苑 轅 婉 寃 湲 爰 猿 阮 鴛 褑
월	月 越 341 720	鉞
위	位 危 爲 偉 威 胃 謂 圍 28 100 460 46 171 605 695 136 衛(衞) 違 委 慰 僞 緯 664 665 748 169 269 53 579	尉 韋 瑋 暐 渭 魏 萎 葦 蔿 蝟 褘
유	由 油 酉 有 猶 唯 遊 柔 遺 493 404 759 341 471 123 748 354 751 幼 幽 惟 維 乳 儒 裕 誘 愈 222 222 259 576 10 55 670 691 263 悠 256	侑 洧 宥 庾 兪 喩 楡 瑜 獉 釉 愉 柚 攸 釉 琟 孺 揄 楢 游 瑈 呦 煣 諛 諭 踰 蹂 逾 婑 嚅 婑

육	肉 育 601 603	堉 毓
윤	閏 潤 784 436	尹 允 玧 鈗 胤 阭 奫 贇 昀
율		聿 燏 汩
융		融 戎 瀜 絨
은	恩 銀 隱 254 771 796	垠 殷 誾 溵 憖 濦 听 垽 訢 圻 蘟 檼 檭
을	乙 9	
음	音 吟 飮 陰 淫 811 115 821 792 417	蔭
읍	邑 泣 754 404	揖
응	應 凝 274 71	膺 鷹 䧹
의	衣 依 義 議 矣 醫 意 宜 儀 665 34 591 701 519 762 263 185 55 疑 498	倚 誼 毅 擬 懿 椅 艤 懿 蟻
이	二 以 已 耳 而 異 移 夷 13 22 213 597 596 495 538 161	珥 伊 易 弛 怡 彛(彝) 爾 頤 姨 痍 肄 苡 荑 貽 迤 飴 貳 嬰 栭
익	益 翼 509 594	翊 瀷 謚 翌 熤
인	人 引 仁 因 忍 認 寅 印 姻 18 232 19 134 247 691 190 100 171	咽 湮 絪 茵 蚓 靭 靷 刃 橉 芢
일	一 日 逸 1 325 745	溢 鎰 馹 佾 壹
임	壬 任 賃 155 25 713	妊 姙 稔 恁 荏 託
입	入 61	廿
잉		剩 仍 孕 芿
자	子 字 自 者 姉(姊) 慈 玆 紫 178 179 614 595 169 169 263 629 570 資 姿 恣 刺 713 171 254 79	仔 滋 磁 藉 瓷 咨 孜 炙 煮 疵 茨 蔗 諮 雌

작	作 昨 酌 爵 29 330 759 460	灼 芍 雀 鵲 勺 嚼 斫 炸 綽
잔	殘 387	房 棧 潺 盞
잠	潛(潜) 暫 436 436 336	箴 岑 簪 蠶
잡	雜 800	
장	長 章 場 將 壯 丈 張 帳 781 548 147 196 163 2 234 218 莊(庄) 裝 獎 墻(牆) 631 223 670 164 153 462 葬 粧 掌 藏 臟 障 腸 637 562 297 648 613 795 610	匠 杖 獎 漳 樟 璋 暲 薔 蔣 仗 檣 欌 漿 狀 獐 戕 臧 醬
재	才 材 財 在 栽 再 哉 災 裁 282 347 709 139 358 66 119 446 668 載 宰 730 188	梓 縡 齋 溨 滓 齎
쟁	爭 12	錚 筝 諍
저	著 貯 低 底 抵 637 712 29 224 288	苧 邸 楮 沮 佇 儲 咀 姐 樗 渚 狙 猪 疽 箸 竚 菹 藷 詛 躇 這 雎 齟
적	的 赤 適 敵 滴 摘 寂 籍 賊 507 718 750 317 432 304 190 560 713 跡 積 績 723 541 581	迪 勣 吊 嫡 狄 炙 翟 荻 謫 迹 鏑 笛 蹟
전	田 全 典 前 展 戰 電 錢 傳 492 62 65 81 202 279 802 774 50 專 轉 殿 196 734 389	佺 栓 詮 銓 瑑 甸 塼 奠 荃 雋 顓 佃 剪 塼 悛 氈 澱 煎 畑 癲 筌 箋 箭 篆 纏 輾 鈿 鐫 顚 餞
절	節 絶 切 折 竊 556 572 75 285 546	哲 截 浙 癤
점	店 占 點(点) 漸 224 99 851 447 432	帖 粘 霑 鮎
접	接 蝶 297 658	摺
정	丁 頂 停 井 正 政 定 貞 精 1 813 46 14 383 314 185 708 563 情 靜(静) 淨 庭 亭 訂 廷 259 806 806 417 225 17 681 229 538	汀 玎 町 呈 桯 珵 姃 偵 湞 幀 楨 禎 珽 挺 綎 鼎 晶 最 柾 鉦 淀 錠 郢 靖 靚 鄭 婷 妶 釘 亭 婷 涏 頲 埩 檉 靘 睛 碇 穽

제	征 整 239 318	綎 諪 酊 霆 埩 姃 彭 佂
	弟 第 祭 帝 題 除 諸 製 233 551 531 216 817 790 696 671 提 堤 制 際 齊 濟 301 147 80 795 856 441	悌 梯 瑅 劑 啼 臍 薺 蹄 醒 霽
조	兆 早 造 鳥 調 朝 助 弔 燥 59 326 743 840 693 343 87 232 458 操 照 條 潮 租 組 祖 308 453 361 436 537 570 530	彫 措 晁 祚 趙 肇 詔 釣 曹 遭 眺 俎 凋 嘲 曺 棗 槽 漕 爪 璪 稠 粗 糟 繰 藻 蚤 躁 阻 雕
족	足 族 721 324	簇 鏃
존	存 尊 179 196	
졸	卒 拙 98 288	猝
종	宗 種 鐘 終 從 縱 185 540 779 570 242 582	倧 琮 淙 棕 悰 綜 琔 鍾 慫 腫 踵 踪 柊 樅
좌	左 坐 佐 座 212 140 30 225	挫
죄	罪 587	
주	主 注 住 朱 宙 走 酒 晝 舟 7 404 30 345 185 719 760 332 618 周 株 州 洲 柱 奏 珠 鑄 118 358 211 409 354 163 479 780	胄 湊 炷 註 疇 週 遒 駐 姝 澍 姝 侏 做 呪 嗾 廚 籌 紂 袖 綢 蛛 誅 躊 輳 酎 燽 鉒 拄
죽	竹 550	粥
준	準 俊 遵 427 37 751	峻 浚 畯 埈 焌 竣 畯 晙 准 濬 雋 儁 埻 隼 寯 樽 蠢 逡 純 葰 遵
줄		茁
중	中 重 衆 仲 5 764 663 25	
즉	卽 102	即
즐		櫛
즙		汁 楫 葺

증	曾 增 證 憎 贈 症 蒸 340 151 685 272 717 500 640	烝 甑 拯 繒
지	只 支 枝 止 之 知 地 指 志 110 312 350 383 8 519 139 292 247 至 紙 持 池 誌 智 遲 615 568 292 397 691 334 752	旨 沚 址 祉 趾 芝 摯 鋕 脂 漬 肢 砥 芷 蜘 識 贄 泜 底
직	直 職 織 512 600 583	稙 稷
진	辰 眞(真) 進 盡 振 鎭 陣 陳 737 514 × 745 511 293 777 790 792 珍 震 478 803	晉(晋) 瑨(瑨) 璡 津 臻 秦 抮 塵 嗔 縝 塡 賑 溱 畛 唇 嗔 搢 振 榛 殄 昣 畇 縉 臻 蔯 袗 鉁
질	質 秩 疾 姪 715 537 500 172	瓆 侄 嫉 峡 桎 室 膣 蛭 跌 迭
짐		斟 朕
집	集 執 798 145	什 潗 輯 楫 鏶 緝
징	徵 懲 244 274	澄
차	且 次 此 借 差 4 380 383 43 212	車 叉 瑳 嗟 嵯 磋 茶 蹉 遮 硨 躱 姹
착	着 錯 捉 515 775 294	搾 窄 鑿 齪
찬	贊(賛) 讚(讃) 717 715 703 702	撰 簒 粲 澯 燦 璨 瓚 纘 饌 篡 鑽 饡 攢 巑
찰	察 192	札 刹 擦 紮
참	參 慘 憯(慚) 104 269 269 269	僭 塹 懺 斬 站 讒 讖
창	昌 唱 窓 倉 創 蒼 暢 328 124 544 43 83 640 336	菖 昶 彰 敞 廠 倡 娼 漲 猖 愴 瘡 脹 艙 槍 滄
채	菜 採 彩 債 634 298 237 51	采 垛 寀 蔡 綵 寨 砦 釵 責 棌 婇
책	責 冊(册) 策 709 66 66 553	柵
처	妻 處 170 652	凄 悽

척	尺 斥 拓 戚 199 320 289 278	陟坧倜刺剔倜惄瀞瘠脊躑 隻
천	天 千 川 泉 淺 賤 踐 遷 薦 160 96 211 405 418 715 724 752 647	仟阡喘擅玔穿舛釧闡韆茜
철	鐵 哲 徹 779 122 244	喆澈轍撤綴凸輟
첨	尖 添 198 418	僉瞻沾佔簽籤詹諂
첩	妾 170	帖捷堞牒疊睫諜貼輒
청	靑(青) 淸(清) 晴(晴) 請(請) 廳 805 806 418 418 334 × 694 × 229 廳 600	菁鯖
체	體 替 遞 滯 逮 832 340 750 433 746	締諦切剃涕
초	初 草(艸) 招 肖 超 抄 礎 秒 78 630 621 289 602 720 285 527 536	樵焦蕉楚剿噍梢椒炒硝 礁稍苕貂酢醋醮岧鈔
촉	促 燭 觸 38 458 680	囑矗蜀
촌	寸 村 194 347	忖邨
총	銃 總 聰(聡) 771 582 600 599	寵叢塚悤憁摠蒽総
촬		撮
최	最 催 341 51	崔
추	秋 追 推 抽 醜 536 741 298 289 762	楸樞鄒錐錘墜椎湫皺芻萩 諏趨酋鎚雛騶鰍
축	丑 祝 蓄 畜 築 逐 縮 3 530 641 495 558 744 582	軸竺筑慼蹴
춘	春 330	椿瑃賰
출	出 74	朮黜

충	充 忠 蟲(虫) 衝 58　248　660　653　664	珫 沖(冲) 衷
췌		萃 悴 膵 贅
취	取 吹 就 臭 醉 趣 106　115　199　614　761　720	翠 橅 嘴 娶 炊 脆 驟 鷲
측	側 測 46　423	仄 廁 惻
층	層 203	
치	治 致 405　615	熾 峙 雉 馳 侈 嗤 幟 梔 淄 痔 痴 癡 稺 緇 緻 蚩 輜 稚
칙	則 81	勅 飭
친	親 677	
칠	七 漆 1　433	柒
침	針 侵 浸 寢 沈 枕 766　38　413　192　400　350	琛 砧 鍼
칩		蟄
칭	稱 540	秤
쾌	快 248	夬
타	他 打 妥 墮 22　282　168　151	咤 唾 惰 拖 朶 楕 舵 陀 馱 駝
탁	濁 托 濯 卓 439　283　441　98	度 倬 琸 晫 託 擢 鐸 拓 啄 坼 柝 琢
탄	炭 歎 彈 誕 447　382　235　691	吞 坦 灘 嘆 憚 綻
탈	脫 奪 608　164	
탐	探 貪 299　710	耽 眈

탑	塔 149		榻
탕	湯 424		宕帑糖蕩
태	太 泰 怠 殆 態 160 405 251 386 266		汰兌台胎邰笞苔跆颱
택	宅 澤 擇 183 439 309		坨
탱			撑
터			攄
토	土 吐 討 138 112 682		兔
통	通 統 痛 744 573 501		桶慟洞筒
퇴	退 741		堆槌腿褪頹
투	投 透 鬪 285 744 834		偷套妬
특	特 465		慝
틈			闖
파	破 波 派 播 罷 頗 把 522 405 409 307 588 814 285		巴芭琶坡杷婆擺爬跛
판	判 板 販 版 78 351 710 463		阪坂辦瓣鈑
팔	八 63		叭捌
패	貝 敗 708 316		覇浿佩牌唄悖沛狽稗
팽			彭澎烹膨
퍅			愎
편	片 便 篇 編 遍 偏 462 38 556 579 748 47		扁翩鞭騙
폄			貶

평	平 評 220 686	坪枰泙萍
폐	閉 肺 廢 弊 蔽 幣 782 604 228 231 645 219	陛吠斃獘
포	布 抱 包 胞 飽 浦 捕 215 290 92 605 822 413 294	葡褒砲鋪佈匍麭咆哺圃怖 抛暴泡疱脯苞蒲袍逋鮑
폭	暴 爆 幅 336 459 218	曝瀑輻
표	表 票 標 漂 666 531 373 433	杓豹彪驃俵剽慓瓢飇飄
품	品 120	稟
풍	風 豐(豊) 818 705 705	諷馮楓
피	皮 彼 疲 被 避 508 240 500 668 752	披陂
필	必 匹 筆 畢 246 95 553 496	弼泌珌苾馝鉍怭疋
핍		乏逼
하	下 夏 賀 何 河 荷 3 157 712 31 406 632	廈(厦)昰霞瑕蝦遐鰕呀煆 碬
학	學(学) 鶴 182 181 844	壑虐謔瘧
한	閑 寒 恨 限 韓 漢 旱 汗 784 191 254 789 811 433 326 397	澣瀚翰閒悍罕澗
할	割 83	轄
함	咸 含 陷 120 116 792	函涵艦啣喊檻緘銜鹹
합	合 113	哈盒蛤閤闔陜
항	恒(恆) 巷 港 項 抗 航 254 255 214 424 813 285 619	亢沆姮伉杭桁缸肛行降
해	害 海 亥 解 奚 該 188 413 16 679 163 688	偕楷諧咳垓孩懈瀣蟹邂駭 骸哈

핵	核 358	劾
행	行 幸 663 221	杏 倖 荇
향	向 香 鄉 響 享 113 825 758 812 17	珦 嚮 餉 饗
허	虛 許 652 684	墟 噓
헌	軒 憲 獻 729 272 474	幰 櫶
헐		歇
험	險 驗 796 831	
혁	革 808	赫 爀 奕 血 焃
현	現 賢 玄 絃 縣 懸 顯(顕) 481 715 475 571 580 275 818 817	見 晛 呟 炫 玹 鉉 眩 眩 絢 呟 俔 睍 舷 衒 弦 儇 譞 怰
혈	血 穴 662 542	孑 頁
혐	嫌 176	
협	協 脅 98 607	俠 挾 峽 浹 夾 狹 脇 莢 鋏 頰
형	兄 刑 形 亨 螢 衡 58 76 237 16 659 665	型 邢 珩 泂 炯 瀅 馨 熒 滎 瀅 荊 逈 鎣
혜	惠(恵) 慧 兮 260 × 270 64	蕙 彗 譓 憓 寭 暳 蹊 醯 鞋
호	戶 乎 呼 好 虎 號 湖 互 胡 280 8 118 166 651 653 424 14 605 浩 毫 豪 護 414 392 706 702	晧 皓 滸 昊 淏 濠 灝 祜 琥 瑚 護 扈 鎬 壕 壺 顥 頀 滸 岵 弧 瓠 糊 縞 芦 葫 蒿 蝴 皞
혹	或 惑 278 260	酷
혼	婚 混 昏 魂 174 419 328 836	渾 琿
홀	忽 249	惚 笏

홍	紅 洪 弘 鴻 566 409 233 842	泓 烘 虹 鈜 哄 汞 訌
화	火 化 花 貨 和 話 畫(畵) 華 445 93 624 710 118 688 496 497 635 禾 禍 535 533	嬅 樺 譁 靴
확	確 (碻) 穫 擴 526 × 542 311	廓 攫
환	歡 患 丸 換 環 還 382 257 6 301 487 753	喚 奐 渙 煥 晥 幻 桓 鐶 驩 宦 紈 鰥
활	活 410	闊 (濶) 滑 猾 豁
황	黃 皇 況 荒 850 507 406 630	凰 堭 媓 晃 滉 榥 煌 璜 熀 幌 徨 恍 惶 怳 慌 湟 潢 眖 篁 簧 蝗 遑 隍
회	回 會 悔 懷 134 341 257 275	廻 恢 晦 檜 澮 繪 (絵) 誨 匯 徊 淮 獪 膾 茴 蛔 賄 灰
획	獲 劃 473 84	
횡	横 375	鐄 宖
효	孝 效 (効) 曉 180 314 87 337	涍 爻 驍 斅 哮 梟 淆 肴 酵 皛 歊
후	後 厚 侯 候 240 103 39 44	后 逅 吼 嗅 帿 朽 煦 珝 喉
훈	訓 682	勳(勛·勲) 君 熏 薰 壎 燻 塤 鍾 暈
훙		薨
훼	毁 390	卉 喙 毀
휘		喧 暄 萱 煊
휘	揮 輝 301 732	彙 徽 暉 煇 諱 麾
휴	休 携 25 304	烋 畦 虧
휼		恤 謧 鷸
흉	凶 胸 73 607	兇 匈 洶

흑	黑 851	
흔		欣炘昕痕忻
흘		屹吃紇訖
흠		欽欠歆
흡	吸 116	洽恰龕
흥	興 616	
희	希 喜 稀 戱 215 127 538 279	姬晞偕熺禧 嬉憙熹羲爔 曦熙俙憘犧噫煕烯 詰
힐		

주요 고사성어 모음

⟨가나다순 배열⟩

◉ 佳人薄命(가인박명)
송나라 때의 명문장가인 소식(蘇軾)은 재능이 뛰어났지만 정치적으로는 적도 많아서 지방 관리로 좌천당하는 고초를 겪기도 했다. 그가 지방에 있을 때 절에서 한 여승을 보고 그녀의 젊은 시절을 유추하면서 지은 시에 "예로부터 아름다운 여인의 운명은 특히 기박하구나[自古佳人多薄命]"라는 구절이 있다. 이는 여승의 기구한 팔자에 빗대어 자신의 운명을 한탄한 것이라고 할 수 있다.

◉ 各自爲政(각자위정)
송나라의 대장 화원(華元)은 결전 전날 밤에 장졸들의 사기를 돋우기 위해 특별히 양고기를 지급했으나 마차부 양짐에게는 전쟁과는 아무 관계가 없는 사람이라고 하며 양고기를 주지 않았다. 이튿날 치열하게 싸우는 와중에 화원이 양짐에게 명령했다. "마차를 적의 병력이 허술한 오른쪽으로 돌려라." 그러나 양짐은 반대로 정나라 군사가 밀집해 있는 왼쪽으로 마차를 몰면서 이렇게 말했다. "어제의 양고기는 당신의 뜻이며, 오늘의 이 일은 나의 생각이오." 결국 화원은 불잡히고 말았고, 대장이 포로가 된 송나라는 전의를 상실하여 대패하게 되었다. 《춘추좌씨전(春秋左氏傳)》 평전(評傳)

◉ 刻舟求劍(각주구검)
한 초나라 사람이 배를 타고 양자강을 건너다가 실수로 검을 강물에 빠뜨렸다. 그러자 그 사람은 그 검을 떨어뜨린 뱃전에 칼로 표시를 해놓고, 배가 건너편 나루터에 닿자 표시를 한 뱃전 밑으로 뛰어들어 검을 찾으려고 했으나 찾을 수 없었다고 한다.

◉ 肝膽相照(간담상조)
유종원(柳宗元)은 친구 유몽득(劉夢得)이 변방으로 좌천되었다는 소식을 듣고 자신이 대신 가겠다고 자청했다. 이를 들은 한유(韓愈)가 이렇게 말했다. "선비는 역경에 처했을 때 지조와 절개가 나타나는 법이다. 평소에 사람들은 서로 답소하고 술좌석에 함께 어울리며, 서로 사양하고 손을 마주잡고서 간과 쓸개를 꺼내어 서로 내보이고, 태양을 가리키며 눈물을 흘리면서 맹세를 하고, 살아 있는 동안이나 죽은 후에도 배신하지 않겠다고 서약한다. 그러나 터럭만 한 이해관계라도 생기면 눈을 부릅뜨고 낯선 사람처럼 행동한다."

◉ 竭澤而漁(갈택이어)
진나라의 문공(文公)이 초나라와 일대 접전을 앞두고 호언(狐偃)과 이옹(李雍)에게 싸움에서 승리할 방법에 대해 조언을 구했다. 이에 호언은 속임수 작전을 쓰라고 조언했는데, 그러나 이옹은 속임수 작전에 동의하지 않았다. 별다른 방법이 없었지만 이렇게 말했다. "연못의 물을 모두 퍼내어 물고기를 잡으면 훗날에는 잡을 물고기가 없게 되고, 산을 불태워서 짐승들을 잡으면 뒷날에는 잡을 짐승이 없을 것입니다. 지금 속임수를 써서 위기를 모면한다 해도 영원한 해결책이 아닌 이상 임시 방편의 방법일 뿐입니다." 이옹은 눈앞의 이익만을 위하는 것은 화를 초래한다고 본 것이다.

◉ 擧案齊眉(거안제미)
가난하지만 절개가 곧은 양홍(梁鴻)이란 학자는 얼굴이 못생긴 맹광(孟光)과 결혼했다. 결혼 후에도 아내와 잠자리를 갖지 않자 아내가 그 이유를 물었다. 양홍이 대답하기를, "내가 원했던 부인은 비단옷 입고 진한 화장을 한 여자가 아니라 누더기 옷을 입고 깊은 산속에 들어가서라도 살 수 있는 여자였소." 하자, 아내는 산골 농부의 차림으로 생활을 했다. 양홍은 아내와 함께 산속에 들어가 살았는데, 후에 왕실을 비방하는 시를 지어 쫓기자 오(吳)나라로 도망쳐서 살았다. 양홍이 일을 마치고 돌아오면 그 아내는 밥상을 눈썹 아래까지 들어올려 남편에게 공손하게 바쳤다고 한다.

○ 乾坤一擲(건곤일척)

항우와 유방(劉邦)은 계속되는 공방전 끝에 하남성의 홍구(鴻溝)를 경계로 천하를 둘로 나누고 싸움을 멈췄다. 항우는 팽성을 향해 철군길에 올랐고, 유방도 철군하려 하는데 참모인 장량(張良)과 진평(陳平)이 유방에게 말했다. "한나라는 천하의 태반을 차지하고 제후들도 따르고 있는데 비해, 초나라는 병사들이 지쳐 있고 군량마저 바닥이 났습니다. 이는 초나라를 멸하려는 하늘의 뜻입니다." 이에 유방은 말머리를 돌려 항우를 꺾고 천하를 통일하게 된다. 훗날 당나라의 한유(韓愈)가 홍구를 지나다가 《과홍구(過鴻溝)》라는 시를 지었다. "용은 지치고, 호랑이는 피곤하여 이 강을 가르니, 억만 창생들은 성명(性命)이 있다. 누가 왕을 권하여 말머리를 돌릴 수 있을까? 진정 한 번 던짐을 이루어 건곤을 건다."

○ 結草報恩(결초보은)

춘추 시대 진나라 위무자(魏武子)가 위독해지자 아들 위과(魏顆)를 불러 자신이 죽거든 자신의 애첩을 개가시키라고 하였다. 그런데 임종할 때 다시 말하길 자신이 죽으면 애첩을 무덤에 같이 묻어달라고 하였다. 위과는 아버지가 올바른 정신에서 하신 말을 따르기로 하고 애첩을 개가시켰다. 훗날 위과가 전쟁에 패해 적장에게 쫓기고 있을 때 누군가 엮어 둔 풀에 걸려 적장이 넘어지는 덕분에 목숨을 건지게 되었다. 그날 밤 꿈에 한 노인이 나와 "나는 당신이 개가시킨 여인의 아비입니다. 당신이 내 딸의 목숨을 구해 주었기 때문에 오늘 이렇듯 풀을 엮어 그 은혜를 갚은 것입니다."라고 말했다고 한다.

○ 傾國之色(경국지색)

중국 한무제 때 협률도위(協律都尉)로 있던 이연년(李延年)이 자기 누이동생에 대해 지은 노래에서 비롯되었다. "북쪽에 어여쁜 사람이 있어 세상에서 떨어져 홀로 서 있네. 한 번 돌아보면 성을 위태롭게 하고 두 번 돌아보면 나라를 위태롭게 하네. 어찌 성을 기울게 하고 나라를 위태롭게 함을 모를까마는 아름다운 여인은 두 번 다시 얻기 어렵구나." 무제는 이 노래를 듣고 당장 그녀를 불러들이게 하였고, 그녀의 아름다운 자태와 춤추는 솜씨에 매혹되었다. 이 여인이 무제의 만년에 총애를 독차지하였던 그 부인이었다.

○ 鷄卵有骨(계란유골)

세종 때 영의정을 지낸 황희(黃喜)는 청렴하여 생활이 매우 가난하였다. 왕이 그를 기특하게 여겨 "내일은 아침 일찍 남대문을 열 때부터 문을 닫을 때까지 이 문을 들어오는 물건을 다 황 정승에게 주겠다."라고 명령했다. 그러나 다음 날 하필 하루 종일 폭풍우가 몰아쳐 드나드는 장사치가 없었다. 밤이 되어 그냥 집에 돌아가려는 데 한 시골 영감이 달걀 한 꾸러미를 들고 들어왔다. 이것을 가지고 집에 돌아와 곧 삶아 먹으려고 하니 곯아서 한 알도 먹지 못하고 말았다 한다. '곯다'의 발음이 한자의 '骨'과 같은 데서 '계란유골'이라는 말이 생기게 되었다. 《송남잡지(松南雜識)》

○ 季札繫劍(계찰계검)

오(吳)나라 왕 수몽(壽夢)에게는 네 아들이 있었는데, 그 중 막내 아들이 계찰(季札)이다. 계찰이 처음 사신으로 길을 떠났을 때, 오(吳)나라의 북쪽으로 가는 도중에 서(徐)나라에 들러 서왕(徐王)을 알현하게 되었다. 서왕은 평소 계찰의 보검을 갖고 싶었으나 감히 말하지 않았다. 계찰 역시 속으로는 서왕이 자신의 보검을 원한다는 것을 알고 있었으나, 사신으로 중원(中原) 각 나라를 돌아다녀야 하였기 때문에 바치지 않았다. 각 나라 방문을 마치고 돌아오는 길에 서(徐)나라에 도착해 보니 서왕은 이미 죽고 없었다. 이에 계찰은 보검을 풀어 서왕 무덤의 나무에 걸어 놓고 떠났다[於是乃解其寶劍繫之徐君冢樹而去]. 그의 종자(從者)가 물었다.

"서왕은 이미 죽었는데 또 누구에게 주는 것입니까?"라고 하자, 계찰이 말하기를 "그런 것이 아니다. 나는 처음에 마음 속으로 그에게 주기로 결정하였는데, 그가 죽었다고 해서 내가 어찌 나의 뜻을 바꿀 수 있겠는가?"라고 하였다. '계찰계검'은 이 글을 요약한 말이며, 중국의 유서(類書)인《몽구(蒙求)》의 표제어에는 '계찰괘검(季札掛劍)'으로 적고 있다.

○ **鼓腹擊壤(고복격양)**
어느 날, 요임금은 미복(微服)을 하고 민정(民情)을 살피러 나갔다. 한 노인이 배불리 밥을 먹고 손으로 배를 두드리고 발로 땅을 구르며 흥겹게 노래를 부르고 있었다. "해가 뜨면 일하고 해가 지면 쉬네. 밭을 갈아 먹고 우물을 파서 마시니, 임금의 힘이 내게 무슨 소용 있겠는가." 이는 백성들이 정치를 잊어버릴 정도로 정치가 잘 되고 있다는 뜻으로, 요임금은 크게 기뻐하였다. 《십팔사략(十八史略)》제요편(帝堯篇)

○ **苦肉之計(고육지계)**
삼국 시대의 유명한 적벽(赤壁)대전에서 주유(周瑜)는 화공(火攻) 작전을 세우고 노장 황개(黃蓋)와 거짓 항복을 하자는 각본을 짰다. 작전 회의에서 황개가 비장한 어조로 말했다. "조조의 대군을 도저히 이길 수 없소. 항복하는 게 좋을 것 같소." 주유는 황개의 말이 채 끝나기도 전에 호통을 치며 황개를 곤장형에게 처했다. 곤장에 맞아 피투성이가 된 황개는 거짓 항복 편지를 조조에게 전하게 했다. 조조는 황개가 주유에게 고초를 겪은 사실을 알고 있었기 때문에 진짜로 믿고 받아들였다. 나중에 황개는 인화물을 실은 배를 몰고 가 조조군의 배에 부딪히게 해서 화염에 휩싸이게 했고, 그 덕분에 오(吳)는 대승을 거두었다. 이 일을 전해 들은 제갈량(諸葛亮)은, "자신의 몸에 고통을 가하는 계책을 쓰지 않고는 조조를 속일 수 없을 것이다."라고 말했다고 한다. 《삼국지(三國志)》

○ **高枕安眠(고침안면)**
전국 시대 소진은 합종(合縱), 장의는 연횡(連橫)을 주장했다. 합종이란 진(秦)나라 이외의 여섯 나라가 동맹하여 진나라에 대항하는 것이며, 연횡이란 여섯 나라가 각각 진나라와 손잡는 것이지만 실은 진나라에 복종하는 것이다. 위나라의 재상이 된 장의는 위나라 애왕(哀王)에게 합종을 탈퇴하고 연횡에 가담할 것을 권했으나 받아들여지지 않았다. 그러자 진나라는 본보기로 한나라를 공격하여 수많은 군사를 죽였다. 이때 장의는 애왕에게 "전하, 만약 진나라를 섬기게 되면 초나라 한나라가 쳐들어 오는 일은 없을 것입니다. 그러면 전하께서는 베개를 높이 하여 편히 주무실 수 있고 나라도 아무런 걱정이 없을 것입니다." 애왕은 이 말을 듣고 진나라와 화친을 맺었다. 《전국책(戰國策)》위책(魏策)

○ **曲學阿世(곡학아세)**
한나라의 원고생(轅固生)이라는 학자가 후학에게 "지금의 학문은 사설(邪說)이 횡행하여 전통 있는 학문은 자취를 감추고 있네. 자네는 올바른 학문에 힘써야 하네. 절대로 자기가 배운 학문을 굽혀 세상에 아첨해서는 안 되네."라고 충고한 데서 유래하였다.

○ **管鮑之交(관포지교)**
춘추 시대, 제(齊)나라에 관중(管仲)과 포숙아(鮑叔牙)라는 절친한 친구가 있었다. 관중과 포숙아는 각각 공자(公子) 규(糾)와 그 이복 동생인 소백(小白)의 측근이었는데, 두 공자가 왕위를 다투게 되자 본의 아니게 적이 되었다. 후에 포숙아가 모시던 소백이 정권을 차지하여 환공(桓公)이 되어 관중을 죽이려 하자 포숙아는 이렇게 진언했다. "전하, 제(齊) 한 나라만 다스리는 것으로 만족하신다면 신(臣)으로도 충분하지만 천하의 패자(覇者)가 되시려면 관중을 기용하십시오." 환공은 포숙아의 말에 따라 관중을 대부(大夫)로 임명하고 정사를 맡겼는데, 재상이 된 관중은 대정치가다운 수완을 유감없이 발휘했다. 관중은 훗날 포숙아에 대한 감사한 마음을 다음과 같이 표현했다. "나를 낳아 준 분은 부모이지만 나를 알아준 사람은 포숙아이다." 《사기(史記)》

○ 刮目相對(괄목상대)

삼국 시대 오나라의 장수 여몽(呂蒙)이 한 말에서 유래되었다. 무예를 닦아 장수가 된 여몽은 손권으로부터 책을 읽어 학식을 쌓으라는 말을 듣고, 전쟁터에서까지 책을 손에서 떼지 않을 정도로 열심히 하였다. 그런 그의 풍부한 학식에 사람들이 놀라워하자 "무릇 선비라면 헤어졌다가 사흘이 지나서 만났을 땐, 눈을 비비고 상대를 봐야 하오."라고 말하였다고 한다.

○ 巧言令色(교언영색)

공자는 말재주만 부리는 것과 상대의 기분을 맞춰 아첨하는 것을 싫어했다. 차라리 어눌하더라도 강직한 사람을 좋아했다. "교묘한 말과 아첨하는 표정을 짓는 사람치고 어진 이가 거의 없다[巧言令色鮮矣仁]"라는 말은 공자의 이런 생각을 표현한 말이다.

○ 膠柱鼓瑟(교주고슬)

조나라의 조괄(趙括)은 병법의 이론에만 능하였다. 진나라가 조나라를 침략하면서 첩자를 보내 "조나라 염파 장군은 늙어서 두려울 것이 없지만, 진나라는 조괄이 대장이 될까 봐 두려워하고 있다."라는 유언비어를 퍼뜨렸고, 이를 믿은 조왕은 조괄을 대장으로 임명하려고 했다. 인상여(藺相如)는 이를 반대하면서, "조괄을 대장으로 임명하는 것은 마치 기러기발을 아교로 붙여 두고 거문고를 타는 것과 같습니다. 그는 병서를 읽었을 뿐 때에 맞추어 사용할 줄을 모릅니다."라고 말했다. 그러나 왕은 끝내 조괄을 임명하였고, 조괄은 병서에 쓰인 대로 작전을 감행한 끝에 참패를 당했다. 《사기(史記)》 인상여열전(藺相如列傳)

○ 口蜜腹劍(구밀복검)

당나라 현종 때의 재상 이임보를 가리켜 《십팔사략》에서 평하기를, '이임보는 현명하고 재능 있는 사람을 질투하고, 자기보다 나은 사람을 억누르고 배척했다. 성격이 음험해 사람들이 입에는 꿀이 있지만, 뱃속에 칼이 있다고 말했다.'라고 한 데서 유래한 말이다.

○ 捲土重來(권토중래)

해하(垓下)에서 유방에게 패한 항우는 오강으로 도망갔을 때, 정장(亭長)은 항우에게 강동(江東)으로 돌아가 재기하라고 권유했다. 그러나 항우는 "8년 전 강동의 8천여 자제(子弟)와 함께 떠난 내가 무슨 면목으로 혼자 강동으로 돌아가 부형들을 대할 것인가?"라며 자결하고 말았다. 훗날 당나라의 시인 두목(杜牧)은 항우를 기리며 《제오강정(題烏江亭)》이라는 시를 읊었다. "승패는 병가도 기약할 수 없으니, 수치를 싸고 부끄러움을 참음이 남아로다. 강동의 자제 중에는 준재가 많으니 권토중래는 아직 알 수 없네."

○ 橘化爲枳(귤화위지)

제나라의 명재상 안자가 초나라에 왔을 때, 초나라 왕은 안자에게 잔치를 베풀어 주었다. 초나라 왕은 안자에게 창피를 주기 위해 일부러 제나라 출신의 도둑 한 명을 포박해서 데려오게 하였고, 왕은 안자를 보고 "제나라 사람은 도적질을 잘하는군."이라고 말했다. 이 때 안자는 이렇게 대답했다. "저는 귤이 회남에서 나면 귤이 되지만, 회북으로 나면 탱자가 된다고 들었습니다. 그것은 물과 땅이 다르기 때문입니다. 제나라에서 나고 자란 백성은 도적질을 하지 않습니다. 그런데 초나라로 들어오면 도적질을 하니, 초나라의 물과 땅이 백성들로 하여금 도적질을 잘하게 하는 것입니다." 《안자춘추(晏子春秋)》

● 金蘭之交 (금란지교)

공자(孔子)가 "군자의 도(道)는 나아가 벼슬을 하기도 하고 물러나 집에 머물기도 한다. 또 침묵할 때도 있고 말할 때도 있다. 두 사람의 마음이 하나로 합쳐지면 그 날카로움은 쇠도 끊어 버리고 그 하나된 마음에서 나오는 말은 난초와 같은 향기를 풍긴다."라고 한 말에서 유래되었다.

● 金城湯池 (금성탕지)

진시황제가 죽자 각지에서 반란이 일어나 나라가 아주 어지러웠다. 그때 무신(武信)이 조(趙)나라의 옛 땅을 차지하고 스스로 무신군(武信君)이라고 일컬었다. 범양(范陽) 현령(縣令) 밑에 있던 모사 괴통(蒯通)은 무신군을 찾아가서 이렇게 말했다. "만약 범양 현령이 항복했을 때 그 현령을 푸대접한다면 각지 현령들 또한 항복하면 푸대접받는다고 생각할 것입니다. 그러면 마치 펄펄 끓는 못에 둘러싸인 무쇠 성처럼 단단하기 수비를 하고 귀공의 군사를 기다릴 것이니 공격하기 어려울 것입니다. 지금 범양 현령을 극진히 맞아들이면 모두들 싸우지 않고 기꺼이 항복할 것입니다." 《한서(漢書)》

● 琴瑟 (금슬)

《시경(詩經)》의 '들쑥날쑥한 고사리풀 좌우에서 따는구나. 얌전하고 정숙한 여인은 거문고와 비파를 벗삼네."라는 시에서 나온 말이다. 얌전하고 정숙한 여인을 맞이하여 거문고와 비파가 어울리듯 사이좋게 살고 싶다는 내용이다.

● 錦衣夜行 (금의야행)

항우는 진나라 수도 함양에 쳐들어가 궁실을 불지르고는 재물과 아녀자들을 데리고 고향인 강동으로 가려 했다. 이에 주위 사람이 천하 패권을 차지하는 데 유리한 함양에 남을 것을 권했다. 그러나 항우는 "부귀를 차지해도 고향에 돌아가지 않는다면 비단옷을 입고 밤길을 가는 것과 같다. 누가 비단옷 입은 걸 알아주겠느냐'고 말한 데서 유래한 말이다.

● 杞憂 (기우)

옛날 중국의 기국에 하늘이 무너지면 몸둘 바가 없을 것이라 걱정하여 침식을 전폐하는 사람이 있었는데 이 소리를 들은 어떤 사람이 그를 딱하게 여겨 일부러 그 사람에게 가서 깨우쳐 말하되 "하늘은 기운이 가득 차서 이루어진 것이니 어찌 무너져서 떨어지리오?" 그 사람이 말하되 "하늘이 과연 기운이 쌓여 이루어졌다면 해와 달과 별은 마땅히 떨어지지 않으리요." 일깨워 주는 사람이 말하되 "해와 달과 별도 또한 기운이 쌓여 있는 가운데 빛이 있는 것이라. 비록 떨어지더라도 또한 능히 맞아서 상하는 바가 없느니라." 그 사람이 말하되 "땅 또한 기운이 뭉쳐서 이루어진 것이니 어찌 그 무너지는 것을 근심하리요?" 그 사람이 근심을 풀고서 크게 기뻐하였다.

● 騎虎之勢 (기호지세)

남북조(南北朝)시대, 재상 양견(楊堅)은 선제가 죽자 즉시 입궐하여 국사를 총괄했다. 외척이지만 한족(漢族)이었던 그는 선비족(鮮卑族)에게 빼앗긴 이 땅에 한족의 천하를 회복하겠다는 뜻을 품고 궁중에서 모반을 꾀했다. 이때 남편의 뜻을 알고 있던 아내에게서 편지가 왔다. "범을 타고 달리는 기세이므로 도중에서 내릴 수 없는 일입니다. 만약 도중에서 내리면 잡아먹히고 말 테니 끝까지 가지 않으면 안 됩니다. 부디 목적을 달성하십시오." 이에 용기를 얻은 양견은 선제의 뒤를 이어 스스로 제위(帝位)에 올라 수(隋)나라를 세웠으며, 8년 후 남조(南朝) 최후의 왕조인 진(陳)나라마저 멸하여 마침내 천하를 통일하였다.

● 洛陽紙貴 (낙양지귀)

진(晉)나라 때, 제(齊)나라 임치(臨淄) 출신의 시인인 좌사(左思)라는 사람이 있었다. 그는 낙양(洛陽)으로 이사한 뒤 10년 만에 《삼도부(三都賦)》를 완성했지만 알아주는 사람이 없었다. 그러던 어느 날, 장화(張華)라는 유명한 시인이 《삼도부》를 읽어 보고 "이것은 반장(班張)의 유(流)이다."라고 극찬했다. 좌사를 《양도부(兩都賦)》를 지은 반고(班固), 《이경부(二京賦)》를 쓴 장형(張衡)과 같은 대시인에 견준 것이다. 그러자 《삼도부》는 유명해져, 고관대작은 물론 문인이나 부호들도 베껴쓰는 바람에 낙양의 종이값이 크게 올랐다고 한다. 《진서(晉書)》문전(文傳)

○ 南柯一夢(남가일몽)

당나라 때 순우분(淳于棼)이란 사람이 술에 취해 집 앞의 큰 홰나무 밑에서 잠이 들었다. 꿈속에서 그는 괴안국왕(槐安國王)의 부마(駙馬)가 되어 궁궐에서 영화를 누리다가 남가(南柯) 태수로 부임하여 20년 동안 남가군을 다스린 뒤 재상의 자리에까지 올랐다. 얼마 후 국왕은 "천도(遷都)해야 할 조짐이 보인다."며 순우분을 고향으로 돌려보냈다. 잠에서 깨어난 순우분이 홰나무 뿌리 부분을 살펴보니 과연 구멍이 있었고 그 구멍속에 수많은 개미의 무리가 있었다. 또 거기서 남쪽으로 뻗은 가지[南柯]가 바로 남가군이었다. 그날 밤에 큰비가 내렸고 이튿날 구멍을 살펴보았으나 개미는 흔적도 없이 사라졌다. '천도해야 할 조짐'이란 바로 이 일이었던 것이다. 《남가기(南柯記)》

○ 囊中之錐(낭중지추)

조나라 공자 평원군에게는 식객이 많았는데, 진나라가 조나라의 수도를 포위하자 조나라에서 초나라와 동맹을 맺기 위해 용기와 재주가 있는 식객을 뽑아 보내려 하였다. 이때 마지막 한 명을 뽑지 못해 망설이고 있는데, 모수(毛遂)라는 사람이 나서서 자원했다. 평원군이 의아해 "무릇 뛰어난 사람은 주머니 속의 송곳처럼 그 재주가 드러나는 법인데, 그대가 우리 집에 온 지 3년이 지나도록 그 이름을 들어본 적이 없다"고 하자, "그건 오늘 처음 주머니에 넣어달라고 원했기 때문입니다."하였다. 결국 모수는 초나라에 가 그 용기와 재능으로 협상을 성공시키게 되었다.

○ 老馬之智(노마지지)

춘추 시대 제나라의 군대가 정벌을 떠났다가 돌아오는 도중에 길을 잃게 되었다. 이때 관중(管仲)이 "이럴 때는 늙은 말의 지혜가 필요하다"라고 하면서 늙은 말을 풀어 놓게 하였다. 그러자 늙은 말은 본능적으로 길을 찾아가기 시작했고 그 말을 따라가자 과연 곧 길을 찾게 되었다고 한다.

○ 壟斷(농단)

한 교활한 남자가 진귀한 물건을 많이 가지고 시장에 와서 먼저 작은 언덕에 올라가 주변을 살펴보았다. 그리곤 많이 팔릴 듯한 장소로 가서 시장의 이익을 혼자 독점했다. 사람들이 모두 그 남자를 미워해 그에게 세금을 물렸다. 그리하여 상인에게 세금을 물리는 관행이 이때부터 시작되었다고 한다. 《맹자》

○ 能書不擇筆(능서불택필)

당나라 초기의 3대 서예가 중 한 사람인 구양순이 글씨를 쓸 때 종이나 붓을 가리지 않고도 마음먹은 대로 글씨를 썼다는 데서 유래한 말이다. 물론 구양순이 붓을 가리지 않는다는 것은 어느 붓이든 가리지 않고 글씨를 썼다는 말은 아니라, 조잡한 붓으로 글씨를 쓰더라도 그 대가의 경지에 변함이 없었다는 뜻이다.

○ 多岐亡羊(다기망양)

전국 시대의 사상가인 양자(楊子)의 일화이다. 그의 이웃집 양 한 마리가 달아나서 많은 사람들이 양을 찾아 나섰는데 결국 찾지 못했다. 양이 달아난 쪽은 갈림길이 많아 양이 어디로 달아났는지 알 길이 없었기 때문이다. 이 일을 전해들은 양자가 몹시 우울해했다. 그는 "갈림길이 하도 많기 때문에 양을 잃어버리고, 학자는 다방면(多方面)으로 배우기 때문에 본성을 잃는다. 학문이란 원래 근본은 하나인데 그 끝에 와서 이처럼 달라지고 말았다. 그러므로 하나인 근본으로 되돌아가면 얻는 것도 잃는 것도 없다."라고 생각하고 그렇지 못한 현실을 안

타까워한 것이다. 《열자(列子)》 설부편(說符篇)

● 多多益善(다다익선)
한나라의 고조 유방이 초나라의 항우를 꺾고 천하를 통일한 후에 한신(韓信)을 숙청하기 위해 공격하여 포로로 잡았다. 유방이 한신에게 "나는 군대를 얼마나 거느릴 수 있겠소?"라고 묻자 10만 정도라고 대답하였다. 이에 "그럼 그대는 어느 정도인가?" 하고 묻자, "저는 많으면 많을수록 좋습니다."라고 대답하였다. "그대가 나보다 더 많은 군대를 거느릴 능력이 있는데 어쩌서 나에게 잡혔소?"라고 묻자 한신은 "폐하는 병졸들은 잘 거느리지 못하지만 장군들을 잘 다스리니 제가 잡힌 것입니다."라고 대답했다고 한다.

● 簞食瓢飮(단사표음)
공자의 수제자(首弟子)인 안회(顔回)는 학문을 좋아하고 덕행이 뛰어났으나, 몹시 가난하여 끼니 거르기를 밥 먹듯 했다. 그러나 그는 가난 속에서도 늘 낙천적으로 살았으며 덕(德) 닦기를 게을리 하지 않았다. 그래서 공자(孔子)는 "장하구나, 안회여! 대그릇의 밥과 표주박의 물을 먹고 누추한 뒷골목에 살면서도 불평하지 않고 성인(聖人)의 도(道)를 추구하기에 여념이 없으니 이 얼마나 장한가."라며 칭찬하였다. 《논어(論語)》

● 斷腸(단장)
환온(桓溫)이 촉나라로 향해 배를 타고 가던 중, 같이 가던 사람 하나가 새끼 원숭이를 잡았다. 그러자 어미 원숭이가 슬피 울면서 강변을 따라 백여 리를 달리다가 마침내 배에 뛰어들었는데 바로 숨이 끊어지고 말았다. 사람들이 원숭이의 배를 갈라보니 창자가 마디마디 끊어져 있었다고 한다.

● 大器晩成(대기만성)
《노자(老子)》에서 도(道)에 대해 설명한 구절에서 유래된 말이다. "밝은 도는 어두운 것 같고, 앞으로 나아가는 도는 물러나는 것 같고, 평탄한 도는 험난한 것 같다. 빼어난 덕은 오히려 골짜기처럼 낮은 것 같고, 너무 흰 것은 오히려 더러운 것 같고, 넓은 덕은 오히려 부족한 것 같고, 건전한 덕은 오히려 나약한 것 같고, 변함없는 덕은 변하는 것 같다. 큰 사각형은 그 각이 없고, 큰 그릇은 늦게야 이루어지며, 큰 소리는 그 소리가 미미한 것 같고, 큰 형상은 형태가 없다.

● 大義滅親(대의멸친)
춘추시대 위(衛)나라의 주우(州吁)가 환공(桓公)을 시해하고 스스로 군후의 자리에 올랐다. 대부 석작(石碏)은 일찍이 주우에게 역심(逆心)이 있음을 알고 아들 석후(石厚)에게 주우와 절교하라고 했으나 듣지 않았다. 반역은 일단 성공했으나 백성들의 반응이 좋지 않자 석후는 아버지 석작에게 조언을 구했다. 석작은 주왕실을 예방하여 천자를 알현하고 승인을 받는 것이 좋으며, 이를 위해 먼저 진나라 진공(陳公)을 통하여 청원하도록 하라고 조언했다. 그리고 주우와 석후가 진나라로 떠나자 석작은 진공에게 "주군(主君)을 시해한 주우와 석후를 잡아 죽여 대의를 바로잡아 주십시오."라는 밀서를 보냈고 진나라에서는 그들을 잡아 처형했다. 《춘추좌씨전(春秋左氏傳)》

● 讀書亡羊(독서망양)
하인과 하녀 두 사람이 함께 양을 치고 있다가 잃어버렸다. 주인이 그 이유를 물었더니 하인은 "댓가지를 끼고 책을 읽고 있었습니다."라고 했고 하녀는 "주사위 놀이를 하고 있었습니다."라고 했다. 책을 읽었건 주사위 놀이를 했건 간에 양을 잃은 결과는 똑같으므로 군자나 소인을 구별하는 것이 무의미하다는 뜻으로 전해지는 이야기이다.

● 同病相憐(동병상련)
초나라의 비무기(費無忌)의 참언으로 아버지와 형을 잃은 오나라 대부 오자서가 백희(伯喜)를 등용하면 백희가 자신을 어떻게 믿냐고 묻자, "같은 병을 앓는 사람끼리 서로 불쌍히 여기고, 같은 근심을 가진 사람끼리 서로 돌보아 주는 것이네."라고 대답한 것에서 유래된 말이다. 백희 역시 비무기의 참언으로 아버지가 살해당한 처지였다.

○ 斗酒不辭(두주불사)

유방(劉邦)과 항우(項羽)가 홍문(鴻門)에서 만났을 때, 항우의 신하 범증(范增)은 이를 좋은 기회로 삼아 유방의 목숨을 노렸다. 이를 알게 된 유방의 심복 번쾌가 방패와 칼을 든 채 연회장에 뛰어들었다. 항우가 그의 기세에 놀라 술을 내리니 단숨에 들이켰고, 다시 생돼지고기를 내리니 방패 위에 놓고 썰어 먹었다. 이를 본 천하의 항우도 간담이 서늘해졌다. 술을 더 마시겠느냐고 항우가 묻자 번쾌는 이렇게 대답했다. "죽음도 사양하지 않는 제가 어찌 술 몇 말을 사양하겠습니까?" 그리하여 번쾌는 유방을 구해낼 수 있었다. 《사기(史記)》

○ 得隴望蜀(득롱망촉)

후한을 세운 광무제 유수(劉秀) 때 중국 각지에는 유분자(劉盆子), 유영(劉永), 이헌(李憲), 공손술(公孫述) 등이 각자 한 지역씩 차지하고 있었으나, 곧 농서의 외효와 촉(蜀)의 공손술을 제외하고는 모두 광무제에게 토벌되었다. 시간이 흘러 외효가 병으로 죽자 그의 아들 외구순(隈寇恂)이 항복하여 농서마저 광무제의 손에 들어왔다. 이때 광무제는 이렇게 말했다. "인간은 만족할 줄 모른다더니 '농을 얻고도 다시 촉을 바라는구나.'" 그로부터 4년 후, 광무제는 대군을 이끌고 촉을 격파하고 천하 평정의 숙원을 이루었다.

○ 登龍門(등용문)

용문(龍門)은 황하 상류에 있는 골짜기로, 급류가 심하고 험해 수많은 물고기들이 이 용문 아래로 왔지만 여간해서는 용문으로 오르지 못하였다고 한다. 그러나 한 번 오르기만 하면 순식간에 용으로 변했다는 이야기에서 유래된 말이다.

○ 馬耳東風(마이동풍)

이백(李白)의 시(詩)에 나오는 말이다. "세상 사람들이 이 말을 들으면 다 머리를 흔들걸세. 동풍(東風)이 말의 귀를 쏘는 것 같네." 부드러운 동풍이 말의 귀를 쏜다고 해도 아플 리가 없으니 말은 알아채지도 반응하지도 않는다. 이처럼 시인들이 훌륭한 작품을 써도 제대로 알아주지 않는 세상을 한탄한 것이다. 《이태백집(李太白集)》

○ 莫逆之友(막역지우)

자사(子祀), 자여(子輿), 자리(子犁), 자래(子來) 네 사람이 서로 말하길, "누가 무(無)를 머리로 삼고, 생(生)을 등으로 삼고, 죽음을 엉덩이로 삼을 수 있겠는가? 누가 삶과 죽음, 유(有)와 무(無)가 한몸인 걸 알겠는가? 우리 서로 함께 벗이 되자."라고 하면서, 서로 마음에 전혀 거슬리는 바가 없어 친구가 되었다고 한다. 《장자》 대종사편(大宗師篇)

○ 亡國之音(망국지음)

옛날 은나라의 악사 사연이 주왕을 위해 '신성백리' 라는 음란하고 사치스런 음악을 만들었다. 주왕은 이 음악을 즐겨 들으면서 방탕한 생활을 하다가 결국 주나라 문왕에게 토벌당하고 은나라는 멸망했다. 왕을 잃은 사연은 악기를 가지고 동쪽으로 도망가다 복수에서 투신 자살했다. 사람들은 이를 '나라를 망친 음악' 이라고 하며 그 부근을 지날 때는 귀를 틀어막았다고 한다.

○ 麥秀之歎(맥수지탄)

은(殷)나라 주왕(紂王)이 음락(淫樂)에 빠져서 폭정을 일삼았으며 미자(微子), 기자(箕子), 비간(比干)과 같은 충신들의 간언도 무시했다. 결국 미자와 기자는 망명했고, 비간은 가슴을 찢기는 극형을 당하고 말았다. 후에 주왕이 죽고 은나라가 멸망하여 주(周)나라의 천하가 되었을 때 주나라의 무왕(武王)은 미자를 송왕(宋王)으로, 기자를 조선왕(朝鮮王)으로 책봉하였다. 기자가 무왕의 부름을 받고 가던 도중 은나라의 옛 도읍지를 지나게 되었다. 번화하던 옛 모습은 간데없고 궁궐터

엔 보리와 기장만이 무성한 모습을 보고 다음과 같은 시를 읊었다. "보리 이삭은 무럭무럭 자라고, 벼와 기장도 윤기가 흐르는구나. 저 교활한 철부지가 내 말을 듣지 않았음이 슬프구나."
《사기(史記)》

● 孟母三遷 (맹모삼천)
맹자의 어머니가 처음에 공동 묘지 가까이 살았는데, 맹자가 항상 장사 지내는 흉내만 내었다. 그래서 시장 가까이로 이사를 갔더니 맹자가 이번에는 물건 파는 흉내만 냈다고 한다. 이에 서당 있는 곳에 옮겼더니, 그제야 공부를 열심히 하였다는 고사에서 온 말이다.

● 明哲保身 (명철보신)
주나라 선왕 때의 명재상 중산보(仲山甫)는 지혜로운 데다 사리에 밝아서 처신을 잘하고 임금을 잘 섬겼던 것으로 유명했다. 그처럼 지혜와 덕이 있는 사람은 세상 돌아가는 이치를 훤히 알아, 나아갈 때 나아가고 물러날 때 물러나는 지혜로운 처신을 한다는 데서 생긴 말이다. 그러나 후대에는 '명철보신'이 자기 몸의 안전을 위해 요령 있게 처신한다는 뜻으로 쓰였다.

● 矛盾 (모순)
방패와 창을 파는 초나라 사람이 있었다. 그는 방패를 칭찬할 때는 "나의 방패는 매우 견고해 어떤 것으로도 뚫을 수 없소."라 말했고, 또 창을 칭찬할 때는 "나의 창은 너무나 날카로워 어떤 물건도 뚫을 수 있소."라 말했다. 이 말을 들은 어떤 사람이 그에게 "그렇다면 당신의 창으로 그 방패를 뚫으면 어떻게 됩니까?"라고 묻자, 그 초나라 사람이 아무 대꾸도 못했다.

● 目不識丁 (목불식정)
당(唐)나라 때 장홍정(張弘靖)이란 사람은 무식하고 행동도 오만불손했지만, 그의 아버지인 장연상(張延賞)의 공 덕분에 순조롭게 출세하였다. 그는 노룡(盧龍)의 절도사(節度使)로 부임해서도 힘든 병영 생활을 부하들과 함께하기는커녕 가마를 타고 즐기면서 병사들을 괴롭히기 일쑤였다. 이 때문에 부하들이 불만을 터뜨리자 오히려 이렇게 꾸짖었다고 한다. "천하가 무사태평한데 무리들이 포와 활을 당기는 것은 '丁' 자 하나를 아는 것만도 못하다."

● 木鐸 (목탁)
공자(孔子)가 위나라 국경 마을에 갔을 때, 그곳 관리가 공자를 보고 한 말에서 유래되었다. 그는 공자의 제자들에게 "여러분, 당신들의 스승이 벼슬을 잃었다고 너무 걱정하지 마십시오. 천하에 도(道)가 없어진 지 오래지만, 하늘은 장차 여러분의 스승을 목탁으로 삼으실 겁니다."라고 말했다는 데서 유래한다.

● 猫項懸鈴 (묘항현령)
쥐떼들이 모여서 이야기하기를, "노적가리를 뚫고 쌀광 속에 깃들면 살아가기가 퍽 윤택할 것 같은데, 다만 두려운 것은 오직 고양이일 뿐이다."라고 하니, 어떤 한 마리 쥐가 말하기를, "고양이 목에 만일 방울을 달면 그 소리를 듣고서 죽음을 피할 수 있을 것이다."라고 하자, 쥐떼들이 기뻐 날뛰면서 말하기를, "자네 말이 옳다. 우리가 무엇을 두려워하겠는가?"라고 하였다. 어떤 큰 쥐가 천천히 말을 하였다. "옳기는 옳으나, 누가 우리를 위하여 고양이 목에 방울을 달 수 있겠는가?" 하니 쥐들이 모두 놀라 얼굴만 바라보았다.

● 巫山之夢 (무산지몽)
전국 시대, 초나라 양왕(襄王)이 어느 날 고당관(高唐館)에서 놀다가 피곤하여 낮잠을 잤다. 꿈속에서 무산(巫山)에 산다는 아름다운 여인이 나타나 정을 나누었고, 여인은 이별을 고하면서 이렇게 말했다. "소첩은 앞으로도 무산 남쪽의 한 봉우리에 살며, 아침에는 구름이 되고 저녁에는 비가 되어 양지(陽地) 아래 머물러 있을 것이옵니다." 왕이 꿈에서 깨어나 무산을 바라보니 과연 높은 봉우리에는 아침 햇살에 빛나는 아름다운 구름이 걸려 있었다. 왕은 그곳에 사당을 세우고 조운묘(朝雲

廟)라고 이름지었다. 《문선(文選)》

● 墨翟之守(묵적지수)
춘추 시대 초(楚)가 송(宋)을 치려고 할 때, 묵적이 이를 제지하러 초에 가서 초의 군사(軍師)인 공수반(公輸般)과 좌상(座上)에서 공수(攻守)의 기술을 논쟁(論爭)하였는데, 공수반이 갖가지 묘책을 썼으나 결국 묵적의 방비를 깨뜨리지 못했다는 고사에서 온 말. 줄여서 '墨守(묵수)'라고도 함.

● 聞一知十(문일지십)
어느 날 공자(孔子)가 자공(子貢)에게 "자네와 안회(顏回) 중 누가 더 낫다고 생각하는가?"하고 묻자, 자공이 "제가 어찌 안회와 비교될 수 있겠습니까? 안회는 하나를 듣고 열을 알지만, 저는 하나를 듣고 둘을 아는 데 불과합니다."라고 대답한 데서 나온 말이다.

● 未亡人(미망인)
초나라 자원(子元)이 문왕의 부인을 유혹하려 궁궐 옆에다 큰 저택을 짓고 은나라 탕왕이 만든 무곡을 연주하였다. 문왕 부인은 그 음악을 듣고 울며 "돌아가신 선왕은 이 음악을 오랑캐를 막는 군사 훈련에 쓰셨습니다. 지금 당신은 이를 원수를 토벌하는 데 쓰지 않고 미망인의 곁에서 연주하니 이상한 일 아닙니까?"라고 하였다.

● 彌縫(미봉)
주(周)나라의 환왕(桓王)은 정나라의 장공(莊公)이 조공을 중단하자, 이를 빌미로 정나라를 정벌하려 했다. 장공이 쳐들어온 는 환왕을 맞아 쓴 진법이 어려진지(魚麗之陣)이었는데, 이는 물고기가 늘어서듯 전차와 보병이 일렬로 서는 진법이다. 먼저 전차를 앞세우고 뒤에다가 보병의 대오를 세워 전차의 사이를 마치 실로 꿰매듯 이어준 것이다. 이렇듯 미봉은 부족한 점을 일시적으로 보완하는 긍정적인 임기응변책을 의미했다. 하지만 나중에는 자신의 잘못을 눈가림하여 넘긴다는 부정적인 의미로도 쓰이게 되었다.

● 尾生之信(미생지신)
미생(尾生)은 여자와 다리 밑에서 만나기로 약속을 했다. 하지만 약속 시간이 되어도 여자는 나타나지 않았다. 마침 강물이 불어나 몸이 물에 잠겼지만, 그래도 그는 떠나지 않고 계속 기다렸다. 물이 자기 키를 넘자, 그는 기둥을 잡고 버티다가 끝내 익사하고 말았다고 한다. 《사기》 소진열전

● 反骨(반골)
삼국시대 촉(蜀)나라의 장수 위연(魏延)은 용맹하고 지략이 뛰어난 인물이었지만, 자기 재주를 과신하고 남을 업신여기는 단점이 있었다. 제갈량(諸葛亮)은 그의 목덜미에 이상한 뼈가 거꾸로 솟은 것을 보고 장래에 모반할 인물임을 짐작하고 대비하였다. 어느 날 위연은 자기 머리에 두 개의 뿔이 거꾸로 나 있는 꿈을 꾸었다. 조직(趙直)에게 물어보니 "뿔은 기린이나 청룡의 머리에 있는 것이니, 이는 천하에 보기 드문 길몽입니다."라고 말했고 위연은 이 말을 믿고 모반을 꾀하려고 했다. 사실 위연의 꿈에 나오는 뿔[角]은 칼[刀]을 사용하다[用]는 뜻이므로 위연의 몸이 잘린다는 나쁜 꿈이었다. 결국 위연은 제갈량의 계략에 걸려 목이 잘리고 삼족이 멸해졌다.

● 拔本塞源(발본색원)
발본색원은 원래 나무를 잘 자라게 하고 물을 잘 흐르게 하는, 요컨대 생명 현상을 북돋는 긍정적인 뜻이 아니라, 오히려 그것을 거부하는 부정적 의미였다. 이것이 오늘날에는 부정적 요소를 뿌리뽑는 근본 처방이라는 긍정적 의미로 바뀌어 쓰이고 있다.

● 傍若無人(방약무인)
진시황이 막 중국을 통일할 무렵, 그를 암살하려다 실패한 자객으로 유명한 위나라 형가(荊軻)는 평소에 독서와 검술과 술을 좋아했다. 그는 각지에서 현자와 호걸들을 사귀었는데, 연나라에서 축(筑:대나무로 만든 악기)을 잘 연주하는 고점리(高漸離)를 사귀었다. 함

께 술을 마시다가 취기가 돌면 고점리는 축을 연주하고 형가는 노래로 화답했다. 그러다가 감정이 극에 달하면 서로 부여잡고 울었는데, 곁에 사람이 없는 듯이 했다. 방약무인은 원래 주변을 의식지 않고 자기 감정에 빠져 있다는 뜻이었는데, 요즘은 남을 무시하고 제멋대로 행동하는 사람이라는 부정적 의미로 쓰인다.

● 跋扈(발호)
한나라 순제(順帝) 때의 외척이였던 양기(梁冀)는 20년 간에 걸쳐 실권을 장악하고 횡포를 부렸다. 그는 순제가 죽자 여덟 살짜리 질제(質帝)를 즉위시켰다. 어릴 때부터 총명했던 질제는 양기의 횡포를 알고 있었다. 어느 날, 질제는 신하들과 함께한 자리에서 양기를 주시하며 말했다. "이분이 발호 장군(跋扈將軍)이로군". 이는 양호가 통발을 뛰어넘어 도망친 큰 물고기처럼 방자함을 비유한 것이다. 양기는 이 말을 듣고는 화가 치밀어 올라 측근을 시켜 질제를 독살하였다. 《후한서(後漢書) 양기전(梁冀傳)》

● 背水之陣(배수지진)
명장 한신(韓信)이 유방의 명에 따라 조(趙)나라로 쳐들어 갔을 때, 조나라에서는 20만 대군을 동원하여 조나라로 들어오는 길목에 성채(城砦)를 구축하고 방어선을 폈다. 한신은 2천여 기병을 조나라의 성채 바로 뒷산에 매복시키고 1만여 군사에게 강을 등지고 진을 치게 한 다음, 자신은 본대를 이끌고 성채를 향해 진격했다. 몇 차례의 접전 끝에 한나라 군사는 퇴각하여 강가에 진을 친 부대에 합류했고, 조나라 군사는 맹렬히 추격해 왔다. 강을 등지고 진을 친 한나라 군사는 도망치고 싶어도 도망칠 수 없는 처지라서 필사적으로 싸웠다. 결국 견디지 못한 조나라 군사가 성채로 돌아와 보니 이미 매복하고 있던 한나라 기병들에 의해 점령되고 말았다. 《사기(史記)》

● 杯中蛇影(배중사영)
악광(樂廣)의 친구 한 사람이, 벽에 걸린 활 그림자가 술잔에 비친 것을 뱀으로 잘못 알고 뱀을 삼켰다고 생각하여 병이 되었는데, 악광이 그렇지 않음을 소상히 설명을 해주었더니, 곧 개운하게 병이 나았다는 고사에서 온 말.

● 百年河淸(백년하청)
춘추 시대 정나라가 초나라의 속국인 채(蔡)나라를 공격하자 이 일을 빌미로 초나라가 보복 공격을 했다. 정나라의 신하들은 항복하자는 측과 진(晉)나라의 원군을 기다리며 끝까지 싸우자는 측이 팽팽히 맞섰다. 이때 대부 자사(子駟)가 말하기를, "주나라의 시에 '황하의 흐린 물이 맑아지기를 기다리다가는 늙어 죽을 것이다. 점을 많이 치면 오히려 그물에 얽힌 듯 갈피를 잡을 수 없게 된다.' 라는 구절이 있습니다. 우선 급한 대로 초나라에 복종하고, 진나라의 원군이 오면 또 그들을 따르면 됩니다." 이리하여 정나라는 초나라에 항복하여 화친을 맺었다. 《춘추좌전》

● 百聞不如一見(백문불여일견)
한나라 선제(宣帝) 때 변방의 유목민이 난을 일으키자 장군 조충국(趙充國)을 불러 난을 진압하는 데 필요한 전략이며 병역 등에 대해 의논하였다. 이에 조충국이 "백 번 듣는 것은 한 번 보느니만 못합니다. 군대의 일이란 현지 사정을 살피지 않고서는 계책을 세우기 어렵습니다. 일단 현지로 가서 살펴본 후 대책을 말씀드리겠습니다."고 한 데서 유래함.

● 白眉(백미)
삼국 시대, 유비(劉備)는 적벽대전의 승리로 형주(荊州), 양양(襄陽), 남군(南郡)을 얻었다. 이때 이적(伊籍)이, '새로 얻은 땅들을 오래 지키려면, 먼저 어진 선비를 구해야 할 것입니다." 라고 했다. 유비가 이적(伊籍)에게 물었다. "어진 선비가 누구요?"형양(荊襄)에 있는 마씨 집안의 다섯 형제는 모두 재주가 뛰어난데, 그 중에서도 눈썹에 흰 털이 난 마량(馬良)이 제일이라고 합니다. 유비는 즉시 마량(馬良)

을 불러 참모로 삼았다. 《삼국지(三國志)》

○ 白眼視(백안시)
남북조 시대 죽림칠현의 한 사람인 완적(阮籍)은 많은 책을 읽었으며, 술을 좋아하고 거문고도 잘 탔다. 그는 세속의 예의범절에 구애받지 않아서, 어머니 장례식 때 조문객이 왔는데도 침상에 앉아 손님들을 바라볼 뿐, 곡도 하지 않았다. 그는 기쁜 표정이나 성내는 표정을 잘 짓지 않았으며, 예절에 사로잡힌 사람을 보면 흰 눈으로 흘겨보았다는 데서 유래한 말이다.

○ 伯仲之間(백중지간)
백(伯)은 형제 중의 맏이를 가리키고, 중(仲)은 둘째를 가리키는 말이다. 맏이와 둘째는 나이 순서가 다를 뿐 큰 차이가 없다. 위나라 문제(文帝) 조비(曺丕)는 《전론》에서 "문인끼리 서로 경시하는 것은 옛날부터 그러하였다. 부의(傅毅)와 반고(班固)는 서로 백중지간일 뿐이다."라고 하여, 서로 우열을 가리기 힘든 사이를 비유하였다.

○ 病入膏肓(병입고황)
춘추 시대 진(晋)나라 경공(景公)의 꿈에 긴 머리를 한 귀신이 나타나 자기의 자손을 죽인 원수를 갚겠다며 경공에게 달려들었다. 그 후 경공은 병에 걸려 명의인 고완(高緩)을 불렀다. 그런데 고완이 도착하기 전에 경공은 병(病)이 두 아이의 모습을 하고 의논하는 꿈을 꾸었다. "고완은 명의인데, 어디로 도망쳐야 하지?" "심장 아래 횡경막 위로 도망치면 될 거야." 이윽고 고완이 와서 왕을 진맥하더니 정말 병이 심장 아래 횡경막 위에 들어가서 더 이상 손을 쓸 수가 없다고 말했다.
《춘추좌씨전(春秋左氏傳)》

○ 覆巢無完卵(복소무완란)
후한(後漢) 때, 건안칠자(建安七子)의 한 사람인 공융(孔融)은 무너져 가는 한나라 왕실을 구하고자 하였으나 뜻을 이루지 못했다. 한번은 오(吳)나라 손권(孫權)의 부하들이 공융을 체포하러 왔다. 그때 그의 두 어린 아들은 마침 집에서 놀고 있었는데, 공융은 사자에게 "처벌은 나 혼자 받겠소. 아이들은 다치지 않게 해 주시오."라고 말했다. 그러자 아들이 "아버님, 어찌 엎어진 새집 밑에 온전한 알이 있을 수 있습니까?"라고 말하고 함께 체포되었다. 공융의 아들은 집안의 기둥인 아버지가 죄를 지어 체포되어 가는 마당에 자식이 벌을 받지 않기를 바라는 것은 말이 안된다고 생각했던 것이다.
《후한서(後漢書)》 공융전(孔融傳)

○ 焚書坑儒(분서갱유)
최초로 중국을 통일한 진시황은 함양궁에서 주연을 베풀었다. 이때 승상 이사(李斯)는 선비들이 정부의 정책을 비판하고 황제의 권위를 떨어뜨리며 당파를 조성하는 등 정치적인 논의를 금지시키고 유교 경전을 모두 불태우자고 건의하였다. 시황제는 이 건의를 따라 모든 유교 경전을 거두어들여 불태웠는데, 이것이 '분서(焚書)' 사건이다. 그 이듬해 아방궁이 완성되자 시황제는 불로장생을 꿈꾸며 신선술을 닦는 방사들을 후대하였다. 그런데 두 명의 방사가 시황제를 비난하고 달아났고 다른 방사와 유생들도 진시황을 비판하자 진시황은 대노하여 이들을 모두 잡아들여 문초하고는 땅 속에 매장했다. 이것이 '갱유(坑儒)' 사건이다.

○ 不俱戴天之讐(불구대천지수)
《예기》의 "아버지의 원수와는 하늘을 함께 이지 않고, 형제의 원수를 보고 무기를 가지러 가면 늦으며, 친구의 원수와는 같은 나라에서 살지 않는다."라는 대목에서 나온 말이다. 아버지와 형제, 친구의 원수는 곧 자신의 원수이며, 특히 아버지의 원수는 같은 하늘 밑에 살아 있는 것조차 용납할 수 없다는 의미이다.

○ 不入虎穴不得虎子(불입호혈부득호자)
한나라의 반초가 사신으로 누란(樓蘭)에 갔을 때 누란의 왕은 귀한 손님으로 대접했다. 그러나 한나라와 적대하는 흉노국(匈奴國)의 사신이 누란에 오자 반초에 대한 대접이 형편없어졌다. 반초는 일행을 불러모아서 말했다. "지금 이곳에 흉노의 사신이 와 있다. 누란의 왕은 우리를 다 죽이거나 흉노국의 사신에게 넘겨줄 텐데 어떻게 하면 좋겠나?" 모두들 죽을 각오로 싸우자고 외쳤다. "좋다. 그럼 오늘 밤에 흉노의 숙소로 쳐들어가자. '호랑이 굴에 들어가지 않고는 호랑이 새끼를 못 잡는다' 라는 말도 있지 않은가!" 그날 밤 일행은 흉노의 숙소에 불을 지르고 닥치는 대로 죽였다. 이 일을 계기로 누란이 굴복했음은 물론이고 주위의 수많은 나라들도 한나라를 섬기게 되었다. 《후한서(後漢書)》 반초전(班超傳)

○ **不肖(불초)**
《맹자(孟子)》에 나오는 말로, "요임금의 아들 단주는 불초하였고 순임금의 아들 역시 불초하였다. 그러나 순임금이 요임금을 돕고 우임금이 순임금을 도운 일은 비록 세월이 많이 흘렀어도 그 혜택을 백성이 오래 받고 있다."고 한 데서 유래하였다.

○ **誹謗之木(비방지목)**
요(堯)임금은 백성을 다스림에 있어 행여나 잘못이 있을까 항상 걱정하였다. 그래서 궁리 끝에 궁궐문 앞에 '감히 간하는 북' 이라는 큰북을 하나 달고, 정치에 어떤 잘못이 발견되면 누구든 그 북을 쳐서 알려주도록 했다. 또한 궁궐 문앞 다리에는 나무 네 개를 엮어 기둥을 세워 '헐뜯는 나무' 라고 이름을 붙였다. 정치에 불만이 있는 자가 그 나무 기둥에 불평스러운 부분을 적어 알리는 것이다. 이는 모두 요임금이 백성들의 마음을 파악해서 올바른 정치를 하려고 했음을 나타내는 일화이다.

○ **髀肉之嘆(비육지탄)**
유비가 조조와의 싸움에서 수세에 몰려 형주의 유표에게 신세를 지고 있을 때의 일이다. 하루는 유표가 유비를 연회에 초청했는데, 유비는 연회 도중에 화장실에 갔다가 넓적다리에 군살이 찐 것을 보고 눈물을 흘렸다. 유표가 이유를 묻자 "예전에는 늘 말을 타고 다니느라 넓적다리에 군살이 붙을 틈이 없었는데, 지금은 오랫동안 말을 타지 않아 넓적다리에 군살이 붙었습니다. 천하에 명성을 펼치지도 못하고 기개도 예전만 못한 것이 슬픕니다." 이 말을 들은 유표는 깊이 동감하여 유비를 적극적으로 돕게 되었다.

○ **貧者一燈(빈자일등)**
석가모니가 사위국(舍衞國)의 어느 정사(精舍)에 머무르고 있을 때, 난타(難陀)라는 거지 여자가 있었는데, 석가모니에게 공양하고 싶어서 하루 종일 구걸하여 간신히 돈 한 푼을 모았다. 그녀는 등불을 만들 기름을 사려고 했으나 기름집 주인은 돈 한 푼어치는 팔지도 않는다며 거절했다. 난타가 주인에게 솔직히 이야기 하자, 주인은 난타의 정성에 감동하여 돈 한 푼을 받고 꽤 많은 기름을 주었다. 난타는 크게 기뻐하며 그 기름으로 등불을 만들어 석가모니가 계신 정사의 불단 앞에 많은 등불 속에 놓아 두었다. 난타의 등불은 한밤중 내내 밝게 빛났고 바람에도 꺼지지 않고 해가 뜰 때까지 홀로 타고 있었다. 뒤에 석가모니는 난타의 정성을 알고 그녀를 비구니로 받아들였다고 한다. 《현우경(賢愚經)》

○ **氷炭不相容(빙탄불상용)**
전국시대 초나라의 애국 시인 굴원(屈原)은 간신배들에게 참소를 당하여 관직을 박탈당하고 강호를 떠돌다가 자살하고 말았다. 훗날 한나라의 동방삭(東方朔)은 굴원을 추모하는 시를 지었다. '얼음과 숯은 서로 함께 할 수 없으니 나는 애초 목숨이 길지 못할 줄 알았다. 즐거움도 없이 홀로 고통스럽게 죽어 내 나이를 다하지 못함을 슬퍼한다.' 충신인 굴원과 그를 모함한 간신배들은 차가운 얼음과 뜨거운 숯처럼 도저히 함께 있을 수 없음을 비유한 시이다.

○ **四面楚歌(사면초가)**
초나라의 항우와 한나라의 유방이 해

하(垓下)에서 대치하고 있을 때였다. 항우의 군대는 군사들이 적고 식량마저 떨어진 채 겹겹이 포위당하고 있었는데, 밤에 한나라 군대가 사방에서 초나라 노래를 부르니 항우가 깜짝 놀라서 말했다. "한나라 군대가 벌써 초나라를 다 점령했단 말인가? 어째서 초나라 사람이 저리 많을까?" 그 후 항우는 외톨이로 고립된 자신의 처지에 절망하며 해하를 탈출하였으나 본거지인 강동(江東)으로 돌아가지 못하고 자살하고 말았다.

◎ 似而非(사이비)

공자는 덕 있는 군자인 체하는 사람을 향원(鄕原)이라 하여 '덕을 훔치는 자'라고 평했다. 공자가 말하길, "비슷하게 보이지만 실제론 잘못된 것[似而非者]를 미워한다. 향원을 미워하는 것은 덕 있는 군자와 혼동할까 걱정해서다."라고 하였다. 성실함이 자기 마음에서 자연스럽게 우러나와 행동하는 것이 아니라, 겉모양만 덕 있는 군자처럼 처세하는 사람을 비판한 것이다.

◎ 獅子吼(사자후)

석가모니는 도솔천에서 나시면서, 한 손으로 하늘을 가리키고 다른 한 손으로 땅을 가리키면서 사자후를 외쳤다. 석가모니의 설법은 권위와 위엄이 넘쳐, 그 음성은 모든 보살과 아라한을 정진케 하며 외도와 악마들을 항복시켰다. 이는 마치 사자가 한 번 울부짖으면, 다른 모든 짐승들이 복종하는 것과 같았다고 한다.

◎ 蛇足(사족)

여러 사람이 술을 놓고 내기를 했다. 모두가 마시기엔 모자라는 양이므로 땅에 뱀을 그려 제일 먼저 그린 사람이 혼자 마시기로 한 것이다. 그래서 한 사람이 먼저 뱀을 그렸는데, 그는 술을 마시려고 왼손으로 잔을 잡고 오른손으로 뱀을 그리면서 "난 발까지 그릴 수 있어."라고 말했다. 그러자 그가 발을 그리고 있는 사이 또 한 사람이 뱀을 다 그린 뒤 술잔을 빼앗았다. "뱀은 원래 발이 없네. 발을 그리면 안 되는 걸세." 이렇게 말하고는 그 술을 마셔 버렸다.

殺身成仁(살신성인)

공자가 말하기를, "지사(志士)와 인인(仁人)은 자신의 삶을 위해 인(仁)을 해치는 일이 없다. 오히려 자신을 희생하여 인을 성취한다."라고 했다. 여기서 지사는 도에 뜻을 둔 사람이고, 인인은 어진 덕성을 갖춘 사람을 가리키는데, 원래 인을 닦는 데는 스승에게도 양보하지 않는다고 했다. 따라서 뜻 있고 덕을 갖춘 사람은 늘 인을 성취할 것을 생각하며, 이를 위해 자신의 희생도 기꺼이 받아들인다는 의미이다.

◎ 三顧草廬(삼고초려)

삼국 시대, 유비(劉備)에게는 군대를 통솔할 만한 군사(軍師)가 없어서 늘 고전을 면치 못했다. 어느날 유비가 사마휘(司馬徽)에게 군사(軍師)를 천거해 달라고 청하자 그는 이렇게 말했다. "복룡(伏龍)이나 봉추(鳳雛) 중 한 사람만이라도 얻으시오." 그러나 사마휘는 복룡과 봉추가 누구인지는 알려 주지 않았다. 나중에 유비는 제갈량(諸葛亮)이 복룡임을 알고 그의 초가집을 찾아갔으나 제갈량은 집에 없었다. 며칠 후 또 찾아갔으나 역시 집에 없었다. 유비를 수행했던 관우와 장비는 두 차례나 헛걸음을 하게 한 제갈량을 괘씸하게 여겨 화를 냈으나 유비는 단념하지 않고 세 번째 방문길에 나섰다. 그 열의에 감동한 제갈량은 마침내 유비의 군사(軍師)가 되어 많은 전공을 세웠다.

◎ 三人市虎(삼인시호)

위나라의 신하 방총(龐悤)이 태자와 함께 조나라 수도 한단에 인질로 가게 되었을 때, 혜왕을 만나 말했다. "저자거리에 호랑이가 나타난다는 건 있을 수 없는 일이지만, 세 사람이 똑같은 말을 한다면 없던 호랑이도 있게 됩니다. 한단은 위나라에서 멀리 떨어져 있고, 저에 대해 이러쿵저러쿵 하는 사람이 많을 테니 왕께서는 잘 살피시기 바랍니다." 과연 방총이 떠나자마자 혜왕에게 모함하는 자가 나타났다. 나중에 인질에서 풀려났지만, 태자만 돌아왔을 뿐 방촌은 혜왕의 의심을 받아 결국 귀국하지 못했다.

● 塞翁之馬 (새옹지마)

변방에 한 늙은이가 살았는데, 그 노인의 말이 오랑캐 땅으로 달아났다. 사람들이 위로하자 노인은 "이 일이 어찌 복으로 바뀌지 않는다고 할 수 있는가?"라고 하였다. 과연 몇 달 후 그 말이 오랑캐의 말들을 끌고 돌아오니 사람들이 축하했는데, 노인은 "이 일이 어찌 재앙이 되지 않는다고 할 수 있는가?"라고 하였다. 그러다 노인의 아들이 말에서 떨어져 다리가 부러져 절름발이가 되니 노인이 "이 일이 어찌 복이 되지 않는다고 하겠는가?"라고 하였다. 1년 후 전쟁이 나자 젊은이들은 모두 전쟁터에 나가 싸우게 되었는데 노인의 아들은 불구라서 무사할 수 있었다고 한다.

● 水魚之交 (수어지교)

삼국 시대 때 유비가 삼고초려하여 제갈공명을 얻는데 그를 스승으로 모시면서 따르니, 관우와 장비가 과분한 대우라며 불평하였다. 이때 유비는 "내게 공명이 있는 것은 마치 물고기가 물에 있는 것과 같다. 다시는 이런저런 말을 하지 않기 바란다."라고 말하였다.

● 守株待兔 (수주대토)

송(宋)나라의 한 농부가 밭일을 하다가 우연히 나무 그루에 토끼가 부딪쳐 죽은 것을 보았다. 그 후, 또 그와 같이 토끼를 잡을까 하여 일도 하지 않고 나무 그루만 지켜보고 있었다고 한다.

● 脣亡齒寒 (순망치한)

춘추 시대 진나라가 주변 나라들을 병합해 나갈 때, 괵(虢)나라를 치기 위해서 우나라에게 길을 빌려달라고 하였다. 이때 우나라 신하가 임금에게 "괵은 우나라의 외곽입니다. 괵이 망하면 우나라도 망합니다. 수레의 바퀴와 그 바퀴에 대는 덧방나무는 서로 의지하고, 입술이 없어지면 이빨이 시린 법입니다. 이는 바로 우나라와 괵나라를 두고 한 말입니다."라고 하면서 진나라에게 길을 빌려주지 말 것을 간언했다. 그러나 결국 길을 내어 준 우나라는 결국 괵이 망한 후 진나라에게 멸망당하였다.

● 乘興 (승흥)

진대(晉代) 왕희지(王羲之)가 눈이 오는 밤에 배를 타고 대 규(戴逵)를 찾아갔다가 문간에서 되돌아섰는데, 누가 물으니 흥이 나서 찾아왔다가 흥이 다해서 돌아간다고 대답했다는 고사에서 온 말이다.

● 實事求是 (실사구시)

한나라 무제 때의 사람인 유덕(劉德)은 학문이 뛰어났다. 《한서》를 지은 반고(班固)는 그의 학문에 대해 "학문을 닦고 옛것을 좋아하였는데, 사실에 입각하여 올바름을 구하였다."라고 평하였다. 이 실사구시라는 말에 대해 당나라의 안사고(顔師古)는 "사실에 입각하는 것으로서 매양 참되고 올바름을 구하는 것"이라 주석을 달고 있다.

● 暗中摸索 (암중모색)

측천무후 때의 재상 허경종(許敬宗)은 사람을 만나도 상대가 누군지 잘 잊어버리는 습성이 있었다. 어떤 사람이 그의 기억력을 비웃자 허경종이 "당신 같은 사람이야 기억하기 어렵지만, 문장으로 유명한 하손이나 유효작, 심약, 사조 같은 사람을 만난다면, 어둠 속에서도 찾아낼 수 있다네."라고 대답한 데서 유래한 말이다.

● 野壇法席 (야단법석)

'야단(野壇)'은 '야외에 세운 단', '법석(法席)'은 '불법을 펴는 자리'라는 뜻이다. 석가가 야외에 단을 세워 설법을 할 때 최대 규모의 사람이 모인 것은 영취산에서 법화경을 설법했을 때로 무려 3백만 명이나 모였다고 한다. 사람이 많이 모이다 보니 질서가 없고 시끌벅적하게 되므로 경황이 없고 시끌벅적한 상태를 가리켜 비유적으로 쓰이게 되었다.

弱冠(약관)
사람이 태어나서 처음 10년은 아직 어리고[幼] 배우는 시기이며, 20세는 유약하다가[弱] 성인이 되어 갓[冠]을 쓰게 되며, 30세는 건장하여[壯]으로 아내를 두게 된다는 말에서 유래하였다.

良禽擇木(양금택목)
위나라 공문자(孔文子)가 공자(孔子)에게 적을 공격하는 일을 상의하자, 제사 지내는 일은 배운 적이 있어도 전쟁에 대해서는 전혀 아는 바가 없다면서 공자가 서둘러 자리를 떠났다. 그 까닭을 제자들이 묻자, "현명한 새는 나무를 가려서 둥지를 트는 법이다. 신하된 자는 반드시 훌륭한 군주를 가려서 종사해야 한다."고 대답하였다.

羊頭狗肉(양두구육)
춘추 시대 때 제나라 영공(靈公)은 아름다운 미녀를 남장시켜 놓고 감상하는 묘한 취미가 있었다. 그의 취미는 곧 제나라 전체에 퍼져 제나라에는 남장 미녀들이 늘어났다. 영공은 궁 밖에서는 여인들이 남장을 하지 못하게 영을 내렸으나 효과가 없었다. 안자가 이렇게 말했다. "왕께서는 궁중 안에서는 남장을 허용하면서 궁 밖에서는 금지하니, 이는 마치 양머리를 걸어놓고 안에서는 개고기를 파는 것과 같습니다. 궁 안에서 금하면 밖에서도 감히 남장을 하지 못할 것입니다." 이 말을 듣고 영공은 궁 안에서도 남장하는 것을 금했다. 그러자 하루도 안 되어 전국에서 남장 여인이 사라졌다고 한다.

梁上君子(양상군자)
후한 때, 태구현(太丘縣)의 장관 진식(陳寔)의 방에 도둑이 들어와 대들보 위에 숨었다. 진식은 이 사실을 알아차리고 아무 말 없이 자손들을 불러놓고 훈계하기를, "사람이란 반드시 스스로 노력해야 하는 법이다. 착하지 않은 사람도 본래 악한 것이 아니라 습관에 의해 성격이 변해 버린 것이다. 바로 여기 있는 대들보 위의 군자가 그렇다."라고 했다. 도둑이 이 말에 깜짝 놀라 내려와 사죄했다.

良藥苦口(양약고구)
공자(孔子)가 "좋은 약은 입에 쓰지만 병에 이롭고, 충직한 말은 귀에는 거슬리지만 행실에는 이롭다."고 한 말에서 유래하였다.

漁父之利(어부지리)
전국 시대 때 조나라가 연나라를 공격하려고 하자 연나라의 소대(蘇代)가 조나라 왕에게 이런 이야기를 들려 주었다. "큰 조개 하나가 입을 벌리고 햇볕을 쬐다가 황새가 날아와 조갯살을 쪼자, 질겁을 한 조개가 입을 다물어 황새의 주둥이를 물었습니다. 황새와 조개가 서로 놓지 않고 버티고 있는 것을 보고 그곳을 지나던 어부가 둘을 냉큼 잡아 버렸습니다." 이는 조나라와 연나라를 황새와 조개에 비유하고 진나라를 어부에 비유한 것으로, 조나라 왕은 이 이야기를 듣고 전쟁을 포기하였다.

曳尾塗中(예미도중)
초나라 왕이 장자에게 사신을 보내 나랏일을 보아 줄 것을 요청하자 장자가 말하기를, "초나라에는 죽은 지 3천 년이 되었다는 신령스런 거북이 있다고 들었소. 왕은 그 거북을 비단으로 싸 상자에 넣어 묘당 위에 보관한다 하오. 그 거북은 죽어서 뼈를 남겨 귀하게 되기를 바랐을까요, 아니면 진흙 속에서 꼬리를 끌더라도 살기를 바랐을까요?"라고 물었다. 이에 사신이 물론 진흙 속에서 꼬리를 끌더라도 살기를 바랐으리라 대답하자, 장자는 자신 역시 진흙에서 꼬리를 끌겠다며 초나라 왕의 요청을 거절했다는 데서 유래한 말이다.

五里霧中(오리무중)
후한(後漢)의 장해(張楷)는 뛰어난 학자로 덕행이 높아 그 명성이 자자했지만, 관직에 나가는 걸 싫어해 산속에 은거했다. 당시의 황제인 순제(順帝)가 불렀지만 신병을 이유로 나가지 않았다. 장해는 도술 역시 좋아해 5리나 되는 안개를 일으킬 수 있었다는 데서 나온 말이다.

溫故知新 (온고지신)
공자(孔子)가 "옛것을 익히고 나서 새로운 것을 알면 능히 스승이 될 수 있다."고 한 말에서 유래하였다. 과거의 역사적 사실이나 학문을 먼저 익히고 그 위에 새로운 것을 습득해야 함을 뜻하는 것이다.

遼東豕 (요동시)
요동(遼東)에 사는 사람이 자신의 돼지가 머리가 흰 돼지 새끼를 낳자 기이하게 여겨 임금에게 바치려고 하동(河東)으로 갔으나, 그곳에 있는 돼지들의 머리가 모두 흰 것임을 보고 무안하여 돌아왔다는 고사이다.

要領不得 (요령부득)
한나라 무제는 대월씨국(大月氏國)과 손을 잡고 흉노를 토벌할 계획을 세웠다. 이에 사자로 뽑힌 장건(張騫)은 대월씨국으로 가던 도중에 흉노에 붙잡혀 10여 년간 억류되어 있다가 탈출해 겨우 대월씨국에 도착했다. 그는 대월씨국 왕을 만나 무제의 뜻을 전했지만 그간 사정이 달라져 있었다. 대월씨국은 서쪽으로 옮긴 후, 토지도 비옥하고 적군도 없어서 흉노에 대한 복수심이 사라지고 없었기 때문에 장건의 설득은 통하지 않았다. 이 일을 《사기》에서 "장건은 대월씨국의 요령을 얻을 수 없었다. 그는 1년 여를 머무른 뒤 돌아왔다."라고 표현한 데서 유래한 말이다.

愚公移山 (우공이산)
옛날 우공(愚公)이라는 90세 먹은 노인이 있었는데, 그의 집 앞에는 태항산(太行山)과 왕옥산(王屋山)이 가로막고 있어서 다니기가 불편했다. 노인은 가족들에게 산을 깎아 남쪽으로 길을 트자고 제안했다. 그리하여 우공은 아들, 손자와 함께 돌과 흙을 파서 삼태기로 먼 발해 땅에다 갖다 버렸는데, 한 번 갔다 오는 데 꼬박 일 년이 걸렸다. 어떤 사람이 어느 세월에 산을 옮기겠냐며 비웃자 우공은 말했다. '내 아들과 손자들이 대대로 이어서 일을 한다면 언젠가는 반드시 저 산이 평평해질 날이 있을 것이오." 나중에 우공의 진심에 감동한 옥황상제가 두 산을 옮기도록 명했다고 한다.

月下老人 (월하노인)
위고(韋固)라는 사람이 어느 날 밤 한 노인이 달빛 아래에서 책을 읽고 있는 것을 보았다. 그 노인은 자신이 저승의 사람으로 사람들을 혼인시키는 일을 주관한다고 하였다. 위고는 노인에게 자신의 아내에 대해 물어서 찾아갔는데, 막상 보니 미래의 아내가 마음에 안 들어 그녀를 죽이려 하다가 미간에 상처만 남기고 죽이지 못하였다. 위고는 나중에 이 일을 잊고 혼인하였는데, 부인의 미간에 상처가 난 것을 보고 자신의 잘못을 빌었다고 한다.

陸績懷橘 (육적회귤)
동한 때의 대학자이며 24 효자 중의 한 사람인 육적이 6세에 구강에 사는 원술을 찾아갔을 때의 일이다. 원술은 반가이 맞으면서 귤을 내었고 육적은 귤을 먹는 체하면서 슬그머니 귤 세 개를 품 속에 감추었는데 잠시 이야기하다가 집으로 돌아가려고 인사드리는 순간 품안에 감추었던 귤이 떨어졌다. 육적은 당황하여 어쩔 줄 몰랐다. 원술이 "너는 손님으로 우리 집에 왔는데 귤을 품 속에 숨긴 까닭이 무엇이냐?" 하고 묻자, 육적은 "저희 어머니가 귤을 좋아하셔서 갖다 드리려고 했습니다."라고 용서를 빌었다. 이 말을 들은 원술은 그 효성을 매우 기특하게 여겼다.

疑心暗鬼 (의심암귀)
어떤 사람이 도끼를 잃어버리고 옆집 아이를 의심했다. 자기와 마주칠 때의 거동이나 안색과 말투가 이상해서 틀림없는 범인으로 생각했다. 그러던 어느 날 골짜기를 파다가 잃었던 도끼를 다시 찾았다. 집에 돌아와 옆집 아이를 다시 보니, 이번에는 아이의 태도나 동작이 전혀 이상해 보이지 않았다고 한다. 이는 선입견이나 미리 단정하는 것이 얼마나 위험한가를 보여주는 예라고 할 수 있다.

伊霍之勳(이곽지훈)
은(殷)나라의 재상인 이윤(伊尹)이 태갑(太甲: 제2대 임금인 太宗의 이름)을 동궁(桐宮)으로 쫓아내 악행을 고치게 한 뒤에 다시 제위에 복귀시킨 일과, 한(漢)나라의 곽광(霍光)이 창읍왕(昌邑王) 하(賀)를 폐위시키고 선제(宣帝)를 즉위시킨 고사에서 유래한 말이다.

以心傳心(이심전심)
어느 날 석가 세존(世尊)이 영취산(靈鷲山)에서 설법을 할 때 하늘에서 꽃비가 내렸다. 세존은 손가락으로 연꽃 한 송이를 말없이 집어 들고[拈華] 약간 비틀어 보였다. 제자들은 세존의 그 행동을 알 수 없었다. 그러나 가섭만이 그 뜻을 깨닫고 빙그레 웃었다[微笑]. 그제야 세존도 빙그레 웃으며 가섭에게 이렇게 말했다. "나에게는 정법안장(正法眼藏)과 열반묘심(涅槃妙心), 실상무상(實相無相), 미묘법문(微妙法門), 불립문자 교외별전(不立文字敎外別傳)이 있다. 이것을 너에게 주마." 이렇게 하여 불교의 진수는 가섭에게 전해졌다. 이심전심은 말이나 글이 아닌 마음과 마음으로 전하였다고 한데서 유래하였다.

一網打盡(일망타진)
송나라 인종 때는 조정 내부에서 문관들이 두 파로 갈려 격렬히 대립하던 시기였다. 당시 혁신파에 속하던 두연(杜衍)이 재상으로 있을 때, 두연의 사위인 소순흠(蘇舜欽)이 공금을 유용한 사건이 생기자 마침 어사대부로 있던 반대파의 왕공신(王拱辰)은 이 일을 빌미삼아 두연 일파를 모조리 잡아넣고는 '일망타진하였다' 라는 보고를 올렸다. 결국 두연도 이 일에 연루되어 재상이 된 지 겨우 70일 만에 물러나게 되었다. 《송사》 인종기(仁宗紀)

日暮道遠(일모도원)
초나라 오자서(伍子胥)는 아버지와 형이 비무기(費無忌)의 모함을 받아 죽자 오나라로 도망쳤다. 훗날 그는 오왕 합려를 설득해 초나라를 공격하여 수도를 함락시켰지만, 원수인 평왕과 비무기는 이미 죽고 없었다. 그러자 오자서는 평왕의 무덤을 파헤치고 그 시신에 채찍질을 가하여 한을 풀었다. 그의 친구인 신포서(申包胥)가 "일찍이 평왕의 신하로서 왕을 섬겼던 그대가 지금 그 시신을 욕되게 하였으니, 이보다 더 천리(天理)에 어긋난 일이 또 있겠는가?" 라고 지적하였다. 이에 오자서는 "해는 지고 갈 길은 멀어, 도리에 어긋난 일을 할 수밖에 없었다."라고 대답했다. 즉 자신은 점점 늙어 할 일은 많으니 일일이 이치를 따질 겨를이 없다는 뜻이었다. 《사기(史記)》 오자서열전(伍子胥列傳)

一葉知秋(일엽지추)
'고기 한 점을 먹으면 냄비 속의 고기 맛을 전부 알고, 깃털과 숯을 매달아 놓으면 방의 공기가 건조한지 습한지를 안다. 이는 작은 것으로 큰 것을 아는 것이다. 낙엽 하나를 보면 한 해가 저무는 것을 알고, 항아리 속의 얼음을 보면 천하가 추워진 것을 안다. 이는 가까운 것으로 먼 것을 아는 것이다.' 《회남자》 설산훈(說山訓)

一字千金(일자천금)
춘추 시대 진(秦)나라의 승상 여불위(呂不韋)는 많은 인재를 끌어모으는 데 주력하여 3천 명의 식객들을 거느렸다. 여불위는 자신의 식객들로 하여금 각기 전문한 바를 기록하고 정리하게 하였다. 이렇게 해서 팔람(八覽)·육론(六論)·십이기(十二紀) 등 20만 자가 넘는 방대한 책이 완성되었으며, 여불위는 자기의 성을 따서 《여씨춘추(呂氏春秋)》라고 이름을 붙였다. 여불위는 이 책을 성문 앞에 진열하고, "여기에 한 글자라도 덧붙이거나 뺄 수 있는 사람에게는 천금을 주겠다."라고 써 붙였으나 아무도 손을 대지 못했다고 한다. 《사기(史記)》 여불위열전(呂不韋列傳)

一敗塗地(일패도지)
진나라 말에 진승(陳勝)이 반란을 일으키자 패읍(沛邑)의 현령은 진승에게 투항하려고 했다. 이를 위해 다른 고장에 유방을 불러들여 백성들을 위협하려고 했는데, 막상 유방이 수백 명의 무리를 이끌고 돌아오자 도리어 유방을 두려워하여 성문을 닫고 그가 들어오지 못하게 했다. 이에 고을의 장로들은 현령을 죽이고 유방을 맞아들여 현령으로 추대하려 했다. 유방은 "천하가 한창 시끄러워 제후들이 사방에서 함께 일어나고 있는데, 지금 장수를 잘못 두게 되면 일패도지하고 만다."라며 거듭 사양하였으나 결국 패읍의 현령이 되었다. 《사기(史記)》

⊙ 煮簀(자책)

한(漢)나라 사람이 오(吳)나라에 가서 처음으로 죽순 요리의 대접을 받았는데, 그것이 대나무란 말을 듣고 집에 돌아와 대나무로 된 평상을 부수어 삶았으나 삶기지 않으므로, 오나라 사람이 나를 속였구나 하여 원망했다는 고사에서 온 말.

⊙ 自暴自棄(자포자기)

맹자(孟子)가 "스스로 해치는 사람과는 함께 대화할 수 없다. 스스로를 저버리는 사람과는 함께 행동할 수 없다. 말로써 예의를 비난하는 것을 '자포(自暴)'라 하고, 인의에 입각한 실천을 하지 못하는 것을 '자기(自棄)'라 한다."고 한 말에서 유래하였다.

⊙ 低首下心(저수하심)

당나라의 문장가 한유(韓愈)가 조주자사(潮州刺史)로 좌천되었을 때의 일이다. 그가 임지에 도착하자 백성들이 그들의 문제를 상소하였는데, 그 하나가 악어에 관한 것이었다. 악어가 골짜기에 모여 있다가 가축을 잡아먹고 사람까지 해친다는 것이었다. 이에 한유는 《제악어문(祭鰐魚文)》이라는 글을 썼다. "악어들에게 1주일의 여유를 줄 테니 남쪽 바다에 가서 살도록 하라. 만약 어기면 모두 죽여 버리겠다."라는 내용이었다. 이 글 중에 이런 구절이 있다. "내가 비록 미련하고 약하나, 어찌 악어에게 머리를 낮추고 마음을 아래로 향하겠는가?"

⊙ 前車可鑑(전거가감)

한나라 문제(文帝) 때 안으로는 제후들의 반란이 끊이지 않았고, 밖으로는 흉노의 침입이 잦았다. 이 일로 항상 고심하던 문제는 가의(賈誼)에게 좋은 방책이 없는지 물었고, 가의는 다음과 같은 상소를 올렸다. "속담에 '누가 관리가 되어야 마땅할지는 모르지만, 그가 일을 처리하는 것을 보면 알 수 있고, 또한 앞의 수레가 뒤집힌 것은 뒤 수레의 거울이 된다'라고 하였습니다. 하·은·주가 오래 지속될 수 있었던 것은 망국의 전례를 따르지 않았기 때문입니다."

⊙ 前倨後恭(전거후공)

춘주 전국 시대의 소진은 북쪽으로 조나라 왕에게 일의 경과를 보고하러 가는 길에 낙양을 지나게 되었는데, 당시 주나라 현왕(顯王)이 소진이 지나가는 길을 쓸도록 하고 교외까지 사람을 보내 맞아 위로하도록 하였다. 예전에 소진을 무시하던 형제와 형수가 곁눈으로 볼 뿐 감히 쳐다보지를 못하나 소진이 웃으며 형수에게 "어찌하여 이전에는 오만하더니 지금은 공손합니까?"라고 말하였다. 《사기(史記)》

⊙ 戰戰兢兢(전전긍긍)

겁을 먹고 벌벌 떨며 몸을 움츠린다는 뜻으로, 위기감에 절박해진 심정을 비유한 말이다. '전전(戰戰)'이란 겁을 먹고 떠는 모양을, '긍긍(兢兢)'은 몸을 삼가고 조심하는 것을 말한다. 《시경(詩經)》 소아편.

⊙ 折角(절각)

한나라 원제가 양구하(梁丘賀)가 세운 양구역(梁丘易)이라는 학설이 얼마나 뛰어난지 알고 싶어, 양구역의 대가로 언변이 좋은 오록충종에게 다른 학파와 공개 토론을 하도록 하였다. 그러다가 주운이라는 자와 대결을 하게 되었는데, 두 학자의 논쟁은 원제와 많은 학자들의 앞에서 진행되었다. 이 논쟁은 주운의 승리로 돌아갔고, 그 결과 박사로 임명되는 영예를 얻었다.

이에 학자들은 이 논쟁을 "오록이 드세고 뿔이 길지만 주운이 그 뿔을 부러뜨렸구나."라고 말했다고 한다. 《한서》주운전(朱雲傳)

⭕ 折箭(절전)

토곡혼(吐谷渾)의 왕 아시(阿豺)에게는 아들이 20명이 있었다. 하루는 아시가 아들들을 모아 놓고 이렇게 말하였다. "너희는 각기 화살 하나씩을 가지고 부러뜨려 보거라." 아들들은 모두 쉽게 부러뜨렸다. 아시는 또 이렇게 말하였다. "이번에는 화살 열아홉 개를 쥐고 한 번에 부러뜨려 보거라." 아들들은 모두 젖 먹던 힘까지 다해 보았지만, 부러뜨리지 못하였다. 이때 아시가 "알겠느냐? 하나는 쉽게 부러뜨리지만, 많은 것은 그렇게 하기 어렵다. 힘을 하나로 합치면 국가는 전고해지는 것이다."라고 말했다. 《북사(北史)》토곡혼전(吐谷渾傳)

⭕ 切磋琢磨(절차탁마)

《시경(詩經)》에 나오는 "저 기수(淇水) 물가를 보니 푸른 대나무가 무성하구나. 빛이 나는 군자여, 마치 끊는 듯이 하고 닦는 듯이 하며 쪼는 듯이 하고 가는 듯이 하는구나."라는 시에서 유래한 말로, 물가에 무성한 푸른 대나무처럼 군자는 늘 덕과 학문을 갈고 닦아야 함을 이르는 성어이다.

⭕ 折檻(절함)

한나라 성제(成帝) 때 주운(朱雲)이란 사람이 간신 장우(張禹)를 베어야 한다고 하자 성제는 자신의 스승을 간사한 신하로 폄하한 주운을 당장 끌어내라고 소리쳤다. 그러나 주운은 굽히지 않고 난간에 매달려 장우의 목을 베어야 한다는 말만 계속하였다. 결국 무관과 주운이 밀고 당기다가 그만 난간이 부러지고 말았다. 이 일이 있은 후 성제는 "새로운 것으로 바꾸지 말고 부서진 것을 붙이도록 해라. 직언을 한 신하의 충성의 징표로 삼겠다."라고 말했다. 《한서》주운전(朱雲傳)

⭕ 第五列(제오열)

스페인 내란 때, 프랑코 장군이 마드리드 시를 공격하면서 시내에도 자기가 통솔하는 4개 부대 이외의 제5부대가 있다고 말한 데서 유래하였다.

⭕ 糟糠之妻(조강지처)

후한 때 광무제의 누이가 송홍(宋弘)이라는 사람을 흠모하였다. 광무제가 이를 알고 송홍을 불러 "속담에 귀한 지위에 오르면 교제를 바꾸고 부유해지면 아내를 바꾼다고 하던데, 인지상정 아니겠소?"하고 살짝 의향을 떠보았다. 그러자 송홍이 "신은 가난할 때의 교제를 잊지 않아야 하고, 거친 음식을 먹으며 함께 고생한 아내는 안방에서 내쫓지 않는다고 들었습니다."라고 대답하였다.

⭕ 朝令暮改(조령모개)

전한시대에 어사대부 조착이라는 인물이 변방의 부족한 곡식 문제를 해결할 수 있는 묘책을 내놓은 상소에서 유래한 고사이다. "홍수와 가뭄을 당하여 갑자기 세금 징수나 부역 동원을 당하게 되니, 세금과 부역의 시각이 정해지지 않은 것은 아침에 영을 내리고 저녁에 고치는 결과를 초래하게 되는 것입니다." 그러나 이러한 그의 노력은 현실화되지 못했고, 결국 귀족들의 시기를 사서 죽임을 당하고 말았다. 《논귀속소(論貴粟疏)》

⭕ 朝名市利(조명시리)

진나라의 혜문왕은 촉과 한(韓) 가운데 어느 나라를 먼저 공격해야 할지 신하들에게 물었다. 이때 사마조는 촉을 먼저 공격해야 한다고 주장했고, 장의는 한나라를 공격하여 중원으로 진출하는 것이 좋다며 이렇게 말했다. " '명예는 조종에서 다투고 이익은 시장에서 따진다.' 라는 말이 있습니다. 지금 삼천 지방은 천하의 시장이고, 주나라는 천하의 조정입니다. 이런 요충지를 두고 촉을 공격한다는 것은 어리석은 일입니다." 그러나 장의의 건의는 받아들여지지 않았고, 진나라는

○ 朝三暮四 (조삼모사)
어떤 원숭이를 기르던 사람이 하루는 원숭이들에게 먹이를 주되 아침에 3개, 저녁에 4개 주겠다고 하자 원숭이들이 성을 내자, 말을 바꾸어 아침에 4개 저녁에 3개를 준다고 하자 좋아했다는 이야기에서 유래하다. 《장자(莊子)》

○ 助長 (조장)
송나라 사람 중에 자기가 심은 싹이 빨리 자라지 않는다고 그 싹을 뽑아 올린 이가 있었다. 자기 생각으로는 빨리 자라게 도와주려 했다지만, 다음날 싹은 모두 말라죽어 있었다고 한다. 맹자는 이 이야기를 예로 들어, "천하 사람 중에 싹이 자라는 것을 돕지 않는 자가 별로 없다. 이익이 없다고 생각해 싹을 방치하는 자는 김을 매지 않는 자이다. 하지만 싹이 자라도록 돕는 자는 무리하게 이익이 없을 뿐 아니라 그 싹을 해치는 자이다."라고 말했다.

○ 種玉 (종옥)
한(漢)나라 때, 효성이 지극한 양공옹백(楊公雍伯)은 부모님이 돌아가시자 무종산(無終山)에다 장사를 치렀다. 그런데 그 산은 높고 물이 없었다. 그는 그곳에 우물을 파 지나가는 사람들이 물을 마시게 하였다. 어느 날, 한 그네가 물을 마신 후, 돌 하나를 양공옹백에게 주며, "이것을 심으면 아름다운 옥이 될 것입니다. 그러면 당신은 그것으로 아름다운 아내를 얻게 될 것입니다."라고 하였다. 그로부터 수년 후, 양공옹백은 북평(北平)의 서씨(徐氏)의 딸을 자기의 아내로 맞고 싶었다. 서씨는 백옥 한 쌍을 가져오면 딸을 주겠다고 하였다. 이에 그는 예전에 돌을 심어 놓았던 곳으로 가보니 그 돌은 어느새 백옥 다섯 쌍이 되어 있었고, 그는 아내를 얻었다. 《수신기(搜神記)》

○ 周公三笞 (주공삼태)
백금과 강숙봉이 주공을 세 차례 만날 때마다 심한 매질을 당했다. 둘이 상자(商子)를 찾아가 매질을 당한 까닭을 물으니, 상자가 처음에는 남산 남쪽에 가서 교(橋)라는 나무와 남산 북쪽에 있는 재(梓)라는 나무를 보고 오라고 하였는데, 재라는 나무는 낮고 낮아 아래쪽으로 향하고 있었다. 이에 상자가 말하였다. "재라는 것은 자식의 도리입니다." 다음날 두 사람은 주공을 찾아가 문을 들어서서는 삼가며 보폭을 줄여 걷고 마루에 올라 ել 꿇었다. 주공은 그들의 머리를 쓰다듬고 음식을 주었다는데서 유래하는 고사로 교는 아버지의 도리이고, 재는 자식의 도리를 뜻한다.

○ 樽俎折衝 (준조절충)
제나라 경공(景公) 때의 재상인 안영은 무엇보다 외교적 수단이 뛰어나 제나라의 위상을 높이는 데 일익을 담당하였는데, 이러한 안영의 언행을 수록하면서 그의 외교적 능력을 "술자리에서 나가지 않고도 천 리 밖의 일을 절충했다."라고 평가했다고 한다. 《안자춘추》

○ 衆寡不敵 (중과부적)
전국 시대 때 제나라 선왕이 맹자에게 패왕이 되는 길을 묻자, 이에 대해 맹자는 오직 왕도정치만이 옳은 길이라고 하면서 말한 데서 유래한 고사이다. "소국은 결코 대국을 이길 수 없고 '소수는 다수를 대적하지 못하며[衆寡不敵]' 약자는 강자에게 패하기 마련입니다. 지금 천하에는 1,000리 사방(四方)의 나라가 아홉이 있는데 제나라도 그중 하나입니다. 한 나라가 여덟 나라를 굴복시키려 하는 것은 결코 소국인 초나라가 대국인 초나라를 이기려 하는 것과 같지 않습니까?" 《맹자(孟子)》

○ 曾參殺人 (증삼살인)
공자의 제자로 효성이 지극했던 증삼이라는 자가 노나라의 비(費)라는 읍에 있을 때, 증삼과 이름이 같은 자가 사람을 죽였다. 그런데 어떤 사람이 증삼의 어머니에게 증삼이 사람을 죽였다고 말했으나 믿지 않았다. 그러나 얼마의 시간이 지난 후 몇 명의 사람이 계속 와서 말하자 증삼의 어머니는 두려워하며 짜고 있던 베틀의 북을 던지고 담을 넘어 달렸다고 한다. 《전국책》

● 指鹿爲馬(지록위마)
진나라의 환관 출신 조고는 진시황이 죽은 후 천하가 대란에 빠지자 이때야말로 황제의 자리를 빼앗을 절호의 기회라고 생각했다. 그는 신하들 중에서 자신의 편이 몇 명이나 될지 시험해 보기 위하여 어느 날, 사슴 한 마리를 황제 호해에게 말이라고 하면서 바쳤다. 호해는 웃으면서, "조 승상이 잘못 본 것이오. 사슴을 일러 말이라 하오?"라고 했다. 조고는 그 자리에 있는 시종과 신하들 중 사슴이라고 대답한 사람들을 기억해 두었다가, 후에 사슴이라고 한 사람을 모두 죽였다. 그 이후에 조고의 말에 이의를 제기하는 사람을 찾아볼 수 없었다.

● 紙上談兵(지상담병)
전국 시대 조나라에 조괄이라는 사람이 있었는데, 아버지 조서 밑에서 수많은 병법서를 읽어 능통했으나 병권을 물려받지 못하였다. 조서의 아내가 조서에게 그 이유를 묻자 조서는 "군대를 다스리는 것은 나라의 존망과 관련되는 일이오. 그런데 괄은 이 일을 너무 가볍게 생각하고 있소. 만일 괄에게 병권을 주면 나라를 망하게 할 것이오."라고 대답했다. 그 후에 조서가 죽고 조정에서는 조괄을 대장으로 삼았다. 그러나 아버지 조서의 말처럼 자신만만하게 싸움터로 향했던 조괄은 목숨을 잃고 군대도 몰살당하였다.

● 知音(지음)
백아(伯牙)가 타는 거문고 소리를 듣고 그 악상(樂想)을 일일이 알아맞혔다는 종자기(鍾子期)와의 고사에서 온 말. 이후 종자기가 먼저 죽자 자신의 소리를 알아줄 이가 없음을 한탄하며 거문고의 줄을 끊고 다시는 연주하지 않았다는 데서 백아절현(伯牙絶絃) 또는 절현(絶絃)의 고사와도 통한다.

● 知者樂水仁者樂山(지자요수인자요산)
공자가 《논어》에서 한 말로, 그 뜻을 살펴보면 지혜로운 사람들은 횡적 관계로 맺어지는 인간 관계를 유지하기 위해서는 겸허한 자세가 필요하기 때문에 아래로 내려가는 물을 좋아하고, 이와 달리 어진 사람은 나와 하늘의 관계에 관심을 두기 때문에 모든 가치들을 위에 두고 그곳으로 올라가려는 경향이 있으므로 산을 좋아한다는 것이다. 《논어(論語)》

● 舐恃得車(지치득거)
송나라 조상(曹商)이 진나라로 사자로 갈 때 몇 대의 수레가 주어졌으나, 진나라에 도착하자 진왕은 그를 반기며 수레 백 대를 덧붙여 주었다. 그는 송나라로 돌아와 장자를 만나서 말했다. "대체 이렇듯 비좁고 지저분한 뒷골목에 살며 가난해서 신을 삼고 있고 목덜미는 비쩍 마른 채 두통으로 얼굴이 누렇게 뜬 꼴이 되는 일에는 나는 서투르오. 나는 만승(萬乘)의 천자를 깨우쳐 주고 백 대의 수레를 따르게 하는 일에 나는 능하오." 이에 장자가 대답했다. "진나라 왕은 병이 나서 의사를 부르면 종기를 터뜨려 고름을 뺀 자에게 수레 한 대를 주고 치질을 핥아서 고치는 자에게는 수레 다섯 대를 준다더군. 치료하는 데가 더러운 곳일수록 주어지는 수레가 많다는 거야. 그대도 그 치질을 고쳤는가? 수레가 정말 많군. 더러우니 당장 꺼져 버리게!" 자신의 목적을 위해서는 수단과 방법을 가리지 않는 것을 비판하는 말이다. 《장자》 열어구(列禦寇)

● 懲羹吹虀(징갱취제)
전국 시대 말 초나라는 제나라와 합종책을 맺어 북쪽에 위치한 진나라에 대항하였으나, 관리들 중 진나라와 손잡는 것을 주장하는 자도 적지 않았다. 그 당시 제나라 회왕은 이들의 말에 솔깃하여 제나라와의 동맹 관계를 깼지만, 그 결과 진나라에 붙잡혀 죽는 처지가 되고 말았다. 이에 당시 초나라를 걱정하던 굴원의 초사에 나오는 시구를 보면 '뜨거운 국에 데어서 냉채까지 부는데, 어찌 이런 생각을 바꾸지 못하는가'에서 유래한 고사이다.

○ 創業易守成難(창업이수성난)
당나라 태종이 대신들에게 제왕의 일로 창업과 수성 중에서 어느 것이 더 어렵냐고 묻자, 방현령은 창업이, 위징은 수성이 더 어렵다고 대답했다. 이에 태종이 두 신하의 말을 듣고 "창업의 힘든 일은 이미 과거의 일이 되었다. 지금부터는 그대들과 더불어 수성의 어려운 일을 감당하며 될 것이다."고 매듭지었다. 여기서 '창업'이란 일을 시작하여 일으키는 뜻이고, '수성'이란 이룩한 사업을 잘 지켜 보존한다는 뜻이다. 《정관정요》

○ 滄海一粟(창해일속)
적벽에서 조조와 주유가 한 판 승부를 벌였던 적벽대전을 떠올리면서 읊은 소동파의 《적벽부(赤碧賦)》중에 '우리의 인생은 천지간에 기생하는 하루살이처럼 짧고, 우리의 몸은 푸른 바다 속에 있는 좁쌀 한 톨과 같구나.' 라는 말이 나온다. 이 말은 인생의 무상함을 그 이면에 깔고 있다.

○ 天道是非(천도시비)
사마천은 친구 이능의 억울함을 변호하다가 궁형을 당하는 치욕을 겪었다. 이에 그는 《사기(史記)》에서 억울히 궁형을 당한 울분을 호소해 놓았다. 《사기》 중 백이숙제열전에서 처음에 백이와 숙제, 공자 등 억울하게 죽어간 사람들의 이야기를 하고 나서 끝에 "과연 천도(天道)는 시(是)인가, 비(非)인가"라는 마지막 질문을 남긴다. 《사기(史記)》 백이열전

○ 千慮一失(천려일실)
이좌거(李左車)는 조나라 왕의 뛰어난 참모였지만, 조왕이 그의 계책을 따르지 않아 한신에게 대패하고 사로잡혔다. 그러나 한신은 그를 죽이지 않고 연나라와 제나라를 공격할 계책을 물었다. 그는 패배한 장수는 병법을 논하지 않는다며 사양했지만, 한신의 거듭된 청에 말하기를, "지혜로운 사람도 많은 생각을 하다 보면 반드시 하나의 실수가 있게 마련이고, 어리석은 사람이라도 많은 생각을 하다 보면 반드시 하나의 터득함이 있다고 했으니, 제 말이 모두 옳지는 않겠지만 그래도 쓸 만한 것이 하나라도 있으면 다행입니다." 하고 한신의 참모가 되어 큰 공을 세웠다.

○ 天衣無縫(천의무봉)
곽한이 어느 날 뜰에서 낮잠을 자다 꿈에서 하늘에서 내려온 아름다운 여인을 만났다. 곽한이 다가가 자세히 살펴보니 그녀의 옷에는 꿰맨 자국이 전혀 없었다. 의아하게 생각한 곽한은 그녀에게 "어찌하여 당신의 옷에는 바늘 자국이 전혀 없습니까?" 하고 물었다. 이에 천녀는 "저희들이 입은 천의(天衣)는 원래 실이나 바늘을 사용하지 않아 전혀 꿰맨 자국이 없습니다[天衣無縫]" 하고 대답했다. 이때부터 '하늘나라 사람의 옷은 바느질한 흔적이 없다'는 뜻으로, '시가나 문장 등이 자연스럽고 흠이 없다'는 뜻으로 쓰이기 시작했다. 《태평광기(太平廣記)》

○ 鐵面皮(철면피)
왕광원(王光遠)은 과거에 합격할 정도로 재능도 있었지만 대단한 출세주의자였다. 그는 권세 있는 집에 수시로 출입하면서 남이 보든 말든 온갖 아부를 했는데, 상대가 술에 취해 자기에게 무례를 범해도 웃어 넘기고 비위를 맞춰 주었다. 어느 친구가 그에게 수치도 모르냐고 묻자 왕광원은 사람들에게 잘 보여서 나쁠 게 없지 않냐는 식으로 대답했다. 이에 당시 사람들이 왕광원을 두고 얼굴 두껍기가 열 겹 철판을 깐 것 같다고 평했다.

○ 轍鮒之急(철부지급)
집안이 매우 가난했던 장주(莊周)는 어느 날 먹을 쌀을 꾸러 감하후(監河侯)에게 갔다. 그러나 감하후는 "빌려 주지요. 며칠 후에 세금이 걷히면 당신에게 3백금을 빌려 주겠소." 라고 하자, 장주가 화를 내며 "내가 어제 올 때 길에서 수레바퀴가 지나간 자국 속

에 붕어를 보았소. 붕어는 다급한 목소리로 몇 잔의 물로 자신을 살려달라고 했소. 그래서 나는 말하기를, '나는 지금 오나라의 월나라 왕에게 유세하러 가는 중이니, 서강의 물을 여기까지 끌어다가 그대를 살려 주도록 하겠소.'라고 했소. 그러자 붕어가 이렇게 말했지요. 나에게 필요한 것은 겨우 몇 잔의 물이거늘 당신은 이렇게 말하는군요. 그렇다면 나를 건어물 파는 곳에서 찾는 것이 나을 것입니다." 장주의 이런 비유를 듣고 감하후는 아무 말도 못했다. 《장자》

○ 青天白日(청천백일)
당나라의 대문호 한유가 그의 친구인 최군에게 보낸 편지 가운데 '푸른 하늘의 밝은 태양은 노비조차도 맑음과 밝음을 안다.'는 구절에서 유래한 고사로 여기서 '푸른 하늘의 맑은 태양'은 세상에서 아무런 부끄러움도 없는 최군의 인품을 뜻하는 말이다.

○ 蕉鹿夢(초록몽)
정나라 사람이 사슴을 잡아 땔나무로 덮어 감추어 두었으나 너무 기쁜 나머지 그 장소를 잊어버려 찾지 못하고, 그것을 꿈을 꾼 것으로 생각한데서 유래한 고사이다. 《열자》 주목왕(周穆王)

○ 焦眉之急(초미지급)
한 승려가 물었다. "어떤 것이 절박한 한 마디입니까?" 선사가 답했다. "불이 눈썹을 태우는 것이다." 이 문답에 나오는 절박한 상황이란 삶과 죽음의 문제이다. 그러나 의미가 전이되어 지금은 절박하고 중요한 일이나 사건을 말할 때 많이 쓰인다.

○ 寸鐵殺人(촌철살인)
대혜선사(大慧禪師)가 선에 대해 이렇게 말했다. "비유하자면, 사람이 한 수레의 병기를 싣고 와서 그 병기를 하나씩 꺼내 휘두르지만, 이는 사람을 죽이는 수단이 못 된다. 나라면 한 치밖에 안 되는 쇠로도 사람을 죽일 수 있다." 여기서 '사람을 죽이는 수단'은 마음속의 온갖 망상과 분별을 끊는 수단을 뜻

한다. 사람들은 수많은 병기를 사용하듯 온갖 말을 쓰고 있지만, 그 정도로는 망상을 끊고 깨달음에 이를 수 없으며, 자기라면 단 한 마디의 핵심적인 경구만으로도 망상을 끊어낼 수 있다는 뜻이다.

○ 秋萬馬肥(추고마비)
초당 시인 두심언이 북녘에 있는 친구 소미도가 장안으로 빨리 돌아오길 바라며 지은 시에서 유래한 말이다. '구름은 깨끗한데 요사스런 별이 떨어지고, 가을 하늘이 높으니 변방의 말이 살찌는구나.'

○ 推己及人(추기급인)
춘추 시대 제나라에 사흘 밤낮을 쉬지 않고 큰 눈이 내렸다. 제나라의 경공(景公)은 따뜻한 방 안에서 여우털로 만든 옷을 입고 설경의 아름다움에 푹 취해 있었다. 경공이 "올해 날씨는 이상하군. 사흘 동안이나 눈이 내려 땅을 뒤덮었건만 마치 봄날처럼 따뜻하구나." 라고 말하자, 이에 안자가 "옛날의 현명한 군주들은 자기가 배불러 먹으면 누군가가 굶주리지 않을까를 생각하고, 자기가 따뜻한 옷을 입으면 누군가가 얼어 죽지 않을까를 걱정했으며, 자기의 몸이 편안하면 또 누군가가 피로해하지 않을까를 늘 염려했다고 합니다. 그런데 경공께서는 전혀 다른 사람을 배려하지 않으시는군요." 라고 말하자 경공이 부끄러워하며 아무 말도 못했다.

○ 秋扇(추선)
한나라 성제의 후궁 반첩여(班婕妤)가 처음에는 성제의 총애를 많이 받았지만, 시간이 흐르면서 성제의 사랑이 조비연(趙飛燕)이라는 후궁에게 옮겨 갔다. 조비연은 성제의 마음이 혹시라도 반첩여에게 되돌아갈 것을 염려하여, 반첩여를 모략하여 옥에 가두게 했다. 뒤에 반첩여의 혐의는 풀렸지만, 그의 처지는 예전과 같지 않았다. 하루는 가을이 되어 쓸쓸하게 된 부채와 자신의 처지가 같다는 생각이 들어 《원가행(怨歌行)》이라는 시를 쓰게 되는데 이 시

에 추선이라는 말이 나온다.

○ 痴人說夢 (치인설몽)
당나라 고승 승가(僧伽)가 여행을 하던 중 어떤 사람이 그에게 "당신의 성이 무엇이오[何姓]?" 하고 묻자 "하씨 성이오[姓何]." 라고 하고, "어느 나라 사람이오[何國人]?" 하자 "하나라 사람이오[何國人]." 하며 말장난을 하였다. 그런데 후에 당나라 문인이 승가의 비문을 '성은 하씨요, 하나라 사람이라.' 라고 썼다. 이를 비유하여 어리석은 사람에게 꿈 이야기를 한 것 같다고 하였다.

○ 他山之石 (타산지석)
《시경》에 나오는 시 중에서 '다른 산의 돌로 옥을 갈리라' 라는 구절에서 유래한 말이다. 여기에서 돌은 소인에 비유되고 옥은 군자에 비유되는데, 즉 군자도 소인에 의해 학식과 덕망을 쌓아갈 수 있음을 말한 것이다.

○ 打草驚蛇 (타초경사)
왕노라는 사람이 현관으로 있을 때 왕의 명령을 어기고 많은 재물을 횡령한 일이 있었는데, 하루는 백성의 공소장을 읽다가 그의 측근 주부가 남의 재물을 횡령한 사실이 있다는 것을 알게 되었다. 그러나 주부의 횡령 역시 그 대부분에 왕노 자신이 연루되어 있자, 왕노가 주부를 불러 "너는 비록 숲을 건드렸지만 나는 이미 놀란 뱀이 되어 버렸다."라고 말했다.

○ 泰山北斗 (태산북두)
태산은 중국 오악(五嶽)의 하나로 옛날에 천자가 봉선 의식을 거행하던 명산이고, 북두는 모든 별의 중심인 북극성이다. 《당서》의 한유전에서는 한유를 다음과 같이 평가하고 있다. '한유 죽은 후에 그의 학문과 문장이 더욱 흥성하여 사람들은 그를 태산북두처럼 우러러 존경하였다.'

○ 泰山頹梁木壞 (태산퇴양목괴)
공자가 아침 일찍 일어나 문 앞을 거닐면서 "태산이 무너지려나. 대들보가 꺾여지려나. 철인(哲人)이 병들려나." 라고 노래했다. 자공(子貢)은 노랫소리를 듣고 "태산이 무너진다면 나는 누구를 사모하고 우러러볼 것인가. 대들보가 꺾여지고 철인이 병든다면 나는 장차 어디에 의지할 것인가. 부자(夫子)께서는 아마 장차 병이 드시려는 것이다."라고 중얼거렸다. 과연 공자는 병들어 누운 지 이레만에 죽었다.

○ 兔死狗烹 (토사구팽)
초나라의 항우를 무찌르고 천하를 통일한 유방은 공로가 많은 한신을 초왕(楚王)의 자리에 봉했지만, 한신의 힘이 두려워 결국 한신을 제거하려 했다. 그때 마침 항우의 부하이면서 유방을 괴롭혔던 종리매라는 장수가 옛 친구였던 한신에게 의탁하고 있었는데, 이를 빌미로 유방은 한신에게 종리매를 체포해서 들어오라고 명령을 내렸다. 그 후 한신은 종리매의 머리를 들고 유방에게 갔는데, 유방은 곧바로 한신을 포박하여 처형을 시키려 하자 이때 한신이 말했다. "교활한 토끼가 죽으니 좋은 개는 삶겨지고, 높이 날던 새가 사라지니 좋은 활도 저장되고, 적국이 깨어지니 지략있는 신하도 죽는구나!" 《사기(史記)》 회음후열전

○ 吐哺握髮 (토포악발)
주공은 아들 백금이 노나라 땅에 봉해져 떠나게 되자, "나는 한 번 씻을 때 세 번 머리를 쥐고, 한 번 먹을 때 세 번 음식을 뱉으면서, 천하의 현명한 사람들을 놓치지 않으려고 했다."라는 말을 해주었다. 이는 주공이 어진 선비를 우대했음을 말하며, 나라의 일꾼을 위해서는 정성을 다해야 된다는 것이다.

○ 推敲 (퇴고)
당(唐)나라의 시인 가도(賈島)가 나귀를 타고 가다 시 한 수가 떠올랐다. 그것은 "조숙지변수 승퇴월하문(鳥宿池邊樹 僧推月下門: 새는 연못 가 나무에 자고 중은 달 아래 문을 민다.)"라는 것이었는데, 달 아래 문을 민다보다는 두드린다[敲] 하는 것이 어떨까 하고 골똘히 생각하다 그만 경조윤(京兆尹:首都의 市長) 한유(韓愈)의 행차 길을 침범

하였다. 한유 앞으로 끌려간 그가 사실대로 이야기하자 한유는 노여운 기색도 없이 한참 생각하더니 "역시 민다는 퇴(推)보다는 두드린다는 고(敲)가 좋겠군" 하며 가도와 행차를 나란히 하였다. 《唐詩紀事》는 고사(故事)에서 생겨난 말로 이때부터 퇴고란 말이 쓰이게 되었다.

○ 偸香(투향)

진나라 가충의 딸은 한수라는 미남의 마음을 얻기 위해 임금이 가충에게 하사한 향을 훔쳐 주었다. 결국 한수도 마음이 움직여 남몰래 담을 넘어 들어와 가충의 딸과 정을 통했고, 후에 가충은 마침내 딸을 한수에게 시집보냈다고 한다.

○ 破鏡(파경)

수나라에 의해 남조(南朝)가 멸망하자 서덕언(徐德言)은 전란을 피해 달아나면서 손거울을 반으로 쪼개 하나는 자기가 갖고 하나는 아내에게 주었다. 정월 보름에 시장에 아내가 이 거울을 팔러 나오면 자기가 아내를 찾겠다고 말하며 부부는 헤어졌다. 정월 보름이 되어 어떤 이가 아내에게 주었던 거울을 팔고 있는 것을 보고 맞춰 보니 자신의 것과 꼭 맞았다. 그는 아내를 그리워하며 거울 뒷면에 시를 적어 돌려보냈다. 아내는 수나라 공신인 양소의 집에 끌려가 있었는데, 이 시가 적힌 거울을 받아본 후로 서덕언만을 그리워했다. 이 사실을 알게 된 양소는 이 부부의 사랑에 감동하여 아내를 다시 서덕언에게 돌려보냈다. 《태평광기》

○ 破瓜(파과)

진나라 손작의 시 〈정인벽옥가〉를 보면 '푸른 구슬이 오이를 깨칠 때, 사내는 정 때문에 엎치락뒤치락한다.' 라는 구절이 있다. 파과는 원래 오이를 캔다는 말로 과(瓜)자를 나누면 팔(八)이 둘이 되며, 오이는 여성을 의미한다. 그래서 열여섯 살의 처녀를 뜻하기도 한다.

○ 破竹之勢(파죽지세)

진나라의 진남대장군(鎭南大將軍) 두예가 진무제로부터 출병 명령을 받아 20만 대군을 거느리고 오(吳)나라를 쳐서 삼국 시대의 막을 내리고 천하통일을 이룰 때의 일이다. 출병한 이듬해 음력 2월, 무창(武昌)을 점령한 두예는 휘하 장수들과 오나라를 일격에 공략할 마지막 작전회의를 열었다. 이때 한 장수가 '곧 강물이 범람할 시기가 다가오고, 또 언제 전염병이 발생할지 모르니 일단 후퇴했다가 겨울에 다시 공격하는 것이 어떻겠느냐'고 했다. 그러자 두예는 단호히 명령조로 대답했다. "지금 우리 군사들의 사기는 하늘을 찌를 듯이 높다. 그것은 마치 '대나무를 쪼갤 때의 맹렬한 기세(破竹之勢)와 같다. 대나무란 일단 쪼개지기만 하면 그 다음부터는 칼날을 대기만 해도 저절로 쪼개지는 법인데, 어찌 이런 절호의 기회를 놓칠 수 있단 말인가." 두예는 곧바로 군사를 재정비하여 오나라의 도읍인 건업(建業)으로 진격하여 그야말로 파죽지세처럼 몰아쳐 단숨에 건업을 함락시켰다.

○ 蒲柳之姿(포류지자)

동진 시대 간문제(簡文帝)라는 제위가 있었는데 실질적인 권한은 별로 없었다. 그와 가까이하던 사람 중 고열(顧悅)이라는 자가 있었는데, 둘은 나이가 같았다. 그런데 간문제의 머리카락이 여전히 검었던 것과 달리 고열의 머리카락은 희었다. 그런 고열의 모습을 보고 간문제가 물으니 "저의 머리는 갈버들 같아서 가을을 맞으면 곧 잎이 집니다. 그러나 주군의 머리는 소나무, 잣나무와 같아서 서리와 눈을 맞으면 더욱 무성해집니다."라고 말했다. 《세설신어》

○ 庖丁解牛(포정해우)

포정은 소를 잡을 때 능수능란하게 살과 뼈를 가르던 사람의 이름이다. 포정이 문혜군(文惠君)을 위해 소를 잡은 일이 있었다. 그가 소에 손을 대고 어깨를 기울이고, 발로 짓누르고, 무릎을 구부려 칼을 움직이는 동작이 모두 음률에 맞았다. 문혜군은 "어찌하

暴虎馮河 (포호빙하)

공자의 제자 자로가 공자가 안연을 크게 칭찬하는 말을 듣고 "선생님께서는 삼군을 통솔한다면 누구와 함께 하시겠습니까?"라고 묻자, 공자는 다음과 같이 말했다. "맨손으로 범을 잡으려 하고 맨몸으로 황하를 건너려다가 죽어도 후회함이 없는 자와는 함께 하지 않을 것이다. 반드시 일에 임하여 두려워하고 계책 세우기를 좋아하여 성공하는 자와 함께 할 것이다." 이 대답에는 제자에 대한 공자의 깊은 배려가 들어 있다. 《논어(論語)》

風聲鶴戾 (풍성학려)

동진 효무제 때 전진의 임금 부견이 군대를 이끌고 동진으로 공격해왔다. 부견은 동진의 진영이 질서 정연하게 움직이고 병사들이 용감하게 움직이는 것을 보고 약간 후퇴했다가 다시 반격하기를 지휘했다. 그러나 후퇴길에 오른 부견의 병사들는 반격하는 일이 쉽지 않아, 동진군의 부대에게 제대로 싸움 한 번 못하고 죽었다. 가까스로 목숨을 건진 병사들은 바람소리와 학의 울음소리'만 들어도 동진의 추격군이 온 줄 알고 놀라 달아나기에 바빴다.

匹夫無罪 (필부무죄)

춘추 시대 우나라를 다스리던 우공은 동생 우숙이 가지고 있는 명옥(名玉)을 몹시 탐냈다. 우숙은 처음에는 아까워서 주고 싶지 않았지만 곧 다음과 같이 말하며 형에게 구슬을 바쳤다. "주나라의 속담에 '보통사람은 죄가 없어도 구슬을 가지고 있으면 그것이 곧 죄가 된다'고 했습니다. 내가 이것을 가져서 스스로 화를 불러들일 이유는 없습니다." 얼마 후, 우공은 또 우숙에게 보검을 달라고 했다. 그러자 우숙은 형은 만족을 모르는 사람으로 나중에는 내 목숨까지 달라고 할지도 모른다고 생각하여 우공을 들어 홍지로 집어던졌다. 《춘추좌씨전》

瑕玉 (하옥)

"흠이 있는 진주와 티가 있는 구슬을 그대로 두면 온전할 것인데, 흠과 티를 제거하려다가 오히려 이지러뜨리고 깨뜨리는 것과 같은 일이다."라는 말에서 유래하였다. 구슬의 티를 제거하기 위해 서투른 솜씨로 나섰다가는 도리어 망가뜨려 전혀 가치가 없는 물건으로 만들고 만다는 것이다. 《회남자》 설림훈(說林訓)

邯鄲之夢 (한단지몽)

당나라 현종 때 노생이라는 자가 여옹의 베개를 빌려 잠을 잤는데, 꿈속에서 80년동안의 부귀영화를 누렸으나 깨어보니 꿈이었다. 노생이 "꿈이었구나!"라며 한숨을 쉬자 여옹이 "인생이라 다 그런 것이라네."라고 말했다. 이에 노생은 여옹에게 자신의 부질없는 욕망을 막아준 데 대한 감사의 말을 하고는 길을 떠났다고 한다. 《침중기(枕中記)

割鷄焉用牛刀 (할계언용우도)

공자(孔子)의 제자 자유(子由)는 노나라의 작은 읍 무성을 다스리고 있었다. 그는 이곳에서 공자에게서 받은 예악(禮樂)에 의해 백성들을 교화하는 데 힘을 다했다. 하루는 공자가 자유를 찾아왔다. 그때 마을 곳곳에서 거문고 소리에 맞추어 노래하는 소리가 들렸다. 공자는 빙그레 웃으며 말했다. "닭을 잡는 데 어찌 소 잡는 칼을 쓰겠는가?" 공자의 이 말은 자유가 나라를 다스릴 만한 인재인데도 이런 작은 읍에서 성실하게 하는 것이 보기 좋다는 뜻으로 한 말이었으나, 요즘은 그 의미가 바뀌어 작은 일을 처리하는 데 큰 힘을 빌릴 필요가 없다는 뜻으로 쓰인다. 《논어(論語)》 양화(陽貨)

解語花(해어화)
당나라의 현종(玄宗)이 사람들을 모아 놓고 꽃구경을 하다가 양귀비(楊貴妃)를 가리키며 "말을 이해하는 나의 이 꽃과 견줄 만하다."라고 한 말에서 유래하였다.

海翁好鷗(해옹호구)
바닷가에 사는 어떤 이가 갈매기를 좋아해 매일 아침 갈매기들과 더불어 놀았는데, 그에게 놀러 오는 갈매기들이 200마리도 넘었다. 그러던 어느 날 그의 아버지가 갈매기를 잡아오라고 하자 그는 아버지의 부탁을 들어주기로 하고 다음날 바닷가로 나갔으나 갈매기들은 그 위를 맴돌 뿐 내려오지 않았다고 한다. 즉 사람들이 사심없이 갈매기를 대하면 함께 어울려 놀 수 있으나, 일단 갈매기를 잡으려는 마음을 가지면 갈매기들은 사람을 가까이 하지 않는다.

螢雪之功(형설지공)
동진의 손강(孫康)과 차윤(車胤)의 이야기에서 유래하였다. 손강은 집이 가난하여 등잔불을 밝힐 기름을 살 수 없었기 때문에, 항상 눈에 반사된 빛으로 책을 읽었다고 한다. 또한 차윤은 박학다식하고 부지런하였으나 집이 가난해 밤이면 비단 주머니에 반딧불이를 수십 마리 잡아 넣어 그 빛으로 책을 읽었다고 한다.

狐假虎威(호가호위)
이 말은 초나라의 실권을 쥐고 있던 재상 소해휼(昭奚恤)을 비꼬아 위나라의 강을(江乙)이 왕에게 들려준 이야기에서 유래한다. 백수의 왕인 호랑이가 어느 날 여우를 붙잡았는데, 여우가 이렇게 말했다. "천제께서 날 백수의 왕으로 정하셨으니, 만약 날 먹으면 천제의 명을 거역하는 것이니. 믿지 못하겠거든 잠깐 내 뒤를 따르면서 봐라." 호랑이가 반신반의하며 여우를 따라갔는데, 짐승들은 이들을 보자마자 모두 도망쳤다. 호랑이는 짐승들이 자기를 보고 도망치는 줄 모르고 여우를 보고 도망친다고 생각했다.

虎視耽耽(호시탐탐)
《주역(周易)》 중에서 이괘(頤卦)의 효사(爻辭)에 나오는, '거꾸로 길러져도 길하다. 호랑이 노려보듯 주의하면서 욕망을 좇는다면 잘못이 없으리라.'라는 대목에서 유래한 말이다. 여기서 거꾸로 길러진다는 것은 윗사람이 아랫사람의 봉양을 받는 것을 의미한다. 즉 자식이 다 큰 뒤에는 부모가 호랑이처럼 위엄을 갖추고 자식의 봉양을 받아도 좋고, 나라가 태평하다면 임금이 사치를 하는 것도 나쁘지 않다는 의미이다.

浩然之氣(호연지기)
공손추(公孫丑)가 맹자(孟子)에게 "호연지기가 무엇입니까?"라고 묻자, 맹자가 다음과 같이 대답하였다. "호연지기는 지극히 크고 굳세다. 똑바로 길러 손상받지 않으면 하늘과 땅 사이에 가득 차게 된다. 호연지기라는 것은 정의와 도리에 함께하는 것이니, 만약 그렇지 못하면 쇠퇴하고 만다. 정의가 쌓여 자연스럽게 발생하는 것이지 억지로 정의를 취해 얻어지는 것이 아니다. 행동할 때 마음에 꺼리는 바가 있으면 호연지기는 곧 스러지고 만다."

胡蝶之夢(호접지몽)
장자는 만물이 한몸임을 주장하는 만물제동(萬物齊同)의 사상으로 유명하다. 즉 모든 대립적인 것, 이를테면 옳고 그름, 선과 악, 아름다움과 추함, 가난과 부귀, 귀함과 천함, 참과 거짓 등은 만물일체의 경지에서 보면 차이가 없다는 것이다. 이 사상을 우화로 나타낸 것이 바로 호접지몽이다. 장자가 어느 날 꿈에서 나비가 되어 기분 내키는 대로 날아다녔는데, 깨어 보니 도대체 자신이 나비가 된 건지, 나비가 자신으로 변한 건지 알 수가 없었다는 이야기이다.

紅一點(홍일점)
당송팔대가의 한 명인 왕안석(王安石)의 시에서 유래하였다. "수많은 푸른 잎 속에 붉은 한 점이 있으니 봄빛은 사

부수색인

1획

一	한 일	1
丨	뚫을 곤	5
丶	점 주	6
丿	삐침 별	7
乙	새 을(乚)	9
亅	갈고리 궐	11

2획

二	두 이	13
亠	돼지해머리	15
人	사람 인(亻)	18
儿	어진 사람 인	57
入	들 입	61
八	여덟 팔	63
冂	멀 경	67
冖	민갓머리	68
冫	이수변	69
几	안석 궤	72
凵	위튼입구	73
刀	칼 도(刂)	74
力	힘 력	85
勹	쌀 포	92
匕	비수 비	93
匚	상자 방	94
匸	감출 혜	95
十	열 십	96
卜	점복	99
卩	병부 절(㔾)	100
厂	민엄호	102
厶	마늘모	104
又	또 우	105
**亻	사람인변	74
**刂	선칼도방	74

3획

口	입 구	108
囗	큰입구	133
土	흙 토	138
士	선비 사	154
夂	뒤져올 치	156
夊	천천히 걸을 쇠	156
夕	저녁 석	157
大	큰 대	159
女	계집 녀	165
子	아들 자	178
宀	갓머리	182
寸	마디 촌	194
小	작을 소	197
尢	절름발이 왕(尣·兀)	198
尸	주검 시	199
屮	왼손 좌	203
山	메 산	204
巛	개미허리(川)	210
工	장인 공	211
己	몸 기	213
巾	수건 건	214
干	방패 간	220
幺	작을 요	221
广	엄호	222
廴	민책받침	229
廾	밑스물입	230
弋	주살 익	231
弓	활 궁	232
彐	튼가로왈(彑·彐)	235
彡	터럭 삼	236
彳	두인변	238
**忄	심방변	246
**扌	재방변	281
**氵	삼수변	394
**犭	개사슴록변	467
**阝	우부방(邑)	754
**阝	좌부방(阜)	787

4획

心	마음 심(忄·㣺)	246
戈	창 과	276
戶	지게 호	280
手	손 수(扌)	281
支	지탱할 지	312
攴	칠 복(攵)	312
文	글월 문	318
斗	말 두	319
斤	도끼 근	320
方	모 방	322
无	없을 무(旡)	324
日	날 일	325
曰	가로 왈	339
月	달 월	341
木	나무 목	344
欠	하품 흠	379
止	그칠 지	383
歹	죽을사변(歺)	385
殳	갖은등글월문	388
毋	말 무	390
比	견줄 비	391
毛	터럭 모	392
氏	성씨	393
气	기운 기	394
水	물수 변(氵·氺)	394
火	불 화(灬)	445
爪	손톱 조(爫)	459
父	아비 부	461
爻	점괘 효	461
爿	장수장변	462
片	조각 편	462
牙	어금니 아	464
牛	소 우(牜)	464
犬	개 견(犭)	467
**攵	등글월문	312
**旡	이미기방	324
**灬	연화발	445
**王	구슬옥변	475
**衤	보일시변	528
**耂	늙을로엄	594
**月	육달월	601
**艹	초두머리	621
**辶	책받침	738

5획

玄	검을 현	475
玉	구슬 옥(王)	475
瓜	오이 과	488
瓦	기와 와	488
甘	달 감	490
生	날 생	490
用	쓸 용	491
田	밭 전	492
疋	짝 필	498
疒	병질엄	498
癶	필발머리	505
白	흰 백	506
皮	가죽 피	508
皿	그릇 명	509
目	눈 목(罒)	511
矛	창 모	519

矢	화살 시	519
石	돌 석	521
示	보일 시(礻)	528
內	발자국 유	534
禾	벼 화	535
穴	구멍 혈	542
立	설 립	547
氺	☞水	
罒	☞网	
**衤	옷의변	665

6획

竹	대 죽(⺮)	550
米	쌀 미	561
糸	실 사	565
缶	장군 부	586
网	그물 망(四·罒)	587
羊	양 양(𦍌)	589
羽	깃 우	592
老	늙을 로(耂)	594
而	말 이을 이	595
耒	쟁기 뢰	596
耳	귀 이	597
聿	붓 율	600
肉	고기 육(月)	601
臣	신하 신	613
自	스스로 자	614
至	이를 지	614
臼	절구 구(臼)	615
舌	혀 설	617
舛	어그러질 천	617
舟	배 주	618
艮	괘 이름 간	620
色	빛 색	621
艸	풀 초(⺿)	621
虍	범호엄	651
虫	벌레 훼	653
血	피 혈	662
行	갈 행	663
衣	옷 의(衤)	665
西	덮을 아(襾)	674

7획

見	볼 견	676
角	뿔 각	679
言	말씀 언	680
谷	골 곡	704
豆	콩 두	704
豕	돼지 시	705
豸	갖은돼지시변	707
貝	조개 패	708
赤	붉을 적	718
走	달릴 주	719
足	발 족(⻊)	721
身	몸 신	727
車	수레 거	728
辛	매울 신	735
辰	별 신	737
辵	쉬엄쉬엄 갈 착(辶)	738
邑	고을 읍(⻏)	754
酉	닭 유	759
釆	분별할 변	763
里	마을 리	764
曰	☞曰	
長	☞長	

8획

金	쇠 금	766
長	길 장(镸)	781
門	문 문	782
阜	언덕 부(⻖)	787
隶	미칠 이	797
隹	새 추	797
雨	비 우	801
靑	푸를 청	805
非	아닐 비	806

9획

面	낯 면	808
革	가죽 혁	808
韋	다룸가죽 위	810
韭	부추 구	811
音	소리 음	811
頁	머리 혈	812
風	바람 풍	818
飛	날 비	819
食	밥 식(飠)	820
首	머리 수	824
香	향기 향	825

10획

馬	말 마	826

骨	뼈 골	831
高	높을 고	832
髟	터럭발	833
鬥	싸울 투	834
鬯	울창주 창	835
鬲	솥 력	835
鬼	귀신 귀	836

11획

魚	물고기 어	838
鳥	새 조	840
鹵	소금 로	845
鹿	사슴 록	846
麥	보리 맥	847
麻	삼 마	848

12획

黃	누를 황	850
黍	기장 서	850
黑	검을 흑	851
黹	바느질할 치	852

13획

黽	맹꽁이 맹	854
鼎	솥 정	854
鼓	북 고	854
鼠	쥐 서	855

14획

鼻	코 비	856
齊	가지런할 제	856

15획

齒	이 치	858

16획

龍	용 룡	859
龜	거북 귀	859

17획

龠	피리 약	861

**표는 부수의 변형으로서
별도의 명칭을 가진 글자.